ISBN 978-1-5280-4367-0
PIBN 10955130

Forgotten Books is a registered trademark of FB &c Ltd.
Copyright © 2018 FB &c Ltd.
FB &c Ltd, Dalton House, 60 Windsor Avenue, London, SW19 2RR.
Company number 08720141. Registered in England and Wales.

For support please visit www.forgottenbooks.com

1 MONTH OF
FREE
READING

at

www.ForgottenBooks.com

By purchasing this book you are eligible for one month membership to ForgottenBooks.com, giving you unlimited access to our entire collection of over 1,000,000 titles via our web site and mobile apps.

To claim your free month visit:
www.forgottenbooks.com/free955130

English
Français
Deutsche
Italiano
Español
Português

www.forgottenbooks.com

Mythology Photography **Fiction**
Fishing Christianity **Art** Cooking
Essays Buddhism Freemasonry
Medicine **Biology** Music **Ancient**
Egypt Evolution Carpentry Physics
Dance Geology **Mathematics** Fitness
Shakespeare **Folklore** Yoga Marketing
Confidence Immortality Biographies
Poetry **Psychology** Witchcraft
Electronics Chemistry History **Law**
Accounting **Philosophy** Anthropology
Alchemy Drama Quantum Mechanics
Atheism Sexual Health **Ancient History**
Entrepreneurship Languages Sport
Paleontology Needlework Islam
Metaphysics Investment Archaeology
Parenting Statistics Criminology
Motivational

REVUE SUISSE

ET

CHRONIQUE LITTÉRAIRE.

TOME QUATORZIÈME.

XIVme Année. — IXme de la Chronique.

NEUCHATEL

AU BUREAU DE LA REVUE SUISSE

RUE DU TEMPLE-NEUF

A LAUSANNE, CHEZ GEORGES BRIDEL, LIBRAIRE.

1851.

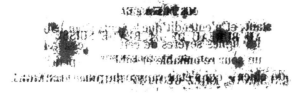

MLLE D'HÉRISTAL.

NOUVELLE.

—➤➤➤≺≺≺—

I.

Blottie au coin obscur d'une cachette taillée dans l'épaisseur d'un immense berceau de charmille, une belle jeune fille pleurait avec cette abondance et cette vivacité qui montrent qu'on y prend un certain plaisir. On était au matin radieux d'un jour d'automne. Les oiseaux du grand parc, plus égayés que d'habitude, semblait-il, accompagnaient le murmure du jet-d'eau de mille cris aussi joyeux et variés que les teintes de la verdure sur les coteaux lointains. Mais la jeune fille ne regardait ni le ciel souriant dans sa tranquille sérénité, ni la terre épanouie comme les fleurs que le soleil caressait dans la rosée; elle ne voyait pas même son meilleur ami, un terre-neuve majestueux, qui se tenait silencieusement devant elle, triste de sa douleur, et réfléchissant comme un miroir, dans ses grands yeux émus, toute la concentration de cette ame désolée dans une seule pensée et dans une seule impression.

Tout-à-coup, brusquement, la jeune fille se retourna. Elle perça d'un rapide coup-d'œil tous les alentours de sa cachette, prêta l'oreille un instant, et n'entendit que le vent, l'eau babillarde et les oiseaux. Alors les lignes sévères de cette expressive figure se détendirent dans un sourire aimable et subit; une petite main tomba sur la tête du chien, qui s'était rapproché, heureux favori, et la charmante enfant se mit à lui parler en le caressant.

— Mon bon Petit, tu es vraiment plus raisonnable que moi. Tes yeux me disent : Y penses-tu, Thérèse? toi qui n'as, contre tout le monde, que ton courage et ta gaîté, tu te laisses aller à pleurer comme les fortunés mortels qui peuvent s'accorder cette jouissance, avec toutes les autres! Cela n'a pas le sens commun, tu as raison, Petit. Allons! je ne le ferai plus; pas plus devant moi-même et devant toi que devant les autres. Nous serons braves, n'est-ce pas, mon vieux?, Qui serait fort, hormis ceux qui n'ont, comme dit la devise, que *Dieu et leur droit.*

Les vives couleurs que les larmes avaient amenées sur les joues de la jeune fille, disparaissaient peu à peu; le gonflement de ses paupières s'abaissait aussi, furtives traces qui ne séjournent guères sur les visages de seize ans. Mlle d'Héristal paraissait un peu plus âgée, à cause de sa taille haute et formée et de la fermeté du dessin de ses traits. Ses yeux noirs brillaient d'une flamme tranquille et lucide : autour de sa lèvre fine et bien arquée se jouaient de légères empreintes de fierté et d'ironie; la souffrance, en un mot, une expérience précoce des difficultés de la vie avait banni l'abandon et la spontanéité de cet ensemble gracieux et attachant, mais il n'en gardait pas moins tout son charme.

Lentement et comme à regret elle se leva, s'acheminant, le long du berceau, vers un lourd et informe édifice, dont on apercevait au bout de l'avenue les contours irréguliers, les murs moussus et les prétentieuses girouettes. C'était un vaste château, qui paraissait du dehors triste et inanimé. A peine une légère fumée, ondoyant au-dessus du corps de logis principal, indiquait-elle qu'il était habité. Personne ne se montrait sur les terrasses qui descendaient vers la charmille, personne aux fenêtres, ni dans les cours.

Personne? mais qu'est-ce donc que cette autre jeune fille, leste et bien vêtue, qui vient d'enjamber une fenêtre basse donnant sur la terrasse, pour s'élancer dans l'avenue en appelant Mlle Thérèse de toute la force de sa fraîche voix? Loin de répondre, la promeneuse s'arrêta, comme par un premier mouvement instinctif : ensuite elle se remit à marcher le long de la verte paroi qui la cachait dans son ombre, Petit l'accompagnant toujours, et frôlant sa robe d'un museau caressant, mais sans y ajouter le moindre mouvement pour ou contre la nouvelle venue.

Celle-ci, découvrant enfin Mlle d'Héristal, lui fit signe de se hâter.

— Pourquoi? demanda-t-elle tranquillement. Ce n'est pas encore l'heure du déjeûner de mon oncle.

— Il y a une lettre, une lettre de votre marraine, répondit la jolie blonde avec un sourire mystérieux.

— Que dis-tu là, Ninette? ma marraine ne m'écrit jamais.

— Aussi n'est-ce pas à vous, Mlle Thérèse, que la lettre est adressée : c'est à votre oncle, à M. Sosthènes Dubreuil, en son château d'Héristal. Oh! je sais tout, je sais ce qu'elle contient, j'ai questionné le porteur, qui est là près de ma mère. Il y a des nouvelles, et de fameuses!...

Elle s'arrêta. Une émotion de curiosité passa sur les traits de Thérèse; mais ce fut un éclair. Elle ne demanda rien. L'autre, après une pose, s'écria gaîment : — Comme je suis de belle humeur ce matin, et très-bonne fille, je vous dirai tout.

Puis, baissant la voix, elle glissa dans l'oreille de sa compagne ces mots tout tremblans : — Il s'agit d'un bal!

Thérèse répondit par un franc éclat de rire, et Ninette, toute déconcertée qu'elle fût, ne put s'empêcher de l'imiter.

Mais cette expansion de jeunesse cessa dès que les jeunes filles eurent atteint l'extrémité de la charmille. Leur air devint sérieux et contraint. Elles entrèrent en silence dans la maison, en ouvrant du dehors une porte-fenêtre qui servait de communication entre la terrasse supérieure et la grande salle de l'appartement. Là, dans une large bergère roulée devant une table, dans un coin sombre, se tenait le moins commode des oncles, le moins patient des malades et le moins satisfait des vieillards. Il était seul, et les ennuis amassés sur son front semblaient en redoubler les rides chaque fois qu'il levait, à portée de ses lunettes, une feuille de papier qu'il tenait à la main; et cette feuille n'était autre que la fameuse invitation pour un bal.

Il faut du courage pour aborder un goutteux en colère, quand on est timide, fière et qu'on a seize ans. Ninette resta sur la porte, Thérèse avança vaillamment.

— Qu'est-ce que cela signifie, mademoiselle? cria l'oncle en frappant des doigts sur la malencontreuse lettre. Depuis quand Mme de Nangis se permet-elle de disposer de vous, de vous faire inviter chez le préfet, et de vous donner rendez-vous chez elle, pour vous mener au bal? Pour qui me prend-on? Suis-je dans un état à envoyer ma nièce courir tous les plaisirs du département, avec toutes les vieilles folles qui s'y trouvent? Ah çà! on n'a donc plus de cœur, maintenant, plus de respect pour les convenances!

— Ne vous fâchez pas, mon cher oncle, interrompit Thérèse de sa plus douce voix. Qu'importent cette lettre et ce bal? je n'irai pas, puisque cela vous déplaît.

Un vif mouvement de surprise échappa aux deux autres. Ninette s'approcha d'un air contrarié, et le vieillard ne sut trop quelle mine faire pour conserver sa dignité grondeuse.

— Que fais-tu là? dit-il à Ninette, qui, sans répondre un mot, disparut par une autre porte, derrière laquelle on entendait quelqu'un parler dans la pièce voisine.

— Est-ce vrai? reprit le vieillard. Tu ne me demandes pas d'aller à ce bal? tu n'y songes pas?

— J'écrirai moi-même à Mme de Nangis pour le lui dire.

— A la bonne heure. Tu n'y perdras rien. C'est ennuyeux, vois-tu, les bals! continua-t-il en frottant de la main sa jambe malade.

Cette occupation l'empêcha, par bonheur, d'apercevoir la malice passagère qui glissa sur les lèvres silencieuses de la pauvre enfant.

— Non vraiment, reprit-il, comme se parlant à lui-même, cela ne se pouvait pas. Il y a vingt minutes d'ici à la ville : il aurait fallu quelqu'un pour t'accompagner, et comme Ursule ne peut me quitter, c'était donc Ninette, cette étourdie, qui s'en laisserait conter par le premier venu ou par le fils du fermier, si vous aviez pris la voiture. Non, cela ne se pouvait pas.

M. Dubreuil continua intérieurement son monologue, sans que sa nièce fît la moindre tentative pour s'y mêler. Tout exprimait en elle une soumission passive et voulue, qui ne demandait plus même compte de ses motifs à la volonté qui disposait d'elle. Une antique pendule sonna l'heure dans la pièce voisine et, au même instant, une femme entre deux âges, en toilette bien étoffée, quoique de couleur sombre, parut sur le seuil, apportant à déjeûner.

C'était une maîtresse-femme que Dame Ursule Simon, et il y paraissait. Elle n'avait rien regardé en entrant, mais elle avait tout vu, tout compris. En disposant le déjeûner sur la table, elle demanda du ton le plus naturel si la réponse pour Mme de Nangis était prête, parce que le messager voulait s'en retourner.

— Qu'il attende! dit M. Dubreuil. J'ai besoin de Thérèse pour préparer mes beurrées : elle ira écrire après.

— Ecrire? reprit Dame Ursule. Que de façons pour un oui ou pour un non!

— Vous n'avez point de prudence, Ursule! s'écria le malade, en se renversant sur sa bergère d'un ton plaintif. Ne voyez-vous pas qu'on va m'accuser de retenir ma nièce comme une esclave, tandis que je suis continuellement victime de ma sensibilité et de mon attachement pour elle? Voilà ce qu'elle doit faire comprendre là-bas. C'est elle qui refuse, ce n'est pas moi, après tout. Elle le leur dira.

— Et vous pensez qu'ils le croiront? demanda assez impérieusement Dame Ursule.

— Dame! qu'est-ce que cela me fait, après tout? riposta M. Dubreuil.

Thérèse profita de la vivacité avec laquelle les deux interlocuteurs abordaient leur contestation pour s'échapper sans bruit. Ursule la suivit de l'œil et, quand la porte se fut refermée derrière la jeune fille, elle reprit l'entretien :

— Si cela ne vous fait rien, cela me fait à moi, pour vous et pour moi. Je suis lasse d'entendre tous les mauvais propos qu'on tient sur nous.

— Comment les entendez-vous, vous qui ne sortez jamais? C'est que vous me désobéissez, et que votre fille va sans cesse à la ferme, quand on espère que je n'en verrai rien! Vous êtes trop faible, Ursule, et vous en serez punie, par votre fille..... et peut-être par moi, conclut-il d'un ton de plus en plus bourru.

— Voilà bien toujours vos mêmes injustices, vos mêmes ingratitudes, reprit la dame sans s'émouvoir. Vous êtes bon, et vous voulez que je m'accoutume, moi qui vous aime, à vous voir passer pour méchant! vous êtes soigneux et rangé, et vous souffrez qu'on vous traite d'avare fieffé! Vous avez de l'attachement pour de bons serviteurs, et vous endurez qu'on nous accuse de vous voler et de vous circonvenir! (Ici Dame Ursule tira son mouchoir et essuya ses yeux). Vous vous plaisez à vivre seul chez vous, en malade que vous êtes, et en homme d'esprit qui se suffit à lui seul : eh bien, M. le curé croit que vous êtes un athée, et toute la ville vous tient pour un égoïste dont tout le monde a peur. Enfin vous nourrissez chez vous une nièce, vous la vêtissez, elle vous doit tout, la petite orgueilleuse! et le monde vous juge comme un tyran sans égards et sans pitié, parce que cette nièce n'est pas équipée comme une duchesse, ne sort pas comme toutes les autres étourdies de la ville, n'invite personne à venir chez vous et vit, enfin, grâce à votre volonté, comme c'est son devoir et son sort, et comme bien d'autres (Ninette par exemple) sont heureuses de le faire!

— La conclusion de tout cela? demanda l'impatient vieillard, que son déjeûner fumant intéressait plus que la mauvaise odeur de sa réputation.

— La conclusion? fit Dame Ursule avec fermeté, c'est qu'il faut envoyer au bal Mlle d'Héristal.

— Comment! s'écria M. Dubreuil, subitement ramené dans la conversation.

— Oui, cela prouvera que votre nièce est libre, qu'elle reste volontairement chez vous dans la retraite, et que, en bon oncle, vous ne lui refusez rien, pas même la société de sa marraine avec qui elle s'est brouillée à cause de vous, pour n'avoir pas voulu vous quitter.

— C'était bien! cela..., dit le malade avec une satisfaction passagère, qui n'enleva pas une ride à son front, pas une grimace à sa lèvre contractée.

— Oui, c'était bien: c'était d'autant mieux, répliqua Ursule, que vous aviez à beaux deniers comptans, avec votre argent gagné sur votre vaisseau, racheté la vieille maison de ses ancêtres, qu'elle avait toujours habitée et qu'elle ne voulait pas abandonner à nos mains étrangères. C'est beau de tenir aux choses de sa famille. Au reste, Mlle d'Héristal aurait une fortune, qu'elle ne la regretterait pas pour embellir et réparer le château.

— Au diable les femmes et les réparations! fit M. Dubreuil, qui n'aimait pas mieux à entendre parler de dépense qu'à recevoir un coup sur sa jambe malade. Vous vous plaisez bien, Ursule, à vous promener aujourd'hui dans les paroles inutiles. Vous voulez faire aller ma nièce au bal; c'est bien; qu'elle y aille; cela vous regarde. Vous lui achèterez, avec votre argent si vous voulez, tout ce qu'il lui faut pour cela. Vous arrangerez l'affaire à votre façon; de manière à ce que je n'en entende plus parler; et surtout qu'on ne me désobéisse pas! Vous m'entendez! que Ninette reste à la maison. Envoyez-la chercher ma nièce, pour me servir, et faites-lui dire de laisser là sa lettre, puisqu'elle ira au bal. Ma parole d'honneur, si je vois un individu en possession de quelque bon sens sur la terre, excepté moi!...

Pendant qu'il formulait ainsi son jugement sur l'espèce humaine en général et sur lui-même en particulier, Dame Ursule s'était retirée. — Je vais en haut chez Thérèse, dit-elle à Ninette en passant. Toi, entre là-dedans et entretiens le maître un instant. Il faut que je parle à la nièce.

— Allons-nous au bal, enfin? demanda Ninette avec une jolie petite moue.

— Pas encore. Il faudra que Thérèse consente à accepter, et refuse d'aller seule; deux choses difficiles que je vais tenter d'emporter d'assaut ..... pour toi!

— Et aussi, ma mère, dit l'autre en éclatant de rire, pour vous: parce que cela ennuyera Monsieur.

— D'autant plus, ajouta Ursule en riant aussi, que Thérèse elle-même va travailler dans mes intérêts. C'est elle qui prendra toute l'affaire sous sa responsabilité, en changeant les arrangemens que je viens de prendre avec le grognard. Laisse-moi tout disposer, et la bombe éclatera; mais non pas sur nos têtes. Tu t'amuseras, j'arrangerai la nièce à ma façon, et tout finira bien.

Elle embrassa sa fille en achevant ce déroulement d'iniquités intimes qui était chose toute simple dans la position où elle s'établissait chez le vieillard; et d'après cette morale du monde dont le premier principe est le culte de son propre intérêt envers et contre tous. Armée de sa tendresse maternelle comme d'un couteau qui devait l'aider à perdre la rivale de Ninette, elle monta vers l'orpheline sans une pensée de regret ni de remords. Rien n'est plus dangereux qu'une nature vulgaire, puissante, étroite et adroite à la fois : la générosité n'y germe jamais, l'esprit pervers de l'égoïsme y travaille toujours.

Quelle que fût l'impression secrète de Thérèse, lorsque Dame Ursule entra chez elle, il n'en parut rien sur ses traits. Elle fit signe à la gouvernante de s'asseoir, et lui dit d'un air doux : — Vous avez quelque chose à me dire, Madame Ursule.

— Une bonne nouvelle, vous irez au bal, Mlle Thérèse. J'ai obtenu cela de M. Dubreuil. Mon but était de vous faire plaisir : ai-je réussi ?

— Je vous remercie. Oui, cela me ferait plaisir, après tout; mais je n'irai pas.

— Pourquoi donc, mademoiselle, puisque je vous dis que tout est arrangé, et que votre oncle, comme vous le savez, se courroucera maintenant bien plus de vous, voir résister à sa bonté que de toute autre chose. Vous le connaissez bien : là place ne sera tenable pour personne pendant un mois si vous le contrariez. Son accès de goutte sera mis sur votre compte, comme datant de votre désobéissance, et c'est beaucoup s'il ne nous met pas tous au pain et à l'eau pour huit jours ; d'autant que ce serait une économie ! Au lieu de cela, vous vous préparez aujourd'hui, vous partez demain, vous vous amusez, et vous revenez ensuite reprendre votre poste et égayer votre malade par vos récits.

— Vous peignez à merveille, madame Ursule ; c'est charmant. Mais, ajouta la jeune fille après un soupir et un silence, je n'irai pas.

— Pourquoi donc ? s'écria Ursule. Quelle raison.....

— Aucune, interrompit Thérèse. Rien, que cette voix que je sens là, dans mon cœur, et qui me guide, comme je vous l'ai dit souvent. Elle me répète aujourd'hui, malgré moi, que je ne dois pas accepter cette fête. Elle m'avertit que ma place n'est pas là.

— Rêveries ! enfantillages ! Que voulez-vous qui vous arrive ? allez-vous m'exposer aux reproches de mon maître, à qui j'ai certifié que cette partie de plaisir vous serait très-agréable et vous remplirait de reconnaissance pour lui ? Voulez-vous être ingrate envers lui et, j'ajouterai, envers moi ?

— Ma bonne Ursule, dit Thérèse avec une dignité vraie et une tristesse affectueuse, je vous ai souvent des obligations malgré moi, et malgré les prières que je vous ai faites de ne jamais rien faire pour moi.

— Parce que vous ne voulez pas répondre à mes services en les reconnaissant ?

— Au contraire (et je vous le prouverai en sacrifiant mon opinion à la vôtre, aujourd'hui ; j'irai donc au bal, puisque vous me le demandez) ; mais parce que la pensée d'exposer les autres à quelque peine m'est plus difficile à supporter que toutes les privations. Laissez donc mon oncle être ce qu'il est avec moi librement, et n'intervenez plus pour changer sa façon de penser et d'agir : je le préfère.

— Mais alors il ne vous donnerait ni vêtemens, ni argent.

— Qu'importe ! j'en ai pour long-temps. Il me faut si peu !

— Mais il vous reprocherait votre chambre et votre nourriture.

— Qu'importe ! je le supporterai.

— Mais enfin j'ai , moi aussi, à vous demander vos bons offices, et je ne le ferai plus si vous n'usez pas des miens.

— Que puis-je faire pour vous, Mme Ursule?

— L'idée de Monsieur est que vous alliez au bal, mais que vous y alliez seule, avec la voiture et le fermier. Outre que c'est peu convenable en soi, cela ne convient pas à Ninette. La petite folle se fait fête de vous accompagner, et je compte sur vous pour l'obtenir de M. Dubreuil.

Pendant qu'Ursule parlait, Thérèse la regardait fixement, mais avec une figure douce et tranquille. L'insidieuse femme baissait les yeux, et sa voix avait l'accent ému d'une bonne mère qui explique un désir d'enfant un peu déraisonnable, mais qu'elle voudrait pourtant voir exaucer.

— Je vous ai promis d'aller au bal, répondit Thérèse un peu froidement : j'ai eu tort, mais j'irai puisque je l'ai promis, et je n'irai pas sans Ninette, puisqu'elle seule peut, en effet, m'accompagner.

Puis, changeant de ton et se levant vivement, elle ajouta, en s'élançant hors de la chambre : — Vous l'avez voulu, Mme Ursule, je vais m'amuser en conscience et pour deux ans au moins.

— A chacun sa joie, murmura la gouvernante entre ses dents, en descendant après elle. Je ne demande pas mieux que tout le monde soit content. Rira bien qui rira le dernier.

Il fallut à Mlle d'Héristal une véritable bravoure pour enlever les redoutes qui défendaient la résolution de son oncle touchant Ninette; encore n'y parvint-elle que grâce à la distraction causée au gourmet par l'excellence de ses minces beurrées et les soins que Thérèse leur donnait. Personne ne savait faire cela au gré du vieillard comme elle, et son crédit grandissait chaque jour durant l'exercice de ces hautes fonctions, jusqu'à la digestion exclusivement. La jouissance gastronomique lui fit donc oublier un peu qu'il était pour Ninette un surveillant aussi inquiet et aussi jaloux que s'il eût eu des droits quelconques sur elle, même celui du seigneur; la permission requise fut accordée en retour d'une dernière tranche que Thérèse lui fit un peu attendre et qu'elle craignait pour sa santé.

Quand tout fut mangé, M. Dubreuil reprit, en se redressant d'un air sombre :

— Vous allez, je parie, comme de franches paresseuses, prendre la voiture et le fils du fermier. Il serait bien plus simple de faire ce quart de lieue à pied.

— Comme il vous plaira, mon oncle.

— Mais qui vous protégera contre les mauvaises rencontres? Ninette est si étourdie!

— N'ai-je pas ma garde habituelle, mon chien Petit, qui déteste les garçons, comme vous savez, et les effraie de tout loin?

— C'est vrai, dit le vieillard avec satisfaction. Ton chien a plus d'esprit que certaines jeunes filles. Je te conseille de profiter de son exemple; tu ne t'en trouveras pas plus mal, quoi qu'en pense ce certain mirliflor, le fils de ta chère marraine.

— Mes idées là-dessus n'ont, je vous assure, aucun intérêt pour lui, répliqua Thérèse avec simplicité.

— Bon, bon. Tu n'es pas ici à confesse, et tu ne diras pas plus la vérité au vieil oncle que tu ne la dirais, au reste, à ton curé. Songe seulement à ne pas dépenser trop d'argent à cette pauvre Ursule; quoiqu'elle en ait beaucoup, et non vraiment si je sais d'où il vient!

— Moi? dépenser de l'argent à Ursule? répartit la jeune fille avec véhémence.

— Paix! reprit le vieillard un peu embarrassé. J'ai voulu dire: ne fais pas trop de dépense pour ce bal. Je n'ai pas le sou à te donner. Ursule a offert...

— Il n'en est pas besoin, mon oncle. Permettez-moi de ne rien devoir qu'à vous. Avec une de mes simples robes blanches, la plus jolie, je mettrai ou des dahlias du jardin, ou les fruits rouges de l'arbuste de la grande haie, en bouquet et en ceinture : il ne faut rien de plus.

Outre sa fière et naturelle impression de dédain pour les moyens de parure qu'on lui offrait, la jeune fille avait trop de goût pour ne pas sentir qu'en fait d'élégance et de mode il faut tout avoir et tout savoir, ou bien se tenir le plus simplement possible près de la nature et du naturel : la recherche exquise, ou la distinction innée; il n'y a que cela de vraiment bien porté.

— Je croyais, moi, reprit l'oncle, qu'on ne se pouvait passer de

chiffons, de rubans, de bijoux. Ninette en a d'assez jolis, qu'elle
te les prête.

— Non, je n'en veux pas, s'écria Thérèse un peu rouge de l'effort
qu'elle faisait pour ne rien dire et ne rien sentir de trop.

— Allons! comme tu voudras, après tout. Seulement, puisque
tu fais l'orgueilleuse, prends garde de l'être de la bonne façon là-
bas, et de ne pas donner à causer sur ton vieux parent. Surtout,
qu'après cette équipée, ce soit fini pour les parties et les plaisirs,
qu'on ménage mon bien, qu'on redouble d'attention et d'économie, et qu'on ne vienne pas m'ennuyer d'une seule visite de la part
de ces belles gens. Je me passe d'eux, qu'ils se passent de moi et
des miens. Sosthènes Dubreuil n'a pas travaillé trente ans pour offrir du thé et des gâteaux aux oisifs : je veux manger mon bien
pour moi, et comme je l'entends. S'il en reste, je compte même
le donner à qui bon me semble, souvenez-vous-en, Mlle d'Héristal.

— Si quelqu'un le trouvait mauvais, mon oncle, ce ne serait assurément pas moi, répondit Thérèse en le saluant et en quittant la
salle.

II.

Dans l'après-midi du lendemain, les deux belles voyageuses s'a-
cheminaient vers la ville, dans un sentier qui traversait les prairies, sous les pommiers chargés de fruits. Ninette s'en allait devant,
plus parée que sa compagne, jolie comme un bluet des champs,
causant avec folâtrerie et au hasard ; ou plutôt jetant quelques mots
de folle attente et de folle joie à un petit paysan pris à la ferme
pour porter le carton qui contenait la légère toilette de Thérèse.
L'enfant, rose et brun, regardait Ninette avec épanouissement, et
se laissait souffleter de temps en temps de la meilleure grâce possible. A quelque distance venait Mlle d'Héristal, pensive d'abord,
et qui s'égayait peu à peu sous l'impression bienheureuse du plein
air, du grand ciel, des beaux lointains et de la riche nature. Petit
bondissait autour d'elle et lui jetait de temps en temps des aboie-
mens de félicité. Tout ce jeune groupe faisait du bien à voir, et
semblait fleurir les champs avec les papillons, la brise et les oiseaux.

Défiante des choses humaines, parce qu'elle en avait beaucoup souffert, Thérèse seule, dans l'idéal que crée une jeune imagination au sein d'une douce nature, se sentait là plus à l'aise que devant la perspective du plaisir qui lui était promis et qu'elle abordait avec une crainte secrète. Un Eden est bientôt fait, par une pensée de seize ans; il ne faut qu'une belle place de rêverie où l'on s'assied seul : s'il est vrai qu'on soit jamais seul à seize ans. L'ange invisible qu'on a alors pour compagnon, replie, hélas! trop souvent ses ailes au premier contact de la foule, laissant après lui la pire des solitudes, la solitude du cœur.

Par des motifs bien différens, ce ne fut donc pas sans émotion que les jeunes filles passèrent le seuil de la maison de Mme de Nangis. Celle-ci avait dû sortir pour affaires..... de toilette, ajouta la femme de chambre, quand elle vit le sérieux que ce mot d'affaires répandait sur les traits des voyageuses, qui craignaient l'indiscrétion de leur arivée, si elle tombait mal à propos. Mais Mme de Nangis les attendait : elles seraient seules dans la maison jusqu'au bal, et Mlle Juliette avait les ordres de sa maîtresse pour se mettre à la disposition de Mlle d'Héristal, et l'habiller. Du fils de la maison, pas un mot, et Thérèse ne s'en informa point.

— Profitant de l'absence des jeunes filles, Dame Ursule avait transporté ses pénates, ou plutôt sa corbeille d'ouvrage, dans la vaste salle qu'habitait de préférence M. Dubreuil, et où il n'était pas seul volontiers. La conversation roula d'abord sur les voyageuses. L'adroite mère trouva moyen de ramener si agréablement le souvenir de Ninette, rose et fraîche dans sa plus belle robe, fine et bien prise dans sa ceinture et dans sa guimpe, que le vieux malade en fut tout ragaillardi. Il demanda son âge : elle avait dix-neuf ans

— Hum! grommela le marin, je parie que vous pensez déjà à la marier.

— Non, vraiment. Mais d'autres y pensent pour moi.

— Voilà qui est fort! s'écria-t-il, qui est-ce qui doit se mêler de cela, excepté moi?

— Mais, répliqua-t-elle en riant, peut-être les gens qui y songeraient pour eux-mêmes.

— Il y en a donc! et vous ne me l'avez pas dit, fausse et déloyale créature!

— Dame! monsieur, je vous l'apprends presque aussitôt que je l'ai su moi-même.

— Et qui sont ces beaux gendres que vous voulez vous donner, Dame Ursule? dit M. Dubreuil avec une violente irritation.

— D'abord, je vous prie de croire, monsieur, que je ne compte m'en donner qu'un, fit Ursule, qui ne pouvait s'empêcher de rire.

Exaspéré par ce rire intempestif, le vieillard continua d'une voix tonnante :

— Et vous espérez rester chez moi après ce mariage! et vous vous figurez que je vais garder votre face de chouette quand il n'y aura plus un joli minois à côté pour l'égayer! Je n'aime pas les vieilles gens, voyez-vous : ils sont laids, égoïstes, taquins, grognons. Il ne manque pas de filles pour me servir, dans la contrée. J'en prendrai deux, si cela me plaît.

— Six, ou douze, plutôt. Seulement, puisque je dois déloger de céans, conseillez-moi qui je dois choisir pour fils, car cela est bien égal à ma pauvre enfant, entre tous ceux qui se présentent. Elle n'a d'autre goût que de rester ici, pour y vivre tout simplement.

— Pourquoi donc, alors, voulez-vous la marier?

— Pour lui faire un sort pendant qu'elle est jeune et belle. Je n'ai point de bien à lui laisser après moi : que deviendrait-elle?

— Mais je suis là, moi, si vous mourez.

— Merci! dit Ursule, qui cacha un sourire dans son mouchoir. Mais mon parti est pris; je veux me mettre l'ame en repos pendant l'absence de la petite, et à son retour, demain matin, je lui dirai : « Voilà celui que tu aimeras toute ta vie. » D'ailleurs, monsieur, s'il faut sortir de chez un maître comme vous, il vaut autant que ce soit tout de suite : les regrets sont déjà assez grands comme cela.

— Ah ça, êtes-vous enragée aujourd'hui, Ursule! On ne sait pas que devenir avec vous. Vous m'essoufflez, comme si j'étais une rosse qu'on fait galopper. Ne vous ai-je pas dit que je voulais faire quelque chose pour Ninette, dans mon testament? est-il nécessaire que ce testament soit parachevé à l'instant pour que vous en soyez sûre? Qu'est-ce que cela signifie de me jeter à la tête toutes ces balivernes de mariage? Pourquoi vous pressez-vous tant? croyez-vous que je sois mort, ou moribond?

— Quelle idée! est-ce là ce que je vous disais tout à l'heure? Mais en quoi cela vous gênerait-il de me mettre l'ame en paix, voyons? Votre notaire n'ira pas au bal, ce soir, que je sache. J'enverrais la voiture pour le chercher, si vous vouliez. Sinon, demain, moi je l'irai trouver pour autre chose.

— Est-elle obstinée! Eh bien! mettons qu'il soit là, quelle mine vais-je faire? ai-je donc l'air sot des bonnes gens qui donnent leur bien?

— Si vous le donniez, à la bonne heure. Mais pour une fumée que vous me faites passer sous le nez, je vous laisse, moi, le plaisir de vivre auprès d'une des plus charmantes filles que la terre porte, et je la refuse à deux ou trois partis, que je vous nommerai si vous voulez, pour vous convaincre qu'elle s'établirait de façon à m'ôter tout souci pour son avenir.

— Laissez-moi tranquille avec vos partis! vous me feriez perdre l'esprit par votre bêtise. Ne voyez-vous pas que vous me faites monter le sang et peut-être la goutte à la tête? Ne suis-je donc pas assez malade, à votre gré? Si Ninette se conduit bien, continua-t-il après une pause, je la ferai mon héritière, au même titre que ma nièce: elles partageront.

— Comment partager ce vieux château? car vous n'avez pas autre chose que cette terre? dit doucettement Ursule.

— Pas autre chose : répondit le vieux garçon, non moins doucement.

— Impossible alors. Mlle Thérèse ne nous aime pas ; elle nous méprisera; elle aura trop d'avantages sur nous, pauvres femmes isolées, quand elle aura épousé son M. de Nangis : ce qu'elle fera le lendemain de votre mort, soyez-en sûr!

— Que m'importe!

— Excusez-moi si je vous refuse. Je ne veux pas que Ninette ait rien à démêler avec une personne qui l'a toujours humiliée de sa fierté et de sa froideur : elle nous jouerait de mauvais tours, et nous dépouillerait.

— Il me semble, Ursule, que vous avez bec et ongles, plus encore que ma nièce.

— C'est égal. Je ne veux pas de votre arrangement.

— Il faut donc que je déshérite Thérèse? que je lui ôte la maison de sa mère, le parc qu'elle aime, les terres qui la connaissent comme maîtresse depuis sa naissance?

— Comme vous voudrez. Vous pouvez lui tout donner et même l'épouser, si elle y consent; mais vous y seriez attrapé. Ce n'est pas elle qui enchaînerait sa jeunesse à côté de votre goutte, de votre humeur et de vos exigences : elle ne vous aime pas assez pour cela. Essayez de lui demander de devenir votre femme.

— Je n'en ai nulle envie : vous êtes folle, Ursule..

— Eh bien, essayez de demander cela à Ninette aussi !

—,Ninette ! ma femme ? vous n'êtes pas dégoûtée, Dame Ursule. Au fait, cela serait plaisant. Et vous croyez qu'elle y consentirait ?

— Je n'en doute pas.

— Voilà qui est drôle, de me mettre ainsi des fariboles dans l'esprit. Il est certain que Ninette est une fille à croquer. Elle est cent fois mieux que ma nièce. Celle-ci serait-elle attrapée, la mijaurée.

— Nous ne vous demanderions pas de la renvoyer, quoiqu'elle ait avec nous, sans y toucher, des airs de grande dame bien ridicules, dans sa fière pauvreté ; au contraire, nous nous ferions un plaisir de la garder et de la traiter comme auparavant, toujours. Ninette est un ange de bonté, et moi je suis très-compatissante. D'ailleurs, notre nouvelle position chez vous rétablirait les choses comme elles doivent être entre Mlle d'Héristal et nous. Elle serait chez Ninette, chez sa tante, et il faudrait bien qu'elle se conduisît en conséquence.

Dame Ursule aurait parlé plus long-temps que M. Dubreuil ne s'en serait pas aperçu. Un peu moins grimé qu'à l'ordinaire, il suivait en imagination une série de tableaux qui lui plaisaient fort et le tiraient des réalités de son état de malade pour le faire époux d'une charmante enfant, laquelle l'aimait, lui disait-on. Il était trop personnel pour n'être pas aisément dupe et absurde. Sa défiance instinctive s'éveilla enfin, mais sur un autre point.

— Si je me donnais ce que vous me proposez, Ursule, c'est-à-dire une jeune femme, je ferais aussi mes conditions.

— C'est trop juste. Lesquelles ?

— On vivrait ici comme maintenant, sans sortir, sans dépenser, sans s'attifer ni s'acheter de belles choses. On aurait tout mon bien par testament ; rien auparavant. Je serais le maître ici, aussi bien que le mari. Est-ce entendu ?

— Parfaitement.

— Et il n'y aurait jamais, entre ma nièce et vous, de disputes qui vinssent jusqu'à mes oreilles.

— Jamais.

— Vous comprenez bien, n'est-ce pas, que je ne vais point vous donner là, séance tenante, ma réponse définitive. La chose vaut d'être murie. Demain matin, Dame Ursule, nous en reparlerons.

La gouvernante comprit qu'il fallait quitter la place et laisser son maître avec les idées agréables qu'il se plaisait à savourer, en amateur raffiné de la jouissance présente, que les réflexions gâtent toujours. Quelle résolution sortirait-il de cet état nouveau? impossible d'en rien savoir, avec un être si fantasque, et où l'impression du moment pouvait tout. Ursule n'était sûre de rien. Mais la mine était creusée, la mèche allumée: de quel côté partirait l'explosion?

CHARLES AUTIGNY.

(La suite au prochain numéro.)

LETTRES ÉCRITES D'AMÉRIQUE.

SYSTÈME PÉNITENTIAIRE. — HOSPICES DE FOUS. (¹)

XVII.

Les pénitentiaires. — Dispositions architecturales. — Les réglements. — Régime imposé aux prisonniers. — Côtés défavorables du système améri- cain. — Données statistiques sur l'état sanitaire. — Les récidives. — Hos- pices de fous. — Leur excellente organisation.

C'est en grande partie à la liberté de la presse, à la responsa- bilité des employés, à la surveillance continuelle à laquelle ils sont soumis, que j'attribue l'importance et la prospérité de quelques institutions publiques et de divers établissements nationaux qui font l'admiration de tous les Européens, et dont je vais dire quelques mots. En Europe, on le sait, ce ne sont pas les principes, les no- bles et généreux élans, le grandiose des conceptions qui manquent; mais c'est plutôt, après l'impulsion, la persévérance dans la pra- tique, la surveillance éclairée qui ferait passer toutes nos sublimes rêveries à l'état d'admirables réalités. — En première ligne de ces établissements sont les pénitentiaires dont on a tant parlé, et pour l'étude desquels les états d'Europe ont dépensé des sommes considérables, avant d'arriver à la mise en pratique d'un système que pour mon propre compte je suis loin d'approuver, et qui me semble bien plus pour nous une affaire de mode, pour les Améri-

(¹) Voir la lettre précédente, livraison de décembre 1850, p. 795.

cains une affaire d'intérêt, qu'un bienfait pour l'humanité. Montrons les choses telles qu'elles sont ; le lecteur jugera.

Représentez-vous une immense cage en pierres, construite au milieu d'une salle plus grande encore et percée de quelques fenêtres cachées sous d'énormes barreaux de fer, et vous aurez assez exactement la vue d'un pénitentiaire américain; il n'est pas besoin de dire que le tout est encore entouré de hautes murailles. — La cage en pierre est divisée tout autour et sur quatre ou cinq étages, de cellules, qu'on dirait taillées dans le roc massif. Elles ont trois à quatre pieds de large, six pieds de profondeur, six pieds de hauteur, et sont fermées de lourdes portes en barres de fer fondu. Ce sont là les chambres de messieurs les forçats américains. La surveillance est facile; car la cage, isolée comme elle l'est, deux ou trois gardiens en faction dans les corridors ou sur quelqu'une des galeries en fer qui serpentent jusqu'au sommet, suffisent pour maintenir l'ordre. Ils peuvent avoir l'œil à tout ce qui se passe, et grâce au silence imposé aux condamnés, découvrir les moindres infractions à l'ordre. — Tous les pénitentiaires américains se ressemblent pour le plan intérieur. D'ordinaire ils sont situés dans des places découvertes, entourés d'un jardin, souvent même dans une position gaie et pittoresque. Mais ce sont là des agréments qui ne sont guère à l'usage des condamnés, puisque de leurs cellules ils n'ont d'autre vue que celle des murs du corridor. Les ateliers, il est vrai, sont bien éclairés; mais la vue donne sur les cours intérieures et jamais au dehors; et en fût-il autrement, ceux qu'on y conduit à heures fixes pour le travail n'auraient guère le loisir de contempler les beautés de la nature. Vous le voyez, tout est parfaitement en ordre, parfaitement propre, les condamnés ne peuvent dire une parole; ils ne peuvent s'échapper. Il n'y a pas, ce me semble, grand mérite à de tels résultats. — Les réglements des pénitentiaires sont également les mêmes partout, du moins pour les points essentiels que nous citons :

— « Les condamnés doivent travailler de bonne foi et avec di» ligence; obéir promptement à tous les ordres et observer un » silence absolu. — Il ne leur est pas permis d'échanger un seul » mot les uns avec les autres, sous quelque prétexte que ce soit, » ni de se transmettre aucune communication par écrit; ils ne » peuvent échanger ni signal, ni coup-d'œil, ni sourire, ni faire

» usage d'aucun signe, si ce n'est lorsque cela est absolument
» nécessaire pour faire connaître leurs besoins à leurs surveil-
» lants. — Ils doivent approcher de leurs gardiens avec le plus
» grand respect et être le plus brefs possible dans leurs commu-
» nications. — Il ne leur est pas permis de s'adresser aux sur-
» veillants pour des sujets ordinaires, mais seulement quand cela
» est absolument nécessaire pour leur ouvrage ou leurs besoins.
» — Dans aucun temps et sous aucun prétexte, il ne leur est per-
» mis d'adresser la parole à une personne étrangère à l'établisse-
» ment, ni de recevoir de personne ou du papier, ou une lettre,
» ou du tabac, ou telle autre chose. — Il ne leur est pas permis
» de quitter la place où ils sont assis pour travailler, ni l'ouvrage
» qui leur est assigné, sans permission spéciale ou sans l'ordre du
» préposé. — Il leur est défendu de distraire leur attention de leur
» ouvrage pour regarder les visiteurs, et même ils ne peuvent
» regarder personne bien qu'ils soient inoccupés. — Chaque pri-
» sonnier doit occuper tous les soirs la même cellule. Lorsque
» chacun d'eux entre dans sa cellule, il est tenu de déposer son
» vase, de se tenir debout, la main sur la porte de sa cellule en-
» tr'ouverte et de rester dans cette position jusqu'à ce que le geô-
» lier approche pour la fermer à clef; le prisonnier doit alors
» pousser la porte immédiatement. — Au signal donné par la clo-
» che, chaque prisonnier doit se mettre au lit sans retard; il lui
» est permis de se coucher auparavant, s'il le veut, et de ce mo-
» ment le plus profond silence doit régner dans toutes les cellules
» jusqu'au lendemain, où au son du gong le prisonnier doit s'ha-
» biller et se préparer à sortir. — Les condamnés doivent toujours
» marcher au *pas lié* (nous l'expliquerons) et dans l'ordre indiqué
» par le surveillant, etc. »

Telles sont textuellement les dispositions essentielles : j'avoue
volontiers que dans ces ordonnances il n'y a rien de brutal ni d'a-
vilissant. Mais entrons dans un pénitentiaire, et voyons ce qui s'y
passe. Les condamnés, tous revêtus d'un uniforme partout reconnaissable, d'une camisole et d'un pantalon de laine à larges raies
noires et blanches, sortent le matin de leurs cellules qu'on peut
avec raison appeler des antres, des grottes ou des fours, tant
elles sont étroites et sombres. Classés par escouades, ils se mettent
aussitôt par vingtaines à la file les uns des autres, pour s'achemi-

ner sous la conduite des gardiens vers les différents ateliers ou vers les quartiers de la ville où ils doivent être employés (¹). C'est dans ce trajet, comme dans tout trajet fait en commun, qu'ils sont astreints à cet étrange *pas lié* dont parle le réglement, et dont il me sera difficile de donner une idée. Le premier individu de la file est arrêté par le gardien ; c'est d'ordinaire le plus fort de la bande ; il reste ferme en place à mesure que les vingt autres à la file se pressent contre lui et les uns contre les autres dans le plus petit espace possible, et ne forment, pour ainsi dire, qu'une seule masse humaine. Au signal donné, la chaîne se meut comme si elle n'était qu'un seul corps. Toutes les jambes se lèvent et retombent en cadence dans une espèce de saut répété, qui n'est ni une marche, ni une course, ni une danse, mais l'ébranlement de quelque animal à vingt têtes, mu par quelque ressort invisible ; c'est une marche qui n'a rien d'humain et qui me paraît honteuse et dégradante pour les condamnés. Ainsi collés les uns aux autres, ils arrivent à leurs ateliers respectifs, se mettent à l'œuvre, ou plutôt à leurs places pour travailler quand ils ont de l'ouvrage, ou pour rester immobiles comme des statues quand l'ouvrage manque. Ils ne quittent les ateliers que pour traverser les cours ou les rues dans le même ordre, et venir s'aligner, je ne dis pas le long des tables, mais le long des *mangeoires* (qu'on me pardonne le mot), pour avaler la part de nourriture qu'ils trouvent devant eux. Et ainsi trois fois par jour. Après le dernier repas, ils sont reconduits à leurs cellules, la porte est fermée sur eux, et ils peuvent lire leur Bible si le corridor est éclairé au gaz ou s'il fait encore jour, ce qui est rarement le cas, ou rêver à leur malheureuse position. Quel avantage trouve-t-on à ce système sur celui de nos forçats ou de nos prisonniers d'Europe ? Le si-

(¹) On a beaucoup vanté la méthode américaine, de laisser tous les condamnés employés dans l'intérieur des pénitentiaires et de ne pas les exposer en public. La règle peut exister ; mais la pratique n'est pas conforme à la règle. Les convicts ou condamnés sont souvent employés dans la ville pour des constructions, hors de ville pour l'exploitation des carrières ou l'établissement des routes ; de telle sorte que la surveillance pour l'observation du silence au moins est impossible. Il ne faut pas toujours s'en rapporter à ceux qui viennent en Amérique *étudier* une chose quelconque pour en faire rapport en Europe. Les directeurs montrent ce qu'ils veulent et les rapports participent toujours plus ou moins du *humbug* ou des exagérations américaines.

lence absolu empêche la communication de mauvais principes;
c'est possible; mais peut-il rendre bon celui qui est mauvais, et
corriger à lui seul les penchants vicieux développés par une longue habitude du mal? Je sais que, le dimanche, les forçats assistent au service divin dans la chapelle de la prison ; mais je sais
aussi qu'un bon nombre des condamnés envisagent ce devoir qui
leur est imposé, comme une continuation des travaux forcés de la
semaine; je sais que dans notre pénitentiaire de Columbus, par
exemple, un digne pasteur, en faisant appel à la charité publique,
a fondé une belle, bonne et riche bibliothèque dont les forçats
peuvent profiter le dimanche, dont ils profitent surtout pendant
qu'ils sont à l'hôpital, mais c'est là un cas exceptionnel et particulier. Je sais encore que dans le même pénitentiaire, des personnes de bonne volonté ont établi une école du dimanche où, pendant une heure ou deux, elles enseignent à lire aux plus ignorants;
mais cela est si sec et si froid, le cœur y est si peu et la forme
y domine tant, que les résultats ne sont appréciables que pour les
rapports annuels, dans lesquels il faut bien avoir quelque chose à
consigner.

Est-ce là, je le demande, tout ce que le devoir d'homme à
homme exige, et surtout ce que la charité de Christ demande? Eta-
blir des pénitentiaires tels qu'ils le sont ici, est-ce faire assez pour
mériter le beau titre de philanthrope, qu'on s'est plû à accorder
si souvent aux Américains? Pour moi, j'avoue que je ne suis jamais
sorti de l'intérieur de ces murs, entassés avec art pour garder mieux
leur proie, sans être oppressé par un sentiment d'effroi, de dégoût,
de souffrance morale, aussi vif, plus vif même, que je ne l'ai jamais
éprouvé en sortant des bagnes ou des plus sombres cachots d'Europe. Nous avons beau dire, nous avons beau argumenter contre
la laideur du vice et du crime; l'homme reste homme malgré tout,
et les plaies morales comme les maladies secrètes ont toujours
plus ou moins de mystères pour notre imagination. Mais quand
nous voyons la nature humaine avilie et dégradée; c'est-à-dire,
que nous trouvons passé à l'état matériel et visible, ce qui n'était
qu'à l'état moral ou voilé, nous ne pouvons nous empêcher de
repousser d'instinct une telle dégradation de notre noble humanité, une si affreuse disharmonie, ou du moins de souffrir à
sa vue. C'est là ce que produit de plus évident le système pénitentiaire américain. Il courbe le criminel sous une verge de

fer qui, en apparence du moins, lui fait perdre sa qualité
d'homme, le fait passer à l'état de brute et réalise à son égard la
menace prononcée dans l'épouvantable songe de Nébuchadnetzar.'
Châtiment terrible, je le répète, dont la vue seule est une souffrance si poignante, qu'on ne peut comprendre que la réalité soit
supportable pendant des années, et souvent pendant une vie entière. Que reste-t-il d'humain, je le demande, au malheureux à
qui on a enlevé l'usage de la parole, qui n'a plus la permission de
marcher comme un homme, qui chaque soir s'enfonce dans une
obscure cellule de pierre semblable à l'antre d'une bête féroce :
qui mange comme l'animal en déchirant de ses dents et de ses
doigts la pitance posée devant lui, qui n'a plus un mouvement,
plus un signe qui soit à lui, et qui chaque jour, pendant une douzaine d'heures, travaille comme le ferait une machine à vapeur
sur laquelle on verserait de temps en temps l'huile nécessaire au
rouage, et rien de plus ?

Rien de plus! car avec son philanthropisme ordinaire, l'Américain, ou les divers Etats, en établissant les pénitentiaires, se sont
réservés la propriété entière du travail des condamnés. Suivant
les besoins de la contrée et sous la direction des plus habiles cal-
culateurs et des meilleurs négociants, ils ont établi des ateliers
où les forçats, quel qu'en soit le nombre, sont à l'œuvre tout le
jour pour le bénéfice de ceux qui les font enfermer, et sans qu'à
leur sortie de prison il leur en revienne un centime. Sous le rapport de l'économie, ce système est magnifique et mérite toute
louange; il rapporte aux entrepreneurs de jolis bénéfices. L'état
de l'Ohio, lui seul, fait à ce métier-là cent mille francs par année.
Plaindre les malheureux, c'est bien ! (les hommes corrompus et
criminels ne sont-ils pas les plus malheureux de tous !) Les éloigner de la société quand ils nuisent, c'est bien encore. Chercher
à les rendre meilleurs, c'est mieux. Intéresser à leur sort l'humanité tout entière et créer à leur profit des institutions semblables
à celles qui accueillent ceux dont le corps est atteint de maladies
incurables, c'est là le devoir de ceux qui sont en santé. Mais faire
toutes ces choses pour l'apparence, pour la gloire, et voler ensuite ceux qui devraient retirer les bienfaits de semblables institutions; un tel acte mérite-t-il le beau nom de philanthropisme. Et
certes, je ne me sers pas d'un terme trop fort, car si l'Etat a le
droit peut-être, et j'en doute, de forcer le prisonnier à travailler

pour son propre entrętien, a-t-il le droit de garder pour lui les bénéfices du travail ? J'ai dit : *peut-être!* Si l'on admet que l'homme
criminel est malade, que la société doit travailler à le guérir, quel
remède plus puissant pourrait-on employer pour le relever à ses
propres yeux que de lui accorder sinon la jouissance, du moins
l'espérance d'obtenir les bénéfices de son travail, quand il lui sera
permis de rentrer dans la société lavé de ses souillures et guéri
de ses vices. Quand un pénitentiaire donnera au criminel la connaissance et la pratique de la religion chrétienne, l'habitude du
travail en lui enseignant un métier, et la propriété acquise par le
travail, il en aura fait un honnête homme; aussi long-temps que
le système n'a pas atteint ce but, il ne mérite ni les louanges ni
l'imitation.

Mais les Américains s'appuyent sur les chiffres des statistiques,
et prouvent combien les cas de récidive sont moins nombreux
chez eux que chez nous. Ici les chiffres ne prouvent rien. De l'a-
veu même des directeurs des pénitentiaires, plusieurs des condamnés meurent de découragement quant ils sont soumis au régime philanthropique américain; qu'on juge de l'effroi que doivent inspirer les maisons de détention, à ceux qui ont survécu à
ce régime-là : les donjons du moyen-âge ne faisaient pas mieux.
Mais de cette frayeur que les patients éprouvent pour leur hôpital,
peut-on conclure qu'ils soient guéris en le quittant. C'est là mettre
un emplâtre sur la gangrène et voilà tout; les voleurs se font habiles filous, quelle différence y a-t-il entre ces deux conditions? D'ailleurs, les cas de récidive, j'en suis convaincu, sont ici aussi nombreux qu'en Europe; seulement, il est impossible de les constater.
C'est d'abord le seul chiffre intéressant qui manque aux rapports; et
comme la police américaine ne recherche point les antécédents, que
chacun change de nom à volonté, puisque d'après la liberté pleine
et entière des individus, on ne peut même exiger qu'ils soient
baptisés, que les convicts libérés ne sont astreints à aucune surveillance et changent de lieu avec la plus grande facilité, les condamnés sont le plus souvent des repris de justice venus d'une autre contrée, et personne ne peut s'en apercevoir.

Qu'on me permette de citer encore quelques chiffres, dont les
partisans du système américain déduiront leurs conclusions. En
consultant les tables du pénitentiaire de Columbus, année 1846,

qui sert de moyenne pour le nombre des individus renfermés, savoir 498, je trouve, pour l'état sanitaire de l'établissement, 1084
journées de maladies, c'est-à-dire journées perdues par maladies;
140 cas de diarrhées, 387 de fièvres intermittentes, 202 de
gastrites et irritation, 58 de rhumatisme. Ces catégories, qui présentent un total de 737 cas, sont remarquables, et si je ne me
trompe, les chiffres ne parlent pas ici en faveur de la salubrité de
l'établissement. Ajoutons qu'en 1849, du 30 juin au 30 juillet, sur
433 forçats renfermés dans le même pénitentiaire, 396 étaient atteints du choléra, et 125 mouraient de cette affreuse maladie. Les
statistiques des divers pénitentiaires américains ne présentent pas
des chiffres plus attrayants sous ce rapport.

C'est le vol dans ses diverses catégories, vol avec effraction, vol
de chevaux surtout, vol par falsification de papier-monnaie, etc.,
qui fournit aux pénitentiaires le plus grand nombre de condamnés, le 70 pour cent. Ceci confirme bien ce que j'ai dit des inclinations du Yankee. Puis viennent dans un ordre décroissant : le
meurtre, le viol, la bigamie, l'inceste, le parjure et le double vote.
Dans le nombre des condamnés en général, 70 pour cent savent lire
et écrire, et 15 pour cent lire seulement. L'ignorance, on le voit,
n'est pas ordinairement ce qui pousse l'Américain au crime. Dans
le même nombre également, 70 pour cent sont Américains nés.
C'est l'Irlande qui fournit ensuite le plus de convicts au pénitentiaire.

Malgré les nombreux matériaux que j'ai réunis sur cette matière, je n'ose pas allonger ces renseignements; cet article deviendrait un livre. Si quelqu'un des lecteurs de la *Revue Suisse* trouvait
ces détails trop courts et trop peu complets, je mets à sa disposition les données les plus authentiques qu'il soit possible d'obtenir
sur cet intéressant sujet. Et certes, pour celui qui connaît l'état
moral de l'homme, c'est-à-dire, qui sent sa faiblesse et toutes les
misères auxquelles l'expose sa nature, qu'y a-t-il de plus intéressant que l'étude des moyens apportés par nos sociétés à la guérison et au soulagement des diverses maladies de notre ame?

En face du pénitentiaire de Columbus, mais tout à l'autre extrémité de la ville, s'élève un autre immense bâtiment, le plus
beau peut-être de tout l'Ohio, et consacré aussi au traitement des
infirmités de l'ame, c'est l'hospice des fous.

J'ai blamé sans ménagement les Américains et leurs œuvres; on

ne me croira pas prédisposé injustement en leur faveur quand je
les louerai sans réserve. Assurément, en parlant des soins qu'ils
donnent à la faiblesse et à la maladie, dans leurs asiles pour les
enfants, dans leurs hopitaux divers, dans les refuges ouverts aux
aveugles, aux sourds-muets, etc., il me serait impossible de leur
adresser un mot de blâme. Comparé aux meilleurs hospices d'Europe, à ceux que j'ai visités à Paris, à Berlin, à Copenhague, à
Amsterdam, etc.; celui de notre petite ville de Columbus est un
palais et une merveille. Il présente, dans le traitement des maladies mentales, des résultats bien supérieurs à ceux qu'obtiennent les
plus célèbres médecins et les plus célèbres institutions d'Europe.
C'est qu'ici, les pauvres être privés de leur raison sont, non pas
des hommes seulement, mais des malheureux traités avec tous les
égards dus au malheur. L'hospice est entouré de grands jardins
sur lesquels s'ouvrent les fenêtres des chambres et des couloirs
habités par les fous. Ceux-ci, c'est-à-dire ceux dont la folie n'est
pas dangereuse, et c'est le plus grand nombre, ont chacun la jouissance d'une jolie chambrette bien éclairée, décorée de verdure,
meublée d'un lit, d'une table et de quelques chaises, pourvue de
livres, de gazettes, de tout ce qu'il faut pour écrire. Chaque
chambre particulière s'ouvre sur un large et vaste couloir qui fait
l'office de salon, où les aliénés se réunissent quand ils le désirent
pour se promener et pour causer. Ils ont ainsi pleine liberté ou de
rester chez eux, ou de jouir de la société de leurs semblables. En
voyant ces fous dans leurs salons ornés de branches de pins ou de
guirlandes de fleurs, les uns se promenant gravement et discutant
les questions politiques avec toute l'adeur de savants législateurs,
d'autres assis près des fenêtres ouvertes d'où la vue s'étend sur les
jardins, sur la ville et sur des forêts magnifiques; quelques-uns
jouant au damier ou aux cartes, ou faisant à haute voix la lecture
des journaux, on se croirait transporté dans le salon de quelque
bateau à vapeur. A l'extrémité de chaque couloir est la chambre à
manger, où les fous sont admis seulement aux heures des repas,
mais où ils reçoivent une excellente nourriture (1), et ont à leur

---

(1) La nourriture est la même pour le directeur, pour les employés de
l'hospice et pour les fous; elle est saine, abondante et variée, telle qu'un
homme habitué au confort américain s'en contenterait facilement. Les soins
d'hygiène et de propreté sont minutieux, et certes la meilleure preuve d'une
direction active et éclairée; c'est que l'année dernière non plus que cette

disposition les ustensiles nécessaires, couteaux et fourchettes, etc.
comme les êtres les plus raisonnables et les plus inoffensifs du
monde. Attenante à une petite bibliothèque où abondent surtout les
journaux, ils ont une jolie chapelle où chaque dimanche ceux qui
le désirent assistent au service divin. La chapelle est presque toujours pleine, et il est rare qu'un acte inconvenant trouble le service. Et n'était cet air étrange que donne la folie, on ne pourrait se persuader que tous ces êtres humains qui se courbent
devant Dieu pour la prière, et unissent leurs voix pour des chants
harmonieux, sont dépourvus de raison. Sur le nombre de ces fous,
qui s'élève maintenant à quatre cents, il en est plusieurs, on le
comprend, qui sont enfermés comme dangereux dans des cellules
séparées. Mais ces cellules mêmes sont propres, bien aérées, et
s'ouvrent aussi sur un corridor commun, où peu à peu les patients
les plus forcenés s'habituent à la liberté et à la société de leurs
semblables. Le nombre de ces furieux est fort petit : 25 sur 400
seulement à l'époque de ma dernière visite.

Dans ces hopitaux américains, les moyens employés pour ramener les fous à la raison sont, avec le traitement thérapeutique, la
plus grande douceur, la plus grande bienveillance et la plus grande
liberté compatible avec leur état. J'ai vu partout les directeurs
s'arrêter, donner la main, causer, écouter les plaintes pathétiques
ou discuter les burlesques pétitions, agir en un mot comme un père
le ferait avec ses enfants. Les résultats obtenus par ces moyens
sont, nous l'avons dit, remarquables. Sur le nombre des patiens,
admis et traités à l'hôpital pendant dix ans (1365), près de la
moitié (635) ont recouvré l'usage de leur raison. Année moyenne,
dans les cas de folie récente, c'est-à-dire où la raison a été altérée depuis moins d'une année, les guérisons ont été de 90 pour
cent, et pour les vieux cas, de 13,75 pour cent seulement ; le
nombre des morts de 9 pour cent. En parcourant les tabelles de
l'hôpital de Columbus, un fait m'a frappé surtout ; c'est la dimi-
nution des cas de folie causée par l'intempérance. En 1839, le
nombre était de 14 ¹/₂ pour cent, en 40 de 11, en 41 de 8 ¹/₄, en
42 de 10 ³/₄, en 43 de 6 ¹/₄, en 44 de 5 ³/₄, en 45 de 6, en 46

année le choléra n'a pas paru dans l'établissement. — Les pauvres sont admis gratuitement à l'hospice dont l'entretien coûte à l'Etat 150 mille francs
par année.

de 3 $^1/_2$, en 47 de 3$^1/_4$, en 48 de 3 $^1/_{16}$, en 49 de 3 $^1/_4$. En comparant cette table avec celle qui donne le nombre des forçats renfermés annuellement aux pénitentiaires, pour crimes causés par intempérance, on trouvera, par les statistiques, le plus éloquent plaidoyer en faveur de la réforme opérée en Amérique par le père Matthieu d'Irlande. — Et si quelqu'un·pouvait douter de l'utilité d'un hospice pour les fous, qu'il consulte également les chiffres donnés plus haut. Ils prouvent que si un traitement éclairé est employé à temps, 90 pour cent de ceux qui sont atteints de folie recouvrent la raison. — Les Neuchâtelois apprécient, je le pense, comme il doit l'être, l'asile magnifique élevé à la démence par un de nos concitoyens. Je n'ai jamais vu cet hospice, je n'en connais pas le fondateur, mais je n'ai jamais visité les pauvres fous américains sans bénir par la pensée ce généreux compatriote qui a donné une grande part de sa fortune au soulagement d'une classe de malheureux trop long-temps oubliée pas notre civilisation égoïste.

LÉO LESQUEREUX.

Columbus, septembre 1850.

COUP-D'ŒIL

sur la situation politique de la Suisse

EN 1850 (¹).

-->))((<-

Notre revue de cette année sera courte, et le lecteur, qui a autre
chose à faire, dans ce moment-ci, qu'à méditer des jugemens
téméraires peut-être, et d'une autorité bien minime après tout,
ne sera pas le dernier à s'en plaindre sans doute. Mais on aurait
tort d'inférer de notre laconisme que tout en Suisse est maintenant
pour le mieux et à l'état normal. La situation continue d'être embarrassée et grosse d'événemens qui, pour être encore à l'état latent, n'en sont pas moins inévitables et prévus. Le coin du voile
nous paraît même sensiblement plus levé qu'à la fin de 1849.
Le parti politique qui occupe aujourd'hui les avenues du pouvoir,
dans la sphère fédérale comme dans la plupart des cantons importans, cherche à conjurer ou à tourner ces éventualités. Y réussira-t-il complétement, et pourra-t-il achever jusqu'au bout sa
manœuvre prudemment réactionnaire? Telle est la question du
moment.

Il est des conservateurs en grand nombre qui, sincères dans
leur abnégation et leur désintéressement, seraient enchantés de

(¹) Nos lecteurs ont accueilli favorablement, en janvier 1849 et 1850,
les pages dans lesquelles un de nos collaborateurs cherchait à résumer les
principaux événemens qui s'étaient passés en Suisse pendant l'année qui venait de finir, et esquissait à grands traits le tableau de notre situation politique au commencement de l'année nouvelle. Quelque imparfait que soit
nécessairement un coup-d'œil aussi rapide jeté sur des faits souvent si
complexes, nous croyons faire une chose bonne et utile en poursuivant la
publication de ces résumés annuels.   (*Note de la Rédact.*)

voir le radicalisme, débarrassé petit à petit de l'élément socialiste
qui le renforçait en le compromettant, continuer à mener les affaires et réparer tant bien que mal nos avaries politiques. Mais ces
conservateurs-là ne forment pas tout le parti, et il en est d'autres
plus ardents, plus actifs, plus convaincus peut-être et doués à un
plus haut degré de l'esprit d'initiative, qui n'entendent pas rester
à moitié chemin, et qui n'auront, disent leurs organes dans la
presse, ni trêve ni repos que tout l'édifice radical ne soit renversé.
C'est entre ce parti et le radicalisme non socialiste que la lutte est
principalement engagée dans la Confédération. Déjà l'on a pu assister à des combats plus sérieux que de simples affaires d'avant-
postes, et de part et d'autre on continue journellement à faire le
coup de pistolet avec plus ou moins d'adresse et de bonheur. Déjà
bien des gens croyaient, lors des élections générales de Berne,
que le moment de la charge à fond était venu; mais après ce succès partiel il y a eu un temps d'arrêt marqué. La phalange radicale, qui paraissait entamée au vif, a repris quelques avantages, et
de part et d'autre on continue les escarmouches.

Que de personnes n'a-t-on pas entendu s'écrier, lors de l'avénement du parti bernois duquel émanait le programme de Mun-
zingen : «Enfin nous allons avoir en Suisse, dans le canton le plus
» important, un gouvernement sagement libéral, aussi peu radical
» que réactionnaire, qui redonnera de la force à la Confédération,
» de la confiance aux patriotes éclairés, ennemis des exagérations,
« et de la sécurité à nos voisins! » Six mois à peine se sont écoulés, et combien n'a-t-il pas fallu rabattre déjà de ces belles espérances? Non que les bonnes intentions aient fait défaut; loin de
là, elles ont abondé, et parfois même elles ont reçu leur exécution. Mais elles ont eu à lutter contre de telles difficultés, contre
des adversaires si opiniâtres, si numériquement forts et si habilement organisés pour la résistance et pour l'attaque, qu'il a bien
fallu, en mainte occasion et par un sentiment instinctif de conservation, tordre et violenter un peu ce programme qui devait être
notre palladium. Jamais peut-être on n'a mieux pu voir que dans
le canton de Berne, après ces solennelles élections qui ont donné
la majorité aux conservateurs, combien est grande la différence
entre ce qu'on s'est proposé de réaliser, et ce que la nécessité vous
impose, entre le rêve de l'homme de bien et la triste réalité. C'est
donc d'un autre côté que de cet antagonisme bernois que doit bril-

ler, semble-t-il, cette lumière si impatiemment désirée, que doit
jaillir cette source à laquelle les esprits malades et agités par les
tourmentes de ces dernières années ont tant besoin de se désaltérer.

Nous ne voulons certes pas dire que dans un temps prochain le
radicalisme bernois reparaîtra aux affaires; d'ailleurs, si par impossible cela arrivait, il reviendrait tellement modifié et mâté par
l'expérience, qu'il serait bien différent de ce qu'il a été. Il ne se
reconnaîtrait pas lui-même. Nous disons seulement que le grand
fait des élections de Berne en 1850 demeure un fait isolé, pour et
contre lequel on se consumera long-temps encore dans ce canton
en luttes pénibles et stériles, un fait sur lequel on aurait tort de
compter en faveur d'une réaction générale en Suisse.

La Confédération helvétique sera long-temps encore le pays des
bigarrures et des contrastes, le pays où les conclusions par analogie sont impossibles à tirer, et où même il suffit qu'un fait se
produise sur un point pour que le fait inverse arrive sur le point
voisin. Voyez par exemple les élections de Genève qui ont suivi
presque immédiatement les élections de Berne. Elles n'ont pas
abouti au pénible triomphe des conservateurs, mais bien à la complète et absolue victoire des radicaux. Cette victoire a même été
si entière qu'elle a inquiété et contrarié ceux des vainqueurs qui
aiment à discuter avec leurs adversaires, comme aussi ceux qui
pensent au lendemain. Elle a encore eu cela de particulier qu'elle
a exclu et expulsé totalement du principe radical le principe socialiste qui y était mélangé. C'est là une expérimentation que le
radicalisme politique pur, celui qui est né de l'ancien esprit libéral
et qui regarde le socialisme comme un absolutisme déguisé, veut
faire enfin une bonne fois, pour répondre à ceux qui l'accusent
d'être peu scrupuleux sur le choix de ses alliés et de ses moyens.
Quel qu'en soit le résultat, il faut savoir gré, ce nous semble, à un
parti politique quelconque, qui, au risque de perdre sa majorité,
joue le tout pour le tout et rompt avec des associés qu'il juge com-
promettans ou dangereux. Ces ruptures indiquent une certaine
confiance en soi-même et en ses idées qu'il faut se hâter de reconnaître, si l'on ne veut arriver à ce résultat trop fréquent en
Suisse, nous voulons dire à une déception honteuse provenant de
ce que l'on s'est efforcé de dénigrer ses ennemis à bien plaire,
en petits comités d'amis, et sans compter avec ses adversaires.

On dira sans doute que ce coup de maître du radicalisme relatif qui gouverne Genève arrive bien tard et qu'il s'est fait bien attendre. Mais qu'importe s'il arrive à point ? Il faut distinguer dans le socialisme , à Genève comme ailleurs, deux choses bien différentes : l'action intérieure et les relations avec le dehors. A l'intérieur, il expérimente aujourd'hui tout à son aise : il a ses comptoirs , ses courtiers, ses magasins, ses moyens d'échange à lui, et à cet égard il jouit de la pleine protection des lois et, du droit commun. Mais du moment où ce socialisme économique a donné dans la grande politique de la république universelle , et qu'à ce titre il est venu naturellement se laisser prendre aux pièges invisibles des polices secrètes ; il a changé de nature et n'a plus été qu'une niaiserie très-dangereuse. Mais il a fallu du temps et des preuves pour constater chez lui ce dernier caractère ; l'on a donc bien fait de ne point se presser d'agir. Il n'est pas facile de prendre des hommes aussi déliés que certains étrangers , en flagrant délit de provocations policières, et il faut une série de pièces de conviction pour arriver à cette conclusion fort inattendue : « C'est que certain socialisme français, s'il venait à triompher aujourd'hui , mettrait demain et ayant toutes choses le feu à la préfecture de police, pour détruire jusqu'à la dernière trace de ses faits et gestes dans sa période d'épreuves et de proscription. »

Si un jour les conservateurs genevois revenaient aux affaires, il en serait d'eux comme à Berne du retour éventuel des radicaux. Ils seront à peine reconnaissables. Quoi qu'il advienne , il est certaines choses qu'aucun pouvoir humain ne relèvera, pas plus physiquement que moralement, comme par exemple, les fortifications et les coteries. Bien des indices semblent d'ailleurs prouver que Genève restera encore assez long-temps ce qu'il est, parce que la majorité y est réellement acquise au régime actuel , même après la défection socialiste et qu'elle va encore se recrutant de toute la jeunesse catholique qui a tourné décidément au radicalisme, depuis que la Savoie et le Piémont sont entrés dans les voies libérales.

Il n'en est pas de même à Fribourg, canton malheureux s'il en fut, parce que la minorité y opprime la majorité au nom des principes libéraux. Le sort des pétitions fribourgeoises auprès des conseils suprêmes de la nation est une des pages les plus regrettables des annales parlementaires de la Suisse en 1850. Dans ces malheureuses affaires de Fribourg, on a pu voir à l'œuvre dans toute sa nudité et sa crudité la politique fédérale. Cette politique ne manque pas d'habileté : elle consiste à vite racheter une démarche humble vis-à-vis de ce qu'on appelle la grande réaction européenne, une concession légèrement compromettante à l'étranger, par un redoublement d'énergie, de vigueur et de sévices à l'égard de la réaction intérieure et des tronçons rompus de feue l'alliance du Sonderbund. M. Druey, pendant le cours de son année de présidence du pouvoir exécutif fédéral, a excellé dans ce jeu de bascule, auquel du reste il est passé maître depuis long-temps. Ainsi l'on pouvait prédire à coup sûr qu'après une missive coulante, facile, conciliante, humble au besoin, faite en réponse à quelque demande d'une puissance étrangère, arriverait un discours terrible à l'adresse des réactionnaires du dedans. A point donné l'on a eu ainsi, pendant toute l'année dernière, l'épreuve et la contre-épreuve, le noir et le blanc, le doux et le grave, nous dirions le plaisant et le sévère, s'il y avait là matière à plaisanter.

Cette politique d'équilibre, si elle n'est ni nouvelle ni généreuse a peut-être, convenons-en, son côté original et qui ne manque pas d'habileté, appliquée comme elle l'est à la Suisse dans un moment tel que celui où nous vivons. Tout le secret des meneurs fédéraux, parmi lesquels il en est de fort adroits, consiste à tenir ce raisonnement : « L'étranger, au fond, surtout après les secousses qui ont ébranlé certaines grandes monarchies et modifié dans le sens d'un constitutionalisme mitigé plusieurs pays absolutistes, tient moins qu'on ne croit au triomphe de tel ou tel parti en Suisse. Ce qu'il lui faut entre les Alpes et le Jura, c'est une certaine tranquillité, un certain ordre, une certaine force des pouvoirs constitués qui lui donne des garanties contre les complots, les menées et les tentatives des mécontents politiques. Ces garanties seront même acceptées avec plus d'empressement de la main de radicaux forts, habiles, rusés et bien assis, ayant le gros de la nation pour eux, que de celle de conservateurs mal remis en selle, gauches et malheureux, encore tout meurtris de leurs chutes récentes, placés en face de populations défiantes et frémissantes ; incessamment travaillées par les sociétés politiques, les associations de tout genre et une presse de jour en jour plus active et plus féconde dans ses produits. »

Ces déductions, disons-nous, ne manquent pas d'une certaine

originalite et peuvent avoir leur côté plausible. A St.-Pétersbourg comme à Vienne, à Londres comme à Berlin, la diplomatie n'est pas tenue de partager les répugnances de nos partis politiques qui, dans leurs haines rancuneuses, font de tel personnage au pouvoir, qui a le malheur de déplaire, un monstre, un vampire, un être sans forme humaine. Vues à distance, bien des peccadilles qui nous paraissent des péchés mortels s'effacent considérablement ou disparaissent tout-à-fait. Nous irons même plus loin, et nous dirons que si (ce qu'à Dieu ne plaise) l'étranger devait un jour se mêler de nos affaires en manière quelconque, il préférerait, croyons-nous, traiter avec tel radical bien ancré dans l'opinion du peuple et ayant fait ses preuves d'intelligence dans la pratique des affaires, qu'avec tel conservateur fort honnête mais impopulaire, et dont la carrière politique aurait été semée de revers. Ceci peut paraître étrange, paradoxal, impossible: tels sont cependant le plus souvent les mobiles et les exigences de la diplomatie.

Mais ce n'est pas tout pour un système politique que d'être ingénieux et applicable dans tel moment donné et dans une certaine mesure. Il faut encore qu'il soit mis à l'épreuve dans les cas difficiles, extraordinaires, sortant des limites et des règles communes. Or ce sera dans un de ces cas peut-être que fera défaut la tactique fédérale. Nous croyons facilement qu'en thèse générale nos voisins, rassurés sur les menées propagandistes, ne se hâteront pas de prendre fait et cause pour les vaincus de Fribourg ou de Lucerne; pour les couvents du Valais ou les ministres démissionnaires vaudois. Mais il est telle question complexe, comme celle de Neuchâtel, où il sera plus difficile de s'entendre. C'est ici que pourrait se rencontrer la pierre d'achoppement.

On l'a dit, il n'est point de petites questions quand des principes inconciliables sont engagés, et tel est le cas de la question de Neuchâtel où la monarchie et la république sont en présence. Déjà dans notre revue de l'année dernière, nous pressentions que ce canton pourrait occasionner à la Suisse de graves embarras, et nos pressentiments étaient fondés, puisqu'à propos de Neuchâtel il y a eu un long échange de notes entre Berne et Berlin, et un débat solennel, passablement aigre-doux, au sein des conseils fédéraux, ce qui est toujours fâcheux quand il s'agit d'une affaire délicate qui ne peut être tranchée avec des paroles et à grand renfort de discours. Celle-ci pourrait bien devenir d'autant plus épineuse que

l'on s'est moins pressé de la résoudre, et qu'elle reste là comme
un solde de compte très-litigieux, que des parties, réciproquement incertaines sur l'issue d'un procès, ont tenu, par un compromis tacite, soigneusement à l'écart.

Certes, à ne consulter que le gros bon sens et les circonstances
topographiques, il paraît tout naturel que Neuchâtel soit suisse
exclusivement. Il semble même qu'il n'aurait jamais dû être que
cela, qu'il ne peut redevenir autre chose (¹). Mais tout n'est pas dit
quand on a défilé ce chapelet. En premier lieu, l'opportunité de
la révolution neuchâteloise peut être raisonnablement discutée. Elle
a eu le grand défaut de venir immédiatement à la suite d'une
émotion imprévue, d'un incident français qui a, dès le début,
tourné à la catastrophe. Or tout se paie dans ce monde, comme l'a
dit Napoléon. Une révolution provoquée par une révolution n'est
viable qu'autant que son chef de file se maintient. Si les révolutions suisses de 1831 sont encore debout, c'est que les journées
de juillet 1830 leur donnèrent l'impulsion, et que c'était là une
révolution sérieuse et mieux justifiée que l'embryon de Février.
Rejeton spontané de cette dernière folie populaire, il aurait fallu à
la révolution neuchâteloise un redoublement d'adresse, de présence
d'esprit, d'abnégation, de modestie, de souplesse, de support,
pour se faire accepter de tout le peuple et mettre en oubli l'occasion fortuite qui la fit naître. Mais ce n'est pas précisément par
ces qualités que brillent les triomphateurs de mars 1848. On trouverait plus facilement chez eux les défauts contraires, la légèreté,
l'extrême contentement de soi-même, l'ignorance, la suffisance,
le mépris de ses adversaires et le penchant à se perdre dans des
futilités, comme aussi à compter trop sur l'assistance du voisin.
Ainsi, dans leur aveuglement, ont-ils compromis ce travail lent,
mais sûr, qui s'opérait secrètement chez le peuple neuchâtelois en
faveur de la Suisse, et qui n'aurait pas manqué d'aboutir dans
une époque assez rapprochée, à une séparation mutuelle et tacite

(¹) Il est à peine nécessaire de répéter ce que nous avons déjà dit en
mainte occasion semblable, savoir que nous accueillons souvent dans cette
Revue la défense d'opinions politiques qui ne sont pas les nôtres de tout
point. Sur la question neuchâteloise en particulier, nos vues seraient assez
différentes de celles de notre collaborateur, dont les conclusions, toutefois,
nous le reconnaissons, sont empreintes d'une modération et d'une équité
qui ne satisferont probablement pas nos meneurs du jour.
(Note de la Rédaction.)

de Neuchâtel et du prince, changement pacifiqué qui aurait laissé
subsister dans cet état bien' des institutions véritablement populaires, et aurait acquis à la Suisse un peuple sincèrement attaché.
Au lieu de cela, l'essai de république qu'on fait subir depuis trois
ans aux Neuchâtelois, ne paraît que leur faire regretter plus amèrement un état de choses qu'ils peuvent apprécier maintenant par
comparaison. Voilà ce qu'il n'était pas impossible de prévenir;
voilà l'écueil que n'ont pas su éviter les chefs du mouvement de
1848. Avec une entente plus nette de la situation', on se serait
épargné bien des soucis et à la Confédération bien des ennuis. En
effet, le gouvernement fédéral, malgré toute son habileté; ne
pourra faire 'prendre le change au peuple suisse. Il trouvera ce
peuple plus rétif à l'endroit de cette question de Neuchâtel que
sur celle des réfugiés étrangers, pour laquelle il ne prend feu
qu'artificiellement et quand il est monté à grand renfort de phrases. Ici la défense du sol de la patrie est en jeu, et tout Suisse qui
lie deux idées ne peut se dissimuler que l'on entame son pays en
lui enlevant Neuchâtel.

D'autre part, le point d'honneur monarchique fait un devoir aux
souverains, grands et petits, de ne pas abandonner le roi de
Prusse dans ses prétentions à une restauration neuchâteloise! Plus
l'intérêt immédiat semble minime, et plus même ils doivent s'y attacher. Quand on a remis en selle un empereur d'Autriche', on doit
tenir à rétablir un prince de Neuchâtel. Notre conviction est donc
que les conseils de la Suisse auront tôt ou tard un assaut à subir
au sujet de Neuchâtel. S'ils agissent avec fermeté et droiture la
partie sera encore belle pour eux, en dépit des points déjà tacite-
ment concédés par M. Furrer, qui a bien montré dans ce cas la
différence que l'on fait à Zurich entre la Suisse 'allemande et la
Suisse française, et combien on y est disposé à faire bon marché
de la seconde, quand on traite avec une puissance allemande.

Dans le cas très-probable et peut-être prochain où la question
de Neuchâtel sera soulevée de nouveau par les réclamations de la
Prusse, quelle attitude le gouvernement fédéral aura-t-il à tenir,
et quelle ligne de conduite devra-t-il suivre? Il est bien difficile
de répondre à cette question, et pour nous, du fond de notre obscurité, nous n'avons certes pas la prétention de vouloir donner des
conseils sur cette grave matière. Qu'on nous permette toutefois
d'exprimer ici en peu de mots quelle nous paraît devoir être la

marche à suivre en pareille occurence : d'abord, prendre comme point d'appui et comme base solide l'indigénat helvétique de Neuchâtel, seul terrain susceptible de fournir les éléments d'une bonne discussion ; puis faire voter solennellement et loyalement le peuple neuchâtelois, débarrassé de toute influence et de tout élément étranger, pour savoir s'il veut être à sa mère-patrie ou à son prince, en rejetant toute combinaison mixte dont aucun parti ne veut plus. Cette tactique aurait l'avantage de constater ce que veut le plus grand nombre, et la Suisse, dont tout le droit public repose sur le principe des majorités, ne serait pas exposée une fois de plus à se mettre à la brèche en faveur d'une minorité, si, contre notre attente, le résultat de la votation accusait une majorité royaliste. En fait de minorité à soutenir, c'est déjà trop de Fribourg. La question recevrait ainsi sa solution naturelle.

Mais passons à une question moins brûlante. Que dirons-nous du canton de Vaud ? Il vient d'entrer dans sa septième année de révolution plus ou moins permanente. Cette époque aura-t-elle été l'ère des sept vaches maigres, et les années grasses viendront-elles bientôt? Ce qui domine pour le moment la situation, c'est l'animosité du conseil d'état contre la société patriotique dont il est sorti. Cette société, ou plutôt M. Eytel qui la dirige, vient de constituer un nouveau comité entièrement de sa couleur. Cependant on n'en est pas encore, comme à Fribourg, à défendre les associations et à briser ce qu'on a créé. Ce qui rend la situation du gouvernement vaudois plus embarrassée et embarrassante, c'est qu'il n'est pas franc du collier, comme celui de Genève, à l'égard du socialisme.

Le Valais, retranché dans sa position isolée, fait peu parler de lui, et tout semble y marcher régulièrement. Cependant une nouvelle loi de l'impôt, sur laquelle le gouvernement comptait, vient d'être rejetée par le peuple. M. Barmann, son citoyen le plus distingué, continue à rendre modestement d'excellents services à la Suisse, dans son poste diplomatique de Paris.

Plusieurs cantons allemands, Argovie, Thurgovie, Bâle-Campagne, les Grisons, ont été, dans l'année qui vient de finir, en travail de nouvelles lois fondamentales. Les populations ont paru assez médiocrement satisfaites des résultats, qui ont prouvé une fois de plus, que lorsqu'on a une constitution à élaborer, il faut la faire aussi bonne que possible, la garder long-temps, si faire se peut, et surtout se défier des révisions à époques fixes. Les Grisons dont la position était exceptionnelle, ont cependant fait un pas sensible dans la voie d'une centralisation raisonnable.

.Zurich attend toujours son université fédérale, et l'attendra encore long-temps, malgré l'abolition très-probable de l'université de Berne. La Suisse française, qui aujourd'hui plus que jamais est de mauvaise humeur contre les cantons allemands à propos de postes, de douanes et de mille autre choses, ne veut pas entendre parler d'envoyer ses enfants aux bords de la Limmat. Le rationalisme zuriçois; qui vient de se donner carrière dans le choix d'un professeur de théologie, fait surtout peur aux orthodoxies éclairées de Genève, de Lausanne et de Neuchâtel. Zurich aurait peut-être plus de chances, si la bourgeoisie et le gouvernement de Berne continuaient à vivre à peu près en froid avec les autorités centrales suisses, d'hériter du titre de ville fédérale que de cet établissement scientifique central qui lui irait pourtant si bien.

Le fauteuil présidentiel a passé de M. Druey à M. Munzinger. Celui-ci, qui a été jusqu'ici plus terrible contre les couvents, lés jésuites et les ultramontains que contre les diplomates étrangers, continuera sans doute la politique à double portée que nous signalions tout à l'heure, et il n'y aura eu qu'une légère intervertion dans la raison sociale fédérale. Le peuple suisse continuera de son côté à prendre assez volontiers le change, si on lui donne de bonnes doses radicales à l'intérieur, en compensation des concessions réactionnaires faites au dehors. On vivra donc à-peu-près content et satisfait de part et d'autre jusqu'à ce que...... Mais ne nous mêlons pas du métier dangereux de prédire l'avenir, et finissons plutôt notre appréciation du passé.

Les deux conseils de la Confédération, dans leurs longues sessions, n'ont fait comme précédemment que peu de choses saillantes et de nature à influer sur les destinées de la patrie. La loi si péniblement élaborée sur les tuniques militaires, celle sur les nouvelles monnaies paraissent toutefois destinées à fournir des résultats durables. Le trait saillant de ces sessions législatives a été plutôt l'antagonisme croissant entre le conseil national et celui des états. Le cantonalisme a paru reprendre du terrain, et sur plusieurs matières importantes, entr'autres sur la prohibition des enrôlements à l'étranger, on n'a pu se mettre d'accord. C'est qu'aussi on ne peut forcer la nature. Somme toute, la carrière de cette législature fédérale qui est bientôt à son terme, aura passé assez inaperçue. La loi qu'elle a rédigée pour les élections fédérales futures a été inspirée par le désir de maintenir au sein des nouveaux conseils l'esprit de la Constitution de 1848. C'est une loi de conservation, un bouclier contre les velléités sonderbundiennes, et à ce point de vue il ne pouvait sortir autre chose des assemblées actuelles. Et d'ailleurs, plus on examine la situation, et plus on peut se convaincre que le moment d'une réaction générale en Suisse est loin d'être venu. Ce que les conservateurs ont de mieux à faire, nous semble-t-il, c'est de laisser tranquillement les radicaux achever leur transformation et leur évolution, en se gardant de les irriter par des accusations d'inconséquence et d'apostasie. La situation générale continue à être assez grave pour que les gens sensés viennent en aide à ceux qui veulent s'amender, au lieu de les retenir dans leurs anciens errements par l'effet d'une mauvaise honte. Les récriminations ne peuvent amener que des conflits très-fâcheux, sans rendre plus belle la partie des conservateurs et sans augmenter leurs chances de rentrer aux affaires.

Avec des éléments nationaux aussi divers et parfois aussi mobiles que ceux qui composent le peuple suisse, l'imprévu joue toujours un grand rôle dans la marche des choses. Avançons néanmoins avec confiance au devant de l'avenir, persuadés que la protection divine, si visible encore pour la Suisse jusqu'en ces dernières années, ne se retirera pas de notre patrie. Et alors même que des jours de deuil et des revers inattendus devraient fondre sur nous, châtiment mérité peut-être de nos fautes récentes, sachons puiser dans l'amour de la patrie et dans la fidélité au devoir les forces nécessaires pour réparer nos maux et pour accomplir notre tâche comme nation.

E.-H. G.

POÉSIE.

—

La cloche.

Von dem Dome
. . . .
Tönt die Glocke.
SCHILLER.

La cloche tinte
Une hymne sainte,
Et vous, passez !

Voix solennelle
Qui vous appelle,
Et vous fuyez !

Et dans votre âme
Aucune flamme
Ne dit : Allez !

—

La cloche est bien folle,
Car nulle parole
Ne vous a touchés ;

Bien folle et bien bonne,
Car plus elle sonne
Moins vous l'écoutez.

Ah ! vers l'heure noire,
S'il vient un déboire
Vous couvrir de fiel,

Vous direz peut-être,
J'aurais dû me mettre
Sous l'aile du ciel.

Quitter sa folie
Et changer sa vie
Est pénible alors;

Chacun suit sa route,
Et plus d'un n'écoute
Que le glas des morts :

Quand le glas appelle,
Soumis ou rebelle,
Il faut obéir !

Lors, plus d'espérance !
Et ce qu'on commence
Ne se peut finir.

Pauvre race humaine,
Que le mal emmène
Toujours au tombeau !

Si tu voulais être
Soumise à ton maître,
Ton sort serait beau !

Si nous voulions croire,
Nous n'aurions à boire,
Qu'un miel pur et doux,

Et le noir nuage
Et le ciel d'orage
Fuiraient devant nous.

Entrez à l'église,
Quand la cloche grise
Vous appellera;

Dieu qui fit la terre
Et sait tout mystère,
Dieu se souviendra.

La cloche tinte
Une hymne sainte,
Et vous passez!

Voix solennelle
Qui vous appelle;
Et vous fuyez!

Et dans votre âme
Aucune flamme
Ne dit : Allez!

Vufflens, mai 1850. Ls F.

CHRONIQUE

DE LA

REVUE SUISSE.

—

JANVIER.

Commençons tout bonnement *selon l'usage antique et solennel :* commençons par des vœux.

D'abord donc, je vous souhaite, amis lecteurs, de n'avoir pas à faire de chronique lorsqu'il ne s'est passé aucun événement, comme cela m'est arrivé plus d'une fois (sans reproche!) dans le cours de l'an dernier; ensuite, lorsqu'*il y a quelque chose*, de n'être pas forcé de l'écrire, comme c'est mon cas aujourd'hui, avant que personne sache encore définitivement ce qu'il y a dans *ce qu'il y a*, ni surtout ce qu'il y aura. Enfin, si, à ce renouvellement d'année, les deux présidents, celui de l'Assemblée et celui de la République, ne se sont pas précisément dit des douceurs, je souhaite..... non! j'espère et je suis certain qu'il n'en a point été de même entre vous, amis lecteurs, aimables lectrices...., mais pardonnez-moi d'oser ainsi vous réunir dans mes vœux! accordez ce privilége à mon âge, à mon grand âge de chroniqueur.

Voilà qui est fait, et vous me l'assurez, c'est seulement dans les hautes régions du ménage politique que la brouille entre les deux pouvoirs exécutif et législatif, entre le Président et l'Assemblée, entre le mari et la femme si vous voulez, a recommencé plus belle que jamais. — Halte-là! me criez-vous : votre comparaison cloche; arrêtez! A vous entendre, nous autres femmes serions le pouvoir législatif?... — mais à bien voir les choses, mesdames.... — et nous autres maris, nous ne serions que l'exécutif?... — mais, compagnons! à y regarder de près.... Seulement, ici, au rebours de ce qui arrive en politique, s'il y a séparation, il y a en même temps union des pouvoirs : c'est ce que je voulais me hâter d'ajouter.

De plus, dans le ménage gouvernemental, au bon accord duquel tous les autres, d'ailleurs, ne laissent pas d'être intéressés, la femme, ou l'Assemblée, a un chevalier, chose grave ! un chevalier qui prend parti pour elle et pour lequel elle prend parti, qui a juré de la défendre envers et contre tous : c'est le général Changarnier. Elle est la dame de ses pensées, elle lui réserve le prix du tournoi, elle lui a permis de porter ses couleurs ; il les tient encore à moitié cachées sous son baudrier, mais il est visible que ce ne sont ni celles d'une autre dame, un instant reine et maitresse, aujourd'hui bien oubliée, et qui se nomme la République si l'on ose encore la nommer ; ni encore moins celles du mari : tout autant de choses dont celui-ci se montrait depuis long-temps fort importuné.

Il patienta d'abord : il est homme de patience et de longue attente ; il tient cette qualité de la nature, et la fortune a pris peine à la développer. Cependant il laissait percer sa mauvaise humeur, et il faisait même parfois des actes de puissance, devant lesquels la dame et son champion étaient forcés de s'incliner. Ils espéraient de jour en jour avoir leur revanche ; mais loin de là, leur adversaire, ne leur laissant pas gagner les devans, vient subitement d'éclater : il a prononcé l'éloignement du galant, malgré les supplications et les cris de la dame éplorée. Il a parlé en maitre, et, comme il était dans ses droits, les parties récalcitrantes ont bien été forcées de se résigner et de baisser la tête. *Le Mari, la Femme et l'Amant*, tel est donc le vieux titre de la pièce nouvelle qui vient d'être jouée. Le mari, ce qui n'arrive pas toujours au théâtre, y a gagné sa cause devant l'opinion publique et la constitution, qui sont ici les autorités compétentes. Maintenant, nous aurons nécessairement un second drame pour faire suite à l'autre : les *Epoux ennemis*, c'est ainsi qu'on pourrait l'intituler ; mais il est encore en répétition, et le dénouement, pour être prévu jusqu'à un certain point, reste cependant encore sujet à tous les accidents qui peuvent surgir de l'ombre et du mystère. Peut-être, d'ailleurs, en faudra-t-il un ro,s,me, afin d'achever l'œuvre, dont le dernier secret est encore dans la main du temps, seulement un peu desserrée. Quant au second qui commence à peine, il sera sans doute fertile aussi en intrigues et en manœuvres souterraines. Racontons, en attendant, quelques-unes de celles que l'on peut saisir comme points principaux de la marche et de l'action du premier.

— Les partis monarchiques qui divisent l'Assemblée, légitimiste, orléaniste et fusioniste, très-divisés entr'eux et, depuis les pèlerinages de Claremont et de Weisbaden, s'entendant moins que jamais sur une solution définitive, s'entendaient cependant en un point, sur lequel ils étaient parvenus à se former en majorité : c'était d'amoindrir et d'annuler le Président, de voir en lui seulement une planche de salut pour gagner le rivage. Peu satisfait de ce rôle, le Président, de son côté, se préparait à la lutte avec eux, et déjà leur répondait sourdement par ses voyages et par ses revues pendant les vacances parlementaires, tandis que la Société du Dix-Décembre jouait du bâton sur la place du Hâvre. Puis, au retour de la Chambre, Louis-Napoléon, joignant les actes aux démonstrations, ne retirait le ministère de la guerre au général d'Hautpoul, que pour révoquer le lieutenant et le bras droit du général Changarnier, le général Neumayer, qui avait interdit les vivats dans sa division aux revues de Satory ([1]). Ce fut là le premier acte ; le Président le termina par son Message, dont on le croyait fort embarrassé, et dont l'impression fut beaucoup meilleure qu'aucun des partis monarchiques ou républicains ne s'y attendait.

Alors viennent les affaires Yon et Allais ([2]), dont ceux même qui les avaient évoquées semblèrent craindre de divulguer le dernier mystère, ou la dernière mystification, en refusant long-temps de publier les procès-verbaux de la commission de permanence ([3]). L'agent Allais, traduit en justice, y est condamné, et celui qui l'avait employé, qui avait cru à ses révélations, blâmé sévèrement. Le pouvoir demande sa révocation de commissaire spécial près de l'Assemblée. Celle-ci le maintient à son poste, et M. Yon, sa dignité sauvée, donne alors sa démission. C'avait été de part et d'autre des coups fourrés ; des coups tombés dans l'eau ; mais sur-le-champ la guerre recommence, et un autre incident vient animer la scène.

Un représentant insolvable, et il y en a plus d'un dans ce cas, plus d'un même qui tient surtout pour cela à être député, — un représentant, disons-nous, M. Mauguin, dont l'éloquence seule a encore quelque crédit, mais non pas sur ses créanciers, se voit subitement arrêté un matin et écroué à la prison pour dettes. L'un des chefs de la magistrature sanctionne cette arrestation. L'Assemblée s'émeut, elle voit là un attentat à l'inviolabilité de ses membres, bien que la constitution actuelle ne renferme pas, comme la précédente, de disposition précise qui les mette à l'abri de poursuites de ce genre ; elle décrète la mise en liberté de M. Mauguin et y fait procéder par un de ses questeurs. Aux compliments de nouvelle année, le Président de la République est très-gracieux pour la justice et les délégués de la magistrature, très-aigre pour ceux de l'Assemblée et pour M. Dupin. Au surplus, ni l'affaire Yon, ni l'affaire Mauguin n'était encore le vrai point qui lui tenait au cœur.

Un journal élyséen, la *Patrie*, publie un ancien ordre du jour du général Changarnier, dans lequel il n'est question que de fusiller sans pitié tout soldat hésitant, tout garde-national rencontré dans l'é-

([1]) Voir notre *Chronique* de décembre 1850, *Revue Suisse*, tome XIII, pages 758 et 759.

([2]) Ibid., pages 761 et 818.

([3]) Ils vont l'être maintenant.

meute, et qui enjoint non moins, sévèrement de ne recevoir aucun ordre que du commandant en chef, c'est-à-dire du général Changarnier lui-même.. La *Patrie*, tout en approuvant ces instructions, demande ce qui serait arrivé si le questeur de l'Assemblée chargé de mettre en liberté M. Mauguin, avait rencontré de la résistance, et qu'il se fût engendré un conflit. Toute la presse commente cet ordre du jour, insidieusement révélé.

...Un représentant montagnard, mais cousin du Président, et qui tout en espérant, dit-on, de lui succéder, ne laisse pas de le soutenir dans l'occasion comme chef de la famille contre les tentatives des familles rivales, M. Napoléon Bonaparte fait de cet ordre du jour du général Changarnier un sujet d'interpellations au ministère. Celui-ci demande du, temps, pour ordonner des recherches et fournir des explications. La Chambre les veut séance tenante. Alors, le général Changarnier se lève et déclare, aux acclamations de la majorité, que cet ordre du jour n'est pas de lui. Ainsi, les choses avaient tourné si même elles n'avaient été arrangées de telle sorte, que le général eut une occasion solennelle de protester de son dévouement pour l'Assemblée, et l'Assemblée celle de lui faire une espèce d'ovation au plus fort de ses dissentiments avec le Président de la République et son cabinet. Ce fut là le second acte, mais le troisième ne tarda pas à s'ouvrir ; la majorité avait à peine eu le temps de savourer son triomphe et celui de son protégé, que l'on apprit la démission du ministère.

.. Personne n'y fut trompé : cette démission n'était qu'une petite scène d'entrée pour préparer les esprits, et non la scène capitale. Bientôt, en effet, le bruit se répandit de la révocation du général Changarnier sous cette forme honnête de la division et, par conséquent, de la suppression du haut commandement dont il était revêtu. Le Président laissa le tout en suspens durant quelques jours, comme pour se donner encore mieux l'avantage du calme, le temps de consulter l'opinion, et peut-être aussi le plaisir de prolonger la désagréable attente où il jetait ses adversaires. L'opinion ne s'émut nullement ; elle reprit un certain éveil de curiosité sur ce qui allait advenir, mais point d'anxiété. La Bourse même, au lieu de baisser comme on s'y attendait, haussa de quelques centimes ; elle parut ainsi presque applaudir à la chute prochaine de celui qui passait pour avoir dans le monde de la finance ses partisans les plus enthousiastes, son appui le plus solide, tandis qu'il n'avait là non plus que le sable mouvant de la popularité.

En attendant, le Président déclarait de plus en plus son intention bien nette et bien arrêtée. Il renoncerait plutôt, disait-il, à la demande d'une nouvelle dotation ; il n'en ferait point une question de bon accord entre les deux pouvoirs ; il renverrait sa maison, s'il le fallait ; *il prendrait un cabriolet de remise,* et vivrait comme un simple particulier (il le disait ; — dans le moment il le pensait peut-être ; et cette résolution pourrait bien aussi avoir son effet favorable pour lui, mais avec les habitudes qu'il a prises depuis qu'il est au pouvoir, serait-il encore capable de l'exécuter?) De même, ajoutait-il, il attendrait que le pays se prononçât sur la prolongation de ses pouvoirs. Bref, il ne prétendait, il ne demandait rien de nouveau; mais il voulait user de son droit. Et, ayant appelé auprès de lui les principaux chefs de la majorité, il leur annonça formellement son dessein de supprimer le commandement supérieur dont le général Changarnier avait été investi dans les temps d'émeute, donnant pour explication dernière, lui fait-on dire en ces circonstances, qu'il était résolu à ne plus « *être subalternisé par un subalterne.* »

Depuis longtemps, en effet, c'était là le nœud secret du débat, la question toujours renvoyée, mais toujours pendante : garder ou ne pas garder le général Changarnier; cela était devenu l'*être ou n'être pas*, le *to be or not to be* de chacun des deux pouvoirs en présence. Aussi, quand on apprit la démission du ministère, la majorité de l'Assemblée, espérant encore parer le coup, s'empressa-t-elle de déclarer par l'organe de ses chefs et par ses journaux de toutes nuances, que le Président pouvait compter sur son loyal concours si le général était maintenu dans son commandement. C'était là son dernier mot : elle le disait ouvertement, et elle y était bien forcée; mais qu'avec le général Changarnier elle crût donc tout sauvé, évidemment, puisque avec lui elle espérait tout, elle espérait trop, et le Président, pour sa part, dut trouver le compliment fort mauvais. Au surplus, il le savait de reste, et n'avait nul besoin qu'on le lui vînt répéter en face et d'un air solennel. Il n'hésita plus à agir en conséquence. L'Assemblée vit son champion dépouillé de ses armes et brutalement renvoyé à l'écart. Naturellement, elle en éprouva une vive colère et, en ce moment, elle cherche les moyens de se mettre en garde; mais il est peu probable qu'elle les trouve, et surtout qu'elle ose en user.

- Tel a été le troisième acte de la pièce. Le pouvoir exécutif et le pouvoir législatif, le Président et l'Assemblée, le mari et la femme, sont maintenant seuls vis-à-vis l'un de l'autre. Il n'y a plus entre eux d'intermédiaire. Les *époux* sont plus rapprochés, mais aussi plus ennemis que jamais. Espérons qu'ils ne feront pas de coups de tête.

. Si, pour caractériser leurs débats, nous avons employé au commencement de ce récit la forme de comparaison un peu légère que nous venons de rappeler, c'est qu'en vérité le public n'a pas donné à cette altercation l'importance qu'y mettaient les intéressés. Les questions de personnes ne le touchent guère. Il voit de graves personnages aller et courir à la surface de la situation et, parce qu'ils y sont contrariés et embarrassés dans leur jeu, se figurer qu'ils sont sur un volcan, sur une mer agitée; tandis que le fond reste calme, peu touché de ce qui passe et repasse au dessus de lui sans l'atteindre et sans l'ébranler. Il sait que la solution, quelle qu'elle soit, n'est pas là. De plus, le pu-

blic soupçonne avec raison que, de la surface elle-même, on lui a
montré seulement le jeu tout extérieur; et non le vrai jeu, le double
jeu, les secrets ressorts, les secrets mobiles, les coups portés et parés
dans l'ombre, en un mot, ce qu'il y a eu de plus déterminant et de
plus curieux.

_ De ceci nous ne pouvons point en parler en confidens et en initiés ;
mais à l'aide d'un peu d'observation, d'un peu d'analyse et de nos renseignements ordinaires, sur lesquels nous nous en remettons à la
confiance et aux souvenirs de nos lecteurs, nous allons tâcher de faire
aussi, dans ces arcanes, une petite excursion d'amateur inconnu et
désintéressé.

Il y a eu, il y a encore une conspiration latente, dont les faits que
nous venons de récapituler ne furent, chacun à leur date, que les
contre-coups publics et officiels. Tout porte du moins à croire à son
existence : ces faits eux-mêmes, qui ne s'expliqueraient pas suffisamment s'il ne s'était rien passé de plus important et de plus décisif que
ce qui s'est produit au grand jour ; en outre, certains bruits étouffés,
certains coups de mine perçant maladroitement le sol, certains bouts
de mèche éventée qui venaient çà et là témoigner de ce travail sou-
terrain des partis à l'encontre les uns des autres. A chacune de ces
explosions isolées, les intéressés cherchaient aussitôt à donner le
change ; mais ils avaient beau dire et beau faire : il en restait toujours
quelque chose, il circulait toujours dans les airs une vague rumeur de
complot. Nous disons, du reste : une conspiration *latente;* car on ne
peut rien préciser sur sa nature et sur son degré de réalisation formelle, ni sur le rôle et le genre de coopération des initiés.

Les procès-verbaux de la commission de permanence contiennent-
ils seulement, comme on le pense, ses soupçons et ses inquiétudes
sur les manifestations bonapartistes, sur les projets de coups d'Etat
dont on accusait l'Elysée, ou bien des preuves, des faits graves du
moins et bien vérifiés? quoi qu'il en soit, la publication en est décidée ; elle a été demandée par le nouveau ministère lui-même. De son
côté, l'Elysée a la main pleine, dit-il, de révélations; on les voit
déjà poindre, sous forme sans doute de communication officieuse,
dans les journaux belges et anglais. Nous en avions dit nous-mêmes
le plus essentiel il y a deux mois : c'est dans notre *Chronique* de novembre dernier (¹); nous venons de la relire, car faut-il l'avouer ?
nous ne nous en souvenions guère plus que si c'était un autre qui
l'eût faite; mais, pour compléter l'aveu, nous ajouterons qu'à notre
grande surprise la situation actuelle s'y trouve déjà toute mâchée :
presque comme si nous eussions écrit hier. Cela prouve que l'on n'en

(¹) Page 760 du tome XIIIe de la *Revue Suisse.*

est plus au temps d'un événement par jour, ni même par mois, et que l'on a mis de la lenteur du moins dans les procédés.

Nous n'avons pas besoin de répéter ces révélations tardives de la presse étrangère sur le projet attribué un moment à certaines notabilités parlementaires de renverser Louis-Napoléon et de proclamer dictateur le général Changarnier pour arriver à une restauration monarchique : ce serait nous répéter nous-mêmes. Le lecteur aimerait mieux nous voir continuer de prendre les devans, et, bien que ce ne soit pas toujours facile, nous allons l'essayer. Vous voudriez des révélations encore inédites ? eh bien, vous fiant avec nous à notre police secrète, mettez donc, Lecteur, votre main derrière votre oreille, pour écouter tout bas comme on nous a raconté.

A l'époque de l'affaire Allais (on ajoute même la date précise, et l'heure, qu'il est bon de noter : il était midi et demi), le président de la République fit appeler auprès de lui M**, l'un des principaux chefs de la majorité, et lui dit : — « Mme la duchesse d'Orléans est à Versailles. — Mais, prince, je ne sais... je ne comprends pas...., répond l'interlocuteur décontenancé. — Je vous dis, continue le Président ; que Mme la duchesse d'Orléans est à Versailles. J'en suis certain. Je ne la crains pas, mais il me serait désagréable de la faire arrêter. La maison où elle est descendue est cernée. Il faut qu'à quatre heures elle soit repartie.» Ainsi finit le dialogue. Et à quatre heures, la duchesse avait quitté Versailles, s'il était vrai qu'elle y eût été ; mais on se croit du moins fondé à nous garantir la réalité de ce court et dramatique entretien.

De tels faits, où même le soupçon seul d'un plan qui, suivant l'occurrence, en eût exigé de pareils, expliqueraient bien des choses. D'ailleurs, ce qui est constant, c'est qu'il y a un parti monarchique, et qui ne se cache pas de l'être. Depuis quelques jours M. Thiers répète plus haut que jamais son fameux mot : « La république est le terrain qui nous divise le moins. Je défendrai la république de tous mes moyens, dans la limite des lois.» Quelques personnes même, surtout parmi les légitimistes, veulent se persuader qu'il a été le conseil et le Machiavel intime du Président dans la dernière crise. Il passe généralement, au contraire, pour inspirer à ce dernier une répugnance instinctive, et aux légitimistes une défiance qui le rendrait toujours inacceptable dans leur parti. Son mécontentement actuel, sa mauvaise humeur de tout ce qui vient d'arriver, ne seraient ainsi nullement joués. Non seulement son passé, mais son unique chance d'avenir le feraient donc forcément l'homme de la régence et de la duchesse d'Orléans, bien que ce ne soit point lui, nous devons le dire, qui aurait eu avec le Président l'entretien que nous avons rapporté.

Quant au général Changarnier, qu'il soit légitimiste ou orléaniste (on n'en sait trop rien), les partis monarchiques en général comptaient fermement sur lui ; et comme il s'est trouvé que cet ordre du jour

qu'il avait hautement renié, s'il ne venait pas en effet positivement de
lui, mais d'un général de brigade placé sous ses ordres, était pourtant
le résultat et la traduction de ses instructions verbales à ses subor-
donnés, les plaisans dirent qu'il s'exerçait à mentir, qu'il prenait son
rôle de Monk au sérieux. Mais il passait aussi pour viser à la dictature,
pour ne travailler avant tout que pour lui. Un journal, mieux à son
aise que d'autres pour dire certaines vérités, l'*Univers*, contenait à ce
sujet le passage suivant, lequel a été fort remarqué :

« Y a-t-il en ce moment quelque intrigue de ce genre (où aucune
main n'est pure, où aucun cœur n'est droit, où aucune langue n'est
sincère)? Y a-t-il des désirs que l'on n'avoue pas? des projets à l'accomplissement desquels on tende avec autant d'ardeur que l'on met de
soin à les déguiser et de serment à les désavouer? Tout le monde l'affirme, peu de gens en doutent, personne ne le veut prouver publiquement. Le sens général de ces propos, c'est que l'imbroglio actuel
est le résultat d'une rencontre inattendue dans les mines creusées en
divers sens sous la Constitution. Par une manœuvre très-habile de part
et d'autre, deux hommes qui travaillent, chacun en tout bien et tout
honneur, à faire au pays un meilleur avenir, se seraient tout-à-coup
trouvés en tête à tête dans certain fossé qu'ils avaient ménagé l'un
pour l'autre. Il s'agirait pour chacun d'eux d'en sortir seul et revêtu
du pouvoir. Voilà ce qu'on dit. Si nous ne sommes pas suffisamment
clair, ce n'est pas le courage qui nous manque, c'est la certitude de
connaître la vérité.

Nous avions déjà signalé, il y a deux mois, cette « *guerre souter-*
raine (¹). » « Aussi, ajoutions-nous, les mineurs ne se sont-ils pas plu-
» tôt rencontrés que, voyant le sol trembler sous les coups qu'ils se
» portent dans l'ombre, ils se hâtent de remonter au jour et, là, de
» se donner une accolade, fraternelle, pour rassurer tout le monde et
» eux-mêmes.» Mais après l'accolade est venu autre chose, et l'un des
mineurs a été couché dans le fossé.

Le flegme de la Bourse à cette nouvelle, a fort surpris. On a voulu
en donner diverses raisons particulières : l'intérêt de la maison Fould
à soutenir la rente pour soutenir le nouveau ministère, dont un de
ses chefs est resté un membre important; l'abondance des capitaux,
qui empêche la baisse, bien que la crise ait arrêté les affaires, etc.
Mais il n'en reste pas moins ce fait significatif : que le coup frappé par
Louis-Napoléon n'a nullement causé une de ces émotions soudaines
qui précipitent la Rente bon gré mal gré; qu'elle s'est maintenue;
qu'on a pu même, si on veut l'entendre ainsi, la faire hausser sur le
bruit de la destitution du général Changarnier, et que les jours suivans elle n'a baissé, malgré tout, que de quelques centimes; comme
si la chute d'un des deux rivaux était plutôt pour la Bourse et pour le
public un gage de tranquillité. L'Assemblée elle-même a montré plus

(¹) *Revue Suisse*, tome XIII, page 760.

de colère et de susceptibilité que d'énergie pour souténir son champion; ou pour mieux dire, ne l'ayant pas soutenu pendant, elle est
bien plus embarrassée de le soutenir après. Ils n'ont pas osé! Ce serait là le sentiment de celui à.qui est échu le rôle de victime, s'il était
vrai que, le jour de sa destitution, il eût dit en termes beaucoup plus
soldatesques que nous ne pouvons le rapporter: « Ces poltrons!!s'ils
l'avaient voulu, *il* couchait ce soir à Vincennés.»

Dans cette lutte, le Président avait l'avantage de la position, et il
en a profité. D'abord, il avait affaire à des partis divisés entre eux, et
qui se contrariaient mutuellement dans leurs communes menées. En
outre, il était au pouvoir et maître d'agir de haut, quand il le faudrait.
Ses adversaires avaient aussi le tort de rabaisser beaucoup trop sa valeur propre en la comparant à la leur et, au contraire, de surfaire
plutôt le rival qu'ils lui opposaient. Ils ont montré en cela une appréciation peu juste des caractères et de la situation; ils ont méconnu celle-
ci, ils s'y sont trompés d'heure, ils n'ont pas vu son côté le plus marqué
qué dans ce moment, savoir, l'indifférence pour les questions de personnes, le besoin de tranquillité et l'absence complète d'en-train
pour un mouvement quelconque qui ne serait qu'une révolution de
plus ajoutée à toutes les autres. Dans un tel état des esprits, que
Louis-Napoléon soit là, qu'on n'ait pas besoin d'enfanter péniblement
un nouveau gouvernement, un nouveau régime peut-être, c'est une
chose qui fait déjà beaucoup pour lui. Son calme, son attitude sans
doute peu grandiose, mais fixe, comparée à l'impatience fiévreuse et
stérile de ses ennemis, ne laissent pas de produire à la longue une
sorte d'effet en sa faveur dans l'opinion moyenne du public. Enfin; il
en est à ce point où *rien ne réussit comme le succès*, et déjà avant la
crise on ne doutait guère qu'on ne lui accordât sa prolongation de
pouvoirs.

Il n'a, certes, nullement reconquis l'assentiment populaire du 10
décembre; mais c'est seulement l'extrême queue de la démocratie
qui aurait voulu, nous assure-t-on, commettre l'insigne folie de tenter
un mouvement à l'occasion de la crise actuelle; le gros du parti voit
bien que ce serait sa dernière ruine, et qu'il y a mieux à faire : profiter de la déconfiture de tous ces plans de dictature et de restauration
monarchique pour affermir la Constitution, dont chaque parti, lorsqu'il n'a pu la renverser, se remet aussitôt à chanter les louanges,
l'opposant comme un bouclier au parti ennemi. Les royalistes seront
bien forcés de se contenter de Louis-Napoléon, si décidément ils ne
peuvent avoir mieux. Des républicains même le verraient sans trop
de souci ni de peine maintenu au pouvoir, dans l'espérance qu'il y
achèverait de s'user, et que peu à peu la République passerait ainsi
à l'état d'habitude et de fait accompli. Enfin, excepté dans certaines
provinces, le parti clérical est plutôt pour lui; car l'Eglise romaine
s'accommode volontiers de tous les gouvernements, pourvu qu'ils ne

lui soient pas hostiles ; et cela par la raison qu'elle les tient tous pour mauvais : elle seule est le vrai, le gouvernement de Dieu sur la terre. Or, le clergé tient grand compte à Louis-Napoléon de l'expédition de Rome, et il se sent à son aise à l'intérieur, il y reprend ses coudées franches ; de plus, il redoute par-dessus tout la Régence, à cause de la duchesse d'Orléans qui est protestante. Aussi, l'*Univers*, dans la présente campagne, n'hésite-t-il pas à se ranger du côté de Louis-Napoléon. Seulement il le fait à sa manière hautaine et en ayant soin de se conserver de grands airs de franchise et d'indépendance. C'est dans cet esprit que M. Louis Veuillot a tracé, du Président, un portrait curieux à conserver. Excepté dans les points particuliers à l'ultramon-tanisme, il exprime assez bien, sous le ton superbe et dédaigneux du peintre envers son modèle, le sentiment général sur celui-ci et sur la situation. Le voici donc, pour terminer cette revue politique :

« Nous sommes, dit l'*Univers*, du côté de M. le président de la Ré-publique dans la crise actuelle. Nous estimons qu'on lui a cherché des querelles misérables, qu'on lui a fait des difficultés ridicules. A notre avis, ses manifestations publiques, ses messages, ses discours sont marqués au coin de la franchise et du bon sens ; il parle bien, il n'agit point mal. Nous n'avons à lui reprocher sérieusement que la malen-contreuse lettre à M. Ney, et il l'a laissée déchirer. Assurément nous ne voyons pas en lui un génie politique du premier ordre ; mais nous croyons que dans sa position et avec les éléments dont il dispose, le plus grand génie du monde serait fort embarrassé. En somme. M. le Président de la République fait ce qu'il peut faire, et les conservateurs doivent lui savoir gré de ce qu'il a fait. On a été bien heureux de le trouver. Un président en habit noir, un monsieur quelconque, qui au-rait passé une partie de sa vie à plaider ou à pérorer, ou même à faire manœuvrer des régiments, aurait, bien plus que Louis Bonaparte, été l'homme d'un parti, et se serait trouvé, malgré tout, beaucoup plus faible. Il n'aurait pas eu ce nom qui est encore un lien pour l'armée ; ce poids de six millions de suffrages, qui est notre ancre au milieu des flots toujours agités de notre misérable lac démocratique ; ce petit restant de splendeurs princières devant lequel s'affaissent les préten-tions bourgeoises. Tout cela est peu de chose si l'on veut : mon Dieu ! nous n'en sommes pas enthousiasmés ! C'est avec cela pourtant que l'on vit, que l'on a fait l'expédition de Rome, que l'on a rassuré le pays après l'élection de l'assemblée législative et les élections socia-listes de Paris ; c'est avec cela que l'on a pu, vaille que vaille, main-tenir cet ordre matériel qui permet de semer quelque bon grain dans le sol labouré par tant de révolutions.

» Nous sommes donc du côté du Président, tel qu'il se manifeste dans ses actes publics, voulant remplir son mandat, ne demandant rien de plus, ne refusant pas d'accepter une prolongation de pouvoir, si le sentiment public l'estime nécessaire et si elle lui est dévolue par des voies légitimes. Président pour Président, autant celui-ci qu'un autre ! On n'est pas sûr de lui ? de qui est-on sûr ? »

— Tout ceci revient donc à dire que l'on est entièrement table rase, et que si quelque chose parvient à s'y tenir debout un moment, il ne

faut pas faire les difficiles, mais au contraire s'y rattacher et l'aider.
Il en pourra résulter que, de part et d'autre on fasse ainsi quelque
temps vie qui dure; mais la société se rasseoit-elle pour cela sur sa
base? pas le moins du monde, car elle n'en a point : comment pourrait-elle s'y rasseoir? Comment reprendrait-elle confiance en elle-
même? La foi lui manque, et aucun des partis ne la lui rendra. Ceux
qui s'appellent les hommes de l'avenir, ne sont encore, sans s'en douter, que les critiques et les démolisseurs du présent. Et des conservateurs, les uns ne sont que des amateurs plus ou moins chimériques,
plus ou moins fanatiques du passé politique ou religieux; les autres,
des amateurs d'eux-mêmes, qui dès long-temps ne croient plus à rien.

Ces derniers passent pour les habiles : ils sont les chefs, les personnages importants. Ils s'aperçoivent bien que la religion est de quelque
utilité, qu'elle est une pièce nécessaire de la mécanique sociale, qui
sans elle irait tout de travers et dont ils ne pourraient pas tenir le levier. Aussi, lui adressent-ils des hommages en public, surtout en cas
de danger. Mais, dans leur for intérieur, ils ne l'estiment pas faite pour
leur usage ; elle est bonne pour le vulgaire, les sages peuvent fort
bien s'en passer. D'ailleurs, ils pensent que le christianisme a fait son
temps et, comme le dit un jour l'un d'entre eux, qu'*il n'en a pas
pour trois cents ans dans le ventre* : c'est à peine de quoi vivoter.
Alors, après lui un autre, puisque le monde est toujours allé ainsi et
autrement ne saurait aller.

C'est exactement là ce que dit du christianisme ce préfet chinois qui
vient de le frapper d'un réquisitoire, accompagné d'une dissertation
en forme. Ce fonctionnaire nommé Wan, est peu élevé, nous ap-
prend-on, dans la hiérarchie de l'Empire du Milieu, il n'y administre
qu'un district insignifiant de la province de Canton; mais il parait
assez lettré, il s'occupe de poésie, il est homme de plaisir, car on
ajoute qu'il a le goût du vin ; enfin, quoique d'un ordre inférieur, il
est pourtant un de ces mandarins dont Voltaire se plaisait à vanter la
sagesse pour nous mieux faire les cornes sur notre ignorance et sur
notre crédulité, à nous autres Occidentaux. Rien donc d'étonnant
qu'en fait d'opinions sur le christianisme, mandarins et voltairiens se
soient rencontrés. Le préfet Wan n'en dit pas plus et n'en dit guère
moins que ces derniers. C'est le même fond d'idées, si ce n'est pas
la même forme. Ainsi, en transcrivant sa dissertation, que nos lecteurs seront d'ailleurs bien aises de garder comme spécimen d'érudition et d'éloquence chinoises, nous aurons l'avantage de varier et
d'étendre notre sujet sans le quitter.

« Wan, préfet du département inférieur de Kaying-chau, (province
de Canton), etc., ordonne la publication de la présente proclamation,
afin que les cœurs des hommes soient maintenus dans le droit chemin
et que les lois soient tenues dans le respect qui leur est dû.

» Sache donc qu'il existe dans le monde occidental une doctrine qui lui a été enseignée par Jésus Aussi long-temps que les barbares propagent ou pratiquent cette doctrine entre eux, expliquant ses livres, et adorant le Seigneur du ciel suivant sa liturgie, il n'y a rien à dire, mais il ne leur est pas permis de s'introduire dans l'empire du Milieu, pour prêcher cette doctrine, et les sujets du Céleste-Empire qui aident les étrangers venus des pays lointains à pénétrer dans nos terres, qui se liguent avec eux, enflamment et troublent l'esprit du peuple, séduisent les femmes à cette doctrine, ou commettent tout autre délit contraire aux lois, ceux-là sont punissables. Les prescriptions du Code sont explicites : qui s'aventurera à les violer?

» Dans ce département, les doctrines littéraires (reconnues par la loi, c'est-à-dire le bouddhisme, le confucianisme et le rationalisme), sont tenues en haute considération, le caractère de ses habitans est justement estimé : descendus de gens qui ont occupé des fonctions publiques, ou liés à des fonctionnaires par les liens du sang, ils n'abandonneront certainement pas la science des sages et des hommes illustres par leurs vertus de l'empire du Milieu, pour courir à l'aventure après une autre doctrine. Il est cependant venu à ma connaissance que les simples et peu éclairés habitans du village de Chu-kang et de son voisinage ont récemment invité des hommes des pays lointains à venir chez eux, ont décidé quelques-uns des leurs à se lier avec ces étrangers, et que des femmes mêmes ont été affiliées à la nouvelle société, infraction sérieuse aux lois. Il est donc de mon devoir de rechercher et de faire arrêter ceux qui peuvent s'être rendus coupables d'avoir aidé des étrangers à venir dans le pays, de les punir sévèrement selon la teneur des lois anciennement établies, et de publier une proclamation pour l'instruction du peuple; en conséquence, je publie la présente pour l'enseignement de tous, des militaires aussi bien que des autres.

» Vous saurez tous que Jésus, né dans le temps de Ngai-ti, de la dynastie des Hans, ne doit pas occuper dans l'esprit des hommes une plus haute position que Hwa-toh (l'Hippocrate chinois) et autres, n'étant habile qu'à soulager les hommes en guérissant leurs maladies. La puissance qu'il eut de nourrir une population de trois mille hommes avec sept pains, n'est pas plus en réalité que la sorcellerie des rationalistes; sous les autres rapports il n'avait aucun mérite particulier. Quant à son titre extravagant de Seigneur qui a créé le ciel, souvenez-vous des princes, des empereurs, des grands philosophes qui ont répandu la civilisation et qui étaient les agens du ciel mille et dix mille ans avant Jésus. Croyez que les divers pays situés au delà de la mer ont eu dès le commencement du monde des souverains, des habitans, des formes de gouvernement et des lois pour punir le crime; est-il donc possible de dire qu'il n'existait rien de tout cela avant que Jésus parût sur la terre pour les créer du temps de la dynastie des Hans?

» On trouvera dans le Haï kwoh-tu-chi (encyclopédie chinoise illustrée, de date récente, et à laquelle on prétend que le célèbre Lin a travaillé), que Marie, la mère de Jésus, était la femme d'un homme nommé Joseph; mais que Jésus renia son père, et que, se regardant comme l'enfant de sa mère, conçu pendant qu'elle était vierge, affirma faussement qu'il était son glorieux fils, créé par le ciel. Les convertis à sa doctrine ne permirent donc aucun sacrifice, ne rendirent aucun hommage aux ancêtres, aux souverains, aux représentations sacrées des êtres surnaturels; ils troublèrent de doutes l'esprit des peuples, ils leur firent accroire qu'il n'existait ni ciel, ni loi, ni père, ni souverain supérieur à Jésus; qu'il n'y a ni piété filiale, ni fidélité au prince, ni sympathie pour ses semblables, ni devoirs moraux. Aussi la colère du ciel fut-elle excitée, et son jugement tomba sur Jésus.

» Au nom du ciel, le roi de Judée le fit saisir, et son crime ayant été prouvé, il fut puni, suivant les lois du royaume, par le supplice de la croix. Son sang coula jusqu'à ce que tout son corps en fût couvert; il mit ainsi sept jours à mourir, et des ordres furent donnés aux autorités locales pour le faire ensevelir. Mais ses disciples, gens qui n'avaient aucune industrie légale ni moyens d'exister, inventèrent une fable et prétendirent que, après avoir passé trois jours dans le tombeau, il ressuscita, et s'enleva au ciel quarante jours plus tard. Ce conte fut inventé par eux pour attirer les hommes à la doctrine qu'ils prêchaient, mais il ressemble à celui qui a été fait au sujet de Sun-Nyan, lequel s'étant noyé après la défaite de ses troupes devint, au dire de ses partisans, un esprit des eaux; il ressemble encore à ce que prétendent les rebelles de la faction du Lys blanc, qui assurent que les corps de leurs camarades mis à mort dans de longs et ignominieux supplices, ayant rendu les esprits qui les animaient, ceux-ci se dégagèrent et montèrent au ciel, appelés à un autre état parmi les êtres célestes.

» Le fait ne saurait s'être passé comme on le rapporte, car si cela était, comment serait-il aussi possible qu'un corps qui était le maître du ciel fût si peu maître de lui-même qu'il ait pu être mis à mort et cloué sur une croix par les mains de vulgaires mortels? L'inconcevable assertion de ses disciples, qu'en sa qualité de seigneur du ciel il souffrit la peine du péché pour l'amour des hommes, est aussi fort ridicule. Ainsi, pour cacher les traces de la mort sur la croix, le corps qui était le grand ministre du ciel et de la terre pouvait tout, excepté remettre aux hommes la punition de leurs péchés, et pour ce faire, il fut obligé de subir le châtiment à leur place!

» Cette doctrine prétend encore qu'elle encourage la vertu et réprime le vice, mais c'est ce qu'ont toujours dit aussi les lettrés. Le dogme qui enseigne que les croyans au Seigneur du ciel seront heureux, et qu'après la mort leurs esprits monteront au ciel, tandis que ceux qui ne croient pas seront exposés à toutes les misères, et qu'après la mort leurs esprits seront condamnés à la prison éternelle de l'enfer, ce dogme dit exactement la même chose que Wu-san-sz : « Ceux qui sont bons pour moi sont bons, ceux qui sont méchans pour moi sont méchans.» Supposez que les croyans au Seigneur du ciel soient des voleurs ou des gens vicieux et cependant ils seront heureux, tandis que ceux qui n'auront pas cru, bien que justes et gens de mérite, sont tous condamnés à l'infortune. Jamais l'ordre divin qui récompense la vertu et punit le vice n'a été interverti et confondu à ce point? Cette doctrine n'est-elle pas fatale aux notions du bien que nous enseigne le ciel?

» Ensuite les mots palais du ciel et prison de l'enfer ne sont que des plagiats empruntés aux livres bouddhiques de la dernière sorte, et cependant les chrétiens méprisent les bouddhistes comme gens dévoués à la prison éternelle de l'enfer. La crucifixion de Jésus vivant est commé l'arbré aux trois épées et la montagne d'armes de l'enfer des bouddhistes, absolument impossible à prouver.

» On saura encore'que de toutes les nations d'au delà des mers aucune ne croit autant au Seigneur du ciel que l'Allemagne, et cependant ses' habitants sont déliés de tous liens sociaux et politiques; sa puissance est en ruine, son territoire a été plus d'une fois partagé. Pourquoi donc, puisqu'elle croit au Seigneur du ciel, le bonheur ne lui a-t-il pas été donné? Parmi les pays qui ne croient pas au Seigneur du ciel, aucun ne peut se comparer au Japon. Sur le quai de son port, ouvert aux étrangers, est gravé un crucifix, et tout marchand qui y vient, qui à son débarquement ne foule pas aussitôt cette image aux pieds, est immédiatement décapité pour servir d'exemple aux autres. De plus, à la porte de la ville est une image dé Jésus enterré sous le seuil, afin qu'elle soit foulée aux pieds tous les jours, et cependant ce royaume a duré deux mille ans. Pourquoi donc le Seigneur du ciel ne lui a-t-il pas infligé un châtiment terrible? Cela prouve que le prétendu pouvoir de rendre heureux ou malheureux est une fable sans fondement; il aboutit tout simplement à faire que dans cette vie les gens peu éclairés laissent les tombeaux de leurs ancêtres sans les sacrifices qui leur sont dus, sans l'encens parfumé, sans les oblations prescrites, et après la mort, ils seront à leur tour des spectres aveugles, soumis, en outre des privations que je viens d'énumérer, au supplice de brûler jusqu'à ce que leurs os soient réduits en cendres. Quel bonheur peut résulter d'une pareille doctrine.

» Bien qu'une ordonnance de date récente ait reconnu aux Barbares le droit de disserter entre eux sur leurs livres religieux, elle ne leur a cependant pas permis de s'établir dans l'empire du Milieu, de se mêler à sa population, de propager leurs doctrines parmi ses habitans. Si donc il est quelques-uns de ceux-ci qui appellent les étrangers, qui se liguent avec eux pour agiter et troubler l'esprit public, pour convertir les femmes, ou violer la loi de toute autre manière, ils seront punis, comme par le passé, soit de la strangulation immédiate, soit de la strangulation après emprisonnement, soit de la déportation, soit de la bastonnade: la loi n'admet pas de rémission. Si cependant quelques coupables venaient se dénoncer eux-mêmes aux autorités, déclarent leur repentir, et foulent le crucifix aux pieds, la peine sera dans ce cas adoucie d'un degré. Les lois de l'Etat sont sévères, mais elles ont toujours permis le repentir aux coupables. Si donc parmi vous, gens simples, il en est qui se sont laissé séduire, qu'ils se hâtent d'entrer dans la voie du salut; mais vous, qui persévérez dans le crime, sachez qu'il est de mon devoir de vous faire saisir, juger et punir pour servir d'exemple aux pervers. Les familles de lettrés, celles dont les membres sont au service public, celles qui descendent d'anciens fonctionnaires auront à faire connaître leurs résolutions dans les temples des ancêtres, à expulser de leurs tribus tous fils ou frères qui auraient adopté cette doctrine, comme gens qui ont renié la communion de leurs parens morts ou vivans. Dans les juridictions de la campagne, les chefs de village et habitans devront être prompts à informer, et s'ils découvrent des membres d'aucune société qui s'emploie à propager cette doctrine, ils ne devront pas leur laisser le temps de séduire ou d'agiter la population, mais ils devront informer aussitôt leurs supérieurs, aider à l'arrestation des coupables s'ils ne veulent pas eux-mêmes être traités comme complices. Par ces moyens, les cœurs des hommes seront maintenus dans la voie droite et les lois seront plus solennellement observées, c'est mon vif désir qu'il en soit ainsi. Que chacun tremble et obéisse.»

Telles sont les objections du lettré chinois contre le christianisme. Le *Journal des Débats* dit bien qu'elles sont « étranges » ; mais il a soin d'ajouter aussitôt : « Cette pièce prouve, d'un autre côté, que le » christianisme n'est pas ignoré des lettrés autant que peut-être on le » pense. Le préfet Wan n'a qu'une connaissance à coup sûr fort su-» perficielle des vérités de l'Evangile, mais elle est aussi passablement » étendue ;... il en sait même évidemment beaucoup plus que ce qui » est mentionné dans la proclamation. » Evidemment aussi le *Journal des Débats*, qui n'a pu résister à l'envie de publier cette pièce, trouve *in petto* que ces objections *étranges* sont d'une certaine force, d'une certaine valeur. Il s'en frotte les mains à part soi. C'est que, vérita-blement, il n'en est guère d'autres, ni de meilleures, à l'usage du monde et des lettrés parisiens. On croit connaître et expliquer le christianisme parce qu'on sait à-peu-près son histoire tout extérieure; résolu à n'y voir qu'une histoire humaine, on le traite en consé-quence, et la critique, qui ne laisse rien subsister devant elle, l'en-visage du haut de sa grandeur; on le compare au bouddhisme, comme le préfet Wan, et son affaire est jugée : on ne lui demande nullement si, même pour le cœur humain, il ne contient pas une réponse, la grande réponse, toujours réclamée, mais jamais donnée par les autres religions. Ou plutôt, on se garde bien de le lui demander; on a trop peur, instinctivement, qu'il ne vous éclaire sur ce point. On n'est pas seulement philosophe, esprit-fort, on est encore autre chose; on ne se borne pas à ne pas croire, on vit, on agit en vertu de son manque de croyances, qui devient ainsi une foi, c'est-à-dire un principe d'ac-tion, en dépit qu'on en ait : on n'est pas seulement sceptique, on est payen.

Cela est ainsi, bien que tous ne l'avouent pas comme vient de le faire l'auteur d'une brochure mystérieuse qui circule mystérieusement dans le grand monde, où on se la passe de main en main. Mais par-lons d'abord de cette brochure. Elle est intitulée : *H. B.*, *par.* *****. Un critique, celui dont nous disions dans notre dernier numéro, qu'il rencontrait parfois de curieux filons de polémique, M. Eugène Pelle-tan, a eu vent de celui-ci. Écoutons un peu quelle a été sa décou-verte.

« Cette brochure contient la biographie d'une initiale racontée par un anonyme; elle a été imprimée à Paris et distribuée sous le man-teau de la cheminée. Je ne sais quelle main mystérieuse a glissé dans ma poche cette énigme en seize pages sur papier vélin. Je n'ai pu d'a-bord déchiffrer, à première lecture, le double incognito de l'initiale et de son biographe. Les noms propres sont partout laissés en blanc pour dérouter la curiosité. On dirait une société secrète où tous les personnages sont masqués. La brochure commence ainsi :

« Il y a un passage d'Homère qui me revient souvent en mémoire. » Le spectre d'Elpénor. apparait à Ulysse et lui demande les honneurs » funèbres : *Ne me laisse pas sans être pleuré, sans être enterré.*
» Aujourd'hui l'enterrement ne manque à personne, grâce à un ré-
» glement de police ; mais nous autres *payens*, nous avons aussi des
» devoirs à remplir envers nos morts qui ne consistent pas seulement
» dans l'accomplissement d'une ordonnance de voirie. J'ai assisté à
» trois enterremens *payens :* Celui de... qui s'était brûlé la cervelle.
» Son maître, grand philosophe..... et ses amis eurent peur des hon-
» nêtes gens et n'osèrent parler ; celui de.....; il avait défendu les dis-
» cours ; celui de B..... enfin. Nous nous y trouvâmes trois, et si mal
» préparés, que nous ignorions ses dernières volontés. Chaque fois
» j'ai senti que nous avions manqué à quelque chose, sinon envers la
» mort, du moins envers nous-mêmes. Qu'un de nos amis meure en
» voyage, nous aurons un vif regret de ne lui avoir pas dit adieu au
» moment du départ. Un départ, une mort, doivent se célébrer avec
» une certaine cérémonie, car il y a quelque chose de solennel. Ce
» quelque chose, c'est ce que demande Elpénor ; ce n'est pas seule-
» ment un peu de terre qu'il réclame, c'est un souvenir.»

» Ainsi, cette brochure est l'oraison funèbre d'un payen, prononcée à mots couverts par un autre payen. Mais quel est le nouvel Elpénor qui demande un souvenir à ses amis du fond de son tombeau? Le biographe garde là-dessus le plus profond secret. Il nous dit bien qu'Elpénor faisait des livres à ses momens perdus, et, ce qui est plus merveilleux, qu'il acceptait volontiers les critiques. Mais quels ouvrages a-t-il écrits? Je n'en trouve à aucune page le titre, égaré par mégarde. Cependant l'initiale, tournée en héros d'Homère, avait du talent, s'il faut croire l'opinion très-compétente, assurément, de son ami.

« Je m'imagine, dit-il en finissant, que quelque critique du ving-
» tième siècle découvrira les livres de B..... dans le fatras de la litté-
» rature du dix-neuvième, et qu'il leur rendra la justice qu'ils n'ont
» pas trouvée auprès des contemporains. C'est ainsi que la réputation
» de Diderot a grandi au dix-neuvième. C'est ainsi que Shakspeare,
» oublié du temps de Saint-Evremond, a été découvert par Garrick. Il
» serait bien à désirer que les lettres de B..... fussent publiées un
» jour ; elles feraient connaitre et aimer un homme dont l'esprit et les
» excellentes qualités ne vivent plus que dans la mémoire d'un petit
» nombre d'amis.»

» H. B. est donc un auteur incompris, qui attend qu'un nouveau Garrick, en train de naître pour la circonstance, lui restitue dans cinquante ans tout l'arriéré de son génie. Cette première révélation nous aidera peut-être à retrouver le nom clandestin qui est resté au bout de la plume du biographe. Le talent, même méconnu, n'est pas tellement prodigué à la génération de nos aînés, que nous ne puissions, à la longue, avec un peu d'inspiration, compléter l'initiale d'une immortalité en expectative destinée à grandir pour nos neveux.
» Cherchons donc courageusement, peut-être finirons-nous par trouver le spectre caché sous une initiale.»

De supposition en supposition , de Ballanche à Barrère , de Barrère
à d'autres qu'il écarte tous successivement, le critique arrive à mettre
enfin le doigt ; sans pouvoir s'y tromper, sur le personnage dont la
brochure fait tardivement l'oraison funèbre. C'est Henri Beyle , plus
connu sous son pseudonyme de Sthendal, l'auteur de *Rouge et Noir* ,
de la *Chartreuse de Parme*, de *Rome et Florence*, etc. ; de plus, diplomate, homme du monde, et chargé sous l'Empire de diverses missions. Puis le critique ajoute :

» Après avoir recréé avec des bribes un nom de toutes pièces, par
la méthode de Cuvier, je crois pouvoir ajouter, pour satisfaire la curiosité du lecteur, que le premier payen qui se brûla la cervelle était
Sautelet, et que le grand philosophe, son maitre, qui n'osa cérémo-
nier sur sa tombe, était M. Cousin.

» Mais pourquoi venir en ce moment, à pas de loup, dans la nuit
profonde de l'anonyme, évoquer l'ombre du romancier de *Rouge et
Noir*, pour la faire parler discrètement des limbes de la mort, à un
petit comité de vingt-cinq intimes? Le biographe nous l'a dit d'avance:
parce qu'un départ, une mort doivent se célébrer avec une certaine
cérémonie, et qu'il y a là quelque chose de solennel. Mais comme le
solennel peut être quelquefois dangereux dans la bouche des payens,
je prie les dames honnêtes, c'est-à-dire toutes mes lectrices, de ne
plus continuer la lecture de ce feuilleton.

» Maintenant que les dames sont sorties, je puis vous dire, dans le
creux de l'oreille, que cette brochure, écrite avec amour et imprimée
avec luxe, qui circule à cette heure même, confidentiellement et su-
brepticement dans les salons du faubourg Saint-Germain, contient les
plus incroyables débauches d'esprit que le scepticisme entre deux vins
ait jamais aventurées dans les ruelles, à travers les pétards des bouteilles de Champagne. Vous allez en juger.

« B.. ., dit l'auteur (lisez Beyle), n'avait aucune idée religieuse, ou
» s'il en avait, il apportait un sentiment de colère et de rancune contre
» la Providence : *ce qui excuse Dieu*, disait-il, *c'est que Dieu n'existe
» pas.*»

. . . .

Après cette profession d'athéisme, vient ensuite le paganisme proprement dit, ou la doctrine d'Henri Beyle sur les femmes. Mais ici
nous ne pouvons plus suivre le critique, bien qu'il n'ait pas osé tout
citer, et qu'il soit souvent obligé d'arrêter sa phrase tout court, en
disant: « Je passe ici une expression. » A Paris, entre hommes,
même des plus huppés, la conversation prend fréquemment une allure ordurière ; d'y être embarrassé vous range plutôt parmi les niais :
on veut avant tout montrer de l'esprit, et on ne se refuse pas ce
moyen si honteusement facile d'en avoir. Mais des personnes qui ont
connu Henri Beyle, et auxquelles on ne peut pas reprocher de mettre
trop de pruderie dans leur langage, avouent que ses entretiens et
même ses écrits intimes dépassaient en ce genre tout ce à quoi l'on
est habitué.

Il ne nous reste plus qu'à apprendre (M. Pelletan le sait, évidemment, mais il ne le dit pas) quel est l'auteur de cette brochure où se lisent de si belles choses. On l'attribue généralement à M. Mérimée, grand admirateur d'Henri Beyle et, assure-t-on, son imitateur en fait de haut style à la mode de Rabelais. Ce qui est plus triste encore que les impiétés, les expressions, les doctrines et les pratiques licencieuses dont il s'est fait le rapporteur funéraire, c'est d'avoir voulu en composer un souvenir à la mémoire d'un ami, — quelle amitié ! et quel monument ! — c'est de les avoir rapportées. C'est plus triste, disons-nous, et nous osons croire que ce n'est pas du tout spirituel. Même en étant payen, on n'est pas toujours sûr, pour cela, de sacrifier aux grâces.

Mais, pour payen, on l'est : non-seulement ceux qui s'en doutent et qui s'en vantent, mais aussi le grand nombre qui ne s'en doute pas.

Et maintenant (car nous n'avons pas de nouveautés littéraires qui ne puissent sans inconvénient se renvoyer au prochain numéro, celui-ci étant déjà assez long), pense-t-on que la société dont ces faits et d'autres pareils ne font après tout que percer, comme par une subite crevasse, la couche d'hypocrisie, pense-t-on, demandons-nous, qu'elle tende beaucoup à se reconstituer sur une base solide et durable, qui ne saurait être qu'une base morale ? Si l'on manque de foi, n'est-ce pas toujours par la vieille raison : que *les œuvres sont mauvaises?* « Garde les commandemens, dit le Sage, et les commandemens te garderont. » Paris, 10-15 janvier 1851.

P. S. — Depuis que notre *Chronique* est écrite et expédiée, le bruit d'une courte apparition de la duchesse d'Orléans à Versailles (voir plus haut p. 50) a transpiré dans le public; il y a même pris assez de consistance pour que le parti orléaniste en ait fait publier l'explication suivante, par le canal d'un journal étranger : C'est, dit-on, une dame, dont on donne le nom, Mme Dejean, qui a causé la méprise; elle demeure à Versailles, dans une maison isolée: elle est blonde, et elle a un jeune fils que, dans sa tendresse maternelle, elle a l'habitude d'appeler *mon roi.* Véritablement, une telle explication est si singulière, qu'elle donne l'envie d'y voir une confirmation du bruit qu'elle cherche à détruire.

MÉLANGES.

De l'instruction publique dans le canton de Gláris.

Il y a certainement peu de cantons en Suisse où les écoles soient plus nombreuses que dans le canton de Glaris, et cependant je doute que les résultats soient quelque part moins heureux. C'est ce que je vais chercher à démontrer, en traçant d'abord un tableau statistique de nos écoles.

Sur une population de trente mille âmes, notre vallée ne compte pas moins de vingt-neuf écoles et cinquante-trois instituteurs, non compris les deux colonies de la Linth. Cela fait une école, et presque deux instituteurs sur mille habitants. Le corps enseignant est presqu'entièrement composé de jeunes gens pleins de zèle pour leur vocation. Ils reçoivent à-peu-près tous l'instruction nécessaire à leurs fonctions à Kussnach (Zurich) ou à Kreusslingen. A l'exception de deux, ou tout au plus trois vieux régents, les instituteurs possèdent en général des connaissances assez variées, et ils cherchent encore à se perfectionner une fois qu'ils sont en place. Dix à douze parlent passablement français ou italien, et deux l'anglais. Nos instituteurs ont à leur disposition la bibliothèque cantonale et celle de la société pédagogique.

Le zèle qu'ils mettent à remplir les devoirs de leur charge est au-dessus de tout éloge. Chaque instituteur est astreint à donner 7 heures de leçons par jour, et 4 heures le samedi, ce qui fait 39 heures par semaine, et malgré ce chiffre élevé, il est encore tel d'entre eux qui donne plusieurs autres leçons par jour. En outre, il y a une école de répétition le dimanche dans plusieurs communes. On pourrait croire avec raison, que pour un travail pareil, le traitement de nos instituteurs leur assure du moins une existence honorable, mais il n'en est rien. Le traitement varie de deux cents à quatre cents florins, somme assez mesquine pour vivre dans un pays où la vie est relativement chère. Un régent célibataire paie de fl. 2 » 40 à fl. 3 pour le logement et la pension par semaine, et s'il a une famille, il se voit forcé de recourir à quelque industrie, s'il ne veut pas végéter dans la misère. Le peuple considère en général les instituteurs comme des ouvriers publics, et en payant la petite contribution fixée par la commune, chacun croit avoir le droit d'insulter le maître d'école s'il ose punir un enfant. Il ne peut maintenir son autorité qu'avec l'appui du pasteur, qui heureusement lui manque rarement.

Le conseil cantonal de l'instruction n'a presque pas d'autorité, et les communes à leur tour n'en ont pas vis-à-vis des particuliers, conséquence naturelle de la démocratie pure où chaque citoyen se croit souverain. Si un conseil communal veut déployer un peu d'énergie en matière d'école, et aller jusqu'au tribunal de police, l'accusé est ordinairement acquitté, et le plaignant réprimandé pour une telle hardiesse en matière si insignifiante: tout cela par crainte de compromettre sa popularité. Telle est une des principales raisons pour lesquelles les efforts de nos instituteurs sont presque infructueux.

Une autre cause d'insuccès vient de ce que les classes sont trop nombreuses; le nombre des élèves de chacune d'elles variant de 80 à

120, et eu égard à la méthode qu'on suit ici et à la turbulence de notre jeunesse, tous les efforts du maitre se bornent à maintenir la discipline. Il est même étonnant que nos jeunes gens apprennent encore aussi bien à lire, à écrire et à calculer.

Nous avons dit que le maître exerçait peu d'autorité hors de l'école; en effet, il a à lutter contre l'influence funeste des manufactures sur le moral de notre population. Elles ont entamé déjà, mais n'ont pas encore pu détruire le fond de sentiments religieux qui animent le Glaronais. Hors de l'école les enfants errent dans les rues, parce que leurs parents sont occupés dans les filatures et dans les autres fabriques. Les jeunes gens sont à peine échappés à la férule, qu'on les entasse pêle-mêle dans de grandes salles, sans autre surveillance que celle d'un contre-maitre qui ne s'embarrasse que de leur activité. Non pas, sans doute, que le mal soit ici plus grand que dans les autres contrées industrielles; mais dans nos vallées alpestres et solitaires, il frappe davantage, semble-t-il, et paraît plus encore contre nature.

L'Etat, qui dépense fl. 12,000 pour le militaire, ne donne que fl. 1,500 pour l'instruction publique. A quels besoins subvenir avec une pareille somme? Toutes les charges reposent donc sur les communes, et celles-ci revendiquent pour cette raison la direction absolue de leurs écoles. Ce n'est pas que les particuliers ne favorisent l'instruction de la jeunesse; mais chaque père de famille a là-dessus ses opinions, et l'instituteur ne peut agir librement et suivre ses propres inspirations, trop matériellement dépendant qu'il est de ses concitoyens. On a cherché, il est vrai, à améliorer le sort des maîtres d'école. La chose était, sinon fort goûtée, du moins appuyée par des personnages influents, et voilà qu'un malencontreux personnage vint proposer d'augmenter le traitement des instituteurs aux dépends de celui des pasteurs. Au lieu donc d'une augmentation, nous avons maintenant un débat pour attaque contre les prérogatives des ministres.

Après les écoles primaires viennent les deux instituts des pauvres, appelés *Colonies*. La Colonie de la Linth, bâtie sur l'ancien lit de cette rivière, est destinée aux garçons. Le nombre des élèves est ordinairement de trente. Toutes les communes peuvent, contre une légère rétribution, y envoyer un nombre d'enfants pauvres ou orphelins, proportionné à leur population. Des élèves surnuméraires y sont reçus pour une somme assez modique. Presque tous les instituteurs de notre canton sont sortis de cet établissement, placé sous la surveillance d'une commission spéciale nommée par l'Etat. Les élèves étant intéressés, et sous la surveillance continuelle de l'instituteur, la discipline ne laisse rien à désirer. On vient de faire une collecte dans le pays pour agrandir cet institut. Elle a produit près de cinquante mille francs de Suisse en quelques semaines. C'est là une belle preuve de patriotisme donnée par les familles riches du pays. Une famille glaronaise établie à l'étranger, et dont les membres n'ont encore jamais vu leur patrie, a envoyé, seule fl. 1000. A de tels faits, on reconnaît le vrai citoyen.

La colonie des filles, à Mollis, n'a qu'une existence précaire, n'ayant pas de capital, et ne subsistant que de dons annuels. Elle ne compte que douze élèves.

Le canton de Glaris n'a que deux écoles supérieures : l'école réale de Glaris et l'école secondaire de Schwanden. Cette dernière n'a qu'un maître, et ordinairement vingt à vingt-cinq élèves. On y enseigne l'allemand, le français, l'anglais, les mathématiques, la géographie, l'histoire et le dessin linéaire. Elle jouit d'une bonne réputation dans le pays. — L'école supérieure de Glaris compte quatre maîtres et soixante élèves. Outre les branches indiquées ci-dessus, on y enseigne l'italien, le chant, la gymnastique, la physique, la botanique, le grec et le latin. Ces deux dernières branches sont facultatives. Les élèves de cette école, appartenant presque tous aux meilleures familles, continuent leurs études à Zurich ou à Aarau. Quelques-uns vont apprendre le commerce et se perfectionner dans la langue française à Lausanne ou à Neuchâtel. Le Glaronais a en général beaucoup de dispositions pour les langues vivantes, mais comme il est presque toujours destiné au commerce, il se contente de les effleurer, et il n'y fait plus de progrès une fois qu'il est parvenu à les parler couramment.

Nos écoles sont annuellement inspectées par quatre inspecteurs, dont trois pour les écoles réformées et une pour les écoles catholiques. Comme chaque inspecteur a sa manière de voir particulière, les rapports sont trop subjectifs et ne présentent pas d'ensemble. Un seul inspecteur suffirait pour notre petit pays, et je crois que l'enseignement y gagnerait. L'école réale est encore surveillée par une commission spéciale, composée d'éléments assez hétérogènes. Ph. J. 1

BULLETIN BIBLIOGRAPHIQUE.

ULRIC, LE VALET DE FERME, ou comment Ulric arriva à la fortune, par *Jérémias Gotthelf*, traduction libre de l'allemand. — Neuchâtel, chez tous les libraires. A Lausanne, chez Georges Bridel, Genève, chez Mesd. Beroud et Guers; Berne, chez Dalp. — Prix 2 fr. 50.

Ce n'est pas la première fois que la *Revue Suisse* parle de l'auteur populaire connu sous le pseudonyme de Jérémias Gotthelf. Elle a déjà fait connaître, par quelques lignes, deux opuscules qui, avant de paraître en un volume, avaient paru en feuilleton dans un journal de la Suisse française : *L'héritage du cousin Hans Joggeli*, et *Elsi, ou la servante comme il y en a peu;* productions charmantes qui ont bien des rapports avec l'ouvrage que nous annonçons, et en sont comme des chapitres détachés.

Il y a un double plaisir et une plus grande utilité à rendre compte de semblables ouvrages dans le temps où nous vivons, et surtout à montrer dans *Ulric,* composé en vue des populations agricoles, la contrepartie vraie d'un autre ouvrage destiné à saper les principes de la société, et qu'une propagande infatigable veut faire pénétrer jusqu'aux foyers domestiques, où n'avaient accès jusqu'ici que quelques livres de dévotion, héritage vénéré, et quelques annuaires, tardifs narrateurs des événements les plus saillants de l'année écoulée. Un trop célèbre romancier français présente dans son dernier ouvrage une famille de prolétaires qui, pendant plusieurs siècles, ne peut parvenir à la propriété. La conclusion, on le comprend, n'est pas difficile à tirer par ceux qui croient avoir les mêmes griefs contre la société actuelle. Voilà, à ce qu'on nous a dit, l'idée développée par un homme qui, avec les seuls moyens que lui fournissait un talent remarquable, a pu, dans cette société qu'il attaque, parvenir à une fortune princière, et mener une vie orientale dans un château magnifique où ses adeptes ont été bien étonnés de voir, quand ils ont pu le voir, *l'apôtre des classes souffrantes et deshéritées.*

Le but de l'ouvrage que nous annonçons est absolument contraire, et les hommes honnêtes, ayant quelque expérience de ce monde, pourront apprécier où est la vérité. D'abord, l'auteur est un pasteur de la campagne de Berne, où il a pu voir les misères des classes laborieuses de plus près que le châtelain des Bordes, et il veut dans *Ulric* montrer que, quelque dénué que l'on soit des dons de la fortune, dans une société comme la nôtre, et surtout dans les conditions de la vie en Suisse, on peut, par le travail, l'économie et la bonne conduite, parvenir à la prospérité. Ulric, qui est un pauvre valet de ferme, est aussi imbu de cette idée, que qui n'a rien ne peut rien acquérir, et cette pensée est la cause de quelques tristes expériences qui signalent les commencements de son histoire, jusqu'à ce qu'il en vienne à reconnaître que les conseils d'un bon maître n'ont d'autre but que son propre bien, et à se décider à essayer d'être, par sa conduite, le premier artisan de sa fortune. Nous ne voulons pas faire un récit abrégé de cette histoire, puisque, à ceux qui ne l'ont pas lue, nous ne pourrions en faire sentir le charme, et pour ceux qui l'ont lue nous ne pourrions qu'affaiblir leurs impressions, et avant de citer quelques mots d'un critique plus compétent, nous nous contenterons de rappeler certains détails qui nous ont particulièrement frappé.

L'auteur, qui vit au milieu de la campagne et veut parler surtout à des agriculteurs, se recommande à eux par les connaissances pratiques dont il fait preuve, et la vérité des détails dans lesquels il entre. Pour qui a vu de près la vie agricole, il y a un grand plaisir à voir reproduire avec une si vivante exactitude, cette succession régulière de travaux qui ont tous leur importance, et développer cette chaîne uniforme et cependant variée d'incidents qui font tour à tour l'inquiétude, l'espérance et la joie des cultivateurs. Il y a des leçons à recueillir, même pour celui qui a l'habitude des travaux champêtres, et cette couleur locale si fidèle contraste bien agréablement avec ces ouvrages écrits au milieu des villes, avec la prétention de s'adresser aux travailleurs des campagnes que leurs auteurs n'ont jamais vus qu'au travers d'un prisme bucolique qui en fait les plus grotesques caricatures.

Après la vérité des faits et des détails, on ne peut oublier la vérité des sentiments. Ici nous paraît être surtout le triomphe de l'auteur, comme ici, est aussi son but principal. Le développement du caractère d'Ulric nous semble un chef-d'œuvre de simplicité et de profondeur. La manière dont le paysan, son premier maître, l'aide à entrer dans une bonne voie, la délicatesse avec laquelle il le conseille et les discours qu'il lui tient, donnent la plus belle idée de l'auteur et de l'influence pastorale qu'il doit exercer. On s'attache à ce Jean, et à cause du bien qu'il fait à Ulric et à cause de l'élévation et du désintéressement avec lesquels il le fait. Les pages qui racontent les velléités de mariage d'Ulric, et les circonstances qui l'amenèrent à renoncer, pour cet acte important, à tous les motifs qui l'avaient séduit, pour préférer l'orpheline remplie d'un mérite solide à la riche héritière d'une grande ferme, ainsi que celles qui nous décrivent les progrès d'un sentiment doux et puissant dans deux cœurs simples et honnêtes, sont pleines d'un charme irrésistible et font assister le lecteur avec attendrissement à ces scènes d'un bonheur qui semble devoir être durable et qui a été précédé, comme le sont ordinairement les joies humaines, par de longues incertitudes et d'inquiètes agitations. Nous aurions encore beaucoup à citer et beaucoup à dire, mais l'espace nous manque, et il nous semble que dans l'intérêt même du livre que nous recommandons, nous ferons mieux de rappeler ce qu'en dit, en passant, un critique éminent de la *Revue des deux Mondes* dans un article sur les romanciers et les poètes allemands :

« Moraliser les esprits et les cœurs, sans s'abaisser à la simplicité niaise,
» à la naïveté factice, qui est l'écueil du genre, c'est là un bel emploi de la
» poésie et bien digne de tenter les écrivains d'élite. Seulement, que les let-
» trés y prennent garde! le talent seul ne suffit pas ici, il faut surtout le
» caractère, il faut l'ame affectueuse et grave d'un Pestalozzi. L'homme
» dont la vie aura été fortement éprouvée, remplira mieux cette tâche que
» l'artiste avide de renommée ; si ce dernier peut faire souvent d'heureuses
» rencontres dans les sentiers agrestes, l'autre exercera seul une influence
» durable et publiera des livres qui seront de bonnes actions. Tel est l'exem-
» ple donné en ce moment même par un romancier de la Suisse allemande,
» M. Jérémie Gotthelf. Il poursuit, avec un succès croissant, la peinture
» des paysans suisses entreprise par lui depuis plus de quinze années.
» M. Gotthelf est citoyen du canton de Berne. Né dans une classe inférieure,
» mêlé dès son enfance à la vie des ouvriers, des travailleurs des champs ;
» son inspiration, d'abord inculte et parfois même violente, s'est adoucie
» progressivement. Il y a une véritable élévation morale dans cette histoire
» d'*Uli le valet*, *Uli le fermier*, qu'il a publiée l'année dernière pour l'Alle-
» magne. M. Jérémie Gotthelf est une figure originale qui mérite d'être ob-
» servée plus à loisir. »

Ce que nous avons dit et cité jusqu'ici est déjà un éloge pour le traducteur, qui trouvera bien naturel que nous nous soyons arrêté un peu longuement sur l'ouvrage, indépendamment de la traduction. Nous savons qu'il a
voulu surtout faire une chose utile, et c'est aussi une bonne action que d'employer les loisirs d'une position indépendante à des travaux dont les résultats peuvent être si bons. Quant à l'œuvre même, nous le féliciterons d'a-
bord d'avoir fait une traduction libre. L'original, écrit en partie en dialecte
bernois, renferme des détails et des expressions qui ne pouvaient tous être
rendus dans notre langue et dont l'importance ne pouvait contrebalancer
l'effet qu'ils eussent produit sur des lecteurs français. Le style est facile
et simple, sans être jamais vulgaire ou trivial; il est approprié au sujet qu'il
traite et sait s'élever avec les idées qui touchent souvent aux plus hautes et

aux plus grandes vérités. L'impression que laisse la lecture de ce livre prouve que la traduction est bien faite, et qu'en écrivant le traducteur s'est pénétré comme l'auteur lui-même de l'importance de son travail ; c'est une œuvre qu'il a faite et non pas seulement un travail littéraire , et ce but sérieux a eu sur le résultat la meilleure influence. Peu d'ouvrages , à cause des détails de la vie commune, des tons et même des sujets différens que celui-ci renferme, nous semblent plus difficiles à traduire, et les difficultés surmontées ne sont pas un faible mérite pour celui qui les a vaincues. Tout trahit ici une plume exercée, et quoiqu'elle ait, comme l'auteur, gardé l'anonyme, nous serons auprès du traducteur l'organe de tous ceux qui liront *Ulric le valet*, en lui demandant de bien vouloir se mettre à l'œuvre et de ne pas nous faire trop long-temps attendre *Ulric le fermier*, qui en est la suite. Ulric est devenu pour nous un type, et nous aimerons à le retrouver au milieu de circonstances nouvelles, ainsi que cette Frénéli, qu'on n'a pu encore qu'entrevoir et qui n'a fait que laisser deviner l'épouse tendre et active, l'intelligente ménagère et la mère vigilante. — A propos de type, il faut pourtant nous permettre une critique, en terminant. Puisque le caractère d'*Ulric* nous paraît devoir rester, nous regrettons qu'on ne lui ait pas conservé son nom d'Uli, d'autant plus qu'il a été conservé dans l'édition allemande de Berlin, qui est presque une traduction, et que les autres personnages du livre sont nommés de leurs doux noms du dialecte bernois; mais, nous dira-t-on, il faut vouloir à toute force faire une critique pour s'arrêter à un pareil détail ; peut-être aura-t-on raison ; aussi nous hâtons-nous de reprendre notre premier ton et de dire avec le poète :

Ubi plura nitent
Non ego paucis offendar maculis. ...

LE GÉNIE DU CIMETIÈRE, par l'auteur des *Réalités de la vie domestique*, un vol.; prix fr. 2»50. — En vente à Genève, Neuchâtel et Lausanne, chez tous les principaux libraires.

Il n'est presque pas besoin de recommander ce qui sort de la plume d'un auteur si connu par sa parfaite clarté, son excellente morale, la rectitude de son sens chrétien, la conséquence et la vérité de ses caractères. Ses livres, d'ailleurs, sont des *œuvres*, où la partie littéraire est toujours subordonnée aux efforts pour faire avancer dans le cœur les principes de l'Evangile. Et, nous le savons, ces tentatives ont été souvent heureuses.

Ici le lecteur rencontrera un point de vue que l'auteur a su rajeunir : la perfection de la volonté suprême, la manifestation de l'infinie sagesse dans le choix de l'instant qui rompt le cours de chaque existence terrestre. Parmi plusieurs ressuscités, rappelés au jour au bout de cinq ans, sous la condition de rester invisibles au milieu des leurs pendant douze heures, et de choisir alors définitivement entre la mort et la vie, on voit un père assister aux changements survenus dans sa maison, jouir du développement que les devoirs de chef de famille ont amené chez son fils, admirer la résignation de sa veuve tendre et fidèle, et cependant refuser de reparaître au milieu de ces êtres qui chérissent toujours sa mémoire. Il est jaloux de s'unir parfaitement au décret de la Providence qui fit de sa perte la préparation de ces deux âmes, l'une pour le ciel, l'autre pour sa mission sur la terre. Tout ceci est beau, neuf, élevé ; la conclusion de cette histoire inspire cet attendrissement grave qui fortifie au lieu d'amollir.

Le reste du livre est sans doute remarquable par des scènes intéressantes, des traits de vérité, un talent d'observation juste et quelquefois profond ; mais à ce sujet, nous aurions une sorte de reproche à adresser à l'auteur. Il y a laissé glisser un esprit un peu misanthrope; on dirait qu'il éprouve une certaine satisfaction à appuyer sur la fragilité, trop commune, hélas, de nos affections. Fussent-ils aussi fréquents qu'ils le paraissent ici, ces tristes secrets de la pauvre humanité ne demandent-ils pas les ménagements de la charité dans la main qui les sonde ? Il semble qu'en présence de ces stigmates de notre misère nous nous tenions tous solidaires, et que si la vérité ne nous permet pas d'y jeter le manteau, ils réclament de nous l'esprit de douloureuse et compatissante humiliation qui pénètre des fils respectueux. En fait de mystère d'orgueil et d'égoïsme, le chrétien n'a guère à apprendre du misanthrope, mais son point de vue et l'emploi qu'il en fait sont différents. Quelques expériences isolées ne le font pas désespérer pour toujours. La jeunesse, surtout, a besoin de conserver quelque foi à la valeur des attachements humains pour rester capable de la tâche qui lui est imposée. En la douant de tant de moyens de se faire aimer et d'une si robuste confiance dans leur effet, Dieu semble avoir en quelque sorte manifesté sa volonté à cet égard; une fois trahie, cette confiance doit pouvoir se reprendre ailleurs; cette faculté est la vitalité de l'âme.

D'autre part il faut convenir que, si dans la sévérité de son appréciation, l'auteur dépouille de ses derniers lambeaux l'humanité naturelle, il restitue tout à l'humanité régénérée. Ce serait là que se trouverait son idéal ; on serait plutôt tenté de penser qu'il ne laisse pas toute leur place aux restes du vieil homme dans le nouveau, si l'on n'avait la mémoire remplie des traits d'heureuse et profonde vérité, de nature prise sur le fait, d'avancement progressif et chèrement acheté qui signalent les remarquables caractères de *Laure* et d'*Amélie* dans les *Réalités*, et surtout celui d'*Elisa* dans *Veuvage et Célibat*. Ce dernier nous paraît de tout point le chef-d'œuvre de l'auteur, et nous ne saurions que l'encourager à se donner un cadre qui lui permette de pareils développements.

Quant à la forme adoptée dans le *Génie du Cimetière*, on s'étonne qu'un esprit fait pour le vrai par dessus tout et si souvent heureux dans les peintures qu'il en trace, ait eu recours au fantastique. En fait de ressource, celle-ci, toujours chanceuse, n'est pas sans danger quand on touche à des matières réellement graves; le lecteur peut ne pas discerner très-bien les opinions vraies de l'auteur des ressorts nécessaires de sa machine. Ainsi du sommeil complet et sans rêve des trépassés. S'il s'agissait en cela d'une opinion sérieuse, elle donnerait lieu à une controverse qui pourrait tout au moins la rejeter dans le champ des hypothèses individuelles. Mais peut-être alors se trouverait-il qu'on ne s'en est pris qu'au jeu d'un rouage indispensable à l'ensemble de la mise en scène. Par ce moyen l'auteur a éloigné avec beaucoup de tact des difficultés qui autrement, l'eussent fort gêné. Touchant à la solennelle conclusion de la destinée humaine, il a su éviter de la trancher dans le sens formidable, tout en nous laissant l'aperçu des infaillibles espérances et l'avant-goût de la paix suprême. C'était l'extrême limite d'un pareil cadre, mais il a su ne pas la dépasser.

BIOGRAPHIE DE F. DE TSCHARNER, bourguemestre de Coire. — Traduit de l'allemand. — Lausanne, chez G. Bridel, — Neuchâtel, chez J.-P. Michaud, prix 45 centimes.

Voici la biographie d'un de ces hommes de bien, dont toute la vie fut consacrée au bonheur de sa patrie; et qui ne cessa de donner l'exemple des vertus chrétiennes et d'un accomplissement rigoureux de ses devoirs de magistrat et de père de famille. Frédéric de Tscharner naquit à Coire en 1780. Son père était bourguemestre de cette ville, et sa mère appartenait à la famille des Salis. Il fit une partie de ses études à Reichenau, où il connut, comme instituteur, e ljeune duc d'Orléans, dès-lors Louis-Philippe; plus tard il continua ses études à l'université d'Erlangen. Sa carrière politique commença en 1814; il siégea dans les conseils de son canton, à une époque difficile pour toute la Suisse. Tscharner fut un de ceux qui contribua le plus à donner au canton des Grisons une constitution en harmonie avec ses besoins, et à le rattacher définitivement à la Suisse. — Nommé député à la diète en 1831, il reçut d'elle la mission délicate de commissaire-fédéral dans le canton de Bâle, en proie à la guerre civile.

Nous ne pouvons ici énumérer tous les services rendus par M. de Tscharner à sa patrie; le lecteur les trouvera retracés avec charme et simplicité dans la petite brochure que nous annonçons. Il y verra également l'un des beaux côtés de sa vie, savoir sa piété et sa foi chrétienne se manifestant en toutes sortes de bonnes œuvres.

Nous ne pouvons nous séparer de cet excellent écrit, sans reproduire la pensée suivante de Tscharner sur les nouvelles constitutions politiques, dont les démagogues du jour nous gratifient si bénévolement : « Le temps » est une puissance que rien ne peut remplacer ni imiter. C'est pourquoi les » lois ne peuvent jamais tenir lieu des usages salutaires, et les constitutions » artificielles ne valent pas celles qui sont le produit de l'histoire tout en- » tière d'un peuple.»

ESSAI SUR LE CARACTÈRE ET LA DOCTRINE DE ZWINGLE, par F. Naef. — Broch. in-8 de 46 pages. — Chez Jullien frères, libraires à Genève. — Prix 1 franc.

La brochure de M. Næf est une thèse pour le saint ministère : il l'a présentée récemment à la compagnie des pasteurs et défendue avec beaucoup de succès. Mais il suffira d'indiquer le but que s'est proposé l'auteur pour montrer que son œuvre a de l'intérêt, non pas seulement pour les théologiens, mais encore pour tous ceux qui se préoccupent des destinées du protestantisme, et nous pensons qu'ils sont nombreux parmi les lecteurs de la *Revue Suisse.*

M. Næf considère la personne et les idées du grand réformateur suisse comme un type tout-à-fait actuel : il pense que la doctrine de Zwingle est mieux faite pour notre temps que celle de Luther et de Calvin. Zwingle était en effet beaucoup plus tolérant que ses deux illustres collaborateurs dans l'œuvre glorieuse de la réforme : il ne viola jamais le principe fondamental du *libre examen :* il n'avait pas de système théologique exclusif, et ne voulait pas d'autre base que la *Bible.* M. Næf expose les idées de Zwingle sur les principaux points de la dogmatique chrétienne, et l'on voit par cet aperçu très-savant et très-clair, que Zwingle cherchait toujours à concilier la raison et la foi, l'élément humain et l'élément divin, qu'il rejetait les opinions dogmatiques absolues comme restreignant trop le christianisme. Si ce dernier est une religion divine, il ne peut pas mieux être contenu dans un système humain que la réalité ne peut être contenue dans un système philosophique proprement dit. Zwingle était de l'école du bon sens : il abordait le christianisme avec tout son être, sans mutiler volontairement sa personnalité spirituelle ; c'était un *homme* s'approchant de Dieu. C'était une individualité vraiment harmonique et complète, et sous ce rapport, il faut le placer avec l'auteur au-dessus de Luther et de Calvin : comme le dit M. Næf, Luther était le représentant du mysticisme, Calvin celui du dogme, Zwingle celui de la morale. Les idées des deux premiers furent une réaction puissante et nécessaire contre le papisme : au prêtre il fallait opposer Dieu, aux œuvres formelles le principe tout spirituel, tout individuel de la foi : et l'on pardonne à Calvin son intolérance quand on voit ce qu'il a fait de notre Genève. Si Genève est encore quelque chose dans le monde spirituel, c'est à Calvin qu'elle le doit ; et il est amèrement triste de l'entendre calomnier par des Genevois, sous prétexte de libéralisme : il vaut mieux dire avec J.-J. Rousseau, dont certes le témoignage ne saurait être suspect : « Quelque révolution que le temps puisse amener dans notre culte, tant que l'amour de la patrie et de la liberté ne sera pas éteint parmi nous, jamais la mémoire de ce grand homme ne cessera d'être en bénédiction. » Mais il faut reconnaître que les idées de Calvin ne suffisent plus aujourd'hui : dans son système, l'élément divin est trop prédominant : la liberté humaine y est compromise. Calvin a été complété, on peut le dire, par J.-J. Rousseau dont nous venons de citer les nobles paroles sur ce Réformateur : mais Rousseau a été peut-être jusqu'à l'autre extrême. Eh bien, Zwingle nous offre la conciliation de ces deux éléments représentés à Genève par Calvin et Rousseau. C'est donc, comme nous le disions en commençant, c'est donc un type fait pour notre époque. Depuis le 16e siècle, le protestantisme s'est développé, il a obtenu ses conséquences politiques, juridiques, scientifiques, littéraires : il est devenu en un mot vraiment *humain*. L'idéal de notre temps, que bien peu d'esprits voient clairement, c'est la démocratie chrétienne, c'est l'union des idées de la réforme et de celles de la révolution française; ou plutôt il faut à l'époque actuelle un protestantisme complet, vraiment humain, qui ait une réponse à toutes les questions qui se pressent maintenant dans les esprits. La démocratie seule livrerait les individus sans défense au pouvoir absolu de la majorité : elle ne peut trouver sa norme, son *devoir* que dans le libre christianisme : et d'un autre côté, si la religion se sépare de la vie sociale, elle se réduira à l'impuissance. Nous devons donc revenir, nous démocrates protestants, à des idées comme celles de Zwingle : au 16e siècle, elles durent céder en Suisse devant celles de Calvin qui étaient mieux faites pour la lutte : aujourd'hui il faut les reprendre, puisque nous avons pour tâche d'édifier la *nation chrétienne*. On voit donc que la remarquable brochure de M. Næf a un intérêt général. Elle a surtout une valeur nationale : Zwingle est un type vraiment suisse. Le rôle de notre patrie, entre la France et l'Allemagne, c'est de réaliser pratiquement le protestantisme dont l'Allemagne tire seulement les conséquences philosophiques et la France les conséquences politiques : il se corromprait dans cette atmosphère d'abstractions. La Suisse doit l'unir à la vie, à la réalité morale, comme les pays Scandinaves, comme la Hollande, comme l'Angleterre, l'Ecosse et l'Amérique : Zwingle nous a montré la route dès les jours du 16e siècle : à nous de reprendre son œuvre.   J. H.

LA CATHÉDRALE DE BALE, par le Dr A. Fechter (das Munster zu Basel; von Dr Fechter, herausgegeben unter Mitwirkung der antiquarischen Gesellschaft zu Basel). Bâle. 1850. br. in-4°, de 48 pages avec une gravure.

Cette nouvelle publication de la *Société archéologique de Bâle* est à la hauteur de celles qui l'ont précédée ; elle ne leur cède en rien pour l'étendue des recherches, l'impartialité historique, l'étude consciencieuse du sujet.

Il est peu de monumens en Suisse qui aient été si souvent décrits que la cathédrale de Bâle. Depuis Wurstisen jusqu'à M. Ad. Sarasin, il en a paru plusieurs monographies qui toutes ont une valeur réelle et renferment des données précieuses. M. le Dr Fechter a résumé très-bien tout ce qu'on possède sur la matière et l'a complété au mieux. L'auteur ne s'est pas borné à consulter les ouvrages antérieurs sur la cathédrale, il a puisé aux sources les plus authentiques. Parmi les manuscrits qui lui ont été de la plus grande utilité, nous remarquons le *Necrologium seu liber vitæ ecclesiæ basileensis*, qui est déposé aux archives de Carlsruhe, document indispensable pour l'histoire de l'ancien évêché de Bâle, et dont la société d'histoire de Bâle a fait faire une copie : *Urstisii collœtanea et analecta* ; une copie du *Codex diplomaticus* qui se trouve à Vienne ; *les restes des archives du chapitre*, au nombre desquels figurent les *comptes de l'architecte de la cathédrale*.

On comprend l'importance du travail de M. Fechter après avoir énuméré ces sources nouvelles ; la dernière surtout lui a permis de reconstruire presque pièce à pièce ce bel édifice ; nous sommes au beau temps de la franc-maçonnerie ; Bâle a dans ses murs plusieurs de ces ouvriers habiles dont le ciseau immortalisait nos cathédrales ; bornons-nous à citer un nom, celui de *Jean de Gmunde*, appelé à Fribourg en Brisgau en 1359. Les *Gmund* étaient des maîtres dans la partie : *Enrico da Gamondia* travaillait au dôme de Milan en 1392, et *Pierre de Gmund* au dôme de Prague en 1343.

Nous citons un trait au hasard pour indiquer la portée de l'ouvrage du Dr Fechter. Sa manière d'écrire est large. Il entre avec nous dans la cathédrale, la visite en ses moindres recoins, et chemin faisant nous décrit ses faits historiques, les légendes qui s'y rattachent. Les inscriptions du Munster ont été publiées à différentes reprises, aussi M. Fechter ne les reproduit-il point. Somme toute cette brochure est non-seulement la meilleure description de la cathédrale de Bâle, mais encore grâce à l'érudition du texte et aux notes précieuses dont il l'a enrichi, un ouvrage indispensable aux personnes qui s'occupent de l'histoire de l'ancien évêché de Bâle.

X. K.

LES SEPT PAROLES DE JÉSUS-CHRIST SUR LA CROIX, méditées pour l'église de Lausanne, par Ph. Bridel, pasteur. Lausanne, chez George Bridel, éditeur. Genève, chez Mmes Béroud et Guers, Neuchâtel, chez J.-P. Michaud. — Un vol. prix fr. 1 » 50.

Ce sera perpétuellement le sujet de prédilection des méditations des fidèles, et le texte inépuisable des écrivains religieux, que ces sept paroles solennelles prononcées à sa dernière heure terrestre par le divin fils de Marie. Il y a dans ce peu de mots, qui nous ont été conservés par les évangélistes, une telle grandeur surhumaine et l'expression d'une vertu si haute ; dans les circonstances douloureuses au milieu desquelles ils sont prononcés, tant de contrastes et de problèmes, comme aussi tant de motifs de confusion pour l'homme pécheur, que si, de tous les discours de Jésus, il ne nous eût été conservé que ces sept paroles suprêmes, ce devrait déjà en être assez pour provoquer nos adorations et porter dans nos cœurs le feu salutaire de l'amour et de la foi.

L'auteur des discours renfermés dans l'ouvrage qui fait le sujet de cet article, n'a pas de peine à montrer que les sept paroles de Jésus sur la croix sont non-seulement la confirmation de toute son œuvre de rédemption et la sanction de son sacrifice expiatoire, mais encore qu'elles renferment, dans leur admirable concision, comme un résumé de la doctrine qu'il a apportée au monde. Il y a d'ailleurs ici plus que des paroles: chacun de ces mots, chacune de ces phrases du Rédempteur mourant est un cri qui doit être entendu de toute la terre, est un acte divin, est un sceau désormais ineffaçable, en même temps qu'on découvre dans chacune d'elles la pratique des plus sublimes vertus, le pardon des offenses, une charité infinie, une soumission complète aux décrets de Dieu.

Les discours que vient de publier M. le pasteur Bridel ont été composés pour l'église de Lausanne, et prononcés devant un de ces auditoires restreints, mais pleins de vie, qui appartiennent à l'église libre du canton de Vaud. Ce fait explique en partie la nature même et le genre de ces discours; ce sont des méditations, parfois des paraphrases, où le texte biblique est développé de manière à en tirer toutes les applications diverses et les leçons nombreuses et fécondes propres à nourrir l'âme chrétienne et à fortifier notre foi; il ne faut donc pas chercher ici des pages de haute éloquence, ni des développements saisissants par leur force ou leur nouveauté; mais ce qui vaut souvent mieux, le lecteur y puisera cette persuasion douce et intime, cette édification paisible et sereine qui doivent constituer l'état habituel de son âme. Après avoir lu ce petit volume, il aura compris du cœur, comme dit notre auteur, « ces sept paroles de la croix, qui for-
» ment, ou du moins qui formeraient, mieux méditées que nous n'a-
» vons pu et su le faire, un cours complet d'instructions sur l'Evan-
» gile de Christ; ces paroles qui renferment ou supposent tout ce
» qui peut parler à notre cœur et à notre conscience, l'horreur du
» péché, la miséricorde de Dieu en Christ, l'amour de Jésus pour
» nous, et le plus beau modèle de patience, de charité, d'humilité,
» en un mot de sainteté, dans la personne du crucifié.»

HENRI WOLFRATH, ÉDITEUR.

ÉTUDE LITTÉRAIRE.

~~~~~~~~~~~~~~~~~~

UN ROMAN PSYCHOLOGIQUE.

JEANNE DE VAUDREUIL. ([1])

—·—

Connaissez-vous, dans notre littérature, beaucoup de livres qui, tout en attachant le cœur par la peinture émouvante des sentiments et des passions, élèvent l'âme par une conception sérieuse de la vie? de ces livres bienfaisans et purs, où l'œil revient comme aux lettres d'un ami, qu'on écoute comme la voix de la conscience... Ils sont rares, n'est-ce pas? dans votre bibliothèque et même dans vos souvenirs. Rencontrer un livre nouveau de cette famille serait sans doute pour vous une bonne fortune; être admis à prendre une place dans ce groupe trop peu nombreux serait pour l'ouvrage un assez bel honneur. *Jeanne de Vaudreuil* me semble devoir exciter cette agréable surprise et mériter cette distinction. C'est un de ces ouvrages exquis et simples, qui ne s'adressent pas au grand public, mais à un public plus cultivé, auxquels n'est promise et qui ne sauraient espérer la popularité étendue et sonore, mais qui, accompagnés de suffrages plus flatteurs parce qu'ils sont plus sentis, font leur chemin dans le monde réservé des esprits délicats, des imaginations tendres, des cœurs éprouvés et recueillis. Fin bouquet de fleurs choisies, il ne révèle tous ses trésors qu'à la contemplation attentive, et préfère le demi-

([1]) Paris, Amyot, éditeur, 1850. — 1 volume in-8°. — En Suisse, chez tous les principaux libraires de Neuchâtel, Lausanne et Genève.

jour pour épancher ses plus subtils parfums. Des écrits de ce genre visent à la sympathie plus qu'à la renommée : aussi obtiennent-ils mieux qu'un triomphe d'éclat; ils ont un succès de reconnaissance et d'attendrissement.

L'avouerai-je? Dans *Jeanne de Vaudreuil*, l'auteur m'intéresse presque au même point que son œuvre. Est-ce parce qu'il se dissimule avec tant de précautions? Il est vrai que le volume garde malicieusement l'anonyme ; que l'auteur s'éclipse dès la première phrase derrière un de ses personnages en faveur duquel il abdique résolument la parole, pour ne plus reparaître qu'une fois ou deux à l'étourdie et sans s'en douter. Mais un auteur peut-il vraiment se dissimuler, et n'accorde-t-il pas toujours plus qu'il ne refuse, puisqu'en dérobant son nom, il se donne lui-même? L'impersonnalité, sans être irréalisable, n'est-elle pas invraisemblable dans un écrit de cette nature? et *Jeanne de Vaudreuil*, comme tout ouvrage sorti de la conscience, n'est-elle pas un aveu réel quoique involontaire, une confession naïve bien que détournée?

Non, je ne suis nullement intrigué par un mystère, mais bien plutôt intéressé par un problème moral ; c'est l'attrait de l'œuvre qui me fait remonter à l'écrivain, et le désir de comprendre qui me conduit de l'effet à sa cause. Cette œuvre manifeste une riche personnalité. Devons-nous et pouvons-nous chercher à la saisir à travers ses voiles? La discrétion ne nous interdit point cette recherche ; car il n'est sans doute pas indiscret, en respectant le nom qui se cache, d'étudier la nature qui se montre ; mais peut-être la prudence nous déconseille-t-elle cet essai : en effet, combien de chances d'erreur n'entourent pas de pareilles conjectures? pour les diminuer, il faudrait la perspicacité de l'auteur lui-même, et nous l'avons contre nous, au lieu de l'avoir pour nous. Cependant, comme après tout la question se pose inévitablement au lecteur, et comme une réponse, même imparfaitement juste, répandrait de la lumière sur l'ouvrage, tandis que l'erreur ne peut faire naître aucune obscurité, la critique hasardera quelques pas timides sur ce terrain périlleux de la divination.

Une moitié seulement de la personnalité est vraiment personnelle, car l'autre moitié se compose des circonstances avec lesquelles elle a lutté et grandi, qui ont pesé sur elle comme destin ou providence, et qu'elle a subies, puis métamorphosées, puis assujetties comme volonté. La nécessité et la liberté se combinent dans toute vie. Le milieu oppressif et la spontanéité qui le soumet, les conditions inéluctables et fatales d'une part, et l'individualité irréductible et primitive de l'autre, s'unissent et s'absorbent dans ce même produit, la personnalité. La personnalité est donc un mélange de résignation et d'énergie, de nature acceptée et de spiritualité conquise. Examinons à part ces deux éléments, dont l'un enveloppe, pour ainsi dire, l'autre.

En dépit de la vigueur de la pensée et de l'impartialité réelle dans le développement des idées contraires ; en dépit du caractère virilement intellectuel de bien des pages, et de certaines observations assez incisives sur les femmes, il me paraît impossible d'attribuer ce volume à une plume masculine. Ce genre de finesse et de grâce, cette analyse pénétrante et aisée, cette forme de sensibilité et d'esprit (je risque l'affirmation) n'appartiennent qu'à une femme. — Quoique tous ses personnages soient catholiques, l'auteur ne relève-t-il pas d'une autre église? — Quoique nourri d'idées plus familières peut-être sur les bords du Léman, sa parole et son accent n'accusent-ils pas une autre origine plus rapprochée du berceau de la langue? — Et d'autre part, une latitude plus méridionale que celle de Paris, et une vie moins dispersée que celle du grand monde, n'expliqueraient-elles peut-être pas mieux ce livre, que ne le ferait l'atmosphère de la capitale?

La critique conjecturale aurait bien d'autres envies encore. Elle voudrait déterminer l'époque de la vie qui rend raison de cette conjonction curieuse de maturité et de fraîcheur dont *Jeanne de Vaudreuil* offre l'exemple ; quelles études, quelle éducation, quel étage de la société doivent avoir formé cette pensée et ce style? elle pourrait se demander si l'hypothèse de l'expérience conjugale n'en est pas une clé indispensable? Mais toutes ces questions, désintéressées pourtant, ont une ressemblance trop perfide avec la curiosité, pour qu'elle n'en écarte pas la tentation. C'est assez d'imprudences comme cela. D'ailleurs, tandis que la difficulté de la tâche grandit, son utilité diminue ; et même, à trop appuyer sur ce côté de la personnalité, nous courrions le danger de faire tort à l'autre, de négliger le centre pour la circonférence, et au milieu des circonstances, d'oublier l'homme.

Le charme distinctif et le privilège caractéristique de cet esprit, est, selon moi, dans l'association de qualités rarement fondues avec tant de bonheur. Il allie les grâces féminines à des qualités plus mâles; la fermeté à la douceur, la délicatesse à la force et l'intelligence à la sensibilité. Or, pour employer ses propres paroles, « rien ne présente un intérêt plus vif que l'harmonie des » qualités contraires. » L'auteur nous apprend bien quelque part le secret de l'équilibre moral (p. 340), mais il n'a pu nous transmettre celui de l'équilibre des dons, car c'est autant un présent du ciel qu'une vertu. N'est-ce pas aussi le cachet de la supériorité?

Si le premier mérite de *Jeanne de Vaudreuil* est de nous faire connaître une belle ame, le second est de nous présenter cette ame aux prises avec les problèmes de l'existence et s'efforçant de les résoudre. Quelle solution leur trouve-t-elle? la voici. La vie est une initiation. Que le cœur s'y prête ou regimbe, il peut l'allonger ou l'accourcir, non l'esquiver. Le secret de cette initiation, c'est le bonheur. Le bonheur n'est qu'une harmonie rétablie. Les biens et les maux, l'allégresse et les larmes, les déchirements et les félicités ne sont que des moyens. Le but c'est la paix. La vie facile et la vie tourmentée, les zéphirs et les tempêtes guident au même port, et le port c'est Dieu. « Malgré les douleurs de la vie, » nous dit-elle (p. 391), « malgré les agitations et les amertumes, » c'est à l'*optimisme* que je conclus. » Mais l'auteur distingue deux sortes d'optimismes (p. 361): « L'optimisme *aveugle* qui ré- » pète honteusement que tout est pour le mieux dans le meilleur » des mondes possibles, et l'optimisme *véritable*, celui des résul- » tats et des conclusions. Laissons faire la vie, continue-t-il. Lais- » sons-la détruire dans nos cœurs et ravager sans pitié toutes les » illusions qui font notre joie. Elle sait ce qu'elle fait; et elle fait » bien; elle prépare la place à des hôtes plus sublimes. Ah! ne » soyons pas de ceux qui laissent la place toujours vide, sans y ».convier les hôtes divins. »

. On le voit par cette citation, l'idée religieuse est l'idée-mère du livre; mais ce n'est là que sa tendance et pas encore son originalité. Cette originalité réside, soit dans la conception particulière de l'idée, je dirais presque dans la nature spécifique du rayon religieux, soit dans la réfraction de ce rayon par le prisme de la vie et dans les clartés qu'il projette sur les principales questions de conduite et de pensée, éternellement débattues par l'individu et par la société; soit enfin dans la manière d'exposer et de démontrer cette idée.

La démonstration est toute pratique. Quelle est la thèse de l'ouvrage? C'est, au fond, l'aphorisme d'une femme de génie, inscrit par une autre femme, sa noble émule, au frontispice d'un ouvrage célèbre : « Cette vie n'a quelque prix que si elle sert à l'éducation » religieuse de notre cœur. » Seulement, l'auteur lui fait faire un pas de plus, et la sentence de Mad. de Staël, l'épigraphe de Mad. Necker de Saussure, transportée du conditionnel à l'affirmation simple, devient : « La vie n'est autre chose que notre éducation religieuse. »— La thèse est générale, mais la preuve est restreinte, car elle est empruntée à une seule des sphères de la vie morale, au mariage. Laissant à Mad. de Gasparin le soin d'établir didactiquement que l'élément chrétien seul donne à l'institution conjugale toute sa grandeur, l'auteur nous représente, en sens inverse, le mariage servant à l'éducation religieuse et conduisant, pas à pas, d'après les lois de la logique morale, à l'adoption de la foi chrétienne. Le résultat est analogue, quoique entendu peut-être un peu différemment. Mais la principale opposition n'est pas dans la marche, elle est dans le procédé. L'auteur a exprimé sa pensée au moyen d'un exemple particulier. A la théorie il a substitué une histoire, et le traité s'est changé en tableau.

Jeanne de Vaudreuil est donc un roman, parce que le roman est le genre littéraire le plus propre à l'analyse subtile des sentiments, le plus élastique dans ses conditions, le plus complaisant dans son allure. Mais c'est un roman psychologique. Tout le drame se passe dans le domaine de la conscience; rien d'extérieur ne distrait le regard. C'est à peine si le soleil se lève et se couche dans ce roman, et si le monde sensible s'y laisse apercevoir. Les échappées de nature n'apparaissent jamais que comme le reflet, les échappées de société que comme l'occasion des sentiments des personnages. Sauf quelques allées et venues, l'aventure se déroule presque en entier dans un château de province voisin des Pyrénées. L'auteur ne demande à son théâtre que la solitude, un peu d'ombrage et la vue des montagnes. Enfin, pour une histoire qui embrasse pourtant plusieurs années, il se contente de deux ou trois événements, et, sur ces uniques pivots, il fera tourner tout son récit.

On le voit, ce genre de roman est le contraire du roman réaliste et pittoresque : il est tout spirituel et significatif. Tandis que l'un fait connaître l'intérieur des êtres par leurs dehors ou par les actes qui les manifestent, l'autre écarte toutes les manifestations pour aller droit à l'intérieur. Le plastique est le type du premier ; le type du second est la musique. L'un sculpte les choses et les caractères avec la netteté du relief, l'autre rend perceptibles les plus fugitives vibrations de l'ame. Le genre étant donné, voyons l'histoire.

La fable est d'une simplicité extrême. Victor, marquis de Vaudreuil, a épousé une orpheline de grande famille, Jeanne d'Aubertois. — Rang, beauté, richesse, nobles facultés, inclination mutuelle poussée jusqu'à la passion, toutes les sympathies comme toutes les convenances semblent s'être réunies pour rendre ce mariage heureux. Ardents dans leurs opinions légitimistes, et dans leur foi catholique, sincères et consciencieux, les époux s'entendent parfaitement d'esprit et de cœur et regardent en souriant l'avenir. Mais la sincérité n'est pas la conviction, et cet accord qui se croit éternel parce qu'il ignore la dissonance, dure peu.

En voulant, sur le conseil imprudent d'un prêtre, étudier, pour les réfuter, les objections des incrédules contre le catholicisme, Victor voit s'ébranler et chanceler l'édifice de croyances toutes faites, dans lequel il habitait avec trop de sécurité. Il a mordu au fruit de l'arbre de science, et dès-lors l'intimité conjugale cesse. Victor se concentre en lui-même, d'abord par générosité, puis par espérance, enfin par désespoir. Il s'enferme dans des études passionnées et solitaires, dont il ne sort que pour se heurter à la dévotion de sa femme qui souffre avec lui et pour lui, mais qui ne peut abandonner sa foi et ne sait ni la communiquer ni la défendre. Entre cette foi qui se passe de la lumière et ce doute inquiet qui la cherche, il n'y a plus de langage commun. Chaque rapport est un froissement. La situation devient intolérable. M. de de Vaudreuil s'éloigne; une séparation de trois ans termine le premier des trois livres de cette histoire, je dirais volontiers le premier acte de cette tragédie intime.

Au terme de cette longue période où en sont les deux époux? Jeanne dans les longues méditations que fait naître le veuvage du cœur, a réfléchi sur sa destinée, a sondé sa conscience. Au milieu de ses insomnies elle s'est demandé si, dans le divorce moral qui a détruit son bonheur, il n'y avait pas de sa faute. Et la lumière s'est faite en elle. Elle a compris ce qui lui manquait et s'est dit : Je compléterai mon âme. Elle s'est mise courageusement à

l'œuvre, et a soumis toutes ses convictions à l'épreuve du feu. Une foi rajeunie, transfigurée, s'est élevée comme le phénix', des flammes du bûcher. Mais ces flammes ont produit hien·des cendres. Grâce à ce persévérant travail intérieur (que l'auteur indique sans le détailler) sa foi, d'aveugle et mélangée qu'elle était, est devenue plus pure et plus savante. « Son esprit avait acquis plus d'é-
» tendue et son cœur toujours consacré à Dieu, n'était plus enchaîné
» par des superstitions. Sa religion s'était insensiblement élargie.
» Elle n'en avait conservé *que ce qui parlait à son cœur ou lui*
» *était prouvé par son expérience* (p. 161.)» Evidemment Jeanne n'est plus catholique ; beaucoup ne la reconnaîtront pas pour protestante ; en a-t-elle moins de religion? Tel est pour Mad. de Vaudreuil le fruit de ces trois années de retraite. Que rapporte Victor ? L'amour de Jeanne, mais rien de plus. Il a été vaincu dans sa lutte avec le sphinx. Humilié de sa défaite, éteint, lassé, il s'est réfugié dans le scepticisme qu'il imagine être un asile ; il croit avoir asphyxié dans le vide parfait de la suprême indifférence, le ver rongeur de l'incertitude ; il espère avoir endormi les besoins les plus généreux de sa nature par le narcotique impuissant de l'oubli imposé.

Ainsi, au retour de M. de Vaudreuil, un scepticisme plus découragé et une foi plus sûre d'elle-même sont en présence, avec l'affection pour terrain commun : nouvelle position, nouvelle bataille.

Le calme factice du mari ne résiste pas long-temps au choc d'une conviction forte. L'impatience, puis l'irritation, enfin l'exaspération, lors de la mort d'un enfant chéri qui faisait l'orgueil de son avenir, rendent Victor aux orages qu'il croyait avoir conjurés. La chasse aux expériences recommence plus passionnée que jamais. M. de Vaudreuil, arraché à la quiétude du scepticisme, tente avec une sorte de fureur de s'armer d'une conviction quelconque pour tenir tête à Jeanne. Il en use toute une série : la religiosité vague, la foi de tête, le panthéisme et l'ambition politique, mais sans succès et presque sans illusion. Les échecs augmentent sa colère. Enfin ne pouvant ni éblouir Jeanne, ni l'entraîner dans son tourbillon, ni troubler sa sérénité qu'il trouve insolente, il a recours à un dernier moyen, moyen terrible : la famine d'affection, la rupture de toute relation morale. C'en est trop. Le cœur de Jeanne se brise dans sa poitrine, la douleur l'a foudroyée, et sa tête charmante, touchée par le souffle de la mort, s'incliné sur l'oreiller de paix. Mais par un de ces contrastes dont la vie est pleine, c'est le châtiment qui est une grâce, et la blessure qui guérit. Les remords et le pardon opèrent ce que ni les élans ni la patience n'avaient pu produire, la réconciliation de ces deux ames. Victor, dont cette perte imminente a dessillé les yeux, rentre dans la piété par la porte du repentir. Jeanne survit. La foi a vaincu en principe, telle est la conclusion du second acte.

Dans le troisième, elle assure son triomphe. Les deux époux arrivés à la solution du problème de la vie, s'élèvent jusqu'aux cimes de la félicité idéale. « Ce sont deux beaux cygnes dans une » eau pure, nageant de concert vers le rivage ; deux coursiers » généreux lancés dans la même arène et rivalisant de vitesse. »

Il est difficile de lire de plus belles pages que celles où les deux héros essaient d'exprimer ce qu'ils sont l'un pour l'autre. (p 311) Tout ce dernier livre est un dithyrambe.

Cette félicité doit pourtant encore traverser trois épreuves ; elle sort victorieuse des deux premières : le contact du monde, et l'excès de son propre bonheur. Surmontera-t-elle la dernière, la plus cruelle, la mort de Jeanne ? — Jeanne n'a fait que survivre à la crise qui a failli l'emporter. Le bonheur achève l'œuvre de la souffrance. Cette nature, exquise mais frêle, succombe. Quoique déchirant, le sacrifice se consomme avec résignation. — La paix et l'espérance demeurent invincibles. La foi a résisté. Sa preuve est faite.

Réduite à ce duo solitaire, la preuve, sans être moins juste, serait moins convaincante. Aussi Jeanne et Victor ne sont pas les seuls personnages du roman. Il est vrai que seuls ils parcourent la dialectique complète de la foi éclairée : Jeanne par l'épuration successive et intérieure de ses croyances, Victor par la rupture avec elles, puis par les essais graduels de points de vue impuissants, et enfin par le retour à la religion du cœur ; tous deux chassés d'échelon en échelon par le fouet de la douleur, cette sévère institutrice de l'être moral.

D'autres personnages, Gabrielle et Gaston, arrivent au même résultat, mais sans déviation, sans égarement, sans chute, par une régulière ascension. Leur bonheur est de nature simple, tandis que le bonheur des précédents est pour ainsi dire à la seconde puissance. « Vous ne sauriez comprendre (dit Jeanne à Gabrielle)

» à quel point *l'étonnement d'étre heureux* peut ajouter à l'inten-
» sité du bonheur. » *Gabrielle* est l'enfant gâté de l'ouvrage, gaie
spirituelle, sensible, mais légère, aimée de tous et successivement
formée par Mad. de Vaudreuil chez qui elle demeure, et par Gaston de Chambrie, son ami d'enfance, qui l'épouse. C'est elle qui
tient la plume et note pour elle-même toute cette histoire qui a
joué un si grand rôle dans sa propre existence. *Gaston* est le sage
du roman, le cœur serein, qui vit hors de l'atteinte des orages,
l'homme qui, jeune encore, et dès le premier coup de sonde, a
rencontré le roc. Enthousiaste et calme, exempt d'illusions pour
lui-même, mais plein de sympathie pour l'erreur, c'est le modèle
de la seconde espèce d'hommes, de ceux qui trouvent la paix sans
le noviciat de l'infortune, qui, par instinct, vont droit au but, et,
pour planter leur tente dans leur vraie patrie, n'ont pas besoin de
la chercher d'abord à travers les longs détours de l'exil.

M. de Beaugencey est l'homme qui a renoncé à trouver et par
conséquent à chercher le vrai. C'est la désillusion passée à l'état
de système et de tempérament, le scepticisme devenu religion
et morale. — Perspicace et apathique, il pénètre toutes les illusions sauf la sienne. Immobile lui-même, il fait marcher et bondir
les autres en leur enfonçant dans les flancs, quand ils pensent
s'arrêter, l'aiguillon envenimé du doute. C'est lui qui donne la réplique et oblige au progrès, sans le vouloir. Du reste, son désabu-
sement n'est pas dépourvu de bienveillance, et la supériorité qu'il
s'attribue sur les autres n'étant pour lui qu'une affaire de temps,
est sympathique et non pas dédaigneuse. Mais le cœur rend M. de
Beaugencey inconséquent. Ainsi, par une première contradiction
intéressante, ce douteur convaincu cherche peu à faire des prosélytes. Chez les femmes surtout, il ménagerait plutôt les illusions
comme une grâce de leur sexe, et les respecterait comme une consolation sans équivalent. Et, par une seconde contradiction en sens
inverse, on le voit pourtant, auprès de ceux qu'il aime, conspi-
rer continuellement contre des croyances dont il portera presque
le deuil ; aussitôt qu'elles auront expiré.

Les autres personnages n'ont pas d'importance par eux-mêmes
et remplissent des places plutôt que des rôles. Le fat Casimir, le
faible et passif Maurice, le malheureux et trop sincère abbé Mer-
vil, dont la conscience se trouble à mesure que celle de ses ouail-
les se fortifie ; l'honnête, empesé et peu clairvoyant M. de Lussac,

qui représente la vertu terre à terre et la droiture sans grandeur, n'ont d'autre utilité que celle d'aider au développement de l'histoire et d'éclairer par contraste les recoins des autres caractères.

Après avoir exposé ce roman dans son intention et dans ses moyens, il nous reste à l'apprécier dans sa réussite. On a souvent discuté la valeur littéraire des diverses formes du roman, ce qui est permis : mais, par une admiration exclusive, on a conclu de la légitimité de l'une à l'illégitimité de l'autre. Comme s'il était nécessaire de répudier un genre pour épouser un genre différent! comme si l'impartialité du goût était un crime au chef de bigamie! Entre l'excommunication et la canonisation, il y a place pour la justice, d'autant plus que le roman réaliste et le roman psychologique, par exemple, ont chacun leurs mérites et leurs défauts. Ce n'est pas le lieu de dresser le bilan comparatif de ces deux formes du roman, *Jeanne de Vaudreuil*, n'ayant pu être conçue que dans la seconde. Mais elle nous fait toucher au doigt les inconvénients et les avantages du genre psychologique.

Le premier inconvénient du genre, c'est l'absence d'action. Dans *Jeanne de Vaudreuil* il n'y a presque pas d'action, il y a plutôt des événements et encore en petit nombre. Et cependant le roman marche. L'action y doit recevoir un autre nom, celui de progrès. Toute l'intrigue est dans la transformation morale.

Un second inconvénient (je l'indique avec scrupule, car il apparaît à la réflexion plutôt qu'à l'impression), c'est peut-être l'absence de délassement. L'arc de la pensée, contre le précepte d'Esope, reste toujours bandé. Ne détournant jamais la vue de son but, n'ayant pas une minute à donner aux bagatelles de la route, aux curiosités du loisir, l'auteur pense perpétuellement. Le lecteur ne peut reprendre haleine. Il n'y a ni relâche pour l'attention, ni répit accordé à l'intelligence, ni halte en faveur de la rêverie. On voit bien que les acteurs sont des ames, car l'ame ne sommeille jamais : ce n'est pas comme le bon Homère.

En compensation, quelle plénitude dans le roman psychologique! Quelle richesse substantielle et quelle économie de procédés! Surtout quel intérêt humain, puisqu'on ne sort pas de l'homme, et quel attrait durable, puisque l'étude du cœur est la seule qui ne lasse point et qu'on n'épuise pas. *Jeanne de Vaudreuil* participe à ces divers avantages. Chez elle l'homme est tout et les choses extérieures ne sont rien.

Peut-être l'auteur pousse-t-il trop loin ce détachement de la réalité extérieure, et ses personnages gagneraient-ils en vivacité et par conséquent en vérité, si leur entourage et si eux-mêmes prenaient un peu plus de matière et de corps. Ils ne sont pas proprement abstraits, ils sont plutôt impalpables. On se sent au milieu d'eux comme dans les Champs-Elysées de Virgile avec des ombres, des fantômes et des génies. Mais si cette transparence de clair de lune et ce royaume un peu vague des esprits ne sont pas à l'abri de tout reproche, ils ont au moins un certain charme étrange et fort peu ordinaire aujourd'hui. Ces défauts d'ailleurs, si défauts il y a, sont plutôt ceux du genre.

Il n'en est pas de même de quelques autres, spéciaux à notre roman et qui étaient évitables. Ils se rencontrent plutôt dans la composition, dans la structure générale de l'ouvrage, ce qui les rend assez graves, quoique moins évidents.

Ainsi la composition manque d'abord un peu de conséquence. L'auteur semble oublier parfois sa donnée fondamentale; il reprend la parole qu'il a cédée, et derrière Gabrielle qui écrit ses mémoires on croit voir une autre main, entendre une autre voix; des pages entières, en particulier les prosopopées, magnifiques du reste, qui terminent chaque livre, ne peuvent guère être de Gabrielle, ne sont pas dans son caractère, ni dans sa position, et demeurent, à mon sens, de splendides interpolations. Ces morceaux lyriques, semblables aux chœurs d'une tragédie, révèlent la pensée de l'auteur dans un langage plus transparent et plus éloquent que partout ailleurs; mais on a le regret de les sentir impossibles. Bizarre exigence de la logique littéraire, qui doit signaler comme des taches quelques-unes des parties les plus brillantes de l'ouvrage!

L'auteur pèche aussi, toujours par la même cause, contre la vraisemblance de détail. Ainsi Gabrielle raconte quelquefois ce qu'elle n'a pu savoir, par exemple, des conversations tenues dans la maison, tandis qu'elle était dans le jardin; pure inadvertance, bagatelles, dirai-je, si rien était bagatelle de ce qui, en dérangeant la vraisemblance, affaiblit l'illusion et par suite l'intérêt.

Je ne reprocherai pas à la fable sa simplité, car c'est une difficulté de plus. Mais on pourrait désirer que l'invention, plus équitable dans ses faveurs, sans amoindrir la part faite à l'étude des caractères, eût fait plus grande celle de leur mise en action. Ce qui fait regretter la rareté des scènes, c'est la beauté pathétique, de celles qui ont été développées, par exemple la mort de l'enfant et celle de la mère, dont le récit émeut le cœur et arrache des larmes aussi souvent qu'on les relit.

Néanmoins reconnaissons qu'il faut un talent singulier pour mener à bonne fin un roman de 400 pages, à-peu-près sans peintures, sans épisodes et sans action. Pour se passer ou se priver ainsi avec une hardiesse ingénue, en faveur de la seule analyse, des éléments descriptif, narratif et dramatique, il faut posséder bien des ressources de pensée. Tant d'audace ou de stoïcisme accuse la richesse.

On ne peut donner au style que des éloges. Il est d'une distinction soutenue, élégant sans coquetterie, abondant, aisé, naturel, et d'une souplesse suave qui n'enlève rien à la précision. C'est une langue vraiment littéraire, et qui néanmoins ne cherche jamais à plaire pour elle-même et s'efface devant l'intérêt des choses. Aussi l'appréciation littéraire ne peut-elle être la dernière pour une œuvre de ce genre. *Jeanne de Vaudreuil* ne veut pas seulement captiver, elle veut être utile; ce volume ne s'adresse au goût que pour mieux arriver à l'ame.

C'est aussi l'ame qui l'appréciera le mieux. L'esprit y trouve à glaner une foule d'observations fines, par exemple sur les femmes, leur caractère et leur rôle, sur la gloire et l'ambition, sur les tentations diverses de l'intelligence, sur la vanité et sur l'orgueil; sur la valeur du scepticisme, etc. Mais l'ame y récoltera encore davantage d'expériences délicates, de pensées salutaires sur la vertu, le dévouement, l'espérance, le bonheur, sur l'énergie purificatrice de la souffrance, etc. Cette morale constamment grande, héroïque et cependant consolante, fait du bien; elle excite le courage sans l'effrayer; elle annoblit la vie, sans la déguiser.

Toutefois, la principale originalité de *Jeanne de Vaudreuil*, celle qui témoigne le plus de l'élévation spirituelle de l'auteur, c'est l'indépendance de son point de vue religieux. Cette indépendance est aussi le côté vulnérable de l'ouvrage, et c'est par là sans doute qu'il sera le plus critiqué, du moins dans son public spécial. Le temps n'est pas venu où les généreuses aspirations de Jeanne cesseront, dans le cercle des ames sérieuses et convaincues, d'être réputées des témérités regrettables ou une foi indécise. Mais le temps est venu aussi, où bien des cœurs, inquiets de l'avenir, for-

ment les mêmes vœux, et où des paroles comme celles-ci trouvent
de l'écho : « O religion! pourquoi ceux qui se sont réclamés de
» vous, vous ont-ils tellement défigurée, tellement amoindrie !
» Vous êtes si simple cependant, vous qu'on a rendue si compli-
» quée? L'amour inconditionnel, illimité, infini, se répandant à
» flots larges et profonds, portant à toutes les créatures un pardon
» comme lui illimité, inconditionnel, infini, déposant dans les
» ames le germe de la réhabilitation et de la justice, transfor-
» mant le monde, ce vaste théâtre de désordre, en une arène
» de progrès : quoi de plus grand, de plus saint, de plus conforme
» à ce que nous pouvons savoir de Dieu? (p. 304.) — Le Christ!
» ah! sans doute c'est lui qui est la clé de la destinée humaine...
» Je le sais, ô Christ, vous pouvez relever les cœurs sans leur ap-
» prendre à épeler toutes les lettres de votre nom. Vous n'avez
» pas besoin pour opérer votre œuvre, que l'ame que vous voulez
» régénérer *réduise en système* vos desseins d'amour.... Mais
» combien d'ames sont tenues éloignées de vous par l'échafaudage
» que les religions diverses ont élevé autour de vous, comme pour
» vous dérober aux regards! O Christ, je me prosterne devant
» vous, et du plus profond de mon cœur, je vous coujure de vous
» révéler enfin à ce siècle qui a si soif de vous, sans vous connaî-
» tre! » (p. 286)

Ces pages là équivalent à une date, car elles en rappellent d'autres dans la littérature contemporaine; seulement ce n'est pas le
roman qui nous les avait jusqu'ici apportées. Nous n'avons pas là
sans doute une théologie, mais n'est-il pas touchant et significatif
de voir se grossir de partout le concert des voix sérieuses qui pré-
sagent et réclament une rénovation de pensée et de vie, comme
condition de salut pour l'église du Christ et comme son devoir envers la société en tourmente? Parties à la fois de points opposés,
elles se rencontrent dans une même espérance : n'est-ce pas là un
symptôme remarquable? Quoi qu'il en soit, le trait saillant de la
piété de *Jeanne de Vaudreuil* c'est d'être profondément religieuse sans être dogmatique. Qu'on attaque cette tendance ou qu'on
l'approuve, il faut la reconnaître. — Mais encore ici, et par un
autre côté, on se surprend, au point de vue littéraire, à préférer
l'absence de ces pages si belles. Elles nuisaient tout à l'heure à
la vraisemblance du roman, maintenant elles paraissent nuire aussi
à son effet. La pensée religieuse gagnerait à se cacher comme

pensée , à ne se montrer que personnelle , agissante et non didactique, car elle devient alors discutable et d'ailleurs reste forcément
à l'état élémentaire. La critique s'en empare avec reconnaissance pour connaître l'auteur et sa philosophie religieuse, mais
les repousse dans l'intérêt de son œuvre.

Jeanne de Vaudreuil, même avec ses quelques défauts, faciles
à faire disparaître, n'en reste pas moins un de ces livres attrayants
et graves, qui touchent et qui enseignent, chers aux femmes qu'il
entretient des énigmes toujours renaissantes de leur destinée , et
goûtés des hommes qui ont le loisir de s'occuper des évolutions
de la vie intérieure, ces mémoires secrets de l'âme:

La mine ouverte est féconde; nous avons l'espérance que l'auteur l'exploitera. Il en rapporte aujourd'hui une opale; pourquoi
ne compléterait-il pas son écrin? Un premier mot, quel qu'en soit.
le prix, promet encore davantage , et par conséquent ne saurait
être définitivement jugé à part. En attendant, et détaché de ses
frères futurs, ce volume se rallie tout naturellement , par le fond
et par la forme, à la classe d'ouvrages recherchés, demi religieux
et demi littéraires qui, nés de la préoccupation des mêmes problèmes, ont, sous la plume de femmes d'élite (j'en ai plus haut nommé
quelques-unes et il serait aisé d'en étendre la liste), trouvé, défendu et parfois prêché la même solution. En effet , que signifie
Jeanne de Vaudreuil? Nous l'avons vu : c'est l'éducation religieuse
par le mariage.

H. Fréd. Amiel.

Septembre 1850.

Mᴸᴸᴱ D'HÉRISTAL.

NOUVELLE. (¹)

La savante Juliette mettait la dernière main à la simple disposition des beaux cheveux noirs de Thérèse ; l'heure du bal était sonnée ; Mᵐᵉ de Nangis, toute prête, attendait sa filleule au salon, lorsqu'il se fit tout à coup une rumeur dans la rue. Juliette courut à la fenêtre, l'ouvrit et se rejeta en arrière avec un mouvement d'effroi. On criait au feu ! de plusieurs parties de la ville, et tout prenait cet aspect de confusion inexprimable qui suit les premières minutes où ce cri lugubre se fait entendre au sein des cités. Thérèse aussi s'était levée avec précipitation et mise à la place de Juliette. On courait vers le bout de la ville, ouvrant sur la campagne, et là, derrière les arbres, s'élevait très-haut déjà la flamme d'un grand incendie. Mˡˡᵉ d'Héristal comprit par un de ces rapides mouvements intérieurs qui se composent d'instinct et de calcul, comprit, dis-je, que c'était le château de sa famille qui brûlait, et en reçut au cœur une commotion si violente qu'elle tomba en silence sur un siége, pâle et brisée. Mais cet accablement ne fut qu'un éclair. Elle se releva soudain, jeta son écharpe autour de son cou et, faisant taire du geste Ninette qui s'éplorait sans savoir pourquoi, elle la prit par le bras et s'enfuit rapidement avec elle ; son chien, qui sembla deviner sa pensée, répondit à son appel en se collant à sa robe.

Arrivées à l'extrémité de la rue, les jeunes filles n'eurent plus le moindre doute sur la maison qui brûlait : c'était bien le vieux manoir, illuminé de sa flamboyante auréole et plus sombre, plus

(¹) Voir la première partie, livraison de Janvier 1851, page 5.

inanimé que jamais sous cette flamme. Il paraissait tout près : les jeunes filles couraient, et le temps et l'espace et le château leur faisaient l'effet de s'allonger, de s'éloigner indéfiniment comme des fantômes. Quand Ninette pouvait parler : — Que j'ai peur! murmurait-elle.

— Peur! de quoi? répondait Thérèse tout bas, et pourtant tous ses membres tremblaient au point de la faire chanceler.

— Passons, reprenait Ninette, dans le grand chemin là-bas, avec tout le monde.

— Non, disait l'autre. Nous allons plus vîte et plus sûrement par les prairies.

— Voyez-vous s'élancer ces fusées de flamme et d'étincelles? On dirait qu'il y a là des démons. Que j'ai peur!

— Avançons. Pense à ta mère et à mon pauvre oncle!

— Voyez! le chien lui-même n'ose aller devant nous. Il gémit. Il voudrait reculer.

— Non. Petit est brave. Il ne nous abandonnera pas. Nous voilà bien près. Mais la porte est cachée derrière l'aile qui brûle si fort. Espérons que nous trouverons moins de mal du côté de la façade que de celui-ci.

En effet, le corps de logis principal, qui donnait sur les terrasses, était encore presque intact. Les gens de la ferme en sortaient, chargés de paquets, ainsi que Dame Ursule.

— Où est mon oncle? lui cria Thérèse d'une voix altérée.

— Là-bas, dit la gouvernante, en indiquant par un signe de tête la grande charmille et se hâtant d'emporter le fardeau qui lui couvrait les bras. — Où vas-tu? fit-elle à Ninette qui la suivait. Cours auprès de monsieur et ne le quitte pas.

— Et vous? demanda la jeune fille.

— Tu le vois; je sauve ce que je peux et je le porte.....

— A la ferme? interrompit Ninette.

— Non, elle n'aurait qu'à brûler aussi. Dans le grand potager, derrière l'étang.

La jeune fille fit quelques pas pour obéir; mais à peine se fut-on éloigné qu'elle partit en courant d'un tout autre côté. Thérèse était entrée dans la maison ; en un clin d'œil elle fit le tour de sa chambre, prit quelques objets plus aimés que les autres et redescendit pour s'élancer dans l'avenue à la recherche de son oncle.

Elle le trouva assis dans la cachette où, pour la première fois,

nous l'avons surprise pleurant. Ce n'était pas des larmes, mais de
la colère et des injures que son oncle y dépensait, fort inutilement. L'apparition de Thérèse sembla le ramener à des idées plus
justes dans sa situation ; il s'informa d'elle de l'état des choses, et
de ce qui s'était passé depuis un quart d'heure qu'on l'avait amené
en cet endroit pour le mettre en sûreté.

Thérèse lui dit tout ce qu'elle savait , tout ce qu'elle avait vu :
les pompes de la ville arrivant au secours , les fermiers aidant
Madame Ursule à sauver le mobilier, etc , etc.

Le vieillard l'interrompit avec un redoublement de fureur :

— La malheureuse ne se soucie pas plus de moi que d'une cosse
de fève. Je lui avais ordonné de revenir ici tout de suite et d'y
rapporter ce qu'elle sortait de la maison ; surtout certains objets
que je lui avais particulièrement recommandés. Elle n'a pas re-
paru ! elle me laisse ici me ronger les poings de chagrin et d'impatience.

Le malade ne put retenir un rugissement de rage.

— Voulez-vous que j'aille , moi, vous chercher ce que vous dé-
siriez ? ..

— Peut-on entrer encore ?

— Oui, mais il ne faut pas perdre du temps.

— Alors va dans ma chambre à coucher , derrière la grande
salle, prends cette collection de vieux journaux que je relis souvent, parce que c'est du temps de mes campagnes. Tu sais que
personne n'y doit toucher : mais apporte-les moi soigneusement,
et sans en perdre un seul. Le paquet est bien attaché.

La jeune fille regarda son oncle avec surprise : elle ne savait
que penser de cette étrange commission.

— Mon oncle, dit-elle, ne voulez-vous rien que cela ?

— Non, répondit-il. J'aurais trop peur que tu manquasse mon
affaire. Pourtant, tu peux voir, en passant, si mes grandes armoires de linge sont ouvertes et si Ursule en a déjà bien retiré ;
mais en passant, et sans t'arrêter pour toucher à rien. Ecoute,
cria-t-il, quand sa nièce eut fait quelques pas : il y a dans ces
journaux quelques papiers importants ; tâche ne rien perdre.

Elle partit, toujours escortée de son silencieux ami, qui, cette
fois, n'entra point avec elle dans la maison, plus profondément
atteinte, et sur laquelle les pompes versaient inutilement leurs jets

d'eau. La foule ne se tenait pas sur les terrasses, mais du côté des fontaines et des étangs, dans les cours et autour de la ferme qu'on voulait au moins préserver. Thérèse ne trouva personne dans les appartements et, avec une certaine émotion, elle pénétra jusque dans le sanctuaire, ordinairement presque inaccessible, où le maître se retirait quand il était fatigué de ses alentours. Sur la cheminée, en effet, se trouvaient les vieux journaux, assez négligemment liés et que Thérèse enveloppa du bout de son écharpe. Aucune armoire n'était ouverte. Rien n'indiquait le moindre déplacement d'objets quelconques. Mais, suivant l'ordre qu'elle avait reçu, la jeune fille ressortit sur-le-champ sans toucher à rien, et respira plus librement en reprenant l'avenue, avec son volumineux fardeau.

L'incendie faisait, derrière elle, un bruit effrayant. Le pétillement des gerbes d'étincelles qui s'élançaient très-haut dans les airs était accompagné de retentissements sourds, de craquements aigus. Une ardente et rouge clarté illuminait jusqu'aux recoins les plus obscurs de la charmille et s'étendait bien loin dans le ciel. Les cris des travailleurs, des curieux, des effrayés se mêlaient par intervalle au grondement sinistre des flammes qui se redressaient sous le vent, avec une impétuosité croissante. De temps en temps, le chien poussait aussi une plainte désespérée, que la jeune fille arrêtait d'un geste ou d'un regard, car elle n'avait pas la force de supporter quelque chose de plus que l'horreur du spectacle, jointe à la tristesse profonde de ses impressions.

La maison de ses pères, l'asile de son enfance, l'espoir d'un repos solitaire dans les jours à venir, tout allait disparaître, tout était déjà perdu. Ces murailles dévorées par l'embrasement du feu, étaient la seule chose sur la terre dont, lui semblait-il, elle fût aimée, la seule qui restât du passé dans le présent, la seule regrettable et regrettée parmi les mirages que la vie avait déroulés devant cette jeune ame. Le désespoir muet où elle descendit insensiblement devint si amer, qu'elle éprouva du soulagement à s'en laisser distraire par une gronderie de son oncle, sur ce qu'elle laissait tomber avec trop peu de soin devant lui le précieux paquet.

Vite, il l'ouvrit avec une fiévreuse impatience et se mit à déplier les vieux journaux, à les secouer, à y chercher quelque chose qu'il n'y trouvait pas. Peu à peu ses doigts devinrent tremblants, sa tête se perdit, il allait d'une feuille à l'autre avec fureur avec désordre, et ne trouvait pas davantage. Enfin, il laissa retomber ses bras énervés et rendus :

— Jure-moi que tu n'as rien perdu en route! dit-il à Thérèse d'une voix effrayante.

. Celle-ci resta consternée, car elle n'avait pas conscience de s'être occupée du paquet, depuis l'instant où elle l'avait serré dans son écharpe, tant ses pensées étaient impérieusement attachées ailleurs. Ce silence et cette confusion mirent le comble à l'agitation du vieillard. Il crut que ses papiers étaient tombés, qu'on en avait égaré, distrait même, peut-être. Enfin mille imaginations mauvaises se dressèrent comme des spectres dans sa tête et, d'un ton foudroyant, il ordonna à sa nièce de retourner sur ses pas, de chercher pendant tout le trajet jusqu'à la maison et, si elle ne trouvait rien auparavant, d'aller de nouveau dans sa chambre prendre sur sa cheminée tout ce qui pouvait y être resté pour le lui rapporter.

Dans sa disposition d'esprit, la pauvre jeune fille accepta cet ordre sinistre avec plus de consentement au danger et d'envie d'en finir que de vrai courage et de résignation. Personne ne pouvait savoir si la maison embrasée ne s'écroulerait pas sur sa tête, pendant qu'elle accomplirait le message insensé du vieillard: Il avait repris sa recherche fougueuse parmi les journaux et ne s'occupait plus de sa nièce. Elle se retourna au sortir de la charmille et quand, devant elle, le château menaçant flamboyait comme un bûcher funèbre sous lequel le rez-de-chaussée seul se conservait encore debout : son oncle ne l'avait point rappelée et ne semblait plus songer à elle.

Essayons, dit-elle, avec une émotion douloureuse, de lui conserver ce qu'il aime, puisque ma vie ne lui est bonne qu'à cela : et elle franchit d'un seul bond les escaliers qui conduisaient aux terrasses, sans même s'apercevoir que son fidèle Petit, effrayé du rugissement des flammes agrandies, était resté, tout éperdu, à l'entrée de la charmille. Le terrain était couvert de charbons qui brûlaient encore : il tombait continuellement des éclats de bois, des objets de toute sorte, pressés comme une pluie de feu tout autour des murailles. Thérèse, sans regarder en arrière, traversa en courant cette première enceinte de l'incendie, et y disparut, avant même d'avoir atteint la porte-fenêtre donnant dans la maison.

III.

Mais, à ce moment, un épouvantable cri domina le fracas de l'embrasement en furie. C'était le chien qui venait de perdre de vue sa maîtresse et jetait un signal d'alarme si déchirant, que de toute part on accourut vers cet endroit. Le courageux animal montait l'escalier des terrasses, en continuant ses cris de désespoir, lorsque tout à coup, sur le plus haut degré où tombaient encore des débris enflammés, mais où les dards de feu se pressaient moins nombreux pourtant, apparut la pâle jeune fille. Au même instant, le château s'effondra derrière elle avec un bruit de tonnerre, et de tous côtés une rumeur tumultueuse, un redoublement de clarté répondirent à ce dernier éclat de la destruction. Atterrée, étourdie, et comprenant à peine ce qui se passait, Thérèse redescendait lentement, ne se souvenant plus de rien, près d'un si horrible danger, sinon du cri de son chien qui l'avait instinctivement rappelée du fond de la première salle, au moment où elle allait pousser plus loin et s'ensevelir elle-même sous la chûte de l'édifice.

Parmi les personnes rassemblées au bas des terrasses se trouvaient Dame Ursule et la fermière, qui prirent Mlle d'Héristal sous les bras pour la soutenir, car elle chancelait et semblait près de s'évanouir.

— Qu'alliez-vous donc faire là-haut? dit la gouvernante.

— Le sait-elle dans ce moment? interrompit l'autre femme. Menons-la près de son oncle et, de là, à la ferme, puisqu'on est maître du feu de ce côté-là.

Un groupe de femmes accompagnant et aidant la jeune fille, dont les genoux pliaient, se dirigea vers le fond de la charmille et parvint bientôt jusqu'à M. Dubreuil. Il paraissait aussi calme, aussi froid que si rien ne fût arrivé de nature à le toucher le moins du monde. Les journaux éparpillés volaient autour de lui, sous les pieds des arrivants, sans qu'il y prît garde. Il ne fit pas seulement une question et se recula d'un air naturel et tranquille, quand on le pria de faire place à sa nièce à côté de lui.

Le trajet l'avait un peu ranimée et lui rendait la faculté de voir et d'entendre, sinon de tout comprendre.

— Où donc est Ninette? demanda Ursule avec inquiétude. Je l'avais envoyée ici dès son arrivée.

— Elle est venue auprès de moi, dit la fermière; ensuite elle a voulu absolument aller, avec ma fille, dans l'endroit où se tenait mon fils Marc; on l'avait posté près des bois entassés dans notre cour, pour éteindre les brandons allumés qui y tombaient de temps en temps et auraient pu y mettre l'incendie. Mon fils est très-ardent, très-imprudent, sa sœur et Ninette craignaient qu'il ne s'exposât, qu'il ne lui arrivât du mal : elles ont voulu le garder à vue.

— Sa sœur, je comprends : murmura la mère qui pensait tout haut, sans s'en apercevoir, mais Ninette!

— Eh bien, votre fille et mon fils feraient un joli couple, Dame Ursule, repartit la fermière, et si c'était le moment d'en parler, je vous dirais que lors même que c'est la première fois que vous vous en doutez, ce n'est pas la première fois qu'ils s'en sont aperçus eux-mêmes. Où est le mal : sauf votre respect!

— En effet, où est le mal? dit M. Dubreuil. Madame est trop bonne, trop tendre mère, trop occupée de l'avenir de sa fille pour ne pas être enchantée de découvrir ainsi ses inclinations. Qu'est-ce que la ruine de mon château, pour éclairer de si touchants amours? je suis presque bien aise de l'événement, parbleu! le feu de joie est fait d'avance. Il faut bien que je me console par votre bonheur!

— Mon pauvre maître! fit Ursule hypocritement : Vous n'êtes pas ruiné pour une maison perdue. Je ne suis pas, moi, au troisième ciel pour un mari trouvé : la petite ne risquait pas d'en manquer. Nous en causerons d'ailleurs, ajouta-t-elle avec un regard pénétrant, jeté vers le cœur du vieillard au travers de l'ironie qui armait son visage. Je ne veux rien faire sans votre approbation, conclut-elle.

Mais, à ce moment là, il lui vint un auxiliaire sur lequel elle ne comptait pas, en la personne de Ninette elle-même qui se jeta à son cou, rouge et palpitante.

— Allez, dit Ursule à la fermière et aux autres femmes, préparer tout ce qu'il faut à la ferme pour ranimer et coucher notre maître; vous enverrez des hommes avec un fauteuil pour l'y transporter. Si Mlle Thérèse veut partir avec vous, nous resterons ma fille et moi, avec monsieur.

— Non, dit Thérèse, je vais être remise tout à l'heure, je préfère rester aussi.

Les autres femmes s'éloignèrent, et Dame Ursule essaya de sonder la profondeur des rancunes que lui gardait M. Dubreuil en s'informant de sa santé, de ses impressions; etc. Il répondait brièvement qu'il était très-bien, qu'il n'avait point d'impressions et se soumettait en sage à la perte de son château comme à toutes les autres. Le sort n'était pas propice aux vieillards, il le savait bien, et n'était point devenu assez fou pour s'en fâcher. On le tenait pour plus niais qu'il n'était, vraiment ! etc., etc.

La belle Ninette cependant, rêveuse et muette, regardait vaguement du côté du brasier lointain, qui envoyait sur ses joues roses, sur ses yeux bleus et ses blondes tresses de magnifiques lueurs de pourpre et d'or. La jeune fille était ainsi, à elle seule, un tableau charmant, tandis que les autres personnes, recevant le reflet de côté, n'en paraissaient que la bordure insignifiante. L'humeur ironique et sèche de M. Dubreuil en reçut de certaines atteintes. Il retrouvait, dans cette contemplation, la trace des idées qui le berçaient si doucement quelques heures auparavant, et il lui sembla qu'elles allaient lui être rendues, qu'il n'avait qu'à étendre la main pour les ressaisir. En effet, qu'y avait-il de vraiment changé dans la situation? la belle enfant n'était-elle pas là, devant lui; devant sa mère, n'appartenant qu'à celle-ci et prête à lui être donnée par elle? On a parlé d'un autre... qu'importe! cet autre ne peut rien empêcher. Cet autre s'en ira, n'existera plus pour elle. D'ailleurs, cela même était-il vrai?

En suivant le cours de ces pensées, M. Dubreuil avait pris le bras de Ninette et le tenait comme dans un étau, en fixant sur elle des regards où une volonté tyrannique se lisait encore plus qu'autre chose.

— M'aimes-tu, petite? lui demanda-t-il tout-à-coup.

— Mais, oui, monsieur, répondit-elle avec surprise.

— Suis-je l'homme que tu aimes le mieux, reprit-il du même ton bourru.

— Mais, oui, monsieur, murmura-t-elle, intimidée.

— Que vous avais-je dit? fit Dame Ursule en se hâtant d'intervenir pour supprimer, si possible, de plus longues explications. Laissez-moi faire, monsieur, je connais ma fille et je vous en réponds.

— Un instant, Ursule. J'aime à traiter mes affaires moi-même.
Donc, petite, si je veux, tu m'épouseras?

— Oh pour cela, non! s'écria-t-elle vivement.

— Comment, non? et pourquoi pas?

— Y songez-vous? interrompit Ursule. Est-ce qu'on s'y prend
de la sorte avec les jeunes filles? Va-t-elle vous dire tout ce qu'elle
pense, là, devant nous!

— Ce n'est point moi, du moins, qui dois la gêner : dit Thérèse
avec sincérité.

— Personne ne me gêne, répliqua lestement l'enfant gâtée, qui
avait eu le temps de se remettre. Vois-tu, maman, ce que c'est
qu'un château! ajouta-t-elle, en désignant du doigt le fantôme
brûlant hérissé de mille étincelles. J'aime mieux vivre; puisque
les écus brûlent et que l'amour ne se commande pas.

Et elle retira subitement son bras des doigts serrés du malade.

— Si c'est là, madame Ursule, dit celui-ci, l'obéissance que
vous m'avez vantée, je vous en fais mon compliment.

— Si c'est là, monsieur, votre manière de courtiser les jeunes
filles, je ne suis pas surprise que vous soyez encore garçon.

— Insolente! je n'ai besoin ni de toi, ni de tes avis, ni même
de ta fille.

— Je le sais bien, vous avez votre nièce. Essayez un peu.

— Ma nièce! dit le vieillard avec une certaine émotion. En
effet, c'est parce que j'ai ma nièce que je possède encore quatre-
vingt mille livres comptant, là, dans ma poitrine. Et il croisait les
bras sur son trésor. Puis, voyant la mine étonnée et quelque peu
incrédule de la gouvernante, il reprit : Oui, Madame Ursule, quatre-vingt mille livres en bons billets de banque, qui étaient cachés
dans les vieux journaux que voilà, dont vous ne m'aviez pas même
laissé vous parler tant vous étiez pressée de me quitter et préoccupée du linge, quand vous m'avez planté là, tout seul, au lieu de
revenir comme c'était votre devoir.

— Dans ces vieux journaux! répétait Dame Ursule avec stupé-
faction et en les soulevant machinalement.

— Oui, fit-il, parce que je me défie des doubles clefs, en général. Oh il n'y est rien resté, ajouta-t-il en riant, pendant qu'elle
en déployait un. Ma niche était si sûre que j'ai eu peine moi-
même à la retrouver, et j'avais renvoyé inutilement celle-ci sur sa

piste, dit-il avec complaisance, et en frappant sur l'épaule de sa
nièce. C'était inutile ; je m'en suis bientôt convaincu. Mais ton·dé-
vouement Thérèse, ne restera pas sans récompense. Et même, si
ce que tu viens d'entendre tout à l'heure te fait craindre de me
voir convoler avec quelque gentil minois, car, vois-tu, je suis un
vert-galant sans qu'il y paraisse et je ne réponds pas de moi, eh
bien, comme j'en serais fâché pour toi, veux-tu que je t'épouse?
tu seras bien sûre alors de n'avoir point d'autre femme à craindre.

— Qui sait? répliqua Thérèse en riant. Je vous remercie, mon
oncle, de la singulière preuve d'affection que vous me donnez,
mais je n'en abuserai pas au point d'enchaîner votre liberté.

—·C'est-à-dire, interrompit l'irascible vieillard, que vous ne
voulez pas me sacrifier la vôtre.

— Cela est vrai, mon cher oncle. Je vous ai donné aujourd'hui
tout ce qu'une sérieuse étourdie comme moi peut donner ; je vous
ai donné ma vie. De plus, je m'engage à ne vous quitter jamais ,.
à vouloir toujours ce que vous voudrez, fût-ce votre mariage avec
une jeune et charmante fille, comme Ninette. Le reste de ma personne, de mon existence, de ma pensée, n'appartiendra de long-
temps à quelqu'un, je vous assure. Je ne me connais pas assez
pour savoir ce que je vaux, et je n'aime pas les mauvais marchés.
J'en ferais un si, pouvant trouver mon bonheur à faire celui des
autres, j'allais leur demander de me rendre quelque chose en retour. Il me semble, tant je suis orgueilleuse, que je perdrais à recevoir autant que je donne et même à attendre la reconnaissance
qu'on me doit. Car, ne vous figurez pas, mon oncle, dit-elle avec
une grâce riante, que je ne sache pas très-bien quelle bonne garde,
quelle enfant dévouée vous avez en moi (cette fois-ci vous ne direz
plus que c'est mon vieux château que j'aime , puisque le voilà en
cendres); oh, je vous défie de trouver mieux, allez!

— Je le sais, dit le vieillard moitié confus, moitié embarrassé
de cette réponse où il n'avait pas compris grand'chose, tandis que
les femmes n'y entendaient absolument rien. Je le sais. Mais voilà
Ninette, ajouta-t-il d'un ton narquois, qui se repent peut-être en
songeant aux quatre-vingt mille livres qu'elle aurait pu dépenser
en chiffons. Hein !·

— Certainement! répliqua vivement Ursule, ma fille a regret à
ses paroles inconsidérées, mais elle est incapable de ruiner son

mari. N'est-ce pas, Ninette, quatre-vingt mille livres sont meilleures à garder.....

— Qu'à prendre : fit Ninette gaîment.

Mais sa mère, furieuse malgré ses habitudes de soumission à l'enfant gâtée, lui coupa la parole avec une aigreur qui présageait des orages, sur lesquels M. Dubreuil souffla d'un mot en s'écriant :

— Laissons cela pour le moment, et veuillez m'expliquer, madame la gouvernante, quelle partie de mon mobilier vous avez sauvée de l'incendie, puisque ma nièce a trouvé fermées les armoires de linge dont je vous avais remis les clefs.

— On n'a rien pu sortir du tout, fit la dame avec assurance et brusquerie.

— Pourquoi cela? reprit le maître.

— Parce que la flamme a gagné trop tôt.

— Le rez-de-chaussée avant l'étage sans doute. Et d'où veniez-vous, chargée, quand Mlle d'Héristal vous a rencontrée?

— Tiens! dit-elle, il fallait apparemment laisser brûler tout chez moi, comme si j'avais quatre-vingt mille livres pour acheter mes hardes et celles de ma fille.

— Elle l'avoue! s'écria le vieillard exaspéré. Elle a laissé tant de choses de grande valeur pour songer uniquement à ses misérables nippes!

— Misérables! fit Ursule en ricanant : cela vous plaît à dire. Qu'en savez-vous?

— Va-t-en , odieuse créature! exclama M. Dubreuil. Emporte ce que tu m'as volé, mais que je ne revoie jamais ni ta face scélérate ni celle de ta niaise de fille.

— Ce serait difficile , répliqua l'ex-gouvernante avec une douceur hypocrite, car nous allons à la ferme, aussi bien que monsieur, et monsieur sait que, maintenant, nous n'avons rien de mieux à faire que de nous y établir pour toujours.

Le vieillard se détourna avec humeur, en cherchant dans sa tête des moyens d'humilier Ursule et de la punir. Toutes ses autres pensées n'avaient pour lui qu'un intérêt secondaire, tant le dernier trait d'égoïsme de cet autre âme égoïste l'avait touché profondément. De son côté, la dame ne lui cédait en rien en rancune, en haine et en mauvais vouloir. Les jeunes filles essayaient en vain de ramener ces deux mauvais esprits, qui dépensaient maintenant l'un

contre l'autre toute la puissance de méchanceté qu'unis ils diri-
geaient sur les autres : ils étaient, dans leur guerre intime, comme
dans leur véritable élément. La furie de leur déplaisir s'accroissait
de leurs regrets : le vieil avare comptait son linge brûlé : la gouvernante supputait les profits secrets de sa place perdue et surtout
les quatre-vingt mille livres ! Elle eût donné sa plus belle robe
pour les savoir anéantis sous les ruines du château et pour voir
passer son vieux maître pauvre et abandonné de tous, le jour des
noces brillantes de sa belle et jeune fille.

Ce fut dans ces dispositions réciproques qu'ils s'installèrent à la
ferme, où on avait cru leur faire plaisir en les logeant côte à côte,
et de façon à ce que le maître ne fût pas un instant privé de sa
gouvernante ; car, dans l'opinion du pays, celle-ci lui rendait
tous les soins dont il était assidûment entouré par Thérèse, tandis
que la jeune fille passait pour s'occuper seulement de son chien
et de ses fleurs. La conséquence de cette méprise, savamment entretenue et dirigée par Dame Ursule, eut quelque chose de comique, quand elle plaça face à face les rancuniers personnages, qui
se détestaient maintenant de toute leur ame (et peut-être s'étaient-
ils, au fond, toujours détestés), dans la position de gens qui ne
peuvent se passer l'un de l'autre.

Mlle d'Héristal, toute triste et frappée qu'elle fût, n'en put retenir un éclair de malice qu'elle épancha dans un furtif sourire
adressé à Petit, le moins compromettant de tous les confidents
possibles. Elle pria ensuite Dame Ursule devant les fermiers de
vouloir bien changer de chambre avec elle, parce qu'elle désirait
ne pas quitter son oncle, et mit fin, de cette façon, au secret embarras des intéressés.

Cette miséricordieuse conduite était d'autant plus à propos que,
dans la nuit, à la suite sans doute de ses violentes émotions de la
journée, le malade se crut guéri de sa goutte et se mit à parler
avec beaucoup d'animation, se plaignant de sa nièce quand elle
l'exhortait à se reposer et exigeant d'elle, au contraire, qu'elle
l'entretînt ou plutôt qu'elle l'écoutât. Quand elle vit que c'était un
parti bien pris, elle s'habilla tout à fait et vint s'asseoir, à côté du
lit de son oncle, avec sa résignation accoutumée. Il parlait avec
une ardeur toujours plus grande et des idées toujours plus étranges. Il voulait jouir de son argent, confondre Ursule, la faire en-

rager; vivre avec luxe et bombance, la chasser, elle ou bien le fermier, montrer à tout le monde qu'il était encore le maître, qu'il était jeune, riche et fort, faire bâtir un château auprès duquel l'ancien n'était rien, et où viendrait toute la contrée en pélerinage admiratif, etc., etc.

Pendant cette litanie de l'orgueil, que la jeune fille écoutait en silence et avec une triste surprise, elle regardait passer la fantaisie du vieillard comme on le fait d'un torrent débordé dont on ne saurait empêcher les ravages, ni la bourbeuse furie. Il lui semblait pourtant que, loin de s'apaiser, la fièvre du malade redoublait après chaque flot. Le sang se portait à la tête; les yeux brillaient comme d'orageuses étincelles que le vent remue incessamment et fait tournoyer en tous sens. Un peu de désordre se mit dans les véhémentes apostrophes qu'il adressait à ses ennemis ; c'est-à-dire aux imbéciles qui soutiennent que nous avons une ame immortelle, indépendante de la matière et des conditions de la vie; au sot public qui l'avait, par une fatalité inexplicable, entouré partout; surtout à sa gouvernante, qu'il appelait le mauvais génie déchaîné sur sa vieillesse ; et sans lequel il serait probablement entouré d'une jeune femme et de jolis enfants. Il se plaignait de sa santé revenue qui lui donnait la force de sentir justement tous les maux dont la méchanceté humaine l'avait accablé, lui si bon, si sensible, si pur, si irréprochable, et qui n'avait abordé tout le monde qu'avec des bienfaits.

Enfin, son exaltation devint si grande et ses forces physiques si évidemment insuffisantes pour la contenir, que Thérèse en prit une véritable frayeur. Elle le supplia de lui permettre d'aller chercher du secours, un médecin, quelqu'un ! — Du secours ! s'écria-t-il d'une voix étranglée par la colère; est-ce que le feu est ici ? Un médecin ! as-tu peur que je me porte bien ? Quelqu'un ! pourquoi faire ? et qui ? Si tu fais entrer dans ma chambre une de ces vipères féminines qui sont par là autour, je te défends d'oser jamais te présenter devant moi. Je sais ce que je sens, ajouta-t-il, j'ai toute ma force, toute ma tête. Va-t-en si tu veux, ou reste si cela te plaît, mais ne me fais pas enrager par tes propositions absurdes. Tu as un dévouement tellement stupide, qu'il ressemble à celui de l'ours assommant son maître pour tuer les mouches. Oui, c'est ainsi que ce soir, par exemple, tu t'es fourrée deux fois dans cette vieille baraque qui brûlait, sans songer seulement que si tu t'y laissais écraser je n'aurais plus personne qui prît soin de mes derniers jours. La première fois, à la bonne heure ; tu m'as rapporté mes papiers : mais la seconde, qu'y allais-tu faire !...

Et il accentua son exclamation d'un jurement sauvage que la jeune fille n'entendit pas, tant elle était saisie des énormités qui s'entrechoquaient ainsi incessamment dans la pensée et sur les lèvres du vieillard.

Il n'avait du reste pas l'air de prendre garde à elle, même en lui parlant : il lui imposait le silence et l'immobilité par une espèce de concentration de terreur qui se faisait en elle et la fascinait devant ce spectacle effrayant d'un moribond qui, sur le seuil de l'autre monde (elle commençait à en pressentir l'approche), se livrait avec fureur aux plus mauvaises, aux plus trompeuses espérances de ce monde-ci. L'insensé ne croyait qu'au corps ; et voilà que son corps l'abusait avec effronterie et se disposait à l'abandonner soudain comme ces mauvais serviteurs qui, après avoir volé le trésor de la maison, s'enfuient tout à coup, au milieu de la nuit.

Il finit, l'infortuné, par en avoir un peu conscience, car une expression de doute effrayé passa sur ses traits, de plus en plus altérés. Il se tut, laissa tomber un regard terne sur sa nièce, qui s'était glissée à genoux devant le lit, et, après quelques tressaillements et quelques soupirs, il mourut.

Au même instant le chien, enfermé dans la chambre voisine, poussa un lugubre gémissement. Thérèse en fut plutôt ranimée, tant les émotions étaient cruelles et profondes dans sa solitude devant la mort. La voix sympathique de son compagnon rompit le charme qui la tenait enchaînée devant cette couche funèbre, et lui rendit courage. Elle osa se mouvoir, sortir, appeler, partager avec d'autres les sentiments de douleur qui la frappaient, et s'en soulager ainsi un peu.

Nous ne ferons pas à nos lecteurs l'injure de douter de leur pénétration au point de leur raconter ce qui suivit : Mlle d'Héristal héritière, Ninette mariée et Dame Ursule ne sachant plus où tendre ses filets. D'ailleurs, cette histoire n'est que celle de la première bataille de Mlle d'Héristal : à vous, ami lecteur, de vous intéresser aux autres, qui viendront ensuite, si cela vous plaît.

CHARLES AUTIGNY.

HAUT ENSEIGNEMENT A BALE,

ET DE

LA QUESTION UNIVERSITAIRE.

∿∿∿∿∿ΛΛ∿∿∿∿

Bâle, 5 février.

Il y a une année environ, la *Chronique de la Revue Suisse* contenait quelques renseignements sur la réorganisation des écoles de la ville de Bâle, à propos d'une motion faite au sein du Grand-Conseil par M. Brenner, docteur en médecine ([1]). Cette motion, disais-je alors « ne comprend pas l'université, mais le parti extrême s'est assez ouvertement déclaré mécontent de cette restriction pour faire attendre un amendement, quand l'instant favorable sera venu de le mettre en avant. » — Après avoir exposé quelles étaient les vues du parti radical sur la réforme des écoles inférieures, j'ajoutais : « A notre avis, l'adjonction d'un troisième instituteur dans chacune des écoles primaires, et la fondation d'une école industrielle au moyen des éléments réalistes déjà existants, répondraient à des besoins assez généralement sentis, sans compromettre les bons résultats du système actuel. Les autorités appelées à décider là-dessus en premier et en dernier ressort, sont pourvues d'assez de lumières, de sagesse et d'amour du bien public pour que le changement, s'il y en a un, puisse être considéré comme un progrès. »

Ma double prévision s'est réalisée ; mais, comme elle porte sur deux questions séparées, je commencerai par l'historique du second point, qui m'arrêtera moins que l'autre.

Le Conseil d'Education avait nommé une commission chargée d'entendre les griefs, de sonder les fissures de l'édifice scolaire, et de

([1]) Livraison de mars 1850, page 196.

faire un rapport sur le tout. Cette commission procéda à son œuvre
avec une sage lenteur. Elle s'entoura de ce qui pouvait l'éclairer, et
appela successivement dans son sein un certain nombre d'instituteurs
de toutes les écoles, jusques et y compris le Pædagogium. On pourrait
faire la remarque que certaines branches assez importantes pour Bâle
ont été exclues de l'invitation, et qu'aucun instituteur chargé de l'enseignement du français, par exemple, n'a été appelé à exposer ses
vues ; mais j'ai lieu de croire que cette omission n'a point été calculée
et qu'elle n'est provenue que de l'impossibilité de faire comparaître
tout le personnel enseignant. Au surplus les conclusions de la commission formulées dernièrement, puis adoptées par le conseil d'éducation et approuvées par le Conseil d'Etat sont littéralement celles
que je prévoyais, il y a une année ; elles ne portent, par conséquent,
que sur des points généraux, et laissent intacte la question spéciale
de l'organisation de chaque branche. Le rapport du Conseil d'Etat a
été présenté au Grand-Conseil dans la séance du 5 février ; mais,
comme nous le verrons bientôt, il a été étouffé avant d'avoir vu le
jour de la discussion. Cette réflexion m'oblige à aborder la question
de l'université, dont ce qui précède n'est qu'un préliminaire obligé.

   Dans la session du mois de décembre dernier, un membre du
Grand-Conseil, jusqu'alors inconnu, se fit complaisamment l'organe
de son parti, et proposa la dissolution de l'université et la fondation
d'une école industrielle. Selon le règlement cette motion ne pouvait
être discutée que dans la session suivante, celle qui vient d'avoir
lieu. Les attaques contre l'université redoublèrent dans un journal
bien connu par la haine qu'il porte à l'enseignement supérieur ; rien
ne fut épargé, car il s'agissait de frapper un grand coup et d'emporter
d'assaut le résultat qu'on avait en vue. Cette guerre d'avant-postes eût
été légitime, si les coups portés eussent pu être toujours avoués ;
mais il y eut des bottes secrètes et des armes prohibées qui gâtèrent le
jeu des adversaires plus qu'elles ne le servirent. Ce qu'on voulait détruire avec l'université, ce n'est pas seulement l'enseignement supérieur, mais l'esprit sagement libéral dont elle cherche, selon la mesure
de ses forces, à conserver l'influence jusqu'ici prépondérante à Bâle.
Je ne parle point d'une influence directement politique ; car, à part
ceux d'entre les professeurs qui font partie des Conseils, les membres
de l'université prennent une part peu active aux questions du jour, et
se renferment rigoureusement dans les limites de leur enseignement.
Toutefois, quoi qu'on fasse, l'enseignement prend nécessairement sa
couleur et tire une partie de sa vie des sentiments mêmes de celui qui
enseigne ; et le résultat général d'études faites sans aucune préoccupation de sectes ni de partis, mais sous une influence constamment
scientifique et libérale, ce résultat doit être pour l'étudiant, devenu citoyen actif, une armure, sinon une arme, contre les exagérations en
tous sens. L'université de Bâle cherche à former des hommes d'étude

en vue des devoirs sérieux qu'ils exerceront dans la société; elle n'oublie pas qu'ils vont être citoyens d'un pays libre, mais elle espère qu'ils ne seront ni tribuns, ni sectaires, et qu'ils mettront leur modeste sphère d'activité bien au dessus des intérêts fiévreux de l'ambition personnelle. C'est cette tendance qui excite surtout l'animosité des hommes de parti; et, bien qu'ils aient eu l'esprit de ne pas le dire trop haut, ils en ont dit assez. Si les professeurs de théologie consentaient à professer des doctrines dans lesquelles le salut par Jésus-Christ devint un mythe; si les professeurs de médecine prouvaient par l'anatomie du corps humain que l'âme ne sait où s'y loger; si nos jurisconsultes et nos philosophes démontraient la nécessité du socialisme, et fondaient le code d'un nouveau phalanstère, tel qui déclare que l'université a fait son temps et qu'elle est bonne à mettre au rebut, prendrait peut-être chaudement sa défense et proclamerait que l'Etat ne peut faire assez de sacrifices pour l'entretenir. Il aurait raison... à son point de vue; mais ce point de vue n'est encore ici qu'une exception. Bâle est une ville rétrograde, comme on sait.

Les adversaires de l'université ont donc cherché des arguments plus populaires; et ils ont pensé avec assez d'habileté que les chiffres ont partout beaucoup d'influence, et surtout dans une ville de commerce. L'essentiel était donc d'établir que le nombre des étudiants était représenté par un chiffre infiniment petit, et, qu'en revanche, le nombre des professeurs et les dépenses du budget parvenaient à un chiffre fabuleux. Tout cela jouait, s'éloignait et se rapprochait comme des ombres chinoises derrière une grande toile blanche. Tantôt il y avait à peine vingt étudiants, tantôt les 18 professeurs salariés occupaient, je ne sais comment, trente-cinq chaires; tantôt la caisse de l'Etat déboursait, chaque année, pour l'université 30,000 francs, puis 25, puis 20. Si la discussion eût tardé quelques jours encore, on serait peut-être arrivé au chiffre réel de 14,000 francs environ.

On cherchait aussi à prendre les citoyens de Bâle par le point d'honneur; on s'adressait à leur patriotisme. N'était-ce pas une honte de garder dans les murs de Bâle une quasi-université, une université en miniature, un atôme d'université dont l'existence échappait à la vue et faisait la risée des grandes universités d'Allemagne?

La réponse la plus directe qui me paraisse avoir été faite aux deux corps d'attaque ci-dessus, est la suivante. Nous n'avons pas, il est vrai, un grand nombre d'étudiants (65 environ et autant au Pædagogium); mais aussi nos dépenses sont minimes; et les universités qui ont dix fois autant d'élèves, ont aussi un budget dix fois plus élevé. Voilà pour le premier point; voici pour le second. Nous devons avoir honte de notre université, dites-vous, parce qu'elle est moindre que les grandes universités d'Allemagne? A ce titre vous devez avoir honte d'être citoyen de l'Etat de Bâle-ville, parce que cet Etat est infiniment plus petit que la France ou la Prusse. Est-ce là votre patriotisme? Pour nous, nous disons : A un petit Etat convient une petite université ; nous nous faisons honneur d'agir selon nos ressources. Voilà notre patriotisme, et nous n'en avons pas honte.

L'université a-t-elle donc répondu aux attaques dont elle était l'objet? Non, pas en corps du moins ; mais ; à la veille de la discussion, indépendamment des articles publiés dans les journaux quotidiens, il parut plusieurs brochures dont deux, en faveur de l'université, méritent une mention particulière.

La première(1), courte en étendue, mais substantielle et allant droit au but, avait pour auteur un négociant haut placé dans les affaires publiques et connu de tous les esprits sérieux de la Suisse. Je n'ose le nommer, puisqu'il a gardé l'anonime. A mon avis, cette excellente brochure n'avait qu'un défaut; c'était son épigraphe, ainsi conçue : *Conserve ce que tu as*. L'auteur ne la prenait que dans un sens restreint, et il prouvait par la brochure même qu'il était progressif; mais la malveillance lui fit un grief d'une sentence qui n'était sa devise que sur la question pendante.

L'auteur de cette brochure aborda la célèbre question des chiffres, dont on avait tant abusé, et il prouva que la caisse de l'Etat ne débourse pour l'université que 14,000 francs environ. — Les lecteurs de la *Revue* ne comprendront la difficulté de ce calcul qu'après quelques explications. — Les comptes de l'université présentés au Grand-Conseil ne donnent pas une idée claire de ce qu'elle coûte, parce qu'ils ne sont pas dégagés des dépenses du Pædagogium. Les neuf professeurs de la Faculté de philosophie sont tenus de donner dans ce dernier établissement la plus grande partie de leurs leçons, et ne sont pas rétribués spécialement pour cela : il est donc absolument nécessaire de déduire du budjet de l'université celui du Pædagogium, pour savoir exactement ce que coûte l'école supérieure de Bâle. En outre certains frais accessoires sont communs aux deux établissements; ainsi l'entretien du bâtiment, le salaire du bedeau, le chauffage, etc. Enfin la fortune privée de l'université, qui est de 878,000 francs de Suisse, se compose de douze fonds, dont cinq seulement sont directement affectés à l'université. Ce ne sont là que quelques rapides indications; mais elles suffisent pour mettre le lecteur sur la voie. L'auteur de la brochure dont nous parlons prouve que si le budjet de l'université est de 27,000 francs, il faut en déduire 12,600 pour le Pædagogium; il reste donc un peu plus de 14,000 francs pour la part de la caisse de l'Etat. Dans ce calcul n'est pas compris le revenu du fonds privé de l'université qui s'élève à-peu-près à la même somme.

Au nombre des objections capitales faites à l'université, on alléguait qu'elle absorbait de plus en plus la fortune de l'Etat, et que les écoles

(1) Schulen und Universitæt in Basel. — Aufklærungen. — Basel, hverig hauser'sche Buchdruckerei, 1851.

inférieures restaient en souffrance. Le *peuple* veut de bonnes écoles, disait-on; or on ne fait rien pour le *peuple*; l'université est une sang-sue qui prend au *peuple* sa nourriture. Le peuple! toujours le peuple! Il semblait que l'université fût une cour de princes, et que chacun de ses membres reçût une dotation analogue à celle du président de la république, notre voisine. L'auteur de notre brochure révéla sur ce point des chiffres officiels, qui étonnèrent presque tout le monde, tant ils étaient éloquents. Il prouva que, depuis 1835, les dépenses de l'u-niversité étaient restées exactement les mêmes, tandis que les autres écoles, qui coûtaient alors 28,000 francs, absorbent maintenant la somme assez ronde de.... 68,600 francs. Et l'on ne fait rien pour le peuple! La vérité est qu'on ne fait rien pour l'université, et qu'elle est, sans contredit, la plus mal logée de toutes les écoles de la ville, in-convénient qu'elle partage avec le Pædagogium.

Un autre fait renfermé dans la même brochure a fourni matière à bien des réflexions dans l'esprit de beaucoup de bourgeois de Bâle. L'auteur rappelle que la fortune privée de l'université a été reconnue à Bâle-ville en 1834, après un sacrifice d'environ 300,000 francs pour rachat des bâtiments et des collections; mais elle n'a été reconnue que sous la condition de ne jamais être aliénée de la destination que lui ont donnée les fondateurs. Cette clause du jugement arbitral a été for-mellement sanctionnée par le Grand-Conseil. Il en résulte que, si l'u-niversité venait jamais à être dissoute, Bâle-Campagne réclamerait probablement la somme de 256,000 francs; ce qui donnerait tout au moins lieu à un procès.

Je passe à regret rapidement sur la seconde partie de cette bro-chure, dans laquelle l'auteur expose d'une manière simple et lucide les services que rend l'université, non-seulement aux étudiants, mais aux différentes classes de la société bâloise. Il s'arrête de préférence à l'influence indirecte qu'elle exerce sur les écoles inférieures par l'in-termédiaire des instituteurs, qui sont pour la plupart Bâlois et anciens élèves de l'université. Il se demande ce que deviendrait l'enseigne-ment élémentaire, lorsque les maîtres, au lieu d'être des hommes d'une culture scientifique et d'un esprit national, seraient pour la plupart des étrangers, remplis de la présomption dont on fait ordinai-rement provision dans les séminaires. Il se demande ce que devien-draient les jeunes Bâlois, lorsque, au sortir des classes, ils devraient aller immédiatement dans les grandes universités, avant que le carac-tère et le goût de leur vocation fussent formés en eux. Il se demande si l'université, par son influence, par les cours publics qu'elle donne à la bourgeoisie, par l'émulation dont elle est la source, n'a pas grande-ment contribué à l'élan remarquable donné à l'esprit public depuis trente ans. Il compare enfin la situation de Bâle avec celle des grandes villes où le commerce absorbe toute la vie publique, et il recule de.

vant la pensée d'assimiler sa patrie à l'état du Hàvre ou de Marseille.
Cette brochure, dont le style est si calme, la pensée si ferme et l'intention si noble et si patriotique, a exercé, sans aucun doute, une
grande influence sur l'esprit public, dans un moment qu'on pouvait
croire décisif, et qui l'était moins que beaucoup ne le pensaient. ·

· ɔ Deux professeurs de l'université, MM. Schnell et Schœnbein, pénétrés de leur côté de la nécessité d'éclairer l'opinion, publièrent quelques jours plus tard une autre brochure plus développée, qui; sous
une forme moins populaire peut-être, mais dans un plan plus complet, n'a pas rendu de moins bons services (¹). La portion du travail
la plus étendue sort de la plume de M. Schnell, professeur de droit;
président du tribunal civil et recteur pour cette année. M. Schœnbein
à qui le manuscrit de son collègue avait été communiqué, y a joint
un certain nombre de judicieuses observations sur l'activité de l'université à l'intérieur, sur sa valeur réelle et sur les rapports soutenus
et honorables qu'elle entretient avec les savants étrangers et les autres universités. Ces réflexions étaient une victorieuse réponse au
point de vue utilitaire qui dominait dans les attaques, et au reproche
d'isolement qu'on adressait dédaigneusement aux professeurs de
Bâle.

· Il ne m'est pas possible d'analyser convenablement, dans un article
limité comme celui-ci, le travail de M. Schnell, dont je recommande
la lecture à ceux d'entre nos confédérés qui veulent se faire une idée
plus nette de l'importante question que je ne fais qu'esquisser. La
question des chiffres y est traitée avec plus de détails et de précision
que dans la précédente brochure. M. Schnell, partant de la supposition d'une suppression de l'université, examine scrupuleusement
quelles seraient les dépenses qui resteraient à la charge du budget,
et il conclut que ces dépenses sont à tort comprises dans le budget
de l'université. Indépendemment du Pædagogium déjà mentionné; il
écarte d'assez fortes sommes appliquées aux subsides du gymnase et
au traitement du médecin de l'hôpital, sommes qui n'ont aucun rapport avec l'université. Il établit aussi que les revenus affectés aux collections publiques, bibliothèque, musée artistique, cabinet de médailles, musée des antiques, musée ethnographique, musée d'histoire
naturelle, cabinet de physique, d'anatomie, laboratoire etc., ne concernent pas non plus le budget universitaire, puisque toutes ces collections sont une propriété à l'usage de tous, dont l'entretien ne
dépend pas de l'existence de l'établissement supérieur d'instruction publique. Il prouve, en un mot, que le fonds de l'université
affecté réellement aux besoins de l'enseignement académique est de
14,860 francs, et que l'état n'y ajoute que 10,000 francs. Ce qui reste

(¹) Die Universitæt von Basel, was sie fordert und was sie leistet? Von
J. Schnell und C.-F. Schœnbein. Basel. Im Verlag von C. Detloff, 1851.

donc parfaitement établi, c'est que l'université de Bâle ne coûte à
l'état que de dix à quinze mille francs, tandis que le gymnase coûte
21,000 francs, l'école *réale* 11,000, l'école supérieure des jeunes filles
18,000, déduction faite du produit important des mois d'école, qui est
nul pour l'université. Ce n'est point que l'Etat fasse trop pour ces trois
derniers établissements qui ont un personnel d'élèves très-nombreux;
mais l'université est-elle dotée de manière à exciter l'envie et a crier
à la partialité? — La position faite à l'université par une certaine
presse était réellement devenue intolérable; et il importait d'en sortir
par une décision quelconque. Aussi éprouvons-nous une entière sympathie pour les paroles suivantes de M. Schnell :

« L'université ne demande pas seulement de l'argent; elle réclame avant tout le bon vouloir des autorités et l'estime de la bourgeoisie. Elle n'entend pas mendier son existence et recevoir avec sa
solde un tribut d'injures et d'outrages. Jusqu'ici elle n'a eu qu'à se
louer de la bonne volonté du pouvoir; des membres du gouvernement
lui ont appartenu et ont consacré à l'accomplissement de sa tâche la
meilleure partie de leur temps. Elle a aussi eu l'occasion de s'assurer
fréquemment de l'attachement de la bourgeoisie; c'est là qu'est sa
force et sa vie. *Vous êtes mes ailes*, disait Pyrrhus à ses soldats, Niebuhr à ses auditeurs. Quand celui qui enseigne ne trouve ni intelligence
pour les produits de ses veilles, ni une oreille sympathique pour sa
voix, il ne lui reste qu'à s'éloigner. Tout le contenu de la caisse de
l'Etat ne ranimera pas son courage » ([1]).

Dans une seconde partie de sa brochure, M. Schnell passe en revue
les services que rend l'université à la cause de la science; et, à cet
effet, il examine l'une après l'autre l'influence des quatre Facultés.
Cette revue est elle-même trop analytique pour qu'il soit possible de
l'analyser; il faudrait traduire. Il est loin de se dissimuler les lacunes
de l'université, et il pense avec raison les connaitre mieux que ses
adversaires. Néanmoins il se prononce énergiquement pour la conservation des trois universités de la Suisse allemande, dans la réunion
desquelles il voit une université suisse en trois rameaux se complétant
l'un par l'autre: Rien n'empêche, selon lui, que chacune de ces universités n'ait une faculté dominante, comme cela a lieu jusqu'ici : à Zurich
donc la Faculté de médecine; à Berne, celle de droit; à Bâle, la théologie. Ce ne sont ni les vastes amphithéâtres, ni les grandes réunions
d'étudiants, ni même la renommée des professeurs qui donnent la
science. Au 18e siècle, les professeurs du collège de Schaffhouse n'eurent tous ensemble qu'un seul disciple, avec lequel ils commencèrent

---

([1]) L'auteur de ces pages est tout spécialement obligé de rendre hommage à l'appui que donne la bourgeoisie aux travaux de l'université, puisqu'il donne en ce moment au public un cours de littérature française; que
suivent avec régularité et bienveillance 170 souscripteurs.

et terminèrent leurs cours. Ce disciple a été... Jean de Muller. — Il n'y a pas si long-temps qu'un modeste pasteur quitta sa cure pour s'asseoir dans une chaire de théologie à Berne. Il [n'avait jamais rien écrit, et aucun théologien de l'Allemagne ne connaissait son nom. Mais ses collègues s'étonnèrent bientôt de la profondeur de son esprit, et les étudiants de son canton se pressèrent en foule pour l'entendre. Jusqu'à sa mort, le nom de Samuel Lutz resta ignoré à l'étranger; ses disciples toutefois, quand ils l'avaient quitté, restaient froids aux enseignements des plus célèbres professeurs de l'Allemagne.

D'après ce qui précède, il est presque inutile d'ajouter que M. Schnell n'est pas partisan d'une université fédérale. Il ne croit pas même à la possibilité de la réaliser; et, pour notre humble part, nous partageons sa conviction.

D'autres idées, d'autres brochures se sont encore fait jour avant la session du grand-conseil. Un partisan modéré de l'enseignement supérieur émit et développa dans l'*Intelligenz-Blatt* l'idée de convertir l'université en académie; il proposait le retranchement des Facultés de droit et de médecine, mais la conservation de celles de théologie et de philosophie. Comme toutes les demi-mesures, celle-ci commençait à prendre faveur chez un assez grand nombre de personnes; mais après mûre réflexion, on sentit que ce serait mutiler l'université au profit d'une très-maigre économie, et l'on revint généralement au mot d'ordre : tout ou rien.

Je dois encore mentionner une brochure qui, sous le titre : *Quelques mots de conciliation sur la question des écoles*, ([1]) » exposait quelques points de vue intéressants, mais d'autres assez peu conciliants. Elle recommandait une réforme générale des écoles, et exprimait une opinion personnelle sur de graves questions. L'auteur, dont j'ignore le nom, m'a paru caresser avec trop de complaisance l'idée d'un parallélisme complet entre les études *humanistes* et *réelles*; et cette préoccupation, ingénieuse en soi, d'une symétrie absolue, l'a conduit, je crois, à méconnaître la vraie base des études humanistes. Dans son système, jusqu'à l'âge de 15 ans, la jeunesse de Bâle n'aurait pour base philologique que l'étude de l'allemand et du français! Alors les écoles se dédoubleraient et marcheraient de front vers un but différent : d'un côté se trouverait le grec et le latin; de l'autre, l'anglais et l'italien. — Les langues mortes prendraient, dès ce moment, une partie considérable du temps de la jeunesse qui se voue aux études. Dans mon opinion, le vice capital de ce système repose en ceci : on n'étudie pas le grec et le latin de la même manière et dans le même but qu'on étudie l'anglais et l'italien. Les langues mortes servent essentiellement à former et à développer l'intelligence;

([1]) Einige Worte zur Verstændigung in der obschwebenden Schulfrage. Basel, 1851. Bahnmaier's Buchdruckerei (C. Detloff).

pour me. servir de l'expression d'un auteur français du 16ᵉ siècle, l'enfant doit « se transformer en elles, les convertir en sang et en nourriture. » On les étudie moins pour les *savoir* que pour les *étudier*. Pour beaucoup de personnes qui négligent plus tard d'entretenir ce qu'elles ont appris, l'utilité directe de cette étude semble cesser du moment qu'elles sortent des classes ; mais, ce qui leur reste, sans même qu'elles s'en doutent souvent, exerce une influence générale sur tout leur être, sur tout leur développement. Etudier donc le latin ou le grec tout d'une haleine, c'est faire dans la tête du jeune homme un indigeste amas de mots, sans très-grand profit pour l'intelligence : ici surtout s'applique la pensée du fabuliste : « Rien ne sert de courir, il faut partir à point. » Que quelques personnes aient suivi le système qu'on propose et aient réussi à apprendre en peu de temps le latin et le grec, cela ne prouve rien ; car il faudrait se demander si ces personnes, probablement bien douées, n'auraient pas eu un développement plus complet par la méthode ordinaire. Encore une fois, en fait des langues mortes, il s'agit moins de savoir que d'apprendre ; et, ici, la méthode est presque tout.

Pour en revenir à la question de l'université, tel était l'état des choses, lorsque le grand Conseil s'assembla, le 3 février. Il avait à s'occuper à la fois de la proposition de dissoudre l'université, du projet de loi du Conseil d'Etat concernant les réformes dont j'ai parlé plus haut, et d'une proposition de M. le conseiller d'Etat Stähelin, qui demandait une nouvelle révision générale des écoles par une commission tirée du grand-conseil lui-même.

La question de l'université avait la priorité. Elle fut l'objet d'une discussion très-intéressante qui dura de trois heures de l'après-midi jusqu'à huit heures du soir. Il y eut dans l'assemblée un sentiment de surprise assez pénible, lorsque la discussion fut ouverte par l'auteur de la proposition, M. le capitaine Senn. Il s'agissait d'une grave résolution à prendre. Il proposait de renverser une université quatre fois séculaire, une institution dont l'idée remonte au concile de Bâle et qui a été l'honneur et l'orgueil de cette cité. Beaucoup de députés, assis dans cette salle du conseil, antique déjà ; mais jeune encore auprès de la fondation favorite d'Aeneas Sylvius Piccolomini, évoquaient sans doute en pensée de glorieux souvenirs, des noms illustres en foule, depuis Georges d'Andlau jusqu'à de Wette, dont la tombe vient à peine de se fermer. Erasme, Paracelse, Grynæus, Amerbach, tous les Buxtorf, les Bernouilli, les Wettstein, les Werenfels, Euler, Plater, Zwinger, Bauhin, Lorit, Jean de Stein, Vinet, toutes les gloires de quatre siècles semblaient revivre et écouter, quoique invisibles, les arguments de poids qui allaient nécessiter la chute de cet antique édifice qu'ils avaient vaillamment soutenu et qui les avait, à son tour, abrités. Du milieu de ce silence solennel, on entend... une voix qui balbutie quelques phrases décousues, embarrassées ; puis elle se tait ;

puis celui qui venait de parler ainsi sort de la salle ; et, quand il s'a-
gira de voter, il ne sera pas là. C'était, il est vrai, l'heure du souper,
Ombres qui étiez sorties de vos tombeaux, rentrez dans vos silencieuses demeures !

« Pour l'honneur du parti hostile à l'université, je dirai pourtant que
cette mauvaise cause a trouvé deux défenseurs qu'il est permis de
nommer, MM. W. Klein et Brenner, juge fédéral. Le premier faisait
son début, et maintenant que la chose est jugée, il nous est permis
de souhaiter, dans son propre intérêt, qu'il fasse un autre usage de
son talent, qui est réel. Le talent tout seul nuit quelquefois plus à la
carrière d'un homme qu'il ne la sert ; et un homme qui a peut-être de
l'avenir doit bien veiller sur son passé. M. Brenner a été plus modéré
et nous estimons qu'il a eu raison de parler selon sa conviction. Il est
partisan déclaré d'une université fédérale, et peut-être a-t-il vu dans
la chute de celle de Bâle un acheminement à la réalisation de son
désir.

Douze députés ont pris chaudement la défense de l'université, et le
nombre en eût été plus grand, s'il y eût eu plus d'adversaires. Parmi
les membres du gouvernement, M. le bourgmestre Burckhardt,
MM. P. Merian et Burckhardt-Furstenberger ont rendu un hommage
solennel à la cause de l'enseignement supérieur. Deux professeurs,
MM. Hagenbach et M. Wischer ont parlé à leur tour avec cœur et avec
un talent depuis long-temps reconnu. Plusieurs conseillers ont été
émus, en payant avec l'éloquence d'un sentiment profond leur dette
de reconnaissance à l'institution qui les a élevés. On aimait à entendre M. le recteur Heusler, MM. les docteurs Bischof et Schmid protester chaleureusement par leur langage contre la froide passion de tel
de leurs adversaires.

La discussion close, *quatre-vingt-une* voix contre *onze* se pronon-
cèrent pour le maintien de l'université. Ce résultat est plus éloquent
que tous les raisonnements. Il a surpris plus d'une personne ; après
tant de calomnies répandues à profusion dans la plupart des journaux
suisses, on craignait qu'une partie de la bourgeoisie de Bâle ne se fût
laissée entraîner. Dans la Suisse allemande surtout, on a été étonné,
parce qu'on était mal renseigné ; aussi a-t-on déjà des nouvelles de
l'immense effet qu'y a produit ce vote mémorable. On sera désormais
moins crédule.

Le lendemain matin, 4 février, le grand-conseil eut une autre délibération sur la proposition de M. le conseiller d'état Stähelin. Après
la décision du jour précédent, les amis de l'université n'hésitèrent pas
à se ranger à l'opinion de leur collègue, et ils provoquèrent, de leur
côté, la nomination d'une commission chargée de préparer un préavis
sur l'ensemble des écoles. M. Stähelin, dans un discours très-déve-
loppé, déclara d'ailleurs que, loin d'être un adversaire de l'université,
il croyait nécessaire d'en étendre l'activité par la fondation de plu-

sieurs chaires destinées à préparer la carrière publique du citoyen, ou à compléter dans un sens pratique la Faculté de philosophie. Il voudrait, par exemple, une chaire d'économie politique, il ferait deux chaires de la physique et de la chimie, qui sont maintenant réunies. — Il est vrai qu'elles ne pourraient l'être mieux que dans la personne de M. Schœnbein. — Dans de tels termes, la proposition de M. Stähelin ne pouvait qu'être accueillie avec joie; aussi a-t-elle réuni une imposante majorité.

Il restait cependant à savoir de quels éléments se composerait la commission, car son travail et son préavis auront nécessairement une influence prépondérante sur tout le système scolaire balois. Elle fut nommée le mercredi à la majorité absolue. Le choix ne pouvait être plus heureux; voici les noms des sept membres chargés d'une mission bien délicate : MM. le bourgmestre Sarasin, président, Stähelin, conseiller d'Etat, Pierre Merian, conseiller d'Etat, Fred. Brenner, docteur en médecine, W. Vischer, professeur, W. Schmidlin, maître de mathématiques au gymnase, et Heusler, docteur en philosophie et recteur de l'école supérieure des jeunes filles. — Si l'on voulait donner à chacune de ces élections une importance spéciale, on pourrait dire que M. Sarasin représente le gouvernement; M. Stähelin, sa proposition; M. Merian, le conseil d'éducation; M. Brenner, l'ancienne commission, dont le travail est renvoyé à la nouvelle; M. Vischer, l'université; M. Schmidlin, le gymnase et l'école industrielle; M. Heusler, les écoles de jeunes filles. Toutefois il ne faut pas trop s'arrêter à cette répartition; car plusieurs des membres de cette commission, M. Merian surtout, ont une exacte connaissance du fort et du faible de toutes les écoles; aussi leur opinion sera-t-elle nécessairement d'un grand poids. Aucun de ces sept membres du Conseil ne peut être considéré comme hostile à l'université; quatre ou même cinq en sont partisans déclarés. MM. Stähelin, Schmidlin et Brenner proposeront probablement les réformes les plus étendues; mais aucun d'eux ne veut autre chose qu'un vrai progrès; aussi est-il très-probable que les discussions qui auront lieu au sein de la commission aboutiront à un résultat de nature à satisfaire tout ce qui n'est pas esprit de parti.

La tâche de cette commission sera immense, et j'entrevois plusieurs questions qui l'arrêteront longuement. — Que pensera-t-elle des nouvelles chaires proposées par M. Stähelin? Ajoutera-t-on au moins une chaire à la Faculté de droit, qui aurait grand besoin d'en avoir deux nouvelles? La séparation des éléments *humanistes* et *réalistes* pouvant déjà être prévue comme un fait accompli, de quelle manière organisera-t-on le nouvel établissement industriel? Quelles branches d'enseignement y trouveront place, et dans quelle proportion? Tout en admettant que l'instruction aura pour objet une préparation générale à toutes les carrières industrielles, la spécialité de tel ou tel membre de la commission ne cherchera-t-elle pas involontairement à faire prédominer tel ou tel élément? Bâle est surtout une ville de commerce, mais elle est aussi une ville d'industrie; mettra-t-on au premier rang l'élément commercial ou l'élément industriel? Inclinera-t-on vers le comptoir ou vers la fabrique? Inclinera-t-on vers la fabrique ou vers l'école polytechnique? En d'autres termes, dans quelles proportions seront enseignées les langues modernes? Quelle direction spéciale donnera-t-on à l'étude si vaste des mathématiques? — Comme toute école est faite en vue des élèves, il sera indispensable de se demander quelle sera la direction qui conviendra au plus grand nombre de parents, sans jamais perdre de vue qu'une école qui n'est pas spéciale ne doit rebuter personne. — La nouvelle école sera, sans aucun doute, ce qui occupera le plus long-temps la commission; mais les écoles primaires soulèveront aussi bien des difficultés; le gymnase, le Pædagogium auront peut-être leur tour. Il est probable que les écoles de filles, qui sont nouvellement organisées et qui marchent bien, seront l'objet d'un examen plus rapide.

L'esprit public, qui était assez agité, est maintenant calmé; et se repose avec confiance sur la sagesse et les lumières de la commission dont le travail ne sera vraisemblablement pas achevé avant une année.

C.-F. G.

CHRONIQUE

DE LA

REVUE SUISSE.

—

FÉVRIER.

Nous en sommes toujours à la brouille dont nous avons rappelé l'origine et les préludes dans notre dernière livraison. Cette brouille menace à présent de devenir une rupture complète. Mais reprenons d'abord les faits où nous les avions laissés.

La révocation du général Changarnier avait été le signal de l'orage : nous disons le signal ; car cet orage qui éclata sur sa chute, ne l'en laissa pas moins par terre, et ne fit nul effort pour le relever. L'abandonnant à son sort, et même, au besoin, marchant sur lui d'un pas ferme, on courut à ce qu'on regardait comme le plus pressé : arrêter le vainqueur et fermer la brèche qu'il venait de pratiquer dans le camp de ses adversaires. Tout y était en émoi ; des trois dynasties rivales, l'une avait battu les deux autres dans la personne du général. Pour réparer cet échec on se rallia contre l'ennemi commun. Orléanistes et légitimistes réunirent le gros de leurs forces ; mais cela ne suffisait pas pour avoir la majorité, on ne l'obtiendrait qu'avec les républicains ; ils firent leurs conditions : improuver la politique du Président, mais non pas pour la destitution du général Changarnier. Il fallut bien en passer par là, et l'on se résigna bravement à sacrifier celui que la veille on portait aux nues et qu'on avait mis en avant dans toute cette affaire.

La bataille s'engagea donc en ce sens. Bien qu'à moitié gagnée d'avance, ce n'en fut pas moins une des plus remarquables batailles parlementaires. Il n'y eut proprement que trois discours, tant ils effacèrent ou dominèrent tout ce qui essaya de se faire entendre à côté : celui de M. Berryer, celui de M. Thiers, et celui du général Cavaignac. Tous trois sont des discours-types, et chacun le fut triplement en son genre, soit d'éloquence, soit de situation, soit de caractère. M. Berryer déploya ces grands mouvements oratoires où il est maître, mais auxquels leur largeur et leur éclat même laissent quelque chose d'un peu extérieur, tout en le voilant. A en croire beaucoup de personnes qui se prétendent bien informées de leur dire, il est seulement l'avocat brillant et non l'homme de la cause qu'il représente. Sans nous prononcer aussi hardiment sur son manque de convictions personnelles, et à le juger uniquement au point de vue littéraire, il donne effectivement plutôt l'idée d'un grand artiste et d'un grand virtuose en fait d'éloquence, que celle d'un orateur puisant avant tout sa force dans sa propre persuasion de la cause qu'il soutient : sa voix sonore, mais ferme, d'un timbre mordant et harmonieux, est aussi chez lui un don naturel que l'on doit être souvent tenté de confondre avec le simple accent de la vérité. Une personne qui assistait ce jour-là à la séance, nous dit avoir bien retrouvé en lui le vieux lion, mais déjà un peu cassé et dans lequel on sent l'âge et l'effort. Son parti, comme on pense, n'en convient pas, n'a garde de s'en apercevoir. Dans ce discours, M. Berryer eut, d'ailleurs, de fort beaux moments; et, de plus, il trouva moyen, avec infiniment d'art et d'audace, de se donner à lui et à son parti la satisfaction, assez puérile il est vrai., d'accoler au nom du comte de Chambord le titre de roi; c'est comme les légitimistes qui, pour leurs correspondances, se servent d'un papier à lettres où il y a, marqué en timbre sec : *Henri V, roi de France*. Malgré cette fugue royaliste, la tactique de M. Berryer n'en allait pas moins à se couvrir de la République pour attaquer le Président.

Autant en fit M. Thiers. Jamais il n'avait été plus entrainant de verve et de clarté, et de cette sorte d'éloquence qui est la sienne, laquelle consiste à grouper admirablement et à laisser parler les faits. La vraie éloquence, a dit Pascal, se moque de l'éloquence. Il y a quelque chose de cela dans celle de M. Thiers, à force de naturel et de vivacité. S'il n'atteint guère l'émotion et les dernières hauteurs oratoires, s'il ne sort pas d'une certaine région moyenne et tempérée, du moins, il y est tout mouvement, tout action, ses plus longs discours n'ont jamais un air de harangue, sa parole est toujours vivante, sinon vibrante, il ne déclame jamais. Un montagnard disait de son discours, en sortant de la séance : « Tout ce que nous avons pu, c'est de nous empêcher d'applaudir. » Après avoir exposé, de la manière la plus habilement appropriée à son but, les diverses mesures et l'ensemble de la marche usurpatrice du Président, particulièrement la destitution du général Neumayer pour avoir interdit les manifestations impérialistes aux revues de Satory, il résuma sa conclusion par ce mot, désormais célèbre et resté comme un trait dans la blessure : « Si vous ne résistez pas, *l'empire est fait.* »

Le général Cavaignac n'a ni les grands mouvements, les grands

effets d'art de M. Berryer, ni la verve et l'animation continue de
M. Thiers : ce n'est pas un orateur de première volée; mais il a deux
qualités dont la réunion n'est pas commune ; elles lui font une manière à lui, qui, sans le mettre au premier rang à la tribune, l'y met
pourtant à part, et elles répondent à sa position et à son caractère;
tout cela joint donne toujours un certain cachet et une importance
réelle à ses discours, que d'ailleurs il ne prodigue pas. Il a le talent
et la facilité de la parole ; il la manie comme pourrait le faire un
homme du métier, et avec une convenance parfaite, sans rien de sol-
datesque et de trop militaire ; mais pourtant avec cela, dans l'homme
disert, on sent aussi en lui l'homme d'épée. Ces deux qualités réunies
et confondues forment, ce nous semble, son trait distinctif, comme
personnage politique et parlementaire. Il parla après M. Thiers. Il fut
net et précis, parfois acéré, mais avec une pointe toujours mesurée.
« Pas une virgule de plus, pas une virgule de moins, » dit-il en posant
les conditions et le sens du vote des républicains de l'Assemblée qui
allaient fournir l'appoint nécessaire pour la majorité. Enfin il établit,
ou plutôt il formula catégoriquement ce qui résultait de la situation et
de la discussion même : c'est que tous les partis étaient obligés de se
réfugier sous l'aile de la République et de la Constitution ; ajoutant
que tous, empire, branche aînée et branche cadette, avaient fait l'expérience de leurs systèmes, que tous ils y avaient échoué, que seule
la République avait encore l'avenir et l'inconnu pour le sien, comme
tous ils avaient besoin d'elle et sans elle ne pourraient pas se défendre
contre l'usurpation de l'un ou l'autre de leurs rivaux. La clôture fut
prononcée après ce discours qui moralement, et non seulement par le
fait, termina ainsi la discussion.

La majorité déclara par son vote que le *ministère n'avait pas la
confiance de l'Assemblée*. Mais c'était une majorité de coalition ; et
non pas une majorité partant d'un point de vue commun à tous ses
membres. Aussi, aucun des partis qui l'ont faite ne peut-il compter
sur elle, et s'ils ont le plaisir d'embarrasser le Président, ils ont aussi
celui de s'embarrasser eux-mêmes et de ne pas trop savoir où tout
cela les conduira.

Le Président ne parut, d'ailleurs, nullement embarrassé. Il renvoya
son cabinet, puisque le pouvoir législatif lui retirait sa confiance;
mais, après avoir fait semblant de chercher des combinaisons possibles dans les diverses nuances politiques de l'Assemblée, il resta
quelques jours sans nommer un nouveau ministère, donnant à chacun le loisir de savourer cette situation exceptionnelle et à l'opinion
publique le temps de se prononcer; puis il choisit un ministère en
dehors du parlement. C'était une ironie flagrante sur la composition
de la majorité. Le tour parut assez bon, et on assure qu'il avait été
prémédité. Le public en rit, et la Bourse continua son train de hausse
sans s'émouvoir.

, La majorité fut outrée. Un ministère extra-parlementaire! le public s'en inquiète médiocrement; peu lui importe, pourvu que les affaires s'expédient et qu'il soit tolérablement gouverné. Mais les meneurs, les vieux routiers politiques, ceux surtout qui espèrent devenir ministres s'inquiétèrent beaucoup de ce qu'on ne prenait pas même ces derniers à côté d'eux. Ils jurèrent de se venger, et, comme ce sont de malins compères, ils demeurèrent coi, et attendirent l'occasion. ⸱ ⸱ ⸱ ⸱

. Elle ne tarda pas à s'offrir, dans ce qu'on nomme la dotation présidentielle, ou les dix-huit cent mille francs pour frais de représentation ajoutés aux douze cent mille que le Président reçoit déjà en vertu de la Constitution et d'une loi supplémentaire. L'Élysée est venu les demander encore pour cette année, comme si de rien n'était entre lui et l'Assemblée. La même majorité, ou à peu-près, a refusé net, et cela sur un rapport très-hostile, qui donnait au différend une valeur politique et le faisait remonter cette fois jusqu'au Président. ⸱

ᵣ Pendant que le vote s'organisait, car il n'y a presque pas eu de discussion, sauf un discours très-cassant et très-compromettant de M. de Montalembert, les journaux élyséens, qui ont grand besoin de la dotation pour subsister, avaient le verbe bien bas. Puis, on a pris son parti, si même, comme dans la précédente affaire, on ne l'avait pas déjà pris d'avance. Il était question d'une souscription nationale pour remplacer la dotation; des émissaires étaient déjà entrés en campagne dans ce but; mais aussitôt après la décision de la Chambre, le Président, par une note insérée au *Moniteur*, a déclaré « qu'il refu-
» sait toute souscription, quelque spontané et national qu'en soit le
» caractère. Il croit, ajoute-t-il, devoir sacrifier au repos du pays une
» satisfaction personnelle. Il sait que le peuple lui rend justice, et cela
» lui suffit. » Comme on voit, le ton de la note est assez aigre; mais, par le fond, cette mesure conserve au Président l'avantage, ou du moins l'apparence de la modération. ⸱ ⸱ ⸱

⸱ Toutefois cette nouvelle scène de ménage a nui à l'un et à l'autre des deux conjoints : à l'Assemblée, parce qu'on y a vu, de sa part, une affaire d'amour-propre, une vengeance, et une vengeance qui, pour frapper sur le point sensible, n'en est pas pour cela plus digne et plus relevée; au Président, parce qu'une demande d'argent vous met toujours dans une position assez délicate, et que cette position devient aisément ridicule quand on est refusé. ⸱

ᵣ L'Elysée, en outre, a eu le malheur de ne voir la dotation vivement soutenue à la tribune que par M. de Montalembert. Cela jette sur le Président une sorte de reflet clérical, que l'on ne manquera pas de grossir et d'exploiter tant que l'on pourra. Du reste, quant au fond de l'affaire, au refus de la dotation, le Président en sera quitte pour réduire ses dépenses; et c'est le parti qu'il va prendre, dit-on, sans doute en attendant mieux. La partie n'est pas finie : de revanche en revanche elle se continue indéfiniment: mais il faudra pourtant bien qu'elle se termine de manière ou d'autre pour 1852.

— Dans cette discussion, M. de Montalembert a soulevé ses tempêtes ordinaires, mais cette fois sur presque tous les bancs. Il a vivement blessé les organisateurs du vote et de la majorité, ces hommes pour qui les coalitions, a-t-il dit, « sont d'anciennes amours, et vous » savez qu'on y revient toujours, » a-t-il ajouté avec une épigramme et un langage assez peu parlementaires. Aussi, quand il voulut le lendemain s'approcher de M. Thiers, — « Monsieur, lui aurait dit celui-ci, » vous avez parlé de la majorité en termes *indécens*. » — « Je n'ac» cepte pas cette appréciation, » répondit M. de Montalembert, décontenancé.—«Prenez-le comme vous le voudrez,» répliqua M. Thiers de sa voix la plus aigre, et il tourna sur ses talons. M. de Montalembert s'est peut-être encore plus aliéné les légitimistes, en lâchant dans son discours cette brusque et nette déclaration : « En politique, il n'y a de légitime que le possible. » C'est l'apologie brutale du fait! s'écriait-on, et répètent à l'envi les journaux. Voilà donc cette rigueur de principes! Tartufe a laissé tomber son masque par mégarde, ajoutent les ennemis directs et personnels. En vain l'orateur voulut-il reprendre ou du moins atténuer cette malheureuse phrase, en insistant sur le correctif : *en politique*, lequel n'était pas fait, d'ailleurs, pour ramener les légitimistes. Avec ou sans correctif, elle lui sera longtemps rappelée, elle lui fera long-temps du tort, et, comme étant le fond de sa pensée et de celle de son parti, on l'inscrira bon gré mal gré sur son drapeau.

— S'il est vrai, comme le lui a reproché M. de Montalembert à la tribune, que le général Changarnier ait été un de ceux qui ont déployé le plus d'activité et d'animosité dans l'affaire de la dotation, il aurait tiré là une peu noble vengeance de sa chute et de l'abandon soudain où elle l'a laissé. Quant à cet abandon, il a été réel et complet à un point qu'on a peine à se figurer. Parmi les notabilités de Bourse, quelques-uns lui ont envoyé leur carte; mais la plupart, quand on leur rappelait leur enthousiasme pour lui, — « Que voulez-vous! répondaient-ils, il est devenu un obstacle. » Et c'était dit : il n'y avait plus même à y penser.

— Le bruit a couru qu'il y avait eu un dîner chez le général Lamoricière, où se trouvaient réunis des hommes de diverses nuances, monarchistes et républicains, mais appartenant tous à la majorité, entre autres M. Thiers, le général Bedeau et le général Cavaignac. On ajoutait qu'il y avait été résolu de continuer l'opposition actuelle, de pousser de toutes ses forces à la révision de la Constitution, non pas pour la prolonger, mais au contraire pour la supprimer.

— Depuis la loi sur la signature, M. le docteur. L. Véron, directeur
et l'un des principaux actionnaires du *Constitutionnel*, donne de
temps en temps, dans ce journal, des articles fort remarqués de la
presse et du public pour leur jovialité maligne, leur bonhomie rusée,
leur allure originale et parfois bouffonne. Ils arrivent à intervalles irréguliers, comme les coups de patte d'un vieux chat qui ne les prodigue pas et se contente de les bien appliquer. Nouveau maître Mitis,
le docteur Véron attrape ainsi tantôt l'un, tantôt l'autre; un jour
M. Duvergier de Hauranne; un jour M. de Rémusat; un jour M. Thiers,
et en général tous ceux qui excellent à former des coalitions la veille
pour être tout étonnés et gémissans de les voir éclater en révolutions
le lendemain : ce qui ne les empêche pas, une fois leur frayeur passée, de recommencer de plus belle. C'est à eux surtout qu'en veut
notre docteur, aux *coalitionnaires*, comme il aurait pu les appeler,
car il les déteste presque autant que les *révolutionnaires*; l'un de
ces mots ne sonne guère mieux que l'autre à son oreille.

Il fut un temps où M. Véron vivait avec eux en grande amitié, où ils
l'appelaient familièrement le *père aux écus*, c'était le petit nom qu'ils
lui avaient donné. La porte du *Constitutionnel* leur était ouverte à
deux battans. Maintenant tout est changé; le maître du logis s'est ré-
tourné contre eux et leur donne la chasse, sans se soucier en cela
plus qu'en autre chose du qu'en dira-t-on. Il les a vus de près et à
l'œuvre; il connait leurs secrets, et il raconte le tout à sa manière.
Ce n'est point qu'il s'y prenne avec brutalité; nullement : volontiers
même il loue, il caresse encore, mais pour mieux égratigner. Ou
bien il attire et détourne les yeux par de feintes excursions en divers
sens, d'innocentes promenades, des attitudes singulières : il se pelo-
tonne et s'enfarine, comme un Pierrot qui ne craint pas la risée; il se
suspend la tête en bas, récitant son *mea culpa* au public et faisant
ainsi pénitence de ses anciennes erreurs. Mais, dans tout ce manége,
il ne perd pas un instant de vue les souris coalisées : il les choisit de
l'œil,....

> et sur ses pieds tombant
> Il attrappe les plus *fameuses*.
> « Nous en savons plus d'un, dit-il en les gobant :
> C'est tour de vieille guerre; et vos cavernes creuses
> Ne vous sauveront pas, je vous en avertis :
> Vous viendrez toutes au logis..... »

au logis du *Constitutionnel*, où l'on croque ainsi au passage tout rat
que l'on soupçonne de vouloir ronger les fondemens d'un édifice voisin, l'Elysée.

Ces articles de M. le docteur Véron sont-ils réellement de lui? Ceux
qui n'admettent pas qu'un rédacteur en chef descende jamais à écrire,
comme un simple manouvrier littéraire, soutiennent que non. Ils sont,
prétendent-ils, de son ami, M. Malitourne, qui lui servirait ainsi de

génie familier : de génie et non pas de démon, s'il vous plait, car, pour ce dernier point, le malin docteur a, certes, tout ce qu'il faut par lui-même. En outre, pour le fond et la forme, ses articles ont un cachet trop individuel, trop personnel, quelque singulier que soit parfois ce cachet, pour comprendre qu'il se borne à les commander et à les signer. Tout au moins doit-il en fournir la matière, les souvenirs, les anecdotes, dire, par exemple, à celui qui tient la plume à sa place : « Si nous mettions cela? et ceci encore?.... » Ainsi allant à deux, l'un parlant, l'autre écrivant, de coup de langue en coup de plume ; de coup de dent en coup de griffe, l'article est fait.

Quoi qu'il en soit de ce point d'histoire ou de curiosité littéraire, c'est là un genre de premier-Paris babillard et sans façon, de premier-Paris mauvaise langue, tout différent de l'autre, aux grands airs et au ton solennel. Cela ne veut pas dire que, par comparaison avec ce dernier, il faille nécessairement lui appliquer l'adage :

> Tous les genres sont bons, hors le genre ennuyeux,

mais enfin il n'ennuie point, quoiqu'il pourrait bien finir aussi par lasser, et il est une nouveauté, la seule même qui soit résultée jusqu'ici de la loi sur la signature. Pendant qu'il est encore dans toute sa drolatique fleur, et avant qu'elle passe à son tour, il vaut la peine d'en conserver un échantillon. M. Thiers est surtout la bête noire de l'implacable docteur ; il revient sur lui à toute occasion ; mais, à propos de son dernier discours, il lui a consacré un article spécial ; une sorte de portrait en pied, mais toujours anecdotique. C'est ce morceau que nous choisirons. Bien qu'il y procède moins par voie d'insinuation et de récit personnel, on y retrouve cependant sa manière et son genre, tel qu'il l'a inauguré dans la presse. Le lecteur pourra aussi comparer ce portrait avec d'autres que nous avons donnés du même homme d'Etat, avec celui, par exemple, que nous avons cité des mémoires de Chateaubriand (¹). Dans tous ces jugemens contemporains il faut sans doute faire la part de l'erreur et de la passion ; pour nous, nous ne sommes que simples rapporteurs ; nous ajouterons seulement l'opinion d'hommes réfléchis et bien informés : selon eux, sans approuver toute cette polémique de M. Véron contre M. Thiers, il y a beaucoup de vrai dans sa manière actuelle de le juger. Comme détails de mœurs, on remarquera l'explication du fameux coup de pistolet ou de fusil à vent de la place Saint-Georges.(²). C'est de ce genre de confidences du docteur-journaliste, confidences sur lui et sur les hommes dont il était naguère l'instrument, que le *Charivari* a dit ce mot qui à bien aussi sa vérité : « M. le docteur Véron croit faire de l'esprit, et il ne s'aperçoit pas qu'il ne fait que du cynisme. »

(¹) Voir notre *Chronique* d'avril 1849, tome XII de la *Revue Suisse*, p. 214.
(²) Ib., tome XI, p 495, *Chronique* d'août, 1848.

» Pendant tout son règne, un vieux roi d'une rare expérience, de beaucoup d'esprit, s'est fié à M. Thiers.

» Ce roi-là, sans violer par un seul côté la constitution, a été détrôné ; il est mort dans l'exil

» En peu de mots rappelons les faits.

» En 1838, tout en parlant de son profond respect pour la royauté, M. Thiers organisait et commandait en chef une coalition parlementaire contre elle. Louis-Philippe, après le ministère du 12 mai, qui tomba sur le rejet de la dotation du duc de Nemours, chargea M. Thiers de former un cabinet. De là le ministère du 1er mars 1840. Je sais d'un témoin des paroles bien touchantes que Louis-Philippe, lassé et vaincu, adressa alors à M. Thiers, président du conseil : « Je vous pardonne et » je vous aime, Monsieur Thiers, lui dit-il ; mais écoutez-moi, ne trou- » blez plus ce pays tranquille et prospère : je vous donne la France, » gouvernez-la ! Vous surtout pouvez y éteindre l'esprit révolution- » naire ; que votre féconde imagination fasse naître une nouvelle acti- » vité d'entreprises et de travaux ; gouvernez en mon lieu et place ; » mais, je vous en supplie, laissez-moi m'entendre avec ces pauvres » rois de l'Europe qui sont presque tous vieux comme moi, et qui ne » comprendraient peut-être rien à toutes vos prétentions, à toutes vos » nuances, à toutes vos subtilités de politique étrangère. »

» M. Thiers tint-il le moindre compte de ces paroles paternelles ? On le laissait maître au dedans ! Il voulut surtout alors que Louis-Philippe ne fût pas maître au dehors. Et lorsqu'au 29 octobre, il fut remplacé d'urgence par M. Guizot, ne vit-on pas, à nouveau, son opposition franchir toutes les bornes ?

» A la suite des banquets de 1848, neuf années plus tard, dans la matinée du 24 février, Louis-Philippe, aveuglé encore sur tout ce que contient de fatal l'ambition démesurée de ce tribun incorrigible, n'en remettait pas moins une seconde fois les destinées de son trône et de sa famille entre les mains qui l'avaient conduit à sa perte.

» Le dernier ministère de M. Thiers ne dura pas une heure. La révo- lution du 24 février fut consommée. On sait le reste.

» Cette profonde insensibilité, qui ne se démentit jamais devant la tendresse trop confiante d'un roi, M. Thiers la retrouve devant une so- ciété éplorée qui tend les bras à tout pouvoir courageux à la défendre contre la démagogie et le socialisme.

» Honnêtes artisans, familles probes et laborieuses, commerçans solvables, vous le voyez, c'est toujours le même défi d'une minorité révolutionnaire contre Louis-Philippe ; ce sont toujours les mêmes coalitions des mêmes hommes ; et, puisque M. Thiers persiffle les jour- naux repentans, disons-le, c'est toujours le même M. Thiers qu'on retrouve avec la même perfidie de paroles, la même hypocrisie de res- pects, comme instigateur, comme chef, comme orateur véhément et passionné de tous ces conflits qui un jour finiront, si l'on n'y prend garde, par la terreur et par la ruine du pays et de la société.

» Jusqu'à cette dangereuse et grave coalition, à laquelle M. de Ré- musat vient de mettre le feu, nous nous étions fait un devoir de ne point suspecter le patriotisme de M. Thiers ; mais il vient nous dire dans son discours de vendredi, le lendemain d'une révolution effroya- ble : « Les demi-oppositions ne sont pas dans mon caractère. »

» Coupable étourdi, vous venez dans votre orgueil dire à la France : Vite, une révolution nouvelle ! je ne sais pas résister aux entraînemens de mon caractère! vite, des barricades, des coups de fusil et la guerre civile! je ne sais pas, moi, M. Thiers, ce que c'est que des demi-oppositions!

» Nous ne voulons point offenser M. Thiers, mais nous lui pardonnerions ces airs hautains des jours de calme s'il les conservait dans les jours de danger! Encore une fois, qu'avez-vous fait, qu'êtes-vous devenu au lendemain de la révolution de février? M. de Peyronnet, sous la restauration; M. Casimir Périer, sous Louis-Philippe; M. de Lamartine, sous la République, ont été poursuivis par une populace furieuse et menaçante, et ils lui ont tenu tête, et ils n'ont pas fui devant elle. Vous aussi vous avez été poursuivi par quelques gens du peuple qui vous insultaient (et qui vous porteraient peut-être aujourd'hui en triomphe, puisque vous êtes aujourd'hui loué par *le National*, et puisque vous pactisez avec M. Colfavru); mais vous avez vite couru solliciter une hospitalité tutélaire à la porte de l'hôtel d'un des membres de cette majorité que vous outragiez la veille encore. Vous avez fait grand bruit des dangers auxquels vous avez échappé, et *le Constitutionnel* lui-même s'est chargé de prouver à la France, à l'aide de détails presque scientifiques, qu'un coup de pistolet avait dû être tiré contre vous; mais jamais dans ces jours de périls, on ne vous a vu opposer à la populace en délire cette audace et ce courage que vous retrouvez incessamment comme journaliste, comme député, comme représentant, contre le pouvoir, qu'il s'appelle Charles X, roi de France; qu'il s'appelle Louis-Philippe, roi des Français; ou qu'il s'appelle Louis-Napoléon Bonaparte, président de la République.

» Revenons au dernier discours de M. Thiers. Les quelques cris isolés de : *Vive l'empereur!* qui se sont fait entendre aux revues de Satory font pour ainsi dire toute la charpente de ce discours.

» J'ai assisté moi-même à ces revues, et j'avoue que je n'eusse jamais imaginé que ces quelques cris de : *Vive l'empereur!* isolés, personnels, nous eussent valu tous ces procès-verbaux de la commission de permanence, nous eussent valu une coalition d'une partie de la majorité, des orléanistes, des légitimistes, avec les Montagnards, au sein de l'Assemblée nationale, nous eussent valu quatre jours de fièvre et de discussion, et, comme dernier résultat, un vote de défiance envers le nouveau ministère, bien innocent de tout ce bruit.

» Il a fallu M. Thiers pour organiser ce tapage qui inquiète le pays; M. Thiers a toujours été très-habile à se servir au profit de ses passions de tout le monde et des généraux en particulier. M. Thiers aime les généraux. Après la révolution de juillet, il s'abrita sous la gloire du vieux maréchal Soult : le maréchal fut alors un bien grand capitaine; mais il ne tarda pas à gêner toutes les passions, toutes les ambitions de M. Thiers, et, dès ce moment, cet illustre lieutenant de l'empereur cessa d'avoir gagné une seule bataille, y compris celle de Toulouse.

» Du maréchal Soult, M. Thiers passa au maréchal Bugeaud. Il accabla ce dernier, dans son salon, d'éloges et de mille soins personnels; cela se passait surtout pendant la coalition de 1838. M. Thiers n'était peut-être pas fâché que le roi prît quelques soucis de cette intimité; mais au 1er mars 1840 M. Thiers devient président du conseil. Il oublie alors en un instant, pour obéir aux partis qui l'avaient porté au pouvoir, les talens et les services du maréchal Bugeaud; il lui refuse le gouvernement de l'Algérie, et se prend à adorer le général Lamoricière.

» Depuis la République, c'est sur le général Changarnier que s'est jetée la tendresse de M. Thiers, et il lui a prodigué l'intérêt, les conseils d'un ami. Si nous sommes bien informé, M. Thiers aurait surtout signalé à l'honneur du général Changarnier tout ce qu'avait de fâcheux, de désobligeant la destitution du général Neumayer ; et comme le général Changarnier faisait observer que ce n'était point une destitution, mais un déplacement, cela lui valut, dit-on, une de ces épithètes familières comme on en trouve dans Saint-Simon, dans Mme de Sévigné, une de ces épithètes que tout le monde répète et dont tout le monde se souvient. M. Changarnier en conviendra, M. Thiers s'est servi de lui pour prétexte de la coalition ; mais, la coalition faite, il n'a plus été question du général Changarnier, et l'ordre du jour préféré, refuse, comme on sait, tous regrets, tout éloge à l'ancien général en chef de l'armée de Paris, dont nous-mêmes nous aimons pourtant à reconnaître les nombreux et signalés services. Les Montagnards ont dit à M. Thiers : pas de regrets, pas d'éloges pour le général Changarnier ! et M. Thiers a bien vite fait bon marché de toute amitié et de toute reconnaissance.

» Si, au milieu des malheurs publics, il était permis de parler un instant d'intérêt personnel, je dirais que c'est pour moi un certain soulagement d'amour-propre que de voir tant d'hommes considérables tour à tour mis en avant, puis bientôt joués et abandonnés par M. Thiers. Ainsi je n'ai point été le seul à me laisser prendre à tous ces piéges charmans, à toutes ces flatteries calculées dont sait vous enivrer M. Thiers ; je n'ai point été le seul corbeau qui ait payé cher d'adroites flatteries. Je n'oublierai jamais toutes les paroles engageantes qu'a su trouver M. Thiers lorsqu'il a voulu entraîner le *Constitutionnel* et moi à la défense de sa cause personnelle. « C'est pour vous, me dit-il alors, le plus bel avenir. Voyez M. Bertin de Vaux, quelle influence ! Il est couché par moi et levé par M. Guizot. » Comme ce pauvre Gil Blas de Santillane à l'hôtel de Penaflors, j'ai failli payer cher le festin auquel il m'entraînait si galamment.

» M. Thiers joue aujourd'hui un rôle trop grave dans nos affaires publiques pour que nous ne cherchions pas, dans son discours et dans nos souvenirs, tous les traits propres à révéler le caractère et les sentiments de cet orateur si habile à bien dire.

» M. Thiers s'est écrié à la tribune : *Je ne demande plus rien aux gouvernemens, quels qu'ils soient.* » Lorsque M. Thiers défendait le trône encore mal affermi de Louis-Philippe, si nous avons bonne mémoire, il ne lui a pas peu demandé. Dans l'espace de deux ans au plus, de 1830 à la fin de 1831, M. Thiers est devenu conseiller d'Etat, sous-secrétaire d'Etat aux finances, et enfin ministre de l'intérieur. Il a, de plus, demandé et obtenu sous cette royauté, prodigue envers lui, une des plus grosses recettes générales, pour une famille qui l'avait accueilli et adopté. M. Guizot a quitté le pouvoir pauvre et ayant à peine de quoi vivre.

Dans son discours, M. Thiers ajoute : « *A mon âge, avec ma vie, aucun gouvernement ne peut rien pour moi. Il n'y a que moi qui puisse quelque chose pour moi-même, en me conduisant bien ou mal.* »

» M. Thiers, puisque vous renouvelez les mêmes intrigues devant la France inquiète et irritée, il faut bien vous répéter les mêmes allocutions !

» Vous n'êtes point un Cincinnatus, Monsieur Thiers! vous jouissez de tous les biens de la vie, et par une économie sage, par des spéculations heureuses, vous avez honnêtement acquis une fortune considérable que probablement vous avez su mettre en sûreté. Pensez donc aussi aux intérêts de tous, résistez à vos passions. Vous dites que vous ne demandez rien aux gouvernemens; mais en les attaquant, que faites-vous? A défaut du pouvoir, vous courez après cette célébrité, après cette importance d'un orateur armé de foudres vengeresses et d'un tribun devant lequel l'élu de six millions de suffrages doit trembler.

«» Qui menace le pouvoir parlementaire? qui songe à attaquer, à détruire le gouvernement représentatif? Le Président de la République l'a dit à tout venant et à tout propos : « Seul j'ai fait un serment, et je le tiendrai. » Vous n'avez pas le droit de venir en public douter de la loyauté et de l'honneur du chef de l'Etat.

» Quant aux journaux, les plus violens discréditent moins l'Assemblée nationale que vous ne la discréditez dans l'opinion publique par votre coalition. La coalition de 1838 s'en prenait du moins à un gouvernement installé et fortement défendu. Plus impatiente, celle de 1851 vient surprendre un gouvernement au lendemain d'une révolution, un gouvernement qui ne fait que commencer et un pouvoir exécutif qui, aux termes de la Constitution, va bientôt finir. Vous parlez bien haut de tout ce que vous avez fait pour la société, et même pour Louis-Napoléon Bonaparte. Les dangers de la coalition que vous venez de former dépassent de beaucoup les services que vous avez pu rendre. Seulement, permettez-moi de vous le dire, cette guerre de coalition, de votre part, m'a peu surpris. Je n'oublierai jamais cette conférence arrangée et convenue à l'avance, que j'eus l'honneur d'avoir avec vous le lendemain du Message du 31 octobre 1849. Je venais vous demander quelle ligne politique il fallait suivre, quelle attitude et quel langage devait prendre le Constitutionnel, et alors, avec une affectation presque dédaigneuse, vous nous parlâtes longuement des vertus de la famille des Scipion et des mérites d'historien de Polybe, que vous aviez sans doute lu le matin; mais enfin, pressé par moi de vous expliquer, toutes vos paroles me firent pressentir des hostilités prochaines contre le Président de la République.

» M. Thiers, vous avez terminé votre discours par cette prophétie, à laquelle personne ne peut croire : Si vous ne résistez pas, l'Empire est fait. Eh bien! à compter du jour de cette conférence, je vis, et je ne me suis pas trompé, que vous méditiez contre le pouvoir exécutif une formidable opposition :

» La coalition était faite.

» Dr L. VÉRON. »

Dans un article plus récent, M. Véron revient encore à M. Thiers, et raconte à son sujet de nouvelles anecdotes; en voici les plus piquantes :

« Vers la fin de 1829, sous le ministère Polignac, je me rendis un jour chez M. de Chateaubriand. On s'y mit à causer longuement de politique. M. de Chateaubriand fit alors force gorges chaudes des maladresses, de l'ingratitude de ses princes légitimes; il ne parla qu'avec des fous rires de l'impopularité du gouvernement d'alors; puis cet ex-ministre en disgrâce eut un retour d'affection pour la royauté', et comme une illumination de,patriotique inquiétude pour la France : « Tout cela, s'écria-t-il, sachons-le bien, n'est cependant point plaisant; car tout cela pourrait bien nous conduire à une révolution. »

» Lorsque M. Thiers fut bien assuré que Paris était gardé par une armée de 80,000 hommes, commandée d'ailleurs par ses généraux d'Afrique; lorsqu'il s'aperçut que l'ordre se rétablissait, que le pays rentrait dans des voies de prospérité et qu'on pouvait gouverner sans lui, M. Thiers se livra aussi à des fous rires contre la République et contre Louis-Napoléon Bonaparte.

» Certain de n'être pas insulté, à son retour, par la *vile multitude*, il partit pour Claremont; puis bientôt il sentit éclater en lui ses instincts, ses fantaisies révolutionnaires; il organisa la coalition et il inventa de venir dire à la France calme et rassurée : « *A quoi pensez-vous, l'empire est fait.* »

» Monsieur Thiers, ayez la sagesse, l'esprit de votre âge! N'éprouverez-vous jamais une patriotique inquiétude pour l'avenir de la France? « Cette coalition dont vous êtes le chef n'est pas plaisante; elle pourrait bien nous conduire encore à une révolution. »

. . . .

» Un de nos amis, un écrivain, passionné surtout pour le grand langage du XVIIme siècle, M. Hippolyte Royer-Collard, enlevé, il y a peu de jours, aux lettres, à la science et à ses amis, avait cru devoir, au milieu du silence général de la critique, résumer en trois articles les fautes de français, les erreurs de grammaire, de faits et de dates, éparses çà et là dans les premiers volumes de l'*Histoire du Consulat et de l'Empire*. Je vous ai fait lire ces articles, et vous rappelez-vous avec quelles instances vous m'avez prié d'agir sur l'esprit de M. Royer-Collard et de le faire renoncer à la publication de ces redressemens, de ces censures utiles?

» Que n'êtes-vous, M. Thiers, aussi inquiet, aussi prudent pour les grands intérêts du pays, que vous vous montrez tremblant pour l'avenir de vos œuvres, dans les intérêts de votre renommée!

» Boyard-Collard était bon; nous le suppliâmes de ne pas vous affliger; et cette fois encore on se rendit à tous vos vœux.

» Un grand nombre d'honnêtes gens, que vos menées d'aujourd'hui inquiètent et indignent, vous reprochent surtout de ne faire tant de mal que pour faire du bruit. Comme l'a dit M. de Montalembert, ces orages qui ébranlent et brisent les gouvernemens sont pour vous des *récréations.....* quand ils ne sont point une vengeance de votre orgueil blessé, ou un dépit furieux d'une fantaisie non satisfaite. Oui; malgré votre âge, il y a toujours en vous de l'écolier turbulent, impérieux et colère.

» Le roi Louis-Philippe vous peignit tout entier d'un mot. On raconte qu'il se plaisait, par une belle nuit d'été, à regarder une étoile des plus scintillantes : « Il est bien heureux, dit-il, que M. Thiers ne soit pas là pour la voir; il en aurait peut-être envie, et je ne pourrais point la lui donner. »

Tous ces articles ne sont pas toujours aussi bien *réussis* que ceux-là, le genre admis. Comme nous l'avons dit, ils tournent parfois au bouffon, au grotesque, et la bigarrure n'y est pas toujours de bon goût : peut-être est-elle une preuve qu'ils ne sont pas tout entiers le produit d'une seule plume et d'un seul esprit. Le docteur Véron est passé maître en fait de bons tours, de malice et de narquoiserie ; mais quand il se mêle d'être courtisan, et tel est actuellement son cas envers l'Elysée, il lui arrive comme aux autres de tomber dans la platitude, en voulant s'incliner jusqu'à terre ; ou bien, d'autres fois, le vieux matois devient ours, et il lance alors à tour de bras un pavé sur le front de celui qu'il voulait applaudir. Ajoutez qu'il donne bien un peu le droit de rire, lorsqu'il se pose en défenseur de la morale, lui, l'épicurien renforcé ou, comme l'appellent ironiquement ses adversaires, le *voltairien converti*.

— La *Revue des Deux Mondes* a publié dernièrement un article de M. de Falloux qui a fort attiré l'attention, ne fût-ce que par son sujet. En effet, l'auteur cherche à établir que la république a été défendue et sauvée jusqu'ici par les monarchistes de diverses couleurs, qui, se résignant à en faire l'expérience, l'ont prise ; à moitié par terre, des mains des républicains. Sans nier l'impéritie aveugle ou les folles utopies de ces derniers, il nous paraît cependant que, cela reconnu, tout n'est pas dit. En admettant même que les royalistes fussent sincères envers la république, il n'en résulte pas qu'ils y eussent foi. Or, M. de Falloux doit savoir mieux que personne, que la foi est en toute chose la condition première du succès. Si donc les royalistes ont sauvé la république, était-ce de la vraie manière et à toute bonne intention, puisqu'au fond ils n'y croyaient pas ? Nous ne demandons point s'ils auraient pu agir autrement, mais si en soutenant, même avec loyauté, un état de choses auquel on n'a d'ailleurs pas confiance, on n'y glisse pas sans le vouloir un principe de mort, peut-être un secret désir de voir ce germe porter son fruit. C'est là une seconde question qui vient nécessairement après l'autre, et qui la domine, ce nous semble. Quoi qu'il en soit, l'article de M. de Falloux n'en est pas moins remarquable, soit par la thèse qu'il y développe, soit par les faits curieux, en partie nouveaux ou peu connus, dont il appuie sa manière de voir, et qui donnent à l'ensemble de son travail la forme d'un récit piquant et animé.

— On annonce que l'Autriche a obtenu d'être reçue avec toutes ses possessions, allemandes ou non, dans la Confédération Germanique. C'est une grosse affaire, pour la Prusse tout d'abord, mais aussi pour l'Angleterre et pour la France, et, par là, pour l'Europe en général.

— Lord John Russel a présenté un bill contre l'*agression papale*. On n'est pas d'accord sur la portée et les effets de ce bill : les uns le déclarent un coup manqué et qui devait l'être, *telum imbelle sine ictu* ; les autres, et de ce nombre les catholiques de l'*Univers* qui sem-

bleraient devoir.s'y connaître, le trouvent beaucoup moins innocent.
Pour nous, tout ceci nous paraît marcher, qu'on le veuille ou non, à
deux résultats qui ne sont pas entre eux sans rapport : à l'ébranlement
de l'anglicanisme comme, en général, de toutes les formes exclusives
dont l'esprit du siècle cherche à dégager le christianisme; et à une
nouvelle mise en question de l'église romaine et de la.papauté. Elle
aura provoqué ce second jugement par son esprit terrestre de domination, au sujet duquel, elle aussi, elle n'a *rien appris et rien oublié;*
il lui reste donc beaucoup à apprendre, et il est à craindre pour elle
qu'elle ne s'en aperçoive un jour.

— En France, le parti clérical continue à étendre sourdement son
action, en profitant de l'influence qu'il a ressaisie et de la part d'autorité que lui a faite la nouvelle loi sur l'instruction publique. Il met
mal à l'aise la Sorbonne, et la terrorise encore plus qu'il ne s'en
doute.

Dernièrement un protestant, M. Jules Bonnet, s'y présentait avec
une thèse pour être reçu docteur-ès-lettres. Il avait pris pour sujet la
vie d'*Olympia Morata* ([1]). Ce nom, qui ne réveille aucun souvenir
aujourd'hui, a eu son moment de célébrité : c'est celui d'une des
femmes les plus distinguées de l'Italie au seizième siècle. Elle mérita
une gloire précoce par ses rares talents, par son enthousiasme pour
la poésie, son culte désintéressé du beau, sa connaissance parfaite
des langues latine et grecque, dans lesquelles elle a composé des
hymnes et des épigrammes à la manière antique. Elle mérita mieux,
encore, mais ce que le monde ne peut pas donner, par son dévouement à des vérités plus hautes quand elle les eut trouvées, et par le
sacrifice qu'elle leur fit d'une existence jusqu'alors brillante et heureuse. Fille de Peregrino Morato, précepteur des jeunes princes
d'Este; bercée, pour ainsi dire, et nourrie dans la poésie et les lettres;
élevée à la cour de Ferrare; amie et compagne d'études de la fille de
cette Renée de France qui accueillit plus tard Marot, Calvin et d'autres illustres réfugiés de ce temps, Olympia Morata, ayant embrassé
la Réforme, quitta l'Italie et mourut en Allemagne, dans la pauvreté
et l'exil ([2]).

M. Jules Bonnet a reconstruit, sur les documents originaux, cette
vie de femme sincère et forte, qui sut obéir courageusement à sa foi.
C'est un épisode intéressant de la Renaissance et de la Réforme en
Italie, et un travail aussi impartial que savant et érudit. Mais comme
il est d'un protestant et qu'il se rapporte à l'histoire du protestantisme,

([1]) Paris, librairie de Marc Ducloux.

([2]) *Olympia Morata* n'est qu'une sorte d'épisode qui se rattache à un autre ouvrage, plus important, du même auteur, lequel va aussi le publier :
la *Vie de Renée de France, duchesse de Ferrare.*

la Faculté était visiblement à la gêne avec l'auteur : non qu'elle ne le trouvât pas admissible au grade de docteur ; au contraire, elle a fini par le lui accorder avec éloge et sans nulle difficulté ; mais on épluchait son manuscrit pour voir s'il ne s'y trouvait point quelques mots qui sonneraient mal à certaines oreilles, quelques réflexions qui pourraient donner maille à partir avec le clergé. Avant de lui donner le visa pour l'impression de sa thèse, on lui demandait ici un adoucissement, ailleurs un retranchement, et on lui fit ainsi attendre ce visa pendant cinq ou six mois. Tout cela uniquement par peur des chicanes : on n'en faisait que pour n'en pas avoir ; car la Faculté est fort tolérante de sa part. Nous croyons même cette peur exagérée, et ceux qui l'inspirent à ce point pourraient aussi s'écrier : *Je suis donc un foudre de guerre !* Mais, volontaire ou involontaire, l'influence cléricale est réelle ; ce petit épisode n'en est qu'un des moindres détails ; peut-être n'est-il que plus curieux.

M. Jules Bonnet a rencontré une opposition analogue pour un autre travail plus important. Il avait été chargé, sous le ministère de M Guizot, de recueillir des lettres inédites de Calvin. Il le fit avec succès, et déposa le résultat de ses recherches dans les archives de l'Etat ; mais il comptait bien ne pas les y laisser enfouies et en faire profiter le public : cela s'entendait de soi-même. Or ce n'est qu'après une longue attente, et lorsque déjà il désespérait presque de venir à bout d'une résistance évidemment inspirée par le sujet de ses matériaux, qu'il vient enfin d'obtenir l'autorisation de les publier.

— Mme Sand a donné un nouveau drame pastoral, *Claudie ;* on y retrouve, avec son beau style, vêtu d'une façon demi-rustique, le genre de mérite et d'intérêt de *François-le-Champi*, mais à un moindre degré, s'il faut en croire l'impression générale, et avec quelques longueurs. Il a cependant fort réussi.

— Il a paru, chez Goupil, deux grandes estampes de deux des tableaux les plus connus de M. Charles Gleyre ; la *Barque des Illusions*, dont l'original fait partie de la collection du Luxembourg, et la *Séparation des apôtres au pied de la croix*. Elles sont dans la manière noire, et ne rendent que très-imparfaitement l'œuvre du maître ; mais, telles qu'elles sont, elles en donnent cependant une idée, et pourront ainsi faire plaisir aux admirateurs du talent si pur, si idéal et si réfléchi de l'un de nos peintres nationaux (¹).

— On a cru un moment le comte de Chambord dangereusement ma-

(¹) Voici sur ces deux tableaux et sur M. Charles Gleyre, notre *Chronique* de l'année 1849, *Revue Suisse*, t. XII, p. 414, 482, et à la Table des années 1844, 1845 et 1847.

lade. Ce bruit était faux, mais il nous a remis en mémoire un dissentiment peu ébruité qui partage les légitimistes et qui, dans la supposition de la mort du chef de la branche aînée, ne laisserait pas la question monarchique aussi simplifiée que le croient les partisans de la
branche cadette. Pour les uns, celle-ci hériterait tout naturellement
du principe représenté par celle-là ; pour d'autres, et la *Gazette de
France* est de cette opinion, ce serait une chose à voir, et dont la décision devrait revenir à une assemblée nationale ; mais un troisième
parti estime que la renonciation de Philippe V au trône de France,
quand il monta sur le trône d'Espagne, ne lie point ses descendans ;
que, par conséquent, il est d'autres Bourbons, se rattachant plus directement à Louis XIV, qui ont un droit plus proche à la couronne que
la branche des d'Orléans, celle-ci n'étant qu'une branche collatérale.

— Les opinions dynastiques se compliquent donc de toutes sortes
de difficultés, même sur le principe, sans parler des difficultés matérielles et des questions d'argent. La Restauration a eu son milliard
d'indemnité ; le Président a sa dotation, et il paraît que ses cousins
tiennent aussi en réserve un petit mémoire de ce que la France a pris
ou laissé prendre à leurs familles en 1815 : elle le leur doit ainsi, en
toute bonne justice, et ils entendent le lui réclamer à la première
bonne occasion. Ce petit mémoire se monte à la bagatelle de quatre-
vingts millions.

— On sait que l'impératrice Joséphine était superstitieuse, et elle
avait bien quelque raison de l'être, elle à qui, jeune fille, il avait été
prédit qu'elle aurait une destinée extraordinaire. La reine Hortense
avait hérité de cette disposition de sa mère. Elle consulta une vieille
négresse sur l'avenir de son fils Louis ; or, voici quelle fut la réponse
de la sibylle africaine. On écrivit cette prédiction, et elle nous revient,
par voie sûre, d'une personne qui l'a lue bien des années avant la révolution de Février. Après quelques préliminaires sur la grandeur future du jeune prince, grandeur que la vieille négresse paraissait embarrassée à désigner par un nom, on lui demanda : « S'il gouvernerait
un jour la France ? » elle répondit : Oui ; — « S'il serait empereur ? »
— elle répondit : Non ; — « Comment il mourrait ? » — « D'une balle au
front. » De là, la tranquillité de Louis-Napoléon dans tous les tours et
retours de sa destinée : il ne devrait pas seulement cette tranquillité
à son caractère, mais à une sorte de croyance turque qu'il ne lui arrivera que ce qui lui doit arriver. Maintenant, n'a-t-il plus à attendre que
la balle au front, où bien pense-t-il qu'il n'a pas encore réellement
gouverné la France ? Nous l'ignorons, et quelle que soit sa manière de
voir, il ne peut pas être plus avancé que nous là-dessus ; car alors
même que l'avenir se découvre et se montre, il s'échappe encore, il

n'est jamais embarrassé pour se replonger dans l'ombre, y recommencer ses détours, et s'y jouer de tout regard humain.

Paris, 14 février.

SUISSE.

Lausanne 11 *février*. — Il est temps, monsieur, que je reprenne ma chronique lausannoise, interrompue bien des mois, mais par des circonstances indépendantes de ma volonté. Ce n'est pas aujourd'hui la matière qui me manque; mais plutôt de savoir par où commencer, et que choisir pour ne pas m'embarquer dans des dissertations trop longues.

A tout seigneur, tout honneur. Dans la *Revue Suisse*, le premier rang appartient de droit à l'Académie. Antique et vénérable institution, par combien de vicissitudes elle a déjà passé! Le bâtiment, la cour et les grands tilleuls sont seuls dès les jours de jadis restés debout et immobiles; générations et institutions semblent suivre la loi de la pesanteur, et se succéder toujours plus vite. L'ancien esprit cependant, la tradition du bon sens et de la vie littéraire résiste aussi aux orages; on la croit éteinte, et il suffit de quelques circonstances favorables pour la réveiller bientôt. L'année dernière, la première fois que je vous écrivis, on aurait pu célébrer l'oraison funèbre des beaux jours de l'académie, mais la vieille dame a la vie dure; l'hiver si doux que nous traversons lui a rendu quelques forces, et elle trouve avec raison que c'est trop tôt pour mourir. Ses enfants, qui l'aiment toujours, malgré ses caprices, lui en savent fort bon gré. Donc, pour laisser la métaphore, deux nouveaux professeurs de talent et d'avenir ont été nommés pour cette année à l'académie. L'un d'eux, M. J. Hornung, de Genève, occupe la chaire de *littérature*. M. Hornung est déjà connu des lecteurs de cette Revue. Il a fait ses preuves dans l'histoire du droit; dans l'histoire littéraire il ne montre pas moins de science, de profondeur et d'originalité. Ses cours ne peuvent manquer d'exercer sur les étudiants une heureuse influence. M. Duperrex, de Lausanne, donne le cours d'*Histoire* à la place de M. Flobert. Bien que surchargé d'occupations, il trouve encore le temps de donner à ses leçons de l'intérêt et de la vie, et ses auditeurs sont heureux de le posséder. Lorsqu'il pourra être tout entier à son cours, l'académie le comptera certainement au nombre de ses meilleurs professeurs. Il se donne aussi cet hiver un cours de *Littérature suisse*. Le sujet est nouveau et trouve bien des contradicteurs.

La Faculté libre des lettres et sciences, en revanche, s'est démem-

brée.,Vous nous avez pris M. Secretan. M. Colomb a quitté sa patrie, et
l'établissement semble avoir peu de chances d'avenir; si l'académie
nationale continue à se remonter. Sans parler de la question pécuniaire, les étudiants préféreront toujours un établissement plus fréquenté, et présentant par là plus d'entrain et de vie. M. Vulliemin
donne un cours fort intéressant sur la *Démocratie dans l'antiquité*.
La Faculté libre de théologie est toujours en avant de la Faculté nationale, et ne tend pas à décliner.

Il se donne cet hiver quelques cours publics à Lausanne. L'un est le
Cours militaire de M. le lieut.-col. *Kuchenbœcker*, réfugié autri-
chien; l'autre celui de M. le ministre Berger, *sur l'Amérique*. Ce
cours est fort suivi, un auditoire compact se presse pour entendre
M. Berger, qui a visité les Etats-Unis dans le but d'être utile à ses compatriotes émigrants, et qui rend compte maintenant des résultats de
son voyage dans des séances pleines d'intérêt. Il est à regretter seulement que la simple curiosité envahisse souvent ces bancs destinés spécialement à ceux pour qui ce cours est une œuvre utile. M. Flobert,
l'année dernière professeur à l'académie, avait annoncé un cours de
littérature et d'histoire sur le *Romantisme*. Ce cours n'a pu avoir lieu
faute d'auditeurs. En cela le public lausannois a peut-être été un peu
injuste.

La *Société artistique et littéraire* jouit d'un succès toujours croissant. Cependant, l'on voudrait plus de véritable littérature, un esprit
parfois moins fade et plus national. A qui la faute? au public ou aux
personnes capables de répondre à ce vœu? C'est une question que
nous n'entreprendrons pas de résoudre. La musique a toujours les
honneurs de la séance.

Faut-il maintenant vous causer politique? La situation actuelle ne
manque pas d'intérêt, même de gravité. En vous parlant de notre
canton, celui de vos collaborateurs à qui nous devons le tableau de la
Suisse en 1850, n'avait pas pu, à distance, observer le feu qui couvait
sous la cendre. En ce moment nous avons trois partis bien distincts.
Le parti rouge, à la tête duquel sont des hommes entreprenants et
habiles, veut continuer, corriger et augmenter l'œuvre de 1845; il puise
sa force dans la conséquence de ses idées révolutionnaires. De l'autre
côté, le parti libéral-conservateur, auquel se sont joints bon nombre
de radicaux dégrisés, cessant de regretter une démocratie représenta-
tive qui n'existe plus de fait, vient s'essayer dans les voies de la démocratie pure; et a constitué sous le nom de *Cercle national* un
noyau d'action assez fort. Il a, semble-t-il, le vent en poupe. Enfin,
nous avons le gouvernement, ballotté entre des anciennes rancunes et
ses antipathies nouvelles, ne représentant guères plus que lui; et faisant sonner d'autant plus haut le nom de 1845, qu'il chemine plus ou
moins dans une autre voie.

Cette situation a son côté comique. Les trois partis s'observent et se regardent : que fera celui-ci? que fera celui-là? c'est une partie de billard à trois où le carambolage est difficile. Mais elle a son côté grave. Toutes les questions en sont compliquées, et personne ne fait précisément ce qu'il voudrait faire. Tant mieux, si le pays y gagne. Mais, si le parti libéral écoutait plus ses griefs particuliers que l'intérêt du canton, le parti le plus audacieux, celui qui est plus révolutionnaire que suisse, arriverait inévitablement au pouvoir.

Pour m'expliquer, il faut des faits. L'été dernier, il tomba comme une bombe au milieu du Grand-Conseil, une motion du chef du parti rouge. Cette motion ne tendait à rien moins qu'à un remaniement complet de nos institutions : réduction du Grand-Conseil, réduction du Conseil d'Etat, réduction des tribunaux, nomination des juges par le peuple. Cette motion fit grand bruit. Elle paraissait une pomme d'agitation adroitement lancée pour déplacer les anciens partis et assurer la majorité à celui qui avait, dans cette question, pris l'initiative. Quelques conservateurs se mordaient les doigts de n'avoir pas proposé les premiers cette mesure. Il se passa du temps et l'on se ravisa. La motion, après examen, parut dans les points capitaux moins démocratique qu'elle n'en avait l'air. Sur ces entrefaites, le cercle national élabora deux pétitions, l'une contre un projet d'impôt progressif, l'autre pour demander un nombre assez considérable d'*incompatibilités*, en d'autres termes, que la plupart des fonctionnaires de l'Etat ne pussent en même temps faire partie du Grand-Conseil. On savait ces questions assez populaires, surtout la seconde, car la composition de notre Grand-Conseil, formé pour les deux tiers au moins de fonctionnaires, avait excité souvent des plaintes ; mais on n'attendait cependant pas trop des pétitions. En peu de temps, elles se couvrent de signatures ; celle sur l'impôt en a 6000, celle sur les incompatibilités dépasse le chiffre de 9000. Le Grand-Conseil se réunit ; l'impôt est renvoyé aux Calendres grecques ; la motion Eytel, savamment combattue par un rapport de M. Pidou, est oubliée, et tout l'intérêt se porte sur les incompatibilités, dont les rouges acceptent aussi le principe. Le Conseil d'Etat et le Grand-Conseil étaient embarrassés ; d'un côté les incompatibilités, dont ils ne voulaient pas, de l'autre, les pétitions, pour lesquelles ils avaient jadis montré tant de respect. La mesure prise ne fut pas la plus courageuse ni la plus franche. Après deux jours de discussion, le Grand Conseil décida de porter la question intacte devant le peuple. Intacte ! non, car en faisant voter séparément sur une trentaine de catégories de fonctionnaires, on force les citoyens ou à voter un système d'incompatibilités absolues, que les pétitionnaires ne demandaient pas, ou en se fractionnant, à les repousser toutes, ce qui ferait le compte du Conseil d'Etat. Voilà où en est la question. Poussés dans une impasse, les partisans des incompatibilités s'accordent généralement à les admettre toutes, et le gouvernement pourrait avoir mal compté. Mais l'adoption de cette ré-

forme peut entraîner de graves conséquences. Ce serait un vote de
défiance vis-à-vis du gouvernement. En cette occasion, les libéraux
voteront forcément avec les rouges, sur les projets desquels on n'est
pas très-édifié. L'issue de la lutte dépend en bonne partie de l'attitude
du parti *national*. S'il est ferme, actif et uni, s'il conserve une position franche et indépendante, s'il repousse toute apparence d'une coalition immorale avec les rouges, en un mot, s'il se montre vraiment
démocrate, usant de son droit dans les strictes limites de la légalité,
sa tâche sera belle, et, à la longue, de meilleurs jours pourront se lever sur le pays. Dieu le veuille!

Le mois prochain j'aurai peut-être à vous écrire davantage sur ce
sujet.

POÉSIE.

ÉPITRE D'UNE GRAND'MÈRE A SON PORTRAIT.

Vieux portrait de ma jeune image,
De moi tu ne conserves rien,
Et tu ne montres qu'un visage
Qui dès long-temps n'est plus le mien.

Dans le cadre qui te décore,
Miroir d'un âge évanoui,
Tu sembles refléter encore
Mon frais printemps épanoui.

Né dans cette saison meilleure,
Tu consoles mes yeux confus
De ce que je suis à cette heure,
En leur offrant ce que je fus.

Depuis qu'un peintre a sur sa toile
Fixé l'éclat de mes beaux jours,
Le vent qui souffla dans ma voile
L'emporta bien loin des amours.

J'ai subi les métamorphoses
Dont rien ne peut nous préserver ;
Vieux portrait, mes lys et mes roses,
Toi seul a su les conserver.

On dirait que tu me baffoues
En m'étalant ce teint rosé,
Ces deux mentons, ces rondes joues
Où ton gai sourire est posé.

De mon Avril que tu retraces
Ma figure perdit les fleurs :
Elle n'a gardé que les traces
De la vieillesse et des douleurs.

L'amitié rend mes jours moins vides
Pourtant, et son attrait vainqueur
Quand l'âge m'a jeté des rides
En préserva toujours mon cœur.

Puis qu'importe, si mon corps change !
Dieu laisse à mes sens satisfaits,
Ma voix pour chanter sa louange
Et mes yeux pour voir ses bienfaits.

J. PETIT-SENN.

LES TROIS PENSÉES.

(Imité du suédois.)

Trois blondes enfants, du haut des tourelles,
Regardent la mer que dore le soir ;
Trois voiles au loin, blanches hirondelles,
Regagnent gaîment le pied du manoir.

« Notre père enfin des plages lointaines
» S'en est revenu, dit l'une des sœurs,
» Je donne au premier des trois capitaines
« Qui débarquera, mon bouquet de fleurs.

Une autre s'écrie : « Eh bien! le deuxième
« A terre venu, ma rose est pour lui :
La plus jeune dit : « Je donne au troisième
« Un joyeux baiser, si c'est mon ami.

L. FAVRAT.

A CEUX QUI M'ONT AIMÉ.

A ceux qui m'ont aimé que le soleil soit d'or !
Que le chemin soit doux où que le sort les mène,
Et qu'au bout du voyage ils trouvent le bon port
Et la paix des élus promise à l'âme humaine ;

Car ils m'ont fait des jours dont bien long-temps encor
Je veux me souvenir, à l'aurore sereine,
Comme au matin voilé sombre comme la mort,
Quand j'aurai l'allégresse et quand j'aurai la peine.

Oh! si le ciel est noir, et froid comme un linceul,
Et que pour l'un d'entre eux il ne soit rien au monde,
Rien que ce deuil du cœur où la douleur abonde ;

Frères, si l'un de vous vient à se trouver seul,
J'aurai toujours pour lui, pure et brillante flamme,
Un rayon d'amitié pour réchauffer son âme.

Vufflens.   L. FAVRAT.

~~~~~~~~~~~~~~~~~~~~~~~~~~~~~~

MÉLANGES.

Des somnambules qui exploitent la Suisse.

Croyez-vous au magnétisme animal? voilà ce qu'on se demandait
il y a un mois à Genève en s'abordant : la politique a fait place aux
somnambules : on dirait que les charlatans visitent maintenant la

Suisse pour la distraire de ses préoccupations. Sous le régime français, Genève était envahie par les saltimbanques, les cirques, faisant les fonctions du paillasse qui détourne l'attention pendant que l'escamoteur dispose ses muscades. Il est utile de faire connaître ces mystifications — je parle du somnambulisme, — et d'en préserver les lecteurs de la *Revue Suisse.*

Voilà deux ans que nous sommes exploités par des gens *à seconde vue,* des *somnambules lucides,* des *effets magnétiques, anti-magnétiques,* toutes figues du même panier. Parmi ces figues..... que Robert-Macaire appelle *graine de niais......* se trouvent la *quadrature du cercle,* la *trisection de l'angle* (qui peut se faire dans *un* cas) et le *mouvement perpétuel.*— A Florence je rencontrai ce dernier gagnant gros : j'en attaquai la vérité comme aurait fait Don Quichotte; alors avec une rare audace et aidé d'un professeur (ne sont-ils pas tous professeurs!), on fixa une séance pour la discussion. J'y démontrai mécaniquement la fausseté, et, comme on ne se rendait pas, un mien cousin, savant et positif, proposa un pari de cent écus et d'ouvrir la machine. Tout finit là ; c'est la pierre de touche, n'hésitez jamais à l'employer. Remarquez bien que comme Mallebranche pense qu'on ne peut nier la *possibilité* du *mouvement perpétuel,* je m'en garde bien aussi, surtout dans ces temps de révolution. De même, par respect pour le pouvoir de l'imagination sur les nerfs et des nerfs sur l'imagination, je ne nie pas que ce qu'on nomme le magnétisme animal ([1]) ne puisse produire divers effets comme le sommeil; mais le sommeil, c'est si facile, hélas! qui ne l'a ressenti en lisant ou en écoutant certaines gens, à commencer par cette page! Je ne nie donc ni le demi-sommeil, dit *magnétique,* ni ses hallucinations, car les idées d'un homme ainsi assoupi, engourdi, suivent naturellement l'impulsion qu'on leur donne par des questions, des mots directeurs, des noms bien connus agissant sur le cœur, sur l'esprit. *Partons pour aller* CHEZ VOUS *à* PARIS; *montons en* DILIGENCE. *Voilà* TELLES VILLES.... *nous arrivons.....* voilà VOTRE RUE, VOTRE LOGIS. L'imagination du patient complète ce demi-rêve, brode sur ce canevas, il voit sa maison, ses parents, ses amis, et, d'après leurs habitudes, il dit ce qu'ils font, on s'étonne, on s'écrie, on croit sur parole et sans vérifier, puis *allez voir là bas si j'y suis!* On a soin de choisir pour cela des natures faciles, faibles, nerveuses, impressionnables, disposées à croire, ordinairement des femmes; on refuse les autres ; je n'ai pas encore pu me faire accepter : *il faut la foi,* ce mot dit tout. Voilà pour les cas véritables, et si, sans questions, on procure ce sommeil à un malade, on obtient une salutaire détente des nerfs.

([1]) Qui n'a aucun rapport avec l'électro-magnétisme et le galvanisme si puissants physiquement sur le corps humain.

. Mais savez-vous ce que sont les *somnambules lucides* ou *magnéti-*
ques ? le mot propre serait *clairvoyantes*, bien qu'elles se donnent
pour endormies et qu'elles mettent sur leurs yeux des bandeaux en
apparence imperméables. Ce sont des êtres surnaturalisés par le *fluide*
magnétique d'une autre personne, à volonté forte, qui, moyennant
certains tourbillonnements de mains, donne à leur vie intérieure
(écoutez bien ceci) un tel développement, que l'ame dégagée des entraves du corps (suivez attentivement), jouit de sens exaltés dont la
puissance (comprenez bien mon raisonnement) dont la puissance lui
fait voir ce qui échappe aux yeux, connaître ce qui se passe aux an-
tipodes et pénétrer les pensées : — c'est bien simple. O Molière, quel
sujet ! A Paris, pour me convertir, on me conduisit chez l'une de ces
dames. Bien que se disant endormie, elle était aussi éveillée que vous
et moi..... si tant est que vous le soyez encore. Elle dictait une ordonnance à un malade. Elle posa la main sur mon genou *pour se mettre*
en rapport avec moi, puis me dit entre autres belles choses : *En-*
voyez-moi des cheveux de votre ami et je vous dirai si je puis le
guérir. Elle était en face d'une cheminée : celle de la chambre voisine y était adossée, et j'y *surpris* appuyé le mari, *docteur,* qui certainement, par quelque facile communication ; entendait et dictait
d'une chambre à l'autre les consultations.

Parlons maintenant des séances publiques de somnambulisme, de
seconde vue, de magnétisme, d'antimagnétisme (qu'est-ce que ces
mots ? où y a-t-il du magnétisme ?) Pour en révéler le secret je vais
entrer dans quelques détails pratiques qui fourniront un jeu utile à
l'esprit. Ayant assisté à une séance de prodiges, j'en surpris le secret,
et pour détruire des erreurs et exercer agréablement l'intelligence et
la mémoire, j'en amusai deux amis de 14 à 16 ans ; je leur composai
une courte liste de mots très-usuels *(Monsieur, mon ami, dites-moi,*
dites-nous, je vous prie, pourriez-vous, tout de suite, etc.), mots
entrant tout naturellement dans des questions faites par l'aîné au cadet placé dans un coin, le dos tourné, les yeux bandés. Ces mots ont
un sens caché et dictent la réponse soit par eux-mêmes, soit par la
place qu'ils occupent ou par leur absence. Ces questions d'abord générales se succèdent en particularisant de plus en plus : ainsi la première (*Dites qui est près de moi*) indique si c'est une femme ; un
homme, un enfant : les suivantes disent son âge, sa taille ; la couleur
des cheveux, des habits, la patrie, etc. Pour abréger la liste on la
compose d'après les différentes classes d'idées : ainsi, pour un objet
à désigner, il y a la matière, minérale ou végétale ou animale, le nom,
le nombre, la forme, la couleur, la grandeur, le goût, l'odeur ; le
même mot *(Monsieur,* par exemple) a une signification différente dans
chacune de ces classes, il vaut un des 10 premiers chiffres, ensorte
qu'on peut dicter un nombre et aussi un mot, car les lettres sont nu-
mérotées ; et, comme on réduit l'alphabet et qu'avec intelligence et

habitude on peut se contenter d'un à-peu-près et du commencement du mot, la chose est facilitée. Mais les questions exigent de l'habileté, et des deux côtés la mémoire et le jugement sont en jeu. Les cas les plus communs sont prévus et simplifiés : dans les difficultés on tâtonne, on nomme syllabe par syllabe, on multiplie les questions. Mes petits sorciers eurent un succès..... pyramidal ; je crois que c'est le mot ici. Chacun peut se faire le plaisir de donner de ces séances. Mettez là-dessus le vernis de *bagout* des charlatans parisiens, force magnétisme, anti-magnétisme, lucidité, et autre poudre de perlinpinpin jetée aux yeux et vous aurez les somnambules.

Ces gens-là ont une tactique : ils commencent par donner une séance au théâtre ; ils ont un ou deux compères qui aident au succès et même crient de cesser l'expérience, *la pauvre somnambule souffre trop* !... l'émotion gagne les voisines nerveuses qui de bonne foi s'écrient (historique) : *C'est un supplice ! une torture ! laissez en paix cette victime ! c'est affreux !* un contradicteur, un rieur serait malmené. Après cette représentation viennent les consultations médicales ou autres à 20 ou 40 francs qui ne s'accordent qu'à un jour ou deux de distance *à cause de la santé de la somnambule*..... et des informations qu'on prend pour préparer le succès ; et ces séances sont plus nombreuses qu'on ne le croit ; les pauvres dupes ne s'en vantent pas. Puis on donne des soirées particulières payées quelques cents francs. Y reçoit-on un échec ? vite avant qu'il soit publié on redonne une ou deux séances au théâtre , et l'on file..... avec l'argent.

Tout est prévu et préparé pour le succès des séances. D'abord rien ne parvient à la somnambule que par le..... professeur (j'allais dire *cornac !*), qui seul, et pour cause, peut la faire parler et qui donne de cet arrangement suspect une explication à la Sganarelle.— voilà pourquoi votre fille est muette — et les Gérontes l'acceptent. Le..... professeur parle-t-il ? l'inflexion de sa voix, les repos, le choix ou l'ordre des mots, tout est signe. Se tait-il ? les moindres détails de sa pose ou de ses mouvements parlent, surtout lorsque la main de la somnambule repose dans sa main, car alors les signes sont bien faciles ; le professeur peut écrire ainsi, et par des *oui* et des *non* diriger la réponse. (Aux Indes, c'est là le langage des marchands de diamants entre eux.). Un signe dit *homme, femme*, un autre *mort, blessure*. La somnambule bâtit là-dessus une ou deux phrases vagues, s'effraie, pousse un cri..... et voilà le public en émoi. Se sépare-t-il de la dame, vraie moitié de lui-même, un compère, domestique ou autre, sert d'intermédiaire , de miroir. Y a-t-il obstacle insurmontable ? on allègue la santé, la fatigue, on fait du pathos. N'est-ce qu'un embarras ? on élude, on escamote, comme lorsque le..... professeur envoie dans l'assemblée, surtout aux compères, des cartes sur lesquelles les spectateurs indiquent les attitudes que la dame doit prendre spontanément; c'est le domestique-compère qui recueille ces cartes, et les passe-passe sont d'autant plus faciles que les cartes sont plus nombreuses. Quant aux variations du pouls, chacun sait qu'on les obtient en accélérant ou ralentissant la respiration. Puis, ajoutez à tout cela l'incroyable aplomb du professeur, son habileté parfaite à tourner et à retourner son chariot, à surprendre les pensées des questionneurs par un examen continuel de leur physionomie, son audace, son effronterie imperturbable, même en face de savants docteurs qui nient ou d'un théâtre comble, à qui il dit : *Vous voyez qu'il n'y a pas là charlatanisme ;* personne ne se soucie de prendre la parole (je n'y étais pas), alors les compères donnent l'élan, les spectateurs applaudissent, et le tour est fait, c'est-à-dire, 500 fr., 1000 fr., sont encaissés et les badauds se retirent transportés, étonnés; non moins enchantés, les jongleurs annoncent d'autres séances.

· Non, rien n'est négligé pour la réussite : ces gens-là n'ont pas d'autre affaire, et parviennent à feindre au naturel le sommeil, la souffrance, la candeur, à utiliser ces mille riens de voix, de geste, etc., qui les guident ; aussi jouent-ils admirablement leur rôle. Pauvres gens! quelle vie? Vous souvient-il de ce charmant *Munito*, de ce chien merveilleux qui, comme avec connaissance, choisissait les lettres d'un mot, les chiffres d'un nombre, jouait aux cartes, aux dominos? il n'était, je vous l'assure, ni somnambule, ni magnétisé, mais, tandis que son joli museau parcourait la ligne des dominos, des cartes, son maître, qui avait toujours la main dans sa poche, lui indiquait par le tintement inaperçu d'un ressort à quoi il devait s'arrrêter. Hélas! les pauvres gens dont nous parlons sont des Munitos, se font animaux savants! et les animaux savants, ainsi détournés de leur instinct et de leur intelligence, ne sont que des semblants, des automates. Ne confondons point ces gens avec des acteurs : des acteurs ne trompent point, ils étudient l'expression des passions, comme le romancier, le poète dramatique, et cherchent à nous en donner l'illusion : chacun le sait. Malheureusement la plupart ne s'embarrassent point de la moralité ou plutôt de l'immoralité du rôle et de la pièce; c'est ce qui naturellement inspire de l'éloignement, surtout quand leurs mœurs s'en ressentent; mais s'il s'en trouve qui prennent leur art au sérieux, qui y voient comme une mission, un moyen de détourner du mal, d'émouvoir pour le bien; si leur conduite en est empreinte, alors ils sont d'autant plus dignes de nos respects que leur chemin est bien glissant, bien entouré de tentations. Encore si les somnambules, comme les escamoteurs, les saltimbanques, comme le fameux Robert Houdin, à Paris, s'annonçaient franchement pour prestidigitateurs, donnant par leur talent des illusions! s'ils ne trompaient pas pour attirer de l'argent ; mais cette tromperie, cette effronterie, en font des escrocs : comme les mouvements perpétuels, ces séances sont de vraies escroqueries; et l'on devrait d'autant plus leur refuser les théâtres, la police devrait d'autant plus les arrêter et sévir, qu'elles faussent l'esprit et propagent des erreurs dangereuses, dangereuses surtout pour les malades qui consultent ces ignorants. Je tiens pour moins coupable celui qui vole ouvertement, et il est évident que, cités devant un tribunal, ces gens seraient condamnés à la restitution comme marchands frauduleux.

Mais les croyants ne manquent et ne manqueront pas, pas plus que le compérage; car savez-vous quel est le meilleur compère? c'est le bon public entraîné, enchanté, serrant ferme le bandeau sur ses propres yeux, se prêtant à la tromperie de la meilleure grâce du monde, voulant être trompé comme Martine voulait être battue, et, comme elle, repoussant qui veut le défendre, l'éclairer. Ainsi lors des défaites de Napoléon, le faux bulletin annonçant des victoires se vendait quelques francs mieux que le véritable qui était à 25 centimes. Cela ne se voit-il pas chaque jour pour des opinions, pour des journaux! nous sommes tous taillés sur le même patron : la passion nous aveugle. Et dans ce bon et commode public tendant le cou pour être plumé est un nombre incroyable d'hommes instruits, mais plus instruits que réfléchis, savants ou demi-savants et non judicieux, car science et jugement ne sont pas toujours synonymes, appuyant de leur autorité, égarant l'opinion par leur facile foi ou par leurs incertitudes, acceptant *qu'il se peut faire..... qu'on ne peut expliquer.....! qu'ils ont vu ceci, cela..... que la somnambule ne pouvait savoir telle circonstance dont elle a parlé,* etc. ; et ne songeant pas que si elle était vraiment capable de deviner une pensée, de lire un écrit caché, il serait inutile que le..... professeur s'en mêlât, ne se demandant pas comment des gens qui devinent les pensées, lisent les yeux bandés et voient ce qui se fait en Amérique, ne sont pas employés par les gouvernements, ne découvrent pas les nombreux trésors enfouis pendant les guerres et n'ont prévu ou exploité ni la Californie, ni les révolutions, ni les hausses et les baisses de la Bourse. *Si j'étais vraiment magicien,* disait Apollonius de Tyanes, *comment auriez-vous pu me mettre en prison.* Il est vrai que les bourses crédules sont la Californie de ces escrocs : le merveilleux a toujours nos hommages. N'avons-nous pas eu, près d'Evian, une malade qui depuis six mois ne prenait aucune nourriture bien que filant tout le jour et mouillant des lèvres son fil. Les curieux, même instruits, se succédaient, observaient, laissaient des secours, vraies primes d'encouragement; enfin un docteur arrive bien las, s'établit dans un fauteuil pour la journée, s'endort profondément de fatigue, et à travers ses cils voit une fiole de bouillon expliquer ce long jeûne.

La célèbre Mlle Prudence Bernard (¹), car c'est elle qui est l'hé-

(¹) Nous venons d'avoir, à Genève, deux somnambules en concurrence :

roïne du jour, dont la lucidité convèrtit les plus incrédules, dont la souffrance émeut, dont on admire les belles poses, dont on parle partout, à Lausanne comme à Genève, comme bientôt à Neuchâtel, Mlle P. a trouvé à Genève son ou plutôt ses terribles docteurs. 37 personnes instruites, dont 12 docteurs distingués et plusieurs savants, ont demandé une séance d'après leur programme qui repoussait l'en-. tremise du..... professeur. On est convenu de 300 francs quelle que fût l'issue : c'était bien payer une certitude déjà établie pour la plupart, mais dont le retentissement instruira le public, grâce à un procès-verbal qui, je l'espère, sera publié, car dans cette séance qui vient d'avoir lieu, le professeur n'étant guères que témoin, *aucune expérience n'a réussi.* Au début, soit par ignorance, soit par charlatanisme et pensant avoir à faire à son facile public, il a tenté de confondre le magnétisme animal avec l'autre, et a approché du front de Mlle P., non encore *magnétisée,* une boussole qui n'a pas dévié, puis, ayant fait les passes magnétiques, il a présenté de nouveau l'aiguille qui s'est mue, car il l'approchait de la poitrine dont le vêtement cachait un busc ou tout autre morceau de fer. Mlle P. a déclaré franchement qu'elle avait un busc d'acier, et M. Wartmann, professeur de physique, a constaté plus tard que Mlle P. *n'étant pas magnétisée,* on obtenait des déviations allant même à 80 et à 90 degrés, d'ailleurs les passes permettent de jeter quelque limaille. Le même professeur a demandé comme contrôle de présenter l'aiguille aux pieds qui, s'il y avait eu magnétisation auraient dû être le pôle contraire : mais l'aiguille y est restée immobile. Tout a continué de même : la somnambule a appelé eau-de-vie un verre de café : elle a levé le bras droit pour le pied gauche. Puis, comme on se défiait du complaisant bandeau (¹), le mot à lire, non communiqué au..... professeur, a été enfermé dans une boîte — avec une bougie allumée *demandée par Mademoiselle!* — Celle-ci, se plaignant de la première lettre qu'elle a dû omettre et de la petitesse des caractères, est parvenue à épeler r.....a.....n.....ce: on a ouvert et le mot CALYPSO, en lettres très-grosses et très-lisibles, a frappé les yeux. Quant au voyage : on a voulu la conduire en idée à Florence, à un bal dont les journaux ont parlé. Elle a trouvé de l'eau sur sa route — ce qui est assez le cas en voyage — et elle est arrivée, je ne sais plus où, dans une assemblée très-triste que haranguait une grande figure blanche.

---

chacune, dans ses annonces, recommandant au public de ne pas la confondre avec l'autre : enfin Mlle Prudence Bernard, si vantée par les journaux de Paris, est restée maîtresse du champ de bataille et des contributions des curieux pour dépouilles opimes.

(¹) On connaît les expériences de MM. de Chambre et Pesse qui prouvent que des gens *non magnétisés* peuvent arriver à voir à travers un taffetas gommé recouvert d'un bandeau doublé d'argile.

De même la veille, consultée par une malade devant l'habile docteur B. (Bizot) qui ne perdait pas de vue le..... professeur, elle avait entassé erreurs sur absurdités : puis, devant apporter un flacon, elle l'avait laissé pour une cassette. Voilà les faits, suivis du prompt départ de Mlle P. Aussi la question qu'on se fait partout, sans virgule s'entend, est-elle : *Croyez-vous au magnétisme animal?*

La morale de tout ceci est donc : ne donnez pas, ami lecteur, dans ce fatras ; n'y donnez pas votre argent et encore moins votre santé dans une consultation. — Mais ne vous ai-je pas endormi! Dormez, rêvez, mais que votre bonne étoile vous préserve même en rêve du tourbillon des Roberts-Macaires magnétiseurs; politiques, sociaux ou autres, héros de notre époque d'électrisation, de mystification, de charlatanisme.   JOHN RUEGGER.

BULLETIN BIBLIOGRAPHIQUE.

HISTOIRE DES PROTESTANTS DE FRANCE depuis l'origine de la Réformation jusqu'au temps présent, par G. de Félice. — Genève, chez Mesdames veuves Beroud et S. Guers ; Lausanne, chez Georges Bridel ; Neuchâtel, chez J.-P. Michaud. — 1 volume de 655 pages. Prix : fr. 5.

Y a-t-il beaucoup de protestants, nous ne disons pas de la Suisse, mais même de la France, qui aient une connaissance ou seulement une idée de l'histoire générale du protestantisme français. Parmi les hommes instruits, qui tiennent à leur foi et qui ne sont pas étrangers à l'étude de l'histoire, n'y en a-t-il pas beaucoup qui n'ont que des données éparses et sans liaison sur ce sujet. On sait assez bien tout ce qui tient au 16me siècle, on sait comment la Réforme s'établit, comment elle eut, déjà alors, à lutter et à souffrir; on sait les guerres dans lesquelles elle fut engagée à la fin de ce siècle, parce qu'elle se trouve mêlée aux faits généraux de cette époque, et que les historiens, même catholiques, n'ont pas pu taire ce qui regardait les protestants. Personne n'ignore qu'il y eut un Edit de Nantes, mais sans rattacher à ce nom des idées toujours bien nettes et précises. Il en est à-peu-près de même de certaines parties du 17me siècle : on sait que Richelieu enleva des prérogatives aux protestants; on a lu quelque part qu'il leur prit la Rochelle, et peu s'en faut qu'avec les historiens catholiques, on ne donne droit à Richelieu. On sait enfin en gros que, sous Louis XIV, il y eut une Révocation de l'Edit de Nantes; on a entendu parler des dragonnades;

peut-être se rappelle-t-on la guerre des Camisards et les émigrations de nombreux Français à ces temps de malheurs. Tout au plus connaît-on ce que le protestantisme eut à souffrir et à lutter sous Louis XV. Croira-t-on avoir ainsi une connaissance de l'histoire des protestants? des faits morcelés, isolés, perdus dans l'ensemble de quelque histoire politique et souvent même défigurés, cela constitue-t-il une connaissance du protestantisme? Car ces faits, où les a-t-on étudiés? Lisez les historiens de renom : quelque impartiaux qu'ils soient, parlent-ils du protestantisme en connaissance de cause : catholiques, le présentent-ils dans son vrai jour? et n'est-ce pas la fable du lion abattu par l'homme? Indifférents, se soucient-ils beaucoup de cette grande lutte entre la liberté de conscience et l'Eglise de Rome? Puis connaît-on la Constitution des Eglises réformées de France? connaît-on les savants et les hommes de lettres qu'elles ont produits? Combien dont on ne sait guères que les noms et dont on ne pourrait pas vous dire à quelle époque ils ont vécu!

C'est que jusqu'ici les protestants se sont montrés trop indifférents pour leurs annales, pour leur histoire, pour leur littérature, pour les hommes qui ont fait la gloire de leurs églises. Tandis que le moindre petit poète qui ne se rattache que pour la forme et souvent par son indifférence même à l'Eglise catholique, a obtenu les honneurs de la notice biographique et littéraire, tandis que le catholicisme exhibe les moindres gloires pour les faire valoir en cent façons, vous aurez peine à trouver des détails sur un Abbadie, un Drelincourt et tant d'autres. Jusqu'ici aucun écrivain, qui eût qualité pour cela, n'avait encore pris la plume pour nous tracer un tableau complet de l'histoire du protestantisme français, pour nous dire la marche générale des faits, nous peindre chaque époque, rappeler les hommes distingués par leur science, leur caractère ou leurs talents, nous dire aussi la vie intérieure du protestantisme; point d'ouvrage enfin qui embrassât cette histoire dans son ensemble depuis son origine jusqu'aux temps d'aujourd'hui. Plus d'un homme d'étude même, plus d'un chrétien avait éprouvé, comme nous, nous n'en doutons pas, que c'était là une lacune et une lacune grave dans la littérature protestante. C'est cette lacune que M. de Félice a voulu combler et qu'il a comblée avec bonheur. Nous ne saurions exprimer le plaisir que nous avons eu à lire cet ouvrage. Nous l'avons lu et étudié ; nous l'avons lu la plume à la main, parce que dès les premières pages nous avons vu qu'il en valait la peine, et nous ne pouvons que presser vivement nos lecteurs de lire aussi ce livre; ils y recueilleront une riche instruction, ils y trouveront un vif intérêt et disons-le aussi, force et encouragement dans leur foi.

M. de Félice divise son *Histoire* en cinq livres qui comprennent chacun une époque d'un caractère et d'un aspect différent.

I. Depuis les commencements de la Réformation en France jusqu'à l'ouverture du colloque de Poissy. 1521-1561.

II. Depuis l'ouverture du colloque de Poissy jusqu'à l'Edit de Nantes. 1561-1598.

III. Depuis la Promulgation jusqu'à la Révocation de l'Edit de Nantes. 1598-1685.

IV. Depuis la Révocation de l'Edit de Nantes jusqu'à l'Edit de Tolérance. 1685-1787.

V. Depuis l'Edit de Tolérance jusqu'au temps présent. 1787-1850.

Voilà un vaste cadre et des sommaires qui promettent beaucoup; ces promesses sont tenues d'une manière remarquable par notre auteur.

Ne cherchez cependant pas dans cette histoire une exposition détaillée des doctrines du protestantisme, des controverses auxquelles elles ont pu donner lieu ; ne pensez pas à y trouver les intrigues politiques ou les faits militaires racontés avec complaisance. Ces points sans doute ne sont pas négligés en tant qu'ils tiennent au sujet, mais le but que l'auteur s'est proposé avant tout, c'est de raconter cette lutte courageuse que le protestantisme français a soutenue pendant près de 3 siècles pour sa foi et sa liberté de conscience ; il a voulu nous dire ses beaux dévouements, ses souffrances et ses nobles exemples.

Dans l'origine du mouvement de la Réforme en France, ce fut l'élite de la nation qui y prit part, ce furent les lettrés et la haute bourgeoisie, qui plus que les classes inférieures et ignorantes étaient frappés des abus de l'Eglise de Rome ; et dans ce mouvement qui portait cette élite vers la Réforme il n'y eut rien qui ressemblât à de la révolte, n'en déplaise à certains historiens ; ce fut un mouvement tout religieux et qui resta tel à quelques exceptions près. La piété de ces réformés, le changement de leurs mœurs, fruit naturel d'une conversion sincère, attiraient de nouveaux et nombreux partisans aux doctrines réformées. Rome effrayée de ces progrès essaie de la discussion, mais voyant bientôt cette arme être inutile et le nombre des Réformés aller en augmentant, elle essaie de la persécution. Une fois entrée dans cette voie, la France catholique n'en sort plus pendant près de trois siècles. Les réformés, poussés à bout, courent aux armes, en viennent à la guerre civile, et ont des succès mêlés de sanglants revers, jusqu'à ce que Henri IV vienne leur donner quelque temps de paix et publie un Edit qui semble devoir assurer la Réforme contre les tentatives de persécution. Mais peu à peu et sourdement on travaille à miner l'œuvre de Henri IV ; ce sont chaque jour quelques nouveaux empiétements, quelques édits qui tendent à enlever ce que l'Edit de Nantes avait accordé, édits de plus en plus vexatoires et rigoureux , marche de plus en plus envahissante de la tyrannie, jusqu'à ce que Louis XIV laisse faire les dragonnades et enfin signe l'Edit de révocation qui ôte aux protestants toute ombre d'éspérance. Dès ce moment le protestantisme est censé ne plus exister, et il est traité en conséquence de cette odieuse *fictio juris*. Cependant il est des fidèles qui persévèrent sous la croix, exposés à toutes sortes de vexations, de maux et de violences jusqu'au moment où la Révolution vint leur rendre la liberté du culte.

Pourrait-on ne pas éprouver un vif intérêt, une profonde sympathie pour ces maux soufferts avec tant de courage, de force et de persévérance, pour cette foi inébranlable devant la séduction comme devant les bourreaux, pour ces martyrs de tous rangs, pour ces nobles victimes ou ces courageux confesseurs de la foi, pour cette confiance en Dieu, cette sérénité avec laquelle ils vont à l'exil ou à la mort. Les protestants ne trouveront-ils pas du plaisir à lire un ouvrage qui leur retrace ces faits glorieux , qui leur fera admirer la constance de leurs pères et qui pourra leur inspirer une noble émulation ?

Au milieu de l'abondance et de la richesse des faits que présente une telle histoire, ayant à parler de politique, de militaire, d'organisation ecclésiastique, de vie intérieure, de science, de littérature, on comprend que la concision soit une nécessité avec un plan aussi restreint que celui que s'est prescrit M. de Félice. Il a su être bref et bref dans ses exposés, mais sans sécheresse et sans obscurité : vif et rapide dans sa narration, simple et sans emphase dans son ton, toujours soigné dans sa diction, toujours digne

,et grave comme le sujet l'exigeait par sa gravité, son sérieux et sa grandeur. Il nous intéresse à la lecture de portraits d'hommes mêmes qui ont été vingt fois jugés, il jette dans son récit quelque réflexion vive ou piquante ou fait quelques rapprochements frappants entre divers faits d'époques différentes ; il ne perd pas une occasion de nous faire toucher au do gt cette justice rétributive de la Providence, qui peut tarder mais qui vient enfin sur les persécuteurs et les frappe souvent des mêmes armes qu'ils avaient inventées et dont ils avaient frappé leurs victimes. Toujours impartial, il ne cache pas non plus les fautes ou les excès dans lesquels a pu tomber la Réforme ; car ce serait mal la servir que de chercher à le faire aux dépens de la vérité et d'imiter en cela ses adversaires.

Le public protestant doit de la reconnaissance à M. de Félice pour l'œuvre qu'il a entreprise et pour la manière dont il l'a accomplie. Il nous a donné un livre qui manquait à la littérature, un livre consciencieux, bien fait, bien écrit. Depuis long-temps M. de Félice est connu dans la littérature protestante ; mais jusqu'ici (qu'on nous permette de le dire), nous regrettions que dans la lutte de notre siècle il se fût fait simple tirailleur et qu'il se complût dans l'escarmouche alors qu'il pouvait faire plus et mieux. Aussi avons-nous salué avec plaisir ce grand et bel in-8°, et après l'avoir lu, nous avons vu que c'était là cette œuvre de poids que nous attendions. — Après un tel travail, on peut espérer que M. de Félice ne s'en tiendra pas là.

Oserions-nous, en finissant, hasarder l'expression d'un regret qui ne porte d'ailleurs aucune atteinte au mérite du livre : C'est que l'auteur se soit borné à nous indiquer çà et là ses sources dans le cours de ses récits, et encore parfois seulement. Nous aurions aimé qu'il n'eût pas craint de nous les indiquer et surtout de nous donner des indications bibliographiques sur les sources exclusivement protestantes, soit en tête de l'ouvrage, pour celles qui sont générales, soit en tête de chaque livre ou de tels ou tels paragraphes pour celles qui sont particulières. Il ne l'a pas fait, parce que de pareils détails bibliographiques « n'auraient servi, nous dit-il, qu'aux savants de profession qui n'en ont guères besoin, » et sans doute les ignorants s'en passent aussi. Mais il n'y a pas seulement ceux qui ne savent pas, et ceux qui savent très-bien, il y a ceux qui savent un peu et qui voudraient savoir davantage, et qui pour apprendre seraient charmés d'avoir comme guide les indications d'un homme qui par son livre se montre compétent et nous inspire de la confiance.   N.

HENRI WOLFRATH, ÉDITEUR.

LETTRES ÉCRITES D'AMÉRIQUE.

EXCURSION DANS LE TENESSEE, L'ALABAMA, LA GEORGIE ET LES CAROLINES (¹).

CINCINNATI.

XVIII.

Le départ. — Un paradis américain. — Le maïs; son utilité, ses applications variées. — Généralité de sa culture; les premiers colons et le maïs. — Abords de Cincinnati. — Mouvement commercial et industriel de cette ville. — Son origine et son climat. — Attraits que Cincinnati présente à l'émigration. — Population catholique de Cincinnati. — Intolérance religieuse. — Démocratie et monarchie. — Institutions américaines jugées par la raison. — Belle tactique des démocrates pour ruiner un pays. — Coalition catholique et démocrate.

» Columbus, 2 avril 1850.

» L'omnibus nous a donné hier un poisson d'avril : il nou sa fait attendre toute la nuit et n'est pas venu nous prendre. C'est donc seulement ce matin que j'ai pu me mettre en route avec mes fils qui m'accompagnent jusqu'à Cincinnati. Or, quand on part à une heure du matin et qu'on a veillé toute la nuit précédente, l'imagination, pour commencer le voyage, n'est ni gaie ni brillante. On sommeille tant bien que mal dans les wagons. Mais les banquettes ont les dossiers trop courts et n'appuient que les reins, la tête est pendante ou se pose contre l'angle d'une fenêtre : à chaque instant on se réveille avec un torticolis ou une bosse au front. »

Voilà le premier paragraphe de mes notes écrites pendant un long voyage dans le sud des Etats-Unis, voyage auquel j'ai l'in-

(¹) Voir la lettre précédente, livraison de janvier 1851 page 19.

tention d'associer les lecteurs de là *Revue Suisse*, pourvu toutefois qu'ils me permettent de garder mes allures vagabondes et de conserver dans ces lettres la forme du journal, plus commode et plus agréable pour passer sans gêne d'un sujet à l'autre, pour varier les tableaux et pour reproduire les impressions comme je les ai reçues moi-même. Et puisque nous avons jusqu'ici étudié à satiété le Yankee et ses mœurs, il y aura utilité et plaisir à sortir de ces ornières sociales pour chercher dans la nature et dans les œuvres de Dieu des impressions d'un genre tout différent.

De Colombus à Xénia, il y a un chemin de fer nouveau qui est, dit-on, le meilleur d'Amérique ; et je le crois, car il est construit solidement, avec de véritables rails, mais jusque là seulement où il rallie la grande ligne qui joint l'Ohio au lac Erié. Au point du jour, nous entrons dans la petite vallée du Petit Miami que nous descendons dans toute sa longueur.

Cette vallée, je crois l'avoir déjà dit, est une de ces nombreuses localités que le Yankee a baptisées du nom de Paradis de l'Amérique, comme si un paradis se composait essentiellement de la plus grande abondance possible de maïs produit sans engrais, de bestiaux et du cochons engraissés sur place. Il est vrai que pour le fermier américain, le maïs est à-peu-près ce que le palmier des déserts est pour l'Arabe, une plante qui peut suffire à tous les besoins de la vie. Mieux encore que la pomme de terre, il s'apprête de mille manières, suffit à la table du pauvre ou paraît avec avantage au milieu des délicatesses de la cuisine des riches. Tantôt la farine, pétrie simplement avec de l'eau et cuite dans un vase de fer posé sur des charbons, constitue le pain grossier ou le gâteau épais dont tous les fermiers se nourrissent. Tantôt mélangée avec des œufs, du beurre ou d'autres ingrédiens, elle compose les gâteaux et les puddings les plus appétissants et les plus recherchés sur les tables des hôtels fashionables. Même avant sa maturité, l'épi de maïs grillé ou assaisonné de vinaigre, fait un excellent légume ou une fort bonne salade ; et toujours la nourriture qu'il offre est saine et convient même aux estomacs faibles et délabrés. Tel est du moins l'avis des médecins. — Mais ce n'est pas tout : les animaux domestiques qui enrichissent la ferme, les chevaux, les vaches, les cochons, les volailles, s'arrangent tous parfaitement de quelques épis de maïs qu'on leur distribue deux fois par jour, ou s'engraissent très-rapidement quand la quantité en est augmentée. Lorsque

la récolte a lieu, le fermier enlève d'ordinaire les épis seulement,
et laisse les hautes tiges sur pied; c'est un pâturage d'hiver pour
le bétail. Si le maïs est abondant, comme c'est le cas dans la vallée
du Miami, les fermiers en abandonnent une partie à des troupeaux de porcs qu'ils enferment dans leurs champs et qui se char-
gent de la récolte. Ces animaux-là, laissés en liberté avec la jouissance d'autant de nourriture qu'ils en peuvent avaler, atteignent
à un poids prodigieux, mille livres et quelquefois plus! C'est encore au maïs que le fermier a recours pour augmenter sa provision
de fourrage. Il le sème tard, pendant l'été, le coupe et le sèche
en automne quand il a atteint trois ou quatre pieds de hauteur et
avant que la tige soit développée. Ou bien il broie les tiges et mêle
à la bouillie de pommes de terre cette pâte sucrée dont les bestiaux sont très-friands. Le maïs fournit à l'industrie américaine la
fécule pour l'amidon et l'eau-de-vie, la canne pour une mélasse
agréable, car à la maturité la mœlle contient à-peu-près trois
pour cent de sucre crystallisable ; enfin la paille, pour le papier
d'emballage et le carton. Ajoutons que la culture du maïs est facile, qu'elle exige seulement quelques sarclages à la charrue,
qu'elle est sujette à beaucoup moins de dangers que toute autre,
puisque la plante est rarement atteinte par ces maladies végétales
qui, comme la rouille et les botrytes, détruisent souvent les blés
et les pommes de terre; que les sauterelles la respectent, qu'elle
ne souffre pas du chaud ni de la sécheresse; et il sera facile de
comprendre pourquoi la culture du maïs est presqu'exclusivement
adoptée dans les contrées plates où le sol est humide et riche.
Dans les localités où la nature se charge chaque année de réparer
les engrais par des inondations peu dangereuses, et où la terre
fournit ainsi abondamment tout ce qui suffit aux besoins matériels
de la vie, l'homme qui n'a pour toute ambition que de se procurer la nourriture du corps, peut facilement se créer un paradis.
Que manque-t-il, en effet, à ce brave fermier du Miami, qui a
cultivé cette année dix-huit cents poses en maïs, exclusivement?

Ce ne serait pas une étude oiseuse que de rechercher quelle est
la patrie primitive du maïs. Il vient d'où viennent la pomme de
terre, le blé, et puisque les savants n'ont pu encore découvrir la
véritable place où croissent à l'état sauvage toutes ces bonnes choses que Dieu accorde à l'homme en récompense de son travail, je
ne réussirai certes pas mieux que messieurs les étymologistes. On

s'est prévalu du nom de *blé de Turquie* et d'autres dénominations pour attribuer la culture primitive du maïs ou à un fils de Japhet (*Herbelot,* Bibliothèque orientale), ou aux Chinois, qui avouent avoir reçu le maïs des Européens, ou aux Indiens orientaux qui n'avaient pour céréales que le riz et une espèce de millet (*Holeus Sorghum*), ou aux Grecs, ou aux Romains, qui en fait de maïs paraissent n'avoir décrit que le blé sarrasin qui ne lui ressemble guère. C'est seulement depuis la découverte de l'Amérique qu'on trouve le maïs évidemment mentionné dans quelques auteurs d'Europe, avec le tabac et la pomme de terre. Champier, par exemple, et pour ne parler que d'une contrée voisine du Jura, en rapporte l'introduction dans le Beaujolais en l'année 1560. Mais certainement il était connu des Indiens sauvages de l'Amérique avant l'arrivée des Espagnols, et même systématiquement cultivé par les tribus de l'Amérique du Nord. Quand les Puritains persécutés et chassés d'Angleterre et de Hollande, arrivèrent en décembre 1620 sur les côtes des Massachusets, avec l'hiver, les maladies, la famine et les hostilités des Indiens en perspective, ils envoyèrent d'abord vers l'intérieur du pays quelques petits détachements pour reconnaître la contrée. L'un d'eux, conduit par le capitaine Miles Sandish, rencontra dans une plaine de petits domes couverts de terre, semblables à des *tumuli,* que les soldats prirent d'abord pour des tombeaux indiens. Mais ces éminences devenant de plus en plus nombreuses et plus régulières dans leur position, ils se décidèrent à en ouvrir une et la trouvèrent remplie d'épis de maïs, une espèce de fruit, dit l'un d'eux, *assez semblable à une énorme pomme de pin dont toutes les écailles seraient des pois ou des fèves.* Plusieurs d'entr'eux, après avoir essayé d'en goûter sans apprêt et *au naturel*, les jetèrent en déclarant que cela ne vaudrait jamais rien pour nourriture; d'autres, mieux avisés, en emportèrent avec eux autant que leurs sacs en pouvaient contenir. C'est ce maïs dérobé qui, semé le printemps suivant dans une forêt et sous la direction d'un Indien ami, Squanto, produisit une riche récolte et garantit d'une mort certaine par la famine, la jeune colonie des Massachusets. — A deux cents ans de distance à peine, un seul état d'Amérique produit soixante-dix à quatre-vingt millions de boisseaux de maïs, et nourrit ainsi plusieurs millions d'habitants.

Avant d'arriver à l'Obio, les collines qui bordent la vallée du petit Miami deviennent de plus en plus hautes et plus accidentées, à mesure que le calcaire dont elles sont composées perce davantage. Mais même vers les bords de l'Ohio elles n'atteignent guère une hauteur de plus de quatre à cinq cents pieds, et sont souvent cultivées jusqu'au sommet. Depuis Xénia le chemin de fer devient de plus en plus mauvais ; les balancements des wagons sont effrayants ; les passagers se cramponnent aux banquettes avec la perspective d'être précipités dans le fossé. Heureusement la locomotive s'arrête tout-à-coup, impuissante qu'elle est à sortir des ornières ou des enfoncements produits par la pourriture des poutres qui supportent, non plus des rails, mais des barres de fer laminées par la pression, et réduites à l'épaisseur d'un ruban de tole. Après plusieurs tentatives infructueuses de recul ou d'élan, les voyageurs sortent des voitures, se mettent de la partie, poussent à l'arrière des wagons tout comme on le ferait pour une charrette embourbée. Grâce à ce secours, le mauvais pas est franchi et nous arrivons aux rives de l'Obio.

Le premier coup-d'œil jeté sur cette large rivière jaunâtre, qui coule avec rapidité mais sans secousse et sans tumulte entre des rives plates, peu accidentées et presque nues, ne fait guère comprendre le sentiment d'admiration qu'éprouvèrent les Indiens et les colons d'Europe en découvrant ses rives. C'est qu'avant d'arriver à Cincinnati, le paysage n'a plus rien de grandiose, plus rien de la fraîcheur que lui donnait la nature dans sa primitive beauté. Les forêts sont détruites, les rives sont couvertes de champs de maïs, de fermes, et de plus en plus, à mesure qu'on s'approche de la ville, des fabriques de toute espèce annoncent l'activité d'une population industrieuse et riche, mais sont loin d'ajouter du charme aux aspects de la contrée. Le chemin de fer longe la rue de l'un des faubourgs de Cincinnati et pénètre dans la ville entre des rangées de fonderies, de scieries à la vapeur, de magasins et de machines de toute espèce, de chantiers en pleine activité où se dressent les carcasses d'énormes bateaux à vapeur. C'est précisément ces constructions colossales et le grand nombre de steamers qui se pressent côte à côte le long de la rivière, ce mouvement, ce travail maritime dans une cité d'intérieur, qui donne à Cincinnati son caractère particulier. Ni Bâle, ni Cologne, ni Lyon même ne peuvent donner une idée d'un spectacle qui n'appartient guère qu'aux ports de mer. Dans certains moments, il y a au port plus

de cent de ces énormes steamers , plus grands que des vaisseaux
à trois mâts, chargeant et déchargeant des cargaisons fabuleuses,
arrivant du Mississipi, du Wabash, du Cumberland, du Ténesee,
les uns se préparant à descendre la grande artère où se verse l'O-
hio, d'autres à remonter quelqu'un de ses nombreux affluents.

En ne consultant que la beauté et l'avantage mercantile d'une
situation, celle de Cincinnati n'aurait pu être mieux choisie. Je dis
choisie : le terme n'est pas tout-à-fait juste, car si l'on en croit la
tradition, le hasard ou la Providence a ici joué son rôle d'une
manière évidente. Les trois premiers défrichements dans la vallée
du Miami avaient été commencés en même temps, au milieu d'Indiens hostiles; l'un au *Nord Bend*, une courbure de l'Ohio plus à
l'Est : le second à Columbia dans une vaste plaine qui, des bords
de l'Ohio, remonte le petit Miami; le troisième à la place où existe
actuellement Cincinnati. Ces trois établissements augmentés chaque jour par l'arrivée de nouveaux colons, se disputaient la prééminence, prétendant chacun d'eux devenir le siège du gouvernement et le séjour des troupes envoyées pour protéger les colonies
et pour lesquelles il était nécessaire de construire un fort. Le premier détachement de ces soldats protecteurs était commandé par
un jeune enseigne nommé Luce, qui s'était arrêté au Nord-Bend
avec l'intention décidée de commencer là l'érection du fort proposé. Bien que ses instructions le laissassent libre de choisir la
place la plus favorable, tous les rapports faits par ce jeune officier représentaient la position du Nord Bend comme étant de
beaucoup la plus avantageuse. Et quelle localité aurait pu avoir
en effet plus d'attraits pour notre enseigne, puisque dans l'un des
blokhouses de la colonie habitait une Dulcinée aux yeux noirs,
qui s'était emparée de son cœur et recevait de lui de fréquentes
visites. La dame était mariée, et le mari s'apercevant du danger
qu'il courait, abandonna ses défrichements commencés au Bend et
s'en fut rejoindre la colonie de Cincinnati. Dès-lors l'affaire chan-
gea de face, et l'officier américain reconnut aussitôt son erreur sur
les avantages d'un emplacement militaire. Ces avantages, il les
trouvait tous réunis maintenant à Cincinnati, et malgré l'opposition
de quelques-uns de ses supérieurs, il parvint à les faire reconnaître ou à faire prévaloir son avis. Ne savons-nous pas tous combien
l'obstination donne de force, et combien les amoureux sont obs-
tinés. Les troupes transportées bientôt à Cincinnati furent suivies

par le reste des colons du Bend qui se trouvaient là maintenant exposés sans protection aux attaques des sauvages. L'année suivante de nouvelles troupes arrivèrent, on commença la construction du fort Whasington qui devint un des points militaires les plus importants des Etats-Unis, et bientôt les colons vinrent en foule élever comme au défi cette ville dont le sol avait coûté au premier propriétaire, en 1790, vingt-cinq sous l'acre, et dont les emplacements pour constructions se vendent maintenant jusqu'à mille francs le pied carré. — Si les dames des temps passés ont contribué quelquefois à la destruction des villes, et l'histoire d'Hélène en fait foi, on voit que sans sortir de leur rôle elles ont amené parfois un résultat tout différent.

Nous disions qu'en ayant égard uniquement à la beauté et à l'avantage mercantile d'une situation, celle de Cincinnati n'aurait pu être mieux choisie. En effet, la ville s'étend à l'aise dans une vaste plaine, entre l'Ohio qui l'enferme au sud dans une de ses sinuosités, et une chaîne de hautes collines qui, en demi-lune, l'encercle vers le nord. A une latitude plus élevée et dans une contrée froide, ces collines formeraient un excellent abri contre les vents glacés du Nord. Mais ici, la température déjà excessivement chaude en été devient étouffante par cette enceinte de monticules dépouillés, qui empêchent les courants d'air et jettent sur la ville des torrents de moustiques, de poussière et de soleil. Aussi, malgré l'affirmation des statistitiens, la cité reine de l'ouest, comme l'appellent les Américains, est loin d'être salubre ; elle n'a d'ailleurs pas d'eau, si ce n'est l'eau trouble de la rivière distribuée par des machines hydrauliques. Plusieurs quartiers, celui des Irlandais et des Allemands surtout sont fort sales, de sorte que dans les mois chauds de l'été, elle est abandonnée par une bonne moitié de la population. Malgré ces inconvénients, le torrent de l'émigration s'y porte ; car c'est une de ces villes où la vie est agréable, pour l'Européen qui n'est pas encore fait ou qui ne peut se faire au genre pétrifiant du Yankee : il y trouve plus que partout ailleurs le mouvement et l'animation de nos cités d'Europe, l'extérieur d'une sociabilité plus accueillante, et surtout et malheureusement toutes ces séductions matérielles qui entraînent au plaisir et souvent au vice. On m'assure que l'immoralité des classes inférieures n'est pas aussi dévergondée à Cincinnati qu'elle peut l'être à New-Yorck et à la Nouvelle-Orléans, mais qu'elle n'en est

cependant pas moins effrayante pour être un peu mieux enveloppée d'un voile qui devient chaque jour plus transparent à mesure
que la population augmente.

Cincinnati, comme on l'a dit souvent, est la ville des Allemands.
Ils y habitent un quartier particulier, remarquable bien plus par
son étendue que par la propreté et l'élégance des maisons. La
plupart de ces Allemands sont ouvriers, employés aux chantiers,
dans les fabriques et les ateliers, ou sur le port comme porte-faix.
Hommes de peine et manœuvres, et trop souvent adonnés à l'i-
vrognerie, ils vivent dans un état d'indigence qui ne laisserait
rien à envier à nos plus indigents d'Europe. Cependant il y en a
un bon nombre à qui l'industrie, des habitudes d'ordre et des
talents ont fait acquérir de grandes fortunes, et qui à Cincinnati et
au centre de l'Amérique s'accordent les jouissances de notre civilisation européenne.

Ce quartier allemand compte maintenant déjà plus de vingt
églises consacrées exclusivement aux diverses dénominations des
sectes allemandes. Plus d'une moitié appartiennent aux catholiques, et elles sont, me dit-on, toujours plus remplies que celles des
protestants. La réunion d'un si grand nombre de catholiques allemands à Cincinnati, est due à plusieurs causes. D'abord l'émigration depuis l'Europe est surtout alimentée par le grand-duché de
Bade, la Prusse et la Bavière rhénanes, la Westphalie et l'Alsace,
toutes contrées où le catholicisme domine. Puis, à Cincinnati, les
prêtres catholiques, pour conserver leur influence sur leurs ouail-
les, font les plus grands efforts, non-seulement pour attirer les
émigrants, mais pour retenir dans la ville et garder sous leur surveillance immédiate tous ceux qui y arrivent. L'intolérance du
papisme se manifeste avec autant de force ici que dans les contrées les plus orthodoxes de l'Europe. Les pratiques superstitieuses,
les permis ou les défenses d'inhumation en terre sainte, lorsque le prêtre a été appelé à donner l'extrême onction ou n'a pas
été payé pour aider au patient à mourir, les querelles du prosé-
lytisme, toutes les erreurs de ce zèle produit par les intérêts humains, ne sont ni moins évidentes, ni moins dangereuses, ni moins
tyranniques qu'elles ne pouvaient l'être dans les beaux jours de la
cour de Rome et de l'inquisition. Les catholiques de Cincinnati ont,
sous peine d'excommunication, défense de *lire la Bible et d'autres livres impies* : c'est là l'expression même employée par un.

prêtre dans une circulaire; mais en échange, et pour mériter l'absolution, ils sont tenus d'être abonnés aux journaux orthodoxes, quotidiens et hebdomadaires qui se publient dans la ville, et qui sont tous soumis à la censure de messieurs les curés.

On le voit : dans cette république modèle du Nouveau-Monde, l'esprit de domination de l'homme sur l'homme a trouvé le moyen de se réserver une belle part. Mais peut-il en être autrement? Proudhon a grandement raison quand il soutient que là où il n'y a pas liberté individuelle absolue, liberté sans lois, sans règles, sans autorité de personne et de quoi que ce soit, que par conséquent là où il y a la moindre trace d'organisation sociale, où l'anarchie n'est pas entière, où la civilisation n'est pas radicalement effacée, ou enfin l'homme n'est pas descendu un peu plus bas qu'à l'état le plus sauvage possible, il y a toujours monarchie quelconque: ou bien une monarchie multiple, celle que le peuple s'accorde en se choisissant ce qu'il appelle ses représentants et qui le font cependant obéir à leur gré, ou une monarchie simple, qu'on l'appelle élective, constitutionnelle, héréditaire, comme on voudra. C'est un habit dont il faut bon gré mal gré se vêtir, et la question devient affaire de mode ou de goût. Pour moi, qui suis affectionné à mes vieux habits d'autrefois et qui mourrai probablement avec ma redingote, ma perruque et mon vieux manteau de conservateur, par la raison que je trouve tout cela beaucoup plus commode, plus sain et plus chaud que la barbiche, la carmagnole et le feutre-pot du démagogue, on me pardonnera de n'être pas dans un perpétuel enthousiasme d'admiration quand je juge les institutions de l'Amérique; on me pardonnera de goûter peu cette démocratie soi-disant toute pure, qui laisse l'autorité entre les mains des plus adroits, des plus habiles dans l'art de la brigue, souvent des plus immoraux, et qui la laisse à-peu-près sans garantie.

Si j'avais le loisir de citer et de discuter les faits, je trouverais raisons et exemples suffisants pour mes autorités. Voyez le cas actuel, par exemple. Les élections s'approchent, et les deux partis, whigs et démocrates, sont en présence et vont choisir pour trois ans le gouverneur et la politique de l'Ohio. Cette immense province, à peine à moitié peuplée et presque écrasée par l'abondance de ses produits, n'a guère, on le comprend, pour finances que le crédit public ou le papier monnaie. Où prendre et comment faire circuler l'or et l'argent qui devraient remplacer ce papier pour aider les transactions. L'or de la Californie n'arrive guère jusqu'à nous. Malgré cela, les démocrates n'en ont pas moins pris cette année pour leur *motto* l'abolition du papier monnaie, ce qui revient à l'abolition du crédit, des transactions, du commerce, à la ruine et à la misère. Chacun le sait, chacun le dit. Les démocrates eux-mêmes avouent qu'il faudra bien des années avant que l'état se relève du choc éprouvé. Mais ils voient au loin la résurrection plus brillante, et qu'importent les ruines! On n'y regarde pas de si près quand on veut faire bicoque neuve. Et d'ailleurs, périsse cent fois le navire pourvu que les couleurs ou le drapeau flottent au vent et ne soient pas renversés. Pour moi, qui aimerais mieux voguer tranquille sur un bon vaisseau, voir même sur une planche, que de m'enfoncer sous la vague ou de lutter péniblement à la nage pour l'honneur d'une couleur quelconque, je ne puis m'empêcher de trouver la ruine un peu dure et la tyrannie un peu forte. Et même, je ne saurais m'empêcher de dire qu'il n'est roi ni dominateur en Europe ou dans l'Inde qui osât mener ainsi ses sujets à la corde, les tenir debout ou les renverser à plaisir, à moins que de mériter et de souffrir cent fois la pendaison. Mais voilà! il y a bien des gens qui ne sont pas de mon avis.

Un autre fait qui me frappe, et qui me fait douter plus fort encore de la réalité de la liberté américaine, c'est que je vois le parti démocratique, qui naturellement, ici comme partout, se glorifie du titre de *parti du progrès*, se recruter essentiellement dans la masse des émigrants allemands catholiques qui, sous la direction et par l'ordre de leurs prêtres, jettent toujours leurs voix sur les candidats de la démagogie la plus avancée. Or, je ne puis guère m'empêcher de conclure que l'obscurantisme ultramontain trouve un puissant auxiliaire dans la démagogie de nos jours; que ce sont deux puissances qui s'accordent et qui, sans s'aimer le moins du monde, marchent cependant au même but, celui de tromper le peuple et de le laisser dans l'ignorance pour le courber plus facilement sous le joug d'un despotisme baptisé d'un nouveau nom, du nom de *démocratie* ou même du beau nom de *liberté*.

Mais laissons-là la politique, pour nous élever au sommet d'une des collines qui entourent Cincinnati, car c'est de là seulement qu'on peut bien juger de l'étendue de cette ville naissante. Du pied de l'observatoire, bâti sur l'un des points les plus élevés et les plus rapprochés en même temps, la vue plonge comme à vol d'oiseau sur un immense alignement de rues, de maisons et d'églises. De l'autre côté de l'Ohio, sur la rive Kentuckienne, est Cowington, une autre ville commencée en même temps que Cincinnati, mais où l'on ne voit encore que quelques maisons et des rues correspondantes à celles de la grande cité. De sorte que du haut des collines, et quand la rivière est basse et cachée, l'œil peut suivre jusqu'à l'horizon de larges rues tracées d'abord dans une ville populeuse, marquées ensuite entre des fermes et des plantations pour aller se perdre dans la profondeur des forêts. Supposez ces collines couvertes de maisons de plaisance (et déjà les constructions s'y élèvent de tout côté), supposez les tours des églises un peu plus hautes, et dans quelques années Cincinnati offrira tout-à-fait le même tableau que celui de Paris pris des hauteurs de Montmartre.

Outre la beauté du point de vue, ces collines de Cincinnati offrent plusieurs observations d'un grand intérêt. La formation géologique d'abord en est remarquable, car les marnes du calcaire bleu dont elles sont composées, et qui dans les couches les plus compactes fournissent de bons matériaux pour les constructions de la ville, sont remplies d'une immense quantité de pétrifications, échinodermes, térébratules, trilobites surtout, dont on peut se procurer facilement des espèces fort rares et de magnifiques échantillons. On dirait en les étudiant sur place retrouver les dépôts du Chatelu près de la Brévine, où les paléontologistes suisses ont recueilli tant de belles espèces. Plusieurs naturalistes de Cincinnati, messieurs Clark, Carey, Rehfuss et d'autres, ont entassé de grandes collections de ces fossiles, dont un bon nombre appartiennent à des espèces encore inconnues.

J'avais aussi à examiner sur les pentes, les vignobles dont elles commencent à se couvrir. Je le faisais avec un vif intérêt, car si le Catawba n'a pas encore la réputation et le fumet du Cortaillod, je suis forcé d'avouer qu'après deux ans d'abstinence complète, j'en ai bu quelques verres avec un plaisir tout particulier. Ce vin de Cincinnati et des environs a le goût et la couleur des vins du Rhin, quand la fermentation est complète du moins. Quand on la suspend pour le transformer en champagne, il ressemble parfaitement aux vins mousseux d'Arbois. Par ce que j'en avais entendu dire d'abord, je l'avais jugé tout différent et je m'étais trompé surtout sur son origine qui est toute américaine. Les vignobles sont cultivés par les Allemands, mais le Catawba est une espèce de vigne sauvage abondante dans les bois de l'Ohio et améliorée par la culture et les semis. M. Nicolas Longworth, à qui l'Amérique doit l'introduction de la vigne, a cultivé pendant près d'un demi siècle et sans succès tous les plants les plus célèbres de l'Europe et du cap, même ceux de Salins et de Neuchâtel, et tous pour la quantité et la qualité ont donné des produits inférieurs à ceux du Catawba. Aujourd'hui la culture de la vigne le long des rives de l'Ohio s'étend chaque année; chaque année aussi, à mesure qu'elle se perfectionne, les résultats sont plus remarquables, et le vin d'Amérique a maintenant déjà une supériorité reconnue si grande sur les vins importés, que les Allemands eux-mêmes le paient à Cincinnati à un prix deux fois plus élevé. Une bouteille d'un demi-litre à-peu-près coûte 40 à 60 sous chez les marchands. Il est vrai de dire, pour l'honneur de nos vignobles, qu'en fait de vins importés d'Europe, il n'arrive guère dans notre Ohio que ces gros vins rouges fabriqués à New-Yorck et à Philadelphie avec de l'eau-de-vie, des cerises et d'autres ingrédiens mystérieux, et qu'ainsi tous ceux qui n'ont pas le gosier brûlé par l'alcool doivent trouver une grande supériorité à la boisson naturelle de Catawba. Quant à la quotité des produits, sur une étendue donnée, elle diffère naturellement beaucoup suivant l'exposition et la nature du sol. Un agronome, M. Rentz, a obtenu en 1846, 1300 gallons du produit de deux acres de vigne; et en choisissant quelques places favorisées, M. Longworth affirme avoir fait 1470 gallons en un acre. Mais en moyenne, et en ménageant la vigne,

six cents à six cent-cinquante gallons à l'acre sont estimés une
bonne récolte. En moyenne aussi le boisseau de raisin rend cinq
gallons, et d'après le rapport du célèbre propriétaire déjà cité,
un de ses fermiers cultivant neuf acres de vigne à *moiteresse*, a
obtenu de la vente de sa portion d'une année un bénéfice net de
1400 dolars, ou plus de sept mille francs.

Aussi M. Longworth, sans encourager la culture exclusive de là
vigne, engage-t-il fort les fermiers allemands, surtout ceux qui ont
une nombreuse famille et des aides, à acheter sur les collines de
l'Obio quelques acres de sol impropre aux autres cultures, et qu'on
peut avoir à très-bas prix; à nettoyer le sol des cailloux et à y
planter des vignes. Avec un bon verger, cette culture peut suffire
en commençant au travail et à l'entretien d'une famille, et en
quelques années lui donner l'aisance et même la richesse.

L'excellent et aimable cicerone avec lequel je suis assis sur l'un
des côteaux qui dominent la ville, M. Rehfuss, d'origine allemande, bon naturaliste, grand propriétaire de vignes et riche négociant, m'a fait goûter dans ses caves les vins des meilleures années et des meilleurs *crûs*; il m'a promené dans ses vignes en me
fournissant des détails intéressants sur ses cultures, puis m'a fait
découvrir les gisements les plus riches des plus rares fossiles.
Maintenant il me parle avec enthousiasme de Cincinnati qu'il aime
mieux que sa première patrie; car il l'a vue grandir et à grandi
avec elle. Il serait peu aimable, ce me semble, d'interrompre
ses récits et de couper brusquement une causerie aussi intéressante que le spectacle sous nos yeux est admirable : — « Voyez
» là bas, me dit-il, sur les bords de la rivière ces grands bâtiments,
» les plus grands magasins de l'Ohio et cette église à la haute tour
» blanche, au milieu d'un quartier où les maisons sont si pressées
» qu'à moins d'en démolir quelques-unes, vous n'y trouveriez
» pas un pied de terrain disponible pour la moindre construction.
» C'est le quartier du grand commerce; commerce en gros, d'ex-
» portation pour les farines et les viandes salées, d'importation de
» tout ce qui se vend sur le globe. Sur l'emplacement même de
» ce vaste hangard, long de plus de six cents pieds, qui d'ici vous
» paraît être une caserne de grande ville, et qui n'est autre chose
» qu'une *manufacture de viande salée* (¹), il se passait il y a

_____

(¹) Je ne saurais trouver un autre mot pour ces vastes abattoirs de Cin_
cinnati où les bœufs et les porcs sont tués et préparés pour l'exportation, où

» tout juste soixante ans un événement qui, avec cette ville sous
» les yeux; vous dira mieux que toutes les paroles quelle a été
» l'origine et la croissance de notre cité. Il y avait là, à cette épo-
» que une forêt de hêtres et d'érables, avec un épais fourré de
» benzoin, de sassafras et de vigne sauvage qui faisaient le meil-
» leur gîte possible pour l'affut des bêtes sauvages et des peaux-
» rouges de nos bois. Le 7 octobre 1790, Jacob Vetzel, que j'ai
» connu vieillard et qui est mort depuis peu d'années, était sorti un
» matin pour sa chasse habituelle au double gibier, comme il l'ap-
» pelait. Il s'en revenait après-midi vers la ville qui alors se com-
» posait d'une dixaine de huttes alignées au bord de la rivière, tout
» juste en face de nous, entre la Grande Rue et la Rue Générale,»
(Broadway et Mainstreet, les deux principales rues de Cinci-
nati. D'après le plan de la ville et en les suivant sur le Kentucky
elles ont trois à quatre lieues de longueur). « Vetzel avait été
» heureux ce jour-là, et il venait à la recherche d'un cheval pour
» charger son gibier trop lourd cette fois pour ses robustes épau-
» les. Arrivé sous ce fourré dont je vous parle, notre chasseur
» s'assied un instant sur un tronc renversé pour se reposer et
» essuyer la sueur qui coulait de son front, quand il entend
» un léger bruissement dans les branches et les feuilles. D'une
» main il saisit le museau de son chien qui commençait à gron-
» der, de l'autre sa carabine toujours chargée, et la tête nue il
» se glisse derrière un arbre d'où il aperçoit à cent pas la forme
« indistincte d'un Indien à moitié caché derrière un chêne. L'In-
» dien avait en main sa carabine et lui aussi était sur ses gardes,
» car il avait entendu le grondement du dogue. Et d'ailleurs en ce
» moment le chien que Vetzel avait lâché aboyait de toute sa
» force. En un clin-d'œil les deux carabines sont levées et deux

les viandes sont salées et fumées, le lard fondu, tous les produits recueillis,
emballés et expédiés avec une activité et dans des proportions qui paraissent un prodige. Il arrive souvent dans une seule de ces monstrueuses boucheries, que 600 porcs reçus dans la journée sont prêts à être expédiés le
lendemain matin en tonneaux (saindoux, viandes salées, etc.), le tout
avec autant de propreté et de soins qu'on pourrait le faire isolément dans la
ferme la mieux tenue ou dans la plus propre de nos boucheries d'Europe.
Aussi est-ce à grand tort que les saindoux américains sont peu appréciés en
Suisse, parce qu'on croit généralement que des graisses étrangères y sont
mêlées. Aucune graisse n'est à plus bas prix que celle du porc. Et cette
industrie est pour l'Ohio d'une si grande importance que les producteurs
mettent les plus grands soins à la qualité et à la propreté, pour empêcher la
concurrence.

» coups de feu partent en même temps. Notre chasseur n'avait
» pas été atteint, et sans savoir si son coup avait porté, il s'élance
» le couteau en main pour achever le sauvage ou l'empêcher de
» recharger son arme. L'Indien avait le coude gauche brisé :
» mais il tenait son couteau de la main droite, et au moment où
» Vetzel arrivait sur lui pour le frapper, il pare le coup avec
» tant d'adresse et de force que l'arme du chasseur est lancée
» à plus de trente pas : sans s'inquiéter du résultat, Vetzel se
» jette sur le sauvage, entoure de ses bras de fer et le corps et
» la main armée du couteau, et dans la lutte les deux champions
» roulent sur le sol. Dans la chute, l'Indien avait dégagé son bras,
» mais couché sur le côté droit il ne pouvait en faire usage. Par
» un terrible soubresaut et avec un cri de rage, il parvient à
» se rouler sur le pauvre Vetzel, et le serrant entre ses genoux, il
» se soulève brusquement et lève le couteau pour le lui enfoncer
» dans la gorge. En cet instant et comme notre chasseur se croyait
» mort, son chien qui tournait autour des combattants, profite du
» premier moment d'immobilité, s'élance au cou du sauvage dont
» le couteau lui tombe des mains. C'était le tour de Vetzel qui
» aussitôt se relève sur ses genoux, saisit l'arme et l'enfonce jus-
» qu'au manche dans la poitrine de son ennemi que le dogue n'a-
» vait pas lâché. Tout cela n'avait pas duré plus d'une minute, et
» déjà mon Vetzel ayant pris sa carabine et celle de l'Indien, s'é-
» lança à la course vers la rivière où il trouva son canot et fut
» bientôt hors de danger, car il ne doutait pas que quelques
» peaux-rouges ne fussent à ses trousses. En effet, une troupe d'In-
» diens attirés par les coups de carabine arrivaient sur le lieu du
» combat et poussaient un hurlement de rage en découvrant le
» cadavre de leur plus vaillant chef, que Vetzel n'était pas encore
» hors de vue.

» L'histoire, me direz-vous, sent un peu le chasseur. Mais
» Vetzel était connu autant par la simplicité de ses mœurs et de
» ses récits que par son téméraire courage. Ce n'était pas, à pro-
» prement parler, un chasseur ; c'était un tueur d'ours, un tueur
» de daims, un tueur d'Indiens. Il ne faisait, disait-il, aucune dif-
» férence entre ces trois espèces d'animaux, si ce n'est qu'il pour-
» suivait les derniers avec plus d'acharnement et quelques pré-
» cautions de plus, parce qu'il les envisageait comme des tigres.
» Chose étrange, d'ailleurs, quelques mois après, pendant une

» trève, les Indiens arrivaient à la colonie et demandaient à voir,
» comme objet de curiosité, celui qui avait tué leur grand chef.

» Le vrai peut quelquefois n'être pas vraisemblable. Voyez!
» un peu plus haut sur la rivière, à-peu-près vis-à-vis du débar-
» cadère du chemin de fer, un canot descendait l'Ohio. C'était en
» 1792. Le canot, conduit par deux hommes, portait en outre une
» dame Coleman et un jeune Spencer encore enfant. Des sauvages
» en embuscade font feu sur le canot, tuent l'un des bateliers,
» blessent l'autre, et pour leur échapper Mme Coleman s'élance
» dans la rivière, et soutenue par ses jupons qui, suivant la mode
» du temps, étaient fort épais et fort empesés, elle flotte au cou-
» rant près de deux milles jusque vis-à-vis de la ville, où elle fut
» recueillie et sauvée. Spencer fut emmené en captivité et racheté
» l'année suivante. Vous pouvez lire son histoire écrite par lui-
» même et publiée par les méthodistes.

» Si vous doutez encore de la vérité de ces récits, entrez au
» cimetière presbytérien, et vous y verrez le tombeau de Robert
» Elliot, tué d'un coup de carabine par les Indiens en 1794, entre
» le fort Whasington et Cincinnati. C'est peut-être le seul *blanc*
» scalpé dont les Indiens n'aient jamais montré la chevelure avec
» orgueil. Il était chauve et portait perruque, et le sauvage qui
» s'élança sur lui quand il tomba de cheval, l'ayant saisi par les
» cheveux pour lui promener le couteau autour du front, se re-
» leva tout épouvanté en sentant ce scalpe d'un nouveau genre
» se détacher sans le moindre effort. La perruque en main, il re-
» cule, pousse un cri et appelle ses compagnons qui, avec de
» grands éclats de rire, l'aident à deviner l'énigme. Pendant plu-
» sieurs années, l'Indien Ba-ta-pou est resté la risée des gens de
» sa tribu, qui avaient ajouté un nouveau mot à leur langue pour
» l'appeler perruque. »

Il n'est point de ville au monde d'une étendue pareille à Cincinnati, dont le berceau soit aussi rapproché; il n'en est aucune dont
dont on puisse mieux connaître l'origine et mieux suivre le développement progressif. C'est donc une étude intéressante et toute
exceptionnelle que celle de cette *cité reine*, où l'on trouve un
commencement de tout, et où rien n'est achevé; où les églises et
les bâtiments publics, trop petits avant même d'être terminés,
sont abandonnés pour d'autres qui semblent immenses, et qui
auront le même sort; où des rues sans fin bordées des plus riches

magasins, s'en vont aboutir dans les bois ; où l'on voit surgir des maisons à la file, et où partout l'on fouille le sol, comme s'il s'agissait de réparer les désastres d'un vaste incendie. Il y a des bibliothèques, des musées, des académies, des sociétés savantes, et l'homme de science trouve les collections disséminées dans quelques coins presque inabordables, et ses confrères en histoire naturelle dans des magasins de coton, dans des ateliers de machines à vapeur ou au milieu d'immenses abattoirs où les bœufs et les porcs tombent autour de lui par milliers. Il y a des files de bateaux à vapeur, si grands qu'ils semblent destinés à transporter des cargaisons de géants, et qu'à peine on comprend comment ils se meuvent sur le fleuve, et avant dix ans tous les steamers construits maintenant seront abandonnés dans quelques coins du rivage comme de pauvres bateaux pigmées, insuffisants pour les besoins du commerce. Il y a enfin dans toutes les rues des hôtels en si grand nombre, que tous les voyageurs d'Amérique sembleraient pouvoir y trouver un gîte ; et cependant, les besoins devenant chaque jour plus pressants, des spéculateurs font leur fortune en élevant au centre de la ville un vrai caravansérail, l'hôtel Burnet, où cinq cents voyageurs à la fois peuvent loger à l'aise, et où habitent, en y comprenant les gens de service, jusqu'à mille personnes en un jour.

Voilà ce qu'est déjà maintenant Cincinnati. Aussi est-il facile de prédire sa splendeur future sans ambitionner le titre de prophète. Dans cent ans déjà, dit l'un des meilleurs statisticiens d'Amérique, la cité-reine sera la plus grande ville des Etats-Unis, et l'an deux mille elle sera la plus grande cité du monde. Faisons la part du humbug et laissons encore une fois parler les chiffres, la réalité est assez belle toute nue. En 1800 la population de Cincinnati était de 750 habitants. En 1820, de 9600. En 1840, de 50,000 et en 1850 elle s'élève à 150,000. En 1847 la ville avait 76 églises et maintenant elle en a 202.

« Notre ville est la ville des Allemands, me disait enfin mon cicérone Mais c'est aussi la ville des étrangers, la ville où habitent déjà un grand nombre de vos compatriotes, et où un plus grand nombre encore viendront s'établir. C'est la meilleure raison que je puisse vous offrir pour obtenir l'excuse d'une si longue causerie. »

De Cincinnati, je m'embarque le 9 avril au soir sur un bateau faisant route pour Nashville. J'ai à descendre l'Ohio jusqu'à l'embouchure du Cumberland, puis à remonter cette rivière en traversant le Kentucky et une partie du Ténessee.

Et d'abord, disons un mot des bateaux, qui ne ressemblent en rien à ceux de l'Est et qui n'ont guère en leur faveur que la légèreté de leur coque et leurs dimensions énormes. Pour obtenir ce double avantage, il faut la plus grande économie possible dans les matériaux. Sur la coque inférieure ou la cale qui plonge dans l'eau et qui n'a guère que six à huit pieds de haut, s'élève, soutenu par des poutres inclinées, l'étage supérieur, qui contient les cabines et les salons des passagers. Entre cette cage aérienne et le pont, il y a les machines et les chaudières, quelques cabines fermées pour les matelots ; le reste est ouvert aux vents. Tantôt l'immense bateau est mû par deux roues indépendantes et ainsi par une double machine à vapeur, ce qui lui permet de s'approcher plus facilement des rives ; tantôt ces grands steamers ne portent qu'une seule machine, et alors une seule roue est placée à l'arrière du bateau. La plupart de ces navires sont à destinations fixes, bien qu'ils s'arrêtent sur les rives partout où ils trouvent des chargements et des passagers ; d'autres vont où les besoins du commerce sont le plus pressants.

Bien que le *Caledonia* sur lequel je suis monté, soit à destination fixe, on n'y est pas mieux pour cela et nous n'en marchons pas plus vite. Les stations à chaque instant répétées sont fort longues, la société nombreuse n'offre pas le moindre intérêt. De plus, la nourriture est mauvaise, les lits sont détestables ; l'eau que nous avalons est l'eau noire et tiède de la rivière. Les quelques jours de cette navigation intérieure, qui se poursuit entre les rives plates et uniformes de l'Obio, où la verdure commence à peine à poindre et où de temps à temps seulement on aperçoit quelques pêchers en fleurs, n'offrent rien d'intéressant ni d'agréable. Le meilleur, je le crois, c'est de les employer à étudier un peu cette grande vallée du Mississipi que nous traversons maintenant, et de réunir en un seul faisceau les bribes d'histoire naturelle recueillies dans de précédentes explorations et rassemblées depuis deux ans. Ce sera le sujet des pages suivantes. LÉO LESQUEREUX.

(La suite prochainement.)

·MISSION DE LA LITTÉRATURE,

ET DU ROMAN EN PARTICULIER.

EMILIA WYNDHAM, Traduit librement de l'anglais par l'auteur des *Réa-lités de la vie domestique* (¹).

Le goût des romans, sous une forme ou sous une autre, si général à toutes les époques, n'est pas un goût simple. Il se rattache à plusieurs tendances assez distinctes, quoique souvent réunies chez le même individu. Mis tout simplement à l'index par quelques moralistes, par tout un parti respectable et consciencieux, il faut l'avouer, le roman mériterait cet arrêt si on l'envisageait sous une seule face. Par un côté il se rapproche de certains penchants qui finissent par maîtriser leur homme : le jeu, les boissons enivrantes, l'opium. Il touche au vice en ce qu'il peut devenir une sorte d'appétit, agissant impérieusement sur l'individu, l'emportant par surprise ou de haute lutte dans tous les cas d'affaiblissement d'une volonté que son habitude tend de même à énerver. Il n'y a que trop d'analogie entre l'honnête et faible lecteur de romans, qui se gourmande le soir d'une journée perdue au milieu de ses volumes, les invectives que s'adresse le joueur à demi ruiné, et les sages discours du buveur conservant un reste de raison.

Et ce ne sont pas les romans seuls qui éveillent et flattent ce qu'on appelle vulgairement *les passions*, qui asservissent ainsi leurs lecteurs. Des œuvres beaucoup plus innocentes exercent la même fascination; en corrompant moins, elles endorment peut-être davantage. Le ressort du cœur, l'activité de l'intelligence, celle même de l'imagination, tout se détériore à l'usage journalier d'un aliment qui ne laisse qu'une avidité fébrile et sans cesse renaissante.

(¹) Deux volumes in-12. Genève, chez Mmes veuve Beroud et S. Guers; Lausanne, chez Georges Bridel, Neuchâtel, chez J.-P. Michaud, prix 5 fr.

Les grands dévoreurs de romans deviennent incapables de tout, et même d'en mettre au jour de supportables.

Si le goût des romans n'avait pour excuse que de charmer notre paresse et de nous ravir à la vie active, nous n'entreprendrions certes pas de le défendre. En le subissant comme un fait, nous accorderions quelques rares moments de cette pâture à certaines situations exceptionnelles dont la résignation chrétienne fait seule accepter le faix, mais auxquelles la distraction est nécessaire pour retrouver un peu d'élasticité. Une sorte de galvanisme est quelquefois salutaire à une imagination lassée.

Mais les romans de quelque valeur ont le mérite incontestable de donner à la fois satisfaction à la sagacité du moraliste, au plaisir de la vérité reproduite et au besoin de l'idéal. La curiosité des aventures d'un individu n'est pas la seule excitée, les aventures secrètes, les mystères compliqués de l'ame sont le légitime objet de la curiosité de plusieurs lecteurs. Tantôt c'est une lueur qui nous explique ce que nous n'avions pas su comprendre chez autrui; plus souvent un trait vif qui nous force à rentrer en nous-mêmes et à nous dire : *Je suis cet homme là*. Vous le trouveriez ailleurs et sans danger, nous dit-on. Ailleurs, hélas ! dans l'éclat immaculé de son essence, combien de fois les réserves de notre cœur ne se sont-elles pas levées contre la vérité. Pris par surprise nous sommes ici contraints de lui rendre les armes. Certains caractères ont besoin de l'émulation d'un idéal dont leur imagination soit saisie. Nous avons connu une personne de cette nature ; dans sa jeunesse elle aimait à dormir tard ; elle se corrigea sitôt qu'elle eût vu *Clarisse Harlowe* se lever à cinq heures du matin. Qu'on ne rie pas de cette apparente puérilité; il n'est pas donné à chacun d'en être capable: elle se rattache à ce qu'il y a de plus noble dans l'ame : l'admiration contagieuse du bien.

Tout cela, dira-t-on, peut se rencontrer dans une biographie. D'accord, jusqu'à un certain point; aussi la lecture d'une biographie sincère est-elle vivement appréciée par tous ceux qui goûtent le roman en moralistes. Mais sans parler de l'impérissable soif de l'idéal, où trouver cette biographie parfaite où l'auteur ait pu ou dû consentir à dépouiller son ame de toutes ses enveloppes? L'Angleterre a lu avec fureur les aventures du ménage de Samuel Pepys, et les épingles dont le piquait vertueusement la jeune fille de qui il voulait prendre la main à l'église. Mais depuis deux cents ans cette étrange confession dormait sous son chiffre, et on ne rencontre tous les jours, ni des saints comme le grand évêque d'Hippone, ni un observateur à la fois candide et sagace comme le bon Lavater, ni, grâce au ciel, un pécheur enivré du fumet de ses vices, qui les reproduise avec l'art funeste du pauvre Rousseau. Au fait, quelque paradoxal que ceci puisse sembler, la fiction habile est plus vraie que la réalité. «L'art est plus vrai que ce qui n'est pas l'art, » disait un admirable critique. Le voulût-on ? qui saurait consigner dans sa propre histoire ces impressions obscures, fugitives, mais caractéristiques, ressenties au plus profond de l'être, et que le mouvement de l'inspiration ramène vivantes sous la plume de l'artiste ? Un poète, un romancier met plus de l'intimité de soi-même dans son œuvre qu'il n'en a jamais confiée à son meilleur ami.

Cette vérité du cœur se trouve dans tous les romans distingués, lors même que leur tendance ne passe pas pour formellement morale. En fait de fictions on est moral à deux conditions : être vrai, et ne pas rendre le mal aimable. Mais il faut qu'elles s'y rencontrent : la fiction est justifiée par l'effet qu'elle produit, quoiqu'elle doive souvent y arriver par une route interdite au vulgaire. Ce qui réveille en nous le sens de l'idéal, touche aux racines de l'être moral : et voilà la pure fonction de la poésie. C'est couronné de l'auréole du prophète que le poète devient l'instructeur des peuples, et sous ce point de vue, les ambitieuses prétentions dont on a étourdi nos oreilles dans la période qui vient de finir, étaient aussi fondées en droit, qu'en fait dépouillées de substance.

Le but du romancier est à la fois plus direct et plus modeste. Dans le roman se donnent rendez-vous l'éducateur et l'artiste ; la perfection du genre serait dans la juste mesure des deux éléments ; mais si elle est là aussi rare qu'ailleurs, ce n'est pas que les romanciers se fassent faute d'y prétendre, témoin les préfaces et avertissements des plus suspects en fait de moralité. J -J. Rousseau avait du moins la bonne foi d'interdire aux jeunes filles la lecture de sa *Julie*.

Du reste, il en est des romans comme de l'éducation de l'enfance, les réflexions de l'auteur ne donnent pas plus le ton véritable à ceux-là qu'à celle-ci les sermons des parents. L'influence active résulte de la tendance générale. Et c'est pourquoi on peut qualifier de livres salutaires les romans fidèles à leur principe, ceux qui visent réellement à mettre en lumière une vérité morale,

et qui savent la faire ressortir du fond en évitant de la prêcher
en forme: Mais il faut toujours tenir compte de l'âge et de la position des lecteurs.

Quand on revient sur les romans de quelque mérite, on est toujours frappé de la prééminence de l'Angleterre. Quelques romans
français sont des chefs-d'œuvre, mais la masse en ce genre est
d'une infériorité qui étonne dans une littérature d'ailleurs si remarquable. Les romans allemands sont pour la plupart d'une sen-
timentalité fade ou dangereuse; bon nombre d'entr'eux oscillent
entre un idéal sans vérité ou une vulgarité matérielle.

L'avantage des Anglais ne se rattacherait-il pas à la même cause
qui donne à leurs institutions politiques à la fois la liberté et la
fixité : un heureux tempérament entre le sens pratique et le sens
idéal? Les mœurs générales de la race anglaise, l'influence solide
de la moralité, la disposition à réaliser dans la vie ce qu'on reconnaît pour vrai en principe, l'esprit d'entreprise uni à la persévérance de la volonté, tiennent jusqu'à un certain point à cette
fusion. Malheur à qui prétendrait que le sens moral n'est autre
chose que cet équilibre. Mais cet équilibre lui est nécessaire pour
s'asseoir et se consolider; le germe céleste, à la fois principe et
pratique, ne porte tous ces fruits que dans ce terroir. La littérature
y puise la double sève qui la nourrit; elle est à la fois plus vivante
et plus idéale.

Ceci nous rapproche de notre sujet : *Emilia Wyndham* est un
de ces ouvrages intimément anglais, où se combinent les deux tendances de l'éducateur et de l'artiste. Le premier l'emporte cependant, le romancier a des *intentions* et les avoue Mais ce qui
est remarquable, c'est qu'il n'avoue que les intentions secondaires.
Une idée sublime ressort de son livre sans y être formellement
exprimée : l'empire de la volonté sur ses affections. La fatalité fait
le fond de l'élément romanesque; le roman vulgaire, appuyé sur
l'idée de la force invincible du sentiment, fait mouvoir autour de
cette base les divers évènements de la vie. On y chante sur tous
les tons :

> « L'amour, ne peut se commander,
> Mais heureux celui qui l'inspire! »

C'est toujours un jeu où chacun gagne ou perd selon sa chance;
et il faut du courage et du talent pour apprendre aux lecteurs que
ce refrain n'est qu'une sornette, illustrant à son insu une **pensée**

bien plus vieille que l'opéra et que le roman lui-même : la pensée
payenne, moins le stoïcisme.

L'atmosphère d'*Emilia* est au contraire celle de la liberté. C'est
la réalisation de l'idée chrétienne, la domination de l'homme sur
soi-même, la souveraineté qu'il reprend sur ses propres penchants,
et dans un sens jusque sur la vie, quand il a commencé par en
accepter de bon cœur les nécessités comme des volontés providentielles. Devoir, lutte, sacrifice, paix : telles sont les péripéties
du drame qui se déroule dans l'ame d'une jeune femme à l'esprit
élevé, à l'imagination vive, au cœur droit et simple, qui déploie
dans les humbles détails d'une vie ignorée un héroïsme presque
idéal. Nous disons *presque*, parce que, d'abord, nous croyons
tout héroïsme de ce genre renfermé en puissance dans le vrai sentiment chrétien, et ensuite parce que celui d'Emilia est çà et là
tempéré par des traits de nature qui mettent le sceau de la réalité
à une création, sans cela trop exceptionnelle. Ainsi son émotion
lorsqu'elle revoit pour la première fois le colonel Lenox : la scène
qui suit avec son mari, sa rougeur, son œil baissé devant le regard
soupçonneux de M. Damby. Il est quelques-uns de ces traits de
vérité dont nous avons regretté l'absence dans la traduction. Par
exemple, tant que l'espoir de vivre d'une affection partagée s'est
maintenu au fond du cœur de la vive et courageuse Emilia, elle a
conservé au travers d'une effrayante accumulation de malheurs, une
certaine vie, un entrain dans sa personne, ses manières, le son de
sa voix, qui dure jusqu'au jour où elle doit renoncer au rêve de sa
jeunesse. Alors sa voix se brise, son pas se ralentit, son œil s'é-
teint, une femme pâle et grave prend la place de la jeune fille
animée et gracieuse. « Le soleil de sa vie est couché. » Le traducteur n'a pas oublié la transformation, mais il a négligé quelques-
unes des expressions qui la caractérisent le mieux.

Plus tard nous rencontrons Emilia seule dans la *nursery* des
enfants Lenox. Elle est heureuse de s'occuper d'eux ; privée d'enfants alors, elle jouit de promener entre ses bras un nourrisson
endormi : la douce haleine de l'enfant, l'air vivifiant du vaste appartement dont les larges fenêtres ouvrent sur les gazons du parc,
le soleil, la verdure, le grand ciel, le calme de la scène, contrastent avec sa vie de tous les jours, avec l'épaisse et sombre atmosphère de sa petite maison, de sa rue étroite et bruyante. Elle y
éprouve une paix, un bien-être nouveau pour elle, « c'est le plus

grand plaisir de sa vie. » Au même instant arrive le colonel : il s'en-
suit une scène traitée de main de maître, et que le traducteur a
très-heureusement reproduite, comme en général toute la partie
dramatique du livre. Mais il a supprimé ce qui fait le charme et
la vérité de l'avant-scène, les impressions si naturelles d'Emilia.

On le sait, en traduisant les ouvrages anglais, on est fréquemment obligé de les resserrer pour ménager l'impatience et le goût
plus délicat des Français. Mais ces opérations ne devraient entamer
ni les traits de mœurs et de caractère, ni la couleur générale de
l'œuvre. Cette fois-ci, l'ensemble, l'aspect général du livre s'est
trouvé sensiblement modifié, soit par les retranchements, soit par
les altérations. Par exemple on se demande pourquoi, au lieu de
suivre l'original qui nous montre M. Damby mari heureux et tendre, mais conservant jusqu'à la fin ses manières, son tour d'esprit,
une partie au moins de ses habitudes laborieuses, la traduction
lui fait remettre ses bureaux à son premier commis, et passer sa
vie à la campagne. Certes c'est bien assez pour un légiste incarné
comme M. Damby de donner trois jours aux ombrages et à l'herbette, grâce aux facilités des *chemins de fer*, petit trait d'actualité, heureusement glissé dans l'original.

Deux légers détails feront comprendre comment nous entendons
les altérations heureuses et celles qui ne nous le paraissent pas :
Sir Herbert, oncle d'Emilia, pèle et mange tranquillement une
pomme au moment même où il foule aux pieds les plus légitimes
sentiments de sa nièce. C'est un trait de caractère que le traducteur
a bien conservé, tout en remplaçant fort à propos la *pomme*, fruit
recherché en Angleterre, par une *orange*, dessert un peu plus
élégant chez nous. D'autre part, Emilia mariée se fait faire un chapeau qui lui va à ravir, qui excite l'admiration de son père, le
dépit de sa belle-mère, et qui lui donne un charme de plus devant
l'amour muet et soupçonneux de son mari. Ce chapeau, qui n'a
point de couleur en anglais, se trouve *groseille* en français. Comment fera le lecteur qui n'aime pas la couleur groseille pour trouver Emilia de son goût là-dessous, et se représenter les impressions de ceux qui l'entourent ? Le grand secret de l'auteur n'est-il
pas de lancer l'imagination du lecteur sans la circonscrire, et
surtout quand il est question de charme plutôt que de pittoresque?

Mais ici l'artiste s'est de plus en plus effacé devant l'instituteur.
Nous aurions désiré que la traduction eût conservé aux réflexions

dont l'original est parsemé tout leur caractère de personnalité. Au
fait, jamais réflexion ne devrait couler de la plume d'un romancier en qualité d'auteur. Celles d'*Emilia Wyndham* sortent de la
bouche d'un ami de la maison, qui, à la vérité, attend la fin pour
se montrer expressément en anglais comme en français. Mais dans
le courant de la traduction on ne peut guères supposer un narrateur
distinct de l'auteur, tandis que, dans l'original, perce partout une
individualité particulière. C'est une teinte de bonhomie, de sage
indulgence en même temps que de sagacité, l'accent d'un vieillard
aimable qui redresse quand il le faut, mais qui aime mieux excuser,
qui fait la part des natures diverses des amis dont il raconte l'histoire. Il y a là plus de réalité et, à la fois, plus de poésie.

Il est un sens dans lequel nous approuvons fort la modification
d'*Emilia Wyndham*. L'ouvrage anglais a une teinte religieuse
assez marquée, mais dont on ne pourrait dire qu'elle soit positivement chrétienne. On ne sait si l'auteur a craint d'éveiller des préventions, et voulu agir sur la classe commune des lecteurs de
romans sans exciter de défiance, ou enfin s'il se rattacherait au
bord unitaire. Quoi qu'il en soit, l'idée que, sans une aide supérieure, l'humanité puisse triompher dans une telle lutte, étant la
plus insigne des illusions, nous remercions vivement le traducteur
d'avoir mieux précisé la nature de la religion, et par là, mieux
mis en lumière ce qu'il y a de surnaturel dans la force accordée
à l'héroïne. Rien de trop d'ailleurs sous ce rapport, rien qui ne
convienne à une représentation de la vie, touchant sans cesse à ce
qu'elle a de sérieux, même de tragique. Dans l'ensemble, la traduction a beaucoup de vie et de liberté, et si nous ne pouvons
nous empêcher de regretter, en un sens, que le traducteur se soit
un peu trop approprié une œuvre dont nous aimerions à retrouver
le parfum original, d'autre part nous profitons du bon côté de
cette assimilation : rien n'y rappelle la traduction.

Du reste, si la lecture d'*Emilia Wyndham* excite à la fois un
vif intérêt et donne une grande leçon, il n'y faut pas chercher le
trait des romans français actuels, ni même de quelques romans
anglais comme *Jane Eyre*, *Shirley*, *Vanity's Fair*, ni l'originalité vigoureuse ou fantastique de Dickens. L'auteur, évidemment une femme, dessine plus qu'elle ne peint, elle a peu de
grands traits, son dialogue, simple et naturel n'a rien de très-vif;
elle raconte quelquefois un peu trop des personnages, du moins

ils se montrent autant par l'analyse de leurs sentiments que par leurs paroles. Mais tous les caractères sont vrais, tous en général bien soutenus, mille nuances sont indiquées avec délicatesse, personne ne cherche à y faire de l'esprit. Ce qu'il y a de vulgaire dans les entours d'Emilia à la seconde portion de sa vie, sert de repoussoir, et n'est là que pour faire ressortir le courage d'une ame élevée au-dessus des recherches d'élégance et d'agrément qui sont pour tant de gens une véritable vie. En tout, le sens moral, la sensibilité, la délicatesse, le naturel, nous semblent les qualités dominantes de l'auteur. Peut-être pourrait-on lui reprocher un léger manque d'art dans la manière de préparer ses évènements; du moins, selon nous, elle aurait pu insister davantage sur des transitions qu'elle a cependant toujours indiquées. Elle appuie avec grande raison sur le danger de l'inattention trop fréquente des maris pour les sentiments de leurs femmes et pour la nature particulière des exigences de celles-ci en fait de bonheur, même dans le cas d'une affection vraie. Nous abondons dans son point de vue, mais nous ne savons si la partie inculpée recevra de très-bonne grâce un conseil aussi direct, rendu plus direct encore dans la traduction.

Nous avons plus d'espoir dans l'effet de la belle leçon qui ne s'exprime pas formellement, mais qui fait pour nous le principal mérite d'*Emilia Wyndham*. Vouloir aimer est déjà la moitié d'aimer. C'est un principe d'une immense portée, car la liberté de l'amour est en l'homme le reflet de la vie divine. Si notre impérissable espérance se fonde sans relâche sur l'amour qui nous a été montré, ce n'est pas, hélas! que rien en nous pût attirer ou mériter cet amour, mais c'est qu'une volonté souveraine a résolu de nous aimer. Mais pour qu'on y croie, ce principe a besoin d'être vu au travers d'une vie. La jeunesse est là-dessus peu disposée à croire sur parole, et quoique l'héroïsme qui maîtrise jusqu'aux sentiments porte avec soi sa récompense, puisqu'il rétablit l'homme dans son harmonie, on a grand'peine à le comprendre dans un âge d'ailleurs si disposé à sympathiser avec l'héroïsme en action.

LA POÉSIE SATYRIQUE

DANS LA SUISSE ROMANDE,

AUX XVIe, XVIIe ET XVIIIe SIÈCLES.

Nous avons dit dans un précédent essai sur la poésie dramatique dans nos cantons romands ([1]), que vers la seconde moitié du seizième siècle le drame eut chez nous une tendance presqu'exclusivement satyrique. De là ces pièces en assez grand nombre qui ne furent évidemment point faites pour être représentées, et qui ne sont autre chose que des pamphlets amers et virulents dirigés de Genève surtout contre la cour de Rome. Ces comédies satyriques, le *Marchand Converti* (1558), les *Satyres chrétiennes de la cuisine papale* (1560), le *Pape malade*, sont restées comme des modèles du genre, à côté d'autres productions sorties aussi de l'officine genevoise; mais qui empruntent moins directement la forme dramatique, comme *Christus Papa*, le *Pape et l'Antechrist*, la *Mappemonde papistique* et quelques autres auxquelles la mode bibliographique attribue en ce moment un prix très-élevé. Ces divers titres indiquent du reste à quel ordre d'idées ces satyres appartiennent, et tout en admirant parfois cette verve, cette ironie, ce sel jetés ainsi à pleines mains, on ne peut s'empêcher de déplorer l'abus de ce genre de polémique qui d'ailleurs, il faut l'avouer, pèche souvent aussi par l'absence de goût et d'atticisme. C'était le moment de la lutte, et la charité chrétienne était parfois singulièrement méconnue dans ces opuscules, auxquels les hommes les plus éminents de la réforme, les Bèze, les Viret, marchant sur les traces de Henri Estienne, cet admirable pamphlétaire, ne craignirent pas de mettre la main.

([1]) Voir *Revue Suisse* de 1848, tome XI, pages 155 et 202.

Il suffira amplement, pour le but que nous nous proposons, d'analysèr une seule de ces pièces, le *Pape malade* (¹). Nous choisissons celle-là parce qu'elle est une des plus rares, la plus remarquable de toutes sous le rapport de la composition, et enfin celle où le caractère du talent de Théodore de Bèze se retrouve le mieux.

Une analyse du *Pape malade* sera ici d'autant plus à sa place, que celle que l'on trouve dans la bibliothèque du théâtre français du duc de La Vallière (¹) est complétement inexacte et insuffisante, comme en général celle de toutes les pièces de ce genre dues à des auteurs réformés.

La pièce est précédée d'un avis de « *l'autheur au lecteur fidèle*, » dans lequel il s'exprime ainsi : « Quant à ce que j'intitule « ce présent jeu *comédie*, et toutefois je ne retiens point la mode « des anciens comiques, qui ont distingué leurs comédies en actes » et scènes, je laisse au jugement de ceux qui s'entendent en telles » choses, à cognoistre s'il ne m'estait pas aisé de le faire, veu l'ar- » gument que je traite et les divers personnages que j'introduis. » Toutefois, ayant esgard que j'écrivais pour les simples, j'ay » pensé qu'un fil continuel leur playrait plus que ces interruptions » qui se font ès scènes, et l'artifice qu'on tient ès comédies. Ce- » pendant je n'ai pas laissé de donner à ce mien jeu ce nom, parce » que le définiment de la Papauté qui est prochain apporte, après » maints troubles et persécutions, repos et consolation à l'Eglise » de Dieu, au milieu de laquelle Jésus-Christ, après qu'il en aura » deschassé cet ante-christ, règnera par sa parole. » ¹

Vient ensuite une dédicace AUX JEUX HIERAPOLITENSES, AU GRAND THÉATRE NOUVELLEMENT SACRÉ, AUX SAINCTES ET SÉRIEU- SES MUSES.

(¹) COMÉDIE DU PAPE MALADE ET TIRANT A LA FIN (en vers, sans distinction d'actes ni de scènes, avec prologue) où ses regrets et complaintes sont au vif exprimées, et les entreprises et machinations qu'il fait avec Satan et ses suppôts pour maintenir son siège apostatique, et empescher le cours de l'E-vangile, sont catégoriquement descouvertes. Traduite du vulgaire arabic en bon Roman et intelligible par Thrasibule Phénice, (Théodore de Bèze) avec privilége MDLXI, in-16, de 72 ff. sign. Sans nom de lieu (*Genève*). Très-rare.

(²) Cette pièce existe aussi en latin, comme la plupart des ouvrages calvinistes de ce genre qui paraissaient simultanément dans les deux langues.

L'argument qui précède le drame indique clairement le sujet :

Le Pape prochain de la mort,
De se venger fait son effort ;
Et sentant de Dieu la tempeste
A le ruiner toute preste,
Consolé par sa *mômerie*,
(J'entens *Prestrise* et *Moinerie*
Qui sont ses enfants premiers nés
Qu'il a de tant de biens ornés)
A Satan seul a son recours
Attendant de lui tout secours.

Quant au but de l'auteur, il est clairement indiqué dans ces vers du Prologue :

Ce jeu-ci est pour ceux qui le Pape détestent,
Et contre les abus pour *vérité* contestent.
Sus, sus donc, Huguenaux, que l'on vous voie en place
Pour veoir si vous avez si maigre et triste face
Qu'on bruit, et si complots dressez pour vous détruire
Quand il en est saison vous empeschent de rire.
Je n'entens pas d'un ris profane et sans science,
Ains partant du repos de bonne conscience.

Les personnages sont *Prestrise, Le Pape, Moinerie, Satan, L'outrecuidé, Philante son valet, l'ambitieux, l'affamé, l'hypocrite, le zélateur, Vérité, l'Eglise.*
Prestrise commence :

Père très-sainct, appuyez-vous
Sur mon espaule, allez tout doux
De peur d'esmouvoir vostre rheum

LB PAPE..

Mon foye est dur comme une enclume,
Tant j'ay la ratelle oppilée !

. . . .

Un peu de poudre d'*oremus*
Et autant de *Te rogamus*
Servirait bien de cataplasme.

Père, je ne crains que le pasme
Et si ne fay que tressaillir
Que vous veniez à tressaillir,
Ce qu'advenant, me voilà morte,
Ou misérable en toute sorte.

Satan, informé de la maladie du pontife, part

.... pour aller visiter
Et grandement solliciter
De son devoir monsieur le Pape.
J'ay grand peur (dit-il) que la mort le happe,
Il est ja bien intéressé
Ladre, pourri, vieil et cassé.
Si faut-il faire mon message
Pour lui eschauffer le courage
A tenir bon par monts et vaux
Contre ces maudits Huguenaux.

Le pape fait ses doléances à Satan :

Mon ami, je m'en vay mourir
C'est fait de moy, je n'en puis plus
Et suis desja comme perclus.

SATAN.

Père sainct, je ne suis pas loin,
Et pense à vous donner secours.
Mais quand i'ay fait tous mes discours
Je m'y trouve bien empesché.
Car je croy que c'est le pesché
Qui vous navre la conscience :
Et moy je n'ay pas la science
D'oster ce mal, ni le pouvoir;
Autre mire vous faut avoir.

LE PAPE.

Hélas quoy donc ?

SATAN.

A ce ne touche
Car j'ay qui me ferme la bouche.

MOINERIE.

Mais voirement à mon advis
Si par manière de devis
Vous vous confessiez un petit,
Vous recouvreriez l'appétit
Après avoir jetté dehors
La poison qu'avez dans le corps.

Ici commence une scène où l'auteur du *Malade imaginaire* semblerait presque avoir pris quelques-uns de ses traits, tant il y a d'analogie dans les deux situations.

LE PAPE.

Tout beau, vous avez incité
Criant si haut près de dormir
Mon cœur tant malade à vomir.
Ouah, ouah !

MOINERIE.

Poussez, jetez hors cette ordure
Cela vous servira de cure.

PRESTRISE.

Sainct Boguelu, que d'infamie.
Je crois que c'est de la mummie,
Car il ressemble à chair humaine
Dont sa panse était toute pleine.

SATAN.

Et pourquoy trouves-tu estrange
Que quelqu'un rende ce qu'il mange?
Il a tant mangé d'orphelins
En guise de bons poupelins,
Et beu le sang de mainte vefve
Que je m'esbahi qu'il n'en creve.

LE PAPE.

Ouah, ouah.

PRESTRISE.

Rendez tout sans rien retenir.

a, ï ne peu ï us   ï,
J'ay là dedans je ne say quoy
Qui fait que je suis à requoy
Et qui me tient le cœur en serre.
C'est je croy la chaire Saint Pierre,
Qui a par trop grande estendue
Pour estre ainsi à coup rendue.

Après une longue consultation, les médecins sont d'accord pour réconnaître que la maladie est plus morale que physique. Ce qui tourmente le Saint-Père c'est le triomphe de la réforme. Satan indique alors le remède qu'il va appliquer :

A mon retour faut que m'employe
Et que mes cinq sens je déploye
A renverser tous les desseins
De ces Huguenauts cauts et fins.

Satan commence sa ronde et va relancer jusque dans le nouveau monde tous les personnages connus par leur haine contre la réforme, un Villegaignon *(l'outrecuidé)* qui s'ennuie fort avec son valet Philante, le seul sujet qui lui reste dans sa colonie du Brésil, l'*ambitieux*, l'*hypocrite*, l'*affamé*, le *zélateur*, qui représentent Artus Desiré, Olivier Maillard, Gabriel de Sacconay et quelques autres docteurs, très-ardents soutiens de la cause romaine.

Satan donne la préférence à Villegaignon, qui combattra d'autant mieux la réforme qù'il fut naguères un de ses plus chauds adhérents. Ce personnage raconte l'histoire de son expédition dans le Nouveau Monde et ses démêlés scandaleux avec les colons confiés à ses soins.

SATAN.

Que veut dire ce diadesme
Et ce bonnet tourné de mesme?

L'OUTRECUIDÉ.

C'est que de la France antarctique
Où j'ai dressé la république
Et de mon cerveau fait la loi
Je suis le grand prêtre et le roy.

SATAN.

Voyci tout un tel personnage
Qu'il me faut : je ne suis pas sage
Si des miens je ne le retiens ;
Or ça, Monsieur, voudrais-tu bien
Entrer au service du Pape ?

L'OUTRECUIDÉ.

Ouy bien, pourveu que j'attrape
Quelque butin pour récompense ;
De moy, j'aime à remplir ma panse.

SATAN.

Tu auras des biens tant et plus ;
Il;a de tout moins que d'escus..... (¹)

Survient la *Vérité* qui rompt ce marché intéressé.

VÉRITÉ.

Vérité suis, de Dieu la fille aisnée,
Pour le salut des humains ordonnée.

Elle met en fuite les ennemis de l'*Eglise*, et celle-ci entonne un chant de victoire :

L'ÉGLISE (à *Vérité*).

Ils pensaient bien ces géans
Pleins de nuisance et moleste,
Gravir au throne céleste
Pour le jetter de ceans ;

Mais d'un clein d'œil seulement
En ta fureur et ton ire,
Tu leur as montré comment
Tu les pouvois desconfire.

Tellement que ton troupeau
Qui fuyant leurs durs encombres
Ne se tenait qu'en lieux sombres,
Voit ores ton soleil beau.

(¹) L'histoire parle d'un Villegagnon, envoyé par Coligny à la découverte de Rio-Janeiro; seulement on ne comprend pas bien pourquoi ce personnage est envisagé ici comme hostile à la réforme. — Voir dans la *Revue des Deux Mondes*, n⁰ du 1ᵉʳ mars 1851, un article de M. A. de Saint-Priest sur *Les Guise*, p. 818.   (*Note de la Rédaction.*)

En voilà bien assez sur nos vieux poèmes satyriques qui revêtent la forme dramatique. Si maintenant nous passons du seizième siècle au dix-septième, nous voyons au premier abord que la satyre prend une autre direction. Le plus fort du combat religieux est passé ; les armes changent ; la réforme a pris son assiette à Genève, à Berne, dans le Pays de Vaud, à Neuchâtel. Le gouvernement de Berne, le plus puissant et le mieux établi des gouvernements protestants de la Suisse, crut devoir dans l'intérêt de l'ordre, de la bonne police, et pour le maintien des relations de bon voisinage avec les cantons catholiques, faire cesser cette guerre d'invectives et d'épigrammes qu'il n'avait pas dédaigné d'encourager quand elle pouvait être utile à ses desseins. Alors ce fut à célébrer la grandeur et la gloire de ces magnifiques Seigneurs que s'évertua surtout la verve de nos poètes. Rien de moins senti, et par conséquent rien de plus faux et de plus insipide que ce genre de productions. Qu'on lise, par exemple, le dialogue *sur la venue de noble et très-honoré seigneur Steiguer, gentilhomme, baron de Rolle, moderne baillif de Nyon* (le 22 octobre 1605). Les interlocuteurs sont Pan et Mercure. Nous citerons, en passant rapidement, les derniers vers :

PAN.

Allons aymablement puisqu'il te plaît, Mercure,
Et chantons d'un accord un air qui toujours dure,
Prenant notre subjet du los de ce Baron
Que reçoit pour Baillif le peuple de Nyon.

MERCURE.

Prends donc ton flageollet, je prendrai ma musette
Qui avait si longtemps au croc été muette,
Et commençons notre air du los de ce Baron
Que reçoit pour Baillif le peuple de Nyon.

PAN.

La France, l'œil du monde, Italie et l'Espaigne,
La Haute Germanie et la basse Allemaigne
N'ont jamais rien produit méritant ce Baron
Que reçoit pour Baillif le peuple de Nyon.

MERCURE.

Jamais on n'entendra par nos belles campagnes
Ni sur le dos bossu de ces hautes montagnes,

« Résonner mon flageol que du los du Baron
Que reçoit pour Baillif le peuple de Nyon.

Le prétendu poète continue sur ce ton pendant une longue série de strophes et d'antistrophes. L'acrostiche *sur le nom du dit Seigneur Steiguer*, le sonnet au même, l'*Echo*, qui suivent dans le même recueil, sont de la même force. Voici un échantillon de l'*Echo* :

> Echo des bois, qu'entend-on par ces prées
> Qui du trésor du printemps sont privées?
> Conte-moi, Nymphe, est-ce pour ce bailli
> Qu'on attendait, qu'on est tant resjoui ?
>
> ECHO.
>
> *Oui.*
>
> Ils ont raison d'avoir resjouissance
> Et de chanter des chansons de plaisance.
> Mais dis, Echo, y a-t-il des humains
> Qui à chanter son los mettent la main.
>
> ECHO.
>
> *Maints.*

Parfois la muse vaudoise ne se contente pas, dans son zèle officieux, de célébrer ses maîtres; elle chante aussi leurs enfants, témoin ce début d'un poème d'Abel Roux sur l'heureuse naissance du fils de très-noble et très-généreux seigneur de Kilchberguer :

> Eternel Créateur de la machine ronde,
> Architecte infini auquel tout bien abonde,
> Te seant au grand trône de la voûte empirée
> Parfait en majesté de gloire couronnée!
> Esleve à toi mon âme, espure mes esprits
> Et d'un styl admirable enrichis mes escrits,
> Afin qu'étant doué du doux miel de Permesse
> Je chante duement l'excellence et noblesse,
> L'éminente beauté comme aussi la naissance
> De ce fils estant né de céleste semence.
> Et toi troupe gentille, voltigeant par les eaux
> Du lac Léman coulant en clairs courans ruisseaux,
> Viens célébrer ce fils à ce grand seigneur né,
> Qui doit (et non sans cause) de tous estre prisé.

Ce n'était pas seulement la langue maternelle que l'on employait pour ce genre nouveau de poésie, qu'on pourrait appeler *bailli-vale*. Voici par exemple la version littérale de quelques strophes d'une épigramme composée en langue chaldaïque et dédiée par maître Jean Hortin, à très-noble, magnifique et très-vertueux seigneur Rodolphe d'Erlach, sur sa très-heureuse introduction au bailliage de Lausanne en 1612 :

> Louez Dieu en tout temps,
> Continuellement claquez
> Tous des mains avec joie,
> Que Dieu a à présent donné
> Et establi sur le gouvernement
> De la province de cette ville
> Rod. d'Erlach (c'est) son nom,
> Beau comme un époux,
> La resjouissance de la ville de Berne,
> Ville de notre Dieu, montagne de Sion, etc., etc.

Bien qu'en citant de pareilles pièces, où la rime n'est souvent pas plus ménagée que la raison, nous soyons presque dans notre sujet, tant il est difficile de prendre cette emphase au sérieux, nous nous hâtons d'aborder plus directement la poésie satyrique.

Il se passa bien des années avant que la satyre, de religieuse qu'elle était au seizième siècle dans la Suisse française, revêtît le caractère politique qu'elle a presque constamment gardé dès-lors jusqu'à nos jours, avec les nuances et les gradations de ton commandées par les circonstances et les temps. Il y eut comme une époque de transition durant laquelle, ne pouvant plus gloser sur l'autel et n'osant pas encore fronder le trône, la poésie satyrique s'exerça dans le domaine plus innocent des sociétés privées. La vie de château, qu'on menait alors sur les rives de nos lacs, prêtait à ce genre de productions qui n'avaient pas précisément d'auteurs en titre et en nom, mais où chaque membre de la coterie apportait son couplet, sa rime, son mot. Citons comme échantillon quelques couplets à *la louange* des demoiselles du Pays de Vaud en 1667 ; aussi bien cette poésie, complétement inédite, comme toutes celles que nous donnerons dans la suite de cet article, n'est pas sans quelque intérêt pour l'histoire de plusieurs familles :

Du Villard, vous êtes prudente,
Aussi vous estes l'intendante
De l'argent de vostre maison ;
Vous gouvernez bien les affaires,
Vous estes aux vostres nécessaire
Et vous chantez avec raison.
    Teranleran.

Lully, vous avez bonne mine,
Vous me semblez adroite et fine,
Vous cachez bien vos sentiments,
Ne soyez pas si politique,
Vos amans vous feront la nique
Et vous diront assurément
    Teranleran.

St Saphorin, vostre grand taille
Vous fait mespriser la canaille ;
Vous regardez beaucoup plus haut,
Vous voulez des braves et riches,
Mais ils sont inconstants et chiches
Et vous chantent au nez tout haut
    Teranleran

De Bussy, vous estes trop sage
Car cela n'est plus en usage
Au siècle qui est à présent,
La modestie perd ses charmes,
Servez-vous , belle, d'autres armes,
Ou l'on dira vous mesprisant
    Teranleran.

Connaissez-vous la *Froideville*.
Elle n'est pas des plus civiles,
Ni le parait que rarement ;
Elle a sa petite cadette
Qui fera bien plus la coquette
Et qui lui chante au nez très-haut
    Teranleran.

Joffrey, vous méritez qu'un prince
Vous fasse don de sa province ;
Cela fut-il déjà bien fait !
Le ciel vous soit toujours propice
A vous qui estes sans malice
Et accomplisse vos souhaits
    Teranleran.

Depailly, vous aimez l'estude ·
Vous vous plaisez en solitude,
Autant en font les beaux esprits ;
C'est là où la philosophie
Se moque de nostre folie
Et nous chante dans ses escrits
    Teranleran.

L'orsochowski a tant de charmes,
Qu'il faut tous lui rendre les armes,
Jusques au plus audacieux ;
Son esprit si doux est facile
Et sa conversation fertile,
Elle dit d'un air gracieux
    Teranleran.

La chanson continue ainsi pendant quarante-huit couplets. C'est une vingtaine d'années après que nous voyons la poésie commencer à se risquer dans le domaine de la satyre politique. La première occasion un peu notable de cette nouvelle tendance fut l'arrivée et le séjour de nombreux réfugiés français que la révocation de l'édit de Nantes en 1685 commença à faire affluer dans nos contrées. On sait suffisamment par notre histoire que l'hospitalité envers ces coréligionnaires ne s'exerça pas sans quelque répugnance et sans une assez vive résistance de la part de beaucoup de gens qui redoutaient pour diverses raisons l'influence de ces nouveaux venus. La première expression de ce sentiment se traduisit à Genève par une chanson patoise sous l'air si connu de la chanson de l'Escalade, *Cé qué lé nò*, dans laquelle on invective assez vigoureusement les refugiés à cause du luxe qu'ils avaient introduit, du tort qu'ils avaient fait au commerce en général ; pour l'avantage du leur en particulier, et la pratique de la contrebande avec la France, par exemple celle des mousselines. En voici quelques couplets traduits littéralement, vers pour vers et mot pour mot :

Nous vivions tous comme de bons compères
Dans ce bon temps où nous étions tous frères ;
Sans vanité et tous de bonne foi
Nous allions tous notre chemin tout droit.

Les citoyens étaient de bon connaître
A la valeur qu'ils firent tous paraître,

Si de là bas il revenait quelqu'un ;
Des Genenois ne trouverait pas un.

Savez-vous bien d'où vient la différence ?
C'est qu'il en est venu de par la France ;
Ils disaient tous : « C'est pour la religon, »
Mais c'était bien pour une autre raison.

D'aller à pied c'était lors la coutume ,
N'y en avait point qui la trouvasse rude,
Mais à présent la chose a bien tourné
Tout le monde est pour se faire traîner.

Quand on venait pour se ranger à table .
Ce qu'on servait était tout profitable ;
L'on n'avait pas ces petits ragoutins
Qui ne sont bons qu'à hâter notre fin.

Deux morceaux de poésie, émanés du Pays de Vaud, vont nous mettre encore mieux au fait de ce petit débat :

En 1699 une note diplomatique arriva de Cologne en Suisse. Elle était adressée aux réfugiés français dans le canton de Berne et s'exprimait ainsi. « Sa Sérénité Electorale de Brandebourg ayant » suffisamment entendu la très-respectueuse exposition que les » Français réfugiés dans le canton de Berne en Suisse, lui ont fait » faire par leurs députés, que ne pouvant par des raisons urgentes » y demeurer plus longtemps, ils souhaitent tous unanimement de » pouvoir trouver dans ses états et sous sa haute et puissante pro- » tection une retraite sûre et perpétuelle pour eux et leurs familles » et leurs successeurs ; »

« Quoique sa Sérénité Electorale ait déjà fait une dépense con- » sidérable pour l'établissement et l'entretien de tant de réfugiés , » cependant elle a voulu donner encore une déclaration affirmative » sur la demande des dits députés..... »

Au moment d'entreprendre ce nouveau et lointain voyage, un membre de l'émigration, long-temps prisonnier pour la religion, crut devoir exposer ses plaintes et ses griefs, ainsi que la justifica- tion de ses compatriotes. Ce fut le sujet d'une élégie à laquelle un gentilhomme de la Côte jugea à propos de répondre. Voici les deux pièces très-abrégées. On verra que l'imitation a suivi l'original vers pour vers, en conservant les mêmes finales :

Stances sur les réfugiés du Pays de Vaud.

STANCES.

Pauvres persécutés, nation fugitive
Qui pour suivre Jésus errez dans l'univers,
Qui de vous oserait exprimer par des vers
Toute la cruauté du mal qui vous arrive !

Echappés du péril d'une tempête affreuse
Sur la terrible mer des persécutions,
Vous vous flattiez trop tôt que vos afflictions
Finiraient dans le port d'une contrée heureuse.

Patrie, amis, honneurs, pères, parents et femmes
Tout était oublié dans ce charmant séjour,
Vous éprouvez douze ans ce fraternel secours
Qui pénétrait vos cœurs en conservant vos âmes.

Dès que vous habitez cette belle contrée
Le ciel la favorise et la comble de dons;
On voit en chaque lieu plusieurs Obed-Edoms,
De sa protection Dieu l'avait assurée.

Dès qu'on en veut bannir sa sainte arche mystique
Il nous montre sa verge et prépare son fleau,
Il semble vous crier : « Vous chassez mon troupeau ?
» Chez vous la charité cède à la politique.

» Artisans et marchands dont l'avarice avide
Murmure insolemment près de son souverain,
Je vous ferai sentir que ma puissante main,
Sait punir les méchants et sert aux bons de guide.

» Je ne gagne plus rien dit l'artisan suisse !
Paresseux, eh ! qu'a donc le François plus que toi ?
Travaille comme il fait, en observant ma loi,
Si tu veux que ton Dieu comme lui te bénisse.

» C'est de moi que tu tiens tout ce que tu possèdes
J'en réserve une part pour les nécessiteux;
Si tu leur en fais tort, je prendrai pitié d'eux,
Si je vous rends égaux quel sera le remède ? »

RÉPONSES.

Troupe qui t'enfle trop pour être fugitive,
Ton exil serait doux errant par l'univers,
Si de tes grands défauts, ébauchés dans mes vers,
Tu connaissais l'effet par le mal qui t'arrive.

A peine es-tu sauvé d'une tempête affreuse
Dans un port éloigné de persécution,
Que le nom de martyr sert à ta passion
Pour contenter tes sens dans une vie heureuse.

Tu laisses en haillons enfans, pères et femmes
Pour conserver tes fonds dans des autres séjours,
Et pour être assuré de ce charnel secours
Tu leur souffres que là ils négligent leurs âmes.

N'as-tu pas épuisé cette pauvre contrée?
Tel qui portait son or en recevait des dons.
Tartuffe, viens-y voir, au lieu d'Obed-Edoms,
Plusieurs Orgons trompés par ta feinte assurée.

Dieu qui t'avait privé de son arche mystique,
Une seconde fois te fait sentir son fleau;
Il te crie d'en haut : « Hypocrite troupeau,
» Veux-tu donc avec moi user de politique?

Artisan et marchand dont l'avarice avide
Prend le trésor du Juif pour le bien souverain,
Combien n'avez-vous pas négocié sous main,
Et tu me fais l'auteur de ce que Mammon guide.

» Combien t'es-tu moqué de cet artisan Suisse
Après avoir gagné tous ses chalans à toi,
Tu t'ose encor vanter d'observer bien ma loi
Et d'avoir mérité que ma main te bénisse!

» Oui c'est ton seul palais, gourmand, qui te possède,
Oublierait-on pour toi tant de nécessiteux ?
Si par un moyen doux on pourvoit à tous deux,
Tu médis du Bernois et blâme son remède! »

E.-H. GAULLIEUR.

(La fin au prochain numéro.)

CHRONIQUE

DE LA

REVUE SUISSE.

—

MARS.

C'est toujours le même refrain : « Rien de, nouveau ; » mais avec
cette légère différence , toute morale et d'impression , que ce refrain
commence à inquiéter : on ne le répète plus aussi machinalement, on
y fait attention, on y pense. La situation, détendue et déridée à la
surface par la tranquillité extérieure dont on jouit depuis deux ans ,
par quelque reprise des affaires , par le mouvement et par ces fruits
de serre-chaude que l'on appelle les plaisirs de l'hiver, n'en reste pas
moins très-tendue au fond , aussi tendue et soucieuse que jamais. On
se sent toujours à la veille de l'inconnu, on le voit reculer sans cesse
dans un espace cependant limité , où il faudra bien enfin qu'il se
montre, et quel qu'il soit, on en redoute le lendemain , plus grave
encore et plus inappréciable que cet inconnu lui-même.

Paris a repris depuis long-temps sa physionomie habituelle, son activité et son air prospère ; mais cette prospérité est plus apparente
que solide ; la sève industrielle est loin de remplir tous ses canaux ;
elle ne se tient pas sûre encore du beau temps, elle craint les retours
de froids subits, les perfides gelées. On ne sait trop comment l'expliquer, mais c'est un fait que, pour les objets même de nécessité première, la vente ne parvient pas à remonter à son ancien niveau ; on
en consomme beaucoup moins qu'autrefois, et quant aux grandes
entreprises, il suffit de dire que les capitaux recommencent à venir
s'enfouir à la Banque. On n'ose pas se lancer, ou on ne se lance qu'à
demi pour s'arrêter bientôt et rétrograder.

Les partis, de même, ont fait chacun leur pas en avant, chacun
leurs pointes et leurs reconnaissances ; ils se sont tâtés les uns les autres, et ils ont tâté l'opinion : après quoi, ayant inconsidérément donné

leur, mesure, ils ont dû rentrer dans leur coquille, où ils ont tous l'air
très-embarrassé.

.L'Elysée avait assez vigoureusement dégagé ses abords et rompu le
cercle où on prétendait l'enfermer ; mais il n'en a pas été plus
avancé pour cela ; au contraire, il l'est moins à cette heure qu'il y a
un mois : en montrant ce qu'il pouvait, il a montré aussi, ce qu'il ne
pouvait pas. Après avoir laissé s'enferrer ses adversaires, il est allé
s'enferrer lui-même ; ou, pour dire vulgairement la chose, après avoir
mis fort proprement à la porte le général Changarnier, il est allé se
casser misérablement le nez sur la dotation. C'était là une revanche
peu chevaleresque ; mais ceux qui l'y attendaient connaissaient bien
leur monde, et leur époque, où tout s'estime en chiffres, où tout se
traduit et se décide par des questions d'argent. Homère dit de l'esclave qu'il n'a plus que la moitié de sa vertu première ; il le dirait
aujourd'hui de l'homme pauvre, et surtout de l'homme appauvri ;
il le dirait du Président. On ne l'aurait pas cru d'avance, mais il est
incontestable que ce rejet de la dotation a fait subitement baisser
non-seulement les actions de l'empire, qui n'ont jamais été très-hau-
tes, mais même celles de la prolongation des pouvoirs qui étaient à
un fort beau cours quelques semaines auparavant.

Mais, à leur tour, les adversaires de l'Elysée n'en ont pas vu davantage hausser les leurs.

Les royalistes des deux branches s'entendent moins que jamais.
M. Berryer surveille M. Thiers, et M. Thiers tâche de surprendre
M. Berryer ; mais, rivaux d'éloquence, ils le sont aussi de tactique
parlementaire, et comme deux vieux généraux expérimentés, ils se
tiennent réciproquement en échec : l'un a bien de la peine à jouer
un tour à l'autre, que celui-ci ne le lui paie comptant.

Cet antagonisme s'est dessiné d'une manière curieuse, par le fond
et par les incidents, dans la proposition d'un député orléaniste,
M. Creton, qui demande depuis long-temps l'abrogation des lois d'exil
contre les deux branches de la maison de Bourbon. Pour rester fidèle
au principe qu'il représente, le comte de Chambord ne doit et ne veut
rentrer en France que comme roi : M. Berryer l'avait déclaré dans un
de ses précédents discours. L'abrogation des lois d'exil eût été donc,
en réalité, tout au bénéfice de la dynastie d'Orléans qui, élective et
non pas légitime, aurait pu seule la mettre à profit. Les légitimistes
voyaient le piège et n'y voulaient pas donner. M. Berryer parla contre
la proposition ; mais, déjà ajournée, elle avait chance cette fois d'être
accueillie, ne fût-ce que pour faire pièce au Président ; et puis défendre une loi d'exil contre laquelle, après 1830, on avait soi-même réclamé, ce n'était pas le beau rôle, il pouvait même revêtir aisément
quelque chose d'hypocrite et d'odieux. M. Berryer s'était donc jeté
péniblement dans des considérations plus ou moins senties sur la
tranquillité publique encore mal assurée et les nouveaux éléments

de trouble qu'y apporterait la présence des exilés de Claremont, lorsqu'un député montagnard, nommé Marc Dufraisse, lui vint en aide
sans s'en douter. Dans un discours véhément, auquel il dut une célébrité soudaine, il vint déclarer tout nettement à la tribune ; que, la
monarchie se posant comme un principe supérieur, de droit impres-
criptible et d'ordre éternel, la république avait été logiquement forcée
de lui répondre aussi par la proscription et un éternel exil. Cette doctrine à la Brutus, avec ses applications actuelles ou rétrospectives,
poussées même jusqu'au procès de Louis XVI, ne causa pas un petit
tumulte dans l'Assemblée. M. Berryer vit le parti qu'il pouvait tirer
de cet incident, et saisit l'occasion avec autant de promptitude que
d'habileté. Qualifiant de *détestables* les paroles de l'orateur montagnard, grâce à ce mouvement d'éloquence, il s'empara, pour ainsi
dire, de l'indignation qu'elles avaient soulevée, et se hâta de la diriger
vers le but où il tendait. Il demanda s'il était possible de voter au
milieu d'une telle émotion, si la Chambre ne se devait pas à elle-
même de passer à l'ordre du jour. On aurait pu tout aussi bien faire
valoir ce genre d'argument pour maintenir le débat, et pour réclamer,
séance tenante, une décision que l'entraînement général eût peut-être
rendu favorable aux princes exilés. Quelques orléanistes le sentirent,
mais ils le sentirent trop tard : ils s'étaient laissés prévenir ; le tour
était joué. L'ajournement fut prononcé à une majorité considérable,
et la proposition ainsi enterrée pour six mois, pendant que M. Thiers,
furieux dit-on, s'écriait en vain qu'il fallait voter.

Les légitimistes donc, plus encore que les républicains, voilà ceux
qui ont fait échouer la proposition d'abroger les lois d'exil et refusé
aux membres de la famille d'Orléans la liberté de rentrer en France.
Mais leur cause n'en est pas plus triomphante. Tous les partis vivent
plus ou moins dans l'illusion, les vieux partis plus encore que les autres. Il est curieux de voir à quel point les légitimistes s'exagèrent
entre eux, non-seulement leurs succès de tribune et leurs petits stra-
tagèmes parlementaires, mais leurs moindres démarches, et combien
ils ignorent leur peu de prise sur l'opinion. Ils se composent une
France artificielle à leur usage, avec laquelle ils conversent et pérorent
à huis clos.

Dernièrement ils ont fait grand bruit d'une lettre du comte de Chambord ; elle était destinée à détruire le mauvais effet de la circulaire dite
de Weisbaden, dont le langage, qu'il fût celui du prince ou de quelques meneurs, était singulièrement autocratique, et mettait la légitimité royale au-dessus de toute idée de légitimité et de sanction nationale (¹). Cette lettre, à les entendre, devait rallier toute la France ;
seule elle contenait les vrais principes d'ordre et de liberté ; elle était
admirable, ils ne trouvaient point d'autre épithète digne de la carac-

(¹) Voir notre *Chronique* d'octobre 1850, *Revue Suisse*, t. XIII p. 676.

tériser, et chaque matin, durant plusieurs jours, on entendait leurs
journaux se récrier en chœur, et se pâmer d'aise sur l'*admirable*
lettre du comte du Chambord. Eh bien, non-seulement elle ne fut
point admirée, mais elle ne fit nulle sensation hors du cercle légitimiste, elle n'obtint d'attention que du monde purement politique, et
passa inaperçue dans le grand public.

La Bourse elle-même, si essentiellement conservatrice, goûte peu
la légitimité. L'autre jour, dans un groupe, on y parlait de la situation.
Quelqu'un ayant dit qu'on ne s'en tirerait qu'avec Henri V, il souleva
aussitôt une clameur générale, nous rapportait un témoin oculaire.
« Oui, criait-on de toutes parts au légitimiste malencontreux, et avec
Henri V la France sera aussi renvoyée à confesse, nous aurons de
nouveau la loi du sacrilége, nous reverrons le bon temps du père Lo-
riquet ! » Bref, on lui *tomba dessus* à belles dents, pour répéter l'expression de notre narrateur, et il fut obligé de s'éclipser. Sans doute,
la Bourse est pour tout gouvernement établi, dès qu'il se met à durer
un peu ; elle n'est pas révolutionnaire ; mais elle est voltairienne, et
ce qui est plus grave pour la légitimité, les masses le sont aussi. A
leurs yeux, la légitimité est invinciblement liée aux tendances cléri-
cales, que l'esprit national repousse avec énergie. Nous entendions un
soir, dans une rue déserte, deux hommes du peuple dont l'un disait à
l'autre avec une élévation passionnée dans la voix : « Crois-tu que je
sois du régiment de Montalembert ? je suis du régiment de la France.»
Voilà la pensée populaire dans sa force et dans sa naïveté.

En outre, les légitimistes ne sont pas plus d'accord entre eux que
les autres partis. Ils ont leurs rivalités et leurs querelles. Ils se font
des reproches sur le passé, et, dans leur illusion sur le présent, ils ne
seraient pas loin de se disputer la peau de cet ours redoutable et narquois qui s'est déjà ri de bien des chasseurs, et qu'on appelle l'avenir.
Ils se targuent sans cesse de l'inébranlable fixité de leur principe, et
ils ne s'entendent ni sur sa formule historique et philosophique, ni sur
son application. Les uns le mettent au-dessus de la nation elle-même,
qui peut bien le repousser momentanément, comme être ramenée à
lui par la force des choses, mais qui, en tout cela, n'est pour rien dans
son essence et ne le sanctionne pas plus qu'elle ne le détruit. Les autres, voulant le montrer en harmonie avec les idées du siècle, prétendent qu'il ne fait qu'un avec la volonté nationale, laquelle, à vrai dire,
ne s'en doute pas : ce sont, disent-ils, deux branches d'un même tronc,
toutes deux nécessaires à l'arbre qui, privé de l'une d'elles, tournerait
infailliblement à la mort : ils voient cette identification dans toute la
suite du passé, bien que celui-ci n'en parle guère et qu'il dise même
un peu le contraire depuis soixante ans. Comme moyen pratique et
d'application aux circonstances actuelles, les uns sont pour la fusion
des deux dynasties, par un rapprochement de famille qui ferait rentrer
les d'Orléans dans les voies de la légitimité et assurerait au comte de

Paris l'héritage des droits du comte de Chambord : si les d'Orléans refusent de se prêter à cette combinaison, on les menace de leur préférer, en cas de mort ou d'abdication d'Henri V, les Bourbons d'Espagne, qui sont aussi princes du sang, même dans un degré plus proche,
et dont les droits peuvent être soutenus (1). La fusion sert ainsi, à cette
heure, de thème et d'intermède au journalisme pendant le chômage
des événements; mais en général on n'y croit pas, et une partie des
légitimistes y a toujours vu un piége des orléanistes, dont ils continuent à se défier (2). Leur conduite et leur vote au sujet de la proposition Creton l'a montré de reste. Puisque le comte de Chambord ne
peut ni ne veut rentrer en France comme simple citoyen, il faut que
l'autre branche n'y rentre pas non plus, ou n'y rentre qu'à sa suite.
Tel était, pour les légitimistes, leur grand souci du moment, et de s'en
être débarrassés comme ils l'ont fait n'a pas dû gagner beaucoup de
partisans à la fusion dans le camp opposé.

Au surplus, les orléanistes y sont généralement peu portés. Leurs
principaux chefs la repoussent, surtout ceux qui ont pour plan secret
la Régence, et c'est, dit-on, celui de M. Thiers. La fusion ne contredi-
rait pas seulement leur passé, elle contrarierait leurs espérances. Là
royauté de Juillet est aussi un fait historique, et sa monarchie constitutionnelle un système, qui ne dépendent pas uniquement de la volonté des princes de la maison d'Orléans. Ils représentent le principe
de cette monarchie, principe enté sur la révolution de 89 et foncière-
ment hostile à la légitimité; mais, précisément à cause de cela, leur
parti a sa raison d'être en lui-même et non pas seulement dans leur
nom. Ils perdraient donc plus qu'ils ne gagneraient à abandonner cette
position pour celle de princes du sang, que le retour de la branche
aînée ne pourrait d'ailleurs point leur enlever.

A en croire certains bruits, les fils de Louis-Philippe se seraient
même, à la fin, nettement prononcés dans ce sens; et le *Journal des
Débats*, dans un récent article qui a été bien remarqué, aurait été
chargé de le déclarer publiquement, sinon officiellement. Quant à la
mère du comte de Paris, elle passe pour avoir toujours été opposée
à toute idée de fusion, et très-décidée à maintenir intacts l'avenir de
son fils et les idées exprimées à ce sujet dans le testament de son mari.

Cette position où la famille d'Orléans entend rester, se serait surtout
accusée par suite des prétentions des légitimistes, et surtout de leur
vote dans la proposition de rappel des princes exilés. Ainsi dans cette
affaire, comme il arrive souvent, les vainqueurs n'auraient pas tardé
à devenir les vaincus, et, passé le premier moment de dépit, les orléanistes purs, ceux qui ne veulent pas de la fusion, auront pu se

(1) Voir notre dernière *Chronique*, p. 128 de ce volume.
(2) Voir notre *Chronique* de juillet 1850; *Revue Suisse*, t. XIII, p. 474.

frotter les mains, en voyant le service que les légitimistes leur avaient rendu. Le comte de Paris est jeune, pensent-ils : il a le temps d'attendre ; attendons aussi ; on peut reprendre la proposition d'abroger les lois d'exil, et y mieux réussir ; le comte de Chambord n'en profitera pas ; c'est au mieux ; le prince de Joinville en profitera ; il peut être nommé président et nous aider à préparer l'avenir.

' Mais, en attendant, il y a aussi autre chose qui continue et qui dure : il y a la république qui, tout en ne faisant que végéter, risque de prendre racine et de s'affermir. La commémoration du 24 février a eu réellement quelque chose d'assez significatif. Nous en pouvons parler à bon escient, comme voisin de la place de la Bastille, où nous ne remplissions du reste que notre modeste rôle de chroniqueur. Il est incontestable que le peuple y affluait et s'y relayait, pour ainsi dire, de tous les quartiers : le courant s'en faisait sentir, nous l'avons constaté nous-mêmes, jusque dans les quartiers les plus éloignés. La foule arrivait souvent par groupes de famille, le père, la mère et les enfans, tous ayant un bouquet d'immortelles noires et or à la boutonnière, et plusieurs achetant au passage des couronnes qu'ils venaient jeter au pied de la colonne de la Bastille, où elles s'amoncelaient. Propres, endimanchés, ils avaient un air de calme et de fête, tout l'opposé de celui des jours d'émeute, mais qui n'en était peut-être que plus frappant.

' Cela aussi dut donner à réfléchir ! mais en France on ne réfléchit pas long-temps. Et puis, cette République, dont le peuple de Paris semblait dire : « C'est mon bien, on ne me l'ôtera pas ; » cette République qui est toujours là, quoi qu'on fasse, et dont on ne sait comment se débarrasser ; elle dure, il est vrai ; elle tient bon, elle vit, mais elle ne fait que vivre, elle ne grandit pas. On parle et on agit comme si elle était morte. Son nom même est devenu presque séditieux, tandis que celui du comte de Chambord a pu retentir jusqu'à la tribune, et qu'il n'est question dans les journaux que de la fusion des deux branches ou de la prolongation des pouvoirs. Sans doute ses adversaires, en s'efforçant de l'abattre chacun de leur côté pour hériter de ses ruines, la soutiennent en quelque sorte tous ensemble de la pointe de leurs leviers ; mais il n'en saurait toujours être ainsi : ou ils finiront par l'enlever de terre et la faire disparaître, ou elle retombera sur eux de tout son poids et les écrasera tous. Et ici, entre ces deux alternatives, l'inconnu recommence et se pose de nouveau ; car si le gros de la population s'accoutume peu à peu à la république, c'est moins à la république elle-même qu'à ce qui est, c'est plus par habitude et par crainte d'autre chose que par véritable attachement. Les meneurs seuls voudraient une solution forcée et prompte ; la masse veut la tranquillité, et préfère attendre encore ; mais on ne saurait attendre indéfiniment, comme aussi les ames sont trop épuisées après de si violentes secousses, pour que le désir même d'échapper à de nouvelles crises les trouve capables de bien grands efforts...

—Il y a donc, on le voit, une sorte de déroute, dans la situation politique et parlementaire. L'Elysée, ne sachant trop que résoudre et ne se sentant plus aussi sûr de son fait, pour le moment se tient coi, et semble laisser le champ libre à ses adversaires. Ceux-ci, n'ayant plus à se tourner contre lui, se sont tournés aussitôt contre eux-mêmes. Les partis dynastiques se disputent et mutilent le parti conservateur. Ainsi placés côte à côte, comme deux armées distinctes, mais alliées, qui doivent concourir à un plan d'opérations général, une question particulière, celle de la fusion des deux branches, est venue manifester soudain toute leur antipathie réciproque : la fusion les a brouillés...

Tout cela, au surplus, n'est vrai qu'à la journée et à l'heure : ce qui s'était fait la veille, se défait le lendemain; ce qui était vrai le matin, ne l'est plus le soir. Il faut donc se défier des bruits qui courent, et qui défraient les conversations et les journaux : non pas qu'ils soient sans réalité; mais la réalité elle-même n'a pas plus de consistance et de durée que le bruit vague qui en vient un moment dans les airs; et souvent elle n'est plus quand il commence à circuler.

L'autre mois, c'était un plan d'opposition formé entre plusieurs notabilités parlementaires d'opinions très-diverses, d'après lequel on serait convenu de pousser à une révision constitutionnelle; non pour supprimer la *Constitution*, comme l'ommission d'un mot nous le fait dire dans notre dernière *Chronique*, mais bien pour supprimer la *présidence*, au lieu d'en prolonger les pouvoirs ([1]).

Il y a quelques jours, c'était un plan de conduite analogue, attribué aux chefs du parti orléaniste, mais pour arriver à un but plus précis : M. Molé, M. Thiers demanderaient la révision de la Constitution par une nouvelle Assemblée, se croyant certains, disait-on, que celle-ci commencerait aussitôt par voter le rétablissement de la royauté.

Maintenant, c'est la fusion, c'est la brouille, et tout ce qui s'en raconte : les avances renfermées dans la lettre du comte du Chambord; le refus des exilés, de ses cousins ; leur lettre en ce sens à un comité orléaniste; leur politique d'expectative et d'*idonéité*, suivant le mot inventé par leur père pour caractériser son rôle et celui de la maison d'Orléans; cette politique, enfin, qui consiste à rester à la disposition de la France, comme le dit le *Journal des Débats*, ou, comme le dit un journal bien différent, à se conserver *idoine* à toutes les éventualités.

Voilà le bruit et peut-être la réalité d'aujourd'hui ; mais demain ce

([1]) Notre *Chronique* de février, p. 117 de ce volume.

sera probablement autre chose, et déjà l'on prête ce nouveau mot à
M. Molé : « Ou les rouges ou le Président. »

Qu'y a-t-il au fond de tout ceci ? l'incertitude. On va, on vient, on
revient, on cherche et on ne trouve pas. Beaucoup de manœuvres
manquées ; beaucoup d'allées et de venues; mais qui n'aboutissent à
rien. La situation ressemble à une machine qui tourne et vire avec
tous ses rouages, présentant successivement toutes ses faces, em-
ployant tous ses moteurs, mais qui tourne à vide et ne travaille pas,
qui s'use seulement.

— M. Berryer vient de faire à la Chambre une proposition dans laquelle le vieux joueur infatigable aurait encore une fois devancé ses
partners, et cette fois c'est, dit-on, l'Elysée qui se serait laissé prévenir par lui. On se rappelle ces quarante-cinq centimes votés par le
gouvernement provisoire, avec plus d'honnêteté que d'habileté, car
sans cet impôt extraordinaire, mais général, il aurait fallu en mettre
un particulier sur les riches ; on se souvient aussi combien il fit de
tort à la République à son début, comme il l'inaugura fâcheusement
auprès des contribuables et surtout des petits propriétaires campagnards. M. Berryer en propose le remboursement par l'Etat, suivant
un mode qu'il indique. Le but de cette proposition est clair, si clair
qu'il en devient presque maladroit. Les légitimistes pensent sans doute
qu'il faut battre le fer tandis qu'il est chaud, mais ils se figurent à
tort qu'il est chaud, et ils courent grand risque de se donner la peine
et le ridicule de le battre à froid. Venant d'eux, cette mesure aura
moins l'air d'une réparation, que d'une critique à l'endroit du gouvernement républicain. Pour le reste, on y verra une pure câlinerie
de leur part, et un moyen de popularité dont on se défiera. Puis surtout, cet impôt, déjà oublié, il ne pourra être remboursé que par un
autre impôt ; il faudra toujours prendre de l'argent dans une des poches du contribuable pour lui en remettre dans l'autre. Et qui sait ce
qui peut arriver ? cet argent devra passer par les coffres de l'Etat
avant de revenir à sa source : est-on bien sûr qu'il en ressortira, et
qu'il ne s'en perdra rien dans le trajet ? La proposition de M. Berryer
a donc trouvé peu d'accueil, même dans le parti conservateur, d'autant plus que la Montagne y a aussitôt répondu par celle d'un remboursement bien autrement considérable, mais en sens contraire, le
remboursement du milliard d'indemnité que la Restauration accorda
aux émigrés.

— Il a paru une brochure élyséenne, qui ne s'est fait remarquer
que par son titre : *Un Stathouder....* C'est une idée bien hollandaise
pour la France ; le mot seul l'empêcherait d'y réussir.

— L'agent Schnepp (car, de son propre aveu, il l'était au moins de quelqu'un, s'il ne l'était pas de la police), celui dont les mésaventures avec les réfugiés français en Suisse ont eu quelque retentissement dans les journaux, vient de les raconter lui-même au public; mais ses confidences ne pouvaient avoir l'intérêt de curiosité de celles des Allais, des De la Hodde et des Chenu. Malgré donc d'énormes affiches, nous ne voyons pas qu'elles obtiennent ce genre de succès, ni même qu'elles fassent aucun bruit.

— M. Edouard Lemoine a publié sous ce titre : *Abdication de Louis-Philippe, racontée par lui-même*, le récit détaillé d'une longue conversation qu'il eut sur ce sujet avec l'ex-roi des Français; elle porte le caractère de l'authenticité. Le passage suivant a cependant donné lieu à un commencement de polémique. Dans une précédente brochure, écrite à la suite d'un premier pélerinage à Claremont, M. Edouard Lemoine avait mis ces paroles dans la bouche du monarque exilé : *Si les troupes se sont retirées sans combat, c'est par mon ordre.* « Cela n'est pas d'une exactitude absolue, » lui dit le roi, dans cette seconde visite dont il est ici question. « J'avais nommé un » général en chef, que le nouveau ministère avait reconnu : c'était à » ce général en chef qu'il appartenait de donner des ordres, sous la » responsabilité constitutionnelle des ministres; lui seul en a donné. « C'était le maréchal Bugeaud. Les journaux de l'opposition l'avaient » nommé l'homme de sang. C'est lui, l'homme de sang, qui a dicté et » signé un ordre ainsi conçu, si toutefois ma mémoire ne me trompe » pas : « *Je donne ordre de cesser le feu partout; la garde nationale* » *va faire le service.* » Le colonel Féray a réclamé contre ce passage, en sa qualité de gendre du maréchal. Dans une lettre rendue publique, il fait remonter la responsabilité de cet ordre au ministère nommé par Louis-Philippe peu d'instants avant sa chute, c'est-à-dire à M. Thiers. Là-dessus, l'*Ordre*, qui représente spécialement le parti orléaniste, s'est dit autorisé à répondre au colonel Féray par une dénégation formelle, ajoutant que M. Thiers et ses collègues du 24 février, MM. Odilon-Barrot, de Rémusat, Lamoricière, rompraient au besoin, le silence, si on les mettait dans la nécessité de le faire pour défendre leur honneur.

Cette discussion nous paraît, d'ailleurs, secondaire. La discussion véritable, et Louis-Philippe le sentait bien, la voici : elle seule explique réellement l'abdication, parce qu'elle en donne l'explication morale. C'est le passage le plus curieux, et le plus concluant, de la brochure.

A un certain moment de l'entretien, raconte M. Edouard Lemoine, « Louis-Philippe fit un mouvement d'impatience; il releva brusquement sa tête grise, fronça ses épais sourcils, et, fixant ses yeux sur les miens comme s'il eût voulu lire au fond de ma pensée, il me dit d'une

voix émue : « Point de réticence ! vous n'approuvez pas ce qu'on appelle la facilité de mon abdication? Déjà j'ai traité ce sujet avec vous :
je croyais vous avoir convaincu ; je vois qu'il n'en est rien ; je le trai-
terai encore. La question vaut bien la peine qu'on la creuse. Dites donc
votre pensée, dites-la nettement.

» — Il ne m'appartient pas, Sire, d'avoir une opinion sur un fait qui
s'est accompli au milieu de circonstances que je connais mal. Mais je
crois pouvoir affirmer à Votre Majesté que depuis les événements de
juin 1848, depuis la rentrée de l'empereur d'Autriche au sein de sa
capitale, il y a en France une conviction presque générale : c'est que
tout gouvernement, quel qu'il soit, monarchie ou république, qui lutte
contre l'émeute, non pas seulement avec vigueur, mais encore, mais
surtout avec persévérance, finit toujours par triompher d'elle.

» — Même, s'écria le roi, en frappant sur la table devant laquelle
nous étions assis, lorsque ce gouvernement se sent abandonné par l'o-
pinion, cette grande force sans laquelle il n'y a rien de possible? Même
lorsque tout s'affaisse autour de lui, lorsque les conseillers du pouvoir
balbutient, lorsque les moyens de répression font complétement
défaut....

» Mais, moi aussi, j'ai eu la douleur d'avoir mes journées de juin
(moins terribles que ne les a eues la république, et j'en remercie le
ciel ! mais assez cruelles, assez lamentables, puisque le sang français y
a coulé); eh bien! à cette époque, j'ai triomphé de mon horreur pour
la guerre civile et je me suis défendu. Savez-vous pourquoi? Parce
qu'alors j'étais porté par l'opinion.

» Les adversaires de ma politique ne sentaient pas cela comme moi ;
car MM. Laffitte, Arago et Odilon Barrot me dirent dans la conversation qu'ils eurent avec moi lors de cette insurrection : « Votre popularité est minée. »

» Non ! elle ne l'était pas ; loin de là ! elle n'avait jamais été plus
éclatante. Rappelez-vous ma promenade dans Paris le matin du 6 juin
1832. Avec quelle chaleur, quel enthousiasme les acclamations retentissaient sur mon passage! Aussi rien ne m'arrêtait. J'étais plein de
confiance, j'allais de l'avant. Bien m'en a pris, car j'ai eu ce jour-là
l'approbation des insurgés! Oui, ceux-là même qui avaient le fusil au
poing m'ont approuvé.

» C'était à la place du Châtelet. A chaque coin de rue il y avait des
barricades. Je résolus de les visiter et de faire seul le tour de la place.
Comme une fusillade venait d'avoir lieu, on tenta de s'opposer à ce
qu'on appelait mon imprudence ; mais je déclarai que j'entendais être
seul. Je poussai mon cheval, et, suivi d'un petit nombre d'amis dont la
fidélité me désobéissait, je parcourus la place au pas. Les insurgés me
virent, et pas un d'eux ne tira! L'opinion n'en était pas encore là. On
ne tirait pas sur le roi, alors. On s'est rattrapé depuis. Cette fois, on fit
mieux que de ne pas tirer, les insurgés relevèrent leurs fusils, et, battant des mains, ils crièrent : « Bravo ! le roi ! »

» Quelle influence a empêché ces fusils de faire feu? Qui a crié :
« Bravo ! le roi? » C'est l'opinion. En juin 1832, l'opinion était avec
moi ; en février 1848, elle n'y était plus.

» Qu'importe? dit-on aujourd'hui, il fallait écouter l'avis de ceux
» qui vous conseillaient de vous défendre. »

» Mais personne ne m'a donné ce conseil. Je me trompe : une voix
s'éleva pour me dire qu'il fallait se défendre, et qu'après la victoire,

mais seulement après la victoire, on ·ferait ·des conditions s'il y avait lieu d'en faire. Vingt autres voix, dont quelques-unes m'étaient bien chères et connaissaient le chemin de mon oreille et de mon cœur, s'écriaient que la défense dans Paris ou hors de Paris était une impossibilité et une folie.

» Elles ajoutaient: « Que la guerre civile, qui est toujours le plus » grand des malheurs, devient un crime quand elle n'est pas inévita- » ble, et devient une impiété quand la victoire est incertaine. » ı ɔ

» Tels étaient les discours ·qui retentissaient autour de moi, tels étaient les conseils qui arrivaient de toutes parts au roi, qui n'avait plus de conseillers officiels·(car n'oubliez pas que je n'avais plus de ministres). On me disait sur tous les tons, sous toutes les formes : « Allez-vous-en ! »

« Qu'importe? objectent encore mes amis, vous n'auriez pas dû » écouter ceux·qui vous conseillaient si mal, et, malgré eux, malgré » tout, il fallait vous défendre. » Me défendre ! Avec quoi? avec l'ar- mée? Oh ! je sais qu'elle eût fait bravement son devoir, et que, mal- gré les incertitudes de quelques chefs dont j'ai oublié les noms, mes excellens soldats eussent marché comme un seul homme. Mais l'armée seule était prête, et ce n'était pas assez pour moi.

» La garde nationale, cette force sur laquelle j'étais si heureux de m'appuyer, la garde nationale de Paris, de ma ville natale, de cette ville qui a été la marraine de mon petit-fils (je l'ai voulu !), de cette ville, qui la première entre toutes m'avait dit en 1830 : « Prenez la » couronne et sauvez-nous de la république ! » la garde nationale de Paris pour laquelle j'ai toujours eu tant de bénévolence, ou s'abste- nait, ou se prononçait contre moi.

» Et je me serais défendu?

» Non, je ne le pouvais pas! Et quand pas une de ces mains que j'avais tant de fois pressées dans les miennes ne se levait en ma fa- veur, je n'avais qu'un parti à prendre : imiter l'exemple de mes mi- nistres qui avaient abdiqué, de mes partisans qui avaient abdiqué, de la garde nationale qui avait abdiqué, de la conscience publique qui avait abdiqué.....

» J'ai suivi cet exemple, mais je l'ai suivi à la dernière extrémité, et mon abdication n'est venue qu'après l'abdication universelle!..... »

« Une voix s'éleva pour me dire qu'il fallait se défendre. » Nous croyons savoir qui était cette voix, que Louis-Philippe ne nomme pas. Voici du moins ce que nous avons entendu raconter. Le matin du 24 février, M. Thiers était aussi aux Tuileries du nombre des personnes qui pressaient le roi de céder. Le roi était indécis, voulait et ne vou- lait pas; enfin il consentait : mais auparavant, disait-il, je veux en parler à la reine. Et il passait dans une chambre voisine, d'où il reve- nait alors l'esprit tout changé, et ne voulant plus rien entendre. Cela arriva ainsi à plusieurs reprises. M. Thiers eut lieu de croire que la reine n'était point dans cette pièce. Curieux de savoir qui s'y trouvait, et quel était donc ce conseiller si tenace, il se mit à l'écart, dans l'em- brasure d'une fenêtre; au bout d'un moment, il vit sortir enfin de ce cabinet où le roi allait prendre un dernier avis, M. Guizot. Du reste,

avant la crise, comme on l'a vu plus haut, M. Guizot avait conseillé la
Réforme, pour laquelle en revanche le roi n'était pas.

A la fin, Louis-Philippe vit bien cependant qu'il fallait abdiquer, et
il en donne parfaitement la raison : l'abdication universelle.

— La littérature, à commencer par la presse périodique, qui est
toujours assez pâle ; ne nous offre pas grand'chose à glaner.

Les journaux reproduisent cette fluctuation continuelle, aux flots
courts et brisés, qui forme tout le spectacle politique du moment :
spectacle mesquin, mais qui, se jouant aussi sur l'abîme, ne laisse
pas d'avoir son côté grave par là et, en lui-même, son genre de singularité.

La politique les absorbe. La littérature a peine à y reprendre pied.
Le feuilleton y est à la gêne. Les comédies, les proverbes, les mémoires prétendus historiques, comme ceux de Lola Montès, les récits
de voyages, les tableaux de mœurs, tout ce qu'on a essayé jusqu'ici
pour remplacer le roman, paraît être un appât d'une qualité beaucoup
moindre, si elle est moins chère, et amorcer médiocrement le lecteur.

Quant au roman lui-même, on a beau en user avec économie et ne
pas le prodiguer, il ne retrouve ni son propre en-train ni la vogue
qu'il avait eue autrefois : lui ou le public ne sont plus ce qu'ils étaient.
Ange Pitou, par Alexandre Dumas, se traîne et languit dans des conversations sans fin ; il s'arrête à chaque instant, pour nous mieux expliquer la révolution française, dans de perpétuelles séances de magnétisme, et bien souvent s'y endort. Un autre roman du même
auteur, *Dieu dispose*, semblait promettre d'abord une conception
assez haute et assez vive ; mais il s'est aussi *ensablé :* et, de plus, il
a tourné bien vulgairement à une question dont Alexandre Dumas finit toujours par se préoccuper pour tel ou tel de ses personnages,
avec une sorte de tendresse paternelle et d'instinct de cœur : Comment
ce personnage deviendra-t-il tout-à-coup millionnaire ? Evidemment,
pour Alexandre Dumas, *c'est là la question.* Le premier de ces romans paraît dans la *Presse*, le second dans l'*Evénement.* Le *Siècle* a
été plus heureux. Celui qu'il a donné d'Eugène Sue, la *Bonne Aventure*, ne manque ni d'un certain intérêt dramatique et de cour-d'as-
sises, ni de méchantes intentions. Toutefois il est loin de valoir, dans
le genre, les *Mystères de Paris* ou le *Juif-Errant.* Il est à remarquer
que, dans cet ouvrage, le récit, sans rien perdre de son caractère
narratif, est souvent disposé en scènes et en dialogues : serait-ce un
essai pour réintroduire, sans droit de timbre et sous cette nouvelle
forme, le roman dans le feuilleton ?

On retrouve dans celui-ci le genre de talent qu'on ne saurait refuser à M. Eugène Sue. Ce talent nous paraît être celui de l'invention
romanesque ; mais d'une invention surtout matérielle, dans les inci-

dens et les faits, plus encore que d'une création véritable, bien profonde ou bien haute, dans la partie morale des situations et des caractères. Ici, au contraire, éclate le défaut capital de cet auteur, l'invraisemblance : nous en connaissons peu qui le portent aussi loin. Mais, dans les romans, on passe sur l'invraisemblance, on s'en inquiète peu, pourvu qu'ils saisissent fortement, et qu'ils répondent au goût du jour ou à ses passions. De là le succès d'Eugène Sue et sa popularité. Il n'a ni la souplesse et le naturel d'Alexandre Dumas, ni la vérité, la finesse et la curiosité d'analyse de Balzac, ni la forme exquise et les conceptions idéales de George Sand ; dans ses moyens, dans son style, il a quelque chose de gros, de *grossier ;* mais il passionne fortement, vulgairement même, et il ébranle. Aussi, des quatre grands romanciers de notre temps, est-il celui qui a pénétré le plus profondément dans les masses : nous le savons tous en Suisse, il y a même exercé une action politique et sociale. Ceci nous rappelle qu'un de nos amis, faisant un jour un petit tour de montagne, arriva devant un chalet solitaire, appelé le *Grand-Boutavent* et situé sur les hauteurs du Jura. Il entre, il est hospitalièrement accueilli, les vachers mettent leur unique chambre à sa disposition, et il y trouve, quoi ?.... les *Mystères du Peuple,* par Eugène Sue. C'était sans doute la lecture du soir ou des jours de pluie. Ils étaient arrivés jusque-là. Oui, les *Mystères du Peuple,* au Grand-Boutavent !

. Avant de terminer cet article sur les journaux, ajoutons que tout le monde est frappé de la décadence actuelle de la *Presse.* On n'y sent plus le même ensemble ni la même vigueur. C'est un rabâchage de vieux articles, et un pêle-mêle, un décousu dans les nouveaux qui fait involontairement tomber cette feuille des mains du lecteur. On veut voir là-dedans l'influence que M. de Lamartine exerce, dit-on, sur la *Presse* par M. de la Guéronnière et par d'autres de ses amis qui en ce moment la rédigent. Quant à M. Emile de Girardin, le public ordinaire ne lui suffit plus. Il ne lui faut rien moins que les gouvernements de l'Europe et le peuple anglais pour auditeurs. En effet, il leur a adressé des articles en forme de manifestes, pour leur exposer ses idées, et commençant majestueusement ainsi : « *Peuple anglais !* » ou bien : « *Gouvernements de l'Europe* ! » mais on ne dit pas si ces gouvernements ou le peuple anglais les ont lus. En ce moment, il prépare sans doute quelque chose de plus sérieux, car on dirait qu'il se cache et qu'il fait le mort. '

« La *Presse* passe pour avoir perdu beaucoup d'abonnés, le *Journal des Débats* pour n'en avoir jamais eu autant : cela tiendrait alors à sa ligne politique, qui est surtout celle de la temporisation, car il ne publie ni romans, ni nouvelles, et sa rédaction n'a subi aucun changement ; elle est restée la même, distinguée, spirituelle, ironique, mais peu variée. — On dit M. Véron en froid avec l'Elysée et, de plus, menacé de se voir disputer la dictature du *Constitutionnel* par un gros actionnaire dont il ne se défiait pas. — Le *Pays*, le journal d'avant-garde du parti bonapartiste, a la mine longue : le retrait de la dotation aura sans doute entraîné celui de la subvention qu'il recevait sur la caisse présidentielle, et que des gens bien informés portaient à vingt mille francs par mois. — Voici un petit fait qui peut édifier sur la manière dont s'observe la loi sur la signature. Un jour il parut, à la fois dans l'*Ordre* et dans le *Journal des Débats*, un article répondant à certaines attaques contre M. le président Dupin : cet article était, mot pour mot, virgule pour virgule, exactement le même dans les deux feuilles qui l'avaient publié ; mais, au grand amusement de ceux qui s'en aperçurent, dans la première il portait le nom de M. Benard, l'un de ses rédacteurs, dans l'autre celui de M Armand Bertin. Il n'y avait que cela de changé. Le bon de l'affaire, c'est qu'involontairement on se voyait par là mis sur la trace de celui qui avait bien voulu écrire, mais non signer. D'où l'on peut déduire ce théorème de haute critique pour servir à se diriger dans l'étude de la presse quotidienne : « Deux signatures fausses équivalent à la vraie, » comme deux négations à une affirmation. Seulement la vraie ne se trouve pas alors au bas de l'article, mais au fond.

— Trois hommes, datant à peu près de la même époque et diversement célèbres dans le monde de la littérature et des arts, sont morts à peu de distance dans ce commencement d'année : Spontini, Théodore Leclercq et Henri Delatouche. On était fort en train de les oublier ; leur souvenir a été un moment ravivé par leur mort.

L'auteur de la *Vestale* et de *Fernand Cortez* avait eu cependant ses années de triomphe et d'éclat. Il leur était resté fidèle, jusque dans son costume, qui sans doute les lui rappelait : il portait encore l'habit, le carrick, les breloques et la haute cravate blanche à la mode de 1807. Spontini a fait faire un pas réel à l'art musical ; mais il se vit éclipsé par Rossini, et depuis long-temps on ne jouait même plus ses opéras. Son âme en resta profondément blessée et aigrie. Hélas ! pour lui comme pour tous, cette enchanteresse qu'on appelle la Gloire, avait fini par se transformer en une compagne triste et moqueuse, qui, d'une manière ou d'une autre, vous fait toujours payer durement ses premières faveurs.

Bien des personnes prenaient Théodore Leclercq pour un mythe, ou tout au moins pour un pseudonyme. Il n'en est rien cependant : c'est un personnage très-réel, et les ingénieux *Proverbes dramatiques* sont bien de lui. M. Mérimée lui a consacré dernièrement, dans la *Revue des deux Mondes*, quelques pages senties. Nous allons en extraire les principaux détails biographiques :

« Il était né à Paris, en 1777, d'une famille honorable et dans l'aisance. Ses parens voulaient qu'il fît quelque chose, qu'il eût un état, et lui ne se trouvait pas de vocation décidée. On eut quelque peine à lui faire accepter une place dans les finances qui n'exigeait que peu de soins, peu de travail, et qui rapportait des émolumens considérables, fort au-dessus de son ambition de jeune homme. Au bout de quelques mois, la charge parut trop lourde à son humeur indépendante. Une caisse à garder, des subalternes à surveiller, des réprimandes à faire, des solliciteurs à éconduire, que de tracas! il en perdait la tête. *Sa responsabilité*, c'était comme un spectre attaché à ses pas. Il se dit, après dix-huit mois de gestion, qu'il n'avait que faire de tant d'argent, que sa liberté valait cent fois mieux, et, sa démission donnée, il se retrouva aussi heureux que le *savetier* de son proverbe, lorsqu'il s'est débarrassé du sac d'écus.

C'est à Mme de Genlis qu'il dut la révélation de son talent dramatique. Un jour elle daigna le choisir pour lui donner la réplique dans un proverbe qu'elle jouait en bonne et nombreuse compagnie. Le rôle de Mme de Genlis était celui d'une femme de lettres ridicule (je pense qu'elle le jouait assez bien); M. Leclercq représentait un jeune poète à sa première élégie. Dans un aparté de cinq minutes, le canevas fut arrangé entre les deux interlocuteurs, et, quant au dialogue, on devait l'improviser. L'auditoire trouva que Mme de Genlis n'avait jamais eu tant d'esprit; elle en sut gré à son jeune acteur et l'engagea à composer des comédies. Il fallait les encouragemens de cette femme illustre pour vaincre la timidité naturelle de M. Leclercq. Quant aux conseils qu'elle lui donna dans l'art d'écrire, on en peut juger par l'anecdote suivante, que je tiens de M. Leclercq lui-même. Un jour, il lui racontait une scène plaisante, à laquelle il venait d'assister. « C'est bien, dit-elle, mais il faut changer la fin. — Comment! s'écria-t-il, mais je l'ai vu de mes yeux; c'est la vérité. — Eh! qu'importe la vérité? Il faut être amusant avant tout. » On voit, en lisant les *Proverbes dramatiques*, qu'il ne suivit pas à la lettre les leçons de Mme de Genlis. Il sut être amusant, mais il resta toujours vrai.

» Ses premiers proverbes furent composés et joués à Hambourg, dans une petite société française que les événemens politiques y avaient réunie au commencement de l'empire. Des militaires, des diplomates furent ses premiers acteurs, et lui, comme Shakspeare et Molière, auteur, directeur, acteur, l'âme de la troupe en un mot. En 1814 et 1815, il créa encore un théâtre de société à Nevers, recruta ses comédiens dans toutes les maisons, leur apprit leur métier en moins de rien, et obligea des provinciaux à s'amuser à être amusans. Quelques années plus tard, nous le retrouvons établi à Paris pour n'en plus sortir, et cette fois à la tête d'une troupe qui, dit-on, n'avait point d'égale. On se réunissait dans le salon de M. Roger, secrétaire-général des postes. M. et Mme Mennechet, M. Augier de l'Académie française, Mme Augier, étaient ses premiers sujets. L'auditoire, peu nombreux, était digne de comprendre de tels acteurs. Les représentations se succédaient, et le spectacle était toujours varié. Cependant l'idée de publier ses proverbes était encore loin de la pensée de M. Leclercq, qui s'imaginait que ses dialogues si vifs et si spirituels ne pouvaient se passer du jeu des acteurs. Il fallut, pour le décider à se faire imprimer, que le public fût déjà plus qu'à moitié dans sa confidence. Bien des indiscrétions avaient été commises. Les acteurs montraient leurs rôles, on citait maints traits charmans dans les salons; des auteurs comiques empruntaient, sans façon sujet et dialo-

gue, et croyaient avoir tout inventé lorsqu'ils avaient changé le titre
de proverbe en celui de vaudeville ou de comédie. M. Leclercq avait
si peu le caractère de l'homme de lettres, qu'il sut peut-être bon gré
à ces messieurs de leurs emprunts. C'était un éloge indirect auquel il
était sensible, et qui lui donna le courage de se produire, non pourtant devant tout le public, car les deux premiers volumes des *Proverbes dramatiques* furent d'abord imprimés à ses frais et distribués
à ses amis seulement. Les journaux en parlèrent, les éditeurs vinrent
frapper à sa porte, et bon gré, mal gré, son livre fut mis en vente.
Je me souviens de lui avoir entendu raconter fort gaîment l'espèce de
honte qu'il éprouva lorsque son premier éditeur vint lui apporter le
prix de ses œuvres. Il ne savait s'il devait le prendre et craignait de
ruiner son libraire. Sur ce point il fut bientôt rassuré. Plusieurs éditions se succédèrent rapidement, et peu d'ouvrages ont eu tant de
débit, dans un temps où la réclame n'était pas encore inventée. »

Enfin, M. Jules Janin nous éclairera sur un caractère et un sort tout
différent de celui de l'auteur des *Proverbes*, sur Henri Delatouche. Il
le fait à sa manière, avec toutes sortes d'esprit, de fines citations et
de mots brillans : c'est une profusion d'étincelles. Nous allons tâcher
d'en attraper quelques-unes.

« Jeune homme, dit-il, M. Henri Delatouche eut cette rare fortune
de se passionner un des premiers pour cette touchante victime de la
terreur, André Chénier....

» Dans la vie d'un écrivain et d'un critique, cette publication des
poésies d'André Chénier, et toute cette école qui semble sortir de ce
monde nouveau, devait compter pour beaucoup ; en effet, cette publication restera dans l'avenir un des grands titres de M. Henri Delatouche. Lui-même il savait s'y complaire, et quand il vit ce qui allait
surgir de ce grand coup de baguette qu'il avait donné sur le rocher
entr'ouvert, et quel torrent de poésie abondante s'échappait de ces
hauteurs, il voulut être des premiers à en prendre sa part ; mais
comme il se baissait, approchant sa lèvre avide à cette source inespérée, de mieux inspirés que lui arrivèrent qui prirent la place du
Moïse et qui se mirent à boire à plein gosier dans le torrent d'André
Chénier....

» Alors commença pour M. Henri Delatouche une suite de mécon-
tentements cachés et de douleurs secrètes qu'il ne voulait pas s'avouer
à lui-même ! Il était comme ce magicien qui a trouvé le mot par lequel s'ouvre la porte de la caverne, et qui, oubliant le mot, reste enfermé dans la caverne ! Il ne comprenait pas que ce flambeau qu'il
avait tenu dans ses mains lui eût brûlé les doigts, pendant qu'il indiquait à des hommes plus jeunes que lui le vrai sentier ; il restait attaché au sol aride, étonné de la lumière qui l'entourait ; il avait eu la
clef de l'art moderne, et il couchait dans la rue !....

» A la fin, si grande fut sa douleur, qu'il en devint imprudent,
chose étrange dans un esprit si habile et si sage ! et il exhala sa peine
dans un manifeste : *pro domo sua* qui eut un grand retentissement
de vingt-quatre heures au milieu de la littérature qui dressait, en ce
temps-là, ses innocentes barricades. Le manifeste de Henri Delatouche avait un titre barbare (et le mot est resté), il s'appelait la *Cama-*

raderie! Et avec une verve bouillante, une parole incisive, une rail-
lerie à tout briser, il se mit à châtier ces élèves d'André Chénier,
qu'il eût bien voulu traiter comme des enfants rebelles! Grand fut le
scandale au camp des novateurs! Il y avait encore, en ce temps-là,
quelques vieux débris de la grande armée littéraire de 1810 qui
triomphèrent, en voyant M. Henri Delatouche, un quasi révolutionnaire! qui s'escrimait avec tant de vaillance contre l'école romantique....

» Ah! que de fois l'orgueil blessé a fait d'un bonhomme un homme
hargneux! Que de poésies tombées ont poussé un homme naturellement sage et paisible dans les violences! Otez des romans et des comédies de M. Henri Delatouche ces violences puériles, ces récriminations impardonnables, et l'amertume de ce sarcasme qui ne se reposait
jamais en lui, vous aurez des livres charmants. Otez d'*Aymar* l'exécration contre la Russie, ôtez de *Fragoletta* les scènes abominables
entre la reine Caroline et la duchesse de Nelson, ôtez les violences
de *Grangeneuve*, ôtez le mépris et le dédain de cette comédie intitulée la *Reine d'Espagne*, et vous aurez, je vous l'affirme, autant de
compositions élégantes, ingénieuses, composées avec goût, écrites
avec art.

— Le Théâtre-Français et Mlle Rachel ont cherché un bien mauvais
genre de succès dans une pièce comme *Valéria*. Valéria, c'est, sous
un autre nom, la trop fameuse Messaline, mais Messaline réhabilitée,
épouse chaste et mère tendre, tout occupée de son fils, pour lequel
elle lutte contre Agrippine. Une courtisane, Lycisca, lui ressemble à
s'y méprendre, comme Mlle Gay d'Oliva ressemblait à Marie-Antoinette
et servit. dit-on, à la compromettre dans l'affaire du Collier; elle se
livre, sous le nom de l'impératrice, à des excès qui font de celle-ci un
objet d'opprobre et d'exécration. Les ennemis de l'impératrice en
profitent pour la perdre, et elle meurt en prophétisant à Agrippine
quel fils elle aura dans Néron. Mlle Rachel joue les deux rôles de Valéria et de Lycisca, de la courtisane et de l'impératrice. La pièce a été
surtout faite dans ce but. C'est une *pièce d'acteur*, que non-seulement
la morale réprouve, mais aussi la vérité, la dignité et le sérieux de
l'art.

— Le cours de M. Michelet vient d'être de nouveau suspendu,
comme il le fut peu de temps avant la révolution de février. Nous
doutons que M. Michelet ait autant qu'alors l'opinion pour lui; mais
ce sont toujours des mesures fâcheuses que celles qui peuvent paraître toucher à la liberté de l'enseignement, surtout lorsqu'il s'y mêle,
comme c'est ici le cas, des haines de parti.

— L'exposition publique du lingot d'or de quatre cent mille francs,
dans les bureaux de la loterie dont il doit être le premier prix, voilà
ce qui attire véritablement la foule. Il y a deux issues, comme dans
les lieux où l'on craint la presse et l'encombrement, l'une pour l'en-

trée et l'autre pour la sortie. On fait queue, on passe à son tour devant l'idole; on la contemple, quelques-uns même se permettent de
la toucher, bien que ce soit défendu, puis on cède la place à d'autres
adorateurs. L'idole est posée sur l'un des plateaux d'une balance ornée
par le haut d'une tenture en velours pourpre : elle est là, comme sous
un dais. Toute religion a ses incrédules ; celle-ci en a donc qui soutiennent que le lingot est faux, qu'il est seulement de plomb doré, en
attendant que la loterie ait placé assez de billets pour acheter le vrai
lingot, le lingot d'or. Mais ce sont là des sceptiques qui ne doutent que
parce qu'ils voudraient croire encore mieux. Pour ma part, je préfère
cette réflexion d'un homme du peuple. Arrivé aussi devant cette
pierre jaune, oblongue et carrée, il s'écria, saisi d'une sorte d'effroi :
« Quatre cent mille francs ! Allons-nous-en ! Cela me fait peur. » Mais
peu de personnes imitent la sagesse de ce simple d'esprit. La multitude suit le torrent ; elle vient se rassasier de la vue au moins de l'objet merveilleux, s'inspirer de sa présence, et s'incliner avec respect
devant le grand fétiche de notre âge civilisé : *Deus, ecce Deus !* le
dieu ! voilà le dieu ! »

Paris, 15 mars 1851.

SUISSE.

.·Bale, 11 mars. —
La chronique bâloise du mois passé ([1]), qui s'était
présentée en robe de chambre, s'attendant à être modestement reléguée au bout de la table, a reçu du grand-maître des cérémonies une
place d'honneur, à laquelle elle ne s'est assise qu'avec une certaine
confusion. Elle en aurait encore pris son parti, si l'un des desservants
du festin, dans la précipitation de son zèle, n'avait fait à sa robe quelques taches, dont l'une, entre autres, a rongé l'étoffe à plusieurs endroits ; ce qui pourrait faire croire que le budget (*budjet!!*) de la chronique l'oblige à paraître, non-seulement en négligé, mais en desha-
billé malséant. Elle atteste que, si elle ne fait pas de frais de toilette,
son linge est du moins propre.

— Nous disions, il y a un mois, que la solution favorable de l'importante question de l'université avait déjà produit une grande sensation dans la Suisse allemande, bien qu'on ne fût guère qu'au surlendemain de la décision du Grand-Conseil. Les preuves ont abondé plus
tard ; et, si quelques journaux sont restés fidèles à leur opposition sys-

---

([1]) Voir la précédente livraison : *Du haut enseignement à Bâle, et de la
question universitaire*, page 101. (*Note de Réd.*)

.tématique, un grand nombre de gazettes de toute couleur ont exprimé
hautement leur satisfaction. En outre, plusieurs hommes éminents de
divers cantons se sont sentis pressés du besoin de rendre hommage à
une institution, pour laquelle ils ont conservé une vive reconnaissance.
L'un d'eux, qui occupe avec distinction une place importante dans le
haut enseignement d'un canton radical, disait entre autres :

« Il faut absolument que j'écrive à quelqu'un de mes amis de Bâle,
pour lui communiquer toute la joie que j'ai éprouvée des débats sur la
question de l'université, dont j'ai eu connaissance hier au soir, à dix
heures et demie, au moment où je me trouvais dans un cercle d'amis.
Tous, hommes d'étude ou non, ont chaudement exprimé leur satisfaction à la lecture de la *Gazette de Bâle*. » — Après quelques réflexions
judicieuses que je passe sous silence, il ajoutait : — « Dans notre canton, les parents commencent eux-mêmes à tourner de nouveau les
yeux vers votre université, parce qu'ils ont vu que beaucoup de jeunes
plantes, cultivées ailleurs, n'ont pas prospéré. La résolution du Grand-
Conseil n'est pas seulement un gain et un honneur pour Bâle, mais
pour la Suisse entière, car elle conserve à notre patrie un foyer de lumières, qui a surtout rayonné dans les dernières années. Bâle en a
elle-même éprouvé la chaleur ; car aucune autre ville suisse ne peut
produire plus ou autant qu'elle d'hommes distingués par l'intelligence.»
Un citoyen de Bâle-campagne, ancien élève de l'université, a aussi
exprimé publiquement sa reconnaissance envers le Grand-Conseil de
Bâle « de ce qu'il n'a pas brisé le dernier lien qui rattache encore la
campagne et la ville. » — « L'université de Bâle, dit-il ailleurs, est un
fanal qui éclaire aussi notre nuit. » — Il exprime, de son côté, l'idée
que ceux qui ont fait toutes leurs études dans les universités allemandes ont moins bien réussi, surtout par suite de leur isolement et du
manque de rapports directs avec leurs professeurs. Le correspondant
de la *Revue Suisse* a plus d'une fois entendu l'expression de la même
conviction dans plusieurs cantons de la Suisse orientale, surtout en ce
qui concernait la théologie. Des laïques de diverses conditions lui ont
dit et répété que les pasteurs de leur canton, dont les études avaient
été uniquement faites à Bâle, n'étaient point inférieurs en science à
ceux qui avaient fréquenté les grandes universités d'Allemagne, et
qu'ils leur étaient souvent très-supérieurs en tout ce qui tient au zèle
pastoral et au sérieux de leurs fonctions. Cet heureux résultat, je le
crois, tient moins peut-être à l'université elle-même qu'à la vie religieuse, qui se fait jour à Bâle de tant de manières, et qui doit exercer
une tout autre influence sur la foi du jeune théologien que la fréquentation d'universités où il n'y a de vie chrétienne que dans la science
professée du haut de la chaire académique. C'est surtout par ce motif de la plus haute importance que la faculté de théologie de Bâle me
paraît être appelée à fleurir dans l'avenir autant et plus que par le
passé.

— La crise universitaire une fois terminée, on s'occupe activement à combler les lacunes et à s'assurer de nouveaux soutiens. Le Conseil d'Etat, sur le préavis du Conseil d'éducation, vient d'appeler à la chaire d'exégèse M. le pasteur Riggenbach, jeune théologien bâlois, dont on peut se promettre un concours dévoué, durable et scientifique. La société académique, qui n'existe que depuis quinze ans et qui possède déjà un capital de plus de 50,000 francs de Suisse, formé par la souscription annuelle de ses membres, vient de décider, de son côté, la fondation d'une nouvelle chaire de droit, dont je constatais la lacune dans ma dernière chronique. On a l'espoir que cette chaire sera occupée par un jurisconsulte du nord de l'Allemagne ; mais les négociations ne sont pas encore terminées. Comme la faculté de médecine a reçu, l'automne dernier, deux vigoureux soutiens dans la personne de MM. Miescher et Bruch, on a l'espoir que les quatre facultés ouvriront leur semestre d'été dans des conditions d'activité qui ne tarderont pas à attirer de nouveaux étudiants. Plusieurs hommes distingués de notre ville paraissent, en outre, disposés à accorder à l'université leur coopération active, en qualité d'agrégés (privat-docent) ; et il est probable que l'on affectera à l'un ou à l'autre d'entre eux un léger traitement. Au nombre de ceux qui rendent d'importants services depuis plusieurs années, il convient de citer surtout M. le pasteur Preiswerk, ancien professeur de l'école de théologie de Genève, dont le dévouement, dans l'enseignement de l'hébreu, ne s'est pas une seule fois ralenti.

— Il serait impossible de faire ici l'énumération des dons qui ont été faits au nouveau musée depuis que la chronique a cessé d'en faire mention. L'un des plus importants est l'heureux résultat d'une souscription de 200 louis ouverte dans le but de faire au sculpteur bâlois Schlœth la commande d'une nouvelle statue de marbre, qui soit le pendant de celle de Psyché. Les souscriptions antérieures ont permis l'acquisition d'un certain nombre de plâtres moulés d'après l'antique, qui sont maintenant arrivés et sont disposés dans la salle affectée à cette destination.

— M. W. Schmidlin, le même qui a été nommé membre de la commission chargée de la révision de l'enseignement, vient de remporter un prix qui lui fait grand honneur. La société du *libre échange* (Freihandel) de Hambourg, avait proposé un prix sur la question de la liberté du commerce. Sur 38 concurrents, M. Schmidlin a obtenu le premier prix. M. Schmidlin a déjà rendu de grands services dans la question des chemins de fer suisses, et il sera probablement appelé à en rendre de nouveaux. La lucidité de son esprit, son talent de parole et ses connaissances en mathématiques théoriques et appliquées le mettent, depuis quelques années déjà, au rang des Bâlois qui relèvent leur ville natale. Son nom reparaîtra désormais plus d'une fois dans notre chronique. — La mention du concours de Hambourg me rappelle un fait plus ancien que l'interruption de la chronique bâloise n'avait pas permis de consigner dans la *Revue.* Je veux parler d'un concours sur les moyens de remédier aux souffrances cruelles et sans but, dont les animaux sont trop souvent la victime de la part de l'homme. Ce concours avait été ouvert par la société du bien public, qui a couronné le travail de M. le docteur en médecine Th. Meyer-Merian. — M. Meyer, rédacteur actuel de l'*Intelligenz-Blatt*, était déjà connu comme poète, et il vient de révéler un talent dramatique, en publiant dans l'*Annuaire historique* de M. Streuber un drame en vers, sur lequel j'aurai peut-être l'occasion de revenir en un meilleur moment.

— Le chroniqueur a déjà fait mention de l'élan musical imprimé à la population de Bâle depuis quelques années. Les concerts ont été nombreux cet hiver, et il vaut la peine de dire, à titre de fait curieux, que, dans un intervalle de dix-sept jours, du 16 février au 3 mars, il n'y a pas eu moins de dix concerts publics, entre autres deux dans la même soirée, l'un au casino, l'autre au théâtre. Il est vrai que Mlle Thérèse Milanollo, dont l'admirable jeu a enthousiasmé le public, en revendique à elle seule la moitié, car elle emporte de Bâle la recette de cinq concerts. Il est question d'un grand *festival musical*, qui sera organisé pour l'automne dans les environs de Colmar et qui réunira les artistes et les amateurs de l'Alsace, d'une partie du grand-duché de Baden, et des cantons suisses du nord. On construira dans ce but une immense salle de bois, et la direction du concert sera confiée à M. Reiter, de Bâle, très-habile artiste, qui a dirigé le dernier concert helvétique de Soleure avec un talent que nous lui connaissons depuis long-temps.

— Nous sommes à l'époque de l'année où les diverses associations publient leurs relevés de compte. On ne remarque peut-être pas assez combien le socialisme, dans ce qu'il a d'applicable, fait de progrès, même dans les états où le monstre hideux, qu'on baptise de son nom, fait le plus horreur. L'association *volontaire* prend, dans la civilisation moderne, une place si importante qu'elle fera une partie notable de son histoire et qu'elle sera la meilleure réponse de notre époque aux rêves insensés de ceux qui voudraient y substituer un suicide général sous le titre d'*organisation du travail*, ou, en d'autres termes, d'*esclavage organisé*. Partout où les ressources de l'état sont impuissantes à faire naître ou à développer un intérêt plus ou moins spécial, quelques citoyens réunissent leurs efforts et le bien se fait. Chacun d'eux se porte vers ce qui sourit à ses goûts ou à ses convictions, et l'ensemble de tous ces centres d'activité constitue le véritable socialisme. A ce titre, nulle part, toutes proportions gardées, le socialisme n'est plus vivant qu'à Bâle. C'est la réflexion que je faisais en parcourant, entre autres, le cinquième compte-rendu de la caisse des ouvriers de fabrique. Cette association mutuelle a pour but de venir en aide à ceux qui tombent malades, et de se charger des frais d'ensevelissement de ceux qui meurent. Sous le titre de « Société française, » une autre association qui paraît aussi composée d'ouvriers français, a exactement le même but. Les instituteurs des diverses écoles se sont formées en associations séparées pour subvenir aux frais de remplacement, en cas de maladie. Aucun d'eux n'est forcé d'y entrer. En cas de mort, les bourgeois ont une caisse de veuves ; les ecclésiastiques en ont une aussi ; les instituteurs en ont fondé une à leur tour. Je cherche et je trouve le socialisme à Bâle dans une foule d'autres associations : société des missions, société biblique, société protestante, société des amis d'Israël, société de lecture, société d'histoire, société des prédicateurs, société académique, société du musée, société pour la science théologique, société pour l'alumnœum, société pour procurer du travail ; diverses autres sociétés de bienfaisance, entre autres celles de dames pour les malades et les pauvres de chaque quartier; société de l'école de natation, société archéologique, société des sciences naturelles, société des beaux-arts, société des artistes, sociétés diverses de musique, etc., etc., et surtout la société du bien public, la grande fondation d'Isaac Iselin, qui est l'âme et la protectrice naturelle de la plupart des autres sociétés, dont quelques-unes, qui ont une existence à part, ont été directement fondées par elle. Cette énumération est très-loin d'être complète, car je n'ai sous les yeux aucune statistique et je ne consulte que ma mémoire : il est, d'ailleurs, beaucoup d'associations utiles dont j'ignore très-probablement l'existence. Si la baguette d'une méchante fée transformait toutes ces associations volontaires en associations obligatoires, avant vingt ans cette sève abondante, qui parcourt tous les rameaux de l'édifice social, serait desséchée, et l'arbre languirait. Dieu nous en garde !

C.-F. G.

POÉSIE.

—

—

. . . .
Partout dans Bethléem , sous quelque étrange forme ,
Des dieux de Canaan surgit la tête énorme ,
Ebauches de granit, respirant la fureur ,
Que les Hébreux muets baisent avec terreur.
Là, Dagon de qui Dieu châtira l'imposture ,
Là, Kémos dont les yeux bouillonnent de luxure ,
Là, Moloch dont la bouche ouverte horriblement,
Des enfants nouveaux-nés attend le corps fumant.
Là, les dieux les plus vils ont un temple, un oracle ;
Car Bethléem n'est plus qu'un impur réceptacle
Où, sous des traits hideux, ces monstres noirs et nus ,
Bêlant, sifflant, meuglant, sont en foule venus !
Aussi de son renom, de son bonheur antique,
De sa foi qui brillait d'un rayon prophétique,
Rien n'est resté debout ; et si le vieux Booz
S'arrachait du sépulcre où sont couchés ses os ,
Il se lamenterait, l'âme d'effroi saisie,
Devant tant de révolte et tant d'apostasie !

Un jour que le Voyant y pensait, plein de deuil,
Voilà que tout-à-coup apparut à son seuil
Un jeune homme, appuyé sur un bâton de palme.
Il avait le regard majestueux et calme
Et le visage empreint de charme et de candeur,
Comme un ange qui voile un moment sa grandeur.
Le vieillard se prosterne à ses pieds qu'il embrasse ;
Et le noble inconnu le contemple avec grâce,
D'un regard qui sur lui tombe profondément,
Rempli d'un sympathique et tendre sentiment.
Après qu'il a, des yeux, lu dans ce cœur d'élite :
— « Que la paix, lui dit-il, pieux Israélite ,

Soit en toi dont l'esprit, toujours en oraison,
En une autre Béthel a changé ta maison!
Ton Dieu sait que partout tu marches dans sa voie,
Il te protège, il t'aime, et c'est lui qui m'envoie! » —
Le Voyant d'Israël que ce discours surprend,
Jette sur l'étranger un coup-d'œil pénétrant :
— » A Jéhova, dit-il, comment pourrais-je plaire?
Je ne suis devant lui qu'un enfant de colère,
Comme ce qu'avant moi furent tous mes ayeux,
Et je voudrais mourir pour ne plus voir ces lieux.
Nul n'y craint l'Eternel; jeune et vieux, tout l'y brave. »
L'inconnu lui répond avec une voix grave,
— » Voilà pourquoi la mort est encor loin de toi,
Pourquoi ton Dieu toujours a besoin de ta foi.
Lève-toi! Ceins tes reins! marche! et de ville en ville,
Tonne contre les dieux de ce peuple servile!
Et, s'il ne quitte pas son culte criminel,
Parle-lui de la sorte : « Ainsi dit l'Eternel :
» J'épuiserai sur vous les traits de ma colère,
» Vos corps seront brisés comme l'épi sur l'aire,
» Car la moisson est mûre; et sur tous vos côteaux
» Des moissonneurs d'Hékron s'en va passer la faulx! »

Il dit; et dans les airs tout-à-coup il s'efface,
Et l'austère vieillard, prosterné sur sa face,
Devine qu'étranger à la race d'Adam,
C'est l'hôte qui jadis visitait Abraham.
Il se redresse alors sous la gloire divine,
D'un éclat surhumain son front nu s'illumine,
Et plein d'une profonde et sainte émotion,
Il rentre en admirant la grande vision!

Ses enfants n'ont pas vu le messager céleste;
Seuls, ils devront gémir dans un lieu qu'il déteste;
Il le sait, mais son cœur maîtrise ses combats.
Est-il pour le croyant de bonheur ici-bas?
Maison, repos, enfants, doux nœuds de la vieillesse,
Quand Dieu dit : Quittez tout! il faut bien qu'on vous laisse,
N'eût-on, dans les pays où l'on doit se bannir,
Qu'un labeur prolongé que la mort doit finir!
Ainsi fera Nathan, plein d'un mâle courage.
Adieu donc la montagne et son gras pâturage,
Adieu le grand troupeau qu'il a long-temps nourri,
Adieu tout ce qui plaît à son cœur attendri,

Sa vigne, son figuier, son essaim qui murmure,
Et sa porte si gaie à travers la ramure !
Adieu surtout Pharam et la douce Nalma,
Et ses deux serviteurs que toujours il aima,
Adieu tout pour long-temps ! calme, énergique et ferme,
Dût son exil n'avoir que la fosse pour terme,
Dieu l'appelle, il suffit ; il s'élance, joyeux ;
Car le maître qu'il sert lui donnera les cieux !

Son front est rayonnant, la flamme en son œil brille,
Quand l'imposant vieillard à son fils, à sa fille,
Nomme l'hôte divin qu'il vient de recevoir.
» Certes, un tel honneur dépasse mon espoir,
Il me paie en un jour quatre-vingts ans de larmes.
Mon bonheur toutefois est bien mêlé d'alarmes.
Les prêtres de Baal, aujourd'hui triomphants,
Ils vous sont en horreur, je le sais, mes enfants !
Mais le Nacor, leur chef, qui chaque jour empire,
Souille dans Bethléem jusqu'à l'air qu'on respire.
Ne suivrez-vous jamais son exemple odieux ?.... »
— « Jamais ! répondent-ils : » — « et si, devant ses dieux,
Il vous crie : offrez-leur de suite un sacrifice,
Ou mourez ! Saurez-vous affronter le supplice ? »
— « Forts de l'Esprit de Dieu qui, devant Pharaon,
Donnait tant de courage à la langue d'Aaron,
La plus affreuse mort fût-elle toute prête,
Nous saurions la souffrir ! » — « C'est bien ! dit le prophète,
De votre dévoûment je n'avais point douté.
Pourquoi tous n'ont-ils pas votre fidélité ?
Que le Dieu de Jacob les garde en sa mémoire
Les vœux que devant lui vous formez pour sa gloire !
Oui, mon Dieu, souviens-t'en ! fais triompher leur foi !
Et que, vivants ou morts, ces enfants soient à toi ! »

Puis, il leur dit ces mots : « Qu'elle te soit pour femme,
Qu'il te soit pour mari ! ne formez plus qu'une ame !
Toi, Nalma, vis pour lui ! vis pour elle, Pharam !
Ayez l'esprit d'Enoch et la foi d'Abraham ! »

Et comme avec respect à ses pieds ils tombèrent,
Ses vénérables mains sur leurs fronts se posèrent,
Et, d'un ton grave et lent : « Soyez, dit-il, bénis,
Et devant Jéhova marchez toujours unis ! »

Il partit à ces mots sans retourner la tête
Et gravit, sans faiblir, le côteau jusqu'au faîte,
L'aquilon soulevait ses cheveux longs et blancs ;
Et l'on eût dit, à voir ses pas nobles et lents,
Que Moïse, sorti de la funèbre enceinte,
Regagnait les hauteurs de sa colline sainte
Pour contempler encor, de lumière ébloui,
L'Eternel descendant sur le mont Sinaï !

Louis DUSSAUD, pasteur.

BULLETIN BIBLIOGRAPHIQUE.

HISTOIRE DE LA NATION SUISSE, d'après Zschokke, les principaux écrivains nationaux et quelques sources originales, par Alexandre Daguet. Première partie. Un vol. 8° de 252 pages. Fribourg, 1850.

Il est peu de nations, même parmi les plus grandes, qui possèdent un aussi beau nombre de résumés, et de bons résumés de leur histoire, que la nation Suisse. L'ouvrage de Zschokke serait un chef-d'œuvre dans le genre, si le groupement heureux des faits, le charme de la narration et celui de la couleur, pouvaient faire oublier un manque de profondeur et de fréquentes inexactitudes. L'abrégé de Mme De la Rive, et celui qu'a publié récemment un Neuchâtelois, ont corrigé plus d'une erreur, et pris une place honorable dans le nombre des histoires dont le peuple suisse est le sujet. On désirait cependant encore un livre qui réunit les mérites de celui de Zschokke, à ceux de ces ouvrages plus récents ; qui tînt compte des dernières explorations, grâces auxquelles l'histoire de notre patrie présente aujourd'hui bien des aspects nouveaux ; qui fût au niveau de l'état actuel des connaissances, et qui fît une place suffisante au développement des institutions de la nation, de la science et des mœurs dans les divers âges de son existence. M. Daguet s'est donné là tâche de répondre à ce vœu. Il avait d'abord entrepris simplement de corriger Zschokke, et de le compléter dans quelques détails ; et il s'est trouvé conduit à faire un livre nouveau, ensorte que sur trente-sept chapitres, dont se compose le nouvel abrégé, seize appartiennent en entier à l'auteur fribourgois, et qu'il en a modifié considérablement plusieurs autres. A notre gré, il l'a fait avec bonheur. Nous ne nous permettrons pas d'exprimer un jugement sur un livre dont la première partie seule a paru ; mais au moins nous est-il permis de dire que, dans cette partie difficile, l'auteur répond aux besoins qu'il a voulu satisfaire. Ecrites avec chaleur,

avec clarté, avec charme, ses additions ne déparent point le livre de
Zschokke, et elles lui donnent une valeur nouvelle. Nous ne voulons pas
dire que le livre ait toute l'unité, tout le coulant d'un ouvrage écrit d'un
premier et d'un seul jet ; mais les parties nouvelles n'en sont pas moins fondues avec beaucoup d'art dans les anciennes. Elles attestent une étude sérieuse des matières traitées, et le sincère amour du sujet de cette étude.
L'on a accusé M. Daguet de trahir un esprit de parti ; cette accusation ne
nous paraît pas méritée. Le style a les qualités essentielles au sujet, bien
que quelques incorrections s'y soient glissées. On se demande, par exemple,
en lisant à la page 17 : « Le lac de Morat s'appelait lac d'Avenches et bai-
gnait ses murailles, » à quel substantif se rapporte le mot *ses*. — On ne dit
pas *pélérinage*, mais *pélerinage*. — Nous nous permettrons aussi de soumettre
à M. Daguet quelques observations sur le fond des choses. Persuadés que
son livre aura plus d'une édition, nous exprimerons le désir de quelques
corrections, désir auquel l'auteur jugera s'il peut ou non faire droit.

M. Daguet ne pourrait-il mettre plus clairement en accord ce qu'il dit à la
page 6, avec ce qu'il exprime à la page 51me, relativement à la tradition qui
donne au peuple de Schwytz une origine scandinave ? — Comment sait-il que
la vie des Helvètes fut sous Rome plus poétique que dans les temps antérieurs ? — On se demande, après avoir lu ce qu'il dit des druides, qui ne se
seraient pas rencontrés chez les Helvétiens, et des bardes, qui se *rattachaient*
aux druides, si les Helvétiens avaient des bardes. — On voudrait que l'analogie des deux religions, celle du nord et celle de Rome, qui l'une et l'autre
étaient une adoration de la nature, ressortît mieux ; on en comprendrait
mieux (page 13) la manière dont l'une se perdit dans l'autre. — On voudrait
que le caractère du christianisme, se répandant parmi les Barbares, se mon-
trât plus clairement, et que l'auteur fît mieux comprendre la nature de la
révolution qu'opéra la foi nouvelle ; son moyen-âge en serait mieux compris.

Sont-ce bien les premiers Burgondes qui élevèrent des forteresses dans la
contrée à laquelle ils donnèrent leur nom ? Lausanne ne fut-elle pas une fondation ecclésiastique et romaine plutôt que barbare (page 19) ? Odin n'était-
il pas le dieu des Burgondes aussi bien que des Allemanni (page 20) ? N'eût-
il pas été important de montrer que les Burgondes s'établirent en Helvétie
comme les alliés de Rome ?

Peut-être M. Daguet eût-il pu s'exprimer sur le jury des Barbares (p. 23),
sur le consentement du peuple aux lois (page 30) d'une manière qui fît comprendre plus clairement le sens différent de ces mots dans un âge d'enfance
et dans le nôtre. Est-il vrai de dire que Charlemagne encouragea les pélerinages (page 31). Nous croyons qu'il fit son possible pour en détourner les
esprits, ses écrits l'attestent, et si tel capitulaire présente un sens contraire
à celui qui ressort des œuvres théologiques de Charles, souvenons-nous que
la collection des capitulaires est l'œuvre d'un moine, et que l'on a, depuis
la mort du grand prince, placé plus d'une loi sous l'autorité de son nom.

Fribourg a-t-elle jamais fait hommage à Pierre de Savoie ? Nous n'en connaissons pas la preuve. — Le comte Pierre est mort à Chillon; selon la légende, à Pierrechâtel selon l'histoire (pages 54 et 55).

Nous pourrions relever encore quelques inexactitudes, mais de celles dont aucun historien n'est à l'abri. Car nous devons le redire, l'œuvre de M. Daguet est une œuvre sérieuse, qui témoigne d'une érudition consciencieuse. Les chapitres ajoutés à Zschokke, et dans lesquels se déroule le tableau des mœurs du peuple et des développements de sa civilisation, font tout particulièrement foi de bonnes et saines études. Que le second volume de la nouvelle histoire de la nation suisse soit pareil au premier, et nous posséderons une œuvre littéraire, excellent livre d'étude pour le jeune homme, et que l'homme dans la maturité de l'âge relira lui-même souvent.   *

GUIDE ANNOTÉ pour les débats criminels et pour les correctionnels, avec le concours du jury, par J.-E. Massé, président de la cour de justice. — Genève 1850. — Chez J. Cherbuliez, Genève, Georges Bridel, à Lausanne.

La question du jury, si intéressante pour tous les citoyens, puisque chacun peut être accusé, peut être juré, a déjà beaucoup occupé les esprits en Suisse, et les occupera encore, car en matière aussi importante et délicate on ne peut arriver au but que par des tâtonnements, des modifications dans la loi, loi qui variera de canton à canton selon les mœurs et les habitudes.

Il est intéressant de suivre les rapides variations de la loi *genevoise* des tribunaux. Jusqu'en 1844 le *tribunal criminel* se composait de sept juges sans jurés; 1844 établit cinq juges et douze jurés; 1847 réduit les juges à trois; et 1848 au seul Président. 1848 a aussi établi pour le *Tribunal correctionnel* un seul juge et six jurés. Dans ce système le rôle des jurés est de plus grande importance qu'en d'autres cantons, en France etc.; il est donc utile de dire que M. J.-E. *Massé*, président de la *cour de justice*, et qui, dans sa très-longue pratique sous divers systèmes, a eu sans aucun doute plus de causes qu'aucun autre juge, même de grand pays, regarde notre loi du jury comme la plus parfaite. Cependant reconnaissons que l'obligation d'être seul à fixer la peine est rude pour le président, et qu'elle l'expose à des ressentiments.

Voici des circonstances intéressantes de cette organisation du jury genevois. La première question qui lui est faite n'est pas comme ailleurs : *L'accusé a-t-il* COMMIS *tel fait*, mais : *L'accusé est-il* COUPABLE *d'avoir commis ce fait*, question qui réunit le fait et l'intention, la moralité, et qui en rend le juré appréciateur, ensorte qu'il déclare non coupable la folie, l'ignorance, etc.

Les questions rappellent les circonstances *aggravantes* (escalade, effraction, récidive, etc.) Quant aux *atténuantes*, notre loi diffère beaucoup de la loi française ; elle admet trois degrés dans la déclaration du jury : ou *il n'y a pas de ces circonstances* (1), ou elles sont simplement *atténuantes*, ou elles

_____

(1) Alors la réponse du jury est : *Le jury n'a rien à ajouter à sa déclaration.*

sont *très-atténuantes*. Les Français n'ont qu'un degré de circonstances atténuantes et doivent les spécifier; ils votent sur la culpabilité sans s'occuper
des suites pour l'accusé, ce qui engage souvent les jurés à nier la réalité
pour soustraire le coupable à une forte peine : tandis que chez nous ces *deux
degrés* de circonstances atténuantes *sans spécification* ménagent la conscience
du jury qui peut devenir juste appréciateur du délit et de la moralité de
l'accusé, et qui, sentant qu'il intervient ainsi dans l'application de la loi en
dirigeant le juge et modérant sa décision, n'hésite plus à reconnaître le délit!
Cette loi élève donc la position du jury et ne l'expose pas à déconsidérer
l'institution par des déclarations menteuses, honteuses, ou par l'acquitte-
ment de coupables qui avouent (¹).

Cette institution du jury qui a de si grands avantages, offre un très-grand
inconvénient journalier dans l'ignorance et l'inexpérience de bien des jurés :
puis les jurés, même instruits, s'embarrassent dans la marche d'une procédure, ne comprennent pas toujours le langage des tribunaux, se fatiguent
et se perdent dans le dédale des circonstances : aussi chacun sentait le besoin d'un guide et le réclamait. M. *J.-E. Massé*, si bien placé pour cela
comme président de la cour de justice, vient de publier un petit *manuel* utile
aux juges, aux avocats, et surtout aux jurés. Ce livre, fait avec une ardente
intention d'être utile, est suffisant et parfaitement distribué pour la clarté :
les pages droites (recto) donnent, dans l'ordre des débats, la suite de tous les
textes de lois qui les dirigent, ensorte que chaque incident est prévu : les
pages gauches (verso) offrent en regard d'abondantes notes explicatives d'une
grande lucidité. A la fin du livre est un résumé de toutes les opérations d'une
procédure du premier jour au dernier. Une excellente table complète l'œuvre. Un juré, même ignorant, ne peut être embarrassé ; et ce livre est aussi
d'une grande utilité aux assemblées chargées d'élaborer des lois sur le jury.

John Ruegger.

/\/

ÉTRENNES RELIGIEUSES (deuxième année 1851). — Un vol., prix 1 fr. 50 c.
— Se trouve à Neuchâtel chez J.-P. Michaud, à Lausanne chez G. Bridel,
à Genève, chez Cherbuliez.

Nous avons annoncé récemment (*Revue Suisse* de 1850, p. 850) la première
livraison de cette intéressante publication, sous le titre de *Soirées chrétiennes.*
— La seconde vient de paraître sous le titre nouveau indiqué en tête de cette
annonce. Le changement de titre indique, ce nous semble, assez exactement
la modification qu'a subie l'esprit du recueil. Les doctrines évangéliques sont
moins fortement accentuées dans cette seconde série; de chrétien proprement
dit, l'esprit est devenu simplement religieux. En cela il y a perte d'un côté,

---

(1) Un exemple français suffira sur mille : un homme jusque-là honnête, avait volé
un panier de carottes en brisant une vitre : il s'avoua d'emblée coupable et par son repentir montra qu'il n'avait pas cru commettre effraction : il fut condamné à 5 ans de
travaux forcés. Dans la même session, un hardi voleur de profession, coupable d'effraction, d'escalade, etc., pour un vol considérable, fut déclaré innocent par le jury français, parce que la peine méritée était très-forte.

mais peut-être gain d'un autre. Si l'élément religieux est moins nettement formulé, il est mieux fondu. Une troisième livraison ne pourrait-elle pas nous apporter ce gain sans la perte, l'esprit chrétien positif parfaitement naturalisé dans le récit? Ce serait la perfection du genre. Et pourquoi serait-elle impossible? Tout ce qui est vraiment humain n'est-il pas, ne tend-il pas à être chrétien, et tout ce qui est vraiment chrétien ne redevient-il pas humain. Le Fils de Dieu est aussi le fils de l'homme.

Nous ne ferons pas de critique particulière. Nous avons lu d'un bout à l'autre avec intérêt, avec charme. Sentiments tendres, impulsions nobles, tableaux variés, mots heureux, style soigné, parfois peut-être un peu trop relevé pour la classe de lecteurs que l'on désire atteindre, telles sont les qualités qui nous paraissent recommander cette publication. Les treize morceaux dont se compose se second recueil sont nouveaux et signés par leurs auteurs, tous membres du clergé de Genève. Nous continuons à recommander tout particulièrement cet ouvrage aux bibliothèques populaires.

DE LA VOCATION DE LA SUISSE, TELLE QU'ELLE RESSORT DE SON HIS-TOIRE. Discours prononcé à l'ouverture de la séance annuelle de la Société suisse d'histoire, à Baden, le 4 octobre 1849, par M. le professeur *J.-J. Hottinger*. Traduit de l'allemand par *F. Gallot*. Zurich, Hæhr 1850. Se trouve chez G. Bridel à Lausanne, J. Gerster à Neuchâtel, et chez les principaux libraires de la Suisse. Prix : 1 fr.

L'œuvre d'un homme parfaitement au courant des derniers travaux sur l'histoire de la Suisse, et qui les résume dans l'écrit remarquable que nous annonçons, embrasse les faits principaux de cette histoire d'un point de vue élevé, de manière à en faire découler les enseignements les plus utiles et les mieux appropriés au présent. Admirable à la fois de simplicité, de cordialité et de profondeur, il s'adresse au jeune homme et au penseur, à celui qui possède les faits de l'histoire de la patrie, et à celui qui cherche à les comprendre; il les présente à tous dans leur enchaînement le plus lumineux et le plus fécond. Nous regrettons que l'étroit espace d'une annonce ne nous permette pas d'emprunter à l'ouvrage de M. Hottinger quelques citations; ce serait le moyen le meilleur de recommander à nos lecteurs un livre excellent, plus riche, dans son peu d'étendue, que ne le sont souvent de gros volumes.

LETTRES DE BEAUSÉANT, études de philosophie sociale et politique. — Paris, Joël Cherbuliez, libraire, place de l'Oratoire, 6. — Genève, Lausanne et Neuchâtel, chez principaux libraires.

Ecrites pour les esprits sérieux et les intelligences qui cherchent un autre aliment que les publications éphémères du jour, les *Lettres de Beauséant*, dont l'apparition date déjà de plusieurs mois, n'ont trouvé accès qu'auprès du public si restreint aujourd'hui des penseurs et des hommes d'étude. A quel_

que parti politique qu'il appartienne, le lecteur trouve chez l'auteur de cet
écrit un homme désireux de se rattacher avant tout à des principes im-
muables, et arrivant, dans ses méditations solitaires, sinon à découvrir la
solution véritable des agitations du siècle, du moins à tracer la peinture
énergique du mal qui dévore la société.

Déjà plusieurs recueils littéraires ont publié, sur les *Lettres de Beauséant*,
divers compte-rendus impartiaux ; cet ouvrage a même obtenu les honneurs d'un article étendu que lui a consacré le *Journal des Débats* (n° du
31 octobre 1850), article dans lequel M. Alexandre Thomas combat énergiquement les idées absolutistes et ultramontaines de l'écrivain de Beauséant.
Qu'on nous permette de reproduire les courts passages de cet article, où l'auteur expose le point de vue du livre ; nous laisserons de côté tout ce qui est
discussion proprement dite :

»...Il a paru à Genève, l'année dernière et au commencement de celle-ci,
(1850) un assez singulier livre, composé de fragmens plutôt unis par le fond
commun des idées que par l'ordre des matières. L'auteur, qui a conservé
l'anonime, pourrait bien être du même pays que M. de Maistre, qu'il a d'ailleurs beaucoup pratiqué, quoique sans dépendance servile. Il semble tout
au moins constamment occupé du sort de la monarchie piémontaise et particulièrement de la Savoie. Il écrit en un style heurté, saccadé, plein de passion et d'amertume; mais sous ces phrases bizarres, on découvre des convictions qui ont évidemment une ancienne et loyale origine. Ces élucubrations
excentriques ne sont pas, à coup sûr, l'œuvre d'un cerveau médiocre, d'une
raison frivole.... Les *Lettres de Beauséant* nous séduisent au contraire par
un grand point : elles respirent franchement cet âcre parfum de la solitude
qui s'en va chaque jour davantage de la pensée des hommes, à mesure que
celle-ci s'évapore et se dissipe le long des sentiers battus.

» Ces *Lettres* contiennent des études de deux sortes diverses, mêlées, interrompues et continuées à-propos ou par hasard; une appréciation d'événemens contemporains, et une déduction de doctrines générales. Les événemens sont envisagés du haut des doctrines et servent, selon le mot de
l'auteur, « d'*illustrations* à l'ensemble de ses idées.» La suite des affaires de
Rome et du Piémont n'est à ses yeux qu'une démonstration spéciale des
principes souverains qui gouvernent les sociétés..... Ce sont des principes
rigoureux, et, si peu qu'on y cède, il faut aller jusqu'au bout. L'homme,
selon lui, est incapable d'avoir en ses mains la conduite de lui-même, pas
plus la conduite morale que la conduite politique. Il n'y a point de vérité
pour l'homme en dehors de la révélation surnaturelle; sa raison est si faible
qu'elle ne saurait rien trouver autrement, sinon des erreurs. Il n'y a de
gouvernement pour l'homme que celui qu'il subit; sa volonté est si misérable, que lorsqu'il veut faire son gouvernement, au lieu de le subir il ne
fait que l'anarchie.»

HENRI WOLFRATH, ÉDITEUR.

MADAME ELISABETH FRY

ET

MADAME DE KRUDENER.

VIE D'ELISABETH FRY, extraite des mémoires publiés par deux de ses filles, 1850. — VIE DE Mme DE KRUDENER, par Charles Eynard, 2 vol. in-8°, 1849.

Si l'on donne quelque attention à la liste des ouvrages qui sortent des presses de l'Helvétie romande, on verra que la plupart sont des livres religieux, parce que ces ouvrages seuls trouvent un écoulement suffisant dans l'étroite contrée où l'on parle français, pressée entre la France et les pays à dialecte allemand ou italien. Les publications faites dans nos cantons sont repoussées par les douanes voisines. Nous sommes donc forcés de placer, dans notre zône resserrée, à-peu-près tout ce que nous imprimons. Paris, qui s'est réservé la haute main en littérature, profondément indifférent pour tout ce qui paraît hors de ses barrières, abandonne sans regret à la Suisse française une espèce de privilège pour les publications du culte protestant.

Ce sont donc en général des ouvrages de théologie et de piété dont nos libraires se font les éditeurs, les discours les plus marquants des orateurs de l'Eglise nationale et des nombreuses églises particulières, des exercices pour le culte domestique, des biographies, la correspondance posthume des hommes marquans par leur foi, de nombreuses traductions de l'anglais, dont la théologie et les habitudes religieuses ont depuis quelques années acquis une grande autorité chez nous.

Ces ouvrages sont attendus par la fraction religieuse sur laquelle

l'écrivain exerce de l'influence ; il a un public à lui qui se charge
de leur écoulement, et aucun souci ne vient le troubler dans le travail de la composition. Ces livres fournissent aux lectures de l'intérieur des familles et deviennent classiques, pour peu qu'ils le
méritent. Les circonstances politiques d'une partie de la Suisse
romande et les persécutions qui en ont été la suite, ont tendu à
multiplier ces publications et à leur donner un nouvel intérêt.

Il se faisait, il y a quelques années, à Lausanne surtout, une
émission très-active de petits traités destinés, par une forme anecdotique, à amener à des sentimens sérieux ceux auxquels une argumentation approfondie aurait fait peur. Ces traités ont atteint,
dit-on, le but qu'on en espérait ; cependant il me semble que les
intentions louables des rédacteurs les ont entraînés trop loin : ils
ont mis trop de théologie, là où l'on prétendait amuser un peu ;
loin d'abandonner au lecteur les réflexions qui auraient dû jaillir
du sujet, ils trahissaient leur impatience d'arriver à la discussion
et à la prédication. On ne laissait sortir des presses aucun traité
sans une cargaison de bonnes paroles et de citations le plus souvent hors de proportion avec son étendue ; la petite histoire se mé-
tamorphosait bien vite en véritable sermon, et le frêle bâtiment,
surchargé d'un leste trop pesant, courait risque de sombrer en
route ou de ne pas atteindre à sa destination. C'est encore, ainsi
que le roman religieux, une importation du sol britannique qui
conserve des traces de son origine.

De ces publications de la Suisse romande, ont surgi en dernier
lieu deux grandes et nobles figures, en contraste avec un grand
nombre de celles de notre siècle, deux femmes imposantes ou
gracieuses dans leur amour et leur dévouement pour l'humanité,
infatigables prédicateurs de l'Evangile, en complète disparate avec
les physionomies malencontreuses et les vues intéressées des réformateurs de notre époque. L'une simple, pure et indulgente, émue
d'une tendre charité pour les coupables ; l'autre qui, après avoir
payé son tribut aux faiblesses de la société dans laquelle elle a
vécu, en est sortie brusquement pour se mettre en scène sur un
tout autre théâtre, pour prêcher aux pauvres et aux petits. A l'une
là dignité, l'autorité d'une vie tout entière consacrée à l'exercice
des bonnes œuvres. A l'autre l'influence de la grâce et le prestige
d'une haute position qu'elle quitte pour se donner à Dieu : Made-

leine pleine de vie,'qui croit qu'il y.a mieux à faire pour elle que de pleurer en silence.

., Mme Fry et Mme de Krudener! Bien des gens se récrieront contre le rapprochement qui semble mettre sur.la même ligne deux dames dont la carrière a été si différente ; à. coup sûr elle n'.aurait pas protesté contre ce rapprochement, celle qui s'est consacrée à visiter de pauvres femmes déchues. L'humble disciple de celui qui a dit, qu'*il y a plus de joie au ciel pour un pécheur qui se convertit*, *que pour quatre-vingt-dix-neuf justes qui n'ont pas besoin de se convertir*.

L'éditeur de la *Vie de* ¡Mme *Fry* nous transporte d'abord chez les Quakers, réunion pure et charitable au milieu de laquelle.la jeune Elisabeth Gurney a pris naissance et à laquelle elle est restée toujours attachée, secte qui n'a pas la grandeur et le renoncement des vœux monastiques, qui tient au monde par beaucoup de liens et qui s'en sépare par des coutumes qui peuvent quelquefois paraître puériles. On comprend que dans cette atmosphère, la vie d'Elisabeth prête peu aux incidens et aux orages.

Aussi les grands péchés de cette existence si paisible et plus tard si utilement employée, sont-ils d'être, à dix-huit ans, montée à cheval avec un habit couleur écarlate, d'avoir un moment hésité à se soumettre aux observances des Quakers, d'avoir chanté avec ses sœurs, d'avoir assisté à des bals de famille, d'y avoir dansé, fautes que ses scrupules, puis ses regrets ne tardent pas à expier. La lutte chez Miss Gurney ne fut pas longue; après quelques hésitations le bon mouvement l'emporta; la jeune fille se décida à tutoyer tout le monde et à ne plus porter que des étoffes foncées.

Il semble que le renoncement à tout sentiment trop vif et à un peu de poésie doit faire paraître la vie bien terne; car ce sont des impressions de ce genre dont les Quakers cherchent surtout à se défendre; ils ne condamnent ni la recherche du gain, ni le désir de l'aisance, du bien-être et des commodités de l'existence. On ne peut s'empêcher d'être frappé du sang-froid avec lequel Elisabeth traite l'affaire de son mariage. Elle n'a point de répugnance pour Joseph, elle ne paraît pas non plus avoir grand attrait pour lui. On la marie, tout est dit. Rien de plus calme et de plus sérieux que cette noce, et quoique le mari reste toujours sous-entendu par le grand nombre d'enfans que sa femme lui a donnés, à peine si on le voit quelquefois paraître ; il est relégué dans l'ombre, c'est elle qui occupe la première place Le véritable intérêt de la dame', la seule chose qui excite chez elle de l'émotion, le roman de sa vie, si une quakeresse peut avoir un roman, c'est de savoir si elle doit prendre la parole dans les assemblées, si elle a 'bien fait de le faire; c'est la crainte qu'à son insu il ne s'y mêle quelque sentiment humain.

Aussi l'écrivain me semble-t-il s'être trop étendu sur Mme Fry lorsqu'elle n'est pas encore entrée dans sa véritable carrière. Les personnages qui l'entourent ont un caractère d'uniformité qui nous les fait difficilement distinguer les uns des autres, parce qu'ils ont les mêmes habitudes et les mêmes sentimens, et cependant on nous signale avec une extrême exactitude, la naissance de ses enfans et de ses petits-enfans, le mariage et la mort de tous les parens, gens que nous connaissons fort peu, qui n'ajoutent rien à l'intérêt de l'histoire, et dont quelques-uns arrivent seulement pour mourir devant nous, pour fournir l'occasion de citer une lettre ou un discours de Mad. Fry. Sa vie a été extraite d'une biographie rédigée par deux de ses filles, sans doute avec des préoccupations et des exigences de famille. Il fallait bien parler un peu de tout le monde; on sait aussi que les traducteurs de l'anglais doivent être doués du don d'abréger et de resserrer; on sait combien en anglais on exige peu d'art et de méthode pour des ouvrages de ce genre, combien de détails qui semblent inutiles peuvent y trouver place. Le traducteur français pourrait abréger beaucoup et courir encore le risque d'être trop long.

Notre auteur avait du reste bien compris le travail qu'il avait entrepris lorsqu'il dit :

«....Le même genre d'intérêt attire et repose le lecteur de ces mémoires. La maladie, la mort, le mariage, la naissance se présentent sans être accompagnés de circonstances frappantes. La teinte générale de ce tableau de famille rappelle les étoffes grises portées par les dames quakeresses. La lumière est intérieure, c'est celle des dons spirituels ; les ombres sont fort adoucies, précisément parce que la souffrance est allégée par la piété et par la soumission des passions violentes habituellement contenues. Les plaisirs les plus vifs sont ceux que donnent les beautés de la nature et l'exercice de la bienfaisance. Le bruit du monde ne trouble plus Elisabeth à jamais délivrée des tentations de la jeunesse. »

A coup sûr l'auteur de la *Vie de Mme Fry* a eu le désir de faire
un ouvrage utile et édifiant, plutôt que de courir après l'intérêt
des situations, et de fait, cet ouvrage est devenu pour plusieurs
personnes pieuses un livre d'édification habituelle; ainsi le rédacteur a eu raison de multiplier autant les citations de ce que dit
ou écrit Mme Fry citations qui portent l'empreinte de la charité
et de la sérénité d'une âme pure, mais qui perdent sans doute à
n'être pas entendues de sa bouche. La lettre morte laisse une idée
affaiblie de la parole même, et les citations ne justifient pas la profonde impression que cette dame a laissée à ceux qui ont eu le bonheur de l'entendre.

Quelques pages de Mme la duchesse de Broglie, qui avait vu
Mme Fry dans un séjour qu'elle fit à Paris, qui l'avait suivie dans
les prisons, qui y avait admiré son attitude simple, bienveillante,
et pleine de dignité, et qui rend compte des impressions qu'elle
en a reçues, nous en donne une idée nette et vive. On ne comprend
bien l'ascendant qu'a exercé Mme Fry qu'après avoir lu ce morceau, qui nous la fait voir au milieu de femmes désordonnées dont
elle captive l'attention et le respect par des paroles empreintes
de charité et par la lecture de l'Evangile, touchant quelquefois
leur cœur au point de leur faire verser des larmes, faisant naître
chez elles le sentiment du repentir et l'espérance de la grâce de
Dieu, impressions, hélas! souvent passagères et dont Mme Fry, qui
avait appris à connaître les êtres auxquels elle s'adressait, ne
s'exagérait pas la valeur.

Il faut chercher à se représenter ce qu'étaient Newgate et les
autres prisons de Londres avant que Mme Fry et ses compagnes
eussent pensé à y pénétrer. Là, derrière ces gardes, ces barreaux,
ces murailles au sombre aspect, était oubliée une population déchue
dont la société n'entendait pas les cris et les blasphêmes, et qu'on
abandonnait à l'enseignement de tous les vices concentrés sur
un point. Là, étaient réunies des femmes qui avaient perdu la
pensée du retour à la vertu, humiliées par la réprobation du
monde et par les traitements des agens inférieurs de la prison.
C'est dans ces lieux que Mme Fry, le front pur et rayonnant d'une
tendre charité, osa la première descendre pour y appeler l'attention du gouvernement. Quelle surprise pour ces femmes échevelées
de voir quelqu'un venir à elles sans y être contraint par les devoirs de sa place, d'entendre une voix qui leur parle sans rudesse.

et sans menaces. Elle ne vient point leur adresser des reproches et exiger l'aveu de leurs fautes, mais elle leur dit que tout n'est pas perdu, qu'il y a au ciel des trésors de miséricorde pour celui qui se repend. Elle les appelle ses amies, elle leur dit qu'elle est pécheresse comme elles, et qu'elle aussi a besoin de pardon. Elle leur apporte cet Evangile qui fut d'abord annoncé dans les prisons et qui revient à sa source. Elle lit les paraboles de l'enfant prodigue, de la dragme perdue, de la brebis égarée. Jamais la vie et les enseignements du Sauveur ne furent présentés par une voix plus propre à les faire aimer.

On pourrait adresser à Mme Fry les vers que Racine met dans la bouche d'Assuérus parlant à Esther :

> Je ne trouve qu'en vous je ne sais quelle grâce
> Qui me charme toujours et jamais ne me lasse,
> De l'aimable vertu, doux et puissant attrait,
> Tout respire en Esther l'innocence et la paix ;
> Du chagrin le plus noir, elle écarte les ombres
> Et fait des jours sereins de mes jours les plus sombres.

La vie de Mme Fry est une rivière dont le cours est paisible, les contours arrondis, les eaux pures, qui répand la fertilité sur ses bords, et n'excite jamais l'alarme des riverains. Mme de Krudener est un torrent qui se précipite par bonds des beux élevés, dont les détours sont brusques et inattendus, dont l'onde bouillonne et se fait entendre au loin.

On peut partager la carrière de Mme Krüdener en quatre phases:

Sa vie mondaine, lorsqu'en qualité de femme de l'ambassadeur de Russie, elle se trouve à la tête d'une société brillante.

Son existence littéraire.

Sa vocation religieuse, ses prédications, les rigueurs dont elle fut l'objet.

La fin de sa vie.

Par la position sociale de son héroïne, M. Eynard était sur un tout autre terrain que le biographe de Mme Fry. Née dans une position fort au-dessus de la moyenne, Mlle Wietinghoff, par son mariage avec un diplomate russe, fut bientôt appelée à vivre dans les cours ; aussi la première partie de l'ouvrage présente-t-elle l'intérêt des mémoires historiques ; elle nous fait connaître plusieurs personnages marquants et nous initie à la vie des grands, aux plaies secrètes des rois, aux obstacles qui s'opposent à la réalisation de leurs projets, aux misères de ces existences haut placées, auxquelles de loin on porte envie.

Dans ces Mémoires il est souvent question de l'empereur Alexandre que l'on voit sous des aspects différents. M. Eynard donne une idée qui semble complète de ce caractère mobile, impressionnable, généreux. Il fait fort bien comprendre les hésitations et les scrupules de cet esprit timoré, les obstacles que l'autocrate, celui auquel on croit que rien ne pouvait résister, rencontra dans l'accomplissement de ses volontés toujours nobles et élevées. Les brusques variations de Mᵐᵉ de Krüdener l'amènent ensuite parmi les gens de lettres; on la voit prodiguer non-seulement aux hommes connus, mais aux noms qui ne sont point sortis de l'obscurité, les avances et les flatteries les plus exagérées pour en obtenir des éloges à son tour. Plus tard elle se trouve dans des relations de grande intimité avec des hommes pieux qui se cachent dans l'obscurité, et même aussi avec des intrigants qui dissimulent leurs vues intéressées sous le masque de la religion, apparence à laquelle Mᵐᵉ de Krüdener, confiante et crédule, se laisse prendre. Tout dans cette vie si agitée vient se heurter : le mouvement des cours, celui des armées, la chute des trônes, l'obscurité d'humbles retraites, les palais et les presbytères, les paysages du nord et ceux du midi, le faste des rois et le tableau de la plus affreuse misère. On vit avec le czar et le pasteur Fontaine, avec Oberlin et Chȃteaubriand, avec Bernardin de Saint-Pierre et le docteur Gay.

M. Eynard n'a pas craint de mettre une extrême franchise, pour ne pas me servir d'une autre expression, dans l'examen de la première partie de la vie de Mᵐᵉ de Krüdener; cette franchise est surtout frappante dans une biographie, genre d'ouvrage qui par un abus, sans doute, mais un abus consacré par l'usage, semble être exclusivement réservé aux éloges. Il est assez généralement admis qu'en retraçant la vie d'une personne marquante on taira à peu près tout ce qui pourrait prêter au blâme. Les choses fâcheuses, on en parle, mais on ne les imprime pas. Du reste on comprend le but de l'auteur : en déchirant si complétement le voile de la vie intime de Mᵐᵉ de Krüdener, il voulait faire ressortir l'éclat de la seconde partie de son existence par les ombres de sa jeunesse; plus il l'a d'abord jugée sévèrement, plus il lui réserve d'admiration dans sa nouvelle voie; ou plutôt il voulait montrer

le triomphe de la foi dans une ame qui se donne à Dieu. Mais
n'aurait-il point été trop loin? n'aurait-il pas frappé trop fort?
n'a-t-il pas laissé au lecteur des impressions difficiles à effacer?
Je ne parle pas des faiblesses mondaines de Mme de Krüdener, ni
de ses faiblesses littéraires, quoique bien cruement mises à nu; je
parle de sa conduite envers ce mari si indulgent, si peu exigeant,
qui pardonne et qui ne demande que quelques soins, quelques sacrifices bien légers qu'on lui refuse. Il meurt loin de sa femme qui
l'a quitté. Où sont les regrets, où sont les remords de celle qu'il l'a
offensé? ils durent bien peu. Il y a là un manque de sentiment,
un manque de cœur qui met en garde contre les élans de piété.
D'ailleurs n'est-il pas vrai qu'on juge plus rigoureusement les personnes qui ont donné des garanties de leurs sentiments religieux,
qu'on ne juge les indifférents. Si Mme de Krûdener eût continué sa
vie mondaine, qui eût pensé aux torts de sa jeunesse? Convertie,
pénitente, dévouée au service de Dieu, on les relève avec sévérité.

Mais cette vie religieuse est-elle sans alliage? La piété peut
prendre des formes très-différentes. Il y a la piété de recueillement qui porte toute son attention sur elle-même et qui ne juge
point; c'est celle des solitaires cachés dans l'ombre et absorbés
par la prière, celle des disciples d'A Kempis, et de ces hommes qui
encore dans le monde se concentrent dans l'examen de leur propre
cœur. Il me semble que, de nos jours, la piété a pris quelque chose
de plus expansif. On sent le besoin de rendre compte de ses
sentiments et de les faire prévaloir, le besoin de dire, de prêcher, d'exiger des autres qu'ils éprouvent ce qu'on éprouve.
Quelquefois même on croit montrer de la piété en condamnant
celle d'autrui. La foi de Mme Krüdener me semble le point extrême
de cette dévotion inquiète et agitée. Vivement touchée des vérités
de l'Evangile, elle ne se donne pas le temps de mûrir par l'étude
et la méditation ses sentiments. Nullement fixée sur sa foi, partagée
entre les églises de principes différents qu'elle visite, elle s'érige en
prédicateur, elle se donne une mission, elle s'accorde de sa propre
autorité des dons exceptionnels. Alors commence pour elle une
époque de grande agitation, elle court du nord au midi de l'Europe, tantôt dans les cours et auprès des princesses, tantôt auprès
des Moraves, d'Oberlin, de Fontaine et de la visionnaire Maria
Kummrin. Elle voit sans regret sa fortune détruite, car elle s'en

remet sur la Providence pour le soin de fournir à tous ses voyages entrepris le plus souvent sans autres motifs que son inquiétude. Elle se trouve loin de chez elle sans moyen de payer les dépenses qu'elle a faites, et toujours, par suite de circonstances où on ne serait pas fâché de nous faire voir quelque chose de miraculeux, toujours il survient quelqu'un qui la tire d'embarras. A 'ce laisser-aller fort imprudent au moins de Mme de Krüdener ? on donne le nom d'indifférence des biens de la terre, de confiance en Dieu; comment traiterait-on le pauvre manœuvre qui ferait dans une auberge une dépense qu'il saurait ne pouvoir payer?

Le premier volume est terminé par une scène d'un grand intérêt et qui est présentée de manière à produire une forte impression.

Le rang de l'empereur Alexandre ne l'avait point mis à l'abri de cruels mécomptes et de ce profond découragement qui assiége souvent le cœur des rois. Les vicissitudes de sa longue lutte avec Napoléon, tant de désastres au commencement de la guerre l'avaient amené à chercher dans les pensées religieuses un appui qu'il ne trouvait pas ailleurs.

La guerre, terminée d'une manière inespérée, lui avait à peine laissé le temps de savourer ses succès, que la sortie de Napoléon de l'île d'Elbe et son arrivée à Paris le forcent à recommencer la lutte avec un si rude joûteur.

Des chances incertaines, un nouvel embrasement de l'Europe et l'effrayante responsabilité du chef d'un vaste empire jetèrent un voile sur l'ame habituellement assombrie du czar, que de cuisants soucis domestiques agitaient encore. En traversant l'Allemagne pour se rapprocher des lieux qui allaient devenir le théâtre d'une nouvelle guerre, il avait peine à dissimuler à son entourage le poids de ses inquiétudes; encore fallait-il ajouter à ses peines la fatigue des bruyantes manifestations des peuples et des réceptions officielles. Obligé d'en subir la pesante charge pendant une journée entière à Heilbronn, il attendait avec impatience le moment où il se trouverait seul. Au commencement de la nuit il se retira dans son appartement :

« Je respirais enfin, dit Alexandre lui-même, et mon premier mouvement fut de prendre un livre que je porte toujours avec moi; mais mon intelligence obscurcie par de sombres nuages ne se pénétrait point du sens de cette lecture. Mes idées étaient confuses et mon cœur oppressé. Je laissai tomber le livre, en pensant de quelle consolation m'aurait été dans ce moment l'entretien d'un ami pieux. Cette pensée vous rappela à mon souvenir, je me souvins aussi de ce que vous m'aviez dit de Mme de Krüdener et du désir que je vous avais exprimé de faire sa connaissance. — Où peut-elle être maintenant et comment la rencontrer jamais? J'avais à peine exprimé cette pensée que j'entends frapper à ma porte. C'était le prince Wolkonski, qui de l'air le plus impatienté, me dit qu'il me troublait bien malgré lui, à cette heure indue, mais que c'était pour se débarrasser d'une femme qui voulait absolument me voir. Il me nomma en même temps Mme de Krüdener. Vous pouvez vous figurer ma surprise. Je croyais rêver. Mme de Krüdener! Mme de Krüdener! m'écriai-je. Cette réponse si subite à ma pensée ne pouvait être un hasard. Je la vis sur-le-champ et comme si elle avait lu dans mon ame, elle m'adressa des paroles fortes et consolantes qui calmèrent le trouble dont j'étais obsédé depuis si long-temps. »

Bientôt commence la croisade de Mme de Krüdener en Allemagne et dans la Suisse du nord. Ce n'est pas au hasard que je me sers de ce mot *croisade*; car les prédications de la missionnaire du dix-neuvième siècle à la tête de quelques adeptes, dans une salle d'auberge, dans une grange, quelquefois en plein air, entraînant la multitude qui s'attachait à ses pas, passant et repassant le Rhin, rappellent les temps de Pierre l'Ermite et de Saint-Bernard; comme eux elle se croyait une mission et elle était persuadée que le Ciel lui accordait des signes tout particuliers; mais Pierre et Saint-Bernard avaient un but avec lequel ils remuaient les peuples, tandis qu'il est à craindre que les enseignements de Mme de Krüdener n'aient laissé que peu de traces.

Dans les nombreux fragments que l'on cite des discours ou des lettres de la missionnaire, on trouve la doctrine la plus édifiante et un désir sincère de convertir les cœurs; mais tout cela est vague, sans suite, c'est un langage mystique, heurté, ce sont des images bizarres. Et puis toujours le *moi* qui revient sans cesse, ce *moi* que l'on calomnie et que l'on persécute, cette misérable pécheresse, indigne que Dieu l'ait choisie pour l'accomplissement de ses grands desseins. Il y a beaucoup d'orgueil dans cette humilité sans cesse rappelée.

On voit la réunion qui entoure Mme de Krüdener passer du can-

ton de Bâle dans le grand-duché , puis y revenir lorsque sa présence inquiète le gouvernement, qui appuie ses invitations toujours
plus pressantes par la gendarmerie. Le canton ne se soucie pas
plus de Mᵐᵉ de Krüdener que le duché. Les deux administrations
se la renvoient, à la grande indignation de la troupe missionnaire,
qui fait aux agens de l'état des raisonnemens très-forts sur la liberté de conscience.

Il faut cependant dire un mot pour la défense de ces pauvres
gouvernements, objets de tant de reproches. La police de nos jours,
est organisée tout autrement que du temps de Pierre l'Ermite, et
les idées de ceux qui la dirigent sont fort différentes. On sait
quelle détresse régnait dans les contrées industrielles par suite de
la mauvaise récolte de 1816. Mᵐᵉ de Krüdener venait-elle pour
appaiser la faim spirituelle ou la faim corporelle des habitants?
Elle se vante d'avoir fait l'un et l'autre. M. Eynard nous laisse
dans l'incertitude sur cette question ; tantôt il représente les troupes qui se rassemblent partout où paraît Mᵐᵉ de Krüdener comme
avides de l'entendre ; tantôt ce sont des gens hâves, exténués,
n'obéissant qu'au sentiment impérieux de la faim, faisant bien des
lieues pour avoir part à une distribution de soupe. Comme ressource alimentaire, on peut croire que la dame allant sans cesse de
lieu en lieu, déplaçant et surexcitant les populations, produisait peu
de soulagement réel par des secours éphémères, qui, quelque considérables qu'ils fussent pour celle qui les distribuait, restaient
disproportionnés à l'immensité des besoins ; mais elle leur attribuait une force nutritive supérieure à celle qu'on leur accorde
généralement. « Je pourrais, dit-elle à un pasteur qui hésitait à
admettre la divinité de son apostolat, je pourrais vous prouver ma
mission par tout ce que le Seigneur a fait pour la sanctionner. Il
m'a fait prédire des événements qui sont exactement arrivés. Des
malades déclarés incurables ont été guéris par ma prière. Avec
dix-huit pains et une mince portion de soupe d'avoine, j'ai rassa-
sié neuf cents affamés ; je fis la prière, et la bénédiction nutritive
du Seigneur pénétra ces aliments et en fit une nourriture suffisante. »

Dans un moment de crise et d'effervescence, ne pouvait-il pas
être permis aux gouvernements de craindre ces prédications si
insolites, dont on ne connaissait pas la portée et dont on pouvait
s'exagérer les suites ? ces rassemblements de gens aigris par la
misère, accourant de loin et surchargeant le pays : réunion bi-

sarre qu'on nousi représente commé un mélange de pèlerins', de désœuvrés, de curieux, de théologiens de toutes les nuances, et aussi d'intrigants et d'escrocs.

Mais les imperfections qui se retrouvent toujours chez l'homme terniraient-elles le dévouement de Mᵐᵉ de Krüdener? Il y aurait une grande injustice à méconnaître cè qu'il avait de grand, à ne pas admirer l'abnégation d'une femme élevée dans les sommités de la société, se soumettant avec joie à la rigueur des jugements du monde et à des privations auxquelles la première partie de sa vie devait la rendre encore plus sensible. Que pensèrent les vieux diplomates portant la croix de Saint-André, ou la décoration du Saint-Esprit, qui avaient admiré dans de brillants salons la grâce, la coquetterie, les séduisantes manières de Mᵐᵉ la baronne? que dirent les littérateurs de Paris, à l'esprit piquant, aux répar-ties pleines de finesse, lorsqu'ils apprirent que l'ambassadrice de Russie, que l'auteur de *Valérie*, ne s'inquiétant plus d'eux, foulant aux pieds ses titres et ses succès, vêtue de la robe la plus simple, habitant une chétive cabane, faisait sa société d'hommes inconnus du monde, s'entourant de pauvres et de gens sans aveu avec lesquels elle partageait tout ce qu'elle avait, et même ce qu'elle ne possédait pas encore. On comprend les sourires dédaigneux de ces hommes à haute position. Etre emmenée en Sibérie pour in-trigue ou conspiration, à là bonne heure pour une femme russe, rien là de bien extraordinaire. Mais se faire le prédicateur des dernières classes de la société, renouveler les scènes des XIᵉ et XIIᵉ siècles, c'était un véritable anachronisme.

«Mᵐᵉ de Krüdener doit avoir été très-belle,» dit un pasteur qui était venu la voir, et qui, sans admettre toutes ses prétentions, sa-vait distinguer ce qu'il y avait de grand et de noble chez elle. « Il y a de l'harmonie dans ses traits. Un calme heureux après dei longs et douloureux combats, paraît sur sa physionomie. La foi, l'espérance et la charité brillent dans le regard sérieux mais ten-dre de ses yeux bleus. Son maintien est noble, chacun de ses mouvements est plein de grâce et de dignité. Sa voix va au cœur. » Qu'y aurait-il de surprenant que cette grâce, cette voix touchante, cet accueil plein de charité chrétienne eussent augmenté l'influence d'un aussi séduisant missionnaire, et que le souvenir de ce qu'elle avait été une fois ait ajouté à l'effet de ses prédications? sera-t-il extraordinaire enfin que celui qui a voulu prendre la défense d'une femme souvent attaquée dont il écrivait la vie, se soit attaché à elle et qu'il paraisse partager ses idées singulières un peu plus qu'il n'y croit réellement. Il y a là un sentiment de générosité qu'il serait mal de lui reprocher.

' Enfin Mme de Krüdener se décide à quitter la Suisse, cette Suisse ingrate qui se refuse à tous les bienfaits qu'elle veut verser sur elle. Les cantons de Berne, Soleure, Zurich, Lucerne, Appenzell, Thurgovie, mettent tous le même empressement à lui fermer l'entrée de leur pays, ou à l'expulser lorsqu'elle l'a franchie. Elle s'éloigne du Rhin, dont elle a fatigué les gardiens; et les chefs des états voyent s'éloigner le turbulent météore qui leur a fait passer tant de mauvais quarts-d'heure. Toujours conduite par la gendarmerie, toujours traitée en criminelle, elle passe à Colmar, à Brissach et elle arrive enfin à Fribourg en Brisgau, où son sort se décide. Un ordre du grand-duc l'autorise à se rendre en Russie avec deux ou trois de ses compagons, les autres devront regagner leurs foyers.

Ici commence la dernière partie de la vie de Mme de Krüdener; il y règne un ton sérieux et mélancolique qui laisse une profonde impression. En revoyant ce ciel sombre, cette nature dépouillée qui une fois lui avaient inspiré tant d'éloignement, elle s'étonne de ne plus sentir de tristesse. Les épreuves l'avaient mûrie, son langage prend quelque chose d'élevé et de poétique :

« Il est saint pour moi, ce sol qu'autrefois je trouvais si triste. Dans ma patrie renouvelée tout exhale un céleste soupir. La prophétie me parle dans les branches des sapins qui forment les dômes des forêts. Des esprits s'approchent au travers des rameaux inclinés des bouleaux.

» Tout instruit, tout est révélation dans la sainte sphère de l'amour ; avec les nuages et les étoiles, je m'entretiens de l'orient.

» Etoile du matin, tu nous es apparue. Seigneur de gloire, tu as fait annoncer à tous l'éternelle réconciliation. Du sein de l'antique mer, s'élève une voix puissante. O Christ tout est accompli. »

De ce moment on peut remarquer de grands changements chez Mme de Krüdener : plus de douceur, une sorte de tristesse, une défiance d'elle-même dont elle était fort éloignée. Elle avait montré de la vanité dans sa vie mondaine, elle en avait montré plus encore peut-être dans sa carrière missionnaire. Dieu l'humilia de bien des manières, par les traitements inusités pour une personne de sa position dont elle avait été l'objet, et par l'indifférence de l'empereur Alexandre, qui avait succédé chez lui à un moment d'engouement. L'ascendant qu'elle avait une fois exercé sur l'empereur avait été pour Mme de Krüdener un sujet de triomphe qu'elle ne sut pas dissimuler. En 1815 le czar avait voulu qu'elle le suivît à Paris, qu'elle logeât près de lui; il se dérobait aux empressements du monde et aux brillants rassemblements de la société pour venir passer de longues soirées chez elle et incliner son front à sa voix. Les diplomates inquiets se demandaient quelle influence leur enlevait le czar; ils cherchaient un motif mondain caché sous ces pieux rassemblements; accoutumés à voir de la politique partout, ne trouvant pas leur compte au changement du prince, ils se creusaient la tête pour inventer une mine à opposer à l'influence à laquelle il cédait.

Que tout était changé! Alexandre, prévenu contre celle qu'il avait écoutée avec tant de bonheur, éloigné peut-être par des imprudences de sa part, craignant qu'il n'en rejaillît quelque chose sur son rang suprême, n'avait plus été pour elle dans l'éloignement qu'un protecteur froid et circonspect; tout fait croire que ce fut avec un sentiment de peine qu'il la vit se rapprocher de lui; il l'arrêta à Kosse, ville sur la mer Baltique à quelque distance de Pétersbourg. Le czar était alors dans une position difficile. Il y avait eu dans sa capitale, tandis qu'il assistait à un congrès en Allemagne, une révolte du régiment des gardes; le prince de Metternich s'était servi de ce levier pour combattre les tendances libérales de l'empereur et pour miner l'influence de la Grèce renaissante, aspirant à trouver un protecteur chez Alexandre. Ce prince, tiré en sens contraire, redoutait que Mme de Krüdener, s'appuyant sur les souvenirs de leur ancienne intimité, n'ajoutât à des complications dont il ne savait comment sortir; il craignait que ses tendances bien connues à une fraternité universelle ne donnassent lieu à de fâcheuses interprétations. Aussi le gendre de Mme de Krüdener, M. de Burckheim, étant tombé gravement malade à Pétersbourg où il habitait, il fallut la permission expresse de l'empereur, alors au congrès de Troppau, pour qu'elle pût se rendre auprès de lui et de sa fille. Ce qu'Alexandre avait prévu, arriva : Mme de Krüdener oubliant qu'on ne faisait pas de la politique et de l'opposition en Russie, se laissa entraîner, au milieu des amis qu'elle avait retrouvés, à dire des choses qui furent répétées. La chaleur avec laquelle elle plaida la cause grecque semblait blâmer la froideur d'Alexandre, qui, après avoir encouragé les premiers efforts des Hellènes ; les abandonnait lorsqu'ils étaient compromis? On ne manquait pas de redire au maître les paroles imprudentes de son ancienne amie; il s'en affligeait. Apprenant enfin combien elle électrisait les esprits dans une tendance qu'il ne lui convenait pas de favoriser, il porta la condescendance jusqu'à lui adresser une lettre de huit pages écrite de sa main, dans laquelle il lui exposait toutes les difficultés de sa position. Un ami fut chargé d'en donner lecture à Mme de Krüdener et de la rapporter. Elle comprit alors que sa place n'était plus à Pétersbourg et elle revint à Kosse.

*. Tant d'échecs, tant d'humiliations avaient brisé son cœur. Ce fut dans le silence de Kosse qu'elle reconnut ce qu'il y avait eu dans son zèle de trop ardent. Elle renonça aux longues correspondances. La prière intime et solitaire, la lecture des Saintes Ecritures, le soin modeste de quelques pauvres, occupèrent les heures de sa retraite, car elle n'avait plus sa famille auprès d'elle, et de tous ceux qui une fois l'avaient entourée, le seul qui lui fût resté, M. Kellner, dont le zèle ardent quoique souvent mal dirigé lui était précieux, ne tarda pas à succomber à l'âpreté du climat. Dans son isolement elle se trouva plus rapprochée de Dieu, elle descendit plus avant dans ce cœur, qu'elle ne s'était pas donnée le temps d'approfondir. Elle en comprit la vanité. Peut-être alors se reprocha-t-elle la complaisance avec laquelle elle avait prêté l'oreille aux murmures flatteurs de la foule, qu'en dépit des efforts des gouvernements elle s'était obstinée à attacher à ses pas.

Au printemps de 1823 sa santé lui rendit de grands ménagements nécessaires; pour la première fois elle se vit forcée à l'inaction, sa situation était d'autant plus triste qu'elle n'avait plus ses enfants auprès d'elle. La pensée de la mort l'occupait pendant les longues heures de la nuit, elle lui apparut alors non plus comme la porte du ciel, mais comme le salaire du péché. Livrée à de sombres réflexions dans le silence de ce pays rapproché du pôle, elle se croyait abandonnée et repoussée de Dieu même; elle ne tenait plus à lui que par une ame froide et languissante. Dans son angoisse elle s'écriait avec anxiété : *Mon Dieu, mon Dieu, pourquoi m'as-tu abandonnée?* Courbée sur un abîme, où elle découvrait toujours de nouvelles profondeurs, son renoncement, son zèle, ses sacrifices lui apparurent comme un linge souillé. Alors le Seigneur eut pitié de ce cœur brisé et vint à son secours. Le temps de l'épreuve était fini. Une nuit elle crut entendre ces paroles : *Pourquoi crains-tu de mourir? Un ange viendra et portera ton ame dans le cercle de ceux qui aiment.* Elle recouvra la paix et elle bénit Dieu de l'avoir fait passer dans le creuset où sa foi s'était épurée.

Dix-huit mois plus tard nous retrouvons Mme de Krüdener mourante à Karasou-Bazar, dans la Crimée; elle avait profité d'un moment de répit de ses maux pour demander pardon aux personnes qu'elle craignait d'avoir offensées. Elle se rappela d'avoir une fois durement repoussé sa belle-fille qui avait essayé de lui ouvrir les yeux sur le compte du pasteur Fontaine. Elle s'humilia dans une lettre pleine du sentiment de son tort.

La chambre de la malade avait la vue de grands arbres derrière lesquels on pouvait apercevoir la ville et les côtes de la Crimée. Le mois de décembre eut de beaux jours. Mme de Krüdener faisait ouvrir ses fenêtres pour admirer les rayons du soleil couchant; elle y voyait l'emblème de sa situation, associant à la nuit qui allait commencer, à l'hiver, au deuil de la nature, l'approche de sa mort et du brillant matin qui devait la suivre.

C'est là, aux extrémités de l'Europe, entourée de l'affection de peu de personnes, loin des souvenirs de l'occident dont elle avait une fois savouré les applaudissements, oubliée de ceux qui l'avaient admirée et qui l'avaient suivie, négligée par le maître du puissant empire où elle finissait sa vie, qu'elle mourut le 25 décembre 1824. Dans la dernière nuit, on l'entendait à peine, mais elle paraissait suivre les prières que l'on faisait pour elle; à minuit, apprenant que le jour de Noël commençait, elle retrouva assez de forces pour bénir son Sauveur, et l'expression de joie qu'elle en ressentit se conserva jusqu'à la fin.

Nous avons cherché à rapprocher quelques traits de la vie de deux femmes qui ont vécu à peu près à la même époque et dont les biographies nous ont été données par des écrivains du même pays. La piété de l'une, douce, prudente quoique fort active, est en harmonie avec l'esprit de son temps; celle de la seconde semble appartenir à d'autres années qu'à notre siècle froid et calculateur. Pour être parfaitement juste avec Mme de Krüdener, il eût fallu pour l'apprécier un peu de l'enthousiasme auquel elle a obéi elle-même. Son imagination, ses élans, sa force de volonté, sa vie toute entière pleine d'incidents et de péripéties, eussent prêté à un ouvrage d'imagination, à un poème. G. M.

∿∿∿∿∿∿∿∿∿∿∿∿∿∿∿∿∿∿∿∿∿∿∿∿

APPENDICE.

(On nous saura gré, sans doute, de faire suivre les pages qui précèdent par la lettre suivante, due à une autre plume, et dans laquelle son auteur apprécie la VIE D'ELISABETH FRY dans son influence sur l'être moral et le développement religieux. Ainsi rapprochés, ces deux articles se compléteront l'un l'autre.) (Rédaction.)

Je suis charmé, Monsieur, d ce que vous me dites au sujet de l'effet que la *Vie d'Elisabeth Fry* (¹) a fait sur notre ami, M. ***. D'après l'esprit judicieux que nous lui connaissons, et les principes religieux qu'il a professés de tout temps, il ne pouvait manquer de goûter un si excellent ouvrage, peut-être plus utile encore que bien fait. Je ne saurais m'empêcher de vous en entretenir de nouveau, quoique je vous en aie déjà beaucoup parlé. Il me serait difficile de dire si j'aime plus ce grand modèle de piété, ou si je l'estime davantage. C'était une ame d'élite, et la mission qu'elle a remplie sur cette terre, je la regarde comme un véritable apostolat. Je n'admets point qu'il puisse y avoir des ames prédestinées à faire le mal, mais j'admettrai bien qu'il y en a de prédestinées à faire le bien, et en ce cas celle de Mme Fry était en première ligne. Je ne puis vous dire combien j'admire sa foi, mais encore plus son dévouement, sa bienfaisance à toute épreuve. Il est dit dans quelqu'un des *Psaumes* que le méchant, *même en rêvant, médite le mal*; chez Mme Fry, c'était le contraire : même dans ses songes, elle rêvait le bien qu'elle pourrait faire le lendemain ; je vous le répète, c'était une ame d'élite. Vous me direz, et j'en conviens bien avec vous, que les œuvres, pour être entièrement agréables à Dieu, doivent avoir la foi pour fondement, et que si elles ne l'ont point, on ne peut compter chez personne sur la persistance dans le bien ; mais ceci accordé, ce qui m'a le plus porté à vénérer Mme Fry, ce n'est pas précisément sa grande foi, c'est sa bienfaisance. Chez les gens du monde, toutes les pensées qui ont la charité pour objet, peuvent être comparées au bon grain qui tombe dans une terre lé-

(¹) Ce livre est en vente à Genève, chez M. E. Beroud, à Neuchâtel, chez J.-P. Michaud, à Lausanne, chez G. Bridel.

,géré semée sur le roc. Ce bon grain lève subitement, mais hélas! bientôt
après cette semence se dessèche et ne produit rien, faute d'avoir obtenu
le suc indispensable à son développement. Chez Mme Fry, le bon grain était
tombé dans la bonne terre, aussi a-t-il produit au centuple. Je vous le répète, ce livre est un des plus beaux livres de dévotion que je connaisse ; à
mon avis, c'en est la perle ! Je le préfère à la *Nourriture de l'Ame*, de M. Osterwald, qui cependant est un bien bon ouvrage, et même au *Traité du
contentement de l'esprit*, de Dumoulin, qui dans de pénibles circonstances
de ma vie, m'a souvent édifié et restauré. Mais pour nous convaincre, ces
deux auteurs ne prennent que le chemin de l'esprit, tandis que Mme Fry,
qui connaît le chemin du cœur, le prend, et aussi réussit-elle bien mieux
encore à nous persuader. Il est vrai que de temps en temps on remarque
quelques répétitions que peut-être on pourrait élaguer sans faire tort à
l'ensemble ; mais chaque fois qu'il arrive une prière nouvelle, ou une lettre
édifiante qu'on n'a point lue encore, on en reçoit une impression si favorable qu'on ne saurait se décider à supprimer quoi que ce soit, et en
supposant même qu'on pût retrancher quelques passages, en vérité je ne
saurais lesquels.

Encore un mot de ce beau livre. Rien ne prouve plus, comme on le sait,
en faveur d'un ouvrage quelconque, que de l'entreprendre avec prévention
et à contre cœur. Or c'est précisément ce qui m'est arrivé à l'égard de l'Essai sur la vie de Mme Fry ; je croyais, en le commençant, que tout de suite
je le poserais, que j'en aurais assez et ne le reprendrais plus. Le contraire
est arrivé : dès que je l'eus commencé, je ne pus m'en détacher qu'il ne fût
tout fini, et avec le regret qu'il ne fût pas plus long. Ce qui m'avait surtout
inspiré des préventions contre Mme Fry, c'est qu'on la blâmait hautement
d'avoir, à plusieurs reprises, quitté sa famille pour ne s'occuper que de ses
missions. On disait qu'elle abandonnait ses enfans pour courir après les
grands de la terre, spécialement les têtes couronnées, et là-dessus de s'a-
pitoyer sur le sort de ces pauvres petits, ainsi délaissés par cette mère glorieuse. Or la vérité est qu'en quittant sa maison, et même en abandonnant
momentanément le continent, Mme Fry prenait tellement ses mesures et
distribuait si bien ses enfans parmi ses proches, que ses excursions n'ont
jamais entraîné à aucun inconvénient que ce soit, et que la Providence était
visiblement avec elle et avec les siens ; on ne saurait trop insister sur ce
point, puisque c'est l'objection capitale que l'on forme à tort contre ses excursions charitables. Et je dirai, à propos de ces hélas! sans motifs poussés en
faveur de cette famille abandonnée, qu'on reconnaît bien là encore le cœur
humain, qui tout en croyant faire bien fait mal, et en faisant semblant d'ê-
tre équitable, est quelquefois injuste.

· On a dû remarquer dans le courant de cet ouvrage, que Mme Fry croyait
souvent avoir besoin de se précautionner contre elle-même, de peur de se
laisser aller involontairement à la satisfaction bien naturelle cependant,
qu'elle aurait pu éprouver d'être dans une familiarité avec les grands de la
terre, tant les séductions de la vanité sont délicates ; mais cette frayeur

même qu'elle semble éprouver contre ces sortes de tentations, prouve à quel point elle était loin d'avoir besoin de les redouter. Ceci rappelle au reste ce que Mme de Sévigné rapporte du père de M. de Pomponne, lorsqu'il fut si subitement élevé au poste éminent de Ministre des affaires étrangères; cette haute faveur, cette brillante prospérité, assez peu attendue, transportait M. d'Andilly (¹) et lui faisait dire de temps en temps : « Il faut s'humilier! » Sur quoi Mme de Sévigné fait cette observation : « Apparemment *le bon homme sentait qu'il en avait besoin.* » J'observerai, quant à Mme Fry, que son humilité était si sincère et sa frayeur, quant à elle-même, si déplacée, qu'elle aurait très-bien pu s'en passer; *elle ne devait pas sentir qu'elle avait besoin de s'humilier.*

Un passage emprunté du Psalmiste a été placé sous l'image du père Bour-daloue, et conviendrait tout aussi bien au portrait de Mme Fry.

> « *Loquebar de testimoniis tuis in conspectu regum*
> *Et meditabar in mandatis tuis.*

(Je parlais de tes témoignages, en présence des Rois, et méditais tes ordonnances.)

Quoique j'aie déjà beaucoup dit au sujet de Mme Fry, je ne peux m'en détacher encore, tant je suis naturellement et sympathiquement entraîné vers elle. Certainement, et j'en conviens à ma grande confusion, Mme Fry, pendant six mois de sa vie, a fait plus de bien que je n'en ai fait pendant toute la mienne, et bien que cet aveu m'humilie fort, c'est cependant sous le rapport de sa charité toujours active, de son dévouement sans aucune interruption, qu'elle me plaît et que je l'aime. Je connais plus d'un chrétien qui a peut-être autant de foi qu'en avait Mme Fry, qui agit par des motifs aussi vifs et aussi purs de plaire à Dieu, mais je n'en connais point dont la charité soit aussi universelle et aussi ardente. Or c'est surtout par cette charité ardente, qu'elle m'a tant captivé.

Après nous être passablement étendu sur le mérite incomparable de cette nouvelle Dorcas qui pourrait bien avoir surpassé l'ancienne, quelque éloge que l'Evangile en fasse, il est juste de dire aussi un mot de celle qui a rassemblé ces précieux matériaux. Ce livre donne l'idée du beau idéal du genre biographique. On ne saurait mieux agencer les nombreux fragmens qui composent ce recueil, mieux les lier entr'eux par des réflexions jamais trop longues, toujours à propos.

Il a été dit au sujet du recueil des *Pensées ingénieuses* du Père Bouhours : ce sont des perles enfilées, non pas à un cordon de soie, mais d'or; quoique

---

(¹) M. d'Andilly était frère du célèbre solitaire de Port-Royal, connu sous le nom du grand Arnaud et souche de cette famille si féconde en hommes pieux ; on se rappelle l'énergique réponse qu'il fit à Nicole, qui un peu las d'être continuellement consulté en qualité de casuiste, disait qu'il voulait se reposer: Eh! malheureux, n'auras-tu pas toute l'éternité pour te reposer ! Arnaud lui-même donna l'exemple de cette louable activité; parvenu à l'âge de 102 ans, il ne cessa jamais jusqu'à son dernier moment d'être utile à ses semblables.

l'idée de recueillir ces pensées avec les remarques qui y sont jointes fût heureuse et que ce petit volume se lise encore aujourd'hui avec plaisir, la comparaison est néanmoins d'une politesse un peu trop forte ; appliquée à la vie d'Elisabeth Fry, elle serait parfaitement juste. Ajoutons que jamais on n'est péniblement affecté par l'idée qu'on lit une traduction, tant les expressions sont justes et françaises, tant le langage est pur. Somme toute, il serait difficile de trouver une composition à la fois édifiante et d'un haut intérêt qui contentât plus sous le rapport du fond et de la forme.

Si Mme Fry eût appartenu à l'Eglise catholique romaine, il y a long-temps qu'elle serait béatifiée si ce n'est même canonisée : c'était une véritable *sainte.*

LA NATURE INCULTE

ET LA

NATURE CULTIVÉE.

OU

Appréciation des jugements opposés de Buffon et de Bernardin de Saint-Pierre sur
ces deux natures.

EXTRAIT D'UNE LEÇON D'ANTHROPOLOGIE DE M A. G.

Dans un morceau de son Histoire des quadrupèdes, intitulé
Première vue de la nature, Buffon pose cette thèse : « La nature
brute est hideuse et mourante. C'est l'homme seul qui peut la rendre agréable et vivante. » Buffon prétend établir cette thèse par des
descriptions telles que celle-ci :

« Voyez ces plages désertes, ces tristes contrées où l'homme
n'a jamais résidé, couvertes ou plutôt hérissées de bois épais et
noirs dans toutes les parties élevées, des arbres sans écorce et
sans cime, courbés, rompus, tombant de vétusté ; d'autres en plus
grand nombre, gisants au pied des premiers, pour pourrir sur des
monceaux déjà pourris, étouffent, ensevelissent les germes prêts à
éclore. La nature, qui partout ailleurs brille par sa jeunesse, paraît
ici dans la décrépitude. — L'homme dit : Que la terre rajeunisse
par la culture : une nature nouvelle va sortir de nos mains. Qu'elle
est belle cette nature cultivée ! Que, par les soins de l'homme, elle
est brillante et pompeusement parée ! Il en fait lui-même le principal ornement. Il met au jour par son art tout ce qu'elle recélait
dans son sein. L'homme, maître du domaine de la terre, en a
changé, renouvelé la surface entière. »

Je ne cite qu'une portion du morceau de Buffon. Irréprochable,
sous le rapport du style, il ne l'est pas également sous celui des
idées, entre lesquelles il faut faire un choix, pour admettre les

unes et rejeter les autres. Les exagérations y sautent aux yeux : quel homme de bon sens pourrait admettre que *la nature brute est hideuse et mourante?*

Les exagérations appellent les exagérations. Je suis persuadé que c'est ce morceau et d'autres semblables du même écrivain, qui ont inspiré la pensée suivante (et d'autres semblables) à son contemporain J.-J. Rousseau : « La nature a fait tout le mieux possible; l'homme a voulu faire mieux encore, et il a tout gâté. » Mais c'est surtout chez son successeur au Jardin-des-Plantes, Bernardin de Saint-Pierre, que Buffon a trouvé, sur le sujet qui nous occupe dans cette leçon, un antagoniste prononcé, un antagoniste qui fréquemment l'attaque corps à corps.

Je prends, dans divers endroits des *Etudes* et *Harmonies de la nature*, les citations suivantes, qui bien d'accord avec la sentence de J.-J. Rousseau, le sont également les unes avec les autres. « Quel spectacle dut offrir la terre à ses premiers habitants, lorsque tout y était en sa place, et qu'elle n'avait point encore été dégradée par les travaux imprudents ou par les fureurs de l'homme! — Nous ne voyons l'ordre que là où nous voyons notre blé. L'habitude où nous sommes de resserrer dans des digues le canal de nos rivières, de sabler nos grands chemins, d'aligner les allées de nos jardins, de tracer leurs bassins au cordeau, d'équarrir nos parterres et même nos arbres, nous accoutume à considérer tout ce qui s'écarte de notre équerre, comme livré à la confusion. Mais c'est dans les lieux où nous avons mis la main, que l'on voit souvent un véritable désordre. — Si quelque arbre tombe de vétusté, la nature, qui hâte partout la destruction de tous les êtres inutiles, couvre son tronc de capillaires du plus beau vert et d'agarics ondés de jaune, d'aurore et de pourpre, qui se nourrissent de ses débris. — Je n'ai pas eu le bonheur, comme les premiers marins qui découvrirent des îles inhabitées, de voir des terres sortir, pour ainsi dire, des mains de la nature; mais j'en ai vu des portions assez peu altérées, pour être persuadé que rien alors ne devait égaler leurs beautés virginales. » A la suite de ce passage et à l'appui de sa théorie, Bernardin de Saint-Pierre décrit un site de l'île de France et un site de la Finlande, où la main de l'homme avait causé *moins de désordres qu'ailleurs.*

La question controversée entre Bernardin de Saint-Pierre et Buffon, cette question, assurément très-intéressante, me paraît bien simple. L'un a parfaitement raison de trouver très-belle la nature vierge, la terre non cultivée, et l'autre parfaitement raison aussi de trouver très-belle la nature cultivée, la terre labourée et ensemencée par l'homme. Le tort de l'un et de l'autre est de n'avoir proclamé belle que l'une de ces natures, quand elles le sont toutes deux, à des titres divers. Les deux thèses opposées des deux grands historiens et peintres de la nature doivent donc se modifier l'une par l'autre. Il est sans doute beau de voir le cheval sauvage prendre en toute liberté ses ébats au milieu des forêts vierges et séculaires du nouveau monde, dont il semble être le seul possesseur ; mais il l'est aussi de le voir dans cet état de domesticité relevée que décrit Buffon, quand il dit : « La plus noble conquête que l'homme ait jamais faite, est celle de ce fier et fougueux animal, qui partage avec lui les fatigues de la guerre et la gloire des combats : aussi intrépide que son maître, le cheval voit le péril et l'affronte : il se fait au bruit des armes, il l'aime, il le cherche, et s'anime de la même ardeur. Il partage aussi ses plaisirs à la chasse, aux tournois, à la course, il brille, il étincelle. Mais, docile autant que courageux, il ne se laisse pas emporter à son feu ; il sait réprimer ses mouvements : non-seulement il fléchit sous la main de celui qui le guide, mais il semble consulter ses désirs ; et obéissant toujours aux impressions qu'il en reçoit, il se précipite, se modère ou s'arrête, et n'agit que pour y satisfaire. »

Dire que ce cheval-là est dégénéré, ce serait un paradoxe par trop étrange, du même genre à peu près que celui de J.-J. Rousseau, qui disait : « L'homme qui médite, est un animal dégénéré. »

Il est beau sans doute de voir, avec les yeux de Bernardin de Saint-Pierre, l'églantine sortir de la fente du rocher, se balancer sur sa tige, au gré du zéphyre, et humectée des pleurs de l'aurore. Mais il l'est aussi de voir cette variété de roses de toute grandeur, de toute forme, de toute couleur, de tout parfum, qui ornent nos jardins, le rosier à feuilles d'épine-vinette, le rosier cannelle, le rosier de Caroline, le rosier de Bengale, le rosier à feuilles rougeâtres, le rosier de mai, le rosier luisant, le rosier musqué, le rosier blanc, le rosier souffre, le rosier nain, le rosier velu, rouille ; le rosier cent feuilles. Les cent feuilles de l'une de ces roses ne plaisent certainement pas moins à l'œil que les cinq feuilles de l'églantine. C'est plutôt sans doute la rose cultivée que la rose sauvage qu'Anacréon appelle *le doux parfum des dieux et la joie des mortels.*

La variété est une grande beauté, un grand mérite, un grand charme, puisque la perfection, suivant la célèbre définition de Saint-Augustin, est l'*unité dans la variété.* Or la culture a varié à l'infini les roses, les a tellement variées qu'il serait difficile, pour ne pas dire impossible, d'en énumérer toutes les espèces actuelles. Depuis la publication de l'ouvrage de Redouté, le nombre s'en est beaucoup augmenté. Et ces acquisitions dues à l'industrie de l'homme, ne se sont point faites aux dépens de la rose primitive, de l'églantine, qui subsiste toujours avec les avantages et les charmes qui lui sont propres. L'homme ici a ajouté, et n'a rien retranché. Vous concevez que ce que je viens de dire de la rose, est applicable à un grand nombre d'autres espèces de plantes que l'homme cultive.

Quand j'ai parlé des roses et de leurs variétés, cela vous a sans doute fait penser à une autre plante, que quelques naturalistes envisagent comme pouvant supplanter la *reine des fleurs*, aux dahlias, dont les espèces sont si variées, qu'il y en a de toutes les couleurs (le bleu excepté) blanches, jaunes, roses, pourpres, avec les nuances les plus délicates de ces couleurs ou les plus foncées, soit lisses, soit comme veloutées ou satinées. Les naturalistes disent que le genre dahlia, de la famille des composées, a pour type le dahlia *variable* : il est variable à l'infini. Et l'on ne doit pas s'étonner qu'il ait fourni à un écrivain français, Ferry, une réfutation de la théorie de J.-J. Rousseau, dont j'ai fait mention tout-à-l'heure. « Quoiqu'en dise J.-J. Rousseau (ce sont les paroles de cet écrivain) tout ne dégénère pas entre les mains de l'homme : les dahlias n'ont certainement rien perdu de leur beauté ni de la vigueur de leur végétation, depuis qu'ils sont admis dans nos jardins et soumis à nos méthodes de culture. » Ferry se sert d'une figure de rhétorique, quand il dit que les dahlias n'ont rien perdu par la culture : il veut faire entendre qu'ils ont beaucoup gagné, ce qui est incontestable. Les soins et le travail de l'homme ont donc été profitables à la nature : elle en a bénéficié à bien des égards.

Une noire forêt de chênes et de sapins, qui avait certainement ses beautés mâles et sévères, couvrait jadis tout le terrain où je

vais vous faire faire une promenade de quelques instants. Maintenant, au pied de la forêt refoulée vers les hauteurs', est un côteau
de vignes, dont chaque cep porte une quenouille brillante de
grappes de raisins dorés par les rayons du soleil. Savoureux et
rafraîchissants, ces doux fruits de la vigne appellent la main du
propriétaire dont ils charment les regards : il les savoure des
yeux, avant de s'en nourrir et de s'en désaltérer, et ils ont de
plus pour lui le parfum de la propriété. Un grand nombre ne sont
qu'entrevus, se dérobant en partie sous les pampres verts qui les
protègent. La plupart ont une transparence qui les distingue de
tous les autres fruits. Quelques-uns rappelant davantage le climat
presque tropical d'où ils sont originaires, se sont noircis aux ardeurs de la canicule.

Le pêcher tapisse un mur de clôture de ses feuilles glabres, au
travers desquelles brille l'incarnat de ses fruits délicatement ve-
loutés. Au dessous du mur et du fertile vignoble, Pomone, comme
diraient les poètes, puisant dans sa corbeille ses plus riches trésors, a orné avec profusion un délicieux verger. Les arbres y rompent de fruits, formant aussi comme des quenouilles à côté de celles de la vigne fertile. Les glanes de poires, les trochets de pommes pèsent sur ces arbres chargés de plus de fruits que de feuilles :
c'est la crassane, dont la couleur vert-sombre se distingue à peine
du feuillage de l'arbre qui la porte ; la reine des poires, le fon-
dant beurré gris et blanc ; le martin-sec, qui éclate comme un
rubis au milieu des feuilles dont il tend, en grossissant, à prendre
la place ; le calville, aux côtés de melon, qui rappelle par sa couleur et le lisse de sa peau la pureté d'une cire blanche ; la rainette
marquetée de petites taches rouges ou grises, comme la grenouille
verte, la Raine, qui vit sur les feuilles des arbres et qui lui a donné
son nom ; la plus belle espèce de rainettes, la rainette *dorée*, qui
mérite si bien ce nom ; le parmin appelé *royal*, sans doute à cause
de la beauté de sa forme et de l'éclat de ses couleurs, parmi lesquelles se distingue le pourpre ; la prune jaune tranchant de couleur avec les autres fruits de la saison et avec la verdure de l'arbre où elle est suspendue en pendeloques d'ambre. Les arbres qui
portent ces trésors, forment comme des berceaux sous lesquels on
se promène ; quelques-uns ont des branches qui descendent, par le
poids de leurs fruits, jusqu'à terre, comme celles du saule pleu-
reur : il faut écarter de la main les branches pendantes, pour

parvenir au tronc de l'arbre, au pied duquel on est bien surpris, enchanté de se trouver comme au milieu d'une rotonde bien fermée de rideaux de toutes couleurs sur un fond vert.

L'herbe encore fraîche du verger est émaillée, non plus de fleurs, comme au printemps, mais de fruits de toute espèce, bien aussi beaux à voir que des fleurs: les arbres qu'ils surchargeaient, les ont laissés tomber à leurs pieds: la corbeille de Pomone lui est échappée et a été à moitié renversée.

A côté de l'herbe verte se font remarquer quelques bouquets tardifs de fraises ananas, et surtout le géant des fruits de nos climats, la courge verte et jaune, qui charme les regards par ses couleurs rivales de celles du melon; et les étonne par sa grosseur.

L'arbre de Cérasonte, à l'écorce lisse et à la forme élancée, s'est dépouillé de ses fruits, depuis que se sont tempérées les ardeurs de l'astre du jour; mais ses feuilles ont pris quelques-unes des teintes éclatantes de ses baies de feu, et quelques-unes aussi de celles de la pâle automne; qui va bientôt effeuiller sa couronne, après s'être dépouillée de ses richesses en faveur du cultivateur.

L'enclos retiré et paisible qui renferme tous ces trésors, est séparé d'une route animée, par une haie vive et une rangée d'arbres aux fruits verts et au tronc colossal, de noyers qui forment comme un arceau de feuillage. Sous cette voûte végétale on voit, conduit par le laborieux habitant des campagnes, l'animal au pas lent et l'animal au pas rapide, qui lui prêtent, avec la même docilité et une utilité semblable, leurs forces et leur ministère. Sur cette route, voisine d'un champêtre village, roulent les chariots, qui, selon l'expression d'un poète, *traînent l'abondance*, des graines de toute espèce, des racines savoureuses, principalement le pain du pauvre, la pomme de terre conquise par l'Européen sur le Nouveau-Monde.

Plusieurs des fruits que nous venons d'admirer, viennent également de contrées lointaines, apportés par l'homme jusque dans les nôtres, de la Perse, de l'Arménie, de l'Asie-mineure, de l'Archipel, de Grèce, qui, grâces à l'homme, à ses soins, à son industrie, à ses labeurs, enrichissent ainsi du tribut de leurs productions végétales un terrain de quelques arpents. Les autres fruits de ce verger, fruits indigènes, ont été variés, améliorés, perfectionnés sous plus d'un rapport par l'ente et la greffe, par la culture et l'art de l'homme, maître de la terre, mais toujours sans doute vassal de. Ciel, du Ciel, sans la faveur duquel l'homme enterait, grefferait,, travaillerait en vain. *Sans Dieu*, comme le dit un de nos psaumes, *rien ne prospérera. C'est lui qui envoie du Ciel les pluies et les, saisons fertiles. Paul plante, Apollos arrose; mais c'est Dieu seul qui donne l'accroissement.*

Ce n'est nullement diminuer l'action, l'influence et la gloire du, Créateur, tout-puissant et tout bon, que de reconnaître et constater; qu'il a donné charge à l'homme de cultiver le jardin de la terre, comme il avait donné charge à Adam *de cultiver celui d'Eden*,, selon les paroles de la Genèse. Oui, la nature acquiert de nouvelles beautés et de plus grandes richesses par le travail de l'homme;, mais toute la gloire en doit être rapportée à Dieu, créateur et de, l'homme et de toute la nature.

La forêt dont j'ai parlé au commencement de cette description,, était belle sans doute, avant qu'elle eût cédé à la culture une portion de son sol; elle est maintenant aussi belle qu'alors (¹), dans ce qui en a été conservé; elle l'est davantage par la culture gracieuse et variée qui fait ressortir encore plus ses beautés natives, ses beautés mâles et sévères. Et tout l'ensemble du paysage a infiniment gagné par la hache du bûcheron, le hoyau du laboureur, et la serpe du jardinier.

En entendant cette description, vous vous êtes dit peut-être que je l'avais tirée de mon imagination. Non, j'ai vu et je me suis souvenu. Vous avez pu voir comme moi, et sans aller bien loin, (à une lieue seulement de Neuchâtel) l'original du tableau : c'était un verger de Peseux, dans l'automne de l'année 1847, qui a été si remarquablement riche en fruits de toute espèce. J'ai lu ma description à la personne qui m'avait proposé de parcourir avec elle ce verger (prenant sur elle d'obtenir au besoin un bill d'indemnité des gardes champêtres), et qui l'a jugée tout-à-fait exacte. De la route, le verger ne paraissait pas, il s'en faut bien, autant à son avantage.

Peseux signifie *pied de la forêt* (pes saltus). La forêt au *pied* de laquelle il est situé, contribue à la fertilité de ce verger, par.

(¹) Pourtant elle a perdu quelques-uns de ses anciens habitans, les cerfs, les chevreuils, les ours, qui, encore aux 12ᵉ et 13ᵉ siècles, étaient communs dans les forêts du Jura. Mais ces pertes-là ne m'ont pas paru assez considérables pour m'empêcher de dire qu'*elle est maintenant aussi belle qu'alors*.

l'eau et la terre dont elle l'approvisionne. C'est en partie à cause
de cette forêt que j'ai choisi un verger de ce village, plutôt qu'un
autre, pour sujet de ma description : cette forêt devait en faire
partie.

Un des motifs aussi de mon choix a été que Peseux était alors
habité par l'auteur célèbre du *Voyage autour du Caucase*, qui,
enchanté d'un paysage délicieux de la Mingrélie, nous en a fait
une charmante description; nous vous en avons cité un fragment
dans une de nos dernières leçons : et vous ne me reprocherez certainement pas de le citer une seconde fois dans celle-ci.

« L'Européen de la zône plus tempérée, dit M. DuBois, ne se
fait aucune idée de la magnificence pittoresque d'un paysage
d'Abkhasie ou de Mingrélie, cette terre bénie des cieux. On n'a
aucune échelle pour mesurer ces tilleuls et ces hêtres, antiques
enfants de la terre, chargés jusqu'à leur cime de vignes dont les
ceps séculaires, d'une grosseur énorme, embrassent, depuis tant
de générations, le tronc plus colossal encore.... La vigne est là
dans sa vraie patrie, et y prospère sans culture, comme dans un
paradis. Celui qui en veut avoir autour de son habitation, a soin
de tenir quelques arbres isolés sur lesquels elle grimpe, et forme
mille guirlandes de verdure, jusqu'à ce que les grappes rougies
donnent à l'arbre l'air d'une immense grappe de raisins. Quoique
l'orme, le hêtre ou le noyer centenaire montent à une hauteur
prodigieuse, on voit la vigne dépasser leurs cimes et les couronner
de grappes.... Les forêts ne sont rien moins que des forêts : ce
sont de vastes jardins où l'on trouve tous nos fruits d'Europe si
recherchés, croissant sauvages, confondus ensemble, la pomme et
la poire avec la pêche, l'abricot et l'amande, le coing, la figue et
la cornouille avec la châtaigne, la grenade et la noix. »

Nous concevons qu'un tel spectacle, le spectacle de jardins si
beaux, quoique non cultivés, ait paru enchanteur à notre voyageur Neuchâtelois. Mais un voyageur Mingrélien que je suppose
arrivant dans notre pays, à Peseux, pour rendre une visite à
M. DuBois, n'eût-il pas de son côté et à son tour admiré le jardin
cultivé dont j'ai fait la description? Ce jardin frappait moins
M. DuBois, parce qu'il était accoutumé à le voir, mais je ne puis
croire que celui de la Mingrélie fût en réalité plus beau et plus
remarquable.

Non loin du verger de Peseux dans lequel nous venons de vous

faire faire une promenade, nous aurions trouvé en la prolongeant
d'autres arbres et d'autres plantes originaires de pays éloignés, le
cognassier, originaire du midi de l'Europe, l'amandier, originaire
de l'Afrique septentrionale ou de l'Europe méridionale, le pavot
somnifère, originaire de l'Orient, le blé qu'on ne trouve nulle part
à l'état sauvage, et que quelques-uns regardent comme originaire
des plaines d'Enna en Sicile.

Mais si je voulais compléter une telle énumération de plantes
conquises par les habitants de notre petit pays presque sur le
monde entier, sans qu'ils s'en doutent en les cultivant, je n'en
finirais pas : et quant aux fruits indigènes, la pomme, la poire, la
prune, par combien de transformations ont-ils passé, au moyen de
l'ente et de la greffe, avant de devenir ce qu'ils sont dans nos vergers et nos jardins!

C'est ainsi que l'homme fait ressortir à lui toutes les plantes, soit
celles qu'il trouve sous sa main, soit celles qu'il va chercher d'un
bout du monde à l'autre. Dans un seul jardin, dans une propriété
peu étendue, il peut avoir, s'il le veut, comme un abrégé du
monde végétal. C'est là un des fleurons de sa couronne, un des
traits saillants et caractéristiques de sa qualité de *microcosme* (¹)
de petit monde, une confirmation éclatante et un frappant accomplissement de cette parole de Dieu adressée à nos premiers parents : «Je vous donne toutes les herbes, répandues sur la surface
de la terre et qui portent des graines, avec tous les arbres qui
portent du fruit : tout cela vous servira de nourriture. »

Encore une fois, la nature sauvage et non cultivée est belle; la
nature cultivée est belle aussi; seulement elle l'est d'une autre manière. La nature est ce qu'elle est, pour l'homme; quand elle est
ce qu'elle est, par l'homme, elle est doublement pour lui.

(¹) Dans son remarquable ouvrage intitulé : *Idées sur la philosophie de
l'histoire de l'humanité*, **Herder** appelle l'homme «l'enfant chéri de la nature, le favori de la nature, la fleur de la création, le fils de tous les élémens et de tous les êtres, leur abrégé le plus complet, le *microcosme*. »

LA POÉSIE SATIRIQUE

DANS LA SUISSE ROMANDE,

AUX XVIe, XVIIe ET XVIIIe SIÈCLES. (¹)

~~~~~~~~~~~

Avant de poursuivre cet essai sur notre satire poétique indigène, il est peut-être nécessaire de donner une courte explication
sur un point de l'article précédent qu'une note interrogative de la

(¹) A l'occasion de ce que nous avons dit, dans la première partie de
ce travail, sur la poésie Suisse romande inspirée par les baillis bernois,
qu'il nous soit permis en passant, de citer un échantillon curieux de vers
français composés par un de ces seigneurs, en réponse à une dédicace de
Voltaire. Cet illustre auteur dédia, comme on se le rappellera peut-être, sa
tragédie de Rome sauvée au *Sénat de Berne*. «Il y a eu, dit-il, dans l'aréo-
» page d'Athènes, des hommes aussi respectables que les sénateurs romains,
» et il y a dans le conseil de Berne des magistrats aussi vertueux et aussi
» éclairés que dans celui d'Athènes. Quoique j'appartienne à deux rois, je
» suis attaché à ce conseil par le devoir et par la reconnaissance, etc.
» etc.....» ».
Peu sensible à cet encens, M. le baillif Willading de Frienisberg, répondit
par les vers suivants :

    Party ly être drôle, sti faiseur de chansons,
    Ly vouloir chatouiller un di treize cantons;
    Lui dire que moi suis un pon bourgeois di Rome,
    Plus que meilleur qu'un Grec et plus qu'un choli homme.
    Dans tous si stranges noms moi n'y connaître rien,
    Moi être un pien pon Suisse, et vouloir l'être pien.
    Pour à ton Roy Louis avoir l'honneur de plaire,
    Moi n'avoir pas besoin ni de *Vol* ni du *taire*.
    Lui et moi pons amis et pour petit l'argent,
    Souvent avoir pour lui fait un grand tuement.
    Moi n'avoir rien besoin pour allonger mon gloire,
    Que di savoir toujours pien tuer et pien boire.
    Toi ly tenir pour dit, camerade rimeur,
    Et puis à ton santé moi boire de pon cœur.
    Point di remerciment, adieu, pon chour Foltaire,
    Si tu vouloir gronder, va t'en ly faire faire.

rédaction de la *Revue Suisse* (¹) nous montre comme ayant été peu compris. Il s'agit de deux personnages épisodiques qui figurent dans la comédie du *Pape malade*, Villegaignon et Gabriel de Sacconay. Il nous est arrivé à leur propos ce qui advient à toute personne qui s'occupe quelque temps d'un travail particulier. On finit par s'imaginer que les détails, même accessoires, sont assez connus de chacun pour qu'il soit inutile d'insister sur les points secondaires. On passe outre mal-à-propos.

Ainsi, ceux qui font leur affaire spéciale de la littérature religieuse du seizième siècle, savent de reste que Villegaignon était un chevalier de Malte, français, d'une valeur éprouvée, qui embrassa d'abord avec ardeur la cause de la réforme, et qui fut conduit avec une colonie protestante sur les côtes du Brésil où il fonda la colonie de *Coligny*. Bientôt, brouillé avec ses coréligionnaires, chassé par les Portugais, il repassa en France où il se montra aussi zélé pour le catholicisme qu'il l'avait d'abord paru pour la réforme. On peut lire dans la curieuse *Histoire d'Amérique* du protestant Jean de Lery, comme aussi dans la *Cosmographie* d'André Thevet, le détail de toutes ces dissensions qui firent grand bruit en leur temps. C'est pour cela que Villegaignon est pris à partie dans le *Pape malade* sous le nom d'*Outrecuidé*. Personne ne fut plus que lui en but aux traits acérés de la satyre religieuse. Il répondit par de volumineux pamphlets: mais les écrivains catholiques eux-mêmes ont remarqué qu'il avait plus de talent pour la guerre que pour la controverse.

Quant à Gabriel de Sacconay, que Théodore de Bèze fait aussi intervenir dans la même pièce, il était archidiacre et comte ou chanoine de Lyon. En 1572 (l'année de la Saint-Barthelemy) il publia à Lyon un pamphlet fort long et fort virulent, avec figures

---

Ce Willading avait été officier en France au temps de Louis XIV et il excellait dans l'imitation de ce langage suisse qui est particulier aux pièces de l'époque et que l'on retrouve dans plusieurs des pièces de Molière. C'était l'espèce de français que se forgeaient à leur usage les gardes suisses au service du grand roi, et qui était devenu une espèce d'*argot* même chez leurs officiers. Le baillif Willading, tout en se moquant un peu dans cette facétie de ses compatriotes et de leurs goûts matériels, entendait essentiellement persiffler le poète qui, dans une dédicace recouvrant elle-même la moquerie sous un air de pompeuse admiration, élevait sans y croire les républiques helvétiques au-dessus de celles d'Athènes et de Rome.

(¹) Voir le précédent numéro, page 177.

emblématiques, intitulé : « LA GÉNÉALOGIE ET LA FIN DES HUGUE-
NAUX ET DESCOUVERTE DU CALVINISME , » dans lequel il cherche,
après tant d'autres, l'étymologie du mot de *huguenot* (¹).

Il affirme qu'il vient « des *guenaux*, mâles des *guenons*, espèce
» de singes à la barbe fort longue *(Simia barbata)* et à la queue
» fort large et longue, tenant du satyre et du démon. » Le livre
de Gabriel de Sacconáy , l'un des plus rares de l'époque et dont
nous avons sous les yeux un bel exemplaire provenant de la bibliothèque de M. l'antistès Hurter de Schaffhouse, ne compte pas
moins de 312 pages brochées sur ce texte unique.

————

Dès l'entrée du XVIIIᵉ siècle, nous voyons la satire prendre des
allures plus hardies et s'aventurer dans les régions politiques. Il
va sans dire que les productions de cette première époque ne recevaient qu'une publicité fort restreinte. La censure était alors très
sévère dans nos républiques. Il n'était pas question de tenter de la
publicité par la voie de la typographie; on se contentait de copies
manuscrites qui circulaient sous le manteau dans les cercles où
l'opposition était alors reléguée. A Genève en 1709, lors des élections générales du Conseil des Deux-Cents, on fit circuler ainsi une
chanson qui comptait autant de couplets qu'il y avait de nouveaux
élus. Il va sans dire que nous ferons grâce au lecteur de cette longue kyrielle. Voici seulement quelques portraits :

> *Trembley* la fortune te rit:
> N'ayant peu ni beaucoup d'esprit,
> Des élus tu conduis la bande ;
> Il ne t'a point manqué de voix,
> Mais parcontre la crainte est grande
> Que tu ne manques point de bois.

> Vous mettez au Conseil d'Etat
> Ce rechignard de *Mestrezat*.

(¹) A propos de l'origine si controversée du mot *Huguenot*, qu'il nous soit
permis, une fois pour toutes, de protester contre l'idée de le faire dériver
d'*Eidgenossen* (EIDGNÒTS) en raison des premières relations confédérées de
Genève avec les ligues suisses et surtout les cantons réformés, de 1517 à
1526. Nous possédons des Heures à l'usage de Paris, imprimées sur velin
en 1496, dans lesquelles on voit une danse des morts où la Mort fait danser la *Ungnote*. Quant à la véritable origine de ce mot, on peut lire un curieux chapitre des *Recherches de la France* d'Estienne Pasquier. On y verra
qu'au seizième siècle on discutait déjà là-dessus : *Jam sub judice lis erat.*

Pour dire *amen* à l'assemblée.
C'est donc un mérite éclatant
Que de bien garder le silence
Et d'un âne avoir le talent.

O trois fois heureux *Sarrazin*,
Une épouse et ton magazin
Réparent l'esprit qui te manque.
Ton nom pour mérite est compté,
Tu *passe* en faveur de la banque
Qui te remplit de vanité.

Dans le Grand Conseil on reçoit
Baulacre qu'à peine on connoit,
Et qui n'est marchand ni légiste
Et n'eut jamais d'autre souci
Que celui d'être bon fleuriste
Au village de Landecy.

Le ciel devait, ô parfumeur,
Faire un miracle en ta faveur
Puisqu'on t'a mis de cette chambre,
Malet, qu'on a vu s'occuper
A débiter le musc et l'ambre,
Comment sauras-tu gouverner?
        etc.,   etc.,   etc.

Dans la guerre de 1712, dite vulgairement la *guerre de Vill-
merguen,* la verve satirique de nos poètes populaires eut de nouveau quelque velléité d'exploiter les haines religieuses ou plutôt
les antipathies confessionnelles. Voici quelques couplets de trois
chansons de genres et de rythmes différens, extraites d'un de ces
copieux ramas connus sous le nom de *Sottisier.* Elles exhalent
comme un parfum de corps-de garde, et les mauvaises plaisante-
ries sur l'abbé de Saint-Gall, Leodgard, y jouent un beaucoup
trop grand rôle :

Si Monsieur l'abbé de St-Gall
        Eût aimé la justice,
Qu'il n'eût pas attiré le mal
        Qu'on voit régner en Suisse,

Il se verroit dans ses Etats
  Maître de ses provinces,
Et l'un des plus riches prélats
  Portant le nom de Prince.

Mais son avide intention
  Au pouvoir despotique,
Son zèle de religion
  Purement papistique
L'ont fait tomber presqu'aussi bas
  Que sa naissance est basse,
Et dépouillé de ses Etats
  Et mis à la besace.

Il croyait qu'étant secondé
  Des cantons catholiques
Il pourroit mener par le né
  Deux des Evangéliques.
Mais grâce au ciel l'événement
  Luy a été contraire,
Et luy a ôté justement
  Son pouvoir arbitraire.

Ceux qui ont fait tous ces exploits
  Sont les troupes de Berne
Avec celles des Zuricois
  Malgré ceux de Lucerne,
Qui pour soutenir leurs Bourgeois
  Dans sa grande injustice,
Ont fait révolter les Badois
  Et toute leur milice.

II.

On dit que l'abbé de St-Gall
Est des meilleures têtes,
Que c'est un prince sans égal
Pour faire des conquêtes,
On chantera le *Te deum*
La faridondaine, la faridondon,
Car il a très-bien réussi biriby,
A la façon de Barbary mon ami.

Ce saint abbé qui nuit et jour
Consulte la justice,
Voulait dans tout le Toggenbourg
En faire l'exercice.

C'était son unique raison
La faridondaine, la faridondon
Et le plus'grand de ses soucis biriby,
A la façon de Barbary mon ami.

En faveur des Toggenbourgeois
Opprimés, tous en larmes,
Les Zuricois et les Bernois
Prirent enfin les armes.
N'avaient-ils pas tort dans le fond,
La faridondaine, la faridondon. ·
Aussi bien mal leur en a pris biriby
A la façon de Barbary mon ami.

Pour soutenir ce bon prélat
Les cantons catholiques
Surent bien rompre avec éclat
Avec les hérétiques.
A quoi leur sert cette union
La faridondaine, la faridondon,
Avec des huguenots maudits biriby
A la façon de Barbary mon ami.

Les papistes dans ce combat
Etant sept contre quatre,
Nous fûmes faits échec et mat;
Ils surent nous bien battre.
Drapeaux, bagages et canons,
La faridondaine, la faridondon,
Sur les huguenots furent pris biriby
A la façon de Barbary mon ami.

Souvenez-vous bien désormais
Messieurs les catholiques
Que si vous reprenez jamais
Vos desseins jésuitiques,
Villmergue sera caution
La faridondaine, la faridondon,
Que vos desseins seront bannis biriby
A la façon de Barbary mon ami.

III.

Venez, vous, Toggenbourgeois
Saint-Gallois,

Chantez votre délivrance
Par messieurs les Zuricois
   Et Bernois
Sur l'abbé et sa régence,

Qui voulait vous opprimer ,
   Supprimer
Et ravir vos priviléges
En violant vos édits ,
   Droits , écrits ,
Par le plus noir sacrilége.

Son père était savetier
   De métier ,
Belle généalogie ;
Il est devenu abbé
   Et tombé
Grâces à sa tyrannie.

Il gagna les Lucernois
   Et Badois
Pour complices de ses crimes ;
Uri , Zoug et Unterwald
   Dans les vals
En furent faits les victimes.

Ayant voulu attaquer
   Et brusquer
Les Bernois et leur armée ,
Ils furent par eux forcés
   Et chassés
Et perdirent la journée.

C'est le bras du Tout-Puissant
   Agissant
Qui nous donna la victoire.
Chantons donc tous de bonheur ,
   O Seigneur !
A toi seul en soit la gloire.

Ne venez plus Lucernois
   Dans ces bois
Vous flattant d'y battre Berne ;
Vous y laissez de vos corps
   Mille morts
Et deux canons de Lucerne.

Qu'on se souvienne à jamais
Désormais.
Qu'en may le vingt et sixième,
Et l'an sept cent dix et deux
A nos yeux
Après le siècle millième,

Le pot au lait de l'abbé
Est tombé
Tout-à-fait en décadence,
Ne restant à ce mutin
Pour butin
Qu'une triste repentance.

Poursuivons notre marche à travers ce dix-huitième siècle, précurseur de tant d'orages populaires, et arrêtons-nous un moment
à ces troubles de Genève, à cette lutte des représentants et des
négatifs, tempête dans un verre d'eau, comme on l'a dit, mais
qui semblait exactement préluder, dans de petites proportions, à
la lutte immense qui s'engagea quelque vingt ans plus tard pour
l'égalité des droits en France et dans d'autres pays importans.
Aucune période de l'histoire Suisse ne fut plus féconde en écrits
polémiques. On formerait une bibliothèque nombreuse de toutes
les brochures éphémères qu'elle fit éclore. La satire en vers joua
aussi son rôle avec plus ou moins de succès dans ce conflit. Nous
prendrons au hasard trois chansons parmi les moins connues.

Quelques couplets exhalent d'abord, sous le voile de la plaisanterie, les soupirs du parti démocratique comprimé par l'intervention étrangère :

Il faut savoir que dès longtemps
Le peuple n'est pas trop content,
Que ses intérêts il discute ;
On dit qu'il aime la dispute :
Oh certainement il a tort,
Il vaut mieux être tous d'accord.

Aussi pourquoi les Négatifs
Ont-ils toujours été rétifs?
Ils se vantent de leur noblesse,
Se pavanent de leurs richesses,
Et croient qu'un homme sans bien
Ne peut être bon citoyen.

Pour ôter au peuple ses droits
Et lui dicter après des lois,

On fait venir douze mille hommes
Contre deux mille tout en somme,
Ah c'est avoir ma foi beau jeu
Pour que la guerre dure peu.

Que répondre à tant de raisons
Soutenues par des canons
Et tout l'appareil de la guerre.
Hélas ! il ne reste plus guère
Qu'à dire la loi du plus fort
Est juste, le plus faible a tort.

Messieurs les Négatifs pourtant
De frayeur n'étaient pas exempts.
Ils se disaient dans leur chapitre :
« Le canon peut casser nos vitres,
» Trouverions-nous gens assez bons
» Pour nous assurer nos maisons ? »

Voilà donc le peuple soumis
Par des gens venus comme amis !
Tous nos différens on termine,
Il ne faut pas faire la mine,
Quoi qu'on ait tout mis d'un côté
Et qu'à l'autre on n'ait rien laissé.

Les descendants de nos ayeux
Se trouvent étrangers chez eux ,
S'ils ne vont pas en diligence
Faire au Conseil la révérence
Applaudir au gouvernement
Et faire ensuite un faux serment.

Tous ces Négatifs si contens
Seront-ils unis pour longtemps ?
Je crains bien que la zizanie
Ne se mette de la partie;
Et je crois qu'avant qu'il soit peu
Ils se mangeront tous entr'eux.

Voici maintenant la profession de foi d'un indifférent appartenant à ce tiers-parti qui se moque des deux autres :

Que dans notre République
On ne puisse vivre en paix,
Qu'on ne s'occupe jamais
Que de ses droits politiques,

Eh , qu'est-ce que ça me fait à moi,
J'ai l'humeur plus pacifique,
Et qu'est-ce que ça me fait à moi
Quand je chante et quand je bois ?

Que le Conseil militaire
Dans sa chambre renfermé
Veuille lui seul décider
Du moment propre à la guerre,
Et qu'est-ce que ça me fait à moi
Je n'étais pas de l'affaire ,
Et qu'est-ce , etc.

Qu'enfermé dans les murailles
De notre noir Evêché ,
Calandrini ait juré
De s'unir à la canaille,
Et qu'est-ce que ça me fait à moi,
De lui partout on se raille ,
Et qu'est-ce , etc.

Que redoutant pour sa vie
Le négatif allarmé
Fasse tout pour être aimé
Du parti qui l'humilie ,
Et qu'est-ce que ça me fait à moi,
Avoir peur n'est pas folie,
Et qu'est-ce , etc.

Que partout on illumine ,
Qu'on s'embrasse avec transport ,
Que sous le joug du plus fort
Avec gaieté l'on s'incline ,
Et qu'est-ce que ça me fait à moi,
A mauvais jeu bonne mine,
Et qu'est-ce que ça me fait à moi
Quand je mange et quand je bois ?

Enfin, après l'édit de pacification qui eut l'air de réconcilier les
partis, un poète du *haut* composa les couplets suivants :

Lus tu cru mon cher compère,
Cher compère Lus tu cru ?
Voilà Desarts populaire
Lullin soupe à Chevelu.

Un syndic trinque à plein verre
A la *Cloche*, à l'*Imprévu*,
Ah l'eusses-tu cru compère,
Compère l'eusses-tu cru ?

Vois le brouillard qui s'élève
Et revenir la clarté,
Vois cette triste Genève,
Elle a repris sa gaieté.
Une paix libre et sincère
Enfin chez nous a paru
Ah l'eusses-tu cru compère, etc.

Je vois déjà sur l'herbette
Exercer nos bataillons,
Je vois tirer la baguette
A tous nos braves brouillons.
A notre Coulouvrenière
Le grand Moyse est rendu.
Ah l'eusses-tu cru compère, etc.

Je te vois un peu ternie,
Splendeur du *Soleil levant* (¹) ;
Pour moi je sais que Thalie
N'aura pas de mon argent.
Quand je pense qu'au parterre
Ce cercle en corps s'est rendu,
Ah l'eusses-tu cru compère, etc.

Aussi revêches que belles
Quelques dames, a-t-on dit,
Se montrent encore rebelles
A notre nouvel édit.
A tout prix vouloir la guerre
Ma foi c'est trop de vertu,
L'eusses-tu cru mon compère, etc.

Toute beauté qui résiste
A la fin succombera.
Nous la suivrons à la piste
Et bientôt elle dira :
« Mais cet horloger, ma chère,
N'était point si malotru,
Ah Lus-tu-cru ma commère
Ma commère Lus-tu-cru ?

(¹) Nom du cercle aristocratique.

Célébrons cette journée,
Vive lo *Dix février*,
Que dans ce jour chaque année
Nous puissions nous écrier :
« Tout Genevois est mon frère
Et je l'avais méconnu,
Ah l'eusses-tu cru compère,
Compère l'eusses-tu cru ? »

Jetons maintenant en passant un regard sur Neuchâtel. La fameuse dispute du pasteur Petitpierre touchant la non-éternité des peines, ainsi que les conflits qui la suivirent, donnèrent lieu à plusieurs pièces satiriques dont plusieurs en patois neuchâtelois. Nous avons en porte-feuille le *Dialogue entre Panurge et Gargantua semé en ville en* 1760 , qui débute ainsi :

PANURGE.

Ah do bonjor mosieu Tchaillet
On derey que vo ey le makié.
Vos eité to regroncena
Kemei en ourson kon a péqua
Vos a-t-on brela voutre roù
O bein manqua koque ragoù ?

GARGANTUA.

Ah ! men ami cé encor pie
Ne dite pas dérai de pie
Kena rota de prêtre insolan
Qui boute que mei des Paysan
Y vaii dire tu les menistre
Que ne sont tou que dei belitre
Naiet demanda tu lé coor
Por me culbuta ma cousena
Et me renversa ma marmita
Kemet et me dja arriva
Dedai mon affaire die Bia.
Qui airai megie dei Perdry
Et le Borgey du pan mousi.
            etc. ,   etc.

Parmi les pièces françaises nous citerons l'exaltation de *Saint Pierrot* et sa canonisation :

Venez, nouveaux chrétiens, exalter Saint Pierrot
Tous les plus grands docteurs près de lui sont des sots.

Il est cent fois plus saint que le grand saint Grégoire,
Puisqu'il change l'enfer en un saint Purgatoire.

— « Quoi! vous le nommez saint, ah! de grâce arrêtez,
Dites-moi si vraiment il est canonisé? »
— « Oui, de par Mahomet il est dans le canon,
Que l'on a tiré hier depuis la Chaux-de-Fonds, etc., etc.

Fribourg eut aussi ses poètes satiriques à cette époque. La production la plus connue en ce genre est « le *Tocsin fribourgeois*
» pour être entendu de la ville et de la campagne, poème avec des
» notes et des réflexions par un citoyen inspiré par la patrie. » (¹)
Cet ouvrage, dit Haller dans sa *Bibliothèque suisse*, est intéressant, quoiqu'il renferme des expressions séditieuses et des faits
inutiles. Il est dirigé contre les *Secrets*, c'est-à-dire les membres
de l'administration patricienne.

Le puissant canton de Berne ne fut pas épargné non plus. On lui
reprochait surtout le rôle qu'il avait joué dans les affaires de Genève lorsqu'il intervint simultanément avec la France et le Piémont.
Un citoyen qui voulait bien recevoir la loi de deux puissances
étrangères, mais non d'un allié, lança alors cette épigramme :

Berne, du fier Anglais copie ridicule,
D'un Etat souverain treizième particule,
Atôme de l'Europe à grand'peine aperçu,
Des querelles des grands pourquoi te mêles-tu?
Il n'appartient qu'aux dieux de s'armer du tonnerre ;
Les rois sont leur image, ils règnent sur la terre,
Et des faibles Etats la justice des rois
Protège les autels, la liberté, les lois.
N'affecte point le vol des vautours et des aigles ;
Prend le meilleur parti, montre-toi plus modeste,
Conserve si tu peux ta médiocrité
Et dissimule au moins ta partialité.
Le desir d'offenser sans le pouvoir de nuire,
Marque la vanité d'un Etat en délire.

Il n'entre pas dans le plan de cet essai, déjà trop long peut-être,
d'empiéter sur l'époque de la révolution helvétique qui fut aussi
très-fertile en productions épigrammatiques. Qu'il nous soit cependant permis, avant de terminer, et pour constater en quelque sorte
le chemin parcouru depuis notre point de départ, de citer une sin-

(¹) Fribourg, mars 1789, grand in-8°, 171 pages.

gulière satire en vers contre le gouvernement de Berne, morceau qui imite dans son rythme la cadence de l'air de la *Danse des ours*. Cette curieuse composition fut écrite vers 1784, en forme de défi poétique et politique, dans un cercle de la première société de Lausanne. Les principaux auteurs avaient alors beaucoup à se plaindre du gouvernement bernois, surtout quant à la répartition des places d'officiers dévolues aux gentilshommes du Pays de Vaud dans les régimens étrangers. Il est infiniment curieux de voir, quelques années seulement avant la révolution française qui amena l'indépendance du Pays de Vaud, l'élite de la population vaudoise soupirer après l'émancipation et l'appeler de tous ses vœux.

Vers de trois et de quatre syllabes sur la conduite de l'ours.

Quoique l'ours
Soit très lourd,
Animal
Fort brutal,
Sotte bête,
Grosse tête;
Cependant
Il a tant
De finesse
Et d'adresse,
Que grimpant
Et montant
Sur les pins
Et sapins
Il s'y tient
Et maintient
Sans trembler
Ni branler.
Lors il voit
Et connoit
Du sommet
Où il est
Les renards,
Léopards,
Les levraux,
Les chevraux,
Les tauraux,
Les chevaux,
Les brebis
Et cabris,
Qu'il méprise
Par sottise,
Et les tient
Comme un rien.

Il rejette
Toute bête
Pour autant
Que n'étant
Ni si haute
Ni si forte
Comme il est;
Ce qui fait
Que gonflé
Et enflé
De fierté
Haut monté
Il prétend,
Il entend
Que tout doit,
Qui qu'il soit,
S'incliner,
Prosterner
Devant lui;
Et sous lui
S'abaisser,
S'empresser
De tout faire
Pour lui plaire;
Qu'on doit même
Tant il s'aime,
En dépendre
Et se rendre
Ses sujets
Très abjects.
Même il croit
Qu'il a droit
D'ordonner
Commander

Aux amis,
Ennemis,
Et qu'il faut
Sans défaut
Que tout plie,
S'humilie,
Et qu'il peut
Quand il veut
Tout manger,
Subjuguer
Les Bourgeois,
Combourgeois;
Quoiqu'il ait
Jadis fait,
Contracté
Des traités
Personnels,
Solennels,
Il viole
Sa parole
En mettant
A néant
Les accords
Les plus forts.
Et lors même
Qu'à l'extrême
On répand
De son sang
Pour servir
Ses désirs,
Il assure,
Même il jure,
Qu'on n'a fait
En ce fait

Qu'une affaire
Qu'on doit faire,
Et qu'on est
En effet
Obligé,
Engagé
De se battre
Et combattre
Ceux-là même
Que l'on aime,
Pour lui plaire
Et complaire,
Mais notre ours
A son tour
Est sans honte,
Ne tient compte
Des bienfaits
A lui faits :
Au contraire,
Pour salaire
Il ne rend
Que du brand ;
Entravant
Le commerce ;
Il exerce
Des rigueurs
Qui font peur.
Il fait voir
Son pouvoir
Despotique
Tyrannique ;
Même il croit
Par sa foi
Qu'à jamais
Désormais
Rien pourra
Ni saura
Le combattre
Et l'abattre,
Qu'il sera
Et pourra
Toujours être
Le grand maitre ;
Qu'on verra
Sentira
Sa grandeur,
Sa splendeur
Etablie,
Affermie,
Sans que rien
Près ni loin,
Ni la Suisse,

Jamais puisse
L'obliger
A descendre
Et se rendre.
Mais sans feindre
Il doit craindre
Que sa ruse
Ne l'abuse ;
Car foulant
Et roulant
Sous ses pieds
Sans pitié,
La justice,
La police,
Méprisant,
Maudissant
Tant de beaux
Animaux
Qui le valent
Et l'égalent,
Qui peut-être
Pourraient être
Plus vaillans,
Excellens,
Qu'il ne l'est,
En effet,
Qu'ils pourraient
S'ils voulaient
Tous s'unir
Pour punir
Sa fierté,
Vanité,
Puis percer
Enfoncer
Son gros ventre
Où tout entre
Et d'où rien
Ne revient.
Pour s'aider
A vuider
Cette panse
Si immense,
Il faudrait,
On devrait
Ordonner,
Lui donner
Un clystère,
Fait d'eau claire,
Ou lui faire
Bien à boire.
Purgatifs
Vomitifs

Pour détendre
Ce gros ventre
Et reprendre
Les pays
Qu'il a pris,
Il devrait
S'il était
Bien sensé
Avisé
Caresser,
Pourchasser,
Par devoir,
Le pouvoir,
La faveur,
Le bon cœur
Des voisins
Très-anciens ;
Et ne pas
Faire un pas
Lequel pût
Ou bien dût
Irriter
Maltraiter
Ses amis
Qui l'ont mis
En éclat
Dans l'Etat
Au sommet
Où il est ;
Car s'il ose
Et propose
De les battre
Et combattre,
De les mettre
Et soumettre
Sous sa patte
Dont il mate
Ses vassaux
Et manceaux
Sans les plaindre,
Il peut craindre
De les voir
Son pouvoir
Despotique,
Tyrannique
Secouer,
Et forcer
L'olygarque
Qui singe
Un monarque
De l'Inde
A capituler

Et baisser
Pavillon
Sans façon
Devant ceux
Que ses yeux
Ne fixaient
Et voyaient
De sa hauteur
Qu'avec humeur.
Puis après
Ses sujets
Indignés,
Révoltés,
S'alliant,
S'unissant
Aux amis
D'autres pays,
Ils pourraient
S'ils voulaient
Tous se joindre
Pour le poindre,
Le froisser,
L'abaisser.
Si du sabre
Ce grand arbre
Où notre ours
Tient sa cour,
On coupait
Et frappait

La racine
Lors la mine,
Jouerait,
Et faudrait
Qu'il tombât
D'haut en bas.
Cette chute
Lourde et brute
Causerait
Et ferait
Dans la nuit
Un grand bruit.
Quel vacarme !
Quelle alarme !
S'il rompait
Et cassait
Son museau,
Ses naseaux,
Il mourrait
Et serait
Assommé
Abîmé.
Les oiseaux,
Les corbeaux,
Rongeraient
Mangeraient
Son gros corps
Etant mort..
Alors tout

Et surtout
Ceux qu'il tient
Dans ses liens
Riraient bien ;
Car combien
Grand sujet
Ses sujets
N'auraient pas
De voir bas
Son orgueil
Et son œil
Abaissé
Et froissé ;
Car la bête
Qui maltraite
Comme esclaves
Tant de braves
N'aurait plus
Le dessus.
Lors diraient,
Crieraient
Ceux qu'il traite
Comme bêtes :
« J'ai vaincu,
Obtenu
Les souhaits
Que j'ai faits ;
J'ai chanté :
LIBERTÉ »

E.-H. GAULLIEUR.

CHRONIQUE

DE LA

REVUE SUISSE.

——

AVRIL.

On est si à bout de tout, même de paroles, que ne sachant plus que dire après avoir tout voulu faire et tout manqué, on se dispute rétrospectivement sur 1848, en présence de 1852 qui arrive au galop, et qu'on ne sait comment conjurer.

C'est ainsi que le grand parti de l'ordre se rallie et entend sauver la société,.... comme il l'a sauvée en Février.

Quelque temps après les événements, et lorsqu'il était question de son élection, le maréchal Bugeaud avait écrit à l'un de ses amis une lettre, dans laquelle il raconte ce qu'il avait vu et fait, ou ce qu'on l'avait empêché de faire pendant la courte durée du commandement général dont il fut investi le 24 février. Cette lettre ne devait pas être publiée. On l'a déterrée et presque dérobée, semble-t-il; puis, de copie en copie, elle a passé dans les journaux anglais et belges, d'où elle est aussitôt venue dans ceux de Paris à sa véritable destination. Suivant le maréchal, la monarchie pouvait être sauvée; mais il ne fut soutenu ni par les ministres ni par le roi, que diverses personnes, même de sa famille et de son entourage, le duc de Montpensier entre autres, pressaient d'abdiquer : ainsi paralysé, il dut donner enfin, bien malgré lui, l'ordre de la retraite.

Quelques points de cette lettre ont soulevé des réclamations; le général Bedeau surtout, qu'elle représente comme ayant faiblement agi, y a longuement répondu pour ce qui le concerne. Nous pourrions, et d'autres sont probablement dans ce cas, en contester aussi un allégué, sur lequel le maréchal s'étend avec une certaine complaisance. Ses souvenirs ou son impression du moment l'ont trompé. Il s'agit d'une harangue qu'il adressa à deux bataillons de la garde nationale, harangue à laquelle ils auraient répondu d'après lui avec enthousiasme. Or, nous tenons de l'un des gardes-nationaux présents, témoin obscur et désintéressé, que le général Bugeaud s'en est fait un peu accroire à cet égard. Son éloquence n'eut pas tout le caractère ni tout l'effet qu'il s'est figuré. Il s'y mêla même un incident grotesque, dont le récit exige un terme assez crû du langage militaire; on nous le passera en faveur de la couleur locale et de la réalité. Le général Bugeaud était à cheval; mais le coursier, impatient ou mal dressé, relevait constamment et brusquement la tête; ces perpétuels haussements de cou gênaient l'orateur. Enfin celui-ci, impatienté à son tour : « Cochon de cheval ! s'écria-t-il, te tiendras-tu tranquille ! » et il lui asséna en même temps un grand coup de poing sur le coup, qui, effectivement, calma le revêche. Au dire de notre garde-national, ce fut là le trait le plus énergique de la harangue, laquelle, ajoute-t-il, les laissa assez froids.

Toutes les réclamations soulevées par la lettre du maréchal Bugeaud, ne portent, au reste, que sur des points de détail. L'ensemble est juste, évidemment. On ne s'est pas défendu, on n'a rien fait, rien osé, rien voulu de ce qu'il fallait pour se défendre. Il le déplore, mais il n'en dit pas la cause profonde. On n'a eu ni prévoyance avant, ni courage après. Pourquoi ? parce que depuis long-temps on était moralement perdu : on avait toutes les forces matérielles pour soi ; on n'avait plus aucune force morale ; les âmes étaient toutes relâchées et sans ressorts à force de facilités et de jouissances, les cœurs corrompus, les esprits infatués et aveuglés. Il faut avoir été dans ces dispositions-là, et être intéressé à l'illusion, pour ne pas voir que c'est la ruine du dedans qui a rendu celle du dehors si facile et si accablante.

Comme témoignage de l'aveuglement et de l'aberration d'esprit dans lesquels il faut chercher les vraies causes de la révolution de Février, rien n'est plus curieux qu'un second document dont on nous a aussi régalés dans ce mois. Il a été publié par le *Constitutionnel*, qui, malgré un soupçon de brouille, paraît toujours tenir bon pour l'Elysée. C'est donc un nouveau tour du docteur Véron, mais le document est authentique. Il consiste dans une convention passée entre M. Odilon-Barrot et les chefs de l'opposition dynastique organisateurs des fameux banquets, et MM. Vitet et de Morny, d'autre part, ceux-ci comme représentant du ministère et de la majorité. Les contractans s'engagens sérieusement et de bonne foi à arranger les choses de façon à ce que tout se réduise des deux côtés à une pure affaire de forme. M. Odilon Barrot se rendra à la salle du banquet; il y trouvera le commissaire du gouvernement, devant lequel il se retirera en protestant qu'il ne cède qu'à la force, et tout sera dit, la farce sera jouée. Malheureusement il se trouva d'autres acteurs sur lesquels on ne comptait pas, et qui prirent la plaisanterie au sérieux. On sait comment ils la continuèrent. Voilà le beau traité que des hommes graves

et d'une position considérable avaient rédigé pour se tirer mutuellement d'un mauvais pas! voilà ce que dans leur sagesse ils avaient
imaginé de mieux! Quelle plus grande preuve de l'aveuglement dont
nous parlions tout à l'heure! C'en est une preuve non-seulement parlante, mais écrite. On se plaint qu'il ne se fait plus de bonne comédie : s'en fit-il jamais de pareille à celle-là! C'est du plus haut comique, et l'on sait que le comique l'est d'autant plus qu'il est plus sérieux.

Une de nos anciennes connaissances de l'*Epoque*, M. Granier de
Cassagnac, qui a repris son métier de journaliste et qui travaille
maintenant dans l'atelier du *Constitutionnel*, compare la conduite
des organisateurs des banquets réformistes à celle des Girondins au
10 août; il donne justement aux premiers la palme de la rouerie et
de l'insuccès; mais nous ne voyons pas, comme lui, qu'il y ait lieu de
la partager inégalement entre ceux qui signèrent ce traité sublime :
les plénipotentiaires conservateurs nous semblent la mériter par égale
portion avec l'autre partie; la moitié, ni plus ni moins, leur revient
de droit; ce serait conscience de la leur rogner; car eux aussi, ils
ont cru à la *grande science de l'orviétan* dont parle déjà Molière,
sans se douter qu'on en pouvait faire une telle application à la politique.

Voici les principaux passages de cet article de M. Granier :

« Depuis sept années, l'opposition dite dynastique courait après le
pouvoir, qu'elle avait eu souvent, sans jamais savoir le garder.

» C'était sans motif sérieux et profond, il importe de le constater,
c'était pour la satisfaction de leur orgueil et de leur importance personnelle, que M. Thiers et M. Barrot, les chefs des deux grandes frac-
tions de la gauche, organisèrent et firent, par eux-mêmes ou par leurs
lieutenans, la campagne des banquets, s'associèrent M. Crémieux et
M. Ledru-Rollin, dont ils ne pouvaient pas ignorer les desseins révolutionnaires; et, pour avoir sous la main des masses passionnées et
redoutables à faire agir, transportèrent la question à Paris même, dans
le douzième arrondissement.

» Ainsi, en pleine paix, en pleine prospérité, en pleine sécurité,
n'espérant plus de pouvoir vaincre, après dix défaites, une majorité
plus forte et plus unie que jamais, les chefs de l'opposition de gauche,
les parangons du régime parlementaire imaginent de lancer contre le
gouvernement les oisifs et les badauds de Paris, qu'ils amusent; les
jeunes gens des écoles, qu'ils égarent; les ouvriers sans ouvrage, qu'ils
passionnent; et les conspirateurs des sociétés secrètes, qu'ils servent.

» Le bois de l'incendie qu'on préparait était bien choisi; il prit feu à
la première étincelle. Ceux qui l'avaient allumé en furent effrayés les
premiers, et, sous l'impression de cette peur, commença le drame de
février.

» Nous ne croyons pas que l'histoire politique d'aucun peuple fasse
mention d'un parti aussi naïf, aussi pastoral que le fut, le 19 février,
celui qui s'appelait la gauche dynastique. Les simples particuliers, qui
ne songent qu'à vivre paisiblement chez eux, ont le droit de n'être pas

des Montesquieu ou des Machiavel ; mais les hommes qui, vingt années durant, fatiguent les peuples de leurs visées, devraient être obligés, ce nous semble, de prouver qu'ils ont le bon sens de leur importance et l'esprit de leurs prétentions.

» Le gouvernement se refusait à autoriser le banquet de Paris ; M. Barrot et l'opposition lui contestaient ce droit ; et de cette dispute sortit ce mémorable procès-verbal du 19 février, où s'étalent, avec les incroyables et perpétuelles illusions des ambitieux, le mépris de ce peuple imbécile, dupe constante de leur vanité, et bouc émissaire de leurs fautes.

» M. Barrot et ses amis proposent au gouvernement de jouer la comédie suivante : — On servira le dîner, et l'opposition se rendra, suivie du peuple, à la salle du banquet, devant la porte duquel se tiendra un commissaire de police. M. Barrot et les députés de la gauche entreront, nonobstant l'opposition du commissaire, se mettront à table, et déploieront leurs serviettes. A ce moment précis, le commissaire entrera ; on lui désigne par avance l'honorable M. Boissel comme mannequin, et il dressera contre lui un procès-verbal de contravention. Là dessus, M. Barrot se lèvera, et *prononcera*, dit le programme, *une allocution brève ;* il « protestera contre cet abus d'autorité de la part du gouvernement, et il engagera la réunion *à se séparer immédiatement avec calme, tout en déclarant ne céder qu'à la force.* » Les députés et M. Barrot s'engagent enfin à haranguer *le public du dehors,* afin qu'il *ne s'irrite pas ;* et M. Boissel demeurait chargé de continuer la pièce jusqu'au bout, en portant l'affaire devant la cour de cassation.

» Deux choses frappantes ressortent de ce document, que l'imagination de Molière n'aurait pas trouvé, et qui n'eut jamais son pareil dans l'histoire de la politique.

» D'un côté, c'est une parade de la foire, jouée à la face d'une grande nation. Des hommes, qu'on est convenu d'appeler sérieux, s'engagent, le 19, à protester, le 22, contre un *abus* d'autorité, qu'ils ont eux-mêmes conseillé et réglé à l'avance ; de même qu'à déclarer ne sortir du banquet qu'en cédant à la force, lorsqu'il était convenu qu'il n'y aurait pas de force déployée, et qu'en aucun cas le banquet ne devait avoir lieu. En retour, ces hommes exigent que la farce ne sera pas démasquée par la presse, et que, pour prévenir la juste sévérité de l'opinion publique, leur *attitude sera traitée dans les journaux, comme une démarche digne et modérée.* »

» D'un autre côté, c'est la confiance et l'orgueil bouffis de gens pour lesquels les populations sont des comparses de théâtre, et qui répondent, par écrit, de la multitude, comme d'un mobilier qui leur appartient. Ils promettent « de faire tout ce qui sera humainement possible pour que l'ordre ne soit pas troublé ; — ils recommanderont aux convives *de ne pas insulter ni huer le commissaire ;* » — M. Barrot « engagera la réunion *à se séparer avec calme,* » et ses amis parleront au public du dehors, « *afin qu'il ne s'irrite pas.* » — Toutes ces choses, ajoute le procès-verbal, sont comprises « *avec la bonne foi et l'intelligence qui appartiennent à des hommes aussi haut placés et aussi respectables* » que ceux qui les ont concertées.

» On sait quelle fut l'efficacité de ce billet à La Châtre ; comment l'ordre fut respecté par *le public du dehors ;* comment *le Siècle* et *le*

National, dont M. Barrot et ses amis avaient répondu, firent honneur
à leur parole; et comment la multitude du 22, l'émeute du 23 et les
barricades du 24, se renfermèrent dans la lettre du protocole dressé,
le 19, par leurs soi-disant plénipotentiaires.

. » Assurément, les deux honorables conservateurs qui signèrent à ce
traité firent une grande faute; en prenant au sérieux les engagements
de l'opposition; confiance loyale, mais funeste, et qui laissa le gouvernement au dépourvu. Cependant ils pouvaient penser, jusqu'à un
certain point, que ceux qui stipulaient au nom du désordre, possé-
daient réellement les moyens de le conjurer. Ils avaient pour excuse
et pour complice de leur opinion la France abusée, qui croyait alors à
la capacité des hommes d'État de la gauche, et qui, après des catastrophes si mémorables, ne semble pas encore complètement guérie de
sa funeste illusion.

» Mais où fut la faute monstrueuse, impardonnable, impie? ce fut
chez ces hommes des banquets, qui organisaient aveuglément la sédi-
tion, sans savoir où elle irait; qui s'engageaient à contenir la multitude, sans s'être enquis de son obéissance; et qui répondaient des
journaux, sans s'être assurés de leur concours. Ce fut chez ces nouveaux Girondins, mettant le feu au pays pour obtenir des portefeuilles;
faisant des plus nobles intérêts de la patrie, la litière de leur ambition;
arrachant au pays la solution pacifique des grands problèmes de son
gouvernement, pour les faire résoudre à leur profit par une émeute à
leurs ordres; sacrifiant tout, la paix, les affaires, le présent, l'avenir,
à un pouvoir de cinq quarts d'heure; brochant des abdications et des
déclarations de régence sur des feuilles volantes, dont le revers devait
servir à inscrire la République; complices et dupes d'une effroyable
mystification, qui n'a d'égale dans l'histoire que celle du 10 août; et
n'ayant, pour pallier tant de torts, tant de petitesse et tant de honte,
rien, absolument rien à alléguer, pas même la bonne foi! »

Dans un article suivant, le même journaliste commente avec non
moins de vivacité et de vigueur, d'autres documents relatifs aussi à la
révolution de Février : la lettre du général Bedeau qui, envoyé pour
combattre l'émeute, ne peut se disculper d'avoir parlementé avec elle
et oublié son rôle de général pour prendre celui d'ambassadeur; une
lettre de M. Odilon-Barrot, qui prétend n'avoir donné aucun ordre,
dans la matinée du 24 février, et dont le *Constitutionnel* publie, en
réponse à cette assertion, une proclamation imprimée ce jour-là dans
ses bureaux, signée Thiers et Odilon Barrot, et portant que « l'ordre
est donné partout de suspendre le feu. » M. Granier cité un mot que
M. Thiers aurait dit sous l'impression de cette journée, une fois la
révolution accomplie : « Il ne nous reste plus qu'à nous faire oublier. »
Enfin il rappelle à M. Odilon-Barrot des souvenirs trop précis pour
n'être pas un peu vrais, et dans lesquels l'histoire prend encore les
allures de la comédie.

. « M. Barrot, disent ses historiens, ne put aller que jusqu'à la porte
Saint-Martin, et il dut se retirer devant les canons des fusils, fort peu
respectueux pour ses harangues. Avec un peu de réflexion et de bon
sens, il se serait même épargné cette peine; et il eût au moins con-

servé, avec les illusions entières de son ministère de cinq-quarts d'heures, cette inscription écrite au charbon sur sa porte : *Vive Odilon-Barrot, le père du peuple !* immortalité bien passagère sans doute, et qu'effaça la première pluie ([1]).

Mais est-ce bien par modestie, ou par le désir d'échapper aujourd'hui à la lourde responsabilité de son imprudence et de son ambition, que M. Barrot prétend avoir participé, comme simple citoyen seulement, au drame du 24 février? Est-ce un chef d'opposition, ou un ministre nommé, qui haranguait la foule ameutée, et qui était repoussé avec des railleries et avec des menaces?

« Malheureusement pour M. Barrot, le doute n'est pas possible..... Le moyen de douter, pour ceux qui ont lu cette proclamation, que le *Constitutionnel* a rapportée.... Le moyen de douter, pour ceux qui ont vu M. Barrot installé, comme ministre, au ministère de l'intérieur ; qui ont assisté à la syncope dont il y a été saisi, après les émotions de la matinée, et qui lui ont fait respirer des sels?

» Comment, monsieur Barrot, vous ne vous souveniez pas de ces circonstances? Vous ne vous rappelez pas que M. Millot, votre chef de cabinet, s'est rendu au ministère de l'intérieur ; que là, il a fait savoir, de votre part, à M. Duchâtel et à M. Guizot, que vous étiez ministre, et que vous alliez, dans un instant, venir vous mettre en possession du ministère? — Mais alors permettez-nous de vous dire, comme à Géronte du *Légataire* : C'est votre léthargie !

« Vous ne vous rappelez pas qu'avant d'être chassé du ministère de l'intérieur par les bandes de votre ami et collaborateur des banquets, M. Ledru-Rollin, vous aviez fait annoncer votre avènement au pouvoir par des dépêches télégraphiques que tous les préfets ont reçues? — Allons, allons, décidément c'est votre léthargie!..... »

En même temps est venu M. Cousin, apportant aussi après coup son contingent d'avis et de réflexions sur la révolution de 1848, et opinant du bonnet en temps utile. Dans une préface à la collection de ses *Discours politiques*, préface publiée par la *Revue des Deux Mondes* et reproduite par d'autres journaux, il a pour but d'établir que la monarchie de Juillet n'est point tombée par un vice nécessaire du gouvernement représentatif, mais par la faute de Louis-Philippe, comme la Restauration est tombée par la faute de Charles X, et l'Empire par celle de Napoléon. Dans tout cela, il n'y a aucunement de la faute de la France ; la France n'y est pour rien. Telle est, suivant lui, la logique des idées et des faits, et il la déduit tranquillement de son plus beau style. Comme on l'a dit, le sien est l'un de ceux de notre

([1]) On lit à ce sujet dans la *Gazette de France :* « Le 24 au matin, quelques amis du nouveau président du Conseil — M. Barrot — eurent l'idée de substituer au nom de la rue qu'habite M. Odilon-Barrot — la rue de la Ferme des Mathurins — celui de *Rue du Père du Peuple*, et on se mit à l'ouvrage pour enlever l'estampille bleue qui confine le boulevard et la remplacer pour la nouvelle. Mais la révolution allait plus vite que les ouvriers, et à une heure ceux-ci laissèrent prudemment la besogne inachevée. Ils s'étaient éclipsés après avoir écrit : *Rue du Père du.....*

» Quod vidi, testor.   PLANHOL. »

temps qui rappellent le mieux, sinon la délicatesse du naturel et les grâces, du moins la majestueuse simplicité du grand siècle.

On retrouve donc dans cette nouvelle publication de M. Cousin ce mouvement large et calme, et cependant soutenu, qui est la qualité distinctive de son style, et qui en est aussi le principal ornement, d'autant plus distingué qu'il est plus rare aujourd'hui. Mais avec cette ampleur dans la phrase on y retrouve aussi cette imperturbable sécurité de pensée qui, parce qu'elle suit la grande route, la voie spacieuse, n'imagine pas qu'elle puisse se tromper de chemin. On y reconnaît celui qui a dit dans un de ses premiers ouvrages : « J'entreprends de démontrer la moralité du succès, » et qui ajoute ici : « Il n'arrive rien que de juste dans le monde. » Comment! qu'un honnête homme soit dépouillé, opprimé, tué peut-être par un criminel heureux, c'est donc lui, à votre compte, qui a tort, puisqu'il est en effet le vaincu; et celui qui l'assassine a raison, il faut l'appeler son vainqueur et non pas son assassin! Voilà quel serait la moralité d'un tel principe, et elle ne peut pas être différente pour les états de ce qu'elle serait pour les individus. Oui sans doute, tout est juste, mais en Dieu seulement, dans lequel tout a un but et se concilie : il n'en est pas de même dans l'homme et dans l'humanité; tout n'est pas juste en nous, ni en vous, ni en personne. Chacun fait des fautes, même les philosophes. La France en a fait aussi, et de terribles, qu'elle expie. Transporter la justice de Dieu dans l'homme et dans l'humanité, c'est le plus raffiné et le plus dangereux de tous les fatalismes. Il n'y a plus de morale possible avec cela, car il n'y a pas même celle de l'aveugle Destin, dont les ordres au moins partent d'en haut, et ne se règlent pas sur le monde, qui au contraire se règle sur lui. Il ne peut plus y avoir que de l'adresse et de la prudence, pour se tirer convenablement d'affaire avec les événements, et y démêler à temps *la raison du plus fort*, qui est donc *toujours la meilleure :* l'ironique adage est devenu principe.

— La prudence est, en effet, la conclusion pratique de la philosophie de M. Cousin. Il l'a fort nettement recommandée dans quelques passages significatifs de ses écrits. Cette recommandation entrait dans le système du maître et, à ce qu'il paraît, n'était point inutile. Mal en a pris à l'un de ses disciples, M. Amédée Jacques, de ne l'avoir pas suivie. D'abord, il s'est vu enlever la chaire de philosophie qu'il occupait dans un des colléges de Paris. Puis, dernièrement, dans la *Liberté de penser*, revue qu'il dirige, ayant fait un article où, à propos du catéchisme romain, il répétait, bien pauvrement il est vrai, les vieilles objections contre les miracles et la trinité, on l'a brutalement *révoqué;* c'est-à-dire qu'à quarante ans, après toute cette série de nombreux et redoutables examens que l'Université impose, de degrés en degrés, à quiconque veut entrer en France dans la carrière de l'enseignement, ou lui interdit le droit le plus modeste d'enseigner, même celui de l'enseignement libre.

Au fond, M. Cousin et les universitaires ne pensent pas mieux que M. Jacques sur la trinité et sur les miracles. Seulement ils en parlent mieux, ou plutôt, à présent ils se gardent d'en parler. M. Jacques, déjà privé de sa chaire, s'était cru hors d'atteinte, et libre, puisqu'on lui ôtait la parole, de pouvoir laisser courir sa plume à son gré : on lui a fait voir qu'il se trompait. M. Cousin, à qui l'on attribue ce mot devenu fameux : *le catholicisme*, ou le christianisme (en France, même pour les incrédules, c'est tout un), *le catholicisme n'en a pas pour trois cents ans dans le ventre*, M. Cousin, disons-nous, en sa qualité de membre du Conseil supérieur des études, a dû bravement voter la révocation de son élève. Nous nous figurons cependant que ce n'aura pas été sans faire la grimace qu'il aura donné cette joie au parti clérical. Comme, cependant, il est toujours une puissance, ainsi que l'Université ; comme il n'a pas encore le tort, irrémissible à ses yeux, d'être passé au rang des vaincus, il lui fallait une fiche de consolation, sinon une revanche. Quelques jours après la révocation de M. Jacques, la croix d'honneur était accordée à M. Emile Saisset, pour ses travaux de *saine philosophie*, ajoutait le *Moniteur*. Or, la saine philosophie de M. Saisset n'est autre que celle de M. Jacques, avec lequel il a même publié un manuel fort répandu parmi les élèves de l'Université. Et tous deux appartiennent à l'école de M. Cousin ; tous deux ont développé ses idées ; mais tous deux n'ont pas suivi sa pratique : l'un n'a pas su se tenir dans la *justice* du *succès*. C'est ainsi que les esprits et les cœurs sont formés par les sages du siècle.

— Peu de temps auparavant, le cours de M. Michelet avait aussi été suspendu par décision du ministre de l'Instruction publique. Nous avions assisté à la dernière leçon de M. Michelet, l'une des deux sur lesquelles, après les avoir fait sténographier, le ministre a motivé son arrêt. Au point de vue de la tranquillité publique et même des opinions, si l'on veut être de bonne foi et reconnaître que le mal existe depuis longtemps, que M. Michelet n'y ajoutera rien, que ses censeurs et ses juges ne sont pas plus croyants que lui, le sont peut-être encore moins ; à ce point de vue, disons-nous, qui est pourtant celui où l'on a condamné M. Michelet, il n'y avait pas dans cette leçon de quoi fouetter un chien. « Ce n'est pas un cours d'histoire, c'est un cours d'excitation, » lui a dit un de ses collègues, M. Biot, car le Collége de France, inquiet de toutes ces rumeurs, s'était prononcé contre lui. C'était plutôt un cours d'excursions et de digressions perpétuelles : elles finissaient presque par ressembler à des divagations, tant elles revenaient et tournaient, pour ainsi dire, sur elles-mêmes, sans cependant se rattacher clairement à un centre solide et reposant sur un terrain suffisamment éprouvé ; tant, d'un autre côté, elles se perdaient à l'infini, sans marquer leur ensemble et sans aboutir à quelque horizon, à une conclusion réelle. Car il ne suffit pas de prétendre que la révolution française est le verbe nouveau de l'humanité; il le faudrait au moins démontrer autrement que par de banales glorifications.

En admettant même que la révolution française représente l'idée de droit et de justice, ce ne serait pas une bien grande nouveauté en principe : c'est déjà, en effet, l'idée juive; nous ne serions ainsi pas plus avancés que les Juifs, qui connaissaient et ont fait connaître au monde le Dieu du jugement, et qui n'en attendaient pas moins le Messie, l'homme sentant bien au fond du cœur que s'il n'a affaire qu'à un Juge et qu'à la Loi, il est perdu.

Mais pour en revenir à notre critique, tel était donc, ce nous semble, le véritable tort de M. Michelet : celui de faire des leçons décousues, qui n'étaient pas assez préparées, ou assez digérées, pour rendre exactement sa pensée; qui n'en donnaient que des aperçus vagues, et risquaient d'en laisser une impression fausse ou exagérée; mais dont il devait s'accuser tout le premier. Il a manqué en cela à ce qu'il devait à son parti, à lui-même et aux idées pour lesquelles il se croyait une mission.

Aussi, avec des auditeurs passionnés et fidèles, surtout parmi la jeunesse, son cours avait-il sensiblement perdu dans l'opinion du public impartial et qui ne demande qu'à s'éclairer. Sur cette pente, le cours serait peu à peu tombé de lui-même; ou bien, averti, le professeur aurait donné à son enseignement une forme qui permît mieux d'en apprécier le fond. Cette nouvelle suspension, au contraire, le poussera toujours plus à l'extrême. Il l'a dit lui-même : ne pouvant plus faire ses leçons, il va faire des pamphlets à vingt-cinq centimes; au lieu d'un public restreint, toujours le même et déjà gagné, c'est au grand public, au public populaire qu'il va désormais prêcher ses idées, avec un talent qui ne manque ni de qualités ni de défauts pour pénétrer dans les masses, et avec l'intérêt qui s'attache inévitablement à tout ce qui revêt seulement l'apparence de l'injustice et de la persécution.

—Les articles que M. Sainte-Beuve publie chaque lundi dans le *Constitutionnel* ont commencé à être réunis en volumes, sous le titre de *Causeries du Lundi.* Le premier a déjà paru. Bien que du nombre aussi de ces feuilles légères qui doivent pousser en un jour, ces articles n'en ont pas le peu de durée, s'ils en ont la promptitude de jet : elle ne se montre ici que par une grâce rapide. Pour être de moindre dimension que ses portraits précédents, ceux-ci ne sont pas moins finis ni moins fins, le fond n'en est pas moins ouvragé, la matière moins solide; quant à la ressemblance, elle est pour le moins aussi complète : c'est la petite galerie après la grande, et celle où le maître a peut-être dit le plus son secret.

Parmi les derniers, l'un des plus curieux est celui consacré à M. de Latouche, dont nous avons dit un mot dans notre précédent numéro. Il s'y trouve, entre autres, des anecdotes aussi agréablement contées que caractéristiques. On nous saura gré de les emprunter à qui frappe si juste : elles peignent au vif M. de Latouche dans son humeur plus que maligne.

« Difficulté, souffrance et lutte, et bientôt amertume, colère et rage, le secret politique et moral de M. de Latouche est là tout entier.

» Se promenant un jour avec un de ses amis, la veille de la première et de l'unique représentation de sa comédie, *la Reine d'Espagne*, il disait, en proie à une vive agitation : « Je suis comme une femme enceinte, qui voit le volume de son ventre, et qui ne sait si l'enfant sortira. — Et pourtant, reprenait-il avec énergie et frémissement, il faut bien que *ça sorte*. » Mais trop souvent, chez lui, les membres du poète ne sortaient qu'en pièces et dispersés.

» Il lui manquait dans le talent le *ramis felicibus orbos* de Virgile, cette facilité du talent qui en est la félicité.

» Ses vers sont comme les tronçons coupés du serpent, brillans et palpitans sous le soleil, et qui se tordent, mais qui ne peuvent se rejoindre. Il avait le sentiment du brillant de ses annéaux et de je ne sais quelle puissance interne qui les animait : sa colère était de ne pouvoir les rejoindre et en faire un seul corps.....

» Il nous faut pourtant en venir à quelques-unes de ses malices si vantées. Une des plus innocentes, c'est l'Épître en vers qu'il adressait à notre ancien ami M. Ulric Guttinguer, un jour que ce poète aimable demandait à M. de Latouche ses conseils et peut-être une préface pour un Recueil de vers qu'il allait publier. M. de Latouche, en ayant l'air de s'excuser, lui insinua une satire anodine déguisée en épître indulgente, et qui se terminait par ce vers :

> Imprimez-les, vos vers, et qu'on n'en parle plus.

Ce trait, du reste, était pris d'une épigramme de Millevoye, qui l'avait pris lui-même je ne sais où. L'Épître à double fin fut imprimée en tête du Recueil de M. Guttinguer, qui, au premier moment, l'avait reçue dans le sens amical et favorable. Les malices couvertes qu'elle recélait ne sortirent qu'au grand jour de l'impression. Cependant, M. de Latouche se frottait les mains et en triomphait.

» Un tour plus grave est celui que M. de Latouche joua au *Constitutionnel* en juillet 1817. On était alors sous le premier ministère de M. de Richelieu, et il y avait Censure. M. de Latouche rendait compte du Salon de peinture dans le journal ; à propos d'un dessin d'Isabey, il fit une allusion trop directe au roi de Rome. La Censure biffa le passage ; M. de Latouche revint dans la soirée au journal, reprit sa phrase et la remit sous main sans en rien dire. La voici : il faut être bien averti en effet, pour deviner qu'il s'agit là-dedans du roi de Rome et de l'emblème tricolore..

» On remarque parmi les plus jolis dessins de M. Isabey la figure en pied d'un enfant qui porte dans ses deux mains un énorme paquet de *roses*. Cette association des couleurs du printemps et des grâces de l'enfance rappelle et rassemble des idées d'espérance. Au milieu du bouquet, l'auteur a jeté de jolies fleurs *bleues*; l'ensemble de cette composition est du plus riant effet. Ces fleurs se nomment en allemand *Vergiss mein nicht*, *Ne m'oubliez pas.*»

» L'article passa le lendemain 16 juillet 1817, et le *Constitutionnel* fut supprimé du coup. Il ne reparut que quelques jours après, avec le secours et sous le couvert du *Journal du Commerce*. M. de Latouche riait du bon tour et se frottait les mains.

«Au *Mercure du XIXe Siècle*, dont il fut le principal rédacteur à dater de 1825, il fit ses plus grandes malices au vicomte Sosthène de La Rochefoucauld, son voisin d'Aulnay. Ce personnage ouvert et chevaleresque, qui dirigeait les beaux-arts et l'Opéra dans un sens moral, était chaque semaine très-harcelé dans le *Mercure;* il crut tout simple de faire parler à son bon voisin de campagne, M. de Latouche, pour lui demander une trève ou la paix. Les conditions en furent convenues et signées, comme on signait alors ces sortes de paix, moyennant article de finance. Tant de facilité cachait un piége. M. de Latouche, dans ses idées d'honnête homme, crut avoir tout sauvé, avoir concilié la probité avec la malice, en donnant à la somme reçue une application patriotique et en publiant le lendemain que M. de La Rochefoucauld venait d'envoyer son offrande de souscription en faveur des Grecs. Il crut, la chose s'éclaircissant, que les rieurs seraient de son côté, et qu'il n'y aurait que des sifflets pour le Ministère *corrupteur*. Cette fois, ses amis même trouvèrent que le procédé passait les bornes du jeu et que la ruse n'était pas de bonne guerre.

» Le vicomte de la Rochefoucauld, dans sa confiance, était incurable: après juillet 1830, il s'adressa encore à son voisin de campagne, au sujet d'une brochure politique dirigée contre Louis-Philippe, leur ennemi commun. On assure que M. de Latouche eut l'art d'ajouter à cette brochure de M. de La Rochefoucauld une page bien maligne, qui fit condamner celui-ci à plusieurs mois de prison. Il continua de rire et de se frotter les mains.

» Autre tour malicieux et d'une combinaison plus machiavélique. Après les succès d'*Ourika* et d'*Edouard*, la duchesse de Duras avait lu, à quelques personnes de sa société, une nouvelle intitulée *Olivier*, dont on parlait assez mystérieusement. Les personnes qui l'ont entendu savent que ce petit roman, qui n'a jamais été publié, était plein de pureté, de délicatesse; ce ne pouvait être autrement, puisqu'il venait de Mme de Duras. Le héros aimait une jeune femme, en était aimé, et il s'éloignait pourtant, bien qu'elle fût libre. D'où venait cet obstacle secret au bonheur d'Olivier, cette impossibilité d'union? L'explication finale qu'en donnait, à la dernière page du roman, Mme de Duras, était parfaitement simple, et selon les scrupules de la morale. Mais de loin les imaginations moqueuses se mirent en frais et en campagne. M. de Latouche fut des premiers; il fit plus, il composa en secret un petit roman qu'il fit paraître sous le titre d'*Olivier* (1826), sans nom d'auteur, et dans une forme d'impression exactement la même que celle des autres romans de Mme de Duras. Plus d'un lecteur y fut pris et se dit avec étonnement : «Mais est-il possible qu'une personne comme Mme de Duras, qu'une femme du monde et qu'une femme, soit allée choisir une pareille donnée? Mais c'est incroyable, c'est révoltant...» Cependant M. de Latouche riait encore et se frottait les mains.

«Homme bizarre, il s'était attribué, sans en avertir, dans *Olivier*

Brusson (1823), un conte allemand d'Hoffmann, et ici voilà qu'il attribuait son propre Olivier à Mme de Duras. Quel *chassez-croisez* de ruses!

» Evidemment, ce tour, ce travers d'esprit, dont je pourrais encore multiplier des preuves, était chez M. de Latouche une vocation naturelle qu'il cultivait avec un art infini. M. Jal, un de ses amis, lui disait souvent: «Vous êtes une incarnation du Diable.» Cela le réjouissait. Il n'avait pas de plus grand plaisir, quand il écrivait dans un journal, que d'y faire passer de ces malices cachées, ce qu'on appelle des *couleuvres*, et dont on ne s'aperçoit qu'après la publication. Il n'écrivit qu'une seule fois au *Globe* doctrinaire, vers 1827, mais il s'arrangea si bien que ce seul petit article fit scandale; il y avait fourré toutes sortes d'ironies rentrées à propos du fameux cierge du maréchal Soult. La plupart des rédacteurs, jeunes gens de salons, qui connaissaient et rencontraient tous les soirs le maréchal, se récrièrent. Mais M. de Latouche avait obtenu ce qu'il voulait, et il riait de l'émoi où il les avait mis.

» Je ne prétends ni atténuer ni exagérer les torts que peut avoir M. de Latouche en s'accordant tous ces petits plaisirs. Je ne tirerai qu'une conséquence purement relative à la littérature et au goût. Soyez satirique si le cœur vous en dit, si vous vous en sentez la verve, si l'indignation vous transporte, mais soyez-le franchement. Percez et transpercez vos adversaires, à la bonne heure! je ne vois rien de mieux (littérairement parlant), si le talent, encore une fois, se met hautement de la partie et vous sert. Mais pourquoi toutes ces épigrammes qu'on lime à loisir, et qu'on recouvre, qu'on émousse ensuite en les écrivant? «Son esprit s'émoussait de ses propres finesses,» a dit de lui Janin. «Les tortures de son caractère passent dans son style,» me dit M. Deschamps. La plupart de ces petites méchancetés littéraires de M. de Latouche, quand il les racontait, semblaient charmantes, exquises, des *noirceurs adorables*; écrites, elles devenaient froides, alambiquées, obscures. Il n'osait pas lancer résolument son dard ou son javelot; il n'osait point attaquer les gens face à face, et à peine si ceux qu'il visait en s'esquivant, s'apercevaient que cela allait à leur adresse. Qu'on relise aujourd'hui le fameux article sur *la Camaraderie littéraire* (*Revue de Paris*, octobre 1829), et qu'on dise si ce qu'il pouvait y avoir de sensé dans l'idée générale, n'est pas compromis et comme perdu dans un tissu d'allusions entrecroisées et de personnalités inextricables. Son talent, même quand il fait de l'épigramme, ne va qu'une lanterne sourde à la main.

» Et il est résulté de cette habitude oblique, que, même hors de l'épigramme, il n'a jamais rien abordé de front et en face; il n'a jamais attaqué largement et dans le plein un sujet, pas plus les choses que les gens.

» Ses amis, et il en eut, n'échappaient pas à ses humeurs, à ses finesses. Voici un trait qui le peint, et sous sa forme la plus innocente et la plus légère. A la tragédie de son ami Guiraud, *les Machabées*, et à celle de son ami Soumet, *Cléopâtre* (deux succès) il y avait deux scènes où le parterre murmurait toujours, peut-être avec raison. M. de Latouche avait toujours soin d'entrer au balcon, au moment de ces deux scènes, pour *déplorer* ces murmures, pour s'en étonner; puis il s'évanouissait avant le premier bravo qui n'allait pas tarder; de sorte que le lendemain, quand il revoyait son cher ami l'auteur, il avait droit de le désoler, tout en s'irritant devant lui de l'injustice de ce sot public. — Mme Sophie Gay, très-liée dans un temps avec M. de Latouche, ne le nommait jamais que *mon ennemi intime*.»

— Outre *Messaline*, dont le succès d'actrice et de curiosité se soutient, le Théâtre Français en a eu un autre avec la *Bataille des Dames* de M. Scribe : une de ces comédies où l'on sent encore le vaudeville étendu en cinq actes, et où il y a plus d'intrigue que d'action, plus d'accidents que d'intrigue, plus d'esprit que de comique, plus de jolis mots, de jolis riens, que d'esprit bien franc et bien sain, plus de ressources que d'invention, plus de pratique que d'art.

— L'*Univers*, long-temps houspillé par le *Charivari*, s'est tout à coup tourné contre lui du haut de sa grandeur. Son rédacteur en chef, M. Louis Veuillot, a pris le petit journal corps à corps, sautant de M. Louis Huart à M. Clément Caraguel, de celui-ci à M. Taxile Delord, sans oublier les dessinateurs : Cham, qu'il espère brouiller ainsi avec M. Daumier, a seul trouvé grâce. De là une mêlée atroce, où l'on ne pourrait dire, de l'*Univers* ou de son adversaire, lequel est le plus charivari des deux.

— M. Romieu vient de faire paraître une seconde brochure, le *Spectre rouge*, dans lequel il annonce une nouvelle jacquerie, non pas des gentilshommes, qui n'existent plus, mais des bourgeois, qui ont possédé, gouverné, agité et stérilement révolutionné la France depuis soixante ans. Suivant lui, cette nouvelle jacquerie, bien autrement terrible que l'ancienne, se prépare, et ne sera domptée que par la force et la dictature militaire. L'artillerie, même le canon des Russes s'il le faut, viendra répondre à l'imprimerie, et sera seule capable d'en éteindre le feu. Le *Spectre rouge* est un pendant et une suite à l'*Ere des Césars* du même auteur.

— On dit beaucoup de bien de la *France au temps des Croisades*, par M. le marquis de Vaublanc. L'auteur a écrit son livre en Allemagne, mais ce n'en est pas moins un ouvrage très-français, par le tour d'esprit et le sentiment national, s'il est allemand par l'érudition. La science de l'antiquaire s'y révèle en de piquans tableaux, et une connaissance approfondie du sujet y soutient un style coloré et original.

— En revanche, on revient un peu des éloges d'abord accordés à l'*Histoire de Marie Stuart*, de M. Dargaud, un des amis et des imitateurs de M. de Lamartine. Son ouvrage donne trop aux effets de style et au côté romanesque.

— Il est bien connu que M. de Lamartine ne se pique pas d'une grande exactitude historique. Des yeux tant soit peu exercés aperçoivent plus d'un fil peu solide dans ses riches broderies. Il néglige les détails, ou il les voit, comme dans un mirage, au point de vue de l'effet du tableau. Il en est de même de ses traits d'érudition, de ses citations de littérature ancienne et moderne. Il ne les copie pas comme d'autres, et on doit lui en savoir gré; mais involontairement sa mémoire les transforme; même en se souvenant il invente; l'imagination chez lui se mêle toujours à la réminiscence. Encore cependant ne faudrait-il pas les prendre à contre-sens, comme il vient de le faire avec Tacite, dans un curieux passage, ainsi relevé par M. Jules Janin.

» Autrefois on disait au poète : *Frappe au cœur!* on dit aujourd'hui : *Frappe au ventre!* En effet, le cœur est là, il n'est plus que là? — Je te donne le Pape pour ton ventre, et pour tes entrailles je te donne l'empereur! Indigère-toi de ces gros morceaux. A vous le pape! Italiens; Viennois, à vous l'empereur!

'» A propos de *ventre*, M. de Lamartine a fait l'autre jour un contre-sens énorme; et à quoi nous servirait notre pédantisme, si de temps à autre nous n'avions pas la joie de relever nos maîtres en l'art d'écrire? Isocrate est tombé dans une petite faute d'écolier, » dit Longin, et il relève la faute, non pas sans joie. Est-ce à dire que ce rhéteur de Longin se puisse comparer à cet harmonieux et éloquent Isocrate? Pas plus que l'on ne peut comparer Rome à ses bourgades et le feuilleton que voici aux beaux vers de *Jocelyn!*

« Or écoutez cette faute de *petit écolier* : Dans une lettre adressée à cet illustre et admirable bonhomme, Béranger, l'honneur des poètes de son temps, M. de Lamartine, parlant d'un livre de M. d'Argaud, intitulé : *Histoire de Marie Stuart*, déclare, à la louange de l'historien, que M. d'Argaud a fait un chef-d'œuvre, et voici les termes mêmes de cette déclaration :

» Il faut répéter à l'écrivain qui *grave l'histoire d'une femme*, le » mot de Néron au meurtrier d'Agrippine : *Ventrem feri!* (visez *au* » *cœur!*) D'Argaud a visé *au cœur*, et il l'a touché; quoi de plus ? »

» Eh bien? avec tout le respect que nous devons à notre Isocrate, il y a dans ces deux lignes autant d'erreurs que de mots. D'abord ce n'est pas Néron qui a dit à l'assassin de sa mère : *Ayez soin de la frapper en cet endroit!* Peu lui importait, à ce bon fils, le *cœur* ou le *ventre*, pourvu que sa mère fût frappée et qu'elle n'en revînt pas, comme elle fit, après son voyage à Baies. La mort que Néron eût choisie pour sa mère, c'était le poison, *placuit primò venenum*; le poison lui *plaisait*... c'est de la gaîté à la Tacite; mais on eut peur de réveiller la mort récente de Britannicus; on savait d'ailleurs qu'Agrippine n'allait jamais sans un contre-poison. L'empereur s'éprit ensuite de ce bateau qui s'entr'ouvrait au milieu des flots, *placuit solertia!* Oui; mais dans le désordre du naufrage Agrippine se tait et se sauve. Alors voilà Néron qui se met à trembler; il a peur de cette femme et de ses vengeances, et il convoque son conseil. — Ce fut alors qu'Anicetus se proposa pour accomplir ce meurtre commencé, et il partit à la tête de quelques brigands de son choix. Néron ne dit que ceci : *Je ne règne que de ce moment!*

» Quand les assassins entrèrent chez l'impératrice, elle était seule, et

elle comprit qu'il fallait mourir. Ce fût alors que cette femme souillée
de tous les crimes, y compris l'inceste, trouva dans son mépris pour
elle-même et dans son horreur pour le fruit de ses incestes un de ces
mots que *grave* l'histoire sur l'airain, et qui passent de générations
en générations... : *Protendens uterum* : *Ventrem feri!* Elle découvre son ventre, — et — *frappe au ventre !* dit-elle. C'est-à-dire, puisqu'il faut expliquer cette parole suprême : châtie les entrailles fécondes qui ont porté un pareil monstre! Mais, grand Dieu ! la singulière
chose que l'on soit obligé d'expliquer la page la plus sanglante et la
plus connue de Tacite à ce même Raphaël qui nous raconte, dans ses
Confessions, qu'il lisait Tacite nuit et jour. « Tacite, ainsi parle Raphaël, n'est pas l'historien, mais le résumé du genre humain.... On
confond son âme avec le style de Tacite ! » A la bonne heure ; mais
pour que la fusion fût complète, il faudrait tout au moins ne pas confondre le *ventre* et le *cœur* ! La belle traduction en effet : *Frappe au
cœur !* Il s'agissait bien de cœur en tout ceci ! Est-ce que Juvénal
songe au cœur de l'antique Messaline, lorsqu'il s'écrie en sa verve in-
dignée :

Ostenditque tuum, generose Britannice, ventrem !

..................Etaler sur un lit effronté,
Noble Britannicus , les *flancs* qui l'ont porté ?

» Méfions-nous de cette confusion en tout et pour toutes choses
dont je parlais aux premières lignes de chapitre ! A chacun ce qui lui
revient, laissons-le ! A M. Garibaldi le Pape ! à M. Ledru-Rollin l'empereur ! A Tacite son *ventre*, à Juvénal ses *entrailles ;* réservons le
cœur, cette invention toute moderne, pour les *Méditations poétiques*,
pour les *Confidences*. »

Du reste, M. de Lamartine est aujourd'hui plongé jusqu'au cou dans
la presse quotidienne. Il a des feuilletons partout : un épisode historique, *la Révolte des Janissaires*, dans le *Pays ;* un roman, le *Tailleur
de pierres de Saint-Point*, dans le *Siècle*. Celui-ci est un nouvel essai
de roman populaire, dans le genre de *Geneviève* (¹), et de plus, philosophique et religieux ; mais il est encore plus invraisemblable de caractère, de ton et de style. Pourquoi M. de Lamartine s'obstine-t-il à
se déguiser tantôt en vieil ouvrier, tantôt en vieille couturière, pour
remplir son rôle de narrateur? Que ne parle-t-il tout simplement en
son propre nom ! Il a beau faire et se contrefaire : on reconnaît toujours sa voix. Seulement, comme il ne la donne pas pour la sienne,
cela fatigue et finit par faire rire à la fin, et ôte toute illusion.

Non content de remplir à la fois les feuilletons de deux ou trois journaux, M. de Lamartine a en outre, maintenant, le premier-Paris et la
direction du *Pays*, qui, abandonné par la caisse amoindrie de l'Elysée
(voir notre dernier numéro), en a trouvé une autre mieux garnie pour
le recueillir dans son malheur. Il change en même temps de rédaction.
M. de Lamartine y a introduit ses amis, surtout M. de la Guéronnière,

(¹) Voir *Revue Suisse* de 1850, tome XIII, pages 546 à 548.

dont M. Emile de Girardin reprend la place qu'il lui avait cédée à la *Presse*. Et déjà l'on s'en aperçoit.

— Ainsi, l'Elysée perd ses journaux un à un, bien que M. de Lamartine au *Pays*, tout en soutenant la République modérée, passe pour n'être pas opposé à la révision de la constitution. Mais, en fait, il ne reste plus à l'Elysée que le *Constitutionnel*, qui a'le flair trop subtil pour ne pas s'apercevoir quand décidément le vent changera. Pour le quart d'heure, le vent ne souffle d'aucun côté, ni de çà, ni de là. La prorogation ne peut pas avoir lieu légalement, sans une révision de la constitution; la révision ne peut être votée que sur une majorité des trois quarts des voix, et cette majorité on est certain de ne pas l'avoir : légitimistes et montagnards ne le permettraient pas. Révision et prorogation ne peuvent donc se faire que par un coup d'état, et personne ne paraît disposé à s'en charger. Certains départements tiennent bon pour Louis-Napoléon : celui surtout de la Seine-Inférieure est, assure-t-on, décidé à le renommer coûte que coûte en 1852; mais ils s'exposent à voir leurs votes annulés comme inconstitutionnels. Ainsi, on se trouve dans pis qu'une impasse, dans un cercle de fer, qu'on ne sait comment forcer ni franchir. Le mieux serait peut-être d'y rester, d'attendre et de voir; mais les partis ne le veulent pas. L'Elysée est fort triste; il n'a pas d'argent, et en rien il ne voit rien venir. Il a eu mille peines d'accoucher d'un ministère parlementaire, comme on dit, pour avoir l'air de céder au vœu de l'Assemblée; mais ce ministère est le même à peu de chose près que celui qu'elle avait forcé à donner sa démission il y a deux mois, et on l'appelle déjà un ministère de défi et de provocation.

Somme toute la situation est assez bien représentée par l'Elysée : elle est triste et nulle, et l'on recommence à s'inquiéter de ne voir rien venir. La seule chose dont personne ne doute, c'est d'une nouvelle et terrible crise dans les affaires, qui se ralentissent à vue d'œil. La société est comme un malade qui a encore de bons moments, et qui se promène alors et s'égaie et reprend un air de vie au soleil, mais qui n'en est pas moins frappé au cœur.

Paris, 12 avril 1851.

SUISSE.

Lausanne, 10 avril. Les journaux politiques ont appris sans doute aux lecteurs de la *Revue*, le résultat du vote sur les *incompatibilités*. Toutes sont adoptées et à de fortes majorités. Le 6 avril inaugure une nouvelle ère pour notre peuple, mais qu'il serait difficile de déterminer aujourd'hui, car sans doute de grandes modifications vont s'opérer dans le sein des partis eux-mêmes. Je regrette de n'avoir pu vous écrire au mois de mars, mais peut-être maintenant serai-je mieux à même d'examiner l'ensemble du mouvement. Après la décision du grand-conseil, une vive attente s'empara des esprits ; personne ne connaissait les intentions du gouvernement, et l'on se demandait s'il hâterait ou reculerait le moment de la votation. Le parti rouge s'agita le premier, et convoqua une assemblée populaire sur la Riponne, à Lausanne pour le 1.er mars. Cette réunion, au sujet de laquelle on avait quelques craintes, se passa pourtant sans trouble. Toute d'injures et de récriminations entre le parti gouvernemental et les rouges, elle donna la mesure de leur valeur ; et le parti national, qui avait décidé de n'y point paraître, put s'applaudir de n'avoir pas donné les mains à cette ridicule comédie. Puis nouvelle attente, et ce ne fut que vers la fin du mois, lorsque le gouvernement eut fixé le jour de la votation du 6 avril, que les assemblées populaires recommencèrent. Il y en eut sur plusieurs points du pays et la plupart favorables aux incompatibilités. Le 23 mars, le Cercle national, fidèle à son principe d'éviter toute agitation inutile, comme à celui d'arborer hautement son opinion, convoqua ses amis au Casino, à Lausanne. L'assemblée fut nombreuse ; on y comptait des représentants de plusieurs parties du pays ; l'esprit calme et digne qui l'anima, l'élévation et la générosité des discours qui y furent prononcés, exerça partout une heureuse influence. C'était un contraste frappant avec la réunion de la Riponne. Mais l'assemblée la plus importante fut celle des citoyens du district d'Aigle, à l'Arcossey sous Ollon. Les *Aiglons,* comme nous disons ici, ont toujours été des habitants du pays la portion la plus ardente et la plus vive. Promoteurs et soutiens puissants de la révolution de 1845, ils avaient peu à peu modéré, puis changé leur opinion dans les derniers temps. Cependant la majorité était encore douteuse, les deux partis énergiquement prononcés, et chacun sentait que dans la vallée du Rhône serait porté le coup le plus sensible à la cause des incompatibilités ou à celle du gouvernement. Les discours prononcés à l'Arcossey furent peu de chose dans l'Assemblée ; la manière dont un orateur du parti national fut interrompu par ses adversaires amena pour le président du conseil d'état de rudes représailles ; il ne put prononcer un mot, et la réunion se termina brusquement. Mais une manifestation imposante de l'opinion avait eu lieu, les incompatibles avaient le dessus. Cependant, à part cette contrée et quelques autres localités, un calme profond régnait dans le pays. Plus on approchait du jour désigné, plus il augmentait, et s'il y avait quelque agitation, c'était plutôt la crainte de nouveaux troubles que le désir impatient du triomphe. Cette circonstance n'est pas le fait le moins remarquable du mouvement dans lequel nous sommes entrés. Loin d'être le fruit de la passion, c'est le mouvement du bon sens, le témoignage d'un besoin de stabilité, de règle et d'union après tant de luttes pénibles. Jamais Lausanne ne fut plus paisible que le 6 avril; dans le pays, on n'entend parler de désordre, même isolé, presque nulle part, et l'on ne dirait pas, en visitant notre canton, que nous sommes au lendemain d'un vote éclatant de méfiance contre le gouvernement. Le parti rouge, l'agitateur par excellence, participe lui-même à ce courant des esprits, et le journal gouvernemental, à l'aspect de la décision populaire, baisse humblement pavillon. Le temps par lequel nous venons de passer ne ressemble pas à l'un de ces orages dont les coups violents déchirent à la fois et purifient l'atmosphère; il rappelle ces douces et tièdes brises de printemps qui pénètrent toute la nature et réveillent l'espoir des beaux jours. Quoiqu'un peu poétique, je ne trouve rien de mieux pour vous exprimer ma pensée que cette comparaison. Mais, pour en revenir au langage ordinaire, le parti gouvernemental avait employé tous ses moyens, et chacun sait qu'il en a beaucoup. Courses, commis-voyageurs, brochures, flatterie, intimidation, rien n'avait été épargné. Le cercle national, pour sa part, avait peu agi; dans la plupart des communes on a laissé faire, on s'est contenté des journaux, d'une simple circulaire, d'une influence paisible, et cependant on l'a emporté. Que de fois notre histoire ne réalise-t-elle pas la belle et pieuse devise bernoise : *Dominus providebit* (le Seigneur y pourvoira). Mais quelle rude leçon aussi pour le pouvoir! Ce peuple, qu'il avait tant courtisé, tant flatté, du nom duquel il s'était tant servi pour couvrir ses vilenies, ses injustices, son arbitraire; ce peuple sur lequel il comptait, vient de l'abandonner. Il n'a pas même eu la consolation de tomber comme l'ancien gouvernement de Berne, après une lutte acharnée avec une belle minorité; il tombe sans honneur, comme un vieux arbre sec dont on ôte les appuis. Nulle part les fautes des nations et des partis ne se paient plus infailliblement que dans notre patrie.

Toutefois nous ne nous faisons pas illusion. Le vote du 6 avril exercera sur l'avenir du canton une grande influence; cet avenir cependant n'est pas assuré. La position conquise est bonne; mais nous n'avons pas encore combattu. Ainsi que je vous le disais en commençant la position respective des partis et leur composition seront probablement bientôt changées. Le gouvernement a bien des ressources encore; très-probablement nombre de députés seront engagés à quitter leurs places plutôt que le grand-conseil; mais le coup est porté, et les évènements parleront. Que le parti national se serre, tout en restant après le succès large et généreux d'idées, qu'il soit patient et résolu, il peut attendre les événements. *Dominus providebit.*

PORRENTRUY, 6 avril. — Depuis le rendu-compte de la séance générale de la Société d'émulation, nous n'avons plus entretenu les lecteurs de la *Revue Suisse* du mouvement intellectuel jurassien. Nous
reprendrons aujourd'hui notre correspondance long-temps interrompue, et exposerons les travaux de la société durant ces six derniers
mois.   {

· *Sciences historiques.* M. Muller, de Nidau, a soumis à la société les
dessins des antiquités celtiques et romaines, qu'il a trouvées dans le
Seeland. Cette communication a été l'objet d'un rapport de M. X.
Kohler. Les observations de M. Muller, coïncidant avec celles de
M. Quiquerez dans le reste du Jura, tendent à éclairer toujours plus
les temps obscurs de notre histoire. — M. Guerne a écrit l'*histoire
d'Erguel* depuis son origine jusqu'en 1742. C'est un bon résumé de ce
qui a été dit sur ce pays dans Muller, Wurstiesen, Morel, Wetzel etc.,
complété par les documents à la portée de l'auteur. — Les premières
pages des *Ephémérides* de *Guélat*, l'auteur du *dictionnaire patois*,
présentées par M. Thurmann, nous offrent le portrait fidèle et impartial des évènements arrivés à Porrentruy en avril et mai 1792. — Deux
autres communications nous ont été précieuses. L'une, de votre honorable compatriote, M. Ed. de Pury, est la *Recognoissance pour
M. le comte de Vallangin contre ceux des collunges de Myecourt*, de
1383, curieuse au double point de vue de la langue et de l'histoire.
L'autre de M. Moschard, est la médaille en or que reçut en 1713 le
capitaine Moschard, pour avoir, à la tête d'une compagnie de Prévô-
tois, pris à revers l'Unterwald.

Quelques travaux ont eu spécialement la Suisse pour objet. Ce
sont des rapports faits par différents membres sur des ouvrages offerts
à la société. M. Dupasquier a lu une bonne analyse de l'*Histoire
Suisse* de M. Daguet. — Les *Ortsnamem des kantons Zurich* lui ont
aussi fourni la matière d'une étude piquante; en effet la recomposi-
tion de l'histoire de ce canton par les débris vivants qu'y ont laissé
les langues de ses divers habitants, est bien digne d'attention. — Nous
en dirons autant du rapport de M. Pequignot sur l'histoire du *Was-
serkirche*, bibliothèque de Zurich, où vivent encore à côté des Gessner et des Scheuchzer les traditions de St.-Félix et Régule, de Charlemagne et des danses du 14e siècle. — M. X. Kohler a essayé de faire
connaître les richesses de la *bibliothèque bourgeoise de Lucerne*,
surtout en ce qui regarde la littérature suisse.

Littérature. La *biographie d'Abraham Gagnebin*, que publie en
ce moment M. Thurmann, est plus qu'une notice pleine de vie sur le
collaborateur modeste du grand Haller; c'est un tableau du mouvement scientifique dans le Jura et Neuchâtel, au 18e siècle.

La poésie a été cultivée par MM. Cuenin, Viguet et X. Kohler. Le
premier a composé une pièce touchante sur l'*abbé Denier*, homme
de bien dont la mémoire est encore présente aux enfants de l'Ajoie.

Les *Souvenirs de Moutiers*, de M. Viguet, pièce bien sentie, ont trouvé place dans le *Rapport de la Société* pour 1850. M. Kohler a extrait du volume qu'il projette de publier ([1]) quelques morceaux, notamment des fragments du poème de *Saint-Germain*, où la vie du défricheur de Moutiers-Grandval est présentée sous forme dramatique.

. Dans son analyse consciencieuse et élégante de l'excellent ouvrage de M. Wey, *Histoire des révolutions du langage*, M. Pequignot nous a reporté à l'origine de la langue romane, quand les Romains, venus dans les Gaules, y transplantaient des dialectes déjà corrompus sous César; puis aux luttes grammaticales de Meigret et Désotel. — Rattachons ici deux travaux philologiques de M. Fallet : une étude comparative de l'*Epître de Saint-Jude*, traduite de l'éthiopique avec l'original; les premières pages d'un *Essai philologico-exégétique*, où l'auteur compare les versions éthiopique, syriaque et arabe de l'Apocalypse de Saint-Jean.

. *Pédagogie.* La méthode d'*analyse uniforme pour les langues française, allemande, latine et grecque*, adoptée pour les collèges du canton de Vaud, a été l'objet d'un examen approfondi. Deux membres, MM. Pequignot et Dupasquier, firent chacun un rapport spécial sur cet opuscule, en exposèrent les avantages nombreux, et la société fut unanime pour en demander, si possible, l'introduction dans les colléges du Jura. — M. Fallet nous a soumis un *cours élémentaire de géographie topique*; l'analyse en a été faite par M. X. Kohler; il a mis en regard cette géographie et celle de M. Guinand, en a montré les parties neuves, en appuyant sur l'heureuse application de la méthode intuitive dans les définitions.

Bien qu'elle n'appartienne point à ce champ d'étude, nous signalerons ici la suite de l'*Exposition d'un système de philosophie*, par *M. Isenschmid*. La *psychologie rationnelle* qu'il vient de traiter, renferme maints aperçus lumineux; c'est le spiritualisme allemand, moins ses abstractions insaisissables, et vivifié aux purs rayons du christianisme.

. *Sciences proprement dites.* — Le travail de M. Quiquerez sur les mines de fer du Jura est en ce moment soumis à une commission de la Société helvétique des sciences naturelles pour paraître dans ses mémoires. — M. Thurmann a annoncé la découverte de *Diceras* dans deux subdivisions portlandiennes de Porrentruy, qui ailleurs ont donné lieu à des erreurs de classification géologique. Elles se retrouvent à Montbéliard où les recherches de MM. Contejean et Flamand établissent une identité remarquable entre les terrains de cette

([1]) *Poésies jurassiennes*, 1 vol. in-12, prix 3.50. La souscription est ouverte chez l'auteur à Porrentruy.

localité et ceux d'Ajoie. — MM. Greppin et Bonanomi ont fourni des
données de plus en plus complètes sur les terrains tertiaires de l'intérieur du Jura. — M. Gressly a mis sous les yeux de la société une
suite de moules en plâtre des fossiles de Soleure et d'Olten, et
en a annoncé la vente. — M. Thurmann a présenté, de la part de
M. Nicolet, une suite d'observations des floraisons à la Chaux-de-
Fonds en 1824 et 1825, par les frères Gentil, et en a déduit diverses
conséquenses climatologiques. — M. de Lestocq a présenté le premier
tracé d'une topographie à très-grande échelle de la correction d'Er-
mont, et M. E. Froté celui de la carte du district de Porrentruy : ce
dernier travail est actuellement en pleine voie d'exécution. — M. Du-
rand a soumis une notice destinée à établir au moyen de formules, le
degré d'approximation fourni par les divers procédés en usage dans
l'évaluation des moyennes géométriques. — M. Escher de la Linth, qui
s'était rendu dans le Jura pour conférer de diverses corrections à la
carte géologique suisse, a bien voulu mettre sous les yeux de la société les minutes de ce beau travail, résultat de longues années d'é-
tudes et résumé de tous les travaux géologiques suisses publiés jusqu'à ce jour. Il a accompagné cette communication de développements d'un haut intérêt sur les analogies entre les Alpes et le Jura.
Grâce aux travaux persévérants de MM. Studer et Escher, bientôt la
Suisse possédera sa carte géologique à une échelle plus détaillée que
celles de ses voisins. Pour se rendre compte de l'éminent service
qu'elle rendra, il faut comprendre les innombrables difficultés qu'il y
avait à saisir le fil du dédale orographique alpin. — Enfin M. Thurmann a présenté un appendice géologique qui paraîtra incessamment
avec la biographie de Gagnebin. Il renferme la description et les figures de fossiles dédiés aux anciens naturalistes du Jura, tels que les
Gagnebin, Bourguet, Cartier, Moschard, Bennot, d'Eberstein, Sandoz,
d'Ivernois, etc.

L'*agriculture* a été représentée par M. Choffat. Il a rendu service
au pays en livrant à sa connaissance le bon *Mémoire agricole de
M. Cornaz*. L'analyse de cet ouvrage est accompagnée de déductions
pratiques et applicables à notre Jura. Ce travail, livré à l'impression
et répandu dans nos campagnes, y portera sans doute de bons fruits.

Quelques questions utilitaires ont aussi été débattues par la société,
notamment le moyen de relier Porrentruy aux chemins de fer suisses,
par une route sur la Lucelle. — M. Bandelier a tracé l'*historique de la
caisse centrale des pauvres du district de Courtelary*, institution
toute chrétienne due au vénérable doyen Morel, dont le nom se retrouve partout dans le passé, à côté du beau et du bien. M. B. a lu la
première partie de ce travail. Fondée en 1818, cette association, dix
ans plus tard, distribuait déjà des secours pour 2000 L. S. en moyenne.
— M. Choffat a présenté des considérations sur les pertes que la multiplicité des fêtes fait éprouver au jura catholique. En calculant la dif-

férence des jours fériés entre les deux parties du Jura, la perte de travail et le surcroît de dépenses qui en résultent, on obtient pour les districts catholiques un chiffre en moins de plus d'un million.

Les *beaux-arts* n'ont pas non plus été oubliés. M. Schirmer a donné à la société plusieurs dessins de sa composition. Nous remarquons entre autres les armoiriés héraldiques d'Asuel, de Coeure et de quelques autres familles nobles de l'évêché, exécutées avec un soin et une élégance qui lui font honneur.

M. Gouvernon, de Saint-Imier, a présenté une série d'objets d'art travaillés en albâtre gypseux, *consolidé jusqu'à la dureté du marbre* par un procédé chimique particulier qu'il a découvert et qu'il fait connaître. Ce procédé, supérieur à celui de Dubreuil, offrira d'autant plus d'avantages que les carrières récemment ouvertes à Monterrible par MM. de Kœckler et de Maupassant promettent des blocs d'une belle dimension et de l'albâtre saccharoïde le plus parfait. — M. Froté a présenté la réduction au double d'un panorama idéal des Alpes vues du haut du Ballon d'Alsace. L'original a été envoyé par M. Keller de Zurich qui l'a élaboré hypothétiquement de son cabinet avec une surprenante connaissance des formes à reproduire. On connaît les brillants services rendus à ce genre de travaux par le digne géographe zuricois. M. E. Froté espère, sous sa direction, arriver à la réalisation de cet aspect des Alpes occidentales négligé jusqu'à ce jour, et qui intéresse vivement nos contrées jurassiques et alsatiques. — Enfin, M. Thurmann a présenté de la part de M. Nicolet, le portrait du botaniste Gagnebin gravé d'après ses soins, en taille-douce, par M. F. Kundert de la Chaux-de-Fonds, jeune artiste dont cet essai promet, ce nous semble, les plus belles espérances.

Heureux le pays que les préoccupations politiques n'absorbent pas en entier, et où les hommes d'étude de toutes nuances se réunissent encore sous la bannière commune des sciences et des lettres !

★★★

MÉLANGES.

—

BLUETTES ET BOUTADES.

—

— La probité est un fleuve qui suit invariablement son cours; mais l'intérêt personnel est une voile ouverte à tous les vents favorables.

— Les biens qu'on espère toujours sont les seuls qui ne trompent jamais.

— Le pédant consulté dit tout ce qu'il sait, moins ce qu'on en voudrait savoir.

— On use plus largement en projets de la fortune qu'on espère, qu'en réalité de celle qu'on a.

— Il y a peut-être autant de jolies femmes fautives par manque de sagesse, que de laides vertueuses par manque d'occasions.

— Aux yeux des amis de notre fortune, nos défauts sont des ombres qui grandissent quand s'abaisse le soleil de notre prospérité.

— Nous sommes plus orgueilleux avec ceux qui s'estiment nos égaux qu'avec ceux auxquels nous nous croyons supérieurs.

— Le moraliste emploie l'épigramme pour implanter une vérité dans notre esprit, comme l'ouvrière se sert de son aiguille pour insinuer le fil dans l'étoffe.

— Ne pas faire valoir un service, c'est ajouter à sa valeur.

— Il est de si douces erreurs dans la jeunesse qu'un vieillard ne s'en repent que pour avoir une occasion de s'en souvenir.

— Le plaisir qu'on éprouve à parler de soi-même est rarement partagé.

— L'expérience ne nous vaut jamais ce qu'elle nous coûte.

— Le tort de certains misanthropes n'est pas de mépriser les hommes, mais de s'estimer plus qu'eux.　　　　　J. PETIT-SENN.

BULLETIN BIBLIOGRAPHIQUE.

LA FILLE DE SION, ou le rétablissement d'Israël, Chant IIme, *La mort du Messie*, — par A.-F. Pétavel. — Neuchâtel, 1850. — Un beau vol. in-8°, prix 5 francs.

LETTRE AUX SYNAGOGUES DE FRANCE, — 17 pages grand 4°, par le même. — Neuchâtel, 1851.

VOYAGE DU MISSIONNAIRE LACROIX au Temple de Jogonnath, traduit de l'anglais et précédé d'une notice sur ce Missionnaire, par *William Pétavel*, étudiant en théologie. — Seconde édition. — Neuchâtel, 1851. — Ces trois ouvrages se trouvent à Néuchâtel, Lausanne et Genève, dans les principales librairies.

C'est un intéressant spectacle que celui d'un fils conduit par son père à son premier combat; mais il est petit le nombre des pères à qui est accordée une semblable satisfaction, petit le nombre des fils à qui est réservé un tel privilége. — Ce spectacle, rare dans la carrière des armes, né l'est guères moins dans celle des lettres. C'est celui que nous offrent aujourd'hui les deux auteurs dont nous aimons à réunir ici les écrits, publiés à-peu-près simultanément.

M. William Pétavel, étudiant en théologie, a trouvé, au milieu d'études suivies, le temps de traduire de l'anglais le récit d'un séjour de M. Lacroix à Puri, dans le Décan, en juin 1849, pendant la grande fète qui se célèbre dans cette ville en l'honneur du dieu adoré dans l'Inde sous le nom de Jogonnath, c'est-à-dire, le maître du monde. Nous ne nous rappelons guères d'avoir lu quelque chose de plus propre à inspirer l'horreur du culte idolâtre, et la pitié pour les populations plongées dans de telles abominations et de telles souffrances. Ces prêtres qui exploitent les pauvres pélerins jusqu'au dénûment extrème, ce culte licencieux et ces chants impurs qui ne sont propres qu'à les corrompre, ces idoles monstrueuses, faites pour effacer de la conscience humaine jusqu'aux dernières traces de l'image d'un Dieu saint et bon, ce choléra qui, au milieu de la fète, se jette, comme une bête féroce, sur ces troupes sans abri et les suit à leur départ, jonchant de morts toutes les routes sur lesquelles les caravanes de pélerins cherchent à regagner leurs demeures, — tout cela forme un tableau et offre un échantillon si saisissant des misères spirituelles et temporelles du monde idolâtre, que nous ne concevons pas, après une telle lecture, la possibilité d'une objection contre le devoir missionnaire de l'église, même au point de vue simplement philanthropique. La notice biographique sur M. Lacroix, qui précède ce récit et qui est l'œuvre du traducteur, raconte d'une manière animée et intéressante la jeunesse du missionnaire, son éducation et ses luttes intérieures, jusqu'au moment où Dieu parvint à se rendre maître de lui et à plier ce caractère énergique pour le faire servir d'instrument d'élite dans la grande lutte contre l'idolâtrie indoue. Cette lutte, M. Lacroix la soutient avec succès depuis trente ans. Il est, si nous ne nous trompons, le seul missionnaire neuchâtelois à l'œuvre dans ce vaste champ dont le Seigneur a dit : « le champ c'est le monde, » fait humiliant pour un peuple si béni jusqu'ici sous le rapport temporel ! Il est telle pauvre petite ville du Wurtemberg qui compte jusqu'à sept représentants dans le champ missionnaire, et nous, Neuchâtelois, nous n'en avons qu'un, et encore à peine pouvons-nous l'appeler nôtre; car ce n'est pas nous, c'est la Hollande qui l'a envoyé. Puisse la brochure de M. Pétavel contribuer à nous émouvoir à jalousie! Sans doute c'est la seule récompense qu'ambitionne l'auteur pour un travail plus considérable qu'il ne le parait au premier coup-d'œil. Une seconde édition de cet ouvrage vient de paraître. Nous ne nous étonnons pas de ce succès; car l'intérêt du sujet est constamment relevé par un style à la fois coloré et pur, vif et coulant (*). Celui que nous félicitons surtout de ce succès, c'est le vénérable père dont le cœur accompagne avec une douce émotion ce travail de son fils, premier pas dans la carrière du saint-ministère.

Pendant que l'un consacre ainsi ses premières forces à attaquer le

---

(*) Cette édition est enrichie de planches représentant les principales idoles des Indous et le temple de Jogonnath.

paganisme, l'autre, à la fin de son utile carrière, est pressé du besoin
d'employer tout ce que Dieu lui donne de vie corporelle et spirituelle,
à la conquête du judaïsme. Il a évidemment reçu d'en haut un appel à
occuper ce poste avancé contre le plus tenace adversaire de l'Evangile.
Il a été *oint* pour cette œuvre. Cette onction se manifeste surtout dans
un amour ardent pour le peuple qu'il veut gagner. Il y a dans M. Pétavel quelque chose de semblable à l'ardeur d'amour de celui qui s'é-
criait : « *Je dis la vérité en Christ et je ne mens point... je désirerais
d'être anathême, loin de Christ, pour mes frères... Israélites....* »
(Rom. IX, 1-3).

Comme la payenne Ruth disait à la juive Noémi, ainsi M. Pétavel a
dit à son Seigneur, né du judaïsme selon la chair : « *Ton peuple sera
mon peuple.*» Les appels qu'il adresse à Israël, à sa dignité nationale,
à sa destination humanitaire, à ses gloires passées et futures, ont une
empreinte de patriotisme. Il ne cache pas à Israël son péché; mais
c'est par amour, avec amour, qu'il le lui dévoile, pour parvenir à lui
révéler aussi sa grandeur nationale en Dieu. Et cet esprit d'amour,
en identifiant M. Pétavel avec l'ancien peuple de Dieu, lui inspire un
mode de polémique unique, habile, profondément vrai, au fond le
seul vrai : « Soyez Juifs, réellement Juifs, » leur crie-t-il, « et vous
voilà chrétiens! Le chrétien n'est que le Juif accompli : » Voilà au
fond à quoi se réduit l'apologétique de notre auteur. N'est-ce pas
celle de Philippe à Nathanaël : « *Nous avons trouvé Celui que Moïse
et les prophètes ont annoncé. Viens et vois.* » (Jean, 1). N'est-ce pas
celle de Jésus lui-même : « *Si vous croyiez à Moïse, vous croiriez
aussi en moi.* » (Jean. 5). En d'autres termes : Le vrai Chrétien est
Juif ; le vrai Juif est Chrétien.

Hélas ! il n'est que trop vrai : pour convertir le peuple Juif au Christianisme, il faut commencer par le convertir au Judaïsme. Comment un
Israélite sans fraude tarderait-il à trouver en Jésus l'Israëlite sans tache, le Christ? Mais le voile couvre aujourd'hui pour Israël non-seulement la Croix, mais la Loi, non-seulement Jésus mais Moïse (2 Cor.
3), (1). C'est sur cette pensée que repose la tendre et sympathique
polémique de notre auteur. Il se fait lui-même Juif, plus réellément
Juif que les Juifs, afin de les rendre Chrétiens comme lui. Ainsi saint
Paul agissait envers les Galates : *Devenez comme moi, car je suis devenu comme vous* (IV, 12). Ainsi il s'efforçait de les convaincre : *Dites-
moi, vous qui voulez être sous la loi, n'entendez-vous pas* LA LOI
(IV, 21). Et ce que l'apôtre désirait de pouvoir faire vis-à-vis d'eux pour
les arracher au joug de la loi : *Je voudrais être avec vous et changer
mon langage* (Gal. 4, 20), M. Pétavel ne le fait-il pas auprès des Israélites? Ne prend-il pas tous les tons pour se faire écouter d'eux ! Déjà
il y a quelques années, il avait publié le premier chant du poëme : la
Fille de Sion, accompagné de notes étendues. Il avait chanté en vers
remarquables le plus ardu des sujets de la théologie chrétienne, l'une
des deux grandes pierres d'achoppement pour Israël : la Trinité. Aujourd'hui, c'est l'autre scandale d'Israël, la mort du Messie, qu'il étale
en vers pleins de noblesse aux yeux des Israëlites français. Ils n'écoutent pas le raisonnement; peut-être la poésie les attirera? — Ce Christ

---

(1) « *Le voile demeure jusqu'à aujourd'hui sur leur cœur quand on lit
» Moïse.* »

crucifié, il le leur dépeint dans la gloire de son humiliation, dans cet abaissement de la croix qui est sa suprême élévation et d'où il attire à lui tout ce que son Père lui donne. Cette poésie, dont la forme est en général d'une pureté classique, renferme des pensées d'une profondeur admirable. Nous regrettons que le lien des idées doive être quelquefois cherché ; on le trouve toujours sans doute ; mais la poésie doit entraîner l'âme plutôt que d'obliger au travail de la réflexion. Le poëme est suivi de notes dont chacune est comme un petit traité complet. Ces notes sont tout un arsenal d'apologétique judaïque. L'auteur a tout mis à contribution dans ce but. Comme l'abeille, il transforme en miel tout ce qu'il rencontre dans la prairie. Littérature du judaïsme actuel, orthodoxe ou incrédule, histoire juive ancienne ou contemporaine, correspondance et contact personnel avec des Israëlites distingués, journaux soit Juifs, soit Chrétiens, soit religieux, soit politiques, anecdotes et rapprochements historiques ingénieux, écrivains profanes, anciens et modernes, pères de l'Eglise, mais surtout l'Ecriture sainte de l'Ancien et du Nouveau Testament, profondément étudiée et comprise, et citée dans une traduction originale, à la fois exacte et noble, — voilà les ressources qu'exploite à pleines mains notre auteur, et qu'il fait habilement converger à son but. *Tout est à moi*, semble-t-il avoir dit avec l'apôtre, et *moi je suis à Christ*, à ce Christ auquel je dois rendre le peuple qui m'a donné Christ.

Nous voudrions ne pas nous séparer de cette seconde livraison de la *Fille de Sion* sans en citer à nos lecteurs quelques strophes. Mais nous ne pouvons nous résoudre à détacher ainsi un rameau de cet arbre touffu, et nous préférons inviter tous nos lecteurs à s'asseoir et à se recueillir quelques instants sous son ombre sainte. Voici quelques mots de la préface et des notes qui donneront une idée de la manière dont M. Pétavel sait parler aux Juifs.

« Israëlites, que l'Eternel tient en réserve pour une consolation im-
» mense, rendez, rendez la vie à un monde dont la foi et la probité
» s'en vont.... Ce que l'ennemi pensait en mal, la fidélité de votre
» Dieu, frères Israëlites, l'a pensé en bien. Vous avez méconnu votre
» Roi-Messie, vous l'avez mis à mort ; mais.... c'était votre Roi-Messie
» lui-même qui s'immolait pour vous. Vous le reconnaîtrez un jour....
» Alors vous déplorerez la grandeur de votre égarement, et Dieu tou-
» ché de compassion.... non-seulement vous pardonnera, mais vous
» recevra en son Fils bien-aimé, comme si, jaloux uniquement de sa
» gloire et de son unité divine, vous lui aviez fait volontairement le
» plus grand, le plus douloureux de tous les sacrifices.... (Préface,
» pages 13, 14). »

Quoi de plus tendre que cette pensée ! Quoi de plus poignant que celle-ci : « Au lieu d'être les sacrificateurs et les prophètes des nations,
» vous en avez été les changeurs et les banquiers. (Note, page 223). »

Qu'on lise également la magnifique apostrophe à cet Isaac Orobio, médecin espagnol, au XVIIe siècle, l'un des rares exemples d'un chrétien de naissance converti au Judaïsme. Après avoir renié sa foi judaïque devant le tribunal de l'inquisition, il échappe à ses bourreaux, se sauve en Hollande et là profite de sa liberté pour publier un ouvrage dans lequel il accuse le Christ, ce Christ, victime, lui, de sa foi franchement professée, d'être un imposteur !! Le contraste est saisissant. Le style de ce morceau est à la hauteur d'un tel sujet (p. 414-418). N'y a-t-il pas enfin comme une étreinte irrésistible d'amour dans ce rapprochement entre Jacob luttant avec l'ange et frappant au cœur de son divin adversaire jusqu'à ce qu'il ait obtenu sa bénédiction, et nous, Chrétiens, rencontrant sur notre chemin, dans notre marche vers la Jérusalem céleste le génie prodigieux et indomptable d'Israël, luttant corps à corps avec lui, accablés sous le poids du colosse, mais remplis de l'Esprit de l'Eternel, au moment où l'aube d'une ère nouvelle se lève sur la terre, embrassant Israël au nom de son espérance, et ne le laissant point aller que, le repentir et la contrition dans le cœur, il ne se soit écrié : « Béni soit Celui qui vient au nom du Seigneur (p. 381). » Tout ce morceau et toute la note dont il fait partie nous a paru avoir quelque chose d'élevé, nous dirions même de sublime.

Nous n'hésitons pas à appliquer cette dernière expression à la lettre de dédicace aux synagogues de France, qui accompagne ce second chant de la *Fille de Sion*. Il y a dans cet écrit plus qu'un produit individuel, c'est l'esprit de l'Eglise parlant à l'esprit de la Synagogue. C'est l'Eglise chrétienne tout entière déposant la confession de son péché dans le sein d'Israël pour amener Israël à déposer enfin la sienne dans le sein de son Christ. C'est une supplication humble, tendre, sainte, solennelle; c'est un accent sorti de Celui qui pleurait autrefois et pleure encore en disant : « Jérusalem ! Jérusalem ! » Après avoir lu cette lettre, ce document divinement officiel, nous avons appliqué à l'auteur cette parole de son poëme : « Le droit de l'homme, c'est de vaincre le mal,» oui, de le vaincre à force d'amour.

M. Pétavel ne vise pas proprement à des conversions individuelles. Il ne vise à rien moins qu'à une influence sur Israël en masse. Il se rappelle ce mot : *Israël* TOUT ENTIER *sera sauvé*. (Rom II, 26), et il y croit, il veut le réaliser et vaincre le géant à force d'amour. D'une manière ou d'une autre, aujourd'hui ou demain, il vous sera fait selon votre foi, ô hommes de Dieu ! Dieu fasse vibrer dans les os secs les accents nobles et tendres de votre *Fille de Sion* et vous accorde de voir de vos yeux et d'ouïr de vos oreilles le mouvement et le bruissement avant-coureurs de leur résurrection !

Neuchâtel, 5 avril 1851.

HENRI WOLFRATH, ÉDITEUR.

LETTRES ÉCRITES D'AMÉRIQUE.

EXCURSION DANS LE TENESSÉE, L'ALABAMA, LA GÉORGIE
ET LES CAROLINES. (¹)

VALLÉE DU MISSISSIPI.

XX.

Conformation géologique de la vallée du Mississipi. — Les prairies et leur immensité. — Les forêts vierges. — L'incendie des prairies en automne. — Hypothèses sur l'origine et les causes des prairies. — Explication probable. — Influence des vents et de l'atmosphère sur la végétation. — Dépérissement de forêts entières. — Germination spontanée de nouvelles forêts.

Les lecteurs de ces lettres conviendront sans peine que tout naturaliste que je sois, je ne les ai pas ennuyés jusqu'à présent de ce qu'on aime à appeler la *science*. C'est que d'abord je suis fort sceptique à l'égard de ce mot là : je n'ai jamais trouvé dans ma vie un homme de qui je ne pusse apprendre quelque chose. En second lieu, l'histoire naturelle d'une contrée ne se reconnaît pas à première intuition, comme des caractères et des monuments humains. Il faut du temps pour lire et tourner quelques-unes de ces grandes pages que la main de Dieu a ouvertes sur les plaines et sur les montagnes, dans les grands marais du nord ou les prairies de l'ouest, et sur lesquelles elle a jeté des êtres de toute espèce, dont chacun, même le plus petit, est un livre sublime.

La vallée du Mississipi, ou, à proprement parler, la plaine traversée par ce fleuve et ses affluents, s'étend depuis le revers occi-

(¹) Voir la lettre précédente, livraison de Mars 1851, page 145.

dental des Alleghanies jusqu'au pied des Montagnes Rocheuses, et
descend depuis les lacs du Nord, jusqu'à l'embouchure du Mississipi ou à la mer. C'est une surface immense, qui n'est pas un
plateau, mais réellement une vallée inclinée du nord-est et du
nord-ouest vers le sud, comme le cours des rivières l'indique. Les
accidents de la surface y sont peu considérables; et les collines les
plus élevées qu'on y trouve (3 à 500 pieds de haut) sont plutôt
les reliefs des sillons creusés par les rivières que des boursoufflu-
res montagneuses. Leurs cimes marquent ainsi d'ordinaire le niveau des plaines environnantes. Les contrées au-delà du Mississipi ou du moins les parties qui s'étendent vers les Montagnes
Rocheuses, sont peu connues, habitées par des hordes d'Indiens et
des troupeaux de buffalos; leur nature est encore sauvage, et elles
ont des caractères et des produits particuliers. J'espère avoir un
jour l'occasion de les visiter et partant, de les décrire. Ce que je
dis ici ne s'applique qu'à la partie en deçà du Mississipi. C'est
depuis le pied des Alleghanies une plaine de six à sept cent milles
d'étendue, et en y comprenant le Wisconsin et le Yowa, elle a du
nord au sud une largeur aussi considérable. — Le sol est partout
formé par ce que les géologues ont nommé le *drift,* un dépôt diluvien de sable, de cailloux, de blocs granitiques, matières primitives remuées par les eaux, recouvertes ou d'un dépôt d'alluvion
très-fertile, limon abandonné par les inondations des rivières, ou
d'une épaisse couche d'humus ou terreau noir, formé des débris
des forêts. Les points les plus élevés de cette immense étendue,
en contournant les limites au nord et à l'ouest, peuvent être marqués par l'Obio à Pittsbourg et le Mississipi à Saint-Pierre, à 700
pieds à-peu-près au-dessus de l'Océan. Dans l'intérieur de ces
limites sont les sources du Scioto, des Miami, du Muskingam, rivières intérieures qui arrosent l'Ohio et ont leurs sources au centre
de cette province dans un plateau couvert de vastes marais à 900
pieds au-dessus de l'Océan. Ce plateau, dont nous avons parlé
déjà à propos de l'irrigation de l'Ohio, n'est pas une exception à
l'horizontalité de la plaine; car les pentes vers l'Obio et le lac Erié
sont si peu sensibles qu'il serait impossible de l'isoler pour en faire
un système séparé.

Malgré l'immense étendue de cette plaine, elle présente dans
ses produits comme dans sa conformation géologique une étonnante uniformité. Ce sont partout les mêmes minéraux, les mêmes

sols, les mêmes pierres. Le drift repose sur une couche très-
épaisse de calcaire primitif, qui renferme des veines de sel, des
minerais de fer et de plomb en abondance, et de vastes couches
de houille. Entre cette écorce et le sable filtrent les eaux de la
plaine, qui se réunissent fraîches et limpides dans tous les puits
creusés à quelque profondeur, et dans les fissures du calcaire s'ouvrent des grottes si vastes que quelques-unes d'entr'elles, même
pendant des excursions de plusieurs jours consécutifs n'ont pu
être explorées jusqu'à leurs extrêmes limites. Il semblerait donc
que la surface doit participer de cette uniformité géologique ; et
pourtant, elle se montre sous deux caractères parfaitement distincts; ou cachée sous des forêts non interrompues, ou couverte
de plaines entièrement dépouillées d'arbres et qui n'ont pour
toute végétation que des gazons et des fleurs : ce sont les prairies.
Les parties orientales et septentrionales, l'Obio et le Michigan,
étaient partout, à l'époque Indienne, et sont encore maintenant en
grande partie couvertes de forêts, dont les puissants débris couchés sur le sol annoncent la haute antiquité. A mesure qu'on s'a-
vance vers l'ouest, on rencontre çà et là d'abord quelques éclair-
cies, comme de petits lacs de gazon au milieu des bois, que la végétation des grands arbres semble respecter ou craindre ; puis ces
lacs deviennent de plus en plus étendus, les contours des forêts s'é-
loignent, disparaissent, et l'on se trouve au milieu d'un océan sans
rivages, océan de verdure et de fleurs où le voyageur peut errer
des semaines et des mois sans rencontrer aucun accident où arrêter
sa vue, excepté, de temps en temps peut-être une ferme isolée,
ou un troupeau de daims sur quelqu'une des ondulations du sol,
qui s'échelonnent comme des vagues jusqu'aux plus lointains horizons. Il y a dans cette vue l'infini sublime et la grandeur de l'o-
céan, avec l'écrasante uniformité qui tue la jouissance par l'ennui.
Au premier moment, ces gazons sont doux aux yeux ; ces fleurs
brillantes captivent; on se réjouit d'avoir enfin quitté les forêts où
le chêne toujours succède au chêne; où la verdure que le pied
foule n'est que la mousse qui couvre les cadavres des bois, les
débris et les troncs renversés; où l'horizon et le ciel sont constamment voilés par les feuilles et les rameaux que le vent agite, et
où il chante ses notes plaintives. Mais bientôt, quand l'œil a reconnu que ces fleurs brillantes de la prairie sont toujours les mêmes, et que ces verts gazons n'ont pas de fin; quand le voyageur

a traversé des centaines de ces vagues immobiles, et que devant
lui il voit s'en élever un nombre toujours plus grand, il commence
à sentir le fardeau de cette nature immobile et sans ombrages, et
il regrette la douce mélancolie et la fraîcheur des forêts. Et pourtant alors, il a autour de lui la vie et le mouvement : les poules
des prairies qui s'envolent par milliers, en poussant leur cri aigu;
le daim qui fuit de colline en colline; les fleurs qui s'ouvrent;
la rosée qui brille aux brins d'herbe. Mais l'automne arrive,
et l'incendie passe sur la plaine; alors il ne reste plus une tige
de gazon, plus un seul animal, rien qui ait vie et mouvement, et
les prairies, noircies par le feu, présentent dans leurs ondulations,
l'image d'une suite non interrompue de gigantesques cercueils ali-
gnés. C'est le néant et le deuil de la mort. Le vent même en passant sur ce cadavre de la nature, perd son sifflement et ne rend
plus qu'un sourd et effrayant murmure. Et le voyageur, en traversant ces prairies désolées, est frappé d'épouvante, comme s'il errait
dans les détours sans fin des catacombes ou des plus profondes ca-
vernes.

On a écrit de romanesques descriptions sur ces incendies qui
balaient chaque année les prairies, et depuis Cooper, on s'est plu
à les dépeindre comme des ouragans de feu, poursuivant, enve-
loppant sans la moindre chance de salut, les voyageurs, les
troupeaux, même les daims sauvages que la fuite la plus rapide
ne peut sauver. Il n'en est pas tout-à-fait ainsi, cependant. Suivant le degré d'épaisseur et de fertilité de la couche d'humus, les
herbes de la prairie croissent à une hauteur plus ou moins grande.
Tantôt la terre est presque dépouillée, couverte d'une foule de
petites fourmilières arrondies, qui indiquent toujours une contrée
sablonneuse et stérile; tantôt, dans les bas-fonds, surtout où il y
a un peu d'humidité, les gramens et les joncs pressés, s'élèvent
de cinq à huit pieds de hauteur. Vers la fin de l'été tous ces gazons jaunissent et sont promptement desséchés; et c'est au commencement de l'automne que les incendies, allumés jadis par les
Indiens, et maintenant par les colons pour obtenir l'année suivante
des pâturages plus frais et plus succulents, parcourent les prairies
et les mettent à nu. Ce doit être un spectacle saisissant (je regrette
de ne pouvoir en parler que par ouï-dire, puisque je n'ai vu les
prairies qu'au printemps) que de voir alors des traînées de feu et
de fumée remplir l'horizon et s'avancer, poussées par le vent,

comme les fleuves de lave qui descendent des volcans. Mais la marche de la flamme est lente, et il est toujours, sinon facile, du moins possible d'en éviter l'atteinte. La flamme s'interrompt ou se brise souvent dans les parties stériles et dépouillées, et s'arrête partout où elle ne trouve plus pour aliment les gazons desséchés. Un sentier où les herbes ont été broyées, un ruisseau, le moindre fossé, quelques sillons creusés par la charrue, ce sont là autant d'obstacles qu'elle ne saurait franchir. Ainsi les fermiers garantissent facilement de l'incendie leurs habitations et leurs récoltes (¹).

L'existence de ces prairies tout entourées de vastes forêts, paraît être dans la nature une anomalie que plusieurs naturalistes et une foule de voyageurs ont cherché à expliquer. On a attribué l'absence totale d'arbres à la nature même de quelques dépôts diluviens qui seraient impropres à la nourriture des grands végétaux, et l'on a soutenu que depuis le déluge historique les prairies sont restées dans l'état actuel. Cette explication, il faut l'avouer, n'est guère satisfaisante et n'explique pas grand'chose. On pourrait cependant, sinon l'admettre, du moins la comprendre, si le sol des prairies était pareil au sable nu des déserts d'Afrique. Mais nous l'avons vu, le drift des prairies est couvert d'une couche d'humus souvent fort épaisse, et cet humus suffirait à lui seul pour prouver la préexistence des forêts, quand même on n'y trouverait pas souvent enfouis des débris d'arbres, même des troncs entiers.

Puis on a fait de ces prairies un produit de l'industrie humaine, en les attribuant aux incendies annuels que les Indiens allumaient dans les forêts, ou pour obtenir des pâturages plus abondants et y attirer le gibier, ou pour détruire les broussailles et les hautes herbes qui les empêchaient de le poursuivre. Ces incendies répétés devaient, disait-on, consumer les arbres, ou empêcher la croissance du jeune bois. Mais comment ces incendies n'ont-ils atteint que les plaines centrales, et pourquoi, malgré tous leurs efforts, les colons ne parviennent-ils pas à détruire par le feu, ni les fo-

(¹) Dans la Géorgie, j'ai traversé un jour, en compagnie de deux habitants de la contrée, de grandes futaies sèches auxquelles on avait mis le feu pour les défrichements. Plusieurs fois j'ai vu la flamme dans les herbes sous les pieds des chevaux, sans que personne s'en soit inquiété; il n'y avait pas le moindre danger; seulement l'atmosphère était brûlante, et la raréfaction de l'air et la fumée rendaient la respiration difficile.

rêts dont les arbres sont verts et vigoureux, ni même les jeunes
bois et les broussailles ?

On a cherché encore la cause du phénomène dans la sécheresse
du sol, sans songer que partout où l'on creuse à quelques pieds
de profondeur, on trouve l'humidité et même des sources abondantes; sans remarquer encore, que ces prairies couvrent souvent
des bas-fonds assez humides pour mériter le nom de marais pendant une partie de l'année du moins. Enfin on a cru trouver une
explication en faisant intervenir des agents exceptionnels, et l'on a
attribué la ruine des forêts à des cataclismes, des ouragans, des
tremblements de terre, etc., sans remarquer l'analogie qui existe
entre ces prairies et les grandes plaines dépouillées qui s'étendent,
presque invariablement dans l'intérieur de tous les continents. A
nos yeux, c'est là un phénomène naturel, et dont il faut chercher
la cause dans les lois et non pas dans les anomalies de la nature.
Dire simplement que ce phénomène est dû à la sécheresse atmosphérique, ce serait émettre une vérité, mais aussi ne rien expliquer ou laisser dans le vague plusieurs circonstances accidentelles,
dont il est bon de tenir compte. Qu'on me pardonne donc d'entrer
dans quelques détails scientifiques pour éclaircir, autant qu'il est
en moi, cette intéressante question.

Chacun sait que les deux fonctions principales de la vie végétale sont l'absorption de l'eau par les racines et la respiration ou
la décomposition du gaz carbonique par les feuilles. Cette respiration des plantes, qui a lieu sous l'influence de la lumière solaire,
pourrait assez bien se comparer à la digestion des animaux; car
elle a pour résultat une transpiration souvent très-abondante, qui
s'échappe par les pores des feuilles, transpiration qu'on a souvent
envisagée comme les véritables excréments de la plante. Plus les
feuilles des végétaux sont pourvues de stomates et de pores, plus
cette transpiration est abondante, et c'est dans la plupart des arbres *feuillus*, c'est-à-dire, des arbres qui changent chaque année
leurs feuilles, que cette déperdition de liquide atteint son maximum. Elle s'élève ordinairement aux deux tiers de la quantité
d'eau pompée par les racines.

Les circonstances atmosphériques ont une grande influence sur
cette évaporation. Mais, chose remarquable, elle n'est point en
proportion de la chaleur de l'air, mais bien de la lumière répandue dans l'atmosphère; car le moindre nuage suffit pour la ralen-

tir et elle cesse aussitôt que la plante est mise à l'obscurité, quelle que soit d'ailleurs la température, preuve évidente que ce phénomène tient à la vie même de la plante, et n'est point une action purement mécanique. Comme la sécheresse de l'air est une cause de la grande diffusion de la lumière, elle active nécessairement cette transpiration et la porte à ses limites extrêmes (¹). Or, à mesure que les plaines s'étendent de plus en plus et qu'elles s'éloignent des rivages de la mer, ou des cimes des montagnes, c'est-à-dire des lieux où les vapeurs se forment et des sommets où elles se réunissent et se condensent, la sécheresse et par conséquent la lumière deviennent de plus en plus grandes. « Sur les côtes la » quantité de vapeur et de rosée est, à latitude égale, la plus grande » possible ; elle diminue à mesure qu'on pénètre dans les conti-» nents. Cette règle se confirme dans l'intérieur des Etats-Unis d'A-» mérique, au milieu des plaines de l'Orénoque ou des steppes de » la Sibérie, dans les déserts de l'Afrique et de l'Asie, ainsi que » dans l'intérieur de la Nouvelle-Hollande, contrées où l'air est » habituellement très-sec. » (Kemtz, *Traité de météorologie*, page 92). « C'est, dit de Candolle, ce qui rend souvent la végétation des » pays très-découverts, analogue à celle des montagnes où la lu-» mière est vive, et produit les brillantes couleurs, les odeurs vives » et les saveurs exaltées. » — Que se passe-t-il dans ces circonstances ? Les végétaux sont soumis pendant le jour à une évaporation extraordinaire et hors de proportion avec la quantité d'eau que les racines peuvent tirer du sol; le liquide n'arrive plus en abondance sous la peau ou l'épiderme des feuilles ; les stomates ou les pores se ferment, et la plante, haletante de soif, ferme ses corolles, s'incline vers la terre et laisse pendre ses feuilles flétries. Qui n'a pas observé ce phénomène à la fin d'un beau jour d'été ? Mais aussitôt que le soleil se cache et que l'ombre revient, non-seulement la digestion de la plante et sa transpiration cessent, non-seulement les sucs absorbés par les racines arrivent abondamment vers les extrémités et par conséquent vers les feuilles, mais les vapeurs de l'atmosphère s'épaississent à mesure que la température s'abaisse, se condensent bientôt sur la surface des feuilles, et

(¹) On peut consulter, pour des détails plus étendus sur cette partie intéressante de la physiologie végétale, de Candolle, Sennebier, tous les physiologistes et les expériences sur l'absorption et la déperdition des sphagnum et des mousses, dans : *Recherches sur les dépôts tourbeux*, etc., par l'auteur de ces lettres.

cette humidité extérieure, ramollissant les tissus ; rouvre les pores fermés et rend la vie et la fraîcheur à la plante. On n'a pas fait encore d'expériences directes et concluantes pour établir l'influence des vapeurs sur les tissus extérieurs des plantes. Mais c'est un fait reconnu par tous les physiologistes, que l'eau agit sur les végétaux comme dissolvant les corps qui les entourent et qu'ils absorbent, et comme dilatant leurs tissus « d'une manière peut-être mécanique, » dit M. de Candolle. Mais que ce soit mécanique ou vie, qu'importe! Un fait certain, c'est que si la dilatation des tissus extérieurs est empêchée, la vie de la plante cesse : si la rosée ne tombe plus sur les plantes pour les rafraîchir, la plante meurt de soif. Les rosées du ciel sont la boisson des fleurs, disent avec raison les poètes.

Appliquons maintenant ces principes aux faits connus.— Dans les déserts tout-à-fait arides, il n'y a aucune évaporation du sol, et la chaleur augmentée encore par la réverbération du sable nu, s'oppose à la condensation des vapeurs que l'air peut contenir, et ainsi il y a stérilité complète. Dans les plaines de l'Orénoque ou dans les steppes de la Sibérie, le sol est plus humide, il s'échauffe moins sous l'action du soleil, et les vapeurs de la couche intérieure de l'atmosphère se condensant près du sol, fournissent la rosée ; la fraîcheur, la vie, si l'on veut, aux courts gazons et aux fleurs brillantes qui les couvrent et s'y épanouissent. Dans les prairies de l'intérieur des Etats-Unis, le sol, plus chargé encore d'humidité fournit les sucs nourriciers aux racines des grands végétaux. Les vapeurs de l'atmosphère sont plus abondantes, surtout près du sol ; les arbustes et les plantes des forêts croissent partout, les chênes prennent racine et s'élèvent de plus en plus. Mais bientôt ils atteignent une couche de l'atmosphère où les vapeurs ne se condensent plus et où l'humidité n'est plus assez grande pour rafraîchir leur feuillage. Alors les rameaux délicats se penchent, les feuilles se flétrissent, et une année de sécheresse survenant, les arbres périssent par milliers avant d'avoir atteint la moitié de leur croissance. Ce n'est que dans les localités les plus humides, au bord des marais, des rivières et des lacs, que les arbres conservent leur verdure et continuent à croître. Les bois ainsi desséchés, l'incendie s'allume dans quelque coin de la plaine et poursuit son œuvre de destruction pendant des semaines et des mois, sur des espaces sans bornes, tantôt s'arrêtant dans les étroits vallons, au bord des rivières où les arbres pleins de vie et de sève résistent à ses atteintes, tantôt dévorant l'aliment qui lui est offert en contournant des massifs de verdure qu'elle laisse isolés comme des oasis dans la plaine, ou pénétrant dans les forêts pour y détruire les arbres morts. Sur ce sol dépouillé, les arbres croissent de nouveau pour subir une nouvelle destruction précoce ; les débris de bois et l'humus s'y entassent ; de temps en temps la flamme allumée par la foudre, en ravage quelques parties : jusqu'à ce que des hordes d'Indiens chasseurs, reconnaissant la puissance fertilisante du feu, se mettent à l'œuvre, et chaque année ou du moins à des époques rapprochées, allument l'incendie sur les gazons et les broussailles. Dès-lors les prairies et les forêts ne peuvent plus se confondre, et prennent chacune par leur végétation des caractères parfaitement distincts.

On me permettra sans doute d'ajouter quelques preuves à l'appui de ces idées. Et d'abord la géographie s'accorde jusque dans les plus petits détails avec l'explication que nous venons de donner. Voici, par exemple, ce que je lis dans un savant et célèbre auteur neuchâtelois : « Quand les vents de la mer ont traversé de » hautes chaînes de montagnes, et qu'ils ont déposé sur leurs » flancs et leurs sommets les vapeurs dont ils sont chargés, ils » arrivent secs et froids sur les plaines » (Guyot, *La terre et l'homme*). — Les vents de l'ouest, qui sont les vents régnants ; après avoir traversé la Californie et les Montagnes Rocheuses, n'apportent aux plaines qui s'étendent à leurs pieds aucun élément de fertilité ; nous ne serons donc point étonnés de rencontrer les déserts aux pieds de ces hautes montagnes couvertes de neiges. Les vents de l'est, qui viennent de l'Atlantique, déposent en partie leurs vapeurs sur les crêtes des Alleghanies, des Montagnes Blanches et des Montagnes de New-York ; mais ces chaînes sont peu élevées et ils conservent assez d'humidité pour rafraîchir, abreuver et nourrir les forêts qui s'étendent à leurs pieds. Cependant peu à peu la sécheresse de l'atmosphère devient plus grande : déjà vers le nord et l'ouest de l'Ohio on voit les forêts diminuer : les arbres, à mesure qu'ils sont plus voisins des prairies, sont moins élevés et moins robustes : puis ils disparaissent, et comme nous l'avons dit, il ne reste plus que des plaines dépouillées où les gazons deviennent de plus en plus courts et clairsemés à mesure qu'on s'avance davantage vers l'ouest. Enfin les vents du sud sont rares; ils ont comme ceux du nord une vaste étendue à traverser, avant d'arriver aux prairies; leur influence n'est point assez active pour combattre la sécheresse de l'atmosphère dans l'intérieur de ces vastes plaines.

Si les observations météorologiques étaient faites avec exactitude sur un plus grand nombre de points en Amérique, et surtout dans le voisinage et dans l'intérieur des prairies, nous y trouverions sûrement d'importantes explications sur la végétation intérieure de la grande plaine du Mississipi. Le peu que nous savons sur ce sujet permet cependant de tirer des conclusions en faveur de notre hypothèse. La quantité d'eau qui tombe dans chaque contrée est en rapport exact avec l'humidité de l'atmosphère; or nous lisons, dans l'ouvrage cité plus haut, les chiffres suivants : ([1]). Entre 41 et 43° de latitude nord, il tombe à Cambridge 38 pouces d'eau; à Western-reserve-collége, (Ohio) 36 ; à Fort-Crawfort, (Wisconsin) 30. Entre latitude 38 et 40°, à Philadelphie, 45 pouces; à Marietta (Ohio), 41 ; à Saint-Louis, 32. — Ainsi, on le voit, en s'avançant vers le nord-ouest, l'humidité de l'atmosphère diminue d'une manière sensible. La géographie donc s'accorde exactement, comme nous l'avons dit, avec la théorie.

On ne saurait douter cependant, que dans leur état actuel, ces prairies ne soient le produit de l'industrie humaine. Tous les observateurs ont reconnu qu'abandonnées à elles-mêmes, les plaines se couvrent bientôt de broussailles et d'arbustes, surtout dans le voisinage des forêts, et qu'ainsi aucune cause naturelle d'infertilité dans le sol n'y empêche la croissance des arbres. Dans mon dernier voyage vers le sud, j'ai eu plusieurs fois l'occasion d'observer moi-même cet empiètement des forêts sur les prairies, et j'ai pu constater surtout un fait fort remarquable, qui sous ce rapport ne laisse rien à désirer. A huit milles à l'est du Cumberland ; au Dyers Creek, près de Dower, où j'avais fait une excursion botanique, je reçus l'hospitalité chez un vieux fermier, David Moore. Il a été l'un des premiers habitants de cette contrée où il vint s'établir il y a 35 ans, peu de temps après l'émigration des Indiens

---

([1]) *La terre et l'homme* par le professeur Guyot. Ceci fera comprendre l'importance des observations météorologiques bien faites et systématiquement poursuivies sur un continent tout entier. Ce n'est pas la géographie seulement, mais l'agriculture, la médecine, l'histoire naturelle, toute l'humanité qui est intéressée à l'avancement de la météorologie.

vers le sud. «·Ce pays-ci, me disait-il un soir, a pris tout un autre aspect, car à l'époque de mon arrivée les prairies s'étendaient·à 60 milles au nord et à l'est, de ma ferme que j'avais placée au bord des bois. J'avais ainsi devant moi , d'excellents pâturages , des daims en abondance et même quelques buffalos; et maintenant il ne reste dans toute cette étendue pas une seule acre qui ne ne soit couverte de bois. » Curieux·de constater. moi-même la vérité de cette affirmation , qui m'était répétée par un autre vieillard du Dyers Creek , Thomas Lee , je me suis mis en route et ai parcouru dans diverses directions plus de trente milles de ces forêts nouvelles ou rien ne rappelle les prairies si ce n'est les ondulations du sol. Leur apparence cependant est fort remarquable et toute différente·de celle des forêts anciennes. Les arbres y sont bien de même espèce, des chênes , et c'est le plus grand nombre, des noyers, des bouleaux , le charme et quelques· cormiers fleuris. Mais tous ces arbres croissent à une assez grande distance les uns des autres, dix à quinze pieds , et sembleraient plantés par la main des hommes tant leur position est régulière; ils sont en outre de même grosseur, de 6 à 8 pouces de diamètre, de même hauteur, 25 à 30 pieds, et l'écorce en est parfaitement nue et dépouillée de lichens. Sur le sol, presque absolument nu, on ne voit aucun débris, pas un tronc couché, pas une branche pourrie et par conséquent aussi pas une mousse, puisque les mousses sont les vêtements chauds qui abritent la vieillesse des arbres et les linceuls qui enveloppent leurs cadavres. Comme les plantes qui s'accommodent de l'ombrage n'ont pas encore eu le temps de se fixer sur le sol où la végétation des forêts a détruit les fleurs brillantes· et les gazons des prairies, ce sol reste encore, comme je l'ai dit, presque entièrement nu. J'y ai vu seulement ci et là quelques plantes d'un saule (une petite variété du saule triste), la ronce du Canada, le geranium taché, la potentille du Canada, la violette digitée et l'immortelle pourpre. Deux seules espèces de mousse se montraient fort rarement aux pieds des arbres, le polytric ondulé et une variété du hypne en étoile (*Atrichum undulatum* et *Hypnum stellatum*) extrêmement communes dans toutes les forêts d'Amérique. Peut-être aurais-je à ajouter à cette courte liste un petit nombre d'autres espèces, si j'avais visité cette contrée à une époque plus avancée; j'y étais à la fin d'avril. On y voyait poindre entre autres de temps en temps les premières feuilles d'un asclepias (*As-*

clepias Phytolacoïdes) que j'ai vu plus tard très-commun dans les
montagnes du sud ; mais la pauvreté de cette flore n'en restait pas
moins frappante pour la saison ; car il n'y avait ni les gramens, ni
les laiches, ni les joncs, dont un grand nombre habitent les forêts
qui bordent ces anciennes prairies, le long du Cumberland, ni un
seul échantillon de l'iris à crête, des trillium, des dentaires et des
cressons qui caractérisent également les forêts voisines et y abondent. Quant au sol lui-même, c'est une couche de terreau noir
qui varie d'épaisseur depuis deux pouces à un pied et plus, et qui
repose sur le sable argileux, sol fertile au dire des quelques fermiers
que j'ai rencontrés, établis dans cette contrée, où les défrichements sont extrêmement faciles par la petite dimension des arbres.
A quelques milles du Dyers Creek, j'ai examiné aussi, au milieu de
cette vaste forêt naissante, une localité nommée Green-tree-grove
c'est-à-dire île d'arbres verts. C'était, comme son nom l'indique,
une de ces oasis de forêts restée debout au bord d'un ruisseau et
que les conflagrations annuelles des Indiens n'avaient pu détruire.
Là, les arbres ont atteint leur grosseur naturelle et à leurs pieds
on trouve les débris, les mousses et les fleurs des bois.

: Si nous avions le temps nécessaire à notre disposition, il serait
curieux d'expérimenter sur cette forêt nouvelle, et de voir si tous
ces jeunes arbres vont sécher sur pied avant d'avoir atteint leurs
dimensions normales. Cette expérience étant impossible, il faut se
contenter de quelques autres indications que fournit la nature.
D'abord, sur la limite des forêts nouvelles, limite reconnaissable et
tranchée comme pourrait l'être le bord d'un lac, les arbres des
forêts anciennes sont tous petits et peu élevés, comme on le voit
aussi quand on s'approche des prairies de l'ouest. En suivant cette
limite pendant plusieurs journées et dans diverses directions, je
n'ai vu, ni étendu sur le sol, ni sur pied, aucun chêne qui mesurât
plus de 10 à 15 pouces de diamètre, tandis qu'à deux ou trois
milles vers l'ouest, à mesure qu'on s'avance vers le Cumberland
ou qu'on descend au fond des ravins creusés par les ruisseaux qui
s'y jettent, on voit les grands chênes, les grands hêtres, majestueux habitants des forêts vierges d'Amérique, dont les troncs
mesurent quatre, cinq pieds de diamètre et plus. — Déjà même
sur ces forêts qui ont remplacé les prairies, on aperçoit, malgré
l'apparence vigoureuse des troncs, quelques signes qui semblent
annoncer une prochaine décrépitude. Les branches inférieures des

chênes ne'portent pas de feuilles, et plusieurs paraissent séchées
vers la partie la plus élevée. Cette dernière observation, au reste,
n'est pas certaine; car cette apparence pouvait tenir tant seulement à quelque retard accidentel dans le développement des bourgeons.

Mais ne semble-t-il pas impossible que des forêts entières puissent ainsi sécher sur pied avant que les arbres soient atteints des
infirmités et de la pourriture de la vieillesse? J'avoue que le fait
m'aurait paru fort douteux, si je n'en avais vu deux exemples
remarquables qui m'ont fourni l'explication de la formation des
prairies. Dans une vallée au pied du *Tomassee Knob*, dans les
montagnes de la Caroline du sud, j'ai observé une forêt entière
de jeunes pins, hauts de 30 à 35 pieds, dont pas un seul n'a
échappé à la destruction; tous ont séchés sur pied comme si
leurs racines avaient été coupées subitement. Ici la cause est toute
différente de celle qui amène le dépérissement des arbres des
prairies, et nous aurons probablement l'occasion de l'examiner
plus tard. Mais sur les montagnes des *Racoons* dans l'Alabama,
sur un plateau élevé de 2000 pieds environ, de quinze à vingt
milles de largeur sur plus de cent milles de longueur, les arbres
subissent un dépérissement précoce dont je n'ai pu trouver une
autre cause que celle de la sécheresse atmosphérique. Non-seulement ils croissent à de grandes distances les uns des autres, et,
comme s'ils manquaient d'air, séparés dans les endroits humides
par des broussailles et des massifs d'arbustes, dans les lieux plus
secs par de véritables prairies en miniature couvertes de hauts
gazons et des fleurs les plus brillantes; mais encore tous sèchent
sur pied dès qu'ils ont atteint la hauteur de 20 à 30 pieds. Si
l'incendie parcourait en automne ce plateau, il ne resterait qu'un
sol dépouillé tout semblable à celui des plaines de l'ouest.

La solution d'un problème d'histoire naturelle en fait surgir
une foule d'autres, et je ne voudrais pas abandonner cet intéressant sujet sans remarquer ce qu'il y a d'étonnant dans la subite
apparition d'une forêt d'immense étendue là où pendant des années, pendant des siècles peut-être, l'incendie a passé souvent et
n'a laissé que les racines des plantes vivaces et herbacées. D'où
viennent ces sémences de chênes, de noyers, de hêtres, de tant
d'espèces d'arbres qu'on voit lever et grandir en même temps
sur toute une plaine de plusieurs centaines de lieues carrées? Ni

les vents, ni les animaux, ni aucun agent quelconque ne seraient assez actifs pour les transporter sur un aussi grand espace à la fois. Il faut que ces graines aient été enfouies et gardées en terre depuis de longues années. Il n'y a pas d'autre explication possible, et c'est précisément la germination spontanée des semences qui aide à prouver la préexistence des forêts sur le sol des prairies Quand on ne l'a pas vu soi-même, il est impossible de se faire une idée de la quantité de glands, de faînes, de noisettes, de fruits de toute espèce qu'on trouve enfouis dans les grandes forêts et surtout dans les forêts d'Amérique, où un si grand nombre d'animaux travaillent à cet enfouissement. Les écureuils, les souris, des oiseaux de toute espèce, des insectes de tout genre, les uns pour faire leurs provisions d'hiver, d'autres pour nourrir leurs petits, quelques-uns pour y déposer leurs œufs et plusieurs par un simple instinct de nature, sont constamment à l'œuvre pour cacher sous les troncs et dans la terre ces graines nutritives que la main toute puissante sème et confie au sol. Et ce qu'on sait de la composition de ces semences, de l'admirable propriété que leur a donnée la nature de pouvoir rester enfouies pendant un grand nombre d'années sans perdre leurs facultés germinatives et de ne développer leurs germes qu'au moment où les circonstances sont favorables à l'existence de l'individu qu'elles représentent, aidera à expliquer l'apparition spontanée de ces forêts. Mais cette propriété presque instinctive des semences n'en reste pas moins toujours pour le naturaliste un mystère impénétrable.

XXI.

Races d'animaux disparaissant devant la civilisation. — Les buffalos, les daims, les panthères, les loups. — Le raton. — Les rongeurs, les écureuils, etc. — La souris industrieuse. — Le rat musqué, ses caractères distinctifs. — Sa chasse aux huitres. — Vengeance d'un prisonnier.

Il n'y a pas un demi-siècle que la plaine en deçà du Mississipi était couverte d'innombrables troupeaux de daims et de buffalos, qui trouvaient une nourriture abondante, au printemps dans les prairies, l'été dans les forêts, l'automne et l'hiver dans les joncs et les taillis des rivières. Les buffalos ont complètement disparu. Comme l'aurochs de l'ancienne Germanie, c'est une de ces races, inséparables compagnes de la vie sauvage, qui s'éloignent devant les premières lueurs de la civilisation, comme si la Providence les avait créées seulement pour aider et secourir l'imprévoyance de l'homme quand il n'a pas encore appris à semer et à récolter pour l'avenir. On croit expliquer facilement ces migrations des races animales ou leur destruction, en disant qu'elles sont sans défense contre les armes de notre civilisation, que le feu les effraie, que la nourriture leur manque. Mais pourquoi, malgré leur faiblesse, ne se plient-elles pas à la domesticité, et pourquoi, au-delà du Mississipi, se multiplient-elles au milieu des hordes d'Indiens qui emploient les armes à feu pour les poursuivre sans relâche? Les buffalos sont comme ces Indiens. Tous les efforts des dominateurs n'ont pu courber leur caractère timide et farouche au joug de l'esclavage, parce que la liberté est la première loi de leur existence, ou peut-être parce que, entre la nature et notre civilisation actuelle, il y a un abîme qu'on ne peut franchir, sinon par des degrés que nous ne connaissons plus.

Les daims au contraire sont encore abondants dans toute la vallée du Mississipi, dans les prairies et les forêts de l'ouest surtout. Le voisinage des colonies est pour ces animaux plutôt une protection qu'une cause de ruine. Avant de les poursuivre, le fermier fait la chasse aux loups et aux panthères qui ne respectent pas ses bestiaux et qui sont les ennemis les plus infatigables et les plus insatiables des cerfs.

La panthère, qu'on nomme également *puma* ou lion d'Amérique (*felis concolor*, Cuv.) est cependant fort rare, heureusement; car la force et la grandeur de cet animal le rendent redoutable. Du moins les chasseurs et les colons mettent sur son compte une foule d'anecdotes terribles, qui alimentent la chronique intéressante des journaux. La vérité est pourtant que la panthère d'Amérique est timide et qu'elle n'attaque guère l'homme, quand même, pendant la nuit, elle poursuit quelquefois les voyageurs qu'elle effraie de ses cris et de ses bonds. Elle décime les troupeaux et enlève sans distinction tous les animaux de la ferme.

Les loups sont nombreux, surtout dans les prairies, où, réunis en troupes ils chassent le daim en aboyant absolument comme le ferait une meute de chiens bien dressés. Il y en a deux espèces : le loup noir, qui ressemble beaucoup à celui d'Europe, pour la taille du moins; le loup des prairies, plus petit et de couleur plus claire. Ces deux espèces vivent ensemble, se réunissent pour la chasse et ne sont guère, il le paraît, qu'une variété d'une même race. Comme la panthère, le loup est un ennemi fort redouté des colons et le puissant héros de récits terribles. Cependant on n'a pas de preuves positives que ces animaux aient jamais attaqué l'homme, en Amérique du moins, bien que pendant l'hiver ils s'approchent souvent des fermes en troupes nombreuses. Le lynx, le chat sauvage, deux espèces de renards et le racoon ou raton, complètent la liste des animaux carnassiers de la vallée du Mississipi. Ces animaux, dont les deux premiers sont rares, sont ici connus de chacun ; le dernier seul mérite une courte mention. Ce raton (*procion lotor*, Cuv.) qu'on a classé dans la famille des ours, n'a rien dans l'apparence qui explique ce rapprochement. C'est un joli petit animal, assez semblable à un jeune renard, avec un long museau noir et flexible, le front marqué de larges raies noires, le poil grisâtre et une longue queue bien fournie comme celle du renard et traversée de raies alternativement noires et blanchâtres. Recherché des colons américains, qui s'en accommodent pour varier leur pot au feu, malgré l'odeur huileuse et peu appétissante de sa chair, le raton se plie volontiers à l'état domestique et s'apprivoise facilement. On le nourrit alors de maïs, de végétaux et même de viande fraîche. Cependant, s'il est agréable à la vue, son voisinage est peu commode. Son cri est désagréable ; ses mouvements continuels. Il grimpe, il saute sur les chaises, sur les tables, sur les meubles, s'emparant des objets qu'il peut saisir, les tournant et retournant dans ses pattes et les examinant de mille manières, puis pelottant et emportant dans quelque coin les chiffons et les petits objets, à sa convenance. C'est ainsi un prodigieux collecteur et enfouisseur de glands et de semences, ou si l'on veut une excellente image d'un naturaliste curieux ; furetant, examinant, retournant toutes choses et entassant ses collections de plantes et de coquilles pour n'en être au bout du compte ni plus riche ni plus savant, mais seulement un peu plus heureux et un peu plus content de lui-même et des autres. — Quant à l'ours, qui a fourni, comme le raton, une foule de rapprochements plus ou moins ingénieux, il a quitté la plaine pour se retirer vers les montagnes ou dans les forêts impénétrables du nord.

Les forêts de l'Amérique centrale, avec leurs glands et leurs fruits, nourrissent une grande quantité de rongeurs. Cinq espèces d'écureuils d'abord : l'écureuil gris, charmant petit animal qui s'apprivoise facilement ; l'écureuil noir, moins commun ; l'écureuil

rouge, qui ressemble beaucoup à notre espèce d'Europe; l'écureuil
rayé, qui vit sur terre, grimpe rarement sur les arbres et habite
les troncs pourris où on le prend facilement. Ses formes gracieuses, ses mouvements vifs, ses incessantes gambades m'ont souvent
arrêté des heures entières dans une forêt à quelques milles de Columbus où ils sont fort communs. C'est là aussi que j'ai vu cette
espèce d'écureuil connu en Europe sous le nom d'écureuil volant,
et qu'on dit extrêmement rare. Il est en effet très-difficile de l'apercevoir, parce qu'il passe le jour dans les troncs des plus hauts chênes et ne sort guère que la nuit. Mais le soir lorsque le temps est
chaud et calme, on en voit quelquefois un grand nombre à la fois, se
livrant comme au défi à des jeux, à des sauts, à des pirouettes gym-
nastiques qui ne ressemblent pas mal aux joyeux exercices d'une
troupe de bambins en vacances. A vingt et trente pas de distance,
ils s'élancent à la file les uns des autres, ou d'un arbre à l'autre, ou
d'un tronc élevé sur le sol, suivant ordinairement une ligne inclinée,
et arrivant tous, invariablement, au point qu'ils semblent avoir pris
pour but. Soutenus en l'air par leur légèreté naturelle, par leur
longue queue qui leur sert en même temps de gouvernail, surtout
par l'expansion de la peau qui se dilate depuis le milieu du ventre
jusqu'à l'extrémité des pieds, ils traversent dans les airs des distances si grandes qu'à les voir de loin, ils semblent en effet avoir
été pourvus d'ailes. Toutes ces espèces d'écureuils multiplient prodigieusement, et comme ils ne se contentent pas de glands et font
la guerre aux maïs, les fermiers, lorsqu'ils deviennent trop nombreux, se réunissent, et dans une seule chasse les tuent en nombre
incroyable. Ils paraissent aussi être soumis à une loi d'émigration
qui n'est pas bien connue. Il est certain que lorsqu'ils se sont multipliés dans une contrée, ils disparaissent tout-à-coup et s'éloignent
sans cause apparente, même des lieux où la nourriture qu'ils aiment est en plus grande abondance. On assure qu'on en voit quelquefois des troupes innombrables traverser les rivières et se diriger vers l'est. Où vont-ils? Que deviennent-ils? C'est encore un de
ces secrets renfermés dans le grand livre dont nous ne pouvons
guère voir et connaître que le titre et la couverture.

Outre les écureuils, on trouve comme animaux rongeurs dans
les forêts une grande quantité de taupes, de souris et de mulots

de diverses espèces , des lièvres, des lapins , des hérissons et des porcs-épics, des martres et des putois, et près des rivières des loutres et des rats musqués. L'énumération détaillée de ces animaux serait trop longue; je veux seulement citer quelques faits observés par moi-même, et que je crois nouveaux et intéressants dans les annales de l'histoire naturelle. Voici d'abord à propos d'une souris, un exemple des miracles que l'amour maternel peut opérer.

Mes fils m'avaient apporté un jour, d'une de leurs excursions dans les bois, le nid d'un joli mulot gris avec la mère et cinq petits *(Arvicola Emmonsii* : cette espèce a les jambes de derrière longues et ressemble ainsi beaucoup à un *Gerbillus)*. J'avais donné pour prison à la famille le fond d'un haut pot de grès, bien verni à l'intérieur, où j'avais déposé comme matelas une grande boule de coton. Pour empêcher toute fuite, j'avais couvert l'orifice d'un carreau de vitre sur lequel j'avais posé un vieux dictionnaire latin en guise de verrou. Le pot avait environ un pied [de profondeur. Pendant la première journée, l'animal resta immobile dans son coton et goûta même aux miettes que j'avais étalées pour sa nourriture, mais dès que le soir fut venu, il commença à se livrer dans sa prison à des bonds prodigieux, dont je pus bientôt deviner l'intention. Car, s'élançant vers le bord du vase, et se cramponant de ses ongles en les enfonçant entre le verre et le grès, il travaillait de la tête à déplacer la vitre pour se mettre en liberté. Quand il était au bout de ses forces il retombait sur le coton et bientôt après, reprenait en sautant sa position. Comme malgré les efforts, le verre restait immobile et que j'étais curieux de voir le résultat de ce travail d'Hercule, je laissai les choses en place. Le lendemain matin, je trouvai la vitre dérangée assez pour donner passage à l'animal; et mon pot était vide; il n'y avait plus au fond ni souris, ni petits, ni coton. En cherchant la nouvelle demeure de mon mulot, je le trouvai établi derrière un de mes porte-feuilles de plantes, où il avait fait un nid commode et paraissait à l'aise, et comme récompense de son travail de la nuit, je le laissai à la place qu'il avait choisie. Le troisième jour au matin, toute la famille avait décampé. De porte-feuille en porte-feuille notre souris avait construit cinq nids différents toujours plus rapprochés d'une fente au plancher par où je ne supposais pas qu'elle pût s'échapper, et par où elle s'était mise en liberté. Plusieurs jours après, je remarquai chaque matin quelques dégâts dans mes papiers, comme si la souris venait pendant la nuit s'y approvisionner de matériaux de construction. Probablement elle éloignait davantage ses petits, et elle aura fini par les ramener dans les bois.

Le *rat musqué* (Fiber ribeticus) très-commun dans nos rivières n'a pas la dégoûtante apparence du rat des villes; le nom qu'il porte ne lui appartient pas à proprement parler; car dans l'échelle des animaux il tient le milieu entre le castor et le lièvre. Il a à-peu-près la taille de ce dernier animal; sa fourrure, extrêmement douce et recherchée, est d'un roux clair; la bouche est ornée de deux longues moustaches, et la queue, remarquable par sa longueur, un pied et demi et même davantage, est de la grosseur du pouce, nue ou couverte d'écailles, et un peu aplatie à l'extrémité. Ces animaux vivent au bord des rivières où ils se creusent des tanières sous les racines des platanes, ou dans les marais couverts. L'hiver, et lorsque l'eau s'élève, ils se construisent, en entassant les joncs, de petites huttes assez semblables à nos *meules* de foin sur les prés. Comme dans les huttes des castors, la partie inférieure plonge dans l'eau, et lorsqu'on s'approche en hiver, les animaux s'enfuient par des conduits sous la glace et se réfugient dans quelqu'autre de leurs nombreuses demeures. Ils se nourrissent, dit-on, de poissons comme les loutres. Cependant, comme j'avais observé un jour, le long du Scioto, de grands tas de coquilles d'huîtres dans le voisinage des habitations de messieurs les rats, et que ces débris ne pouvaient avoir été réunis que par eux, j'étais fort curieux de m'assurer si en effet ils se nourrissent de ces grosses bivalves si abondantes dans nos rivières, et comment surtout ils s'y prennent pour les ouvrir. Quelque temps après, je trouvai sur un autre point de la rivière une planche arrêtée dans les joncs et toute chargée de ces huîtres, les unes ouvertes et vides, les autres fermées et paraissant toutes fraîches, les autres entr'ouvertes et mourantes. Je me dis que si ces provisions étaient destinées à quelque animal, il viendrait bientôt à sa pitance. Je me cachai dans les broussailles et j'attendis. A peine un quart-d'heure était passé que je vis un de ces gros rats musqués nager dans les joncs de ci, de là, tantôt s'enfonçant, tantôt reparaissant

à fleur d'eau; puis se diriger vers la planche en question, s'y installer, friser ses moustaches comme un dandy, et de ses pattes détacher un à un l'animal des coquilles entr'ouvertes et l'avaler avec
autant d'aplomb qu'aurait pu le faire le plus fameux mangeur
d'huîtres de Tortoni. Quelques moments après, l'animal s'élança
dans la rivière, et quand il reparut, il apportait de ses pattes de
devant une nouvelle huître à son magasin. Comme j'ai vu ainsi
quelquefois des tas de coquilles dans des endroits où la rivière
n'est jamais à sec, je serais assez disposé à admettre que notre rat
se sert de sa queue, aussi dure que du bois, pour tenir ouvertes
les huîtres qu'il rencontre baillant au fond de la rivière; c'est-à-
dire qu'il les empêche de se refermer en insérant l'extrémité de
sa queue entre les valves, et qu'alors il les dévore vivantes. Mais
ce serait là une supposition, et en fait d'histoire naturelle, on a fait
déjà tant de suppositions et tant de contes, on a répandu tant d'erreurs que, ne fût-ce que pour m'éloigner un peu des routes battues, je ne rapporterai que ce que j'ai pu voir et étudier moi-
même.

Et maintenant je dois raconter piteusement comment se sont
terminées mes relations avec les rats musqués, et pourquoi j'ai
interrompu mes observations à leur sujet. Au mois de novembre
de l'an passé, en m'approchant d'un petit marais caché sous de
grands arbres, j'aperçus un de ces animaux occupé à couper et à
récolter des joncs pour construire sa hutte, et comme je m'élançai
vers sa maisonnette au moment où il venait de s'en éloigner, force
lui fut de s'enfuir d'un autre côté et de se cacher dans des
broussailles, où je le découvris bientôt immobile, la tête dans un
monceau de feuilles. Je l'avais fortement saisi au dos, et malgré
sa résistance, je l'avais enveloppé pour l'emporter vivant au logis,
quand, passant ses pattes, puis sa tête, par une large ouverture qu'il
avait pratiquée au milieu de mon foulard neuf, il s'élança pour
s'enfuir. Mais je tenais la queue dans un coin du mouchoir, et la
bête exaspérée par la résistance et excitée par l'amour de la
liberté, enfonça dans la paume de ma main ses longues incisives,
et me fit une blessure comme celle de deux clous chassés d'un
coup de marteau. La douleur me fit faire une secousse si brusque,
que le pauvre animal, lancé sur le sol, y resta sans mouvement :
il était mort. Sa peau avait quelque valeur et songeant à certains

de mes amis directeurs ou propriétaires de cabinets d'histoire naturelle, j'apportai l'animal au logis, avec l'intention de l'empailler
et de l'envoyer à l'un d'eux comme souvenir. Ce dépouillement,
le moins poétique de tous les travaux d'un naturaliste, me couvrit
moi-même et remplit mon appartement d'émanations de musc si
fortes et si désagréables, que, pendant plusieurs semaines, ma
chambre fut inhabitable et mon individu resta un épouvantail pour
ma famille et mes connaissances. Dès-lors, je me suis contenté de
récolter les fleurs et les coquilles et d'étudier les animaux d'Amérique à distance.

LÉO LESQUEREUX.

A BATONS ROMPUS.

FRAGMENTS' DE · JOURNAL.

De toutes les choses odieuses à la paresse humaine, la plus odieuse est de penser. Pour certaines natures, une seule chose est quelquefois plus dure encore que de penser, c'est de vouloir. Il n'y a sorte de ruses, de subterfuges, de travail même que cette paresse n'invente et ne s'impose pour échapper à cette double tyrannie. L'homme se révolte contre la loi qui le fait homme; il ne s'élève à sa propre dignité que par une sorte de contrainte. Il n'accomplit sa destinée qu'à la sueur de son visage, et n'avance qu'à reculons. Chaque pas est une bataille, chaque progrès une défaite, chaque liberté qu'il conquiert une violence faite à soi-même. Pourquoi cela? parce que la liberté est le miracle de la vie, comme la vie est le miracle de la nature inanimée.

Quelle jolie promenade! ciel pur, soleil levant, tous les tons vifs, tous les contours nets, sauf le lac doucement brumeux et infini. Un *œil* de gelée blanche poudrait les prairies, donnant aux cuirasses de lierre des grands chênes une vivacité métallique et à tout le paysage encore sans feuilles une nuance de santé vigoureuse, de jeunesse et de fraîcheur. « Baigne, élève ta poitrine avide dans la rosée de l'aurore! » nous dit Faust, et il a raison. L'air du matin souffle une nouvelle et riante énergie dans les veines et les moelles. Si chaque jour est une répétition de la vie, chaque aube signe avec l'existence comme un contrat nouveau. A l'aube, tout est frais, facile, léger, comme à l'enfance. A l'aube, la vérité spirituelle est comme l'atmosphère, plus transparente. A l'aube, les organes comme les jeunes feuilles, absorbent plus avidemment la lumière, respirent plus d'éther et moins d'éléments terrestres. — La nuit et le ciel étoilé parlent de Dieu, d'éternité, d'infini à la contemplation ; mais l'aurore est l'heure des projets, des volontés, de l'action naissante. Tandis que le silence et la « morne sérénité de la voûte azurée » incline l'âme à se recueillir, la sève et la gaieté de la nature se répand dans le cœur et le pousse à vivre.

Le printemps est là. Primevères et violettes ont fêté son arrivée. Les pêchers ouvrent leurs fleurs imprudentes ; les bourgeons gonflés des poiriers, des lilas, annoncent l'épanouissement prochain ; les chèvre-feuilles sont déjà verts. Poètes ! chantez, car la nature chante déjà son chant de rénovation. Elle bourdonne par toutes les feuilles un hymne d'allégresse, et les oiseaux ne doivent pas être seuls à faire entendre une plus distincte voix.

Toute création commence par une période d'angoisse chaotique, qui ne se termine qu'au *fiat lux* de l'intelligence. Le chaos d'où doit sortir un monde est d'autant plus vaste et douloureux que ce monde aura plus de grandeur.

Le badinage est une cuirasse de lin qui protége contre les vulgarités impatientantes de la vie, sans les heurter. La gaieté est un sauf-conduit qui fait passer bien des vérités et des libertés fort graves, que le sérieux aurait fait arrêter. Le rire sans méchanceté est un bon génie qui entretient l'élasticité de l'esprit et la santé du cœur.

On ne peut mépriser avec autorité que ce qu'on possède.

L'influence des esprits les uns sur les autres n'est pas du tout réciproque, mais plutôt hiérarchique. Chacun est attiré par ceux qui sont au-dessus de lui dans l'échelle des intelligences, et attire ceux qui sont au-dessous. A mesure que l'on s'élève, on donne plus et on reçoit moins. C'est ainsi que se fait l'harmonie et la compensation dans la cité de Dieu.

Une énigme peut être claire et sa solution obscure : voilà souvent la clarté française et l'obscurité allemande dans les ouvrages de philosophie. L'obscurité est sans doute toujours un mal, mais la clarté n'est pas toujours un bien. La clarté prise pour la vérité, c'est l'attribut pris pour la chose, et une qualité du cristal confondue avec le cristal même. Le vide est transparent, mais il est vide; et si la daphanéité de l'eau de roche est une beauté ravissante qui double la valeur de cet élément, il faut ne pas oublier non plus la signification peu flatteuse attachée par le langage à cette expression ambiguë : De l'eau claire.

Au fond, il n'y a qu'un objet d'études : les formes et les métamorphoses de l'esprit, et réciproquement l'esprit à travers ces métamorphoses; c'est-à-dire la vie et l'idée universelles dans leur unité et leurs différences.

Aucun organe ne peut se passer d'exercice. Exerce l'affection, entretiens l'espérance, ranime la chaleur intérieure, maintiens *toute* l'âme en action si tu ne veux la voir s'épaissir de quelque côté ou se raidir en mainte fibre.

Les gens superficiels sont bien heureux : les bouchons ne se noient pas.

La mélancolie et la toilette de deuil donnent aux femmes et aux jeunes filles une profondeur d'expression plus belle que la beauté même. Les yeux humides et le teint recueilli peuvent exercer une séduction des plus pénétrantes. La tristesse résignée captive mieux que la grâce coquette, et je préfère cent fois à la splendeur de la Vénus la langueur de la Madone. C'est qu'il y a plus d'âme dans le chagrin que dans la joie, dans une larme que dans un sourire, et que ce qui charme, attire, touche, saisit, enchaîne, c'est l'âme.

Quand le besoin de dire vrai fait négliger les égards, quand, préoccupé des choses on oublie les personnes, alors le désir de faire triompher l'opinion qui paraît juste peut avoir l'air du désir de triompher. Ceci est une faute. La franchise ne doit pas être poussée jusqu'à la crudité : *la vérité ne doit pas seulement vaincre, elle doit gagner.* Cet élément de persuasion, d'insinuation, d'onction manque à certains esprits généreux, qui, par haine de la câlinerie, par horreur de la diplomatie, de l'adresse, de la servilité, se réfugient plutôt jusque dans la rudesse. Crainte de flatter, ils brutalisent; crainte de faire des avances, de paraître circonvenir ou capter les bonnes grâces, ils choquent les opinions et indisposent les amours-propres. Tempérer la sincérité par la politesse, et la fermeté par la réserve; allier à l'indépendance le respect et à la vivacité le tact, est un art qu'ils doivent apprendre.

Un grave défaut qui stérilise la plupart de nos lectures et de nos projets, c'est l'ajournement. Nous remettons toujours le définitif, nous ne vivons qu'au provisoire, nous comptons sur le retour des circonstances, bref nous sacrifions le présent à l'avenir. Or le présent seul est réel. La vraie manière de préparer l'avenir est de bien profiter du présent. Aucune heure ne revient.

Diffère et tu ne feras rien. Le possible d'aujourd'hui est l'impossible de demain. Abats la perdrix pendant qu'elle passe.

L'œil est l'emblème de la science. Quand il s'ouvre, il voit d'abord tout en lui; le progrès de la vision consiste à reculer toujours plus l'objet, à alonger le rayon de sa sphère successivement jusqu'aux étoiles, jusqu'à l'infini. La science voit d'abord tout en Dieu; son progrès est, non de sortir de Dieu, mais de reculer toujours plus la cause dernière, d'étendre la région des causes secondes, d'augmenter ainsi le diamètre de la sphère divine.

Parlez-moi de l'ignorance pour délier la langue et de la sottise pour affiler le jugement! L'araignée d'eau disserte plus savamment de l'étang dont elle égratigne à peine la surface, que le poisson qui vit dans son sein. — Avis à la critique.

Ce matin, lu une partie des *Romans de Voltaire*, lecture détestable, si on la juge d'après la lecture du sage, car elle ne pousse qu'à l'immoralité. — Rire de singe assis sur la destruction, a dit un poète. On ne sort de ce livre que méchant, impur, ricaneur, aride et irréligieux. Comme Rousseau et sa Julie grandissent sur ces sépulcres vides et putréfiés de Voltaire! comme on se prend à aimer le misanthrope en dépit de tous ses sophismes et de son implacable orgueil, à le respecter pour sa chaleur morale, pour son énergie de haine et d'amour.

Etre méconnu même par ceux qu'on aime : c'est la vraie croix, c'est ce qui met sur les lèvres des hommes supérieurs ce sourire douloureux et triste, c'est la plus poignante amertume des hommes qui se dévouent; c'est ce qui a dû serrer le plus souvent le cœur du Fils de l'homme; c'est la coupe de souffrance et de résignation. Si Dieu pouvait souffrir, c'est la blessure que nous devons lui faire et tous les jours. Lui aussi et lui surtout est le grand méconnu; le souverainement incompris. Hélas ! hélas! Ne pas se lasser, ne pas se refroidir, être patient, sympathique, bienveillant; épier la fleur qui naît et le cœur qui s'ouvre; toujours espérer, comme Dieu; toujours aimer, c'est là le devoir.

Il faut guérir la solitude par la société et la société par la solitude.

Je ne trouve rien de neuf; presque toujours je retrouve.

Tous les hommes cherchent Dieu; même l'avare, le débauché, le scélérat; mais Dieu pour l'un c'est l'or, pour l'autre la volupté, pour un troisième le sang , pour tous leur idéal, leur passion secrète, leur amour fondamental. — *Chacun obtiendra ce qu'il cherche :* c'est la manière dont Dieu punit et éclaire. — Si ce qu'il cherche est faux, le coupable y trouvera son enfer relatif.

Le bonheur est forcément réciproque et ne se trouve guères qu'en se donnant.

Etouffer un sentiment pénible, c'est comprimer la vapeur.

En général, le rêve tire ses textes du souvenir et les tisse, les effrange, les entortille, les entrelace, souvent aussi les élève à l'idéal (ainsi on parle, on agit incomparablement mieux). Le rêve peut donc être défini : Ou bien un jeu que la *fantaisie*, cette folle du logis, introduite dans l'immense *bazar* de la *mémoire*, y fait de tout ce qu'elle trouve sous sa main; — ou : le reflet des ondulations de la vie inconsciente sur le plafond de l'imagination.

Une amie d'enfance! chose fraîche et poétique! amitié toujours un peu émue, protection toujours un peu tendre, attachement qui unit l'intérêt chaste de la fraternité à la grâce piquante et idyllique d'une amourette, qui permet de serrer la main, quand on voudrait baiser la joue, et maintient les cœurs sur la limite indécise et virginalement charmante d'une affection demi-éclose et demi-contenue!

Il en est du journal intime comme de la prière et de la vie morale : plus on le néglige, moins il est attrayant; moins on en use, moins on peut en user.

L'homme qui entre en curieux goguenard dans le sanctuaire des pensées qui nous tiennent à cœur, provoque notre antipathie. C'est pour nous l'écolier insolent qui veut lever le voile d'Isis, non pour adorer la déesse, mais pour persiffler sa mystérieuse beauté.

La *présomption de l'incompétence* et la *curiosité irrévérencieuse de la frivolité* sont également odieuses et agacent pareillement. Toutes les deux se résument dans le même sentiment : *Profanation*. Et il y a deux profanations : celle de l'intelligence et celle du cœur. L'une révolte et indigne presque autant que l'autre. Si la foi est précisément ce sérieux amour, cette sincérité d'âme, il faut, pour la vérité comme pour la sainteté, dans la science comme dans la religion, croire pour être digne de comprendre; il faut aimer pour être néophyte, aimer plus encore pour devenir épopte — *Procul este, profani!*

Oublie-toi, pour comprendre et pour être heureux.

La valeur sociale de chacun, c'est sa valeur utile. Demande-toi
à qui et à quoi tu sers, et vraisemblablement tu deviendras modeste.

Les riens sont de grandes choses, car ils peuvent ruiner la réputation, enlaidir tous les rapports sociaux, compromettre tout
un avenir.

Les *hommes* d'Homère valent mieux que leurs *dieux.*

O mobilité de l'âme! la même pensée qui un jour nous a fait
pleurer, huit jours plus tard peut nous laisser indifférents. Les
mille métamorphoses des nuages au ciel sont une faible image de
la variété des impressions, antipathies et sympathies que peut
éprouver un cœur humain, je ne dis pas seulement le cœur d'une
femme.

L'âme de l'égoïste est un aiglon dans l'œuf. Une coque de pierre
le sépare de la vraie vie. Pour s'ébattre au soleil de Dieu, pour
aspirer l'air des cieux et la liberté de l'espace, pour connaître
l'infini et la joie, il faut avoir brisé l'œuf. L'œuf qui paraît à l'é-
goïste un temple, n'est qu'un tombeau.

Faculté de transformation, de simplification : pouvoir se simplifier sans limites, oublier son milieu, son époque et se faire d'un
autre âge; oublier tel ou tel sens, se faire aveugle ou sourd, se
faire même être inférieur à l'homme, animal, plante, etc.; se mettre
au-dedans de son corps, se sentir dans les limbes physiquement et
spirituellement : faculté précieuse; jeunesse à volonté.

Ravissante après-dînée. — Paysage d'automne, éblouissant et
tendre, lac de cristal, lointains purs, air doux, monts neigeux,
feuillages jaunis, ciel limpide, calme pénétrant, rêverie des derniers beaux jours. Je ne pouvais m'arracher de cette terrasse.
Deux cygnes jouaient sur l'onde transparente, et plongeant l'un
après l'autre, s'enveloppaient d'anneaux onduleux et concentri-
ques. Quelques bateaux au loin rayaient d'argent le miroir bruni

des eaux. Tout respirait la langueur caressante et l'éclat charmant de la beauté qui s'éloigne et, pour prolonger son souvenir, se pare de ses derniers attraits.

Une faute, qui se paie par une souffrance, pèse moins à la conscience délicate que celle qui paraît impunie; comme la clémence touche souvent plus profondément le coupable que le châtiment.

Le dégoût de la banalité et du plagiat peut avoir une conséquence fâcheuse; il risque de vous ôter le goût à vos propres idées, quand vous les voyez reprises et défendues par d'autres.

Au printemps l'âme, comme le serpent, change de peau et se rajeunit.

Z. L.

POÉSIE.

—

LA BIBLE DE MA MÈRE.

De tout ce que ma mère à sa mort a laissé ,
Réveillant sa mémoire en la nuit du passé,
Rien ne rappelle plus son cœur fervent, sensible,
Ne la fait mieux revivre à mes yeux, que sa Bible !

Dans la joie ou les pleurs chaque jour elle allait
Chercher au livre saint l'appui qu'il lui fallait ,
Et sans cesse, achevant la pieuse lecture,
Sa peine était moins vive ou sa gaîté plus pure.

Je crois encor la voir joignant ses blanches mains
Sur l'Evangile ouvert, vase offert aux humains ;
Y puiser l'espérance, y recueillir ce baume
Qui console au palais comme sous l'humble chaume ;
Chrétienne, elle y trouvait le calme souhaité,
Sur la page divine à son âme apporté.

Ce Livre est le premier où ses trois enfants lurent ;
C'est le dernier aussi que ses yeux parcoururent ;
Sur l'océan du monde il sut la diriger ,
C'était le gouvernail de sa voile en danger ;
Ensemble il lui servit de compas, de boussole :
Jésus fut son aimant, et *l'Eternel* son pôle.

Bible, évoque pour moi ce temps cher et béni,
Où mon cœur, pur cristal, que rien n'avait terni,
Attentif et charmé, s'épanouissait d'aise
Au sublime récit de l'antique Genèse ;

Alors que j'admirai dans le texte sacré
La naissance d'un monde à l'homme consacré,
Lorsque ma tendre mère instruisant sa famille,
En nous montrant ta lettre au bout de son aiguille,
Recueillie en son air, grave comme au saint lieu,
Nous faisait épeler la Parole de Dieu.

Ah! redeviens encor le seul que je consulte,
Livre admirable et saint où se base mon culte;
Des œuvres des mortels, que mon esprit lassé
Retrouve à ton aspect l'image du passé,
Et rappelle toujours à ma vieillesse amère
Ce que j'aimai le mieux, Dieu, Jésus et ma mère!

J. Petit-Senn.

CHRONIQUE

REVUE SUISSE.

—

MAI.

La fête du 4 mai, anniversaire de la proclamation de la République par l'Assemblée Nationale, a été complétement gâtée par une pluie persistante, qui a décoloré toute la journée et à-peu-près éteint l'illumination du soir, la plus mesquine d'ailleurs que l'on eût vue depuis longtemps. Là dessus grande joie parmi les monarchistes de toutes couleurs ; ils ne se donnent pas la peine de la dissimuler. « La troisième fête de la République est tombée dans l'eau, » disent-ils, et ils ne demandent pas mieux que d'y voir un présage pour la République elle-même. Ses partisans, en revanche, se rabattent, dans ce genre de discussion, sur le dernier anniversaire du 24 février, tout brillant d'azur et de soleil, et marqué, on se le rappelle, d'un caractère évident d'intention populaire.

Superstition à part, la différence entre ces deux dates commémoratives n'est que trop réelle. L'une représente et signifie la Révolution ; l'autre, la République. Il aurait fallu que le 4 mai absorbât et fît oublier peu à peu le 24 Février et ce qu'il rappelle. Il n'en a rien été : les masses ne se souviennent que de la date révolutionnaire, et s'y rattachent : c'est son esprit qui les anime et vit en elles. La République est chancelante, mais la Révolution est toujours là, qui veille, prête à tout soulever de nouveau et à tout recommencer. La première pouvait seule satisfaire pacifiquement la seconde, en régler le courant, et lui creuser un lit qui permît de rebâtir et de replanter sur ses rives, au moins pour quelque temps. Tout le monde l'espérait, le voulait ainsi, et acclamait la République en ce sens il y a trois ans. Si cet espoir ne s'est pas réalisé, à qui la faute ? à tout le monde encore : aux républicains d'abord, qui ne savent ce que c'est que la république, qui en ont la chimère dans la tête plutôt que la réalité dans le cœur, et la croient possible sans vertu et sans Dieu ; puis aux conservateurs de toutes nuances, qui la voulaient bien au commencement, mais par nécessité ou par peur, et à la condition qu'elle ne leur imposerait aucun sacrifice, qu'elle ne serait qu'un mot, que rien ne serait changé pour eux ; et maintenant ils sont bien d'accord pour précipiter sa ruine, mais non pas pour recueillir son héritage et en partager les débris. Aussi, quel sera son véritable héritier, si elle tombe ? Ce sera l'Anarchie ou la Force : comment espérer mieux, lorsqu'il y a, d'une part, tant de prétendans également acharnés, et de l'autre, la Révolution, que la République n'aura pu apaiser ? Or, d'où qu'elle vienne, quelle que soit sa nature, et donnât-elle même momentanément le repos, la Force est la Force ; chacun en pourra savourer les douceurs.

— La puissance vive, la milice secrète de la république rouge passe toujours pour être organisée en sections ; l'on nous donnait même dernièrement comme positif, que ces sections étaient de temps en temps et inopinément passées en revue par leurs chefs. Voici, prétendait-on, comment cela se passe. Les membres de ces sections, au jour et à l'heure indiqués, se postent par petits groupes, échelonnés sur les quais, sur les boulevards, et mêlés à la foule de manière à n'être pas remarqués. Les chefs passent à pied ou en cabriolet, devant le front de bataille de cette mystérieuse armée, et s'assurent d'un regard que tous leurs hommes ont bien répondu à l'appel. Ils se vantent même d'avoir ainsi 60,000 hommes sous la main ; mais c'est en fait de pareils bulletins surtout qu'il faut se défier des zéros, et l'on ne risque rien ici d'en retrancher un, sans parler de tout ce que la police y peut revendiquer pour sien.

On nous assure, ce qui nous paraît plus significatif et plus grave, que l'élément d'enthousiasme et de générosité mêlé plus ou moins jusqu'ici à l'esprit révolutionnaire, tend notablement à s'effacer dans le peuple et parmi les ouvriers ; que les idées basses et immorales, de vengeance, de pillage, y font de tristes et sensibles progrès. Ils considèrent le désintéressement comme une duperie depuis la déception qui a suivi pour eux la révolution de Février. Et s'il survenait une nouvelle journée, non seulement ils pilleraient pour ruiner leurs adversaires et leur enlever cette richesse qui fait leur force, mais pour le pillage lui-même et pour en profiter.

Cette disposition, le sentiment vague qu'on en a, est aussi pour eux une cause de faiblesse et d'insuccès. Elle leur ôte beaucoup de ces auxiliaires passifs dont la connivence involontaire fait plus de la moitié de la réussite d'une tentative de soulèvement. Il y a certainement aujourd'hui beaucoup plus de gens familiarisés sinon gagnés à l'idée du socialisme, qu'on n'en comptait il y a deux ans ; mais il y en a

aussi beaucoup moins qui laisseraient faire une révolution sans mot
dire et la verraient passer en se croisant les bras. De plus, si les journées de Juin sont déjà bien loin et bien oubliées, l'impression en reste,
profonde chez tous. Elle a fort abattu les courages, fort diminué l'envie de recommencer. D'autant plus qu'il y a l'armée, et qu'on ne la
laisserait probablement pas dans l'inaction cette fois-ci. L'armée n'appartient proprement à aucun parti, à aucun chef, et c'est ce qui fait
la difficulté du dénouement pour ceux qui voudraient le brusquer.
L'armée s'appartient à elle-même, mais elle est honnête, elle ne pac-
tiserait pas avec le désordre; et pour peu qu'il y eût un semblant de
gouvernement, elle lui obéirait.

Ce n'est donc pas tant la république rouge qui effraie; c'est la république elle-même tout simplement.

Quand la révolution de 1830 eut renversé la monarchie héréditaire,
on eut beau la remplacer par une dynastie nouvelle, les Puissances
absolutistes ne se dissimulèrent pas la portée de ce changement. Elles
furent à grand'peine rassurées par Louis-Philippe, et il fallut toute la
prudence et les concessions de ce prince, toute la confiance qu'il finit
par leur inspirer, pour les faire renoncer à un plan de coalition agressive, dont les insurgés polonais prétendirent même avoir trouvé les
preuves à Varsovie, dans des pièces diplomatiques qui, si nous ne
nous trompons, furent publiées alors. C'est bien autre chose aujour-
d'hui! ces deux seuls mots de RÉPUBLIQUE FRANÇAISE sont un défi et un
appel permanents, et la raison des choses; comme tout ce qui trans-
pire des secrets diplomatiques de l'étranger, atteste l'impatience que
l'on y éprouve de voir ces deux mots menaçans rayés de la carte de
l'Europe.

A cette impatience du dehors répond celle du dedans. Ceux qui ne
veulent plus de la république en parlent déjà comme si elle était morte.
Et pourtant, quand il faut en venir au fait et au prendre, ils ne savent
comment s'en débarrasser. Ceux qui ne raisonnent pas, et ils y ga-
gnent au moins de ne pas perdre leur peine, se figurent que la chose
se fera toute seule : ils marchent dans leur illusion, c'est peut-être encore le moyen le plus sûr de la voir se réaliser. D'autres, moins con-
fians, n'en sont pas moins décidés à tout braver, même une période
d'anarchie et de terreur, pour que la royauté renaisse le plus promptement possible de ses cendres. Mais tous, bien que le temps presse,
ne sont pas disposés à courir ainsi la poste; plusieurs rétrogradent ou
s'arrêtent; et ceux qui poussent de l'avant, ne sont d'accord que pour
pousser, mais sans parvenir à s'entendre et à se rencontrer.

M. Guizot s'est déclaré pour la fusion et le principe de la légitimité
dans la monarchie. Il a comme organe le journal l'*Assemblée nationale* dont M. Duchâtel et d'autres fonctionnaires de la royauté de
juillet réunis à des légitimistes ont acquis la propriété. Certains articles, quelques-uns particulièrement signés Ch. Rabou, passent pour

être dus à la plume ou du moins à l'inspiration de M. Guizot. La fu-' sion y est présentée au point de vue d'une étude historique, d'une enquête sur le caractère et la situation de la France, puis d'une propagande d'opinion, plutôt que comme un parti et un plan politiques proprement dits.

M. Thiers, en revanche, semble se retirer de nouveau dans sa tente; on le dit tout occupé de recherches sur l'assistance publique, et consultant, dans ce but, les présidents des associations ouvrières, dont la conversation sur ce grave sujet l'aurait édifié beaucoup plus, prétend un journal, qu'il ne l'eût supposé. Il paraît tenir bon jusqu'ici contre tout ralliement au principe légitimiste, soit que ce principe répugne à son caractère et à ses antécédents, soit qu'il en sente la profonde impopularité. Suivant un bruit de coulisse ou de couloir, on lui fait même dire un jour que, fidèle aux idées de 89, il finirait comme il avait commencé.

Le *Constitutionnel* est répudié par l'Elysée, et les solutions de M. Véron traitées par le journal officiel de « fantaisies » et « d'excentricités. » M. Véron, dans un nouvel article qui n'a pas causé peu d'étonnement, propose, comme unique moyen de salut, le dilemme suivant : ou la révision de la constitution, ou l'abrogation de la loi du 31 mai contre le suffrage universel, pour qu'aux élections de 1852 les trois millions d'électeurs privés de leur droit n'essaient pas de le reprendre par une révolution nouvelle, et par toutes les violences auxquelles il faudrait s'attendre en ce cas. Les uns voient dans cet avis du docteur le résultat de sa brouille avec l'Elysée; les autres l'attribuent au sentiment qu'il a de la situation et à la crainte qu'elle lui inspire; d'autres enfin n'y voient pas une affaire de tact, mais de tactique, et veulent à toute force qu'au fond il exprime la pensée personnelle du Président.

Malgré les dénégations officielles, la politique intime de l'Elysée passe, en effet, toujours pour être celle-ci : obtenir la révision de la constitution, c'est-à-dire la prorogation des pouvoirs ; ou, si la Chambre n'en veut pas, la menacer d'une demande pour le rappel de la loi du 31 mai, et tourner les masses contre elle par son refus de leur rendre le suffrage universel tel qu'il était avant cette loi.

La majorité parlementaire avait décidément porté un traître coup au Président, en rejetant l'allocation extraordinaire. « Plaie d'argent n'est pas vice, mais c'est bien pis, » dit le proverbe : il paraît que cette plaie devient de plus en plus cuisante et rongeante à l'Elysée. Mais la majorité n'a pas mieux avancé pour cela ses propres affaires. Ses chefs sont, ce semble, passablement déroutés. La question de la révision doit venir sur le tapis à la fin de ce mois ou au commencement de juin; mais que la majorité la rejette ou l'accepte, rien par là ne sera encore décidé. La question capitale, la question vraie, est celle de la République ou de la Monarchie : chaque jour la pose un peu plus, mais le difficile n'est pas de la poser.

Sur tout ceci, l'Elysée éprouve ou affecte une grande tranquillité d'âme ; on a l'air même fort satisfait et à l'aise, comme si l'on ne doutait pas du dénouement.

Plusieurs sont persuadés cependant, que le dénouement sera tout simple et forcé : à savoir, un nouveau président, auquel il faudra vulgairement céder la place, n'y ayant pas moyen de faire autrement. Dans cette prévision, M. de Lamartine vient de se donner une tribune avec le journal le *Pays*, et le général Cavaignac de se cantonner au *Siècle*. Une fraction des républicains songe à porter M. Carnot, ministre de l'instruction publique sous le gouvernement provisoire ; il aurait pour lui les instituteurs primaires, fort nombreux et influens dans les campagnes. M. Emile de Girardin a aussi son président tout prêt, un ouvrier en billards, nommé George, d'autres disent un représentant du peuple, M. Nadaud, duquel, comme du premier, le rédacteur de la *Presse* serait le maire du palais. Ce choix tout démocratique n'empêche pas que, suivant un bulletin secret lancé des bas-fonds de la république rouge, le second coup de fusil ne doive être pour Emile de Girardin, le premier étant réservé au général Cavaignac.

— La société, quoique calmée en apparence et rassise, est donc toujours en l'air. Si l'on n'en est pas encore à l'anarchie des faits, on est en plein dans celle des idées. Il y a divergence au centre, dans les vues modérées et pratiques, aussi bien qu'aux extrémités, dans les vues insensées ; car ici l'audace ou la perversité des doctrines ne se montre pas d'un seul côté. Partis de dessous terre, les ténébreux bulletins dont nous avons parlé tout à l'heure, recommandent au peuple de « se méfier de la presse prétendue démocratique, » et de se tenir prêt à écraser par « le plomb et le feu » tous ses adversaires. Mais, d'autre part, dans un livre publié il y a quelques années, M. de Falloux n'a-t-il pas fait l'apologie de la Saint-Barthélemy, et dernièrement l'*Univers* ne faisait-il pas celle de l'Inquisition ? Maintenant, ce journal et le parti fougueux dont il est l'organe, prêche ouvertement, hautement, le pouvoir temporel du Pape et le rétablissement de sa suprématie sur les peuples et les rois ; il prêche, en un mot, le retour aux pures doctrines du 12me siècle comme la seule voie de salut pour le 19me. Ainsi, en fait de principes et de système, celui qui a produit logiquement la Terreur, ou celui qui a produit non moins logiquement la croisade contre les Albigeois avec le cri fameux : *Tuez-les tous !* voilà le beau choix qu'on nous offre. Et tout cela au nom de l'Unité, que les ultramontains sont obligés de défendre dans le passé comme les fanatiques de 93 l'entendent de notre temps. Mais si c'était là réellement l'Unité, l'Unité serait une chose atroce.

· —ₗM. Guizot a mis le doigt sur la grande plaie de notre âge, l'ab·
sence de *foi dans l'ordre surnaturel*, et le besoin absolu que nous
avons du *Dieu vivant*. Il l'a fait dans le discours par lequel il a ouvert
la séance annuelle de la Société biblique protestante, dont il est président. Ce discours a été fort remarqué. Les partis n'ont pas manqué
de s'en approprier ou d'en dénaturer l'intention, chacun dans son
sens. Il est très-court, le voici en entier :

« Messieurs,

» Quand vous ne vous en feriez pas un devoir, vous pourriez, sans
craindre les répétitions et la monotonie, vous réunir chaque année, et
pour la même cause, dans cette enceinte ; car l'œuvre qui vous y appelle n'a rien à redouter de ces fréquents retours. Elle est à la fois toujours la même et toujours nouvelle. C'est toujours la même vérité que
vous travaillez à répandre ; mais c'est à des âmes nouvelles que vous
venez ici, chaque année, vous féliciter de l'avoir distribuée. C'est toujours pour le même maître que vous voulez faire des conquêtes ; mais
vous avez le monde entier à conquérir à sa loi.

» L'an dernier, à pareil jour, j'ai essayé de montrer combien votre
œuvre est en harmonie avec les instincts et les intérêts de notre société tout entière, avec ces besoins de foi, d'espérance et de charité,
et en même temps d'ordre et de repos qu'elle ressent si vivement. Je
voudrais dire aujourd'hui combien elle est aussi en harmonie avec
l'état intime des âmes, avec les besoins moraux, non-seulement de
notre société en général, mais de chacun de nous en particulier, dans
le secret de son cœur.

» Quelle est, Messieurs, au fond, et religieusement parlant, quelle
est la grande question, la question suprême qui préoccupe aujourd'hui
les esprits ? C'est la question posée entre ceux qui reconnaissent et
ceux qui ne reconnaissent pas un ordre surnaturel, certain et souverain, quoique impénétrable à la raison humaine ; la question posée,
pour appeler les choses par leur nom, entre le *supernaturalisme* et
le *rationalisme*. D'un côté, les incrédules, les panthéistes, les sceptiques de toute sorte, les purs rationalistes ; de l'autre, les chrétiens.

» Parmi les premiers, les meilleurs laissent subsister dans le monde
et dans l'âme humaine la statue de Dieu, s'il est permis de se servir
d'une telle expression, mais la statue seulement, une image, un marbre. Dieu lui-même n'y est plus. Les chrétiens seuls ont le Dieu vivant.

» C'est du Dieu vivant, Messieurs, que nous avons besoin. Il faut,
pour notre salut présent et futur, que la foi dans l'ordre surnaturel,
que le respect et la soumission à l'ordre surnaturel rentrent dans le
monde et dans l'âme humaine, dans les grands esprits comme dans les
esprits simples, dans les régions les plus élevées comme dans les plus
humbles. L'influence réelle, vraiment efficace et régénératrice, des
croyances religieuses est à cette condition. Hors de là, elles sont su-
perficielles et bien près d'être vaines.

» Les livres saints sont le maître par excellence pour enseigner
cette vérité sublime et lui rendre son empire. Ils sont l'histoire de

l'ordre surnaturel, l'histoire de Dieu même dans l'homme et dans le monde. '

» Et ne vous inquiétez pas des difficultés de l'œuvre, ni du petit nombre de ceux qui croient déjà, ni du grand nombre de ceux qui ne croient pas ou qui ne se soucient pas. Les difficultés et le nombre des adversaires étaient bien autres quand le christianisme a paru dans le monde. Il y a plus de puissance dans un grain de foi que dans des montagnes de doute ou d'indifférence.

» On peut avec fermeté travailler aujourd'hui à ranimer et à préparer la foi chrétienne, car la liberté, la liberté religieuse et civile est là pour empêcher que la foi n'enfante la tyrannie et l'oppression des consciences, autre impiété. Les amis de la liberté de conscience peuvent retourner sans crainte au Dieu des chrétiens ; il n'y a plus, il n'y aura plus désormais de captifs ni d'esclaves au sein de ses autels.

» A ceux qui craindraient encore que si la foi revient, la liberté ne succombe, j'ai un fait rassurant à signaler. Nous avons sous nos yeux, aujourd'hui, à nos portes, un grand et glorieux exemple. Voyez ce qui se passe en Angleterre : certes, l'irritation protestante est là bien vive; il y a là un mouvement bien général, bien passionné, en faveur d'une foi populaire et puissante. Le gouvernement lui-même s'associe à ce mouvement et le suit. Le protestantisme anglais se montre bien tenté de chercher sa sécurité et sa satisfaction aux dépens de la liberté religieuse des catholiques. Eh bien! Messieurs, ce qu'on a l'air de faire en Angleterre à cet égard, on ne le fait réellement pas; on ne l'ose pas, on ne le peut pas, au fond du cœur, on ne le veut pas. Au milieu de cette effervescence protestante, la liberté religieuse des catholiques anglais persiste et se déploie.

» La liberté de leur culte : leurs églises sont ouvertes et même se multiplient; leurs prêtres exercent sans aucune entrave leurs fonctions.

» La liberté de leur presse : ils soutiennent publiquement leurs croyances et leurs actes.

» La liberté de leurs discours et de leurs votes dans le Parlement : ils y défendent hautement leur cause.

» C'est là, Messieurs, un spectacle admirable; certes l'épreuve est rude pour la liberté religieuse, et je comprends qu'elle s'en inquiète. Elle en sortira triomphante; à l'honneur des chrétiens protestants d'Angleterre, les chrétiens catholiques n'y retomberont point sous l'oppression.

» Que la foi et la piété chrétienne reviennent donc; elles ne ramèneront à leur suite ni l'injustice ni la violence. Il y aura sans doute bien des soins à prendre, bien des petits combats à soutenir pour que la liberté religieuse demeure intacte au milieu de la ferveur religieuse renaissante. Mais cette belle harmonie sera atteinte, et fera l'honneur de notre temps. Entre les chrétiens des communions diverses il ne peut plus y avoir désormais que des luttes de foi et de piété libres, seules permises par la loi de Dieu et seules dignes de ses regards. Je ne connais, Messieurs, pour vos pieux travaux, point de plus puissant ni de plus rassurant encouragement. »

En prêchant cette nécessité d'un retour à la foi dans l'ordre surnaturel, M. Guizot n'anéantit pas pour cela la liberté. Les ultramontains, d'un côté, les philosophes, de l'autre, qui n'admettent que leur monde prétendu rationnel, lui ont reproché, chacun pour leur compte, de se montrer par là inconséquent; mais il nous semble très conséquent, au contraire, de ne pas asservir les choses invisibles et surnaturelles à une autorité visible et terrestre. Le surnaturel ne peut être de l'homme à l'homme, mais de l'homme à Dieu seulement.

L'illustre orateur ne dit pas non plus en quoi consiste cette foi dans l'ordre surnaturel pour le chrétien, ni quels développemens elle est appelée à prendre dans la société de notre âge, si elle s'y réveille et s'y étend. Il n'avait pas à le rechercher; il s'est borné à en signaler le besoin avec une grande justesse d'appréciation historique et philosophique, et il en montre le dépôt dans les livres saints qui sont « l'histoire de l'ordre surnaturel, l'histoire de Dieu même dans le monde.» Là-dessus on relève la vieille objection, que le protestantisme a pour principe la liberté d'examen. Oui, comme révolution, comme résistance à l'autorité despotique de l'église romaine, mais non pas comme doctrine. Comme doctrine, il part aussi de la nécessité de la foi à l'ordre surnaturel, et il la cherche dans l'autorité des livres saints. Mais, ajoute-t-on alors, cette autorité est sujette à discussion. Eh! celle de l'église ne l'est-elle pas aussi? L'église rejette ceux qui discutent et ne se soumettent pas : mais cela empêche-t-il que l'on ne discute, que les discutans ne soient nombreux, et y a-t-il beaucoup de véritables catholiques aujourd'hui, même parmi les antiquaires infatués de moyen-âge et les journalistes raisonneurs et déclamateurs de l'*Univers*? Une autorité visible a-t-elle empêché les trois quarts du monde catholique de devenir incrédules? a-t-elle arrêté Voltaire, bien qu'il eût été élevé par les jésuites? a-t-elle arrêté Lamennais, son plus grand défenseur dans notre âge pendant un temps? arrêtera-t-elle le père Lacordaire, qui a un parti nombreux, jeune, avancé, et que ses aspirations démocratiques, ses pressentimens d'un changement inévitable dans les rapports sociaux, commencent à mettre en suspicion dans l'esprit des vieux croyans?

Que le protestantisme ne soit pas une église visible et unique, et extérieurement unitaire; qu'il s'en aille un jour, si l'on veut, comme forme et comme institution, en quoi cela est-il nécessairement identique à la perte de la foi en l'ordre surnaturel et chrétien, et au règne absolu de l'église romaine? comment même cela condamne-t-il son principe spécial d'opposition à tout despotisme religieux, ce principe n'ayant d'autre but que de replacer l'homme, directement et sans intermédiaire, en face de l'ordre surnaturel. Les protestans rationalistes sont nombreux, mais les catholiques incrédules ne le sont pas moins : cela ne prouve pas plus contre le principe protestant que contre le principe catholique, et ne prouve rien contre celui qui les domine tous deux, le principe chrétien. Pour nous, l'Eglise doit être aussi *esprit et vie*, comme tout le christianisme.

Dans le moment même où les journaux catholiques ou libres-pen-
seurs relevaient cette prétendue inconséquence de M. Guizot, un des
pasteurs protestans de Paris, M. Verny, prêchant un jour dans sa
chaire, traitait ce sujet de l'unité de l'Eglise. Il fit ressortir avec sagacité, et d'une manière aussi solide qu'ingénieuse, combien les catholiques se font une fausse idée de l'unité. Ils la confondent avec l'uniformité. Or, l'unité est incontestablement le cachet de la vérité; elle
se lit dans l'ensemble et les détails des œuvres du Créateur; mais l'u-
niformité ne s'y rencontre jamais, elle est antipathique à la nature;
l'unité est la vie, mais l'uniformité est la mort : c'est que l'une est de
l'homme, et que l'autre est de Dieu.

En citant le discours de M. Guizot, l'*Univers* l'a fait suivre d'une
lettre inédite du comte de Maistre à propos du jubilé de la Réformation, lettre dont l'idée se trouve résumée dans ce mot : « Les beaux
» esprits de sa secte remercient Luther de les avoir affranchis de toute
» autorité. Vous m'entendez. » Les docteurs de l'*Univers* l'entendent
très bien, en effet. Ils ont l'habitude d'accuser le protestantisme de
toutes les révolutions modernes et, en fin de compte, du socialisme.
Nous avons déjà répondu en principe à cette assertion. C'est comme
si l'on accusait la liberté de tout le mal qui s'est fait sur la terre : et
pourtant, sans la liberté, que deviendrait le monde moral? il périrait,
il n'aurait plus sa raison d'être. Mais les faits aussi parlent manifestement dans ce sens. Quels sont les pays les plus révolutionnaires, en
action et idées? ce sont des pays restés catholiques. Et quant au socialisme en particulier, nous trouvons sur ce même point, dans un
recueil qui ne fait pas de polémique religieuse, dans la *Revue des
Deux Mondes*, une observation qui ne frappera pas moins par sa justesse que par sa simplicité. C'est par là que nous voulons terminer. —
L'article d'où est tiré ce passage a paru dans le numéro du 1er mai.
L'auteur, M. Emile Montégut, parle de la littérature socialiste en Angleterre.

« On nous dit, ajoute-t-il, que le protestantisme s'en va, que le fanatisme puritain est détrôné, que les sectes n'ont plus de crédit : c'est
possible; mais à coup sûr l'esprit du protestantisme vit dans les âmes
anglaises, il a passé dans le sang du peuple..... Or, tant que l'esprit de
Calvin régnera en Angleterre, le socialisme a peu de chances de succès. L'esprit du religieux et rigide bourreau de Michel Servet suffira
pour repousser les doctrines corrompues et le panthéisme sensuel qu'il
condamna sans pitié il y a trois siècles, alors que ces doctrines s'étaient
affublées du manteau chrétien. La lutte de la société moderne contre
le socialisme, le protestantisme l'a soutenue dès sa naissance contre
les Anabaptistes, les Sacramentaires et les Libertins de Genève. De
toutes les doctrines qui repoussent le socialisme, il n'y en a même pas
qui lui soient plus contraires que le protestantisme. Ses défauts sont
précisément les défauts opposés à ceux du socialisme. Le protestantisme avec sa doctrine du devoir, avec son excessive sollicitude pour

les droits de l'individu, avec le soin qu'il apporte à régler, à préserver
et à entourer de garanties la vie individuelle, repousse formellement
toute idée d'association, et combien plus alors les idées de promis-
cuité, d'effacement individuel, que prêchent nos modernes docteurs.
Chez nous, il n'en est pas ainsi : nos doctrines religieuses ou politiques
ne repoussent pas toutes le socialisme ; on ne sait pas tout ce qui se
cache de socialisme sous un certain catholicisme, sous un certain roya-
lisme. Les imaginations et les souvenirs, les regrets du passé et les
aspirations délirantes du présent ne sont pas si loin de s'entendre.
Il y a du socialisme dans telle ou telle apologie des anciens ordres monastiques, dans telle ou telle réhabilitation du protectorat féodal. —
Ce sont là des chances favorables que le socialisme ne rencontrera jamais dans la vieille, libre et protestante Angleterre ».

— M. Sauzet a voulu dire aussi son mot sur la journée du 24 février
et sur l'envahissement de la Chambre des Députés ; dont il était devenu comme le président inamovible. Mal lui en a pris, car son rôle
y fut des plus minces, et ses assertions sur ce qu'il avait tenté de faire
pour préserver la Chambre ont été contredites même par ceux de son
bord. Il s'attaque surtout à M. de Lamartine ; mais il s'est attiré par
là une réponse cuisante, où celui-ci lui rappelle, entre autres, « l'in-
» concevable versatilité de tel orateur qu'il pourrait citer, qui part
» légitimiste de Lyon pour arriver orléaniste à Paris. » Or, cet orateur n'est autre que M. Sauzet lui-même, à qui cela est en effet arrivé
en 1850. Maintenant, c'est une justice à lui rendre, il revient à son
point de départ, il est légitimiste et pour la fusion. « Ces tours de
» force-là, » ajoute M. de Lamartine en faisant allusion à ce trait d'histoire de l'avocat lyonnais, « ces tours de force-là ne se répètent pas
» deux fois en un siècle. » Et il terminé par cette apostrophe : « Non,
» monsieur, je n'ai point de remords, et je vous laisse les regrets. »

— Il a paru dans ee mois de nouveaux documens du plus haut intérêt sur Mirabeau. D'abord, une suite d'articles de M. Sainte-Beuve,
d'après des papiers de famille, sur la jeunesse orageuse et souillée du
célèbre tribun. Puis, la correspondance intime de Mirabeau avec un
de ses amis les plus sincères et les plus dévoués, le comte de la Marck,
mort dernièrement en Belgique, prince d'Areneberg: M. Sainte-Beuve
a fait aussi un travail distinct sur cette publication. Elle met dans son
vrai jour la situation de Mirabeau et le rôle qu'il aurait voulu tenir
entre les divers partis qui combattaient ou se disputaient la révolution. Lui, il était au-dessus et à part, et aurait voulu fonder la monarchie constitutionnelle, mais qu'il comprenait avec génie et avec grandeur.

— M. Ponsard vient de terminer une nouvelle tragédie, *Ulysse*,
dont il a déjà fait une première lecture en petit comité. Il a choisi
pour sujet de l'action le retour du héros voyageur, et son combat avec

les prétendans à la main de Pénélope. C'est encore une imitation de l'antique, du grec cette fois et non plus du latin. M. Ponsard, nous dit-on, a souvent rendu la simplicité d'Homère avec bonheur; mais l'ouvrage est encore moins dramatique que ses aînés : c'est un tableau plutôt qu'un drame, une étude d'artiste, un morceau d'atelier plutôt qu'une œuvre.

— Mme Sand, de son côté, a aussi une pièce nouvelle, *Molière*, qui par le sujet, on le voit, est bien à l'extrême opposé de celle-là. Mais la vie du grand comique ne manque pas non plus, dans son genre, de courses errantes, d'incidens et de luttes; comédien ambulant, il a eu aussi son odyssée et ses aventures. De plus, une fois vainqueur des obstacles, il ne le fut pas de lui-même : âme passionnée, souffrante et souillée, mais sympathique et généreuse, il est éminemment dramatique par là. Et quel spectacle, enfin, que celui du profond observateur de la nature humaine, du *contemplateur*, comme on l'appelait, éprouvant aussi jusqu'à la faiblesse et au ridicule ces passions qu'il sait faire parler et agir dans les autres comme personne ne l'avait fait avant lui! le peintre devenu modèle, le *contemplateur* contemplé à son tour : voilà, certes, une idée originale et féconde, une vraie trouvaille de drame à la fois comique et philosophique, un véritable sujet moderne! Et il faudrait féliciter Mme Sand rien que d'avoir eu cette idée : c'est une mine riche et neuve qu'elle a ouverte. Mais quelle difficulté aussi pour rendre une telle conception, pour mettre Molière en scène et le faire parler d'une manière qui ne soit pas moindre que celle de ses personnages! Mme Sand y a-t-elle réussi, y pouvait-elle réussir avec son talent qui est avant tout lyrique ou bucolique et idéal? Nous voudrions l'espérer, mais nous ne l'osons guère, et s'il faut l'avouer, il nous revient de deux personnes différentes qui ont assisté à la lecture de la pièce, que..... *ce n'était pas amusant*. Or, même en personnifiant un caractère général, même en devenant une espèce de type et de création, comme don Juan ou tel autre, Molière doit être amusant, sous peine de n'être plus Molière. — Cette pièce vient d'être jouée, à la Gaîté. Elle est épisodique et peu intriguée, plutôt sérieuse que comique. Le sujet en est le profond amour de Molière pour sa femme Armande Béjart, amour auquel, pour ne pas dire plus, elle ne répondait pas. Il y a des scènes émouvantes, mais peu d'ensemble, l'intérêt est mal soutenu, et les caractères quelquefois forcés.

Telle qu'elle est, cette pièce répond à sa manière à une récente diatribe de M. Louis Veuillot contre Molière et Tartufe; car il fallait bien que Tartufe et Molière fussent aussi attaqués par l'*Univers*. M. Louis Veuillot a lancé contre le grand comique, contre sa vie publique et privée, des accusations qui, réduites à leur juste mesure, conviendraient seulement dans la bouche d'un saint, mais qu'un saint ne por-

terait pas. Naturellement, le Molière de George Sand est à l'autre
extrême, et le Molière véritable reste entre deux. C'est ce que nous
semble avoir heureusement exprimé M. John Lemoinne dans les lignes
suivantes d'un article du *Journal des Débats* :

« Molière fut, pendant sa vie, la victime de sa femme; il est aujourd'hui la victime du paradoxe. Nous l'avons vu dernièrement, dans un
journal religieux, représenté sous les couleurs les plus noires, comme
un roué, un hypocrite, un tartufe, un vil flatteur des vices de la
royauté, enfin comme une espèce; l'autre jour on nous le montrait,
au théâtre de la Gaîté, sous les traits de la plus pure vertu, comme
un prédicateur de morale, un contempteur des grands, un protecteur des humbles, un saint du calendrier démocratique. Ce qu'il y a
de plus vraisemblable, et le vraisemblable peut quelquefois être vrai,
c'est que Molière n'avait de si hautes prétentions ni dans l'un ni dans
l'autre de ces deux genres, et qu'il ne méritait ni cette indignité ni cet
excès d'honneur..... Molière n'était pas plus un courtisan qu'un démocrate. Il était purement et simplement un homme de génie qui châtiait les mœurs en riant et en pleurant. A travers l'encens officiel qu'il
brûle devant le grand roi, il passe toujours le souffle d'un esprit libre,
comme au milieu de toutes les licences de son langage et de sa mise
en scène, il règne toujours une atmosphère générale de vertu, d'honnêteté et de santé morale. »

— Dernières nouvelles: point de nouvelles. Le gros du public ne
craint pas précisément des événemens graves, mais on vit sur le *qui-
vive*? les affaires, la spéculation demeurent suspendues, et l'on fait
son compte de rester ainsi jusqu'en 1852. N'est-ce pas une nouvelle
toujours assez étonnante qu'une telle situation ?

Paris, le 15 mai 1851.

SUISSE.

BALE, 7 mai. — Le 1er mai est une date mémorable pour l'Angleterre et pour la Suisse. Le 1er mai, Londres inaugurait la grande
fête de l'industrie européenne, le rendez-vous de toutes les activités du dix-neuvième siècle ; Zurich, de son côté, célébrait la grande
fête de la liberté d'un petit peuple qui s'appartient depuis cinq
siècles. De ces deux fêtes, quelle est la plus digne d'attirer nos regards? Quelle est celle qui étonne le plus l'observateur? Ne faites pas
à un Suisse cette question. Certes, nous admirons la puissance de
l'industrie moderne, et notre curiosité se lasserait difficilement, s'il
nous était donné d'étudier pendant quelques semaines les merveilles
de ce palais de cristal, qui est l'objet de tous les entretiens, de tous

les désirs, de presque tous les pélerinages. L'industrie est la reine du présent, et la mère de l'avenir des peuples; de sa constante prospérité dépendent l'ordre public, la paix, la vie matérielle, les moyens de conjurer les égarements d'un faux socialisme; à tous ces titres et à d'autres encore, elle est digne de resplendir dans cet immense bazar, où la lumière pénètre de toutes parts et où sont représentés les îles et les continents. Mais notre âme n'est-elle pas encore plus élevée à la vue d'une petite nation, qui est presque perdue au centre d'un continent nourri de révolutions, et qui célèbre paisiblement la fête commémorative d'une indépendance de cinq cents ans? Tout autour d'elle, que de changements successifs dans la carte et dans les constitutions des plus grandes nations? Qu'est devenue l'indépendance des républiques italiennes? Que sont devenues la Savoie, la Bourgogne, la Lorraine, tous ces états qui avaient leur volonté, leur vie, leur puissance et leur action dans l'histoire? La part de tous ces peuples n'est pas égale sans doute, et il en est parmi eux qui ne regrettent peut-être pas la perte de leur nationalité, parce qu'ils font partie intégrante de grandes nations; mais la longue durée de la nationalité helvétique en est-elle moins un fait providentiel, un fait si rare qu'il doit tout particulièrement élever nos pensées et nos cœurs vers Celui qui seul bénit et seul châtie?

Le vénérable historien zuricois, M. le professeur Hottinger, était plein de ce sentiment d'humilité et de reconnaissance, en écrivant dernièrement pour la jeunesse de son canton et sur la demande de son gouvernement, l'excellente brochure historique, dans laquelle il expose les faits qui ont accompagné l'admission de Zurich au sein de la confédération, le 1 mai 1351 ([1]). C'est un Zuricois qui écrit, mais ce Zuricois est un Suisse, un moraliste et un penseur qui sait l'art d'être populaire sans rebuter l'homme de science. Deux jours avant la fète, il l'inaugurait déjà dans le discours qu'il prononça pour la célébration de l'anniversaire de l'université. Nous souhaitons vivement que le haut enseignement de Zurich conserve long-temps encore un homme qui est une des gloires de la Suisse.

Le premier traité d'alliance de Zurich avec les Waldstætten ne date pas seulement de 1351. Cinquante ans plus tôt, en 1291, après la mort de l'empereur Rodolphe, Zurich avait déjà conclu avec Uri et Schwytz une alliance défensive pour trois années, Zschokke n'en parle pas; il ne fait mention que de la confédération des trois cantons primitifs entre eux et de l'alliance de Zurich avec l'évêque de Constance, l'abbé de Saint-Gall, le comte de Savoie et d'autres seigneurs. Adolphe de Nassau, rival momentané d'Albert, avait cherché à se concilier l'affection de Zurich; mais, après sa défaite et sa mort, le fils de Rodolphe refusa de confirmer les priviléges accordés par son compéti-

([1]) Zurichs Beitritt zur Eidgenossenschaft. 1 mai 1351.

teur. On sait qu'une dernière injustice le fit périr sous la main parri-
cide de son neveu, Jean de Souabe. — Zurich et les Waldstætten étaient
cependant destinés à être encore ennemis dans la guerre de Morgar-
ten'; ce fut toutefois' à l'intercession de ces derniers que leur future
alliée dut de ne pas échoir en partage aux ducs d'Autriche. Bientôt
après Lucerne entra (1332) dans la confédération des Waldstætten.
Quatre ans plus tard, les corporations de Zurich s'émancipent sous la
haute influence de Rodolphe Brun, et leur nouvelle constitution est
reconnue par l'empereur Louis. De là la haine mortelle que la noblesse
porte à Brun, haine qui se traduit en guerres acharnées et engage
enfin la ville, pressée de toutes parts, à s'allier étroitement aux Waldstætten, le 1 mai 1351.

Rodolphe Brun, dont le gouvernement sévère était une nécessité
de position, est peut-être l'homme qui a assuré cette longue ère de
liberté dont Zurich a joui et jouit encore. La lutte avec la puissante
noblesse du temps demandait un esprit doué d'une rare énergie, et
l'inflexibilité qu'on lui reproche fut l'unique moyen d'assurer l'indépendance de la ville qu'il gouvernait. Sans vouloir établir aucune
comparaison, rappelons que c'est à Louis XI et à Richelieu que la
France doit surtout sa grandeur, son unité et le libre développement
de ses institutions. — Aussi il y a un siècle, Zurich a-t-elle de préférence choisi pour la fête séculaire de son indépendance l'année 1336,
date commémorative de la constitution emportée d'assaut par la
bourgeoisie sous l'influence de Brun. Celui qui écrit ces lignes possède, sans être numismate, la belle médaille qui a été frappée alors
en mémoire du fondateur de la liberté zuricoise. La tête de cette médaille porte en relief prononcé le buste de Brun avec la légende *Ru-
dol. Brun miles primus magister civium*, et l'exergue 1736. Sur le
revers, les attributs des treize corporations encadrent un autel,
au-dessus duquel est ouvert un livre renfermant les mots : *Eid-
brief, Zurich*. La légende porte : *Fundamentum reipub. Tigurinae
MCCCXXXVI* ([1]). La fête d'il y a un siècle était loin cependant d'avoir
l'importance de la fête toute fédérale qui vient d'être célébrée, car
ce ne pouvait être qu'une solennité cantonale ou même un souvenir
intéressant spécialement la ville. Il ne faut pas oublier, en effet, que
la noblesse possédait alors le territoire du canton actuel, et que le
chevalier Brun signala son administration par la dévastation de la
campagne et l'anéantissement de Rapperschwyl.

. . . .

([1]) La médaille qui vient d'être frappée en mémoire de la solennité de
cette année, présente, d'un côté, les armoiries de Zurich entourées de celles
des quatre cantons reposant sur une guirlande de chêne. Le revers offre des
rameaux de laurier encadrant l'inscription suivante : Der Stadt Zurich ewi-
ger Bund mit den Eidgenossen. 1 mai MCCCLI. Jubelfeier MDCCCLI. Le Conseil fédéral et les quatre premiers cantons en ont reçu des exemplaires en or.

Il semble presque que les intempéries d'une saison d'ordinaire
si favorable aient voulu protester contre la fête zuricoise, et nous
ne serions pas étonné que quelques esprits superstitieux des petits
cantons y eussent vu une intervention directe de la Providence. Jamais fête organisée avec tant d'éclat n'a été si complètement troublée par la pluie et l'orage. Déjà, peu de jours avant la solennité, une
tempête avait renversé les armes de la confédération et celles des
cantons primitifs avec une partie de l'édifice gothique, élevé pour le
banquet, sur la place où devait se célébrer la fête. — Mauvais présage ! auront dit bien des esprits facilement alarmés. — La veille du
grand jour, on pouvait déjà prévoir que le soleil serait absent et que
la fête serait humide. Le matin même du 1er mai, la pluie donna une
légère répétition du grand rôle qu'elle se proposait de jouer plus
tard ; toutefois elle ne troubla pas trop le commencement de la solennité.

Le cortége se mit en route à 9 heures. Les autorités fédérales et
cantonales, les notabilités de tout genre de l'état de Zurich y étaient
largement représentées. Les soldats-citoyens faisaient la haie ; les rues
étaient pavoisées de drapeaux et ornées de tapis, de guirlandes et
d'arcs de triomphe. Treize cents chanteurs faisaient partie du cortége,
et vingt mille personnes environ se pressaient sur la grande place de
la fête. Un chant solennel et émouvant ouvrit la cérémonie. Trois orateurs officiels étaient chargés de la partie la plus sérieuse de la
solennité : MM. Zehnder, Furrer et Casimir Pfyffer. Le premier représentait le gouvernement de Zurich ; le second, les autorités fédérales ; le troisième enfin, Lucerne en sa qualité de membre des
Waldstætten. M. Zehnder a parlé de l'importance que l'ancienne alliance a exercée sur les destinées de la Suisse et de la part que Zurich
a prise dans ce grand résultat. Il a relevé le rôle de la Suisse moderne au milieu des principes si différents qui l'environnent, et il a
reconnu qu'elle n'a échappé aux dangers qui l'ont menacée que par
l'intervention de la Providence qui lui a assigné la mission d'être la
sentinelle et le fanal de la liberté. Dans les temps actuels il faut une
Suisse forte, et elle ne peut l'être que par l'union, la fraternité, la
vertu civique et la confiance en Dieu. M. Furrer s'est particulièrement étendu sur la situation politique née du nouveau pacte, sur les
circonstances qui l'ont précédé et accompagné, sur sa force et sa
durée. Il a terminé par un appel à Zurich qui a pris une part importante à la réorganisation de la Suisse et qui soutiendra et perfec-
tionnera l'œuvre commune. M. Pfyffer est remonté au berceau de la
confédération ; il a fait en traits rapides l'histoire des Waldstætten
jusqu'à leur alliance avec Zurich ; il a rappelé les divisions qui ont
plusieurs fois désuni les confédérés, pour pouvoir mentionner en même
temps les réconciliations qui les ont suivies. Il a fait enfin un brillant
éloge de Zurich, tant sous le point de vue politique que sous celui de

la culture des sciences, des arts et de l'industrie. Il a terminé par des vœux d'indépendance et de liberté, exprimés avec beaucoup de cœur. — Quelques moments après, lorsque les 3000 convives étaient réunis dans l'immense salle du banquet, M. Pfyffer a fait un nouvel appel aux souvenirs du Grutli, en portant le toast suivant : « A nos pères, qui nous ont acquis la liberté! » Les toasts éloquents, politiques ou humoristiques n'ont pas manqué. Il est à regretter que quelques allusions directes et indirectes à l'absence des petits cantons aient trouvé leur place dans le banquet : le silence eût été plus convenable.

Pendant que les toasts étaient patriotiquement assaisonnés de vins du pays (car le nectar étranger était sagement exclu), la foule regardait le ciel et soupirait à la vue des nuages qui s'amoncelaient toujours davantage. Sa fête à elle, c'était le brillant cortége historique de l'après-midi; c'était le feu d'artifice, l'illumination de l'hôtel-de-ville, des rives du lac et de l'Albis. Voilà ce qui attirait surtout les hôtes non officiels accourus par le chemin de fer, par les quatre bateaux à vapeur arrivant et repartant sans relâche, par les diligences, les omnibus, les voitures de toute forme et de tout nom. Quelle jouissance ne se promettait-on pas de voir passer sous ses yeux les scènes vivantes des principales époques de l'histoire de Zurich! quels frais de costume et d'organisation! Quels longs ennuis pour préparer une heure de plaisir! Tout est là, tout est prêt; dans tous les quartiers, on revêt à la hâte toques, cuirasses, brassards, soie et velours; on assure dans sa main l'antique hallebarde; on assujettit à son côté le glaive sorti des arsenaux; on court au rendez-vous... — mais des torrents de pluie se succèdent, les nuages déchargés font place à d'autres qui s'empressent de se décharger à leur tour. Découragée, la foule cherche en hâte un abri; les acteurs du grand drame dont la rue devait être la scène, et le magnifique panorama du lac la décoration, ces acteurs ne peuvent raisonnablement sacrifier leur velours ou leur santé; plusieurs restent sagement chez eux, et ce que les plus intrépides laissent apercevoir, fait d'autant plus vivement regretter l'ensemble du tableau, dont on n'a joui qu'à demi. Un premier sacrifice en appelle un second. L'hôtel-de-ville est brillamment illuminé de verres de toutes couleurs; mais le feu d'artifice est mis à couvert, le lac reste sombre et quelques feux épars semblent seuls protester contre la persistance du mauvais temps. On se promet bien, sans doute, de jouir successivement de ces divertissements longuement préparés; on parle du lendemain, du surlendemain, jour de la fête de jeunesse; on parle du 6 mai, on va jusqu'au onze, jour de clôture du grand tir qui suivra la fête principale; mais... les étrangers doivent partir, et les Zuricois jouiront en famille. Quoi qu'il en soit, leur honneur est sauf et ils ont sûrement été plus désappointés que leurs hôtes du contre-temps qui a voilé l'éclat d'une des plus graves et des plus brillantes solennités que notre pays puisse offrir.

Ce n'est pas seulement par des médailles que l'on veut en conserver le souvenir : la presse et la gravure font leur devoir. Plusieurs
publications ont déjà paru ; elles n'ont pas toutes un rapport très-di-
rect à la fête. Ce n'est le cas cependant ni d'une histoire du chevalier
Brun et de son temps, que vient de faire paraître M. Henri Meyer,
professeur au séminaire de Kussnach, ni de vingt poésies de circonstance publiées par le docteur Albert Haffner, de Winterthur, ni des
scènes du cortége historique dont on peut s'accorder la contemplation
pour la modique somme de deux francs fédéraux ; mais nous ne pouvons rattacher que très-indirectement à la fête du 1er mai l'étude
sur Paracelse, composée par M. le Dr Locher, bien que ce savant y
soit appelé le Luther de la médecine et le plus grand médecin suisse.
Cette observation n'ôte rien, du reste, au mérite du travail, qui ne
nous est encore connu que par le titre. Nous savons d'ailleurs que
c'est l'usage en Allemagne d'associer à une fête quelconque des publications qui n'ont aucun rapport avec elle, et Bâle ne reste pas
étranger à cette singularité qu'on finit par trouver naturelle, tant il
est vrai que l'habitude est une seconde nature.

— La ville de Bâle, en bonne voisine, a aussi témoigné sa sympathie pour la solennité du 1er mai, par un excellent discours que
M. l'ancien conseiller Heusler a fait, le soir même de ce jour, dans la
grande salle du Musée. Les nombreux auditeurs ont écouté avec un
grand intérêt les renseignements qu'il a communiqués, au nom de la
société historique, sur l'histoire de Zurich depuis les plus anciens
temps jusqu'à son traité d'alliance avec les quatre cantons.

— Puisque nous sommes à Zurich, rappelons que l'empereur d'Autriche a fait à la société des antiquaires de cette ville un don de 200 du-
cats, somme qui sera affectée à la description des deux châteaux de
Habsbourg et du couvent de Kœnigsfeld. Ces monuments qui remontent au berceau de la maison impériale, l'intéressent sans doute à un
haut degré, mais ils intéressent aussi la science ; et la société de Zurich rendra un vrai service à l'histoire en se hâtant de faire cette publication avant que l'utilitarisme moderne ait mis la main sur le couvent de Kœnigsfeld, qu'on se propose de métamorphoser pour les besoins actuels.

— Les amis du droit helvétique ont déjà appris que quatre d'entre
les principaux jurisconsultes de la Suisse, MM. *Ott*, *Rahn*, *Wyss*, de
Zurich, et *Schnell*, de Bâle, se proposent de publier en commun un
Journal du droit suisse qui paraîtra à Bâle. Cette importante publication contiendra des renseignements sur les diverses législations de
notre patrie, des documents pour l'histoire du droit et d'autres communications se rapportant à ce grave sujet. Une pareille entreprise ne

se soutiendra dans un petit pays que par le concours actif des jurisconsultes et des amis de la science; mais le nom seul des rédacteurs
suffit pour l'assurer.

— Le conseil d'Etat de Berne vient de terminer le projet de loi scolaire. D'après ce projet le traitement des instituteurs primaires ne sera
pas trop élevé, car le minimum de la contribution de l'Etat ne sera
que de 150 francs fédéraux, et celle des communes, de 250' dont une
partie peut même être payée en nature. Nous ne comprenons pas
qu'un régent puisse entretenir une famille avec 400 francs de France.
Aussi long-temps que les instituteurs de campagne ne seront pas
mieux rétribués, les écoles seront en souffrance. C'est d'ailleurs une
question de dignité pour les gouvernements et pour ceux qui enseignent. Il est vrai que la part de l'Etat de Berne s'élève par gradations
jusqu'à 300 francs, mais elle n'atteint ce maximum qu'après vingt années de service. Ce que nous trouvons trop faible, c'est moins la rétribution de l'Etat que celle des communes, ou plutôt du *cercle· scolaire* (Schulkreis) que nous aimerions voir fixée à 400 francs fédéraux.
Mais.......

— Le sculpteur OEchslin, de Schaffhouse, vient de convertir un bloc
de marbre blanc du Tyrol en un buste, chargé de transmettre à la
postérité la figure du célèbre facteur Moser de Fribourg. La Suisse se
couvre de bustes et de statues; ainsi le veut la reconnaissance..... ou
la mode. Nous avons vu à Bâle le buste de de Wette, ce qui nous a
moins étonné que la statuette de Mlle Milanollo, armée de son violon,
qui sort des mains d'un de nos jeunes artistes. Quant à Moser, il n'y
a pas de buste en son honneur qui vaille quelques sons de l'orgue de
Fribourg. Voilà un monument!

— M. le professeur Wackernagel, de Bâle, est nommé membre correspondant de l'Académie des sciences de Berlin. Il partage cet honneur avec un autre professeur de notre université, M. le conseiller
Pierre Merian, dont la nomination date de plusieurs années. A notre
connaissance, il n'y a pas d'autre Suisse qui soit en ce moment l'objet de cette rare distinction.

— Nous parlions, il y a deux mois, de nouvelles chaires de professeur à Bâle. La société théologique a appelé M. Auberlen, de Tubingen. La société académique, de son côté, a adressé un appel à M. le
Docteur Grimm, de Bonn, pour une chaire de droit germanique. Ces
savants ont accepté et fonctionnent déjà. Le conseil d'Etat leur a donné
le titre de professeur extraordinaire, ainsi qu'à M. le docteur Streuber,
de Bâle, dont la chronique a fait mention plus d'une fois. M. le pasteur

Stockmeyer, qui a reçu avec son collègue, M. Preiswerk, le grade de licencié en théologie, a bien voulu consacrer quelques heures aux étudiants de la faculté de théologie. L'acquisition est précieuse. En somme, le catalogue des cours d'été comprend 83 cours donnés par 22 professeurs ordinaires, 4 extraordinaires et 16 agrégés. Le nombre des leçons hebdomadaires offertes aux étudiants ne va pas à moins de 220. C'est plus qu'ils ne peuvent en consommer.

— M. le prof. Hagenbach vient de publier un petit écrit de l'illustre mathématicien bâlois Léonard Euler, écrit qui a pour but l'apologie de la religion chrétienne. Cette précieuse profession de foi d'un savant de premier ordre avait autrefois paru, mais elle était déjà regardée par Tholuck comme une rareté littéraire. M. Hagenbach lui-même n'a pu s'en procurer qu'une copie fidèle, sur laquelle s'est faite la réimpression, accompagnée de réflexions de l'éditeur. Cet opuscule accompagne le rapport imprimé sur les cours du Pædagogium; il coïncide heureusement avec la publication des œuvres inédites d'Euler, qui est entreprise par l'Académie de Pétersbourg, et pour laquelle l'autorité bâloise a fait graver le portrait du célèbre savant, d'après le modèle conservé avec soin dans notre Musée. — La fête annuelle du Pædagogium a été cette fois dirigée par M. Fischer, professeur de philosophie, qui a fait un discours lucide et approfondi sur Jean de Stein (Johannes a Lapide), qui a joué un si grand rôle au moyen-âge dans la longue querelle des Réalistes et des Nominaux ([1]). — Il a exposé avec une grande clarté ces violentes discussions dans lesquelles Lapidanus prenait le parti des Réalistes; puis il est entré dans d'intéressants détails sur sa vie comme docteur de Sorbonne, comme professeur à Bâle et à Tubingen, et il l'a suivi enfin dans la Chartreuse de Bâle où est mort ce vigoureux athlète du réalisme.

— La chronique du mois de mars mentionnait en passant la *Société du bien public* de Bâle. Dès-lors le rapport annuel de cette société a été publié; il ne contient pas moins de 192 pages dont la lecture nous a vivement intéressés. Une histoire complète des travaux de cette société, qui compte 75 ans d'existence, donnerait aux amis du bien public dans d'autres localités des enseignements dont ils pourraient faire leur profit. Elle a dans ce moment 658 membres qui s'engagent à payer une contribution annuelle de 8 francs de Suisse. Les recettes générales ont été, en 1850, de 14,551 francs, sans compter les recettes particulières de plusieurs institutions placées sous son patronage. Outre le rapport d'ensemble, rédigé pour 1850 par le président de la société, M. Bourcard-Iselin, la brochure dont nous parlons renferme les rap-

([1]) Voir notre histoire de l'université de Bâle, *Revue Suisse*, tome III, page 161, année 1840.

ports de 25 commissions , placées chacune à la tête d'une œuvre
utile. L'une de ces commissions reçoit et fait valoir les épargnes de
14 sociétés d'ouvriers de fabrique, auxquelles prennent part environ
3,000 ouvriers. D'autres s'occupent des écoles de petits enfants, des
écoles du dimanche ou des jeunes sourds-muets entretenus dans l'institut de Richen ; il en est qui administrent diverses bibliothèques, bibliothèque de jeunesse, bibliothèque des ouvriers ; celle-ci se charge
de la *Feuille du jour de l'an*, dans laquelle un fragment de l'histoire
de la patrie est offert à la jeunesse ; celle-là s'occupe des Suisses qui
émigrent en Amérique; une autre, chargée d'administrer un legs considérable placé sous sa surveillance, fait des avances aux artisans laborieux que le manque de fonds empêche de s'établir, ou qu'un moment de crise met dans la gêne. La société du bien public a fondé et
gère la caisse d'épargne, qui a obtenu en peu d'années de merveilleux
résultats. Le nombre des déposants a été, en 1850, de 7,164, c'est-
à-dire de près du quart de la population, tandis que les villes de
Francfort et de Hambourg, placées dans des circonstances assez analogues, n'arrivent qu'au chiffre de 1 déposant sur 14 habitants. Le
rapport nous apprend que la caisse d'épargne a déjà converti tous ses
comptes en argent fédéral, ce qui a été pour elle un sacrifice momentané de temps et d'argent dont elle n'aura plus à se soucier désormais.
La société du bien public s'est tout particulièrement occupée, l'année
dernière, de la fondation d'une maison pénitentiaire, dont le besoin
se fait sentir depuis 1817. Après avoir entendu à ce sujet plusieurs
rapports et soutenu plusieurs discussions, elle a adopté un projet qui
est entre les mains du gouvernement. Pour arriver à un résultat, les
ressources combinées du gouvernement, de la ville et de la société,
seront probablement mises en œuvre. L'espace dont nous pouvons
disposer dans une simple chronique ne nous permet pas de nous étendre davantage sur le cercle d'activité d'une association qui devrait servir de modèle à beaucoup d'autres.

— La banque de Bâle a heureusement franchi les six années d'essai
que ses fondateurs s'étaient proposées avant de la constituer en permanence. Les actionnaires ont été unanimes pour en décider la continuation. L'habile direction de M. Speiser a puissamment contribué
au succès de cet important établissement, dont les transactions ont
porté en 1850 sur la somme assez ronde de 84,711,304 francs.

— Selon l'antique usage, le gouvernement et le peuple du canton
de Glaris ont célébré, le 3 avril, la commémoration de la bataille de
Næfels (1388). Les journaux de la Suisse allemande se bornent à dire
que les orateurs ont été, cette fois, MM. le landamman Jenny et le
curé Hegner, de Lachen, et ils ajoutent que ce dernier, chose difficile,
a satisfait tous les partis et les deux confessions. Ajoutons quelques

renseignements. Il y a peu d'années, la fête était toujours présidée selon le rite catholique, et jusqu'alors les protestants, qui forment la majorité du canton, s'étaient bénévolement soumis à cette ancienne coutume. On finit par revendiquer les droits du culte réformé, et maintenant il est d'usage que le service soit fait alternativement, d'année en année, par un pasteur et par un curé. Cela nous paraît plus raisonnable que l'anecdote rapportée par le *Conservateur Suisse*. La voici pour ceux qui l'ignorent. A l'époque de la Réformation, la commune de Glaris, composée de catholiques et de protestants, n'avait qu'un curé, Valentin Tschudi ; et elle n'avait pas assez de ressources pour entretenir un pasteur à côté de lui. Dans le but de la sortir d'embarras, Tschudi fit sérieusement la proposition de dire la messe le matin et de faire le sermon réformé l'après-midi. On accepta et l'on s'en trouva bien. Si des étrangers manifestaient leur étonnement, Tschudi répondait : Quand on est catholique le matin et réformé le soir, croyez-vous qu'on ne soit pas chrétien tout le jour ? — Nous supposons que, le 3 mai 1851, le service aura été exclusivement catholique. C'est un grand jour de fête pour tout le pays : hommes, femmes, vieillards, enfants, tous les âges et toutes les conditions sociales se confondent en un seul sentiment. On se rend d'abord dans une prairie qu'on appelle Schneisigen ; elle est au pied du Wiggis, à une distance à-peu-près égale de Nettstal et de Næfels. C'est là que, par un temps favorable, le prêtre et le landamman remplissent leurs fonctions. Puis toute la population, clergé en tête, se range en une longue procession qui s'arrête successivement aux onze pierres destinées à rappeler les onze combats que les braves compagnons de Mathias Ambühl ont livrés à l'armée autrichienne avant de la tailler en pièces. Si le ciel est trop couvert, les discours ont lieu dans l'église de Næfels, la plus grande et la plus riche du canton. Les noms des braves tués dans ce terrible combat ont été gravés en lettres d'or, il y a quelques années, dans l'église de Mollis. On a profité pour ce pieux souvenir de l'espace accordé par la construction d'une nouvelle galerie destinée à supporter l'orgue.

— Au moment d'expédier la chronique qui précède, nous désirons communiquer l'impression que nous a faite le discours d'installation de M. le prof. Auberlen, qui a eu lieu aujourd'hui, 8 mai. Nous avons rarement entendu un théologien aussi décidé dans ses convictions chrétiennes. Appelé à succéder aux Beck et aux Hoffmann qui professent maintenant à Tubingen, M. Auberlen, très-jeune encore, assure à l'université de Bâle un vigoureux et habile défenseur de la foi des réformateurs. Son auditoire, composé en partie de pasteurs de Bâle et de Bâle-Campagne, d'étudiants en théologie et de professeurs ou élèves de l'Institut des missions, a éprouvé une satisfaction qui est d'un heureux augure pour la sphère d'action du nouveau professeur. Lundi prochain, M. Riggenbach fera aussi son discours; après quoi la faculté de théologie sera au grand complet.   C.-F. G.

QUELQUES MOTS SUR L'UNIVERSITÉ FÉDÉRALE.

BALE, 10 mai — Comme la question de l'université fédérale semble avoir fait un pas en avant par la nomination d'une commission spéciale dont je viens d'avoir connaissance, permettez, monsieur le directeur, que j'ajoute sur ce point quelques renseignements à ma chronique de ce mois, déjà bien longue, il est vrai. Je me bornerai, pour cette fois, à extraire les documents intéressants que le *Bund* a communiqués, d'après le rapport de M. le conseiller fédéral Franscini. La *Revue Suisse* ne s'en tiendra pas là, je l'espère, mais sa première mission est de faire connaître les faits sur une question qui doit plus encore l'intéresser qu'elle n'intéresse les journaux politiques.

Le département de l'intérieur avait adressé à tous les gouvernements cantonaux une série de demandes concernant la fondation éventuelle d'une université fédérale et d'une école polytechnique. Les communications qu'il a reçues lui ont permis d'établir une statistique basée sur l'état des choses en Suisse, de 1846 à 1848. Dès-lors l'enseignement supérieur a subi quelques modifications, dont il est facile de se rendre compte, surtout à Neuchâtel.

Durant la période qui a servi de fondement au travail du département de l'intérieur, la Suisse avait trois universités, trois académies et huit lycées. Il est superflu de mentionner les six premiers établissements, dont l'un n'existe plus. Dans le lycée de Sion, on enseignait la théologie, le droit et la philosophie; dans ceux de Lucerne, de Fribourg et de Soleure, la théologie et la philosophie; à Einsiedeln, à Schaffhouse et à Lugano, la philosophie, et enfin à Coire, la théologie catholique. Les universités et les académies appartiennent à la confession protestante; les lycées, à la confession catholique, excepté celui de Schaffhouse. L'enseignement polytechnique n'est donné nulle part. Les trois universités réunies comptent 421 étudiants; les académies, 294, et les lycées, 302. — Le nombre des étrangers était de 165; mais il ne s'élève en 1848 qu'à 110, à cause de la dissolution des lycées de Fribourg et de Sion, dirigés par les Jésuites. De ces 110 étrangers, 20 étudiaient la médecine à Zurich; 90 étudiaient la théologie à Bâle et à Genève.

Les professeurs sont au nombre de 180; 117 laïques et 63 ecclésiastiques; 141 Suisses et 59 étrangers. — Berne en a 34, Zurich 27, Bâle 25, Genève 20, Lausanne 16, et les lycées 58. (Neuchâtel n'y est pas compris). Le maximum des traitements est, à Berne, de 5,000 francs (ancienne monnaie); à Bâle, de 2,800; à Zurich, de 2,500; à Lausanne, de 2,200, et à Genève, de 2,150. La commission que la diète de 1832 avait nommée pour élaborer un projet d'université fédérale, proposait un minimum de 2,400 francs et un maximum de 6,400.

Les professeurs de Berne et de Vaud sont payés par la caisse de l'E-tat. Zurich reçoit 20,000 francs de la ville et 27,000 fr. du «Stiftungs-fond; » mais il faut remarquer que ces subventions s'appliquent aussi au gymnase et à l'école industrielle. La société économique de Genève donne environ 59,000 fr. pour le haut enseignement en général. — A Bâle, la moitié des dépenses est supportée par le fonds de l'université. Cela posé, voici le budget des cinq universités ou académies, y compris les établissements auxiliaires. Berne dépense de 75 à 78,000 fr.; Zurich, 50 à 54,000; Bâle, 39 à 40,000; Lausanne, 40 à 45,000; Genève, 58 à 60,000. — Celui de ces établissements qui a le plus fort budget coûte beaucoup moins que les plus petites universités alleman-des; car Marbourg réclame un budget de 54,000 thalers, et Giessen, à-peu-près autant. — L'université de Bonn, plus importante, coûte déjà 88,500 thalers. Le rapport de M. Franscini établit que l'univer-sité fédérale ne pourrait subsister avec moins de 150 à 200,000 fr. de Suisse. .

Le capital de toutes les *bourses* (Stipendien) réunies est d'environ 970,000 francs. Les plus importantes sont, à Berne, le «Musshafen-fond, » qui est de 400,000 fr. et le « Schulsekelfond, » qui possède 72,000 fr.; à Lucerne, divers fonds allant à 90,000 fr.; à Fribourg, le fonds de la ville, 150,000; à Bâle, outre diverses autres institutions, un fonds académique de 153,000 fr. Des revenus d'une autre nature, ré-partis dans un certain nombre de cantons, représentent un autre ca-pital de 650,000 francs.

Le nombre des Suisses qui étudient à l'étranger est de 600 à 650. Les jeunes gens de la Suisse allemande et française se rendent surtout à Munich, Fribourg, Heidelberg, Tubingen, Berlin, Halle, Vienne et Paris. Les Tessinois vont à Pise, Pavie, Turin, et, pour étudier la théo-logie, à Côme, Milan, Rome. — Ceux qui se vouent aux études poly-techniques se rendent à Carlsruhe.

Il résulte de tout ce qui précède que la Suisse a, en moyenne, 13 à 14,000 étudiants, dont 575-400 pour la philosophie, 500-520 pour la théologie, 275-500 pour la médecine, 240-260 pour le droit, et enfin 100-120 pour les sciences techniques. — L'université fédérale pour-rait donc, d'après le rapport, compter sur 500-700 étudiants; et l'é-cole polytechnique sur 200-300, si les écoles industrielles de Zurich, d'Aarau, de Saint-Gall, etc., lui fournissaient leur contingent.

Le nombre des professeurs suisses dans les universités étrangères

est de 27, dont plusieurs, qui ont une réputation européenne, n'hési-
teraient pas sans doute à se mettre au service de la confédération.

Les vœux que les gouvernements cantonaux ont exprimés au sujet
de l'université fédérale et de l'école polytechnique ne sont pas unanimes. Quant à l'université, Soleure, Appenzell-Intérieur, Saint-Gall et
Nidwalden ne se sont pas prononcés. Uri, Schwytz, Obwalden, Bâle-
Ville et Appenzell-Extérieur ont voté contre. Seize autres cantons se
sont plus ou moins prononcés affirmativement. Uri et Schwytz ont voté
contre l'école polytechnique; 10 gouvernements en ont approuvé la
fondation ; ce sont : Zurich, Berne, Glaris, Fribourg, Grisons, Argovie, Tessin, Valais, Neuchâtel, Genève. — Les arguments contre l'un
ou l'autre de ces établissements sont surtout tirés de la difficulté de
trouver les fonds nécessaires.

Deux gouvernements ont désiré que Zurich fût le siége de l'université; d'autres ont proposé Fribourg, soit pour l'université, soit pour
l'école polytechnique (¹).

Après avoir brièvement communiqué quelques éléments de la statistique du département de l'intérieur, il me reste à énumérer les
propositions qu'il a faites au conseil fédéral.

Le département souhaite la nomination d'une commission d'experts,
composée de représentants des diverses langues et confessions de la
Suisse. Cette commission examinera si, en exécution de l'article 22 de
la constitution fédérale, il est nécessaire de fonder en même temps
l'université et l'école polytechnique, ou s'il convient d'établir l'une
avant l'autre. Elle devra donner une esquisse de l'organisation des
deux établissements, et elle discutera s'il serait opportun d'y joindre
l'étude de sciences spéciales, telles que la pédagogie, l'architecture,
la science forestière, l'économie rurale, la zoothérapie. Elle se demandera si les gymnases, académies et lycées actuellement existants
ne pourraient pas être considérés comme des écoles préparatoires et
être mis en rapport avec l'université. Elle verra de quelle manière les
trois langues fédérales y seraient représentées, sans que les frais fussent trop élevés. Elle s'occupera du siége des deux établissements :
convient-il qu'ils soient placés dans une ville d'une certaine importance,
ou l'inverse? Conviendrait-il que les diverses facultés fussent réparties
dans différentes localités? Elle examinera la question d'un Institut national des sciences et des arts, qui serait composé tant de membres de
l'université que de savants en dehors de l'enseignement public. Elle
verra de quelle façon les bourses cantonales pourraient être employées

(¹) Nous croyons que, si les choses vont jamais jusque là, Bâle se mettra
sérieusement sur les rangs. Cette idée germe depuis long-temps et gagne
chaque jour du terrain. Les obstacles matériels, contre lesquels la question
de l'université fédérale se heurtera long-temps encore, ont jusqu'ici empêché les Bâlois de s'en occuper sérieusement. Le correspondant de la *Revue*
garde au reste l'opinion qu'il a émise dans le numéro de février.

à la fréquentation de l université fédérale. Enfin (point important!) elle établira sur quelles bases le budget devrait être fondé; et, pour cela, elle combinera la part éventuelle de la ville ou des cantons qui seraient le siége des établissements, avec celle de la caisse fédérale et des budgets des autres cantons. Elle pourra voir aussi s'il ne serait pas convenable de provoquer des contributions volontaires.

Conformément au rapport du département de l'intérieur, le conseil fédéral vient de nommer une commission de dix membres, dont voici les noms disposés par ordre alphabétique : M. Rodolphe Blanchet, du canton de Vaud; M. le général Dufour, de Genève; M. le Dr Alfred Escher, de Zurich; M. Féderer, pasteur, de Saint-Gall; M. Pierre Merian, de Bâle; M. le président Moschard, de Berne; M. Casimir Pfyffer, de Lucerne; M. le Dr Rauchenstein, d'Arau; M. Alex. Schweizer, de Zurich; M. Troxler, professeur à Berne. Cette commission devra ouvrir ses séances à Berne dans le courant de ce mois, sous la présidence de M. Franscini.   C.-F. G.

⁓⁓⁓⁓⁓⁓⁓⁓⁓⁓⁓⁓⁓⁓⁓⁓⁓⁓⁓⁓⁓⁓⁓⁓

FRIBOURG, 1er mai. — Un plus long silence sur nos affaires intellectuelles ferait envisager Fribourg comme une vraie *Nuithonie;* et il pourrait prendre fantaisie à quelque nouvel Agrippa de dater une de ses lettres : « de Fribourg ville dépourvue de toute espèce de science et de littérature. »

Or, malgré le bruit presque incessant des armes, et les six ou sept émeutes et je ne sais combien d'alertes qui, depuis trois ans, mettent en émoi notre population, Fribourg n'a pas cessé de fournir son modeste contingent aux lettres nationales. Moins intense qu'aux beaux jours de l'Emulation (1841-1843), le mouvement intellectuel s'est soutenu cependant, grâce aux efforts de quelques amis persévérants de la culture littéraire. Malheureusement ces hommes ne font pas parmi la génération qui s'élève, les recrues nécessaires pour combler les vides laissés dans leurs rangs par les décès, les divisions politiques, ou une participation absorbante aux affaires publiques. La mort a ravi au canton sa plus belle et plus pure gloire. Bien que, comme Erasme dans ses dernières années, le Père Girard atteint à la fois par les infirmités de l'âge et les déceptions de la vie, vécut complètement retiré dans sa cellule, le grand vieillard semblait toujours régner sur notre petit monde intellectuel. Il y exerçait de loin et à son insu une sorte d'action à la fois impulsive et protectrice.

Le Père Girard mort, qui remplacera le Père Girard? Chose digne de remarque! L'illustre cordelier fut pendant une grande partie de sa longue carrière, et pourrait bien rester après sa mort le seul représentant qu'ait jamais eu parmi nous l'étude sérieuse et désintéressée de la philosophie.

Parmi les transfuges qui ont passé avec armes et bagages du camp de la littérature à celui de la politique, nous regrettons le chef de la pléïade poétique de 1840 à 1843, le *Lamartine* et le *Jules Janin* fribourgeois dont à son dire d'alors :

« Pour des *mandats* crochus, la plume n'est point faite,
» On peut être *avocat*, tout en étant poète ;

mais qui, perdu aujourd'hui dans les marais fangeux de la politique, emploie, à seriner des articles pour le *Confédéré*, la lyre qui a soupiré les élégies pastorales du *Tilleul de Bulle* et de la *Verte Lechère.* M. Glasson nous fait toujours espérer, il est vrai, qu'il reviendra à ses *anciennes amours.* Mais il ajourne indéfiniment le moment de sa conversion et ne parle plus guères que pour mémoire des nombreux enfants de sa veine qui attendent dans un coin de son secrétaire le jour de leur délivrance et le rajeunissement de la gloire paternelle.

—Le plus actif, comme le plus vert (sous ses cheveux blancs) de tous nos hommes de lettres fribourgeois, c'est toujours le paradoxal docteur et le spirituel chancelier Berchtold. Plume d'une vivacité méridionale et quelque peu voltairienne, le président de la Société d'histoire et de la Société économique passe avec une singulière aisance et une parfaite bonhomie du *grave au doux*, *du plaisant au sévère*, d'une proclamation passionnée à une recherche laborieuse, d'un premier-Fribourg effilé à une reconnaissance archéologique.

La *Revue Suisse* a rendu compte de sa publication d'un Mémoire du chanoine Fontaine et de sa trop courte mais substantielle Notice sur le noble archidiacre, l'homme qui après le Père Girard a le mieux mérité des lettres, des sciences et des arts dans notre canton. Car, vastes et lumineuses intelligences, Girard et Fontaine embrassaient de leur pensée et de leurs travaux tout l'horizon intellectuel.

M. Berchtold a, en outre, fait paraître dans le quatrième cahier des archives de la Société d'histoire cantonale une *Etude sur les sorciers*, faisant suite à celles qui ont paru de lui sur le même sujet dans l'*Emulation ;* il a enrichi de notes historiques une nouvelle édition du *Tocsin fribourgeois*, pamphlet populaire, en vers et en prose, décoché par les *patriotes* de 81 contre les *Oligarques* du temps ; il travaille en ce moment avec un zèle étonnant dans un fonctionnaire si occupé, à son troisième et dernier volume de l'histoire cantonale qu'il compte achever cette année.

— Imagination moins vive, moins colorée et travailleur moins facile que le précédent écrivain, M. Alexandre Daguet met à profit les rares loisirs que lui laissent l'enseignement public et l'administration scolaire, pour soigner la publication d'une seconde édition de la première partie de son *Histoire suisse* pour les écoles, qui se trouve épuisée, et s'occupe en même temps de la composition de son second volume.

Ce travail un peu de commande a obligé l'écrivain de suspendre à regret son travail biographique sur le P. Girard, pour lequel il continue néanmoins à recueillir des matériaux curieux qui le mettront à même de jeter du jour sur des parties ignorées de la vie du grand homme, comme, par exemple, le détail des persécutions auxquelles il fut en butte pour avoir étudié Kant et la philosophie allemande.

Un autre poursuivant fidèle des études historiques et de la culture intellectuelle dans notre canton, c'est M. le curé Meyer. M. Meyer est connu des érudits par sa biographie de l'évêque Marius et ses recherches sur l'histoire du diocèse de Lausanne. Cette dernière étude occupe plusieurs ecclésiastiques fribourgeois de mérite, et dans lesquels, à l'érudition profonde, s'unit la sagacité critique et parfois l'indépendance de vues en histoire qui caractérisaient au dernier siècle les bénédictins de Saint-Maur.

A la tête de ce groupe savant et modeste marche toujours le chapelain d'Echarlens, le vénérable M. Dey, auteur d'une dissertation sur la reine Berthe, imprimée en tête du second cahier des archives de la société cantonale. A ses côtés et sous ses auspices, M. l'abbé Gremaud promet un bon investigateur et peut-être un historien à l'évêché de Lausanne. Un religieux rédemptoriste, M. Schmid, établi à Plainpalais près Genève, depuis la suppression de sa maison, s'occupait d'une élaboration nouvelle de la *Lausanna christiana* de l'évêque de Lenzbourg, lorsqu'une mort prématurée est venue l'enlever à ses doctes travaux.

— Sur ce terrain mal défini où l'histoire est envahie par la politique et lui sert d'auxiliaire, deux brochures ont paru, qui jettent un grand jour sur la prise de Fribourg et les événements qui ont précédé la capitulation. L'une de ces brochures, fort piquante, sort de la plume incisive du colonel Perrier-Landerset; l'autre moins colorée est l'œuvre du colonel Maillardoz, commandant des troupes fribourgeoises, aujourd'hui retiré à Lucerne.

Dans un domaine complètement distinct de l'histoire, dans le domaine de la littérature pure, un étudiant fribourgeois, M. Etienne Eggis, vient de faire paraître chez Parisse à Paris, un élégant volume de poésies intitulé: *Causeries avec la lune*. A Fribourg, ville prosaïque s'il en fut, un titre aussi étrange suffirait pour faire faire *fiasco* au plus bel ouvrage du monde. Heureusement pour M. Eggis, il n'en est pas de même sur les bords de la Seine, où son livre paraît avoir trouvé grâce devant les Aristarques les plus ombrageux. Le roi du feuilleton-critique, M. Jules Janin lui-même, dont la curiosité avait été excitée à ce qu'il paraît par la bizarrerie de ce titre, a daigné lire le livre de notre jeune compatriote, et qui plus est révéler son existence au public parisien dans le feuilleton du *Journal des Débats*. Selon l'usage capricieux des grands seigneurs de la critique, le spirituel auteur des *che-*

mins de traverse commence par parler beaucoup de la lune et finit par s'occuper, une colonne durant, du jeune auteur *gallo-allemand*, comme il l'appelle, auquel il accorde une muse tantôt gracieuse, tantôt énergique, tantôt éclatant en *Iambes sanglants*, tantôt faisant entendre des accords pleins de l'*enthousiasme* et des *divines tristesses de l'amour:* Quatre beaux vers, empruntés aux élégies de M. Eggis, terminent cette critique, en somme très-bienveillante et très-flatteuse pour un débutant arrivé il y a quelques mois, le sac au dos, le bâton à la main et le pied poudreux dans la capitale de la France [1]. Avant les encouragements de Jules Janin, M. Eggis avait déjà reçu, étant encore en Suisse, ceux de M. Victor Hugo et de M. Joël Cherbuliez de Genève.

— Des champs diaprés de la poésie, passer aux *landes* arides de la philologie, le saut est un peu rude. Ce saut, nous sommes pourtant obligé de le faire pour parler d'un traité de grammaire que publie à Lausanne, M. C. Ayer, professeur à l'Ecole cantonale. Connu déjà des lecteurs de l'*Emulation* par de bons articles sur les anciens idiomes et le système grammatical de Becker, M. Ayer a cherché à appliquer les idées du philologue allemand à l'enseignement de la langue française. Il est résulté de cette tentative hardie, un ouvrage un peu abstrait, mais certainement très-rationnel, et qui sera fort utile, soit pour le développement de l'intelligence, soit comme base de l'étude du français et des langues en général dans nos collèges. Dans la première partie de son ouvrage, M. Ayer considère les mots comme *signe des idées* (lexicologie), — dans la seconde, il les étudie sous une autre face, comme *Eléments matériels du langage* (lexicographie).

— Les lettres peuvent jusqu'à un certain point se passer d'encouragements et de *Mécènes*. Il n'en est pas ainsi des beaux-arts qui ont besoin, pour prospérer, du patronage opulent et éclairé d'un prince, ou d'un riche particulier, ou d'une association, ou d'un public entier, enthousiaste du beau sous ses diverses formes.
A Fribourg, l'Etat fait quelque chose en faveur de l'architecture. Tous les ans il alloue une somme considérable pour la restauration de Saint-Nicolas, notre grand temple religieux et national. L'architecte plein de goût qui dirigeait ces travaux, M. Weibel, vient de mourir dans la force de l'âge et dans la maturité de son talent. On parle de fonder un petit musée de peinture dont le noyau serait formé d'un tableau d'Annibal Carrache qui se détériore dans l'église des Capucins

[1] Voici les quatre vers cités par M. Janin :

> Beaux comme ces héros que l'on voit dans les rêves,
> Deux vieillards au grand front sous le ciel large et bleu,
> L'un vers l'autre penchés causaient aux bords des grèves,
> L'un, c'était l'Océan, et l'autre, c'était Dieu.

et de plusieurs tableaux anciens, qui, dispersés çà et là, disparaîtront,
si on ne s'y prend à temps pour les recueillir.

La *Musique vocale* et *instrumentale* est encouragée. Le *Chant*
a été introduit comme branche obligatoire dans toutes les écoles; à
chaque bataillon de nos milices, on a attaché une musique-fanfare,
formée par les soins de l'excellent maître Eggis, le père du jeune
poète dont nous avons parlé, et poète lui-même sur la flûte, le cornet à piston, le hautbois et presque tous les instruments.

Aux efforts de l'Etat pour la propagation du chant, se sont joints
ceux d'une société très-active, dirigée par l'organiste de la Collé-
giale, M. Vogt, auquel on doit la délicieuse composition musicale : *Il
n'est pas de royaume;* et l'air entraînant de la marseillaise fribourgeoise : *Armons-nous.* Donnez au célèbre et populaire *Maestro* des *li-
brettos* et des poèmes, et vous verrez son génie musical, qui n'attend
que l'occasion, s'épanouir en magnifiques mélodies, qui raviront l'o-
reille du connaisseur et arracheront des larmes au simple *dilettante.*
Nous recommandons les mélodies nationales de M. Vogt au comité
chargé d'organiser la fête des vignerons à Vevey.

Non contente de répandre dans tout le canton le goût de l'harmonie,
la Société de chant a établi une compagnie dramatique, et donne au
théâtre de notre ville de charmantes représentations au profit des indigents et des établissements d'utilité publique. Le président de la Société de chant, M. Diétrich, professeur de dessin à l'Ecole cantonale,
est un acteur plein de feu, de sensibilité et de souplesse.

Du temps des Jésuites, le pensionnat entretenait un grand nombre
de maîtres, parmi lesquels d'excellents virtuoses. Aujourd'hui l'or-
chestre est moins nourri, mais jamais la musique vocale n'a été plus
populaire à Fribourg.

La sculpture est un art, comme on pense, fort peu cultivé dans notre
ville. Elle a cependant produit, outre quelques objets religieux, une
statuette en bois bien fouillée pour l'exposition de Londres, représentant le Père Girard. Notre Puget villageois, maître Jean Kessler, aurait
eu besoin de fréquenter plus long-temps les ateliers des grands maîtres
et d'étudier de plus près les chefs-d'œuvre qu'offrent les métropoles
artistiques. Aussi la Commission nommée par les souscripteurs pour
élever un monument à Aloys Mooser, a-t-elle dû emprunter le ciseau
du sculpteur OEchslin de Schaffhouse, pour exécuter le buste en marbre
du grand artiste, destiné à orner une des places voisines de la collé-
giale.

—Le haut enseignement public, les bibliothèques et musées, les sociétés studieuses, sont les foyers ou les compléments naturels de la
vie littéraire. Un mot à ce sujet ne sera donc pas déplacé dans cette
espèce de Revue intellectuelle du canton de Fribourg.

Nous n'avons pas d'académie à Fribourg, mais bien un embryon

d'académie, où le personnel enseignant, à l'heure qu'il est, se réduit
à trois membres, dont un seul porterait ailleurs le titre de professeur
ordinaire. Ce titulaire est M. Bussard, dont un enseignement de plus
de vingt années a popularisé le nom et les théories juridiques et constitutionnelles. On regrette fort qu'il n'ait pas fait suivre l'impression
de ses *Éléments de droit naturel privé*, du résumé du même genre
sur le *Droit naturel public* qu'il a en porte-feuille. Les sérieuses occupations de M. Bussard ne l'empêchent pas de vouer quelques instants à la chanson patriotique. Il est l'auteur des chaleureux couplets
Armons-nous, pour lesquels M. Vogt a composé un de ses airs les plus
électrisants. La seconde chaire de droit créée par la loi de 1848, est
vacante ainsi que la chaire de philosophie. On songeait à offrir cette
dernière par vocation à M. Ch. Secrétan, lorsque l'auteur de la *Philosophie de la liberté* fut appelé à remplir ces mêmes fonctions au collége de Neuchâtel. Un cours d'histoire moderne est donné aux élèves
académiques par M. Daguet, qui, pendant ce premier semestre, a traité
avec détails l'histoire de l'indépendance américaine et des réformes
de Joseph II en Autriche.

Un homme de lettres prussien avait ouvert l'année dernière dans
notre ville un cours libre d'histoire de la philosophie allemande et un
cours de littérature étrangère, suivis les premiers jours par quelques
personnes de l'enseignement et de la magistrature. Mais dès la première leçon, M. Koch étala un *matérialisme* si cru que le professeur
d'athéisme se trouva réduit le 3me ou le 4me jour à un seul auditeur et
dut cesser ses leçons au bout d'une semaine.

— De nos deux bibliothèques publiques, la plus considérable et la
mieux fournie d'ouvrages anciens, c'est la bibliothèque cantonale,
formée de l'ancienne bibliothèque du collége et de celles des couvents
supprimés. Le bibliothécaire cantonal, M. le curé Meyer, a eu la pénible tâche de rassembler dans le même local, de classer et d'inven-
torier les richesses bibliographiques éparses dans les divers monastè-
res. Il compte publier sous peu la première livraison du catalogue de
cette vaste collection qu'on évalue de 40 à 50,000 volumes. Les ser-
monnaires, les livres ascétiques et les *Jésuitica* de toute espèce y
tiennent naturellement une très-grande place. Les bons ouvrages
d'histoire, de philosophie, de littérature proviennent presque tous de la
bibliothèque particulière du chanoine Fontaine, principal bienfaiteur
de nos collections.

Moins volumineuse de moitié, la bibliothèque économique est riche
en ouvrages nouveaux. Elle s'est accrue il y a trois ans de quelques
mille volumes donnés par le Père Girard. M. le docteur Volmar remplit depuis nombre d'années les fonctions de bibliothécaire gratuit
avec une louable sollicitude.

Entre nos autres collections, le Musée d'histoire naturelle fondé par le chanoine Fontaine et agrandi sous le jésuite Gottland, a reçu des accroissements importants sous le nouveau régime. Il a été complètement classé à neuf et avec des soins extraordinaires par le professeur italien Serbellonni. Le cabinet de physique avait beaucoup souffert à l'entrée des troupes fédérales, et le laboratoire de chimie avait toujours été négligé par les jésuites. Ces deux établissements ont été mis à la hauteur de la science par le professeur polonais Stanislas Chodzko, chimiste habile et ancien préparateur de Dumás à l'Hôtel-Dieu à Paris.

Toutes ces collections ont été favorisées d'allocations considérables par l'Etat qui a créé en même temps de beaux établissements pour la gymnastique, une école secondaire des filles, une école d'agriculture dans l'ancien cloître d'Hauterive, etc.

— Les deux plus anciennes sociétés établies pour la culture intellectuelle sont : la Société d'histoire et la Société d'études.

La Société d'histoire a eu, le 1er mai, sa première réunion annuelle, marquée par une communication qu'a faite M. Berchtold de vers français et latins trouvés à Hauterive. L'auteur n'en est pas un moine, mais un frère de l'abbé de ce couvent, Pierre Dumont ou *Petrus de Monte*. Une des pièces de Dumont a un intérêt historique, elle a trait à l'Escalade de Genève, dont, en fervent ligueur, noble Pierre Dumont déplore la non-réussite en soixante et seize vers dont nous citons les deux premiers :

> Avec larmes, Genevois, tous d'une voix
> Pleurez cette délibvrance.

M. A. Daguet a lu ensuite un aperçu sur *la littérature historique dans notre canton et les lacunes qu'elle présente*.

Il est toujours question de continuer le *Recueil diplomatique* publié par MM. Werro, Daguet, archiviste, et Remy (aujourd'hui préfet à Bulle). M. Meyer, curé, s'est chargé de cette continuation et suivra l'ordre chronologique adopté par ses prédécesseurs. M. Meyer eût préféré faire un choix parmi les nombreux titres exhumés récemment d'Hauterive et en former une espèce de *Cartularium altaripense*; mais cette déviation du plan primitif, combattue par d'autres membres; a failli occasionner une guerre intestine d'autant plus dangereuse, que l'existence de la Société venait d'être troublée par une autre querelle relative à une appréciation très-peu historique du dogme de l'enfer contenue au dernier cahier des archives.

Pour en revenir au *Cartulaire d'Hauterive*, espérons que, terminé et accompagné de notes explicatives, il obtiendra de la libéralité des *Pertz lausannois*, une place dans les *monumenta* qu'ils éditent, à côté de son aîné, le *Cartulaire de Lausanne*.

Du reste, la Société d'histoire se traîne un peu ; elle n'a pas toute
l'activité désirable dans une réunion de ce genre.

Il y a un peu plus de vie dans les séances hebdomadaires de la Société d'études. Mais on y lit et on y discute plus qu'on n'y compose.
Un avantage de la Société d'études, c'est de servir de lien entre les
Fribourgeois qui étudient ou qui professent dans leur patrie et ceux qui
étudient ou qui enseignent au dehors. Quatre de ces associés externes,
MM. Dupasquier de Porrentruy, Jungo de Glaris, Sciobéret de Berlin
et Eggis de Paris, ont envoyé des morceaux intéressants en prose et
en vers. Parmi les membres internes, M. Comte-Vaudaux, juge cantonal, a communiqué des fragments traduits de Jean Paul; M. Lambert
une traduction d'un passage de la philosophie latine et inédite du
P. Girard; M. Ayer une étude sur la géographie comparée ; M. Ma-
jeux une poésie sur Chenaux, et M. Bornet (l'auteur du gracieux
poème patois des *Tzévreis* publié dans l'*Emulation*), des extraits d'un
manuel d'instruction civique. La Société d'études, présidée par M. Daguet, compte au nombre de ses membres honoraires plusieurs des
penseurs et des écrivains distingués dont la Suisse s'honore, MM. Troxler, Vulliemin, Hisely, etc.

— Deux sociétés d'étudiants, l'*Helvétia* et le *Stanzer-Verein*, méritent une mention dans ces pages par l'activité qu'elles déploient et
l'influence qu'elles exercent en sens divers sur la jeunesse des bureaux et des écoles. La section fribourgeoise de l'*Helvétia* (société
suisse radicale et rivale de celle de Zofingue), s'occupait beaucoup il y
a un an de théories politiques et sociales. Elle semble être revenue,
et nous l'en félicitons, aux études historiques et littéraires qu'elle
avait négligées à son début. Le président de cette société est M. Pres-
set du Vuilly, secrétaire de la Direction d'éducation et membre du
grand Conseil. La section fribourgeoise du *Stanzer-Verein* ou Société
catholique de Stanz, nous est beaucoup moins connue et comme elle
semble aimer le mystère, nous ne chercherons pas à l'en tirer par
des communications indiscrètes. Nous dirons seulement qu'elle est assez nombreuse et s'occupe aussi d'études historiques et littéraires.

—En terminant ce tableau de notre état intellectuel, nous voudrions
pouvoir ajouter aux traits dont il se compose, le rendu-compte d'une
petite Revue consacrée aux intérêts de l'intelligence. Plus d'une fois
le projet s'est fait jour parmi nos hommes d'études de ressusciter la
feuille mensuelle l'*Emulation*. Il a toujours été ajourné par les circonstances. Peut-être serons-nous plus heureux dans notre prochaine
correspondance et pourrons-nous vous annoncer l'apparition d'un organe littéraire sur les bords de la Sarine.

Telle quelle cependant, nous aimons à le croire, l'esquisse que nous
venons de tracer suffira à venger l'*Uechtland* du reproche de *béotisme*

que pourrait être tenté de lui adresser certain de vos lecteurs et que
lui adressait jadis, sans plus de façon, un de nos propres combourgeois, feu François-Bonaventure Kuenlin, de satirique mémoire,
quand il commençait l'un de ses articles sur Fribourg par ces excla-
mations flatteuses : Dum, dum, nebel, nebel.   **D.**

MÉLANGES.

—

LES CLOCHES.

Venez-vous encor me distraire
Vieilles chanteuses du clocher?
Que venez-vous me reprocher
En jetant vos voix sur la terre?
Venez-vous encore me distraire?

Je n'ai plus d'amour à rêver
O mes belles cloches pieuses!
Dans vos notes harmonieuses
Que venez-vous me demander?
Je n'ai plus d'amour à rêver.

Que m'apportez-vous sur vos ailes?
Des souvenirs, un nom, des pleurs...
La rosée a quitté les fleurs.
Le vent a penché les plus belles,
Que m'apportez-vous sur vos ailes?

Est-ce le souvenir d'un soir,
D'un soir que je lui dis : Je t'aime,
Que la lune était si sereine,
Que le bosquet était si noir?...
Est-ce le souvenir d'un soir?

Merci de venir à ma porte
Jeter le passé sur mon cœur,
Mon présent si froid, si trompeur
S'échauffe en songeant qu'il le porte,
Merci de venir à ma porte!

Oh ! n'abandonnez rien au vent
De ce passé qu'un souffle effeuille
Le temps assez tôt brise et cueille
La fleur qui souriait avant.
Oh ! n'abandonnez rien au vent.

Vous m'apportez une espérance
Pour cet avenir si tremblant !
J'aimerais mieux le lilas blanc
Dont se couronnait mon enfance.
Vous m'apportez une espérance !...

Quand vos accords auront cessé,
Que l'air balance encor vos phrases
Car mon amour et mes extases
Tout s'éteindra dans mon passé,
Quand vos accords auront cessé.

W. REYMOND.

~~~~~~~~~~~~~~~~~~~~~~~~~

STANCES MORALES AUX ENFANTS.

Le printemps de vos jours à peine se colore ;
D'allégresse et d'espoir je vous vois tressaillir.
Les fleurs, dans les gazons, sous vos pas vont éclore,
Baissez-vous seulement un peu pour les cueillir.

Ne soyez pas de ceux dont la vie éphémère
Tristement s'évapore en frivoles désirs,
Et qui, ne poursuivant qu'une vaine chimère,
Méconnaissent les vrais plaisirs.

Un encens mendié que le monde nous jette,
Un peu d'or, bien souvent le prix du déshonneur,
Un titre ambitieux que la bassesse achète :
Est-ce là, chers amis, ce qui fait le bonheur ?

Voyez donc à ces biens de trompeuse apparence
Le sage, humble et content, sourire avec pitié :
Le bonheur, il le trouve au sein de l'innocence,
Dans les charmes de l'amitié ;

Dans la paix où s'endort une âme satisfaite,
Dans l'amour du devoir, dans le doux souvenir
D'une bonne action que la veille on a faite,
Et dont le cœur joyeux aime à s'entretenir.

A goûter ces vrais biens la raison vous convie :
Nul trouble, nul remords n'en flétrit les appas ;
Ce sont, jeunes amis, les roses de la vie,
Dont le parfum ne s'éteint pas.

Lorsqu'un commun plaisir quelquefois vous rassemble
Au bruit des joyeux sons et des chants les plus doux,
Du bonheur simple et pur que vous goûtez ensemble
Bien des mortels blasés pourraient être jaloux !

Mais ainsi l'a voulu la sage Providence ;
Et si le vrai bonheur manque aux pauvres humains,
C'est qu'un orgueil stupide, une aveugle imprudence
Souvent nous l'arrachent des mains.

Comme un jardin fleuri, comme un riant bocage,
La vie est gracieuse à qui sait en jouir ;
Sans cesse, pour tromper les ennuis du voyage,
Que d'objets séduisants à lui viennent s'offrir !

Sous ces berceaux de fleurs que la brise entrelace
Respirons en passant un peu de volupté,
Comme un navire en mer quelquefois se délasse
Dans les bras d'un golfe enchanté.

J.-E. Peg-Roussel.

BULLETIN BIBLIOGRAPHIQUE.

ESSAI SUR L'ESPRIT ET L'INFLUENCE DE LA RÉFORMATION DE LU-
THER, par Charles de Villers. — 5ᵉ édition augmentée du *Précis historique de la vie de Martin Luther,* de Mélanchton, revue et corrigée, avec
une préface et des notes, par *A. Maeder.* Paris et Strasbourg, chez Treut-
tel et Würtz. 1851. Prix 5 fr. de France.

En annonçant une nouvelle édition de l'*Essai sur l'esprit et l'influence de
la Réformation de Luther,* nous sommes dispensés de faire l'éloge de cet ouvrage : quatre éditions précédentes, les traductions qui en ont été données
en plusieurs langues, l'ont suffisamment fait connaître. — On sait ce qu'il

a eu de retentissement ; avec quel déplaisir il a été vu par les adversaires du protestantisme ; quel reproche ceux-ci ont adressé à l'Institut de France pour avoir mis le sujet au concours et pour avoir couronné l'homme qui l'avait traité avec tant d'impartialité.

M. A. Maeder, président du Consistoire réformé de Strasbourg, l'anonyme et savant auteur de l'*Eglise protestante de France de 1787 à 1846* ([1]), vient de donner une 5ᵉ édition du travail de Ch. de Villers, et, dans une remarquable préface, il fait connaître les motifs qui l'ont déterminé à cette publication d'un ouvrage d'ailleurs épuisé. On ne peut qu'approuver la hauteur d'intention où s'est placé l'honorable éditeur.

Après soixante années de bouleversements et de déceptions ; quand on a incessamment à redouter une tourmente qui emporte la civilisation moderne, l'on est profondément affligé de voir qu'au milieu de la détresse universelle, les différentes Eglises chrétiennes se fassent la guerre, au lieu de se liguer entre elles contre l'ennemi commun. La société ne peut être sauvée que par la religion, et la religion ne peut lui venir en aide si ses interprètes s'entre-déchirent publiquement.

Les controversistes de notre époque s'évertuent principalement sur le terrain politique et social, et, parmi ces disputeurs, un certain parti veut faire considérer la Réforme comme le principe de toutes les révolutions et le Protestantisme comme l'ennemi de tout gouvernement régulier. — Il faut une digue à ce torrent de calomnies qui menace d'engloutir le protestantisme en France ; il faut relever le gant jeté si audacieusement à une tribu décimée par trois siècles de persécution et à peine rassurée par un demi-siècle de liberté.

Il ne s'agit point pour cela d'attaquer l'Eglise catholique ; justice à elle qui a donné le jour à Fénélon et à Saint-Vincent-de-Paule ; mais que, d'un autre côté, on ne veuille point voir une poignée de rebelles dans l'Eglise qui a produit Oberlin et Boissy-d'Anglas.

Il importe donc de rétablir un fait historique dénaturé par l'esprit de parti. Démontrer que la Réforme ne mérite pas les reproches qu'on lui adresse d'être un agent révolutionnaire, c'est travailler dans l'intérêt des catholiques comme dans l'intérêt des protestants, et opérer, peut-être, un rapprochement, qui, pour n'être pas une réunion, sera une alliance tacite pour le bien public.

Cette démonstration indiquée dans la préface de M. A. Maeder, sera complétée par l'ouvrage de Ch. de Villers, que son admiration pour Luther n'a pas empêché de mourir catholique, et que son peu de sympathie pour la révolution française doit faire agréer par le plus exigeant ami de l'ordre. En effet, Villers fut obligé de fuir la France pour avoir publié sur *la Liberté* une brochure qui eut deux éditions successives en 1791 et en 1792, et qui coûta la vie à son libraire. La préface de M. Maeder renferme de notables extraits de cet opuscule devenu fort rare. La réputation de Villers, comme adversaire de la Révolution, était si bien établie à la première Restauration, que Louis XVIII le nomma chevalier de Saint-Louis, et qu'il a été considéré jusqu'à sa fin comme le plus solide appui des idées conservatrices. En vue des conservateurs, personne n'était donc mieux qualifié que lui pour écrire sur la réforme, et si son livre est une apologie, ce n'est certes pas à l'esprit révolutionnaire de l'auteur qu'on le doit.

De nombreuses notes accompagnent la préface qui sert d'introduction à

(1) Die protestantische Kirche Frankreichs von 1787 bis 1846. — Herausgegeben von D͏ͬ J.-C-L. Gieseler. Leipzig 1848. Breitkopf und Härtel.

cette 5e édition de l'*Essai* — et l'ouvrage de Villers lui-même — M. Maeder a, souvent amplifié, quelquefois rectifié celles de l'auteur. On trouvera dans les nouvelles notes beaucoup d'érudition, et une connaissance approfondie de l'état actuel de la question religieuse en France.

Au livre de Villers se trouve joint le *Précis historique sur la vie de Martin Luther* de Mélanchton, traduit par Ch. de Villers : le portrait du réformateur ne pouvait être que très-convenablement placé à côté du tableau des conséquences de son œuvre.

~~~~~~~~~~~~~~~~~~~~~~~~~~~~~~~~~

VIE DE MADAME ISABELLA GRAHAM, traduite de l'anglais par Mlle de Chabaud-Latour. — Paris 1850. — Se trouve à Lausanne, chez G. Bridel ; à Neuchâtel, chez J.-P. Michaud ; à Genève, chez Emile Beroud. Prix : ff. 2»50.

Annoncer une œuvre nouvelle de Mlle de Chabaud-Latour, c'est promettre à tous les cœurs chrétiens une source abondante d'instructions, de jouissances, de consolations ; c'est offrir à tous ceux qui aiment ou cherchent la vérité, un guide précieux pour les conduire dans les chemins de la vie. Douée d'une âme profondément religieuse et d'un tact exquis, Mlle de Chabaud-Latour a comme un don particulier, celui de découvrir ce qu'il y a de vraiment bon dans la littérature religieuse des Anglais. Elle ne se laisse pas prendre aux premières apparences, elle distingue promptement ce qui est faux dans ce qui brille ; mais quand paraît un livre, où se donne à connaître une âme vraiment mûrie sous le souffle de Dieu, elle s'en empare, elle se l'approprie, ou plutôt elle nous le donne, à nous qui, moins heureux, ne pouvons pas lire ce livre dans sa langue. C'est ainsi que nous avons appris à connaître un Newton, un Thomas Adam ; et Madame Graham est de toutes manières de la famille de ces hommes pieux, dont les lettres et les pensées sont devenues le manuel de tant de chrétiens.

Malgré son titre, la *Vie de Madame Isabella Graham* ne se distingue point essentiellement des ouvrages traduits précédemment par Mlle de Chabaud-Latour, car elle est bien moins une biographie qu'une collection de lettres et de fragments de journal, qui pour la forme comme pour le fond, nous rappellent *Omicron* et *Cardiphonia*. Et pourtant ce n'est pas sans raisons que ce nouvel ouvrage est appelé une *Vie*, puisque, avec un apparent désordre, il nous initie réellement au développement intime d'une âme chrétienne. Il nous semble même que par là ce livre l'emporte en quelque manière sur ses aînés, et qu'il est destiné par là même à devenir plus réellement populaire. Ce sont des leçons excellentes et des traités parfois sublimes, que nous trouvons dans les écrits de Newton, et l'on ne peut méditer assez les pensées vraiment chrétiennes de Thomas Adam ; mais ici nous avons plus que des traités, plus que des pensées ; nous avons une vie, une vie sans événements bien extraordinaires, je l'avoue, mais une vie qui grandit et se déploie devant nos yeux, une vie qui se donne à connaître sans prétention et sans art sous les formes variées de la narration, de la correspondance, du journal intime et de la prière, une vie qui nous fait penser à notre vie, et qui nous fait du bien, comme nous en ferait la vie d'une personne pieuse, dans la société de laquelle nous aurions le bonheur de vivre. Et puis cette vie est celle d'une femme, d'une femme chrétienne, qui sent plus encore qu'elle ne pense, qui expérimente plus qu'elle n'étudie, et qui par là même est plus près que ne peut l'être un docteur, de la plupart des simples fidèles. Madame Graham n'est point seulement d'ailleurs une femme de sentiment et de contemplation. Développée par l'épreuve, elle a, consacré la plus grande partie de sa longue carrière à l'éducation de sa famille, au soin des pauvres, à l'instruction des ignorants, et c'est par une charité active autant que par sa foi et son humilité, qu'elle s'offre à nous, sans y prétendre, comme un bel exemple de ce que peut devenir une âme sous l'action croissante du Saint-Esprit. Nous ne pouvons dire, quant à nous, tout le bien que nous ont fait ces pages, où une femme chrétienne épanche en toute liberté ces émotions, ces saintes douleurs, ces aspirations vers le Ciel, ces joies pures, ces prières, ces actions de grâces qui se succèdent ou se mêlent en elle. On éprouve, en lisant ces choses, ce respect mêlé de surprise et de joie, que nous inspire la présence d'un être marqué du doigt de Dieu, et en fermant le livre on se sent humilié, réchauffé, pressé de chercher soi-même à leur véritable source la vie et la paix. — Un dernier trait complétera cette esquisse imparfaite d'un livre que nous désirons voir bientôt entre les mains de tous ceux qui savent apprécier ce qui est vraiment bon et vrai. Madame Graham, qui a vécu surtout aux Etats-Unis, appartient à la fin du siècle dernier et n'a vu que les premières années de celui où nous vivons. Aussi est-elle heureusement en dehors de ces préoccupations dogmatiques et ecclésiastiques, qui ont tant de peine à ne pas percer dans tout ce qui s'écrit de nos jours. Elle a déjà pour nous quelque chose d'antique, qui repose le cœur, et on l'écoute comme une mère, qui de la tombe, où elle repose, adresse encore aux siens les conseils que lui inspire une longue et pieuse expérience. — Humilité, foi et paix, voilà ce qu'a été sa vie, et voilà ce qu'elle communique à ceux qui mettent leur cœur en contact avec le sien.

DE L'HABITUDE ET DE LA DISCIPLINE, traduit de l'anglais. — Paris, librairie de Marc Ducloux, rue Tronchet, 2. 1850. — Neuchâtel, chez J.-P. Michaud, libraire; in-12 de 240 pages. Prix : ff. 1»50.

Ce petit livre a peu d'éclat, peu d'attrait, peu de style, mais il est plein de bon sens et d'une piété sereine. L'auteur analyse les phénomènes de *l'habitude* pour en faire comprendre la grande importance pratique et pour en tirer les préceptes d'une discipline extérieure, morale et religieuse, esquissant ainsi, brièvement mais toujours d'une manière pratique, l'éducation de la jeunesse et de l'âge mûr. Il appelle l'habitude une *faculté*, et cette impropriété de langage fait comprendre dès l'entrée que ce n'est pas sur le côté métaphysique de ce grand sujet qu'il faut chercher beaucoup de lumières dans ce traité traduit de l'anglais. Cependant les lois générales de l'habitude sont bien observées et résumées avec clarté. L'habitude facilite l'action, émousse les sensations et augmente les besoins. Au dernier de ces traits tient surtout le danger des mauvaises habitudes; le développement du premier fait comprendre l'immense avantage d'en contracter de bonnes; par le second l'habitude appauvrit notre vie, mais elle diminue aussi nos souffrances; les conseils pratiques nous ont paru pour la plupart fort sages. Nous prenons cependant nos réserves sur la proscription de la musique, même pour les jeunes gens qui y ont des dispositions. Nous ne contestons pas ce qu'il y a de fondé dans les griefs élevés contre elle; mais nous ne saurions y voir avec l'auteur un simple talent d'agrément. C'est un élément sain de la vie humaine qu'on n'a pas le droit de laisser périr. C'est la révélation *sensible* de ce monde supérieur auquel l'esprit pur s'élève par la con-

templation et par l'amour. Nous ne saurions devenir ici-bas de purs esprits,
et cependant nous devons aspirer au monde supérieur ; il faut donc y ratta-
cher·les sens eux-mêmes. Il faut sanctifier la musique, mais·non pas la retrancher. En parlant du développement de l'intelligence, l'auteur insiste
sur des applications, sur des procédés qui révèlent une confiance si ferme,
une foi si franche et si joyeuse, que nous craindrions de la discuter; toutefois nous ne serions pas sans inquiétude sur le résultat. Les vues religieuses
de l'auteur sont saines et libres, sans luxe de profondeur. Il attache une
égale importance à la justification et à la sanctification; en faisant quelques
pas de plus il aurait signalé l'identité essentielle de ces deux idées, mais
sa pensée en devenant plus intime et peut-être plus conséquente, n'aurait
pas gagné beaucoup en utilité pratique. Ce livre laisse une impression bienfaisante et mérite d'être lu plus d'une fois. Il s'adresse également aux pères
et mères, aux instituteurs et aux jeunes gens. On peut le recommander
même aux difficiles ; en les avertissant de ne pas se laisser rebuter par les
six premières pages que nous supprimerons volontiers. Elles sont consacrées
à développer en manière d'introduction l'idée que l'univers est admirablement adapté aux besoins des êtres qui l'habitent. On sait de quelle irritante
évidence il est facile d'éclairer une pareille thèse, et quelles contradictions
dangereuses suggère cette impatience. L'auteur ne semble pas s'en être
douté. Il se plait à réfuter les objections les plus singulières, sans toucher
aux objections graves. Nous étions tentés de fermer le volume; bien nous
a pris de poursuivre. On ne trouve plus rien de semblable. Tout le reste est
pratique, aimable et judicieux.

LAURE ET HENRI, par Miss Sinclair. Traduit de l'anglais par Mlle V. R.—
Paris, 1850. — Se trouve à Lausanne, chez G. Bridel ; à Neuchâtel, chez
J.-P. Michaud ; à Genève, chez Emile Beroud. Prix : ff. 2»50.

Voici un nouveau livre pour les enfants, et nous lui prédisons un bon
accueil de la part de son petit public, sans compter les respectables parents,
qui comme nous se laisseront prendre à cette lecture. Ce n'est pas qu'il ne
nous soit venu toutes espèces de doutes, en parcourant ce volume ; car malgré notre grand désir de trouver autre chose à offrir à nos enfants du peuple que des enfants grands-seigneurs, il nous a bien fallu cette fois encore
entrer dans de riches maisons, vivre dans des salons, faire connaissance de
petits messieurs et de petites demoiselles, vêtus de velours et de soie, servis par des laquais, gouvernés par des bonnes, toutes choses qui, comme
on le sait, sont pour la plupart des enfants que nous connaissons, un pur
idéal, essentiellement propre à tourner leurs jeunes imaginations vers une
espèce de paradis terrestre, que de nos jours on ne convoite pas sans quelque danger. Et puis, il faut le dire, cette terrible gouvernante, qui d'une
aube à l'autre gronde et châtie, nous a mis un peu dans l'embarras, aussi
bien que ce tapageur d'Henri et cette étourdie de Laure, qui, avec une égale
persévérance, mettent au champ la patience plus que douleuse de leur institutrice ; et nous n'avons pas très-bien compris d'abord, comment le portrait si piquant de l'une ne risquerait pas de jeter une petite ombre de ridicule sur toute la classe des respectables personnes qui s'occupent d'éducation, et comment les gentillesses de ses élèves ne seraient pas d'un exemple dangereux pour notre jeune génération. — Et cependant, l'avouerai-je?
je n'ai pu m'empêcher de lire jusqu'au bout avec un intérêt croissant ce li-

vre d'enfants, et en dépit de toutes mes critiques, j'ai dû me dire enfin, qu'après tout c'est là une charmante lecture, amusante d'abord, et puis instructive, voire même édifiante et morale, d'autant plus que les leçons sont ici tellement mêlées au récit, qu'il n'y a pas moyen pour les jeunes lecteurs de ne pas les lire tout entières. — Ce ne sont pas des Grandisson, dont on nous raconte l'histoire, et j'en félicite l'auteur; mais le tout n'en est que plus vrai; et quand on voit ces enfants, étourdis plus que méchants, passer tour à tour sous le triple régime de la férule, de l'affection et de l'é-. preuve, et arriver ainsi à la douce maturité d'une piété vivante et sans affectation, on en reçoit, comme parents et comme enfants, une impression bienfaisante. — La religion ne se présente pas ici de front tout d'abord; elle ne péche pas non plus par excès de dogmatisme. Elle se glisse plutôt à travers le récit; puis peu à peu elle se déploie dans son allure vraiment gracieuse, et en terminant le volume, on a ce qui vaut mieux que des idées: on respecte l'Evangile, on désire le posséder dans son cœur, et l'on sent qu'à l'heure suprême on ne trouvera que là les vraies consolations. C'est dire assez que le livre que nous annonçons est du nombre de ceux que l'on peut mettre entre les mains des enfants, et que nous remercions sincèrement le traducteur, qui a si bien réussi à reproduire dans notre langue un ouvrage dont le mérite est, nous dit-on, fort apprécié en Angleterre.

AMY HERBERT. Traduit de l'anglais. 2 vol. in-12. Prix : ff. 3. Paris, librairie de Marc Ducloux, 1850. — A Lausanne, chez G. Bridel; Neuchâtel, chez J.-P. Michaud; Genève, Emile Beroud.

Amy Herbert est un livre destiné à l'enfance, mais que les personnes d'un âge mûr ne liront pourtant pas sans fruit. C'est dire, nous semble-t-il, que l'auteur a atteint son but, car n'est-il pas juste de prétendre qu'un ouvrage dépourvu d'intérêt pour l'homme fait n'en saurait avoir de véritable pour l'enfant? Là est le secret de l'écrivain qui s'adresse à de jeunes lecteurs : découvrir dans ces âmes qui s'ouvrent à la vie, la véritable fibre humaine, et la toucher avec justesse et discrétion tout ensemble. A ce point de vue, il faudrait retrancher un assez grand nombre d'ouvrages de cette littérature de la jeunesse qui s'augmente peut-être démesurément de nos jours : cet appauvrissement apparent serait sans doute un véritable gain.

· En disant qu'*Amy Herbert* était un livre d'enfants, nous songions surtout au personnage principal, à Amy Herbert elle-même; autour de cette enfant, se groupent plusieurs jeunes filles dont les rapports avec la première forment le fond du récit, et qui, moins jeunes qu'elle, ont permis à l'auteur de calculer ses enseignements pour la jeunesse en même temps que pour l'enfance. Ces enseignements, du reste, ressortent du récit : c'est sans doute là la seule manière d'instruire de jeunes auditeurs qui saisissent très-bien le symbole, mais que la doctrine atteint infiniment moins que la plupart des écrivains religieux de nos jours ne paraissent le penser. Les faits dont le récit remplit ces deux volumes sont, du reste, extrêmement simples et empruntés à la réalité de tous les jours; un seul incident, douloureux, tragique même, interrompt ce tranquille récit de la vie de deux familles anglaises, à la campagne; mais cet incident est du nombre de ceux qui viennent trop souvent jeter l'ombre du deuil sous le toit domestique, et, encore ici, plus d'une des jeunes lectrices d'*Amy Herbert* retrouvera un tableau fidèle de la vie telle qu'elle a pu déjà la connaître. Cette dernière partie de l'ouvrage neutralise, d'une manière sérieuse et vraie, l'optimisme peut-être un peu exagéré dont le livre n'est pas exempt, bien que cet optimisme nous ait infiniment moins frappé dans ces deux volumes que dans la plupart des écrits du même genre empruntés, depuis quelques années, à l'Angleterre. Sous ce rapport, nous aurions relevé dans ce récit, comme prêtant à certaines objections, le fait que c'est au sein d'une existence toute privilégiée que se passe exclusivement l'action, si l'auteur n'avait su introduire dans ce cadre, nécessairement un peu étroit, quelques personnages empruntés à un monde différent, et auxquels il a précisément rattaché les plus précieux de ses enseignements. Nous pouvons donc, sans arrière-pensée, recommander *Amy Herbert* aux mères de famille, comme un de ces livres peu nombreux destinés à exercer une heureuse influence sur l'âme de leurs enfants.

~~~~~~~~~~~~~~~~~~~~~~~~~~~

UN MESSAGER DE L'EVANGILE, par Frédéric Chavannes, l'un des pasteurs de l'Eglise wallonne d'Amsterdam. — Lausanne, chez G. Bridel. 1 volume. Prix : 5 francs.

La *Revue Suisse* a publié, tome XIII, page 497, quelques mots sur la collaboration de M. F. Chavannes et quelques citations tirées des livraisons de ce volume particulièrement adressé à l'Eglise wallonne d'Amsterdam. Nous nous bornerons donc aujourd'hui à le recommander aux amis de la bonne prédication et de la bonne littérature. Il contient des discours et des études bibliques d'un mérite distingué, et quelques morceaux de critique, qui rappelleront à nos lecteurs ceux que M. Chavannes a donnés à la *Revue Suisse* sur Alexandre Vinet, Port-Royal, etc. Ce livre parti des presses d'Amsterdam, est une sorte de lien entre nos églises et celle d'origine française à laquelle son auteur s'est attaché. En le lisant, ses amis s'associeront à ses travaux loin de nous, et aux succès qui les accompagnent. La prédication de M. Chavannes est goûtée par un troupeau composé de nations diverses, et pour lequel un pasteur fidèle dans les saintes doctrines et doué de talents littéraires est d'un grand secours. Rappelons, à cette occasion, qu'un autre Lausannois, M. Isaac Secrétan, est depuis bien des années pasteur à la Haye. Comme M. Chavannes, il a publié un volume de sermons, aussi remarquables, sous les mêmes rapports, que ceux dont nous annonçons aujourd'hui l'arrivée dans les capitales de la Suisse française.

HENRI WOLFRATH, ÉDITEUR.

DU PROJET

DE CRÉER

UNE UNIVERSITÉ FÉDÉRALE.

La question de l'université fédérale a fait un nouveau pas en avant : cinq membres de la commission se sont prononcés en sa faveur; quatre en repoussent l'exécution actuelle. Le moment est donc favorable pour discuter dans la *Revue Suisse* un plan dont la réalisation pourrait paraître un malheur, si elle ne semblait avant tout impossible. Je n'épuiserai pas aujourd'hui le sujet; ce n'est pas une dissertation que j'ai en vue, et d'ailleurs il vaut mieux y revenir à mesure que les événements se produiront.

Je ne suis point arrêté dans l'expression de mon opinion par la résolution que les autorités fédérales ont traduite, il y a deux ans, en article constitutif. Alors Berne et Zurich se disputaient l'honneur d'être le siège du gouvernement de la nation; Lucerne, qui aurait pu aussi se mettre sur les rangs, se tenait modestement à l'écart, parce que son nouveau gouvernement acceptait tout de la main des amis qui venaient de l'installer. La lutte entre les deux villes rivales aurait pu prolonger les difficultés de la situation ; il fallait donc en sortir par un compromis: Berne eut le gouvernement; on insinua que Zurich aurait l'université. Après un tel arrangement secret, comment eût-il été possible de ne pas accorder à la nouvelle Athènes la satisfaction d'un article, qu'on a eu le soin toutefois de rédiger assez vague pour que la réalisation pût en être renvoyée aux calendes grecques? L'avenir de la nation suisse ne peut toutefois dépendre d'arrangements particuliers, adoptés après une révolution pour échapper à quelques embarras. Il en sera, s'il le faut, de l'université fédérale comme de la vallée des Dappes; et Zurich, après tout, ne sera pas plus maltraité que l'a été le canton de Vaud. Ce n'est pas qu'il faille presser l'analogie entre les deux situations; car le congrès de Vienne avait décidé de restituer au canton de Vaud une vallée qui lui avait appartenu, tandis que les autorités fédérales ont vaguement introduit le principe d'une nouvelle université, sans déclarer que Zurich en serait le siége. En droit comme en fait, la question est donc très-différente, et l'idée de discuter le nouveau projet ne peut travailler la conscience de personne.

Dans les différentes parties de la Suisse, les esprits sont déjà bien refroidis sur les questions de centralisation. Tel canton, qui, il y a deux ans, aurait mis presque tous ses privilèges aux pieds du gouvernement fédéral, en est maintenant aux regrets et voudrait peut-être reprendre ce qu'il a cédé. Et pourtant, ce qui a été centralisé était tout autrement susceptible de l'être que l'instruction supérieure d'un pays qui parle trois langues et se range sous deux confessions. On se plaint que l'administration des postes marche moins bien que lorsqu'elle était livrée aux cantons; on se plaint des droits d'entrée qui entravent le commerce plus qu'ils ne le servent, et qui seront peut-être augmentés pour faire le budget de l'université. Ces plaintes sont plus ou moins légitimes suivant les intérêts qui sont mis en jeu; les avantages matériels nous touchent personnellement moins que d'autres; et, si le bien général du pays le demande, nous payerons volontiers plus cher et voyagerons moins commodément. Qu'on s'applique à améliorer les postes et à régler les droits d'entrée; cela fait, les sujets de plainte cesseront.

En serait-il de même, si l'instruction supérieure venait à être centralisée? Je ne le pense point, et je crois que la nouvelle institution ne tarderait pas à crouler elle-même, après avoir été élevée sur la ruine des institutions cantonales. Zurich célébrait, il y a peu de jours, le souvenir d'une indépendance de cinq siècles; cette belle fête, qui avait sa grandeur, renfermait aussi sa leçon. Cinq siècles d'indépendance cantonale tracent un profond sillon dans les mœurs, dans les idées, dans la vie et les croyances. On peut abdiquer d'un trait de plume un empire improvisé, comme Napoléon à Fontainebleau; mais on ne peut avec une goutte d'encre, niveler des sillons qui ont été patiemment creusés pendant cinq cents ans. Que la Suisse se soit donné un gouvernement central plus fort et plus agissant, à la bonne heure! Cette transformation n'a rien qui nous étonne, et toute l'histoire est là pour nous prouver que les liens politiques ou administratifs sont doués d'une assez commode élasticité, et qu'ils peuvent s'étendre ou se resserrer sans se rompre. Mais en est-il de même du langage, des mœurs, de toutes les habitudes qui font l'individualité d'une nation? Les croit-on aussi élastiques que des questions de postes ou de péages? Après avoir converti, par une résolution d'un jour, le beau bâtiment que possède Zurich en université fédérale, croit-on avoir décidé tous les pères à y envoyer leurs fils? Pense-t-on avoir sauvegardé toutes ces délicates susceptibilités cantonales, plus vitales et plus rétives qu'on ne se l'imagine? Le but de quelques-uns est peut-être de les briser pour arriver plus vite à cette parfaite unité, qui est le rêve de certains novateurs; mais, s'il leur est fatalement donné de tenter l'expérience, ils n'auront pas tout le succès qu'ils espèrent.

La Suisse française et la Suisse allemande sont étroitement unies par le patriotisme, par les souvenirs de l'histoire, par les intérêts communs, par les fêtes et les associations nationales; mais tant que l'une et l'autre voudront garder leur langue, il y aura de faciles frottements, et elles seront comme ces frères qui se boudent fréquemment et ne s'unissent que contre un enfant étranger. La Suisse réformée et la Suisse catholique sont séparées par une barrière plus forte encore que celle du langage; les deux confessions ne vivent en bonne harmonie que lorsqu'elles sont à une respectable distance l'une de l'autre. Quoi qu'on en dise, et en dépit de la défection de quelques catholiques, la guerre du Sonderbund, de récente et triste mémoire, avait au fond un caractère confessionnel, du moins de la part du parti de la résistance. Ce souvenir est aussi une leçon. Ne croyez-vous pas que les discussions d'école, s'envenimant chaque jour davantage, diviseraient bientôt en deux camps rivaux les catholiques et les réformés, d'un côté, les Allemands et les Français, de l'autre? Espérez-vous, au contraire, que la fraternité régnerait, que les barrières tomberaient, que la plus étroite union ne tarderait pas à naître et à porter ses fruits jusqu'aux extrémités de la Suisse? Nous voudrions qu'il en fût ainsi, mais tout homme qui consulte l'histoire et l'expérience sait que le résultat serait tout opposé.

Les exemples isolés ne prouveraient rien. Un étudiant français
qui fréquente une université allemande, a le plus souvent terminé
ses études dans son propre pays ; il sait où il va et ce qu'il va faire;
il émigre par choix, il se soumet aux usages allemands, parce
qu'il n'est pas soutenu, et que la rupture de la bonne harmonie ne
ferait de tort qu'à lui. Ne pensez pas cependant que la fraternité
soit bien sérieuse. Provoquez adroitement un épanchement, lisez
une lettre adressée à quelque ami dans le pays natal, prenez part
aux entretiens qui suivent le retour; et vous sentirez alors le danger d'enfermer pêle-mêle dans un seul bâtiment converti en tour
de Babel, les langues et les confessions. Remarquez-le bien, d'ailleurs : l'étudiant isolé, qui fait un pélerinage en Allemagne, y vit
réellement de la vie scientifique commune ; il assiste aux leçons des
professeurs allemands, il fait les mêmes études que les jeunes
hommes qu'il rencontre dans l'*Aula* ou dans les corridors. En serait-il de même dans la future université ? Où serait la fraternité
d'études ? Quel avantage y a-t-il à voir les catholiques entrer dans
la salle de droite, pendant que les réformés vont dans celle de
gauche ? Quelle fraternité peut naître de ce fait que les étudiants
français descendent l'escalier, pendant que les allemands le montent pour suivre leur cours ? S'ils se parlent, de quoi parleront-ils ?
Deviseront-ils de leurs études ? Ce serait une polémique incessante,
qui gagnerait jusqu'aux professeurs. S'ils ne se disputent pas, s'ils
ne se coudoient pas, ils passeront indifférents les uns près des
autres ; et, s'ils se serrent quelque part la main, ce ne sera guère
que dans les tavernes. Encore une fois je parle ici des masses et
non des exceptions. Il y a d'heureuses natures qui savent se faire à
tout, comme des plantes qui s'acclimatent sous toutes les zônes ; il
y aura des Français qui se feront Allemands, et peut-être des ex-
séminaristes qui se lieront d'amitié avec des disciples de Zwingli;
ce seront quelques heureux accords contrastant avec une infinie
dissonnance.

-- Si la Suisse française doit redouter l'humble vasselage auquel la
réduirait la fondation de l'université fédérale, si la Suisse catholique doit s'attendre que toute la hiérarchie ecclésiastique prohibera
des études théologiques faites dans une ville protestante, il n'en
résulte pas que la Suisse allemande protestante ait elle-même un
grand intérêt à cette concentration. Les faits seuls le démontrent.
Supposez qu'au sein du conseil national, une majorité se prononçât

pour placer à Berne l'université fédérale, Zurich ne ferait-il pas aussitôt opposition, comme il l'a fait précédemment? Dans l'état actuel des choses, Bâle ne veut pas l'université fédérale; Berne ne s'en soucie guère, et s'il lui est permis de la faire échouer, il ne se refusera pas cette satisfaction. Où sont donc, en dehors de Zurich directement intéressé, les sérieux partisans de la centralisation de l'enseignement supérieur? Il faut les chercher dans les quelques cantons qui n'ont pas chez eux cet enseignement; et qui sont dès long-temps habitués aux études nomades de leur jeunesse. Argovie, Bâle-Campagne, Schaffhouse, Thurgovie, Glaris, les Grisons, voilà à peu de chose près les cantons pour lesquels la centralisation de l'enseignement serait un gain et non une perte. Ils n'auront à faire que des sacrifices d'argent, et ils auront, en payant, les mêmes résultats qu'ils obtenaient jusqu'ici gratuitement. Il n'en sera pas de même des cantons qui possèdent depuis des siècles une université ou une académie. La vie intellectuelle y est plus abondante, plus individuelle; les villes qui en sont le siége n'ont pas la physionomie provinciale des localités moins favorisées; les études s'y font d'après les besoins et les mœurs du canton; les élèves en théologie surtout se pénètrent mieux de l'esprit qui devra les animer dans leur carrière pastorale. Si l'université fédérale devait abolir toutes les académies, Genève et Bâle ne seraient bientôt plus que des villes d'industrie; Lausanne n'emprunterait sa vie qu'au concours des étrangers; Berne se soutiendrait mieux, mais le gouvernement fédéral ne la garantirait pas d'une décadence insensible. — Zurich pourrait alors s'intituler l'Athènes de la Suisse avec la plus grande sécurité.

Ainsi vous voulez un seul foyer de lumières au lieu de cinq, sans parler des lycées catholiques, un foyer consumant à lui seul plus que tous les autres ensemble, pour ne rayonner qu'au sein d'une seule ville! A elle toute la flamme, toute la lumière et la chaleur; au reste du pays de pâles reflets, des rayons affaiblis, un clair de lune payé fort cher. Si la destinée nous y force, nous nous soumettrons, comme les Grœnlandais, grelottant mélancoliquement en face d'un soleil qui brûle l'équateur; mais, avant de nous soumettre, nous protestons, pour remplir notre devoir envers la patrie et envers nous et les nôtres.

Dira-t-on peut-être que la Suisse a devant elle l'exemple de l'Allemagne, sa voisine, qui concentre insensiblement l'enseignement supérieur dans les grandes cités , et qui laisse dépérir les petites universités? Je me défierais du rapprochement, même s'il était exact, car l'intérêt des monarchies n'est pas le même que celui de nos petites républiques. Vienne et Berlin , qui tendent à absorber toute la puissance politique de l'Allemagne, se servent de leurs universités comme d'un moyen de centralisation. Mais quelle est, en Suisse, la ville qui aurait la prétention de jouer le rôle de ces puissantes capitales? Où est notre grande cité , qui puisse être l'étoile fixe , et faire de toutes les autres des satellites? De ce que Zurich a possédé avec Berne et Lucerne l'assez mesquin privilège d'être tour-à-tour le siége d'une chancellerie fédérale, en résulte-t-il que la Suisse doive le consoler de sa perte par des sacrifices tout autrement importants?

Nulle part, d'ailleurs, ni en Allemagne, ni dans le monde entier, il ne serait possible de trouver un établissement composé d'anomalies aussi choquantes que celui qu'on propose. Le grand-duché de Baden, notre plus proche voisin, ne parle qu'une langue, mais il se rattache à deux confessions. Ce pays a moins de ressources que le nôtre; il avait à vaincre beaucoup moins de difficultés ; a-t-il donc eu l'idée de n'avoir qu'une seule université? Non, il a dit aux réformés : Allez à Heidelberg; et aux catholiques : Venez à Fribourg([1]). La France, presque toute catholique, dit de son côté aux protestants : Etudiez à Montauban. Le bon sens nous dit à nous: Protestants, occupez-vous de vos établissements supérieurs ; catholiques, restez chez vous; Allemands, Français et Italiens, étudiez chacun dans votre coin de pays. Dans cette monstrueuse alliance scolaire du protestantisme et du catholicisme, de la Suisse allemande et de la Suisse française, ce serait, n'en doutez pas, le catholicisme et la Suisse romande qui feraient un marché de dupes, sans que la spéculation fût un véritable gain pour le reste de la Suisse, une seule ville exceptée.

Nous n'avons pas de véritable université, dites-vous, et il importe à la dignité de la Suisse d'offrir, à ses enfants comme aux étrangers, un établissement rival des grandes institutions de l'Allemagne, afin que la jeunesse étrangère vienne chez nous, sans que la nôtre aille à l'étranger.

([1]) La Belgique suit le même système dans l'organisation de ses quatre universités.

Tel est, en résumé, le plus sérieux plaidoyer qu'on ait fait en faveur de l'université fédérale. Il renferme plusieurs arguments qu'il convient de prendre séparément.

Il est vrai que nous n'avons pas une seule grande université dans notre petit pays; mais nous avons l'avantage d'en avoir cinq qui ne coûtent rien à la Confédération. Ce qui est vrai aussi, c'est que, dans les universités et académies actuelles, on fait de véritables études, tandis que, dans les grands foyers de science, les jeunes gens ne perdent que trop souvent leur temps. Pour être étudiant, il ne suffit pas de prendre la matricule et de se faire inscrire chez quelques professeurs, sans aller les entendre. Ce genre de vie, dont l'ignorance est le moins dangereux résultat, n'est que trop commun au milieu des grandes agglomérations d'étudiants, parce qu'il n'y a point de contrôle possible, parce que les professeurs connaissent à peine de figure leurs auditeurs, et ne s'inquiètent pas de leur absence, parce que les séductions sont beaucoup plus fortes et les tentations plus irrésistibles. La Suisse aurait tort de dédaigner ce qu'elle possède, et de tailler ses institutions sur le patron de ses voisins. Fût-elle arrivée au dernier terme de l'unitarisme, elle resterait encore un petit pays et n'offrirait plus la diversité de mœurs, d'usages et même de principes, qui fait un de ses principaux charmes, qui convient à l'esprit d'indépendance de ses habitants, qui s'associe heureusement à la variété de ses vallées et à celle de ses montagnes, dont l'élévation semble protester contre toute pensée de nivellement général. — Ce qui fait la force de la Suisse, c'est que chaque canton réunit en lui la plupart des éléments organisateurs d'une société tout entière, sans être réduit au rôle inerte d'une préfecture. Aucun n'a de grands arsenaux, mais le petit arsenal de chaque chef-lieu est-il donc à dédaigner? Que diriez-vous de l'idée de transporter à Lucerne, pour la dédommager aussi, les arsenaux de tous les cantons? Ne pourrais-je pas dire, de mon côté, comme vous le faites pour les universités: La Suisse n'a point d'arsenal; l'étranger qui vient de Strasbourg sourit de pitié; il importe à la dignité de la Suisse d'avoir un arsenal fédéral, qui donne une haute idée de notre puissance militaire, et force nos voisins à nous craindre et à nous respecter? — Quant à moi, je verrais avec peine s'accomplir un tel dessein, car je ne voudrais pas que les frontières fussent à la merci du premier coup de main; mais, à tout prendre, il y aurait moins de danger à fonder un arsenal fédéral qu'à abolir les universités et académies existantes au profit d'une seule université centrale. Il est dans les vrais intérêts de la Suisse que l'arsenal des idées soit réparti en divers lieux, comme l'arsenal des armes; la vie scientifique et intellectuelle doit converger vers un centre commun, qui est le bien général du pays, mais elle ne peut rayonner d'un seul centre, sans affaiblir la portée des rayons, quelque puissants qu'on les suppose. Les établissements supérieurs existants sont à la hauteur de nos besoins généraux; ils comptent peut-être dans leur ensemble plus d'hommes supérieurs que la Confédération ne pourrait en appeler pour la nouvelle université; et, à côté de ces illustrations, il y a un grand nombre d'hommes utiles, qui, sans avoir un grand renom, ne remplissent pas moins honorablement leurs fonctions. On l'a déjà dit, les hommes célèbres, comme savants, ne sont pas toujours les meilleurs professeurs, et tel érudit que l'Europe connaît, gagnerait à n'être apprécié que par ses ouvrages.

La fréquentation des universités étrangères est-elle donc une nécessité dans l'état actuel de nos institutions cantonales? — En aucune façon. S'il était possible de dresser une statistique exacte de tous les Suisses qui ont fait des études académiques pendant les trente dernières années, on verrait par le résultat que le nombre de ceux qui ne sont pas sortis de leur pays est infiniment plus grand que le nombre de ceux qui ont fait ou même complété leurs études en France ou en Allemagne. Serait-ce peut-être que ceux qui sont restés fidèles aux institutions nationales, ont été jugés inférieurs dans les fonctions publiques qu'ils ont été appelés à remplir? Il serait, je crois difficile de le prouver; et, pour établir le contraire, je pourrais en appeler au témoignage d'un des membres de la commission fédérale, qui est partisan de la nouvelle université (¹). D'où vient donc qu'après avoir terminé leurs études dans leur patrie, beaucoup de Suisses fréquentent encore les universités étrangères? D'où vient que d'autres, moins judicieux que les précédents, émigrent au moment où ils sortent à peine des gymnases supérieurs? Je fais abstraction de ces derniers; il est évident qu'ils ne savent ce qu'ils veulent, ou que leur but est d'échapper à la gênante tutelle de leur famille ou de leurs professeurs, pour se li-

(¹) Voir la page 204 de la *Revue Suisse* de cette année, n° de mars.

vrer à leurs goûts en toute liberté. — Il n'en est pas de même de ceux qui s'approprient d'abord les ressources de leur patrie avant d'émigrer. Ceux-là sont dirigés par divers motifs. S'ils se vouent à des branches spéciales, telles que la philologie, la physique, les mathématiques, la fréquentation de plusieurs universités est presque une nécessité, parce qu'ils doivent épuiser le filon de la science dans lequel ils ont pénétré : mais il en est de même des ressortissants des grandes universités, et il n'en serait pas autrement avec une école fédérale. Quant aux théologiens de Bâle et de la Suisse française, quant aux jurisconsultes de Berne ou aux élèves en médecine de Zurich, ceux qui émigrent après avoir achevé les études que leur offre notre pays, vont moins à l'étranger en étudiants qu'en amateurs. Ce sont des touristes scientifiques, qui ne se soucient pas d'entrer trop tôt dans la vie pratique, et qui savent qu'il y a toujours profit à voyager. Ils ont raison, et ils ne renonceront pas à cet usage, lorsqu'il n'existera en Suisse qu'une seule université. Il y aura seulement alors cette différence qu'ils ne pourront plus aller à Zurich de Berne, et de Berne à Bâle ou à Genève, mais qu'il leur faudra nécessairement tourner le dos à leur patrie.

Espère-t-on réellement que l'université fédérale puisse rivaliser avec les grandes universités d'Allemagne?

Sur ce point nous avons à considérer deux éléments : le personnel enseignant, et le personnel enseigné.

Voici en tout premier lieu quelques axiomes. L'université fédérale devra avoir un nombre de professeurs suffisant pour permettre la dissolution de toutes les universités, académies et lycées catholiques de la Suisse entière. Elle devra aller plus loin encore, car elle sera fondée avec la prétention d'offrir plus de ressources, tant pour les études générales de facultés que pour certaines études spéciales qui n'entrent pas dans le plan de la future école polytechnique. Aucun professeur ne pourra être chargé d'un enseignement en plusieurs langues; car ce serait, d'un côté, sacrifier celui des deux enseignements qui ne serait pas donné dans la langue maternelle du professeur; d'un autre côté, ce serait appliquer à un établissement considérable une mesquine économie à laquelle n'a jusqu'ici songé aucune université ni académie cantonale. La Suisse française et la Suisse italienne doivent compter, non sur une chétive aumône de quelques professeurs français et italiens, mais sur un ensemble d'organisation supérieur à ce que les cantons ont offert jusqu'ici. Si les cantons non-allemands consentaient à la fondation d'une université fédérale dans laquelle leur jeunesse ne'pût pas terminer pleinement ses études dans la langue maternelle, ces cantons verraient bientôt l'idiome et le caractère national s'altérer, et ils deviendraient les vassaux spirituels de leurs frères allemands. Avant quelques générations les germanismes abonderaient dans l'enceinte du temple et du barreau : la Suisse romande serait l'émule de l'Alsace — ni allemande, ni française. Elle devrait se consoler par la triste pensée qu'elle ne subirait ce sort *ni par droit de conquête, ni par droit de naissance*, mais par une concession à l'amiable, par un suicide consenti de plein gré.

De ce qui précède et de ce qu'il est facile de sous-entendre, il faut rationnellement conclure que l'université fédérale sera triple pour trois facultés, et quintuple pour la faculté de théologie. Si ce dernier chiffre étonne, réfléchissez que la faculté de théologie catholique devra être italienne pour le Tessin, allemande pour la plupart des cantons catholiques, et française pour l'ancien évêché de Bâle, Fribourg, et le Valais, sans parler des communes catholiques de Vaud et de Genève.

Pense-t-on que la Suisse soit de force à remplir ce programme? Se fait-on une idée approximative du chiffre auquel parviendrait le personnel enseignant et des dépenses que le budget de l'université établi sur ces bases occasionnerait à la Confédération? Je n'ose dire le chiffre fabuleux auquel je suis parvenu ; on m'accuserait d'exagération, quand je serais dans le vrai.

Vous allez trop loin, me dira-t-on. La Suisse italienne sera de facile composition ; la Suisse française se contentera à meilleur marché que vous ne pensez ; il n'y aura qu'une faculté de théologie catholique, à laquelle on joindra peut-être quelques professeurs français et italiens. La langue allemande sera, comme de juste, plus favorisée, et les étudiants qui parlent un autre idiome feront leurs études, mi-partie en allemand et mi-partie dans leur langue maternelle. D'ailleurs il n'est pas question d'établir l'école fédérale sur le pied de celles de Berlin ou de Vienne.

De cette façon nous n'aurons qu'une université composée de l'agglomération de fragments d'université. Elle n'aura d'ensemble que par la réunion d'élémens hétérogènes, et ne pourra être fréquentée avec succès que par des étudiants qui parleront deux ou trois langues modernes. Pour être à la hauteur de l'esprit de sa fondation, il faudrait tout au moins que la section allemande fût organisée de la même manière que l'université de Bonn, à laquelle le rapport de M. Franscini semble s'arrêter de préférence. Or le budget de Bonn (un professeur même de Bonn nous l'affirme) est actuellement de 110,000 thalers, et non pas seulement de 88,500, chiffre mentionné dans le rapport du département de l'intérieur. Ajoutez à ce chiffre les sections française, catholique et italienne, et couvrez ensuite les dépenses, si vous le pouvez, avec les 300,000 f. fédéraux du budget actuellement proposé.

Il est donc bien évident que l'université fédérale, malgré un assez grand nombre de professeurs, ne sera que de troisième ordre, attendu que ses ressources seront disséminées par la nécessité d'organiser un grand nombre de chaires parallèles.

Le rapport de M. Franscini, on se le rappelle, établit que la Suisse compte environ 1350 étudiants, et que l'université fédérale en attirera près de la moitié. J'ai la conviction très-arrêtée que les travaux statistiques ont été exécutés par le département de l'intérieur avec une parfaite loyauté; il est même superflu de le dire. Cependant je crois que les chiffres peuvent en être contestés sur ce point. Le calcul a été fait sur des renseignements fournis par les cantons pour une période de trois années. Les gouvernements cantonaux ont été appelés à évaluer le chiffre de leurs ressortissants, étudiant à l'intérieur ou à l'étranger. Or j'estime que, sur les 650 jeunes hommes qui figurent dans le tableau de l'étranger, la plupart figurent aussi parmi les étudiants des établissements nationaux. Il arrive très-fréquemment que, dans la même année, tel élève passe un semestre en Suisse et l'autre semestre en Allemagne, puisque les cours universitaires ne sont que de six mois. Or, comme un grand nombre de jeunes Suisses se contentent d'aller une année en Allemagne et reviennent ensuite dans leur pays, il est évident qu'ils auront été indiqués dans les deux tableaux. Il en est de même de la statistique de ceux qui étudient à l'intérieur. En 1846, vingt étudiants auront, je suppose, entendu les cours de Zurich pendant le premier semestre, puis ceux de Berne pendant le second, ils figurent à la fois dans le tableau de Zurich et dans celui de Berne. Cette simple observation diminue peut-être d'un tiers le chiffre total des étudiants suisses.

Il est une autre remarque à faire sur ce point. Dans le rapport figurent huit lycées à côté des cinq académies, et les 302 élèves de ces lycées sont mis au nombre des étudiants. Or plusieurs de ces lycées, ceux d'Ensiedeln, de Schaffhouse et de Lugano, par exemple, sont de simples gymnases, inférïeurs même en organisation aux gymnases de Zurich et de Berne, et au Pædagogium de Bâle ; cependant ces trois villes universitaires n'ont pas mis les élèves de ces établissements dans la catégorie des étudiants, car il est évident que l'université fédérale ne détruirait pas les écoles préparatoires. Je ne crois pas qu'il soit possible de contester la justesse de cette remarque, qui fait une nouvelle et assez forte brèche au catalogue général.

Poursuivons. — Le rapport du département de l'intérieur est basé sur le fait que l'université fédérale naîtrait de la dissolution des trois universités cantonales et des deux académies, de telle sorte qu'il n'y aurait plus en Suisse qu'un seul établissement supérieur d'instruction publique. Est-il bien sûr, que tous les cinq cantons consentissent à cette dissolution? Cela pourrait dépendre, sans doute, de la manière dont serait organisée l'université fédérale ; mais, si la Suisse française n'était représentée à Zurich que par un nombre restreint de professeurs, croit-on que Genève, par exemple, prît sans peine la résolution de dissoudre son académie? Genève est une ville toute française, une ville de premier ordre en Suisse par sa population, ses ressources et les goûts intellectuels de ses habitants; les cours de son académie sont fréquentés par un plus grand nombre d'étrangers que les cours actuels de Zurich; sa faculté de théologie est un héritage du rôle glorieux qu'elle a joué dans l'histoire du protestantisme; sa faculté des sciences lui a donné un renom européen : — je ne puis croire que Genève reniât toute son histoire, son présent et son avenir, dans l'unique but d'augmenter le nombre des élèves de l'institution fédérale. Il est hors de doute que, s'il en était ainsi, Genève ferait une perte irréparable.

Lausanne a deux académies rivales : l'une, libre, l'autre, rattachée à l'Etat. Céderont-elles ensemble? C'est peu probable. Celle des deux qui cédera la première fera la fortune de l'autre; mais l'université fédérale ne fera pas là toutes les recrues sur lesquelles on compte. S'il arrivait même que les deux académies vinssent à être dissoutes, il se pourrait que Genève y gagnât plus que Zurich.

L'avenir des universités de Berne et de Bâle serait plus incertain, mais je ne crois pas qu'on puisse exactement prévoir ce qui arriverait. Ni dans l'une, ni dans l'autre de ces villes la dissolution de l'enseignement supérieur ne serait complète. Serait-il alors question de le convertir en de simples académies? Personne ne peut encore l'affirmer ; mais, ce qui est sûr, c'est qu'ici encore l'université fédérale ne serait pas l'héritière universelle.

J'admets volontiers que le nombre des étudiants étrangers serait plus considérable qu'il ne l'est maintenant. Il ne faudrait toutefois pas compter sur des jeunes gens de familles bourgeoises qui, presque seuls, se livrent à de sérieuses études pour se faire une carrière honorable dans la société. Il ne serait pas question d'un séjour permanent, car on sait assez que les gouvernements allemands, peu jaloux de notre liberté, imposent toute sorte d'entraves à la fréquentation de nos universités, et que leur mauvais vouloir doublerait les mesures coercitives, du moment que la fondation d'une université centrale leur ferait paraître le danger plus grand. Ils ne retiendraient toutefois que les étudiants sérieux qui doivent présenter leurs certificats d'études et subir des examens dans leur pays. Un certain nombre de jeunes gens de familles nobles ou riches feraient volontiers un pélerinage à Zurich. Ils seraient attirés par la riante situation de la ville, par l'avantage qu'il y aurait pour eux à suivre des cours donnés en français ou en italien, par la singularité et la nouveauté de l'institution. Toutefois il ne faut pas s'exagérer le nombre de ces étudiants-touristes, et; si leur présence devait être envisagée comme un argument en faveur de la nouvelle institution, nous demanderions si la Suisse, terre hospitalière sans doute, entend dépenser pour les étrangers une somme annuelle aussi forte que le budget du gouvernement fédéral tout entier? Nous demanderions surtout si la fréquentation de l'université par des jeunes gens nobles ou riches, ne travaillant qu'en amateurs et se livrant à toutes les distractions, serait un gain ou une perte pour le succès des études et pour les mœurs de nos jeunes républicains? — Cette simple question mériterait d'être méditée à loisir.

Je n'ai pas encore présenté une des plus importantes considérations ; elle se rattache aussi au chiffre probable de la jeunesse des études dans l'université fédérale, mais elle a une portée bien autrement sérieuse. La voici. Si la Suisse n'avait plus qu'un seul établissement supérieur qui s'élevât sur la ruine de tous les autres, le nombre des jeunes gens qui se vouent, dans notre patrie, à la carrière des études, serait infiniment moindre qu'il n'a été jusqu'ici. Ce qui a élevé la Suisse à un degré de culture intellectuelle que n'atteint peut-être aucun autre pays, c'est que, par le nombre relativement considérable de ses académies, elle n'a pas fait de l'enseignement supérieur le privilège de la fortune ; mais celui du talent, qui appartient à toutes les classes de la société. Tant que les villes les plus peuplées possèdent une école supérieure, les artisans, les employés de toute catégorie, les petits rentiers, les bourgeois aisés, mais chargés de famille, tous peuvent espérer que ceux de leurs fils qui auront le goût des études se prépareront une carrière honorable, sans absorber les modestes ressources des parents. Quelques habitants des villes ou villages qui avoisinent l'académie locale transportent dans le même but leur industrie et leurs pénates dans le chef-lieu : ils y restent jusqu'à ce que leurs fils aient achevé leurs études; puis ils retournent dans leurs foyers après avoir fait joyeusement quelques sacrifices, dont ils sont amplement récompensés par les succès de leurs enfants et par le sentiment d'avoir accompli un devoir. Voilà ce qui se passe, et j'en pourrais fournir de nombreuses preuves; voilà ce qui a permis à la Suisse, non-seulement de ne pas recourir à l'étranger pour avoir des hommes capables, mais au contraire de lui en prêter ; voilà pourquoi elle n'a guère que des Suisses dans ses chaires académiques, dans la chaire de vérité, dans le barreau, dans l'instruction publique de tous les degrés; voilà ce qui lui a donné le glorieux privilège d'envoyer ses théologiens et ses savants à Paris, à Londres, en Allemagne, en Russie, en Amérique, partout où la science est en honneur. Les grades que ses enfants acquièrent de cette façon ne valent-ils pas bien mieux que les capitulations militaires? et s'il faut absolument que la Suisse déverse sur toutes les nations le trop plein de sa population, n'est-il pas plus noble pour elle d'envoyer au loin des messagers de paix que des hommes de guerre, des hommes dévoués à la cause du progrès que des mercenaires à la solde de l'étranger ?

On me dira que les gouvernements cantonaux accorderont des *bourses* aux élèves qui se distinguent, et que ce moyen lèvera les obstacles dont je parle. Je conviens que c'est là un palliatif, mais est-ce un remède? Les bourses sont pour l'ordinaire insuffisantes, quand il s'agit de les dépenser loin de la maison paternelle; et, d'ailleurs, il n'y en aura pas pour tous ceux qui les mériteraient. Dans certaines localités qui fournissent encore un nombre considérable d'étudiants, le goût des études se perdra insensiblement, faute d'aliments et d'émulation; et, avant trente ans peut-être, la Suisse se verra forcée de mendier à l'étranger les hommes qu'elle lui livrait autrefois. Les paroisses et les conseils ecclésiastiques seront les premiers à confesser cette humiliante et dangereuse vérité.

Si je résume tout ce qui vient d'être dit, en faisant abstraction du renfort flottant d'élèves étrangers, qu'il est impossible d'estimer approximativement et que la Suisse doit plutôt tolérer qu'attirer, je ne pense pas que l'université fédérale pût compter, en moyenne, sur plus de 3 à 400 étudiants réguliers, ce qui suppose, pour la Confédération, une dépense annuelle de 1000 fr. par tête, sans parler du chiffre très-élevé des *bourses* cantonales qui doivent servir à l'entretien des étudiants. Il y a eu un temps où l'université de Bâle, le dernier avant-poste de l'Allemagne du côté de la France, accueillait des princes dans ses auditoires, donnait l'hospitalité de ses cours à de jeunes hôtes venus du fond de la Hongrie, de l'Allemagne, de la France, de la Suisse et de l'Italie. Cette ville, que Pie II avait choisie pour y fonder une université, en raison de sa position favorable entre plusieurs pays; cette ville, dont les savants avaient une réputation européenne, n'a jamais réuni dans ses murs au-delà de deux cents étudiants. Il est vrai qu'alors la jeunesse vouée aux études était plus rare que de nos jours, mais aussi le nombre des universités était restreint et aucun gouvernement ne mettait un cordon de sûreté sur nos frontières.

Il est d'ailleurs à présumer que l'université fédérale, si jamais elle existe, n'inscrira sur le grand livre de la matricule que des jeunes gens d'abord éprouvés par de fortes études de gymnases, et, pourvus de certificats réguliers. Qu'après cela elle ouvre ses auditoires aux amateurs étrangers de toute dénomination, peu importe, pourvu que les cours suivis par le premier-venu ne lui donnent aucun titre ni aucun privilège. S'il devait en être autrement, si elle faisait fi des études préparatoires, sous prétexte de plus grande liberté, elle ruinerait l'enseignement supérieur en Suisse et entraverait la discipline de tous les gymnases. C'est là une question de vie et de dignité. Une phrase du rapport de M. Franscini, susceptible, il est vrai, de plus d'un sens, nous a engagé à faire cette observation.

J'ai déjà sous les yeux le projet d'organisation de l'université fédérale, élaboré par la seconde section de la commission réunie à Berne. A peine la nouvelle dont j'ai fait mention en commençant ce travail est-elle parvenue aux extrémités de la Suisse, qu'on y reçoit *lithographié* tout le plan d'exécution. Il est l'œuvre de MM. Rauchenstein, Schweizer, Federer. Cette promptitude extraordinaire a de quoi étonner; mais les réflexions sur ce sujet seraient inopportunes et sans but: il vaut mieux s'abstenir.

Le projet est, dans la plupart de ses dispositions, une exacte copie de l'organisation ordinaire des universités allemandes: aussi je m'abstiens d'en faire une analyse détaillée (¹). Je me bornerai, faute de temps, à une ou deux observations. La commission, évidemment préoccupée du besoin de présenter un chiffre imposant de professeurs, et de concilier ce chiffre avec les nécessités d'un modeste budget, laisse à dessein plusieurs points de vue importants dans l'ombre. Elle ne détermine le nombre des chaires que pour la faculté de philosophie, et, pour les quatre autres, elle ne se prononce pas. Elle ne dit point non plus combien de chaires sont accordées à la Suisse française, qui, par l'adoption du projet tel qu'il est, pourrait ne recevoir en réalité que quelques professeurs ordinaires et un grand nombre de professeurs extraordinai-

---

(¹) J'indique ici en note tout ce qu'il importe de savoir. Selon le projet, il y aura 95 professeurs, c'est-à-dire, 57 pour la Suisse allemande et 38 pour la Suisse française et italienne. Cette dernière ne serait représentée que dans la faculté de médecine et dans celle de philosophie. — La faculté de philosophie, divisée en trois sections, comprend 46 professeurs (25 ordinaires, 17 extraordinaires). Dix-sept sont français; deux, italiens. — A cette faculté sont joints deux séminaires : l'un pédagogique et l'autre philologique. Les deux facultés de théologie catholique et protestante et la faculté de droit ont, chacune, 11 professeurs, dont 4 français. La faculté de médecine en a 16, dont 7 français et italiens. — Les étudiants suisses devront fournir des témoignages d'étude ou faire des examens; les étrangers ne présenteront qu'un certificat de mœurs. — Le traitement des professeurs, calculé en moyenne à 3,000 francs (nouvelle valeur) représente une somme annuelle de 285,000 francs; le chiffre total du budget est évalué à 345,000 francs. — Le chancelier reçoit 6,000 francs, la chancellerie 4,000, les deux bedeaux 3,000, etc., etc. — La ville universitaire doit fournir et entretenir les bâtiments nécessaires à l'université, tant pour les cours que pour les collections. Elle donne, en outre, 100,000 francs par an, dont 10,000 doivent fonder un capital inaliénable. — La part de la Confédération est, en conséquence, de 255,000 francs.

res : or on sait que ces derniers sont de simples agrégés avec un traitement assez minime. ils ne font point partie des conseils universitaires, et, dans les cas de conflit, ne peuvent prêter aucun secours à leurs collègues. — Dans la supposition la plus favorable, les professeurs français, n'étant pas réunis en facultés indépendantes, seraient entièrement à la merci des professeurs allemands. En théorie, il est beau de supposer que la plus parfaite harmonie régnera; mais, en fait, qui peut répondre de l'avenir ? — La moyenne du traitement des professeurs jette du jour sur la nature de l'organisation proposée. Elle est évaluée à 3,000 francs de France; c'est le traitement d'un employé de bureau tant soit peu intelligent. Comme il est question de réunir un grand nombre de savants du premier ordre, il est évident que si on offrait 3,000 fr. aux professeurs ordinaires, on aurait autant de refus qu'on ferait d'appels. Une vingtaine de professeurs recevront au moins le double ; une trentaine, plus de 4,000 francs. Quelques professeurs extraordinaires pourront obtenir la moyenne proposée; ce qui restera sera partagé entre un certain nombre de jeunes docteurs, qui feront là leurs premières armes, en attendant mieux. — Voilà exactement comment les choses se passeront, si l'on veut avoir un certain nombre de savants, propres à donner du relief à la nouvelle institution. Je ne serais point surpris que quelques traitements dussent être portés jusqu'à 8,000 francs, somme encore inférieure, si je ne me trompe, au maximum qui était proposé par l'ancienne commission, car il était alors question de francs de Suisse. Comme on peut déjà le voir, le projet est plus brillant que sérieux ; il promet plus qu'il ne peut tenir. L'académie de Genève a certainement plus de ressources réelles qu'il n'en serait accordé à toute la Suisse française, pour la dédommager de la ruine de ses académies et de l'émigration forcée de ses jeunes ressortissants.

Si l'université fédérale n'est pas votée au pas de course, la *Revue* tiendra ses lecteurs au courant de la question, car il n'en est pas maintenant de plus grave. En dépit de tout ce qui se passe, celui qui signe cet article espère encore que l'orage passera sur nos têtes sans nous atteindre.　　　　　　　　　　　C.-F. G.

·P. S. Au moment où l'avant-projet de la seconde section nous parvenait, tout était déjà terminé à Berne, car la commission elle-même avait achevé ses *travaux*. — Les changements qu'elle a apportés au projet primitif sont en général très-défavorables à la Suisse française. En effet, à l'exception des deux facultés de médecine et de théologie protestante, elle se borne à donner le chiffre des professeurs français *ou* italiens, sans se prononcer plus clairement sur ce qui est assuré à la Suisse française. Cette rédaction favorable au Tessin, rend la position de la Suisse française encore plus vague. — La commission modifie sensiblement le nombre et la classification des professeurs. — Au lieu de 46, la faculté de philosophie n'en a plus que 34, dont 14 en langues française et italienne. Celle de médecine est réduite à 13, plus deux assistants; 3 sont assurés à la Suisse française. Celle de droit, en revanche, en a 14; dont 6 français et italiens. Celle de théologie catholique en a 12, dont 5 français et italiens. Celle de théologie protestante reste la même. Somme totale, 84· — La commission laisse la question de nationalité indécise pour quelques chaires, surtout de la faculté de médecine. — Elle fixe la moyenne du traitement des professeurs ordinaires à 3,600 francs, et des professeurs extraordinaires, à 2 000 francs. — La ville universitaire ne paiera que 80,000 fr. au lieu de 100,000. — Ce projet sera naturellement amendé de nouveau par le conseil fédéral, avant d'être présenté aux autres conseils ; toutefois, la question marche d'un tel train qu'il est difficile de la suivre, et qu'un vote de surprise peut être prévu.

ESSAI BIOGRAPHIQUE

SUR

LE BARON Fs-Th.-Louis de GRENUS,

AVEC QUELQUES DÉTAILS SUR LA VENTE DE SA BIBLIOTHÈQUE.

Il se rencontre, dans tous les temps et dans tous les pays, des individualités auxquelles semble être dévolu le double privilége d'occuper d'elles le public à divers titres, durant leur vie et même après leur mort. M. le baron de Grenus, décédé à Genève le 4 janvier 1851, dans sa soixante-sixième année (¹), paraît avoir été parmi nous une individualité de ce genre. Comme explorateur de nos annales et de nos archives, il possède des titres solides et réels aux yeux de tous les amis de l'histoire nationale ; comme particulier, divers actes de sa vie privée et les excentricités de son caractère ont défrayé et défraient encore la curiosité publique. Il va sans dire que c'est en vertu du premier de ces titres que nous nous sommes permis de retracer quelques détails biographiques sur un homme qui fut, dans ce siècle, l'un des premiers investigateurs de notre passé, l'un des membres honoraires de la Société d'histoire de la Suisse romande et de la Société d'histoire et d'archéologie de Genève. Si de loin en loin, en discutant les mérites du savant et làborieux écrivain ; nous effleurons quelques points relatifs à sa vie privée, nous aurons soin de le faire discrètement et

(¹) M. François-Théodore-Louis de *Grenus* était né à Genève le 18 avril 1785. L'orthographe actuelle de ce nom de famille a prévalu depuis un siècle. Mais au dix-septième les régistres des conseils portent *Grenu* sans consonne finale, et plus tard les mêmes régistres portent indifféremment *Grenu*, *Grenut* et enfin *Grenus*.

sans empiéter sur le domaine de la curiosité publique qui n'est pas de notre ressort.

M. de Grenus n'était pas né historien, en ce sens qu'il ne s'était pas senti animé, comme Thucydide, Tacite ou Philippe de Commines, de l'irrésistible vocation de peindre les hommes et les choses de son temps. L'indignation, si je puis m'exprimer ainsi et comme il le raconte lui-même, le porta à s'occuper incidemment de recherches historiques, dans un but personnel ou plutôt dans un intérêt de famille. Plusieurs de ses aïeux avaient occupé des charges importantes dans l'ancienne république de Genève, ou s'étaient distingués dans les services étrangers, durant les 17me et 18me siècles (¹). Mais à la fin de ce dernier siècle le souvenir de ces hommes qui, dans la sphère modeste d'une louable activité et dans les étroites limites d'un très petit état, rendirent à leur pays des services consciencieux, fut effacé par le renom d'un tout autre genre que s'acquit l'avocat Jaques Grenus, membre de la même famille, démagogue bruyant et passionné. Le renom de celui-ci, la popularité momentanée de ses pamphlets (²) firent pâlir la mémoire civique de ceux-là. Le dernier venu attira seul l'attention, et quand arriva la réaction anti-révolutionnaire de 1814, le nom de l'avocat Grenus fut mentionné dans divers ouvrages d'une manière peu flatteuse. Etienne Dumont, dans ses *Souvenirs sur Mirabeau*, publiés après sa mort, a résumé avec une certaine affectation les griefs articulés contre la conduite politique de ce légiste qu'il dépeint ainsi : « C'était un *Crispin Catilina* (³), *poussé par un intérêt d'ambition à donner sa patrie à la France.* »

(¹) Les *Grenut*, *Grenu* ou *Grenus* de Genève, d'après un article inséré dans le supplément de la *Biographie universelle*, probablement par M. le baron de Grenus, descendent d'une ancienne famille de Flandre, anoblie en 1553 par Charles V, réfugiée en Suisse pour cause de religion, d'abord à Morges et ensuite à Genève, et maintenue dans les priviléges de la noblesse en 1712 par Louis XIV. *Gregorio Leti,* dans la partie V^e, page 609 de son *Ceremoniale historico e politico*, s'exprime ainsi sur cette famille : « Jaques Grenu en est le chef ; il est aussi syndic. C'est un magistrat de haute capacité, habile à pénétrer au fond d'une affaire, très-prudent dans le conseil et dans l'exécution, d'un esprit calme et exempt d'affectation ; en somme une bonne tête. »

(²) Entre autres la *Correspondance de Grenus avec de Sonnaz.*

(³) Le m. t est de Mirabeau qui l'appliquait à d'Espréménil.

François-Théodore-Louis de Grenus finit par être vivement affecté de ces procédés qui, prenant à partie son collatéral, faisaient, comme il le dit, *rejaillir sur toute sa famille le tort d'un seul de ses membres.* « Mes amis, ajoute-t-il dans la préface de son dernier livre, m'ayant fait souvent,
» dans mon enfance, d'amers reproches au sujet de la con-
» duite démagogique d'un de mes parents, à une époque où,
» n'ayant que sept ans (en 1792) j'étais trop ignorant sur
» l'histoire de nos familles respectives pour récriminer à mon
» tour, je formai de très-bonne heure le projet de recher-
» cher et de publier, *par compensation*, tout ce qui pouvait
» constater le rôle distingué de ma famille à Genève. »

Ce fut donc avant tout dans un intérêt de famille, et poussé par un sentiment honorable, que M. de Grenus se fit historien. Mais notre auteur ne tarda pas à voir grandir son cadre et ses idées. Il appliqua aux investigations historiques l'esprit de méthode et l'exactitude mathématique qui avaient présidé à ses études. Son père, intimément lié avec les principaux rédacteurs de la *Bibliothèque britannique,* avait en effet dirigé ses talens et son aptitude vers les sciences physiques et de calcul. Ceci explique, pour le dire en passant, la sécheresse et l'absence de grâce dans le style de M. de Grenus. Parfois ses digressions et ses perpétuelles parenthèses ont aux yeux du lecteur toute l'apparence de formules algébriques. Mais cette méthode a son bon côté. On sait que l'écrivain n'avance rien qu'à coup sûr, et avec lui le romantisme de l'histoire n'a pas beau jeu.

I. TRAVAUX SUR L'HISTOIRE DE GENÈVE.

Bien que son père eût renoncé à la qualité de Genevois lors de la réunion de Genève à la France ; bien qu'il eût refusé de la reprendre à la restauration de 1814, ayant reçu dans l'intervalle, en 1806, un diplôme de baron de l'empire d'Allemagne, François-Théodore-Louis de Grenus concentra toute son activité dans des recherches aux archives de l'ancienne république de Genève. Il était du petit nombre de ces hommes qui, faisant en quelque sorte abstraction des idées du jour et quoique ces idées ne soient pas de leur goût, savent se mettre au-dessus des passions du moment et voir le pays plutôt que les hommes. Conservateur prononcé par tempérament, il savait faire cependant une large part à la marche irrésistible du temps et des idées, prendre son parti de bien des choses et vivre dans un passé qui ne pouvait plus revenir, en s'accommodant au présent. Une nuance plus ou moins foncée dans le libéralisme ou le radicalisme de telle ou telle constitution politique lui importait assez peu, une fois qu'il était devenu pour lui bien évident que le premier pas fait dans la voie des innovations menait nécessairement aux autres. Il était donc en dehors des partis, bien placé pour étudier les anciens temps sans se préoccuper des choses du jour, ennemi des moyens termes et des théories doctrinaires.

Les premières investigations de M. de Grenus eurent pour objet les anciens régistres des Conseils de la république de Genève, déjà analysés en grande partie pour la période du 16me siècle à dater de la réforme, par le syndic Pictet, le conseiller Jean-Antoine Gautier et les commissaires-généraux François Rocca et Barthelemy Noël. Il compléta le travail de ses devanciers en analysant lui-même les procès-verbaux originaux tenus par les secrétaires des Conseils, pour les époques moins anciennes et spécialement pour les deux derniers siècles.

Ces extraits et ces recherches nous valurent les *Fragmens biographiques et historiques; extraits des régistres du Conseil d'Etat de la république de Genève, dès 1535 à 1792* ([1]). Ce volume très-substantiel, publié à Genève en 1815, dans le format grand in-8°, est illustré de près de cent portraits de Genevois dignes de mémoire, intercalés dans le texte à mi-page. Ces portraits sont gravés à l'eau forte avec un certain esprit, la plupart d'après de bons originaux; mais les épreuves sont en général faibles et l'exécution trahit un burin peu exercé. L'artiste s'appelait *Grand.*

Quant au contenu du livre, M. de Grenus l'a apprécié mieux que personne en disant : « Le rédacteur de cet ouvrage n'a et ne peut avoir aucune espèce de prétention à » la qualité d'auteur ; il s'est borné à extraire et à citer avec

---

([1]) M. Edouard Mallet, dans une notice sur M. de Grenus lue à la Société d'archéologie et d'histoire de Genève, et insérée dans ses mémoires, a fait observer avec raison qu'il eût été plus exact de dire : « *Extrait des régistres des conseils.* »

» exactitude l'année, le mois, le jour. Les régistres publics
» existent et il est facile de vérifier chaque citation..... »

Ces régistres déposent en effet aux archives de Genève, et
ils attestent encore une fois, après mille autres, l'indispensable nécessité de recourir aux sources originales et intègres
quand on veut écrire l'histoire. Il faut avoir eu l'occasion de
compulser ces procès-verbaux des anciens conseils des *vingt-
cinq*, des *soixante* et des *deux-cents*, conseils qui formaient
dans leur ensemble et en s'enchâssant l'un dans l'autre, le
gouvernement de l'ancienne Genève, pour voir comme à
l'œil l'énorme différence qui existe entre un abrégé, si bien
fait qu'il soit, et le document original. En présence de ces
copieux et amples procès-verbaux, rédigés presque toujours
par des secrétaires d'état pris parmi les plus habiles des conseils, les *Fragmens* de M. de Grenus ne sont que comme
des têtes de chapitres ou comme un index raisonné des matières traitées. Les régistres des conseils, malgré tous les
travaux auxquels ils ont été soumis, offrent encore à qui
voudra les exploiter, une mine féconde et qui ne trahira pas
l'attente d'un patient historien. Pour juger combien les
Fragmens biographiques et historiques, malgré leur incontestable mérite relatif, laissent encore à désirer, il suffit de
lire deux jugemens portés par M. de Grenus lui-même. Dans
son avertissement il déclare «qu'il a presque toujours écarté
» ce qui avait rapport aux troubles politiques intérieurs. »
Or qu'est-ce que l'histoire d'une république grande ou petite
sans l'histoire de ces troubles? Que serait l'histoire d'Athènes
sans les démêlés de Périclès, de Cléon, d'Alcibiade, de Dé-
mosthènes et de Phocion, celle de Rome sans les batailles
du Forum, sans les Gracques et sans le tribunat? L'esprit
humain n'est-il pas ainsi fait, qu'il s'intéresse plus à Marius
et à Sylla, se proscrivant mutuellement, qu'à Marius battant les Cimbres et à Sylla imposant un traité à Mithridate-
le-Grand? Pompée et César se disputant l'empire à Pharsale,
ne saisissent-ils pas davantage l'imagination que combattant
en Espagne et dans les Gaules?

Ailleurs M. de Grenus dit encore (¹) : «Un mobile de pa-
» triotisme m'a empêché jusqu'à ce moment de publier, à

(¹) Dans la préface des *Notices biographiques sur la famille Grenus*, p. XX,
à la note.

» titre de réciprocité contre des agressions répétées, des
» choses désagréables sur les familles des autres, quoique
» je n'eusse été à cet égard *que dans l'embarras du choix.*
» Je dois rappeler à cet égard la flagrante ingratitude avec
» laquelle certaines personnes m'ont rendu le *mal* pour le
» *bien,* après la manière honorable dont leur nom était men-
» tionné dans mes recueils historiques, où il m'aurait été si
» facile de montrer au contraire le *revers de la médaille.* »

Sans doute il faut applaudir ici au patriotisme de l'homme
poli et bien élevé, du citoyen généreux qui veut jeter un
voile sur certaines faiblesses. Mais on doit convenir que
l'histoire ainsi faite n'est pas le dernier mot de la science.

Plus tard, en 1823, M. de Grenus, reprenant les choses
de plus haut, compléta son premier livre par la publication
des *Fragmens historiques sur Genève avant la Réformation,*
tirés *textuellement d'un ancien extrait des régistres latins du
Conseil de cette ville,* grand in-8º, moins volumineux que
le précédent. C'est donc un extrait d'un extrait; car celui
dont il est question dans ce titre n'est autre que la compilation qui dépose aux archives de Genève et qui fut tirée par
le pasteur Jaques Flournois, à la fin du dix-septième siècle,
des anciens manuels des conseils de Genève qui sont aussi
conservés aux archives et qui embrassent, mais avec de fâcheuses lacunes, le quinzième siècle depuis l'année 1409
jusqu'à l'année 1536. Les manuels originaux sont en latin
et Flournois les a traduits en français. M. de Grenus a montré
beaucoup de discernement dans l'extrait de cette traduction, gros manuscrit de 700 pages in-folio. Il a d'ailleurs
accompagné son travail d'excellentes notes : « Voici, dit-il,
les objets auxquels je me suis attaché : '

1º Tout ce qui pouvait faire honneur aux anciens Géne-
vois et à leurs évèques ;

2º Les preuves de la souveraineté de ces prélats, et celles
qui démontrent que les prétentions élevées autrefois sur
Genève étaient sans fondement, et que cette ville n'a jamais
fait partie de leurs états;

3º Les articles propres à donner une idée de l'extrême
complication du gouvernement de Genève avant la réformation sous les rapports politique, administratif et judiciaire,
et à faire voir les graves inconvénients qui en résultaient.

4°.Les priviléges de Genève, ses établissements publics et ses diverses institutions sous le régime épiscopal.

5° Plusieurs particularités sur l'alliance contractée par cette ville avec Berne et Fribourg cn 1526.

6° Les divers témoignages de considération que divers états ont donné à la même époque à la ville de Genève.

7° Les faits honorables pour le corps helvétique óu quelqu'un de ses membres.

8° Enfin ce qui pouvait être curieux à l'égard des mœurs, des usages, du prix des choses, etc.

L'auteur a gardé le silence sur les disputes de religion, « et il sait fort bien, dit-il, que ce silence occasionne une lacune importante et sera blâmé par quelques personnes; mais il pense que plusieurs bons Genevois ne désapprouveront point une suppression nécessitée par la convenance cantonale. » Il donne la liste des principales sources où il a puisé ses notes, et cette indication des principaux ouvrages sur Genève est bonne à consulter.

On voit par cet aperçu que dans ce nouveau livre M. de Grenus a mis davantage du sien. Une partie lui appartient en propre, et cette partie a son prix. Les idées sont plus générales, plus originales. En revanche la partie biographique a singulièrement diminué d'étendue dans ces seconds fragments. Cela se comprend; car on sait peu de choses sur les familles genevoises au commencement du 16e siècle. Le patriarcat d'alors a été recouvert par plusieurs couches de nouvelles aristocraties formées par la survenance d'émigrés italiens, allemands, français, suisses etc., comme aussi à la suite de grandes fortunes acquises, de services rendus dans l'église ou dans les sciences.

Sans contester en aucune manière la valeur très-réelle des *Fragments sur Genève avant la réformation,* on doit cependant constater qu'il y a encore un grand parti à tirer des originaux latins des anciens manuels et de la traduction de Flournois.

II. TRAVAUX SUR L'HISTOIRE DU PAYS DE VAUD.

Dans l'intervalle qui s'écoula entre la publication de ses premiers fragments sur Genève, comprenant les temps modernes, et celle des seconds embrassant les temps plus anciens, M. de Grenus publia ses *Documents relatifs à l'histoire du Pays de Vaud,* qui sont incontestablement son meilleur ouvrage. Ce travail parut sous deux formes, ou plutôt commencé d'abord sur un premier plan, il fut totalement refait sur un second plus complet.

En 1816 M. de Grenus fit paraître à Genève et à Lausanne deux numéros de *Documents relatifs à l'histoire du Pays de Vaud,* contenant 41 documents dans le premier, et l'extrait de cinq pièces dans le second N°. Le premier est la copie textuelle et littérale du cahier, N° 50 de la layette A des archives de la ville de Nyon, et le second renferme des extraits du grand répertoire des mêmes archives. « Le but » de l'éditeur, dit un avis placé en tête, a été de remplir le » désir manifesté par quelques auteurs, comme MM. de la » Harpe et de Mulinen, d'obtenir de nouveaux renseigne- » ments sur les anciens états du Pays de Vaud dont les registres sont perdus. » En effet, la plupart des pièces qui composent ces deux N°s, réparent jusqu'à un certain point cette perte en indiquant, soit dans des lettres de convocation ou autrement, les divers objets dont ces états s'occupaient et de quelle manière leur réunion était motivée et autorisée.

On voit donc que c'est la grande polémique soulevée à la fin du dernier siècle sur les droits du Pays de Vaud à l'époque de la domination de la maison de Savoie, et sur la confiscation de ces droits par les Bernois, qui a engagé M. de Grenus a entreprendre son long et pénible travail. En effet, voyant son cadre s'agrandir à mesure qu'il rencontrait de nouveaux matériaux, il entreprit de donner un recueil entier de preuves de l'histoire du Pays de Vaud; refondant et élargissant sa première conception, il donna en 1817 les *Documents relatifs à l'histoire du Pays de Vaud,* dès 1593 à 1750. — 1 fort volume grand in-8°.

Cette publication capitale fit oublier la première qui est à peu près introuvable (¹).

Les *Documents sur le Pays de Vaud* ont contribué puissamment, on doit le dire bien haut et bien vite, à ouvrir aux historiens de la Suisse française une nouvelle voie. Leur auteur mérite à ce titre la reconnaissance éternelle de tous

_____

(¹) Nous possédons cependant un exemplaire de ces deux numéros formant un in-8° de 48 pages.

les amis sincères et consciencieux de notre passé. Il a été l'instigateur de travaux importants, et les publications de la Société d'histoire de la Suisse romande sont entr'autres comme une continuation des labeurs de M. de Grenus. Celui-ci, en ouvrant cette mine féconde, ne travaillait pas pour un pays qui lui fut étranger, car sa famille, originaire, à ce qu'il dit, des Flandres, et réfugiée en Suisse lors des persécutions religieuses des Pays-Bas, avait commencé par s'arrêter à Morges, où elle avait acquis la bourgeoisie, avant de s'établir à Genève.

Tous ceux qui s'occupent avec quelque soin de l'histoire nationale ont un exemplaire des *Documents*. Aussi est-il inutile d'insister sur le mérite de ce livre. Qu'il suffise de rappeler qu'il renferme 370 pièces importantes, publiées cette fois *in extenso* et avec la plus scrupuleuse fidélité. Ces pièces sont extraites des archives des *quatre bonnes villes*, Moudon, Yverdon, Morges et Nyon qui avaient sous la domination de Savoie des priviléges que maintes fois et toujours inutilement elles tentèrent de faire renaître sous le régime de Leurs Excellences de Berne. Dès-lors on a donné de nombreux documents extraits d'autres archives, car il est à observer que peu de contrées, malgré tout ce qu'ont souffert les dépôts de nos chartes, surtout dans les guerres de Bourgogne et lors de la révolution helvétique, ont un plus grand nombre de titres originaux sur leur histoire que le Pays de Vaud. Les archives de Romainmotier, de Cossonay et de Lausanne, pour ne parler que de ces trois communes, ont fourni la matière de plusieurs volumes importants, grâce aux sagaces et infatigables recherches de MM. de Gingins-Lasarra, qu'il faut citer tout le premier, de Charrière, Forel, Martignier et autres amis zélés des études historiques.

Persévérons dans cette bonne voie. Nous sommes à une époque où l'on se soucie peu de l'histoire raisonneuse et philosophique. Les faiseurs de phrases n'ont plus beau jeu. On court immédiatement aux preuves, aux titres, aux documents originaux. On ne donne pas un fêtu de dix volumes de ces belles histoires sentimentales ou dithyrambiques comme on les aimait tant jadis, et l'on estime à un prix très-haut un mince carré de parchemin. De nos jours l'abbé Raynal ne serait plus un *maître homme* comme l'appelait le père de M. de Châteaubriand, et Montaigne lui-même, avec

tout son esprit, aurait de la peine-à faire passer cette exhor-
tation qu'il adresse à celui qui veut enseigner l'histoire,
» d'apprendre moins les histoires qu'à en juger, et à dire
» non tant où mourut Marcellus que pourquoi il fut indigne
» de son devoir qu'il mourût là. » Au reste cette nouvelle
tendance et le besoin d'y satisfaire sont compris par les bons
esprits, et il n'y a, pour s'en convaincre, qu'à lire les ouvrages sur notre histoire qui ont paru ces derniers temps.

III. TRAVAUX SUR L'HISTOIRE SUISSE EN GÉNÉRAL.

Cette partie des œuvres de M. de Grenus est peu considérable par elle-même, et cependant c'est celle qui a fait le
plus de bruit et qui a valu à cet auteur une série de tribulations qui occupèrent fort le public.

Quand la réaction politique qui suivit, en France, en Suisse
et ailleurs, la restauration de 1815 eut fait son temps, l'esprit libéral prit le dessus et devint une puissance qui exerçait surtout son action par la presse. Qu'on se rappelle ces
années si curieuses qui précédèrent la révolution de juillet
1830. La jeune école, en politique comme en littérature,
avait en général peu de support pour les vieilles doctrines;
peu d'égards pour ceux qui louaient les temps passés et les
usages d'autrefois. A Genève entr'autres les doctrines libérales étaient en grand honneur et elles tendaient à occuper
petit à petit les principales avenues du pouvoir. Tout ce qui
sentait la féodalité ou les mœurs nobiliaires était surtout
peu ménagé. M. de Grenus, qui était d'une famille où par
esprit traditionnel on faisait assez volontiers le contre-pied
de ce que pratique le grand nombre, se roidit contre ce qu'il
appelait le despotisme du libéralisme, et il entreprit de
prouver que tel libéral du jour, se promenant en voiture et
affichant un grand faste, était plus aristocrate que tel vieux
noble allant à pied par respect pour les anciennes lois somp-
tuaires de la république abrogées de fait dès long-temps;
mais encore vivantes dans certains foyers domestiques. Alors
parurent les *Glanures*. C'était en 1829. En même temps, et
comme pour mieux arborer son étendard, M. Grenus reprit
la particule nobiliaire et le titre héréditaire de baron que
son père avait acquis en 1806 de l'empereur d'Allemagne,
et dont il ne s'était pas targué jusqu'alors. C'était pour bra-

ver les libéraux qui attaquaient incessamment la *noblesso-manie* jusqu'au sein de la représentation nationale. [1]

A côté de ce but tout spécial, M. de Grenus avait aussi, en publiant ces brochures qui firent un vrai scandale, une pensée d'historien. Il voulait mettre en lumière des pièces peu connues ou inédites sur notre histoire, et c'est ainsi qu'il donna entr'autres, dans les cinq numéros qui seuls parurent en 1829 et en 1830 : « des *Lettres de la ville de Moudon au gouvernement de Genève*, le *Testament de Bonnivard*, la *Relation du voyage de Henri II de Longueville à Neuchâtel*, des *Lettres de l'amiral Lefort* écrites de Russie en 1694, d'autres lettres *sur la conduite du régiment de Chateauvieux en France après le 10 août 1792;* le *Tableau de Genève au XVIIme siècle;* extrait de Pierre Davity, une lettre *sur la générosité des habitans de la Neuveville envers les Vaudois du Piémont, l'acte d'apprentissage de Jean-Jaques Rousseau,* une *réfutation des imputations de M. de Sismondi contre les anciens Suisses au sujet de la trahison dont Louis-le-More, duc de Milan, fut victime en 1500,* etc., etc »

Arrêtons-nous sur ce dernier article, puisqu'il se lie à cette affaire du duel entre MM. de Sismondi et Grenus qui occupa singulièrement les journaux en avril 1829. Déjà l'auteur des *Glanures* avait eu maille à partir avec l'historien des Républiques italiennes, qui n'était pas de son école. Il lui reprochait d'avancer bien des faits sans preuves et de tomber dans la déclamation. Dans le cas dont il s'agit, entre autres, M. de Sismondi en parlant des Suisses de l'armée de Louis-le-More, qui avaient livré celui qui payait leurs services aux Suisses de l'armée de Louis XII, avançait que par le fait des services étrangers « la *nation entière était devenue aventu-* » *rière et mercenaire et souillait sa gloire par d'odieuses tra-* » *hisons.* »

M. de Grenus entreprit la tâche difficile de justifier les Suisses du fait qui leur était imputé et qui est acquis à l'histoire. Il ajouta « qu'indépendamment de tout sentiment pa- » triotique, la simple bienséance aurai dû engager M. de » Sismondi, membre du Conseil représentatif de Genève, à

[1]. En 1827 M. Moultou fit au conseil représentatif de Genève une proposition pour abolir les signes de féodalité, les livrées, les armes sur les voitures et la particule *de* devant les noms propres.

» ne pas peindre 'sous des couleurs si 'noires et 'si exagérées
» les ancêtres d'une nation estimable à 'laquelle Genève 'avait
» eu le bonheur inespéré d'être réunie comme canton!'»

M. de Grenus aurait pu répondre d'une manière plus victorieuse encore, ce nous semble, que 'la corruption dont
M. de 'Sismondi accusait les Suisses était celle de leur temps
et de leur siècle ; qu'alors les princes eux-mêmes se faisaient
un jeu de trahir leurs sermens et les traités les plus solennels, témoin Louis XII, les Sforce, les Borgia, Ferdinand
d'Aragon et tant d'autres. La politique dite machiavélique
s'essayait alors. De quel droit aurait-on exigé de simples,
rudes et ignorants montagnards des procédés que les cours
les plus raffinées, les esprits les plus délicats, les princes de
la terre et de l'Eglise même foulaient aux pieds.

Quoi qu'il en soit, 'la querelle s'envenima et il parut dans
la *Revue encyclopédique,* recueil libéral publié à Paris 'par
M. Jullien et dans lequel écrivaient plusieurs correspondans
suisses, un article que la presse quotidienne qualifia de *piquant et de malin.* On se moquait de la baronnie de M. de
Grenus et on 'assurait que ses publications portaient *l'empreinte d'un caractère atrabilaire.*

M. de Grenus, se jugeant offensé, provoqua en duel
M. de Sismondi qu'il crut être l'auteur de cet article, à cause
de ses relations connues avec la *Revue.* On sait les détails
de cette rencontre. Les deux adversaires, placés à cinquante
pieds l'un 'de l'autre, échangèrent chacun deux coups de
pistolet. M. de Grenus manqua son adversaire la première
fois, et son arme fit long feu au second coup. M. de Sismondi tira deux fois en l'air. Nous tenons du reste d'un témoin que les pistolets avaient été chargés outre mesure ;
pour rendre le combat moins dangereux. Mais ce qu'on ne
sait pas généralement, c'est que M. de Sismondi n'était
point l'auteur de l'article de la *Revue encyclopédique.* Il était
de M. Etienne Dumont qui se trouva mal et tomba évanoui
la première fois qu'il revit M. de Sismondi après cette rencontre, et qui mourut quelque temps après.

Dans le n° 4 des *Glânures,* M. de Grenus publia, au
commencement de 1830, une notice réimprimée dès-lors
*sur la famille Dumont, établie dans les cantons de Vaud et
de Genève,* où il fait ressortir son ancienneté, ses alliances

honorables, ses services et entr'autres le mérite du célèbre publiciste Etienne Dumont.

A la suite des ennuis que lui causa cette affaire, M. de Grenus vint à Neuchâtel pour y acquérir la bourgeoisie. Une des personnes auxquelles il s'adressa, professant alors ce libéralisme contenu qui gagnait du terrain à Neuchâtel comme ailleurs, crut devoir lui représenter que la bourgeoisie de cette ville était une institution quelque peu gothique et même légèrement encroûtée. « Tant mieux, répondit-il, c'est précisément ce qui me convient. Allons vite passer le contrat. »

M. de Grenus n'habita pas à Neuchâtel, mais il y acquit une maison, et à plusieurs époques il donna à cette ville des preuves de sa générosité. En 1831 entr'autres il souscrivit pour une somme assez majeure quand il fut question d'équiper les militaires pauvres dans le cas d'un armement éventuel. Par réciprocité de ces bons procédés, le roi de Prusse lui envoya un diplôme de chambellan. Les émolumens de chancellerie qui accompagnaient ce brevet, et que devait payer le récipendiaire se montaient à environ deux mille francs. M. de Grenus refusa le brevet, ne voulant pas se laisser imposer cette contribution. Alors le diplôme lui fut renvoyé gratis, et il s'empressa de faire passer à Berlin quatre mille francs pour les institutions de bienfaisance.

Ce trait, entre mille, peint l'homme. Il n'aimait pas qu'on lui indiquât ce qu'il avait à faire, et il voulait être laissé à sa propre impulsion et à son libre arbitre.

IV. TRAVAUX SUR LA FAMILLE GRENUS.

C'est ici le côté intime, la partie généalogique de l'œuvre de notre auteur. C'est aussi là que perce plus fortement son individualité, disons même hardiment son originalité. La tâche qu'il avait entreprise de réhabiliter le nom de sa famille, compromis par l'agitateur dont nous avons parlé au commencement de cette notice, n'était pas achevée. Du moins il ne le paraissait pas, puisque dans l'occasion on ne se faisait pas faute de revenir sur ce chapitre qui l'affectait vivement. En 1843, peu après la révolution qui fit changer la constitution de 1814, le *Courrier de Genève*, journal rédigé en partie par M. le professeur Töpfer, publia deux articles dans lesquels l'avocat Jaques Grenus était peu ménagé.

M. le baron de Grenus, actionnaire du *Courrier de Genève,*
sans défendre au fond son cousin, dans la conduite duquel
il croyait trouver plus de folie qu'autre chose, témoin sa
très-singulière polémique avec des membres de la classe des
pasteurs en 1818, lors de l'introduction du méthodisme,
répondit dans une brochure intitulée : » *Observations critiques sur deux articles du Courrier de Genève, des 11 et 21
janvier 1843.* Mais ce n'était qu'un prélude de cette passe
d'armes en faveur de sa famille, de ce tournoi généalogique
qu'il a trouvé le moyen de rendre plus intéressant que ne
semble le comporter ce sujet restreint.

En 1847, et alors qu'une nouvelle révolution eut fait disparaître à son tour la constitution de 1843, héritière de
celle de 1814, le baron de Grenus fit à la ville de Genève
un don d'une rare munificence : Il se dessaisit entre vifs, au
profit de cette commune, que cependant il ne reconnaissait
pas comme la sienne, puisqu'il payait à Genève la finance
ou la carte dite d'*étranger*, d'immeubles situés dans son enceinte et d'une valeur dépassant fr. 400 000. Le revenu de
ce capital devait être appliqué à l'élargissement des vieux
quartiers et à l'établissement de nouvelles communications.

Cet acte d'une singulière générosité, frappa différemment
les esprits, selon les passions du moment. Tandis que l'autorité municipale de Genève faisait frapper une médaille superbe en mémoire de cette donation (¹), ce même don était
tourné en ridicule par plusieurs organes de la presse. Le
docteur Baumgartner publia, entr'autres, dans la *Chronique
suisse, politique, littéraire et industrielle,* un article satyrique, et il revint sur ce sujet dans les *Lettres genevoises* de
1849. Piqué au vif, M. le baron de Grenus résolut d'englo-
ber dans une ample et unique réfutation tous ceux qui dé-
nigraient sa donation, parce qu'elle était faite au pays dans
un moment où il était régi par une administration qui leur
déplaisait et n'avait pas leurs sympathies...

Ce volume, le dernier qu'ait donné M. de Grenus, est in-

- (¹) Cette médaille, de grand module, supérieurement gravée par l'habile
artiste genevois Ant. Bovy, représente d'un côté la ville de Genève tenant
une couronne civique sur le cimier des armes de la famille Grenus, qui consiste en une couronne baronniale d'où sortent trois épis avec cette légende :
» *O Dieu, tu nous vois Grenus.* » Au revers est une inscription rappelant les
services de la famille.

titulé : *Notices biographiques sur MM. Jacques, Théodoré, Pierre, Gabriel et Jean-Louis Grenus.* On a d'abord quelque peine à concevoir comment, à propos de tous les Grenus possibles, gens sans doute fort estimables, syndics renommés en leur temps ou braves capitaines, mais dont l'illustration finit avec leur vie, il a été possible de faire un livre d'une lecture intéressante. C'est cependant ce qu'a fait notre auteur en brodant, sur un texte très-concis, une foule d'ornements d'un prix réel, sous forme de preuves, de notes et de documents sur l'histoire de la patrie genevoise. « Mon ou-
» vrage, dit-il avec un certain orgueil dans sa préface, de-
» viendra peut-être classique dans deux mille ans, car au-
» jourd'hui on regarderait comme d'un prix inestimable la
» découverte d'un pareil travail écrit au commencement de
» l'ère chrétienne sur une famille grecque ou romaine. »
Certainement si nous possédions le *livre de raison* de Ca-
ton l'ancien, ou tel autre registre domestique écrit par un vieux romain au moment où les Scipion opéraient une transformation dans les mœurs de la république, bien des choses s'éclairciraient qui sont aujourd'hui lettre morte pour nous.

Tout en ayant l'air de se préoccuper exclusivement de ses ayeux, M. de Grenus possèdait l'art de nous apprendre mille choses instructives et nouvelles. Ainsi, pour ne citer qu'un seul exemple, il a eu le talent de ramener à son sujet des données aussi judicieuses que neuves sur quelques points de la vie de Jean-Jacques Rousseau. Examiner comment ces détails se trouvent là, noyés dans une infinité de notes et de renvois à perte de vue, cela nous mènerait un peu trop loin. Qu'il nous suffise de signaler le véritable intérêt du livre qui git ailleurs que là où l'étiquette du sac semble nous conduire en droite ligne.

Un critique célèbre, M. Sainte-Beuve, dans un article charmant sur les *Confessions* de Jean-Jacques Rousseau, (publié dans le *Constitutionnel* le 4 novembre 1850), fait cette remarque judicieuse, « que les premières pages sont
» trop accentuées et assez pénibles; qu'on y trouve tout
» d'abord un vide *occasionné* (expression de Rousseau)
» par un défaut de mémoire. » Il est impossible de mieux se rencontrer avec M. de Grenus qui, se basant sur des preuves d'un tout autre genre, et qui sont plus d'un archi-

viste que d'un littérateur, établit que les deux premiers livres des *Confessions* doivent être considérés comme de
simples réminiscences dont la couleur dépendait essentiellement de la situation d'esprit de l'auteur au moment où il
les écrivait, comme aussi de vagues souvenirs d'enfance
qu'une vie toujours errante avait encore contribué à altérer.
Rousseau, ainsi que le prouve M. de Grenus, était dans une
ignorance de très-bonne foi sur sa parenté et sur la position
de sa famille, qui d'un côté était plus relevée et de l'autre
plus infime qu'il ne le croyait.

M. Galiffe, dans ses *Notices généalogiques sur les familles
genevoises* (¹) après avoir établi que Jean-Jacques descend de
Didier Rousseau de Paris, libraire, d'une ancienne et bonne
famille réfugiée à Genève en 1555, insinue qu'il faut chercher dans cette origine la cause de la fierté native et des
talents éminents de l'illustre écrivain. Sans qu'il s'en doutât
un sang noble coulait dans ses veines. Nous avouons que cette
conclusion nous a peu touché. Nous préférons beaucoup
l'ingénieuse argumentation de M. de Grenus quand il explique la pureté du style de Rousseau, et la supériorité avec
laquelle il mania la langue française, par cette raison,
« qu'en remontant l'ascendance de Jean-Jacques, par tous
» les rameaux, aussi bien par les femmes que par les hom-
» mes, on découvre que Rousseau n'a eu pour ascendants
» que des personnes originaires de pays où la langue fran-
» çaise était nationale. » Ainsi divers habitants de ces contrées françaises semblent s'être donné rendez-vous à Genève
pour y concourir à la naissance de l'un des plus éloquents
des auteurs français; circonstance presqu'unique dans une
ville où depuis plus de trois siècles la population est composée en majeure partie de réfugiés de tous les coins de l'Europe, allemands, italiens, anglais, etc.

Si Jean-Jacques Rousseau ignorait d'où venait la famille
de son père, il se faisait aussi illusion sur la naissance de
sa mère. Elle n'était point fille, mais nièce du pasteur Samuel Bernard. Le grand'père maternel de Rousseau était
maître horloger. Quand on lit attentivement les *Confessions*,
on remarque tout de suite la préoccupation de ce pauvre
grand homme, qui, payant tribut à l'idée de son siècle,

(¹) Tome II, page 510.

cherche à se persuader et à persuader aux autres que les professions dites libérales étaient héréditaires dans sa famille tout au moins du côté maternel. « J'ai dit, je répète, et je » répéterai peut-être encore, écrit-il dans le IIe livre, une » chose dont je suis tous les jours plus pénétré ; c'est que » si jamais enfant reçut une éducation raisonnable et saine, » ç'a été moi. Né dans une famille *que ses mœurs distin-* » *guaient du peuple*, je n'avais reçu que des leçons de sa- » gesse et des *exemples d'honneur* de tous mes parents. »

M. de Grenus fait sur cette déclaration une remarque d'un extrême bon sens : « Il a toujours été de notoriété publi- » que que les mœurs et l'honneur sont aussi bien l'apanage » du peuple que des classes supérieures de la société. » Ici, on en conviendra, le baron de l'empire donne en passant une leçon d'égalité à l'auteur du *Contrat social*. Il est bien vrai qu'il y a *peuple* et *peuple,* et qu'au fond la dispute pourrait n'être qu'une dispute de mots.

Nous sommes arrivé à la fin de cette appréciation des titres littéraires de M. de Grenus. Il nous reste maintenant à dire quelques mots sur ses dispositions de dernière volonté et sur la vente aux enchères publiques de sa bibliothèque, riche en ouvrages relatifs à l'histoire en général et à celle de la Suisse et de Genève en particulier.

M. de Grenus, dont la santé était chétive depuis près de deux ans, décéda à Genève au commencement de cette année en instituant, par un testament daté du 22 août 1850, la Confédération Suisse pour son héritière. La clause princi- pale de cette disposition à cause de mort porte : « Que les capitaux que la Confédération retirera de cette succession for- meront sous la dénomination de CAISSE GRENUS DES INVALI- DES, un fonds entièrement distinct des autres caisses fédéra- les, et duquel les intérêts s'accumuleront afin que le revenu du tout soit plus tard employé, le cas avenant, comme *supplé- ment* de secours pour les militaires nécessiteux blessés au service de la Confédération Suisse, et pour les veuves, les enfants, et les pères et mères des tués. » Je dis *supplément,* ajoute le testateur, parce que les secours de la dite caisse Grenus ne devront jamais être accordés avant que la Con- fédération Suisse ait déjà fait pour cet objet des sacrifices pécuniaires conformément à l'échelle par elle adoptée à ce sujet, après la guerre du Sonderbund. »

La succession de M. le baron de Grenus, abstraction faite des legs considérables en faveur de parents collatéraux et de diverses institutions de bienfaisance de Genève, donnera à la Confédération suisse un actif de plus d'un million de francs. Elle consiste en immeubles situés tant à la ville qu'à la campagne, en fonds publics anglais, américains, hollandais, en actions industrielles et principalement en actions de la manufacture de glaces de Saint-Gobain, en un riche mobilier dans lequel figurait une bibliothèque dont nous voulons dire quelque chose.

La bibliothèque de M. de Grenus a dû nécessairement, aux termes de la loi, être vendue aux enchères publiques comme tout le reste de cette opulente succession. Cette collection de livres, à laquelle étaient annexés quelques objets d'art, comme tableaux, gravures, cartes, etc., se composait d'environ 8,000 volumes provenant de différentes sources

1° D'abord la bibliothèque Grenus comprenait un certain fonds peu considérable de livres qui existaient dans la famille depuis un temps assez ancien.

2° Ensuite, en 1784, M. de Grenus, père de notre historien, fit l'importante acquisition d'une partie majeure de la bibliothèque de MM. Christophe et Nicolas Fatio de Duilier, montant à 1,050 volumes, la plupart rares et choisis. MM. Fatio, tous deux membres de la Société royale de Londres, savans distingués, connus par divers travaux importans sur l'histoire naturelle de notre pays, étaient décédés au commencement du XVIIIme siècle. Par un caprice de leurs héritiers, leur bibliothèque, qui était d'abord placée au château de Duilier, non loin des rives du Léman, resta scellée jusqu'à l'année 1778 qu'on en dressa, à Genève, un catalogue qui, soumis à divers experts, fut successivement réduit à un millier de volumes, soit le tiers de la totalité. C'est cette collection d'élite, dont le catalogue fut imprimé à Genève en 1784 (¹), qui passa dans la famille Grenus.

3° M. de Grenus, en acquérant un domaine situé dans la commune de Sacconnex près Genève, devint possesseur d'un fonds de bibliothèque, la bibliothèque de Chandieu,

(¹) *Catalogue d'une partie de livres à vendre*, dont la plupart ne sont pas des articles communs de librairie par leur rareté ou la qualité des éditions, et plusieurs sont très-précieux. Genève, 1784. In-8° de 47 pages.

Bibliotheca Candiacensis, qui se trouvait dans le mobilier de cet immeuble.

4° Enfin M. le baron de Grenus, à mesure que le goût des études historiques et généalogiques prit en lui plus de vivacité, acheta beaucoup de bons livres traitant de ces sciences, s'attachant surtout à ce qui concernait Genève, le Pays de Vaud, Neuchâtel, les provinces françaises voisines de nous et dont l'histoire se lie à la nôtre, comme le Dauphiné, les deux Bourgognes, enfin la Savoie. Il recherchait surtout les livres où, à un titre quelconque, le nom de sa famille était mentionné.

De cette manière il était parvenu à réunir une collection d'environ 8,000 volumes, plus ou moins bons et plus ou moins précieux, mais en général bien choisis et d'une bonne conservation. Ils étaient placés dans deux grandes pièces et dans une plus petite du second étage de sa belle maison, rue des Granges, qui vient d'être acquise par la cure catholique de Genève. En général leur possesseur donnait très-peu dans le luxe des reliures, et il était du nombre assez restreint de ces amateurs qui ont des livres pour s'en servir et pour les lire. Il les annotait volontiers, mais en général au crayon pour ne pas les détériorer. Ses observations étaient en général aussi fines que justes et ses renvois d'une scrupuleuse exactitude. Il portait jusqu'à la passion le culte de tout ce qui concernait sa famille, et il ne reculait devant aucun sacrifice pour se le procurer. Il rapportait à ce goût toutes ses acquisitions de livres et sous ce rapport il était réellement *complet*, comme disent les bibliophiles. A d'autres égards il l'était moins, car il ne possédait, par exemple de la *Biographie universelle*, que l'unique volume renfermant l'article *Grenus*. Ayant trouvé parmi les livres que nous avons acquis à la vente de cette bibliothèque, le *Voyage en Norvège de M. Léopold de Buch*, nous étions à nous demander à quel titre il se trouvait là; mais nous avons été bientôt édifié en lisant à la table des matières qu'il contenait un passage géologique sur le *roc grenu* de la péninsule scandinave.

Les principales spécialités de la collection dont nous parlons consistaient:

1° En beaux ouvrages de mathématiques, d'architecture

et de science, déjà un peu anciens, puisqu'ils provenaient en partie de MM. Fatio, mais de très-belles éditions ;

2° En livres également beaux sur l'art militaire ;

3° En raretés sur l'histoire et la littérature de la Réforme, pamphlets calvinistes, livrets satiriques jadis très-recherchés pour leur contenu et qui le sont davantage aujourd'hui à cause du français du seizième siècle dans lequel ils sont écrits ;

4° En livres philosophiques, jugés autrefois comme très-hardis, très-peu répandus et très-chers comme tels, mais dont la valeur a singulièrement baissé à mesure que les idées qu'ils émettent ont passé dans le domaine commun ou sont devenues triviales ;

5° En quelques livres précieux de vieille littérature française, dont plusieurs imprimés en caractères gothiques, en quelques belles éditions classiques *Variorum,* et en divers bons livres d'ancienne littérature italienne ;

6° En ouvrages capitaux sur l'histoire des villes et des provinces de France, sur la généalogie et l'art héraldique ;

7°. Enfin en manuscrits sur l'histoire de Genève et de la Suisse et en collections de brochures, de placards et de *factums.*

Vendue aux enchères publiques, en dix vacations, la bibliothèque Grenus a produit fr. 8471»80 c., soit environ un franc le volume. En général les bons ouvrages ont atteint un prix élevé, et équivalent à leur prix à Paris et à Lyon.

M. le général Dufour, chargé par le conseil fédéral de la tâche pénible et délicate de représenter les intérêts de la Confédération Suisse, héritière pour la majeure partie de cette succession, et qui s'est acquitté de cette mission, souvent ingrate, avec un zèle incessant, a acquis, pour la bibliothèque que les autorités fédérales veulent former à Berne, de bons livres d'histoire et de science jusqu'à concurrence d'environ 1200 fr., somme qui avait été assignée pour cet objet.

— La commission de la bibliothèque publique de Genève a acheté aussi quelques bons livres. Il eût été bien à souhaiter que la somme annuelle dont elle dispose lui eût permis de pousser plus loin ses acquisitions.

Quelques célèbres bibliophiles étrangers, comme M. le marquis Costa de Beauregard ont aussi donné de rares commissions au libraire chargé de la vente, M. Steiner; mais en général les livres essentiels et réellement de prix ont été acquis par des amateurs de Genève et de la Suisse, et principalement par des membres de la Société d'histoire de la Suisse romande et de la Société d'histoire et d'archéologie de Genève.

On a pu remarquer qu'un certain nombre de manuscrits, principalement ceux du défunt, et d'autres qui avaient servi de matériaux à ses ouvrages, ont été brûlés par lui; comme l'attestaient les couvertures des volumes restés veufs de leurs feuillets, et le dos portant une indication du jour où ils avaient été détruits. On assure que M. de Grenus avait procédé ainsi dans un moment où il estimait avoir peu à se louer de ceux au profit desquels il publiait ses livres historiques. En général il les faisait tirer à petit nombre, 300 ou 400 exemplaires, et il destinait le produit à un établissement de bienfaisance comme l'hôpital de Genève ou l'hospice cantonal de Lausanne. Au bout d'un certain temps il retirait à lui les exemplaires invendus.

M. le baron de Grenus était animé des intentions les plus louables et les plus bienfaisantes; mais il mettait parfois, dans la manière de les réaliser, un peu de l'originalité de son caractère. De là des clauses singulières ou d'une difficile exécution. Une difficulté s'élève maintenant, assure-t-on, sur la quotité des droits dont sa succession est grevée. Le fisc genevois entend la soumettre au payement de ceux que doivent acquitter les successions de ressortissants genevois appartenant à cette catégorie. D'un autre côté la Confédération ou plutôt ses mandataires se fondent, pour soustraire l'héritage à cet impôt, sur les déclarations réitérées du défunt, portant qu'il renonçait à ses droits de cité à Genève. Il ne nous appartient nullement de prendre parti dans ce débat. Mais nous ferons cependant ressortir ce qu'il y a d'honorable pour M. de Grenus dans l'argumentation de ceux qui, pour prouver qu'il est bien genevois, insistent sur l'impossibilité de supposer étranger à Genève celui qui a consacré une partie de sa vie et de son bien à tirer de l'oubli les vieux titres de gloire de cette république, à les illustrer et à les exalter de plusieurs manières.

E.-H GAULLIEUR.

Nous donnons en terminant un aperçu du prix auquel ont été vendus quelques-uns des livres principaux de la bibliothèque Grenus, afin de fixer les amateurs sur leur valeur vénale dans nos contrées. Mais auparavant, nous tenons à dire deux mots de deux opuscules qui tiennent à l'histoire bibliographique et littéraire de la Suisse romande et qui ne sont point connus. La rareté de ces livrets fait sans doute leur principal mérite, puisque nous ne les avons rencontrés que dans cette collection, et leur valeur intrinsèque est peu de chose. Mais encore est-il bon de ne rien négliger surtout quand on n'a pas un fonds indigène d'une immense richesse.

Le premier de ces livrets, imprimé à Yverdon en 1619, par la Société helvétiale Caldoresque fondée par Pyrame de Candolle *(de Caldora)*, est intitulé *De la Trompette du Ciel, c'est-à-dire du Comète effrayable qui, l'an de Christ 1618, est apparu et diligemment observé à Montagny* par E. DE MONTL'HÉRY. C'est un petit in-8° de 93 pages avec un titre représentant des figures astronomiques et une grande planche gravée sur bois. Il traite de l'astrologie judiciaire, des prophéties, des idées que l'on se faisait alors de l'apparition des comètes et de la liaison des phénomènes observés dans le ciel avec les grands événemens politiques. La dédicace est adressée aux nobles, Prudens et très-honorés Seigneurs les bourgmestre et Conseil de la ville et cité de Lausanne, par leur très-humble serviteur et bourgeois E. *de Montl'héry*.

L'autre opuscule est une *Briève instruction de musique*, imprimé en 1617 à Genève et dédié à *Messieurs les Nobles Syndiques* (sic) *et Conseil de la ville de Morges* par *Jean-François de Cecier* dit *Colony* et du *Boz*, Gexien.

A la fin d'un avis au lecteur, le musicien-poète dit dans ce livre :

« Ami lecteur, je n'oublierai sur la fin de ce livret d'advertir qu'au
» commencement j'avais fait la Gamme et l'Echelle de musique de
» onze lignes et de douze espaces, mais craignant que ce ne fut pas
» de monnaie recevable, je laisse la dite Gamme sous les sept pre-
» mières lettres, recommandant de l'arrouser par le moyen de la qua-
» triesme clef de musique, qui est celle de la *Cave du bon vin*;

> » *Veu que la Clef de la Cave*
> » *Rend la voix douce et suave.* »

———

PRIX D'ADJUDICATION DE QUELQUES LIVRES DE LA VENTE GRENUS.

Spinosa, la Clef du sanctuaire avec les trois titres, ff. 17. — La mappe romaine, ff. 2»50. — *Christus papa et anti-papa*, ff. 3. — *Esprit des journaux*, 400 volumes, ff. 20. — Opuscules de *Calvin*, ff. 35. — *Crespin*, histoire des martyrs, ff. 41. — *Leblanc*, traité des monnaies, ff. 15»50. — Blondel, traité d'architecture, ff. 39. — Polybe avec le commentaire de Folard, ff. 30. — Livre d'heures imprimé sur Velin, Pigouchet 1498, ff. 60. — Devaisne, dictionnaire de diplomatique, ff. 12. — Jean-le-Maire, illustrations des Gaules goth., ff. 20. — Le propriétaire des choses goth., ff. 21. — Les marbres d'Oxford, ff. 12. — Grillet, histoire de la Roche, ff. 8. — Besson, histoire du diocèse de Genève, ff. 21. — Les Chroniques de Savoie, par Symphorien Champier (mauvais exemplaire), ff. 56. — Paradin, Chroniques de Savoie, ff. 26. — Chronique de Froment, manuscrite, ff. 12»50. — Le Cavalier de Savoie, ff. 20. — Chronique de Roset, manuscrite, ff. 20. — Le Citadin de Genève, ff. 7. — Spon, histoire de Genève, ff. 10. — Galiffe, matériaux sur Genève, ff. 29. — Le fléau de l'aristocratie genevoise, par Pictet, ff. 5»75. — Fragmens historiques sur Genève, ff. 20. — Idem sur le canton de Vaud, ff. 15. — Etrennes à la noblesse, ff. 14»75. — Mémoires de la Société d'histoire de la Suisse romande, ff. 34. — Le Conservateur suisse, complet, ff. 20. — Menestrier, cinq divers traités sur le blason, ff. 21. — Nobiliaire des Pays-Bas, ff. 18. — Segoing, armorial universel, ff. 10. — Guichenon, histoire de Savoie, ff. 37. — Leroux, noblesse de Bourgogne, ff. 12. — Histoire de la maison de Beaumont, ff. 60. — Vulson de la Colombière, grand théâtre d'honneur, ff. 45. — Guichenon, histoire de Bresse, ff. 33. — Anselme, histoire généalogique de la maison de France, ff. 80. — Guillaume, histoire des Sires de Salins, ff. 19. — Bergeron, voyages en Asie, ff. 12. — D'Aubigné, histoire universelle, ff. 8. — Simon, armorial de France, ff. 28. — Saint-Aubin, histoire de Lyon, ff. 8. — Histoire des chatelains de Lille, ff. 8. — Leu, dictionnaire de la Suisse avec le supplément, ff. 17. — *Belgium Dominicanum*, ff. 7. — *Blavignac*, armorial genevois, ff. 12. — Histoire universelle, par une société de gens de lettres, complète, ff. 27. — Mémoires de la Ligue, ff. 19. — Leti, historia genevrina, ff. 15. — Zurlauben, histoire militaire des Suisses, ff. 30. — Picot, histoire de Genève, ff. 3. — Mémoires de la Société d'histoire de Genève, ff. 33. — Lachenaie - Desbois, dictionnaire abrégé de la noblesse, ff. 12. — Laroque, traité de la noblesse ff. 12. — Lami, archives générales de la noblesse, ff. 40. — Christin, jurisprudence héroïque, ff. 8. — Généalogie de la maison de Mailly, ff. 17. — Alsatia, Illustrata, ff. 17. — Leger, histoire des Vaudois, ff. 28. — Despinoy, noblesse de Flandre, ff. 19. — Arnaud, glorieuse rentrée des Vaudois, ff. 10. — Bernier, histoire de Blois, ff. 8. — *Leroux*, noblesse de Bourgogne, ff. 12. — Bibliothèque britannique et Bibliothèque universelle de Genève, complètes, ff. 71. — Dictionnaire de la Bible, ff. 15, — Joly, édits des princes de Savoie, ff. 7. — *Costa*, mémoires sur la maison de Savoie, ff. 13. — *Girard*, histoire des officiers suisses, ff. 14.

BEAUX-ARTS.

Les connaisseurs. — Les journaux. — Réflexions et menus propos d'un pein-
tre genevois, par R. Töpfer. — Histoire de la peinture en Italie, par John
Coindet. — Exposition de Paris. — Peintres suisses.

I.

Notre époque, quoi qu'on en dise, est une époque intéressante. Malgré les tristesses des révolutions passées, les appréhensions des révolutions à venir, aucun temps n'a présenté un spectacle intellectuel plus animé. Tout est en mouvement, tout s'agite, tout bout; les peuples frémissent sous la main divine; ils se sentent soulevés comme les flots de la mer aux équinoxes par une puissance mystérieuse; ils marchent dans l'orage vers un avenir qui se dérobe encore à toutes les prévisions. La science, au milieu de ce tumulte, fait des conquêtes certaines; elle agrandit son domaine; elle s'établit sur des terres nouvelles, et c'est par elle peut-être que se prépare la solution pacifique de certains problèmes humanitaires si défigurés, si travestis, rendus si effrayants et si misérables à la fois par l'ignorance et par les mauvaises passions déchaînées.

Un autre point consolant du tableau, c'est le goût des beaux-arts resté vivace et plus répandu que jamais. — Il demeure, il vit, il se développe à côté de l'ascendant terrible que prennent les intérêts matériels, à côté de l'importance croissante des études positives. En vain on voudrait le nier. De toutes parts des musées s'ouvrent, des expositions s'organisent; les petits états comme les grands états, les villes de provinces comme les capitales, ont des collections, des galeries, des sociétés des amis des arts. Le goût public se substitue aux Mécènes d'autrefois, aux grands protecteurs de la renaissance. Sans doute l'exiguité de nos demeures comme celle de nos fortunes impose de nouvelles conditions aux artistes; les travaux gigantesques deviennent presque impossibles; mais n'y a-t-il pas une compensation dans le nombre plus grand des acheteurs, et le talent se mesure-t-il à la dimension des toiles? Si l'on y fait attention, on reconnaîtra d'ailleurs que de nos jours, pas plus qu'en aucun temps, les murs des monuments publics, les musées des nations ou les galeries de la fortune n'ont manqué aux ouvrages les plus étendus et les plus coûteux. Les travaux ont été plus divisés, à cause du nombre même des artistes devenu plus considérable: il y a eu des cabales, des intrigues, des faveurs imméritées, d'injustes exclusions; mais hélas! n'est-ce pas l'histoire de tous les temps et de toutes les époques? Le Poussin n'a-t-il pas été contraint de s'exiler à Rome, et Lesueur a-t-il été apprécié comme il le méritait? Reconnaissons-le donc : les arts entrent toujours davantage dans la vie publique et dans la vie commune, élargissent chaque année leur place dans les conditions vitales de la société, deviennent enfin l'une des plus nobles préoccupations de la pensée de tous, et un besoin général qui réclame une impérieuse satisfaction. Les artistes ne se comptent plus, les amateurs encore moins. C'est tout le monde.

Que *tout le monde* ne soit pas très-bon juge, que ce goût si général ne soit pas très-éclairé, rien de plus naturel. Il l'est moins de voir la facilité, la complaisance; je dirai même la vanité avec laquelle beaucoup de personnes, d'ailleurs d'un esprit cultivé, avouent n'être pas connaisseurs en peinture. Il semble que leur ignorance à cet égard doive faire supposer que leurs études se sont dirigées vers des régions plus élevées. C'est un titre singulier de supériorité qu'on veut se donner; c'est comme si l'on disait : je ne sais rien en peinture, il m'est impossible de me rendre compte de l'impression favorable ou défavorable que me donne cet ouvrage, — mais parlons politique et vous allez voir ; il n'est aucune question que je ne puisse trancher... Ah! si le gouvernement me consultait!.... — Chacun se récusant ainsi en matière de beaux-arts, il est triste de voir la critique et la louange se réfugier également dans les feuilletons, et le sort des œuvres et des ouvriers de l'art se trouver par là, au moins pour un temps, à la merci de quelques écrivains plus ou moins compétents, plus ou moins impartiaux.

Cette circonstance a été fàcheuse ; elle a neutralisé les bons effets que devait produire cet intérêt universel dirigé vers les arts; au lieu d'épurer, de vivifier, de rajeunir la sève, elle l'a plutôt affaiblie. Ces nombreux articles, tous contradictoires, écrits légèrement, sans conviction; sous l'influence du caprice et de la prévention, sont pour quelque chose assurément dans cette confusion de doctrines, dans cet oubli des traditions et des principes, dans cet excès de *manière* dont le salon de cette année offre l'image, comme nous le verrons tout à l'heure.

Si au moins on lisait toutes ou la plupart des appréciations publiées sur le même objet, il serait peut-être possible de voir une apparence de vérité sortir de ce choc des opinions. Et encore cela même est douteux. Il est d'ailleurs bien plus commode d'adopter toute faite l'opinion de son journal, sans se demander seulement si l'aristarque du feuilleton possède un goût éclairé, quelques connaissances solides, s'il s'est préparé à ce qu'il appelle sa mission par quelques études. Le bon lecteur ne s'enquiert même pas de l'indépendance de son guide. Or, Dieu sait si les critiques sont infaillibles, s'ils n'ont aucune faiblesse humaine, si le pur amour du vrai les inspire! En matière de science et d'histoire l'influence des journaux est moins grande. Ces études reposent avant tout sur des faits; le public qu'elles intéressent est restreint, il est éclairé, et pour lui parler de ce qu'il sait il faut le savoir soi-même. En littérature même leur pouvoir est borné par ce fond de connaissances que tout le monde rapporte du collége. Mais l'ignorance générale en matière de beaux-arts leur a laissé le champ libre. Ils ont le plus souvent tout confondu, tout mêlé. Le besoin de dire du *nouveau*, et *autre* chose *que le voisin*, les a poussés aux doctrines les plus étranges. Ils ne deviendront ce qu'ils doivent être à cet égard, ils ne prendront leur vrai caractère que lorsque leurs lecteurs voudront bien se donner la peine de n'être plus seulement des disciples aveugles, mais à leur tour des juges et des juges éclairés. Cela est-il donc si difficile, et faut-il en particulier, pour être connaisseur en peinture, un savoir étendu varié et difficile à acquérir? Je répondrai oui et non, tout à la fois. Je m'explique.

Les études qu'exige la pratique de l'art sont innombrables; les pousser jusqu'au bout montre déjà une certaine étendue d'esprit et un courage inébranlable. Il est aisé de se rendre compte de cette vérité. En effet, le peintre a besoin de connaître l'histoire, la philosophie de l'histoire, le cœur humain, comme tous ceux qui veulent montrer l'homme à l'homme; — la forme extérieure, les lois de notre organisation, comme le sculpteur; — les variations des costumes et des mœurs, comme l'antiquaire; — la perspective, comme l'architecte; — l'harmonie des couleurs, comme le poète celle des mots, et le musicien celle des accords. La pensée jusqu'à un certain point donne la forme au style : « Celui qui pense bien, écrit bien; » mais les plus belles conceptions du peintre ont besoin, pour être intelligibles, d'une forme qui en est indépendante, qui est toute matérielle et qui demande une habileté et un savoir infinis. Le poète et le musicien ont le temps, l'espace, la succession des faits : le peintre n'a qu'un instant, qu'une minute. — On fait le tour d'une statue; un tableau n'est qu'une surface plane qu'il faut remplir d'air et de profondeur.

Toutes ces choses nécessaires du plus au moins pour exécuter le moindre tableau, sont-elles indispensables au simple connaisseur? Non, sans doute. Il est bien vrai que celui qui les possède sera un appréciateur plus compétent, et en effet les grands artistes sont ordinairement les meilleurs juges. On ne peut récuser leur autorité, que lorsque quelque sentiment personnel égare leur goût et fausse leur esprit; ce qui arrive, hélas! assez souvent. En outre il est certaines qualités, certains détails ou défauts que la pratique seule du métier

peut faire découvrir. — Mais l'art n'est pas là tout entier ; il a un côté
plus général, un but plus vaste. C'est un langage qui s'adresse à
tous ; il peut, il doit frapper l'ignorant comme le savant. Il n'est pas
besoin davantage d'être artiste pour le comprendre, qu'il ne faut être
poète pour lire Racine ou Corneille, ou orateur pour être touché de
l'éloquence d'un Fénelon ou d'un Bossuet. Plus l'intelligence se développe, plus l'étude nous rapproche des maîtres, mieux sans doute
leurs beautés nous pénètrent, mieux nous sentons et nous jugeons leur
génie ; mais le goût naturel, l'intelligence la plus commune suffisent
déjà pour entrevoir le mérite de leurs ouvrages, pour en jouir, pour
en tirer profit, chacun suivant sa mesure et ses forces. Il ne faut pour
cela que des oreilles pour entendre et des yeux pour voir. Mais on
n'entend, on ne voit qu'à la condition d'écouter, de regarder... et de
réfléchir ! Réfléchir, se rendre compte de son impression, qui donc
oserait avouer qu'il ne le peut faire, je ne dis pas jusqu'au point de
l'analyse, mais de la sensation ?

Deux hommes traversent ensemble, au milieu d'un jour d'été, une
forêt épaisse et pleine d'ombres ; l'un s'arrête pour respirer la fraîcheur, il écoute le chant des oiseaux, il admire la richesse du feuillage, la multiplicité des rameaux, leurs courbes pittoresques et gracieuses, et bientôt son cœur se remplit d'un charme attendrissant,
les doux rêves de la vie reparaissent, tout s'anime. Une voix de l'infini
lui a parlé.

L'autre voyageur a passé, pressé, préoccupé, indifférent. Aucun
sentiment de beauté ou de bonheur n'a pénétré jusqu'à lui. Plus loin,
un point de vue magnifique s'est offert tout-à-coup à ses yeux ; alors
il s'est assis à son tour, il a contemplé ce spectacle inattendu, et,
quand il a repris sa route, une foule de pensées nouvelles et meilleures l'occupaient.

Eh bien ! si ces deux voyageurs rencontrent plus tard un tableau
de Claude Lorrain, une toile de Huysmans qui rappellent à celui-ci
l'immensité grandiose d'un vaste horizon tout baigné de soleil, à celui-là la paisible forêt : ne pensez-vous pas que tous deux s'arrêteront
encore et retrouveront là quelque chose des impressions qu'ils avaient
éprouvées auparavant ? Il en est de même dans l'ordre moral. Une
grande action nous touche, une scène imposante nous émeut, des
enfants qui jouent font revenir à nos lèvres le sourire de la jeunesse
heureuse, et si quelque artiste sait nous représenter avec vérité un
riant épisode, un dévouement sublime, ou seulement quelques traits
de la vertu et de la beauté, tout ce qui reste de bon en nous se réveille, se réjouit, et court à cette image comme à un souvenir ou
à une espérance.

Voilà donc une première impression, une impression importante
que la peinture peut donner en dehors de toute connaissance, de toute
étude particulière. Pour l'éprouver, il suffit d'avoir un esprit sensible

aux charmes de la nature et de la beauté. Celui qui trouve cette impression dans les choses ne peut manquer de la trouver aussi dans leur représentation. Mais ce n'est pas assez; l'artiste doit donner à l'expression des objets qu'il offre à nos yeux une force plus grande, une vibration plus étendue; par lui elle doit atteindre, frapper, émouvoir ceux même qui n'auraient pas su la découvrir dans la réalité.

Il est essentiel cependant de faire une distinction entre les pensées qu'un tableau peut suggérer et celles qu'il est directement destiné à exprimer. On comprend que les premières dépendent beaucoup du spectateur, tandis que les secondes appartiennent au peintre. C'est de celles-ci seulement qu'on peut lui demander compte; c'est par elles qu'il faut le juger. Le sujet est-il clairement exprimé, est-il *écrit* d'une manière nette, précise, qui ne laisse aucun doute à l'esprit, qui fasse ressortir immédiatement le sens et la portée que le peintre a voulu lui donner? Telle est la question qui se présente d'abord. Vient ensuite celle-ci : est-ce vrai? c'est-à-dire la vérité éclate-t-elle dans les détails comme dans l'ensemble? est-elle parée de toute la beauté dont elle est susceptible? Il est aisé de reconnaitre que si l'on peut répondre à ces questions, on est déjà bien avancé dans l'examen d'un tableau, et il y a peu de personnes, je pense, qui ne soient capables de le faire, au moins jusqu'à un certain point. Je suppose l'éducation la plus ordinaire et quelques instants d'attention bienveillante et sérieuse. J'insiste sur ce dernier point. Les œuvres de la peinture et de la sculpture ont sur les autres branches de l'art l'avantage et l'inconvénient de se laisser embrasser tout entières d'un seul regard; elles se montrent sans réserve, dès l'abord, avec une franchise dont on abuse. Vite fait, vite vu, dit un proverbe assez juste; mais la peinture en général ne se fait pas vite; il est peu équitable de vouloir juger en un instant le travail de plusieurs années, et de tourner les talons si l'aspect au premier coup-d'œil n'a pas eu le bonheur de nous séduire.

Encore une fois, un tableau est une page d'histoire ou un poëme, ode, idylle, élégie; il ne faut pas le feuilleter, il faut le lire. Homère est ennuyeux, Dante est obscur, Virgile est fade, Corneille ampoulé, Racine monotone, si on ne fait que les parcourir légèrement comme une gazette. Ainsi des vieux maîtres de la brosse et de la couleur. Ils ne se livrent pas en un instant; leur génie n'est pas à la disposition du premier venu qui passe avec indifférence. Non; ce qu'ils ont médité longuement veut être longuement étudié, et dans les chef-d'œuvres de tous les arts on n'a jamais tout vu. Ce sont des pays ravissants où l'on marche de découverte en découverte; ils semblent se modifier, s'agrandir, se compléter à mesure que nous les visitons mieux.

Cette comparaison que je viens de rappeler de la poésie et de la peinture est fort ancienne; elle est exacte aussi à beaucoup d'égards, comme il est vrai que tous les arts sont frères, puisque tous tendent au même but, à savoir l'expression de la vérité dans la beauté. Mais

il ne faut pas oublier pour cela les limites bien·marquées qui les séparent. Leur raison d'être, leur nature, sont tout autres. Ils ont des
lois et des moyens très-variés, souvent même opposés, et jamais ils
n'en sortent sans y perdre. C'est par pure bienveillance fraternelle
qu'ils se prêtent si souvent leur vocabulaire particulier. On dit d'une
symphonie, que les grandes lignes en sont bien *dessinées*; on dit
qu'un livre est plein de *couleur*, que les personnages de tel poème ont
du *relief;* on dit : cette statue ou ce tableau a du *style.* Mais ces expressions et beaucoup d'autres ne prouvent que la bonne harmonie
qui règne entr'eux, et point du tout l'analogie de leurs conditions essentielles. Quelles sont ces conditions pour la peinture? Quels sont ses
moyens, ses ressources?

C'est ici un nouvel ordre d'idées, une seconde série de questions
déjà moins personnelles que les premières, et qui exigent une certaine culture spéciale ou du moins quelques notions particulières. Ces
questions embrassent même, à le bien prendre, tout l'art, tous ses
problèmes, toute cette science si compliquée, si délicate, si infinie,
qui fait le sujet éternel des méditations de l'artiste. Mais ici encore il
en est de la peinture comme de la poésie. Quelques études littéraires,
aidées d'un peu d'habitude et d'un certain goût naturel, suffisent
pour être en état de bien saisir le mérite et les charmes des belles-
lettres. La difficulté ne semble plus grande en peinture que parce que
cette branche de l'art est regardée comme une chose toute spéciale,
dont l'instruction générale ne doit pas s'occuper le moins du monde.
Personne ne peut se dispenser de faire sa rhétorique, mais il est permis de n'avoir pas la moindre notion sur le développement des autres
côtés de l'intelligence humaine, d'ignorer à cet égard et les noms et
les choses, de confondre les époques, de mêler au hasard les systèmes, les manières, les lois, les principes, de prendre une maison
pour une statue, un bas-relief pour un tableau. Michel-Ange et Raphaël sont connus de nom, vaguement, comme Beethoven et Mozart.
Mais demandez donc à ce jeune lauréat qui vient d'obtenir le grand
prix d'histoire, demandez-lui qui était Albert Durer et Yan Eyck, Ci-
mabue et Masaccio, le Bramante et Brunelleschi. Il vous répondra
par la liste exacte de tous les tyrans qui ont souillé les trônes, de tous
les scélérats qui ont affligé la terre; mais ces hommes qui ont été et
qui seront de siècle en siècle l'honneur et la joie de l'humanité, on ne
les lui a pas nommés seulement. A plus forte raison ne lui a-t-on pas
dit ce qu'étaient, ce que devaient être, dans leurs principes les plus
généraux, l'architecture, la statuaire, la peinture, la musique. Il a le
droit en échange de dire d'un ton également dégagé et satisfait : «Ceci
est charmant, mais je ne suis pas connaisseur. Cela est affreux, mais
je ne suis pas connaisseur.....»

Eh! mon Dieu, non, mon ami, vous ne l'êtes pas, cela se voit de
reste. Mais réfléchissez un peu, et vous allez presque le devenir. Lisez

quelques livres, aussi amusans pour le moins que des romans en feuilleton, vous le deviendrez tout-à-fait. Ce n'est pas en effet un travail
que je vous propose; c'est un délassement, une récréation qui vous
deviendra une source inépuisable de jouissances délicieuses. Dès que,
de propos délibéré, vous avez mis le pied dans un musée, dès qu'il
est certain qu'un tableau peut vous plaire, vous avez la bosse. Mais
qu'est-ce que c'est, la bosse?... Cette question faite, ma tâche est
finie, la réponse ne me regarde plus : M. Rod. Töppfer s'en chargera.

Oui, Töppfer, c'est tout dire, et vous le connaissez. Le dernier ouvrage de ce charmant auteur, le dernier hélas! traite précisément
cette matière. Cet ouvrage s'appelle *Réflexions et menus propos d'un
peintre genevois, ou Essai sur le Beau dans les arts*. Ce livre, à proprement parler, n'en est pas un, moins encore un traité. C'est une
causerie familière, gaie, naïve, savante, profonde, toujours amusante,
toujours instructive, jamais ennuyeuse. Ce juste sentiment d'artiste
et d'écrivain si fin, si personnel qui distinguait M. Töppfer, se trouve
là répandu avec d'autant plus d'abondance que l'auteur semble y avoir
moins songé. Aucun sujet n'était plus cher à son cœur; sa plus douce
préoccupation devait être cet art pour lequel il se sentait né, et qu'une
dure nécessité avait pu seule lui faire abandonner. «S'il ne pouvait
» peindre, il donnait à la peinture la meilleure place dans la pensée,
» il restait artiste par le cœur, par l'intelligence; il flattait son amour
» malheureux, en méditant, en écrivant sur l'art, en faisant voir qu'il
» concevait mieux et plus artistement que les autres n'exécutaient, en
» atteignant enfin avec l'esprit cet idéal dont si peu de pinceaux savent
» saisir et fixer les traits divins.» Je copie ces lignes dans la notice de
M. Aubert imprimée précisément en tête des *Menus Propos*.

L'auteur prend son petit *Traité du lavis à l'encre de Chine* comme
point de départ. Sous prétexte de montrer que le *lavis est un art* et non
un procédé, il commence par faire une rude guerre à l'imitation que
les gens à courte vue regardent comme la fin de tous les arts; il
prouve clairement que le véritable artiste n'imite la nature qu'en la
transformant, et que l'imitation n'est jamais le but, mais la condition
et le moyen. Puis il s'élève peu à peu aux lois générales de l'art plastique. Après avoir passé en revue les diverses parties de l'exécution,
il se demande où doit tendre l'artiste qui est parvenu à acquérir cette
science complexe du dessin, des lignes, du jeu de la lumière et de
l'intensité des tons. Quel est le but où doit viser le procédé maître de
lui-même? ce but c'est le beau; mais qu'est-ce que le beau? comment
trouver le beau? Questions difficiles et qui ont jeté les philosophes
dans d'étranges définitions, plus fausses et plus ténébreuses les unes
que les autres.

« Le beau de l'art, répond Töppfer, procède absolument et uniquement de la pensée humaine affranchie de toute autre servitude que
celle de se manifester au moyen de la représentation des objets na-

turels. » Ceci suffit, je pense, pour donner une idée de l'intérêt de ce
livre, et des pensées qu'il éveille. Quant à la forme elle est, je le répète, toute charmante, variée, naïve, fine, sans cesser d'être claire et
simple. Enfin, c'est une causerie qui va, vient, retourne, passe et repasse. S'il en est qui préfèrent à ces méandres capricieux la ligne droite
d'une démonstration par A plus B, je puis leur indiquer le poème latin de Dufrenoy et beaucoup d'autres. Mais ce n'est pas mon goût, ni
le vôtre j'espère. Lisez donc les *Menus propos* du peintre genevois ;
relisez-les, et de nouvelles perspectives vont s'ouvrir devant vous, des
jouissances nouvelles se présenteront à vos yeux, ils vous auront appris à voir la nature, à voir les tableaux.

Il est inutile, sans doute, de revenir sur nos pas et d'insister ici
pour démontrer combien cette facile et agréable étude doit rendre
aisée l'appréciation des œuvres d'art. A ce degré on n'est peut-être
pas encore devenu un juge sans appel, mais l'on peut au moins se
rendre bien compte de son impression et la discuter avec cette réserve qui est toujours la preuve d'un certain savoir et d'une bonne
éducation.

Cependant l'esprit humain ne sait pas s'arrêter ; à mesure que de
nouveaux horizons se découvrent, nous désirons nous en approcher
pour en découvrir d'autres encore. Après avoir appris par M. Töpffer
quelles sont les conditions de l'art, n'est-il pas naturel de vouloir
s'enquérir comment les grands génies les ont saisies, comment ils les
ont comprises ? N'y a-t-il pas un intérêt immense à comparer les
hommes, les systèmes, les époques, à voir combien la fixité des principes se prête à toutes les applications, à toutes les nuances, enfin à
reconnaître, à discerner, à chercher ce beau dans toutes ses transformations ? Il serait d'ailleurs bien injuste de juger les tableaux anciens
abstraction faite de leur date, du milieu dans lequel le peintre a vécu.
Il faut lui tenir compte des idées de son siècle et de sa position particulière, il faut pouvoir remettre par la pensée et l'œuvre et l'auteur
au milieu de leur atmosphère, en un mot il faut connaître l'histoire
de la peinture et l'histoire des artistes.

Ce second pas, heureusement, n'est pas plus terrible que le premier : et c'est encore un compatriote qui vient aplanir le chemin et
s'offrir à nous pour guide dans cette étude. J'éprouve, je l'avoue, un
vrai plaisir à rencontrer dans notre Suisse deux excellents ouvrages
écrits à ce double point de vue si intéressant des beaux-arts. M. Töpfer nous dit ce qu'ils doivent être, M. John Coindet (¹) nous apprend ce
qu'ils ont été dans cette Italie qui en devint le foyer après les beaux
temps de la Grèce, et qui, malgré sa décadence, semble demeurer
leur véritable patrie. Bien des volumes ont déjà été publiés sur ce

(¹) *Histoire de la peinture en Italie*, par John Coindet. Genève 1850.

sujet ; leur énumération seule peut effrayer le plus intrépide lecteur ;
et faire un choix est difficile pour ne pas dire impossible. — « Winkel-
man, dit M. Coindet. Schlegel, Lessing, Mengs, Vasari, Visconti, Tira-
boschi, Lanzi, d'Agincourt, Hope, Reynolds et tant d'autres savants
ou littérateurs, qui ont écrit sur les beaux-arts, sont, les uns exclusivement érudits, les autres de simples biographes, quelques-uns traitent seulement des sujets spéciaux, aucun ne s'est proposé de donner
une idée générale mais suffisamment complète de la marche des
beaux-arts en Italie depuis la renaissance jusqu'à la fin du siècle dernier, du caractère distinctif de chaque école, du mérite individuel des
grands maîtres et de leurs principaux chefs-d'œuvre, enfin des théories
qui ont prévalu, ou dont la discussion dure encore. » M. Coindet
ajoute : « J'ai lu un nombre considérable d'ouvrages, et mettant le
désir d'être original fort au dessous du besoin d'être vrai, j'ai pris
tout ce qui m'a paru devoir être utile. »

Cette voie était assurément la meilleure pour faire un travail de ce
genre à la portée des simples amateurs, et en même temps attrayant.
Il fallait pour la suivre un jugement sain, un goût développé, libre de
tout esprit de parti, de tout système préconçu ; aucune de ces qualités n'a manqué à M. Coindet. Ses opinions ne sont jamais tranchantes, exclusives, il sait choisir, il sait voir, et lorsqu'il a à se décider
entre des autorités également imposantes, il le fait avec tact et avec
mesure. Son livre est véritablement un guide, sûr, éclairé, et la lecture en est aussi attachante qu'instructive.

Je ne m'arrêterai pas, à faire l'analyse de cet ouvrage : ce serait un
travail stérile à moins de le prolonger beaucoup plus que je ne pourrais le faire ici ; d'ailleurs ce que je viens de dire sera, je l'espère,
suffisant pour engager les amateurs de la peinture à lire les deux
volumes de M. Coindet, et cela vaudra pour eux beaucoup mieux que
tout ce que j'en pourrais extraire ici. Si le : *nul n'est prophète dans
son pays*, donnait quelque défiance de mes éloges, sachez, chers
confédérés, que le livre de notre compatriote a été fort bien accueilli
par les étrangers ; la presse parisienne n'a pas dédaigné de s'en occuper à plusieurs reprises, et d'une façon toute favorable. — Il n'y a
rien à objecter à cela, n'est-ce pas, et vous vous en rapporterez à la *Revue Suisse*, puisqu'ici elle est l'écho de plusieurs revues françaises ?

Quelques réflexions encore, au risque de rencontrer les mêmes
idées. La peinture est donc, avant tout, une langue, une forme appliquée à l'expression des idées et des sentiments. Comme la poésie,

. . . . Elle a cela pour elle
Que les sots d'aucun temps n'en ont pu faire cas,
Qu'elle nous vient de Dieu, qu'elle est limpide et belle,
Que le monde l'entend et ne la parle pas.

Oui, tout le monde peut, tout le monde doit l'entendre ; il n'est permis à personne de l'ignorer, pas plus que l'histoire, pas plus que la littérature.

Il y aura sans doute des nuances, des degrés; de longues études, une grande pratique, surtout le don, le génie de cet art donneront nécessairement une supériorité de jugement incontestable. A ces hommes spéciaux seuls appartient peut-être le droit de classer sans appel et les œuvres et les artistes, avec l'aide du grand juge, du grand réparateur, le temps. Toutefois, du tact, un certain goût naturel, de l'attention, le peu de lectures que j'ai indiquées mettront aisément les amateurs sur la bonne voie. Il en est d'ailleurs de ces connaissances comme de toutes les autres; l'habitude les étend, les fortifie; elle épure le goût, elle assure le jugement. La difficulté n'existe qu'au début. Un autre progrès sera bientôt de devenir plus indulgent. A mesure qu'on se rend mieux compte des beautés de l'art on devine mieux aussi les difficultés immenses qu'il présente, et alors il suffit d'une qualité pour faire oublier bien des imperfections. Il n'est pas d'artiste complet; les plus beaux génies ont des côtés faibles. Que de charme souvent dans un tableau dont l'aspect est plein de sécheresse et d'un effet peu agréable! — Ce peintre plaît par une couleur charmante, celui-là par un profond sentiment de la nature. Tel autre est naïf, tel autre sévère. L'essentiel est de ne pas prendre l'ombre pour la réalité, de ne pas se laisser aller à cet esprit de parti exagéré qui pousse à l'excès, au maniéré, au faux, et qui pis est à l'exclusion systématique de toutes les tendances différentes. C'est l'écueil aujourd'hui plus que jamais; on court à tous les extrêmes; le vrai, le simple sont méconnus. Je crois que le goût public plus éclairé, plus indépendant des coteries et de l'influence si partiale des articles de journaux, doit ramener les artistes sur un terrain meilleur. Ils suivent, et c'est assez naturel, tous les chemins au bout desquels ils peuvent espérer quelques succès, quelques louanges; ils chercheront le vrai comme ils cherchent l'exagération, s'ils s'aperçoivent que c'est par là seulement qu'ils peuvent être estimés et appréciés. — L'étude et le soin que les amateurs mettent à perfectionner le goût a donc une influence directe sur la marche même des beaux-arts.

II.

L'exposition de Paris a été ouverte le 28 décembre 1850, au Palais *national*. Voilà donc la seconde demeure princière que la république essaie d'utiliser ainsi; mais le Palais *royal*, malgré son nouveau nom, a suivi l'exemple de son voisin, les Tuileries; il s'est prêté de fort mauvaise grâce à cet emploi. Ses salons éclatants, ses riches vestibules ont frémi à l'idée de se voir envahis par la foule, et ce n'est qu'à contre-cœur, on le dirait, qu'ils laissaient arriver une douteuse clarté sur des hôtes nouveaux et passagers comme leurs devanciers.

Cette mauvaise volonté avait été prévue, et pour y remédier on avait flanqué le palais aristocratique du redoutable Cardinal, d'une grande salle fort plébéienne, bâtie de bois et de plâtre. Elle devait être provisoire; on sait que les dépenses de ce genre sont toujours les mieux accueillies dans les gouvernements modernes. Ils n'ont jamais d'argent pour les améliorations durables, ils en ont toujours pour les choses éphémères. Près de 200,000 francs ont été dépensés pour préparer une place, trois mois durant, à 5 ou 600 tableaux au plus! Quoi qu'il en soit, cette construction a été utile, les tableaux y trouvaient un jour favorable. C'était à-peu-près le dixième de ceux qui composaient l'exposition, mais tant pis pour les autres. Ici comme partout, le soleil luit pour tout le monde mais non pas de la même manière. Ce n'est pourtant pas la faute du soleil. Pour ne négliger aucun des mérites de cette affreuse baraque, je dois ajouter qu'en défigurant l'aspect extérieur du palais, où tant de styles déjà sont mêlés plus ou moins heureusement, elle a résolu en partie ce problème architectural de faire juger de l'intérieur par l'extérieur, d'indiquer clairement la destination, le but d'un édifice.

L'exposition présente, en effet, comme toutes les façades de ce palais, un mélange assez incohérent de beaucoup de systèmes. Aucun plan général ne domine, ne donne son cachet à l'ensemble. Il y a des détails intéressants et point d'unité; le burlesque même, le lourd, le trivial, s'y trouvent à côté de fort bons travaux. On sent les adjonctions maladroites, les liaisons impossibles, les tendances les plus opposées essayant en vain de se réunir. En un mot, le palais fondé par Richelieu, agrandi, refait, défait, changé, mutilé, modifié par ses successeurs, terminé seulement par Louis-Philippe, puis si grotesquement défiguré par la salle provisoire, est l'image parfaite de l'exposition. Il ne faut pas en être surpris. L'un et l'autre ne pouvaient être autrement; ils gardent l'empreinte des faits et des idées qui les ont produits. L'histoire du Palais royal est écrite sur ses murs, celle de l'exposition dans sa confusion même. L'art représente ici, comme toujours, son époque; il est comme elle plein d'incertitude et d'audace; il cherche un peu au hasard un chemin nouveau; son ardeur ne craint aucun écueil, défie l'impossible, admet l'absurde, essaie le faux, déguise le vrai, et las du présent, plein de mépris pour l'expérience qui le touche encore, retourne dans le plus lointain passé et en rapporte, comme nouvelles, les idées oubliées, les tentatives perdues. Que manque-t-il à notre société?.... L'idée juste, la vraie mesure des choses. Ainsi pour l'art, ce qui lui fait défaut, c'est la conviction, le sentiment sûr, profond de ce qu'il veut exprimer. Jamais le nombre d'artistes habiles n'a été si considérable, jamais le métier n'a été mieux connu, mieux pratiqué, et ce point, on le sait, n'est pas sans valeur; mais on peut juger au Salon combien il est secondaire! Toute cette science de paroles dit peu; elle ne va pas au cœur, elle ne laisse pas d'impression. Nous avons des rhéteurs harmonieux et point, d'éloquence. Nulle part, pour ainsi dire, de conception puissante, de pensée forte. La hardiesse de la brosse ne fait que mieux ressortir cette. faiblesse radicale. C'est là. la première impression que l'on rapporte de l'exposition. L'œil est souvent flatté, agréablement surpris; l'ame et l'esprit sont rarement satisfaits. Des visites nombreuses, une étude sérieuse des principaux ouvrages modifient peu ce premier sentiment.

, Je n'ai.pas, je ne puis pas avoir l'intention d'entrer dans beaucoup de détails ; j'aurais beau prolonger indéfiniment ces pages, je ne parviendrais pas à faire un travail complet. L'exposition vient de se.fermer. Tous les journaux de Paris ont publié de longs articles sur ce sujet, et cependant les plus étendus sont trop courts, tous sont injustes en ce sens que leur choix a dû nécessairement reposer sur des prédilections personnelles, et que beaucoup de tableaux omis valent bien ceux qui ont eu l'honneur d'être nommés.

. Il n'en pouvait être autrement : 3,923 objets, tableaux, statues, desseins, gravures, ont été admis sur plus 5,000 présentés. C'est trop de toutes manières. Trop pour la valeur d'un grand nombre, trop pour la place, trop pour l'attention du spectateur. L'embarras des richesses est ici un véritable inconvénient, ce qui.est .plus commun qu'on ne croit même au point de vue littéral.

Le jury avait été nommé au suffrage universel des exposants, et bien lui en a.pris, car on aurait eu sans cela beau jeu pour recommencer la vieille guerre qu'on a toujours faite à cette honorable institution. Il y avait, ce me semble, de sérieux reproches à lui adresser sur son indulgence et surtout.sur le peu de soins qu'il a donnés ou sur la partialité· qu'il a mise au placement des ouvrages. On en voyait de fort médiocres se prélasser aux meilleurs endroits, tandis que d'autres fort dignes d'attention ont eu·à lutter contre les inconvénients d'un.jour terne et faux. Un grand nombre même, et non point des plus faibles, n'ont obtenu cette malheureuse place que trois semaines après l'ouverture. de l'exposition. Ici encore, l'égalité et la fraternité sont restées à la porte, écrites sur le fronton ; elles n'ont pas franchi le seuil. Je n'attaque pas les intentions de personne ; je sais que le plus souvent il faut s'en prendre aux choses plutôt qu'aux hommes. Toutefois cette observation devait avoir sa place. On a pu se convaincre de l'importance qu'il y a pour un ouvrage d'art d'être convenablement exposé, en voyant plusieurs de ceux qui avaient été d'abord le plus favorablement accueillis .sous l'influence d'une belle lumière,· perdre tout leur intérêt dans l'angle obscur d'un salon mal éclairé. .

De ce nombre sont ceux de M. G. Courbet. Ils ont fait grand bruit au début. Le jury avait été frappé, disait-on, de leur caractère original ; il leur avait réservé une place dans les grandes salles. Aussi toute l'attention s'est d'abord portée sur eux, ils ont eu l'honneur d'excite

de vifs débats, des discussions animées, et il faut le dire, la bruyante
approbation de leurs admirateurs étouffait toutes les critiques. Puis,
peu à peu la rumeur s'est affaiblie et ils n'ont rencontré enfin qu'une
indifférence assez marquée lorsque, après le déplacement habituel
qui se fait au milieu de l'exposition, ils ont été confondus avec la foule
dans les places secondaires.

L'un et l'autre de ces sentiments s'explique suivant moi, et il n'est
pas sans intérêt d'en rechercher la cause. Ce sera peut-être découvrir
en même temps la portée et l'écueil de l'une des tendances artistiques
modernes les plus prononcées.

M. Courbet a de l'audace dans l'esprit, une habileté de main déjà
grande; il se sent fort, il veut du succès. Le demander aux longues
méditations de la solitude, à l'étude patiente de l'idéal, lui a paru sans
doute un vieux système usé. Il s'est dit qu'après tout la nature ignore
la laideur, qu'elle ne produit rien que de parfait, et que pour trouver
le beau il suffit de copier tout ce qui se présente, la première chose
venue, le premier homme, le premier cheval, sans choix, sans correction, sans arrangement surtout. Puis il a regardé autour de lui
dans ce riant vallon d'Ornans qu'il habite, et il a peint rapidement sur
de fort grandes toiles, *des paysans revenant de la foire de Flagey,* —
des casseurs de pierre sur le bord d'un chemin, — *un enterrement
à Ornans.*

Les paysans sont à cheval poussant devant eux, tout en causant,
une paire de bœufs roux. — On entend ce qu'ils disent, observait un
spectateur. — Oui, et c'est pourquoi l'on passe, répondit un autre.
Il y a dans ce tableau un parapluie et une casquette qui ont émerveillé
les partisans de l'exactitude avant tout.

Les *Casseurs de pierre* sont peints en grandeur naturelle; l'un a un
grand chapeau qui lui cache la moitié de la figure, l'autre tourne le
dos. Il n'y a donc pour s'intéresser à eux, que leurs vêtements en
lambeaux, leurs sabots blanchis par la poussière, la boîte de fer-blanc
qui contient leur dîner. Je cherche en vain dans ces travailleurs quelque sentiment particulier de joie et de peine, de résignation ou de
révolte. — Ils n'en avaient pas, dira M. Courbet; ce n'est pas ma
faute. — Soit. Passons à l'*Enterrement.*

Nul sujet n'est plus touchant, plus sympathique. Les douleurs de
la séparation dernière, l'image de cette mort qui nous blesse tant de
fois avant de nous frapper, éveilleront toujours en nous un attrait douloureux et puissant. Eh bien! nul sentiment philosophique, nulle idée
humaine ne paraît avoir préoccupé un instant M. Courbet. On dirait
qu'il n'a cherché qu'un cadre pour une galerie de portraits. Il y a bien
quelques figures affligées, quelques femmes surtout vraiment pleu-
rantes, mais tout à côté les visages les plus grotesques et les plus indifférents détruisent aussitôt l'impression; on ne peut plus s'intéresser
qu'au mérite matériel de l'exécution. Sous ce rapport, quoi qu'en di-

sent les amis enthousiastes, M. Courbet semble se contenter du premier jet, de la première rencontre ; il y a beaucoup d'inégalités; quelques parties sont bien peintes, largement touchées, d'un aspect rude et franc; d'autres semblent des ébauches, des défis portés à la figure humaine et à la peinture. Le portrait du même artiste, vanté comme un chef-d'œuvre, a des qualités de brosse assurément, mais ces yeux demi-fermés, cette pipe culottée entre les lèvres, ne me semblent pas propres à rendre un portrait, quel qu'il soit, bien agréable à voir. C'est une affectation de vulgarité tout aussi déplaisante qu'un autre.

En résumé, M. Courbet a mis les moyens hors de toute proportion avec le but; il a peint en grande dimension, et avec toutes les prétentions de la peinture d'histoire, ce qui jusqu'ici a été reproduit seulement par de simples crayons ou sur de petites toiles ; il a pris un porte-voix pour répéter le plus ordinaire refrain de village; il a voulu faire un poème épique de ce qui pouvait fournir tout au plus la matière d'une ballade. C'est à cela que se borne ce qui avait paru d'abord une découverte, presque une révélation. Cette tentative n'est pas isolée; elle n'a pas jailli tout d'un coup comme une inspiration ; elle est la suite et la conséquence de ce fameux principe de l'art pour l'art, et de l'imitation de la nature telle quelle, proclamée de nos jours comme l'art tout entier. Le succès de M. Courbet a tenu précisément à ce qu'il a le premier poussé jusqu'au bout un système déjà connu, déjà pratiqué en partie. On a cru voir dans ses ouvrages la voie nouvelle ouverte enfin et décidément à toute la jeune école; on s'est réjoui, on a battu des mains, puis on s'est lassé, et on a bien été obligé de reconnaître que le fond même manquait, et qu'après tout le résultat de tant d'efforts, de tant de bruit devait s'exprimer par ce titre d'une pièce de Shakespeare : *Much ado about nothing.*

M. Courbet est jeune : si l'amour-propre ne l'empêche pas de profiter de la leçon, il peut espérer encore une place honorable dans l'art. Il faut d'ailleurs, pour être juste envers lui, et envers ceux qui ont trop cédé à la même pente, leur tenir compte de leur louable horreur pour le style froid et académique, le plus désagréable de tous, lorsqu'il n'est pas soutenu, réchauffé, vivifié par le talent énergique et varié d'un David, le sentiment intime et pénétrant d'un Guérin. C'est pourquoi, le voisinage des *Enrôlements volontaires* n'était point défavorable à l'*Enterrement à Ornans*. Toute la prétention si mal placée, toutes les trivialités de ce tableau déplaisaient moins que la correction inanimée, glaciale de l'ouvrage de M. Vinchon; composition d'école, exécution d'école, du savoir partout, de la spontanéité, de l'inspiration nulle part. Il fallait de la passion, de l'entraînement, de la furie pour reproduire quelques traits de cette grande époque de 92, et ces choses là ne s'enseignent pas, ne s'apprennent pas; la vie, l'enthousiasme sont absents. En vain la notice nous apprend que Vergniaud, Robespierre, André Chénier animent ce dévouement

patriotique, en vain ils font de grands gestes, rien ne retient l'âme ;
l'œil regarde, mais l'oreille et le cœur n'entendent pas retentir ce cri
solennel : Citoyens, la patrie est en danger ! Toute l'habileté savante
de M. Vinçhon est donc sans résultat ; ses personnages font l'effet désagréable des gens qu'on voit danser sans entendre la musique qui
les excite et règle leurs mouvements.

M. Charles Muller a mieux réussi dans son *Appel des dernières
victimes de la Terreur* (1794). Immense toile, assez remplie, assez
animée, et que le public, il faut le reconnaître, a accueillie avec prédilection. Plusieurs groupes sont heureux, la lumière est bien distribuée ; il y a de la couleur, du mouvement, par endroits même de la
douleur, de l'effroi, et cependant l'effet général de cette page importante est loin de ce qu'il devrait être. — La seule lecture de cette
scène affreuse dans le *Moniteur* du temps fait une plus vive impression de terreur que la peinture de M. Muller. La main ne lui a pas fait
défaut, mais la force d'esprit ; il est resté au-dessous de son sujet.

C'est que, pour être un peintre, il faut être un penseur, il faut pouvoir pénétrer au fond des choses, les concevoir dans leur ensemble,
en faire éclater, resplendir, tout le sens et toute la portée. Cette faculté est si haute, qu'elle est nécessairement fort rare, surtout dans
toute son étendue ; mais dans ses degrés même secondaires, elle
manque généralement ; on sent partout son absence à côté d'une perfection de *faire* de métier, qui n'a peut-être jamais été si commune.
La hâte, le besoin de produire vite et beaucoup, d'être toujours à la
brèche de toutes les expositions, le succès de quelques-uns, exclusivement préoccupés d'un effet pittoresque tout matériel, d'une combinaison de tons habilement arrangés, sont pour quelque chose dans
ce résultat. J'y vois en outre un reflet, une image, une conséquence
de ce doute universel qui domine notre temps : Les artistes ont besoin, avec la force d'une conviction puissante, de l'impulsion d'un
courant général ; ils ont besoin d'être portés sur le flot des idées et des
passions contemporaines ; ils montent avec la marée, ou s'abaissent
avec elles ; les époques d'enfantement et de transition ne leur conviennent pas.

Quoi qu'il en soit, c'est le fait saillant de la dernière exposition ;
exécution habile, conception faible ; on le trouve partout ; il y a des
nuances, des variétés, et pas d'exception. — En faire la recherche
sur un nombre plus grand de tableaux, même des mieux réussis, n'a-
jouterait rien à l'intérêt de ces lignes adressées à des personnes qui
n'ont pas vu le Salon, et qui ne connaissent pas seulement le nom de
la plupart des peintres contemporains.

Je pourrais même ne rien dire du paysage ; toutes les observations
que je viens de faire peuvent, ce me semble, lui être appliquées ; il a
ses Courbet et ses Vinçhon, et entre ces deux points cardinaux une
foule de talents très-agréables. Mais comme ce genre prend un dé-

veloppement énorme, comme il prétend à la supériorité sur tous les autres genres, et même sur les paysagistes anciens, il est bon de voir si cette ambition est fondée et si réellement MM. Corot, Rousseau, Troyon, comprennent et peignent la nature mieux que Ruysdaël, Berghem, Hobbema, etc. A entendre leurs admirateurs, il n'en faut pas douter, et depuis que M. Troyon ajoute des moutons et des vaches à ses ciels orageux, il s'est assis d'un bond tout au niveau de Paul Potter.

Ce n'est pas mon sentiment. Les tableaux de M. Troyon ont de l'énergie, un bel effet, une bonne couleur, mais les détails manquent tout-à-fait de précision, de finesse; il y a un certain ensemble et point d'étude délicate des détails. Ce défaut suivant moi est capital, et il est commun aux deux autres paysagistes que j'ai nommés, surtout à M. Rousseau. A une certaine distance on reconnaît la nature; on s'approche, elle s'évanouit;

> De loin c'est quelque chose et de près ce n'est rien.

Encore accepterais-je volontiers cette qualité, regrettant seulement qu'elle soit isolée, si l'on ne cherchait pas à me prouver qu'elle renferme toutes les autres, et que M. Rousseau est le vrai génie, le vrai révélateur de l'art du paysage.

Il y a au moins dans la manière de M. Corot une sincérité que j'apprécie; il est ce qu'il peut, aimant la nature et la peignant de son mieux, sans prendre, j'en suis sûr, toutes ses imperfections pour des mérites jusqu'ici inconnus, comme font ses amis. Si ses premiers plans sont toujours mous et cotonneux, si ses arbres ont toujours la même teinte uniforme, si enfin l'impression juste, poétique que lui donnent souvent les harmonies du paysage ne se fait jour à travers son exécution lourde et maladroite qu'avec une extrême difficulté, ce n'est pas sa faute; on le sent, on le voit, et on ne peut le rendre responsable des systèmes exagérés qu'un enthousiasme excessif bâtit sur ses défauts même. Chez M. Th. Rousseau le parti pris est plus évident; il a l'air d'être ce qu'il veut et d'atteindre le but qu'il s'est proposé. — Ses toiles sont des esquisses, parfois heureuses j'en conviens, mais il m'est impossible de les accepter comme des tableaux achevés. J'aime qu'il en soit des représentations de la nature comme de la réalité; après avoir joui de l'ensemble d'un beau spectacle, il est doux de pouvoir se complaire dans l'examen des parties les unes après les autres, reposer son regard sur un groupe de plantes inclinées vers l'eau qui baigne leurs racines, sur une vieille pierre moussue envahie par les ronces, sur l'écorce rude d'un chêne, sur un feuillage finement découpé.

S'il est bien vrai que l'ensemble doit tout dominer, tout renfermer dans l'expression simple, une du sujet, il n'est pas moins certain que l'art consiste à ce que le sacrifice ne soit qu'apparent pour ainsi dire, et sans rien ôter à l'effet général, les maîtres ont toujours su rattacher et retenir l'attention des spectateurs par des détails admirablement rendus et étudiés. Pour M. Rousseau et pour M. Troyon, le détail n'existe pas ; aussi en un instant leur tableau est vu, et ne changeant pas sans cesse comme la nature, aucun attrait n'y ramène et n'y retient.

Que de jeunes talents échouent sur cet écueil, et quelle déplorable influence a eu déjà le succès de ce genre incomplet et facile. Cependant le salon compte bon nombre de paysages sinon parfaits, du moins très-estimables à des titres différents. Ceux dans lesquels Mlle Rosa Bonheur place ses animaux sont toujours pleins de vérité ; ceux de M. Français toujours animés d'un sentiment très-fin et très-harmonieux. Je ne finirais pas si je voulais citer tous ceux qui le méritent.

Je rencontre la même embarras pour les portraits. Ce genre est toujours celui qui dans les expositions domine par le nombre, et s'il y en a beaucoup de faibles, il y en a beaucoup de remarquables aussi. J'échappe au péril d'être injuste en ne nommant personne, et je passe sans transition à la sculpture.

Cette branche des beaux-arts présente, comme toutes les autres, de grands excès de système et de monstrueuses doctrines ; les folles prétentions surgissent ici également avec une confiance sans pareille ; mais la matière même de la statuaire, les bornes plus étroites de son domaine, opposent à ce mouvement une résistance favorable, et malgré les efforts des novateurs trop ardents, de fort bons ouvrages viennent chaque année affermir les saines traditions.

Le groupe d'un *Centaure et d'un Lapithe,* par M. Barye, le *Faune dansant,* de M. Lequesne, l'*Atalante*, la *Médée*, la *Pandore*, de M. Pradier, *Une heure de la nuit*, par M. Pollet, et plusieurs autres figures encore sont des travaux du plus grand mérite et de la meilleure école. C'est parler trop peu d'un art si intéressant, et qui reste si remarquable au milieu d'une société plutôt disposée à restreindre sa place qu'à l'étendre. Mais il est temps de clore ces pages déjà trop longues peut-être.

Je laisserai même tout-à-fait de côté l'architecture, la gravure la lithographie, les dessins, les pastels, les miniatures, bien que tous ces rameaux du grand arbre aient leur intérêt et leur valeur ; ils ne m'offriraient aucune nouvelle observation générale ; ce que j'ai dit suffit au but de cet article.

Mais la *Revue Suisse* ne peut se dispenser de nommer au moins les artistes suisses dont les ouvrages ont figuré à cette exposition. Malheureusement le rédacteur de ces lignes n'en connaît qu'un très-petit nombre ; il est impossible qu'il ne fasse beaucoup d'omissions. La nationalité n'est pas indiquée dans le livret ; elle ne l'est pas non plus par les tableaux. Il faut bien l'avouer, les peintres suisses sont italiens, frençais, allemands; ils ne sont jamais peintres suisses. Aucune tendance ne les distingue, aucun signe ne révèle leur origine, aucun souffle helvétique n'enfle leurs voiles. Leurs qualités et leurs défauts appartiennent avant tout à leur éducation. Je parle de ceux qui vivent et travaillent à l'étranger. — Zurich et Genève assurent, je le sais, qu'elles possèdent une école, et il est certain que leurs compositions historiques et leurs traductions des Alpes ont un caractère particulier qui les fait connaître. Vogel, Disteli, Ziegler, Hesse, Landerer, portent la même cocarde, combattent sous le même drapeau; un air de famille, un goût de terroir, dirais-je, si l'on veut bien prendre cette expression en bonne part, donnent également une physionomie propre à Calame, à Diday et à leurs élèves et imitateurs; mais de ceux-là pas un ne s'est montré à Paris. — Des sujets suisses que j'ai découverts, deux ou trois seulement nous appartiennent par l'exécution. Ce sont les ouvrages toujours si spirituels, si fins, si français, quoique vrais, de MM. Girardet. Nous revendiquons leurs succès, nous faisons bien. On est obligé néanmoins de croire que s'ils n'étaient pas nés à Paris, leur talent aurait pris une allure et une forme bien différentes. — J'en peux dire autant de M. Van Muyden, dont les tableaux trahissent les habitudes italiennes, de MM. Grosclaude père et fils, de M. Zuberbuhler, qui ne doivent pas, sans doute, à une influence jurassique leur couleur dorée et transparente.

Je n'entends tirer aucune conséquence défavorable de cette remarque; il m'est agréable, au contraire, de trouver que des Suisses se forment et se distinguent dans toutes les écoles, dans tous les pays. Cela ne vient certainement pas à l'appui de cet axiome, banal chez tous nos voisins, que les Suisses n'ont pas le don des beaux-arts.

La plupart de nos artistes ont gagné des récompenses, et dans le très-petit nombre de ceux qui ont obtenu des médailles à la suite de l'exposition de cette année, il y a un Zuricois, M. Bodmer: il a peint avec beaucoup de vérité et de force une intérieur de forêt en hiver. Son tableau a été très-remarqué. Après lui et ceux que j'ai déjà cités, il n'en reste que trois à ma connaissance: Mme Munier-Romilly de Genève, par qui j'aurais dû commencer, a exposé deux bons pastels. M. Léon Berthoud était représenté par les *Acqueducs de Néron*, souvenir énergique de la campagne de Rome. Cette toile est maintenant à l'exposition de Neuchâtel. Et enfin pour finir, son homonyme M. F. Berthoud, avait essayé, peut-être imprudemment, de reproduire une page du *Purgatoire de Dante*.

Maintenant lecteur, adieu! Genève et Neuchâtel vont ouvrir leurs musées: vois, juge et jouis toi-même.   E^me D^s.

CHRONIQUE

DE LA

REVUE SUISSE.

—

JUIN.

Le discours de Dijon, comme on l'appelle, a été l'événement politique de ces derniers jours.

Arrivé dans cette ville pour l'inauguration du chemin de fer qui y
aboutit, le Président, au lieu du panégyrique de la civilisation, a fait
le sien propre, au lieu d'un discours de circonstance un discours personnel. Il a lancé des mots forts vifs, et contre l'ancien régime, dont
la France, a-t-il dit, ne veut pas le retour, quelle que soit la forme
qui le déguise, et contre l'Assemblée, qui a bien accordé son concours
au Président pour la répression, mais qui le lui a toujours refusé pour
l'amélioration. Tel était du moins le sens d'une phrase que M. Léon
Faucher, ministre de l'Intérieur, est parvenu à grand'peine à faire
retrancher de la version officielle.

Le Président n'avait voulu accepter de personne ni aide ni avis
pour la composition de ce discours. C'est un nouveau manifeste. Il s'y
est livré à une de ces fugues, peut-être calculées, mais qui sont aussi, il
paraît, dans son caractère, comme dans d'autres caractères apathiques,
et comme elles sont en tout cas dans son histoire. Elles s'y montrent
tantôt sous la forme de Boulogne et de Strasbourg, tantôt sous celle
de revues de Satory ou de révocation du général Changarnier, tantôt
sous celle de manifestes et de discours pareils à celui-ci : après quoi
il retombe et recule, et a l'air de s'endormir ; il consent à ce qu'on
rature ses phrases, il laisse dire et laisse faire sans opposer mot ;
mais, adroit ou maladroit, le coup est porté, et cause toujours un certain bruit.

Ces fugues n'avancent pas beaucoup les affaires de Louis-Napoléon ;
mais, à partir même de celles de Strasbourg et de Boulogne, qui l'ont

du moins fait connaitre et l'ont ainsi désigné à son sort futur, on ne peut pas dire qu'elles l'aient absolument desservi. Elles lui aliènent les hommes politiques, qu'elles irritent et déconcertent, et ils lui ont aussitôt fait payer la dernière dans la question de la révision de la constitution; mais elles ne laissent pas d'avoir une sorte d'effet sur l'opinion publique : elles la secouent, si elles ne lui font pas une impression juste et durable ; elles réveillent l'idée d'action, si elles n'en ont pas la réalité et les suites ; elles rompent ces longs silences pendant lesquels Louis-Napoléon semble comme disparaître et ne donner aucun signe de vie; elles rappellent qu'il est toujours là, et que les partis doivent compter avec lui.

La révision de la constitution était la grande affaire annoncée depuis long-temps, et sur laquelle les partis s'étaient donné rendez-vous. Elle devait leur servir de pierre de touche et, sinon fournir immédiatement une issue, permettre de préjuger en quelque sorte une solution.

Les uns voyaient approcher cette question avec crainte, les autres avec confiance. Le gros des légitimistes en espérait tout, et ils prenaient déjà des airs quasi triomphants. Ils voulaient la révision totale et non partielle, la révision portant sur le principe même : monarchie ou république, tel était, selon eux, le dilemme qu'il fallait poser à la France. Une fraction d'entre eux leur répondait comme auraient pu le faire les républicains, qui d'ailleurs ne veulent pas de la révision à aucun prix, parce qu'ils n'y voient qu'une machine parlementaire pour rétablir la monarchie; ces légitimistes du droit national, comme ils s'appellent, répondaient, disons-nous : Mais pour que ce soit réellement la France qui prononce, commencez par rétablir le suffrage universel. L'Elysée s'accommodait fort bien de tout cela, se croyant bien sûr, que la révision une fois décidée, la seule possible serait celle qui lui profiterait.

La réalité est venue beaucoup rabattre ces illusions. Le mouvement des pétitions révisionnistes est bien moins considérable qu'on ne l'avait annoncé. Et surtout, il est visible que l'Assemblée hésite à se lancer dans cette voie, depuis quelques jours qu'elle a commencé de s'occuper de cette question et qu'elle est mise en demeure de se décider. Ceux qui voulaient le plus, en sont à ne pas même vouloir le moins, dans cette affaire. Ceux qui demandaient une révision partielle, ne savent plus guère ce qu'ils doivent demander. La conversion de M. Guizot à la monarchie héréditaire ([1]), n'a converti personne; elle n'a eu aucun résultat sensible; ç'a été le bruit d'un jour, voilà tout, et il est maintenant oublié. En ce moment, il n'est non plus question de la fusion que si on n'en avait jamais parlé. Les orléanistes, plus prudents, se tiennent coi; ou bien, moins pressés, car ils ont

([1]) Notre dernière *Chronique*, page 322 de ce volume.

de la marge jusqu'à la majorité du comte de Paris, ils attendent:
M. Thiers continue de s'abstenir : il s'en tient à son fameux mot : Si
vous n'y prenez garde, l'empire est fait! et peut-être pense-t-il qu'il
lui suffit de l'avoir dit pour l'empêcher.

Cette hésitation de l'Assemblée, le peu d'empressement qu'elle paraît
vouloir mettre à réviser la constitution, vient de mobiles très-divers.
Le discours de Dijon y est pour quelque chose. Le Président ne demande qu'une porte quelconque pour s'y glisser : ceux qui le redou-
tent, ou qui lui gardent rancune, ou qui ne veulent pas de lui et en
veulent un autre, pensent donc qu'il est plus prudent de tenir toutes
les portes fermées. Mais, dans tout ceci, le principal mobile est un
sentiment général de vague péril si l'on touche à ce qui est; on
craint, en renversant la constitution actuelle, de perdre la dernière
planche de salut et de ne savoir plus cé qu'on aura ni ce qui suivra.
Après le discours de Dijon, le général Changarnier, se portant
garant de la fidélité de l'armée, est bien venu dire à la tribune :
« Mandataires du pays, délibérez en paix ! » mais cette déclaration,
plus rancuneuse qu'héroïque, a au fond très-médiocrement rassuré
l'Assemblée. Prise dans son ensemble, et non pas dans les partis dont
elle se compose, et qui d'ailleurs s'y neutralisent, l'Assemblée est
comme le pays, lequel demande avant tout la tranquillité. Il ne veut
pas de révolution nouvelle, il ne veut pas la guerre, il ne veut pas se
battre, et il craint, il répudie tout ce qui pourrait y mener; il ne se
préoccupe pas avant tout de l'avenir, mais beaucoup plus du présent,
il veut vivre; il sent qu'il y aurait péril et peu de dignité à retourner
ainsi, avec une légèreté d'enfants, à ce qu'on a si récemment et si
pleinement rejeté; une situation telle quelle, faite et non à faire, lui
paraît en ce moment la meilleure; il s'en accommoderait fort volontiers, pourvu qu'elle durât quelques années; il ne tient pas aux formes, aux principes, il tient à lui-même. Quand il faut en venir au fait,
ainsi se retrouve penser et sentir l'Assemblée. C'est ce qui lui est arrivé en abordant cette grave affaire de la révision. On s'attendait à l'y
voir se prononcer avec la même ardeur que les partis dans leurs réunions préparatoires. Il n'en a rien été jusqu'à présent. La révision n'a
obtenu dans les bureaux et les délibérations consultatives, qu'une faible majorité.

Ces premiers symptômes ne paraissent pas d'un très-bon augure,
et on en a été assez déconcerté à l'Elysée. Mais on n'y perd pas pour
cela confiance; on croit toujours au résultat final, si l'on n'est pas sûr
du moyen d'y arriver. Le Président est toujours persuadé qu'il est
avec la France et que la France est pour lui, que des millions d'électeurs le lui prouveront en le réélisant quand même, c'est-à-dire malgré la constitution. Alors il faudra bien, pense-t-il, que celle-ci et les
partis qui s'appuient sur elle pour lui barrer le passage, cèdent au
mouvement national. Afin d'y aider, il songerait plus que jamais,

assure-t-on encore, au rétablissement du suffrage universel. Il a là, en effet, une grosse corde à son arc ; mais elle n'est pas sans danger, car s'il était réélu, comme c'est assez l'opinion générale en ce cas, on pense également que les élections de 1852 lui donneraient du même coup une chambre rouge, et qui sait alors où elle le conduirait, lui et la France ?

Ce qui nous frappe surtout dans la situation, c'est combien elle est petite et, quoique étant petite, combien elle dépend peu des hommes et combien aussi les hommes y manquent. Ce n'est pas que les personnalités ne s'y montrent en foule, très-grosses et très-dévorantes. Les *personnalités*, disons-nous : que l'on nous passe le mot, puisque nous ne saurions dire : les fortes individualités. Evidemment, jusqu'ici elles sont absentes. Ce n'est pas, on l'on vu, que dans tous les partis beaucoup d'hommes, même considérables, ne se donnent force mouvement pour lancer le pays dans leur voie, au risque d'être hors d'état de le retenir une fois lancé, et de le voir se déchirer lui-même ou passer sous le joug du sabre. Mais quoi ! périsse le pays plutôt qu'eux-mêmes ! sans doute ils ne le disent, ils ne le pensent pas, mais ils font ainsi sans y penser. Ils sont la plupart à la tête de l'ordre de choses actuel, et ils pouvaient s'y maintenir, continuer à le diriger et le modérer : mais cela ne leur suffit pas, la passion ou la personnalité les entraîne. Ils ne conçoivent le monde que roulant d'une certaine manière. Soit force de l'habitude et du préjugé, soit aveuglement d'ambition, horison borné par leur entourage, impérissable regret du passé, tout est perdu à leurs yeux, et il n'y a plus de régime social s'ils n'y recouvrent pas leur position première. C'est là un spectacle bien triste pour qui ne s'en laisse pas imposer par les journaux, les discours, les grands mots, et par tous ces étalages de principes qui ne sont au fond que l'étalage de sa propre personne, pour la mettre ou la remettre en évidence, gagner ou regagner le pouvoir.

Le peuple, l'opinion publique a fort bien conscience de ce qui se cache sous ces dehors : aussi ne croit-on guère à tous ces médecins qui s'imposent à la France, et dont chacun voudrait lui administrer sur l'heure sa panacée. Et voilà pourquoi la situation n'avance pas, ou avance toute seule, ce qui n'est pas toujours une peu redoutable manière d'avancer ; mais en fin de compte se trouvera-t-elle avoir été la bonne ou la mauvaise ?

—

— Si l'Académie Française devient de plus en plus impopulaire ou, ce qui est pis, indifférente au grand public, à cause de ses choix et du caractère par trop *académique* et vide de son existence et de son action, en revanche elle est toujours assez en faveur auprès du monde des salons, qui a surtout le privilège de disposer de ses places vacantes et de la recruter. Elle-même est une sorte de salon d'élite, un peu froid; il est vrai, dont les portes s'ouvrent à son public, deux ou trois fois l'année, dans ses jours de solennité.

Dernièrement, c'était pour la réception de M. Nisard, élu au fauteuil de l'abbé de Féletz. M. Nisard a commencé sa réputation de critique par un article contre la *littérature facile*, comme il l'a appelée; le mot en est resté à celle-ci, et c'est surtout par là qu'il a contribué à la décréditer. Qu'elle le méritât de tout point, ni qu'elle soit morte du coup, cette double question reste peut-être encore à examiner. Mais au moins, pour *facile*, le discours de M. Nisard ne l'était pas: on sentait qu'il avait été très-académiquement et très-difficilement composé. Celui de M. Saint-Marc-Girardin, en réponse au nouvel immortel, était bien moins irréprochable à cet égard; et faut-il l'avouer? l'auditoire a paru en savoir bon gré à l'auteur: il l'a infiniment plus applaudi que le récipiendaire.

Le discours de M. Nisard se ressentait aussi de sa manière d'entendre la critique, et elle est mieux faite pour vous mettre sur vos gardes que pour vous captiver et vous entraîner. Plus sévère que généreuse, elle rabat vos admirations mieux qu'elle ne les épure et ne les seconde, elle vous découvre mieux les défauts que les beautés. C'est ce que M. Saint-Marc-Girardin a fort doucement, mais fort nettement fait entendre à M Nisard, avec cette malice que les hommes d'esprit de l'Académie savent mettre dans leurs discours parlés, dans le geste, le jeu, l'accent, le sourire, le regard; ils se rattrapent ainsi de toute celle qu'ils ont dû s'interdire dans leurs discours écrits et concertés à huis clos. On raconte que lorsque M. Molé reçut ainsi M. de Vigny il y a quelques années [1], celui-ci, furieux, prétendit après la séance que le discours de M. Molé n'était plus le discours convenu, et qu'il l'avait changé!

Pour en revenir à M. Nisard, ses nombreuses migrations, du *National*, où il était un peu républicain de la veille, au *Journal des Débats* et à la monarchie de Juillet; puis, de celle-ci au gouvernement provisoire, où il ne fut pas des derniers à faire acte de dévotion, bien humble et bien prosternée; puis, de nouveau, de la république en baisse à la monarchie en expectative; toutes ces pérégrinations, disons-nous, qui sont loin d'être ignorées, ne laissent pas de prouver de l'esprit, mais nous en sommes fâchés pour l'ennemi juré de la littérature facile, elles prouvent encore plus de facilité.

Au reste, il paraît vouloir maintenant se rabattre essentiellement sur l'Académie et s'y reposer de ses longs voyages. Il le lui a déclaré en face: le jour où elle l'a reçu dans son sein, est « le plus beau jour de sa vie!» C'est le rivage, c'est le port désiré! Lui et M. Saint-Marc-Girardin ont fait aussi l'éloge de leur mère commune, nous voulons dire de là

[1] Voir notre *Chronique* de Février 1846, tome IX de la *Revue Suisse*, p. 125-132.

Critique, envers laquelle ils se sont ainsi montrés des fils reconnaissans
et respecteux. Mais ont-ils donné une preuve réelle de bon goût en
joignant à cette apothéose celle de la famille Bertin, par cette raison
que l'académicien mort, M. de Féletz, son remplaçant, M. Nisard, et
M. Saint-Marc-Girardin qui avait été chargé de lui répondre, ont écrit
ou écrivent dans le *Journal des Débats*? Il était d'usage autrefois à
l'Académie de terminer les discours de réception par l'éloge du roi :
désormais ce sera par celui de la dynastie du journal dont on est collaborateur.

Dans le temps, la réception de M. de Féletz eut aussi ses petites curiosités, dont on se souvient, et qui peuvent servir de matériaux instructifs pour une histoire de l'Académie. Homme du monde et journaliste en renom sous l'Empire, M. de Féletz écrivit alors des articles
bons à leur heure, mais que personne ne songe à relire et qui, pour
le fond et la forme, ne sont de nulle valeur sérieuse aujourd'hui. A la
fin, ses amis songèrent à le caser, comme on dit, et on lui eut le fauteuil : c'est ainsi qu'il devint académicien, sous la Restauration. Il
était abbé, le moins abbé que possible, il est vrai; aimant le mot pour
rire et, dans l'occasion, se passant même le conte grivois : au demeurant, bonhomme, et homme sensé et spirituel. Mais enfin il était abbé,
et la Restauration s'en ressouvint. Cela fit une grande affaire pour le
jour de sa réception. Y figurerait-il dans le costume officiel? avec
l'habit vert à palmes d'or et l'épée au côté? costume qui n'a rien d'ecclésiastique assurément, bien qu'on ne puisse pas l'accuser d'être
trop pittoresque et poétique, ni ceux qui en sont revêtus de trop sacrifier aux grâces. Après force discussions, d'où ressortirent toute
l'importance et la difficulté du cas, intervint un arrêt de haut lieu,
décidant que M. de Féletz prononcerait son discours en costume
d'abbé, avec petit collet et petit manteau voltigeant par derrière ; ce
qui, au souvenir d'un de nos amis assistant à la séance, faisait le plus
drôle de contraste ou d'accompagnement au ton uniformément saccadé
et à la voix un peu cassée de l'orateur. Cette anecdote nous a paru
assez jolie à conserver, pour montrer de quelle manière grave parfois
l'on entre et l'on fait son entrée à l'Académie.

— La réouverture des galeries du Louvre et l'inauguration des salles
nouvellement restaurées, ont été aussi un petit événement de ce mois.
Dans la cérémonie officielle, le Président de la République a fait à
M. Léon Faucher, ministre de l'Intérieur, un compliment très-marqué,
dans lequel on a voulu voir une de ces reculades accoutumées, celle-
ci relative au discours de Dijon. Il n'en a pas été de même en fait de
bonne grâce, ni de sa part ni de celle du public restreint admis à la
cérémonie, envers M. de Nieuwekerke, directeur des Beaux-Arts.
Quand le Président lui a remis la croix d'honneur comme témoignage

de satisfaction, il y a eu silence complet parmi les assistans, lesquels, en revanche, ont vivement battu des mains quand elle a été donnée, l'instant d'après, à l'architecte, M. Duban.

Ce n'est pas que tous les travaux de restauration du Louvre aient obtenu ni ne méritent une approbation complète. Les deux grands salons surtout ont reçu une décoration fort mal appropriée à leur but : elle attire trop l'attention et la détourne des tableaux, qu'elle écrase de sa richesse et de sa lourdeur. Mais ces applaudissemens pour l'architecte étaient destinés à bien marquer qu'on n'en avait point pour M. le Directeur. Dans cette restauration du Louvre, il n'a fait que suivre au projet arrêté par le gouvernement provisoire et déjà mis en cours d'exécution sous l'administration du prédécesseur de M. de Nieuwekerke, M. Jeanron, dont le nom n'a pas même été prononcé dans la séance d'ouverture. Comme le dit l'*Assemblée nationale,* qui n'est pas suspecte de partialité pour la République, M. Jeanron a conçu, et M. de Nieuwekerke a.... inauguré. *Sic vos non vobis.* Au reste, M. Jeanron en sait d'autant mieux quelque chose, que l'idée principale de cette restauration, et entre autres celle de faire du grand salon carré une galerie des premiers chefs-d'œuvre des grands maîtres, comme la *Tribune* de Florence, n'est pas de lui, mais d'un employé de ses bureaux, nommé Villot. Ce n'en a pas moins été fort lestement et sans cause qu'il s'est vu tout-à-coup évincer de sa place par M. de Nieuwekerke, que recommandaient essentiellement ses relations personnelles avec la princesse Mathilde, cousine du Président. Celui-ci n'en est pas mieux disposé pour cela, semble-t-il, envers le protégé de sa parente ; car, le jour de l'inauguration, il lui a dit une malice à sa façon ; elle donne assez bien l'idée de son tour d'esprit flegmatique, et nous avions surtout en vue de la raconter en commençant cette petite histoire d'intérieur. Nous la tenons d'un de nos esprits familiers qui écoutent pour nous là où nous ne pouvons écouter nous-mêmes. La voici donc, telle qu'on nous l'a rapportée.

On est en train de faire aussi des embellissemens à la cour du Louvre. Le public n'en est guère émerveillé. ni, à ce qu'il paraît, le Président, qui, d'ailleurs, s'intéresse médiocrement à des travaux sans rapport avec la grande affaire, celle de la prolongation. On reproche à ces embellissemens d'exhausser le sol et de rabaisser d'autant l'édifice, dont précédemment la nudité de la cour laissait au moins voir les lignes nobles et gracieuses dans leurs proportions véritables. Cette vaste cour carrée sera désormais partagée en plusieurs compartimens de gazon, séparés par des trottoirs et par des perrons et des balustrades en fer et en pierre. Or, comme on la traversait en se rendant au Musée, le Président s'arrêta un instant à la considérer. — « Ah ! voilà les travaux, dit-il à M. de Nieuwekerke ; » puis, après une pause, il ajouta avec assez de bon sens : « Oui.... mais il me semble qu'une cour est faite pour y avoir de la place, pour s'y promener ; et c'est gênant,

toutes ces pierres. » — « Prince, il y a des trottoirs, et entre deux des
pelouses et des parterres ; toute la cour sera ainsi en même temps un
jardin, » répondit, ou quelque chose d'analogue, le directeur des
Beaux-Arts, en expliquant toute la décoration projetée. — « Oui, je
comprends bien ; voilà les jardinets.... mais néanmoins c'est gênant,
toutes ces pierres ! » répéta le Président, en se remettant en marche.
Telle fut sa malice ; elle n'était pas bien noire ; mais cependant nous
nous figurons que M. de Nieuwekerke dut la compter au nombre de
ces mille épines secrètes, partout semées sur la route des grands....
s'il y a encore des grands.

— On fait procès sur procès à la presse de l'opposition, car la presse
conservatrice et même monarchique peut dire tout ce qu'elle veut. On
a condamné le *Charivari*, outre la prison, à quatre mille francs d'a-
mende pour une caricature où le Président était représenté s'exerçant
à tirer au blanc contre la constitution. Ces jours derniers, c'était le
tour de M. Charles Hugo, l'un des rédacteurs de l'*Evénement*, lequel
avait écrit un article contre la peine de mort et sur son application
dans une récente et horrible scène : il s'agissait de ce condamné,
Montcharmont, homme de force herculéenne et se refusant à mourir,
qui s'est cramponné au pied de la guillotine, qu'il a fallu ramener à la
maison d'arrêt, et que l'on n'a pu exécuter que le soir, après l'avoir
préalablement garotté de façon à le mettre dans l'impossibilité de faire
aucun mouvement. Le jury, en rendant un verdict de culpabilité, avait
cependant reconnu des circonstances atténuantes. M. Charles Hugo
n'en a pas moins été condamné à une amende et à six mois de prison.
On a généralement trouvé cela énorme, on en a été surpris péniblement. M. Guizot, rencontrant à l'Académie M. Victor Hugo, le père du
jeune écrivain, se serait même avancé vers lui avec empressement, et,
lui prenant les mains, lui aurait dit : — Ah ! Monsieur, c'est trop fort !
Au reste, ces choses-là, dans le monde des journalistes, font bien
pour un débutant et n'y sont point considérées comme un malheur.
M. Charles Hugo a eu coup sur coup deux duels, un procès : cela le
pose.

— Le mouvement des pétitions révisionnistes, toujours assez artificiel et venu du gouvernement, se prononce davantage. Un représentant montagnard avouait que les signatures atteindraient bien le chiffre
d'un million.
Bon nombre de conservateurs n'en sont pas plus à leur aise pour
cela, et ne veulent pas de la révision, ni d'une prolongation des pouvoirs. M. Odilon-Barrot, M. de Tocqueville, M. Thiers et d'autres en
sont à convenir ouvertement qu'il n'y a de salut pour le moment que
dans la république.
Il paraît qu'à l'Assemblée, dans les conversations particulières, on

ne se gêne pas pour dire du mal du Président. On ne croit pas plus
en lui qu'on ne s'y fie. Le ministère a encore déclaré que le gouvernement ne changerait rien à la loi du 31 mai qui restreint le droit électoral. Mais Louis-Napoléon ne peut pas s'ôter de la tête qu'il est un
roi constitutionnel. S'il veut changer la loi, il changera ses ministres,
et il pense qu'il ne sera ainsi nullement tenu par leurs déclarations.

— M. Alexis Muston, des Vallées Vaudoises piémontaises, actuellement pasteur en France, et qui a fait une partie de ses études à
Lausanne, publie une histoire de ses compatriotes. Après un chapitre
sur leurs commencements et leur origine, qu'il croit antérieure à
Valdo de Lyon, il passe à leurs persécutions, à leurs souffrances, à
leurs guerres pour rester en possession de leur pays que leur dispu-
tait l'oppression politique et religieuse; il les suit également dans leurs
nombreuses et intéressantes colonies. En un mot, c'est, comme il a
droit de le dire, la *première histoire complète* de ce remarquable petit peuple montagnard. Elle est aussi ramifiée que les vallées où il habite. Il était donc fort difficile de trouver un plan qui liât tous ces tableaux divers, de manière à ce que le récit laissât une impression une
et suivie dans l'esprit du lecteur. L'auteur ne s'est pas toujours tiré de
cette difficulté presque insurmontable, et le style, d'ailleurs facile et
élégant, pèche aussi par la diffusion; mais M. Muston se fait à lui-
même ces critiques dans sa préface, et nous aurions mauvaise grâce
à y insister. Ce livre n'en a pas moins un mérite réel, celui d'un fond
en grand partie nouveau; l'auteur a eu en main une foule de documens inédits, il a puisé aux archives de Turin, de Paris, de Genève, etc., et il donne ici au public le fruit de longues années de recherches et de travaux (¹).

— Il vient de paraître deux volumes fort curieux, *Lettres et Opuscules inédits du comte Joseph de Maistre*. On y retrouve au vif, mais
sous un aspect nouveau, le célèbre auteur du livre du *Pape* et des
Soirées de Saint-Pétersbourg, avec sa profondeur de vue et ses préjugés, sa manière haute, mais tranchante, sa force et sa superbe,
sa mine grande, mais altière, son style nerveux, mais parfois insul-
tant comme ses idées. Ce sont bien ses traits si caractéristiques et si
accusés; on les reconnaît d'abord; seulement ici, sans rien perdre de
leur âpre vigueur, ils sont en même temps comme adoucis par l'ombre du foyer domestique et la familiarité de la vie privée. M. Sainte-
Beuve a relevé avec beaucoup de justesse et de charme ce côté jusqu'ici inconnu de Joseph de Maistre; il touche aussi les autres points,

(¹) *L'Israël des Alpes* ou première histoire complète des *Vaudois du Piémont* et de leurs colonies. 4 vol. in-12. Paris 1851. A la librairie de Marc
Ducloux, 2, rue Tronchet.

les points contraires, mais il se contente de les rappeler dans l'intérêt de l'ensemble et de la vérité; il laisse entendre avec goût ce qu'il y aurait à en dire, mais il n'insiste pas; il ne mêle pas de polémique à l'aimable et piquante découverte que l'on fait avec les deux volumes que nous annonçons, la découverte de l'homme là où l'on ne connaissait encore que l'auteur.

. « L'homme supérieur, dit en effet M. Sainte-Beuve, et, de plus, l'homme excellent, sincère, amical, père de famille, se montre à chaque page de sa Correspondance, dans toute la vivacité du naturel, dans tout le piquant de l'humeur, et, si l'on peut dire, dans toute la gaîté et la cordialité du génie. C'est le meilleur commentaire et le plus utile correctif que pouvaient recevoir les autres écrits si distingués, mais un peu altiers, du comte de Maistre. On apprendra de près à révérer et à goûter celui qui nous a tant de fois surpris, provoqués et peut-être mis en colère. Ce puissant excitateur de hautes pensées politiques va devenir une de nos connaissances particulières, et, peu s'en faut, l'un de nos amis.

..... » On avait fait à cet écrivain une réputation toute particulière d'absolutisme; on le jugeait sur une page mal lue d'un de ses écrits, et on ne l'appelait que le panégyriste du *bourreau*, parce qu'il avait soutenu que les sociétés qui veulent se maintenir fortes ne peuvent le faire qu'au moyen de lois fortes. Aujourd'hui les événemens ont marché; ils sont loin d'avoir donné raison en tout à M. de Maistre, et ce serait même plutôt le contraire qui aurait lieu : mais ils ont mis de plus en plus en lumière la hauteur de ses vues et leur vrai sens, la perspicacité de ses craintes, la sagesse de quelques-uns de ses regrets.

. ..... » Sa témérité, ses éclats de sarcasme, ses railleries et ses insultes, plume en main, se passaient uniquement en quelque sorte dans les hauteurs de son esprit; c'étaient les saillies, les éclairs et comme les coups de tonnerre du talent, d'un talent trop riche, surabondant et solitaire. M. de Maistre, comme un homme qui parle seul et de loin, et dont la voix monte pour être entendue, prête à la vérité même l'air du paradoxe et l'accent du défi. Il aime à prédire. La nature a donné à son esprit ce coup-d'œil à distance, cette prévision merveilleuse qui saisit et devance les momens décisifs, et il en abuse. Il tranche du prophète et n'est pas lui-même sans s'apercevoir de ce *tic* de son esprit. »

» Mais, poursuit ailleurs M. Sainte-Beuve, est-ce l'homme systématique et impitoyable qu'on a voulu faire, qui écrit ces paroles attendries? « L'homme n'a que des rêves, il n'est lui-même qu'un rêve. » Exceptons cependant, pour nous consoler, l'amitié, la reconnais» sance, tous les bons sentimens, tous ceux surtout qui sont faits » pour unir les hommes estimables. » Au milieu de tout ce qu'il a rencontré en Russie d'honorable et même de doux : « Cependant, pense» t-il, il y a deux choses dont le souvenir s'efface difficilement, on ne « s'efface point du tout : *le soleil et les amis*. (¹) » L'idée de ne plus

(¹) Le roi de Sardaigne, alors réduit à son île, avait chargé en 1802 le comte de Maistre de le représenter auprès de la cour de Russie. Il y résida en cette qualité durant quatorze ans.   (*Note d. R.*)

jamais quitter ce pays du Nord l'oppresse : « Le *jamais* ne plait ja-
» mais à l'homme; mais qu'il est terrible lorsqu'il tombe sur *la patrie*,
» *les amis et le printemps !* Les souvenirs dans certaines positions sont
» épouvantables; je ne vois au-delà que les remords. » Long-temps on
ne crut avoir dans le comte Joseph de Maistre qu'un homme d'un esprit supérieur et qu'un cerveau de génie, aujourd'hui on est heureux
de trouver tout simplement en lui un homme et un cœur.

.... » Un sentiment profond d'amitié le ramène vers ceux qu'il a autrefois connus et qui lui sont restés au fond du cœur. Je recommande,
entre autres, la délicieuse lettre à Mme Huber, sa vieille amie genevoise et protestante : on y sent combien, dans la pratique de la vie,
M. de Maistre était loin d'être intolérant : « Jamais, lui écrit-il avec
une adorable bonhomie et que celle d'un Ducis ne surpasserait pas,
» jamais je ne me vois en grande parure, au milieu de toute la pompe
» asiatique, sans songer à mes bas gris de Lausanne et à cette lanterne
» avec laquelle j'allais vous voir à *Cour* (¹). Délicieux salon de *Cour !*
» C'est cela qui me manque ici ! Après que j'ai bien fatigué mes che-
» vaux le long de ces belles rues, si je pouvais trouver l'amitié en
» pantoufle, et raisonner pantoufle avec elle, il ne me manquerait
» rien. Quand vous avez la bonté de dire avec le digne ami : *Quels*
» *souvenirs ! quels regrets !* prêtez l'oreille, vous entendrez l'écho de
» la Newa qui répète : *Quels souvenirs ! quels regrets !* »

» Mais la lettre est à peine écrite, que cette vieille amie meurt, et
M. de Maistre répond au comte Golowkin (²), leur ami commun, qui
lui avait appris cette triste nouvelle : « Vous ne sauriez croire à quel
» point cette pauvre femme m'est présente; je la vois sans cesse *avec*
» *sa grande figure droite, son léger apprêt genevois, sa raison cal-*
» *me, sa finesse naturelle et son badinage grave* (Quel admirable
» portrait ! remarque ici le critique, et il doit s'y connaître). Elle était
» ardente amie, quoique froide sur tout le reste. Je ne passerai pas
» de meilleures soirées que celles que j'ai passées chez elle, les pieds
» sur les chenets, le coude sur la table, pensant tout haut, excitant sa
» pensée et rasant mille sujets à tire d'aile..... Elle est partie, et jamais
» je ne la remplacerai ! Quand on a passé le milieu de la vie, les per-
» tes sont irréparables..... Séparé sans retour de tout ce qui m'est
» cher, j'apprends la mort de mes vieux amis; un jour les jeunes ap-
» prendront la mienne. Dans le vrai, je suis mort en 1798 *(époque à*
» *laquelle il a quitté le pays)*, les funérailles seules sont retardées. »

» Ce sont, conclut M. Sainte-Beuve, ce sont ces sentimens si vrais,
si naturels et si pleins d'émotion, qu'on n'était pas accoutumé à rattacher au nom de M. de Maistre, et qui vont désormais donner à sa
physionomie un caractère plus aimable et plus humain. »

L'article auquel nous empruntons ces détails, nous en fournit un
d'un autre genre qui n'intéressera pas moins les lecteurs de ce recueil.

(¹) Campagnes au-dessous de Lausanne, entre la ville et le lac.
                                      (Note d. R.)

(²) Seigneur russe, qui demeura long-temps à Lausanne. On lui doit les
Lettres recueillies en Suisse, parmi lesquelles il y en a de plusieurs Voltaire,
de Rousseau, de Mme Necker, etc.   *(Note d. R.)*

(M. de Maistre avait quitté la Savoie sa patrie, lors de la réunion de ce pays à la France). « Il vécut trois ou quatre années en Suisse, particulièrement à Lausanne (¹), y vit tout ce qui y passait de distingué, surtout Mᵐᵉ de Staël, à qui il tint tête, et qui le jugea dès-lors un homme de génie. Pour lui, il la jugeait plus diversement et plus gaîment. « Je ne connais pas, dit-il dans une lettre, de tête aussi com-
» plétement pervertie ; c'est l'opération infaillible de la philosophie
» moderne sur toute femme quelconque ; mais le cœur n'est pas mau-
» vais du tout : à cet égard on lui a fait tort. Quant à l'esprit, elle en
» a prodigieusement, surtout lorsqu'elle ne cherche pas à en avoir.
» N'ayant étudié ensemble ni en théologie ni en politique, nous avons
» donné en Suisse des scènes à mourir de rire, cependant sans nous
» brouiller jamais. » Ces scènes *à mourir de rire* qui s'étaient passées entre Mᵐᵉ de Staël et lui, M. de Maistre les appelait aussi ses *Soirées helvétiques*, et il est dommage qu'il n'en soit rien resté. D'un autre genre que les *Soirées de Saint-Pétersbourg*, elles y auraient fait un joli pendant. »

Pour achever de faire connaître le tour intime et familier de M. de Maistre, nous terminerons par des citations un peu plus longues prises dans sa Correspondance. Elles sont tirées des lettres à sa fille. Nous n'osons dire si nos lectrices en approuveront toutes les idées, mais nous ne doutons pas qu'elles ne soient charmées du tour à la fois enjoué et paternel qu'il sait leur donner. On y remarquera qu'il range positivement au nombre des chefs-d'œuvre de l'esprit humain, ce *Tartufe* à-propos duquel l'un des écrivains actuels qui se réclament le plus du nom de de Maistre, M. Louis Veuillot, a fait récemment un portrait si noir de Molière, et qu'il déclare littérairement et moralement une mauvaise pièce (²). La première de ces lettres nous ramènera aussi, par une curieuse anecdote, à ce séjour de Lausanne qui a droit de nous intéresser particulièrement.

A Mˡˡᵉ CONSTANCE DE MAISTRE.

Saint-Pétersbourg, novembre 1808.

« Voltaire a dit, à ce que tu me dis (car, pour moi, je n'en sais rien : jamais je ne l'ai tout lu, et il y a trente ans que je n'en ai pas lu une ligne), *que les femmes sont capables de faire tout ce que font les hommes, etc.;* c'est un compliment fait à quelque jolie femme, ou bien c'est une des cent mille et mille sottises qu'il a dites dans sa vie. La vérité est précisément le contraire. *Les femmes n'ont fait aucun chef-d'œuvre dans aucun genre.* Elles n'ont fait ni l'Illiade, ni l'Enéide, ni la Jérusalem délivrée ; ni Phèdre, ni Athalie, ni Rodogune, ni le Misanthrope ; ni Tartufe, ni le Joueur ; ni le Panthéon, ni l'église de Saint-Pierre, ni la Vénus de Médicis, ni l'Apollon du Belvédère, ni le Persée, ni le livre des Principes, ni le Discours sur l'Histoire universelle, ni Télémaque. Elles n'ont inventé ni l'algèbre, ni les té-

(¹) Où les voyages et l'émigration amenaient alors beaucoup d'étrangers.
(Note d. R.)

(²) Voir notre dernière *Chronique*, page 530 de ce volume.

lescopes, ni les lunettes achromatiques, ni la pompe à feu, ni le métier à bas, etc.; mais elles font quelque chose de plus grand que cela : c'est sur leurs genoux que se forme ce qu'il y a de plus excellent dans le monde, *un honnête homme et une honnête femme*. Si une demoiselle s'est laissée bien élever, si elle est docile, modeste et pieuse, elle élève des enfants qui lui ressemblent, et c'est le plus grand chef-d'œuvre du monde. Si elle ne se marie pas, son mérite intrinsèque, qui est toujours le même, ne laisse pas aussi que d'être utile autour d'elle d'une manière ou d'une autre. Quant à la science, c'est une chose très-dangereuse pour les femmes. On ne connaît presque pas de femmes savantes qui n'aient été ou malheureuses ou ridicules par la science. Elle les expose habituellement au *petit* danger de déplaire aux hommes et aux femmes (pas davantage) : aux hommes, qui ne veulent pas être égalés par les femmes ; et aux femmes, qui ne veulent pas être surpassées. La science, de sa nature, aime à paraître : car nous sommes tous orgueilleux. Or, voilà le danger ; car la femme ne peut être savante impunément qu'à la charge de cacher ce qu'elle sait avec plus d'attention que l'autre sexe n'en met à le montrer. Sur ce point, ma chère enfant, je ne te crois pas forte ; ta tête est vive, ton caractère décidé : je ne te crois pas capable de te mordre les lèvres lorsque tu es tentée de faire une petite parade littéraire. Tu ne saurais croire combien je me suis fait d'ennemis jadis pour avoir voulu en savoir plus que mes bons Allobroges. J'étais cependant bien réellement homme, puisque depuis j'ai épousé ta mère. Juge ce qu'il en est d'une petite demoiselle qui s'avise de monter sur le trépied pour rendre des oracles ! Une coquette est plus aisée à marier qu'une savante ; car, pour épouser une savante, il faut être sans orgueil, ce qui est très-rare, au lieu que pour épouser la coquette, il ne faut qu'être fou, ce qui est très-commun. Le meilleur remède contre les inconvénients de la science chez les femmes, c'est précisément le *taconage* ([1]) dont tu ris. Il faut même mettre de l'affectation avec toutes les commères possibles. Le fameux Haller était un jour, à Lausanne, assis à côté d'une respectable dame de Berne, très-bien apparentée, au demeurant *cocasse* du premier ordre. La conversation tomba sur les gâteaux, article principal de la Constitution de ce pays. La dame lui dit qu'elle savait faire quatorze espèces de gâteaux. Haller en demanda le détail et l'explication. Il écouta patiemment jusqu'au bout, sans la moindre distraction et sans le moindre air de berner la Bernoise. La *sénatrice* fut si enchantée de la *science* et de la courtoisie de Haller, qu'à la première élection elle mit en train tous ses cousins, toute sa clique, toute son influence, et lui fit avoir un emploi que jamais il n'aurait eu sans le beurre et les œufs, et le sucre et la pâte d'amande, etc.... Or donc, ma très-chère enfant, si Haller parlait de gâteaux, pourquoi ne parlerais-tu pas de bas et de chaussons ? Pourquoi même n'en ferais-tu pas, pour avoir part à quelque *élection ?* car les *taconeuses* influent beaucoup sur les élections. Je connais ici une dame qui dépense cinquante mille francs par an pour sa toilette, quoiqu'elle soit grand'-mère, comme je pourrais être aussi grand-père, si quelqu'un avait voulu m'aider. Elle est fort aimable, et m'aime beaucoup, n'en déplaise à ta mère, de manière qu'il ne m'arrive jamais de passer six

([1]) Mot de la Savoie et de la Suisse française, qui vient de *tacon*, morceau, et signifie raccommodage, ravaudage.　　　　　*(Note d. R.)*

mois sans la voir. Tout bien considéré elle s'est mise à tricoter. Il est vrai que, dès qu'elle a fait un bas, elle le jette par la fenêtre et s'amuse à le voir ramasser. Je lui dis un jour que je serais bien flatté si elle avait la bonté de me faire des bas, sur quoi elle me demanda combien j'en voulais? Je lui répliquai que je ne voulais point être indiscret, et que je me contenterais d'*un*. Grands éclats de rire, et j'ai sa parole d'honneur qu'elle me fera *un* bas. Veux-tu que je te l'envoie, ma chère Constance? il t'inspirera peut-être l'envie de tricoter, en attendant que ta mère te passe cinquante mille francs pour ta toilette.

» Au reste, j'avoue que si vous êtes destinées l'une et l'autre à ne pas vous marier, comme il paraît que la Providence l'a décidé, l'*instruction* (je ne dis pas la *science*) peut vous être plus utile qu'à d'autres; mais il faut prendre toutes les précautions possibles pour qu'elle ne vous nuise pas. Il faut surtout vous taire, et ne jamais citer jusqu'à ce que vous soyez *duègnes*.

» Voilà, ma très-chère enfant, une lettre toute de morale. J'espère que mon petit sermon pourtant ne t'aura pas fait bâiller. Au premier jour, j'écrirai à ta mère. Embrasse ma chère Adèle, et ne doute jamais du très-profond respect avec lequel je suis, pour la vie, ton bon papa.»

. . . .

«Tu me demandes donc, ma chère enfant, après avoir lu mon sermon sur la science des femmes, *d'où vient qu'elles sont condamnées à la médiocrité?* Tu me demandes en cela la raison d'une chose qui n'existe pas et que je n'ai jamais dite. Les femmes ne sont nullement condamnées à la médiocrité; elles peuvent même prétendre au sublime, mais au sublime *féminin*. Chaque être doit se tenir à sa place, et ne pas affecter d'autres prétentions que celles qui lui appartiennent.

» Je possède ici un chien nommé *Biribi*, qui fait notre joie; si la fantaisie lui prenait de se faire seller et brider pour me porter à la campagne, je serais aussi peu content de lui que je le serais du cheval anglais de ton frère, s'il imaginait de sauter sur mes genoux et de prendre le café avec moi. L'erreur de certaines femmes est d'imaginer que, pour être distinguées, elles doivent l'être à la manière des hommes. Il n'y a rien de plus faux. C'est le chien et le cheval. Permis aux poètes de dire:

Le donne son venute in eccellenza,
Di ciascun arte ove hanno posto cura.

» Je t'ai fait voir ce que cela vaut. Si une belle dame m'avait demandé, il y a vingt ans: «Ne croyez-vous pas, monsieur, qu'une dame pourrait être un grand général comme un homme?» Je n'aurais pas manqué de lui répondre: «Sans doute, madame, si vous commandiez une armée, l'ennemi se jetterait à vos genoux, comme j'y suis moi-même; personne n'oserait tirer, et vous entreriez dans la capitale ennemie au son des violons et des tambourins.» Si elle m'avait dit: «Qui m'empêche d'en savoir en astronomie autant que Newton?» Je lui aurais répondu tout aussi sincèrement: «Rien du tout, ma divine beauté. Prenez le télescope, les astres tiendront à grand honneur d'être lorgnés par vos beaux yeux, et ils s'empresseront de vous dire tous leurs secrets.» Voilà comment on parle aux femmes en vers et même en *prose*. Mais celle qui prend cela pour argent comptant est bien sotte. Comme tu te trompes, mon cher enfant, en me parlant du *mérite un peu vulgaire.de faire des enfants!* Faire des enfans, ce n'est que de la peine ; mais le grand honneur est de faire des hommes, et c'est ce que les femmes font mieux que nous.

» Crois-tu que j'aurais beaucoup d'obligation à ta mère si elle avait composé un roman, au lieu de faire ton frère? Mais *faire ton frère*, ce n'est pas le mettre au monde et le poser dans un berceau ; c'est en faire un brave jeune homme qui croit en Dieu et n'a pas peur du canon. Le mérite de la femme est de régler sa maison, de rendre son mari heureux, de le consoler, de l'encourager et d'élever ses enfans, c'est-à-dire de *faire des hommes*. Voilà le grand accouchement qui n'a pas été maudit comme l'autre. Au reste, ma chère enfant, il ne faut rien exagérer ; je crois que les femmes, en général, ne doivent point se livrer à des connaissances qui contrarient leurs devoirs ; mais je suis fort éloigné de croire qu'elles doivent être parfaitement ignorantes. Je ne veux pas qu'elles croient que Pékin est en France, ni qu'Alexandre-le-Grand demanda en mariage une fille de Louis XIV. La belle littérature, les moralistes, les grands orateurs, etc., suffisent pour donner aux femmes toute la culture dont elles ont besoin.

» Quand tu parles de l'éducation des femmes qui éteint le génie, tu ne fais pas attention que ce n'est pas l'éducation qui produit la faiblesse ; mais que c'est la faiblesse qui fausse cette éducation. S'il y avait un pays d'amazones qui se procurassent une colonie de petits garçons pour les élever comme on élève les femmes, bientôt les hommes prendraient la première place et donneraient le fouet aux amazones. En un mot, la femme ne peut être supérieure que comme femme ; mais dès qu'elle veut *émuler* l'homme, ce n'est qu'un singe.

» Adieu, petit *singe*. Je t'aime presque autant que *Biribi*, qui a cependant une réputation immense à Saint-Pétersbourg.»

« Saint-Pétersbourg, 11 août 1809.

» J'ai vu par ta dernière lettre, ma chère enfant, que tu es toujours un peu en colère contre mon impertinente diatribe sur les femmes savantes ; il faudra cependant bien que nous fassions la paix au moins avant Pâques, et la chose me paraît d'autant plus aisée, qu'il me paraît certain que tu ne m'as pas bien compris. Je n'ai jamais dit que les femmes soient des singes : je te jure, sur ce qu'il y a de plus sacré, que je les ai toujours trouvées incomparablement plus belles, plus aimables et plus utiles que les singes. J'ai dit seulement, et je ne m'en dédis pas, que les femmes qui veulent faire les hommes ne sont que des singes: or, c'est vouloir faire l'homme que de vouloir être savante. Je trouve que l'Esprit-Saint a montré beaucoup d'esprit dans ce portrait qui te semble, comme le mien, un peu triste...... Ce qu'il y a de mieux dans ta lettre et de plus *décisif*, c'est ton observation sur les matériaux de la création humaine. A le bien prendre, il n'y a que l'homme qui soit vraiment *cendre et poussière*. Si on voulait même lui dire ses vérités en face, il serait *boue*, au lieu que la femme fut faite d'un limon déjà préparé et élevé à la dignité de côte. — *Corpo di Bacco! questo vuol dir molto!* Au reste, ma chère enfant, tu n'en diras jamais assez à mon gré sur la noblesse des femmes (même bourgeoises) ; il ne doit y avoir pour un homme rien de plus excellent qu'une femme; tout comme pour une femme, etc... Mais c'est précisément en vertu de cette haute idée que j'ai de ces *côtes sublimes* que je me fâche sérieusement lorsque j'en vois qui veulent devenir *limon primitif.* — Il me semble que la question est tout-à-fait éclaircie.»

— Tous les catholiques n'ont pas la franchise de M. de Maistre, cette franchise qui, dans ses livres du moins, ne reculait devant aucune conséquence de son système, et se plaisait à les présenter à ses adversaires par la pointe, bien loin d'en rien dissimuler. Même dans ce qu'elle a de bon, tous ne l'imitent pas, disons-nous, ni en paroles ni en conduite, preuve en soit le trait suivant que nous lisions il y a quelques jours dans un journal légitimiste. Il s'agissait de cette croisade, comme certaines feuilles l'appellent pompeusement, de prédicateurs catholiques appelés à Londres par M. Wiseman pour prêcher et tenir des conférences pendant l'Exposition, et au nombre desquels se trouve le Père Ravignan. Le journal en question se félicitait de ce que, dans ces discours, « les mots d'hérésie et de protestantisme ne sont pas même prononcés. » Or, ici, on ne s'en fait pas faute, au contraire : le mot et la chose revenaient sans cesse dans les prédications du carême, et de la manière la plus vive et la plus hautaine. Il est même de mode aujourd'hui, parmi les catholiques et les légitimistes, de voir dans le principe de la liberté de conscience la première et grande cause de toutes les révolutions modernes : c'est la thèse favorite de leurs publicistes et de leurs docteurs. Le monde chrétien ne retrouvera la paix qu'en se replaçant sous le principe de l'autorité du pape et de l'Eglise; lorsqu'il y était, alors seulement il a été dans l'ordre et a eu une base politique parce qu'il avait, dans l'autorité de l'Eglise, la seule vraie base religieuse : c'est là ce que soutient hardiment l'*Univers*, comme si la féodalité, le régime social de ces temps, n'avait pas été l'anarchie en permanence, exploitée par l'Eglise, et la guerre individuelle aussi générale qu'enracinée.

— Tandis que le catholicisme a ainsi une sorte de recrudescence en France et en Allemagne, et fait incontestablement des progrès dans l'aristocratie politique et religieuse de la Grande-Bretagne, car, chose remarquable, il en fait très-peu chez les presbytériens et les dissidents, il n'est guère florissant en Italie, dans sa terre sacrée. Un de nos amis qui vient de parcourir toute la péninsule et la Sicile, un simple voyageur, a été très-frappé de ce fait. Les églises sont désertes, on n'y rencontre que quelques fidèles clair-semés, au lieu qu'à son retour par l'Allemagne il a vu tout le contraire. Il n'y a qu'un seul parti en Italie; on y est unanime contre les Autrichiens, et les Romains ne le sont pas moins contre le pape; ils disent même ne le plus vouloir dans leurs murs et pour leur évêque, s'ils parviennent un jour, comme ils l'espèrent, à recouvrer leur liberté.

— Ce n'est pas à nous à raconter la grande merveille du moment, l'Exposition de Londres, merveille sur laquelle, d'ailleurs, on n'est pas encore bien d'accord, même parmi ceux qui l'ont inventée. Tous les journaux en donnent régulièrement des nouvelles, et M. Michel Chevalier, au Collége de France, fait de l'Exposition le sujet de son cours pendant le semestre d'été. Mais l'impression générale et définitive de cette colossale exhibition des forces et des richesses de notre âge, ne pourra se dégager que plus tard. En outre, il manque un élément essentiel d'appréciation, le prix des objets, qui sera, dit-on, indiqué, mais seulement à la fin. C'est sur cela pourtant qu'une foule d'articles doivent être réellement jugés.

Bien que la presse française n'en parle guère, notre industrie Suisse est en très-bon rang, surtout pour ses montres et pour ses broderies; quant à ses soieries, ce sont principalement des articles de commerce, qu'il ne faut pas comparer, comme on l'a fait, à celles de Lyon. Un des produits de l'industrie parisienne qui, au commencement, excitait le plus l'étonnement des visiteurs anglais et étrangers, et n'avait de rival que dans le fameux diamant du Grand-Mogol appelé la *Mer* ou la *Montagne de Lumière*, était la machine à enveloppes de lettres. Nous connaissons ici un simple ouvrier, doué d'un génie naturel pour la mécanique, qui, le premier, croyons-nous, a inventé une machine de ce genre, fonctionnant parfaitement. La pauvreté le força de vendre son secret pour quelques centaines de francs à un marchand papetier. Et maintenant, il est réduit, pour vivre, à figurer comme comparse au Cirque National, dans les pièces militaires que l'on joue à ce théâtre du boulevart. Ainsi l'Industrie, cette reine du monde moderne, a bien un *palais de cristal*; mais ses enfants n'ont pas même toujours le gite et le couvert.

Paris, 16 juin 1851.

SUISSE.

Genève, 8 juin 1851.

La foule se pressait, ces jours-ci, dans le local provisoire de la Société des arts, pour contempler les quatre nouveaux tableaux de M. Calame. Comme ces toiles sont l'œuvre d'un Neuchâtelois, qu'elles ont été acquises par un autre Neuchâtelois, M. Perret, de la Chaux-de-Fonds, et qu'elles vont être immédiatement dirigées sur Neuchâtel pour y être exposées quelques jours (¹), il vous sera peut-être agréable d'en avoir par avant goût quelque idée.

(¹) En attendant un compte-rendu détaillé sur l'Exposition de peinture actuellement ouverte à Neuchâtel, que nous publierons peut-être encore ce mois comme *Supplément*, nous sommes heureux de rendre aujourd'hui déjà, par l'organe de notre correspondant de Genève, un nouvel hommage

M. Calame a voulu sortir, cette fois-ci, du genre dans lequel nul n'a pu l'atteindre et où il reste le grand maître. Il a quitté la nature alpestre pour se livrer à la fougue de son génie, au caprice de son imagination, dans quatre grandes compositions qui représentent les quatre saisons de l'année. Il a voulu, sans le secours de personnages ou de scènes caractérisées, uniquement avec des effets de pinceau et des jours plus ou moins étincelants ou plus ou moins sombres, montrer les aspects sous lesquels la nature s'offre à l'homme dans les grandes variations de l'année.

Le *Printemps* est figuré par un paysage luxuriant, dans lequel viennent s'harmoniser toutes les nuances éclatantes d'une végétation vigoureuse. Des arbres au feuillage touffu, d'autres plus élancés et plus sveltes, des arbustes, des plantes magnifiques s'entrelacent et s'étalent autour d'une eau paisible. Tel est le premier plan. Plus loin des palais d'une architecture grandiose, une ville antique, comme Palmyre ou Pestum, avec ses portes, ses colonnades et ses temples, se détache sur un ciel pur et sans nuage. Certes la richesse, la surabondance des motifs éclatent dans cette riche composition, à laquelle on pourrait peut-être faire le reproche d'avoir été un peu cherchée, et formée de pièces de rapport qui, tout habilement peintes qu'elles soient, n'entraînent pas irrésistiblement l'idée de la vérité dans la nature.

L'*Eté* en revanche a certainement été enlevé et peint d'un seul jet. C'est une magnifique étude de chêne, un arbre gigantesque et dans toute sa sève, qui ombrage un champ de blé prêt à être coupé. C'est d'une rare hardiesse et d'un immense effet. Des quatre tableaux c'est celui que le public semble préférer, peut-être à cause de cette simplicité même qui révèle souvent le génie. En effet, l'*Eté* se distingue autant par l'absence de toute recherche dans la composition que le *Printemps* frappe par l'excès contraire. C'est un tableau fait avec rien comme disent les artistes, avec un arbre, un ciel et des épis, et qui produit néanmoins une sensation prodigieuse. On brûle, on suffoque dans cet air raréfié; la chaleur semble sortir de la terre et du ciel; on voudrait se réfugier à l'ombre de cet arbre protecteur qui est là comme le roi de la campagne. Peut-être le verni produira-t-il sur l'été un effet moins avantageux que sur son voisin. Il fera ressortir davantage le contraste de ce vert vif, étincelant du chêne avec le jaune doré des épis. La critique que l'on pourrait adresser à cette belle page de la vie artistique de M. Calame serait de nous présenter en plein été, et dans les ardeurs de la canicule, un feuillé si frais, si charmant, si intact, qu'il semble invulnérable aux rayons de ce soleil dévorant.

au talent si fécond, si poétique et si pur de notre compatriote, M. Calame.
(Note de la Rédaction.)

Tout merveilleux que soit l'*Été*, nous préférons encore l'*Automne* qui est pleinement peint dans la gamme favorite de l'artiste. Il est revenu aux effets qui lui sont si familiers et dans lesquels il s'est montré si grand maître. C'est ce *soleil si doux au déclin de l'automne,* chanté par le poète, ces *arbres jaunis* et à demi dépouillés dont l'aspect inspire une indicible mélancolie. La nature semble à regret se décider à une dernière transformation. A travers cette forêt charmante on aperçoit briller les eaux limpides d'un beau lac, les montagnes favorites du peintre et un ciel calme et doux. Ce tableau serait irréprochable si cet effet magique ne semblait pas obtenu par des moyens qui relèvent au moins autant du métier que de l'art.

L'*Hiver* enfin nous offre la nature entièrement dépouillée, froide et sombre. Un manteau de neige recouvre le sol. De grands arbres aux troncs noueux, aux branches nues et capricieusement entrelacées, occupent une partie du premier plan. Puis, au milieu du deuil de la nature se révèle le deuil du cœur : plongé dans une demi obscurité, un pauvre cimetière de village dresse ses quelques croix à travers la neige, et dans le fond une chapelle laisse échapper la tremblante lueur d'une lampe, comme une image sereine de la vie au milieu de cette scène de mort. Le ciel s'harmonise avec la terre ; de gros nuages laissent avec peine passer les rayons de la lune, et à la vue de toute cette nature glacée l'on croit entendre le vent froid du nord qui seul donne une voix, lugubre et plaintive, à ces pâles attributs de l'hiver.

D'autres que moi analyseront sans doute plus en détail dans votre *Revue* les toiles admirables dont je viens de retracer le sujet. J'ai seulement voulu exprimer ici en peu de mots les sentimens avec lesquels le public genevois les a accueillies. Si une faible part a été faite à la critique, c'est aussi là une manière de témoigner à M. Calame tout le prix que l'on attache à étudier ses œuvres, et avec quel intérêt l'on aime à le suivre dans le développement progressif de son talent et de sa vie artistique.   G.

Lausanne, 10 juin.

La Société d'histoire de la Suisse romande s'est rassemblée à Lausanne pour sa première séance de l'année. M. *Troyon* a rendu compte de nouvelles découvertes d'antiquités dans le pays. M. *Gaullieur* a lu une notice, pleine de détails curieux, sur le baron de Grenus ; M. *Verdeil* a donné connaissance à l'assemblée d'un chapitre inédit de son histoire du canton de Vaud, sur l'état du pays au 18e siècle. Cette dernière lecture surtout excita vivement l'intérêt. Cependant nous ne pouvons nous associer de tout point à l'éloge à peu près inconditionnel que fait M. Verdeil de la Société littéraire de Lausanne à cette époque. Epoque de goût, si l'on veut, mais époque légère et futile : contraste aimable avec la lourdeur bernoise, mais société bien peu capable de préparer notre peuple à la liberté. Et qui sait si l'habitude de cette vie insouciante et facile ne déploie pas parmi nous maintenant ses fâcheux effets ? L'influence française, lorsqu'elle s'est exercée dans notre pays sans contre-poids, ne nous a jamais fait que du mal. — La société a décidé l'impression d'un ouvrage du plus haut intérêt, *l'Histoire de l'instruction publique dans le Pays de Vaud*, par M. le professeur *Gindroz*. Nous attendons avec impatience le volume de M. *Vulliemin* sur *Chillon*, dont l'auteur nous a lu quelques fragments à la séance, et qui va paraître sous peu de jours.

Votre correspondant bâlois nous a entretenus à diverses reprises de la question de l'université fédérale. Cette question est sur le tapis à Berne; mais nous croyons que l'opinion publique demande peu une pareille institution. Les hommes qui s'en occupent dans notre canton n'en sont que médiocres partisans. Cette idée peut séduire, elle est grande sans doute; mais est-elle applicable? produirait-elle tout le bien qu'on en attend? ce sont d'autres questions. Les cantons catholiques consentiront bien difficilement à envoyer leurs jeunes théologiens à l'Université fédérale; les Eglises protestantes cantonales, de leur côté, ne pourront se résoudre à voir l'enseignement de la théologie échapper complétement à leur surveillance? Et, dans une autre faculté, combien faudra-t-il de professeurs de droit civil et de droit pénal pour que les jeunes juristes acquièrent une connaissance suffisante de la législation de leurs cantons respectifs? L'étude pratique chez un avocat, faite après l'Université, deviendrait souvent· routine; il faut un coup-d'œil d'ensemble. L'Université fédérale ne serait pas plutôt établie qu'il se reformerait de tous côtés de petites académies particulières, les unes pour une branche les autres pour une autre.— Au lieu de l'unité nous pourrions ainsi bien arriver à une diversité encore plus grande, sans compter la double dépense, dont en ce moment nous n'avons nullement besoin.

Puis on se demande sur quel pied l'Université sera fondée. Le projet de la commission ne nous présente qu'une nouvelle université allemande, c'est-à-dire, en d'autres termes, celle de Zurich revue, corrigée et augmentée. Est-ce sur cette base qu'il fallait bâtir? Avons-nous besoin dans nos démocraties de ces établissements qui font de l'étudiant une caste à part, l'éloignent du peuple, et en séparant la science de la vie, la rendent une abstraction sans consistance et sans réalité? La belle affaire que les professeurs et les ex-étudiants ont bâclée à Francfort! Sans compter que chaque université allemande repose sur une certaine unité extérieure, soit d'Eglise, soit de législation; et que dans les universités mixtes, chaque confession exerce une puissante influence dans l'enseignement théologique. Chez nous, rien de semblable; une foule d'Eglises, une foule de législations diverses, mieux que cela, une foule de besoins et de caractères divers, et c'est ce qu'on prétendrait fondre d'un trait de plume, car l'université ferait plus que dix constitutions pour amener une Suisse unitaire. Cette institution ne nous donnerait, à l'heure qu'il est, qu'un établissement sans base réelle, une création en l'air, et ne formerait, je le crains, qu'une pépinière de petits centralisateurs abstraits, grands amateurs de théories, fort peu démocrates, et ignorants des besoins du pays. N'en avons-nous pas déjà bien assez? Ce serait peu nous rassurer sur ce point que de mettre le siège de l'Université à Zurich.

On s'est beaucoup plaint de nos universités et académies cantonales, des grands frais qu'elles causent, des minces résultats qu'elles produisent. Mais a-t-on assez réfléchi à l'immense avantage que nous avons de voir nos jeunes gens s'élever sous nos yeux, dans le canton et particulièrement en vue de leur carrière future. Cet avantage là, une plus grande somme de connaissances, acquises à l'Université fédérale, ne le compensera jamais. Ce n'est pas tant de savants que nous avons besoin, mais d'hommes à la fois instruits et pratiques. Une académie cantonale, précisément par le nombre restreint de ses étudiants, y contribue bien mieux. D'ailleurs, les résultats obtenus jusqu'ici ne sont pas si pauvres qu'on veut bien le croire. Nos académies, pour être petites, se sont honorées de plus d'un nom illustre; si toutes les branches de la science n'y sont pas cultivées avec le même succès, du moins chacune a son terrain de prédilection. Faut-il éteindre ces foyers de lumière disséminés dans le pays, réduire à zéro des villes qui ont marqué dans la science, et pourquoi? pour un besoin abstrait, pour la satisfaction d'un article de loi! Si la science perd un peu à cette dispersion des forces intellectuelles du pays, la nation toute entière en retire de grands avantages; chacun en profite, la vie scientifique se maintient partout. Créer une Université fédérale, c'est empêcher bon nombre de jeunes gens, qui participent maintenant aux bienfaits des études, sans être précisément étudiants, de le faire désormais. Pas plus que les universités allemandes, la nouvelle Université fédérale ne serait une institution vraiment démocratique; en voulant sacrifier à l'ensemble les individualités cantonales, elle les tuerait sans nul profit, car c'est précisément de ces individualités que l'ensemble tire sa force.

Un moyen beaucoup plus simple et beaucoup moins coûteux d'arriver aux résultats que l'on désire, serait de se borner pour le moment à établir un concordat d'études entre les diverses universités et académies suisses, de manière à ce que l'étudiant trouvât un avantage prononcé, s'il voulait sortir de son canton, à visiter un établissement suisse plutôt qu'un établissement étranger. De cette façon une émulation salutaire soutiendrait nos académies cantonales; la balance s'établirait sans peine, et si une Université fédérale était réellement nécessaire, elle se trouverait naturellement fondée au bout de quelques années sans que la Confédération eût presque besoin de s'en mêler.

CONCOURS LITTÉRAIRE.

La *Revue Suisse* ne peut se dispenser de mentionner le succès qui vient d'être obtenu à Montauban par l'un de ses collaborateurs, M. C.-F. Girard, professeur de littérature à l'université de Bâle. Le programme du concours proposé par la Société des sciences, agriculture et belles-lettres de Tarn et Garonne, avait pour but un prix d'éloquence sur le texte suivant : *Discours sur le caractère et les destinées d'une littérature populaire en France* — C'est le travail de M. Girard sur ce sujet intéressant qui a remporté le prix.

Nous espérons pouvoir donner un jour à nos lecteurs mieux que la simple annonce de ce fait, dont plusieurs journaux suisses ont déjà parlé avant nous.

HENRI WOLFRATH, ÉDITEUR.

UNE COURSE GÉOLOGIQUE

DANS LA FORÉT VIERGE.

Lettres à mon ami B.

Cambridge, 2 février 1851.

Depuis que j'ai l'honneur de faire partie du corps de géologues chargé par le gouvernement des Etats-Unis d'explorer les régions métallifères de l'Etat de Michigan, j'ai plus d'une fois formé le projet d'extraire de mes notes de voyage quelques détails sur les régions que j'ai parcourues, supposant, peut-être avec trop de présomption, qu'une esquisse de ces contrées et de la manière dont on s'y comporte pourrait ne pas être absolument dénuée d'intérêt pour vous et pour ceux de mes amis qui, par votre organe, m'ont exprimé si vivement leurs sympathies lors de mon départ d'Europe. A mon grand regret la première campagne, celle de 1849, s'est passée sans que j'eusse le loisir de réaliser mon projet. Je n'ai pas voulu qu'il en fût de même de la seconde, et je me suis par conséquent mis à la besogne de bonne heure. Le récit ou plutôt le babil que je vous offre aujourd'hui fut commencé dans une petite île rocheuse et pittoresque, faisant partie d'un archipel situé en face de l'extrémité de l'étroite presqu'île qui se projette entre le lac Michigan et la Baie-Verte, et que les anciens Jésuites français désignèrent sous le nom de Porte-des-Morts, parce qu'une tribu d'Indiens qui s'y était réfugiée y périt de faim, s'y trouvant cernée de toutes parts par ses eunemis.

Dans cette île, appelée Potawatomie, d'après une nation ou tribu d'Indiens qui habitait jadis cet archipel, mais qui aujourd'hui est réduite à quelques familles vagabondes, dans cette île, dis-je, se trouve un petit port appelé pompeusement port Washington, où le bateau à vapeur, qui fait la course entre Mackinac et le village de Green-Bay, à l'origine de la Baie-Verte, s'arrête une fois tous les quinze jours pour faire du bois. C'est dans cet autre Washington que les différentes sections de notre corps avaient décidé de se réunir en congrès, non pas pour y faire des lois ou discuter les institutions destinées à différentes races d'hommes, mais pour comparer modestement les résultats de leurs observations après une campagne de cinq semaines.

N'allez pas craindre cependant que je vous fatigue de détails de géologie descriptive. Quelque envie que j'aie de vous parler calcaire de Trenton ou roche polie et striée, je veux m'en abstenir pour le moment, sauf à vous les faire subir plus tard lorsqu'une occasion favorable se présentera. Aussi bien, pour l'Européen qui sait observer, il ne manque pas de sujets d'un intérêt plus général et plus direct que la découverte d'un ban de roche ou d'une terrasse de gravier, et pour peu qu'il soit causeur, il trouvera moyen de remplir plus de pages que ses amis ne seront peut-être disposés à en lire. Cela est si vrai, que si j'avais continué du train que je commençai au port Washington, j'aurais aujourd'hui un volume à vous expédier, et peut-être eussiez-vous trouvé que l'obligation de me suivre le long «de ces grands lacs et sur ces lointains sommets,» ressemble plus à une dure réalité qu'à «un rêve audacieux!» Je vais donc me borner au récit d'une simple course, l'exploration de la rivière et du bassin du Monistique ou Monastie. C'est un nom que vous entendez peut-être pour la première fois. N'allez pas, de grâce, vous accuser d'ignorance pour cela. Je ne le connaissais pas moi-même il y a dix-huit mois, et maintenant que je l'ai exploré, je suis tenté de m'écrier : «Heureux celui qui ne l'a connu que dans les livres !» Cela dit, mettons-nous en route.

Nous avions reçu pour mission, mon ami le colonel Whitlesey et moi, d'explorer la structure géologique de cette partie de la rive septentrionale du lac Michigan, qui est comprise entre l'île de Mackinac et la baie d'Enoch (qui forme le prolongement septentrional de la Baie-Verte). Nous nous étions procuré un de ces bateaux plats connus dans le pays sous le nom de bateaux de Mackinac ou de *mackinac* tout court. Bien que suranné dans le reste de l'Amérique, ce genre de bateaux, — qui ne ressemble pas mal à ceux des bateliers vaudois du lac de Neuchâtel, — est resté en usage dans ces régions, où les côtes sont en général excessivement plates et par conséquent inaccessibles aux chaloupes et autres bateaux à quille. Pour des géologues qui sont obligés de se tenir le plus près possible des côtes, c'était là une considération de la plus haute importance. Au lieu de quille on se sert d'une planche mobile, et quand on veut débarquer, on relève simplement sa quille et on se laisse glisser sur la grève. C'est la méthode du bon vieux temps.

Pour être un peu à l'antique, notre mackinac n'en avait pas moins son mérite: et d'abord il était spacieux et commode, sans parler de ses avantages extérieurs qui ne laissaient pas que d'être apparens, car on venait de le peindre à neuf, rouge en dedans et vert en dehors, avec une large raie blanche le long des flancs, ce qui lui donnait un air endimanché, tout-à-fait dans le goût du pays. Vous-même, en le voyant voguer à quelque distance, les deux voiles déployées, vous ne lui eussiez pas refusé un certain charme pittoresque. L'équipage se composait de deux hommes, ou pour parler la langue du pays, de deux *voyageurs* (c'est le nom qu'on donne aux employés de la compagnie de la baie d'Hudson dont le métier est de parcourir le vaste territoire de la Compagnie, pour transporter des provisions aux différents postes et en rapporter les fourrures). L'un des voyageurs, Augustin, est un métif (terme canadien pour métis), c'est-à-dire un Indien croisé ; l'autre, Thomas, est un Canadien pur sang. Augustin est expert dans l'art de voyager, car il fait le métier depuis quinze ans; il est à la fois excellent rameur, habile chasseur, infatigable marcheur et bon cuisinier. Il est intelligent, persévérant et nullement ivrogne, avec cela assez bon garçon, quoique de temps en temps un peu grognon, comme les vieux troupiers. Thomas au contraire est novice; il n'a jamais voyagé et n'entend rien à rien ; mais il est porté de bonne volonté et disposé à faire tout ce qu'on lui commande ; il est gai comme un paysan champenois, pas mal bête et poltron à l'excès. Ni l'un ni l'autre ne savent un mot d'anglais, et sont charmés d'apprendre que l'un de leurs bourgeois (c'est le titre qu'ils nous donnent) parle français, et qui mieux est, qu'il est Français d'Europe, par conséquent à leurs yeux bien supérieur à un Français d'Amérique (¹).

C'est ainsi équipés et munis de provisions pour plusieurs mois,

(¹) Les anciens *Voyageurs* ne reconnaissaient que deux espèces d'hommes, les sauvages et les Français, qui se distinguaient essentiellement par leurs chaussures, les derniers portant des bottes, tandis que les sauvages

que nous quittâmes le petit port de Mackinac, le 11 juillet 1850. Nos amis M. Whithey, chef de l'expédition, et M. Hall, le célèbre paléontologiste de New-York, nous accompagnèrent jusqu'aux îles Saint-Martin que nous explorâmes ensemble, et le lendemain, après avoir campé une dernière fois en commun sur la grève d'une jolie petite baie, nous nous séparâmes en nous dirigeant chacun de notre côté, eux à l'est et nous à l'ouest.

Nos instructions nous prescrivaient de pénétrer dans l'intérieur sur les points que nous jugerions le plus accessibles et le plus favorables à nos recherches. Peut-être ne vous doutez-vous pas que cette côte du lac Michigan, avec ses promontoires et ses baies qui font un si bel effet sur une carte un peu détaillée, est à-peu-près déserte. Sur une étendue de plus de cent milles, depuis Mackinac jusqu'à la baie d'Enoch (ou baie de Noque); il n'y a pas un millier d'habitans; encore la plupart sont-ils nomades, généralement des pêcheurs, qui ne font qu'y passer quelques mois de l'année, durant la saison de la pêche, qui dure depuis le mois de juin jusqu'au mois d'octobre. Il n'est pas probable non plus que cette côte devienne jamais le siége d'une nombreuse population, les rives étant arides et l'abordage très-difficile, par suite des lits de rochers horizontaux qui se continuent presque à fleur d'eau jusqu'à une distance considérable, si bien que même avec notre bateau à fond plat, ne tirant que huit pouces d'eau, nous étions souvent obligés de nous mettre à l'eau pour le tirer à terre.

Après avoir côtoyé une dizaine de jours cette rive monotone et fait quelques courtes excursions dans les rivières qui y débouchent, nous gagnâmes enfin l'embouchure du Monistique (qui signifie en langue chippewa la rivière aux îles), ainsi nommée parce qu'à son embouchure se trouvent un certain nombre de petites îles. Quelques infortunés spéculateurs, croyant faire fortune avec le sapin qui croît en abondance le long de la rivière, y ont construit il y a quelques années une scierie que nous trouvâmes dans un état peu florissant. L'établissement se compose d'un hangar ou chantier pour les scies et d'un log-haus servant d'habitation à la colonie, qui compte une douzaine de personnes. C'est tout au plus si l'on s'est donné la peine de défricher quelques arpents de terre

portent des mocassins. Tout individu portant bottes était Français ; il y avait ainsi les Français de France ; les Français d'Angleterre et les Français d'Amérique.

autour de la maison pour y planter des pommes de terre et un peu de maïs., Toute la contrée environnante n'est qu'un marais continu (cédrier) dans lequel personne n'est tenté de s'aventurer, et je doute que la majorité des habitants, surtout les femmes, aient jamais étendu leurs promenades du dimanche au delà du champ de pommes de terre, encore ne s'y hasardent-elles guère en été, à cause de la quantité de moucherons qui infectent cette région dans cette saison. Voilà certes un séjour peu attrayant, et l'on dirait que le contraste de cette activité industrielle ne fait qu'en rendre la solitude plus frappante. Je ne pus m'empêcher de sympathiser avec ces pauvres gens, qui pour vivre sont obligés de se condamner à un exil volontaire, trop heureux si pour tout résultat ils ne perdent pas le fruit de leur labeur, comme ce n'est que trop souvent le cas dans ces sortes d'entreprises.

Des gens ainsi sequestrés sont généralement contents quand ils voient arriver quelque étranger; et le voyageur peut s'attendre à une réception hospitalière. Il est dans la nature de l'homme d'être sociable, à moins que l'intérêt ne l'en empêche. C'est d'ailleurs, je vous assure, une bonne fortune d'apprendre des nouvelles du monde civilisé, quand on en a été sevré quelque temps. Un journal, dont vous vous êtes servi pour envelopper votre savon ou votre rasoir, devient un document précieux pour celui qui n'en a pas vu depuis des mois.

Nous avions quelques raisons de supposer que l'une des formations siluriennes dont il nous importait le plus de connaître les limites (le calcaire de Trenton), devait affleurer quelque part sur les bords de la rivière. Les arpenteurs, en faisant le relevé de la contrée, avaient signalé de la pierre à chaux sur divers points; et d'après nos suppositions, ce devait être le calcaire que nous cherchions A l'exception des arpenteurs, personne n'avait traversé le pays de part en part (du lac Michigan au lac Supérieur), et aucun homme blanc n'avait, à notre connaissance, remonté la rivière jusqu'à sa source. Les employés de la scierie étaient très-novices, les plus expérimentés d'entre eux n'ayant pas pénétré à plus d'une dizaine de milles dans l'intérieur. Nous apprîmes toutefois qu'un corps d'arpenteurs, sous les ordres du capitaine Merowether, était occupé à subdiviser le sol, quelque part, dans la partie occidentale du bassin du Monistique, et comme le capitaine était une ancienne connaissance de mon collègue, nous décidâmes d'aller à sa recherche, persuadés que lui du moins pourrait nous donner quelques renseignements sur le caractère général de la contrée.

Le Monistique se partage à deux milles environ de son embouchure en deux branches à-peu-près d'égale importance. Il s'agissait de savoir si nous pourrions les remonter avec notre bateau. Comme les eaux étaient assez hautes en ce moment, les gens de la scierie supposaient que nous n'aurions pas de peine à franchir les rapides de la branche gauche, mais ils étaient dans l'ignorance la plus complète à l'égard de la branche droite, qui était précisément celle que nous devions remonter pour rencontrer les arpenteurs, et comme ils n'avaient pas d'embarcation plus légère à nous offrir, nous nous décidâmes à tenter l'aventure avec notre bateau, après l'avoir préalablement allégé du plus gros de notre bagage et de nos provisions.

Un trait bizarre et en quelque sorte exceptionnel du Monistique, c'est que les rapides qui d'ordinaire appartiennent au cours supérieur des rivières, existent ici dans le cours inférieur. Les plus considérables se trouvent près de l'embouchure, immédiatement au dessus de la scierie, et il est probable qu'ils nous eussent occasionné bien des embarras et des retards, si les ouvriers de la scierie n'avaient eu l'obligeance de haler notre bateau dans le canal du moulin. En amont des rapides la rivière s'élargit et devient très-calme, les rapides ou les roches qui les occasionnent agissant comme une digue. De pareilles alternances sont fréquentes dans les rivières de cette contrée, et le contraste entre le tumulte des rapides et la tranquillité des eaux en amont ne laisse pas que d'avoir un grand charme. Nous gagnâmes ainsi la bifurcation de la rivière, et je ne serais pas impartial si j'omettais de dire que cette partie de la course fut une promenade agréable, la rivière étant bordée tout le long par de grands ormes dont les fortes ombres entretiennent une délicieuse fraîcheur. La branche droite que nous avions choisie (et qui n'a pas de nom particulier), conserve pendant quelque temps le même caractère jusqu'aux seconds rapides. Nous trouvâmes ceux-ci plus impétueux que nous ne le supposions, l'eau coulant avec beaucoup de force, quoique sans grand bruit, sur un lit [de pierres composées de grandes dalles d'un calcaire blanc (calcaire de Niagara) traversé par de nombreuses fissures (clivages). On eût dit un parquet artificiel de marbre. Le courant est trop fort pour permettre qu'aucun dépôt s'y forme, mais les fissures et les cavités accidentelles sont généralement occupées par plusieurs espèces de mulettes *(unios)* qui se tiennent là les valves béantes, sans doute pour s'approprier au passage les particules nutritives qui sont contenues dans l'eau. Ces coquilles, comme vous savez, sont excessivement nombreuses dans toutes les rivières d'Amérique. Sur plusieurs points le courant était si fort que nous fûmes obligés de sauter à l'eau pour retenir le bateau et l'empêcher d'aller se briser contre les rochers. Au delà des rapides, la rivière était garnie, sur une étendue considérable, de nénuphars blancs ou lys de rivières, magnifiques fleurs également attrayantes par leur éclat et par leur parfum.

Après avoir vogué quelque temps au milieu de ces eaux émaillées, nous atteignîmes tout-à-coup un lac, sur la rive duquel on distinguait un groupe de petites maisons d'assez bonne apparence. Ce ne pouvait être que la colonie d'Indiens dont nous avions entendu parler. Mon collègue avait peine à en croire ses yeux, car, de même que la plupart des Américains, il n'a pas foi dans l'avenir des Indiens. Ici cependant il y avait un progrès manifeste. Nous avions sous les yeux un véritable village, composé non pas de loges d'écorce ou de roseaux, mais de véritables maisons. J'en comptai une douzaine, dont cinq avaient très-bonne apparence, étaient construites avec des poutres équarries (¹), et avaient portes et verroux, cheminées et fenêtres à vitres. Je sais plus d'un hameau en France et même en Suisse où l'on chercherait en vain la même proportion de maisons confortables. N'ayant pas pénétré dans l'in-. térieur, je ne saurais dire quel degré de propreté y règne; mais d'après ce que je connais des habitudes générales des Indiens, je doute fort qu'à cet égard j'eusse été bien édifié, si j'avais eu la fantaisie de faire la ronde. Il y a au milieu du hameau une petite chapelle où le service divin se célèbre en chippewa, et l'on m'assure que bon nombre de paroissiens savent lire et écrire leur langue. Leur religion est la religion catholique. Ils n'ont pas dans ce moment de curé régulier, mais l'évêque du diocèse a soin de leur envoyer de temps en temps quelque missionnaire. Le village est entouré de champs de pommes de terre et de maïs. En hiver ces

---

(¹) Les maisons ainsi construites portent dans l'Ouest le nom de *block-haus*, par opposition aux *log-haus* qui sont construits avec des poutres non travaillées et simplement superposées les unes aux autres. Le nom canadien pour log-haus, c'est *chantier.*

indiens chassent le renard, l'ours et autres animaux à fourrures; au printemps ils font leur provision de sucre d'érable, et durant l'été ils vont s'établir pour quelques mois sur les bords du grand lac (lac Michigan) pour y pêcher la truite saumonée et le poisson blanc (espèce de palée) qu'ils salent dans des barils, pour les échanger contre des étoffes et autres marchandises Je remarquai qu'ils étaient bien vêtus, surtout les femmes. C'est un fait bien connu des marchands, que les *squaw* ou femmes de sauvages sont les plus exigeantes en fait d'étoffes, ayant bien soin de n'acheter que les meilleures sortes de drap pour les mantilles ou surtouts qui leur couvrent à la fois la tête et le haut du corps. Leurs pantalons sont également en drap, avec des broderies de perles blanches. Les hommes sont moins exigeants; ils ont pour la plupart adopté le costume européen: çà et là cependant on en rencontre qui continuent à se peindre la figure, et d'autres qui portent une parure de plumes d'aigles, ou bien seulement quelques simples plumes dans les cheveux. Ce sont, je suppose, les conservateurs. On m'assure que la plupart sont à leur aise et s'abstiennent même de l'usage de l'eau de feu (wisky), ce qui de la part d'un Indien est certainement une preuve de force d'âme et de caractère. Je puis dire que j'ai éprouvé un sentiment de satisfaction réelle à observer ces signes de civilisation au milieu d'une race naturellement réfractaire et indocile, et je trouve que les Américains, qui sont en mesure d'encourager ces efforts, et qui par des motifs de politique ou autres négligent de le faire, sont bien coupables. Mais le caractère de l'Américain et de la race anglaise en général est tellement exclusif et envahisseur, que je crains fort que ces malheureux Chippewas ne disparaissent avant qu'ils n'aient eu le temps de se civiliser complètement. Il ne faut cependant pas conclure de ce qui précède, que ces Indiens soient les seuls de leur race qui se montrent disposés à adopter notre civilisation. Il y a, dans d'autres parties de l'Union, particulièrement au sud du Misouri, des tribus qui sont bien plus avancées, et qui méritent à tous égards le nom de nations civilisées; telles sont entre autres les Cherokees ou Chiroquois, qui ont un gouvernement copié sur celui des autres Etats de l'Union, et qui, chose étrange, ne trouvent pas qu'ils soient trop arriérés pour vivre sous un gouvernement républicain. J'avais l'autre jour sur mon bureau un journal de Tuscarola, capitale de l'Etat, publié en Chiroquois, lequel avait certainement

aussi bonne façon qu'aucun journal de province en France. Mlle Fré-
derika Bremer (l'écrivain danois que vous connaissez si bien) en
fut tellement émerveillée, qu'elle empórta le numéro avec elle. Si
j'ai mentionné d'une manière spéciale les Indiens de notre petit lac
sur le Monistique, c'est parce que, de tous les Indiens du nord que
j'ai vus jusqu'à présent (Chippewas, Cotarais et Menomonés), ce
sont certainement les plus avancés.

En quittant le lac des Indiens pour remonter la rivière qui s'y
déverse, nous entrâmes dans une région d'un caractère différent.
Elle était composée presqu'en entier de marais ou cédriers, au milieu desquels la rivière se traîne en longs méandres, si bien que
pour avancer un mille il faut en faire cinq ou six. Les grands
ormes et les érables au riche feuillage ont disparu pour faire place
à des frênes, des mélèzes, des *arbor vitæ* (appelés ici cèdres), et
ce qui est pire, aux buissons d'aune. Encore si la rivière avait été
partout praticable, mais en beaucoup d'endroits le chenal était
trop étroit pour ramer et trop profond pour *percher*. Puis, nous
rencontrions à chaque instant des arbres renversés qui nous bar-
raient le passage. Les Indiens, qui d'ordinaire voyagent en canots
d'écorce, prennent tout simplement leur embarcation sur l'épaule
et la portent autour de l'obstacle. On appelle cela faire le portage.
Notre bateau était trop grand et trop lourd pour se laisser transporter de la sorte, ensorte que nous étions obligés de nous frayer
un passage la hache à la main. Ce procédé ne laisse pas que d'être
assez amusant au premier abord, mais il finit par devenir fatiguant
et ennuyeux lorsqu'on est obligé de le répéter souvent.

La journée s'était ainsi passée à surmonter des obstacles de toute
espèce. Il commençait à se faire tard, et nos gens se sentaient fatigués. Mais où trouver une place pour camper? Les bords de la
rivière n'offraient de chaque côté qu'un marais continu dans lequel
on ne pouvait s'aventurer sans enfoncer jusqu'aux genoux dans
l'eau. Déjà nous voyions le moment où nous serions obligés de passer la nuit dans le bateau, lorsque nous aperçûmes une sorte de
clairière à travers les buissons. C'était un ancien camp, ayant évidemment servi à des arpenteurs. Ceux-ci, pour se garantir de l'humidité, avaient enlevé l'écorce de plusieurs gros cèdres, et l'a-
vaient ensuite étendue sur quelques troncs renversés pour former
une sorte de plancher. Ce plancher allait nous servir de dortoir.

Après l'avoir un peu réparé, nous y dressâmes notre tente, et la nuit se passa assez confortablement, eu égard aux circonstances.

Le lendemain notre navigation rencontra tout le jour les mêmes obstacles que la veille; ce n'était souvent qu'avec la plus grande peine que nous trouvions le chenal au milieu du labyrinthe de boyaux ou canaux secondaires. Plusieurs fois nos voyageurs furent sur le point de s'arrêter, Augustin déclarant qu'il était impossible de pénétrer plus avant avec un aussi grand bateau. Nous eussions probablement été obligés de nous rendre à leurs clameurs, sans les traces d'un autre bateau qui nous avait précédé, et qui nous fournirent un prétexte plausible pour faire appel à leur amour-propre. Pourquoi ne passerions-nous pas là où d'autres ont passé avant nous? Cet argument l'emporta, et vers le soir, après une journée des plus laborieuses, nous approchâmes enfin du camp des arpenteurs. Ils s'étaient établis à la limite extrême de la navigation. Nous ne trouvâmes d'abord que le cuisinier, que l'on décore ici du titre de docteur, parce qu'à part ses fonctions culinaires, il est chargé d'administrer les remèdes en cas de maladie et, lorsque c'est nécessaire, de faire la lessive. C'est, comme vous voyez, un poste important, et nous ne tardâmes pas à nous apercevoir que ce personnage en avait le sentiment. Il nous assura que ces messieurs n'allaient pas tarder à rentrer, et nous fit en attendant les honneurs du camp, ce qui consistait à placer devant nous un énorme tison de bois pourri, dont la fumée est assez épaisse pour chasser les moucherons; il nous offrit en même temps le seul rafraîchissement qu'il eût à sa disposition, du sirop de mélasse avec de l'eau. Bientôt des cris de rappel, auxquels le docteur répondit sur le même ton, nous annoncèrent le retour des arpenteurs. Grande fut leur surprise quand, arrivant au bord de la rivière, ils aperçurent notre barque amarée près du camp. Quels pouvaient être ces gens qui s'aventuraient ainsi au milieu des marais et des moucherons? Etait-ce quelqu'avide spéculateur à la recherche d'une mine d'or, ou bien quelque personnage officiel venant inspecter leurs travaux? Le chef de la troupe, M. Merowether, ne tarda pas à nous rejoindre, et en peu d'instants nous nous trouvâmes tous réunis en cercle autour d'une énorme marmite que le docteur plaça au centre, et dans laquelle chacun puisa à sa guise, selon la mesure de son appétit. Que n'étiez-vous près de moi en ce moment, pour contempler avec votre œil d'artiste ce groupe de figures brunies et surtout ces costumes! On a vanté dans le temps l'originalité du costume de Robert Macaire. Eh bien! c'est une platitude, une mauvaise compilation, comparé à l'accoutrement de nos arpenteurs. Imaginez des gens qui sont dans la forêt depuis le mois de mars, obligés de traverser tous les jours les plus inextricables broussailles, de franchir des windfalls ou barrières d'arbres renversés, dont les branches sèches sont autant d'épines qui réduisent en lambeaux tout ce qui est susceptible de se déchirer. Dans des circonstances pareilles la mode ne saurait maintenir son empire, la symétrie cesse d'être une exigence, et tout ce qui n'est pas indispensable devient superflu. Une redingote avec un seul pan est tout aussi bonne qu'une à deux pans, pourvu qu'il y ait une poche. Là, vous voyez des pantalons de toile rapiécés avec des lambeaux de couverture de laine, et des couvertures rajustées avec des courroies. L'un des arpenteurs avait raccommodé son chapeau avec une vieille tige de botte. C'est là le côté pittoresque et amusant du tableau. Il en est un autre plus sérieux et plus significatif, qui ne peut manquer d'attirer l'attention du voyageur, particulièrement du voyageur européen. Nous sommes tous habitués, nous autres Européens, à associer à ces costumes délabrés l'idée de misère, de vagabondage ou de rapine. Ici, dans la forêt américaine, ces guenilles ont une signification bien différente ; elles constituent la livrée de l'énergie et de la persévérance, elles sont le costume des pionniers de la civilisation. Aussi bien, il suffit d'un simple coup-d'œil pour se convaincre que ces hommes déguenillés sont loin d'appartenir à la classe misérable que leur costume semble indiquer. Voyez leur maintien ; ce n'est pas celui de la crainte, ni du soupçon, ni de la soumission. C'est l'attitude simple et digne qui convient au citoyen des Etats-Unis, à l'homme qui a la conscience de sa valeur. Les hommes qui prennent part à ces expéditions appartiennent fréquemment à la classe aisée ; ce sont des jeunes gens qui préfèrent les fatigues de cette vie quelque peu aventureuse, au confort du toit paternel. Depuis que les relevés géodésiques se sont multipliés, l'ambition d'être arpenteur est devenue générale parmi la jeunesse de l'ouest. Aller mesurer *(to go surveying)* a pour eux le même attrait que la vie maritime a pour les jeunes gens de nos côtes atlantiques. De là vient que les entrepreneurs, malgré le mince salaire qu'ils offrent en compensation d'un travail des plus rudes, n'ont pas de peine à se procurer des hommes, et peuvent même se montrer difficiles dans leur choix.

Le meilleur ton régnait parmi les arpenteurs du Monistique. Ils se traitaient entre eux avec politesse, et pour ma part je puis dire que je n'y ai pas entendu une parole grossière. Cette courtoisie formait à certains égards un contraste assez piquant avec le sans gêne inséparable de la vie de camp. Ainsi, il est impossible d'être très-exigeant en fait d'étiquette quand on dine sous un sapin. Pourvu que vous n'ayez pas les mains trop sales, voilà tout ce qu'on demande de vous, et comme il n'y a ni banc, ni chaise, ni table, on se soucie fort peu de la manière dont vous vous placez. On m'a raconté à ce propos le trait suivant, qui est caractéristique. A souper, l'un des arpenteurs avait par inadvertance placé son pied dans l'assiette de son voisin. Celui-ci n'eut garde de s'en offenser, mais tira tout simplement son assiette à lui, et comme son camarade, qui s'était aperçu de sa méprise, allait lui en faire des excuses, il lui répondit naïvement, en lui tendant son assiette : «Ce n'est rien, monsieur, passez-moi, s'il vous plaît, encore un peu de purée. »

Il n'est pas sans intérêt de remarquer que bon nombre des hommes influens des Etats de l'ouest ont commencé par être arpenteurs, et que c'est à l'exercice de cette profession qu'ils doivent leur richesse et leur position. Autrefois cette profession, par suite de l'hostilité des Indiens, n'était pas sans danger, et c'est la carabine dans une main et la boussole dans l'autre qu'ont été faits la plupart des relevés de l'Etat d'Ohio. Il fallait des hommes d'énergie pour se charger d'une tâche pareille, d'autant plus que l'Etat, qui à cette époque était très-pauvre, n'ayant aucun salaire à leur offrir, leur seule rémunération consistait dans une proportion des terres ainsi mesurées. Depuis cette époque (environ 30 ans) les Etats de l'ouest ont pris un tel développement, la valeur des terres a tellement augmenté, que ces mêmes arpenteurs ont réalisé des fortunes immenses avec leur quote-part de terres. Les arpenteurs de nos jours n'ont plus le même avantage. L'arpentage est devenu une profession en vogue, et c'est au moins offrant que les travaux sont alloués. Malheureusement, comme il n'arrive que trop souvent sous le régime de ce système, il n'y a guère que les hommes de mauvaise foi qui puissent y faire fortune ; les hommes conscien-

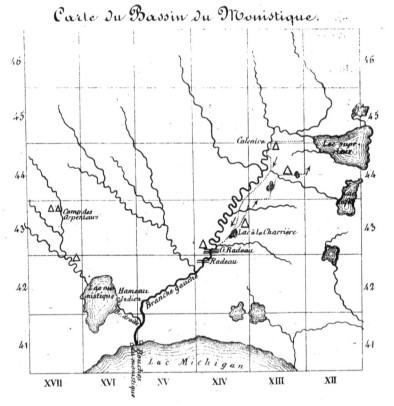

Carte du Bassin du Monistique.

△ Campements.

⌒⌒⌒ Itinéraire.

Revue Suisse, juillet 1851.

cieux, comme notre ami M. Merowether, se trouvent en perte
pour peu que la contrée soit d'un accès difficile.

Puisque j'en suis aux arpenteurs, je crois devoir vous dire un
mot du système d'arpentage en usage dans les forêts d'Amérique,
d'autant plus qu'il est d'origine américaine. Il sera d'ailleurs nécessaire que vous en ayez un aperçu pour nous suivre dans nos
courses pédestres le long de la branche gauche du Monistique
(Voyez la petite carte ci-jointe).

A part les divisions géographiques en degrés de longitude et de
latitude, le sol des Etats-Unis et particulièrement des Etats de
l'ouest et du sud, est divisé en communes par un système de lignes
méridiennes, se croisant avec un autre système de lignes perpendiculaires. Comme ces lignes sont espacées de 6 milles, il en résulte une division en carrés de 36 milles carrés, qui sont les communes. Il suffirait par conséquent d'indiquer chaque commune
par un chiffre pour la retrouver aussitôt sur la carte. Mais dans un
pays aussi vaste que celui-ci, le nombre des communes eût été
trop considérable. Pour remédier à cet inconvénient, on comprend
sous le même chiffre toute la rangée de carrés comprise entre deux
lignes méridiennes, et ces séries s'appellent les *rangs*, tandis que
les séries perpendiculaires, d'est en ouest, ont reçu le nom de
communes. En combinant ces deux séries on obtient sans difficulté
la position exacte que l'on cherche. Ainsi dans la petite carte ci-
contre nous avons 7 séries de rangs (XII à XVIII), et 6 séries de
communes (40-45). Le village indien, sur la rive orientale du lac
Monistique, se trouve situé dans le rang XVI et dans la commune 42.

Cette division du sol en communes constitue le relevé primitif;
c'était le seul qui eût été exécuté dans la région que nous devions
visiter. Ayant été faits à différentes époques, suivant les exigences
du moment, les différents relevés ne sauraient se combiner en un
seul réseau. Le gouvernement, lorsqu'il désire connaître l'étendue
et le caractère général d'une contrée, en ordonne simplement le
relevé, à partir d'une ligne méridienne arbitraire et d'une base
perpendiculaire à ce méridien. Ainsi, le réseau dont notre district
fait partie, se rattache à un méridien principal qui passe par la
ville de Détroit et à une base également arbitraire. Si vous jetez
un coup-d'œil sur une carte un peu détaillée des Etats-Unis, vous
y reconnaîtrez plusieurs de ces réseaux, qui se distinguent entre

eux par le numéro d'ordre de leur premier méridien. Pour un
étranger qui n'y est pas habitué, ce labyrinthe de réseaux est au
premier abord très-ennuyeux, et l'effet n'en est certainement rien
moins qu'agréable au point de vue artistique; mais il n'en est pas
moins très-utile.

Lorsqu'un district ainsi relevé offre quelques ressources soit
pour l'agriculture, soit pour l'industrie; le gouvernement ordonne
un relevé secondaire, qui consiste à subdiviser les communes en
sections, au moyen de lignes tracées de mille en mille dans les
deux sens, ensorte que chaque commune se trouve divisée en 36
sections. C'est à ce genre de subdivision que M. Merowether était
occupé avec sa troupe. Par un décret qui fait le plus grand honneur au congrès, une section est réservée dans chaque commune
pour un fonds d'école, en vue d'assurer dès à présent une éducation aux générations futures qui viendront un jour s'établir et multiplier sur ce sol. Enfin dans quelques cas exceptionnels, le gouvernement ordonne le relevé géologique d'un district déterminé;
ces relevés sont entièrement indépendants du bureau topographi-
que. C'est à un de ces corps géologiques que j'ai l'honneur d'appartenir.

Permettez-moi maintenant d'ajouter un mot sur la manière dont
les arpenteurs procèdent dans leurs opérations. Ils sont divisés en
compagnies de 4 hommes; deux portent la chaîne, le troisième la
boussole et le quatrième ou l'*axman*, qui est muni d'une hache, est
chargé de faire les entailles dans les arbres, de marquer les pieux
de repère, de déblayer le chemin lorsque c'est nécessaire, et de
faire les radeaux pour traverser les rivières, etc. Jadis on se servait d'une simple boussole, mais depuis que l'on a reconnu les variations considérables que les filons de fer font éprouver à l'aiguille aimantée dans nombre de districts, le gouvernement exige
que chaque compagnie soit munie d'une boussole solaire, instrument très-ingénieux, inventé par un ancien arpenteur, et au moyen
duquel on vérifie et rectifie de jour en jour la somme des variations. Les lignes qui marquent la limite des communes et des sections sont indiquées simplement au moyen d'entailles faites avec la
hache dans les arbres qui se trouvent dans l'alignement. Les Canadiens appellent ces entailles des *plaques*, les Américains, *blazes;*
une ligne ainsi marquée s'appelle une ligne plaquée (a blazed

line) (¹). A moins que.les.lignes ne soient très-récentes, il n'est pas
ntoujours facile de les : retrouver dans les forêts épaisses, surtout
dans les cédriers. Toutefois si les plaques ont été faites avec soin,
·de manière à enlever avec l'écorce une petite couche du corps de
l'arbre, suffisante pour occasionner une cicatrice, un œil exercé
finit toujours par les retrouver. Nous avons suivi cette année des
lignes tracées il y a environ une dizaine d'années ; et mon compagnon de voyage m'assure en avoir reconnu qui avaient près de
30 ans. A chaque entrecroisement de lignes ou coin (corner), l'axman est en outre obligé de marquer quatre arbres correspondant
aux quatre communes ; et si c'est une ligne secondaire, d'y ajouter le chiffre des sections qui se rencontrent en ce point. Supposez,
par exemple, qu'il vous prenne quelque jour. fantaisie de remonter
la ligne entre les rangs XIII et XIV, pour vous·assurer si la description que je vous donnerai de cette région dans ma prochaine
lettre est exacte; en arrivant à la première ligne perpendiculaire
(entre les deux petits lacs, voyez la carte) vous.y trouveriez ,·au
point où les deux lignes se croisent, quatre arbres plaqués, portant les inscriptions suivantes :

```
                        N.
      R. XIV  W.    |    R. XIII  W.
      T.   42  N.   |    T.   42   N.
  O.──────────────────────────────E.
      R. XIV 'W.    |    R. XIII  W.
      T.   41  N.   |    T.   41   N.
                        S.
```

ce qui veut dire que l'arbre'se trouve dans le rang XIII, à l'ouest
de Détroit, et dans la commune (T. township) 42 au nord de la
base du réseau. Si c'est une ligne secondaire ou de section , vous
trouverez les quatre arbres marqués de la même manière, seulement il y aura de plus le chiffre de la section. Quand on s'est une
fois familiarisé avec ce système, on le trouve très-utile, et le géologue ne se dispense jamais de le lire, pas plus que le voyageur
pédestre d'Europe ne se dispense de lire les inscriptions des pierres
milières le long de la route. Si l'on me transportait à l'heure qu'il
est au milieu des forêts du Michigan ou du Wisconsin où le sol est

(¹) Lorsque c'est dans la prairie , les lignes se marquent avec.des piquets
placés de distance en distance.

divisé en sections, je ne pense pas qu'il me fallût bien des heures pour m'orienter et savoir au juste où je me trouve. S'il n'y avait que les grandes lignes ou lignes de communes, la chose serait plus difficile, car, comme je le disais tout à l'heure, ces lignes sont espacées de 6 milles, et 6 milles dans la forêt est une terrible distance.

Enfin ces réseaux servent aussi de points de repère aux pionniers pour indiquer leur habitation ou même quelquefois leur lieu de naissance. Il semblerait étrange à vos oreilles d'entendre un homme dire qu'il est né dans la section 10 de la commune 42, du rang XIII, à l'ouest du méridien de Détroit ; et cependant c'est le seul moyen que certains individus ont d'indiquer leur patrie ou leur résidence d'une manière précise dans un pays où il n'y a rien qui rappelle nos divisions en provinces, départements, cantons ou arrondissements, où les montagnes et quelquefois les rivières n'ont pas de nom, ou si elles en ont un, c'est un nom tellement barbare, qu'il est impossible, pour un gosier caucasique, de le prononcer.

Nous avons passé une soirée fort agréable avec nos arpenteurs, autour d'un grand feu adossé contre un tronc de pin d'un gros diamètre, qui servait de bûche économique. La plupart de ces messieurs n'étaient pas sortis de la forêt depuis quatre mois, et il y avait plus d'un mois qu'ils étaient sans aucune nouvelle du monde civilisé. Nous avions par conséquent une foule de choses à leur raconter, et je vous assure que jamais conteur arabe n'a été écouté avec une attention plus soutenue.

Quant aux résultats géologiques de cette course, ils sont à-peu-près nuls. Nous avons appris des arpenteurs qu'il n'y avait pas de roche visible dans tout le bassin de la branche droite du Monistique. Ce n'était pas encourageant, mais cette certitude avait l'avantage de nous dispenser de continuer nos explorations dans la même direction. Le lendemain, après avoir pris congé de nos braves arpenteurs, nous rebroussâmes chemin pour gagner la branche gauche, dont l'exploration fera le sujet de ma prochaine lettre.

E. DESOR.

DE

LA NEUTRALITÉ DE LA SUISSE

ET DE SES RELATIONS INTERNATIONALES AVEC LA SAVOIE
PENDANT LA GUERRE EUROPÉENNE DE LA SUCCESSION
D'ESPAGNE (1700-1712).

A entendre quelques politiques, on serait tenté de croire que
les rapports nécessaires entre la Savoie et la Suisse, dans le cas
d'une guerre générale en Europe, sont nés d'aujourd'hui seulement. La moindre notion de notre histoire suffit cependant pour
prouver que ces rapports ont existé de tout temps, et qu'ils seront
en quelque sorte éternels et incessans, comme la loi de la nature
qui a juxtaposé ces deux pays au milieu du grand système des
Alpes.

Dès les temps de César, il est difficile de séparer nettement ce
qui appartient en propre aux Helvétiens de ce qui est aux Allobroges. La limite entre ces contrées est aussi peu déterminée que
l'emplacement de la fameuse muraille du triumvir romain, sur laquelle on a tant disserté. Au moyen-âge, c'est un des rois Rodol-
phiens du second royaume de Bourgogne ou de l'Helvétie bour-
gonde, Rodolphe III, dit le *Fainéant,* qui constitue, en faveur du
comte *Humbert aux Blanches mains,* le fief originaire qui sert
de fondement à la puissance de la maison de Savoie (¹). Au début

---

(¹) La communauté d'origine entre les races barbares qui ont repeuplé,
au moyen-âge, les vallées des Alpes helvétiennes et allobroges, après l'affaissement de l'empire romain, est un fait constaté par les historiens des
deux pays. Ceux de Savoie affirment que *Humbert aux Blanches mains* était
Saxon, et qu'on peut rattacher sa généalogie à celle de Vitikind. De là vient
que dès le 15ᵉ siècle la maison de Savoie plaça en chef de son écu les armoiries de Saxe.

de l'histoire moderne, quand l'Italie devient le théâtre des grandes guerres entre l'empereur et les rois de France, François Ier, devenu l'adversaire du duc Charles III, comprend si bien la nécessité de donner aux cantons suisses, ses nouveaux alliés après la journée de Marignan, des garanties du côté de la Savoie, qu'il n'hésite pas à déclarer, dans le célèbre traité de paix perpétuelle de l'an 1516 : « que le pays de la Savoie, *en deçà des monts*, sera admis au bénéfice d'une entière neutralité. »

Telle est l'origine de l'article 1er, si souvent rappelé ces derniers temps, des *arrangemens additionnels à l'article 5 de la déclaration du congrès de Vienne touchant le canton de Genève*. Cet article, rappelons-le ici, statue « que les provinces du Chablais et » du Faucigny et tout le territoire au nord d'Ugines (¹), apparte- » nant à sa majesté le roi de Sardaigne, feront partie de la neutra- » lité de la Suisse, garantie par toutes les puissances ; c'est-à-dire » que toutes les fois que les puissances voisines de la Suisse se » trouveront en état d'hostilés *ouvertes* ou *imminentes*, les troupes » de sa Majesté le roi de Sardaigne, qui pourraient se trouver dans » ces provinces, se retireront, et pourront à cet effet passer par » le Valais, si cela devient nécessaire ; qu'aucune autre troupe ar- » mée d'aucune puissance ne pourra y stationner ni les traver- » ser, sauf celles que la Confédération Suisse jugerait à propos d'y » placer. » Pour le dire en passant, si jamais l'occasion se présentait d'agir en vertu de cet article, la Suisse pourrait se trouver embarrassée, tant cette rédaction laisse à désirer. Il serait en effet assez difficile, comme l'a fait observer M. le général Dufour dans une discussion au Grand-Conseil de Genève, de déterminer ce qu'il faudrait entendre par le territoire au nord d'Ugines ou, en d'autres termes, le nord d'un point.

Si la Savoie et la Suisse ont eu constamment, dans les grandes

---

L'une des plus anciennes familles du duché de Savoie, celle de Blonay, fait remonter sa généalogie au fameux Orgétorix, chef des Helvétiens à l'époque de leur projet de migration dans les Gaules (Voyez à ce sujet un livre rare intitulé *Alphabet d'érudition de M. de Blonay, dédié à la postérité de sa maison. Chambéry,* 1708, 8°.

(¹) Ugines est un bourg considérable et très-marchand sur la rive droite de l'Arly. Sa population, d'après l'évaluation de Grillet, dans son *Dictionnaire du département du Mont-Blanc,* était de 2498 âmes en 1807. Quand Genève et la Savoie appartenaient à la France, Ugines dépendait du canton de Faverges dans l'arrondissement d'Annecy.

crises périodiques qui ont remué profondément l'Europe, des points
de contact communs et des affinités fatales, il n'est aucun moment
où l'on puisse voir ces relations internationales mieux en saillie et
plus nettement dessinées qu'à l'époque de la grande guerre pour
la succession de Charles II, dernier roi d'Espagne de la maison de
Habsbourg-Autriche, guerre qui embrasa toute l'Europe durant
douze longues années au commencement du dix-huitième siècle.
On se battit alors tout autour de la Suisse; et les frontières de ce
pays furent plusieurs fois menacées du côté de l'Allemagne et du
lac de Constance, du côté des Grisons, de la Valteline et de l'Italie, et enfin du côté de la Savoie et sur la rive méridionale du lac
Léman.

Louis XIV, qui voulait faire reconnaître, malgré toutes les puissances prépondérantes de l'Europe, son petit-fils Philippe V comme
roi d'Espagne et des Indes, en vertu du dernier testament de
Charles II, n'avait guère pour lui, au commencement de la lutte,
que l'Espagne et deux souverains secondaires, l'électeur de Bavière en Allemagne et le duc de Savoie en Italie. Ce dernier, Victor-
Amédée II, fut entraîné d'abord dans l'alliance française par le
mariage de sa fille avec Philippe V, et par la perspective de l'é-
change de son duché contre le royaume de Naples. L'aînée de ses
filles avait d'ailleurs épousé le duc de Bourgogne. Mais en dépit
de tous ces liens, la coopération de Victor-Amédée fut à la France
d'une efficacité très-problématique dès l'origine de cette guerre,
qui eut pour premier théâtre l'Italie, et quand les chances devinrent décidément contraires au roi de France, ce prince passa ouvertement du côté de la coalition dirigée avec tant d'habileté par
le triumvirat composé de Marleborough, du prince Eugène et du
grand pensionnaire de Hollande, Heinsius. Ce fut en présence de
cette défection que la position de la Suisse devint critique. Jusqu'a-
lors elle avait été assez tolérable, parce que la neutralité de la
Confédération suisse, solennellement déclarée à la Diète de septembre 1700, n'avait pas rencontré de contradicteurs sérieux. La
France et les autres puissances avaient adhéré à cette neutralité,
moins bien déterminée en ce temps-là qu'aujourd'hui, à la condition que les enrôlemens ne seraient pas entravés. On sait que les
capitulations militaires constituaient alors une grande partie de la
vie politique et économique des Etats suisses. Il y avait bien eu des
tentatives de la diplomatie française pour faire reconnaître d'em-

blée Philippe V par les cantons, mais la prudence des confédérés
s'était refusée à une démarche aussi compromettante. Leur position,
au milieu des parties belligérantes, était délicate, parce qu'ils
fournissaient des soldats en grand nombre aux armées de la France
et de l'Espagne et à celles de leurs ennemis. Dans les rangs des
Français, des Espagnols, des Piémontais, des Autrichiens et des
Impériaux, des Anglais, des Hollandais, on comptait bien des milliers de braves soldats suisses qui trop souvent en venaient aux
mains les uns contre les autres, comme cela eut lieu entr'autres devant la citadelle de Liége, vaillamment attaquée et défendue en 1701
par des compagnies suisses au service de la France et des coalisés.
Les puissances étaient si contentes de ces défenseurs, sortis de nos
montagnes, qu'elles voulurent en avoir de nouveau pour continuer
la lutte qui menaçait de se prolonger long-temps encore. «De nombreux galans, les États généraux, Venise, la Savoie nous courti-
sent pour avoir des troupes,» écrivait un magistrat bernois, Willading, au diplomate Saint Saphorin, gentilhomme du Pays de Vaud,
que Jean-Baptiste Rousseau appelait dans ses épigrammes *un général de par l'écritoire*, parce qu'il passait pour tenir plus heureusement la plume que l'épée. Le fait est qu'il mania assez habilement l'une et l'autre dans l'intérêt de l'empereur, et que Louis XIV
le trouva si souvent sur son chemin, qu'il finit par honorer cet officier négociateur d'une haine particulière. Ainsi, au dix-huitième
siècle, la neutralité et les capitulations militaires étaient déjà les
deux grandes affaires en Suisse. Seulement il y avait entre la manière d'envisager alors ces deux questions, et celle dont nous les
traitons maintenant, toute la différence qui caractérise ce siècle et
le nôtre.

Il avait fallu de longs et de nombreux efforts pour inculquer aux
populations suisses cette idée de neutralité devenue de nos jours si
populaire; c'est qu'elles étaient portées par instinct à cette politique d'intervention qui leur avait valu en Italie, au quinzième et au
seizième siècles, tant de puissance, tant de gloire et tant de richesses, mais aussi tant de misères. De la part des puissances, la
neutralité n'était pas non plus toujours prise au sérieux; et quant
aux capitulations, elles étaient vers l'an 1700 à leur apogée, à
leur moment brillant, tandis que de nos jours elles sont plus ou
moins à leur déclin.

Ce fut au commencement de l'année 1704, quand la défection

du duc de Savoie devint flagrante, et que Louis XIV, justement irrité, eut fait son armée prisonnière et ordonné l'invasion du duché
jusqu'alors heureusement préservé des maux de la guerre, que les
mots de *neutralité* et de *capitulation* furent surtout en Suisse à
l'ordre du jour.

Pendant que les cantons sollicitaient auprès de l'ambassadeur
de France et par des députations spéciales vers les généraux de
Louis XIV, en faveur de cette neutralité qui leur tenait tant à cœur,
l'envoyé du duc de Savoie en Suisse, Mellarede, demandait une
nouvelle capitulation et de nouveaux régimens pour son maître.
Les pièces diplomatiques et les documens militaires publiés récemment par MM. Mignet et le général Pelet, dans la grande collection des Documens inédits relatifs à l'histoire de France, ont
mis au jour bien des choses cachées de ce moment intéressant de
notre histoire (¹), déjà passablement connu de tous ceux qui ont
eu la patience de feuilleter la volumineuse collection des pièces
diplomatiques réunies par le diplomate Lamberty durant sa stu-
dieuse retraite à Nion (²). Cependant une foule de détails restaient
encore voilés, et bien des faits demeuraient inexpliqués. Les archives de Genève et particulièrement les registres des Conseils sont
venus heureusement nous mettre sur la voie de nouvelles données
que nous allons essayer de développer en suivant l'ordre des
dates.

A la première nouvelle de l'invasion de la Savoie par les troupes
françaises, la ville et république de Genève se trouvant plus particulièrement menacée en raison surtout des enclaves de son territoire dans celui de ce duché, résolut de députer auprès du maréchal de Tessé qui commandait l'armée d'occupation. Dans sa séance
du 26 novembre, le Petit-Conseil arrêta donc la résolution suivante:

« Instructions à noble Jaq. Favre, seigneur, ancien syndic, député
à M. le maréchal de Tessé.

» Vous partirez mardi matin pour vous rendre à Annecy, où vous
trouverez peut-être M. le maréchal. Si vous ne l'y trouvez pas, vous
continuerez jusqu'à Chambéry.

» Vous lui direz que dès que nous avons su son entrée dans la Sa-

(¹) Voyez entr'autres le volume 4ᵐᵉ de cette publication, *partie militaire*
des documens inédits sur la guerre de la succession d'Espagne.

- (²) *Mémoires pour servir à l'histoire du XVIIIᵐᵉ siècle*, tome III, année
1704.

voie avec les troupes du Roy, nous vous avons nommé pour le complimenter. Vous lui témoignerez la joie que nous avons eue quand
nous avons appris les assurances que le Roy nous a fait donner de
la continuation de sa bienveillance royale. Vous lui témoignerez en
général notre attachement au service du Roy. Vous entrerez, si l'occasion s'en présente, dans le détail de ce qui regarde la liberté du commerce et l'approche des troupes aux environs de notre ville, ce qui
est également réglé par des traités publics bien connus.

» Il sera nécessaire, qu'il expédie des sauve-gardes pour ce que
nous possédons dans l'enclavage de la Savoie.

» Si M. le maréchal de Tessé vous parle des déserteurs, vous lui ferez sentir les grands inconvéniens qu'il y a en cette affaire. Au reste
notre intention est que vous demeuriez dans les termes d'un simple
compliment, et que vous supposiez que l'intention du Roy est de ne
nous point faire de chagrin.»

Le maréchal s'empressa de répondre au gouvernement de Genève les deux lettres que voici :

Chambéry, ce 29 novembre 1705.

» Messieurs,

» J'ai reçu avec plaisir la lettre que vous m'avez fait l'honneur de
m'écrire, et qui m'a été rendue par M. l'ancien syndic Favre; je l'ai
prié de vous bien assurer de la véritable et fidèle correspondance que
j'entretiendrai non-seulement par inclination, mais par l'ordre que j'en
ai du Roy, qui m'a commandé de vous faire sentir en toutes occasions
les effets de son amitié et de sa protection.

» Que s'il se passait par mégarde quelque chose qui pût vous donner la moindre inquiétude, soit par le voisinage des troupes ou pour la
liberté de votre commerce, que je vous assure n'avoir pas dessein de
troubler, je vous supplie dans l'instant de vouloir bien vous en esclair-
cir avec M. de la Closure ou avec moy, et j'y apporterai pour vostre
satisfaction tous les remèdes possibles.»

Votre très humble serviteur,
Le MARÉCHAL DE TESSÉ.

Chambéry, ce 7 décembre 1703.

» J'ai reçu la lettre du 4 du c' que vous m'avez fait l'honneur de m'es-
crire, et celle-ci n'est que pour vous réitérer les mêmes choses que
j'ai déjà dites au S' Favre que vous avez pris la peine d'envoyer auprès de moi. Le Roy n'a d'autre envie que celle de protéger vos priviléges et de contribuer par ses soins à vostre repos, qu'il n'a point du
tout envie de troubler, malgré tout ce que ses ennemis, qui sont les
vostres, vous peuvent faire entendre. Je vous en fais de nouvelles
protestations.»

Sur ces entrefaites les cantons suisses, surtout ceux qui étaient
voisins de la France, comme Berne et Fribourg, commençaient à s'é-
mouvoir de leur côté. Berne, que la guerre de Savoie rendait tout
particulièrement attentif, à cause du Pays de Vaud, envoya à Ge-

nève un député, M. de Mulinen, pour faire envisager à cette ville, alors simple alliée de la Suisse et spécialement des deux cantons protestans Zurich et Berne, combien il lui importait de demander' une intervention fédérale et le danger qu'il y avait pour elle à traiter directement avec les généraux de Louis XIV. i

Dans la séance du mardi 27 novembre, voici ce que porte le procès-verbal du conseil :

» M. le premier syndic a rapporté que dans la visite qu'il avait ren; due hier à M. de Mulinen, il avait encore réitéré si nous ne nous proposions pas d'envoyer quelqu'un sans caractère à la Diète de Baden, où l'on ne manquerait pas d'examiner la proposition de M. Mellarede,, en quoi il était évident que nous avions un très grand intérêt et particulièrement pour la neutralité de la Savoie, ce qui tournerait aussi à notre avantage et au repos de cet Etat, aussi bien que du canton de Berne. Mais qu'il avait fait connaître à M. de Mulinen que ce n'était pas notre coutume d'envoyer à la Diète sans y être appelés.

» Il a encore rapporté que M. de S¹ Saphorin lui avait envoyé de Berne un mémoire sur l'intérêt que nous avions d'envoyer un particulier seulement pour solliciter cette affaire à Bade.

» Dont opiné, il a été dit par les uns qu'il était inutile et même dangereux de paraître en cette occasion, qu'il n'y avait pas d'apparence de pouvoir obtenir la neutralité, la France étant maintenant en possession de la Savoie ; que les instances du S⁰ de S¹ Saphorin à cet égard devaient être suspectes: *Timeo danaos et dona ferentes.*

» D'autres ont dit que cependant comme cette neutralité nous était très avantageuse, il n'y avait point d'inconvénient sensible à faire connaître à MM. nos alliés les avantages qui nous en reviendraient ; qu'il était à propos de leur écrire en les remerçiant de la communication, qu'ils nous avaient faite de la proposition de M. de Mellarede: Cet avis ayant prévalu, il a été dit que l'on prierait MM. nos alliés d'avoir nos intérêts à cœur dans l'examen qui s'en ferait à la Diète de Bade.

» M. le premier syndic a encore rapporté que M. de Mulinen lui avait fait entendre néanmoins comme particulier, que MM. de Berne se résoudraient de nous envoyer dans le besoin le secours de la même manière que ci-devant.»

L'habile et infatigable Saint-Saphorin, qui avait pour mission de l'empereur d'Allemagne de compromettre la Suisse vis-à-vis de la France, et de pousser les cantons et leurs alliés dans l'alliance des puissances ennemies de Louis XIV, adressa de son côté une note diplomatique à Genève dont le sens et le but devait coïncider avec l'ambassade de M. de Mulinen. Nous donnons cette pièce textuellement :

Mémoire du Sieur de Saint-Saphorin pour engager Genève à solliciter en Diète la neutralité de la Savoie.

» L'entrée des Français dans la Savoie ne doit pas empêcher de poursuivre toujours la neutralité de la Savoie. Il aurait été bien à propos que le remède eût prévenu le mal ; *mais si on veut gâter quelque chose en Suisse, on n'a qu'à précipiter les affaires.* Il n'y a personne au monde à qui la neutralité de la Savoie soit plus importante qu'à MM. de Genève. Par ce moyen on empêcherait aux Français de s'approcher de leur ville avec des troupes, et la guerre serait entièrement éloignée de leur voisinage. Au lieu que si la neutralité ne s'établit pas, la France, sous prétexte de quartier d'hiver, du blocus de Montmeillan, ou de se défendre contre les efforts qu'elle affectait de craindre que le duc de Savoie ne voulût faire pour la chasser de ce qu'elle avait conquis deçà les monts, sous ce prétexte, dis-je, elle pourrait tenir un corps de troupes assez considérable, qui mettrait Genève à tout moment en danger d'être enlevée, outre que l'on sait pertinemment que le Roi de France, avant de faire entrer ses troupes en Savoie, a voulu forcer le duc à lui céder le pays en deçà des Alpes, avec Nice, contre le Montférat et le Milanais.

» Et comme le Roi de France a une extême envie d'avoir la Savoie, si le Duc voit qu'il ne puisse jamais la conserver en temps de guerre, il aura bien raison d'en faire l'échange contre d'autres Etats qu'il pourra mieux soutenir. C'est déjà par ce motif que la Bresse et le pays de Gex sont tombés entre les mains de la France contre le petit marquisat de Saluces. Où en seraient alors MM. de Genève ?

» Il est certain que si ces MM. voulaient faire quelque démarche à la Diète, ils pourraient beaucoup pour engager les cantons protestans à pousser vigoureusement à la neutralité. Ils peuvent faire cette démarche de la meilleure grâce du monde, et sans qu'il paraisse que c'est la France qu'ils ont particulièrement en vue. Car ils peuvent prendre prétexte que le duc de Savoie conservant la communication libre entre la Savoie et le Piémont, et s'attachant particulièrement à *cela*, il est évident que le voisinage de Genève va devenir le théâtre de la guerre Et cela mettra cette ville en continuel danger.

» Une lettre aux cantons protestans, qui vint avant la Diète, ferait déjà un bon effet, et une députation pour Bade aiderait ensuite bien la chose ; ou si une députation paraissait une affaire de trop d'éclat, Genève pourrait envoyer quelque particulier, habile homme, pour négocier cela sans caractère public.»

Genève suivit le conseil de Saint-Saphorin, et envoya à la Diète de Bade un magistrat, mais sans caractère public, et avec l'expresse recommandation d'observer seulement.

Ce fut sur ces entrefaites qu'une affaire des plus graves faillit brouiller complètement les cartes à Genève et entraîner l'occupation de cette ville par les troupes françaises. Genève était alors peuplée de réfugiés français, au nombre de quelques milliers, que la révocation de l'édit de Nantes avait contraints à quitter leur patrie. Ces étrangers avaient parmi leurs compatriotes enrôlés sous les drapeaux du grand roi, de nombreux adhérens qui cherchaient tous les moyens de quitter l'armée et de rejoindre leurs coréligionnaires. Il y eut donc une nombreuse désertion dans les bataillons commandés par le maréchal de Tessé, et ce n'était pas une désertion ordinaire, puisqu'elle se compliquait d'une question politico-religieuse. Le gouvernement genevois vit avec d'autant plus d'effroi cette tournure des affaires, qu'il n'était que tout juste maître de la population, qui sympathisait en très grande majorité avec les ennemis du monarque persécuteur. La France entretenait alors un agent diplomatiqne spécial à Genève, et ce résident, M. de la Closure, s'était hâté de demander la répression de la désertion. La marche que suivit cette affaire est clairement tracée dans les actes suivans :

Séance du mardi 27 novembre. 1703

« M. le syndic de la garde rapporte que les bataillons français qui étaient en marche pour Thonon, avaient reçu ordre de rebrousser chemin vers la Tarentaise. Il avertit de plus que des déserteurs français s'étant retiré au Pré l'Evèque, des Genevois avaient acheté leurs armes, et qu'en conséquence il avait fait retirer ces fusils chez lui. Dont opiné, il a été dit que M. le syndic le fasse savoir à M. le résident. De plus on fera la publication d'empêcher aux particuliers d'acheter les fusils des déserteurs.

Séance du mercredi 28 novembre.

» M. le résident de France ayant demandé qu'on ne se borne pas à ôter les armes aux déserteurs, mais qu'on les livre ou qu'on leur ferme l'entrée de la ville; vu l'importance de la chose, il a été dit que l'on attendra le retour du Sr Favre.

Séance du 29 novembre.

» M. le syndic Chouet a rapporté qu'il avait vu M. le résident de France, ayant prié M. de Cambiague d'être témoin de l'entretien sur une matière si délicate que celle des déserteurs. M. le résident a parlé avec beaucoup de vivacité, offrant la réciprocité, et de rendre aussi ceux qui déserteraient de notre ville. A quoi le noble Chouet avait répondu que le Conseil était très-marri de faire paraître de la répugnance sur cette affaire, dans une occasion et dans un temps où il n'avait en vue que de donner des preuves au Roi de son attachement à son service; mais qu'il le priait de réfléchir que cette proposition donnait une manifeste atteinte à notre liberté et blessait notre souveraineté.

2° Que cela ferait connaître à toute l'Europe que nous n'étions plus une ville libre et neutre; 3° que toutes les autres fois que la France s'était emparée de la Savoie, on ne nous avait jamais fait proposition semblable; 4° qu'il n'y avait point d'exemple de cette nature; 5° que le Conseil ne pouvant se déterminer de lui-même, sans consulter les autres Conseils, cette affaire ferait beaucoup d'éclat et en Suisse et parmi nos alliés auxquels nous serions obligés de la communiquer aux termes de nos alliances.

6° Que si nous étions moins petits, peut-être que l'on y ferait moins d'attention, mais que dans l'état où nous étions, notre intérêt était de, nous conserver en paix avec tout le monde. Qu'au fond, nous ne prétendions donner aucun asyle aux ennemis du Roi, mais que notre ville étant libre, chacun y pouvait passer; que nous avions été re-, ligieux observateurs de la parole donnée d'ôter les armes aux déser-, teurs.

» M. le résident a répondu qu'il savait bien que la réciprocité était de volonté, et qu'on ne pouvait pas nous y forcer. Qu'en empêchant les déserteurs d'entrer dans la ville, on arriverait à une conclusion raisonnable, estimant que nous accepterions volontiers cet expédient.

» Lui ayant fait entendre cependant l'écueil qu'il y avait à cet expé-dient, M. le résident s'est extrêmement échauffé, disant qu'il voyait bien que nous n'avions que des paroles, quand il s'agissait de plaire au Roi, et que nous lui refusions tout; enfin, que cela étant, l'on pren-drait des mesures en établissant des corps de garde aux environs de notre ville; qu'il était las de notre conduite et de tout ce qu'il y voyait.

» Sur quoi l'ayant prié, après lui avoir donné quelque temps pour, s'*essorer*, de considérer notre état, les mesures que nous avions à garder avec le peuple au dedans, avec nos alliés au dehors, avec l'Angleterrre et la Hollande pour le commerce, il était évident que nous devions garder quelque neutralité, à moins que de risquer la perte de notre commerce et notre ruine entière.

» Nous avons dit encore que nous étions bien persuadés que le roi ne voudrait jamais nous jeter en ces cruelles extrémités, surtout les désertions n'ayant jamais été excessives; que d'ailleurs le refus de nos portes nous priverait de la facilité de rendre les effets volés.

» M. le résident a repris ici son air de vivacité. Il a dit bien des choses sur l'attachement que le peuple faisait paraître à Genève pour les ennemis du Roi, sur l'empressement que l'on avait eu à punir les enroleurs pour la France, et sur la froideur au contraire que l'on avait mise dans la punition des autres enroleurs.

» Cependant la conversation s'étant radoucie, il a été convenu que l'on attendrait le retour de M. Favre pour s'entendre sur le tout. On a fini en disant en riant qu'il ne fallait rapporter que le bon de cet en-tretien. Il a été dit encore par M. le résident qu'il insistait pour que l'on défendit aux bateliers de passer des déserteurs en Suisse.»

Quelques jours après, le député de Genève auprès du maréchal de Tessé fit en Conseil le narré de son ambassade.

Séance du lundi 3 décembre 1703.

» M. l'ancien syndic Favre a fait rapport sur sa députation à M. le maréchal de Tessé Il a dit qu'étant arrivé mercredi soir à Chambéry, il, avait envoyé demander pour savoir l'heure à laquelle il pourrait voir M. le maréchal. Lequel a répondu fort obligeamment que s'il avait su cette arrivée, il le serait allé voir en son logis, mais que puis-qu'il était prévenu, il l'attendrait le matin entre 9 et 10 heures. Que s'étant rendu à cette heure là au château, M. le maréchal l'avait fait introduire, quoiqu'il fût encore en robe de chambre, dont il lui avait fait des excuses. Que le dit noble Favre lui ayant fait compliment, M. de Tessé y avait répondu très-obligeamment, disant qu'il agirait de manière que nous aurions sujet d'être contens.»

» Que s'étant assis, et M. le maréchal lui ayant donné la place d'honneur, M. de Tessé avait continué de l'assurer que soit pour la liberté du commerce, soit pour l'approche des troupes dans les environs de notre ville, il se conformerait au traité de St Julien. M. de Tessé a insisté sur la bienveillance de S. M. et sur les bienfaits que nous en recevions comme d'un ami et d'un puissant voisin. Il a dit aussi que nous devions avoir de notre côté quelqu'agrément pour son service, que dans cette vue il proposait de rendre de part et d'autre les déserteurs, avouant qu'en cela l'intérêt du Roi était plus considérable que le nôtre, vu qu'il y avait plus à craindre les désertions des troupes de S. M. que pour celles de notre garnison. Sur quoi noble Sr Favre a fait connaitre qu'il n'avait point d'ordres de ses supérieurs à cet égard, que tout ce qu'il pouvait faire était de leur en faire rapport. M. de Tessé lui a témoigné que cela était juste, et qu'il en avait écrit de son côté à S. M.»

» M. le maréchal a insisté disant combien le Roi nous aimait, ce qu'il avait témoigné d'une manière bien particulière dans une occasion où il s'agissait de notre liberté, qui était que le duc de Savoie avait sollicité le Roi, avant et pendant la dernière guerre, de vouloir bien l'aider à faire valoir ses droits sur notre Etat; que sur le refus que le Roi en avait fait, il savait que le duc avait réitéré ses instances, mais inutilement; que la chose était très-certaine, et qu'elle s'était négociée par son canal. Ayant ajouté que cela nous engagerait indispensablement à avoir toutes sortes d'égards, il a dit que nous ne devions pas souffrir que les réfugiés, qui se sont soustraits à l'obéissance qu'ils doivent au Roi, en se retirant de son royaume, fissent de notre ville un lieu de cabales contre S. M.

» Cet entretien s'étant passé de la sorte, le dit noble Favre prit congé de lui, M. de Tessé lui ayant fait promettre qu'il irait dîner avec lui. Ensuite, s'étant rendu à l'heure marquée pour le dîner, il a eu un second entretien avec M. le maréchal. Cet entretien a d'abord été général sur les avantages de la paix. M. de Tessé a dit que les réfugiés n'étaient pas là-dessus du même sentiment que nous. Il a parlé d'eux avec beaucoup de vivacité, ainsi que de quelques particuliers de notre ville. Après le dîner il s'est retiré, et M. de Tessé est venu ensuite au logis de noble Sr Favre pour lui remettre des lettres de récréance et des sauve-gardes, en insistant sur les obligations que nous avions à S. M.

» Le dit noble Favre a ajouté que M. de Tessé lui avait parlé alors des offres que les Suisses faisaient de nous envoyer des troupes pour la sûreté de notre ville, et qu'ils ne manqueraient pas d'insister pour nous les faire accepter; que les Suisses en général pourraient bien, s'ils le voulaient, *devenir les médiateurs de la paix générale de l'Europe*, s'ils ne préféraient pas les profits qu'ils font à fournir des troupes aux puissances, à l'honneur qu'il y aurait pour eux de prendre ce grand rôle.

» Enfin il est bon de dire qu'après le repas, M. le maréchal a pris un verre, et a prié notre Sr Favre d'en prendre un aussi de son côté, et qu'il a été bu à la santé du conseil.»

L'état des choses, après ces explications, parut tellement grave au Petit-Conseil, qu'il crut devoir porter la question au Conseil des *deux Cents* qui fut convoqué *ad hoc* pour en délibérer. Le très-court procès verbal de la séance est très-curieux, en ce qu'il donne des renseignemens précis sur l'état des esprits dans Genève :

» Le Conseil des deux Cents ayant été rassemblé, M. le premier syndic a dit le précis de la députation de M. Favre, sur quoi l'on a fait les propositions suivantes :
» *M. l'ancien syndic Pictet :* que l'on se munisse de bonnes armes et de bayonnettes.
M. le conseiller Grenus : que l'on fasse un conseil de guerre.
M. le conseiller Rigot : que l'on travaille aux fortifications.
Le S^r procureur-général : que s'il vient des troupes en plus grand nombre en Savoie, l'on prenne aussi des précautions plus grandes ; que l'on visite les magasins, et que l'on travaille aux fortifications.
Le Sr Jacob de Chapeaurouge : que l'on arme bien la bourgeoisie.»

Il ne fut pas dit autre chose en deux-Cents que ces généralités, du moins le régistre est-il muet sur les autres points, entr'autres sur celui des déserteurs qui, comme on va le voir, préoccupait toujours très-vivement le Petit-Conseil :

Séance du Petit-Conseil du mardi 4 décembre 1703.

» Le Conseil a trouvé à propos que l'on donne avis à MM. de Zurich et de Berne de l'état des troupes de France en Savoie, qui sont toutes retournées à Chambéry, et du succès de la députation de M. Favre. MM. de Berne de leur côté nous ont écrit qu'ils auraient égard en Diète à nos intérêts pour la neutralité.
» Délibérant sur l'affaire des déserteurs, et notamment sur l'expédient proposé, savoir sans plus parler de les arrêter dans la ville, pour les rendre réciproquement de part et d'autre, l'on ne demande de nous que de les empêcher d'entrer dans notre ville, il a été dit par les uns qu'il y avait en cet expédient les mêmes inconvéniens au fond que dans la réciprocité proposée, outre que dans l'exécution il y avait un nombre infini de difficultés, au lieu que par le refus que nous étions en droit de faire, il était à présumer que le Roi était trop juste pour en avoir du chagrin contre cet Etat. Que l'établissement de corps de garde dans le voisinage, violerait le traité de St Julien. Il est évident, a-t-on dit encore, que M. le résident, en habile ministre, veut nous obliger, pour faire sa cour au préjudice de notre liberté et de la neutralité que nous devons garder ; qu'enfin cette affaire étant très-importante, il fallait la porter au conseil des 60 et peut-être aux 200. On a dit encore qu'il est avantageux à un petit Etat d'avoir une conduite uniforme, étant persuadé qu'on ne nous blâmera pas à la Cour, ce qui a été refusé auparavant dans une conjoncture beaucoup moins favorable. Les autres ont dit qu'ils reconnaissaient qu'on était en droit de persister dans ce refus ; que la crainte néanmoins que l'on devait avoir d'irriter le roi, nous devait porter à avoir cette complaisance qui nous allarmait plus qu'elle ne devait, vu qu'à bien considérer cette précaution, elle ne donnait aucune atteinte à notre *souveraineté*, et ne nous obligeait seulement, et à la rigueur, qu'à fermer nos portes à

des voleurs et à des gens qui violent leurs engagemens; que tan
M. de Tessé que le résident, avaient déclaré qu'ils n'en voulaient pas
à notre souveraineté, que l'intention du roi était au contraire de nous
faire ressentir de plus en plus les effets de sa bienveillance; enfin que
la promesse de réciproquer en empêchant les troupes de notre garnison de prendre parti dans les troupes du Roi, mettait encore notre liberté et notre souveraineté à couvert.

» Sur ces fondemens il a été conclu que noble syndic Chouet devait
s'entendre avec M. le résident et lui porter parole que l'on empêchera
les déserteurs d'entrer dans la ville. Et au surplus on écrira à M. le
maréchal de Tessé pour le remercier du bon accueil qu'il a fait à noble
Sr Favre, en lui marquant expressément que l'on prendra sur l'art des
déserteurs toutes les dispositions dont il s'est entretenu avec le dit
Sr Favre.»

Dans la séance du 7 décembre, le syndic Chouet fit son rapport:

Séance du Petit-Conseil du 7 décembre 1703.

.,» M. le syndic rapporte que M. le résident a témoigné une extrême
satisfaction sur ce qui a été dit quant aux déserteurs, et il a ajouté
que même ceux qui déserteraient de chez nous, on nous les rendrait.
M. le syndic de la garde a été chargé de pourvoir au présent que l'on
fait-à cette époque à M. le résident en truite et en eau cordiale.»

Ainsi les concessions, faites par le gouvernement de Genève,
n'empêchaient pas la situation de s'aggraver. Les puissances coalisées contre Louis XIV, indignées de voir l'influence que ce monarque exerçait dans Genève, au moment même où la Suisse faisait
tant et de si solennelles démarches pour obtenir la neutralité, se
montraient à leur tour exigeantes. Il faut savoir que des compagnies
de commerce de Genève avaient passé des marchés avec le ministre de la guerre Chamillart, pour les approvisionnemens de
l'armée française. Le remplacement du maréchal de Tessé par le
lieutenant-général La Feuillade, neveu de ce ministre et l'un des
favoris de Louis XIV, n'était pas fait non plus pour améliorer l'é-
tat des affaires. Ce nouveau personnage nous est représenté comme
aussi hautain dans ses manières que médiocre dans ses capacités.

» Il a été fait rapport sur la nouvelle ambassade à Chambéry de
M. le conseiller Marc Conrad Trembley, qui a été spécialement chargé
de demander au maréchal la liberté de faire venir de Savoie tous les
blés appartenant à la chambre des blés, et que l'intendant Bouchu
voulait prendre pour le service du Roi. Le dit Bouchu a dit au
Sr Trembley que comme on lui avait demandé un prix excessif de ces
blés, il avait refusé d'entrer en marché. Ayant été invité à dîner chez
le susdit intendant, après le repas M. le maréchal de Tessé l'a pris en
particulier, et lui a dit qu'ayant ordre du Roi de passer incessamment
en Italie, M. le duc de la Feuillade qui devait commander à sa place

en Italie , devait arriver bientôt. M. de Tessé a ajouté qu'il se proposait de passer par Genève *incognito* si l'on n'y voyait pas d'inconvénient.

» Dont opiné, il a été dit qu'il n'y avait point d'inconvénient, et qu'au contraire il y en aurait beaucoup si l'on témoignait quelque défiance, et qu'on prêterait au maréchal le brigantin de l'Etat pour son passage.

» L'on a rapporté que MM. de Berne avaient députe le banderet de Muralt, et qu'il devait prendre en passant un député de Fribourg pour aller ensemble demander au commandant de l'armée française de suspendre les progrès des armes du Roi en Chablais, jusqu'à ce que la Diète en eût conféré avec M. l'ambassadeur de France. Il a été décidé que si ces députés se consignent à la porte, on se mettra sous les armes.

Du vendredi 14 décembre.

» M. le premier syndic rapporte qu'en effet MM. les députés de Berne et Fribourg sont arrivés avec leur suite de quatorze personnes, et ont logé à la Balance. Il a été dit que les nobles De la Rive, Gauthier, Turcttin et Mestrezat, conseillers, aillent les complimenter. Les dits quatre députés ont rapporté que les seigneurs envoyés étaient venus au devant d'eux jusqu'au bas de la première rampe, qu'ils avaient eu une conversation générale sur les affaires du temps. Les seigneurs envoyés ont dit que la sûreté de Genève avait beaucoup influé sur le dessein que l'on s'était proposé de prier M. le maréchal, au nom des deux cantons et même de tout le corps helvétique, de suspendre toutes opérations militaires jusqu'à la prochaine Diète qui prendrait des mesures convenables pour la neutralité des provinces voisines et pour l'établir solidement. Ils avaient ordre, bien que la Diète n'eût pas encore délibéré de cet affaire, d'agir au nom de tout le corps helvétique, suivant l'ancienne coutume des cantons les plus voisins du péril et de l'embrasement.

» Nos seigneurs députés ont répondu que les égards que l'on devait avoir pour le louable corps helvétique, nous persuadait que le succès de cette négociation répondrait à leur attente. MM. de Berne et de Fribourg ont dit aussi qu'ils avaient ordre de voir M. le marquis de Sales, commandant les troupes de Savoie. M. le résident a fait savoir à ces Messieurs que M. de la Feuillade était arrivé à Chambéry pour remplacer M. de Tessé.

» Il est à remarquer que MM. les députés suisses sont partis ce matin sans avoir vu MM. les syndics ni rendu visite aux députés de céans. Dont opiné, il a été dit qu'on les régale à leur retour.

» L'on a rapporté que le marquis de Sales et les troupes de Savoie se maintiennent encore à Annecy, ce dont les officiers et le sénat de Chambéry, qui avaient reconnu l'autorité du Roi de France, étaient fort embarrassés.

Du mardi 18 décembre.

» L'on a rapporté que M. le duc de la Feuillade avait chassé les troupes savoyardes d'Annecy, pillé les faubourgs, et envoyé des troupes à Thonon et à Evian. Il en sera donné avis à MM. nos alliés, de même que du passage de M. de Tessé, qui est entré avec dix-sept personnes de suite, et a fait remercier M. le premier syndic de la confiance qu'on lui avait témoignée en laissant les portes ouvertes. Il est parti sur le brigantin de l'Etat, accompagé de M. le résident et de M. Favre jusqu'à Versoix.

« t » Milord Nottigham nous demande, au nom de la reine de la Grande-Bretagne, de faire sortir de notre ville le Sᵣ Huguetan, qui fournit les finances à l'armée du Roy. Il sera répondu que les affaires sont en de tels termes que nous sommes obligés à garder plus de mesures.»

Les deux députés suisses ne purent prévenir l'invasion française en Savoie. C'était un parti pris de la part de Louis XIV, de mettre la main sur ce pays, et la Feuillade, dans sa correspondance avec le ministre Chamillard, son beau-père, avoue très-nettement qu'il évita à dessein de rencontrer les ambassadeurs des cantons avant d'arriver à Chambéry (¹). Ce fut donc dans cette ville et à la tête de son état-major que le général français reçut la députation de Berne et de Fribourg, deux cantons qui étaient plus particulièrement intéressés à la neutralité de la Savoie, en raison du voisinage. Comme la note qu'ils étaient chargés de lui soumettre constitue une pièce fort *judicieuse*, au dire de Lamberty, nous croyons devoir en donner la substance. Voici le texte :

«Après que les glorieux ancêtres des louables cantons eurent ac-
» quis, par la valeur de leurs armes, la liberté de leurs Etats, ils
» établirent des maximes pour conserver ce précieux bien à leur
» postérité.

» *Parmi ces maximes, la plus fondamentale consiste dans le*
» *soin d'avoir plusieurs souverains pour voisins, et de ne point*
» *permettre que les pays qui confinent leurs États, et qui en font*
» *la barrière, tombent sous une même puissance.*

(¹) « J'ai fait marcher (écrit La Feuillade à Chamillart le 15 décembre 1703) M. de Vallière avec cinq bataillons et deux pièces de canon à Annecy, en lui ordonnant de reprendre les postes de Thonon, Evian et la Roche. M. de Vallière a trouvé les habitans d'Annecy plus révoltés que jamais contre leur souverain par les mauvais traitemens que leur avait fait éprouver M. de Salles. Le succès de cette expédition m'a donné le moyen de me refuser nettement aux propositions que vinrent me faire les députés de Berne et de Fribourg pour la neutralité du Chablais. Jugeant que par cette neutralité leur projet était d'occuper ce pays avec leurs troupes, « et même de se rendre protecteurs de la Savoie, » je leur déclarai ne pouvoir retirer, sans un ordre du roi, les troupes qu'il venait d'y envoyer. Je continuai donc de resserrer M. de Salles et de le rejeter sur le Piémont. Il est important d'occuper Thonon et Evian, sur le lac de Genève, afin de couvrir Annecy et d'empêcher le commerce des religionnaires français réfugiés en Suisse avec le duc de Savoie qui les attire pour grossir ses troupes. »

» Ils ont, pour cet effet, pourvu dans tous les traités conclus
» avec les rois et les princes, par des réserves formelles, pour
» être en droit de secourir ces pays. Ils ont regardé ces maximes
» comme sacrées et inviolables, ne croyant pas de pouvoir jamais
« s'en désister sans manquer à ce qu'ils doivent à Dieu, à la pa-
» trie, à l'honneur et à la postérité.

» On n'a pas caché ces résolutions à Sa Majesté très-chrétienne,
» et à son ministre en Suisse, en déclarant qu'on ne pouvait voir
» d'un œil tranquille la Suisse environnée par une seule puissance,
» et la souveraineté des cantons, qui ne relève que de Dieu, de-
» venir dépendante. Il est vrai que la bienveillance dont Sa Majesté
» très-chrétienne les honore, à ce qu'il semble, devrait calmer
» leurs inquiétudes, mais on sait que tel prince, qui est aujour-
» d'hui ami d'un Etat, peut devenir son ennemi.

« Comme donc ils regardent la Savoie comme une barrière, et
» qu'ils ont fait des réserves par le traité de paix perpétuelle, con-
» clu avec le roi François I, et du depuis dans tous les traités
» d'alliance, de la pouvoir conserver, il ne faut pas être surpris si
» aujourd'hui les cantons entrent dans tous les soins de leurs pré-
» décesseurs.

» Ils ne disent pas que la conquête de la Savoie faite par les
» armes de Sa Majesté très-chrétienne, ne soit juste; mais ils ne
» croient pas que pour cela ils doivent négliger les moyens d'as-
» surer leur repos et leur liberté. C'est pourquoi ils ont convoqué
» une Diète générale à Bade, pour y négocier une neutralité. Mais
» comme cette négociation pourrait devenir infructueuse, si pen-
» dant que l'on y travaille le Roi de France s'emparait de la Sa-
» voie, les deux cantons de Berne et de Fribourg, munis de l'au-
» torité de tout le corps helvétique, ont jugé nécessaire de vous
» députer auprès de Votre Excellence pour la prier de laisser la
» Savoie dans l'état où elle se trouve présentement jusqu'à la fin de
» la Diète de Bade.»

Il ne paraît pas que l'ambassade des deux cantons ait fait grande
impression sur le duc de la Feuillade, car il écrit encore à son
beau-père Chamillart, immédiatement après l'avoir reçue :

«Je laisse un bataillon à Evian et un autre à Thonon pour la sû-
» reté du Chablais, jusqu'à ce que la Diète des Suisses ait pris des
» résolutions favorables aux intérêts de la France. Les Suisses pa-
» raissent vouloir entrer dans un accommodement entre le Roi et

» le duc de Savoie, mais à bon compte j'irai mon chemin. Pour
» empêcher que des étrangers venant de Genève ne se jettent, en
» passant par le Dauphiné, parmi les fanatiques des vallées, j'ai
» donné ordre de retirer tous les bateaux du Rhône, même ceux
» des pêcheurs, et d'assujettir les voyageurs à passer aux grands
» bacs établis sur ce fleuve. En même temps on travaille à la répa-
» ration du chemin de Briançon à Grenoble par Embrun, Gap,
» Champsaur, Lesdiguières et Vizille. Le duc de Savoie a fait
» acheter 1500 chevaux en Suisse pour sa cavalerie.»

Après avoir entendu le langage de la Feuillade, il est bon de
voir la contre-partie et d'étudier l'impression faite sur les deux
députés suisses par le général français. Nous retournons donc aux
procès-verbaux de Genève qui sont à cet égard très-explicites.

Séance du Petit-Conseil, du 21 décembre 1703.

»Les seigneurs députés de Fribourg et Berne sont revenus, et ont fait
part de leur négociation à Chambéry. Ils avaient eu audience de M. de
la Feuillade, et lui avaient fait la proposition ci-jointe, pour l'engager
à suspendre les opérations de la guerre. M. le duc de la Feuillade les a
reçus fort honnêtement, mais il les a renvoyés à S. M. ou du moins
au marquis de Puysieux, n'ayant point de commission du Roi à cet
égard.

» Alors l'ayant prié d'envoyer au moins leur mémoire au Roi par
un exprès, M. de la Feuillade a refusé de le recevoir. Enfin M. de
la Feuillade les avait régalés à dîner, et il leur avait rendu visite.
L'ayant alors sollicité plus vivement de recevoir leur mémoire, il s'en
était chargé pour l'envoyer en cour par la voie ordinaire.

» M. de Muralt a ajouté que leur démarche aurait au moins cet effet, que l'on verrait à la cour l'attention que le corps helvétique avait
pour la liberté, le repos et la tranquillité de la patrie.

. » Dans le repas dont on a régalé MM. les députés à l'hôtel-de-ville,
l'on a fait les santés ordinaires, et on a fini par celles du Corps helvétique, avec le bon vin de M. le conseiller Perdriau.

» M. de Muralt, dans le diner, a dit qu'il craignait fort que le duc de
Savoie ne se porte un jour à faire l'échange de la Savoie contre quelqu'équivalent en Italie. M. Feguch, député de Fribourg, au contraire,
a dit qu'il n'y aurait nulle raison de craindre un semblable événement.

» Quelques marchands banquiers de cette ville ont demandé à être
relevé du serment de rien fournir pour les armées, vu que le S' Huguetan fait ce commerce. Il est décidé de protester contre l'arrêté de
l'intendant Bouchu, qui défend aux sujets de la Savoie de porter du
blé à Genève, vu que cela est contre les traités.

» M. de Chamousset, premier président au sénat de Savoie, réfugié
en cette ville, a donné à entendre qu'il était surpris qu'on ne lui eût
fait aucune civilité. Dont opiné il a été dit qu'encore qu'on ne soit
plus en possession de faire des civilités aux membres du Sénat de Sa-

voie, l'on en aurait fait à celui-ci, s'il s'était consigné. Etant en refuge, il n'y a pas lieu de le prévenir. »

Les cantons de Berne et de Zurich, que des intérêts religieux engageaient alors dans une sorte de position expectante, si ce n'est dans une hostilité ouverte vis-à-vis de la politique française, continuaient toujours à tenir en garde leur alliée, la ville de Genève, contre toute démarche compromettante qui aurait eu pour résultat de la faire envisager comme Etat indépendant, libre dans ses allures politiques et sans solidarité marquée avec les cantons et le corps helvétique. Ces deux cantons crurent donc que le moment était venu d'envoyer à Genève des représentans fédéraux avec mission de prendre la haute main dans les affaires politiques. Mais la mesure était délicate, parce que l'on sait qu'à toutes les époques, et surtout alors, la souveraineté des Etats confédérés, et à plus forte raison de simples alliés de la Suisse, était plus absolue et plus entière que maintenant; parce que cette mesure, disons-nous, était envisagée comme engageant l'avenir et comme plus ou moins humiliante pour le gouvernement local. La ville et République de Genève dut donc y regarder à deux fois, et on le comprend, avant d'accepter une direction et un patronage qui, du reste, étaient offerts avec toute la bonne grâce possible et aussi, on a tout lieu de le croire, avec une parfaite loyauté. Il suffit pour s'en convaincre d'écouter le langage des deux puissans cantons protestans, tel qu'il est rapporté dans le registre du Conseil exécutif de la République de Genève. Nous entendrons ensuite la délibération des magistrats Genevois, tant du conseil étroit que de celui des soixante :

» MM. de Zurich et de Berne, par lettres des 27 et 28 décembre, nous engagent, vu la nécessité des affaires, à leur demander des représentans pour nous assister dans les occasions. Voici la lettre de MM. de Zurich :

» Tant par les avis dont vous nous avez fait part, que par d'autres informations, nous avons appris comme votre voisinage n'était pas en petite inquiétude et allarmes par les marches des deux armées étrangères qui s'approchent de jour en jour plus de vos confins. Nous ne doutons pas que vous ne fassiez, selon votre vigilance connue, tout ce qui pourra aider à votre repos et à la sûreté commune. Au cas que les conjonctures vous parussent plus périlleuses, nous sommes très-disposés de concourir, par l'envoi d'un représentant conjointement avec nos chers alliés de la ville de Berne, à tout ce que les conjonctures requerreront. Nous supplions le bon Dieu qu'il nous conserve paternellement, vous et nous par la protection de sa grâce.

» Voici maintenant la lettre de MM. de Berne :

» En la Diète générale tenue à Bade, il a été proposé entre les députés de Zurich et les nôtres, que conformément aux alliances d'Etat et de religion que nous avons ensemble, comme les divers mouvemens des deux armées aux environs de votre ville excitent des craintes, il serait à souhaiter qu'il vous fût convenable de demander chez vous, selon le style observé, des seigneurs représentans de chacun des deux cantons, pour plus grande précaution et convenance.

, » Par. ce moyen on sera engagé de vous assister en tout ce qui pourrait arriver. Une fois que vous aurez requis ces représentans, ils vous seront envoyés sans délai, la nécessité paraissant. Nous vous le promettons en véritable sincérité et confidence d'amis et voisins.

, . . » En attendant votre réponse, tant pour votre propre conservation que pour la nôtre, nous avons trouvé bon d'envoyer dans votre voisinage M. Albert de Mulinen, notre haut commandant du Pays Romand, avec instruction particulière d'avoir avec vous, T. C. A. et A, la correspondance requise en toutes occasions. Le Très-Haut conserve en paix par sa bénédiction notre chère patrie.»

» Il a été dit en conseil sur ces lettres, par les uns, qu'après les avis qu'on a donné de l'Etat des troupes de France en Savoie, il était surprenant qu'ils se donnassent encore tant de crainte. On sait qu'il n'y a de Français en Savoie qu'environ 4000 hommes, la plupart de milices. Outre cela, il est constant que l'on n'avait jamais eu tant de raison d'être en tranquillité. Cela étant il fallait leur répondre en leur témoignant l'obligation qu'on leur avait, que l'on continuera à leur donner avis de tout, et que si le péril était plus évident, on se prévaudrait de leurs offres; que cependant on entrerait avec M. de Mulinen, haut commandant pour veiller à la sûreté du Pays de Vand sur les précautions à prendre.

» D'ailleurs si ces MM. avaient cru que la nécessité fût indispensable, ils n'auraient pas manqué de nous envoyer ces représentans sans nous consulter.» · · ·. . · . . . . . | . . . ,

.» Tant par ce que nous savons de l'état des troupes dans le voisinage, que par les assurances que le Roi nous a fait donner, on doit user d'une grande circonspection en cette affaire pour ne pas gêner le commerce.» : ; »(' ;l) » ·. · ·. ,' · , ,

. . » D'autres ont dit qu'en reconnaissant qu'il n'y avait rien à craindre, l'on pourrait tirer néanmoins quelqu'avantage du séjour des deux représentans au milieu de nous. Encore que les offres soient indirects, ce· sont néanmoins des offres qu'il serait très-délicat de refuser. Ce refus les irriterait ou les confirmerait dans les soupçons qu'on peut leur insinuer à notre préjudice. On devrait répondre que l'on remet le tout à leur prudence et à leur affection confédérale; et que s'ils continuent à croire qu'il y ait lieu d'envoyer des représentans, nous les recevrons comme une marque de l'attention qu'ils ont à notre conservation. Le premier avis ayant prévalu, on l'a porté au Conseil des Soixante. ·

'» Ce conseil, lecture faite des lettres des seigneurs de Zurich et de Berne, a décidé au 1er tour, selon le second sentiment émis en Petit-Conseil, que l'on fasse entendre à MM. nos alliés que pour le présent il n'y a rien à craindre; que néanmoins s'ils trouvent par d'autres considérations qui nous sont inconnues, qu'il y ait la nécessité de faire envoi, nous nous en remettrions à leur prudence. ,

» Au second tour, les avis s'étant trouvés égaux, il a été dit qu'on s'en remettait à N. S. du Petit-Conseil sur le tour à donner à la lettre de réponse.

Cette lettre, après les remerciemens et les complimens usités, continue ainsi : . . . .

. . . . » Nous sommes informés qu'il n'y a qu'environ 4000 hommes de troupes de France, tant à Chambéry que dans les autres parties de la Savoie. Dans le Dauphiné il n'y a que 500 hommes de troupes rè-glées et 2000 hommes de milice. D'un autre côté les troupes de Savoie, sous le marquis de Sale, ne sont aujourd'hui que des milices au nombre de 2000 hommes, qui sont dans les montagnes de la Tarentaise et de la Maurienne. Moyennant la grâce de Dieu, nous ne croyons pas qu'il y ait rien à craindre pour le moment.

» Tant par la situation des affaires générales que par celles des affaires de Savoie, nous ne croyons pas qu'il soit nécessaire de prendre d'autres précautions que celles prises jusqu'à présent ; si les conjonctures avaient changé, nous nous serions empressés de requérir l'assistance de deux seigneurs représentans.

» Mais comme vos seigneuries peuven avoir d'autres considérations qui nous sont inconnues, ou d'autrest avis que ceux que nous leur avons donnés, nous nous en remettons à tout ce qu'Elles voudront bien résoudre.

» MM. de Berne et de Zurich ont répondu qu'ils se déportent pour le présent, et jusqu'à ce qu'il y ait plus de danger, de l'offre d'envoyer des représentans. M. de Mulinen a fait savoir qu'il était prêt à nous envoyer des troupes du Pays de Vaud pour renforcer notre garnison. Il a été dit qu'on le remercie et qu'on lui réponde qu'on n'en a pas besoin pour le moment. On lui fera aussi le détail de notre garnison.

Les délibérations des séances suivantes dans le Petit-Conseil, qui avait évidemment la haute main dans toutes les affaires de quel-qu'importance, et aux lumières et au patriotisme duquel le conseil des Soixante et celui des Deux cents, dans la majeure partie des cas, s'en rapportaient aveuglement, ces délibérations, disons-nous, offrent encore quelques détails curieux qui aident à dessiner la situation générale. Nous allons les transcrire avant d'aborder la traction de l'affaire capitale ; celle de la neutralité, telle qu'elle se poursuivait péniblement, et non sans aigreur, entre l'ambassadeur de Louis XIV et les députés des cantons helvétiques à la Diète de Baden :

Séance du Petit-Conseil, du 18 janvier 1704.

» Il est notifié à MM. de Berne et Zurich qu'il n'y a plus que 900 hommes de troupes françaises dans le Chablais. — On réclame au-près de M. Bouchu, intendant français en Savoie, contre la taille extraordinaire dont sont frappées les terres des Genevois en Savoie. Il sera dressé un mémoire contre ces tailles, comme contraires au traité de St-Julien, dont la teneur suit : art. 10. . . . . .

» Les citoyens bourgeois et habitans de Genève, sont exempts de toutes tailles, contributions, levées de grains, impôts, rations et de toutes autres charges, tant ordinaires qu'extraordinaires, pour les biens qu'ils possèdent dans les Etats de S. A. R. de Savoie.»

Ce traité a toujours été observé quand le roi de France a été en possession de la Savoie, entr'autres en 1630.

» L'on continue de rapporter au Conseil que MM. de Berne et de Fribourg continuent à faire de grandes instances pour la neutralité de la Savoie, que MM. de Zurich sont aussi de cet avis, mais que le canton de Lucerne, quoique puissamment sollicité, n'a pas fait connaître encore son sentiment là-dessus.

Du 15 février. 1704

» M. le résident de France se plaint de ce qu'on ne garde pas la parole donnée ci-devant pour le fait des déserteurs, et qu'il en est entré cinq ou six dans la ville. Enquête sera dressée sur ce fait.

23 février.

» M. le maréchal de Tessé ayant repassé ici *incognito* pour retourner en Savoie, il a été dit qu'on lui fasse présent de deux truites. Ce maréchal a réitéré les assurances de ses officiers, et il a témoigné d'être extrêmement satisfait des deux truites qu'il avait fait emballer, confirmant qu'en toute occasion il nous rendrait volontiers et de bon cœur ses services.

» M. le syndic Lefort a rapporté une copie du discours fait à la Diète de Soleure par M. de Puysieux, le 18 de ce mois, par lequel il déclare au L. Corps helvétique que le Roi, son maître; consent à la neutralité des environs du lac, à savoir du Chablais et du Faucigny, suivant qu'ils avaient demandé.

1 mars 1704.

» L'on a rapporté que M. le marquis de Puysieux avait déclaré aux cantons assemblés à Soleure le 22 du passé, qu'il ne pouvait pas appuyer à la cour de France la demande qu'ils avaient faite de la neutralité de la Savoie.»

Revenant maintenant à la neutralité de la Suisse, nous dirons que jamais peut-être cette question ne s'était présentée aussi complexe qu'à la Diète de 1704. Ce n'était pas en effet pour un pays voisin seulement que le corps helvétique avait des inquiétudes. Sa neutralité semblait encore plus compromise sur les bords du lac de Constance que sur ceux du Léman; elle l'était aussi sérieusement du côté de la Valteline qui appartenait aux Grisons alliés du corps helvétique. Pour exposer d'abord ce qui concerne ce dernier pays, nous dirons que dans cette guerre de la succession d'Espagne la tactique des généraux français, qui combattaient en Italie, consistait à s'efforcer de tendre la main, à travers les Alpes, aux autres généraux de la même nation qui étaient en Allemagne pour aider le duc de Bavière, le seul prince que Louis XIV eût pour allié dans tout l'empire. Nous n'en citerons pour preuve que ces questions adressées par le duc de Vendôme, commandant dans le Milanais, à un agent français en Suisse, dont nous donnerons en même temps les réponses :

Q. « Y a-t-il un moyen de faire avancer quelques troupes pour se saisir la nuit de l'entrée des montagnes proche de Chiavenna?

R. Cela est bon si l'on veut absolument rompre avec les Suisses et les Grisons.

Q. N'y a-t-il pas un chemin qui conduit des confins de la République de Venise dans la Valteline, sans que les Grisons puissent prévoir ce projet? '

R. De quelque côté que l'on veuille entrer, vous trouverez partout les Grisons en défense, vous ne cacherez rien aux Grisons; ils ont des espions partout. Il n'y a qu'à considérer si ces messieurs, par un traité secret, voudront bien livrer ces passages, sans quoi l'on peut compter qu'ils les garderont à force ouverte pour maintenir les droits de la neutralité!»

Sur les bords du lac de Constance, Louis XIV, après bien des instances de la Diète, avait fini par consentir à la neutralité pour un district d'une lieue de pays le long du cours du Rhin et du lac de Constance, depuis Bâle jusqu'à Bregenz ([1]). Cette concession avait rendu plus vives les instances des Suisses pour obtenir aussi le même bénéfice sur les bords du Léman. Ils y avaient droit comme on l'a vu, aux termes de traités formels.

Fatigué de ces représentations, qui devenaient chaque jour plus pressantes, le marquis de Puysieux, dans un discours qu'il tint aux cantons assemblés le 18 janvier 1704, se laissa entraîner à un singulier mouvement de vivacité.

« Vous m'avez témoigné, dit-il, que le louable corps helvéti-
» que souhaitait la neutralité pour une lizière de pays le long du
» Rhin et du lac de Constance. Vous l'avez obtenue, cette neutra-
» lité; mais non contens de tous ces égards, vous voulez obtenir la
» même *grâce* sur les bords du lac de Genève. Je m'aperçois avec
« déplaisir que plus le roi, mon maître, a de complaisance pour
» ce que vous désirez, et plus vous affectez des demandes irrégu-
» lières. La contume de vos ancêtres n'était pas de se mêler ainsi
» des affaires des autres pays, et ils n'avaient pas de telles dé-
» fiances. J'avoue ingénuement que mon étonnement a été grand,
» quand j'ai appris que vous vous prépariez à mettre sur pied vos
» milices et à allumer vos feux pour servir de signal à la moindre

([1]) Les armées françaises sous les ordres des maréchaux Marsin et de Tallard occupaient alors l'Allemagne méridionale.

» allarme. J'espère que vous réfléchirez sérieusement avant de
» mettre la main à des choses de tant de conséquence. ».

, «Ce discours, et surtout le mot de *gráce* qu'il contenait, déplut
aux députés de la Diète. C'est pourquoi ils chargèrent leur président Escher de s'en plaindre à l'ambassadeur. Le magistrat zuricois Je fit le lendemain de la manière la plus noble :

» Messieurs les députés des louables cantons, dit-il, ayant aperçu
que dans le discours que leur fit hier Votre Excellence, elle leur
faisait des manières de reproches de *ce que recevant incessamment
des gráces du Roi*, ils y faisaient très-peu d'attention, et ne se
lassaient point de lui en demander, ils m'ont donné charge de lui
dire, qu'ils ne reconnaissent que trois sortes de grâces, celle qu'on
accorde à des criminels qui ont mérité la mort, celle qu'un souverain accorde à un autre souverain par des largesses et grandes bé-
néficences, et celles qu'un grand monarque accorde à un souverain
moins puissant que lui, en n'envahissant pas ses états.

» A l'égard de la première, les louables canton sne se trouvant
en rien criminels, n'estiment pas être réduits à demander aucune
grâce.

» Pour la seconde, ils ne croient aussi être redevables au roi
d'aucun bienfait ni largesse; ayant l'honneur d'avoir avec Sa Majesté des traités, si elle y a satisfait de son côté, ils y ont satisfait
parfaitement du leur.

» Pour la troisième, nous ne croyons pas que le Roi eût la pensée d'envahir nos Etats ; mais si la chose arrivait dans la suite, ce
qu'ils ne sauraient croire, j'ai l'ordre exprès de dire à Votre Excellence qu'en ce cas ils feraient les derniers efforts pour convaincre
Sa Majesté qu'ils sont de véritables compatriotes et gens d'honneur, qui, plutôt que de permettre qu'on donne quelqu'atteinte à
leur liberté, verseraient jusqu'à la dernière goutte de leur sang. »

Ce noble langage fit sentir à l'ambassadeur qu'il avait été trop
loin, surtout dans un moment où son maître ne dédaignait pas de
rechercher la médiation des cantons catholiques pour arriver à la
paix générale. Aussi M. de Puysieux répara-t-il sa faute par la réponse suivante :

« Messieurs,

» S'il m'est échappé quelque mot ou quelqu'expression, dans la
« chaleur du discours, je vous prie de n'y faire aucune attention

» car je n'en ai aucun ordre du Roy ; et si vous n'êtes pas contens
» de la neutralité du Rhin et du lac de Constance, le Roy pourra
» vous remettre le Chablais et le Faucigny pour les garder, et même
» il vous remettra encore Montmeillan. »

Le président répondit que ces places étaient encore occupées par
les troupes du duc de Savoie, et que l'idée de garder les terres
de ce prince pendant la guerre, pour les remettre au roi de France
à la paix, était une idée bien éloignée de la neutralité. Il insista
pour une déclaration formelle de Louis XIV « qu'à la paix générale
sous aucun prétexte, il ne garderait la Savoie pour l'annexer en
manière quelconque à ses Etats. »

! Cette nouvelle demande indisposa Puysieux, qui reprit presqu'immédiatement son ancien ton : « Je suis fâché, dit-il dans une
» lettre du 23 février 1704, d'être obligé de vous dire que je ne
« puis vous donner aucune espérance sur votre demande. Quand
» vous voudrez exiger de Sa Majesté qu'elle renonce à ses avan-
» tages en votre faveur, je ne pourrai que rendre compte au Roy
» de vos demandes, sans les accompagner d'aucune instance de ma
» part, car je déplairais par là à Sa Majesté. »

En présence de ce mauvais vouloir de l'ambassadeur et du général de Louis XIV, l'envoyé du duc de Savoie en Suisse, Mellarede,
avait beau jeu pour chercher à entraîner les cantons dans une alliance plus intime avec son maître, alliance dont le gage devait
être une autorisation donnée une fois pour toutes à ce souverain de
faire de nouvelles recrues chez les confédérés. « Je suis bien fâché
(c'est ainsi que s'exprime Mellarede à la Diète de Bade) d'avoir
été un si bon prophète au sujet de la neutralité de la Savoie et du
mauvais succès de la députation des deux Etats de Berne et de Fribourg. Cependant je dois remercier les louables cantons des marques de bienveillance qu'ils ont bien voulu donner à mon maître
là-dessus, *quoiqu'en vain*. La voie de la négociation n'ayant pas
eu le succès qu'ils pouvaient en espérer raisonnablement ; c'est
maintenant aux cantons à suivre celle de leur droit et de leurs
forces pour conserver une barrière stipulée depuis deux cents ans
par le traité de 1516, et confirmée par tous les traités faits depuis
ce temps-là. Pour cet effet, les cantons catholiques, alliés du duc
mon maître, sont prêts à augmenter jusqu'à douze mille hommes
le nombre des troupes déjà accordées à son Altesse royale. C'est
maintenant aux cantons protestans de voir s'il ne leur conviendrait

pas d'en fournir aussi huit mille pour le recouvrement d'une barrière si nécessaire à la sûreté de toute la Suisse. J'ai les ordres nécessaires pour traiter avec les louables consors sur le paiement et l'entretien de ces nouvelles troupes et pour prendre en commun des mesures nécessaires à la sûreté des deux pays, la Suisse et la Savoie. »   » L'indigne procédé de la France envers vous (continue l'envoyé du duc), vous animera, j'en suis convaincu, à prendre les résolutions conformes à votre gloire. La nécessité indispensable de veiller à votre conservation vous engagera absolument à ne lui pas permettre d'exécuter ses funestes vues en vous enfermant de tous côtés et en se conservant les moyens de pénétrer par tant d'endroits différents dans vos Etats. Je vous invite donc de la part de son altesse royale à prendre dès à présent les résolutions indispensables de ne pas laisser perdre la Savoie et d'assister son Altesse royale d'un corps de troupes suisses. »

Les instances de Mellarede pour obtenir de nouveaux régiments suisses se combinaient avec celles de Saint-Saphorin, qui négociait aussi une capitulation avec la Hollande, l'ennemie la plus intraitable de Louis XIV, en ce moment. Quelque temps après, en effet, l'habile diplomate obtient du canton de Berne vingt-quatre compagnies pour le service de leurs Hautes puissances.

Venise insistait aussi pour obtenir des levées, et Louis XIV, qui aurait voulu avoir en quelque sorte le monopole du service militaire des Suisses, donna à Puysieux des ordres précis et menaçants pour faire cesser ces négociations. Cet incident nouveau arrêta le bon vouloir dont un instant la France avait paru animée sur la question de la Savoie. L'affaire de neutralité se traînait encore au milieu de négociations pénibles quand arrivèrent les grands revers de la campagne de 1704 et la seconde bataille d'Hochstett gagnée par Eugène et Maleborough sur les Français, qui eut pour résultat de leur faire évacuer toute l'Allemagne, l'Italie, la Savoie, et de les contraindre à se tenir sur la défensive.

La Suisse se trouva alors dans une position plus délicate encore. Les populations protestantes de ce pays avaient hautement exprimé la joie que les défaites du monarque français leur causaient. A Genève, le résident avait dû se plaindre des manifestations bruyantes et des concerts de violons que l'on s'était permis sous ses fenêtres à la nouvelle de la perte de la bataille d'Hochstett.

Les réligionnaires français, enhardis par ces démonstrations sympathiques, et assez peu soucieux, comme en général les réfugiés, de notre neutralité, reprirent alors un projet conçu peu auparavant par le maréchal de Schomberg, pour soulever le Dauphiné, le Languedoc, les Cevennes, le Vivarais et les Albigeois, au moyen d'une diversion faite du côté de la Suisse. Le fameux chef Cavalier avait été long-temps à Lausanne pour organiser ce mouvement. Le plan se résume dans les instructions suivantes, qui avaient été adoptées par le roi d'Angleterre, Guillaume :

» Il faut avoir environ 2000 hommes choisis, avec de bons officiers, dispersés en divers endroits du canton de Berne en Suisse, où l'on est accoutumé de voir beaucoup de Français et Vaudois réfugiés. Il faut avoir dans quelque maison du ressort de Genève ou du chapitre de Saint-Victor au-delà du Rhône, des armes et des munitions pour les armer, ce qui est facile, car il y a un homme à Genève (Rocca) qui a trois mille bons mousquets à vendre et quantité de poudre qu'il tire des moulins qu'il a sur le Rhône. On peut transporter ces armes et ces munitions par le Rhône, au lieu du rendez-vous, sans que le résident de France ni d'autres s'en aperçoivent, par des moyens qu'on indiquera.»

Ces tentatives, auxquelles les succès de Louis XIV à la fin du 17ᵉ siècle, et surtout la pacification des Cévennes, par le maréchal de Villars, avaient empêché de donner suite, furent reprises en 1704 et en 1705. Elles donnèrent lieu à d'étranges incidents, dont nous nous bornerons à citer un seul, pour terminer cet exposé déjà trop long. Nous avons trouvé les pièces de cette affaire curieuse aux archives de Genève, dans une liasse intitulée *correspondance et lettres des Camisards*. Il faut savoir, pour l'exposé de ce qui va suivre, qu'un réfugié français très-entreprenant, Flottard, qui avait pris, comme Cavalier, du service en Angleterre, était venu en Suisse, à ce qu'on croyait, pour nouer des relations entre les réfugiés français dans ce pays et les protestants restés en France. Des correspondances avaient été surprises, et le terrible intendant du Languedoc, Baville, avait recommencé ses inquisitions. Baville transmit à Genève, au résident de France, le résultat de ses découvertes, et M. de la Closure écrivit la lettre suivante au gouvernement de Genève, en lui transmettant les pièces venues du Languedoc :

Lettre de M. de la Closure, résident de France, à M. le Syndic de Genève.

«Je vous envoie, monsieur, la lettre de M. de Baville que vous m'avez témoigné souhaiter de lire au Conseil. Il verra selon sa prudence l'attention que cela peut mériter. J'ai tout lieu de regarder ce malheureux homme de Régis comme très-convaincu et comme un scélérat qui entrait dans tous les projets qui se tramaient par ce maudit Flottard pour rallumer l'esprit de révolte en Languedoc. Il est difficile qu'un aussi sage magistrat ne regarde, par ses propres mouvemens, de telles gens avec horreur, sans compter que cela regarde un Etat pour lequel il a témoigné toujours d'avoir de bonnes dispositions. Ce sont des réflexions que vous ferez assez de vous même, et j'ai ordre de ne vous rien présenter de plus.»

Copie d'une lettre de M. de Basville à Montpellier, le 15 mai 1705.

» Je n'avais point trouvé de marchand de Genève en mon chemin que depuis quelques jours. J'ai découvert que les Camisards avaient reçu de Genève de l'argent de Régis, réfugié en cette ville, et que cet argent avait été remis à son père Régis, d'Anduze, que j'ai fait arrêter. Ce Régis aussi a tout avoué, et je le jugerai demain avec Maillé, assez riche bourgeois d'Anduze, compromis aussi en cette affaire.

» Je vous prie de me mander si ce fils Régis fait un grand commerce. C'est un bien malheureux homme de faire périr son père de cette manière.

Autre lettre de M. de Basville, du 17 mai 1705.

» Maillé et Régis furent jugés hier, condamnés à être pendus et exécutés. Maillé, après avoir long-temps hésité, a déclaré que Régis lui avait remis fr. 1200. J'ai suivi cette affaire, et j'ai trouvé que Régis le fils avait tiré des lettres de change sur Glady de Lyon, et qu'il les avait endossées pour les faire payer à son frère du même nom, banquier en cette ville. La valeur a été distribuée aux Camisards.

» Le père Régis était un vieillard de 68 ans, fort accrédité dans les Cévennes, comme un homme qui avait une bonne tête, capable de faire bien du mal. Son malheureux fils doit avoir grand regret de l'avoir fait périr, et ce sont les fruits du commerce qu'il a eu avec Flottard.

» Puisqu'il est bien prouvé que Régis père correspondait avec son fils, ne serait-il pas convenable que MM. de Genève livrassent Régis, fils, à la justice du Roi? Si un Genevois avait trahi la République, et qu'il vînt en France, ne seraient-il pas bien aise qu'on leur livrât le traître et le scélérat. J'en ai écrit à la cour dans ce sens.

M. de Chamaillard a intercepté une lettre de Flottard portant que la révolte des Cévennes est sûre. Il est cause de la mort de plus de 200 personnes qui ont été brûlées, rouées et pendues. Tous les coupables ont avoué à la question, et à la mort, que ce coquin avait écrit qu'il fallait commencer par m'assassiner et aussi M. le duc de Benvick.

Quelques jours après, nouvelle lettre de M. le résident au gouvernement de Genève, ainsi conçue :

» Je dois me donner l'honneur de vous avertir que j'ai avis que les émissaires des ennemis du Roi comptent de tirer une cinquantaine d'hommes de cette ville pour l'exécution de leurs projets. Vous voyez, monsieur, l'exemple que vous donnent les baillifs du Pays de Vaud, et je ne doute, pas que le magistrat ne donne ses ordres pour empêcher de pareils attroupemens. Il convient que les émissaires du duc de Savoie ne trouve plus ces sortes de ressources dans Genève pour exercer leur brigandages. Cela mérite que vous y fassiez une sérieuse attention.

Le gouvernement genevois ne put rester immobile en présence de ces démarches réitérées de l'envoyé d'une grande puissance. Il fit faire une visite domiciliaire dans le logis de Flottard, mais celui-ci avait quitté Genève, et il écrivit de Lausanne au magistrat genevois une épître excessivement curieuse :

Lettre du Sr Flottard, écrite de Lausanne le 2 janvier 1705, contenant des plaintes contre les poursuites faites contre lui.

» Magnifiques et très-honorés seigneurs.

» J'avoue que ma surprise a été grande lorsque j'ai appris que vos Excellences avaient envoyé à mon auberge pour m'arrêter si je m'y étais trouvé,

» Je ne sais en quoi je puis avoir manqué pour m'attirer de votre part un procédé semblable. J'ai pratiqué dans votre ville la profession d'un honnête homme comme partout ailleurs; et c'est ce que certifieront toutes les personnes qui m'ont connu. Il est vrai qu'on m'a aussi avisé que V. E. n'avaient fait ces démarches que sur les plaintes du résident de France, qui prétend que je fais des choses contre l'intérêt de son maître.

» Si j'avais été à Schlangenberg, à Hochstett, ou au siège de Landau, il aurait raison de se plaindre; mais ayant passé la campagne tranquillement dans votre République, en attendant que S. M. Britannique, au service de laquelle j'ai l'honneur d'être, ait occasion d'employer toutes ses forces contre ses ennemis, je ne comprends pas pourquoi ce ministre se récrie contre moi. C'est apparemment ensuite des chimères qu'il se mit en tête, il y a quelques mois, sur une prétendue correspondance qu'il vous dit que j'avais avec le Sr Cavalier, qui n'a jamais été que dans son imagination.

» D'ailleurs, quand j'en aurais eu, ce n'est pas à M. le résident à s'en formaliser. M. Cavalier est au service des hauts alliés. Ainsi je pourrais avoir avec lui telle correspondance que bon me semblerait, sans qu'un ministre français s'en doive formaliser dans un Etat libre et neutre, comme je pense qu'est le vôtre. Il est vrai que sur les premières versions de M. le résident, MM. les syndics déférant aux volontés de ce ministre, me dirent de me retirer. Mais il est aussi vrai que j'eus l'honneur de leur répondre qu'étant au service de S. M. Britannique, je ne pouvais obéir aux ordres d'un ministre d'une puissance ennemie de celle que j'avais l'honneur de servir, desquels ordres ces MM. n'étaient que les exécuteurs, puisqu'avant d'avoir ouï mes raisons, ils promirent à M. le résident de suivre ses volontés, en m'ordonnant de sortir de la ville.

» Je donnai parole dans cette occasion à MM. les très-honorés syndics, de venir de temps en temps faire quelque séjour en Suisse; ce que j'ai déjà fait plusieurs fois, uniquement pour me conformer, autant qu'il dépend de moi, à ce qui peut faire plaisir à Vos Excellences. Car pour M. le résident de France, il m'est tout-à-fait indifférent qu'il soit content ou mécontent de moi. Il faut que ces malheureux de Camisards lui tiennent bien au cœur, puisqu'il fait tant de bruit pour une prétendue correspondance avec un de leurs déserteurs. Je puis pourtant vous assurer, magnifique Seigneur, qu'il devrait dormir en repos sur cet article, et dans le fond, je crois que je ne lui sers que de sujet pour dissiper la bile que le cours et la conclusion de cette campagne lui ont fait amasser, et pour monter son autorité dans un état où naturellement il n'en devrait pas avoir tant.

» Pardonnez-moi, magnifiques seigneurs, si je prends la liberté de vous le représenter : Il me semble que dans l'observation d'une parfaite neutralité on doit avoir les mêmes égards pour les officiers des deux partis, et que n'ayant commis aucune *scandale* dans votre république, il me doit être libre d'y dépenser mon argent sans être sujet aux fantaisies d'un ministre étranger.

» Quelques affaires particulières que j'ai par ici m'empêcheront encore pendant quelque temps de venir me présenter à vos Exc. pour savoir plus au vrai le sujet des recherches que vous avez fait faire de ma personne.

» Si votre bon plaisir était, magnifiques Seigneurs, que je pressasse mon retour pour venir me justifier des accusations qui pourraient avoir été fomentées contre moy, Vos Exc. n'auraient qu'à m'en envoyer les ordres ici. Je vous supplie, Magn. Seigneurs, d'être persuadés qu'en cela, comme dans toute autre occasion, autant qu'il dépendra de moi, je me ferai un devoir de vous obéir comme étant très respectueusement.

M. et T. H. S.
Votre très-humble et très-obéissant serviteur,
FLOTTARD.

Lausanne, ce 2 janvier 1705.

On ne peut s'empêcher, en entendant ce langage, et en réfléchissant aux dangers que notre neutralité courut alors, dangers venant non plus du dehors, mais de l'intérieur, de faire un rapprochement entre le style des réfugiés en Suisse pour cause de religion, il y a un siècle et demi, quand ils s'adressaient aux autorités suisses, et le langage tenu tout récemment par les réfugiés d'un autre genre vis-à-vis des autorités du même pays.

Pour en finir avec Flottard, nous dirons qu'arrêté à Lausanne, et mis en prison, il en fut délivré par l'intervention de l'ambassadeur d'Angleterre, Stanyan.

EUS.-H. GAULLIEUR.

CHRONIQUE

DE LA

REVUE SUISSE.

—

JUILLET.

Ce sont toujours les voyages et les discours du Président qui défraient la grande politique. Celui de Dijon (¹) est même devenu populaire, mais d'une façon drolatique et maligne. On en a fait ou on lui a appliqué la chanson :

Ah! le v'là parti, le v'là parti
Le marchand de moutarde!
Ah! le v'là parti, le v'là parti
Pour son pays?

ce refrain où le Président, avec sa harangue aigre-douce, est ainsi transformé en marchand de moutarde de Dijon sur son départ, jouit maintenant de la plus belle vogue parmi les ouvriers et les gamins de tous les quartiers de Paris.

Ensuite est venu le voyage de Poitiers, sur lequel tout le monde semblait d'abord vouloir s'accorder à dire du bien. Le Président avait été modéré et convenable. Rien qui ressemblât à la frasque de Dijon. Il n'attendait, disait-il, que la manifestation de la volonté nationale, et il lui tardait d'en voir arriver le moment. Mais les commentaires pour et contre ont bientôt révélé ou cherché dans cette phrase une élasticité qu'au premier instant on n'y soupçonnait pas. A tort ou à raison, ils en ont précisé le sens: la volonté nationale, c'est encore la prorogation.

Les rapports sur la réception faite au Président dans ce voyage, ont de même rapidement changé de couleur. De roses qu'ils étaient à pre-

(¹) Voir notre précédente *Chronique*, page 420 de ce volume.

mière vue, ils devinrent bientôt assez noirs. A Poitiers, tout s'était passé avec convenance, mais cependant déjà dans un sens plutôt républicain. Le cri de *Vive la République* avait partout écrasé celui de *Vive Napoléon!* Au banquet, les bougies des lustres ayant allumé les fleurs artificielles dont ils étaient ornés, cela n'avait pas paru d'un bon augure aux esprits superstitieux. Mais à Châtellerault surtout, on s'était trouvé en pleine république, et en république assez rude, tout ce qu'il y a de moins galant, pour ne rien dire de plus. Voici même ce qu'on se raconte à l'oreille, et ce qu'on ne peut pas dire autrement: à un certain endroit, on aurait jeté, dans la voiture présidentielle, pis que des pommes et des noix, et ce n'étaient pas des pierres cependant. Les Elyséens paraissent fort affectés : il paraît, disent-ils, que ces provinces sont républicaines, mais il faut bien qu'il y en ait quelques-unes, ajoutent-ils par manière de consolation.

Le vice-président de la République, M. Boulay de la Meurthe, serait revenu très-impressionné de ce voyage, ce qui, d'ailleurs, n'aurait nullement dérangé son bon appétit ni son humeur paisible et accommodante: prenant philosophiquement son parti, il aurait conseillé la retraite à Louis-Napoléon, la retraite pure et simple, la retraite constitutionnelle. En 1852, lui aurait-il dit, nous nous en irions bras dessus bras dessous, à l'exemple de Washington! Mais il est toujours douteux que cette façon d'aller soit du goût de celui à qui il la proposait.

Un troisième voyage enfin, le voyage de Beauvais, pour l'inauguration de la statue de Jeanne Hachette qui s'illustra dans la défense de cette ville contre Charles-le-Téméraire, n'a pas présenté d'incidens aussi désagréables, mais n'a que très-imparfaitement réparé l'échec de celui de Poitiers. La circonstance toute particulière qui en était le but, se prêtait moins aussi à l'expression de l'idée napoléonienne. Le Président n'a cependant pas laissé de la glisser dans cette phrase à propos de Jeanne Hachette et de Jeanne d'Arc: « Il est encourageant » de penser que dans les dangers extrêmes la Providence réserve sou-» vent à un seul d'être l'instrument du salut de tous.» Voilà donc Louis-Napoléon se posant en émule des deux courageuses filles qui, dans le même siècle, mirent en fuite l'une les Bourguignons, l'autre les Anglais. Les journaux de l'opposition légitimiste, orléaniste et républicaine ne se sont pas fait faute de relever la modestie et l'originalité de cette comparaison.

Malgré ces déboires, et au milieu des mines assez déconfites de son entourage, le Président est d'une grande gaîté, affectée ou réelle: on l'a déjà plusieurs fois observée chez lui dans des occasions analogues. Il fait de brusques sorties et de longues promenades à cheval. Il a rassemblé, dans une pièce d'eau de l'Elysée, des canards d'une espèce très-rare et très-belle, qu'il va à tout instant visiter; comme s'il n'avait pas de plus grand souci en tête, c'est son occupation favo_

rite à présent. Il compte sans doute. sur l'instant décisif, sur le der¬
nier, sur celui où il faudra bien faire quelque chose et où la France
ne saura trop que faire, ni à quel gouvernement se vouer. Assurément
sa plus grande chance est dans l'embarras où l'on se trouvera pour lui
donner un successeur. Mais il se peut que, cette chance, il se l'exagère, qu'il n'en sorte alors qu'un coup de tête comme Boulogne et
Strasbourg; et que Louis-Napoléon ne finisse comme il a commencé.

— Le *Charivari.* se moque à sa mode de ces voyages, de ces dis¬
cours et de ces enthousiasmes officiels. Bien qu'il ne soit pas très en
veine depuis quelque temps, qu'il se ressente aussi de la sécheresse
et du vide de la situation, il a eu pourtant une assez jolie inspiration
au sujet de ces courses et de ces démonstrations présidentielles. Pour
continuer à donner un peu de tout à nos lecteurs, nous leur demandons la permission de la citer. Elle est d'ailleurs beaucoup moins cha-
rivarique au fond que celles de maints grands journaux qui se battent
les flancs pour enfler leurs feuilles et leurs voix, et pour soutenir
hardiment le contraire de ce qu'ils ont dit l'an passé. Voici ce mor¬
ceau.

RELATION

D'UN VOYAGE DU PRÉSIDENT DE LA RÉPUBLIQUE

EN 1951.

Landernau, 7 juillet 1951.

« M. Pierre, président de la République, est arrivé hier dans notre
ville par le premier convoi du chemin de fer.

» Les autorités n'ayant pas été prévenues ne se sont pas portées à
sa rencontre; on sait d'ailleurs qu'il n'y a plus *d'autorités*, dans le
šens qu'on donnait anciennement à ce mot. Il y a seulement quelques
fonctionnaires, en très petit nombre, qui s'occupent d'administrer la
chose publique et ne perdent pas leur temps à parader dans les rues
et dans les embarcadères des chemins de fer sous le moindre prétexte.
Grâce à Dieu, on n'entend plus aujourd'hui de ces plats discours et
de ces sottes flagorneries qui étaient encore tolérées il y a cent ans.

» M. Pierre est descendu du wagon, accompagné de son unique secrétaire, et il s'est fait indiquer la meilleure auberge du pays. Un
commissionnaire s'est chargé de son sac de nuit et l'a conduit à la
Tête noire. Plusieurs personnes ont reconnu le président, et le bruit
de son arrivée s'est aussitôt répandu. Sur son passage chacun se découvrait avec respect, mais il n'y a eu d'acclamation d'aucune sorte ;
seulement un citoyen s'étant approché du président lui a serré la
main en s'écriant : — Vive M. Pierre ! Celui-ci a répondu en souriant :
— Mon ami, je vous remercie de votre bienveillance pour moi, permettez-moi cependant de vous faire une observation. Les citoyens d'un
pays libre doivent porter fièrement leur liberté et ne pas crier à tout
propos : Vive celui-ci ou vive celui-là ! Il faut que tout le monde vive,

mais personne n'est indispensable au salut de l'Etat. Si, en poussant
le cri que je blâme, vous n'aviez d'autre but que de me donner à
comprendre qu'à votre avis je m'acquitte convenablement de mes
fonctions de président, je ne puis qu'être touché de cette manifestation, mais considérez.·je vous prie, que vous prenez feu trop légèrement, car tout mon mérite, si, j'en ai un; c'est d'être fidèle à ce qui
est mon devoir ; bon nombre de citoyens en font autant en ce qui les
concerne, et vous-même peut-être êtes-vous dans votre sphère plus
méritant que moi. Je fais ce qui me semble juste et bon dans la mesure de mes forces; mon successeur, qui sera M. Paul ou M. Jacques,
fera mieux, je l'espère. Ne criez donc jamais : Vive M. Pierre! C'est
tout au plus si vous pouvez crier : Vive la République ! et encore dans
les grandes occasions.

» —Monsieur, lui répondit le citoyen, vous êtes un honnête homme;
j'ai eu tort et vous avez raison; la leçon me profitera.

» M. Pierre est un homme d'une quarantaine d'années, d'un extérieur très simple et qui ne porte ni croix ni cordon par dessus son pa-
letot acheté évidemment à la *Belle Jardinière* ([1]). Arrivé à la *Tête
noire*, il a fait un modeste déjeûner, puis il a demandé à l'aubergiste
une patache pour le conduire à quelques lieues de Landernau, chez
une fermière bien connue dans le pays sous le nom de la mère Jeanne.
Cette bonne femme est la mère du président, qui n'est venu dans le
pays que pour passer une journée avec elle.

» Pendant qu'on attelait le cheval à la patache, cinq ou six conseillers municipaux sont entrés dans la chambre du président, et l'un
d'eux prenant la parole a essayé de prononcer un discours qui commençait par ces mots : — *Ainsi qu'Alexandre-le-Grand à son entrée
dans Babylone.....* comme tous les discours que l'on prononçait en
pareille occasion il y a cent ans.

» Il faut vous dire que, malgré les immenses progrès qu'ont faits
les idées politiques depuis un siècle, on trouve encore dans des
provinces reculées quelques vieux maniaques, imbus des traditions
gothiques de la monarchie constitutionnelle, qui ont le préjugé de la
harangue officielle et ne peuvent pas voir passer le basset du garde-
champêtre sans être tentés de lui adresser leur compliment.

» Jugez de l'étonnement de M. Pierre à l'aspect de ces cinq ou six
figures hétéroclites. Il réprima, par convenance, une violente envie
de rire, et se contenta d'interrompre l'orateur en lui demandant d'un
ton plein d'intérêt et de politesse ce qu'Alexandre avait pu faire de si
mémorable lors de son entrée à Babylone. L'orateur, interloqué, hésita, rougit et finit par avouer en balbutiant qu'il n'en savait rien, pas
plus que ses collègues, mais que c'était une vieille tradition du temps
où l'autorité était environnée de respect, de comparer tous les grands
personnages officiels qui traversaient le pays, à Alexandre-le-Grand
entrant à Babylone, pour leur faire honneur.

» — Me voilà suffisamment honoré, dit alors M. Pierre ; mais la patache m'attend ; à quoi puis-je vous être bon?

» Nos personnages expliquèrent à M. Pierre que le conseil municipal s'assemblait dans une heure, et qu'ils allaient lui proposer de vo-

([1]) Célèbre maison parisienne de confection d'habillemens à bon marché.
(Note de la R.)

ter une somme de trois mille francs sur les fonds de la commune, pour une fête au président, — ne doutant pas d'ailleurs que cette proposition ne fût accueillie avec enthousiasme.

» M. Pierre prit alors un air sévère.

» — Etes-vous fous? leur dit-il, et pensez-vous que la commune vous ait confié l'administration de ses revenus pour en user avec cette prodigalité? Trois mille francs dépensés en violons et en mon honneur! Il faut en vérité que vous ayez tout-à-fait perdu le sens. N'y a-t-il donc pas de pauvres dans le pays? Avez-vous de l'argent de reste pour paver vos rues, entretenir vos routes, réparer vos édifices? Mais je n'en dirai pas davantage, l'indignation m'emporterait trop loin. La patache est attelée; je pars. Une autre fois, soyez plus prudens, plus sages, plus ménagers du bien de tous.

» A ces mots, le président monta en voiture, laissant les conseillers stupéfaits et surtout fort mécontens; le bruit de leur aventure se répandit dans la ville où ils furent l'objet de tant de railleries qu'ils crurent devoir donner leur démission. Il n'y a, du reste, qu'une voix ici pour louer le bon sens et l'honnêteté dont le président a fait preuve en cette circonstance.

« Landernau, 8 juillet.

» M. Pierre est repassé par notre ville, pour retourner à Paris. A l'embarcadère du chemin de fer, un inconnu s'approchant de lui, s'est tout-à-coup écrié : — Vive l'empereur! voulant sans doute donner à entendre par là que le président serait disposé à accepter la couronne impériale si un parti de factieux venait la lui offrir. M. Pierre est devenu tout pâle et s'adressant à l'inconnu : — Que vous ai-je fait? lui dit-il; qui vous donne le droit de m'adresser une si grossière insulte? La foule qu'avait attiré cet incident s'est mise aussitôt à crier : Vive la République! Le président, vivement ému de cette démonstration sympathique, a salué avec effusion et le convoi est parti.

» L'inconnu a été interrogé; c'est un pauvre homme dont la tête s'est dérangée à la suite de chagrins domestiques. On l'a placé dans une maison de fous où il recevra tous les soins que réclame son état.

» (Extrait des journaux de Paris du 9 juillet 1851.) »

» Le président de la République, est de retour depuis ce matin de son voyage à Landernau. En descendant du wagon, il a pris un fiacre qui l'a reconduit chez lui.

» CLÉMENT CARAGUEL. »

Voilà qui est au mieux : nous craignons seulement qu'il n'y ait jamais beaucoup de M. Pierre en France, même dans cent ans. Les gens dont le besoin et le talent sont de faire leur cour, y forment une race trop nombreuse et trop persistante pour que dans cent ans il n'en faille plus chercher les restes qu'à Landernau.

— La question de la révision fait toujours des pas sans avancer. Le rapport de la commission a paru; M. de Tocqueville en a été le rédacteur. A la majorité de neuf voix contre six, la commission conclut à ce que « l'Assemblée Nationale émette le vœu que la Constitution soit révisée en totalité.» Suivant la minorité, lit-on dans le rapport, « si les partis monrachiques n'avaient sans cesse visé à renverser la République, au lieu de se borner à la gouverner, si le pouvoir exécutif n'avait tendu avec éclat et avec effort à sortir de sa sphère, la Constitution, malgré ses imperfections, eût pu assurer aux intérêts la sécurité, et la tranquillité aux esprits....» La majorité, continue M. de Tocqueville, lequel a évidemment pris à tâche de se renfermer dans son rôle de rapporteur, « la majorité n'a point partagé cet avis; elle a pensé qu'indépendamment de toutes les causes particulières qui pouvaient être signalées ou alléguées, une grande partie du mal devait être attribuée aux vices de la Constitution elle-même.» Elle voit donc dans la Constitution un danger; mais le rapport ne dissimule pas que la révision en est un autre, et l'on sent fort bien que son honorable auteur la croit, de plus, légalement impossible; en sorte que l'on se trouve placé entre deux maux, dont on choisit celui que l'on estime le moindre en soi, la révision, mais qui peut être aggravé par cette impossibilité légale. Aussi, la vraie conclusion du rapport, s'il en a une, est-elle bien plutôt dans le passage où M. de Tocqueville fait cette solennelle déclaration : « Nous sommes tous tombés d'accord que nous (Assemblée législative), nous n'aurions pas le droit, lors même que nous en aurions le désir, de proposer à la nation de sortir de la république.»

C'est évidemment de ce côté que se tournent, dans tous les partis, les hommes pratiques non bonapartistes, où qui ne penchent point encore vers l'Elysée, comme M. de Montalembert, et voudraient le contrebalancer. Le *Journal des Débats* semble vouloir gouverner dans ce sens. « Tout le monde, disait-il un de ces matins par l'une de ses plumes les plus insinuantes, en même temps que les plus finement dégagées, celle de M. Saint-Marc Girardin, tout le monde paraît se résigner à croire que dans l'état où nous sommes, les solutions exclusives, disons le mot, les solutions dynastiques ne sont pas de mise. Cela convenu, qu'y a-t-il de possible, sinon la république, mais une république purifiée des vices qu'elle tient de 1848, une république avec un pouvoir exécutif plus stable et un pouvoir législatif plus capable d'aviser? C'est cette république meilleure que nous demandons à la révision.... Pourquoi donc les républicains ne veulent-ils pas de la révision qui est pour eux une occasion inespérée de consacrer la république et de la purifier de son péché originel?» La république donc, puisqu'on ne peut pas faire autrement; mais surtout la révision, au moyen et au profit combinés du pouvoir exécutif et du pouvoir législatif. On voit combien tout cela, sous la plume de M. Saint-Marc Girardin, est adroitement filé de point en point jusqu'au dernier, jusqu'à cette opposition des républicains si déraisonnable et si contraire à leur propre intérêt. Malheureusement les républicains ont l'oreille dure, même aux plus belles paroles et aux argumens les mieux tournés : ce sont des Ulysses sur lesquels la flatteuse voix des Syrènes ne peut rien. Et puis, la révision obtenue, tout le monde peut y être attrapé, l'Assemblée par le Président, le Président par l'Assemblée, chaque parti par les autres réunis contre lui, tous ensemble par le peuple, le peuple par eux tous, et ceux qui la désirent le plus être les premiers à la regretter.

D'autre part, il n'est guère douteux que, si la Constitution ne s'y opposait pas, Louis-Napoléon ne fût réélu en 1852, tant le sentiment le plus général est celui de ne rien hasarder de nouveau et de garder ce qu'on a. Il le sera peut-être en dépit de tout, c'est-à-dire qu'on le portera quand même, surtout dans la classe commerçante, et qu'atteignant ou n'atteignant pas le minimum de suffrages exigé pour les élections présidentielles, il sera toujours celui qui en aura le plus ; car il est encore plus certain que dans tout le parti de l'ordre, y compris les républicains modérés, il n'y a pas un seul nom assez populaire pour soulever le poids d'une telle masse électorale, pour l'atteindre, comme il le faut, dans ses derniers rangs et en ébranler les profondeurs. Le rapport de M. de Tocqueville le donne à entendre : Si la révision n'a pas lieu, les seuls candidats qui aient chance d'être nommés présidents en 1852, sont ou Louis-Napoléon Bonaparte, ou « quelques fameux démagogues.» Ce dernier point même est douteux, à moins d'un nouveau mouvement révolutionnaire. Si Louis Napoléon est porté, annulera-t-on les billets où se trouvera son nom, et, annulés en droit, le pourront-ils être en fait? S'il n'atteint pas le minimum nécessaire, c'est alors à l'Assemblée de choisir entre les candidats qui auront réuni le plus de voix. Mais alors quel conflit! Ajoutez que l'Assemblée actuelle doit aussi déposer ses pouvoirs en 1852. Ainsi, dans tous les cas, de quelque côté qu'on se tourne, ce ne sont que murailles d'airain, que portes de fer. S'ouvriront-elles d'elles-mêmes, ou voleront-elles en éclats? tomberont-elles devant l'élan ou le laisser-faire de la volonté nationale?

— M. Thiers paraît toujours s'en tenir aux questions économiques. Il a fait dernièrement un de ces grands discours dans lesquels, à force de clarté, de naturel et de verve, il a l'art de rendre simples et faciles les sujets les plus arides, de les exposer de façon à ce que chacun les comprenne comme la chose la plus aisée du monde, ou reste du moins persuadé qu'il les comprend. Par là, si M. Thiers n'est peut-être pas le premier des orateurs, il est assurément un orateur unique. Personne n'est capable comme lui de parler si long-temps sans lasser ni ennuyer jamais. Durant trois heures, il a tenu l'Assemblée attentive et charmée, en ne lui parlant que de tarifs, de production et de consommation. Dans ce merveilleux discours, qui a été l'événement de tribune de la saison, M. Thiers s'est élevé contre le libre-échange et s'est déclaré pour le système protecteur. Il l'a nettement avoué : devant le libre-échange, il se ferait plutôt prohibitionniste. Tout en se portant ainsi à l'un des extrêmes, il a dit contre l'autre non-seule-

ment des choses spirituelles, mais des choses de bon sens. C'en est
une, ce nous semble, que le libre-échange, pour convenir à l'Angleterre, ne convient pas nécessairement à la France; qu'il ruinerait une
multitude d'industries pour une qu'il créerait ou favoriserait; qu'à le
supposer bon en principe, il faudrait qu'il fût admis par tous et non
pas par quelques-uns seulement; qu'en un mot, on ne saurait le comprendre que dans un ordre de choses général, remanié de fond en
comble et tout différent de celui où nous vivons. Or, M. Thiers n'en
conçoit pas d'autre, et il n'est pas dans son esprit d'aborder même
cette face idéale de la question. C'est là peut-être son côté faible, car
le mouvement qui emporte notre siècle touche à tout, et la société
change aussi industriellement. Mais au point de vue de l'état de choses
actuel, les coups dont il a criblé la doctrine contraire à la sienne,
n'étaient pas tous des piqûres d'épingle, et ils ont été fort bien accueillis par les spectateurs du tournoi. Il a eu ce genre particulier de succès d'avoir l'air de dire seulement ce que tout le monde pensait. Ses
adversaires sont furieux. Il a appelé le libre-échange une *puérilité*,
les défenseurs de ce système et en général les économistes, des *littérateurs peu attrayans*. Plusieurs, M. Michel Chevalier en tête, ont
manqué d'esprit au point de se fâcher tout rouge : raison de plus pour
qu'ils en veuillent à M. Thiers et ne lui pardonnent pas de long-temps.

— Depuis qu'on l'a fait descendre de sa chaire, M. Michelet publie
dans l'*Evénement* ce qu'il appelle les *Légendes de la Démocratie*. Ce
sont des biographies d'hommes célèbres ou inconnus qui ont montré,
dans les guerres et les révolutions de la France, un caractère antique
et dévoué, véritablement républicain. Celle de La Tour d'Auvergne a
déjà paru. Le simple récit des faits, quand l'auteur y arrive et s'y
laisse entrainer, les rend belles et touchantes; mais, à en juger sur
la première, il se propose de les gâter par des préfaces et des commentaires écrits d'un style lyrique et mêlés de traits de sensiblerie ou
de naïveté affectée. Il ne manque pas non plus d'y rappeler son idée
favorite que nous avons déjà signalée dans ce recueil, ([1]) à savoir que la
révolution est improprement appelée ainsi, qu'elle est et qu'elle doit
être appelée une religion, la religion de la liberté et de la justice, destinée à remplacer celle de la Grâce et de l'arbitraire; car M. Michelet
se fait cette fausse idée de la Grâce. Comme il ne saurait point y avoir
d'arbitraire en Dieu, la Grâce divine n'est nullement arbitraire. Pour
le christianisme, elle ne l'est pas; mais M. Michelet prend cette idée
de grâce dans son acception toute terrestre et vulgaire, au lieu que la
Grâce ou l'Amour est le seul mot qui concilie l'humain et redoutable
problème; liberté et dépendance, justice suprême et suprême bonté.

([1]) Voir, entre autres, notre *Chronique* de Mars, page 270 de ce volume,
et celle de décembre 1847, tome X de la *Revue Suisse*, p. 795 et suivantes.

,— Après la destitution de M. Michelet, après celle de M. Jacques et d'autres encore, forgées dans le même arsenal et concourant à la même guerre, voici celle de M. Vacherot, Directeur des Etudes à l'Ecole Normale. On appelle de ce nom, en France, l'institution nationale où se forment, par des études sévères, les jeunes gens qui se vouent à la carrière du professorat. On n'y entre, et on n'en sort avec un diplôme, que sur des examens excessivement rigoureux ; ils passent même pour l'emporter en difficulté sur ceux de l'Ecole Polytechnique. La place qu'y occupait M. Vacherot ne le mêlait point à l'enseignement proprement dit : elle est purement administrative. Ses adversaires, et ses adversaires prêtres, rendent hommage à son savoir, à sa capacité, à sa moralité, à son désintéressement, à son caractère parfaitement honorable et à l'élévation de ses sentimens et de ses idées : celui qui a le premier donné l'éveil contre lui, l'aumônier de l'Ecole Normale, M. l'abbé de Gratry, lui accorde ce témoignage à chaque page de la lettre critique qu'il lui a adressée. Ce qu'il lui reproche, ce sont les doctrines, ou plutôt le fond des doctrines, antichrétiennes et anticatholiques, qu'il s'efforce de faire ressortir d'un savant ouvrage de M. Vacherot sur l'*Ecole d'Alexandrie*.

,D'après M. Vacherot, le christianisme serait le produit humain de la philosophie alexandrine, en général de tout ce mouvement d'idées et de civilisation dont Alexandrie était le centre et qui, sortant du domaine de l'abstraction pour passer à celui des faits, aurait trouvé un corps et pris réellement vie en Judée. De plus, et à l'appui de ce caractère humain du christianisme, M. Vacherot voit le sceau humanitaire du progrès marquer l'idée chrétienne dès ses premiers pas, dès la primitive église : il y a progrès évident, selon lui, de saint-Pierre, apôtre de la loi et des Juifs, à saint-Paul, apôtre de la foi et des Gentils, puis à saint Jean, apôtre de l'amour et de la divinité du Christ. On remarque un développement analogue chez les premiers Pères.

,De ces deux points, le second est, en effet, catégoriquement posé dans l'ouvrage de M. Vacherot ; le premier s'y trouve aussi, dans ce sens très-général du moins d'une origine humaine pour le christianisme, et d'une origine mélangée d'un élément étranger, l'élément grec et alexandrin.

,On a voulu faire sortir le christianisme de la philosophie gréco-orientale de l'école d'Alexandrie, comme on a voulu voir dans Moïse un élève des prêtres et un initié aux mystères d'Isis. Mais l'histoire ni la nature des choses bien observées, ne se prêtent pas plus à l'une qu'à l'autre de ces explications. Et cela est si vrai, par exemple, à l'égard de Moïse, qu'on est d'autre part très-ardent à l'accuser, comme en général les écrivains de l'Ancien-Testament, de ne pas énoncer d'une manière claire et formelle le dogme de l'immortalité de l'âme. C'est justement parce qu'on traite ainsi Moïse en philosophe, qu'on le juge faussement, et que, se méprenant sur son caractère, on lui reproche à tort de n'avoir pas dit explicitement ce que son caractère n'exigeait pas.

Moïse est un législateur religieux, non un docteur ; il promulgue des lois ; non des dogmes. Il suppose celui d'une autre vie comme un sentiment naturel et indestructible, qu'il n'a pas plus besoin d'établir que celui de l'existence de Dieu ; et en effet il ne dit pas : *Dieu existe*, mais : *Tu le serviras.* Néanmoins, on lui reproche vertement d'avoir tû ; si ce n'est même nié l'immortalité de l'âme. Or quels sont ceux qui dressent le plus sévèrement contre lui cet acte d'accusation ? ceux-là même qui en font un disciple des prêtres de Memphis, tandis le dogme de l'immortalité de l'âme était le trait religieux peut-être le plus caractéristique et, à coup sûr, le plus élevé de l'Egypte des Pharaons.

Il en est de même du christianisme : chercher sa source dans la philosophie néoplatonicienne et l'école d'Alexandrie, n'entraîne pas à de moins grandes contradictions. On ne tient tant à le montrer humain que parce qu'il se donne pour divin : vrai ou faux, il a donc quelque chose de particulier, lui appartenant en propre, que l'origine humaine et spéciale qu'on lui trouve n'explique pas.

Cela vient, comme nous le disions en commençant, de ce qu'on intervertit les rôles, en appelant point de départ le premier pas d'une chose nouvelle ou le dernier d'une chose ancienne : on confond le point de départ et la marche, ce qui est bien différent. Ce qui l'est encore davantage, on fait comme les géographes pour certaines régions inconnues : on cherche l'origine d'un grand fleuve dans un de ses affluens ; si ce n'est même dans un fleuve distinct, arrivant par quelque sinuosité remarquable au terme de son cours.

Toute l'histoire, au contraire, dépose de ce fait : les sociétés ne naissent pas des philosophies, elles naissent des religions. C'est d'une pensée religieuse vraie ou fausse, pure ou altérée, que sortent chaque société et chaque civilisation, avec tout ce qui les constitue essentiellement, avec leurs institutions civiles et politiques, du moins dans leur esprit, avec leur vie publique et privée, leurs arts, leur littérature, leurs sciences même et leur philosophie, plus que celle-ci ne veut s'en apercevoir. La pensée religieuse est l'élan de tout l'être humain, et non pas le mouvement réfléchi de la seule raison. Le christianisme n'est pas né de l'école d'Alexandrie, ni, pas plus qu'aucune autre religion, d'une école de philosophie quelconque. Que l'on y croie ou que l'on n'y croie pas, il est né de lui-même, il a sa source en soi, il est soi, et il n'est pas seulement une philosophie, il est une religion.

Quant à son développement successif, il est incontestable, puisque le christianisme vit ici-bas dans le temps ; mais ce développement n'existe pas dans son principe : une seule parole, un seul acte du Christ contiennent tout le christianisme ; ce qui n'empêche pas que le Christ lui-même en ménageait progressivement la vue à ses disciples.

Les apôtres, avec leurs caractères divers, représentent plus particulièrement ses faces diverses; mais avec des physionomies différentes, ils n'en sont pas moins tous animés du même esprit. C'est ainsi, comme on l'a souvent remarqué, que saint Paul, doué d'un génie humain plus militant, plus philosophique et plus universel, est l'apôtre dogmatique par excellence, l'apôtre de la foi et des grands combats intellectuels; mais il n'en est pas moins celui qui entonne l'hymne de la charité, dont saint Jean ne parle pas avec moins de profondeur, mais en termes moins magnifiques et plus familiers, comme étant, pour ainsi dire, plus familier avec elle, l'approchant de plus près, et la représentant par là plus spécialement.

Ainsi, nous ne défendons pas M. Vacherot sur ces deux points de l'origine et du développement progressif de l'idée chrétienne. Nous croyons qu'il est dans l'erreur; mais il y est avec bonne foi et avec sérieux; il y fait preuve de pénétration et de savoir, bien que l'ignorance générale où l'on est en France des questions de théologie proprement dite ait pu souvent lui donner le change. Au surplus, ces deux points, auxquels son adversaire se borne à opposer une discussion de textes pris dans les apôtres et les pères, ne sont pas ceux qui ont motivé surtout sa destitution. Son critique l'accuse formellement d'avoir professé l'athéisme dans son livre, il est vrai sans s'en douter et sans le vouloir. Mais laissons ici parler M. de Gratry.

« Ce n'est qu'avec un vif regret que je porte ce jugement sur un esprit incontestablement riche, élevé, distingué, qui, s'il n'avait été malheureusement touché par la sophistique allemande, eût pu porter des fruits heureux. Ce qui me reste à dire est plus pénible encore. Je me demande avec douleur comment un homme de bien, un homme sincère, dans la parole et dans le style duquel on sent de l'âme, a pu admettre ainsi le résultat de la sophistique allemande, résultat que j'ai promis d'appeler par son nom et qui est l'ATHÉISME.

» Lorsque vous verrez ces lignes, Monsieur, vous bondirez. C'est pour cela précisément que je puis vous dire honnête homme. Vous n'avez pas l'athéisme dans le cœur; mais votre philosophie, c'est l'athéisme, inévitable résultat de votre méthode, la sophistique. Votre doctrine, c'est l'athéisme. Qu'on me comprenne. Je ne dis pas le panthéisme, mais je dis l'athéisme. Il faut citer immédiatement : « Non-» seulement la substance universelle *n'est pas sans les individus*, ». mais *elle n'a d'être et de réalité que dans et par les individus*. Prise » à part, elle n'est ni cause ni principe de l'être, *elle n'est qu'une* » *abstraction de l'esprit*. »

» On ne peut pas formuler l'athéisme plus nettement. Cela veut dire : Il y a les êtres particuliers et les individus humains, en dehors de quoi il n'y a rien, rien que des abstractions.

» C'est l'athéisme.

» Ce n'est point là le panthéisme, encore une fois, c'est l'athéisme proprement dit. »

Suit une longue discussion pour prouver que M. Vacherot va, en effet, plus loin même que Spinosa.

Mais M. Vacherot se défend avec horreur, il paraît, d'être athée et
d'avoir établi l'athéisme dans son livre. Or, si l'on a pu soutenir que
l'homme même qui se dit athée et croit l'être, ne l'est pas; si l'on a
pu le soutenir avec raison, parce qu'en niant Dieu il fait acte de créature libre et d'être pensant et prouve encore par là ce Dieu qu'il blas-
phême ou qu'il ne voit pas, n'est-ce pas aller un peu bien loin que de
taxer tout crûment d'athéisme celui qu'un tel mot fait *bondir*, et de
l'en accuser sur ce qu'il a dit de la substance universelle dont il donne
une mauvaise définition? comme si nous pouvions définir Dieu et si
nous étions bien certains de ne pas nous tromper nous-mêmes en le
définissant! N'est-ce pas surtout aller un peu bien loin, que de provoquer à la destitution d'un homme pour ce sujet, parce que dans un
livre destiné, non pas au grand public, mais au monde savant, il a
fait cette mauvaise définition? car c'est sur une discussion purement
métaphysique qu'on se fonde pour l'accuser d'athéisme, et c'est cette
accusation d'athéisme qui a été contre lui le grief déterminant? Voilà
pourtant ce qui est arrivé. M. l'abbé de Gratry a commencé par donner
sa démission d'aumônier de l'Ecole Normale, puis il a lancé sa lettre,
puis M. Vacherot a été destitué ([1]).

Que l'Etat veuille, pour ses écoles, des maîtres et des directeurs
chrétiens, cela se conçoit comme système et on peut comprendre
cette prétention de sa part; seulement, après en avoir chassé les rationalistes au nom du christianisme, on ne se fera pas faute, le moment venu, d'en chasser aussi, au nom du catholicisme, les protestans. Mais enfin, que l'Etat procède par voie de système et de réforme
générale, et qu'il ne frappe pas des individus isolément. Que, surtout,
il ne frappe pas les simples soldats et les faibles, en épargnant les
chefs et les forts. M. Cousin, qui professe l'immorale doctrine de la
moralité du succès, a traité fort cavalièrement le catholicisme, s'il lui
tire aujourd'hui sa révérence du haut en bas. C'est lui qui représente
et qui a le plus popularisé en France les idées dont s'est nourri M. Vacherot, et il a été, dit-on, son protecteur. Cela n'empêche pas qu'il
ne siège dans le Conseil supérieur de l'Instruction publique, et qu'il
n'y concoure imperturbablement à la destitution de ses anciens disciples, le cas échéant. Triste argument en faveur de la philosophie
donné par un philosophe! Aussi, tout cela lui a-t-il attiré de la part

_____

([1]) M. Vacherot vient de protester énergiquement, et en termes sentis,
contre cette accusation d'athéisme. « Qu'ai-je de commun, s'écrie-t-il, avec
l'athéisme, moi qui crois à ma conscience, à ma raison et à toutes les vérités qu'elles enseignent, à la liberté, au devoir, à la spiritualité de mon être
et à ses hautes destinées, à Dieu, par qui la nature existe, vit et se meut,
par qui et en qui l'homme sent, pense et veut *(in Deo vivimus, movemur et
sumus)*, dont le monde n'est pas seulement l'œuvre accidentelle, mais l'acte
immanent, la manifestation incessante, quoique toujours imparfaite, dont
la Providence, inséparable de la puissance créatrice, se révèle par l'ordre,
la beauté, le progrès universel et continuel du *Cosmos*, »

d'un journal ce mot sanglant : « Il y a en France un homme dont le rôle n'a pas de nom, cet homme est M. Cousin. »

C'est ce contraste entre sa conduite et ses opinions, c'est la sévérité avec laquelle on fait main-basse sur les disciples sans oser s'attaquer à la haute position du maître, que l'on a surtout remarqués comme moralité de cette histoire de M. Vacherot. Comme fait, on y a vu une nouvelle preuve de l'influence croissante du parti clérical, un nouveau détail de la guerre outrance qu'il poursuit contre l'Université.

Ce parti profite, pour cela, du crédit politique de quelques-uns de ses chefs, des services qu'il peut rendre dans l'affaire de la proroga-tion, de l'influence qu'une religion formelle passe pour avoir sur l'es-prit du Président, et en général de la réaction qui s'est opérée dans le parti conservateur en faveur des idées religieuses, comme moyen de salut social. Aujourd'hui, il est presque de mode d'être dévot, comme sous Louis XIV et sous la Restauration. Malheureusement, cette réaction n'a rien de réel; elle ne repose pas sur la foi, mais sur la peur : elle n'améliore pas la situation, elle l'envenime.

Il y a ainsi, dans ces destitutions obscures de ceux que leurs ad-versaires triomphans appellent railleusement les libres penseurs, un côté général et profond qui nous a fait nous y arrêter un instant. En l'absence, d'ailleurs, de plus grands événemens, c'est notre excuse pour nous être laissés entraîner quelque peu hors de nos habitudes qui ne sont guère la dissertation ni la polémique. Nous ne pouvons pas nous expliquer suffisamment dans une *Chronique* essentiellement narrative; mais nous sommes toujours mieux persuadés, en regardant au sens intime des faits, qu'au-dessus de l'Anarchie et de la Force se disputant l'avenir, il y a la question religieuse, qui sourdement se pose aussi dans cette grande lutte, pour l'aggraver si elle ne la résout pas. Or, le protestantisme tombe de plus en plus en dissolution comme église extérieure; le catholicisme joue de son reste, mais avec patience et audace, et il a dans sa hiérarchie et ses formes une organisation de granit; il se trouverait ainsi, en fin de compte, le principal adver-saire armé de toutes pièces et debout en face du rationalisme; mais comme il est dans son essence de ne souffrir ni la liberté, ni aucun pouvoir égal au sien, son intervention ne ralentirait pas la crise, elle pourrait la précipiter au contraire en une explosion terrible, où la li-berté et la foi seraient fort compromises si l'esprit purement chrétien ne faisait pas un nouvel effort pour rallier le monde et le reconquérir.

Paris, 15 juillet 1851.

SUISSE.

NEUCHATEL, 14 juillet. — Vous me demandez bien tardivement, M. le rédacteur, un article sur l'exposition de peinture qui a eu lieu à Neuchâtel pendant le mois de juin. C'est me prendre fort au dépourvu, et cela dans un moment où, l'exposition étant close, je ne puis suppléer que par des souvenirs au manque total de notes et de matériaux. Puis, si vous considérez toute mon insuffisance, la difficulté de la tâche vis-à-vis d'artistes souvent très-susceptibles, enfin le danger que je cours d'être incomplet et d'oublier involontairement mainte œuvre de mérite, vous conviendrez qu'il y aurait là des motifs suffisans pour me faire décliner l'honneur de correspondre à vos intentions. Si cependant, à défaut du rendu-compte habituel qui vous était promis, vous voulez accepter les lignes suivantes où je chercherai à retracer les impressions que m'ont laissées plusieurs des toiles exposées, je vous les offre de grand cœur. D'ailleurs, mettez cette lettre de côté sans scrupule si vous le trouvez bon ; c'est même cette dernière alternative que je souhaite *in petto*.

En parcourant les deux salles dont les murs étaient revêtus des œuvres de nos compatriotes, grâce à l'active impulsion donnée par le comité directeur, on éprouvait un sentiment de satisfaction morale que font naitre trop rarement les expositions des grandes villes ; ici en effet les yeux n'étaient pas choqués par ces peintures de mauvais goût, par ces tableaux lascifs, triste parodie des grands maîtres, où l'artiste n'a d'autre but que de parler aux sens et aux appétits grossiers. Nos peintres, au contraire, paraissent avant tout préoccupés de la grandeur morale de leur œuvre ; ils savent que les succès les plus durables ne s'obtiennent qu'en s'adressant aux plus nobles facultés de notre esprit ; ils vivent presque tous dans une atmosphère élevée et spiritualiste, et ce n'est pas à nos yeux le moindre de leurs mérites. Puissent-ils suivre constamment cette voie, et fuir les écueils où tant d'autres vont se perdre aujourd'hui.

Parmi les tableaux de genre, ceux de MM. Edouard et Karl Girardet se distinguent entre tous par l'élévation de la pensée première et le mérite supérieur de l'exécution ; chez eux l'habileté du pinceau et la richesse de la couleur sont à la hauteur de la conception et de l'ordonnance du sujet. Dans leurs moindres toiles, dans de simples aquarelles où tant de finesse est unie à tant de grâce, on reconnait ces études assidues de la nature, qui permettent seules à l'artiste de n'avoir rien d'affecté dans sa manière, ni de forcé dans son dessin ; faire leur éloge, c'est répéter ce qui a déjà été dit souvent dans cette *Revue*, et chaque nouvel ouvrage de ces deux peintres éminents vient confirmer le jugement général et consolider leur réputation.

La *Vente aux enchères* est une nouvelle et excellente page ajoutée à l'œuvre entreprise par M. Edouard Girardet, de raconter la vie du paysan bernois. Nous sommes dans un de ces villages de l'Oberland dont notre artiste connaît tous les secrets ; un mobilier complet est exposé à l'encan, et la foule des acheteurs se presse auprès du crieur public, qui étale en ce moment, aux yeux pleins de convoitise de quelques bonnes femmes, une jupe à ramages, dernier reste peut-être d'une splendeur déchue. Qui dira tous les épisodes charmans, pleins de finesse et de vérité, qui se passent autour de la table du scribe ? Pour lui, il s'apprête à enregistrer les ventes, avec ce front impassible dont savent seuls se revêtir ceux qui s'envisagent comme une incarnation de la loi. Je renonce à la tâche de décrire tous ces épisodes humoristiques où se complaît le talent d'observation du peintre : il y aurait trop à louer. Quant à la critique, c'est à peine si l'on pourrait signaler comme un écueil la reproduction trop constante du costume et du type bernois ; le danger, s'il est réel (et M. Girardet a presque toujours su l'éviter), gît plutôt dans l'uniformité des figures qui paraissent un peu de la même famille. Ce n'est cependant pas nous qui nous plaindrons de retrouver dans plusieurs tableaux de ce peintre les mêmes profils et les mêmes personnages ; il y en a qu'il a su nous faire aimer, et qu'on retrouve toujours avec un nouveau plaisir.

Les aquarelles de ce même artiste ont aussi, au plus haut degré, le privilège de captiver la foule. Dans l'une d'elles, le corps du chasseur, trouvé par deux enfants, pourrait être un peu mieux accusé ; on reste un moment indécis sur la signification du sujet.

Comme son frère, M. Karl Girardet nous a favorisé de plusieurs toiles exquises. Son *Souvenir d'Egypte* peut être mis à côté de cette belle vue d'un *Carrefour du Caire* exposée il y a deux ans ; même splendeur dans la lumière, même profondeur de l'horison, mêmes lignes savantes dans la composition. — Les *Bûcherons bernois* et les deux autres *Vues* du même artiste ne le cèdent en rien, pour la couleur locale et la pureté du dessin, aux meilleurs ouvrages que nous connaissons déjà de lui.

M. Albert de Meuron a pris place cette année, d'une manière définitive, parmi les peintres de genre. Qu'il ait fait avec bonheur et avec talent, c'est ce que personne ne contestera. Dès long-temps déjà, il y avait beaucoup de promesses dans ses tableaux ; le moment paraît approcher où il donnera, quoique jeune encore, mais non sans de nouveaux efforts, l'effet de ses promesses. Dans le choix de plusieurs des sujets traités cette année par cet artiste, on reconnaît l'influence heureuse de M. Éd. Girardet. *Le quart d'heure de Rabelais*, la *Veillée* sont de ce nombre ; dans le premier de ces tableaux, la vérité des attitudes nous paraît à l'abri de tout reproche ; la main droite de la femme d'auberge, qui s'apprête à tirer à elle, comme ferait le rateau d'un banquier, l'argent que le vieux buveur arrache avec tant de peine des profondeurs de sa poche, est un trait d'esprit des plus heureux. On retrouve d'ailleurs, dans les deux toiles que nous venons de citer, quelques-unes des qualités de l'école hollandaise, et même cette vivacité de touche, cette assurance de la main qui montrent que l'artiste avait vent en poupe pendant son travail. L'*Effroi* a des parties du vêtement fort bien traitées ; l'expression de frayeur de la jeune fille a paru rendue avec exagération ; nous dirons plutôt que les teintes fauves et par trop nuancées nous ont semblé hasardées pour un aussi jeune visage. Enfin les *Petits bergers*, celle des toiles de M. de Meuron qui a les plus grandes dimensions, et à laquelle il attache sans doute le plus d'importance, est peut-être à nos yeux celle qui en a le moins. Ici surtout l'intérêt tout entier devait reposer sur le jeu des physionomies ; les accessoires disparaissent devant la recherche que fait en vain le spectateur de l'expression des sentimens sur ces deux figures enfantines. C'est d'autant plus à regretter que certaines parties de cette composition sont habilement peintes, et qu'un dessin correct et des tons harmonieux donnent du charme à l'ensemble. Réduit à de plus petites proportions, cet épisode d'amitié fraternelle aurait repris tous ses avantages.

Un peintre dont on aime à retrouver les ouvrages à chaque exposition, M. Aurèle Robert, a fait également une tentative heureuse dans le domaine si varié des scènes villageoises. L'*hospitalité* nous le montre habile à grouper ses figures. Le vieillard aveugle, l'enfant qui lui offre les fruits du printemps, toute la famille interrompue un instant dans ses travaux domestiques, sont vrais de gestes et de physiomie. On remarque pourtant quelque raideur dans les attitudes et un peu de sécheresse de tons ; le terrain pourrait être aussi plus solide. Il n'y a rien là qui ne doive être pour M. Robert un encouragement et un motif de persister dans la voie qu'il s'est ouverte. — Sa *Vue prise dans l'église de Lugano*, qui a déjà provoqué à Genève, l'an passé, un concert d'admiration, a produit cette année le même effet sur le public neuchâtelois. Il était difficile de varier plus heureusement, par une échappée pleine d'air et de lumière sur la vallée, le genre un peu monotone des intérieurs d'églises. Nous ne trouvons pas, comme on l'a dit, que cette ouverture sur la campagne tranche avec trop d'âpreté sur la demi obscurité du sanctuaire ; ce qui frappe plutôt, c'est que l'effet inévitable de cet intérieur est de simuler deux tableaux dans le même cadre.

Nous nous sommes arrêtés avec plaisir devant le portrait de M. le

Dr F. par M. Moritz fils. Là ressemblance est frappante, et le modelé laisse peu de chose à désirer. M. Moritz a également montré, dans un sujet flamand, le *Cabaret*, tout ce que peut la persévérance et le travail obstiné; bien qu'il ait eu à lutter, dans ce tableau, contre de véritables difficultés de lumière et d'ombre, il n'est pas resté trop au-dessous de sa tâche. Cette toile, ainsi que la *Main-chaude*, méritent tous nos encouragemens.

Les œuvres de M. Ed. Tschaggeny peuvent servir de transition entre les tableaux de genre et les paysages. Ce peintre possède en effet, par un heureux privilége, un talent qui lui permet d'embrasser une double sphère. L'analyse étendue et l'appréciation méritée que cette *Revue* a déjà publiées, en 1849 (¹), du *Taureau poursuivant une femme* et de la *Gardeuse de moutons*, m'y fait renvoyer mes lecteurs par crainte des redites. Le *Sujet flamand* du même peintre est nouveau pour nous. Il y a là une rare distinction de manière et de style. Les chevaux, d'un modelé savant, sont pleins de vie et d'une bonne couleur; les accessoires, où tant de peintres se perdent dans la trivialité, sont ici traités avec délicatesse et correction.

Arrivé au moment de parler des tableaux de M. A Calame, je sens renaître tous mes scrupules, et je me demande qui je suis pour oser entreprendre l'examen d'œuvres de cette importance. Il me faut tout le désir de vous être agréable, Monsieur, pour continuer cette analyse trop rapide, et dont je suis le premier à sentir l'insuffisance.

Dans sa carrière d'artiste si remplie et si glorieuse, M. Calame est arrivé ces dernières années, par ses représentations des scènes les plus grandioses des Alpes, à des résultats qui ne semblent pas désormais pouvoir être dépassés. Aussi la curiosité a-t-elle été vivement éveillée, quand on a su que ce paysagiste éminent, tout en restant fidèle à ses études proprement dites, avait cherché à sortir du genre devenu classique des paysages suisses; l'attrait s'est augmenté, semble-t-il, quand on a vu que, par une conception sinon nouvelle du moins toujours grande et poétique, il avait entrepris de symboliser les saisons de l'année dans quatre compositions allégoriques. De pareilles tentatives se rencontrent dans la carrière de plusieurs grands peintres. L'Albane, par exemple, a décrit à sa manière le cercle des saisons dans d'admirables toiles qui se voient au palais Madame, à Turin. On sait que Léopold Robert avait formé un projet pareil. Les Saisons de M. Calame sont à leur tour fortement empreintes d'un cachet individuel et original; il s'est tenu sagement renfermé dans les limites de son propre génie, et c'est en écoutant les voix secrètes que la nature fait entendre à toute âme de poète, qu'il a chanté par le langage sublime de l'art, ces phases divines des saisons toujours semblables et toujours nouvelles.

_____

(¹) Voir *Revue Suisse* de 1849, tome XII, page 483.   (*Note du R.*)

De ces quatre toiles, le *Printemps*, d'une composition savante et
vigoureuse, est peut-être celle qui a rencontré le plus d'étonnemens.
Nous croyons pourtant que M. Calame a eu raison de prendre, pour
symbole du printemps, un paysage italien. Privé qu'il était de la ressource des figures, il aurait sans doute donné plus d'unité à l'ensemble de son sujet en plaçant dans un paysage suisse la scène de la première saison, mais il n'aurait pas fait un printemps. Du moins cette
signification si vive, qui ressort de chacun de ses quatre tableaux, et
qui fait qu'on n'hésite pas un instant à saisir la pensée de l'artiste, aurait été moins complète et moins palpable.

Vous avez donné dans votre dernière livraison ([1]), M. le rédacteur,
une analyse succinte de ces toiles remarquables. Il y aurait encore
beaucoup à dire, soit pour étudier la nature même de l'inspiration du
peintre, soit pour louer ou critiquer certaines parties de son œuvre.
Pour moi, je me sens pressé de remercier notre compatriote, de m'a-
voir fait admirer une fois de plus, dans leurs mille aspects divers, les
œuvres sublimes de la création. Comprendre la nature comme il l'a fait,
en rendre les beautés idéales avec cette perfection à laquelle il nous a
accoutumés, c'est élever à lui l'âme du spectateur et le faire vivre un
instant dans ces sphères élevées où tout est pureté et lumière. Que
notre œil s'égare dans les profondeurs ombreuses de cette végétation
luxuriante et printannière qui se déroule jusqu'à l'horizon devant les
lignes fuyantes et riches des palais italiens, — qu'il se repose sous ce
chêne majestueux, si puissant dans l'expansion libre de sa vie végétale, et qui protège de son ombre, contre les chaleurs caniculaires,
tout un arpent de terrain, — qu'il se promène sur les bords argentés
de ce lac alpestre, qui voit se dépouiller lentement de leur parure,
flétrie par le souffle de l'automne, les beaux ombrages de ses rives,—
qu'il se repose enfin sur cette enceinte de la mort et sur ces arbres
endormis par la froidure, mais qui tous gardent encore comme une
étincelle de vie que ranimeront pour l'homme l'éternité, et le printemps pour la plante, — toujours nous sommes captivés puissamment
par ces scènes simples et belles, et à l'aspect de l'œuvre magique du
peintre, nos souvenirs se reportent avec charme vers les années heureuses de notre jeunesse, et nos pensées se tournent sans effroi vers
celles si prochaines de notre déclin.

Certes l'émotion n'est pas favorable à la critique; je me sens peu
disposé à rechercher aujourd'hui ce que ces tableaux laissent à désirer. M. Calame est sans doute le premier qui se soit aperçu de leurs
défauts. J'aimerais mieux, si j'en avais le temps, m'arrêter encore
longuement devant cette *Vue du lac des Quatre-Cantons*, où se retrouvent la fraîcheur vaporeuse de son coloris et la finesse extrême de
sa touche; il y a là un trait de lumière admirable, qui rappelle la belle

---

([1]) Voir le numéro précédent, page 437.　　　　　(*Note du R.*)

vue du même lac exposée l'année dernière à Genève, et dont un riche
particulier de Bâle est maintenant l'heureux possesseur.

Parmi les paysagistes neuchâtelois dont je voudrais encore parler
ici, M. Léon Berthoud est celui qui a soulevé cette année le plus de
questions contradictoires. D'où vient en effet la défaveur avec laquelle
ses *Aqueducs dans la campagne de Rome* ont été accueillis dans le
public? D'où vient en revanche que les personnes qui s'occupent de
peinture, et qui semblent qualifiées pour devenir juges en pareille
matière, s'en soient montrées satisfaites à plus d'un égard? Suivant
ces dernières, en effet, il y a dans le paysage dont il est ici question
des premiers plans vigoureusement traités, des tons sévères et heureusement trouvés, une certaine harmonie d'ensemble et une perspective habile. De telles qualités sont, il est vrai, du nombre de celles que les peintres sont le plus capables d'apprécier; connaissant
d'ailleurs toutes les difficultés de l'art, ils sont plus enclins à l'indulgence que le public, qui condamne souvent sans appel. Cependant,
tout disposé que nous soyons à adopter ce jugement favorable et à
regarder comme empreinte d'exagération la sentence redoutable du
public, nous croyons que cette circonstance doit être pour M. Léon
Berthoud un sérieux avertissement. Il reconnaîtra sans doute qu'un
tableau dont l'aspect rappelle une œuvre non achevée, où règne par
cela même une crudité malencontreuse, et où un ciel d'orage semble
un défi porté à la conformation des nuages, il reconnaîtra, disons-
nous, qu'un tableau pareil n'a pas toutes les qualités requises pour
plaire et captiver les suffrages. — Les autres toiles de ce peintre ont
facilement contrebalancé l'impression produite par la *Vue des aqueducs*. Elles rappellent, par l'aspect agréable et poétique de diverses
scènes alpestres, telles que la *Vue sur le lac de Zug*, les bons tableaux que nous connaissons de M. Berthoud, entr'autres le *Lac de
Némi*.

MM. Georges Grisel et Ed. de Pourtalès ont fourni chacun un assez
grand nombre de toiles à notre exposition. Cela seul déjà est très-mé-
ritoire. Dans l'impossibilité où je suis de parler de chacune d'elles, je
voudrais pourtant témoigner ici tout le plaisir que m'ont causé leurs
travaux consciencieux. Les *Études* de M. Grisel à la Handeck et au
Val-de-Travers ont une couleur franche et transparente, une touche
facile et vive qui attirent les regards. Il y a chez M. Ed. de Pourtalès
plus de lumière et de coloris, plus d'espace et de profondeur dans
l'horizon. La *Baie de Pouzzole* et le *Mont-Blanc* sont de ces toiles
qu'on aimerait à posséder.

Comme je le craignais en commençant, j'ai sans doute commis, dans
la revue qui précède, des omissions, peut-être même quelques inexactitudes, qu'il eût été facile d'éviter si j'avais eu la possibilité de parcourir encore les salles de l'exposition. Vous trouverez sans doute,
monsieur, que je n'ai pas fait une assez large part à la critique; mais

alors mon travail se serait trop étendu, et n'aurait pas été prêt pour
le moment voulu. D'ailleurs on n'a jamais à regretter un excès d'indulgence, surtout avec les peintres, et je vous avoue que je tiens
beaucoup à mon repos (¹).   Z.

⁓⁓⁓⁓⁓⁓⁓⁓⁓⁓⁓⁓

NEUCHÂTEL, 5 juillet. — M. Louis de Sinner vient de faire paraître sa
Bibliographie historique de la Suisse. C'est un bel hommage qu'il a
fait à sa patrie, et son ouvrage mérite d'exciter l'attention de tous les
amis de notre histoire. Dans l'intention primitive de l'auteur, ce ne
devait être que la seconde édition, revue et augmentée, d'un rapport
sur les bibliothèques de la Suisse, adressé en 1846 à M. de Salvandy,
alors ministre de l'instruction publique, par M. de Sinner, alors sous-
bibliothécaire de la Sorbonne. Peu à peu, et d'après les conseils de
quelques savants, le simple mémoire a pris les proportions d'un livre;
l'auteur n'a rien négligé pour le rendre aussi complet et aussi utile
que possible: pendant un séjour de deux ans à Lucerne, il a mis à
profit la belle collection de Balthasar, qui fait maintenant partie de la
Bibliothèque des Bourgeois, et son ouvrage, enfin terminé, a paru à
Berne, il y a un mois, en un volume in-8°, et sous le titre suivant:
*Bibliographie der Schweizergeschichte, oder systematisches und
theilweise beurtheilendes Verzeichnis der seit 1786 bis 1851 über
die Geschichte der Schweiz, von ihren Anfängen an bis 1798, er-
schienenen Bücher; ein Versuch von L. von Sinner, früher Unter-
bibliothekar der Universität in Paris.*
   La *Bibliographie* de M. de Sinner se rattache à celle de G. E. de Haller (publiée à Berne en 1786), et peut en quelque manière servir de
complément à cet excellent ouvrage. Elle comprend l'énumération des
livres publiés de 1786 à 1851, et traitant de l'histoire suisse depuis ses
origines jusqu'en 1798. On peut regretter que M. de Sinner n'ait pas
agrandi son plan, et qu'il n'ait pas suivi l'histoire suisse jusqu'en 1848,
ou tout au moins jusqu'en 1815 ou 1830. Il prévient, par une boutade,
le reproche qu'on pourrait être tenté de lui adresser sur ce point, et
déclare que *la Suisse n'a plus d'histoire à dater de 1798*. Puisqu'il
le veut ainsi, à la bonne heure; nous ne le chicanerons pas là-dessus:
car nous sommes de ceux qui ne reconnaissent pas à la critique le
droit de reprendre l'auteur sur le choix de son sujet, mais seulement

─────────

(¹) Parmi les œuvres d'art que notre correspondant ne mentionne pas,
nous désirons citer les belles aquarelles de M. Moritz, père, celles d'un
autre genre, mais non moins remarquables de M. Euler; les tableaux pleins
d'intérêt de M. Alphonse Robert et de M. Ch. Tschaggeny; enfin les portraits
et têtes d'étude de MM. Fréd. Berthoud, Albert Vouga, Zuberbuhler et
Dietler, qui tous auraient mérité un examen spécial et attentif.
                                                      (Note du R.).

sur la manière dont il l'a traité. Nous nous bornerons donc à le remercier pour le beau travail qu'il nous a donné, et nous ne lui demande-
rons pas compte de ce qu'il lui a plu de laisser de côté. Peut-être
aura-t-il un jour le loisir d'étendre le domaine de ses recherches, et
nous le désirons vivement. Après avoir pendant bien des années consacré ses talents à la France, qui le regardait à juste titre comme un
de ses hellénistes les plus distingués, M. de Sinner, de retour dans sa
patrie, n'a pas tardé à entreprendre une œuvre d'un intérêt national;
jusqu'ici Grec et Français, il est redevenu Suisse, et nous espérons
qu'il le demeurera.

Nous donnerons ici une analyse de son ouvrage. Il est divisé en
trois parties. La première contient d'abord l'énumération des livres
relatifs à l'histoire générale de la Suisse: Jean de Muller rentrait heureusement dans le cadre de l'auteur, Haller n'ayant mentionné que le
premier volume de son histoire, publié en 1780. M. de Sinner a donc
donné place, dans quelques pages fort intéressantes, au grand historien de la Suisse et de l'humanité, et à son cortège d'abréviateurs, de
traducteurs, de continuateurs, et de biographes. Le second chapitre de
ce premier livre est consacré aux publications relatives à quelques
points capitaux de l'histoire suisse, comme par exemple l'origine de
la Confédération, la guerre de Bourgogne, la guerre de Souabe, etc.
L'épisode de Guillaume Tell fournit un article intéressant non-seulement pour les bibliophiles, mais pour tous les esprits curieux. Mais
pourquoi l'époque de la Réformation ne trouve-t-elle pas place dans ce
chapitre? C'est encore une question que chacun adressera à l'auteur,
bien qu'il ait cherché à la prévenir dans sa préface en rejetant la faute
*sur la difficulté du sujet, trop épineux pour être traité par tout
autre que par un théologien.* Cette excuse serait plus spécieuse chez
un historien que chez un bibliographe; car celui-ci peut toujours,
quand il lui plaît, s'abstenir de juger et se borner à l'énumération
des sources.

La seconde partie traite des livres relatifs à l'histoire spéciale de
chacun des ving-deux cantons. Ici, le sujet s'étendant, les omissions
deviennent inévitables; le COMPLET est l'idéal que le bibliographe ne
doit jamais perdre de vue, mais qui peut se flatter d'y avoir atteint?
Haller lui-même, *avec ses soixante-deux collaborateurs,* n'est pas
absolument irréprochable de ce côté-là; Barbier, Quérard et tous les
héros du genre, n'ont pu sur aucun point arriver à une bibliographie
complète.

> Et cet heureux phénix est encore à trouver.

Au reste nous reviendrons sur les omissions de M. de Sinner; achevons
l'analyse de son livre.

La troisième partie sera particulièrement précieuse aux amis de
l'histoire suisse; c'est un travail entièrement neuf, et dont rien jus-

qu'à présent ne pouvait tenir lieu ; elle fournit précisément ce que ne donnent pas les catalogues de nos bibliothèques, à savoir l'analyse de toutes les collections historiques publiées en Suisse, tant par des particuliers que par des sociétés savantes. Disons encore que dans les trois parties, la biographie marche de front avec l'histoire proprement dite, et que deux appendices, placés à la fin, ajoutent à l'utilité de ce livre. Le premier appendice est un catalogue des catalogues, ou notice sur les catalogues imprimés de toutes les bibliothèques de la Suisse, et par conséquent sur les bibliothèques elles-mêmes. Le second est une indication de quelques travaux importants ne concernant pas l'histoire de la Suisse, mais épars dans divers journaux de ce pays. C'est encore une heureuse idée, et beaucoup de lecteurs auraient désiré peut-être que l'auteur eût donné un plus grand développement à cette partie de son travail ; mais il faut se souvenir que cet appendice ne se rattachait qu'indirectement à son plan, et que, plus étendu, il fût devenu un hors-d'œuvre.

Cette simple analyse suffira aux amis des livres pour leur faire apprécier l'importance de celui de M. de Sinner. Nous croyons même qu'en le parcourant ils y trouveront plus qu'ils n'y auront cherché ; en effet, ce que l'on demande d'une bibliographie, c'est seulement l'exactitude et la netteté ; tous les autres mérites y sont surérogatoires ; or, le livre dont nous parlons abonde en mérites de ce genre : des appréciations concises, souvent spirituelles, quelquefois malicieuses, toujours judicieuses et fines, font une agréable diversion à l'aridité inhérente au sujet. Il eût suffi que le livre fût bon à consulter, et il est fort bon à lire : ainsi, l'*omne tulit punctum* s'applique parfaitement à M. de Sinner.

Nous avons cependant parlé d'omissions ; nous nous bornerons à indiquer celles que nous avons remarquées à l'article *Neuchâtel*. A la liste donnée par M. de Sinner (pages 119 et suiv.), il faut ajouter : *Histoire de Neuchâtel et Valangin sous la maison de Prusse, par C. God. de Tribolet. Neuch.* 1846, 8° — *Histoire abrégée des troubles de Neuchâtel pendant les années* 1766, 1767 *et* 1768, *suivie de quelques documens historiques. Neuch.* 1832. 8°. Cet ouvrage a été publié par Petitpierre et Prince d'après un manuscrit attribué à Osterwald. — *Notices préliminaires sur des recherches relatives à l'Etat de Neuchâtel et de Valangin*, opuscule rare, composé par M. de Chambrier d'Oleyres, et imprimé à Parme en 1789 avec les types splendides de Bodoni.

En fait de biographies : *Notice sur la vie de M. David de Pury, par F. Brand. Neuch.* 1826. in-8°. L'auteur cite ailleurs cette notice, mais il eût été convenable de la rappeler à l'article *Neuchâtel.* — *Portefeuille de portraits neuchâtelois* (lithographiés par H. Nicolet et accompagnés de notices). — *Etrennes historiques pour Neuchâtel et Valangin* (par Girardet). 1794-1797. — Il y a aussi diverses notices biographiques ou historiques dans notre ancien almanach publié sous le titre de *Messager boiteux*, et dans celui qui paraît à la Chaux-de-Fonds depuis 1849, sous le titre d'*Almanach neuchâtelois*. Enfin, dans son appendice, M. de Sinner aurait pu mentionner la belle bibliothèque des pasteurs de Neuchâtel *(Bibliotheca Classis Neocomensis)*, puisqu'il en existe un catalogue imprimé, assez rare maintenant, il est vrai, mais par là-même d'autant plus digne de l'attention des bibliophiles. M. de Sinner n'a-t-il pas connu ce catalogue, ou bien est-ce encore la sainte terreur de la théologie qui l'a empêché de le nommer?

Si nous avons mentionné ces quelques omissions, c'est dans le désir d'être utile à ceux qui feront usage de la *Bibliographie historique*, en leur aidant à la compléter dans une de ses parties. Nous voudrions que dans chaque canton il se trouvât quelqu'un qui prît la peine de faire un supplément de ce genre; ce seraient des matériaux précieux pour les amateurs de l'histoire suisse; ce serait aussi une marque de juste reconnaissance pour l'auteur d'un livre aussi estimable que la *Bibliographie historique*.   B.

~~~~~~~~~~~~~~~~~~~~~~~~~~~~~~~~

Genève, juin 1851. — Ma lettre *sur les somnambules qui exploitent la Suisse*(1), reproduite par d'autres publications, peut bien n'avoir pas convaincu tous les lecteurs: quelques-uns m'ont demandé des développements; comme ce sujet intéresse le public, et même la morale, je viens vous présenter un fait assez piquant pour compléter l'œuvre.

Depuis quelques jours nous avons à Genève une gentille enfant d'environ douze ans, qui donne en plein vent des séances pareilles à celles de Mlle Prudence Bernard, et exécutées avec une parfaite sûreté de réponse. Son père lui bande les yeux, la couvre encore d'un voile épais, se place derrière elle, puis, sans compère, allant d'un spectateur à l'autre, fait à l'enfant, sur une foule d'objets, de très-brèves questions: *Qu'est-ce que ceci? Emma?* rarement ajoute-t-il quelques mots directeurs comme: *Dis-moi... Sais-tu....* etc.; les réponses arrivent comme l'éclair sans erreur, sans hésitation: l'enfant dit le chiffre, la lettre qu'on écrit, le nom, la matière, la couleur, etc. de l'objet désigné; demandes et réponses et demandes se succèdent avec une rapidité et une précision qui enlèvent des applaudissements, des cris. C'est éblouissant. Mon voisin s'y perdant, — et il y a bien de quoi, — admirait *la force du fluide magnétique*. Vous sentez que j'essayai de le détromper; je lui expliquai que deux personnes peuvent se faire un langage très-clair de mots usuels, d'accent, d'inflexions, et qu'ici il y a de plus une série de réponses débitées de mémoire comme des vers. «Car sans doute, disais-je, le père a choisi une suite de choses, d'objets faciles à trouver dans une foule de spectateurs; son regard exercé les cherche, et, en les indiquant, son doigt suit l'ordre des réponses apprises. S'il y avait une erreur, quelque mot concerté la dissiperait. N'avez-vous pas remarqué que, avant de commencer, le père

(1) *Revue Suisse*, Février 1851, page 134.

et la fille ont parcouru deux ou trois fois ce rang de spectateurs ; c'é-
tait probablement pour examiner la canne, la pipe, etc., qu'ils ont si
bien décrites. Si ces gens-là voyaient vraiment les choses, se montre-
raient-ils pour quelques sous ! quelle fortune ne feraient-ils pas à
trouver des sources, des trésors, des gens perdus, le pauvre capitaine Franklin et ses braves, les cinq émeraudes de Cortez perdues
devant Alger, etc. ! Ne voyez-vous pas que le *fluide* est un prétexte
du professeur pour questionner lui-même, pour repousser toute intervention, pour servir seul toujours d'intermédiaire, c'est-à-dire pour
dicter la réponse par la manière dont il fait la question.» — Mais mon
éloquence échouait devant l'obstination de mon voisin qui me répondait : *C'est le fluide !*.....

C'est le fluide ! savants et ignorants, on aime à se reposer ainsi sur
un mot ; c'est plus commode, cela dispense de travail ; chaque science
a ainsi ses mots sacramentels qui expliquent tout, répondent à tout,
et qui sont *la force vitale, la bosse, l'aura fecundans* des plantes,
c'est l'usage, c'est la mode !..... *C'est votre léthargie !* dit Crispin au
bonhomme ; *c'est le fluide !* disent ces Crispins au public.

Mais voilà le père questionneur qui s'approche : *Soyez attentif*, dis-
je au voisin, et je priai le père de faire deviner des choses qui n'étaient
pas dans son vocabulaire ; il éluda très-spirituellement ; mon voisin
ébranlé insista, — en vain. «Monsieur, dis-je, il y a des personnes qui,
admirant ce que fait votre enfant, pensent qu'elle est somnambule,
magnétisée.» — «Pas le moins du monde, monsieur, je ne veux point
tromper ; je n'annonce rien de tel ; mais j'ai une manière de m'entendre avec ma fille.» — «Eh bien ! vous devriez vraiment le dire à
l'assemblée.» — Aussitôt l'honorable prestidigitateur s'avançant au milieu du cercle, le déclara à haute voix, non sans flétrir les charlatans
qui avec leur somnambulisme, leur magnétisme, abusent du bon public, en débitant des fourberies pour plumer les crédules. J'allai le remercier.

Triste bizarrerie de l'esprit humain ! Des imposteurs sont venus dans
nos villes, ont affiché *avec autorisation* leurs mensonges au coin des
rues, ont eu le *théâtre* pour leurs jongleries, et en ont mis les places
à haut prix ; ils ont feint la franchise et la souffrance ; jusqu'à se faire
plaindre avec cris ; pour soutirer de l'argent (¹) ils ont indignement
trompé des malades et peut-être aggravé des maux ; enfin (²), ils ont
audacieusement lutté avec une élite de savants qu'ils espéraient tromper ; puis tranquillement ils ont emporté l'argent ainsi dérobé..... On
les a bien accueillis, bien traités, autorisés ; ils ont été louangés, honorés ; on en parle encore avec considération, et même s'ils revenaient.....! tandis que voilà, avec un talent égal, un digne homme qui
ne veut pas tromper, qui annonce la vérité, repousse les préjugés, et
n'engage point sa fille à feindre, à jouer la souffrance ; mais il n'a pas
le savoir-faire, le pouff, l'audace effrontée ; il est réduit à exercer en
plein vent sa chétive industrie, la même que l'autre ; et, bien que
l'enfant sache sa leçon autant et souvent mieux que la fameuse Prudence Bernard et M. Lassaigne, comme elle ne l'assaisonne pas, elle
doit se contenter des petits sous qu'elle recueille à la ronde.... hélas !

Puis, la police qui sagement empêche de promener en rue des ani-

(¹) Un napoléon par consultation.

(²) Trois cents francs pour cette séance.

maux dangéreux, de vendre des boissons, des aliments, des remèdes
falsifiés, de fausser les poids et les mesures, de pratiquer sans examen
la médecine, la pharmacie, etc.; la police, au lieu d'autoriser, ces
tromperies, ne devrait-elle pas; dans l'intérêt de la vérité, de l'instruction et de la santé, dévoiler par des affiches et des journaux et
chasser du pays ces escrocs en habits noirs et en dentelles, professeurs, docteurs, que sais-je! et au besoin leur faire rendre gorge
avant le départ, comme à tout escroc.

Agréez, etc.   JOHN RUEGGER.

∿∿∿∿∿∿∿∿∿∿∿∿∿∿∿∿∿

Genève, juin 1851.

Depuis plusieurs années la mort semble prendre plaisir à frapper
ceux de nos concitoyens dont Genève pouvait s'enorgueillir : M. Gau-
dy-Lefort vient de nous être enlevé. Qu'il nous soit permis de joindre
à l'expression de nos regrets, quelques détails sur la vie et les ouvrages de cet ami.

M. Aimé Gaudy, issu d'une famille honorable de la bourgeoisie, vit
le jour en 1774. Son père, n'ayant que ce fils, bien qu'il le destinât
au commerce, lui fit suivre ses classes, le poussa jusqu'en belles-
lettres, en philosophie, et ses études finies, l'envoya en France, en
Angleterre, en Italie, en Allemagne, pour compléter son éducation.
Ces voyages profitèrent au jeune homme; il y puisa non-seulement
des notions commerciales et la connaissance des langues étrangères,
mais son esprit observateur y trouva pâture et lui procura des souvenirs dont, par la suite, il sut tirer habilement parti. De retour à Genève, il s'établit dans le magasin de son père, et c'est, entouré de
ballots de poivre et de cassonnade qu'il fit ses premiers essais poétiques. Ils réussirent. Ses contes des *Vieilles filles*, du *Commis voyageur*, de *Ludovico*, des *Remouleurs*, et d'autres, coururent les salons,
et furent vivement applaudis. Indépendamment d'un style gracieux
et toujours approprié au sujet, les productions de M. Gaudy se font
remarquer par des aperçus où brillent la finesse, l'esprit d'observation, et surtout par une absence totale d'acrimonie et de personnalités. Son mariage avec Mlle Lefort, fille du syndic de ce nom, le plaça
dans la société d'une façon avantageuse. Jouissant d'une honnête aisance, il put sans compromettre son avenir, se livrer à la culture des
lettres; mais ce ne fut que lorsque sa réputation de poète de société
se trouva bien établie, qu'il consentit à se laisser imprimer. Le *Journal de Genève*, l'*Almanach genevois* furent les premiers recueils où
parurent ses compositions, encore n'y mit-il point son nom; il se contenta d'une initiale. Devenu plus hardi, il publia divers ouvrages,
prose et vers, qui furent très-favorablement accueillis et méritaient
de l'être. La mort de son père le rendant possesseur d'un domaine assez considérable à Onex, il quitta le commerce et s'y retira. Là, occupé de soins agricoles, il n'en cultiva pas moins les muses; mais il
prit un vol plus sérieux. Ayant toujours eu du goût pour les recherches grammaticales et archéologiques, il se livra plus à son aise
à ce genre de travail, dans lequel il obtint des succès non contestés,
et qui lui valurent le titre de membre honoraire de la société d'archéologie de Genève. En effet son *Glossaire genevois*, ses *Promenades historiques dans le canton*, sont deux ouvrages qui lui assurent une

réputation durable. On y trouve de la science, de l'érudition, de l'agrément et de la vérité. Ce sont des *vade mecum* pour ceux de nos compatriotes qui se plaisent à voir retracées les variantes survenues dans le langage, les mœurs et l'histoire de notre pays.

M. Gaudy fut l'un des fondateurs de la société littéraire. Il en devint le président en 1819, et fit pendant long-temps le charme des soirées où la science, la poésie, la musique, se faisaient entendre tour-à-tour. Le cours de littérature qu'il y donna, permit aux dames d'assister à nos séances, dont elles ont fait dès lors le principal ornement. Pesonne mieux que M. Gaudy ne fit valoir les poésies légères. Son débit était parfait; il tenait l'auditoire dans l'enchantement. Grâces, finesse, il réunissait tout ce qu'il faut pour séduire; j'en appelle à ceux qui ont eu le bonheur de l'entendre.

M. Gaudy aimait la solitude. La douleur profonde que lui causèrent les décès successifs de son épouse et de son fils unique, accrut encore ce penchant. Il ne parut plus à la ville. Sequestré dans son domaine, sans autre distraction que ses travaux littéraires et scientifiques, sa santé s'affaiblit, bien que sa verve et son esprit restassent les mêmes. Enfin, au moment où ses amis espéraient conserver encore long-temps le savant sans morgue, le poëte spirituel, le conteur aimable, le bon citoyen, un mal subit et violent vint le saisir, et malgré tous les soins dont il était entouré, et qui lui furent prodigués, il s'éteignit; mais ses œuvres resteront [1], et seront toujours appréciées par les lecteurs qui font cas du savoir, de la gaîté, du sentiment et du patriotisme.   Cp.

BULLETIN BIBLIOGRAPHIQUE.

ÉNUMÉRATION DES VÉGÉTAUX VASCULAIRES DU JURA SUISSE ET FRANÇAIS, plus spécialement du canton de Neuchâtel, par Ch. H. Godet, ancien inspecteur des études à Neuchâtel, etc. — 1 vol. 8° Neuchâtel, imprimerie de H. Wolfrath, 1851. — Prix fr. 3 » 50.

Depuis une vingtaine d'années, la flore jurassique a été l'objet d'un assez grand nombre de travaux. Non-seulement plusieurs de ses parties, suisses ou françaises, ont été décrites d'une manière spéciale, mais son ensemble, plus ou moins complet, a aussi donné lieu à diverses publications. Telles sont la *flore jurassienne* de M. Babey, puis la *Phytostatique* de M. Thurmann. Le premier de ces livres, bien qu'appartenant un peu à l'ancienne école, est néanmoins un ouvrage descriptif précieux. Le second est essentiellement une œuvre de géographie botanique traitant des lois de dispersion. Après

---

[1] Voici la note des ouvrages publiés par M. Gaudy :

Esquisses genevoises. — Fleurs de l'arrière-saison. — Apologues. — Glossaire genevois. — Promenades historiques, seconde édition.

cela, il faut le dire, on manque encore d'une flore réellement complète et quelque peu définitive de nos montagnes, flore mise au niveau des progrès de la phytographie actuelle. C'est de ce travail que s'occupe depuis longues années M. Godet. Il est fort avancé, et viendra, nous l'espérons, résoudre ce qui reste de difficultés dans la détermination et la caractéristique de nos espèces végétales. L'*Enumération*, dont nous allons dire un mot, en est en quelque sorte le péristyle.

Le but de l'auteur est d'offrir la liste fidèle des plantes du Jura, envisagées principalement en ce qui concerne la rigoureuse connaissance des espèces, sans préjudice aux indications géographiques les plus générales. La flore neuchâteloise y est prise pour point de départ, et employée comme repère diagnostique.

M. Godet s'est attaché moins à reproduire un tableau d'ensemble, dont les principaux traits sont déjà connus, qu'à porter dans tout ce qui restait obscur, le flambeau si lumineux de la phytographie actuelle. Bien que la forme compendieuse d'un catalogue ne lui ait pas permis la discussion même des points controversables, leur solution y est cependant consignée de façon à diriger l'observateur avec sûreté. Non-seulement la végétation jurassique y est enrichie d'un certain nombre d'espèces nouvelles pour son territoire; non-seulement plusieurs autres, qui y avaient figuré jusqu'à ce jour, en sont sagement éliminées; mais l'étude des genres les plus difficiles, des espèces les plus critiques y est élucidée de manière à permettre aux botanistes jurassiens d'apporter désormais des contingents plus certains et plus utiles. Nous regrettons de ne pouvoir placer ici à l'appui de ce que nous avançons des détails dont la forme serait trop exclusivement scientifique.

Nous pourrions faire voir comment des genres encore mal étudiés dans le domaine jurassique sont sortis de la confusion qui y régnait; comment d'autres, où la connaissance exacte des espèces laissait beaucoup à désirer, ont été éclairés et enrichis; comment, enfin, un grand nombre de formes controversées ont été ramenées avec sagacité à leurs véritables dénominations.

Ce sont là de ces résultats qu'il est difficile d'exposer, comme aussi de louer, autrement que par des citations trop hérissées de mots scolastiques pour n'être pas quelque peu mal sonnantes aux oreilles des lecteurs habituels de la *Revue*. Et cependant ces résultats sont précisément d'une grande valeur. La conscience du savant, la prudence de l'observateur, le labeur du critique, la sage réserve dans l'enregistrement des faits sont toutes choses dignes d'éloge, mais qui s'accommodent mal de la phrase littéraire. Aussi bien, nous en abstiendrons-nous à cette occasion. Il nous suffira d'annoncer aux botanistes jurassiens que la connaissance de la flore, objet de leur prédilection, vient de faire un notable pas en avant. Ils sauront déjà en reconnaître eux-mêmes l'importance.

Toutefois, bien que le livre annoncé ci-dessus soit nécessairement destiné à un cercle de lecteurs restreint, rien n'empêche d'en signaler l'apparition au public lettré, comme continuant et soutenant dignement ce renom scientifique suisse dans l'une de ses branches les plus intéressantes. Et, à cette occasion, peut-être le même public remarquera-t-il aussi comment des citoyens recommandables, que les orages politiques ont si cruellement atteints, savent néanmoins consacrer les loisirs d'une retraite prématurée à des travaux inspirés de l'affection du sol natal, et profitables en définitive à la considération d'un pays trop facilement oublieux des services de ses enfants. L'exemple donné en ce moment par l'auteur de l'ouvrage que nous annonçons n'est, au surplus, pas le seul de ce genre qui dans ces dernières années ait légitimement fait naître de pénibles réflexions. Heureusement, en dehors des injustices et des fautes des partis, il existe une République paisible, celle des sciences et des lettres, dont les jugements plus équitables peuvent amplement servir de consolation au cœur froissé du savant qui a la conscience de son dévouement. Ce dédommagement ne manquera pas, nous en sommes assurés, à l'auteur de la nouvelle *Enumération jurassique*; et nous faisons, avec tous les botanistes, des vœux pour qu'il se hâte de nous donner bientôt le travail final que cet important prodrome fera plus vivement désirer.   J. T.

ABRAHAM GAGNEBIN, de la Ferrière. — Fragment pour servir à l'histoire scientifique du Jura bernois et neuchâtelois pendant le siècle dernier. Par Jules Thurmann. Porrentruy, 1851. Se vend chez l'auteur, f. 2.

C'est toujours avec un juste sentiment de reconnaissance, que les amis de la science et les hommes jaloux des gloires de leur patrie, voient le nom d'un savant compatriote remis en honneur et tiré de l'oubli où le temps l'avait plongé. Cette reconnaissance est dévolue à ceux de nos écrivains contemporains qui consacrent leurs travaux à de pareilles exhumations; elle est due en particulier à M. le professeur Thurmann, qui vient aujourd'hui nous faire connaître, dans un récit substantiel et plein de charme, la vie si remplie et si fructueuse d'Abraham Gagnebin.

Il y a ici plus qu'une simple biographie. Dès les premières pages, le lecteur s'aperçoit que l'écrivain, maître de son sujet et le dominant complètement, va retracer le tableau d'une époque toute entière, et décrire la vie scientifique du Jura bernois et neuchâtelois pendant le XVIIIe siècle. Sans négliger jamais l'homme remarquable dont il a entrepris la biographie, il sait rattacher sans effort à son sujet une foule de faits intéressants, de courtes notices et de renseignements précieux sur les savans jurassiens du siècle passé et du commencement de celui-ci. Il a su faire ainsi une véritable réhabilitation d'une époque à laquelle nous touchons encore de bien près, et que nous ne regardons trop souvent que du haut de notre orgueilleux mépris. Ainsi s'expliquent bien des faits contemporains mal compris de nos jours, et l'historique des derniers progrès de la science reçoit de nouvelles lumières de l'étude qui est faite d'un temps à l'héritage duquel nous appartenons.

Il y a, dans le livre de M. Thurmann, bien des pages où le charme du style relève l'aridité des détails scientifiques. Nous voudrions pouvoir citer celles où il nous montre Gagnebin dans ses courses de botaniste, parcourant en tout sens les montagnes de son voisinage, depuis l'Erguel jusqu'à Neuchâtel, et aux terres du comté de Bourgogne, et accueilli partout avec empressement par les savants avec lesquels il est en correspondance. Puis nous assistons à ses travaux pendant les longs et neigeux hivers de la Ferrière; nous le suivons dans ses relations amicales avec le grand Haller, dans les courses scientifiques qu'ils entreprennent en commun; enfin, nous sommes les témoins de tous les services signalés que Gagnebin a rendus à la science comme botaniste, comme géologue et comme climatologiste. Pour faire entrevoir l'importance du rôle que Gagnebin a joué parmi les hommes d'étude du dernier siècle, qu'il nous suffise de dire qu'il prit une part active à la publication du *Traité des pétrifications*, ouvrage considérable qui fit époque, comme résumé des données que l'on possédait alors sur la paléontologie. Gagnebin était d'ailleurs de son temps déjà apprécié justement, car Wittenbach, dans ses *Considérations sur l'état de l'histoire naturelle en Suisse*, publiées en 1786, associait son nom à ceux des Scheuchzer, de Bauhin, de Saussure, de Haller, de Hagenbach, etc. Aussi ne doit-on pas s'étonner si M. Thurmann a cru devoir consacrer son dernier chapitre à examiner quelle influence Gagnebin a pu exercer sur ses après venans.

Des notes nombreuses et pleines de faits terminent ce volume, qui en outre est orné d'un portrait de Gagnebin et de planches. Rien n'a donc été négligé par l'auteur pour faire de son nouveau livre une œuvre digne de figurer à côté de ses autres publications.

〜〜〜〜〜〜〜〜〜〜〜〜〜〜〜

DIE SCHWEIZ, GEOLOGISCH, GEOGRAPHISCH UND PHYSIKALISCH GESCHILDERT, von J. Siegfried. 1er Band. Der schweizerische Jura. — Mit Taf. — Zürich, Orell et Füssli, 1751. — La Suisse esquissée géologiquement, géographiquement, etc., par J. Siegfried.

Notre Suisse, comme toutes les autres contrées de l'Europe centrale, et mieux même que plusieurs d'entr'elles, possède ses ouvrages, ses mémoires descriptifs locaux de topographie, de géologie, d'histoire naturelle, de climatologie. Chacune de ces branches offre des résultats acquis tels; que sortant du domaine de la spécialité, ils sont devenus désormais des traits particuliers de la géographie-physique du pays; de façon que le tableau de celle-ci ne saurait plus être complet sans eux. A mesure que certains faits généraux; dépendants d'un territoire et résultant de l'observation, sont enrégistrés, ils entrent successivement dans le domaine public et prennent rang parmi les vérités accessibles aux classes cultivées. C'est ainsi que; comme cela a eu lieu pour les découvertes cosmographiques, nous voyons insensiblement les faits géologiques se populariser et devenir en quelque sorte élémentaires. Il en sera bientôt de même pour certains résultats relatifs aux rapports d'altitude, aux lois de température, à la distribution végétale, etc,

Aucun livre n'a jusqu'à présent, en Suisse, tenté de réunir, en un seul cadre, le résumé substantiel des données si nombreuses de ce genre, relatives à son sol, et dont on ne trouve que des traces imparfaites dans les livres de géographie proprement dite. Tel est le but que s'est proposé M. Siegfried dans le travail que nous annonçons, travail qui a déjà, à certains égards, son équivalent en France, dans une partie du précieux recueil intitulé *Patria*. Le lecteur qui, sans s'être spécialement livré à l'étude des sciences physiques et naturelles, en a cependant, durant son instruction secondaire, acquis les notions enseignées partout maintenant, pourra, en ouvrant ce livre, se rendre un compte exact des riches données que ces sciences ont acquises relativement à nos montagnes, à nos vallées, à leur composition, à leur configuration, à leurs niveaux, à leur climat, à leurs eaux, etc. Il y trouvera ce qu'il chercherait en vain ailleurs, un tableau à grands traits de l'état de nos connaissances à cet égard, traits rattachés néanmoins partout à leurs fils historiques et appuyés des indications de leur provenance.

L'ouvrage se composera de trois volumes traitant respectivement du Jura, des Alpes, de la vallée suisse. Celui qui vient de paraître, outre l'exposé de la marche du livre, s'occupe donc spécialement de la chaîne jurassique.

Une première section développe la composition géologique des terrains et leur orographie; une seconde étudie en détail les chaines et les plateaux, les vals et les cluses, en les caractérisant et les coordonnant; la troisième traite des eaux; la quatrième du climat, de la végétation et des rapports phytostatiques de celle-ci avec les roches et les altitudes. En outre, des chapitres particuliers envisagent à part les collines schaffhousoises qui forment l'extrémité de l'Albe, la région volcanique du Hégau et les lisières qui nous séparent du Schwarzwald, de la vallée du Rhin, de la chaîne des Vosges.

Les diverses parties de ce tableau qui, nous le répétons, est dressé pour la première fois, sont agencées d'une manière claire et méthodique. Il est également facile d'en saisir l'ensemble et d'en aborder les détails qui sont fort abondants. Toutes les sources ont été consultées avec un soin consciencieux et une véritable érudition. Le livre peut ainsi, non-seulement servir de guide à l'observateur, mais celui-ci peut y puiser l'indication d'une foule de documents épars, peu connus, et trop souvent négligés.

Peut-être sera-t-on tenté de faire à l'auteur le reproche, soit d'avancer, comme trop définitifs, certains faits encore controversables, soit de s'être servi à leur égard d'une coordination impliquant des idées théoriques dont il faudrait les isoler un jour. Mais, d'abord, pour être méthodique, il était fort malaisé de procéder autrement. Ensuite, cette marche, si elle a des inconvénients, offre l'avantage de présenter réellement l'état des connaissances au moment donné. Et enfin, après tout, il est probable qu'à part quelques classements relatifs à la dépendance mutuelle des montagnes, la très-grande majeure partie des faits consignés resteront définitivement acquis à la géographie physique du territoire suisse.

A notre sens, le livre de M. Siegfried est d'un grand intérêt et sera éminemment utile, soit aux lecteurs qui se bornent à rechercher des généralités, soit aux observateurs qui éprouvent le besoin des documents de détail, pour faire faire un pas de plus au genre d'observation dont il réunit et expose les données obtenues jusqu'à ce jour.

Dans l'enseignement des sciences naturelles et des branches qui s'y rattachent, l'étude de la contrée qu'on habite et l'investigation locale immédiate sont non-seulement les moyens les plus sûrs de s'élever promptement à l'intelligence des généralités, mais aussi celui de faire naître le goût et l'art d'observer. Il est donc à désirer que les établissements d'instruction, chacun autour de lui, mettent surtout en usage ce procédé si simple de l'intuition des faits ambiants, faits par lesquels il devient bientôt aisé à l'élève de comprendre les résultats de plus grande échelle, tandis que la marche inverse, contraire à la méthode spontanée d'invention, demeure si souvent infructueuse.

Le livre qui nous occupe pourra certainement, à ce point de vue, rendre de vrais services aux personnes chargées d'enseigner et aussi aux élèves eux-mêmes, pour peu qu'ils soient avancés et capables. Du reste, l'auteur se propose de publier un abrégé approprié à ce but pédagogique.

L'utilité générale de la géographie physique et des sciences latérales, qui lui fournissent des données de plus en plus essentielles, ne saurait être révoquée en doute. Elles éclairent, par leurs notions positives, une foule de rapports ruraux ou techniques. Mais leur application au sol natal conduit à un résultat non moins important, celui d'affectionner l'observateur à ce sol, de lui en faire envisager les beautés et les grandeurs, de l'élever, de le poétiser même dans son esprit, et de contribuer ainsi d'une manière réelle bien qu'indirecte à l'amour du pays, élément si puissant de bonheur personnel et de prospérité publique. L'ouvrage de M. Siegfried, quoique conçu dans une forme entièrement positive, est évidemment écrit sous cette inspiration du sentiment patriotique, et l'éveillera salutairement chez ses lecteurs.

J. T.

HENRI WOLFRATH, ÉDITEUR.

DE STUTTGARD A TUBINGEN.

A MONSIEUR F. BOVET, A NEUCHATEL.

I.

Vous m'avez dit, monsieur, à mon départ pour l'Allemagne :
— « Il y a plusieurs espèces de voyageurs. D'abord, ceux qui
veulent tout voir. Ceux-ci achètent un guide complet, l'apprennent
par cœur avant leur départ, le repassent sur la route et le récitent
à leur retour. Leurs yeux vont continuellement des objets au livre
et du livre aux objets : ils consultent leur guide pour regarder tout
et regardent tout pour consulter leur guide. Arrivés dans une ville,
ils demandent tout ce qu'il y a à voir ; dès qu'ils l'ont trouvé, ils
s'extasient en courant et repartent. Où sont-ils allés ? Partout.
Où sont-ils retournés ? Nulle part. Ils ont tout vu et ils n'ont
rien vu, car ils ont abdiqué leurs propres yeux pour regarder avec
ceux d'un autre, et leur admiration servile s'est inclinée partout où
on lui montrait un autel. Ces voyageurs-là sont des herboristes.
» Il y en a d'autres qui voyagent pour ne rien voir, ou pour voir
à côté. Montrez-leur un château célèbre ; ils lui tourneront le dos
pour contempler un tronc d'arbre ; offrez à leur curiosité le choix
entre M. Véron et Lamartine, ils choisiront M. Véron. Ils vont chercher partout des choses impossibles : à Neuchâtel, des maisons
blanches ; à Lausanne, des rues plattes ; du bon sens à Paris, de la
gaîté à Carlsruhe, à Genève de l'ennui. Ceux-là sont des originaux
ou veulent l'être.
» Aussi, me disiez-vous, monsieur, si j'ai un conseil à vous donner, c'est de peu voir, mais de voir bien. Prenez à l'Allemagne
tout ce qu'elle vous donnera de bonne grâce, demandez-lui plus
qu'elle ne donne à tout le monde, et ne lui demandez point ce

qu'elle n'a pas; si elle vous sourit, ne la quittez pas trop vite; si elle vous ennuie, ne vous forcez pas à l'aimer, — et surtout n'oubliez pas d'aller voir Uhland à Tubingue.

» — Et quand vous aurez fait votre visite, ajouta M. Wolfrath, qui était des nôtres, n'oubliez pas de nous la raconter.

Ma visite est faite, Messieurs, et je vous la raconte.

II.

— Nous étions donc à Stuttgard, un de vos compatriotes, Fritz de P..., et moi. Nous avions voulu voir, dans la capitale du Wurtemberg, la grande duchesse Olga et le Rosenstein, et l'on nous avait montré un jardin et des écuries. Les écuries étaient superbes et le jardin charmant, mais on se lasse de tout, même des orangers nains qui ont le mal du pays, et même des chevaux arabes. Si bien qu'un vilain soir d'été, nous partîmes à pied pour Tubingue.

Nous voilà donc en route confiants et joyeux, notre manteau sur le bras et notre paquet sur l'épaule. — Le soleil ne tarda pas à briller à notre droite, sur une colline qui barrait l'occident. Le paysan retournait au travail ou courait à la brasserie voisine; la jeune fille sortait son rouet du fond de sa masure et allait filer en plein air; le ruisseau, jauni par la pluie du matin, reprenait le reflet des bois dans son eau verte, et les enfants du village voisin sortaient tumultueux de l'école, bénissant par un redoublement de cris cette double fête, la liberté et le soleil! Nous allions ainsi à travers les rires des écoliers, les saluts des paysans, les murmures familiers du ruisseau et les regards curieux des jeunes filles, et nous causions d'Uhland, le poète de ces poésies charmantes, l'amant de cette belle nature, l'ami de ce peuple heureux! Nous allions donc le voir, lui que nous avions si long-temps aimé; nous allions lui parler face à face, non dans un froid colloque d'homme à homme, mais dans une causerie familière d'enfant à vieillard; quel orgueil et quelle ivresse! Vous avez long-temps vécu avec un poète; il vous a suivi dans les sentiers déserts où vous alliez chercher des rimes, et là, seuls tous deux, lui dans son livre, vous près de lui, tête à tête, cœur à cœur, vous avez long-temps causé, chanté, pleuré, béni! Eh bien! après cinq ans, dix ans d'amitié poétique, lorsque vous vous êtes dit, le livre et vous, vos plus chères confidences, vous allez voir ce poète qui, sans le savoir, vous a si peu quitté, vous allez retrouver à la fois cette main qui a écrit des pages immortelles, cette voix qui a été entendue dans tous les pays où bat un cœur; cet homme qui est monté si haut, qu'on admire de si loin, et qui appartient ainsi, comme une propriété commune, à l'admiration du monde, vous allez le voir! — et cette main serrera la vôtre, et cette voix dira votre nom, et cet homme, pendant une heure de sa vie, sera tout entier à vous, à vous seul!

Ainsi nous réjouissions-nous d'avance, Fritz et moi, lorsque nous rencontrâmes un maître d'école.

III.

La plupart des maîtres d'école portent un chapeau chauve, d'énormes lunettes, une redingote boutonnée jusqu'au cou pour cacher ce qui leur manque, des souliers qui rient et des ongles en deuil. Mais le nôtre était le coq du village, et paraissait vraiment de si bonne compagnie, que nous l'abordâmes en français : c'est ici un acte de haute politesse.

— Vous êtes bien heureux, dit Fritz, de quitter le travail dans un aussi beau moment.

— *So?* fit le maître d'école.

So est un mot allemand qui veut tout dire. C'est un adverbe interjectif, qui interroge sur tout, qui répond à tout, coupe un discours trop long, donne la replique, encourage celui à qui il s'adresse, prouve l'intelligence de celui qui le prononce, et révèle tout ce qu'on a sur le cœur. *So* cumule les rôles du confident français et du chœur antique.

— Vous êtes bien heureux surtout, ajoutai-je, d'habiter un aussi beau pays. Je n'ai jamais vu de verdure aussi fraîche, même dans notre Oberland.

— *Doch?* fit le maître d'école.

Doch est à *so* ce qu'est un pronom à un substantif; les Allemands emploient la première particule pour épargner la répétition de la seconde. Gardez-vous cependant de les confondre! *Doch* a quelque chose de plus fort, de plus étonné que *so;* il ne le remplace pas seulement, il le complète et le domine; et quelquefois même, sceptique et taquin de sa nature, il vous fait la guerre et

vous donne un démenti formel. Avec ces deux mots là, vous pouvez faire le tour de l'Allemagne sans vous compromettre : répon-
dez-les à la fois ou tour à tour à tout ce qu'on vous demande, et
vous passerez pour un homme taciturne, mais intelligent.

— Et c'est une chose remarquable, reprit Fritz, que la manière
dont l'Allemagne est organisée sous le point de vue éducatif. La
Suisse, du reste, a fait des pas rapides dans cette voie, et grâce à
Pestalozzi, nous arriverons un jour ou l'autre, non plus à faire de
petits génies universels, embrassant tout dans leur ignorance, mais
au véritable but de l'éducation, qui est d'affermir les facultés de
l'esprit.

— *So?* fit le maître d'école.

— Oui, monsieur, ajoutai-je. J'ai à Genève un excellent ami,
enthousiaste de sa profession d'éducateur, et très-versé dans tout
ce qui regarde le développement de la jeunesse. Cet excellent ami
a bien voulu me communiquer ses observations. Adversaire déclaré de la méthode Jacotot et de l'autodidaxie, et tiède partisan
de la méthode catéchistique, il soutient hardiment que.....

— *Doch,* interrompit le maître d'école, et il fit bien, car je
m'embrouillais.

La conversation continua ainsi pendant un bon quart d'heure,
Fritz et moi répétant tout ce que nous savions au monde en fait
d'enseignement, et le maître d'école alternant très-régulièrement
ses particules. Enfin, impatienté, Fritz l'aborda de front et lui demanda en allemand : — Quelle est votre opinion sur ce que je viens
de vous dire?

Le maître d'école répondit : — Je ne sais pas le français.

Il fallut alors, bon gré mal gré, lui parler dans sa langue. Il
nous offrit de nous accompagner, et, chemin faisant, nous raconta
sa vie. Cet homme était un singulier phénomène. Il ne savait pas
un mot de français (il l'enseignait pourtant), — mais en revanche,
il connaissait le latin et le grec bien mieux qu'un savant de
France. Il avait étudié pendant toute sa jeunesse et il étudiait encore; il voyait aussi clair dans les brouillards de la philosophie allemande qu'un Napolitain dans la splendeur de son ciel; il était
docteur, et docteur de bon aloi, — et cependant simple *magister*
de village, inconnu, oublié, incompris dans l'humilité de sa sphère;
— et cependant heureux! Sa vie était coupée en deux : il en donnait la moitié à ses écoliers, l'autre à lui-même, l'une à son dé-

voir, l'autre à son plaisir : — mais il y avait en lui une telle dispro-
portion entre l'homme et le pédagogue, que sa vie laborieuse ne
commençait qu'au sortir de l'école; il ne travaillait que lorsqu'il
n'avait plus rien à faire, et se reposait dans le métier qui lui donnait du pain. Certes, s'il y a au monde pour un homme supérieur
un boulet accablant, c'est l'état de maître d'école. Lutter à chaque
instant contre toute une armée de jeunes êtres sans pitié : être
forcé de leur apprendre ce qu'ils ne veulent pas savoir, de les tenir enfermés où ils ne voudraient pas être, de condamner au repos
leurs corps remuants, au silence leurs lèvres rieuses, et leurs instincts révolutionnaires à la férule d'un maître absolu; vivre sans
cesse avec un petit peuple qui vous hait, vous méprise, vous raille
sous le joug, vous insulte à genoux, et se faire ainsi de ce qu'il y
a de plus libre et de plus caressant au monde, les enfants, des esclaves et des ennemis, — voilà certes un pain bien amer pour un
honnête homme. Eh bien! mon maître d'école ne se plaignait pas
de son métier : il portait son boulet avec l'insouciance de l'habitude; son chemin était fait, et il y marchait tout droit, vivant de
science et d'espoir; voyant derrière l'école, le lycée; derrière le
lycée, l'université, et, dans l'université, la fortune et la gloire. Il
est pauvre, et sa pauvreté lui allonge un peu la route, mais il est
courageux et il arrivera.

Il nous dit adieu après nous avoir montré la route et s'en retourna tranquillement à son village et à son travail.

IV.

Ce bon maître d'école! Nous avions été sans doute à ses yeux
les individus les moins intéressants du monde : des étrangers, des
importuns qui étaient venus couper sa méditation du soir, et usur-
per, dans son attention, la place de Kant et de Hegel, de Schiller
et de Gœthe. Nous avions brutalement chassé de sa tête laborieuse
un homme, une idée ou un rêve. pour y substituer deux noms inconnus. Et cependant il nous avait accueillis sans étonnement
maussade et même sans curiosité blessante : nous venions de quelque part, nous allions ailleurs, cela lui suffisait pour nous connaître, nous passions dans son village et nous le choisissions pour
hôte, cela lui suffisait pour nous vouloir du bien. Et, en Allemagne,
cette bienveillance n'est pas une exception, mais une règle; l'hos-

pitalité n'est pas un bienfait, mais un devoir. Allez à Heidelberg, demandez-y les hommes les plus distingués: Mittermaier le juriste, Gervinus le critique, Schlosser et Weber les historiens, et ceux que je passe,—car je ne les connais pas tous,—et présentez-vous hardiment dans leur maison. — Si petits que vous soyez, si ignorants même, ils vous recevront non point avec une courtoisie banale comme en France, non point avec un pédantisme empesé comme ailleurs, mais avec un affectueux sourire; il semble que nous soyons tous attendus chez eux, et que la place où ils nous font asseoir nous soit depuis longtemps destinée; nous étions inconnus tout-à-l'heure: nous voici de la maison; cérémonies de la première visite, phrases banales sur la pluie et le beau temps, compliments obligés sur le salon et les albums, on a rayé tout cela du programme; plus de préface, — nous allons droit au livre, nous parlons déjà de science, de poésie et d'art. Quoi! de science, de poésie et d'art? Nous, si ignorants, avec ces puits de science? Nous, si petits, avec ces hommes si grands? Eh! sans doute; ils nous parlent, ils nous répondent, ils consentent même à discuter avec nous, et quelquefois ils nous cèdent. Ils descendent à notre hauteur, sans que nous les sentions descendre; puis, peu à peu nous font monter avec eux, et de temps en temps nous reposent et de nouveau nous élèvent; guidés par eux, nous conquérons sans fatigue, nous triomphons sans combats, nous montons toujours, — et quand nous nous arrêtons, selon la mesure de nos forces, nous nous croyons dans un rêve, tant nous nous sentons grands et forts. Une récréation d'un instant nous a poussés plus haut que les sueurs de toute notre vie!

Et c'est ainsi que le génie est bon à voir. Ce n'est pas la fierté qui lui manque: il connaît sa puissance, et il a le droit de s'en réjouir — mais ce qu'il n'a pas, c'est la vanité française et la morgue d'ailleurs; c'est cette incroyable impertinence d'attitude de regard et de parole qui vous fait douter du génie lui-même, quand vous le voyez poser si mal. Du reste, dans les arts, comme dans le monde, le meilleur gentilhomme est toujours celui qui se laisse le plus aisément aborder. Il n'y a rien de tel que la gloire pour guérir de l'orgueil, — le mot est de Dumas, et il est vrai tout de même!

V.

" Nous étions à travers champs, c'était l'heure du crépuscule —
mais hélas! la pluie du jour avait fait du champ que nous traversions un marécage. Nous plongions jusqu'à mi-jambe dans un mélange horrible de poussière et d'eau. Nous cherchions à chaque
pas à nos pieds une pierre, une misérable pierre assez solide pour
nous soutenir, et, dès que nous la rencontrions, nous poussions un
hourra de matelots, nous écriant aussi: terre! terré! — Après la
plaine, vient la montagne; après les champs, des vignes, qui ram-
paient, allongues comme des serpents, sur une pente âpre comme
le Vésuve. A travers ces vignes, un sentier affreux qui croisait toujours pour monter l'endroit le plus roidè de la montagne : un
sentier de chamois ou de contrebandiers, si maigre qu'on le voyait
à peine, si bête qu'il se perdait souvent lui-même, au lieu de guider ceux qui se fiaient à lui : longue traînée de boue où une jambe
s'enfonçait jusqu'au genou, tandis que l'autre glissait trois pieds
plus bas, et qui se durcissait alors pour garder vos pieds captifs.
Dans ces vignes, une vieille femme absurde, qui vous répondait
bonsoir, quand vous lui demandiez le chemin; puis, tout-à-coup,
la nuit, et, avec la nuit, des torrents d'eau : Fritz grimpait devant
moi comme un berger des Alpes — et moi, transpirant et grelottant à la fois, je me trouvais derrière lui comme un misérable mol-
lusque, glissant ou m'enfonçant à chaque pas, crotté des pieds à
la tête, ruisselant d'eau, haletant, brisé, mort. Voilà comment,
après une heure d'ascension olympienne, nous nous trouvâmes
tout-à-coup, Fritz et moi, sur la grande route, en face de l'auberge
de Degerloch. Notre premier mouvement fut de partir d'un immense
éclat de rire.

VI.

Notre second mouvement fut d'entrer dans l'auberge. Nous nous
présentâmes effrontément à l'hôtesse, sûrs de faire sur elle un bel
effet d'horreur. Nous nous trompions encore. L'Allemagne est le
pays du monde où l'on s'étonne le moins : nous étions attendus à
Degerloch, comme nous étions attendus partout; l'hôtesse nous fit
entrer dans la salle, et se planta devant nous comme un piquet,
pour attendre nos ordres. Nous discutâmes un bon moment le parti

à prendre,—L'hôtesse ne bougea pas. Elle serait encore là, si Fritz, qui sait deux fois plus d'allemand que moi, n'avait pris la parole.

— Madame l'hôtesse, lui dit-il, vous voyez l'état déplorable dans lequel nous nous trouvons : bien qu'il n'ait pas l'air de vous affliger, il ne nous amuse pas le moins du monde. Avant donc de nous rafraîchir, il serait convenable de nous sécher. Je vous prie donc, madame, de vouloir bien nous préparer une chambre où vous ferez du feu : ce n'est guère la saison, je le sais : mais l'excentricité de notre humeur nous fait préférer une exception à un catarrhe. Vous nous prêterez aussi, je vous prie, à chacun, un pantalon de monsieur votre mari ou de monsieur votre frère, — votre degré de parenté avec ce vêtement a pour nous peu d'importance, — afin de pouvoir laisser les nôtres au coin du feu. Voilà, madame, pour le moment, tout ce que deux hommes gelés vous demandent.

— *So*! fit l'hôtesse, qui devait avoir parfaitement compris.

Une demi-heure après, elle nous apporta une bouteille d'eau de Seltz et une tabatière.

VII.

Il y avait dans cette salle une longue table : autour de cette table, une couronne d'hommes sérieux ; devant chacun de ces hommes, une chope de bière, le silence le plus complet régnait dans cette assemblée : on entendait les mouches voler. On eût dit des conspirateurs que notre présence avait pétrifiés : je fis cette observation à Fritz, qui me rassura en m'apprenant que c'était une habitude allemande.

— Comment! une habitude? Ces gens-là viennent donc ici quelquefois?

— Sans doute.

— Et ils se connaissent?...

— Comme nous nous connaîtrons dans trente ans d'ici.

— Sauriez-vous me dire qui ils sont et ce qu'ils viennent faire?

— Parfaitement. Il y a là le préfet, le pasteur, l'avocat, le médecin, l'apothicaire, le maître d'école, le chantre et le gendarme. Les autres sont l'aristocratie de l'endroit : les principaux représentants de l'industrie, du commerce et des beaux arts.

— *Doch!*...

— *So*. Vous m'avez demandé ce qu'ils viennent faire? Ils viennent s'amuser. Tous les dimanches et les jours de fête, — vous remarquez que nous sommes aux vacances de Pentecôte, — ils se réunissent ici vers midi. Ils y restent jusqu'à dix heures.

— Aussi bavards qu'à présent?

— Presque.

En ce moment un des notables porta sa chope jusqu'à ses yeux, puis, l'abaissant jusqu'à ses lèvres, en avala la moitié d'un souffle et en engloutit le reste d'une gorgée. Les autres crièrent alors : *Prosit!* et en firent autant. Cet incident vidé, ils rentrèrent dans leur immobilité taciturne. L'hôtesse s'approcha alors de la table sans dire mot, prit les chopes, sans recevoir d'ordre, et les rapporta pleines devant les convives en bourdonnant à chacun : Grand bien vous fasse! Les notables ne répondirent pas.

— Bravo! m'écriai-je. Et ils renouvellent cette opération?...

— D'heure en heure.

— Cela fait que chacun des notables avale...

— Ses dix chopes. Ne croyez pas du reste qu'il y ait là dedans la moindre chose que la morale, ou seulement les convenances réprouvent. Il n'y a pas une ombre de sensualisme dans leur fait.

— Ils boivent donc parce qu'ils ont soif?

— Non, pour boire.

— Et ils se rassemblent pour ne rien se dire?

— Non, pour être ensemble. C'est de l'art pour l'art. Ils savent tout ce qui se passe dans le cercle restreint où ils sont enfermés; ils ont entendu par leurs yeux tout ce qu'ils pourraient se dire, — à quoi bon causer? La causerie est partout une affaire de curiosité ou de médisance, — or ils ne sont ni médisants ni curieux. La causerie est encore un échange ou un tournoi d'esprit entre deux vanités oisives, — or ils n'ont pas d'esprit, ils ne savent pas ce que c'est...

— Nous sommes parfaitement d'accord.

— Ils ne savent pas ce que c'est, reprit mon camarade, et ils n'ont pas besoin d'en faire pour paraître aimable, car *aimable* en Allemagne veut encore dire *digne d'être aimé*. Et, tels que vous les voyez, sous cette impassibilité apparente, ce sont les gens les plus heureux du monde, non pas heureux à la façon des imbéciles et des égoïstes, qui ne se laissent pas remuer, faute d'intelligence et de cœur...

— Je le craignais.

··— Vous aviez tort. Ces hommes ont aussi des têtes qui travaillent et de généreux sentiments; ils en savent tout aussi long que nous, et nous arrivons difficilement, avec notre vivacité, aussi loin qu'eux avec leur patience. Ils sont heureux, parce qu'ils sont bons, sages, honnêtes, et qu'ils vivent dans une atmosphère de bonté, de sagesse.....

— Et de houblon!

— Oh! je ne crois pas que la chope contribue beaucoup à leur bien-être. Cependant il leur arrive parfois, quand ils veillent fort tard, d'avoir le cerveau un peu plus échauffé que d'habitude.

— Que font-ils alors?

— Ils chantent.

— Je m'y attendais. Le chant est le genre de gaîté le plus économique, il vous dispense de frais d'imagination et d'esprit.— C'est le larynx qui paie.

— C'est vrai, mais la gaîté des paresseux et des sots (car c'est ce que vous avez voulu dire) est aussi franche que celle des gens d'esprit. Tenez! regardez là-bas cette bonne figure de chantre : ce front ouvert, ces yeux égarés de philosophe mystique, ces narines dilatées et mobiles, ce commencement de sourire éternellement imprimé sur ces lèvres, et ces énormes joues pendantes où tous les traits s'enfoncent comme dans un oreiller moelleux.

— Et, me disiez-vous, ces figures honnêtes, ces divertissements variés se retrouvent dans plusieurs endroits de l'Allemagne?

— Dans tous.

Ce fut en ce moment que l'hôtesse nous apporta l'eau de Seltz et la tabatière. Nous restâmes un instant interdits, — puis nous partîmes d'un second éclat de rire. Enfin Fritz, qui se consolait aisément, but un verre d'eau, je pris une prise de tabac, et nous nous remîmes en route.

VIII.

ÉTUDES D'APRÈS UHLAND.

—

CHANT D'UN PAUVRE.

Je suis bien pauvre et seul toujours,... — seul, avec l'ennui qui dévore! — Oh! si, rien qu'une fois encore, — j'étais heureux comme aux vieux jours!

Près de mon père et de ma mère, — enfant, j'étais joyeux alors !
— Mon lot est la douleur amère, — depuis qu'ils dorment chez les
morts !

Je vois germer la moisson blonde, — fleurir le jardin opulent.... —
Ma route est la route inféconde, — où le souci marche en tremblant.

Mais seul, dans la foule inconnue, — je vais en taisant ma douleur,
— et dis à tous la bienvenue — chaudement et de si bon cœur !

Et pourtant tout-à-fait sans joie — tu ne m'as pas laissé, Seigneur !
— le ciel à tout le monde envoie — un doux et consolant bonheur.

Ton saint clocher s'élève encore — dans les petits hameaux d'ici, —
et les chœurs et l'orgue sonore — résonnent pour le pauvre aussi.

Dans ton ciel, amoureuse et sainte, — l'étoile brille aussi pour moi;
— et le soir, quand la cloche tinte, — ô mon Dieu, je parle avec toi.

Et, quand s'ouvrira sur ma tête, — à tous les bons, ton palais bleu,
— au banquet, en habit de fête, — j'irai m'asseoir aussi, mon Dieu !

LA CHAPELLE.

Là haut, la chapelle sereine — s'élève et regarde la plaine. — Là
bas, près du joyeux buisson, — le pastoureau dit sa chanson.

Triste, la clochette résonne; — morne, le chant des morts frissonne,
— et la chanson folle se tait — et l'enfant épie, inquiet...

Là haut gît la troupe folâtre — qui riait en bas sans effroi... — un
jour, ô pâtre, petit pâtre, — on y viendra chanter pour toi !

MOINE ET BERGER.

LE MOINE.

Quel chagrin profond te domine? — Dis-le moi, berger, dis-le moi !
— Un cœur brisé dans ma poitrine — bat de même et m'attire à toi.

LE BERGER.

Quel chagrin profond me dévore, — Vois-tu ce vallon de malheur ?
— La vaste prairie est sans fleur, — et l'arbre est sans feuillage encore.

LE MOINE.

Calme-toi ! Que sont tes douleurs? — Rien, si ce n'est un mauvais
rêve. — Au trèfle, aux rameaux pleins de sève, — bientôt vont s'attacher des fleurs... — Mais, hélas ! la croix où je prie — là bas, au

Vallon odorant, — n'est jamais verte ni fleurie — et porte sans cesse un Mourant!!.

LA JEUNE FILLE DE L'HOTESSE.

C'étaient trois jeunes gens, compagnons sans tristesse. — Ils ont passé le Rhin : les voici chez l'hôtesse.

— « Ça de la bière et du vin réchauffant! — Où donc, l'hôtesse, est votre belle enfant.

— « Le vin est toujours pur, toujours fraîche est la bière... — Et ma fille est là bas, morte, dans une bière...

On entre alors, et, dans la chambre en deuil, — la pauvre enfant dormait dans un cercueil.

L'un tirant le linceul, dans la bière glacée, — contempla tristement la pâle trépassée.

— » Ma belle enfant... Oh! si tu respirais, — dès aujourd'hui combien je t'aimerais! »

Le second rabaissa le linceul sur la bière — et se prit à pleurer, détournant la paupière.

— « Pourquoi dormir, pauvre ange inanimé? — Longtemps, hélas! bien longtemps je t'aimai! »

Mais, découvrant encor sa tête virginale, — l'autre baisa l'enfant sur sa bouche si pâle...

— « C'est toujours toi, toi seule que j'aimais, — c'est toi que j'aime encore — et pour jamais! »

IX.

Nous étions sur la route de Degerloch à Echterdingen. Le chemin traverse une campagne d'une admirable fraîcheur. Tantôt il marche droit, entre deux baies de beaux arbres ; tantôt il se replie, pour gravir plus aisément un coteau, et presque toujours il monte et descend de colline en vallon, ou, comme on dit ici par orgueil national, de montagne en plaine. Je levai un instant la tête et j'eus un spectacle assez beau pour compenser tous mes malheurs. La lune, qui pointait à l'Orient enveloppée d'un gros nuage noir, voulait percer son voile, mais le voile tenait bon : ce fut alors entre l'astre et le nuage un combat étrange, que la nature tout entière semblait contempler dans un coin du ciel. La lune redoublait d'efforts, et se tordait comme le héros antique pour dépouiller ou déchirer son manteau, — le nuage s'épaississait devant elle, comme une plaque d'airain, comme une armure. La lune, vaincue de front, attaqua l'ennemi par les ailes : elle épandit sa clarté autour de son disque, et si vite et si loin, que dans un instant le nuage, toujours épais et sombre, fut couronné de blancheur. La lumière se mit alors à jouer autour de lui avec des airs de victoire, à lui donner mille formes grotesques, à l'entourer de franges et de baillons, si bien que le pauvre nuage, enlacé, découpé. ébloui d'un côté par la lumière, morcelé de l'autre par le vent, se dispersa comme une armée en déroute, et la lune triomphante monta dans la nuit, laissant flotter sa robe sur les ondulations de la vallée et son front resplendir dans la limpidité du ciel.

X.

A Echterdingen, nous voulions souper et dormir, — on nous offrit deux places dans une diligence qui partait immédiatement pour Tubingue. Nous les acceptâmes pour hâter notre course. On me sépara de Fritz (je n'ai jamais compris pourquoi) et l'on me fourra dans le coupé auprès d'un étudiant de Tubingue. C'était un adolescent de dix-huit ans à peine, — casquette de carnaval, cheveux mérovingiens, tête carrée, redingote galonnée, cravate au vent, ruban en bandoulière, pipe énorme et mains sales : voilà son signalement. Il me salua avec une bouffée de tabac et ne consentit qu'avec peine à ôter ses bottes crottées de dessus ma place, pour m'y laisser asseoir. Nous roulâmes environ une lieue sans nous adresser la parole. L'étudiant fumait, — je traduisais Uhland.

Lorsqu'il eut fini sa pipe cependant, il voulut en allumer une douzième, et, comme il avait vu dans mes mains une boîte d'allumettes, il poussa la condescendance jusqu'à me la demander. En me la rendant, comme pour me remercier, il daigna me dire :

— Vous êtes philistin? — Philistin correspond aux mots français : bourgeois, financier, herboriste.

—Non, monsieur.

Cette adjonction française de *monsieur* au *non* que je venais de proférer, trahit mon origine. Vous êtes français, me dit l'étudiant.

— Pour ainsi dire, lui répondis-je.

—Peuple léger, grommela le blanc-bec, léger au dernier point, ne connaissant ni les hommes, ni les choses, et s'ignorant lui-même. Voilà pourquoi les Français ne sont pour rien dans le mouvement actuel de l'Europe.

— Ah! les Français ne sont pour rien dans.....

— Non. Ce mouvement, c'est l'Allemagne qui le dirige, par ses croyances, par ses idées, par son génie ; c'est l'Idée allemande qui marche à la tête des peuples, — et cette idée est la Révolution.

— Ainsi 89, 93, 1830, 1848 ?....

— Oui. Vous autres Français, vous n'avez jamais rien compris à la philosophie moderne ; vous croupissez dans votre naturalisme ou dans votre dogmatisme (ce qui revient absolument au même) et vous ne comprenez pas même vos philosophes, quand vos philosophes collaborent à l'évolution qui se déroule ici.

— Ah! nos philosophes collaborent?....

— Oui. Ainsi, par exemple, Voltaire. L'opinion commune en France est que Voltaire est un génie lyrique qui a fait des tragédies sublimes et un grand poème national, que Voltaire en un mot est l'Euripide et l'Homère de la France.

— Ah! voilà l'opinion publique?....

— Oui. Mais elle se trompe. Voltaire est un philosophe qui travaillait d'instinct pour Kant, qui pressentait le criticisme, et qui, combattant d'un côté l'idéalisme substantiel de *Cartesius (sic)*, qui ne pouvait arriver qu'au panthéisme naturalisme de Spinoza, c'est-à-dire, au moi, regardé comme un *modus Dei*, au despotisme mathématique de la cause, à l'esclavage de l'effet, et, par conséquent à l'anéantissement de toute liberté humaine, — combattant de l'autre le théisme sentimental de Rousseau, qui n'est pas autre chose que l'asile de l'ignorance, — a préparé Robespierre, ce bras dont Kant est la tête,— Robespierre, ce criticisme militant.

— Diable!

— Oui.

— Attends un moment, dis-je alors à part, tu veux faire la phrase?.... — Bravo, monsieur, repris-je tout haut et dans ma langue : notre Voltaire vous a une obligation infinie, et, s'il était là, il serait épouvanté lui-même, en voyant la hauteur de sa mission. Mais vous qui avez si merveilleusement saisi Voltaire, avez-vous aussi bien compris les vôtres?.... Hegel, par exemple, l'entendez-vous?

— Si j'entends Hegel! bougonna-t-il en souriant avec impertinence, comme un homme à qui on vient de dire une sottise ou de faire un affront.

— Vous avez compris Hegel? continuai-je, impossible. Eh bien! voyons : qu'est-ce qu'elle chante sa philosophie?

— L'évolution de la Raison dans la nature et dans l'histoire.

— Erreur, monsieur, profonde erreur! C'est le draconculisme du *moi* au point de vue latent et apologétique.

— *So*, fit le blanc-bec en ouvrant des yeux abasourdis.

— Oui, monsieur, repris-je très-vite et en français toujours : le draconculisme, c'est-à-dire, l'absorption immédiate de la conosion dans l'épithymbre : le parallélisme réfractaire dégagé des vapeurs de l'idée et s'élevant à la lucidité du fait; le dualisme de l'appétibilité et de la convenance s'unifiant dans l'ubiquité du trombone, — au point de vue latent et apologétique, c'est-à-dire, par l'irradiation simultanée, pharamineuse et concomitante du va-t-en-voir-si-j'y-suis, — voilà, monsieur, le système de Hegel, — et si vous n'êtes pas content, vous n'avez qu'à le dire!

L'étudiant enfonça sa casquette, boutonna sa redingote, fourra ses deux mains dans ses poches, baissa la tête et ne souffla plus un mot. Je revins alors à mon poète et je fis les réflexions suivantes.

XI.

BÉRANGER ET UHLAND.

Demandez à tel Allemand qui est Béranger, il vous répondra : C'est un Uhland français. Demandez à tel Français qui est Uhland, il vous répondra : C'est un Béranger d'Allemagne. — Ceux qui répondent ainsi ont raison et ont tort.

Il y a en effet plus d'un rapport entre ces deux grands poètes. Tous deux ont un même amour, la patrie, — et une même pensée, la liberté. Ils se sont jetés l'un et l'autre dans l'arène révolutionnaire et sont sortis du combat la tête haute, avec les honneurs de la guerre et la vénération de tous. En poésie, comme en politique, ils sont restés indépendants et libres; ils ont dominé les partis dans les arts, comme dans les discordes civiles, ayant leurs sentiments pour systèmes et pour maîtres eux seuls. Tous deux enfin ont chanté au sein du peuple et pour le peuple, et ils l'ont fait sans

farder et sans humilier leur Muse; ils ont suivi d'instinct la poétique du Dante : ils ont chanté selon leur amour. Aussi ces deux
poètes qui sont aujourd'hui les plus grands, sont-ils aussi les plus
populaires. Et c'est ce dernier rapport surtout, conformité de vocation plutôt que de caractère, de gloire plutôt que de génie, qui
rapproche dans l'opinion publique ces deux beaux noms : Béranger et Uhland.

Or, en partant de deux pays divers, on n'arrive pas au même
endroit par le même chemin. La popularité ne s'acquiert pas en
Allemagne comme en France, parce que le peuple allemand n'est
pas le peuple français. Une poésie nationale est une sorte de ruisseau vivant et limpide, où se répète et se remue, dans le murmure
individuel d'un poète, l'esprit et la vie d'une nation. Ce que réfléchit Béranger n'est donc pas ce que réfléchit Uhland.

Qu'est-ce qu'un Français en effet ? C'est, dans l'âme, un doute
sans amertume et sans douleur, un doute souple et adroit qui creuse
sans y prendre garde; puis, insouciance ou fatigue, s'arrête avant
d'arriver au fond. C'est, dans l'esprit, une merveilleuse aptitude
à vite recevoir et à rendre plus vite encore ; non pas le sentiment
du beau et la poursuite d'un idéal impossible, mais bien plutôt le
sentiment du laid, une sorte d'aimant frondeur qui tient l'intelligence tournée vers le côté ridicule et impertinent des choses ; —
de là, au lieu de rêverie, l'observation ; au lieu de fantaisie, le
bon sens ; au lieu de contemplation, la vie ; de là aussi, un talent
immense, mais incomplet : le génie comique, qui n'est que la moitié du génie humain ; Molière et non pas Shakespeare. Dans le
cœur en revanche, mille sentiments généreux : sensibilité, indulgence, franchise, enthousiasme : du cœur enfin; — puis, au dehors, bon goût, distinction, élégance, langue à la fois souple et
ferme, qui peut tout dire et le dire bien ; phrase à la fois précise
et claire qui resserre l'idée sans l'épaissir et qui sied à la force sans
nuire à la grâce ; sourire délicat et fin qui appartient à notre peuple seul et dont il peut tout revêtir — voilà quelques traits de la
France.

Et maintenant qu'est-ce qu'un Allemand? C'est, dans l'âme, le
doute aussi, mais un doute sérieux, inquiet, sondeur, qui creuse
tout, va jusqu'au fond et se transforme alors en scepticisme amer
s'il ne trouve pas, en foi solide s'il trouve. C'est, dans l'esprit,
une lenteur patiente à concevoir, une lenteur plus patiente encore

à rendre ; c'est moins le sentiment du Beau, que l'aspiration continuelle vers le Beau, non pour s'en enivrer, mais pour le conquérir. C'est la passion de la théorie poussée jusqu'au culte : la manie
de tout embrasser, de tout réunir, de marier les extrêmes, de bâtir un système à soi, — de là, l'exil de l'esprit hors du monde :
au lieu de monuments, des châteaux en Espagne ; au lieu de mouvement humain, l'évolution d'un rêve ; au lieu de réalité, du vent ;
— de là aussi une poésie sublime, mais *égotiste*, un homme et
non pas l'homme, Schiller et non pas Shakespeare. Dans le cœur,
moins d'enthousiasme, moins de sensibilité qu'en France : une
tristesse et une ardeur où la tête joue le premier rôle, mais aussi
quelque chose de plus profond, de plus constant et de plus droit :
des sentiments qui durent, des affections qui restent, une conscience que rien n'ébranle ; — ce n'est pas la fougue, c'est la fidélité du cœur. Au dehors enfin, puissance et majesté ; langue moins
souple, il est vrai, que la nôtre, mais d'une merveilleuse richesse :
ne *voulant* pas tout dire, mais ayant mille manières de dire ce
qu'elle veut ; phrase pleine d'énergie et de largeur où l'idée peut
courir à son aise, s'effacer et reparaître, frapper vivement ou se
perdre, rayonnante ou obscure à son gré. Voilà quelques traits de
l'Allemagne.

On entrevoit déjà la différence entre Béranger et Uhland. Laissons maintenant les nations, prenons les poètes, plaçons devant
eux leur idéal : un monde libre, aimant, heureux, — et laissons-les
marcher. Que fera Béranger? Cherchera-t-il ce monde, le poursui-
vra-t-il pas à pas à travers des rêves, s'en fera-t-il un horizon
brumeux? Non sans doute. Il l'a prévu, pressenti, embrassé d'a-
vance ; ce monde est à lui, est en lui, clair, vivant, possible ; son
culte, c'est la Bonté qui pardonne et laisse vivre ; sa reine, c'est la
Liberté couronnée de roses ; son peuple, c'est la Garde qui meurt
et ne se rend pas. Il ne cherche plus, — il a déjà trouvé, — que
fait-il alors ? Il se détourne de son soleil, — ou, du moins, ce qui
frappe surtout son génie français, son génie comique — ce n'est
plus la clarté, c'est l'ombre, le laid, le mal, l'odieux, le ridicule,
— il faut combattre et rire : en avant! Et soudain le poète batail-
leur, le fouet d'une main, la marotte de l'autre, entre dans la lice ;
ce ne sont point des déclamations vagues contre la corruption du
jour, c'est une lutte corps à corps, en plein soleil, devant le peu-

sol ressemble aux ondulations d'une mer agitée. Ce qu'elle possède
de plus remarquable est un château, et par conséquent, comme
Heidelberg, des caves et un tonneau monstre, — des étudiants,
et, par conséquent, une université, des professeurs, des philistins,
des maîtres d'armes, des marchands de tabac, des chapeliers fan-
taisistes et des brasseurs. Jolie petite ville en somme, où la chope
de bière coûte deux kreutzer à peine, où l'on dîne très-bien à
quinze sous, et où l'on peut, après tout, se consoler de vivre. Un
de nos aimables confrères, M. Max Buchon, l'a dit à merveille :

> Tout se passe aujourd'hui si cordialement,
> Quand un Français s'abouche avec un Allemand !

Nous nous approchâmes de la porte d'Uhland, je portai la main à
la sonnette et j'eus peur. Vous dire tout ce qui se passa en moi, à
cet instant si longtemps désiré, et, avouez-le, monsieur, si vaillamment conquis, est chose impossible. C'était une sorte de discrétion qui me retenait à cette porte, et m'empêchait de me jeter,
moi étranger et inconnu ; dans le chemin du poète ; c'était la
crainte de voir un peu de mauvaise humeur répondre à ma curiosité importune, et beaucoup d'indifférence à mon ardente sympathie ; c'était la conscience de ma petitesse, la modestie de mon orgueil ; c'était peut-être aussi ce regret poétique qui vous saisit,
même en face du bonheur, quand vous prenez congé d'une longue
espérance ; que vous dirai-je enfin ? je brûlais d'entrer et je restais
immobile, je reculais presque : j'avais peur !

Fritz, plus courageux que moi, tira la sonnette et la porte s'ouvrit. Nous montâmes un étage : une bonne était là qui nous attendait, — car on nous attendait partout, même dans cette maison
bienheureuse.

— Monsieur Uhland, demanda Fritz. — Je tremblais comme
une feuille.

— C'est ici.

En ce moment-là j'aurais donné un thaler à la bonne, pour
qu'elle nous répondît : Je ne sais pas au monde ce que vous voulez dire. — J'entrai.

C'était une chambre verte, simple et proprette : çà et là étaient
suspendus à leurs clous, quelques tableaux de famille ; dans un
coin, appuyé contre un mur, se cachait presque le portrait d'Uhland : un de ces profils sérieux et rêveurs où le penseur trahit le

poète ; deux, de ces yeux fixes et égarés qui cherchent quelque chose au-delà du ciel. Je m'emparai d'une fenêtre et j'eus un beau spectacle. Un coup de vent déblaya tout-à-coup les airs, entassa à l'horizon les nuages qui planaient sur nos têtes, et le soleil, voilé jusqu'alors, inonda de rayons la vallée. Je me sentis alors avec Uhland ; mes yeux suivaient la route que bien des fois les siens avaient dû suivre : je voyais, j'écoutais, je sentais avec lui. Mon imagination se plaisait à voir dans cette nature l'esprit du poète, et j'admirais ces deux poèmes qui semblaient éclore à la fois sous le même rayon de soleil. J'avais en effet sous les yeux tout le livre d'Uhland : le Wurtemberg où il appelait le vieux et bon droit des anciens âges, la campagne qu'il avait choisie, les gens qu'il devait aimer. Ici, des étudiants s'en allaient chez l'hôtesse, là bas des pâtres sortaient leurs troupeaux ; plus haut l'église faisait sonner sa cloche ; plus loin le Neckar, cette longue prairie errante, promenait sa verdure entre deux bois ; il y avait des oiseaux, des enfants, des ouvriers, un peu de vie humaine, mais vague, confuse, poétisée par la distance : un *Lied* suave et doux. Au fond du paysage, le ciel était obscur ; les nuages secouaient capricieusement leurs manteaux noirs aux franges argentées ; le tonnerre grondait par intervalles, et je croyais entendre avec Uhland, dans la sombre profondeur de l'horizon et sous les découpures fantasques des nues, une sorte de voix lointaine pleine de grandeur et de poésie : comme un poème héroïque, une ballade des vieux jours. Ce furent de singulières impressions qui ne durèrent que le temps d'un regard ; — mais, pendant ce regard, par je ne sais quelle transformation étrange, je ne sentais plus ma propre vie : une âme nouvelle, plus complète et plus pure, inondait mon être ; je n'étais plus moi-même, j'étais Uhland !

En ce moment, j'entendis résonner des pas dans la chambre voisine, et rassuré, confiant, téméraire même, je m'élançai vers la porte en tendant mes deux mains. C'était la femme du poète. Madame Uhland est allemande, je veux dire pleine de bienveillance et de cordialité, et, si j'en crois son rire éternel, heureuse de vivre. Elle nous reçut avec bonheur. Je ne trouve pas d'autre terme pour expliquer l'inaltérable gaîté de son visage et de ses paroles. Elle nous parla longtemps de notre Suisse avec curiosité, de son Allemagne avec complaisance, de son époux avec orgueil et avec amour. Mais, quand nous demandâmes à voir Monsieur le Professeur (c'est ainsi qu'on nomme Uhland à Tubingue) :

— Je suis désolée, nous répondit-elle , M. le Professeur est parti hier pour un assez long voyage ; on ne sait quand il reviendra.

—

— Fritz, dis-je à mon compagnon avec un profond abattement.

— Marc , me répondit-il en souriant, car il se consolait toujours vite.

— Il n'y a pas d'espérance sans déception.

— Oui , mais pas de déception sans espérance.

— Un poète classique a dit :

> Même à vingt ans , c'est la douleur
> Qui nous domine ;
> Dans les beaux jours, même la fleur
> Cache une épine.

— Uhland a répondu très-gentiment :

> Mon cœur , pourquoi tant de soucis ,
> D'ennuis moroses ,
> Dans ces jours où l'épine aussi
> Porte des roses ?

— A Stuttgard , point de Rosenstein ni de princesse Olga.....

— Oui , mais des jardins délicieux et des écuries superbes......

— Nous partons, nous nous trompons de route.....

— Et nous rencontrons le phénix des maîtres d'école.

— A Degerloch , après une marche abominable, au lieu de nous sécher.....

— Nous assistons au spectacle patriarcal d'une assemblée de notables.

— Enfin nous venons de Heidelberg ici, — nous faisons trente lieues au moins entre la pluie et la boue, pour voir Uhland — et M. le Professeur, comme Marlborough, s'en va-t-en guerre, on ne sait quand il reviendra!

— Nous n'avons pas vu M. le professeur, c'est vrai, — mais, ajouta Fritz en me montrant la chambre, le portrait et le paysage, nous avons vu Uhland.

MARC MONNIER.

A BATONS ROMPUS.

FRAGMENTS DE JOURNAL. (¹)

(SECONDE SÉRIE.)

———————◆———————

Des douceurs de la vie domestique, ce qui charme le plus, c'est presque leur petite monnaie, ces mille riens, ces attentions, ces égards et ces regards, bagatelles parfois imperceptibles de près et isolément, mais qui, réunies, font une atmosphère de bien-être, et, vues dans le souvenir, une auréole modestement lumineuse, dont l'attrait grandit avec l'âge au lieu de se dissiper. Le contraste, ici comme ailleurs, fait apercevoir l'objet, et ressortir de l'ombre le bonheur qui s'y effaçait. Voyagez pour apprécier le repos; goûtez de l'hospitalité des hôtelleries pour connaître celle de la famille. Juif errant, dis-nous, que penserais-tu d'une cabane, même la plus humble, abritant quelques êtres qui t'aiment, au bord du lac de Génésareth ou sous un mûrier du Jourdain ?

———

L'ame ne se révèle guères par toutes ses voies à la fois, et, par une sorte de compensation instinctive, redevient d'autant plus discrète d'un côté, qu'elle a montré plus de hardiesse de l'autre. Quand le regard ou la voix parle, alors la parole se tait; quand le discours accorde, le chant refuse ; quand le sentiment est le plus puissant, l'action est le plus réservée. — *Exempli gratiá*, les amoureux.

———

La lyre du cœur doit être mal tendue chez l'homme auquel la

(¹) Voir la première série, livraison de Mai 1851, page 310.

musique ne fait rien ressentir, et sauf le cas d'imperfection organique, il est difficile d'imaginer que sa nature, quoique *brillamment* dotée peut-être, ne manque pas un peu d'onction et ne
souffre pas de quelque sécheresse secrète.

———

Chaque bouton ne fleurit qu'une fois et chaque fleur n'a que sa
minute de parfaite beauté ; de même, dans le jardin de l'ame, chaque sentiment a sa minute florale, son moment unique de grâce
suprême et de rayonnante beauté.— Chaque astre ne passe qu'une
fois par nuit au méridien et n'y brille qu'un instant; ainsi, dans
le ciel de l'intelligence, il n'est, pour chaque pensée, qu'un instant zénital, où elle apparait dans tout son éclat et dans sa souveraine grandeur. Artiste, poète ou penseur, saisis tes idées et tes
sentiments à ce point précis et fugitif pour les fixer ou les 'éterni-
ser, car c'est leur *point idéal*. Avant cet instant, tu n'as que leurs
ébauches confuses ou leurs pressentiments obscurs; après lui; tu
n'auras que des réminiscences affaiblies ou des repentirs impuissants.

———

'L'*allure naturelle*.— Apprends à trouver ton allure et à ne dépenser que le revenu de tes forces. Tu es toujours inquiet, agité,
pressé! affairé; et sur ton front, le plus souvent soucieux, distrait
ou détendu; se lit rarement l'expression si douce de la sérénité,
signe d'une vie pleine mais normale. Emploie ta jeunesse et ne
l'use pas. Avec plus de réflexion, de méthode et d'empire de soi,
on peut être actif et dévoué sans faire bouillir son sang. L'agitation
est une faiblesse et le calme peut devenir une vertu.

———

Combien ceux qui peuvent supporter la critique, et qui l'implo-
rent de vrai cœur, sont moralement supérieurs à ceux qui ne peuvent l'un et qui ne font pas l'autre!

———

Tout besoin en général est une humiliation, presque une igno-
minie, et il se dissimule d'autant plus que l'ame a plus de fierté
et de pudeur. Les besoins du cœur n'échappent point à cette loi,

Mais les honteux ont toujours tort et ce sont les audacieux qui sont les habiles. De même que l'épiderme trop sensible est une cause permanente de douleur, ainsi la délicatesse trop scrupuleuse, apanage des belles ames, leur attire mille ennuis et maint échec. L'hermine de la fable reste sur le bord du marais que le pourceau franchit. Soyez discrets et timides, vous serez oubliés.

—

L'ame est une singulière substance et pertinemment rebelle aux lois de la physique. Son élasticité latente et indéfinie ne se révèle qu'à proportion de l'épreuve : plus elle porte, plus elle peut porter ; c'est le fardeau qui la rend forte et le sacrifice qui la rend joyeuse ; elle a plus de ressources pour deux que pour un, et la responsabilité l'allége ; en se prodiguant elle thésaurise ; en se partageant elle se multiplie : en soutenant elle se soulage. Donc la physiologie n'est pas la morale, et les lois de la chair contrastent avec celles de l'esprit.

—

Ce matin, promenade par un beau soleil chaud de printemps. — Tout était touffu, frais, fleuri, turgescent ; la nature joyeuse chantait et verdoyait ; le lac n'était qu'un saphir et les coteaux onduleux se veloutaient d'émeraude. Peu à peu l'allégresse devint en moi moins vive et une insaisissable tristesse s'éleva dans mon sein comme un *grain* noir au fond d'un ciel d'abord sans nuage. La fuite du temps, le vide de la vie, toutes ces éternelles banalités jetèrent leurs ombres dans mon ame. — Que faudrait-il donc pour écarter à jamais le retour de cette inquiète mélancolie ? Deux choses bien simples, hélas ! être ce qu'on doit être et avoir ce qu'on peut désirer. *Parfait* et *tout-puissant*, il ne faut que cela pour le bonheur. Dieu seul est donc heureux ! Et l'homme ? L'homme n'a de paix qu'autant qu'il possède Dieu, c'est-à-dire, qu'il se donne à Dieu. — Je soupirai, laissai la nature chanter, et revins demander à un livre l'exorcisme de mon vague ennui.

—

Il est minuit. Resté plus d'une heure sans lumière, laissant chanter en moi et arriver à mes lèvres tout un bouquet d'airs mélancoliques. Je me sentais une limpidité de vie peu ordinaire ; il me semblait être dans mon cœur lui-même, éclairé comme ma chambre à cette heure nocturne d'un demi crépuscule rêveur. L'esprit de solitude et d'espérance agitait doucement ses ailes autour de mon front dans les ténèbres. Je compris l'ame revoyant, dans le calme du tombeau, passer sa vie terrestre au-dedans d'elle, et murmurant, dans le vide, quelque mélodie insaisissable. O saint recueillement, silence de tout bruit extérieur dans la vie de l'ame, sanctuaire d'émotion, d'attente et de tendresse, qu'on est heureux de te connaître, bien qu'on te visite peut-être rarement! Ces moments lyriques, fils de la nuit et de la musique, de la prière et du repos, ont un parfum si suave, une délicatesse si fugitive!.... Pourquoi ne pas les fixer par la poésie?

Juger notre époque au point de vue de l'histoire universelle, l'histoire au point de vue des périodes géologiques, la géologie au point de vue de l'astronomie, c'est un affranchissement pour la pensée. Quand la durée d'une vie d'homme ou d'un peuple vous apparaît aussi microscopique que celle d'un moucheron, et, inversement, la vie d'un éphémère aussi infinie que celle d'un corps céleste avec toute sa poussière de nations, on se sent bien petit et aussi bien grand, et l'on domine de toute la hauteur des sphères sa propre existence et les petits tourbillons qui agitent notre petite Europe.

J'ai remarqué un phénomène consolant : quand nous tendons à nous fermer une perspective, à devenir incomplets, exclusifs, en oubliant quelque aspect de la vérité, quelque élément de la vraie vie, presque toujours une lecture ou une circonstance fortuites viennent rouvrir ce sens endormi et ramener à l'harmonie intérieure ; — fortuites, disais-je, n'est-ce pas plutôt providentielles? La nature morale, comme la nature physique, tend à l'équilibre.

Ce qu'on appelle le *coup-d'œil* est un don précieux. Saisissant à la fois le principe et l'étendue des choses, le but et le moyen, la notion simple et son développement, découvrant l'arbre dans le germe et le germe dans l'arbre, le fait dans l'idée et l'idée dans le fait; le coup-d'œil, ce rayon clair, perçant et vif, est le travail abrégé, l'expérience anticipée, l'examen moins sa lenteur, ses circuits et ses doutes. L'intuition, indispensable à l'orateur, au spéculateur, au général, à l'homme d'action, est presque aussi capitale pour l'artiste, pour le savant, pour l'inventeur en tout genre. En tout genre, voir juste, loin et vite, constitue la supériorité. Le coup-d'œil c'est la moitié la plus évidente du génie, si la patience, selon Buffon, est l'autre moitié.

———

Notre force intellectuelle la plus haute et pourtant la plus négligée ou même la plus menacée de notre éducation, c'est la faculté d'inventer. On l'écrase trop souvent chez la jeunesse au profit de l'assimilation et de la réceptivité. Nous fabriquons ainsi des écoliers, nous ne façonnons pas des hommes. Répétons-nous souvent deux choses : d'abord que la spontanéité, la création, est le point culminant de la vie intellectuelle ; ensuite, que c'est pour apporter quelque chose de neuf qu'il vaut la peine de vivre. Entretenons et fortifions en nous et autour de nous la faculté d'invention. L'originalité justifie l'existence ; les êtres-copiés sont des êtres manqués et n'ont pas de raison d'être.

———

Hier au soir, entendu le *Fidélio* de Beethoven, avec deux des quatre ouvertures composées par le grand maître pour son unique essai dramatique. Douce et pénétrante soirée! Il faut se sentir bon et sympathique pour comprendre cette musique profonde, où l'harmonie célèbre ses noces éternelles. La première ouverture, colossale, est trop grande pour que j'en aie pu saisir l'*idée* à une première audition. La seconde ouverture (dite de Lénore) m'a arraché des larmes. J'ai cru entendre chanter le chœur des sphères ; je me suis vu vermisseau noyé dans l'azur et la lumière du monde, plongé dans l'immensité divine, submergé d'adoration et d'amour. Jamais l'infini ne m'avait envahi plus complètement.

Ce soir, à la seconde fois, j'ai compris les deux ouvertures. La première, la grande, signifie : *Mélancolie ;* la seconde : *Espérance.* Toutes deux jaillissent du centre du sujet, du cœur de Lénore. L'une dit : *Triompherai-je?* l'autre : *Je triompherai.* Dans la première, Lénore recueillie en elle-même, opprimée par le sen-

timent de la destinée, et visitée pan trois ou quatre pensées inquiètes, interroge le sort et se réfugie enfin dans la conviction de
la justice de Dieu. Dans la seconde, Lénore est joyeuse dès le début ; Dieu est là, la Providence veille sur l'innocence ; nous pou-
vons être éprouvés un temps, mais nous sommes sûrs de la victoire. L'ame confiante se laisse aussi entraîner un moment à la rêverie, mais c'est l'adoration, l'harmonie de la nature, qui fait le
fond de sa rêverie. La première ouverture enferme ses évolutions
d'inquiétude passagère et d'espérance fugitive dans le ton fondamental de la mélancolie, la seconde enferme sa mélancolie en dedans de l'allégresse. Ces deux Lénores sont de caractère différent,
toutes les deux élevées et idéales, mais la première d'une nature
plus profonde.   ¡ ¡

———

En achevant la *Correspondance de Schiller* avec Humboldt, et
de Gœthe avec Zelter, je suis frappé de bien des choses : de l'absence d'esprit religieux dans les deux grands poètes allemands,
du manque d'instruction de Schiller, de la sécheresse de Gœthe,
du déplacement et de l'élargissement de l'horizon intellectuel d'a-
lors. — On sent un autre âge et d'autres hommes. Le monde a
marché. L'absence de religion donne même au sérieux de ces deux
grands hommes quelque chose de superficiel. Le manque de faits,
de réalité, de base, rend parfois les idées de Schiller tranchantes
et fragiles comme l'abstraction. Gœthe reste étranger à l'histoire,
et les luttes de son pays, tous ses malheurs de 1800 à 1815 ne lui
arrachent ni un soupir ni une réflexion. L'égoïsme a été l'étroi-
tesse de cet esprit si large, et par une juste punition l'a rendu incomplet et petit par un côté. Initié à la vie de la nature et à la vie
de l'individu, Gœthe ne comprend pas la vie historique, l'évolution des peuples. Et quels pas de géants ont fait toutes les sciences
de la nature et de l'intelligence depuis le cénacle de Weimar !
comme le point de vue du siècle a changé, comme notre univers
physique et moral est plus complexe et plus riche ! — Mais c'est
encore Schiller qui nous comprendrait le mieux !

———

Gœrres (Mythologie asiatique, 1810). — L'auteur, encore dans
sa veine fièrement libérale, traite le Mosaïsme avec une indépen-

dance entière et le subordonne aux cercles mythiques de l'Egypte et de la Chaldée, secondaires eux-mêmes relativement au centre primitif (Thibétain) entre les sources du Gange et de l'Indus. Le livre est de l'époque enthousiaste de la philosophie de la nature, de Schelling et de Creuzer. Produit d'une fougueuse et puissante imagination, d'un esprit prophétique et divinateur, l'ouvrage manque trop de méthode, de rigueur, de critique : c'est de la poésie plutôt que de la science. Décidément le génie allemand méridional est d'une autre trempe que celui du Nord ; exemple : Baader, Schelling, Eschenmayer, Schubert, Buquoy, Oken, etc., etc. Palpitant des ardeurs de la substance, fêtant le culte de la vie, par opposition à la calme lumière de la pensée, ces Germains du midi sont un peu de la religion de Cybèle. Leur style, plus concret et plus chaud, est plus pénétré d'images, de couleurs, de matière pour ainsi dire ; mais en revanche il est plus désordonné, et laisse à désirer plus de netteté et de rigueur. La matière en fusion n'est pas chez eux assez dominée et maîtrisée par la forme. Ils pythonisent plus qu'ils ne raisonnent ; ils font deviner et sentir plus que penser ; ce sont des oracles plutôt que des philosophes. Gœrres, caractère bouillant, fantaisie opulente, esprit énergique, mais peu clair et enclin au mysticisme, me fait l'effet d'un prêtre d'Isis devenu catholique-romain.

Z. L.

UNE COURSE GÉOLOGIQUE

DANS LA FORÉT VIERGE.

———◦———

Seconde Lettre à M. F. B. (¹).

Cambridge, février, 1851.

La branche gauche du Monistique est plus considérable que la branche droite. Non-seulement le volume de ses eaux est plus grand, mais le lit de la rivière, en conséquence de sa moindre profondeur, est beaucoup plus large. C'est réellement une rivière digne d'intérêt; et, si elle se trouvait en Europe, elle occuperait une place honorable dans nos manuels de géographie.

Sur un espace de plus de vingt milles, à partir du confluent, la rivière serpente entre des bancs de sable et de gravier, garnis d'une végétation forestière des plus vigoureuses, se composant tantôt de pins, tantôt d'ormes et d'érables, entremêlés çà et là de quelques sapins, dont l'allure guindée forme un contraste frappant avec le riche et voluptueux feuillage de l'érable à sucre. Suivre ainsi, par une belle journée d'été, les nombreux méandres d'une belle rivière au milieu de la forêt vierge, ce n'est plus un labeur, mais un plaisir. Il y a dans le silence de la forêt, et surtout dans ces fortes ombres qui se projettent sur la rivière, un charme tout particulier, qui invite à la rêverie, et à l'influence duquel le géologue lui-même ne saurait échapper, surtout lorsque les rives ne lui offrent ni roches, ni fossiles à examiner.

A défaut de roches à étudier, je dirigeai mon attention sur la distribution des arbres et les aspects divers de la forêt le long de la rivière, et, avec votre permission, je vais essayer de vous soumettre quelques observations sur ce sujet. Les Canadiens ont plusieurs termes fort heureux, à mon sens, pour désigner les diffé-

(¹) Voir la première Lettre, n° de Juillet, page 441.

rents aspects de la forêt vierge, tels que cédrier, savanne, érablière, pinnière, etc. Le *cédrier* est la région marécageuse où croissent principalement le mélèze et l'Arbor vitæ *(Thuja occidentalis)*, que l'on décore bien mal à propos du beau nom de cèdre. La *savanne* comprend les régions qui, sans être marécageuses, sont cependant humides et couvertes de mousses, et renferment les mêmes arbres, mêlés à d'autres qui ne croissent pas dans le cédrier, tels que la Pruche ou hemlock des Américains *(Abies canadensis)* et plusieurs autres espèces de sapins. L'*érablière* comprend les espaces où l'érable et l'orme prédominent; elle indique toujours un sol fertile, aussi c'est d'après la quantité d'érablières qu'il rencontre sur son chemin, que le pionnier juge de la valeur d'une région au point de vue agricole. — Allez vous établir sur telle ou telle rivière, dira-t-il à l'émigrant, c'est un excellent sol, il y a beaucoup d'érablières (mapelland). La *pinnière* enfin comprend les plateaux et les coteaux sablonneux, où croissent les différentes espèces de pins (*Pinus strobus* et *Pinus resinasa*) qui l'un et l'autre atteignent des dimensions colossales dans ce pays.

Ces différentes régions de la forêt influent d'une manière directe sur la distribution des plantes et des animaux. La flore des cédriers est fort différente de celle des pinnières, elle se distingue surtout par la quantité de ses mousses (*Sphagnum*) qui recouvrent le sol d'un tapis épais; elle est en outre remarquable par la beauté de ses Orchidées, dont la plupart des espèces sont propres aux cédriers et aux savannes, tandis qu'il n'en existe à ma connaissance qu'un petit nombre dans les érablières; et aucune, si je ne me trompe, dans les pinnières. En général ces deux régions (le cédrier et la pinnière) n'ont qu'un très-petit nombre d'espèces en commun. La même règle s'applique aux insectes, aux escargots et jusqu'à un certain point aux oiseaux et aux quadrupèdes. Ainsi les Canadiens désignent l'une des espèces de perdrix de ce pays sous le nom de perdrix des savannes (*Tetrao umbellus*) et l'autre sous le nom de perdrix des pinnières (*Tetrao canadensis*) (¹). Les écureuils, dont, il existe un grand nombre d'espèces en Amérique, sont pour la plupart limités aux pinnières et aux érablières, et ce n'est qu'exceptionnellement qu'on les rencontre dans les cé-

(¹) L'une et l'autre de ces perdrix sont propres à ce continent-ci. La perdrix de pinnière m'a paru se rapprocher le plus de notre perdrix d'Europe, et lui est à peine inférieure sous le rapport gastronomique.

driers. Parmi les petites espèces qui se tiennent sur le sol (*ground-squirrel* des Américains), dont les zoologistes ont fait le genre *Tamios*, et que les Canadiens, je ne sais trop pour quelle raison, désignent sous le nom de Suisses (¹), il en est une à laquelle ils donnent l'épithète de *Suisse de bois fort*, indiquant par là la préférence de ce petit animal pour l'érablière ou le bois franc. Les cerfs, qui sont assez nombreux dans certains districts, préfèrent généralement les érablières, tandis que les ours se tiennent volontiers dans les pinnières, où ils sont attirés par la quantité de fourmis. Les quadrupèdes du cédrier sont le castor et la loutre. On y rencontre aussi, par-ci, par-là, un lapin ; mais en général les animaux de toute espèce y sont rares. On peut voyager des heures dans le cédrier sans entendre le chant d'un seul oiseau, si ce n'est peut-être de temps en temps le cri plaintif d'un aigle solitaire. On dirait que les chantres des bois ont un éloignement instinctif pour cette portion sombre et essentiellement prosaque de la forêt. Les reptiles eux-mêmes n'y sont représentés que par les plus infimes de leur classe, les grenouilles, qui par compensation sont assez nombreuses aux bords de tous les étangs. Çà et là on rencontre aussi une tortue se chauffant au soleil sur un tronc d'arbre au bord de l'eau.

Le Monistique, de même que la plupart des autres rivières de cette région, décrit de nombreux méandres. Ceux-ci sont quelquefois si serrés, qu'il suffirait d'un canal de quelque cent pieds pour couper court à un détour d'un mille et davantage. En serpentant ainsi avec la rivière d'un bord de la vallée à l'autre, le voyageur peut observer à son aise la manière dont les différentes régions de la forêt se succèdent et alternent entre elles. Les pinnières se montrent en général au sommet des méandres, là où la rivière vient butter contre les terrasses de sable diluvien qui couvre toute la contrée. Dans ce cas, il existe toujours un contraste frappant entre les deux rives, la première correspondant à la rive sablonneuse ou diluvienne, tandis que sur la rive opposée, qui est composée d'alluvions, la forêt est ou une érablière ou une savanne.

(¹) Je vous serais fort obligé si vous pouviez me dire quel rapport il y a entre un Suisse et un écureuil. Se pourrait-il que la robe bariolée de ce petit animal eût rappelé aux anciens colons du Canada l'uniforme bariolé des gardes suisses. J'ai du moins entendu nos voyageurs employer le mot de Suisse comme terme de comparaison pour un objet barré. Ainsi ils diront de la couleuvre rayée : « Cette couleuvre est barrée comme un Suisse. »

Lorsqu'au contraire la rivière se maintient au milieu de la vallée, sans étendre ses méandres jusqu'à la terrasse diluvienne, les rives, sont généralement garnies d'érablières des deux côtés. Cette dis-, position est tellement constante, que je n'avais qu'à jeter un coup-d'œil sur la forêt, pour savoir si je me trouvais dans le domaine du terrain diluvien ou dans celui des alluvions. Heureusement pour, vous que je ne suis pas forestier, autrement vous auriez à subir ici une longue dissertation sur les causes de ces variations dans l'as-pect de la forêt.

Je ne crois cependant pas trop hasarder en admettant que, le long du Monistique, la différence entre les pinnières, les érablières, les savanes et les cédriers, est essentiellement le résultat du de-gré d'humidité du sol. Je me suis assuré en nombre d'endroits, que le sol du cédrier dans l'intérieur de la forêt est le même que celui de la pinnière adjacente, c'est-à-dire du sable, et j'ai la con-viction que si l'on parvenait à saigner le sol, les cèdres ne tarde-raient pas à mourir, et se trouveraient au bout d'un certain temps remplacés par les pins; et vice versa, si l'on haussait le niveau de l'eau, le cédrier finirait par envahir de plus en plus la pinnière.

Il est d'autres particularités de la forêt qui dépendent de causes plus complexes, et à l'égard desquelles il règne bien des incerti-tudes, par exemple la proportion de certaines espèces d'arbres re-lativement à d'autres, et le fait que, dans un district, le même arbre atteint des dimensions beaucoup plus considérables que dans d'autres. Ce sont là des questions sur lesquelles nos livres de bo-tanique n'ont que peu de chose à nous apprendre. Je suis con-vaincu cependant que les incertitudes proviennent en partie de ce que les observations auxquelles on s'en rapporte communément ont été faites dans nos forêts européennes. Je ne sais si je me trompe, mais il me semble que nos arbres d'Europe, de même que nos animaux domestiques, ont perdu en partie leur caractère primitif sous l'influence de l'homme. Pour connaître les rapports naturels de la végétation, c'est dans la forêt vierge qu'il convien-drait de l'étudier. Une course le long du Monistique, j'en suis con-vaincu, en apprendrait davantage à un botaniste ou à un forestier que de longues observations dans la forêt cultivée.

Nous avions navigué une journée et demie sur la branche prin-cipale du Monistique, lorsque nous nous trouvâmes arrêtés par une accumulation de troncs d'arbres formant une barrière à travers la rivière. Ces barrières ou radeaux (raft), que les Canadiens appellent des *embarras*, ne sont rien moins que rares dans les forêts, surtout là où la pente des rivières est faible. Un tronc d'arbre, déraciné par le courant et entraîné par la rivière, s'accroche au contour d'un méandre; si le courant ne le dégage pas, un second tronc vient s'adapter contre lui, d'autres arrivent, et leurs branches s'entrelaçant, ils finissent par former une barrière qui s'agrandit indéfiniment. Il est de ces *embarras* qui ont une étendue considérable et qui sont fort anciens, puisqu'on les trouve souvent couverts de broussailles qui ont pris racine sur les troncs flottants. Celui que nous rencontrâmes n'était pas de cette espèce; il était évidemment de formation récente, car il n'avait qu'une dizaine de toises de longueur ; nous ne doutâmes par conséquent pas que nous ne parvinssions à le maîtriser. Mais, comme l'heure était avancée et le temps à la pluie, nous fûmes nous établir tranquillement sur la terrasse au bord de l'*embarras*, remettant la besogne au lendemain.

27 Juillet. — Le moyen le plus sûr de réduire un *embarras*, c'est d'y mettre le feu quand les eaux sont basses ; car comme les troncs sont secs et composés en grande partie de cèdres ou *Arbor vitæ*, dont le bois s'enflamme avec autant de rapidité qu'il résiste opiniâtrement à la décomposition, l'incendie se propage facilement. On assure que c'est un magnifique spectacle de voir ainsi de nuit la rivière en feu. Nous n'avions ni le temps, ni l'occasion de recourir à ce moyen, car les troncs d'arbres étaient mouillés et en partie verts. Comme le beau temps sur lequel nous avions compté nous fit défaut, il fallut se mettre à l'œuvre par la pluie. Nous vîmes qu'en coupant en deux un certain nombre de gros troncs, nous pourrions probablement en dégager assez d'autres pour nous frayer un passage. Il est vrai que couper avec la hache des troncs de 15 à 20 pouces de diamètre n'est pas une petite affaire, mais l'Américain et l'Indien savent manier la hache avec bien plus de dextérité et d'efficacité que nos bûcherons d'Europe. Aussi les coups de hache des Européens sont-ils l'objet continuels des railleries des pionniers de l'Ouest. A ce sujet, je me rappelle qu'en traversant l'année dernière, sur les bords du lac Supérieur, une clairière dont les arbres avaient été coupés par des Allemands et des Suisses, l'un de mes Indiens, me faisant observer la quantité

de coups de hache qui se voyaient sur les troncs, me demanda
d'un air narquois, si je ne pensais pas que les castors ne fissent pas
une, aussi bonne besogne avec leurs dents. Selon lui ; un tiers des
coups de hache eût dû suffire.

Quand nos deux voyageurs eurent coupé un certain nombre de
troncs, nous essayâmes de les dégager en les attachant avec une
corde au bateau et en ramant de toutes nos forces. Nous nous étions
de la sorte à-peu-près frayé un passage, lorsque voulant passer
d'un tronc à l'autre, je glissai et tombai à l'eau entre les troncs.
Heureusement que nous étions du côté d'aval, ensorte que le courant me porta au large, autrement c'eût été fini de votre ami, car
une fois pris entre les branches dans l'eau, il ne me serait pas resté
grande chance. La morale de l'histoire la voici : c'est que si jamais
vous vous trouvez dans un *embarras*, sur un sol vierge, il faut
être sur vos gardes et ne pas faire de faux pas.

28 *Juillet*. — Le lendemain, nous rencontrâmes de bonne heure
un second *embarras* bien plus formidable que le premier. Il s'é-
tendait sur un espace de plusieurs centaines de toises et devait être
fort ancien, car il était recouvert par une quantité de broussailles,
entre autres de framboisiers, qui croissaient en parasites sur les
troncs à moitié pourris des bouleaux et des sapins. Il ne pouvait
être question de se frayer un passage à travers une barrière pareille, et comme notre bateau était trop lourd pour faire le portage,
nous étions arrivés forcément au terme de notre navigation. Restait
à décider si nous allions rebrousser chemin, ou continuer notre
exploration à pied. Comme il pleuvait toujours, nous commençâ-
mes par dresser notre camp, attendant pour prendre un parti que
la pluie eût cessé.

29 *Juillet*. — La pluie dura tout le jour, nous laissant ainsi le
temps de discuter et de mûrir notre projet. Comme bien vous pensez, camper par la pluie au milieu de la forêt, sur un sol humide,
n'est pas ce qu'il y a de plus divertissant. Le lendemain cependant
le temps commença à s'éclaircir de nouveau et avec le soleil revint
la tentation d'aller de l'avant. C'était chose bien naturelle. Nous
n'avions rencontré jusqu'ici aucune trace des roches que nous
cherchions, mais nous savions que les arpenteurs du gouvernement,
les seuls qui nous eussent précédé dans ces solitudes, avaient mentionné quelque part des roches calcaires au nord-est de l'endroit
où nous étions campés. Qui savait si cette roche n'était pas celle

que nous cherchions? et pourquoi n'irions-nous pas nous en enquérir ?

Nous fîmes en conséquence nos préparatifs, consistant en vivres pour deux jours, savoir une vingtaine de livres de farine, un morceau de bœuf fumé (*boucanné*, comme disent les Canadiens), un morceau de lard, du thé et du sucre (d'érable). Nos deux hommes se chargèrent entre autres de nos couvertures, prirent une marmite de fer-blanc, à laquelle ils donnent le nom de *charrière* (j'ignore l'origine de ce terme), une poêle à frire et un lambeau de toile décoré du nom de demi-tente; puis, changeant à la fois de direction et d'élément, nous nous enfonçâmes résolument dans la forêt, abandonnant à la garde de Dieu nos autres effets, nos tentes et notre bateau que nous amarrâmes dans une anse de l'*embarras*. Nous prîmes d'abord le soleil pour guide, suivant simplement notre ombre qui se projetait, à cette heure, dans la direction que nous devions suivre. Pendant les premières heures la route fut aisée, passant alternativement des pinnières dans le bois franc et vice-versa. Bientôt cependant nous entrâmes dans une autre région, le cédrier. Entre cette portion de la forêt et le bois franc le contraste est absolu, non-seulement sous le rapport de la végétation mais aussi sous celui de l'agrément. Autant le bois-franc est agréable et aisé à parcourir, autant le cédrier est monotone et fatiguant ; aussi est-il justement abhorré par les géologues et les arpenteurs. A peine étions-nous entrés dans le cédrier que le soleil se cacha sous d'épais nuages. Nous fûmes alors obligés de recourir à la boussole, mais sachant que l'aiguille aimantée n'est pas toujours un guide sûr dans ces régions, à cause de la quantité de filons de fer qui traversent le sol, nous jugeâmes prudent de marquer notre route au moyen de plaques ou entailles, à la façon des arpenteurs (voyez la précédente lettre, page 454). De cette manière nous étions à-peu-près sûrs de retrouver le chemin de notre camp, quelque temps qu'il fît, et en dépit des variations de l'aiguille aimantée. J'aurais voulu vous savoir près de nous, nous observant le crayon à la main dans cette manœuvre. Vous auriez vu votre ami marchant en tête de la colonne, tenant la boussole dans une main et dans l'autre un bouquet de branches de sapin pour chasser les moucherons, tandis que son compagnon de voyage, plus robuste et plus aguerri, le suivait la hache à la main, faisant force entailles dans tous les arbres qui se trouvaient sur le passage.

Venaient ensuite nos deux hommes, chacun son paquet sur le dos;
l'un portant la poêle à frire à la main en guise de canne, tandis que
l'autre portait la marmite ou se la passait occasionnellement autour
du cou lorsqu'il avait envie de fumer. Comme le cédrier n'était
pas de la plus mauvaise espèce, nous cheminions à raison d'un
mille par heure, mettant par conséquent 2 ¹/₂ heures à faire une
lieue de France. Vous pouvez d'après cela, et en prenant en considération les facultés motrices de la troupe, vous faire une idée
approximative du chemin; car sans prétendre rivaliser avec mon
ami le colonel, qui a passé la moitié de sa vie à explorer les forêts, vous savez que je ne suis pas tout-à-fait novice dans ces
sortes d'excursions.

Ce jour-là, le premier de notre voyage pédestre, l'orage nous
avait épargné; nous avions rencontré vers le soir une belle érablière avec de l'eau tout auprès. Que pouvions-nous désirer de
mieux? Par malheur en nous arrêtant près d'un petit lac (que j'ai
désigné plus tard sous le nom de *Lac à la charrière*), Thomas y
avait oublié la marmite, ensorte qu'il ne nous restait pour tout us-
tensile culinaire que la poêle à frire, qui dut par conséquent servir successivement pour faire du pain (appelé ici de la galette);
pour faire la soupe et pour faire le thé. L'opération était si drô-
latique, qu'au lieu de nous fâcher nous en rîmes et pardonnâmes
à Thomas sa méprise, à condition qu'il irait le lendemain matin
de bonne heure à la recherche de sa marmite.

L'une des jouissances les plus réelles de ces courses, c'est d'allumer le soir un grand feu au devant de la tente. Comme on n'a
pas à économiser le bois, on ne se donne pas la peine de le couper
en petits fagots. Les bûches sont des troncs de sapin ou d'érable
de 10 à 20 pieds de long et souvent d'un demi-pied de diamètre
et au-delà; que l'on entasse les uns au-dessus des autres. Si c'est
par une nuit sombre au milieu d'une belle érablière, le spectacle
est magnifique. Pour ma part, je n'ai jamais contemplé ces hautes
voûtes de verdure sans éprouver un sentiment de recueillement
semblable à celui qui s'empare quelquefois de nous dans nos grandes cathédrales d'Europe. L'orme américain est surtout propre à
faire naître ce sentiment. Non-seulement sa tige est haute et droite,
mais les bras se détachent du tronc sous un angle très-aigu, et
lorsque les branches de deux ormes placés à distance convenable
s'entrelacent au sommet, il en résulte un arc qui rappelle d'une

manière frappante les ogives gothiques. La ressemblance est telle
que sans doute, si cet arbre était indigène en Europe, il y a long¹
temps que l'on aurait essayé de démontrer qu'il a dû servir de
modèle à l'arc gothique. Quoi qu'il en soit, il est bien certain que
si ces temples de la forêt américaine n'ont pas encore été copiés
par l'art humain, ce n'est pas parce qu'ils manquent de grandeur
et de poésie. Je me souviens qu'un jour, au glacier de l'Aar, par
une belle soirée d'été, en fumant un cigarre sur le toit de l'Hôtel
des Neuchâtelois avec notre ami Olivier et cet autre jeune et aimable littérateur, M. Lerber, que la mort nous a enlevé depuis, Olivier me fit la remarque qu'il aimerait bien entendre quelque vieux
air de musique exécuté par une bande de 100 musiciens et répété
par les échos des montagnes et des glaciers environnans. Je me
suis quelquefois rappelé cette remarque de notre poète et ami au
milieu des forêts du Nouveau-Monde: Je ne doute pas que le canti⁴
que de Luther « *Eine feste Burg ist unser Gott* » ne fît un magnifique effet sous les voûtes naturelles des bords du Monistique.

.30 *Juillet*. — Le second jour fut plus laborieux. Nos gens s'é-
taient levés avant le jour pour aller à la recherche de la marmite.
Pendant leur absence, je préparai le déjeûner tant bien que je pus,
et aussitôt après leur retour nous nous enfonçâmes dans l'épais cédrier qui se déployait devant nous, nous dirigeant toujours au
nord-est, en prenant la boussole pour guide. Après plusieurs heures de marche nous arrivâmes à une rivière par dessus laquelle
il fallut jeter à la hâte un pont, en abattant un arbre qui se trouvait sur le bord. De l'autre côté du ruisseau, on voyait s'élever au-
dessus de l'épais taillis du cédrier, les cimes de quelques grands
pins *(Pinus strobus)* que je saluai avec transport, car c'était un
indice assuré que nous touchions au terme du cédrier. En effet
nous étions arrivés dans une magnifique forêt d'un accès facile,
sans broussailles ni obstacle d'aucune sorte. Le contraste était si
frappant et l'impression que j'en reçus si vive, que toutes les fois
qu'il s'agit d'une belle forêt ma mémoire me retrace instinctivement cet endroit près du ruisseau où se trouvent ces hauts ormes
entremêlés de pruches et d'érables au magnifique feuillage, ces
vigoureux meriziers, ces grands sycomores et çà et là quelque gigantesque pin s'élevant au-dessus de tous les autres arbres de la
forêt.

Ce qui nous étonne surtout, nous autres Européens, c'est la

taille des arbres., L'année dernière, en suivant seul ,avec mon guide une ligne de section sur les bords du lac Supérieur, je m'amusai à mesurer la circonférence de plusieurs arbres que je rencontrai sur mon chemin. Voici quelques-unes de mes mesures prises, en général à 3 pieds au-dessus du sol :

> Un hemlock ou pruche.. . 12 ¹/₂ pieds.
> Un mérizier 12   »
> Un sycomore . . . . . . 7 ¹/₂.. »
> .Un pin blanc *(P. strobus)*. 13   »

Mon ami, M. Whitley, mesura dans le même district un pin de 15¹ pieds de circonférence. La hauteur des arbres est encore plus frappante. Je crois vous avoir dit dans une précédente communication que des pins blancs de 120 à 140 pieds ne sont pas bien rares. Le Dᵣ Jackson en mesura un de 160 pieds au lac Supérieur. Le sapin à résine excède fréquemment 80 pieds, et il n'est pas rare, je crois, de trouver des ormes de 100 pieds de haut. Que sont, à côté de cela, vos arbres tant vantés de la forêt de Fontainebleau, et même ces hêtres au port vénérable des environs de Copenhagen, que je contemplais avec transport il y a quelques années. Il n'est d'ailleurs pas nécessaire de voyager longtemps dans la forêt américaine pour se convaincre qu'il y a dans le règne végétal de ce continent une richesse et une vigueur toutes particulières. L'Amérique, comme l'a fort bien dit Ritter, est le sol de la vie végétative, tout comme l'ancien continent est le sol de la vie animale. Cela est si vrai que tous nos arbres d'Europe, à l'exception du tremble seul, prospèrent admirablement et augmentent même de vigueur lorsqu'on les transplante en Amérique, tandis que je ne sache pas qu'il en soit de même des arbres d'Amérique transportés en Europe.

C'est en traversant cette belle forêt que nous tombâmes sur la première ligne d'arpentage. Nous la suivîmes quelque temps, et arrivâmes bientôt à un *coin* où nous pûmes pour la première fois reconnaître notre position. Nous nous trouvions à l'angle nord-ouest de la commune, 43°, dans le rang XIII (Voy. la carte de la précédente livraison). En combinant la direction que nous avions suivie la veille avec le temps que nous avions mis à atteindre ce point, nous pûmes fixer d'une manière approximative

notre point de départ. Le grand *embarras*, d'après cette computa-
tion, doit se trouver près de la limite méridionale de la commune 43, dans le rang XIV, ou en langage ordinaire par lat. 46° 5′
et long. 86° 15′, à l'ouest de Grenwich.

J'éprouvais une grande satisfaction à me savoir ainsi à l'abri de
l'incertitude. D'abord nous n'avions des provisions que pour quelques jours, et nous ne pouvions par conséquent pas impunément
errer longtemps à l'aventure. Mais même avec un approvisionne-
ment convenable, cette découverte n'en eût pas moins été heureuse, par la raison bien simple que le doute est toujours un coupe-
jarret. Dissipez-le d'une manière ou d'une autre, et vous sentirez
vos forces renaître aussitôt. Le doute, j'en conviens, peut dans certaines circonstances stimuler notre activité, mais il nous faut la
certitude pour que nous nous sentions à l'aise. Dans la forêt,
comme dans la vie, il est de toute importance que nous soyions
sûrs de notre route; il nous faut la certitude, n'importe de quelle
manière elle nous arrive, que ce soit par la perception et l'application des lois physiques, ou par une confiance implicite dans la per-
sonnification de ces mêmes lois, — par la connaissance ou par la
foi. Si l'homme ne peut pas connaître, il faut qu'il croie. Ainsi,
pour nos Indiens, la rencontre d'une ligne géodésique n'avait pas
à beaucoup près la même signification que pour nous. Ils auraient
autant aimé s'en rapporter à un signe ou à un bruit vague, qu'ils
auraient pu attribuer à la sollicitude de Katschi-Manitou, le Grand-
Esprit, et il est probable que leur foi eût été d'autant plus implicite,
que le bruit où le signe eût été plus étrange. Singulière digression
à propos d'une ligne d'arpentage, me direz-vous. C'est vrai; aussi
nous allons quitter cette belle forêt où l'on peut méditer et rêver à
son aise, pour nous enfoncer de nouveau dans ce cédrier que
voilà, où nous n'aurons le temps ni de causer ni de penser, mais
où, comme dans les glaciers des Alpes, il faut concentrer toutes
ses facultés dans ses jambes pour sauver sa tête.

Les cédriers, bien qu'humides et partiellement inondés, diffè-
rent cependant des marais, en ce qu'ils sont couverts d'une épaisse
végétation forestière, composée souvent d'une seule espèce d'arbre,
le soi-disant cèdre ou *Arbor vitæ*. Dans la région dont il s'agit,
les cédriers occupent les dépressions du sol, et dans certains districts leur étendue est telle que les espaces secs apparaissent simplement comme des oasis dans un désert, — désert humide à la

vérité, mais qui n'en est pas moins fatiguant et monotone. Lorsque
le sol s'abaisse au-dessous d'un certain niveau, de manière à permettre une accumulation extraordinaire d'eau, le cédrier se convertit en un véritable marais, ordinairement avec un petit lac au
milieu. L'eau n'est plus seulement par flaques, elle forme une
nappe continue qui pénètre sous le tapis de mousse, si bien qu'à
chaque pas on sent le sol osciller sur l'eau. Ce n'est pas sans un
certain sentiment de crainte que l'on s'aventure pour la première
fo s sur ce sol mouvant. Ce qui surprend surtout, c'est de voir par-
ci, par-là des arbres croître sur ce tapis flottant. Il est vrai qu'ils
sont de chétive apparence; mais enfin ils vivent. J'en ai rencontré
sur un sol tellement mouvant, que le poids de mon corps faisait
pencher l'arbre de mon côté, lorsque je passais auprès. Le mélèze
d'Amérique *(Larix americana)* très-semblable à celui d'Europe,
mais plus robuste, est de tous les arbres celui qui résiste le mieux
à l'humidité.

La présence de marais, au milieu des cédriers, m'a quelquefois
causé d'amers désappointements. En Europe, vous le savez, nous
sommes habitués à envisager une clairière dans la forêt comme
une apparition agréable; c'est ordinairement un endroit plus ou
moins confortable, où l'on aime à se reposer un instant après avoir
cheminé ou chassé des heures dans le bois. Mon premier mouvement était par conséquent une expression de satisfaction, en apercevant quelque part devant moi le jour entre les arbres. Mais l'illusion ne durait pas long-temps. Avant même d'avoir eu le temps
de m'orienter, je sentais souvent l'eau pénétrer dans mes bottes,
signe trop positif que je me trouvais dans le marais.

Toutefois ces marais, quelque ennuyeux et déserts qu'ils soient,
surtout pour le géologue, ne sont pas dépourvus d'ornements. La
nature, par une singulière bizarrerie, les a décorés de ses plus
belles fleurs. C'est là que croissent les nombreuses espèces d'Orchidées américaines, surtout ces jolies espèces connues sous le
nom de *sabot de Vénus,* et cette autre singulière fleur d'un type
exclusivement propre à l'Amérique du nord, le *Saracinia purpu-
rea* ou fleur à cornet *(Pitcher flover* des Américains), ainsi appelée parce que ses feuilles épaisses se soudent sur les bords, de
manière que chaque feuille représente un cornet de forme très-élé-
gante, semblable à une corne d'abondance. La surface du cornet,
d'un vert pomme, est couverte de veinules écarlates artistement

ramifiées, et dignes de servir de modèle à une riche émaillure. Les cornets sont généralement remplis d'eau, qui souvent conserve une délicieuse fraîcheur, tandis que l'eau du marais est tiède et nauséabonde. Aussi m'est-il arrivé plus d'une fois de recourir à ces petits réservoirs d'eau fraîche pour me désaltérer. La fleur du *Saracinia* est plutôt remarquable pour sa forme bizarre que pour sa beauté.

Mais c'est une espèce de Sabot de Vénus, le *Cypripedium spectabile*, qui l'emporte sur toutes les autres Orchis par sa beauté. Le sabot est d'un blanc aussi pur que celui du lys, avec une bordure rose d'une délicatesse extrême; celle-ci est surmontée d'un petit pétale d'un jaune vif, semblable à une boucle d'or. Bien certainement la déesse de la beauté n'a jamais porté de chaussure plus élégante. Malgré la fatigue et la chaleur, je ne pouvais me lasser de cueillir un gros bouquet de ces belles fleurs toutes les fois que nous passions près d'un marais. Tout en les admirant, je regrettais que tel de nos botanistes de Neuchâtel, comme M. Godet ou M. C. Nicolet, ne fût à ma place. Quelle jouissance c'eût été pour eux, et que de trésors inconnus ils eussent probablement recueillis dans ces marais!

Après avoir fait le tour du petit lac émaillé d'Orchis, nous gâgnâmes un petit coteau où nous préparâmes notre dîner au bord de la rivière, sous un grand sapin. Nous avions marché dans l'eau jusqu'aux genoux, et comme je me sentais fatigué, j'eus l'occasion de constater ici, pour la première fois, la vérité de cet axiome d'un arpenteur, qui, lorsqu'on lui demanda quelle était la plus grande des jouissances, répondit sans hésitation : « C'est de pouvoir ôter ses bottes et en vider l'eau quand on sort d'un marais. »

Cependant, une nouvelle tribulation plus sérieuse nous attendait. Les lignes d'arpentage sont nécessairement interrompues dans le marais. C'est pourquoi, lorsqu'on débouche dans une clairière, il est bon de s'orienter, de manière à savoir où la ligne reprend de l'autre côté. Nous supposions que nous nous trouvions près de l'alignement; mais quand, après avoir terminé notre frugal repas, nous voulûmes continuer notre route, quel ne fut pas notre désappointement de ne pas trouver notre ligne. Nous revînmes sur nos pas; mais en vain. Pour être plus sûrs de ne pas la manquer, nous nous séparâmes, chacun examinant les arbres devant et autour de soi, pour voir s'ils n'étaient pas plaqués. Dans ces entrefaites survint un orage. Sans nous en douter nous nous étions éloignés les uns des autres; l'orage avait soudain rendu la forêt tellement sombre qn'on ne distinguait les objets qu'à une petite distance, et quand je commençai à appeler mès camarades; le tonnerre était si violent qu'il couvrait ma voix. J'avoue que j'éprouvai alors une sensation qui n'était pas tout-à-fait étrangère à ce qu'on appelle vulgairement la peur. Je me souviens qu'un jour je m'étais trouvé dans une position à-peu-près semblable, entouré de brouillards, au milieu des aiguilles qui dominent le glacier de l'Aar. S'égarer dans la forêt vierge, au milieu d'un orage eût été bien plus grave. J'ignore combien de temps j'errai dans la forêt, appelant et criant de toute la force de mes poumons : je sais seulement que je trouvai le temps affreusement long. Je m'arrêtai un instant pour reprendre haleine sous un grand mérizier, lorsque j'aperçus Augustin, l'un des porteurs. Lui aussi était perdu; mais il avait dans son paquet une partie des provisions. C'était du moins une consolation. L'orage ne tarda pas à se dissiper et quand le tonnerre eut cessé nous appelâmes de nouveau. Cette fois ce ne fut pas en vain. Une double réponse nous fut faite, dans deux directions opposées. Nous rencontrâmes d'abord Thomas dans un état de grande détresse. Il avait marché tout le temps, mais, à ce qu'il paraît, sans sortir d'un cercle très-limité. Quant à M. Whittlesey, il était trop expérimenté pour se fatiguer en vain. Voyant qu'il n'y avait plus moyen de se faire entendre, il s'était construit un abri avec quelques branches d'arbres, et j'avoue que je fus un peu déconcerté en le trouvant confortablement établi sous son toit improvisé, parcourant avec le plus grand sang-froid ses notes de la veille. C'était une fameuse leçon, dont j'ai fait depuis mon profit.

N'ayant pas réussi à retrouver notre ligne, nous fûmes obligés de nous en rapporter de nouveau à la boussole, jusqu'à ce que nous eûmes rencontré une autre ligne parallèle que nous suivîmes l'espace de plusieurs milles, traversant une rivière considérable qui coule à l'ouest. La forêt, au delà de la rivière, était assez belle, et nous nous réjouissions d'avance d'y trouver quelque joli campement. Mais à notre grand désappointement, il se trouva qu'il n'y avait pas d'eau dans le voisinage, ce qui nous obligea de continuer jusqu'au bord du prochain cédrier, où nous trouvâmes, sous un vieux tronc de cèdre, un peu d'eau sale et marécageuse. Mais après une journée comme celle que nous venions de faire, on n'est pas difficile. Le thé n'en fut pas moins excellent, et nous nous régalâmes du dernier morceau de lard qui nous restait. Le temps, sur ces entrefaites, s'était complètement remis ; le vent avait tourné au nord-ouest, et la fraîcheur avait chassé tous les moucherons, nous permettant ainsi de fumer tranquillement notre cigarre près du grand feu qui pétillait devant la tente. C'est le beau moment de la journée, le moment où la conversation se porte sur les questions générales, et prend même quelquefois un tour philosophique. Si vous le permettez je vais, pour terminer cette seconde lettre, vous soumettre quelques réflexions sur un sujet qui devait naturellement se présenter à notre esprit, sans cependant prétendre en aucune façon résoudre le problème. C'est encore de la forêt qu'il s'agit.

Vous avez dû vous apercevoir, par ce qui précède, que les principaux incidents d'un voyageur pédestre dans la forêt vierge, consistent à passer successivement de la forêt propre ou bois franc dans le cédrier, et du cédrier dans le bois franc. Ce sont là les grands traits de la contrée. Dès que l'Indien ou le pionnier franchit le seuil de son wigwam ou de son loghaus, il se trouve ou bien dans le bois franc ou bien dans le cédrier, et pour le plus grand nombre, ce sont les seules conditions de la surface de la terre-ferme. Ceci doit vous rappeler une distinction analogue en usage parmi les chasseurs de chamois des Alpes, qui eux aussi ne reconnaissent que deux formes, le rocher et le glacier. Le bois franc est pour l'Indien ce que le rocher est pour le chasseur de chamois, la meilleure partie de son domaine, ce qui n'empêche pas que dans certaines circonstances le cédrier ne soit préférable, tout comme vous devez vous rappeler d'avoir quelquefois préféré le sol froid et humide du glacier à l'âpreté des surfaces rocheuses.

Dans d'autres districts du *far West*, particulièrement dans le bassin supérieur du Mississipi, on retrouve un contraste analogue, non plus entre le bois franc et le cédrier, mais entre la prairie et la forêt. J'aurai peut-être quelque jour l'occasion de vous parler de la manière dont ces circonstances ont influé sur le caractère particulier des diverses tribus d'Indiens, et de vous montrer comment toutes leurs histoires, leurs mœurs et leur implacable inimitié, se rattachent à cette différence du sol qu'ils habitent, les uns, les Chippevas, étant les Indiens de la forêt, les autres, les Sioux, Indiens de la prairie.

Sous le nom de *bois franc*, le Canadien comprend tout ce qui n'est pas cédrier, mais plus particulièrement cette portion de la forêt qui se compose d'un *assemblage de différentes espèces d'arbres*, (les proportions varient plus ou moins suivant les localités). C'est là la forêt par excellence, le type et l'idéal de la forêt vierge. Nous avons aussi en Europe de belles forêts, qui depuis des siècles ont inspiré la muse de nos poètes et le pinceau de nos artistes. Mais elles ont toutes un caractère spécial auquel elles semblent emprunter une partie de leurs charmes. Ou bien, c'est une forêt de chêne (la forêt des anciens Germains), où une forêt de hêtres, ou encore une forêt de sapins (*la forêt de Fingal*). Je me souviens que c'est dans une forêt de hêtres, au feuillage transparent, que j'avais l'habitude de me promener avec mes premières amours, et je vous assure que je n'imaginais pas alors qu'il pût exister une plus belle forêt au monde. L'Européen, qui pénètre pour la première fois dans une forêt américaine, se sent d'abord dépaysé au milieu de cette variété d'arbres si différents les uns des autres par leur port, leur taille et leur feuillage. Il se trouve à cet égard dans une position semblable à celle d'un homme qui n'aurait entendu toute sa vie que des solos de flûte ou de violon, et que l'on conduirait tout-à-coup dans un concert exécuté par une variété d'instruments. Il sera surpris au premier abord, mais pour peu qu'il ait le sens de l'harmonie, il ne tardera pas à comprendre le concert. Il en est de même à l'égard de la forêt américaine. Il y a dans ce mélange, dans ce concert des arbres quelque chose de si harmonieux, que l'on s'y habitue bien vite, comme à tout ce qui est dans la nature, et la forêt américaine ne tarde pas à devenir même pour l'Européen l'idéal de la forêt, tandis que les bois composés d'une seule espèce d'arbres, tels que les pinnières, les cédriers, etc., lui apparaissent sous un jour différent, comme le résultat d'influences locales et exceptionnelles. C'est là en effet ce qu'elles sont; la pinnière aussi bien que le cédrier, sont des anomalies occasionnées, l'une par le manque; l'autre par l'excès d'humidité. Les forêts de chêne, de sapin, de bouleaux d'Europe sont des anomalies semblables dues en partie à l'influence de l'homme.

Un autre trait de la forêt vierge ou du bois franc, qui ne saurait échapper à l'observateur Européen, c'est une certaine modération de bon goût dans le nombre des arbres, qui ne sont jamais serrés

comme dans le cédrier ou la pinnnière, mais espacés de manière
à laisser à chaque individu un espace suffisant pour se développer.
Aussi tous les arbres sont-ils robustes et vigoureux ; et il est extrêmement rare d'y rencontrer un individu chétif ou rabougri. Vous
ne vous étonnerez pas d'après cela, que l'Indien, qui est de sa nature digne et sérieux, aime son bois franc, et qu'il en ait fait le
séjour des bienheureux. L'Européen lui-même n'a pas de peine
à comprendre cette passion pour la forêt. Je ne sais si je me
trompe, mais il m'a toujours semblé qu'il y avait dans cette distribution des arbres une certaine discipline, un certain ordre qui
n'est pas tout-à-fait étranger à ce que dans la vie sociale nous ap-
pelons le bon ton. Chaque individu est à sa place et nul ne semble
disposé à envahir le domaine de son voisin. On dirait que les arbres
du bois franc (l'orme, l'érable, le sycomore, le mérizier, la
pruche et plusieurs espèces de sapins) sont faits pour vivre en société ; du moins les ai-je rarement rencontrés isolés, tandis que
d'autres, tels que les pins et les cèdres, sont exclusifs de leur nature
et couvrent à eux seuls de grandes étendues. Je me suis quelquefois demandé à cette occasion si les arbres ne sont pas doués de
certains instincts sociaux dans l'état de nature, s'ils n'ont pas
comme les animaux leurs sympathies et leurs antipathies. Ainsi
j'ai souvent remarqué que lorsque les érables et les ormes prédominent, le sol est généralement libre de ronces et de broussailles,
comme si leur présence suffisait pour les exclure : ce sont en quelque sorte les aristocrates de la forêt. D'autres, tels que la pruche
(hemlock) et les sapins sont moins méticuleux : comme les parvenus, on les trouve quelquefois en mauvaise compagnie, sur les
bords des savannes et des cédriers. Enfin, il en est qui semblent
se plaire dans les mauvais lieux. et qu'on chercherait en vain dans
le bois franc. Il leur faut le désordre et l'anarchie ; tel est surtout
le cèdre. Je crus d'abord que cet arbre était limité par sa nature
aux endroits humides, et que son air ébouriffé résultait de sa position désavantageuse ; mais l'ayant depuis observé dans des endroits parfaitement secs et même arides, par exemple sur des
grèves cailouteuses ou sur des falaises escarpées, et ayant remarqué qu'il s'y distinguait par la même apparence désordonnée, tandis que je ne me souviens pas de l'avoir jamais rencontré dans les
bois francs, j'en conclus que cet arbre a des instincts pervers.
Aussi bien, le géologue qui parcourt la forêt sait-il par expérience

que lorsque les cèdres commencent à se montrer, il faut qu'il se prépare à toutes sortes de tribulations.

Peut-être trouverez-vous étrange qu'un homme, voué aux études positives, puisse ainsi s'abandonner à ce que d'autres naturalistes appellent à tort ou à raison des rêveries. Je ne l'aurais guère osé, en effet, si je n'avais récemment lu un joli petit volume sur l'âme des plantes (*Nanna, oder das Seelenleben der Pflanzen*); si cet ouvrage ne m'a pas convaincu, du moins a-t-il fait une certaine impression sur mon esprit. Ce n'est pas vous, j'espère, qui m'en blâmerez. En votre double qualité d'artiste et de poète, vous devez comprendre cette tendance de l'âme au spiritualisme, et votre indulgence en excusera l'expression défectueuse.

E. DESOR.

(La fin prochainement.)

CHRONIQUE

DE LA
REVUE SUISSE.

AOUT.

Trouvez un peu quelque chose à dire par une si exhorbitante chaleur ! Des nouvelles ? non-seulement il n'y en a point, mais on n'a plus la force d'en faire qui vaillent la peine. Sachez que dans la saison où nous sommes, quand il n'éclôt pas des révolutions, il n'éclôt que des canards. Vous me direz que cela revient au même : quelquefois ; cependant ne badinons pas.

L'année dernière a été marquée par l'un des plus gros qui, de mémoire d'homme, ait sillonné les airs aux yeux du bon public ébahi ; nul mot d'aucune langue connue ne pouvait donner une idée tant soit peu exacte de ce merveilleux oiseau ; aussi fallut-il en inventer un tout exprès pour lui ; on l'appela *palasilinique* ; voilà au moins un nom, celui-là ! retenez-le bien, car dans l'histoire naturelle du journalisme il désigne le fameux, le fabuleux, le *pharamineux* canard des escargots sympathiques.

Rangés dans un casier en forme d'alphabet qui devait être passablement biscornu, ils se disaient, de leurs cornes toujours, des tendresses à travers l'Océan, d'Europe en Amérique, et nous servaient ainsi à leur insu de télégraphe électrique simplifié ! C'était admirable, quoique peu élégant ; c'était à la portée de tous, même des simplés, et cependant prestigieux.

Le canard de cette année est loin de valoir celui-là, mais il a bien son petit mérite : ce n'est pourtant que l'Homme volant. D'abord, et pour cause, on le voyait seulement dans le lointain, au fin bord de l'horizon, à Salamanque en Espagne. Don Diégo de Salamanque, tel était son nom. C'est là qu'il habitait et qu'il donnait à ses concitoyens les prémices de sa merveilleuse découverte. Il s'élevait dans les airs, ou il y faisait monter sa fille, jeune et charmante personne dont l'audace égalait la beauté : dans le principe elle s'appelait Paquita ; mais ce nom qui fait le fond de la langue espagnole pour les romanciers et les voyageurs qui la parlent couramment sans la savoir, ce nom étant devenu un peu vulgaire, il fut changé presque aussitôt en celui de Rosaura ou Rosarita, et c'est définitivement sous ce nom-là que la fille de don Diégo fit son entrée dans l'azur. Puis, progressivement, don Diégo lui-même s'y dessina mieux. Il écrivit une lettre aux journaux de Paris, et donna sur sa machine ailée quelques précieux détails, entre autres celui-ci, tout-à-fait propre à éclairer et à rassurer le public. Non-seulement on y était commodément assis sur une espèce de siége avec un marche-pied, pour ne pas avoir les jambes ballant en l'air ; mais de plus, à ce marche-pied on avait eu la précaution d'adapter une plaque de plomb qui maintînt exactement l'appareil dans la verticale et l'empêchât de se pencher plus ou moins dans un sens ou dans l'autre, ce dont, ajoutait l'inventeur, j'avais éprouvé par moi-même le grave inconvénient. La machine, ainsi lestée et d'aplomb, ne risquait plus de faire des siennes dans les airs, de s'y livrer à des gambades et des pirouettes incongrues, en obéissant à son trop de légèreté. Voilà qui suffisait à en donner un aperçu ; mais pour le surplus, pour le fond de la découverte, l'auteur s'en réservait naturellement le secret, en attendant de la mettre, au prix de mille et de quinze cents francs, à la portée de tout homme tant soit peu à son aise qui voudrait se procurer un équipage aérien. Une demi-fortune, un cabriolet coûtent bien plus cher. L'auteur exploiterait donc lui-même son invention : rien de plus juste, car il y avait consacré beaucoup d'argent et dix-huit ans de travaux ; aussi, ajoutait-il encore en terminant sa mémorable lettre aux journaux parisiens, mieux que votre M. Proudhon je puis dire que ma *propriété, c'est le vol.* Signé : don Diégo de Salamanque, bachelier.

Mais, si tout s'use sur la terre, dans les airs c'est bien pis ; là, tout se dissipe et s'envole en un clin-d'œil. Le bachelier don Diégo y était à peine apparu, accompagné de sa fille Rosaura, qu'il y fut détrôné, par un Français cette fois, nommé M. d'Harville. Le procédé de celui-ci était bien mieux. Il volait véritablement et avec de véritables ailes, sans fatigue comme sans danger. Ces ailes étaient faites, on ne disait pas de quoi ni comment, mais il paraît certain qu'elles n'étaient pas en caoutchouc, comme ce qui en tenait lieu dans l'appareil plus compliqué de son devancier, lequel, par conséquent, devait avoir un faux-air de chauve-souris. Avec M. d'Harville, on était oiseau tout de bon. La chose était sûre. On l'avait aperçu planant dans les airs avec autant d'élégance que de facilité. Nous avons vu quelqu'un qui l'avait vu. Déjà nombre de personnes, convaincues, ne vous permettaient plus d'en douter. Elles furent triomphalement confirmées dans leurs dires par un long article reproduit par plusieurs journaux, et annonçant qu'un tel jour, à cinq heures du matin, pour ne pas être embarrassé par la foule, M. d'Harville avait convoqué à une solennelle expérience l'élite de la presse parisienne, une vingtaine de journalistes, dont on donnait les noms, mais non pas, il est vrai, les signatures. L'expérience avait pleinement réussi. M. d'Harville s'était élevé verticalement à trois cents mètres, et là il avait exécuté les mouvemens les plus divers. La simple pression d'un bouton lui suffisait pour produire le mouvement ascensionnel, celle d'un autre pour le mouvement horizontal, celle d'un troisième pour redescendre, etc. Véritablement, il n'y avait qu'à *tourner le bouton s'il vous plaît*, comme dans un bureau d'affaires, pour pénétrer à son gré dans l'espace et y aller aussi loin qu'on voulait : tant et si bien que M. d'Harville y disparut lui-même : oncques depuis on ne l'a vu.

Et voilà quelques-unes des belles choses que forgent aussi les journalistes qui ferraillent chaque matin pour ou contre la constitution, la révision, la prorogation, la fusion et tout ce dont ils martèlent nos cerveaux pour n'y produire en réalité qu'une confusion irrémédiable. Par le sérieux qu'ils savent prendre pour attraper leur public sous le prétexte de le divertir, on peut juger de celui qu'ils mettent à l'instruire et à lui former une opinion. Il y a canards et canards, et ceux qui ne passent pas pour tels ne sont ni les moins gros ni les plus innocens.

— Ce qui pourtant n'est pas un canard, malgré l'analogie du terrain, sinon du sujet, c'est la tentative de M. Petin pour arriver à résoudre le problème de la direction des ballons et de la navigation aérienne. Poursuivi par cette idée et croyant avoir trouvé le moyen de la réaliser, il s'y est consacré de corps et d'âme ; il a abandonné sa boutique de bonnetier de la rue Rambuteau, à l'enseigne du *Franc-Picard*, et il travaille assidûment, mêlé à ses ouvriers dans son chantier de la rue Marbeuf, à la confection d'un navire long de cent mètres, avec hélices, petites machines à vapeur, appareils pour produire des suspensions et des élévations qui lui permettent de s'avancer selon son système, c'est-à-dire par une succession de plans inclinés, et enfin avec trois énormes ballons pour soutenir cette vaste et frêle embarcation où vous pensez bien que le métal et le bois n'ont pas été prodigués. S'élèvera-t-elle dans les airs, et M. Petin, comme il s'en croit sûr, l'y dirigera-t-il à volonté ? L'expérience seule en décidera. Ce qui est certain c'est qu'on travaille activement à sa construction, et que l'expérience est de nouveau annoncée pour ce mois, si elle l'était déjà pour le précédent.

Une chose à remarquer aussi, c'est que les ascensions sont devenues un événement commun et tout ordinaire. Il n'est presque pas de semaine où, suivant le vent qu'il fait, vous ne voyez passer un ballon de votre fenêtre. Le jeu du ballon, une espèce de petit parachute en papier que l'on laisse enlever par le vent, est aussi à la mode; tous les enfans en ont : c'est peut-être un signe des temps.

— Exposés les premiers aux chocs, aux dangers, aux perturbations de toute sorte qu'entraîne avec elle une révolution, si révolution il y a en 1852, les Parisiens sont, par le fait, les moins préoccupés des hommes de cette perspective incessamment grossissante. Distraits, comme des enfans, par le bruit qui passe et la flottante image des spectacles journaliers qui animent leurs rues, ils oublient parfaitement le Président, qui sortira ou non de l'Elysée, et la Constitution, qui vivra ou non l'an prochain.

Pour le moment, Paris s'est occupé de ses hôtes anglais, et des fêtes que leur a offertes le Conseil Municipal. Le lord-maire de la ville de Londres, ce magistrat solennel et chargé d'embonpoint qui a besoin d'une permission spéciale de son gouvernement pour faire la moindre absence, ce personnage officiellement ultra-britannique, venant ici s'asseoir aux banquets de l'hôtel de-ville, c'était presque comme si la Tour de Londres elle-même fût arrivée pour fraterniser avec le Palais de Justice.

A sa suite, ou en même temps que lui, ont débouché par tous les embarcadères d'innombrables voyageurs, étrangers, provinciaux, anglais surtout. Tout cela a, tant bien que mal, pris sa part aux fêtes, qui ont duré cinq ou six jours. Mais les plus amusés et les plus curieux c'étaient encore et ce sont toujours les Parisiens.

Le jour par excellence a été celui où un simulacre de petite guerre a été donné au Champ de Mars par trente mille hommes de la garnison de Paris : belles troupes, beaux canons bien ronflans, beau soleil sous lequel montait la fumée qui enveloppait les combattans; enfin trois heures d'évolutions et d'émotions militaires dans une foule innombrable et de toutes les nations. La foule des curieux, pressée contre les parapets ou sur les berges de la rivière, n'a pas voulu céder la place à une division qui devait riposter à l'autre en cet endroit. Force a été d'entrer en arrangement. Les curieux se sont mis à genoux, et les soldats ont tiré par-dessus leurs têtes. Ceux-ci se sont fort divertis de l'affaire. Un de nos amis a entendu l'un d'eux qui disait à un de ses camarades, de son plus bel accent du midi : « Prête-moi ton fusil, qué jé tire aux oureilles de cetté dame, tu vas voir la miné qu'ellé fera. »

L'Elysée n'a pas donné de bien bon cœur, à ce qu'on prétend, dans toutes ces politesses à sa chère amie l'Angleterre; c'est que le Président de la République ne trouvait pas agréable de jouer un rôle secondaire, quoique très-honoré, dans une réception dont les honneurs étaient faits par le préfet de la Seine, seul maître et seigneur à l'hôtel de ville et qui présidait à tout. Comme le rire se glisse partout, même dans l'enthousiasme, on cite un touchant échange de . . . . mouchoirs de poche entre un honorable municipal et un honorable alderman; et on ajoute que le respectable lord-maire, au moment des adieux, a aussi changé sa canne contre celle de M. Carlier, le préfet de police.

C'est une chose bien curieuse que cet échange de civilités, amené par l'Exposition de Londres, entre deux rivales aussi antipathiques que la France et l'Angleterre. On s'est piqué d'honneur et de procédés de part et d'autre, on s'est embrassé, quitte à faire ensuite sérieusement comme les deux diables de Gilblas qui furent dès lors ennemis jurés. Le populaire s'est permis quelques irrévérences de parole assez fortes, mais seulement devant l'Elysée, et envers les généraux étrangers mêlés à la suite du Président. Le général Narvaëz, qui comprend le français apparemment, en a été très vexé; il s'est retourné avec un geste menaçant, mais son cheval s'est cabré et l'a mis par terre : on peut croire si les cris et les quolibets ont redoublé. Quant aux députés de la cité de Londres, le peuple les a curieusement regardés, mais il ne leur a pas fait mauvaise mine et ne leur a rien laissé voir de désobligeant ni d'inhospitalier. Il est certain que ces deux nations doivent du moins apprendre dans ce rapprochement un peu extérieur et de formes, à s'apprécier et à s'estimer, par conséquent à se craindre. Il paraît bien que, comme ouvriers et manufacturiers, les Français se sont montrés là-bas supérieurs non-seulement aux Anglais, mais encore à ce qu'on attendait d'eux. On convient généralement que l'Exposition a trompé l'Angleterre, en lui découvrant que, dans l'industrie, elle n'était pas autant reine à tous égards qu'elle se le figurait.

— *L'Histoire de la Restauration*, par M. de Lamartine, est loin d'avoir le succès des *Girondins* dans le public ouvrier, auquel elle n'est pas même parvenue, et qui, à vrai dire, ne peut guère s'y intéresser; mais elle a été beaucoup plus favorablement reçue par le public lettré; elle y a paru pour le meilleur des ouvrages historiques de celui qui, de premier poète de notre époque, en est maintenant devenu l'écrivain le plus infatigablement fécond.

En réservant toujours ce qui tient à l'ampleur et à la facilité du génie et d'une organisation extraordinaire, cette fécondité cependant s'explique dans une certaine mesure, par les procédés de composition; par l'absence de recherches longues, patientes et de première main; par l'emploi et la combinaison quelquefois étourdie de recherches de ce genre faites par d'autres dans des sens opposés ou divers; enfin par bien des négligences, des confusions, des lacunes, des distractions et autres menus défauts que M. de Lamartine estime pouvoir supporter et qu'il se passe abondamment, mais que peut-être la postérité lui passera moins.

C'est une histoire écrite sur des lectures et de souvenir, avec éloquence, imagination et entraînement. L'auteur s'y souvient qu'il a été légitimiste dans sa jeunesse, mais il semble aussi que sa jeunesse s'y souvienne à son tour qu'il est maintenant républicain. Napoléon, comme dans tout ce qu'a dit et écrit de lui M. de Lamartine, y est jugé avec une rigueur où l'on sent percer parfois le sentiment involontaire d'une sorte de rivalité et de gène d'avoir un tel homme à côté de soi dans le siècle ; à l'insu de l'auteur, elle va même sur certains points jusqu'au dénigrement. Ainsi, en racontant les événemens de 1813, il refait le plan de campagne de Napoléon, « il lui en dicte un autre, remarque M. Sainte-Beuve, et rabaisse, autant qu'il est en lui, les » miracles de cette fin glorieuse.» Il cherche donc, le plus qu'il peut, à trouver le grand homme en défaut, à le défaire ; il le perce et reperce de part en part ; comme un chevalier luttant avec un fantôme et le pourfendant à grands coups de lance et d'épée, il lui passe à plusieurs reprises sa plume au travers du corps ; mais le fantôme, inébranlablement debout, se reforme toujours et ne se laisse pas entamer. Aussi l'impression finale est-elle que M. de Lamartine a bien la puissance d'accuser Napoléon, mais non pas celle de le juger : il dresse un réquisitoire brillant et sévère ; ce n'est pas lui qui dicte la sentence, ses efforts ne parviennent pas à la faire accepter.

Cela tient chez lui à deux causes : à une impression personnelle, d'abord, dont le lecteur se défie à la longue, et qui paraît remonter à la première jeunesse de l'auteur, peut-être à l'époque où, quittant la France pour un de ses pélerinages-poétiques, il ne se trouva pas sous Napoléon avec ceux qui la défendaient dans ce moment suprême. Cela tient ensuite, chez M. de Lamartine, à un point de départ dans ses jugements qui ne lui est pas particulier, car il est fort dans le goût du siècle, mais qui, à notre avis, n'en est pas moins erroné. Il consiste à faire beaucoup plus de cas de l'Idée que de l'Action, à mettre la seconde fort au dessous de la première. A ce compte, un grand philosophe, un grand écrivain seraient nécessairement très-supérieurs à un grand homme d'Etat, à un grand capitaine, à un grand homme pratique en général ; Gœthe à Napoléon, Cicéron à César, Aristote à Alexandre : c'est bien là une vue d'un siècle rhéteur, mais elle n'en est pas plus vraie pour cela.

Nous pensons qu'il en est de l'idée sans l'action comme de la foi sans les œuvres : elle est morte ; et réciproquement. A quoi il faut ajouter qu'on voit peut-être plus souvent une idée, même grande, sans action, qu'une grande action sans idée. On n'agit pas si puissamment que Napoléon sans obéir par là, le sachant ou ne le sachant pas, à quelque principe puissant et d'un ordre supérieur. Lorsqu'il prit en main les destinées de la France, à le voir dans la situation et parmi les hommes de son temps, il en avait philosophiquement le droit, comme de fait il en eut seul le génie et le pouvoir. Les idéologues, ainsi qu'il les appelait, se montraient frappés d'impuissance ; les hommes politiques étaient usés et à bout, les uns et les autres pour la plupart profondément tarés, percés à jour et croulant de décomposition morale. Assurément il a mêlé le mal au bien dans son œuvre; sa gloire a bien des taches et des ombres : ici M. de Lamartine triomphe, mais il ne s'aperçoit pas qu'il triomphe contre tout le monde, à commencer par lui-même. Au point de vue de la gloire et de la grandeur véritables qui pourra subsister? De plus, croit-il que, pour avoir une idée qui dans sa composition parait belle et pure, on ne soit pas responsable de toutes ses conséquences, et, dans le nombre, est-il sûr qu'elle n'en aura pas logiquement de funestes, d'affreuses même, et dans une perspective incommensurable? En jugeant Napoléon dans toute la hauteur et toute la rigueur morale, il aurait dû traiter tous les autres de même; s'il prétend ne lui avoir appliqué que la règle moyenne et humaine, alors il est injuste envers lui, et il ne le voit pas bien, il le prend de trop bas; il tourne autour du géant dans de brillantes passes-d'armes, plutôt qu'il ne l'embrasse complétement et ne l'étreint avec vigueur; car nous ne lui reprochons pas tant d'être sévère, comme de manquer d'un sentiment d'appréciation calme et fort, ou, pour tout dire en un mot, dans la manière dont il juge celui auquel il conteste le nom de grand, nous lui reprochons de manquer de grandeur.

Nous ne nous sommes attachés qu'à ce point, qui est le plus caractéristique. Quant aux autres et à l'ensemble, nous avons souvent relevé, et longuement à propos des *Girondins*, les mérites et les défauts de M. de Lamartine comme historien. On les retrouve ici les mêmes. M. Sainte-Beuve en fait un résumé singulièrement pittoresque et juste en ce peu de mots. Après avoir dit du nouvel ouvrage de M. de Lamartine, que, dans les portraits, celui de Napoléon excepté, dans ceux de Lainé, de Cambacérès, de Fontanes, de Raynouard, de Chateaubriand et des écrivains de la Restauration, il y a, avec la bienveillance habituelle de M. de Lamartine, et son « optimisme à la fois naturel et calculé, des parties supérieurement traitées, même des détails fins et charmans, » il ajoute néanmoins pour conclusion : « C'est à la peinture des situations générales, plutôt encore qu'à celle des individus, qu'il faut attendre M. de Lamartine. Ses livres d'histoire ne sont et ne seront jamais que de vastes et spéciaux *à-peu-près* où circule par endroits l'esprit général des choses, où vont et viennent ces grands courans de l'atmosphère que sentent à l'avance, en battant des ailes, les oiseaux voyageurs, et que sentent également les poètes, ces oiseaux voyageurs aussi. »

Mais savez-vous ce qui a le plus choqué dans ce livre? la chose est assez amusante de part et d'autre pour être notée : c'est une phrase de la préface où M. de Lamartine dit qu'il a dépassé à peine le milieu de sa carrière. Or il a soixante-et-un ans. Là dessus grande colère parmi ses contemporains : ils se sont fâchés tout gros, surtout M. Guttinguer du *Corsaire*. Espère-t-il donc vivre cent vingt ans? se sont-ils écriés tout d'un accord. Il semblait vraiment qu'il leur soutirait par là leur part de vie et les allait faire mourir sur-le-champ. Que ne suivent-ils son exemple! que ne se sentent-ils jeunes comme lui et dans toute la plénitude encore de l'âge et des forces! Ce secret de vivre, s'il est vraiment bon, est facile à apprendre, sinon à pratiquer. Pour nous, de toutes les distractions de M. de Lamartine, c'est celle que nous lui pardonnons le plus volontiers : nous souhaitons même de grand cœur qu'elle lui réussisse et, puisqu'il oublie si bien le temps, que le temps lui rende aussi la pareille. Mais le temps n'est pas seulement un grand maitre, il est un grand traitre aussi, et il est toujours bon d'être en garde et de se mettre en règle avec lui.

— Après son historien romantique et presque amoureux, mais pourtant, ce semble, assez véridique à sa façon (M. Dargaud, dont nous avons annoncé l'ouvrage), Marie Stuart en a trouvé un plus grave, plus uniquement historique, plus officiel dans M. Mignet. Ce sont deux nouveaux volumes que cet écrivain essentiellement judicieux vient d'ajouter à ses autres travaux biographiques, et qui ont leur place marquée d'avance à côté de son *Antonio Perez* (¹). Bien qu'il s'en tienne à l'ancienne manière d'écrire l'histoire, et qu'il recherche plus rigoureusement, plus nûment la part de vérité que l'on peut entrevoir, M. Mignet arrive cependant à des conclusions analogues à celles de son devancier.

Il est désormais établi sans contradiction possible, que, depuis son départ de France jusqu'à sa captivité, Marie Stuart ne mérite guère le renom poétique et la sympathie qui s'attache à elle. Elle se plongea dans le vice et dans le crime jusqu'à la folie et à la fureur. D'après ses lettres mêmes, dont M. Mignet démontre l'authenticité, il est prouvé qu'elle a su et accepté l'assassinat de son époux Darnley, dont elle avait un enfant encore à la mamelle; et c'est elle qui l'attira, par un feint retour de tendresse, dans l'infâme guet-apens qu'on lui avait préparé. A sa soif de vengeance contre le meurtrier de son favori Riccio, se joignit ici son amour effréné, tout de chair et de sang, pour Bothwell, pour ce Bothwell, moitié homme et moitié démon, dont elle disait que, plutôt que de se séparer de lui, elle aimerait mieux *le suivre jusqu'au bout du monde en simple jupe*. Voilà, certes, une héroïne de tragédie, mais à la façon de Clytemnestre. Pendant sa longue captivité, son caractère se relève et s'épure; elle revêt tout l'intérêt d'une victime; mais ce dernier rôle, il faut le dire, ne lui vint pas seulement de ses ennemis et de la rivalité féminine d'Elisabeth, il lui vint aussi de ses amis, de leurs intrigues, de leurs complots, et en général du parti catholique en Angleterre et en Europe, qui se faisait d'elle un drapeau.

(¹) Voir notre *Chronique* d'Août 1845, *Revue Suisse* t. VIII, p. 482.

— M. Charles Monnard, l'un des collaborateurs de l'ancien *Globe*,
long-temps professeur à l'Académie de Lausanne, et activement mêlé
à la vie politique de la Suisse sa patrie, maintenant professeur à l'U-
niversité de Bonn, vient de terminer son *Histoire de la Confédération
Suisse* depuis la guerre civile de 1712 jusqu'en 1815. Ce dernier volume comprend toute la période de l'Acte de Médiation, celle de la
Restauration qui y mit fin, et le tableau, forcément toujours compliqué, de la vie intérieure de la Suisse pendant ce temps-là. On y retrouve, comme dans les précédens, un intérêt solide et élevé, une
marche sûre, un récit puisé aux sources, et toutes sortes de renseignemens précieux, non-seulement pour l'homme politique, mais pour
le simple citoyen.

L'ouvrage entier comprend cinq volumes ; ils avaient été précédés
de la traduction de Muller, avec des notes nouvelles, et de celle de
Gloutz-Blozheim, son premier continuateur. Tout ce grand travail a
pris à M. Monnard quatorze ans : tâche noble et rude, courageusement
poursuivie à travers les vicissitudes d'une vie éprouvée, et dont l'auteur a pu dire en la terminant : « Si, pour fruit de ces labeurs, telle
page fait germer dans de jeunes âmes une pensée patriotique, une
bonne résolution ; si elle encourage les efforts de citoyens dévoués à
l'indépendance et à l'union de la Suisse, notre peine ne sera pas perdue. Nous nous flattons d'autant plus volontiers de ce résultat, que
les quatorze années d'expériences et de vicissitudes qui viennent de
passer sur notre tête et de blanchir nos cheveux ! ont affermi nos convictions et justifié nos principes ; si elles ont détruit des illusions, elles
n'ont ruiné aucune de nos espérances : seulement elles nous ont appris une espérance plus patiente et plus désintéressée. On n'achève
pas, ajoute M. Monnard, de s'acquitter d'une obligation dont on a long-
temps porté le poids, on ne finit pas une tâche laborieuse sans en ressentir de la joie. Mais on ne quitte pas non plus sans mélancolie un
travail avec lequel on a vécu pendant de longues années, comme avec
un ami auquel on confie ses sentimens et ses pensées les plus intimes.
Cette tristesse devient plus grave encore lorsque, en se séparant de
son œuvre, on se sépare une seconde fois de sa patrie, et qu'on lui
adresse comme un dernier adieu. »

— Les journaux sont plus vides que jamais. Vous les parcourez tous
sans y découvrir, excepté çà et là dans quelque article sortant de leur
cadre ordinaire, le moindre épi à glaner. Oiseaux affamés qni cherchent leur proie de nouvelles et qui ne la trouvent pas, ils se rabattent tous à la file et à tire d'ailes sur les manifestes démocratiques de
Londres ou de Paris, sur le procès de Lyon, comme c'était, il y a quelque temps, sur le hideux procès Bocarmé.

De toutes les publications politiques dont la presse s'est emparée,
les lettres de M. Gladstone à lord Aberdeen sur l'état de l'Italie et sur

. les iniquités judiciaires du gouvernement napolitain, sont sans contredit la·plus curieuse et la plus importante. De telles révélations venant d'une telle bouche, car M. Gladstone, membre tory du Parlément, ne passe nullement pour agitateur, ont produit une sensation générale et profonde. ·

Ici, les journaux conservateurs et le parti lui-même sont divisés ou flottans entre cinq ou six opinions. Le système de fusion de l'*Assemblée nationale* trouve peu d'adhérens et ne parait pas très clair. Les légitimistes soupçonnent ceux qui l'ont mis en avant de l'entendre *in petto* beaucoup plus au profit de Claremont que de Frohsdorf. Ce journal a pour lui un haut patronage, mais il est assez mal conduit d'ailleurs. Il s'est aliéné beaucoup d'hommes politiques, outre le public, en laissant s'introduire dans sa rédaction la mauvaise queue de l'*Univers;* elle y pousse des articles ultramontains, entre autres contre ce qu'elle appelle les commis-voyageurs du protestantisme en Piémont. Ils ne doivent pas être du goût de M. Guizot, et il est en effet très mécontent, nous dit-on, des allures que prend cette feuille; M. Duchâtel et M. Molé ne le sont pas moins.

Le vent clérical a décidément soufflé un peu trop vite et un peu trop fort. On en a eu une preuve dans une sortie inattendue de M. Dupin: il s'est levé de son fauteuil et il est monté à la tribune pour s'opposer aux prétentions des évêques en ce qui regarde la nomination et la révocation des aumôniers des hôpitaux, et pour maintenir les droits de l'Etat contre les empiétemens du clergé.

« J'ai vu, s'est-il écrié, j'ai vu, moi, comme membre, depuis vingt-et-un ans, du conseil général des hospices à Paris, des conflits rares, il est vrai, mais des conflits sérieux, s'élever au sujet des aumôniers. Il y a des aumôniers qui ont le caractère difficile, et le caractère entreprenant (Rires sur plusieurs bancs à droite et à gauche): il y en a qui sont fort résistans vis-à-vis du directeur de l'hospice, qui résistent aux réglemens, qui disent qu'ils ne connaissent que l'évêque. Ils ont raison pour ce qui est du spirituel: mais ils doivent reconnaître le directeur pour ce qui est du réglement, de la police de la maison ; alors ils ne doivent pas empiéter.

» Il y a eu notamment une question fort grave: il y a eu des aumôniers qui se croyaient en droit de convertir des mineurs au lit, des malades...

» M. Coquerel : C'est vrai !

» M. Dupin : ... Sans le consentement de leurs parens, qui sont d'une autre religion; des malades qui se trouvaient dans une situation qui peut-être aurait exigé des ménagemens recommandés par les réglemens civils. Ces réglemens exigent qu'on avertisse le directeur pour qu'il prévienne les familles, et qu'il s'assure civilement si les individus sont dans une situation d'esprit et de position telle qu'on ne puisse pas dire qu'il y a eu obsession à leur égard, défaut de liberté. Dans ces cas-là, les évêques n'ont jamais voulu sévir contre les aumôniers, parce qu'il se serait agi de punir un zèle, louable dans son principe, quoiqu'il ait eu des inconvéniens dans la pratique et dans les résultats.

» Eh bien, dans ces cas-là, messieurs, alors que la chose sera poussée avec une certaine obstination de part et d'autre, alors que cet aumônier sera devenu un sujet de résistance, de réclamations, d'inquiétudes pour les familles, car enfin elles voudront des soins temporels
pour leur parent; mais il y en a qui aimeraient mieux se priver de ces
soins que de s'exposer à des changemens de religion essayés à la faveur d'un état d'affaissement, quand la raison n'est plus entière, et
quand les terreurs viennent assiéger l'esprit; dans ces cas-là, faudra-
t-il que l'autorité civile reste désarmée ? Nous avons vu l'administration
des hospices, dans ces circonstances, ordonner des enquêtes, faire in-
terroger l'aumônier, vérifier les faits, les constater, provoquer la destitution de l'aumônier, et lui retirer, au besoin, le logement et le traitement.

» Je dis donc qu'il y a une grande gravité dans l'article à vouloir
que la destitution ne dépende absolument que de l'évêque. On ne peut
pas le nommer sans lui, il peut lui retirer ses pouvoirs. Mais est-ce à
dire que vous, autorité civile, qui devez concourir à la nomination,
vous n'aurez pas le droit de provoquer la destitution quand il y aura
lieu ?

» Voilà la question que j'avais posée. Je suis à la tribune, puisqu'on
m'a provoqué, pour la résoudre avec fermeté.

» Voici pourquoi je le fais Je le fais parce que je vois une tendance
qui se généralise trop, qui part d'un bon principe, mais qui, je vous
le prédis, aura ses dangers ; c'est de l'antagonisme. (Assentiment sur
divers bancs).

» On a passé par toutes ces phases, dans l'histoire civile et dans l'histoire ecclésiastique.

» Il y a eu une époque où les hospices n'étaient administrés que par
des ecclésiastiques; il en est résulté de grands abus qui ont été dé-
noncés, même dans les assemblées si remarquables du clergé français ;
c'est comme progrès dont on parle tant, dont on parle uniquement
quand il y a changement, et dont je ne parle que quand il y a changement utile et réfléchi, c'est comme progrès qu'on y a introduit l'administration civile, laissant le spirituel, et donnant la manutention des deniers et la prescription des réglemens à l'autorité civile, excepté dans
les établissemens qui ont un caractère exclusivement religieux. Il y a
eu aussi des temps et des pays où dans les prisons tous les géoliers et
les guichetiers étaient des moines. (Hilarité à gauche. — Rumeurs sur
quelques bancs de la droite).

» Il y a des pays où cela peut convenir, mais va-t-on livrer l'administration générale....

» M. le Rapporteur : Il ne s'agit pas de cela.

» M. Dupin : Permettez, je parle, moi, d'une tendance générale ; va-
t-on livrer l'administration de toutes les prisons aussi à des congrégations particulières ?

» Vous parliez des aumôniers de régiment, et j'y reviens, parce que
je veux compléter la question ; pardon d'avoir fait cette excursion, n'y
voyez pas un autre danger. Sous Louis XV, il y avait aussi des aumôniers de régiment, quelques-uns de ces aumôniers se sont faits sectaires : ils avaient des sociétés secrètes, ils pratiquaient les soldats. (Ex-
clamations et rumeurs sur les mêmes bancs de la droite).

» M. Barthélemy Saint-Hilaire : C'est de l'histoire. Écoutez !

» M. Dupin... : A tel point qu'il a fallu disloquer des régimens. Si on les rétablissait, le danger serait le même. Si vous décidiez qu'il n'y a que l'autorité ecclésiastique qui puisse les nommer et les dénommer, évidemment, il faudrait dire tout le contraire.

» M. le Rapporteur : Nous n'avons pas demandé cela !

» M. Dupin : Vous ne l'avez pas demandé, quant à présent ; si vous laissiez passer le premier article sans contradiction, d'autres y arriveraient par degrés, en s'autorisant de l'exemple.

» M. le Rapporteur : Nous avons demandé..... (Bruit).

» M. Schoelcher : Vous l'avez demandé ; c'est textuel.

» M. Dupin : Permettez. Si on engage les soldats dans des congrégations, si on leur donne des principes... (Vive émotion et protestation bruyante sur quelques bancs de la droite. — Approbation sur d'autres bancs de la droite et de la gauche).

» M. Audren de Kerdrel (Ille-et-Vilaine) : Aimez-vous mieux qu'on les mène aux clubs ?

» M. Dupin : Je ne veux rien d'absurde, mais je veux montrer qu'un tel danger a existé ; c'est celui de trop transporter de l'administration aux congrégations. Je veux l'influence religieuse, je la respecte, je la préconise dans sa sphère ; mais je résiste comme homme civil, comme homme politique, à une tendance que depuis longtemps je vois poindre de divers côtés, et dans laquelle m'apparaît un danger qui croîtra article par article, loi par loi, qui se glissera, s'insinuera, car cette tendance s'insinue de ce côté (à droite). (Rires approbatifs à gauche), comme il y a un socialisme qui s'insinue d'un autre côté (à gauche). (Rumeurs sur quelques bancs de la droite.). . . . .

» M. Dupin : Messieurs, je le répète, je n'ai pris la parole que parce que j'ai été provoqué par M. le rapporteur lui-même. (C'est vrai.). . . . . En défendant l'autorité civile, je défends aussi l'autorité religieuse ; car aucune idée n'est vraie que dans ses limites. Toute autorité devient faible et s'expose à reculer quand elle avance trop sur le terrain d'autrui. (Marques de vif assentiment à droite et à gauche). C'est une vérité dont chacun doit faire son profit. Je n'ai pas exprimé autre chose, et je le maintiens.

» Sous la République, régime de liberté, on peut laisser beaucoup faire ; mais on ne voudra pas, on ne pourra certainement pas abdiquer l'autorité civile. Il vaut bien mieux agir avec sollicitude. avec équité, avec justice, avec un bon esprit de législation, que de s'exposer plus tard à des réactions qui n'auraient pas le même caractère. (Vive approbation à gauche et sur plusieurs bancs de la droite. — Rumeurs et agitations sur quelques bancs de la droite). »

Il ne faut pas sans doute s'exagérer cette mercuriale de M. Dupin, ni son souci pour la liberté religieuse, ni même sa vieille rancune de parlementaire et de gallican contre les Jésuites. Mais il a révélé quelques faits bons à enregistrer, et de plus son discours semble indiquer que les hommes politiques ont senti le péril, qu'il y a « *une tendance qui s'insinue à droite, comme il y a un socialisme qui s'insinue à gauche.* » Les chefs du parti clérical ne s'y sont pas trompés ; ils rallient, ils appellent le discours de M. Dupin une *diatribe,* une *vieille diatribe,* mais au fond ils enragent. Ils voient bien que ce coup de boutoir ne saurait être absolument sans raison ni sans portée. « *Ces vieux oiseaux des rivages politiques*, dit M. Louis Veuillot dans l'*Univers* en parlant de M. Dupin, ont un talent tout particulier pour flairer le vent : le discours du président de l'Assemblée Nationale nous annonce donc quelque changement dans l'atmosphère »

— De politique proprement dite, pas un mot. La révision a été très poussée à un nombre de voix plus fort qu'on ne s'y attendait et que ne l'exige la Constitution. La fusion est tombée à vau l'eau : Claremont ne dit toujours ni oui ni non, et garde l'expectative. Une partie des légitimistes passent pour s'être tournés à l'Elysée, *faute de mieux*, *crainte de pis*, si l'on doit en croire un mot attribué à l'un des leurs. L'idée que nous avons été les premiers à noter, il y a trois mois (¹), de porter M. Carnot à la présidence, paraît avoir fait du chemin, car elle commence à percer dans tous les journaux ; M. Emile de Girardin, dit-on, s'y rallie, et elle aurait l'assentiment de M. Ledru-Rollin. Enfin, la candidature du prince de Joinville, qu'une fraction des orléanistes fait mine de poser assez ouvertement, n'est pas la moins contrariante pour le Président actuel, qui néanmoins tient toujours bon dans ses espérances.

Rien de tout cela, du reste, n'a beaucoup occupé dans ce mois. On y a été tout au plaisir et aux fêtes, et, ce n'est peut-être pas un fort bon signe, on ne songe qu'à s'en donner encore, comme si l'on n'était pas bien sûr de pouvoir s'en donner long-temps.

Paris, 12 août 1851.

SUISSE.

GLARIS, 10 août 1851. — Le 4 de ce mois s'est réunie à Glaris la Société suisse d'histoire naturelle. La séance fut ouverte par un discours du président, M. le Dʳ Jenny, qui s'est efforcé de peindre l'état actuel des sciences naturelles en général, et en Suisse en particulier. M. le professeur Bolley d'Arau, que le Conseil fédéral honora de la députation à l'exposition de Londres, entretint ensuite la société des moyens employés en Angleterre et surtout à Londres pour fournir l'eau nécessaire aux habitants. M. le professeur Schönbein, inventeur du fulmi-coton, fit part de ses essais de déterminer l'influence que l'oxigène a sur les matières colorantes des plantes. Il fit même plusieurs expériences à l'appui de ses assertions. M. Nægeli, professeur à Zurich, lut, en dernier lieu, un travail de M. le Dʳ Osw. Heer, qui se trouve actuellement absent. Dans ce travail, l'auteur nous communique les observations qu'il a eu l'occasion de faire sur la végétation de l'île de Madère, pendant son séjour de six mois sur cette île. Il dit, entre autres, que la température y est, en hiver, à-peu-près celle de Zurich en été, et que le thermomètre indique tout au plus une température plus élevée de 3 à 4° en été. A midi la séance fut close, et à une heure eut lieu au casino un dîner où les toasts ne manquèrent pas. Le dîner fini, on visita le musée, dont la seule richesse consiste en pétrifications, que l'on tire

(¹) Voir notre *Chronique de Mai*, page 524 de ce volume.

du Plattenberg, carrière d'ardoise située à deux lieues de Glaris. Ensuite on se rendit par Uschenried, charmant vallon formé au sein de la vallée principale par une colline de verdure, à Mitlödi, où les naturalistes, la musique et les curieux restèrent jusque bien avant dans la nuit.

Le mardi, les travaux sérieux recommencèrent de bonne heure; mais les sections n'ayant pas tenu de séance publique, nous n'en pouvons rien référer. A midi on se rendit en voiture à Stachelberg, bains situés au pied du gigantesque Tödi, et vis-à-vis du colossal Selbstsanft. Là un somptueux dîner attendait les convives, qui ne revinrent que fort tard à Glaris. Mercredi, 5, la société ayant clos ses séances, un grand nombre de naturalistes profitèrent de la journée pour aller voir le romantique Klönthal, l'une des trois principales vallées du canton. Sion est désigné pour prochain lieu de réunion.   J.

MÉLANGES.
Les Mouchettes et l'Éteignoir.
FABLE.

La pauvre chandelle allumée
Allait s'éteindre consumée,
Car son bout s'allongeait un soir,
Exhalant une âcre fumée
Et charbonnait, fétide et noir.
Or, dans ses craintes légitimes,
La folle implora le pouvoir
De ses deux conseillers intimes,
Les mouchettes et l'éteignoir.
L'éteignoir donc (qui n'est pas bègue)
Tint ce discours à son collègue :
« Mon cher sabreur, sans examen
» Et d'urgence il faut que j'applique
» La loi du dogme catholique,
» *In nomine Patris, Amen!* »
Il allait coiffer la malade,
Quand tout-à-coup son camarade
(Qui, comme on sait, n'est pas manchot)
Lui dit : « Halte là, je vous prie,
» L'abbé, ne servez pas si chaud,
» De par votre vierge Marie !
» C'est un remède surprenant
» Que de guérir en éteignant!
» Quand la société vacille,
» Je connais un moyen facile
» De lui rendre l'éclat normal;
» Je sais un remède efficace :
» Je sabre, je brise et fracasse
» Ce qui peut lui faire du mal. »
Il dit et, saisissant de suite
La chandelle entre ses deux bras,
La sabra si fort et si ras,
Qu'il l'éteignit,..... mieux qu'un jésuite.

Lecteur, vous aurez la bonté
De faire la moralité.

Heidelberg, 8 Juin 1851.   MARC MONNIER.

Bluettes et boutades.

— Peu de parvenus feraient parade de leur fortune, si, comme
certaines étoffes, elle devait porter une marque de fabrique.

— Il y a cette différence entre l'intérêt personnel et la cataracte,
que l'un empêche de bien voir et l'autre de rien voir.

— Dans les classes élevées de la société, les talents paraissent plus
grands, comme les arbres au sommet des collines.

— L'adversité, qui nous rend indulgents pour les autres, les rend
sévères envers nous.

— Dans un entretien avec l'égoïste, tout sujet mène à son *moi*,
comme tout chemin mène à Rome.

— Aux yeux de la critique, pour qu'un talent ne baisse pas, il faut
qu'il s'élève toujours.

— De tous ceux qui nous félicitent de nos écrits, c'est beaucoup si
une moitié les a lus et si l'autre peut en juger.

— On se rapproche des hommes célèbres comme une jolie femme
des flambeaux, moins pour leur éclat que pour celui qu'ils donnent.

— On contrarie plus certaines gens en acceptant ce qu'ils nous offrent qu'en leur refusant ce qu'ils nous demandent.

— Les amis dont nous nous montrons le plus fiers sont à l'ordinaire
ceux dont nous sommes le moins sûrs.

J. PETITSENN.

BULLETIN BIBLIOGRAPHIQUE.

LE SOUVENIR DU CHRÉTIEN, ou Réflexions pour tous les jours de l'année, extraites des écrits des meilleurs auteurs. — Traduit de l'anglais.
— Lausanne, chez Georges Bridel; Genève, chez E. Beroud; Neuchâtel,
chez J.-P. Michaud. — Prix: ffr. 1»50.

L'idée qui a présidé à la composition de cet ouvrage nous paraît bonne et
heureuse; en effet, extraire des meilleurs auteurs religieux de courtes réflexions pour chacun des jours de l'année, les adapter à des passages marquants des saintes Ecritures, de façon que les développements deviennent
comme l'épanouissement de la Parole de vie, c'est là un plan sinon entièrement nouveau, du moins louable et habile. De toutes les manières de présenter aux hommes la vérité chrétienne, celle qui consiste à revenir auprès
d'eux chaque jour à la charge, à faire chaque matin un appel direct à leur
cœur, offre certes des avantages marqués. Pour l'ame qui connaît déjà sa
misère spirituelle et qui aspire à la vie en Christ, le *Souvenir du chrétien*
sera une nourriture journalière qui l'éclairera dans ses doutes et la soutiendra dans ses faiblesses. — Pour celle qui ne fait qu'entrevoir la vérité, qui
lutte encore contre le Dieu fort, qui comprend pourtant, par momens la raison suprême de l'existence humaine, pour retomber ensuite de nouveau
dans l'oubli de Dieu et dans ses anciens égaremens, pour cette ame, dis-je,
telle de ces courtes lectures qu'elle fera peut-être occasionnellement et sans
grande intention pieuse, deviendra comme un trait de lumière, et lui faisant faire un retour sur elle-même, sera dans sa vie comme le phare bien-
faisant qui empêche le voyageur de périr dans l'abime.

Il ne serait peut-être pas oiseux d'examiner ici jusqu'à quel point l'ouvrage dont nous nous occupons réalise le but que l'auteur s'est proposé. Tout en reconnaissant que le *Souvenir du chrétien* est composé dans le meilleur esprit évangélique, que le choix des textes et la nature des réflexions qui les accompagnent dénotent une connaissance véritable des besoins de l'ame et des mobiles qui dirigent le cœur humain, nous nous permettrons cependant quelques observations qui peut-être seront de nature à améliorer ce livre dans une seconde édition. D'abord il y manque de la variété ; souvent plusieurs Réflexions successives se ressemblent tout-à-fait pour le ton, les idées et la forme ; il est difficile de s'apercevoir (et c'est probablement là l'effet de la traduction), que plusieurs auteurs ont concouru à la composition de ce livre ; sous ce rapport il nous semble inférieur aux *Considérations sur les œuvres de Dieu*, de Sturm, ouvrage avec lequel on ne peut cependant pas le comparer à d'autres égards. Quelquefois aussi les Réflexions ne semblent pas s'adapter complètement au texte, et il en est quelques-unes où nous n'avons pas trouvé le rapport de l'un à l'autre. Enfin nous regrettons que les sources ne soient pas indiquées ; nous n'en avons trouvé qu'une seule, celle de Martin Luther. Ces réserves faites, il nous est agréable de terminer en remerciant l'éditeur des soins intelligens qu'il a mis à cette utile publication, dont l'extrême bas prix rend la propagation facile et désirable.

LE CONTEUR GENEVOIS, nouvelles, souvenirs, épisodes, par G. Mallet. — Un volume in-12 de 425 pages, prix fr. 3 » 50. — Se trouve à Neuchâtel chez J. Gerster ; à Lausanne chez G. Bridel ; à Genève chez J. Cherbuliez.

Est-il nécessaire de rappeler aux lecteurs de la *Revue Suisse* les qualités charmantes qui distinguent les Nouvelles de M. Mallet ? Cet écrivain genevois est pour eux une bonne et vieille connaissance, et ses gracieux récits, dont plusieurs ont paru ici même en premier lieu, comme *Louis* et un *Episode de la vie des eaux*, ont certainement rencontré des cœurs sympathiques et sont restés gravés dans les mémoires. — Ce sont donc les Nouvelles publiées successivement par M. Mallet dans la *Bibliothèque universelle* et dans la *Revue Suisse* qui viennent d'être réunies en un volume par les soins de la librairie Cherbuliez. C'est là une véritable bonne fortune pour les esprits d'élite, qui cherchent avant tout dans une Nouvelle des caractères vrais et soutenus, des événemens simples et naturels, un goût pur et intention morale. Quelques-uns des morceaux de ce recueil, comme *Treboux* et *La Fille du régicide*, portent un cachet historique qui a permis à l'auteur de peindre une époque fertile en vicissitudes individuelles. D'autres sont de simples épisodes de voyage qui rappellent parfois avec bonheur la manière de Töpfer ; d'autres enfin sont des études morales prises sur le vif, et dans lesquelles les misères et les grandeurs du cœur humain trouvent un éloquent interprète.

Il y a peut-être mauvaise grâce à la *Revue* d'insister sur des éloges adressés à l'un de ses collaborateurs ; lui serait-il permis en revanche d'émettre un vœu, qui sera en même temps une critique ? Nous désirerions que dans ses prochaines compositions (car M. Mallet est en trop bonne voie pour s'arrêter), il y eût si possible une action plus nourrie, une trame plus serrée, en un mot plus de passion parfois et plus de mouvement. Que ce ruisseau limpide, si cette comparaison nous est permise, qui coule si paisiblement entre deux rives fleuries, ne craigne pas de rencontrer d'aventure un lit rocailleux où il puisse murmurer et bondir en blanche écume. Il n'en sera certes que plus charmant, et sortira de cette épreuve plus alerte et plus pur.

SOUVENIR DU TIR FÉDÉRAL DE GENÈVE, en 1851. — Genève, Ch: *Gruaz* éditeur, un vol. de 140 pages, avec planches.

Nous devons signaler dès l'abord l'impartialité qui a présidé à cette publication. La tâche de l'auteur était délicate. En effet, après avoir, dans une première partie qui a paru avant l'ouverture du tir, et qui est consacrée à l'historique de la fête, à une courte description de Genève et au détail des préparatifs, après avoir, dis-je, exprimé ce vœu digne d'un cœur vraiment Suisse : « Toute aigreur sera bannie de cette réunion de famille; » point de ces trophées de discorde ; point de ces drapeaux, souvenirs des » jours néfastes où la patrie se déchirait les entrailles,.... point de ces ap- » pels aux mauvaises passions, de ces toasts, de ces discours blessants pour » des frères ou menaçants pour des voisins, peuples ou princes,.... » il a fallu que l'éditeur donne place, dans sa seconde partie, aux discours les plus déplorables, aux paroles les plus outrageantes pour nombre de confédérés. Du moins on voit qu'il ne le fait qu'à regret et non sans protestation. Aussi sa joie est grande quand il peut enfin donner accueil à quelque discours sage et dicté par des sentiments fraternels; de ceux-ci malheureusement, le nombre a été bien petit. — Pour résumer, nous croyons que la publication de M. Gruaz peut donner sous tous rapports une idée exacte du tir fédéral de Genève, et eu égard à l'influence trop souvent funeste de ces tirs, elle peut être envisagée comme un véritable document historique.

LA CHIMIE DES DAMES, ou cours de chimie élémentaire appliquée aux usages domestiques, par L. Michaud. Un beau vol. grand-8° de 484 pages, avec planches. Se trouve chez tous les principaux libraires.

M. Louis Michaud, préparateur de chimie à l'Académie de Genève, qui a fait si honorablement ses preuves dans plusieurs cours publics de chimie, de botanique et de description des Alpes et de leurs Eaux, sentant que la chimie doit être mise à la portée de tous et appliquée à leurs besoins, vient de faire paraître *la Chimie des Dames*, cours élémentaire, donné ces derniers hivers, de chimie appliquée aux usages domestiques, et dans lequel, avec une suite logique et une clarté parfaite qui rendent cette science facile à chacun, il parle des principales substances végétales, animales, inorganiques employées dans les choses de la vie, dans l'économie domestique, la table, la toilette, etc.; il en fait l'histoire, en indique la préparation, l'usage, et en signale les falsifications. Il enseigne la conservation des fruits, des légumes, du lait, des viandes, de tous les aliments ; il parle des poisons et des contrepoisons. Enfin toutes les substances sont examinées sous les rapports qui intéressent soit l'usage journalier, soit les diverses industries, ou la simple curiosité. Cet excellent volume, utile dans chaque famille, est d'une très-belle impression et d'un prix très-bas.

M. Louis Michaud a fait aussi paraître des *Recherches sur le lait*, petit traité fort utile à tous ceux qui emploient le lait soit comme aliment soit pour les arts. Il y traite des altérations, des falsifications, des préparations, etc. C'est un manuel de ménage et de laboratoire. Le même savant vient de publier une autre brochure très-pratique et fort intéressante sur le *Vin et le Tabac*. Enfin il a fait paraître, à la fin de juillet, le premier numéro d'un journal des sciences naturelles populaires appliquées à l'industrie, aux arts et aux usages ordinaires de la vie. Ce recueil, intitulé le *Papillon*, qui paraît une fois par semaine pour le bas prix de fr. 12, remplit avec bonheur une lacune importante, et semble destiné à rendre de nombreux services. J. R.

QUINZE JOURS A LONDRES.

Sous le titre qui est en tête de ces lignes, M. Defauconpret, le spirituel traducteur de Walter Scott, publia tôt après la Restauration un livre qui fit alors une véritable sensation. C'est que l'Angleterre, durant plus de vingt ans et sauf le court répit de la paix d'Amiens, était demeurée lettre close pour les Français et même pour une grande partie du continent. Pour arriver à Londres il fallait au préalable faire le voyage d'Amérique et s'embarquer, non sans risque de tomber aux mains des croiseurs, dans quelque port des Etats-Unis, à moins qu'on n'eût l'extrême hardiesse de se confier aux contrebandiers d'Héligoland.

Aujourd'hui nous sommes bien loin de ces temps où Walter Scott était encore pour ses compatriotes *le grand inconnu,* et où l'Angleterre, grâce au système continental, était aussi pour l'Europe entière la grande inconnue. On aurait bien mauvaise grâce de faire, comme M. Defauconpret, un guide à l'usage des étrangers allant visiter Albion, pour leur indiquer minutieusement de quelle manière ils doivent se comporter à bord du paquebot durant la traversée, déployer leurs passe-ports, ouvrir leurs malles à la douane, traiter avec les cochers de fiacres et les loueurs d'appartemens, déployer leur serviette à table, découper leurs biftecks et placer leur cuiller dans leur tasse de thé. Grâce à une longue période de paix, grâce surtout à la vapeur et aux chemins de fer, la Grande-Bretagne est à nos portes, et durant l'exposition universelle surtout, elle a cherché à revêtir un caractère et des

allures tellement continentales, que tout paraît s'y passer absolument comme ailleurs. Dans certains quartiers de Londres on entend même parler le français et l'allemand tout autant que l'anglais. Il y a des guides, des hôtels, des lieux de réunion, des
journaux pour toutes les nationalités, et le premier des mille imprimés qu'on nous jeta au débarquement, au milieu d'une pluie
de brochures de la propagande anti-catholique, était le prospec-
tus du *Pilote de Londres, Revue française publiée sous le plus
haut patronage, par la comtesse de Brunetière-Tallien.*

Loin de nous donc la prétention d'enseigner la science des voyages à ceux de nos compatriotes qui n'ont pas encore fait l'excursion de Londres. Notre but, bien que double, est beaucoup plus
modeste et plus restreint. D'abord, comme en dépit de son apparence cosmopolite, Londres est toujours au fond une métropole
sui generis, dont le premier aspect effarouche et écrase en quelque sorte l'étranger qui se hasarde dans ce gigantesque dédale, il
ne nous paraît point inutile de donner certaines indications à ceux
qui n'ont que de courts moments à lui consacrer, ne fût-ce que
pour leur éviter la perte de quelques heures précieuses bien vite
écoulées au milieu des hésitations et des tâtonnemens. Ensuite,
comme après tout le nombre des visiteurs de Londres sera toujours infiniment restreint, à côté du nombre des gens qui resteront
chez eux, nous croyons faire chose agréable à ceux-ci en esquissant ici, dans quelques pages rapides, un aperçu bien incomplet
sans doute, mais du moins fidèle, des merveilles qu'ils n'ont pas
voulu ou qu'ils n'ont pas pu contempler. Ce sera, pour ainsi dire,
comme ce panorama de la route des grandes Indes de Londres à
Calcutta, où l'on passe en revue, dans une courte séance, les côtes d'Angleterre, de France, de Portugal, d'Espagne, Malte,
l'Archipel, l'Egypte, la Mer Rouge et l'Hindoustan, ou bien comme
les quinze cents lieues du cours du Mississipi parcourues en deux
heures au théâtre de Genève.

En partant de Paris, on a le choix entre quatre voies principales
pour passer de France en Angleterre : 1° la traversée de Calais à
Douvres, qui est de beaucoup la plus courte et qui fut toujours le
trajet classique (22 milles anglais seulement, soit environ deux
heures de mer); 2° celle de Boulogne à Folkstone (29 milles);
3° celle de Dieppe à Brighton, beaucoup plus longue (73 milles);

4° enfin la plus longue de toutes, du Hâvre à Southampton (102 milles). A ceux qui n'ont pas peur de la mer, et qui sont même curieux de prendre un avant-goût d'un voyage de long cours, durant lequel on ne voit absolument que le ciel et l'eau, nous conseillons fortèment de prendre ce dernier chemin. Il offre en effet des avantages multiples : il y a d'abord une raison économique, puisque l'administration du chemin de fer du Hâvre délivre des billets au prix très-modeste de ff. 40, pour l'aller et le retour de Paris à Southampton. Ces billets donnent droit aux premières places, soit dans les diligences des chemins de fer français et anglais, soit sur le paquebot; à la vérité ils ont l'inconvénient d'obliger au même trajet pour l'aller et retour, mais ceci devient un avantage qui vous permet de signaler en revenant les points que la rapidité de la course ne vous a pas laissé le temps de distinguer en allant. Mieux vaut, après tout, connaître à-peu-près suffisamment une route, que d'en parcourir deux à vol d'oiseau et pour ainsi dire à travers le vague et l'espace.

Par cette voie on traverse rapidement les champs et les vergers de la Normandie, en coupant les gracieux méandres de la Seine. A la vérité, il est impossible de prendre la moindre idée des villes de cette belle province, puisque Rouen même est laissé de côté. On ne peut que saluer de loin la flèche de sa magnifique cathédrale. Mais en revanche on a tout le temps de visiter le Hâvre qui, s'il n'est le plus beau port de la France, en est à coup sûr le plus bruyant et le plus animé. Ce qui frappe surtout l'étranger qui parcourt ses quais, c'est l'affluence des émigrans. Autour des navires qui doivent les emporter dans un autre hémisphère, jouent sans souci de l'avenir des troupes d'enfans à têtes blondes, nés peut-être dans nos vallées alpestres ou sur les bords de nos lacs.

La traversée du Hâvre à Southampton se fait de nuit, dans des paquebots à vapeur anglais très-bien installés, de dix heures du soir à dix heures du matin. Si vous avez la chance d'un beau clair de lune et d'un de ces vents que les marins appellent une bonne *brise carabinée*, vous pourrez vous faire une idée de la grande mer. Ce qui donne surtout à cette voie un avantage marqué sur les autres, c'est la vue de Southampton et de ses abords. Il n'est pas indifférent de connaitre un peu la province anglaise avant de débarquer dans la grande métropole. Or, avant même de

mettre le pied sur le sol britannique, on a, par la voie de Southampton, l'aspect de la belle et riante île de Wigth et la vue lointaine de la grande rade militaire de Portsmouth. Southampton
même est une ville très-remarquable, ou plutôt ce sont deux villes
juxta-posées, l'antique cité avec ses souvenirs du moyen-âge, conservés avec le soin religieux que les Anglais mettent à l'entretien
de tous les vieux monumens saxons, normands et autres qui se
rattachent à leur histoire, et la ville nouvelle avec ses magnifiques
établissemens maritimes de création moderne et ses bains de mer.

SOUTHAMPTON. — Ce port, naguère déchu parce que son mouvement commercial était absorbé par celui de Londres et qu'il ne pouvait prétendre au rôle de grand port militaire, placé qu'il est au
fond d'une rade et à deux pas de Portsmouth, a repris une très-
grande activité grâce à la vapeur et aux chemins de fer. Les navires
de l'Inde et de l'Amérique, ceux de Constantinople, de Malte, de
Madère, de Gibraltar, de Cadix, de Lisbonne et du Hâvre, abor-
dent à Southampton qui est sur la limite de l'Océan et de la Manche, et d'où leurs chargemens sont transportés en quelques heures
à Londres par le *South western railway* (chemin de fer du sud-
ouest). Ils évitent ainsi d'entrer dans le canal de la Manche et de
remonter la Tamise, navigation longue et parfois dangereuse. C'est
donc Southampton qui reçoit les fruits et les primeurs comme ananas, oranges, raisins, envoyés d'Espagne et de Portugal pour alimenter les marchés de Londres. C'est aussi la station des immenses
paquebots à vapeur des Indes orientales et occidentales, du port
de 2,000 tonneaux, et à côté desquels nos bateaux à vapeur du
Léman seraient de faibles nacelles. Montez à bord du premier venu
de ces géans de la mer, l'*Indus,* le *Gange,* le *Forth* ou la *Clyde,*
et vous serez accueilli avec une politesse légèrement aristocratique
comme celle de l'Anglais en général. Vous admirerez dans les divers ponts tout le comfort et les mille raffinemens du luxe au moyen
desquels les marins trompent les ennuis d'une longue traversée.
Vous ne serez pas moins frappés de l'art avec lequel ils sont
parvenus à résoudre le problème du strict maintien de l'étiquette
et de la distance des rangs dans un étroit espace occupé par plusieurs centaines d'hommes. Sur le *Washington,* paquebot américain d'un aussi énorme tonnage, mouillé côte à côte des paquebots
anglais, nous avons pu voir la différence qui caractérise les deux
marines : moins d'élégance dans le comfort, un peu plus de lais-

ser-aller dans les manières, une propreté moins minutieuse, mais même amour de la mer, même entente de la navigation. Le *Was: hington* venait des villes anséatiques où il avait pris un grand nombre d'émigrans allemands appartenant à la classe moyenne et lettrée, propriétaires, avocats, ecclésiastiques emmenant avec eux leurs familles. De jeunes personnes jouaient sur le piano du salon les airs populaires de l'Allemagne. Il faut visiter un port de France ou d'Angleterre pour se faire une juste idée de la population émigrante que l'Allemagne verse en Amérique à la suite des mouvemens révolutionnaires de ces trois dernières années, 1848, 1849 et 1850. Des réfugiés polonais et Hongrois, arrivés tout récemment de l'Asie Mineure et partant pour New-York, complétaient ce tableau mélancolique.

LONDRES. — Le chemin de fer vous porte en deux heures de Southampton à Londres, à travers les beaux comtés de Hamp et de Surrey. On passe à côté de Winchester, ville curieuse par son antique collége, qui sert d'école préparatoire aux théologiens d'Oxford. Bien qu'excellens Anglicans, les étudians de Winchester font maigre durant le carême et se découvrent en passant devant une image de la Vierge, tant est grand l'empire de l'habitude dans cette Angleterre qui ne rompt avec le passé qu'à la dernière extrémité.

Quel contraste entre les villages si propres et si gais de la Grande-Bretagne, entre ses *villas* et ses *cottages* semés avec tant de profusion dans la campagne, comme pour y faire point de vue, entre ses routes et ses chemins vicinaux unis comme les allées d'un parc, et les villages de boue et de chaume, les châteaux en ruine ou inachevés, et les grandes routes monotones et interminables de la France!

On entre à Londres par le magnifique pont de Waterloo. L'aspect de cette ville immense, qui renferme plus de deux millions d'habitans et qui se développe sans fin dans les campagnes sans qu'aucune barrière, aucun rempart, aucun obstacle l'arrêtent, cet aspect, disons-nous, a quelque chose qui étourdit l'esprit et confond l'imagination. Il ne faut pas moins que l'exactitude, la solidité et l'aplomb du génie britannique pour maintenir l'ordre au milieu de cette multitude infinie. Le sentiment qui prend la place de l'étourdissement c'est l'admiration, quand on voit comme tout se coudoie sans se heurter, comme chacun, hommes et bêtes, suit invariablement sa voie, sans confusion ni cohue, au milieu de cette immense fourmilière dans laquelle, au premier abord, on ne s'aventurait qu'avec un certain effroi. Et ne croyez pas que la capitale gigantesque ait atteint ses dernières limites! Au nord-ouest de Londres, à une lieue de l'extrémité des faubourgs, bien avant dans la campagne, on aperçoit une colline sur le penchant de laquelle sont une église et un cimetière admirablement entretenu, comme en général tous ceux de l'Angleterre. L'ambitieuse cité ne s'arrêtera dans son imperturbable développement qu'alors que cette église et ce cimetière seront précisément au milieu de son pourtour. Voilà ce que vous dit chaque Anglais avec l'accent d'une conviction inébranlable et comme la chose la plus naturelle du monde.

Ce qui n'est pas moins surprenant que cette ambition démesurée de s'agrandir, c'est la manière dont elle se concilie avec le respect du passé. Toute chose qui en Angleterre est antique et nationale (*old english*) est religieusement conservée, l'esprit de conquête industrielle dût-il en souffrir. Prenez l'*Etat de l'Angleterre* par Édouard Chamberlayne, le premier manuel du voyageur à Londres publié en 1671 après le grand incendie de 1666, et il vous servira de guide pour l'étude des monumens et des grands linéamens de la topographie de Londres, tout aussi bien que le *Guide Murray de* 1851. Tout ce qui tient à l'archéologie nationale est sacré. Un palais vient-il à brûler, comme celui du parlement il y a quelques années, on le reconstruit à la même place et avec un redoublement de magnificence gothique qui semble vouloir écraser les merveilles de l'architecture du moyen-âge.

Bien qu'arrivés le soir assez tard et logés dans un faubourg éloigné, il nous fut encore possible de prendre avant la nuit une idée générale de Londres à vol d'oiseau, au moyen des chemins de fer qui pénètrent maintenant dans l'intérieur, jusqu'au cœur de la cité, et qui tendent à remplacer les magnifiques omnibus qui sillonnent la capitale et ses alentours dans toutes les directions. En un quart d'heure on fait plusieurs lieues en courant avec la rapidité de l'éclair tantôt par dessus les rues, tantôt par dessous, en passant d'un quartier splendide à un autre où règne la plus hideuse misère. A la vérité, on ne *voit* pas Londres dans cette première excursion, mais on le *sent*, et c'est déjà quelque chose pour le touriste pressé de jouir et de partir. Au reste il est peu de grandes villes où il soit plus facile de s'orienter, avec la Tamise et ses ponts en face de vous, Westminster à une extrémité et la fameuse Tour à l'autre, le dôme de Saint-Paul entre deux et la rue d'Oxford, cette grande artère de Londres, pour points de ralliement.

L'EXPOSITION. — Le lendemain matin, l'exhibition universelle réclama notre attention exclusive. L'aspect extérieur du palais de cristal, dont on a quelque peine à saisir l'ensemble au milieu des grands arbres d'Hyde-Park, ne répond pas entièrement à l'idée que l'on a pu s'en faire d'après les innombrables gravures qui ont couru le monde entier. Mais à peine entré, l'impression change et l'étonnement va croissant. Il est à son comble quand on a gagné une galerie supérieure et transversale d'où l'on peut plonger d'un regard dans l'immensité de cet espace, où circule à l'aise une population de promeneurs qui équivaut à celle des quatre plus grandes villes de la Suisse. Cette population au reste varie suivant les jours. Pour saisir le peuple anglais dans son état individuel, il faut choisir les jours d'un *shilling*, qui est le plus bas prix d'entrée. Alors on étudie les provinciaux accourus du fond des comtés, et fonctionnant imperturbablement dans cette cohue, ni plus ni moins que s'ils étaient chez eux. On les voit se diviser par groupes, s'asseoir sur les bancs ménagés de distance en distance dans l'intérieur du bâtiment, ou au bord des élégantes fontaines de bronze et de cristal dont les ondes bienfaisantes murmurent agréablement sous l'ombrage des arbres du parc que le bâtiment enserre dans ses vastes flancs. Ils étalent leurs provisions renfermées dans un cabas de dimension raisonnable, et prennent un repas champêtre qui nous a paru se composer presque invariablement de *sandwiches*, de fromage de Chester et d'oranges, le tout arrosé d'un verre d'*ale* ou de *porter*. Dans leurs vêtemens, c'est le même respect pour la tradition que nous signalions tout-à-l'heure dans l'architecture. Le vétéran de Waterloo ressemble encore aux caricatures de Carle et d'Horace Vernet ; les petites filles des écoles pies auxquelles des souscriptions philanthropiques ont procuré la jouissance de l'entrée à l'exposition, sont vêtues comme au temps de la reine Anne ; les jeunes garçons portent les bas rouges ou jaunes, les culottes courtes et les soutanes gothiques que l'on voit dans les peintures du seizième siècle.

Le jour de deux *shillings*, et surtout le samedi, où l'on paie *cinq shillings* d'entrée, le public se modifie sensiblement. Les jours moyens, il est essentiellement composé d'étrangers, et le samedi est le jour aristocratique par excellence. C'est celui que choisissent, pour voir de près leur aristocratie, les habitans de Londres *(cokneis)*, qui ont pris des cartes d'abonnement pour la saison *(for the season)*, c'est-à-dire, pour toute la durée de l'exposition. Là foule est naturellement moins compacte alors, mais aussi la vue d'ensemble est moins originale. Les Anglais de ces jours-là ressemblent à ceux que nous voyons sur le continent. On est dans un milieu cosmopolite.

Loin de nous l'idée de promener nos lecteurs complaisans d'un bout à l'autre du palais de cristal. Toutes les merveilles qu'il renferme ont été cent et cent fois décrites. Nous nous bornerons à une seule réflexion générale sur la partie de l'exposition qui a plus particulièrement appelé notre attention. Nous voulons parler de celle qui tient aux arts.

Les beaux-arts proprement dits ne pouvaient naturellement occuper qu'une place secondaire dans une exposition industrielle. Ils ne devaient y être admis qu'autant qu'ils se rapprochaient par destination de quelque branche de l'industrie manufacturière, comme celle des tapis, des porcelaines, des meubles, des ornemens, de l'orfévrerie, de la reliure ou des étoffes. Cependant, comme se rattachant plus spécialement à l'ornementation et à la décoration des hôtels et des palais, la sculpture a eu à Londres, sur la peinture, l'avantage d'être représentée pour et par elle-même. Elle est liée intimément avec l'exploitation des carrières de marbre et avec l'art si difficile du fondeur, et c'est aussi ce qui lui a valu ce privilège. Enfin elle était indispensablement nécessaire pour donner à l'exposition universelle ce caractère grandiose et monumental sans lequel elle aurait trop ressemblé à un vaste bazar.

La sculpture de toute dimension, depuis la statue colossale jusqu'à l'imperceptible statuette, occupe donc une large place dans l'exposition de Londres. On peut dire qu'elle y trône, et qu'elle attire tout d'abord l'attention de la foule par l'effet de ce beau privilége qu'ont les arts qui parlent au cœur et à l'imagination, de captiver plus vite et plus complètement que ceux qui s'adressent au calcul, à l'esprit et à la spéculation. Mais la statuaire moderne gagne-t-elle à cette grande épreuve? Les artistes qui ont exposé l'œuvre de leur ciseau ont-ils été généralement bien ins-

pirés ? C'est ce dont il est permis de douter. Par une espèce de
justice distributive et providentielle, il se trouve que les principaux
ouvrages de sculpture exposés à Londres , tiennent de plus près à
l'industrie mercantile qu'au sentiment épuré du béau dans les arts
d'imitation. En cela ces artistes ont parfaitement deviné le goût
anglais qui n'est pas précisément le goût esthétique par excellence.
Voyez , par exemple, les flots de curieux qui se dirigent vers les
sculptures du Milanais Monti ! Etudiez les ravissemens, les extases,
les adorations de cette foule palpitante devant la *Vestale voilée*
de ce sculpteur italien , et vous comprendrez ce que nous voulons
dire. Jusqu'ici l'on avait cru que l'art de la statuaire avait été inventé pour reproduire avant tout ce qu'il y a de plus beau , de
plus noble, de plus divin en quelque sorte sous la voûte des cieux,
à savoir la forme humaine et les traits d'un visage qui est le siége
de toutes les nobles passions. « Dieu, a dit le poète, a donné à
» l'homme une tête sublime, qui seule peut contempler le ciel !.. »
Or qu'a fait M. Monti? Il a sculpté, dans un bloc d'un admirable
marbre blanc, une jeune vierge voilée, mais voilée de telle sorte
qu'à travers les plis du marbre on aperçoit ou plutôt on devine les
traits de son visage. Certes il y a là un étonnant savoir-faire, une
adresse à tailler le marbre et à tirer parti des ombres qui éblouit
au premier moment. On est sur le point de lever ce voile incommode qui ne nous laisse voir qu'à demi cette tête charmante. C'est
un tour de force si l'on veut, mais est-ce bien de l'art dans la
bonne acception du mot ? Quand le peintre antique voilait la face
d'Agamemnon, c'est qu'il ne trouvait pas d'expression pour rendre
la douleur paternelle combattue par le sentiment du devoir envers
les dieux ; ce n'était pas pour étaler le mérite de la difficulté vaincue en collant sur une placide figure ; à demi entrevue , un linceul
importun. Michel-Ange dans sa *Pieta* n'a pas non plus entendu
l'art comme M. Monti: Eh bien, la *Vestale* de M. Monti fait fureur. C'est le *lion* de l'exposition, avec l'*Amazone* du professeur
Kiss de Berlin , et la *Bacchante* de M. Klesinger. Elle a été ache-
tée trois mille livres sterling par le duc de Devonshire dès les premiers jours de l'ouverture.
Pour cette fière *Amazone*, en l'honneur de laquelle on a composé tant de sonnets, de quadrilles et de galops chez les marchands de musique de Regenstreet et de Piccadilly , loin de nous
l'idée de contester les belles qualités de ce morceau capital. Dans

le cheval·surtout et dans le tigre qui s'élance ·pour le dévorer,¡ plusieurs parties sont irréprochables. Mais la pose risquée de la guerrière n'est-elle pas une réminiscence des écuyères du cirque de Franconi. Qu'on aille voir en sortant de là les bas-reliefs équestres du Parthénon au Musée britannique, et l'on se convaincra de la distance qui sépare le sculpteur prussien des artistes grecs quant· à l'art.d'identifier le cavalier avec le coursier qui le porte.

M. Klesinger, qui représente la sculpture française, a eu la chance de trouver aussi pour acheter sa *Bacchante* un riche seigneur anglais d'un goût équivoque. Nous tenons cet artiste, qui a travaillé à Lausanne avant d'acquérir un nom à Paris, pour un habile homme doué d'une singulière facilité dont il abuse par momens. Déjà, à propos de sa fameuse *Femme piquée par un serpent*, dont la Bacchante n'est que le pendant ou plutôt la copie, on a reproché à son procédé d'être à la sculpture ce que le daguerréotype est à la peinture. M. Klesinger a pris un modèle vivant dont il a moulé exactement le corps entier à l'exception de la tète, reproduisant ainsi les belles parties de ce corps comme les parties vulgaires, sans s'inquiéter de l'élégance et de l'harmonie des li-·gnes. Puis il a attaché à ce corps une tête plus ou moins antique, parce que sans doute celle du modèle n'était pas digne de la statuaire, et il est résulté de cela une œuvre qui plaît aux amateurs de l'art facile et dévergondé, mais une œuvre sans unité et sans noblesse.·

L'Amérique a fourni aussi son contingent de sculpture, et la *Jeune esclave* d'un artiste des Etats-Unis a obtenu ce succès populaire qui se traduit en statuettes de plâtre, de bronze, de biscuit et de porcelaine mises à la portée des petites bourses. Mais bien qu'on puisse signaler le même caractère d'industrialisme chez les artistes américains, il faut reconnaître qu'ils n'ont pas, comme les vétérans de l'art italien, français et germanique, l'avantage d'une longue tradition classique. Ils choisissent des thèmes nou-·veaux comme leur pays; Atala et les Canadiennes de Chateaubriand sont leurs sujets de prédilection, et il a été constaté que ce ne sont pas ceux-là qui conviennent le mieux à l'art plastique.

Nous ne dirons qu'un mot des arts du dessin et de la peinture appliqués à l'industrie. Sur ce terrain la lutte est essentiellement engagée entre l'Angleterre et la France. La première, dans son orfévrerie, ses bronzes, ses vitraux peints, ses fleurs, ses moulures, ses ornemens et ses sculptures en bois, en cuivre et en fer, ses tapis, ses porcelaines, ses cristaux, montre une force de production, une richesse dans la matière, un éclat dans les couleurs, une puissance dans l'exécution qui ne connaissent point de rivaux: Mais pour le goût, la grâce, l'habileté des nuances, la délicatesse des procédés, les Français nous semblent l'emporter. Tout chez les Anglais décèle un art impersonnel et qui de près ou de loin se rattache à la mécanique. Ce n'est pas sans raison qu'ils étalent tout à l'extrémité du palais de cristal, et comme le mot de leur énigme industrielle, ce qu'ils appellent avec orgueil leur *diamant noir*, c'est-à-dire, des blocs immenses de charbon de New-Castle. Voilà en effet l'agent le plus énergique de leur richesse et de leur puissance. L'art français a quelque chose de plus doux, de plus fini, de plus personnel. Il révèle davantage la main de l'homme. Les tapis des Gobelins, la porcelaine de Sèvres, brillent toujours d'une beauté sans rivale dans cette grande joûte de l'industrie la plus relevée. Le fabricant français sacrifie aux Grâces ; l'Anglais offre son encens à Vulcain, à Neptune et à Mercure.

Mentionnons en passant, et pour qu'il ne soit pas dit que nous parlons, dans la *Revue Suisse,* de tout excepté de la Suisse, les broderies de Saint-Gall et d'Appenzell comme atteignant la perfection dans cette partie de l'art que nous avons en vue. C'est là, sans contredit, le plus beau fleuron de notre couronne industrielle, et l'on comprend que les brodeurs des autres pays et surtout ceux de la France aient pris l'éveil en le contemplant. On sait qu'une commission d'enquête, composée des manufacturiers les plus experts de Nancy et d'autres lieux où la broderie est en honneur et en renom, est venue dans nos cantons orientaux pour se rendre compte des détails de notre fabrication. Quel triomphe pour cette industrie suisse si, comme on le dit, la prohibition qui la frappe était un jour levée par la raison qu'on cherche inutilement à rivaliser avec elle au moyen de privilèges protectionnistes! Nos pailles tressées tiennent aussi honorablement leur rang.

L'horlogerie suisse aurait brillé davantage dès le début si la majorité des exposans n'avait pas eu l'idée peu heureuse de l'étaler dans une seule et unique caisse de verre. Dans ce genre d'étalage le grand talent consiste à isoler les objets et à les mettre individuellement en relief. C'est ce qui a été senti plus tard ; le mal a été réparé autant que possible, et en fin de compte nos habiles et intelligens horlogers ont obtenu la justice et le succès qu'ils méritaient. Nous avons insisté ailleurs sur ce point. Disons seulement, pour rendre l'effet d'ensemble, que notre exposition suisse contrastait par sa simplicité avec le luxe et la pompe de celles des grands pays. Cette simplicité était en harmonie avec la nature de notre pays et de notre industrie.

MUSÉES ET GALERIES. — Après l'art moderne, l'art ancien. C'est mettre, si l'on veut, la charrue devant les bœufs ; mais ne fallait-il pas avant tout rendre hommage à ce qu'on appelle, un peu ambitieusement peut-être, le prodige du siècle ? Constatons d'abord, comme remarque générale et préliminaire, l'extrême bienveillance et l'urbanité avec laquelle les Anglais font les honneurs de leur ville. En faveur de l'exposition universelle, ils ont fait violence à certaines traditions, à des coutumes enracinées pour faciliter aux visiteurs du continent la vue et l'étude de tout ce que leur pays renferme d'intéressant. Jouissons de cette aménité sans rechercher indiscrètement ce qu'elle peut renfermer de calcul. Des palais, des galeries particulières jusqu'à présent inaccessibles, des collections publiques qui n'étaient guères plus abordables, se sont ouverts comme par enchantement. Que de richesses ont été ainsi révélées! La Grande-Bretagne est une terre privilégiée en fait d'arts. Depuis des siècles tout y entre et rien n'en sort. Aussi combien de trésors entassés dans des châteaux, dans des hôtels, dans des maisons très-modestes, et dont le continent ne se doute pas !

Le Musée britannique *(British Museum)*, voilà le grand centre autour duquel viennent rayonner cette ardeur de collecter, cette passion d'acquérir, cette aptitude à réunir des objets d'arts. Singulier peuple qui emballe un temple, une ville entière comme une partie de marchandises ! Témoin le Parthénon et Ninive ! Mais a-t-on bien raison de crier au sacrilége au sujet de cette avidité ? Il n'est pas donné à tout le monde d'aller à Corinthe, encore moins à Ninive, et ces marbres sont bien mieux placés à Londres pour l'étude qu'à Egine ou à Athènes, où il y a gros à parier qu'ils auraient fini par disparaître pendant ou après la guerre de l'Indépendance hellénique, ou que sur les bords du Tigre exposés à l'incurie des dévastateurs musulmans. On sait que les Turcs convertissent en chaux tous les marbres qu'ils rencontrent (ni plus ni moins que les paysans d'Avanches), et ils avaient fait du Parthénon un magasin à poudre qui, en faisant explosion, abîma ce temple admirable et ne laissa debout que les extrémités de ces deux frontons que l'Europe envie à l'Angleterre.

En parcourant la galerie assyrienne, on s'écrie avec le poète anglais Chaucer : « *Il n'y a de neuf que ce qui a vieilli!* » Voilà tout un monde nouveau, le monde de Bélus, de Semiramis et de Ninus, que le scepticisme historique avait pris l'habitude de nier nettement, et qui nous est révélé par les monumens d'une ville immense, couverts de sculptures et d'inscriptions en telle abondance que l'imagination en est confondue. Et ce ne sont pas des monumens frustes et effacés, mais bien des bas-reliefs sculptés avec une telle finesse et une telle netteté que rien n'échappe à l'œil, pas même le plus petit détail de l'armure d'un guerrier ou du harnachement des chevaux. Ce n'est ni l'art grec ni l'art égyptien, mais un art étrange, inconnu, bizarre, effrayant comme l'histoire de ces orgueilleux empires dont le prophète prédisait la ruine. Les inscriptions cunéiformes (tracées en caractères qui ont la forme de coins placés en divers sens), seront bientôt lues aussi couramment que les hiéroglyphes égyptiens. Au voyageur qui n'a pas le temps de tout examiner, nous recommandons instamment, dans les salles consacrées aux antiquités, celle des vases étrusques (vases d'Hamilton) et celle des bronzes.

La partie du Musée britannique destinée à l'histoire naturelle est immense. L'Angleterre met à contribution les cinq parties du monde et leurs océans pour l'enrichir. On se perd dans ce dédale de fossiles, d'animaux géans et microscopiques. Les savans britanniques aspirent à être complets dans toutes ces branches, et ils ont pour cela mille moyens dont les autres peuples sont dépourvus. C'est comme leurs jardins zoologiques dont l'un, celui de *Regents park*, renferme des animaux qu'ailleurs on n'avait jamais vus vivans, d'énormes reptiles et jusqu'à l'hippopotame qui est aussi une des curiosités de la saison. Même profusion au jardin botanique placé dans le même parc. En se promenant dans les serres qui abritent les immenses végétaux de l'Inde et de la Chine, on se croit transporté dans les jardins de Delhi, de Bénarès ou de Pékin.

Mais de toutes les richesses du *British museum*, celles de la Bibliothèque sont celles auxquelles nous avons couru avec le plus d'empressement. C'est à bon droit que nous avions hâte d'en jouir, car c'est peut-être, de tous les dépôts scientifiques de l'Angleterre,

celui qui a subi la plus heureuse transformation. Il n'est plus reconnaissable depuis qu'il s'est enrichi de l'inestimable bibliothèque
de l'honorable Thomas Grenville *(Bibliotheca Grenvilliana)*,
contenant 20,240 volumes qui avaient coûté à cet amateur plus de
soixante mille livres sterling. Cette collection Grenville renferme assurément les plus beaux livres du monde. Il n'en est pas un seul qui
ne soit irréprochable sous le rapport du mérite intrinsèque, de la
conservation, de la reliure. C'était la plus admirable bibliothèque
privée qu'il fût possible d'imaginer. Les premiers monumens de
l'art de l'imprimerie, les livres sur velin et à miniatures, les romans
de chevalerie dans toutes les langues, les éditions *princeps* des auteurs grecs, latins, italiens, français, anglais, les vieux poètes, enfin
toutes ces raretés dont une seule fait parfois la gloire d'une bibliothèque, y abondent par milliers. Ce legs d'une munificence plus que
royale (car il fallait l'intelligence et la passion unies à la richesse
pour réunir tant de trésors) est disposé dans une belle et spacieuse
salle qui est comme le vestibule de la Bibliothèque du Musée
proprement dite. Celle-ci vient d'être rendue plus accessible par
les soins de son habile directeur, M. Panizzi. Ce savant a étalé aux
yeux du public ébloui les trésors les plus précieux de cette immense collection : les manuscrits anciens ornés de leurs belles reliures couvertes d'ornemens byzantins, les volumes ayant appartenu à des têtes couronnées, parmi lesquels ceux de la bibliothèque du roi Georges II brillent d'un éclat particulier, les Aldes
sur velin qui sont les plus splendides du monde, les premiers livres imprimés en Angleterre par Caxton, les ouvrages ayant appartenu à de grands hommes et annotés par eux. Parmi ces curiosités bibliographiques nous avons remarqué avec un singulier
plaisir le *Montaigne* de Shakespeare, dans sa première traduction
anglaise de Florio (1603), les poésies de Victoria Colonna, l'amie
de Michel-Ange, avec la signature du grand artiste, des traités
annotés par Milton, Luther, Calvin, Le Tasse, et une infinité d'autres. L'exhibition des volumes richement reliés, ayant appartenu
à des amateurs célèbres, comme François Ier, Diane de Poitiers,
Grollier, de Thou, a aussi ses compartimens à part. Enfin les manuscrits et lettres autographes des rois, reines, généraux, philosophes, a bien aussi son genre d'intérêt. On voit étalés, avec l'o-
riginal de la Grande Charte, ce premier monument des libertés
constitutionnelles de l'Angleterre, des documens émanés de tous

les rois anglais depuis Guillaume-le-Conquérant qui, ne sachant faire mieux, signait d'une croix, jusqu'à George III. On est frappé de la superbe main de la reine Elisabeth, surtout alors qu'elle n'était encore que princesse. On peut dire que ses lettres sont des chefs-d'œuvre de calligraphie. Celles de sa malheureuse sœur en royauté, Marie Stuart, n'ont pas le même mérite, mais elles sont écrites en français d'un style affectueux, insinuant et facile. Parmi les autographes contemporains, jetez un regard sur une lettre de Napoléon et sur un état nominatif des forces de l'armée anglaise, tracé par le duc de Wellington, le matin de Waterloo.

Les Anglais ont cherché à réunir partout les souvenirs de ces deux reines, Elisabeth et Marie, que tant de passions et d'intérêts séparèrent durant leur vie. C'est ainsi qu'elles sont couchées presque côte à côte sur leurs monumens funéraires à Westminster. Quant à cette antique abbaye, vaste nécropole de toutes les célébrités de la Grande-Bretagne, il faudrait plusieurs journées pour examiner tous les tombeaux qu'elle renferme. Ici comme ailleurs il faut se contenter d'une vue d'ensemble et courir vite pour les détails à ce qui vous intéresse le plus. Il est facile de s'en tirer en peu d'heures en feuilletant d'avance les *Monumenta Vestmonasteriensia* de 1683 ou tel autre guide plus récent. Les clercs et sacristains de cette royale église en font au reste parfaitement les honneurs.

Nous faisons pour le classique Saint-Paul, autre grand musée lapidaire et statuaire de l'Angleterre, la même recommandation que pour le gothique Westminster. Il faut se fier à son coup-d'œil plutôt qu'aux guides et aux manuels pour saisir la vue d'ensemble, le contour et les détails des tombeaux les plus intéressans. La poussière impalpable du charbon de terre, qui donne aux monumens de Londres un ton de couleur si particulier, est loin d'être aussi favorable au marbre blanc de Saint-Paul, basilique d'architecture méridionale et de construction moderne, qu'à l'antique et septentrional Westminster, qui reçoit de cette couche, d'une nuance indéfinissable, une teinte plus sévère et plus sombre. Cette couche, qui tient de la plombagine et de la suie, donne aux nombreuses statues équestres et autres, qui décorent les places de Londres, un air sombre et ennuyé. On le remarque dans les effigies du duc d'Yorck et de Nelson, placées au haut d'énormes colonnes, mais surtout dans celles de Wellington que l'on retrouve un peu partout. La reine Victoria seule, dans la nouvelle Bourse, semble s'être réservée le privilège de la blancheur et de la bonne grâce. Cela tient à ce que sa royale image, nouvellement placée, est protégée par un rempart de galeries contre cette imperceptible poussière de charbon.

L'Angleterre n'a pas, pour la peinture, de galerie aussi considérable que le Louvre à Paris. Le respect que l'on a pour les droits acquis fait qu'on laisse les tableaux dans les divers palais de la couronne où ils sont depuis des siècles comme des immeubles par destination. Les seuls musées de peinture proprement dits sont la *National Gallery* et la galerie de *Doulwich ;* encore la première est-elle en ce moment occupée par une exposition de tableaux modernes où l'on entre pour le prix d'un *shilling.* La peinture anglaise contemporaine affectionne surtout les tableaux d'histoire et de genre de moyenne dimension, et elle prend ses sujets de préférence dans les annales ou dans les mœurs nationales. Nous avons remarqué dans cette catégorie diverses toiles estimables. Les portraits de la reine sont comme partout à profusion, et une scène d'intérieur, représentant une entrevue de la famille de Louis-Philippe et de Victoria après la fuite de Février, attire surtout l'attention.

N'eût-on que trois jours à rester en Angleterre, il faudrait absolument en consacrer un à Hamptoncourt où l'on va admirer (*adorer* disent les dilettanti) les immortels cartons de Raphaël. Il est certain que jamais, depuis l'art grec, on ne vit une pareille perfection. Par quel prodige ces frêles feuilles de papier, qui ont traversé, durant plus de quatre siècles, mille vicissitudes et mille chances de destruction, sont-elles là, rayonnant d'un éclat magique et d'une éternelle beauté ! Arrêtez-vous surtout, si le temps vous manque pour étudier convenablement ces sept pages sublimes, à la *Mort d'Ananias,* à la *Pêche miraculeuse* et à la *Prédication de saint Paul à Athènes.* C'est là que l'on voit Raphaël à la fois maître unique dans le dessin et dans le coloris, équilibrant ces deux grandes qualités du peintre sans jamais laisser l'une empiéter sur l'autre. Après avoir vu ces cartons, il est difficile de regarder autre chose. C'est en vain que les mille chefs-d'œuvres italiens, espagnols, Flamands et même anglais, qui ornent les nombreuses salles du palais d'Hamptoncourt, appellent vos regards. En peinture, voyons peu et voyons bien. « *J'aime peu de tableaux, peu de statues, et cependant j'aime beaucoup les arts,* » disait spirituellement Joubert, l'ami de Chateaubriand. En Angleterre surtout, où les tableaux sont à profusion, exposés souvent dans un mauvais jour et entassés sans choix dans les palais, il faut s'arrêter uniquement à ce qui est bien original et bien authentique, aux œuvres de Holbein et de Van Dyck, par exemple, exécutées pour Henri VIII et Charles Ier. C'est à la fois de l'art et de l'histoire. Au reste, à Hamptoncourt, les visiteurs nous ont paru en majorité plus préoccupés des grands lits royaux à badalquins de tapisserie que de tous les tableaux imaginables.

En sortant de cette vaste création du cardinal Wolsey, il ne faut pas négliger de jeter un coup-d'œil sur le fameux cep de vigne qui porte cinq mille grappes de raisin; c'est là aussi une chose unique en Angleterre. Ensuite on se promène dans les délicieux jardins, on traverse le parc dans les magnifiques allées duquel jouent des troupeaux de chevreuils ; puis on revient à Londres en voyant à Twickenham la maison de Pope et la retraite de Louis-Philippe durant l'émigration, à Richemond le parc et la terrasse avec sa perspective justement célèbre, à Kew encore un parc avec une tour chinoise, et surtout les jardins où s'élève une serre à dôme de verre presque aussi grande que le palais de cristal. Enfin on rentre à Londres par le parc et le palais de Kensington, ancienne résidence de la mère de la reine, et l'on a bien employé sa journée. Toutes ces courses se font en trente milles anglais environ, soit en omnibus, soit en partie par chemin de fer et en partie sur la Tamise.

Une spécialité qu'il ne faut pas négliger en fait de musées, c'est celui de la Compagnie des Indes orientales, où l'on peut prendre une idée assez complète de la théogonie, des usages et de la littérature de l'Hindoustan.

Les palais particuliers mériteraient autant d'attention que les palais publics. Mais comme, encore une fois, on ne peut tout voir, nous choisîmes pour nous faire une idée précise de la demeure d'un membre de la haute aristocratie anglaise, l'hôtel du duc de Northumberland près de Charing-Cross, au coin de la place de Trafalgar. Sa seigneurie l'a ouvert avec la plus extrême courtoisie aux visiteurs qui lui envoient leur carte. Ce vaste palais, surmonté d'un immense lion héraldique dont la queue en l'air a excité la verve

railleuse de M. Théophile Gauthier, ne frappe pas d'abord par
son aspect extérieur. La noblesse anglaise affecte en général beaucoup de modestie dans les façades de ses demeures, sans doute
afin de ne pas inspirer au peuple des idées de comparaison. Mais
au dedans que de marbres, de jaspe, d'or, d'ivoire et quel ravis-
sant jardin! Que de peintures surtout! Dans une immense galerie
on voit les copies des fresques capitales de Raphaël, comme le
Banquet des dieux de la Farnesine et l'*Ecole d'Athènes* du Vati-
can, de même grandeur que les originaux et exécutés par Raphaël
Mengs et les meilleurs artistes italiens du XVIIIᵉ siècle. Impossible
de mieux copier, mais ce sont des copies! C'est encore ici qu'il
faut s'arrêter aux Holbein et aux Van-Dyck authentiques et de famille. Au milieu d'une profusion de porcelaines rares, on remarque le magnifique vase de Sèvres que Charles X donna au duc,
alors qu'il représentait le roi d'Angleterre au dernier sacre de
Rheims.

. De même qu'on distingue, dans certaines chronologies, les
temps *ante-diluviens* et les temps *post-diluviens,* nous diviserions
volontiers l'Angleterre en Angleterre *avant* et *après* la vapeur. La
première, à vrai dire, nous a plus attiré que la seconde. Cependant, parmi les innombrables temples que Londres moderne consacre à la gloire de l'industrie et du commerce, il est indispensable de visiter au moins la gare du chemin de fer de Londres à
Manchester, le premier chemin du monde quant à l'importance
des affaires et au nombre des voyageurs. Un portique égyptien,
dont les colonnes gigantesques rappellent exactement les temples
de Thèbes, conduit à cette station monstre. C'est surtout le soir,
au départ de la malle, quand l'éclat infernal du feu se joint à la
puissance effrayante de la vapeur, qu'il faut aller là pour prendre
une légère idée de la prodigieuse civilisation matérielle d'Albion.

LA TAMISE. — La Tamise au-dessus de Londres; et quand on
la contemple du haut de la terrasse de Richemond; n'est qu'un
mince ruisseau qui coule modestement entre deux rives plates et
verdoyantes, portant avec peine de petits bateaux à vapeur tirant
très-peu d'eau. On dirait, à les voir, l'*Industriel* de Neuchâtel
naviguant sur la Thielle. Au-dessous de Londres, par une transformation magique, le ruisseau devient un large fleuve ou plutôt
un vrai bras de mer. Dans cette métamorphose est tout le secret
de la prospérité de Londres et de la puissance britannique. Lon-

dres est véritablement, et grâce à la marée, un port de mer où des milliers de navires à voiles et à vapeur courent nuit et jour sans relâche et sans intervalle. Sur les deux rives, de Londres à Gravesend, ce ne sont que chantiers de construction, usines, magasins, palais, hôtels destinés à la marine, parmi lesquels s'élèvent, au-dessus d'une forêt de mâts, les deux coupoles de l'hôpital de Greenwich. Le parc, comme c'est toujours le cas en Angleterre, forme le second plan. De tous ces immenses magasins, les *docks* sont les plus prodigieux, surtout les *docks* des Indes occidentales et ceux de Londres. Dans ces immenses bassins, dont un seul ferait ailleurs un grand port, plusieurs centaines de navires tiennent à l'aise. En les visitant on a tout le secret du commerce de Londres qui ne ressemble pas à celui des autres villes. Allez par exemple dans la cité, chez un grand marchand de thé qui fait des affaires pour plusieurs millions par an. Il vous recevra seul, sans commis, sans apprentifs, dans un comptoir borgne de six pieds carrés, et il vous enverra, à quelques pas de là, chez son courtier, pour examiner et flairer les échantillons étalés dans une pièce de pareille grandeur. Quand vous avez constaté la qualité que vous désirez acquérir et que le prix et le mode de paiement sont convenus, vous vous rendez au *dock* de Londres dans le compartiment consacré aux thés, et qui est à lui seul tout un monde. Là vous vous promenez durant des heures dans d'interminables bâtimens à plusieurs étages, au milieu de caisses de thés entassées dans le plus grand ordre, et le commis préposé à la garde de cette marchandise vous fait toucher précisément la partie, le colis que vous voulez. Vous le faites enlever et tout est dit. Ainsi de suite pour tous les produits de l'univers dont chacun est casé. Ici encore on retrouve l'exposition. Dans le *dock* consacré aux vins de la Péninsule hispanique, où se trouvent les plus profondes caves du monde, sillonnées par de petits chemins de fer, on vous fera remarquer les tonneaux exhorbitans de vin d'Espagne que l'on n'a pas voulu admettre pour bonnes raisons dans le palais de cristal.

A Blackwall, vous pouvez monter dans les paquebots géans de la compagnie des Indes, qui sont parmi les bâtimens à voiles ce que ceux de Southampton sont parmi les steamboats. Si c'est la veille d'un départ, vous voyez avec quelle désinvolture l'Anglais, officier ou employé civil, part pour Calcutta. Il ne fait pas plus de façons, en s'installant dans sa cabine, que nous autres Suisses quand nous allons de Genève à Villeneuve.

Dans ce voyage de découvertes sur la Tamise, que l'on fait le plus agréablement du monde par les bateaux à vapeur d'un sou qui, faisant l'office d'omnibus, naviguent entre les principaux ponts, il ne faut pas négliger de visiter la Tour de Londres et le fameux tunnel. Ce tunnel, une des merveilles du monde avec lesquelles on a charmé notre jeunesse curieuse, est aujourd'hui une antiquité, une vieille relique sans usage, un non sens. On ne peut plus dire avec la chanson :

> Et les poissons par la fenêtre
> Regardent passer les Anglais...,

car les Anglais ne passent pas sous le tunnel. Les chemins de fer ont bouleversé toute l'économie, des communications de Londres. Les étrangers seuls s'aventurent à descendre dans le tunnel, par manière d'acquit et sans se donner la peine d'aller jusqu'à l'autre bout, uniquement pour qu'il soit dit qu'ils se sont promenés sous la Tamise, portant légèrement sur leurs épaules le poids d'une douzaine de navires à trois mâts. Des panoramas, de petits spectacles dans le genre de l'*ex-caveau des aveugle*s ou des *Musicos* de Hollande, occupent l'intérieur de ce pont-tube.

En remontant la Tamise du tunnel au pont de Westminster, on remarque encore une différence capitale entre Londres et Paris. Londres n'a pas de quais : ils auraient gêné le commerce, le déchargement des bateaux et le mouvement de la rivière. On a sacrifié l'agréable à l'utile. De loin en loin le pêle-mêle de maisons, de rampes, d'enseignes, de magasins, qui obstruent les bords du fleuve, est interrompu par la ligne sévère de quelque grand hôtel comme *Sommerset-house* (l'état civil) et le nouveau palais du parlement ou la chambre des lords. Cet édifice mérite une visite spéciale : jamais on ne vit plus étourdissant amas de splendeurs gothiques. Ce qu'il y a là d'or, d'azur et de pourpre, confond l'imagination. Enfin, avant de quitter la Tamise pour s'enfoncer dans le dédale des rues de Londres, il convient de faire l'ascension du *Monument*, c'est-à-dire, de la colonne érigée en mémoire du grand incendie de 1666. On plane de là sur toute l'immense ville autant que l'atmosphère brumeuse veut bien le permettre. Nous autres Suisses romands, nous devons aussi donner un coup-d'œil au quartier de Savoie, jadis apanage du comte Pierre, notre petit Charlemagne.

L'ARMÉE. — Tout Suisse est soldat, et par conséquent tout Suisse doit s'intéresser aux soldats des divers pays européens, grands et petits. Il est d'abord assez difficile de prendre sur le fait l'armée de la Grande-Bretagne ou même quelque échantillon de l'état militaire de cette nation. En touchant le sol britannique, c'est tout au plus si vous voyez quelques rares soldats sur un vaisseau ponton. L'armée anglaise paraît être partout ailleurs que dans les Trois royaumes. Elle est à Gibraltar, à Malte, à Corfou, aux Indes, au Canada. Cependant, dans la capitale elle commence à se manifester, mais de la façon la plus modeste. Dans les faubourgs et dans les lieux publics on rencontre des militaires en petite tenue, veste rouge ou bleue, et toque écossaise ou allemande, sans armes quelconques. Le soldat anglais est désarmé parce qu'on craint les rixes avec les bourgeois. Cela n'ôte rien à son aplomb, et il ne paraît pas se douter de l'importance de cet axiome du *Manuel du militaire français* sous Louis XIV : « L'épée est le plus » bel ajustement du soldat : elle lui sert non-seulement à la guerre, » mais à la promenade où il ne pourrait décemment paraître sans « cet ornement. » L'habitant de Londres n'aime pas le militaire ; il le redoute à l'extrême. Il suffit de l'arrivée de dix *horse guards* (gardes à cheval), montés sur leurs chevaux qui sont de la taille des éléphans de Porus, armés, bottés, casqués, cuirassés, gantés, de façon à présenter un quadruple rempart d'acier, de bronze, de buffle et de cuir, pour mettre en fuite l'émeute la mieux combinée. Il est intéressant de voir ensuite ces mêmes hommes dépouillés de tout cet appareil. Ce ne sont plus que de jeunes gens de bonne mine, sveltes et d'assez riche taille. Nous avions dans notre quartier lointain une caserne de cavalerie des gardes, que nous voyons sortir tous les matins par escadrons pour aller à la promenade. Ce qui nous frappait dans cette troupe c'était l'absence complète d'officiers. Toute la direction est remise à des sous-officiers décorés de nombreux chevrons. L'officier reste isolé, ne s'identifiant avec son corps que lorsque cela devient absolument nécessaire pour le service. De là résulte une espèce de scission hiérarchique qui fait contraste avec les rapports des inférieurs et des supérieurs dans l'armée française.

Chaque jour, à dix heures, la garde à pied relève ses postes d'honneur au nouveau palais de Saint-James, résidence de la reine. Elle est habillée à-peu-près comme les anciens Suisses de l'ex-garde royale française, bonnet à poil, habit rouge et pantalon blanc. Cette troupe manœuvre très-correctement, mais avec une exactitude maniaque qui étonne un peu les militaires du continent. L'uniforme à brandebourgs dorés des officiers est extrêmement riche mais un peu lourd. La musique est double, et encore ici on peut voir comment les Anglais savent concilier le passé et le présent. Le corps de musique qui est en tête du bataillon, entremêlé de fifres, d'une grosse caisse et de caisses roulantes, joue des airs anciens très-originaux et qui n'ont guère dû varier depuis Fontenoy ou Waterloo. Le tambour-major porte le costume de la cour d'Elisabeth. Mais à onze heures la scène change : la même musique revient, avec le détachement, au vieux palais de Saint-James, ancienne et assez laide résidence des souverains de l'Angleterre, et là elle exécute des symphonies tirées de l'opéra en vogue.

Dans la cavalerie nous avons vu un joli régiment de lanciers, et les hussards bleus du prince Albert qui portent exactement l'uniforme des trabans du maréchal de Saxe et des chevaux-légers de Frédéric-le-Grand. Cette importation germanique paraît plaire médiocrement aux Anglais qui sifflent parfois ces soldats favoris de l'époux de leur souveraine bien-aimée.

A tout prendre, il y a, nous a-t-on dit, dans la capitale et aux environs, une force militaire assez respectable, mais elle est fondue dans cet immense espace au point d'être absolument imperceptible. Quand l'ouverture de l'exposition excitait quelques appréhensions, le duc de Wellington insista, dit-on, pour que l'armée ne fût pas employée dans un but de police, et le résultat a justifié ses prévisions. Les *policemans* suffisent amplement à tout, et l'on ne saurait trop admirer l'aplomb et le tact de ces hommes intelligens.

RETOUR. — Quinze jours après notre départ de Genève, après avoir bien utilisé notre temps, grâce à la cordiale hospitalité d'un compatriote qui ne nous avait pas laissé faire un faux pas, nous traversions de nouveau Paris, par un beau dimanche qui nous permettait de saisir la distance qui sépare les peuples des deux côtés de la Manche. Le jour du repos à Londres a été mille fois décrit ; dans la capitale de la France il ne mérite guère ce nom. A Londres on dirait une ville morte, pétrifiée, frappée comme Pompéia par quelque immense catastrophe. Sur les boulevards de Paris, plus que jamais ce ne sont que toilettes pimpantes, concerts, festins, danses et spectacles. Mais la célébration du dimanche à Londres pourrait bien être plus formelle et extérieure que réelle, car dans les environs nous avons remarqué la même animation, la même foule que dans les jardins des faubourgs de Paris. Pilmico ne le cède guère au Château-Rouge. Il y a toujours un côté utilitaire dans les usages anglais. Si la poste, chez eux, ne distribue pas les lettres le dimanche, c'est qu'il faut avant tout aux employés le temps nécessaire pour se reposer. C'est la même raison qui fait fermer de si bonne heure les splendides magasins des quartiers fashionables ; on veut que le pauvre commis ait le temps de dormir entre la remise en place des marchandises de la montre et l'étalage du lendemain matin qui exige une combinaison de plusieurs heures. A Paris ces nuances ne sont pas senties. Toute la semaine, y compris le dimanche, les magasins ferment le plus tard qu'ils peuvent, ce qui n'attire pas davantage le chaland.

Au moment de clore cet article, nous nous apercevons un peu tard que nous avons oublié de parler de mille choses, entre autres des spectacles. Que le lecteur se montre indulgent jusqu'au bout, et qu'ici en particulier il nous pardonne d'avoir préféré faire provision d'impressions en plein air, plutôt que d'aller nous enfermer dans les deux illustres salles d'opéra qui se disputent en ce moment tout le public dilettante, l'une sous le patronage de madame Sontag, l'autre sous celui de mademoiselle Julia Grisi. Ces deux éminentes cantatrices sont pour nous des connaissances d'un quart de siècle, ce qui ne veut pas dire (à Dieu ne plaise!) que ce soient de *vieilles connaissances.* Sans doute elles n'ont rien perdu de leurs moyens, et leur talent n'a pu que se renforcer par l'expérience. Mais il est des impressions qu'il faut savoir garder intactes, et la fraîcheur de la voix doit aller de pair, ce nous semble, avec la fraîcheur des souvenirs de jeunesse. Nous avons voulu emporter de Londres, dont le souvenir agréable remplira longtemps encore notre pensées, toutes nos illusions anciennes et nouvelles.

E.-H. GAULLIEUR.

CRITIQUE LITTÉRAIRE.

HISTOIRE PHILOSOPHIQUE DE L'ACADÉMIE DE PRUSSE, depuis Leibnitz jusqu'à Schelling, particulièrement sous Frédéric-le-Grand, par Christian Bartholmèss. — 2 volumes in-8⁰. — Paris, librairie de Marc Ducloux, rue Tronchet, 2. — 1851.

Si l'on prenait la peine d'examiner une fois attentivement et sans préoccupation l'enseignement de nos colléges, on y trouverait bien des superfluités, bien des lacunes et des vices choquans d'organisation. Ainsi, pour citer le premier exemple venu, la rhétorique, complément et développement naturel de la logique ; en est le plus souvent séparée, et même s'enseigne avant la logique, de sorte que ces deux branches si importantes de l'éducation intellectuelle, l'art de penser et l'art d'exprimer sa pensée, sont frappées d'une égale stérilité ; la rhétorique, pour ne pas rester sans base, est condamnée à des anticipations perpétuelles, la logique reste confinée dans d'arides abstractions.

Les études historiques ne sont guères mieux traitées que ces études spéculatives. Un temps considérable est consacré à la littérature, mais on s'en occupe essentiellement au point de vue esthétique, qui n'a d'intérêt que pour un petit nombre, au lieu de s'attacher au fond des choses qui est nécessaire à tous. Un cours manque partout ou presque partout, quoiqu'il fût à nos yeux plus important qu'une foule d'autres : c'est une histoire générale de la littérature, non pas d'un peuple mais de tous, conçue de manière à faire connaître à la jeunesse le nom des principaux écrivains et des principaux travaux de chaque siècle, avec une indication succinte de leur contenu et de leur influence, sans luxe d'appréciations personnelles. Les sciences positives, l'histoire, la jurisprudence, la philosophie, la théologie, les belles-lettres, chaque branche du savoir humain, chaque fonction de la vie intellectuelle de l'humanité y occuperait une place proportionnée au développement qu'elle a obtenu dans chaque époque et à l'influence qu'elle y a exercée. Ce serait un travail de longue haleine, mais non pas sans fin, car on n'y ferait entrer que ce que tout honnête homme doit savoir, et la bonne disposition des matières épargnerait une foule de répétitions. Les livres y seraient disposés d'après leur contenu et leur tendance et non d'après la langue dans laquelle ils ont été publiés, les ouvrages d'imagination obtiendraient la place importante qui leur appartient dans l'histoire de la pensée et de la société, mais une préoccupation imprudente n'exalterait pas cette importance ; le beau serait placé dans l'éducation au rang qui lui convient à côté de l'utile et du vrai, on se guérirait du préjugé qui nous fait voir toute la civilisation dans les lettres d'un seul pays ; une foule d'erreurs de perspective seraient corrigées par cet enseignement, qui apprendrait au plus grand nombre des élèves ce qu'il n'est pas permis d'ignorer dans les branches auxquelles ils ne se vouent pas d'une façon particulière.

N'appartient-il pas en effet à la culture générale de savoir les noms éminens dans toutes les directions de la pensée humaine, et connaître un nom d'homme comme un nom de chose, n'est-ce pas avoir l'idée de ce qu'il signifie? N'est-il pas plus nécessaire en tous sens de connaître les noms et les œuvres de génie dont s'honorent les nations étrangères, même lorsque nous ne parlons pas leur langue, que la liste interminable des rimeurs français du XVIIIᵉ siècle? Cependant ces élémens de bibliographie, qui seraient en même temps les élémens d'une histoire générale des lettres, ne sont point enseignés dans nos écoles, où l'on apprend tant de choses qu'il est permis d'oublier. Pour remplir cette lacune, il faut plus tard des lectures considérables, qui le plus souvent ne peuvent pas se faire et ne se font pas. Il y a donc une chaire à créer dans nos lycées et dans nos académies ; cette chaire, nous y appellerions de préférence le bibliothécaire dans toutes les villes qui possèdent un bibliothécaire instruit et sensé ; mais ce serait une rare fortune de la pouvoir confier à un homme d'une érudition aussi vaste et aussi judicieuse que l'auteur de l'*Histoire philosophique de l'Académie de Prusse*.

L'idée que je viens d'énoncer me préoccupait ; j'avais besoin de la mettre quelque part, et tout pesé, elle ne me semble pas trop déplacée dans un compte-rendu du nouveau livre de M. C. Bartholmèss, puisque c'est le livre de M. Bartholmèss qui me l'a suggérée.

L'*Histoire philosophique de l'Académie de Prusse* est un chapitre d'une histoire littéraire étendue plutôt encore que d'une histoire de la philosophie moderne. L'esprit philosophique la pénètre et la domine sans doute, mais elle n'est pas construite au point de vue de l'intérêt philosophique ; elle nous fait connaître les destinées extérieures d'une glorieuse institution littéraire, les hommes de mérite que réunit l'une de ses grandes sections et les travaux dont ils en enrichirent les archives ; elle ne poursuit pas l'histoire d'un système ou d'une idée ; les divisions en sont marquées par les règnes des protecteurs de l'Académie, et non par les révolutions de la pensée philosophique ; les personnages sont classés d'après leurs rapports avec l'établissement, plutôt que selon l'affinité de leurs tendances scientifiques. Il devait en être ainsi, car l'unité du sujet est littéraire, l'intérêt qu'il présente

est historique bien plus que spéculatif. Aucune école philosophique
importante n'a trouvé dans l'Académie de Prusse l'organe essentiel
de son développement ou l'instrument de son influence, mais son
éclectisme toujours élevé, toujours raisonnable a protégé les convictions spiritualistes du XVIIᵉ siècle contre le sensualisme envahisseur
du XVIIIᵉ, et préparé la restauration que Royer-Collard et Maine de
Biran ont si bien commencée.

Je parle de la France, car c'est à la France littéraire, à la culture
française prise au sens le plus large qu'appartient l'ancienne académie prussienne. Par la direction de ses travaux et par leur influence
autant que par la langue dont elle se servait, cette académie était
française, française, c'est-à-dire européenne, française sans les élé-
gances et sans les dédains parisiens : son histoire nous montre l'action
de la France sur l'Europe et plus encore peut-être l'action de l'Europe
sur la France, en particulier l'action de l'esprit protestant sur ce
grand pays qui n'a pas voulu être protestant, qui ne peut plus être
catholique, et qui malgré ses répugnances est obligé de tirer du protestantisme le peu d'élémens chrétiens qu'il est capable de s'assimiler.
Le protestantisme comme institution religieuse était le résultat d'un
effort pour limiter et résumer dans une forme positive les résultats de
l'esprit d'examen ; l'idée d'une église protestante, avec ses mérites et
ses défauts était éminemment conforme à l'esprit français. En la repoussant, la France s'est mise dans une situation fausse dont elle n'a
pas cessé et ne paraît pas devoir cesser encore de subir à l'intérieur
les conséquences matérielles et morales ; mais l'expansion de l'esprit
français y a peut-être plus gagné que perdu. En se répudiant, en se
bannissant elle-même, la France a créé une France hors du territoire,
une France helvétique, hollandaise, allemande, dont la dispersion
sur le continent n'a pas brisé l'unité spirituelle. Cette France réfugiée
est devenue l'institutrice de l'Europe et particulièrement des classes
élevées de la société européenne, plus directement encore que de la
mère patrie à laquelle elle a pourtant rendu largement ce qu'elle lui
avait emprunté. Cette influence universelle dont s'enorgueillit la
France et qui, bientôt peut-être, ne sera plus qu'un douloureux
souvenir, elle la doit en grande partie aux protestans réfugiés et à
leurs disciples ; mais l'esprit protestant à son tour n'a pas cessé d'a-
gir puissamment sur la France. Ajoutons que cette action parfois éclatante, le plus souvent peu aperçue, s'est généralement exercée dans
un sens favorable à la liberté civile, au progrès social, à la religion et
à la vertu. Rousseau, Madame de Staël, M. Guizot, appartiennent à
des titres divers à cette France exilée ou fille de l'exil.

La vie intellectuelle du protestantisme français proprement dit est
subordonnée à la littérature française hors de France; ainsi l'Histoire
philosophique de l'Académie de Berlin se recommande particulièrement à l'attention des protestans français. L'Académie, comme Berlin

lui-même, n'est-elle pas fille du refuge? Cette histoire est pour la Suisse
d'un intérêt plus vif et plus direct encore. La Suisse n'a pas de littérature à elle propre, elle ne peut et ne doit en avoir que dans un sens
très restreint, car les différences nationales n'ont de valeur en littérature que dans le domaine purement esthétique, et là elles sont détermi-
nées par la langue. Mais si la Suisse est privée d'une littérature indépendante, elle n'a pas moins son rôle à jouer dans le mouvement littéraire de l'Europe, et depuis la Réformation elle remplit sa place avec
gloire. Assez semblable à celle du protestantisme français dont nous
venons de parler, la tâche de la Suisse est de rapprocher les deux grandes littératures de la France et de l'Allemagne, en les enrichissant
l'une et l'autre des traits particuliers fournis par sa nature et par son
histoire. Elle représente l'élément germanique dans la littérature française, l'élément français dans la littérature allemande, et contribue par
là à les rapprocher en leur donnant un caractère plus universel. Bonnet, Mme de Staël, A. Vinet, dont la mort laisse un vide qui semble
grandir chaque jour, ont quelque chose des idées ou du caractère allemand; de tous les écrivains de langue française, le plus sympathique à l'Allemagne, celui qui l'a le plus vivement impressionnée, c'est
Rousseau. En revanche, il est peu d'écrivains allemands qui aient été
mieux connus et plus appréciés en France que les Suisses Haller, Ges-
ner, Lavater et Jean de Muller. Mais plusieurs des conditions nécessaires au développement de la vie littéraire manquent à notre pays,
la plupart de nos savans ont vécu et vivent en pays étranger. Pour les
connaitre, comme pour connaitre nos hommes d'épée, il faut parcourir les annales de l'Europe entière; bien des Suisses, même instruits,
n'ont pas fait ce dépouillement; s'ils l'entreprenaient ils seraient étonnés de nos richesses. L'Histoire de l'Académie de Prusse leur en offre
un brillant échantillon. Toute une galerie de métaphysiciens et de
moralistes suisses passera sous leurs yeux, et dans le nombre quelques-uns des esprits les plus distingués de leur temps. Je reviendrai
sur ce sujet tout à l'heure; mais auparavant il faut mesurer rapidement du regard la route que M. Bartholmèss nous fait parcourir.

L'Histoire philosophique de l'Académie de Prusse se divise en dix
livres, dont six sont consacrés au règne du grand Frédéric, du roi
philosophe sous lequel la philosophie, jusqu'alors étrangère aux travaux des académiciens, occupa le premier rang dans l'Institution et
fixa sur elle l'attention de l'Europe.

Le premier livre raconte la fondation de la *Société des Sciences* par
Leibnitz, sous le premier Frédéric qui ait porté la couronne royale.
La Société fut fondée le 11 Juillet 1700. Leibnitz, nommé premier
président à vie, lui donna son premier réglement. La tendance de ce
réglement, dont il aurait peut-être été bien de publier le texte, est
à la fois scientifique, patriotique et pratique au meilleur sens du mot.
L'Académie était décrétée, la mort de la reine Sophie-Charlotte, la

guerre de la succession d'Espagne, la disgrâce de Leibnitz, retardè-
rent de dix ans sa constitution. L'installation définitive eut lieu le
17 Janvier 1711. Leibnitz n'y fut pas même invité. Ce grand homme
mourut six ans plus tard, oublié des cours allemandes. L'Académie,
qui célébra dans la suite l'anniversaire de sa naissance par une fête
annuelle, n'osa pas alors le regretter.

Le second livre nous dit les infortunes de la savante compagnie sous
le roi caporal Frédéric-Guillaume Ier. On y lit entr'autres comment celui-ci se souvenant qu'il avait une Académie, lui fit demander quelle
cause faisait mousser le vin de Champagne, comment l'Académie,
pressée de résoudre ce problème, fit demander soixante bouteilles du
liquide dont il fallait analyser les curieuses propriétés, et comment le
monarque recula en grondant devant cette grosse dépense. Les vicissitudes de l'Académie à cette époque n'ont d'intérêt que celui qui
s'attache à des anecdotes simplement racontées, mais en élargissant un
peu le cadre de son récit, le savant historien nous fait connaître le roi,
sa famille et ses favoris, puis les destinées du célèbre philosophe Wolf
et son système, qu'il caractérise sans trop l'approfondir.

Le troisième livre expose comment la Société des sciences, réunie
à la Société littéraire qui s'était formée après elle, devint l'Académie
royale de Prusse sous le protectorat du Grand-Frédéric. Le cadre de
l'Institution s'agrandit par l'érection d'une classe de philosophie et l'u-
sage du français fut substitué à la langue latine; l'Académie fut noblement dotée, la plupart de ses membres reçurent de belles pensions.

Nous trouvons ensuite des détails intéressans sur le séjour de Voltaire en Prusse, sur les causes de la guerre de sept ans, sur l'indépendance politique de l'Académie, qui ne se lassa pas de demander
la paix et qui plus tard, placée sous la direction immédiate du roi, sut
lutter avec mesure, mais avec fermeté, contre l'influence des familiers de Frédéric dans l'intérêt de la science, du spiritualisme et de la
morale; tous les personnages célèbres qui peuplaient alors la cour et
la ville sont passés en revue; mais le sujet le plus attachant est assurément Frédéric lui-même, dont les travaux historiques et philosophiques sont appréciés dans le livre suivant. Ce grand capitaine, ce grand
roi, si absolu dans son gouvernement, avait au fond une ame tendre,
l'amitié embellissait à ses yeux les êtres les plus vils, et survivait aux
plus cruelles injures: les éloges de La Mettrie et Voltaire qu'il composa
en sont la preuve.

Nature allemande et bien allemande; le disciple respectueux de
d'Alembert et de Voltaire s'efforça, sans y bien réfléchir, d'imiter les
Français en ce qui était le moins digne de l'être. Spiritualiste par
tempérament, il fit d'assez bons vers contre l'immortalité de l'ame. Il
adopta l'*amour-propre* comme principe, et s'efforça d'en tirer la morale du dévouement; il passa sa vieillesse à combattre les conséquences de ses dogmes favoris. Le patriotisme fut la croyance profonde

qu'il ne renia jamais. La volonté primait trop chez lui pour un philosophe, et ses inconséquences relèvent sa gloire, elles marquent la réaction d'un cœur droit sur une intelligence abusée.

Le cinquième livre ouvre la série des portraits philosophiques par
ceux de *Maupertuis* et de *Formey*. Littérateur érudit, abondant, ingénieux, indulgent à lui-même, celui-ci a résumé la doctrine de Wolf
dans un livre dont le titre est resté fameux. Maupertuis était métaphy-
sicien; ses lettres sont pleines d'un idéalisme très réfléchi; on y trouve
nettement exprimées les thèses fondamentales sur lesquelles Kant a
élevé sa Critique de la Raison pure, la subjectivité du temps, et par
suite la dissemblance complète entre l'apparence des choses et la
cause des phénomènes, qui existe hors de nous, mais que nous ne
pouvons point connaître.

« Des êtres inconnus excitent en notre ame toutes les perceptions
qu'elle éprouve, et sans ressembler à aucune des choses que nous
apercevons, nous les représentent toutes..... »

« Si l'on regarde comme une objection la difficulté d'assigner la
cause de la succession et de l'ordre des perceptions, on peut répondre *que cette cause est dans la nature de notre ame.* »

Dans la galerie d'académiciens qui remplit la moitié du second volume, nous ne nous arrêterons que devant nos compatriotes, ce sont
les plus nombreux et les plus importans.

Et d'abord *Béguelin* de Courtelary, élève de l'université de Bà-
le; intime ami du célèbre Neuchâtelois Vattel, le plus approuvé des
publicistes. Béguelin fut après Euler le premier Suisse reçu à l'Académie ; la classe de philosophie le proposa deux fois en vain pour directeur ; il n'obtint cette juste récompense de ses travaux qu'à l'avènement de Frédéric-Guillaume II, son disciple. On aimait son caractère
calme et doux, on admirait sa riante imagination, sa pensée toujours
claire, souvent profonde. La chaire de physique reçut de lui des travaux approfondis sur la lumière. Il enrichit les mathématiques de recherches fort estimées sur le calcul des probabilités. Ses mémoires de
philosophie formeraient plusieurs volumes dignes d'être lus encore. Il
s'y montre préoccupé de concilier Descartes avec Newton et Locke avec
Leibnitz; contre lequel il plaide la cause de la liberté humaine par des
motifs fondés sur l'analyse philosophique dans laquelle il excellait.

Mérian, de Bâle, se perfectionna à Lausanne dans la langue qu'il
mania si bien. Eclectique comme Béguelin, il traduisit en français les
Essais philosophiques de Hume et les lettres cosmologiques de son
ami Lambert. Ses dissertations, disséminées dans tout le recueil français de l'Académie, de 1749 à 1804, roulent sur les sujets les plus divers, mais l'analyse psychologique lui sert constamment de base; il
s'instruisit à l'école de tous les philosophes, sans s'assujettir à aucun;
il critiqua successivement avec l'autorité d'un bon sens élevé toutes

les écoles de son siècle et dirigea contre le système de Kant en particulier plusieurs objections de grande portée. Sa tendance est voisine de celle de Reid, mais il étendit l'horizon de l'école écossaise par la dialectique et par l'histoire; il fit parler à la science une langue harmonieuse et limpide, et nous ne savons si les hommes qui relevèrent avec tant de succès le drapeau de l'éclectisme en France quelques années après sa mort, l'ont porté plus loin que lui.

Le Zuricois *Sulzer* publia ses premiers ouvrages lorsqu'il était encore vicaire de village dans son canton. A trente ans il entra dans l'Académie de Berlin sans quitter la chaire de mathématiques qu'il occupait au collége de Joachimsthal. Son caractère à la fois généreux et despotique lui fit acquérir une grande autorité à Berlin; il jouit de la faveur du roi qui l'appela peu d'années avant sa mort à présider la classe de philosophie. Sulzer écrivit en allemand avec une rare éloquence. Sa *Théorie générale des beaux arts*, vivement critiquée dès son apparition, resta cependant longtemps populaire: épris d'une erreur généreuse, Sulzer assigne le perfectionnement moral pour but à l'activité poétique, conclusion juste assurément au point de vue de l'ensemble, mais qui n'est pas fondée sur la nature intime du beau. Nous ne pouvons entrer dans l'examen des nombreux travaux de psychologie, de métaphysique et de morale dont Sulzer enrichit la collection française des mémoires de l'Académie; disons seulement qu'il s'attacha à démontrer l'existence de Dieu, qu'il fonda l'immortalité de l'ame sur son immatérialité, qu'il prouve par la spontanéité de ses actions, et qu'il fait reposer la morale sur l'idée de justice innée en nous.

De tous ces philosophes helvétiens le plus original et le plus puissant est assurément *Jean-Henri Lambert*, qui se comptait lui-même avec raison parmi nos compatriotes, la république de Mulhouse, où il nàquit, faisant alors partie de la Confédération. Iselin de Bâle fut le protecteur de Lambert, qui dès son enfance annonça de beaux talens au sein d'une extrême misère. Placé de bonne heure dans la maison du comte de Salis, il forma des élèves distingués, entretint à Coire l'esprit des sciences et le goût des lettres et amassa d'immenses connaissances. Le *Nouvel Organon* qu'il publia à Munich lui acquit une réputation si brillante que l'électeur de Bavière le chargea de relever son académie, à laquelle il donna des réglemens conçus sur le modèle de ceux de Leibnitz et dont il dirigea les travaux avec gloire. Les tracasseries d'un clergé ignorant l'éloignèrent de Bavière. Son grand savoir et l'insistance des plus célèbres académiciens triomphèrent des répugnances de Frédéric et lui ouvrirent enfin les portes de la docte compagnie. Membre de la classe de physique, il fournit aux trois autres sections des mémoires d'une profondeur pleine de précision.

Les *Lettres cosmologiques* que traduisit Mérian devaient être une suite des *Entretiens* de Fontenelle sur la pluralité des mondes. Lambert y déroule la chaîne sans fin des systèmes planétaires réagissant tous les uns sur les autres d'après les lois de la gravitation universelle; il insiste sur l'immensité de l'Univers. En même temps Lambert s'attache à démontrer l'existence et les perfections de la divinité que révèlent l'évidence et la sagesse des desseins et des fins du monde. Trembley de Genève abrégea et éclaircit l'*Architectonique;* il est à regretter que Prévost n'ait pas tenu sa parole en refondant de même le *Nouvel organon.* Ces deux ouvrages que Kant admira beaucoup, contiennent à-peu-près toute la terminologie adoptée plus tard par ce grand maître et sont à plusieurs égards une introduction à sa pensée. Lambert essaya avant Kant de dresser l'inventaire des élémens *a priori* de l'esprit humain. Lambert s'efforça comme Kant de corriger Wolf par Locke et Locke par Leibnitz; les idées primitives sont à ses yeux les élémens de l'esprit humain et les élémens des choses mêmes; mais il n'admit point la subjectivité du temps et de l'espace, fondement de l'idéalisme kantien. Les œuvres posthumes de ce logicien-géomètre furent publiées par le spirituel C.-H. Muller, Zurichois établi à Berlin.

Le nom du géomètre *Léonard Euler* est resté trop célèbre, ses *Lettres à une princesse d'Allemagne* sont encore lues avec trop de fruit pour qu'il soit nécessaire de nous attacher à le faire connaître. Frédéric II sut attirer Euler à Berlin le lendemain de son avènement; il y passa vingt-cinq ans; un billet caustique du roi le détermina à retourner en Russie où il mourut. Comme philosophe, Euler est plus remarquable par la parfaite clarté de son exposition et par l'énergie de ses convictions que par la puissance de ses conceptions systématiques.

A côté d'Euler et de Lambert citons encore *Jean Bernouilli*, dernier rejeton de cette glorieuse dynastie bâloise qui régna pendant plusieurs générations sur plusieurs provinces de la science; citons encore le genevois *François Achard* qui traita la question de l'infini en géomètre plus qu'en philosophe. Son frère *Antoine* était vers le milieu du siècle dernier un prédicateur célèbre par son éloquence, l'excellence de son débit en avait fait le lecteur favori de l'Académie à laquelle il donna une dissertation sur la liberté, où il fait preuve d'une connaissance fort intime du spinosisme.

Wéguelin, que Sulzer fit appeler de Saint-Gall à la chaire d'histoire dans l'école militaire, fut un des académiciens les plus laborieux. Il traita les sujets les plus divers. Appliquant à la philosophie de l'histoire les grandes idées de Leibnitz, il s'efforça avant Herder de formuler les lois du développement organique de l'espèce humaine; Bonnet l'appelait le Descartes de l'Histoire: Malheureusement pour sa mémoire, Wéguelin écrivait dans un français intolérable même à Berlin. Le vertueux Bâlois Iselin, que l'on regarde ordinairement comme le précurseur de Herder, surpassait son compatriote, non par l'originalité des conceptions, mais par la clarté du langage.

Le Vaudois *Le Catt*, lecteur du roi, s'essaya sans beaucoup de succès dans l'esthétique, la morale et l'anthropologie. Il fut critiqué par Marat.

Nous avons quelque droit à compter parmi les nôtres *Jean de Castillon*, qui réfuta avec beaucoup de vigueur et de netteté le *Système de la nature*, qui concilia fort sensément les opinions de Descartes et de Locke sur l'origine des idées, qui écrivit des mémoires d'un intérêt élevé sur la liberté de l'homme et sur la manière d'enseigner de Socrate, qui composa nombre d'ouvrages en français et prit une très-grande part à la rédaction du *Journal littéraire*. Castillon était d'origine italienne, mais il vécut en Suisse pendant plus de vingt ans, publia ses premiers ouvrages à Vevey, dont il dirigeait le collège, et vécut ensuite six ans à Lausanne où il était fort aimé.

Le dernier dans l'ordre des dates est *Pierre Prévost*, qui fit connaître la philosophie écossaise à la France avant Royer-Collard et Jouffroy, et qui, mettant à profit les sages conseils de Mérian, donna un nouveau lustre à l'enseignement philosophique de Genève. Prévost ne passa que quatre ans à Berlin, comme successeur de Sulzer dans la chaire de l'école militaire et dans la classe de philosophie où il lut ses études sur la *Théorie du fortuit et du probable*. De retour dans son pays, il enrichit le Recueil de l'Académie de mémoires variés qui figurent à bon droit parmi ses meilleurs travaux *Sur l'économie des anciens gouvernemens et celle des nouveaux, sur les méthodes employées pour enseigner la morale, sur le principe des beaux-arts, sur l'âme humaine et sur un passage du Timée*. Les *Essais de philosophie* de Prévost, ses importantes traductions de l'anglais, sa collaboration à la *Bibliothèque britannique,* sont trop connus pour qu'il soit nécessaire de les rappeler. Prévost publia plusieurs autres ouvrages originaux qui furent justement appréciés. Membre des meilleures sociétés savantes de l'Europe, collaborateur des principaux journaux scientifiques, l'infatigable Prévost fut longtemps à Genève la gloire de l'Académie et le charme de la société. C'est surtout de Prévost qu'il faudrait, à l'instar de M. Bartholmèss, grouper les nombreux souvenirs communs aux Genevois et à la Prusse. Il faudrait caractériser avec lui l'école philosophique de Genève fondée par Chouet, continuée par Calandrini, Cramer, Jalabert, Abraham Trembley, George Le Sage, Abauzit, illustrée par Charles Bonnet, par Rousseau et par Necker. *Le Sage*, premier maître de Prévost, *Lhuilier* son collaborateur, étaient correspondans de l'académie. *Jean Trembley* lui envoya plusieurs mémoires solides sur les défauts de l'instruction de la jeunesse au XVIII° siècle. Le baron *de Chambrier*, diplomate en retraite, commentait et complétait dans ses mémoires le grand ouvrage de son compatriote Vattel sur le droit international.

Ce relevé incomplet et rapide de la part de la Suisse aux travaux de

l'Académie prussienne sous Frédéric-le-Grand nous a fait parcourir
les trois-quarts de son histoire. Pour achever ce tableau de sa vie, il
faudrait faire la place du marquis d'Argens, de Prémontval, il faudrait
parler ensuite de Mendelsohn et de Louis Ancillon. Les autres noms
n'ont qu'une valeur secondaire, bien inférieure à la plupart de ceux
que nous avons rassemblés.

On voit que la part de notre pays à la vie intellectuelle de l'Europe
au XVIII° siècle fut assez large, assez honorable ; on voit qu'il faut aller chercher au loin les élémens de nos annales littéraires, on voit
aussi quel intérêt, malgré la sécheresse de ces indications, offrent à
ce point de vue les deux volumes si nourris de M. Bartholmèss.

Nous ne suivrons pas plus loin notre guide, quoique les derniers
chapitres soient riches en traits intéressans sur les règnes de Frédéric-Guillaume II et de Frédéric-Guillaume III. Sous le premier de ces
princes, les travaux spéculatifs continuèrent à l'Académie et portèrent
essentiellement sur la philosophie de Kant. Pour faire connaître les
objections de la Compagnie, l'auteur expose d'abord cette célèbre
doctrine, qu'il juge, ce me semble, avec trop de sévérité. Je pren-
drais volontiers le parti de Kant contre les savans berlinois et contre
leur interprète ; la grande idée de Kant, qui forme le nœud de ses
trois Critiques, l'idée qu'il n'y a de base à la certitude métaphysique
que dans la conscience morale, ne nous semble pas avoir été appréciée à sa valeur.

Sous Guillaume III, après Iéna, l'Académie fut reconstituée, la langue nationale y remplaça la langue des vainqueurs, le caractère fortement systématique de la nouvelle spéculation allemande détourna
les académiciens des recherches purement métaphysiques. Cette tâche fut désormais dévolue à la Faculté de philosophie de l'Université
nouvelle. Le dernier livre de l'histoire de l'Académie retrace le développement de la philosophie allemande au commencement du XIX° siècle sous la double influence de Kant et de Spinosa ; en insistant davantage sur les travaux académiciens de Frédéric Ancillon, Schleyer-
macher et Steffens, il fait entrevoir la grandeur des travaux entrepris
par les membres de l'Académie actuelle dans toutes les branches du
savoir humain. Ces travaux si variés [1], mais étrangers à la spéculation *a priori*, posent les bases de la plus vaste induction philosophique que l'esprit humain ait jamais entreprise.   **

----

[1] Sur les sciences naturelles, la géographie ; la linguistique, la jurisprudence et l'histoire.

UNE COURSE GÉOLOGIQUE

DANS LA FORÊT VIERGE.

Troisième lettre à M. F. B.

Cambridge, février, 1851.

Vous avez dû vous apercevoir, par mes précédentes lettres, que l'une des principales misères d'un voyage dans la forêt américaine, ce sont les essaims de mouches et moucherons qui infestent ces contrées. Il vous est peut-être arrivé, en voyageant dans le Valais, d'être soudain attaqué par une douzaine de cousins à la fois, et de trouver une pareille rencontre fort ennuyeuse. Vous savez aussi par les récits des voyageurs, que ces mêmes insectes sont un fléau dans les plaines et sur les plateaux de la Scandinavie et de la Laponie. Mais je doute qu'il y ait un point de l'Europe où ils soient aussi nombreux que dans les forêts du nord de l'Amérique. C'est la conséquence naturelle de la quantité de marais qui favorisent à un haut degré le développement des larves. Aussi les voit-on diminuer d'une manière frappante dès qu'un district commence à se peupler et ses marais à se dessécher. On m'assure, et je n'ai pas de peine à le croire, que les cousins étaient jadis aussi nombreux sur les bords de l'Ohio et même dans la Nouvelle-Angleterre que maintenant sur les rives du lac Michigan. Encore s'il n'y avait que des moucherons! mais pour varier les ennuis, nous avons outre les vrais cousins, trois autres espèces de mouches qui nous font la guerre, savoir : 1° une grosse mouche grise, semblable à celle qui en Europe tourmente si fort les chevaux, c'est le *moose fly* ou mouche à élan des Américains, que les Canadiens appellent improprement taon ; 2° une espèce de petite mouche noire *(black-fly* des Américains) la mouche par excellence des Canadiens ; 3° une autre petite mouche presque microscopique *(sand-fly)*, dont la piqure est très-venimeuse, et que les voyageurs désignent pour cette raison sous le nom de *brûlot*. Il ne se passe pas de journée que l'on ne soit tourmenté par l'un ou l'autre de ces insectes , et quelquefois ils vous attaquent de concert. C'est alors que la résignation devient une vertu. Les plus redoutables cependant sont les cousins, que les Canadiens désignent du nom bizarre de *maringouins*. Les mouches noires, quelque ennuyeuses qu'elles soient, disparaissent, du moins à l'approche de la nuit, de même que les taons. Les maringouins, au contraire, ne vous laissent de repos ni jour ni nuit; ils sont particulièrement importuns pendant les nuits pluvieuses ou lorsque le ciel est couvert. Il est impossible de se faire une idée de l'acharnement de ces insectes par une nuit chaude. J'aurais à vous écrire un long chapitre si je devais vous dire les déboires, les insomnies, les fièvres et les tribulations de toute espèce que ces maudits insectes m'ont causés dans mes différentes courses, surtout au début de nos explorations. C'est au point que l'année dernière j'en ai eu les mains et la figure enflées pendant plusieurs semaines. J'avais bien essayé tous les préservatifs imaginables, fumer, m'enduire la figure de graisse ou m'affubler de voiles, ils trouvaient toujours moyen de se faufiler quelque part. On m'assure que peu à peu le système finit par s'habituer à leurs piqures, comme on s'habitue à tous les poisons; il est certain au moins qu'après un certain temps on en souffre moins. J'ai connu de vieux pionniers qui étaient arrivés à un tel degré d'indifférence, que c'était au plus s'ils se donnaient la peine de lever la main pour écraser un cousin qui leur piquait le nez. Pourvu qu'ils puissent se garantir pendant la nuit, c'est tout ce qu'ils demandent. Le wigwam indien est généralement considéré comme un asyle contre les maringouins. On assure qu'ils n'y pénètrent jamais, sans doute à cause de l'odeur épouvantable qui y règne. Mais tel est l'acharnement des maringouins pendant l'été, qu'au lac Supérieur les missionnaires n'hésitent pas à abandonner leurs maisons à cette saison pour chercher un refuge dans les huttes enfumées de leurs paroissiens indiens. En voyage, ils ont recours à un moyen aussi simple qu'héroïque, qui consiste tout simplement à s'enrouler comme une momie dans une double couverture de laine. Respirer à travers un tissu pareil n'est pas, je vous assure, chose bien aisée. J'en ai fait l'essai plusieurs fois, mais sans succès. Soit tem-

pérament, soit défaut de persévérance, je n'ai pas pu m'habituer
à rester ainsi emmailloté par une nuit chaude. Plusieurs fois j'ai
voulu me faire violence, mais en vain. Après quelques heures de
transpiration forcée, je trouvais qu'il valait encore mieux ne pas
dormir et se laisser piquer, que de suffoquer. A la fin cependant,
à force d'essayer, nous finîmes par trouver un moyen moins incommode de nous préserver jusqu'à un certain point de leurs attaques. C'est un costume *ad hoc*, une véritable armure composée
ainsi que suit : Vous commencez par mettre une grosse chemise de
laine et un caleçon idem ; vous vous entourez la tête d'un voile qui
vous couvre à la fois le cou, les épaules et la figure, ne laissant
qu'une petite ouverture pour respirer. Vous endossez par dessus
une autre chemise de laine que vous boutonnez soigneusement,
afin de tenir le voile en respect. Vous vous chaussez d'une paire
de gros bas de laine, puis vous enfilez par dessus vos pantalons,
autour desquels vous lacez une paire de mocassins ou souliers indiens. Vous vous couvrez la tête d'un chapeau de feutre à larges
bords, par dessus lequel vous passez un second voile de mousseline
que vous attachez soigneusement sous le menton. Enfin vous vous
garantissez les mains avec une paire de gros gants de cuir, que
vous ajustez soigneusement autour du poignet, afin de fermer
toutes les avenues à l'ennemi. Ainsi cuirassé, vous pouvez hardiment braver tout un essaim de moucherons, à condition toutefois
que toutes les parties du costume soient intactes. S'il y a la moindre
solution de continuité, soyez sûr qu'ils ne tarderont pas à la découvrir ; et vous vous sentirez piqué là où vous vous y attendez le
moins. Plus d'une fois, après avoir achevé ma toilette, je m'amusai à voir ces insectes se promener sur moi, et je ne pouvais m'empêcher d'admirer la persévérance avec laquelle ils enfonçaient
leur trompe entre chaque maille du tissu, piochant de toutes leurs
forces, parfois s'impatientant et faisant des efforts prodigieux
pour atteindre la chaire vive qu'ils flairaient dessous. Quand ils
avaient ainsi exploré un espace de quelques pouces, ils s'envo-
laient ordinairement à une petite distance, où ils recommençaient
la même expérience avec la même ardeur.

Une toilette semblable à celle que je viens de décrire n'est pas
sans inconvénient, surtout après une journée fatigante. Aussi s'en
dispense-t-on toutes les fois qu'il n'y a pas urgence. C'était ordinairement pendant le souper que la chose se discutait. « Est-il

prudent de se cuirasser ou non?» telle était la question que mon ami le colonel ne manquait pas de m'adresser après avoir pris son second bol de thé. Nous savions par expérience que nous pouvions nous en dispenser quand le ciel était serein et le vent à l'ouest, car alors la température s'abaissait suffisamment vers les neuf heures pour rendre les maringuoins inoffensifs. Aussi les nuits froides, loin d'être redoutées, sont-elles au contraire envisagées comme un bienfait, et je vous assure que ce n'était pas sans sollicitude que nous guettions le cours des nuages pour nous assurer de la direction du vent.

Tout formidable que le costume décrit tout-à-l'heure puisse vous paraître, il ne pouvait servir que contre les moucherons; il avait très-peu d'efficacité contre les brûlots, qui grâce à leur taille microscopique réussissent à se faufiler partout, en dépit de toutes les précautions. Il est des personnes qui ressentent leurs piqûres plus que celles des cousins, et pour elles les brûlots sont les plus redoutables des insectes. Heureusement que je ne suis pas du nombre. C'est un singulier phénomène que cette disposition variable du corps à l'égard des venins, qui fait que le même poison, qui agit si fortement sur certaines personnes, n'a que peu ou point de prise sur d'autres. Mais laissons là cette longue digression et revenons au camp.

3e journée (31 juillet). — Nous étions campés dans une érablière, sur la lisière d'un cédrier. C'était une belle soirée; le temps s'était complétement éclairci après l'orage, et comme la nuit promettait d'être fraîche, nous avions cru pouvoir nous dispenser de la toilette aux maringuoins, et nous nous étions accordé le plaisir de nous déshabiller, ce qui est une jouissance réelle, même dans la forêt. Nous nous étions endormis au bord d'un bon feu, les étoiles étincelaient à travers le feuillage délicat des grandes pruches (hemlocks), lorsqu'après minuit nous fûmes soudain réveillés par un vent violent du sud qui nous amena la pluie et avec elle les maringuoins. Nous eûmes d'abord l'idée de nous habiller, mais trouvant le feu à-peu-près éteint et la nuit très-obscure, nous nous contentâmes de réunir le mieux que nous pûmes nos effets, et après avoir mis à l'abri de la pluie le peu de farine qui nous restait, nous résolûmes d'attendre patiemment le matin. Les maringuoins arrivèrent par essaims, et plus d'un parvint a se faufiler entre les couvertures. De ma vie je ne me souviens d'avoir désiré plus ar-

demment l'arrivée du jour, ne fût-ce que pour avoir la satisfaction
d'écraser au moins quelques-uns de ces maudits insectes. Le cœur
humain est ainsi fait que nous éprouvons naturellement un sentiment de satisfaction à punir ceux qui nous font souffrir.

Le jour fut long à venir, mais il parut à la fin. La pluie continua,
mais moins abondante que pendant la nuit. Dès que je pus y voir,
je cherchai à reconnaître mes hardes. A mon grand regret je les
trouvai trempées. Mon pantalon était pesant comme du plomb. Que
faire? c'était le seul que je possédasse. Une pareille découverte
vous aurait peut-être arraché quelque signe d'impatience, à vous,
pauvre Européen, qui ne connaissez pas encore le secret du *self-
government*. Mais votre serviteur, qui a appris par un séjour de
plusieurs années au milieu des Yankee, à discipliner toutes ses
émotions, ne se laisse pas entraîner de la sorte. Je pris tout simplement mon pantalon, et après l'avoir tordu, je l'enfourchai sans
sourciller. Est-ce de l'héroïsme; est-ce de la bêtise? Qu'en pensez-
vous? C'était en tous cas une nouvelle expérience à enregistrer.

Une bonne partie de la matinée se passa à travers un vaste cédrier, après quoi nous arrivâmes à une sorte de plateau élevé
d'une cinquantaine de pieds au-dessus du marais adjacent. Nous
quittâmes ici la ligne de section, que nous avions suivie depuis la
veille, pour nous diriger au nord suivant la ligne méridienne
entre les rangs XII et XIII (voy. la carte). La forêt était assez accessible, mais les maringouins étaient tellement nombreux, qu'a-
vec la meilleure volonté du monde, il nous était impossible de
trouver la partie amusante. C'était au point que nous en étions
presque à regretter les difficultés du cédrier; là du moins les maringouins sont moins importuns, par la raison que les arbres sont
trop serrés pour leur permettre de vous poursuivre aussi facilement que dans le bois franc. — Mon ami le colonel et le guide Augustin sont de vieux voyageurs que de pareilles vétilles ne sauraient décourager. Ils vont de l'avant sans s'inquiéter si les
moucherons sont plus ou moins nombreux que de coutume. Ils
voyageraient des journées entières non-seulement sans se plaindre,
mais au besoin sans proférer une parole. L'Américain, non plus
que l'Indien, n'est pas causeur; or mon ami le colonel est un vrai
Américain, et Augustin est un vrai Indien au moral encore plus qu'au
physique. Thomas au contraire est un Canadien pur sang, une véritable nature champenoise, trop bon enfant pour être taciturne,

et votre serviteur, vous le savez, est un peu bavard, par occasion, ensorte que nous trouvons toujours de quoi causer. Comme Thomas est fort enclin à se plaindre, nos tribulations font le sujet habituel de nos conversations.

Bientôt nous apercevons de nouveau à travers une échappée les sommets de quelques grands pins, indice certain que le cédrier touche à sa fin. Thomas se débarrasse de son fardeau, s'en va ramasser de l'écorce de bouleau, et allume un feu qui bientôt pétille. Nous nous asseyons, le colonel et moi, près du feu au plus épais de la fumée, pour nous abriter contre les maringouins, pendant que nous rédigeons nos notes. Dans ces entrefaites arrive Augustin avec une charge de bois sec. Thomas à son tour s'en va puiser de l'eau dans le ruisseau au pied de la terrasse; tandis qu'Augustin fait les préparatifs du dîner. Tout cela s'est fait presqu'en un instant, sans proférer une parole, sans une expression de plaisir ou d'ennui. C'était le troisième jour de notre voyage pédestre. Le peu de lard que nous avions emporté était épuisé. Il ne nous restait pour toute provision que de la farine et un peu de bœuf salé, de la viande boucannée, comme disent les Canadiens. A déjeûner nous avions tout simplement converti notre farine en pain, pour la manger avec le bœuf. C'était bien sec. Il y avait décidément lieu d'en tirer un meilleur parti. Nous inventâmes par conséquent une soupe qui reçut le nom de soupe à la monistique et qui, comme toutes les choses nouvelles, a eu la vogue pendant un certain temps. En voici la recette pour l'usage des touristes. Vous coupez votre bœuf en tranches aussi minces que possible. Vous les mettez détremper un instant dans l'eau chaude pour les désaler, puis les faites bouillir en semant la farine dans le bouillon. De cette manière vous obtenez une sorte de purée ou de bouillie qui est la soupe à la monistique. En fait de simplicité, elle est, comme vous voyez, digne de figurer à côté de la soupe lacédémonienne, et je doute que les héros de Sparte aient jamais savouré leur mets national avec plus de plaisir que nous la soupe à la monistique.

Que si maintenant vous me demandez ce que nous allions faire dans ces marais et ces forêts, et ce que nous y avons découvert, je vous répondrai : rien, ou à peu près rien. En soi, cela est peu de chose, j'en conviens, et pour un esprit pratique et positif, un résultat pareil ne doit pas paraître bien encourageant. Il n'en est cependant pas de même au point de vue de l'exploration. C'est

quelque chose pour un géologue de s'être assuré que dans une étendue de pays donnée, on peut voyager des journées sans rencontrer le moindre roc. La raison en est que le sol, comme celui de la
plaine suisse, est recouvert par un dépôt très-épais de sable, de
limon ou de gravier, que l'on désigne en Europe sous le nom de
diluvium ou terrain erratique, tandis que nous lui donnons ici le
nom de *drift*. Sachant que cette partie de la géologie a été de ma
part l'objet d'études spéciales pendant de longues années, tant en
Suisse que dans le nord de l'Europe et dans les Etats-Unis, vous
supposez peut-être que je devais me trouver aux anges de parcourir un pays pareil. Mais d'un autre côté, il n'en est pas moins
vrai que l'on finit par se lasser même du drift. D'ailleurs celui des
bords du Monistique n'est pas fort intéressant; il est uniforme,
composé généralement d'un sable fin, comme le sable des plaines
de Berlin. Les roches polies et striées, qui sont un phénomène si
intéressant en géologie, à cause de leur ressemblance avec les
traces que les glaciers actuels impriment sur les rochers, manquent tout-à-fait dans ce district, et les blocs erratiques, cet
autre phénomène si remarquable de la géologie récente, sont excessivement rares. Durant toute cette course, je n'en ai observé
que trois. Comme bien vous pensez, je les ai examinés et mesu-
rés avec soin, et si cela peut vous intéresser le moins du monde,
je vous dirai que le plus gros est un bloc de roche amphibolique
mesurant trois pieds de longueur sur un pied et demi de largeur;
l'autre était un bloc de trapp d'environ un pied de diamêtre, et le
troisième était encore moins volumineux.

Mais voici un autre trait qui paraît être propre au sol de cette
région. Je remarquai que dans le bois franc; le sol était sillonné
d'une quantité de creux ou cavités, flanquées chacune d'un tertre
plus ou moins saillant et ressemblant d'une manière frappante à
des fosses creusées par la main de l'homme. Je ne sus d'abord
comment expliquer ce phénomène; bientôt cependant je me con-
vainquis que ces creux étaient de tous points semblables aux cavités occasionnées par la chute des arbres, qui en tombant enlèvent ordinairement une masse de terrain avec leurs racines; il se
forme de la sorte une cavité avec un tertre à côté, lesquels per-
sistent longtemps après que le tronc qui les a occasionnés est
tombé en poussière. On conçoit que dans une forêt où la hache
de l'homme n'a jamais pénétré et où tous les arbres meurent de

vieillesse depuis une longue série de siècles, les chutes aient été assez nombreuses pour occasionner un grand nombre de tertres. Pour qu'un résultat pareil puisse se produire, il faut en outre que la forêt soit assez épaisse pour empêcher le vent de combler les cavités. Or il n'y a que la forêt vierge qui soit assez serrée pour exclure le vent. Pour se faire une idée de l'efficacité d'un abri pareil, il faut avoir observé le calme énervant qui règne quelquefois au milieu de la forêt par une journée d'orage, tandis qu'au-dessus de votre tête vous voyez les nuages voler avec une grande rapidité.

Le même jour j'eus l'occasion de faire une autre observation qui peut-être mérite d'être mentionnée. Nous venions de traverser un cédrier, quand nous arrivâmes à une rivière coulant d'ouest en est ; elle était bordée de chaque côté d'une sorte de pré naturel dont l'herbe touffue avait en moyenne de 4 à 5 pieds de haut. Cette herbe, que l'on désigne sous le nom de foin sauvage, est une grande ressource pour les nouveaux colons qui souvent remontent les rivières à de grandes distances pour la faucher. Pendant que nos gens étaient occupés à couper quelques arbres pour faire un pont, nous avions, le colonel et moi, remonté le pré le long de la rivière, lorsque nous entendîmes tout-à-coup dans le lointain un bruit semblable au bruit d'une cascade. Rien n'était plus propre à exciter notre curiosité. En effet, si c'était une cascade ou un rapide, elle devait être, selon toute probabilité, occasionnée par quelque rocher. Or les rochers étaient précisément ce que nous cherchions, et depuis trois jours que nous courions la forêt, nous n'avions rencontré en fait de roche que les quelques blocs erratiques mentionnés ci-dessus. Nous décidâmes en conséquence d'aller à la recherche de la cascade. Le bruit devint de plus en plus distinct, à mesure que nous remontions le ruisseau, et nous nous flattions d'avance de trouver une cascade encaissée entre des parois rocheuses, ce qui allait nous mettre à même de déterminer l'étendue de la formation que nous cherchions. Nous approchâmes enfin de l'endroit d'où le bruit venait. C'était en effet une cascade, mais une cascade artificielle, artistement construite avec des branches d'arbres et crépie d'argile ; c'était en un mot une digue ou chaussée de castors. Depuis que cet animal est devenu rare, ce n'est qu'en pénétrant dans les parties les plus sauvages des forêts qu'on rencontre des traces de son industrie. C'était la première fois que je voyais une digue pareille, et je l'examinai par conséquent avec soin. Elle avait douze pieds de long et s'élevait d'un pied au-dessus du niveau de la rivière : mais comme la pente de celle-ci était très-faible, l'eau arrêtée par la digue n'en couvrait pas moins une espace considérable. La digue se composait de branches d'arbres de toutes les dimensions (depuis celle d'une baguette jusqu'à la grosseur du bras) très-habilement entrelacées de manière à offrir la plus grande résistance possible. En effet, quoique la digue n'eût pas plus d'un pied d'épaisseur, elle était si solidement construite que nous passâmes par dessus comme sur un pont. Je m'y arrêtai même un bon moment pour examiner la base de la digue, et je vis qu'elle était crépie du côté de l'étang avec une sorte d'argile très-fine présentant une pente très-douce, et par conséquent fort avantageuse pour résister à la pression de l'eau.

Dans les plaines de l'ouest où les rivières sont plus grandes, il n'est pas rare de voir d'anciennes chaussées de trois à quatre pieds de hauteur qui sont aujourd'hui abandonnées. Mon compagnon, M. Whitlesey, m'assure avoir lui-même vu dans l'Ohio une ancienne digue de six pieds de hauteur. On cite dans le Michigan des rivières considérables qui sont barrées par des digues occasionnant ainsi une quantité d'étangs et de lacs qui n'existeraient pas sans cela. Il est évident dès-lors que, sans ces digues les dépôts lacustres et tourbeux qui se forment au fond de ces étangs seraient moins nombreux. Les castors ont ainsi exercé une influence non-seulement sur la distribution des eaux et la salubrité du sol qui en est la conséquence, mais aussi jusqu'à un certain point sur la distribution des terrains récents ; d'où je conclus que les géologues américains n'ont pas dit une chose trop exagérée en attribuant aux castors une part dans la formation et la distribution des terrains modernes.

Mais il est temps de quitter ces chaussées de castor, pour suivre une autre route moins artistique à travers le cédrier. Nous gagnâmes, non loin de la rivière aux castors, l'angle nord-est de la Commune 44 dans le Rang XIII. En conséquence, nous ne devions pas être bien loin de la rivière qui sort du second petit lac (marqué Lac Supérieur sur la carte) et sur les bords de laquelle devaient se trouver des rochers calcaires. Nous laissâmes notre bagage à l'angle, nous dirigeant à pas redoublés vers la rivière que nous gagnâmes en peu de temps, grâce à la nature de la forêt qui était une savanne d'un accès très-facile. Nous débouchâmes à l'endroit où la rivière sort du lac et où sa largeur est considérable. J'en examinai les bords sur une certaine étendue, mais sans découvrir aucun rocher. Mon compagnon, dans ces entrefaites, pour mieux juger de la contrée environnante, était monté sur un sapin et avait reconnu qu'à la distance d'environ un demi-mille le sol s'élevait d'une manière assez sensible. C'était là par conséquent que devait se trouver la roche calcaire, si réellement elle existait quelque part dans le voisinage. Mais comment y arriver? La rivière était trop profonde pour être guéable. Nos gens, comme tous les voyageurs canadiens, ne savaient pas nager! Le seul moyen eût été de construire un pont; mais par suite de la largeur de la rivière ce pont eût exigé un travail de plusieurs heures. Nous n'aurions pas pu revenir sur nos pas le même jour, et nous nous serions trouvés d'autant plus éloignés de notre camp. Où est l'inconvénient? me direz-vous. L'inconvénient était réel, je vous assure, et vous vous en seriez convaincu vous-même en jetant les yeux sur notre sac aux provisions. Nous n'avions calculé que sur une absence de deux jours, et nous étions à la fin du troisième. Il ne nous restait qu'un tout petit morceau de bœuf fumé aussi dur que de la corne, et de la farine pour deux repas seulement. C'était une position difficile, je dirais même cruelle, si je ne craignais que ce terme n'amenât un sourire ironique sur vos lèvres. Voyez pourtant : nous étions depuis trois jours à la recherche d'une certaine formation calcaire ; nous avions traversé les plus affreux cédriers, nous nous étions exposés à de rudes fatigues, dans l'espoir de trouver quelque part au bord d'un ruisseau, sous la grève d'un lac ou sur les flancs d'une colline, quelques traces de ce malheureux calcaire. Tous nos efforts avaient été vains ; nous n'avions rien trouvé. Et maintenant que nous avions l'espoir de le découvrir, maintenant qu'il était là devant nous, sur l'autre bord de la rivière, nous étions obligés de rebrousser chemin sans pouvoir constater sa présence, sans avoir la satisfaction de l'enregistrer sur nos cartes. Il fut un temps où aucune considération n'eût pu m'arrêter, où j'aurais tenté l'impossible plutôt que de rebrousser chemin. C'était aux jours de notre jeunesse, quand nous étions pleins de vie et d'ardeur, ambitieux de connaître et aussi d'être connus. Alors aucun pic des Alpes n'était trop élevé, aucun glacier trop ardu. Mais quand on frise la quarantaine, cette ardeur juvénile commence à se calmer. L'on apprend peu à peu à se demander : *cui bono* ; et en vrai Yankee on répond : « *It wo'nt pay.* » — Et sans hésitation, mais non sans regret, nous rebroussâmes chemin.

Il était trois heures de l'après-midi. Nous ne connaissions pas au juste la distance de notre station au Monistique ; mais nous avions l'espoir de gagner la rivière avant la nuit, en suivant la ligne qui sépare les Communes 44 et 45 (voyez la carte). Les deux premiers milles, nous allâmes assez bon train, notre route étant dans une belle savane ; mais peu à peu la savane fit place à un cédrier des plus épais, qui était rendu encore plus impraticable par les ravages des *tornados*. Vous avez sans doute entendu parler de ces ouragans et de leurs effets dans les prairies et les forêts de cette partie de l'Amérique. Leur violence est telle que rien ne saurait leur résister, et il n'est pas rare de rencontrer au milieu des forêts les plus épaisses des espaces considérables où tous les arbres sont renversés et entassés pêle-mêle. La confusion est surtout grande dans les cédriers, par la raison que les troncs y sont plus serrés que partout ailleurs. Nous avons traversé des endroits où l'abattis avait de 15 à 20 pieds de hauteur. Mais ce n'est pas là le seul inconvénient. Les cèdres sont remarquables par leur ténacité : bien que renversés, ils n'en continuent pas moins de vivre, les branches des troncs couchés se redressent peu à peu et deviennent autant de troncs nouveaux, si bien que la forêt n'est nulle part plus touffue que sur le passage d'un ouragan, dans un *windfall*, comme l'appellent les Américains.

Représentez-vous maintenant deux géologues fatigués et désappointés, obligés de se frayer un chemin à travers un labyrinthe pareil. Je ne crois pas exagérer en disant que pendant plusieurs heures nous marchâmes plus en l'air que sur le sol, sautant d'un tronc à l'autre comme des écureuils. Passe encore si le cédrier avait été sec ; mais il avait plu le matin, ce qui avait rendu les troncs d'arbres excessivement glissans. Bien que nous eussions pris la précaution de garnir nos souliers de clous, cela ne pouvait empêcher des chutes fréquentes. A chaque instant vous eussiez pu voir l'un de nous disparaître entre les branches. Thomas était encore ici le plus malheureux, et à chaque chute qu'il faisait, Augustin ne manquait pas de crier : « Halte ! il faut pêcher Thomas. » Que si par malheur l'un de nous, le colonel ou moi, tombions,

Thomas avait soin de prendre sa revanche en criant à son tour :
« Halte! il faut pêcher le bourgeois. » Ces espiégleries avaient l'a-
vantage de nous maintenir de bonne humeur, chaque chute devenant en même temps un moment de répit pour les autres. Heureusement nous n'eûmes pas d'accident sérieux à déplorer, et nous
en fûmes quittes pour quelques courbatures. Pendant que nous
étions au plus épais du labyrinthe, nous entendîmes soudain des
cris perçans et plaintifs au-dessus de nos têtes. C'était un aigle
qui voltigeait autour de nous, en proie, à ce qu'il nous semblait,
à une grande agitation. Nous découvrîmes en même temps, au
sommet d'un grand mélèze qui était resté debout au milieu du labyrinthe, un énorme nid, d'où s'échappaient d'autres cris, ceux
des aiglons. N'ayant sans doute jamais vu d'être humain pénétrer
dans ces solitudes, la pauvre mère craignait pour ses petits, ce
dont elle se serait bien certainement dispensé, si elle avait pu savoir dans quel état nous nous trouvions nous-mêmes.

Il me serait difficile de vous dire l'étendue exacte de ce mauvais
cédrier. Je ne pense pas qu'il ait plus d'un mille à l'endroit où
nous le passâmes, et cependant il nous fallut près de deux heures
pour le traverser. Vous devinez avec quel plaisir nous saluâmes
la vue des premiers pins qui indiquaient que nous allions enfin *débarquer*. Nous prîmes un instant de repos sous le premier pin que
nous rencontrâmes, et en passant en revue nos avaries, je découvris que j'avais cassé ma montre, tandis que mon compagnon,
plus malheureux, avait perdu son porte-feuille ; par bonheur il
ne contenait que les observations des derniers jours, et, comme
j'avais noté à-peu-près les mêmes faits, nous réussîmes sans trop
de difficulté, à réparer la perte. A tout prendre nous avions été
chanceux au milieu de toutes nos tribulations ; les accidents survenus étaient insignifiants, eu égard au caractère de la contrée.
Augustin, un vieux voyageur qui court les bois depuis vingt ans,
m'assura que de sa vie il n'avait rencontré d'aussi mauvais cédriers. Pour ma part, je ne pus m'empêcher de frémir à l'idée
qu'une seule des nombreuses chutes que je fis eût suffi pour me
rendre impotent ; et sans provisions, sans connaître exactement
notre chemin, que serions-nous devenus au milieu de ces forêts ?
Heureusement que ces réflexions ne se présentent qu'après le
danger.

Une course d'une heure à travers le bois franc nous conduisit à la rivière qui coule ici entre de hautes berges sablonneuses (du drift). Comme la forêt était belle, nous résolûmes de camper sur le bord de la terrasse. Nous avions pris notre parti de notre insuccès, et n'avions maintenant plus qu'une chose en vue, savoir de gagner le camp par le plus court chemin, afin de ne pas mourir de faim. Nous ne manquions d'ailleurs pas de bonnes raisons pour expliquer à nos chefs pourquoi nous n'avions pas réussi à tracer les limites des formations siluriennes.

Pendant que nos gens préparaient le thé et que mon compagnon de voyage réparait les avaries de sa toilette, je descendis à la rivière pour y examiner selon mon habitude la nature particulière des berges. Jugez de mon étonnement lorsqu'en arrivant au bord de l'eau, je découvris à la base des falaises, dans le sable, un banc de roche calcaire d'une teinte grisâtre. J'y reconnus en même temps plusieurs fossiles qu'à leur apparence je jugeai devoir appartenir à cette même formation que nous avions tant cherchée. Sans plus tarder, car il commençait à faire sombre, j'en détachai un énorme fragment que je portai en triomphe au camp. M. W. n'en voulut d'abord pas croire ses yeux; mais son scepticisme s'évanouit bientôt, car en examinant de près les fossiles que ce fragment contenait, nous y reconnûmes plusieurs des espèces les plus caractéristiques du calcaire de Trenton. Au risque de paraître pédant, je ne puis me dispenser d'en mentionner au moins deux des plus importantes, savoir l'*Orthis testudinaria*, jolie petite coquille à double valve, de la taille d'une pièce de dix sous, et le *Leptœna alternata*, coquille de plus grande taille à valves inégales et plissées. Aux yeux de tout paléontologiste, la présence de ces deux espèces était suffisante pour établir l'identité de la roche qui les contient. Il n'en fallait pas davantage pour nous faire oublier toutes nos tribulations. Notre but était atteint : nous venions de découvrir l'emplacement et probablement la limite de l'une des plus importantes formations siluriennes; dans une contrée où aucun géologue n'avait pénétré avant nous. Aussi bien, si vous avez jamais l'occasion de jeter un coup-d'œil sur les cartes géologiques qui accompagnent le rapport de MM. Foster et Whithey au gouvernement, il vous sera facile de vous convaincre que la détermination des affleurements du calcaire de Trenton en ce point n'est pas sans importance, puisqu'elle établit la liaison des dépôts siluriens du Sainte-Marie avec ceux de l'Ouest, et de la sorte nous

permet de tracer d'une manière au moins approximative la limite
et le retrait successif des anciens Océans dans le continent américain.

4ᵐᵉ journée, *(1ᵉʳ août)*. — Nous nous levâmes au point du
jour, et comme il ne nous restait de la farine que pour un seul repas, nous décidâmes que nous nous mettrions en route sans déjeûner, afin d'éloigner autant que possible le moment où nous aurions
la faim en perspective. Trouvant la forêt de sapin au bord de la
terrasse d'un accès facile, nous résolûmes de longer la rivière.
Après une marche de plusieurs heures, nous supposâmes que nous
nous étions suffisamment approchés du terme de notre voyage
pour justifier un assaut sur le reste de nos provisions. Nous allions
convertir notre farine en pain; mais après un moment de réflexion,
nous trouvâmes prudent de diviser notre pitance afin d'avoir au
moins de quoi faire une soupe, si un accident quelconque nous
empêchait de gagner notre gîte avant la nuit. Quand la galette fut
cuite, nous la partageâmes en quatre morceaux. Il nous restait en
outre un peu de poussière de thé que nous fîmes infuser pour y
tremper notre précieux morceau de galette.

Après ce semblant de déjeûner, nous continuâmes notre route
avec un redoublement de zèle. La forêt dans le voisinage de la rivière était assez ouverte, et nous permettait d'avancer à raison de
un mille et demi à deux milles par heure. J'attribuai comme tout
le monde l'absence de marais et de cédriers sur les bords immédiats du Monistique à la hauteur des berges et à la perméabilité du
sol, qui en offrant un écoulement facile aux eaux de la surface,
maintient les abords de la rivière relativement secs et favorise
ainsi la crue des pins qui bordent toutes les rivières de cette contrée. Il ne pouvait cependant pas nous échapper que, du moment que nous nous éloignions de la rivière, nous nous exposions
à rencontrer le cédrier, quelquefois à une distance de moins de
cent mètres des berges, et cependant leur hauteur au-dessus
de la rivière était de cinquante pieds et au-delà, offrant par conséquent en apparence les conditions les plus favorables pour la
filtration des eaux, car le sol du cédrier était composé du même
sable siliceux que le sol de la pinnière au bord immédiat de la rivière. Ne sachant trop comment concilier ce phénomène avec la
perméabilité du sol, et ne trouvant parmi nos savans personne qui
pût m'en donner une explication satisfaisante, j'écrivis à notre

ami Lesquereux, pour lui soumettre le problème. Je viens de recevoir sa réponse que j'ai communiquée sans délai à la Société des
sciences naturelles de Boston qui en a été fort édifiée. Quoique le
sujet soit purement scientifique, il est traité avec tant de clarté
que je n'hésite pas à reproduire ici la lettre de notre excellent
ami:

A M. E. Desor U. S. géol. Survey.

Columbus (Ohio), 12 Décembre 1850.

« Mon cher ami. — Le fait que vous me signalez n'est pas nouveau ;
je dis plus, il se présente presque constamment dans la formation du
marais tourbeux, ou si vous voulez du cédrier. Si vous aviez observé
attentivement ce que vous appelez le sable fin des bords de la rivière
Monistique, vous auriez reconnu, je le crois, que ce n'est pas un vrai
sable, mais une alluvion limoneuse, argileuse et imperméable (¹). Ce
sable se trouve sous toutes les tourbières d'Europe ; en Suisse, en Allemagne, en Suède, en Danemark, en Hollande, vous le trouvez partout le même. En tassant quelques poignées de ce sable dans un entonnoir, je l'ai toujours vu résister au passage de l'eau, avec une
puissance vraiment étonnante. Mais je suppose même que votre observation soit exacte, et que votre sable du Monistique soit un vrai sable
perméable, l'explication que je vais vous donner n'en sera pas moins
satisfaisante. Dans les inondations des rivières, le limon se dispose
nécessairement des deux côtés, au point où le courant cesse d'être
actif, et il se forme ainsi le long des rives une berge derrière laquelle,
lors du retrait de la rivière ou du fleuve, les eaux restent stagnantes.
Dans ces eaux calmes croissent d'abord les chara, plantes d'une composition particulière, renfermant beaucoup de silice, et à la décomposition desquelles j'attribue en grande partie la formation de cette argile qu'on trouve sous tous les marais tourbeux. Cette idée d'une
formation géologique due à une décomposition végétale vous sem-
blera pour le moins extraordinaire ; mais si j'en viens à achever mon
travail sur les influences végétales, j'espère bien mettre en évidence
ce fait et quelques autres au moins aussi curieux. Aux chara succèdent les sphagnum. Pour donner naissance à ces plantes, il ne faut
qu'un renfoncement où l'humidité reste et quelques débris de ligneux.

(¹) J'ai examiné avec un soin tout particulier ce sable, et l'ai trouvé
composé d'un sable quartzeux. C'est du drift et non pas de l'alluvion.

Mes recherches sur ces mousses curieuses ont prouvé que dans les
contrées humides, sur *le bord* des rivières ou dans les montagnes
nuageuses, leur végétation ou leur existence n'est point nécessairement dépendante du sol qu'elles recouvrent. Je m'explique. Par une
conformation particulière, ces mousses sont douées d'une hygroscopicité telle qu'elles aspirent l'humidité par toutes leurs parties, aussi
bien depuis la base vers le haut, que par leurs feuilles, par leurs
tiges, etc. Ce fait n'est point dû, comme on l'a cru, à une capillarité
mécanique, mais bien à la nature de leur tissu, à la disposition de
leurs fibres, à l'absence totale de chlorophile, ce qui assimile ces
plantes aux corps les plus simples ; car le tissu végétal, vous le savez,
est d'autant plus hygroscopique qu'il est moins chargé de molécules
étrangères à sa nature. Je donnerai des explications plus satisfaisantes
dans un travail particulier ; mais vous aurez, j'en suis sûr, observé
plusieurs fois cette curieuse hygroscopicité des sphagnum. En arrachant une touffe même des parties les plus sèches d'un marais, et en
la pressant entre vos doigts, vous en ferez toujours couler l'eau comme
d'une éponge. Ces plantes donc s'imbibent de l'humidité de l'atmosphère quand l'humidité du sol leur manque. Ainsi une touffe de
sphagnum pesant, complétement desséchée, 3 deniers 12 grains, suspendue à l'air pendant une nuit brumeuse a absorbé 7 grains d'eau.
D'un autre côté, l'évaporation par les tissus est excessivement lente et
hors de proportion avec l'absorbtion. Ainsi une autre touffe de sphagnum de 22 pouces de surface environ, haute de 4 et demi pouces, pesant, desséchée, 1 once 21 deniers, a été mise dans un vase ayant
au fond un trou de demi pouce de diamètre ; et par cette ouverture,
en n'atteignant l'eau que par un quart de ligne de la base des tiges,
cette touffe s'est complètement saturée en moins de deux heures, et a
absorbé une livre d'eau. Cette même touffe, exposée ensuite à l'air
et au soleil pendant 36 heures, n'a perdu que 5 onces par l'évaporation.

» Ces faits bien connus, il va vous être bien facile de suivre le travail
de la nature dans la formation des cédriers. Qu'il reste un peu d'eau
dans un enfoncement, et que cette eau soit saturée d'acide humique
par la décomposition de quelques débris de végétaux, les sphaignes
s'y établiront incontinent. Vous savez comment ils croissent, en touffes
compactes. Supposez même que l'eau arrêtée derrière la berge s'é-
coule, ils germeront et s'étendront de proche en proche, et finiront
par couvrir même des sols très-secs ; car on les voit dans quelques
contrées humides, dans les montagnes d'Irlande, par exemple, dans
les Vosges, dans le Hartz, gravir ainsi des pentes de 25 à 30°, et couvrir des rocs de granit absolument nus. Un peu d'humidité sur le sol
au printemps suffit pour faire germer les graines ; l'atmosphère fournit ensuite l'humidité nécessaire pour la végétation subséquente. Je

me souviens, à ce propos, qu'un jour en descendant les pentes du Brocken, j'ai glissé sur un roc humide, et en arrivant au bas sur le dos, je me suis trouvé enfoui sous un tapis de sphagnum de plus d'un pied d'épaisseur, dont j'ai eu joliment de peine à me sortir. Vous dites vous-même que les pins n'aiment pas l'humidité. A mesure que ces mousses s'étendent, en empêchant l'air de pénétrer vers les racines, elles tuent et font disparaître ces arbres, et fournissent, au contraire, un sol favorable pour le cèdre *(arbor vitæ)*, qui remplace en Amérique notre pin des tourbières *(Pinus pumilio)*. Sur les bords sablonneux de la rivière, là où la pente favorise l'écoulement de l'eau, les sphaignes ne peuvent germer, et naturellement les pins y vivent à l'aise.

» Vous me demandez maintenant pourquoi ces sphaignes (des cédriers) ne forment pas de tourbe. C'est que la lente combustion du ligneux pour former cette matière, ne peut se faire que *sous* l'eau, et par conséquent là où le liquide est permanent. Si l'eau s'éloigne, l'air arrive à la partie inférieure des tiges; l'oxigène trop abondant les décompose, et les détruit, et il ne reste même après des siècles, de ces petits végétaux qui, proportion gardée, contiennent cependant plus de ligneux que les chênes et les pins les plus durs, il ne reste, dis-je, qu'une très-mince couche de terreau noir mélangé au sable.

» J'ai répondu ainsi, aussi bien que j'ai pu, à toutes vos questions, et maintenant que mon papier est au bout, portez-vous bien.

» Votre ami dévoué,
» Léo Lesquereux. »

· Cet exposé des causes qui produisent les cédriers n'a pas besoin de commentaire. J'ajouterai seulement, comme confirmation des vues de notre savant ami, que sous le rapport de l'humidité la région du Monistique, de même que toute la Péninsule supérieure du Michigan, ne le cède probablement à aucune des contrées de l'Europe ci-dessus mentionnées, pas même aux montagnes de l'Irlande, comme nous n'en avons que trop fait l'expérience. Je doute qu'au centre des Alpes, voire même au Grimsel, le temps soit plus instable qu'au Monistique.

C'est ce dont nous eûmes l'occasion de nous convaincre une dernière fois le jour même de notre retour. Le soleil qui s'était levé radieux, s'était soudain voilé vers les neuf heures, et en peu d'instans nous fûmes surpris par une de ces pluies semi-tropicales qui excitent l'étonnement de tous les Européens par leur abondance. Ce n'était pas rassurant dans notre position précaire. Cependant nous continuâmes sans sourciller à travers monts et vaux. Mais en dépit de notre stoïcisme, il ne pouvait nous échapper que, tandis que la forêt allait en empirant, le cours de la rivière devenait toujours plus tortueux, ce qui nous obligeait de faire d'immenses détours.

Quand on se trouve plusieurs dans une position difficile, il est quelquefois de bonne politique de ne rien dire et d'aller de l'avant dans la voie que l'on a choisie, ne fût-ce que pour économiser le temps que l'on serait tenté de consumer en vaines discussions. C'est ainsi qu'en agissent ordinairement les Américains, et en cela ils se montrent plus sensés que nous autres Européens, qui sommes ordinairement communicatifs à l'excès. Mais quand la position ne change pas au bout d'un certain temps, il suffit qu'un doute ou une appréhension soit exprimée pour opérer une révolution complète. C'est ce dont nous fîmes aujourd'hui l'expérience. Nous venions de longer une petite côte pour éviter un *bayon* (¹), lorsqu'en regagnant la rivière nous la vîmes se détourner brusquement à droite et se prolonger indéfiniment au nord-ouest, tandis que notre direction était au sud. Involontairement je m'exclamai : « That wo'nt do any longer, » et mon compagnon de voyage ainsi que les deux guides de répéter avec le même ton de profonde conviction : « No that will never do. »

Que fallait-il donc faire ? Il était près de midi ; là pluie tombait à verse, et bien que nous eussions marché de toutes les forces de nos jarrets depuis le déjeûner, tout nous faisait craindre que nous n'eussions pas fait grande avance, à raison de l'immense courbe des méandres. Augustin proposa de construire un radeau et de nous laisser voguer jusqu'au camp. Mais qui nous garantissait que nous ne rencontrerions pas des embarras semblables à ceux qui nous avaient arrêtés précédemment, et dans ce cas nous n'aurions fait que perdre notre temps. Il était évident d'ailleurs qu'Augustin n'était pas entièrement désintéressé dans sa proposition, car la pluie en mouillant sa charge l'avait rendue très-pesante. Il y avait une autre alternative, c'était de prendre la boussole pour guide et de nous diriger tout droit au sud, dans la direction où nous avions lieu de supposer que se trouvait notre camp. Ce fut le parti que nous prîmes. Réussirions-nous, ou allions-nous nous perdre tout de bon ? c'est une question que chacun se fit sans doute par de-

---

(¹) Ancien chenal de la rivière, ordinairement rempli d'eau ou transformé en marais. C'est un nom fort en usage le long du Mississipi et qui a même passé dans la langue anglaise.

vers soi, mais en ayant bien soin de ne pas communiquer ses craintes ; c'était le moment ou jamais de faire bonne mine à mauvais jeu. Mon ami le colonel prit la boussole en main, je me chargeai de ses outils, dans la crainte qu'ils n'influençassent l'aiguille aimantée, et d'un pas résolu nous quittâmes les bords de la rivière pour nous enfoncer dans la forêt, tantôt gravissant des collines, tantôt descendant des ravins, franchissant des rivières et traversant des marais. De ma vie je n'ai marché d'un pas plus déterminé et de ma vie je ne me suis senti plus de vigueur et plus de résolation. Vers les deux heures de l'après-midi, après avoir traversé une rivière, au moyen d'un pont improvisé, nous arrivâmes à un coteau qui n'était autre chose que le bord d'un plateau couvert de grands arbres sans broussailles, une magnifique pinnière s'il en fut jamais. La pluie, qui n'avait pas discontinué depuis plusieurs heures, cessa tout-à-coup ; le ciel en peu d'instants s'éclaircit complètement, avec une rapidité semblable à celle qui s'observe si fréquemment dans les Alpes. Ce fut une agréable surprise. Nous pûmes de nouveau nous accorder la jouissance non-seulement de vider nos bottes, mais en outre de tordre nos pantalons et nos chemises. Nous jugeâmes, d'après le temps que nous avions été en route et la rapidité de notre marche, que nous ne pouvions pas être fort éloignés du grand *embarras*, et sans présomption nous pouvions espérer d'atteindre le camp avant la nuit. Nous étions affamés comme des loups, et comme il nous restait une poignée de farine nous décidâmes de la convertir en soupe. Aussi bien, Thomas n'avait pas attendu la décision, et avant que nous eussions le temps de jeter un coup-d'œil sur le caractère de la forêt autour de nous, il était de retour de la rivière avec sa marmite pleine d'eau, tandis qu'Augustin avait allumé un feu qui eût suffit pour convertir tout le ruisseau en soupe.

Après le repas, qui ne nous prit pas grand temps, nous continuâmes notre course, en prenant maintenant le soleil pour guide, au lieu de la boussole. En traversant la pinnière mon compagnon de voyage me fit observer sur plusieurs pins de profondes incisions, comme si on en avait arraché l'écorce avec de fortes pinces; les incisions étaient toutes à la même hauteur, de quatre à cinq pieds au-dessus du sol. C'étaient, m'assura-t-il, les marques des dents des ours. Il ne put pas me dire ce qui porte ces animaux à mordre ainsi l'écorce des arbres. Augustin prétend que c'est par

par passe-temps, pour s'amuser, après qu'ils se sont repus de fourmis dont les pinnières sont farcies.

Vers les cinq heures nous rencontrâmes la ligne plaquée que nous avions tracée en quittant le camp. Nous jugeâmes que nous devions être à environ trois milles du camp. C'était bien loin pour des gens aussi fatigués que nous l'étions, mais nous n'eûmes garde de nous plaindre maintenant que nous étions sûrs de notre chemin. Une heure et demi plus tard nous arrivions au camp où nous trouvâmes nos tentes et tout notre butin en ordre parfait. Aussi bien, ce ne sont pas les voleurs humains qui sont à redouter dans ce pays. La seule appréhension que nous eussions pu entretenir, c'etait qu'il n'eût pris fantaisie à quelque ours de s'installer dans nos tentes pendant notre absence.

Augustin, en bon et infatigable voyageur, nous avait devancé, et quand nous arrivâmes au camp nous trouvâmes le feu pétillant au devant de la tente et le souper à-peu-près préparé. De ma vie la perspective d'un repas ne m'a fait plus de plaisir. Et pourtant ce repas ne se composait que de lard rôti et de café. Vous comprendrez cela si vous considérez que non-seulement nous étions affamés, mais qu'en outre nous n'avions pas goûté de graisse depuis plusieurs jours. J'aurais à la lettre mangé du suif. Liebig a raison : nous mangeons autant pour respirer que pour nous alimenter; et comme c'est la graisse qui fournit le carbone nécessaire à la respiration, il doit y être suppléé en proportion de l'activité avec laquelle nous respirons. Je ne m'étonne plus dès-lors que les peuples du Nord soient si friands de graisse. Dans la vie ordinaire, nous ne nous apercevons pas de ce besoin que nous avons de graisse, parce que la plupart de nos mets sont préparés avec du beurre, du lait, ou de la graisse. Mais allez voyager quelques jours dans les cédriers du Monistique, sans autre aliment que de la farine et du thé, et vous apprendrez bientôt à apprécier le lard. Ce qui prouve en outre que ce n'est pas seulement un besoin résultant de l'habitude, c'est que les Indiens en sont tout aussi friands que les blancs. En échange d'un morceau de lard un Indien vous donnera un cerf tout entier s'il le faut. Après l'eau-de-vie, c'est ce qu'ils apprécient le plus au monde.

2 *Août.* — Il y a, vous le savez, une satisfaction réelle dans le sentiment d'avoir accompli une tâche difficile. Aussi tout le monde était-il de bonne humeur. Le lendemain nous fîmes la

grasse matinée, Midi arriva avant que nous eussions achevé nos
préparatifs ; aussi bien, nous avions nos notes à rédiger, nos croquis à compléter, tandis que nos gens étaient occupés à réparer
les avaries de notre costume, ce qui est une spécialité du métier.
Comme le matelot, le voyageur est censé savoir manier l'aiguille,
et pour peu qu'il ait l'honneur du métier à cœur, il ne permettra
pas que son bourgeois ait l'air trop déguenillé.

Nous nous embarquâmes dans l'après-midi. C'était une belle
journée. Le courant était assez fort pour nous entraîner sans grand
effort de la part de nos rameurs. En glissant ainsi sans bruit d'un
méandre à l'autre, nous surprîmes une quantité de canards dont
nous tuâmes un certain nombre. Je reconnus trois espèces parmi
les victimes ; un petit canard noir, ordinairement très-gras, ressemblant à une sarcelle ; un autre de plus grande taille, à poitrine
mouchetée, appelé *canard branchu* par les Canadiens, enfin notre canard sauvage d'Europe, ou canard gris, que les Canadiens
appellent ici *canard de France*. C'est à beaucoup près le plus
délicat.

Le lendemain je fus encore plus chanceux. En passant près d'une
haute falaise au pied d'une pinnière, nous aperçumes une couvée
de perdrix, de l'espèce connue sous le nom de *Capercaille* ou le
Spruce Patridge des Américains (Tetrao Canadensis), appelée
aussi quelquefois Perdrix de pinnière par les voyageurs. Sans être
aussi délicate que notre perdrix rouge, c'est un excellent gibier,
dont les voyageurs font une fort bonne soupe. La chair en est
blanche comme celle de la perdrix de savannes, mais un peu plus
sèche. Je fus surpris de la facilité avec laquelle ces animaux se
laissent tuer, surtout les jeunes. Vous en abattez une, cela ne dé-
range en aucune façon l'autre, qui reste perchée sur l'arbre voisin, attendant tranquillement que son tour vienne. Des six qui se
trouvaient réunies sur la falaise, une seule nous échappa, la mère.
Les Indiens les prennent en quantité, en se servant de petits chiens
qui découvrent aisément les arbres sur lesquels les perdrix sont
perchées. Quelquefois, lorsqu'ils n'ont pas de fusil, ils les prennent simplement avec un lacet de watrap (¹) attaché au bout d'une
perche. Il faut être perdrix pour se laisser prendre de la sorte.

(¹) Racine très-coriace d'un buisson, dont les Indiens font grand usage
et avec laquelle ils cousent leurs tentes et leurs divers ustensiles d'écorce.

Un peu plus loin, en nous arrêtant au détour d'un méandre pour examiner la composition des berges, nous tombâmes sur un espace tout couvert de myrtilles. C'était un véritable luxe. Les myrtilles américaines sont non-seulement beaucoup plus grosses mais en outre plus aromatiques que les nôtres, surtout la variété bleue dont les baies atteignent souvent la taille d'une noisette..

Nous arrivâmes le même jour à la scierie, où nous attendaient des lettres de nos collègues qui avaient passé ici pendant notre excursion. Ils avaient en outre eu le bon esprit de nous laisser quelques journaux qui nous mirent au courant des nouvelles du monde civilisé. Après avoir achevé nos préparatifs et fait quelques empiètes de provisions, nous nous embarquâmes le même jour pour continuer nos explorations le long de la côte septentrionale du lac Michigan.

E. DESOR..

CHRONIQUE

DE LA

REVUE SUISSE.

—

SEPTEMBRE.

En politique, la grande nouvelle du mois, c'est la candidature du prince de Joinville à la Présidence, et la petite rumeur du jour, c'est l'arrestation presque simultanée de cent soixante-douze personnes à Paris, sous prévention de complots secrets et d'associations illégales. En des temps moins tendus, moins habitués à tout, moins insoucieux des choses individuelles, certes on eût crié, commenté et rugi à ce coup de filet subit et inattendu. Excepté les victimes, cherchez quelqu'un qui s'en préoccupe! Du reste, peu de jours après la capture faite, la moitié des prisonniers étaient relâchés.

Mais l'attention est bien autrement excitée par la possibilité de voir un d'Orléans se présenter au suffrage public de la France, et par la perspective de tous les changemens successifs que le triomphe de cette candidature semblerait présager. Quoi qu'il en soit, traitée d'abord de véritable chimère, lorsque, il y a long-temps déjà, nos lecteurs s'en souviennent, elle circulait au moins dans les mille bruits du jour comme toute autre éventualité, la voilà maintenant qui arrive. Les cerveaux politiques de tous les partis en sont dans le bouillonnement. Non point qu'on puisse prévoir ou calculer rien avec une apparence de certitude dans l'état ambigu où les événemens d'une part, les tendances contraires ou extrêmes de l'autre, ont mis la société française. Que supportera, que réédifiera ce sable mouvant qui a tout englouti en 1848 excepté la République, et auquel d'habiles mains s'efforcent de repétrir une croûte assez solide pour porter de nouveau un trône, ou pour le moins un solide fauteuil présidentiel? Dieu seul le sait. Ah! si la sagesse humaine pouvait prévoir avec quelques chances sûres l'énigme du sphinx voilé de 1852, combien d'esprits envieux et incertains, combien de têtes inventives sauraient que penser et que décider, qui sont maintenant dans toutes les perplexités de l'incertitude et de la plus craintive hésitation !

L'idée hardie de porter réellement un prince d'Orléans à la prochaine candidature, paraît être née dans cette fraction du parti conservateur qui côtoie les légitimistes et qui, par conséquent, se soucie moins de compromettre un nom ou un passé datant de 1830 que les vrais partisans de la dynastie de Louis-Philippe. Ceux-ci ont d'abord tremblé de cette tentative audacieuse qui leur semblait prématurée, et qui pouvait compromettre une espérance moins éphémère, quoique plus lointaine. Profitant de leur réunion autour de la famille d'Orléans, qui célébrait son anniversaire de deuil, les hommes marquans du parti ont emporté, non sans peine, une explication avec le duc de Nemours d'abord, puis avec la reine et enfin avec la duchesse d'Orléans. Rien n'est sorti de bien explicite de ces diverses conversations sur la candidature du prince de Joinville, ses éventualités, et l'attitude que prendraient les réfugiés de Claremont devant cette grave question. Serait-ce seulement une acceptation passive en cas de succès qu'il fallait attendre d'eux, ou bien devait-on, pour les servir, croire leurs intérêts activement engagés dans cette chance de retour et y travailler en conséquence ?

Ici le point d'interrogation reste posé plus qu'on ne voudrait, justement parce que l'avenir est incalculable, impossible à entrevoir, insaisissable à mesurer. Entre l'envie d'étendre la main pour r'ouvrir la porte des Tuileries ou de l'Elysée, et l'assurance de trouver le verrou disposé à glisser, il y a si loin, si loin ! cependant, selon toute apparence, au moment actuel s'entend, et sauf ce qu'amèneront les brouillards de l'hiver, cette candidature sera sérieuse, et les socialistes s'en frottent les mains, comptant qu'elle scindera le parti de l'ordre en deux ou en trois : Joinville, Louis-Napoléon, et un candidat légitimiste pur.

Pour le moment aussi, le candidat du parti républicain est M. Carnot, ex-membre du gouvernement provisoire, homme de mérite et de savoir mais qui doit sa position à la mémoire de son père bien plus qu'à lui-même, et dont nous avons été les premiers, croyons-nous, à annoncer la candidature et quelles chances son parti espérait lui trouver.

Les Conseils généraux des départemens ont tous voté la révision *totale et légale* de la Constitution, excepté deux qui veulent, l'un la prorogation des pouvoirs présidentiels, l'autre la monarchie héréditaire ; rien que cela ! Ce vœu général du pays était facile à exprimer, mais comment le réaliser avec une assemblée telle que l'a faite l'élection universelle, même restreinte ? et dans quel sens précis réformer cette Constitution dont personne n'est content, mais par des motifs tout opposés ?

L'embarras est grand partout, et les solutions insuffisantes. On s'en
tire en marchant au jour le jour, en prenant la situation par les incidens plutôt que par le fond. On pousse à la roue de n'importe quoi,
moins pour faire marcher le char que pour essayer d'en attraper
le timon rebelle et le faire venir à soi; car il est remarquable, et c'est
le côté le plus clair comme le plus significatif de la situation, que tous
les partis veulent bien accepter le pouvoir, s'il leur arrive, mais qu'aucun ne veut le prendre.

— Comme si ce n'était pas assez de toutes les causes de trouble qui
fermentent dans la vieille Europe, sous les divertissemens qu'elle se
donne et les politesses qu'elle se fait, voici que le Nouveau-Monde lui
apprête, semble-t-il, de nouvelles causes de dissensions et de difficultés. On se souvient que l'île de Cuba, possédée et exploitée par
l'Espagne, fut l'objet d'un coup de main tenté par le général Lopez
avec un corps d'aventuriers formé et équipé aux Etats-Unis. La tendance et les intérêts de Cuba sont, en effet, de s'émanciper et de
s'appartenir à elle-même, à l'aide d'une admission dans l'Union américaine où l'appellent de tous leurs vœux les états du Sud; Cuba, en
effet, leur donnerait une voix de plus dans la grande question de l'esclavage. Mais, outre l'inquiétude des états du Nord sur cette augmentation des forces de leurs antagonistes, l'Espagne est là, propriétaire,
qui exploite cette riche terre, perçoit son tribut, et n'entend point
perdre son droit. Depuis la tentative de Lopez surtout, le pays est en
état de siége et gouverné arbitrairement par la puissance militaire,
toute aux mains des Espagnols. L'émancipation paraît donc très-difficile; mais elle est dans la force des choses et dans la volonté indomptable des Américains. Une insurrection succède à l'autre. Une tentative échouée en prépare une pareille; et, sans doute, cela continuera
jusqu'à ce que tout soit emporté par un élan définitif et vainqueur.
En attendant, une attaque vient d'avoir lieu sans succès, à la suite
de laquelle l'autorité espagnole a fait mettre à mort une cinquantaine
de personnes, dont quarante Américains. Sur ce, l'Amérique est furieuse, on parle de rappeler le consul américain de Havanne, il y a
une agitation extrême à New-York, à la Nouvelle-Orléans; on se porte
à des violences contre le consul espagnol, qui donne sa démission;
on brise les presses d'un journal; on provoque des meetings pour
demander vengeance, etc., etc. Pour peu que le gouvernement de
l'Union soit débordé par la passion populaire et que l'Angleterre d'a-
bord, et ensuite la France, prennent fait et cause là dedans pour
l'Espagne, comme elles paraissent vouloir le faire, la pétulante Amérique pourrait bien se fâcher tout rouge et attaquer tout de bon.
Qu'en adviendrait-il? D'abord sans doute, et immédiatement, la délivrance de Cuba.
La marine des Etats-Unis est formidable et d'une hardiesse extrême.

L'autre jour, un petit yack, l'*América*, est parti tout-seul de New-York pour venir en Angleterre défier à des courses de vitesse tous les bâtimens qui voudraient se mesurer avec lui. Et il a gagné tous les paris et devancé tout le monde. Les journaux anglais n'en tarissaient pas.

— Nous avons mentionné dans notre dernière *Chronique* les Lettres de M. Gladstone à lord Aberdeen : l'importance de cette publication, qui vient de s'imprimer en brochure, exige quelques détails. La forme en est peu littéraire et la traduction lourde et incorrecte, mais cela n'en peut amoindrir l'intérêt. Il ne s'agit pas tant, en effet, ici, d'un livre que d'une action. M. Gladstone, membre tory du parlement, homme parfaitement honorable, très-conservateur, ancien membre du cabinet présidé par lord Aberdeen, se trouvait à Naples par suite de circonstances purement domestiques : « J'admets, dit-il, de la manière la plus formelle le respect que les Anglais et tous autres doivent aux gouvernemens en général, absolus, constitutionnels ou républicains, comme étant les représentans d'une autorité publique, même divine, et les gardiens de l'ordre. » Or, pénétré de ce sentiment qui autorisait en lui l'indifférence et l'inattention quant aux choses publiques, M. Gladstone ne peut pourtant échapper à l'impression de ce qui se passe autour de lui. Il se défend, on le voit ; il s'étonne d'abord ; il recule devant la possibilité de faits pareils et, loin qu'aucun intérêt de principe ou de parti l'aide à démêler la vérité qui le poursuit, il est en froissé, au contraire, dans ses instincts d'homme généreux, d'anglais loyal, de conservateur convaincu, autant que dans sa conscience politique qui lui dit que, du mal, il ne peut advenir que du mal.

Une fois atteint véritablement par la conviction qu'il n'a pas cherchée, M. Gladstone se conduit vaillamment. La lumière s'est faite pour lui ; il la veut nette, sûre, profitable aux victimes. D'une main ferme, il montre, il suit le rayon révélateur sur toutes les turpitudes, sur toutes les misères de ce cloaque qu'on appelle les poursuites politiques exercées par le gouvernement napolitain, et si, dans ce lugubre chemin, l'imagination se trouve dépassée par les horreurs de la réalité, il ne faut pas s'en prendre à celui qui promène seulement le flambeau dans le lieu immonde.

« Je ne suis pas mécontent, dit-il, de ce que mes documens ont été accueillis avec incrédulité ; bien plus, je pense que, pour l'honneur de l'humanité, ils devaient être reçus de cette manière. Les hommes doivent être lents à se persuader que de telles choses aient pu avoir lieu ; surtout dans un pays chrétien qui est le siège de presque toute la vieille civilisation de l'Europe ; ils doivent être plutôt disposés à attribuer mes assertions à du fanatisme et de la folie de ma part, qu'à les considérer comme le récit véritable de la conduite actuelle d'un gouvernement établi. Mais malgré cette disposition d'esprit, je ne pense pas qu'ils veuillent fermer leurs yeux à la lumière, quelque pénible que soit ce qu'elle fait voir. J'ai moi-même éprouvé cette incrédulité, et je voudrais l'éprouver encore, mais elle a cédé peu à peu à la conviction par l'apparition successive de preuves toujours nouvelles. Je vais donc conduire mes lecteurs dans la route que j'ai suivie moi-même et établir des faits caractéristiques qui les dirigeront plus sûrement qu'une idée abstraite de l'atmosphère politique de l'Italie. »

Ces faits, qui se déroulent simultanément dans les pages de M. Gladstone, sont l'expression d'une seule pensée occulte et terrible : écraser, annuler, anéantir par tous les moyens les idées et les hommes qui seraient des obstacles sur la pente du despotisme le plus brutal, le plus envahissant, le plus illimité, d'un despotisme qui se pose *de droit divin* comme au-dessus de la morale, des lois, de la conscience, du droit individuel, des chartes même qu'il octroie et auxquelles il se réserve toujours de pouvoir mentir ; d'un despotisme qui se traduit en catéchisme, en doctrine religieuse et, en cette qualité, se fait enseigner dans les écoles comme la première loi de Dieu.

Ce fanatisme aveugle, il est connu depuis long-temps, et par ses enseignemens et par ses œuvres : inflexible dans ses tendances absolutistes, il est également impitoyable envers les individus qui ont le malheur de se trouver en obstacle sur sa route, quels que soient leur position, leurs intentions, leurs lumières, leur caractère.

Il est de notoriété publique, et la chose nous est revenue par bien des échos avant et depuis les lettres de M. Gladstone, que les prisonniers politiques, dans le royaume de Naples, sont assimilés aux plus ignobles forçats et menés plus durement qu'eux ; des hommes dont les idées seraient seulement qualifiées ailleurs d'idées libérales, des hommes distingués par leur rang, leur éducation, leur caractère, des savans, des nobles, un ministre d'Etat, avant même que leur procès fût fait, avant d'être entendus par aucun juge, furent traités et gouvernés en galériens.

« Les prisons de Naples, dit M. Gladstone, méritent, comme on le sait, un autre nom, à raison de l'excès de leur saleté et de leur horreur. J'en ai réellement visité quelques-unes, mais pas des pires. Voilà *ce que j'ai vu*, mylord. Ce ne sont pas les médecins qui vont trouver les prisonniers malades, mais bien ceux-ci qui, presque la mort sur la figure, se fatiguent à monter les escaliers pour se rendre auprès des médecins dans le charnier du Vicariat, parce que les basses régions d'un tel palais de ténèbres, sont trop sales et trop dégoûtantes pour obtenir d'hommes de l'art qu'ils consentent à gagner leur pain en y descendant. Quant au régime alimentaire, je dois dire un mot du pain que j'ai vu : quoique noir et grossier au dernier degré, il est sain ; la soupe, qui est le seul autre élément de nourriture, est nauséabonde, et il n'y a que l'excès de la faim qui puisse faire surmonter la répugnance naturelle qu'elle inspire. La saleté de ces prisons est bestiale.

» J'ai marché au milieu d'une foule de trois ou quatre cents prisonniers napolitains, assassins, voleurs et autres criminels d'une nature ordinaire, condamnés ou non, et accusés politiques mêlés ensemble sans distinction, sans aucune chaîne à l'un d'eux, et sans aucun guichetier plus près d'eux que le bout de beaucoup d'appartemens, avec beaucoup de portes verrouillées se refermant sur nous. Je n'ai rien eu à craindre ; on m'a même témoigné beaucoup de politesse comme étranger. Cette communauté se gouverne elle-même ; la principale autorité y est celle des *gamorristi*, hommes de la plus haute célébrité par l'audace de leurs crimes. Il n'y a aucun travail.

» Pironte, qui était autrefois juge, et aujourd'hui encore bon gentilhomme, a passé ses jours et ses nuits, avec deux autres prisonniers, dans une cellule du Vicariat, ayant huit pieds carrés et au-dessous du niveau du sol, ne tirant de lumière que des dégradations qui existaient au bas du mur. Ils sont restés dans cet espace de huit pieds pendant deux mois.

» Quand j'ai quitté Naples, en février, le baron Porcari était enfermé dans le *Maschio* d'Ischia. Il était accusé d'avoir pris part à l'insurrection de la Calabre, et attendait son jugement. Ce *maschio* est un donjon sans lumière, à vingt-quatre pieds (je ne suis pas bien sûr de la profondeur) au-dessous du niveau de la mer. On ne lui a jamais permis de le quitter ni jour, ni nuit, et il n'y pouvait recevoir aucune visite, si ce n'est celle de sa femme une fois tous les quinze jours. »

Et c'est par milliers, suivant M. Gladstone, qu'il faut compter les prisonniers, les proscrits, les morts et les mourans sous ce régime. Les ultramontains de l'*Univers* ont trouvé moyen de lui imprimer une nouvelle tache, en essayant d'en plaisanter, et en lui donnant hautement leur approbation.

« Carlo Poerio était un des ministres de la couronne sous la Constitution, il avait aussi une des positions les plus prééminentes dans le parlement napolitain. Poerio paraissait avoir l'entière confiance du roi. Sa démission, quand il l'offrit, fut d'abord refusée et, après son acceptation, on lui demandait encore son avis.

» Son père était un avocat distingué ; il était lui-même un gentilhomme honorable, accompli, un orateur éloquent et fécond, un homme d'un caractère respectable et exempt de tout blâme. Je ne l'ai jamais entendu accuser d'une erreur en politique autres que celles qu'on peut en général justement reprocher à nos hommes d'Etat les mieux intentionnés, les plus loyaux, les plus intelligens et les plus constitutionnels. Je puis dire, après avoir examiné presque complétement son affaire, que la condamnation d'un tel homme pour trahison est aussi juste et conforme aux lois de la vérité, de la justice, de la décence, de la franchise et du bon sens, que le serait dans notre pays une pareille condamnation contre aucun de nos hommes d'Etat les mieux connus, lord John Russel, lord Landsdowne, sir James Graham et vous-même. Je ne dirai pas qu'elle serait précisément la même quant au rang et à la position, mais, comme homme public, il en est à peine de plus élevé que Poerio, et parmi les noms que je viens de citer comme les plus chers à l'Angleterre, il en est à peine, il n'en est peut-être pas qui soient aussi chers que l'est celui de Poerio à ses compatriotes napolitains.»

Poerio, après la procédure la plus inique, fut condamné à vingt-quatre ans de fers et mis au bagne de Nisida. Ils sont là dix-sept, dans une chambre si petite que, les lits abaissés pour la nuit, on n'y pouvait plus arriver qu'en s'y glissant par le pied; par couples, car les prisonniers sont enchaînés deux à deux. «Ils avaient à faire cuire ou à préparer dans la chambre ce que leurs amis leur envoyaient du dehors. Sur un des côtés, le niveau du sol étant au-dessus de celui de la chambre, déversait une humidité vaporeuse dont ils déclaraient beaucoup souffrir, fatigués qu'ils étaient d'une longue séquestration. Il n'y avait qu'une fenêtre, non vitrée».

Deux chaines sont attachées à la ceinture des prisonniers, et ne se détachent ni jour ni nuit, ni *pour aucun motif,* obligeant ainsi des hommes bien élevés à avoir pour société intime, pour témoin continuel, un galérien ordinaire.

Ne trouvant pas même ainsi Poerio assez puni, on l'a transféré depuis à Ischia, peut-être dans quelque retraite pareille au *maschio* de Porcari.

Il est inutile de s'étendre davantage sur de pareils tableaux. On comprend qu'ils aient suffi pour soulever l'indignation de M. Gladstone et le décider à tout essayer pour adoucir de semblables misères.

« Les droits et les intérêts que j'ai en vue, dit-il, ne sont pas ceux de l'Angleterre : ou ils sont tout-à-fait nuls et sans valeur, ou ils sont aussi vastes que l'étendue de la race humaine et vivront autant qu'elle. » C'est ce mot vrai qui rend compte de l'impression générale produite par ce petit livre ; mais aussi c'est ce mot qui explique pourquoi ni les partis comme partis, ni les nations comme nations, ni les cabinets comme cabinets, n'ont appuyé et soutenu les réclamations franches et généreuses de M. Gladstone. La sympathie existe peut-être, mais le secours fait défaut à qui n'en appelle pas à d'autres intérêts qu'à ceux de l'humanité. Toutefois, une telle cause ne peut jamais être perdue, même dans un temps comme celui-ci. Il est impossible que tous ces dénis de justice, toutes ces persécutions ignobles et pires que l'échafaud, tout ce mépris des idées morales et religieuses, tout ce défi aux sentimens d'indignation d'un peuple et de tous les peuples, n'amènent pas enfin une délivrance quelconque pour celles des victimes qui pourront survivre un peu de temps à l'horreur de leur sort.

— Mourir est ici, pour un auteur, un assez bon moyen d'atteindre le succès là où il avait manqué : ainsi M. de Balzac qui avait échoué au théâtre d'une manière éclatante, réussit maintenant au Gymnase avec sa pièce de *Mercadet.* C'est le drame, non plus de l'amour, de l'honneur, de l'ambition, des passions ; c'est le drame de l'argent : de l'argent avec sa puissance, sa perfidie, ses inspirations, ses terribles catastrophes et ses délirantes espérances, ses rêves fous. L'esprit de M. de Balzac était éminemment propre à exprimer les émotions, à contourner les péripéties de ce tyran de toute sa vie : aussi n'y a-t-il qu'une voix pour constater son succès. La comédie a mis le pied, avec lui, sur le terrain de la Bourse et des spéculations : là, d'originaux modèles et de piquans travers ne lui manqueront pas, pour peu qu'elle ose s'en servir.

— Les *grandes fêtes nationales parisiennes de l'industrie universelle* ont fait fiasco, faute d'enthousiasme..... et de fonds. Quant aux *trente jours de plaisir pour quinze francs*, on prétend que le tour est fait, au moyen de cartes provisoires coûtant trois francs et qui permettent d'aller au parc d'Asnières entendre quatre orchestres, au lieu d'aller à l'Opéra entendre Alboni.

— M. Petin s'enlève toujours, lui et son ballon, *la semaine prochaine* (¹). En attendant, on va visiter, avenue Marbeuf, ce navire aérien qui, volant ou non, a placé son inventeur dans la grande catégorie des gens à réputation d'abord sérieuse, et un peu tournant plus tard à l'aventure.

Que de gens, au surplus, en toutes choses, grandes ou petites, construisent aussi un ballon, lequel doit toujours partir et cependant ne part jamais !

Paris, ce 15 septembre 1851.

SUISSE.

Bâle, 9 septembre. — S'il est vrai que la chronique bâloise ait encore quelques bienveillants lecteurs, il est temps qu'elle reparaisse après une assez longue absence. Les médecins l'avaient envoyée au fond des Grisons pour y prendre les eaux ; et là, dans un entonnoir qu'on nomme Fideris, elle ne voyait que des pentes arides, et elle n'entendait que le mugissement des deux torrents qui se confondent à l'angle d'une sorte de longue caserne, abritant au cœur de l'été près de 400 personnes. A quelle vie monotone doivent se résigner les infortunés qu'une poitrine délicate ou un larynx fatigué ont condamnés à s'enfermer dans ce diminutif de vallon, perdu dans les Alpes du Pré-

(¹) Voir notre dernière livraison, page 566 de ce volume.

ligau ; vallon sauvage où les sapins poussent au milieu de cailloux et de terres dépouillées ; vallon qui ferme ses flancs aux promeneurs attristés et qui ne leur ouvre qu'un seul but d'excursion, celui du sentier par lequel ils y sont entrés. Si, au charme de cette nature en désordre, qu'Ebel a la complaisance d'appeler romantique, vous ajoutez les agréments de la saison pluvieuse dont la Suisse a joui cette année, vous comprendrez ce que doivent éprouver les personnes qui ne se passionnent ni pour la danse animée par quatre aigres instruments de village, ni pour les gentillesses des loustics appenzellois qui font l'admiration des trois quarts de leurs victimes. Quant à nous, qui aimons à trouver le matin nos bottes derrière la porte, au lieu des souliers d'une dame logée à l'étage au-dessous, nous nous demandions souvent comment il se fait qu'on vienne à Fideris *pour s'amuser.* Ce mot est cependant le signe de ralliement d'une bonne partie des buveurs d'eau, accourus du Vorarlberg, de Coire, de Zurich, de Glaris surtout ; car les Glaronnais sont là chez eux, ils y forment la haute société, ils s'y réservent d'avance les meilleures chambres. « Ce n'est plus comme autrefois,» disent avec un soupir d'anciens habitués qui accomplissent leur dixième ou même leur quinzième pélerinage à Fideris, « on ne sait plus se divertir ; aussi ne reviendrons-nous plus.» Ils reviendront l'année prochaine, nous n'en doutons nullement, et ils répéteront mélancoliquement le même refrain. Ce n'est pas Fideris qui change, ce sont les goûts de l'homme qui vieillit : dans dix ans la jeunesse d'à-présent fera les mêmes doléances et s'écriera : « On s'amusait bien à Fideris en 1851 !»

Quel homme singulier que M. Donau, le propriétaire de l'eau de Fideris, à laquelle il doit une fortune qu'on évalue à plus de 300,000 florins ! Ce nom est célèbre dans la Suisse orientale, et il suffit de le prononcer pour appeler le sourire sur les lèvres de mainte personne qui n'a jamais mis le pied dans les Grisons. C'est un vieux paysan sans éducation, mais non sans malice et sans volonté, qui vous présente à votre arrivée son triple menton et son énorme corpulence, qui vous donne un bonjour indifférent, et qui ne vous adressera plus la parole que pour vous dire adieu à votre départ. Il passe la moitié de sa vie sur un pont de bois jeté d'une maison à l'autre, et la seconde moitié dans un cabinet qui domine le sentier par où l'on arrive ; sanctuaire dans lequel on ne pénètre que pour vider sa bourse dans les nombreux tiroirs d'un bureau qui gémit sous le poids dont on accable sa vieillesse. M. Donau nous rappelle, moins l'activité et l'amabilité, ce vieux rubicond d'un hôtel de Milan, sur lequel M. Tœppfer, de regrettable mémoire, faisait la réflexion suivante : « Il vit sur son grand-livre, il mourra sur son coffre, mais il ne l'emportera pas avec lui. Folie donc de s'y cramponner ainsi. Mais que peuvent faire des hommes qui, sans instruction, sans goûts relevés, et secondés d'ailleurs par les circonstances, n'ont acquis d'autre habitude que celle de gagner, d'accumuler et d'accumuler encore?» — Stoïque, comme pas un philosophe, M. Donau abandonne ses hôtes à la garde de Dieu, il laisse les environs de sa propriété dans l'état de nature, embelli par les torrents qui débordent, les terres qui s'éboulent, les pierres qui se précipitent, et les avalanches de la mauvaise saison (¹).

Il ne s'est ému peut-être que deux fois dans sa vie; la première, lorsque l'un des torrents envahit la source, à quelque distance de la maison, et couvrit d'un lit de pierres la modeste baraque qui sert de « Trinkhalle.» L'autre motif d'émotion fut sans doute le moment où le second torrent, ruisselet argenté dans les temps secs, eut la fantaisie de changer de cours après un gros temps, et vint abattre l'aile orientale de la grande maison. La digue de pierres, construite dès lors, rend un tel danger peu probable; néanmoins les hôtes de cette année ont eu à diverses reprises quelques heures de saisissement, qu'on transformait en récréation, tant le poids d'une vie monotone alourdit et rend insensible. A certains moments du jour, on voyait les deux torrents croître de minute en minute et se transformer en une boue noire et épaisse qui ne coulait plus, mais qui roulait sur elle-même, entraînant avec elle des troncs d'arbre et des quartiers de roc: une souche venait-elle à se placer en travers, à l'instant même les pierres s'y amoncelaient et formaient une digue qui déplaçait brusquement le courant, jusqu'à ce que; sous l'immense pression qui en résultait, la digue fût emportée avec un fracas dont les dames étaient épouvantées. Rien n'est plus dangereux que ces digues, improvisées avec une rapidité dont on a peine à se faire une idée: aussi quatre hommes, bravant une mort possible, étaient-ils sans cesse occupés à diriger le courant, à dégager les arbres qui s'arrêtaient, à pousser en avant les pierres qui s'amoncelaient. Quand le péril devenait plus imminent, l'un d'eux s'élançait même dans le lit du torrent pour attaquer avec plus de vigueur l'obstacle principal; et, quand il avait réussi, l'eau reprenait son cours dans la direction, d'où il ne s'écartait que par un bond rapide. Un jour, malgré tous leurs efforts, la digue se forme sous un petit pont conduisant au jeu de quilles; en un instant, plus rapidement que je ne puis l'écrire, le tablier du pont est emporté, l'eau se répand à droite, fait flotter quilles et boules, et va déposer un épais limon sur un petit jardin en terrasse qui se trouvait au-dessous. Les travailleurs eurent bientôt rendu à l'eau son cours naturel; mais il fallut toute une journée de labeur pour enlever la couche de limon qui recouvrait la terrasse.

(¹) Si vous lui faites une observation, il répond invariablement, avec une sorte de sourire sardonique : «,Oh! je sais bien que ce n'est pas pour moi que vous venez, mais pour mon eau: tant que mon eau sera bonne, vous viendrez! »

Toutes les eaux de ces montagnes se jettent dans la Landquart, rivière qui traverse le Prétigau et va se confondre avec le Rhin, à une lieue de Ragatz. La Landquart est probablement le torrent le plus dévastateur de toute la Suisse. Comme l'inclinaison de cette longue et étroite vallée est assez forte, le cours de la rivière, toujours très-rapide, devient furieux à l'époque des grandes eaux, et elle a couvert d'un profond lit de cailloux plusieurs lieues de prairies et de pâturages autrefois fertiles. On travaille à regagner le terrain perdu en élevant des digues et en formant successivement des enclos, dans lesquels on transporte péniblement une terre labourable; mais que de travaux ne faut-il pas pour reconquérir pendant des années ce qu'une seule nuit peut anéantir!

Pour en revenir aux bains de Fideris, la difficulté des communications avec le village, éloigné d'une demi-lieue, la possibilité de la rupture du pont élevé sur le torrent principal, d'autres motifs, tirés de l'économie domestique, ont fait donner à cet établissement une organisation coloniale, en quelque sorte indépendante. A part le premier sommelier, jeune homme actif et entendu, les garçons des bains sont tous des gens de métier, des façons de Maitres-Jacques, qui ne prennent la serviette sous le bras qu'à certaines heures du jour. L'un, qui distribue l'eau de cinq à neuf heures du matin, prend en main la truelle, quand le besoin l'exige : celui-ci, jeune boucher, dont les joues creuses et les pommettes colorées réclameraient le bienfait d'une cure d'eau, égorge chaque jour deux veaux, et tous les trois jours une vache pour le vorace appétit des buveurs. — (Disons en passant que le bœuf est un animal inconnu à Fideris). — Celui-là est le meûnier, qui fonctionne là tout près dans cette maisonnette où vous entendez le tic-tac, langue des moulins de tous pays; voici le pâtissier, Grison, comme tous les pâtissiers, tête déjà italienne, couverte de noirs cheveux crépus; sa main vous offrira elle-même les soufflés qu'elle aura confectionnés : — voilà les charpentiers, les coupeurs de bois, que nous avons vus à l'œuvre au milieu du torrent; pour l'ordinaire, leur besogne est moins héroïque, ils équarrissent, scient, fendent sans relâche le bois de sapin — il n'y en a pas d'autre — et tout ce bois prend le chemin des bains et de la cuisine, où il s'en fait une effrayante consommation. Ne plaignez pas M. Donau : il a des forêts à revendre : d'ailleurs un grave conseiller de Coire nous a affirmé que dans certaines parties du canton la corde de bois, prise sur place, ne coûte pas plus de cinq batz. — Il n'est pas jusqu'au corps de musique, composé de quatre naïfs paysans de Ragatz, qui n'ait son office domestique; l'un vous apporte le matin votre bouillon, celui-ci balaie le sentier, celui-là essuie une table. Cette mise en commun de toutes les spécialités ne laisse pas d'être intéressante; tous ces rouages fonctionnant sans bruit, prouvent cependant que le ressort principal, c'est-à-dire M. Donau, n'est pas si passif qu'il en a l'air.

La vie de la plupart des buveurs est, en revanche, très-peu variée.
L'exercice du matin réunit toutes les individualités, toutes les humeurs
en un seul mouvement machinal autour de deux chemins parallèles, de 40 pas de long, et de 6 pieds de large, dont l'un est plus élevé
que l'autre, à cause de l'inclinaison de la montagne : là 3 à 400 personnes, ensemble ou successivement, tournent gravement en rond,
se serrant l'une contre l'autre pour qu'il y ait place — et cela pendant
deux à trois heures, — jusqu'à ce qu'un nombre déterminé de verres
d'eau ait été digéré. En sortant de là, on est à demi stupide ; pour les
uns, s'il pleut, le reste de la journée se décompose de la manière suivante : soupe, jeu de cartes, diner, jeu de cartes, souper, lit. — Pour
d'autres, le jeu de cartes est remplacé par la danse ou par le tirage
d'une loterie au bénéfice d'un petit marchand, qui étale ses marchandises dans le vestibule, qui s'intitule négociant, et qui est, dit-on, le
plus habile danseur de l'endroit. — Il en est qui, ne voulant ni danser
ni jouer, se contentent de bâiller ; quelques-uns causent, d'autres restent dans leur chambre, et s'y occupent comme ils peuvent. On forme
parfois à Fideris des relations intéressantes, mais elles ne foisonnent
pas ; aussi gardons-nous un souvenir d'autant plus vif aux personnes
qui nous ont accueilli avec amitié et qui ont partagé nos goûts solitaires.

Nous aurions beaucoup de renseignements à donner sur ces bains à
nos lecteurs de la Suisse française, qui en ignorent presque l'existence,
et qui se rendent de préférence à Saint-Moritz, dont les eaux ont à-
peu-près la même propriété, mais dont le climat ne convient guères
aux poitrines délicates. Nous nous bornerons à prévenir les dames
qu'elles doivent se passer à Fideris de presque toutes les petites commodités dont l'habitude fait une loi : dans les deux vastes bâtiments il
n'y a pas un canapé, pas un fauteuil, pas une chaise rembourrée ni
même empaillée ; des siéges de bois à trois et quatre pieds, voilà le
luxe des meilleures chambres, taxées deux florins (¹) par jour. Ajou-
tez-y une table et une commode de sapin, un lit très-passable, avec
matelas de crin, quelques crochets à la paroi pour y suspendre les
vêtements, un petit rideau de percale à la fenêtre, si le voisinage
l'exige absolument, voilà tout. En revanche, la nourriture n'y est pas
chère, et chacun peut, à sa guise, manger dans sa chambre ou à la
table commune, sans que la dépense soit augmentée. L'essentiel,
comme le dit fort bien M. Donau, c'est que l'eau de Fideris, appelée un trésor par le célèbre Schönlein (²), rend quelquefois de merveil-

---

(¹) Le florin des Grisons ne vaut que 12 batz.

(²) Si les Suisses, disait-il un jour, savaient quel trésor ils possèdent
dans l'eau de Fideris, ils n'iraient plus guère chercher la santé dans les
établissements de l'Allemagne. — Un médecin du plus grand mérite a voulu
acquérir à grand prix la propriété de ces eaux, mais M. Donau n'a pas con-

leux services aux personnes qui en sont au premier degré de la phtysie, ainsi qu'aux pasteurs, professeurs, instituteurs et avocats fatigués de leurs fonctions.

·.— La *Revue Suisse*, en publiant au mois de juin un premier article sur l'université fédérale, avait annoncé qu'elle continuerait à tenir ses lecteurs au courant de cette importante question. Elle exprimait sa pleine confiance dans le résultat, si l'opinion générale avait le temps de se faire jour; toutefois elle redoutait un vote de surprise, et elle estime encore maintenant qu'elle a eu raison de se placer à l'avant-garde de la résistance. Elle a cru dès-lors pouvoir se taire, parce que la discussion est devenue générale, et que presque tous les journaux politiques ont exprimé leur opinion ou celle des localités qu'ils représentent. L'attaque contre le projet a été vive et assez générale; la défense, au contraire, faible et sans énergie: ce fait, reconnu avec regret par le journal fédéral, a été pour beaucoup dans la décision d'ajourner la question, qui a été prise par les autorités de la Confédération. Ce qui nous rassure pour l'année prochaine, c'est que la loi sur l'université fédérale, impopulaire en elle-même, est nécessairement subordonnée à l'acceptation d'une autre loi non moins impopulaire, celle d'augmenter les droits de douane dans le but de composer le budget universitaire. Nous avons l'espoir que ces deux projets échoueront contre le bon sens du peuple suisse, éclairé sur ses vrais intérêts matériels et intellectuels; toutefois nous estimons que l'opinion publique demandera à être éveillée sur ces deux points l'année prochaine, comme elle l'a été cette année, et qu'il ne faudra pas s'endormir sur un succès qui n'est encore qu'incertain. Une discussion intempestive est toutefois inutile; aussi n'avons-nous presque rien à répondre à une série d'articles qui viennent de paraître après coup dans un journal de notre voisinage, et qui prennent à partie, d'une manière peu courtoise, les hommes et les institutions du temps présent et du temps passé. La question de l'université fédérale peut être noblement défendue, quand on se garde de récriminations, de personnalités blessantes, et de citations prises à contre-sens. Nous ne relèverons qu'un seul mot de ces articles, parce qu'il intéresse la mémoire des hommes du passé, et qu'aucune considération personnelle ne doit retenir notre plume. L'auteur des articles auxquels nous faisons allusion, dans son besoin de justifier à tout prix la fondation d'une université fédérale, affirme que notre petit pays n'a pas eu un seul homme qui ait fait époque, qui ait marqué d'une manière saillante dans le mouvement des idées. Sans remonter bien haut, nous sommes plus qu'étonné de l'énoncé d'une telle opinion sous la plume d'un élève de Vi-

senti à se dessaisir de son *trésor!* Il en connaît mieux que personne la valeur.

net, de l'homme qui est, aux yeux de l'Europe et de l'Amérique, le représentant le plus élevé de la lutte en faveur de la liberté des cultes défendue par les armes du christianisme, et de la lutte en faveur de la séparation de l'Eglise et de l'Etat, qui deviendra tôt ou tard un fait accompli. Ces deux idées paraîtraient-elles mesquines à un théologien ? et, pour être un grand homme, faudrait-il absolument que Vinet eût été un Hegel ou un Hegelien ? — Non, ce ne sont ni les grandes ni les petites universités qui créeront les hommes de génie. Le Genevois, J.-J. Rousseau, qui n'a été l'élève d'aucune académie, a-t-il donc eu sur la marche des idées du 18ᵉ siècle une si étroite influence que son nom ait échappé au défenseur de l'université fédérale? Est-ce sur les bancs de la Sorbonne que Mᵐᵉ de Staël, suissesse de père et de mère, a puisé la force d'énergie qu'elle a déployée en luttant au nom du spiritualisme contre le matérialisme de l'empire ? — Circonstance singulière! C'est de la Suisse que sortent les trois grands écrivains qui, depuis un siècle, ont été, en quelque sorte, à la tête de trois grandes phases de la civilisation française et, à certains égards, européenne, le mouvement humanitaire, le mouvement spiritualiste et le mouvement religieux, — et nous devrions baisser la tête et reconnaître que ce sont nos voisins qui nous imposent toujours leurs idées! La Suisse allemande aurait à son tour le droit de protester en ce qui la concerne, au nom des Haller, des Euler, des Bernouilli, des Pestalozzi, des Jean de Muller et de tant d'autres qui ont, certes, ouvert de nouveaux horizons à la science et à l'esprit humain; mais, ce qui vaut mieux encore, notre patrie tout entière doit s'estimer heureuse de n'être pas le sol favori de certains systèmes songe-creux, systèmes qui n'ont souvent de profond que le vide, de vaste que le vague, de savant que leur terminologie, de destinée que l'oubli, qui est bientôt leur partage. La philosophie allemande a une mission réelle, et elle a eu, pour interprètes, des hommes de génie; il n'en est pas moins vrai que si l'université fédérale devait avoir pour résultat de naturaliser chez nous certaines planètes de cette philosophie, nous pourrions bien n'acquérir que des nébuleuses.

— Le célèbre Laurent Oken, professeur de droit à Zurich, est mort à Zurich le 11 août. Il n'appartient à l'histoire de la Suisse que par la dernière partie de sa vie. Il était, en 1807, agrégé de l'université de Gœttingen, lorsqu'il fut appelé à occuper une chaire à Jena, où il professa avec distinction l'histoire naturelle générale, la zoologie, la physiologie et même la philosophie. La publication d'un journal qui parut sous le titre d'*Isis* lui suscita des difficultés qui le privèrent de sa place; il continua néanmoins à vivre à Jena en simple particulier, se livrant à d'importants trvavaux, surtout dans les sciences naturelles. C'est entre 1830 et 1840 qu'il publia entre autres son *Histoire naturelle*, celui de ses ouvrages qui est le plus populaire.

— La seconde partie du premier volume de l'*Histoire rômaine* de MM. Dor. Gerlach et J.-J. Bachofen vient de paraître à Bâle, chez Bahnmaier, neuf mois après la première. Elle comprend l'époque des rois. Le travail historique, appuyé sur les meilleures sources, est entièrement séparé du travail critique, dans le but de laisser à l'histoire elle-même toute sa simplicité, et de n'en pas embarrasser la marche par des discussions. M. Bachofen, jurisconsulte éminent, expose dans la seconde partie du livre le résultat de ses profondes recherches sur les fondements du droit romain. L'association de deux savants pour lesquels le monde romain est comme une seconde patrie, donnera une haute importance à cette nouvelle publication, lorsqu'elle sera entièrement achevée.

— Au nombre des publications qui se rattachent à la théologie, nous indiquerons un nouveau volume de sermons de M. le Prof. Alex. Schweizer, de Zurich(¹); un autre volume de sermons de M. Martin, pasteur de l'église morave de Kœnigsfeld(²), et une réimpression des homélies sur le Xᵉ chapitre des actes des Apôtres, que M. l'archidiacre Linder de Bâle avait publiées pour la première fois en 1830(³). — Il suffit d'indiquer ces divers ouvrages pour les recommander à l'attention des personnes qui partagent la foi de leurs auteurs, et qui se laissent volontiers guider par leur science et leur piété. Ces trois noms, le premier surtout, ont un renom qui dispense de tout éloge.

— M. Josenhans, inspecteur de l'institut des missions de Bâle, vient de partir pour les Indes orientales. Ce voyage, qui a pour but le progrès de la mission dans cette partie du monde, était projeté depuis plusieurs années : et, s'il n'a pas été effectué plus tôt, c'est que, d'un autre côté, la présence à Bâle du directeur d'un grand établissement est presque une nécessité. Ce ne sont que des motifs d'une haute gravité qui ont pu engager le comité à se passer pour un temps si long d'un homme dont le zèle et les lumières sont de plus en plus appréciés.

— En parcourant les délibérations du synóde de Berne, assemblé au mois de juillet, nous avons été surpris d'apprendre qu'on s'occupe depuis quinze ans de la composition d'un nouveau recueil de chants

(¹) Sermons sur le Royaume de Dieu, d'après toutes les paraboles de l'Evangile de saint Matthieu et d'autres textes qui les complètent, par Alex. Schweizer, professeur et pasteur à Zurich. (4ᵐᵉ recueil). — Orell et Füssli.

(²) Trente sermons et méditations, par Jean-Henri Martin, pasteur à Kœnigsfeld. — Bâle, F. Schneider, 1851.

(³) L'histoire du capitaine romain Cornelius. Vingt-deux homélies sur le Xᵐᵉ chapitre des Actes des Apôtres, par Jean Linder, archidiacre.— 2ᵉ édition.

d'église, et que ce travail présente d'insurmontables difficultés, dont un correspondant, membre du synode, ne prévoit pas le terme. Le recueil de Bâle, terminé depuis plusieurs mois, sera sans doute prochainement introduit. Le comité avait eu l'heureuse idée d'en tirer, l'année dernière, une édition provisoire, pour que le public pût présenter ses observations dans un délai fixé. En revanche, nous nous félicitons du bon esprit qui a animé le synode de Berne, dans la résolution prise par lui de remédier par divers moyens à la profanation du dimanche. Il a été décidé de faire une démarche auprès du gouvernement, pour qu'il use dans ce but de toute son influence, et il a, en même temps, résolu d'adresser à toutes les églises une lettre pastorale, si toutefois la constitution de l'Eglise le permet; ou, dans le cas contraire, d'inviter l'autorité à adresser d'elle-même une circulaire, qui serait lue en chaire par les pasteurs. — Le mal est grand, à ce qu'il paraît, dans le canton de Berne; mais il faut se réjouir que le clergé le sente et veuille y remédier.

— Le clergé de Thurgovie ne semble pas être aussi unanime dans ses tendances. Une commission, chargée de la révision de l'ancien catéchisme zuricois, a terminé son travail, et l'a soumis aux pasteurs du canton. S'il en faut croire le rapport d'un ecclésiastique thurgovien, la plupart de ses collègues seraient mécontents d'une rédaction qui altère plusieurs doctrines importantes, et qui en laisse de côté plusieurs autres, telles que celles du jugement dernier et de la résurrection de la chair. Il nous semble, à nous, que si la majorité du clergé est mécontente, elle saura faire prévaloir son opinion.

— La législation d'Argovie ne permet à aucun pasteur étranger au canton, fût-il Suisse, de bénir un mariage sous le contrôle du pasteur de l'endroit. Sans être partisan de la république démocratique et sociale, ne pourrait-on pas souhaiter que la devise : Liberté, égalité et fraternité pût devenir une vérité dans les rapports que les églises de la Suisse peuvent et doivent avoir entre elles? L'abus que nous signalons, à l'occasion d'un fait particulier, est loin d'être le seul.

— Enregistrons ici quelques dons ou achats généreux. Le gouvernement des Etats-Unis a envoyé à la Confédération cent volumes de lois et d'écrits concernant l'Amérique; courtoisie à laquelle le Conseil fédéral à répondu par un contre-envoi de 87 volumes de lois, écrits, administratifs et statistiques sur la Suisse. La grande et la petite république se font depuis quelques années une cour en règle. A la bonne heure, car l'alliance n'ira jamais jusqu'à l'union. M. Forcart-Mérian, de Bâle, a donné 1000 francs à la Société du Musée, sans indication spéciale d'emploi. De son côté, M. Schattermann, directeur de la fabrique de produits chimiques de Buxwiller, a envoyé sans frais à la même

destination trois caisses dont M. le Prof. Schœnbein saura faire usage.
— La commune de Winterthur vient d'acheter, pour 1,500 florins, les
esquisses faites en Afrique par le peintre Weidenmann, maintenant
décédé. Il est peu de villes du second ordre, en Suisse, qui aient au
même degré que Winterthur le goût des arts — et les moyens de le
satisfaire.

— La *Revue* a déjà dit un mot du projet de loi sur les écoles primaires de Berne. Elle ne prévoyait pas alors que ce projet deviendrait,
dans ce canton, un prétexte d'agitations politiques. Le directeur de
l'éducation a eu l'idée loyale et républicaine d'adresser à toutes les
communes un certain nombre de questions concernant cette loi. Il leur
demande, entre autres, si l'instituteur doit être nommé à vie, ou non :
— s'il faut exclure les ecclésiastiques du commissariat des écoles, où
si leurs fonctions en cette qualité seront gratuites : — s'il faut les exclure de l'inspection de l'enseignement religieux dans les écoles primaires, etc. — Il demande aux communes quelles sont leurs vues sur
le minimum du traitement, sur le nombre des écoliers, au delà duquel
la division en deux classes doit avoir lieu, sur les vacances, sur les
branches d'enseignement obligatoires, en un mot, sur tous les points
qui pouvaient donner lieu à une réponse catégorique de la part des
communes. Or les communes radicales se donnent le mot pour ne pas
répondre. Que diront tous ces chefs de famille à ceux de leurs enfants
qui, croyant faire beaucoup de peine à leurs parents, refusent de
manger, baissent la tête et vont se cacher à l'angle de la chambre? Allons, il ne manquait plus que d'organiser la bouderie en système.

— La *Revue* a donné, l'an passé, un aperçu des réunions annuelles
de la plupart des sociétés fédérales. Son correspondant croit pouvoir,
en conséquence, se dispenser d'en faire une nouvelle énumération ;
son silence sera d'autant plus naturel qu'il n'a assisté en personne
qu'à l'ouverture des séances de la société des sciences naturelles, à
Glaris, sujet qui a déjà été abordé par un autre correspondant. Simple
amateur, il a d'ailleurs été plus particulièrement attiré vers la magnifique nature qui a favorisé cette fête de tout son éclat. Le Glærnisch,
le Viggis, le Frohnalp, le Doedi, dorés et argentés aux rayons d'un
soleil de juillet, semblaient avoir revêtu leurs plus beaux manteaux de
fête, pour accueillir les amis de la science qui explorent leurs mystères. Ces vénérables géants avaient détaché de leurs couronnes des
touffes de roses des Alpes qui venaient, comme d'elles-mêmes, se
placer à la boutonnière de tous les invités. Quelques jours plus tard,
sur le lac de Zurich, et plus loin encore, nous reconnaissions les hôtes
glaronnais à cette décoration d'un nouveau genre qui, bien que desséchée, rappelait sans doute un frais souvenir. — Mentionnons toutefois la réunion des prédicateurs, puisqu'elle a eu lieu, l'année der-

nière, à Neuchâtel, et qu'elle a inauguré pour le canton de Bâle-campagne l'ère des fêtes fédérales, dont il avait été jusqu'ici entièrement privé. L'inauguration ne pouvait avoir lieu d'une manière plus convenable. — Faisons enfin une autre exception en faveur de la fête des cadets des cantons de Zurich et d'Argovie, dont nous avions vu, en passant, les préparatifs assez grandioses, et qui a mis en émoi pendant trois jours la ville de Baden, trop petite pour accorder l'hospitalité à tous les curieux accourus des cantons voisins.

— La clôture de la grande exposition de Londres approche. C'est la *Nouvelle Gazette de Zurich* qui a jusqu'ici eu le privilége d'une correspondance suivie sur ce fait capital, et c'est de ses colonnes que se sont répandus dans les autres journaux suisses la plupart des renseignements qui ont été communiqués. Ne pouvant aller à Londres, nous avons fait une petite excursion dans le catalogue général de l'exposition, volume plus lourd en son genre que le palais de cristal dans le sien. Nous avons rapidement traversé et additionné les 8963 articles du Royaume-Uni ; les 1804 produits de la France, nous en avons constaté 746 en Autriche, 289 en Espagne, 1299 en Portugal ; nous sommes allé en compter 557 aux Etats-Unis ; puis nous sommes arrivé, n'importe comment, au cœur de la Suisse ; et là, autour de nous, 270 numéros seulement étaient étalés. « Comment ! avons-nous dit en nous-même, voilà 355 articles de la seule colonie de Van-Diémen, 1299 du Portugal, et il y en a si peu qui proviennent de notre pays industrieux et industriel ! Après un moment d'examen attentif, nous nous sommes convaincu que l'honneur de notre pays restait sain et sauf, et que cette prétendue infériorité reposait sur un mal entendu. Voici en quoi il consiste. Comme chaque pays était libre de numéroter ses articles à son gré, il en est résulté que les uns ont mis un numéro à chaque produit, et d'autres à des groupes entiers. En suivant rigoureusement le système du Portugal, les 2814 spécimens de rubans de Bâle envoyés par 26 maisons, seraient disposés sous 2814 numéros différents, tandis qu'ils n'en occupent qu'un seul. Ce numéro est, sans doute, le groupe principal ; néanmoins on comprend que la seule indication des chiffres ait pu tromper bien des personnes qui n'avaient pas le catalogue sous les yeux. — Cette observation ne s'applique pas aux grands Etats, qui ont adopté une classification semblable à la nôtre.

Un journal de Berlin faisait observer avec raison que, parmi les produits exposés par la Suisse, il n'y en a pas un qui soit, à proprement parler, brut. « Le cristal est poli, disait-il, la peau de chamois est tannée et colorée ; les cocons d'Argovie et du Tessin, ainsi que le fromage géant de l'Emmenthal qui n'a pas été admis, n'ont pas crû sur des arbres. La mine d'or de la Suisse est le travail, stimulé par un double aiguillon, la pauvreté du sol et la liberté d'industrie. Le Suisse fait venir de loin dans ses montagnes les matériaux de ses fabrications, et, pour soutenir la concurrence, il doit suppléer par une plus grande industrie le déficit des frais de transport. Si nous analysons les produits de la Suisse, nous n'assignons à la matière en elle-même que la 10e, la 100e, ou même la 1000e partie de leur valeur; tout le reste est le travail accumulé. C'est pour cela qu'ils prennent, relativement parlant, peu de place. Un ressort de montre a cent fois plus de prix que le morceau de fer dont il est composé. Des tuyaux de paille, pris dans les champs, n'ont aucune valeur; les chapeaux se paient au poids de l'or. La sculpture sur bois vaut autant de guinées que le bois, de pfennings. L'explorateur de l'exposition universelle verra cette vérité se confirmer, s'il passe en revue les nombreuses montres, les chronomètres, les instrumens de mathématique et d'astronomie, les peintures sur émail, les pierres fines artificielles, les verres optiques, les piano-forte, les boîtes à musique et autres instruments, les sculptures sur bois, les rubans, les dentelles, les broderies et les étoffes de tout genre.»

La Suisse n'aura qu'à se féliciter d'avoir pris une part active à l'exposition de Londres. Il est bien avéré aux yeux de l'Europe que certaines branches d'industrie sont largement exploitées dans notre petit pays. On ne parlera désormais qu'avec considération des broderies d'Appenzell, qui ont le premier rang dans le monde; des soieries de Zurich, représentées par 42 fabricants; des mousselines, guingans, jaconas, batistes et cotonnades de Saint-Gall, des rubans de soies de Bâle, des montres de Genève et du Jura. A côté de ces grandes industries, qui n'ont pas toutes été représentées comme elles auraient pu l'être, on s'est assuré que les autres branches y ont aussi d'habiles ouvriers; la Suisse a envoyé les articles les plus variés, menuiserie d'art, gravures sur or, couleurs pour aquarelles, machine à calculer, arcs, carabines, instruments d'agriculture, planimètres, planétaires, reliefs de quelques montagnes, draps, cuirs de toute sorte, papiers, boussoles, peintures sur albâtre, articles de poterie, etc., etc. — Il s'est trouvé parmi les exposants, un patriote qui a expédié une statue du Père Girard, en bois de châtaignier; un flatteur qui a envoyé un portrait en pied de sa majesté la reine Victoria (probablement sur émail?); il s'y trouve aussi quelques articles un peu excentriques, par exemple une jambe de bois, de la poudre à dents, et surtout un quartier de bœuf conservé depuis 1846. Pourquoi donc refuser le fromage de l'Emmenthal, qui aurait fait le pendant? On a bien admis l'exposition de Sainte-Hélène, qui se compose en somme de deux échantillons de café et d'une caisse de coton brut, — plus, d'un grand souvenir, qui donne seul une valeur à ce coton brut et à ce café.

On sait déjà qu'un très-grand nombre d'exposants suisses recevront, ou des prix d'honneur, ou des médailles, ou enfin des mentions honorables.   C.-F. G.

POÉSIE.

A MONSIEUR JULES VUY.

Ma muse, étrangère, en ces lieux,
Mais guidée aux sons de ta lyre,
De l'Arve dont le bruit l'inspire
Suivait les bords harmonieux.

L'oreille et la vue attentives,
Contemplant les prés déjà verts,
Ecoutant l'accord de tes vers
Répondre à l'écho de ces rives ;

Elle savourait lentement
Cette volupté qu'on éprouve
Quand l'âme, avec les yeux, se trouve
Dans un même ravissement.

Heureuse et surtout attendrie
De voir et d'entendre, en retour,
Comme une image, tour-à-tour,
Comme un écho de la patrie ;

Elle songeait à son berceau,
Ce Midi de la France où vibre
Une si poétique fibre,
Où brille un si riche pinceau.

Elle se rappelait ses courses
Dans ces plaines et sur ces monts
Où tombent de si chauds rayons,
Où coulent de si fraiches sources :

Puis le charme de ces instans
Où dans les prés fleuris assise,
Elle aspirait avec la brise
Les premiers parfums du printemps.

. . . .

.... Et tout entière sous l'empire
D'un doux souvenir rappelé
Auquel un regret est mêlé
Comme une larme au doux sourire;

Ma muse laisse fuir le jour,
Livrée à des rêves sans nombre,
Oubliant que déjà, dans l'ombre,
A sonné l'heure du retour.

Tel est donc de la poésie
Sur notre âme l'heureux pouvoir,
Qu'il ne faut, pour tant l'émouvoir,
Parfois qu'une note choisie;

Et qu'il suffit pour que souvent
Cette note éteinte revive,
Du moindre son qui la ravive,
D'un soupir de l'onde ou du vent.

C'est ainsi que dans la nature
Tout se lie et tout correspond;
A l'oiseau qui chante répond
L'air qui gémit, l'eau qui murmure.

Au bruit de l'Arve sur ses bords,
Si ton âme s'est inspirée,
A son tour, ma muse enivrée
S'inspire au bruit de tes accords!

Genève.   FRED. CARTAIRADE-TERROUX.

BULLETIN BIBLIOGRAPHIQUE.

HISTOIRE DU PRINCE RUPERT, tirée de ses Mémoires publiés par Elliot Warburton, par *John Coindet*. — Genève, chez Joël Cherbuliez, éditeur, Lausanne, chez G. Bridel. 1 vol. in-12, fr. 3 » 50.

Ce n'est pas sans quelque appréhension, nous devons l'avouer, que pour
remplir notre tâche de critique, nous avons entrepris la lecture du volume
de M. Coindet. Le nom peu connu de Rupert, son existence guerroyante au
milieu de la triste lutte des partis, l'origine britannique des mémoires qui
ont fourni la matière de cette histoire, tout un faisceau de suppositions
gratuites et de jugemens prématurés nous jetait dans une injuste hésitation.
Heureusement, à peine engagé dans le récit, on s'aperçoit de son erreur, et
le charme de la narration, l'héroïsme et le beau caractère de l'homme qui
fait le sujet du livre, ne permettent plus de laisser cette lecture inachevée.

L'histoire du prince Rupert se lie intimément avec celle de la révolution
d'Angleterre de 1640. Fils de cette Elisabeth sur le front de laquelle la
couronne de Bohème resta si peu de temps, il était par conséquent neveu du
malheureux roi Charles 1er. Après avoir fait ses premières armes en Allemagne, et tenté de rendre un royaume à sa mère, il accourut au premier
appel que lui fit entendre d'Angleterre le cri de la guerre civile. Sa place
était à côté de son oncle, de son roi, et il lui resta fidèle jusqu'à la fin. Il
faut lire dans l'ouvrage de M. Coindet le récit de cette lutte malheureuse
de Charles 1er contre son parlement, ou plutôt celui des actions d'éclat par
lesquelles Rupert se distingua dans cette guerre. Ce n'est pas le moindre
mérite de notre historien, que d'avoir su entrer assez avant dans les détails
de la vie de ce prince, sans pour cela refaire l'histoire de l'époque. Il ne
perd jamais de vue son sujet, et pourtant il l'embrasse d'assez haut pour le
dominer et le présenter avec ensemble et méthode. Un soin dont nous lui
savons aussi beaucoup de gré, c'est de s'être attaché à disculper Rupert des
accusations dont il a été l'objet durant sa vie, et de la part de certains historiens. La tâche était d'ailleurs facile depuis la publication faite par
M. Warburton, et nous connaissons peu de caractères plus loyaux, plus fidèles au devoir et à la foi jurée, plus chevaleresques et plus nobles que celui
de cet intrépide défenseur de la monarchie.

Dans le cours de son travail, M. Coindet se pose franchement en adver-

saire de cette école historique qui a pris à tâche de réhabiliter Cromwell.
Nous l'en félicitons sincèrement. Il est bien temps que justice soit faite de
ces déplorables sophismes au moyen desquels des écrivains aveuglés peut-
être, voudraient atténuer les crimes d'un Robespierre et d'un Cromwell.
Dans les quelques pages consacrées par notre auteur à ce sujet délicat, nous
avons trouvé autant d'esprit que de tact et de fermeté.

Quoique tirée des *Mémoires* publiés par Elliot Warburton, l'*Histoire du
prince Rupert* est plus qu'une simple traduction ; elle a même à nos yeux
tout le mérite d'un ouvrage original, par la difficulté qu'il y avait à extraire des trois volumes anglais, où les documens sont entassés sans ordre
et sans méthode, une biograpbie pleine d'unité, de vie et d'intérêt. M. Coindet a su condenser avec art ses matériaux dans des chapitres où la vivacité
de la narration remplace les longueurs diffuses des Mémoires de l'historien
anglais, et lorsqu'il lui arrive de faire quelque citation, c'est toujours avec
bonheur et à-propos. — En terminant cette courte analyse d'un livre auquel nous souhaitons beaucoup de lecteurs, nous ferons une seule remarque
critique. Il nous semble que M. Coindet a passé un peu trop rapidement,
dans ses premiers chapitres, sur les causes de la révolution dont il retrace
les principaux épisodes. La crainte de sortir des limites de son sujet l'a fait
tomber ici dans une trop grande coneision ; il suffirait d'ailleurs d'un petit
nombre de pages pour remplir la lacune que nous signalons, et si l'accueil
que mérite cet ouvrage le permet, nous désirons qu'elle puisse être comblée
dans une seconde édition.

L'ISRAEL DES ALPES, première histoire complète des Vaudois du Piémont et de leurs colonies, suivie d'une bibliographie raisonnée, par Alexis
Muston, D^r en théologie. — 4 forts volumes in-12. Paris 1851, librairie
Ducloux, rue Tronchet, 2. — En Suisse, chez les libraires cités habituellement.

Dans sa Chronique du mois de Juin dernier, la *Revue Suisse* a déjà attiré
l'attention de ses lecteurs sur l'ouvrage important de M. Alexis Muston.
Nous ne croyons pas inutile de revenir une seconde fois sur ce livre, fruit
d'un travail soutenu et consciencieux, et dont le sujet mérite au plus haut
point l'attention de tout véritable chrétien.

L'histoire des Vaudois du Piémont n'est guère qu'un long martyrologe.
C'est le récit douloureux des souffrances et des persécutions sanglantes que
ce petit peuple eut à subir pendant des siècles, que M. Muston a entrepris
et présenté avec talent. Dans ce but, il n'a négligé aucun labeur : tous les
documens inédits, tous les ouvrages déjà publiés sur les Vaudois ont été
compulsés et étudiés par lui avec soin. On reconnait ici ce zèle béni de
l'homme qui entreprend une tâche affectionnée, et qui sait que le résultat

de ses veilles sera la glorification de Dieu dans la vie des peuples comme dans celle des individus. Quand on parcourt, à la fin du 4me volume de l'*Israël des Alpes*, la liste des ouvrages et documens dont l'auteur s'est enquis pour son travail, on n'est pas surpris qu'il ait dû consacrer à son œuvre un espace de quinze années.

L'histoire de la petite peuplade qui porte le nom générique de Vaudois du Piémont, est bien propre à nous faire admirer la puissance de l'Evangile et l'efficacité d'une foi vivante. Déjà en 1209 elle était l'objet de mesures de rigueur de la part d'Othon IV, empereur d'Occident, qui donna à l'archevêque de Turin, prince de l'Empire, le droit de détruire les Vaudois par les armes. Dès-lors les vicissitudes de ce peuple, qui ne voulait pas courber le joug devant Rome, sont innombrables. Plusieurs expéditions militaires sont entreprises contre leurs paisibles vallées. Après une résistance d'abord passive, puis armée, ils voient leurs rangs décimés, leurs villages brûlés, leurs récoltes détruites, des populations entières anéanties par un ennemi fanatisé par les prêtres. Parfois cependant la victoire reste de leur côté, grâce à une vaillance admirable; alors survient un temps de répit pendant lequel ils peuvent réparer les maux causés par la guerre, mais aussi pendant lequel un ennemi infatigable prépare de nouvelles iniquités. Plusieurs fois les Vaudois se virent contraints d'abandonner le sol natal et d'aller chercher en Suisse et en Allemagne un asile contre la rage de leurs bourreaux. Mais l'amour de la patrie ne tarde pas à reprendre le dessus; et bientôt a lieu cette rentrée étonnante des Vaudois dans leurs vallées, si justement appelée *glorieuse*.

Ce serait donner une faible idée du livre de M. Muston, que d'esquisser rapidement la vie militaire du peuple dont il s'est fait l'historien. Outre le récit de ces expéditions guerrières, nous y trouvons une foule de détails sur l'organisation des Eglises vaudoises, sur leurs mœurs et leur littérature, sur leurs colonies, enfin une multitude de traits admirables de fidélité à leur Sauveur, de la part des innombrables martyrs des Vallées, qui scellèrent de leur sang leur alliance au Dieu de l'Evangile.

Une pareille lecture nous semble bien propre à porter dans les âmes la force et l'ardeur du vrai soldat de Christ. Plus que jamais, dans ces temps d'épreuve, et à la veille peut-être de voir se réveiller les luttes religieuses, il est bon de faire provision de foi et de courage.

~~~~~~~~~~~~~~~~~~~~~~~~~~~~~~~~~~

FRAGMENTS DE LA RELATION DU SÉJOUR EN ÉGYPTE, du capitaine du génie L. Thurman, pendant toute la durée de l'expédition française, recueillis et mis en ordre par son fils. — Porrentrui, 1851.

A côté des ouvrages dans lesquels les historiens retracent à grands traits les événements d'une époque, il y a une place honorable et modeste pour ces récits familiers, pour ces relations individuelles écrites par des hommes qui se trouvèrent engagés comme acteurs dans des faits considérables. Outre l'intérêt historique qui s'attache à ce genre d'ouvrages, on y trouve ordinairement le charme si rare de la spontanéité et de la vérité dans les détails; le voyageur qui écrit chaque soir son journal de voyage, le soldat qui raconte dans des lettres à sa famille les scènes de sa vie aventureuse, ne songent à autre chose qu'à dire clairement ce qu'ils ont vu, et pour peu que les faits dont ils ont été les témoins soient importans, il y aura toujours dans leur récit un attrait puissant et une émotion communicative. C'est au nombre de ces ouvrages qu'il faut ranger les *Fragments de la relation du séjour en Egypte* de M. le capitaine Thurman, publiés par les soins de son fils, M. le professseur Thurman, à Porrentruy, dont nous avons déjà fait connaître plusieurs publications à nos lecteurs. Dans une série de lettres écrites à son père, le capitaine Thurman retrace les scènes principales de l'expédition d'Egypte, le départ de la flotte, la traversée, le débarquement sur la côte égyptienne, la prise d'Alexandrie, la destruction de la flotte française à Aboukir, la bataille d'Aboukir, enfin ces mille incidents d'une lutte de plusieurs années, cette vie de privations et de souffrances journalières dont l'historien ne peut donner aucune idée, et qui réclament tant de courage et d'abnégation de la part de ceux qui les subissent. Ecrite sous l'impression du moment, cette relation de la campagne d'Egypte est empreinte à un haut degré de ce qu'on appelle la couleur locale, et le lecteur peut y prendre sur le fait bien des traits de mœurs et des scènes guerrières qu'il chercherait en vain chez les historiens.

RAPPORT au département des travaux publics de la Confédération suisse, sur l'influence probable des chemins de fer dans la Suisse romane, sur l'agriculture, l'industrie et les petits métiers, par John Coindet. — Genève, imprimerie de F. Ramboz, brochure de 70 pages.

Le département des travaux publics de la Confédération a fait preuve de tact et d'habileté en s'adressant à M. Coindet (dont nous analysons plus haut une autre production), pour l'examen d'une question aussi importante que celle de l'influence des chemins de fer sur l'industrie et l'agriculture de la Suisse romane. La place nous manque pour entrer aujourd'hui dans le vif de la question ; notons seulement que les conclusions auxquelles arrive M. Coindet sont toutes en faveur de l'établissement d'une voie ferrée ; il nous a paru que sa manière d'envisager son sujet est d'accord avec les vrais principes de la statistique et de l'économie politique...

HENRI WOLFRATH, ÉDITEUR.

DU CARACTÈRE ET DES DESTINÉES

LITTÉRATURE POPULAIRE

EN FRANCE ([1]).

———◦———

S'il est des questions plus vitales que celle d'une littérature populaire, il n'en est pas de plus actuelle. L'historien du dix-septième siècle ne voyait guère dans l'histoire de France que des mo-
narques se succédant sur un trône entouré de courtisans ; il se
complaisait à peindre les ravages produits par la guerre, les intrigues de la diplomatie, les vices ou les vertus de la noblesse ; et,
quoiqu'il eût presque ignoré l'existence de la nation, il croyait
avoir accompli sa tâche. Mieux renseigné par de cruelles, mais
salutaires expériences, l'historien moderne ne s'est pas contenté
d'étudier les éléments qui se heurtent sur les hauteurs de la civilisation ; il a vu dans le passé d'une nation un autre tableau que celui
des sommités autour desquelles s'amoncellent les tempêtes et gron-
dent les orages ; il est descendu dans les vallées, il a dirigé son regard attentif au fond de ces lacs dont le calme est souvent trompeur : — il a découvert le peuple.

Or l'histoire, qui doit faire revivre la physionomie des temps

---

([1]) La Société des sciences, agriculture et belles-lettres du département
de Tarn et Garonne, qui avait publié, vers le commencement de cette année, le programme d'un concours d'éloquence sur cette question, a couronné
le discours de M. le prof. Girard. Il est nécessaire de rappeler que, d'après
le programme, l'étendue du travail était limitée à une heure de lecture.

passés, subit toujours, plus ou moins, la loi du temps présent; et
lorsque, sous la plume de l'écrivain, elle prend une nouvelle vie
et de nouvelles couleurs, nous pouvons en conclure que la société
elle-même se transforme, et que d'autres besoins réclament d'autres enseignements.

Renfermée d'abord dans le cercle étroit de quelques classes privilégiées, la civilisation a pris un élan qui effraie l'esprit timide,
qui fait réfléchir le penseur, et qui dirige plus fréquemment vers
le ciel les regards de l'homme religieux. Ce qui n'intéressait autrefois que la cour et les classes lettrées, est devenu insensiblement le domaine de la bourgeoisie, et va être l'aliment de toute
la nation. Le peuple est appelé par la Providence à être l'instrument de sa destinée temporelle; tâche glorieuse, mais fardeau dangereux, s'il se charge au-delà de ses forces.

En présence d'une transformation, dont la certitude résulte tant
de la marche régulière de la civilisation que des symptômes du
temps présent, l'homme éclairé se demande, avec une certaine inquiétude, si le champ des idées est assez mûr pour convier tout le
monde à la moisson; il se demande surtout si les ouvriers actuels
ont la conscience de leur tâche, et travaillent pour la sécurité de
l'avenir.

S'il n'est pas nécessaire de prouver que la religion est l'aliment
naturel de toutes les âmes, que la science peut être à la portée de
tous les esprits, on s'est rarement enquis des caractères d'une littérature qui soit pour toutes les intelligences une parure et une armure, une parure par le style, une armure par l'idée. Phénomène singulier! Cette question si vitale est presque neuve, et, pour
la résoudre, on n'a pour guide que sa propre conviction. De sa
solution dépend en partie le bonheur ou le malheur de la société,
et les générations se succèdent sans qu'elles s'en préoccupent.
Nouvelle preuve de cette triste vérité, que l'homme, si sensible aux
petites questions qui l'environnent, reste trop souvent indifférent
aux plus grands intérêts de l'humanité!

Gardons-nous tout d'abord d'une étrange erreur, qui s'attache
trop souvent à l'amour-propre des esprits les plus éclairés, et les
éloigne d'un genre auquel leur nature généreuse les appelait peut-
être. Une littérature populaire serait-elle un champ d'activité approprié aux forces d'esprits médiocres, mais non à celles d'une
intelligence supérieure qu'un puissant essor pousse et maintient

dans les régions élevées? Serait-elle une source de succès faciles?—
Succès faciles! Nous permettons ce langage à des natures d'exception qui ne peuvent satisfaire qu'un public aussi exceptionnel que
leur talent; nous leur accordons ce mirage d'amour-propre qui
leur fait préférer l'admiration de quelques hommes à l'admiration
de tous. Ces esprits ne savent que s'élever, et ils restent dans la
nue pour dissimuler le peu d'étendue de leur vol; c'est, de leur
part, calcul de prudence ou sentiment naturel des limites de leur
puissance. Mais l'homme de génie, surtout dans les temps modernes, ne peut s'arrêter à des considérations qui borneraient sa
sphère; il sait unir le vol de l'aigle à celui du fidèle oiseau qui revient des lointaines terres établir modestement son nid sous le toit
des demeures bourgeoises et sous l'humble chaume de l'habitant
des campagnes. Il est plus facile de s'isoler sur les hautes cimes
de l'abstraction, que d'être à la fois le bien-venu sous les lambris
de l'opulence, dans le cabinet de l'homme de lettres et au sein
de la famille d'un honnête villageois. Loin d'être, en littérature,
un moyen de succès facile, la popularité, que de coupables ambitions ont défigurée pour en faire l'instrument d'intérêts personnels,
est au contraire un idéal que le génie ne parvient pas toujours à
atteindre; elle est souvent le comble de l'art, et toujours un grand
triomphe pour le talent.

L'art est le palladium de tous les genres littéraires; seul, il ne
suffit pas à leur donner la vie; mais, sans lui, l'immortalité ne
pourrait leur être assurée. L'art n'est pas l'artifice; il ne trompe
ni n'éblouit, mais il orne l'idée et la fait briller de tout son éclat.
Il est, selon l'expression d'un poète, l'émail qui couvre et conserve la dent; c'est aussi la taille convertissant une pierre terne
et sans forme en un diamant qui jette mille feux. Il faut plus d'art
pour faire rayonner l'idée en tous sens, qu'il n'en faut pour donner
aux rayons une direction limitée.

Quiconque ne partagerait pas cette manière de voir se ferait une
idée incomplète de l'essence d'une littérature populaire. Nous ne
classerions qu'à regret dans ce noble genre d'écrits tous ces ouvrages, d'ailleurs estimables, qui donnent d'utiles enseignements
aux classes inférieures de la société, mais qui rebutent les esprits
cultivés, parce qu'ils excluent toute pensée d'intervention de l'art,
et qu'ils n'ont souvent pas même le mérite d'être goûtés de leurs
lecteurs habituels. Ici, comme ailleurs, l'art revendique ses droits,

et ne peut être impunément négligé. Sans lui, on peut faire de raisonnables abrégés des connaissances humaines, donner de salutaires leçons de morale, exposer avec une certaine convenance les devoirs de la famille ou du citoyen; sans lui, on peut rendre de bons services à toute une classe du peuple, mais on n'élabore pas une littérature pour tous, une littérature populaire.

Si les exigences de l'art nous paraissent assez fortes pour écarter de notre sujet les productions dont l'utilité fait le seul mérite, rangerons-nous dans la littérature populaire les œuvres d'art où l'art seul domine? Nous ne le ferons pas. L'art cultivé pour lui-même est un luxe à la portée des classes de la société qui ont des loisirs de reste, ou qui font de la culture de l'esprit leur plus sérieuse occupation; mais cet aliment, propre à décorer des tables richement servies, ne répondrait pas aux besoins plus substantiels de l'artisan. Les œuvres d'art qui n'ont que ce mérite sont donc des œuvres d'exception; et, si nous n'en décrivons pas plus amplement les contours, c'est parce que nous les croyons impropres à devenir populaires, et par là même peu dangereuses pour les classes auxquelles elles ne sont pas destinées.

Mentionnerons-nous avec le même calme d'innombrables productions, populaires par le style et les couleurs, par le sujet, par les développements; — œuvres d'art aussi, mais surtout œuvres d'action, car elles déposent des germes de mort dans l'âme, de déraison dans l'esprit, et d'amères déceptions dans le cœur? Ne rejetterons-nous pas avec indignation du catalogue des littératures populaires tous ces livres, hélas! trop populaires, qui se répandent avec une effrayante profusion de nos villes dans nos fermes, de nos vallées aux sommets les plus reculés de nos montagnes; livres pour l'acquisition desquels l'ouvrier sacrifie trop souvent le prix de ses sueurs, le pain de sa famille et le repos de ses nuits? Nous sommes ici en présence de l'art qui s'avilit pour pervertir les consciences, de l'art qui ment à son origine et à sa noble destination, de l'art qui se fait métier, ou pis encore, qui se fait agent provocateur au profit des vices les plus honteux ou des plus détestables passions.

Nous aimons à croire que la plupart des hommes d'art qui font un pareil usage de leur dangereux talent ne se doutent pas même des incalculables désastres dont ils sont la cause : s'ils avaient la conscience de leur œuvre, s'ils pouvaient suivre de l'œil la lente transformation qui s'opère dans l'âme de leurs lecteurs, s'ils pouvaient juger des suites de cet enivrement quotidien qui assoupit, endort, tue et pétrifie toutes les nobles aspirations du cœur humain, ils reculeraient d'effroi devant ce bouleversement des idées morales, intarissable source de ruine pour les individus, incessante crainte pour l'existence de la société. Et pourtant il en est, de nos jours surtout, qui se servent à dessein des formes populaires de l'art pour opérer plus sûrement leur œuvre de dissolution : médecins de mort, ils n'ont pas de plus grande joie que de faire le dénombrement de leurs victimes, et ils parlent de bonheur et de guérison dans le moment où la pointe de leur scalpel touche le cœur. Certes, vous êtes des écrivains populaires, vos noms ont franchi les mers, et sont répétés par toutes les voix de la renommée; mais l'honnête homme se détourne de vous, et l'avenir, pour tout châtiment, inscrira vos œuvres sur la pierre de vos tombeaux.

Proclamons donc hautement un nouveau caractère d'une littérature populaire : si elle doit satisfaire aux règles de l'art, elle doit avant tout ne heurter aucune des lois de la morale; s'il ne faut pas que l'homme de goût la repousse, il ne faut pas non plus qu'elle répugne à l'homme de bien. Ici, plus que dans tout autre genre littéraire, l'alliance du beau et du bon est indissoluble, et l'œuvre qui est privée de l'un ou de l'autre est par là même exclue du caractère de popularité qu'elle ambitionne. Le livre populaire est une semence appelée à germer dans tous les terrains; il ne suffit donc pas qu'il ait beaucoup de bon grain, il faut encore qu'il n'ait point d'ivraie. Il existe sans doute, au sein du peuple comme dans les classes cultivées, beaucoup d'âmes simples et généreuses, qui repoussent de nature les germes malfaisants, et ont le précieux privilège de ne s'approprier que le bon grain : cœurs d'or dans lesquels resplendit un rayon divin qui en éclaire toutes les approches; âmes d'élite entourées d'un cercle mystérieux qui absorbe les souffles empoisonnés, et ne laisse pénétrer dans le sanctuaire qu'un air pur et vivifiant. Mais, hélas! il y a un plus grand nombre de natures ingrates, chez lesquelles la bonne semence est étouffée dans son germe, tandis qu'un seul grain d'ivraie prospère, fleurit et se multiplie dans d'effrayantes proportions : ces natures absorbent tout sans distinction, mais le bien passe et le mal reste, parce que l'un ne séjourne que là où il est accueilli, tandis que l'autre s'impose et règne bientôt en maître là où il n'est entré qu'en rampant.

' On pourrait se tromper sur nos intentions. Nous n'avons point la pensée d'écarter absolument de la littérature populaire certains genres de style, certaines formes de l'art. Nous ne faisons le procès ni au roman, ni à la comédie, ni au drame; nous n'excluons aucun cadre, nous ne rejetons aucun des moules dans lesquels la pensée humaine prend sa forme, et nous ne nous priverions pas volontiers de la variété d'intérêt qui résulte de la variété des instruments. Le vase qui recèle la boisson meurtrière est innocent de l'effet qu'elle va produire; l'onde agitée, qui se referme sur le navire battu de la tempête, est le même océan qui le portait mollement vers le but de son pèlerinage. La cause du danger que présentent trop souvent certains genres d'écrits se trouve donc dans la pensée de l'homme, qui avilit le genre par le mauvais emploi qu'il en fait: la pensée, c'est la main qui verse le poison dans le vase, c'est le vent chargé d'orages qui soulève les eaux de l'océan. Le drame et le roman sont les formes de l'art les plus populaires : heureux celui qui, sachant s'en servir, serait pénétré de la grandeur de sa mission! Heureux celui dont l'imagination, tempérée par un cœur droit et par l'ardent désir du bien, parviendrait à mettre en œuvre des instruments d'une action si puissante, sans rien perdre de l'estime du sévère moraliste ni du calme de sa propre conscience. L'épreuve est forte et redoutable, le succès est rare et incertain, mais le triomphe est d'autant plus glorieux qu'on a lutté davantage contre les écueils.

Ce que nous venons de dire de la forme des écrits populaires, nous le croyons vrai pour le fond même dont ils doivent se composer. Si nous ne rejetons aucun moule, nous ne repoussons d'avance aucun métal. La littérature populaire, la plus vaste par sa tendance et par ses résultats, ne peut être en principe emprisonnée dans une étroite série de questions et de faits ; elle embrasse toute la pensée humaine, toute la science, tout l'univers. L'histoire lui donne ses expériences; la religion, ses sublimes mystères; la morale, ses préceptes; la poésie, ses images; la science ses découvertes; la nature, son harmonie. L'écrivain populaire est à la hauteur de son siècle; il a étudié les questions qui l'agitent, il a sondé les plaies de la société, et il cherche avec ardeur le baume qui doit les guérir.

Toutefois, s'il tient d'une main toutes les formes de l'art, et s'il touche de l'autre à toutes les armes de l'esprit humain, il n'est populaire qu'à la condition importante de se servir de ses conquêtes avec prudence et sagacité. Il est dans la position d'un guerrier expérimenté qui se trouve au centre d'un immense arsenal, sur le sol et aux parois duquel brillent des armes de tous les siècles et de tous les pays, de toute forme et de toute valeur. Une volonté supérieure l'a rendu maître de cet inappréciable trésor, mais il n'ose en emporter que des objets à son usage : telle est la loi qui lui a été imposée. Choisira-t-il ce glaive du XVIe siècle, dont la poignée richement ciselée lui rappelle l'illustre sculpteur florentin? Non, la lame en est rouillée et ne pourrait plus servir. Prendra-t-il cette cuirasse de fin acier, qui couvrait la poitrine d'un de ces belliqueux barons du moyen âge? Elle est trop lourde pour ses épaules. Mettra-t-il sur sa tête ce léger casque d'argent, dont la forme gracieuse et les ornements de bon goût attirent ses regards? Le glaive ennemi l'entamerait du premier coup. Que cherche-t-il donc si long-temps? Il cherche des armes de prix qui soient à la fois solides et commodes; il cherche l'œuvre d'art dans l'arme utile, et l'arme utile dans l'œuvre d'art.

Plaçons de même en pensée l'écrivain populaire au milieu de l'arsenal dont il dispose, et cherchons à nous rendre compte de la direction de son choix et du motif de ses préférences. Sa mission, nous le savons déjà, est de venir au secours du sentiment du devoir par l'entremise du sentiment du beau; c'est de purifier les âmes en les ennoblissant; c'est de relever les intelligences en leur donnant un guide qui les captive et les délasse. Se lancera-t-il dans le domaine de l'inconnu? Explorera-t-il les régions de la pensée dans lesquelles la charrue n'a pas encore tracé son sillon? Abordera-t-il à cette terre d'expériences que défrichent en tous sens les philosophes à la recherche d'un système, les savants en quête d'une découverte ou les utopistes courant après un rêve? Il se garde soigneusement d'une telle erreur; il laisse à d'autres la noble tâche d'explorer l'inconnu ou le dangereux fardeau de poursuivre des chimères; il ne suit que de loin les théories en campagne, et il ne plante son drapeau que sur un sol entièrement conquis. Malheur à son œuvre, s'il s'emparait d'une idée sociale en fermentation, pour lui donner un cachet populaire et s'en faire un ignoble piédestal! Mais non, il se gardera de révéler d'autres mys-

tères que ceux de la foi, et il ne fera pas de son œuvre une sorte
de Juif errant courant après des prosélytes.

Il va plus loin encore. Bien que les vérités acquises et les faits
constatés soient de son domaine, il ne s'en regarde pas comme
l'héritier universel, et n'en dispose pas à l'aventure. Il s'empare
rarement de questions qui n'appartiennent qu'à des genres littéraires spéciaux, et il cherche avec soin d'heureux sujets, s'accordant avec son individualité et avec les goûts ou les besoins de ses
lecteurs. Quand le littérateur entre dans la vie populaire, il doit y
entrer avec toutes ses ressources, mais il doit constamment étudier
ce qui convient au peuple. S'il comprend bien sa mission, il cher-
chera surtout à satisfaire les besoins de l'âme ou du cœur, et il
tiendra moins de compte de ceux de l'esprit. Le degré de culture
de l'esprit forme la barrière naturelle entre les classes lettrées et
celles qui ne le sont pas, mais elles sympathisent par l'âme et par
le cœur. Que l'homme de lettres réponde en toute confiance à ce
besoin; s'il le fait avec un cœur honnête et une âme élevée, il sera
sûr d'être compris. Ce n'est pas dans l'esprit du peuple que descendent les éternelles vérités du salut; c'est son âme seule qui
croit, espère et s'élève avec le chant de l'oiseau matinal vers l'auteur de toute grâce excellente et de tout don parfait. La Bible, le
plus populaire des livres, parce que Dieu s'y révèle à toute l'humanité, la Bible parle uniquement à l'âme et au cœur de l'homme.
«Donne-moi ton cœur,» lui dit-elle. « Crois, et tu seras sauvé,»
ajoute-t-elle encore. Oui, c'est par ce côté que les hommes sont
frères ou peuvent l'être, que les rangs sociaux se confondent,
que les idées de caste s'évanouissent, que la société tout entière est
réunie dans un commun sentiment, celui de croire, dans un besoin
commun, celui d'aimer.

Si vous voulez donc intéresser l'homme du peuple et lui être
utile, faites qu'il trouve sur sa table, au retour d'une journée laborieuse, un livre qui élève son âme ou qui affecte noblement son
cœur. Vous qui possédez le don du style populaire et le don plus
précieux encore de comprendre les vrais besoins de tous, séjour-
nez quelque temps dans l'intérieur d'une honnête famille de la
campagne, vous y trouverez, comme partout, des joies, des souffrances, des passions, mais vous y trouverez les âmes plus simples
qu'ailleurs, et les cœurs plus ouverts à la vérité. Peut-être dépend
il de vous que ces joies deviennent les joies pures de la famille,

que ces souffrances soient un sujet de bénédictions, que ces passions grossières se convertissent en de généreux élans. Il dépend de vous peut-être que ce père de famille, dont le front est ridé par les soucis, relève avec confiance la tête et recouvre la paix. Approchez-vous de cette femme que l'inconduite d'un mari aigrit et désespère. Celui qui a charge d'âmes n'a pas été béni dans ses efforts auprès d'elle, parce qu'il ne lui a parlé que le langage du devoir; faites-lui comprendre à votre tour que la résignation et la douceur sont des armes plus puissantes que la colère et l'exaspération; et il n'est point impossible que votre livre remporte une première victoire, à laquelle Dieu mettra le sceau.

Mais, ne l'oubliez pas, que votre parole soit simple, comme la vérité. La simplicité n'exclut ni l'art ni la grandeur; l'art est même plus élevé, quand il se présente sans ornement, et la grandeur du sujet apparaît mieux, si elle n'emprunte sa majesté que d'elle-même. Le plus grand poète populaire des temps modernes a chanté, dans d'admirables strophes, l'homme de génie qui donnera au siècle son nom. Quoi de plus simple que cette inimitable poésie! quoi de plus grand que cette étonnante simplicité! Les *Souvenirs du peuple*, l'idéal du genre populaire, font tressaillir l'habitant des chaumières, et donnent à l'homme de goût un sujet de profondes méditations.

La simplicité n'exclut pas l'image. Le peuple aime ce qui a de la couleur et de la vie; son goût naturel se trahit par son langage souvent poétique, par l'éclat de ses vêtements, par les portraits enluminés suspendus aux murs blanchis de sa demeure. Pour faire impression sur lui, employez donc l'image avant l'idée, mettez la couleur sur le dessin, frappez à la porte de l'imagination, qui est le portique de sa pensée. Si vous doutiez du succès de cette méthode, ouvrez le livre de la Bonne-Nouvelle; lisez les enseignements de notre Maître à tous; suivez cette foule qui accourt, et dont les regards s'attachent avec avidité sur la bouche d'où sortent de sublimes paraboles; regardez-la s'écouler pensive et revenir le lendemain se jeter aux genoux de son divin précepteur, — votre doute alors cessera. Il se passait là, nous l'avouerons, des mystères devant lesquels s'incline notre faiblesse; cette voix n'était pas celle de l'homme, mais elle empruntait le langage de l'humanité, et, à ce titre, même dans une question d'art, il nous est permis de la prendre pour guide.

Si la simplicité n'exclut pas l'image, elle repousse, en revanche, la surabondance des points de vue. La littérature populaire laisse aux littératures savantes les vastes et larges conceptions, les ressorts multipliés, le luxe des digressions, la riche harmonie d'une multitude d'effets divers concourant à un but commun. Plus sobre dans ses procédés, parce qu'elle s'adresse à des intelligences moins exercées, elle cherche son succès dans le développement d'une seule pensée qui domine toutes les autres, et se grave d'elle-même dans l'esprit. Les intelligences supérieures ont seules le privilége de se livrer sans fatigue à un effort de quelque durée: ce qui est clair pour elles est confus pour d'autres; ce qui, pour elles, est un aliment salubre, n'est souvent pour le peuple qu'une cause d'indigestion. Les esprits cultivés en sont eux-mêmes la preuve. Voilà un homme nourri de science et d'étude, riche de poésie et d'imagination, mais entièrement étranger au développement musical. Se passionnera-t-il pour les savantes symphonies d'un Beethoven ou d'un Mozart, dont l'ample et majestueuse harmonie n'est comprise qu'après une longue étude de l'art? Non, il est peuple par un côté; comme le peuple, il n'est ému que par le charme si vrai d'une voix fraîche et sonore, qui chante un air grave avec expression; ou par les sons purs d'un instrument qui reproduit avec talent une simple pensée d'un illustre maître : les larges effets d'une instrumentation savante le laissent insensible, si une mélodie ne se fait constamment jour au milieu de cette harmonie à laquelle son cœur est fermé.

Nous devons nous interdire de plus amples développements sur les caractères généraux d'une littérature populaire. Nous n'en avons dessiné que les contours, mais nous espérons que les traits en resteront assez fermes pour nous guider dans la seconde partie de notre tâche.

———————

Existe-t-il de nos jours ou a-t-il existé dans les siècles précédents une vraie littérature populaire en France?

L'examen approfondi de cette question nous appellerait à remonter à l'origine de notre littérature, et à suivre de siècle en siècle la marche des idées dans le développement des mœurs et des institutions. Fils d'une langue savante, l'idiome français nous apparaîtrait se dégageant péniblement des langes dont il était garrotté, et se confiant au peuple, sa nourrice, pour lutter contre sa mère, défendue par toutes les armes de l'érudition. Nous assisterions avec intérêt à un duel que les liens de parenté ont fait naître, et qui ne se termine que par la mort de l'un des adversaires. Baptisé d'abord avec dédain du nom de langue rustique, le jeune idiome sort plus vigoureux des eaux de ce baptême; il enlève pièce à pièce l'armure de son adversaire, et en jette les débris dans le creuset populaire, pour en faire une autre armure à sa taille. Chaque pas est un progrès; chaque coup de lance, une conquête; chaque assaut, une victoire; et enfin, porté en triomphe sur les bras de tout un peuple, et ennobli par ses trophées, le jeune conquérant s'assied sur la chaise curule, revêt la robe du magistrat, et se tient debout dans la chaire de vérité. Ses premières conquêtes intellectuelles ont une origine populaire évidente. Poètes de Provence, romanciers et conteurs du nord, confrères de la passion, clercs de la bazoche, Enfants sans souci, tous ou presque tous, depuis l'illustre comte de Champagne et Richard Cœur-de-lion, jusqu'à Charles d'Orléans, père d'un roi, jusqu'à Villon, fils des égouts de Paris, tous se rattachent à la nation, chantent et parlent pour le peuple. Il en est ainsi des littératures à leur point de départ; aussi long-temps que la civilisation reste encore à son premier degré, la vie vient du peuple et retourné à lui; mais quand le règne de l'abstraction commence, quand la pensée se nourrit d'elle-même, la scission s'établit et les castes de l'intelligence se dessinent.

Serait-ce qu'à nos yeux l'ancienne littérature française soit revêtue du sceau de la vraie popularité? Serait-ce que son origine nous fît oublier ses tendances? Si nous l'admettions, nous donnerions un étrange démenti aux conditions que nous venons de poser. Entre le sire de Joinville qui croit et Montaigne qui doute, entre la spirituelle naïveté de l'histoire de Louis IX et les immortels chapitres des Essais, nous trouverions difficilement un génie que le goût puisse avouer, que la morale ne condamne pas. Les conceptions les plus populaires seraient précisément celles qui manqueraient le plus aux exigences de la popularité. Nous écarterions sans regret ces milliers de contes, dont quelques-uns à peine résisteraient à l'épreuve; contes dévôts d'une singulière dévotion, contes moraux repoussants d'immoralité, contes traversant les monts pour inspirer Boccace et les repassant à deux fois pour deshonorer la plume d'une illustre princesse et d'un immortel poète., Nous écarterions sans pitié ces Mystères de la passion, constamment étrangers aux premières règles de l'art, ces Mystères qui, à leur origine, ont du moins le mérite de répondre à un besoin de foi, mais qui succombent, après un siècle et demi d'existence, sous la réprobation de la morale publique et l'arrêt vengeur du parlement. La popularité est un titre trop sérieux pour que nous osions en honorer, sans de graves restrictions, tous ces âges reculés où l'art est à son enfance, où les lettres ne sont qu'un jeu de l'imagination, et ne pénètrent guère dans le sérieux de la vie que par les impitoyables sirventes d'un Bertrand de Born, par les mordantes satires de l'épopée du Renard, par les froides et trop transparentes allégories du Roman de la Rose, pour arriver enfin au burlesque et éloquent pamphlet qu'on appelle Satire Ménippée.

Une nouvelle ère, plus importante, s'ouvre et se déroule sous nos yeux. Le XVIe siècle fait son œuvre; il creuse sous ses pieds, un abîme, et, jetant hardiment un pont sur les ruines de la société qui s'écroule, il le traverse et va poser les fondements de l'édifice de la civilisation moderne. L'esprit humain s'enivre de ses découvertes; le mouvement religieux crée deux camps qui s'aguérissent à la lutte, et ne sont vaincus que pour renaître plus vivants; la science se fonde et s'organise; la jeune génération littéraire, docile à l'appel de Dubellay, se lance en phalange serrée sur les domaines de Rome et d'Athènes, et en revient chargée de dépouilles qui ne sont pas toutes des trophées de victoires; l'ancienne langue, saturée maintenant de grec et de latin, se fait docilement l'interprète d'une réforme qui dépasse le but; et, lasse enfin des ornements pédantesques dont Ronsard la comble, elle se couche aux pieds d'un plus heureux réformateur, qui lui enseigne à se vêtir avec goût et harmonie.

Tel est l'héritage que lègue le XVIe siècle au dix-septième. La langue de Calvin et de François de Sales, la langue de Malherbe et de Balzac devient la langue de Pascal, et sa popularité n'aura bientôt plus de limites. Riche sans superfluité, élégante sans prétention, logique dans sa grammaire, éminemment claire dans ses constructions, elle réunit toutes les qualités d'une langue populaire. Plus d'idiome savant, plus d'idiome exclusivement poétique, comme en Allemagne ou en Italie; mais une langue pour tous, une langue

qui, sans rien sacrifier de sa dignité, passe des vers de Racine
dans la bouche de l'artisan de Paris, et de la prose des Provinciales sur les lèvres de l'habitant des provinces. La langue n'est
que l'instrument de la littérature; mais, si l'instrument est populaire, ne semble-t-il pas que l'artiste doive l'être aussi? Après l'admirable transformation de cet instrument, n'avons-nous pas lieu
de supposer que la littérature du XVIIe et du XVIIIe siècles abon-
dera en tendances populaires, et va nous livrer une riche moisson?

Quoi de plus naturel que de s'y attendre, si l'on porte successivement ses regards du caractère de la langue à celui de la nation
elle-même. De tous les peuples civilisés, le Français n'est-il pas le
mieux qualifié pour populariser les enseignements de l'expérience
et les conceptions de la pensée? La clarté des idées n'est-elle pas
son premier besoin; la vivacité du tour, son élément naturel; l'é-
panchement de ses impressions, une portion de sa vie? Ennemi de
l'abstraction, il cherche à mettre toutes les sciences à la portée
du plus grand nombre des intelligences; s'il parle à la foule assemblée, il vise plus encore à être compris de tous qu'à être admiré
de quelques-uns; s'il écrit sur un sujet philosophique, il évite avec
soin les termes de l'art que les philosophes d'autres nations prodi-
guent. Insensible à ce renom de profondeur qui ne repose que sur
une savante phraséologie, il n'est profond que par les idées, et
s'expose plutôt à passer pour superficiel qu'à mériter le reproche
d'obscurité. S'il est vrai que quelques novateurs modernes ont tor-
turé la langue pour la rendre obscure, et tourmenté leur esprit
pour l'obliger à être profond, le bon sens fait déjà leur épitaphe,
et la France conservera le beau privilège d'être le plus populaire
de tous les peuples par sa langue et par le caractère national.

D'où vient donc qu'une littérature si favorisée offre peu d'éléments
vraiment populaires? D'où vient qu'en consultant les souvenirs de
nos lectures classiques, nous soyons tenté de faire une réponse
négative à la question qui nous a été posée? Essayons d'en trouver les motifs.

Une littérature ne peut être populaire que si elle est avant tout
nationale. L'absence de ce caractère neutralise tous les éléments
favorables et paralyse tous les efforts. Quand la nation ne sait pas
lire, à quoi sert-il de faire des livres pour elle? Vers l'an 1670, à
l'époque la plus brillante de notre littérature, nous voyons dans les
campagnes d'incultes paysans peu soucieux de l'art de Guttem-

berg, qui ne peut leur donner aucune jouissance; nous voyons à Paris même une bourgeoisie si peu lettrée, que Molière, en la faisant poser, crée M. Jourdain. Où donc est la nation qui pense et qui lit? La trouverons-nous au milieu de cette guerre de pamphlets et de bons mots qu'on appelle la Fronde, intrigue de grands seigneurs ruinés ou ennuyés, à laquelle le peuple de Paris se joint par ce besoin de distractions et d'émotions qui le distingue encore de nos jours? Où est la nation qui pense et qui lit, disons-nous? Elle vit à la cour, dans quelques cercles choisis de la capitale ou des provinces, dans les nombreux châteaux, au sein de l'université, dans les presbytères et les collèges; la nation qui pense et qui lit, c'est le public des Provinciales, livre admirablement populaire à une époque où la popularité ne pouvait descendre jusqu'au peuple.

A ses plus beaux moments, la littérature française a donc été forcée de se mouvoir dans un cercle étroit, au centre duquel était la cour : — la cour, dispensatrice des éloges et des succès, corne d'abondance des faveurs, pôle unique des gens de lettres. Une œuvre est presque populaire, si elle plaît au monarque, et il est rare qu'un autre aréopage appelle de ses décisions. Remarquons-le bien, et n'en soyons pas surpris : dans le passé de notre littérature, les plus grands génies se rapprochent souvent le plus de l'idée que nous nous faisons de la popularité, parce qu'ils sont, plus que d'autres, indépendants du goût des coteries et des principes de salon, parce que leur génie les soutient au-dessus de ce cercle fatal dans lequel l'action de l'esprit est comme étouffée, parce qu'ils osent, en un mot, étudier le cœur de l'homme, et dans le cœur de l'homme, l'humanité. En 1636, date immortelle, le grand Corneille devenait écrivain national, lorsqu'il popularisait dans tous les cœurs l'héroïsme du devoir, lorsqu'une admirable tragédie électrisait les provinces, et qu'une grande voix, la voix de la France, prenait le Cid pour l'idéal de la grandeur et pour le modèle du beau. Si l'élément populaire, encore prononcé dans Horace, l'est moins dans les chefs-d'œuvre qui suivent; si surtout, après quatre ans de gloire, le génie de Corneille décline avec une rapidité qui étonne, c'est que le grand homme, inquiété par la jalousie d'un tout puissant ministre, est contraint à borner son horizon et à descendre dans l'étroite arène où se mesurent ses faibles rivaux.

Molière, après Pascal et Descartes le plus grand philosophe du siècle, serait l'écrivain le plus populaire de la France, s'il n'eût pas contribué au relâchement des mœurs, pour s'élever contre des ridicules. Comédien et valet-de-chambre d'un monarque absolu, Molière domine son public et son royal maître de toute la hauteur du génie; mais, malgré son indépendance, il cède trop souvent à leurs caprices et aux nécessités de sa position. Ceux de ses chefs-d'œuvre que le goût et la morale consacrent sont trop élevés pour être au niveau des intelligences vulgaires ; et, lorsque sa muse descend, elle n'est plus escortée que par le génie.

Très-inférieur à Molière par le caractère et par l'honnêteté de la vie, indépendant par insouciance plus que par besoin, Lafontaine a néanmoins laissé, dans ses trois cents immortelles fables, l'œuvre que nous estimons une des plus populaires de notre littérature. Inimitable poésie, heureux choix du genre, inépuisable variété des enseignements, admirable simplicité des images, fine et enchanteresse bonhomie, tendance morale, tout concourt à assurer la gloire permanente d'une œuvre, au travers de laquelle l'imagination se fait de l'auteur lui-même un idéal que l'œuvre seule justifie.

Conviendrait-il d'oublier l'illustre archevêque de Cambrai? Précepteur du petit-fils du grand monarque, Fénelon, lui aussi, conserve au milieu de la cour une indépendance qu'il dissimule sans effort sous les grâces de son esprit. Doué d'un génie populaire, mais cédant aux exigences de son époque, il voit le bonheur de la nation au travers du cœur de son élève, et il dicte à un prince, dans son Télémaque, des leçons que relisent les simples citoyens. Placé dans d'autres circonstances qui eussent mis plus en évidence quelques-uns de ses dons, ce rare génie, dont le style est aussi pur que l'âme, aurait écrit, nous le croyons, une œuvre populaire impérissable. Si nous devions toutefois dresser le catalogue d'une littérature nationale, nous y placerions l'auteur du Traité de l'existence de Dieu, des Dialogues des morts et même du Télémaque.

Reprenons maintenant le fil de notre raisonnement.

Bornée au suffrage de la cour et des classes privilégiées, la littérature devait insensiblement attirer à Paris les forces vitales des provinces, et se priver ainsi de plus en plus des éléments qui auraient pu agrandir sa sphère. Cette centralisation, qui peut-être pu-

rifià le goût et entretint l'émulation, n'en est pas moins à nos yeux
un grand malheur public ; elle est la cause la plus directe de l'isolement de la littérature au XVIIᵉ siècle et de son action délétère
dans les temps qui suivirent. La littérature d'un grand pays ne
peut être concentrée dans une ville qu'au détriment de l'indépendance et de l'originalité ; elle ne peut l'être qu'en empruntant à
cette ville des goûts, des passions, des tendances, un caractère,
en un mot, qui n'est pas celui de la nation entière, qui ne s'appuie pas sur elle et ne répond pas à ses vrais besoins. Paris est le
cœur de la France, mais si tout le sang reflue vers le cœur, le
cœur souffre, et les membres languissent. Paris a fourni sa noble
part de richesses littéraires ; mais si les provinces avaient gardé la
leur, l'histoire des lettres constaterait moins de vie factice, moins
d'œuvres légères, moins d'ignorance des besoins du peuple ; et
l'histoire politique constaterait peut-être moins de révolutions.
Qu'est-ce que le goût, et encore un goût exclusif, quand il fait
perdre le précieux avantage d'une littérature nourrie de principes
solides, appuyée sur la nation elle-même, étudiant les mœurs si
variées et si originales des provinces, et luttant dans leur germe
contre les écarts de morale et les égarements sociaux qui, du
cœur, parcourent tous les membres ? Vous invoquez le goût, et
nous, nous invoquons la morale, la raison, l'histoire et l'avenir
d'un grand peuple. Vous invoquez le goût, et nous n'acceptons pas
même ce qu'il y a d'absolu dans votre argument. A-t-il donc manqué de goût, ce Chateaubriand dont l'éducation littéraire se fait au
bord des flots de l'Océan, à l'ombre des vastes forêts de l'Amérique, dans une chétive mansarde de Londres, et qui ne remet le
pied sur le sol de France que pour lui livrer le Génie du christianisme ? — Est-ce par le style qu'a péché J.-J. Rousseau, qu'une
jeunesse illettrée et des pèlerinages aventureux n'ont pas empêché
de devenir le plus éloquent prosateur du siècle passé ? N'est-ce pas
en séjournant sept ans dans les provinces que Molière, jusqu'alors
inconnu, forme son jugement, crée son système dramatique et ne
rentre dans sa ville natale que pour attaquer par ses Précieuses ridicules le mauvais goût de Paris ? La plupart des grands monuments de notre littérature ont été inspirés dans la solitude des provinces, ou par des voyages à l'étranger. C'est dans leurs châteaux
que Montaigne et Montesquieu méditaient, l'un ses Essais, l'autre
son Esprit des lois ; c'est à Coppet que Mᵐᵉ de Staël écrivait son

beau livre de l'Allemagne, inspiré par le sol germanique, et son immortelle Corinne, fruit d'un pèlerinage en Italie. — C'est au milieu des neiges de la Russie que Bernardin de Saint-Pierre mûrissait lentement ce talent enchanteur qui devait produire plus tard les Etudes de la nature, que Paris n'aurait jamais fait naître, et Paul et Virginie; le plus populaire des romans, que les cercles de la capitale écoutèrent avec dédain et que la France entière accueillit avec transport.

Si la solitude est loin d'avoir nui à l'art, si elle a donné plus de fraîcheur aux méditations, plus de largeur aux points de vue, plus de profondeur à la pensée, elle a trop souvent manqué à la littérature française pour que celle-ci ait pu remplir la grande mission d'une littérature populaire.

Le XVIIIme siècle essaya sans doute de combler cette lacune; mais cette œuvre d'une coterie de la capitale n'a rien de vrai, car elle propage l'erreur; rien de grand, car elle part de l'égoïsme; rien de moral, car elle va jusqu'à nier Dieu, rien enfin de permanent, car le temps en a déjà fait justice. Nous n'avons point à dire ici les services qu'elle a pu rendre; il est peu de folies qui n'aient leur sagesse, peu de systèmes qui n'aient leur vérité; mais jamais un édifice populaire n'aura pour fondement l'esprit de destruction; pour pierre angulaire, un scepticisme railleur; pour matériaux, le sophisme, et pour couronnement, la révolte et l'incrédulité. Voltaire, Rousseau et leur école n'ont aucune place qui leur convienne dans le sujet que nous traitons.

Un fait immense résulte néanmoins des efforts du XVIIIme siècle, et poursuit sa destinée au dix-neuvième. Le peuple se fait sa place au milieu des classes jusqu'alors privilégiées; il parle haut et appelle sur lui l'attention de ceux qui avaient presque ignoré son existence, ou qui avaient refusé de reconnaître ses droits. Sous l'influence de cette révolution, dont le temps présent ne mesure pas encore la portée, le champ de la pensée s'agrandit, la littérature entre dans une nouvelle phase et se propose un autre but.

A l'ouverture même du siècle, nous saluons déjà dans le Génie du christianisme, le premier grand monument de l'art sérieux qui ait été inspiré par la nouvelle situation. Malgré les nombreuses taches qui le déparent, ce livre est accueilli à son apparition par les acclamations de la foule. D'où provient donc l'enthousiasme dont il est l'objet ? Ah ! c'est qu'il répond au besoin de croire, premier besoin de ceux qui ont beaucoup souffert ; c'est qu'il est, au nom de tout un peuple, une protestation contre l'ironie voltairienne, qui a produit l'échafaud de la Terreur ; c'est qu'il fait entrevoir le ciel aux âmes si long-temps courbées vers la terre. Le Génie du christianisme a eu son heure de sérieuse popularité : notre reconnaissance nous fait une loi de fermer ici les yeux sur ses défauts.

L'inspiration nationale reste muette sous le despotisme de l'Empire. Génie populaire lui-même par son langage et ses proclamations, Napoléon ne fait parler que ses victoires et ne laisse chanter que sa grandeur. Une femme illustre proteste ; mais le livre de l'Allemagne, étouffé à l'heure qui eût été favorable à son action, n'exerce d'effet que sur les classes lettrées. La restauration paraît : la muse de Béranger, en présence de laquelle se voile trop souvent la pudeur, s'élève insensiblement à de plus nobles inspirations ; sans quitter le sol où elle a pris racine, et l'homme de goût, guidé dans son choix par le moraliste, décerne à quelques productions de cet heureux génie la palme du genre que nous étudions. La France croit un moment que le Tyrtée des Messéniennes sera son rival ; mais l'inspiration nationale ne lui reste pas fidèle, et sa muse, qui honore l'art, prend son essor vers d'autres régions. Les premières Méditations succèdent aux Messéniennes ; elles ont des accents du cœur qui touchent tous les cœurs, et les regards de la foule suivent avec sympathie le vol de cet aigle qui monte toujours et ne prend jamais terre. Arrêtons-nous à temps, et ne cherchons plus de noms propres. La dynastie de juillet s'approche ; la poésie s'en va : voici Hernani qui inaugure le drame moderne ; voilà bientôt Lélia pour représenter le roman.

S'il était vrai qu'une littérature pût être populaire en dépit du bon sens et de la morale, nous n'aurions qu'à étudier les éléments que fournit notre époque. Jamais les productions de la pensée humaine n'ont été si largement répandues, si avidement lues et méditées dans toutes les classes de la société ; jamais elles n'ont exercé une influence si directe et si positive. Mais cette littérature, fille et mère d'une révolution, et nourrissant dans ses flancs un immense bouleversement social, remplit-elle une mission de progrès et de bonheur ? n'est-elle pas plutôt une trop fidèle image de la plaie dont souffre le corps de la nation ? Elle devrait être un remède ; n'est-elle pas un poison ? Elle devrait être l'arc-en-ciel d'un meilleur avenir ; n'est-elle pas la sombre nuée qui menace d'un nouveau déluge ? Ceux qui la représentent devraient être des prophètes qui, avant de remplir leur mission, vont se recueillir sur la sainte montagne du devoir et de l'amour du prochain ; ne sont-ce pas plutôt des tribuns qui n'élèvent la voix dans le forum que pour réveiller les passions endormies et ranimer la guerre civile ? Les voix les plus éloquentes n'ont-elles pas fait un constant appel au découragement, à l'envie, à la révolte ? Un illustre vieillard, qui avait naguère emprunté l'éloquence d'un Bossuet pour tonner contre la tiédeur religieuse du siècle, ne se réveille écrivain populaire que pour coiffer la croix d'un bonnet rouge dans les Paroles d'un croyant, et pour faire dans le Livre du peuple un appel contradictoire aux armes et à la résignation. Si les plus rares qualités du style et l'éclat de la pensée suffisaient pour nous imposer un vasselage d'admiration, nous nous inclinerions avec respect devant un autre écrivain, qui dissimule son sexe et son nom ; mais nous relevons la tête en présence du génie qui arrache les plumes de ses ailes pour en faire des instruments de dissolution ; nous n'avons que du mépris pour cette incessante croisade contre les liens sacrés de la famille et les plus saintes croyances du cœur, et nous nous rappelons involontairement l'apologue de l'animal rusé qui conseille à ses frères de se priver de l'ornement dont il est dépouillé lui-même. (¹) Nous ne mentionnerons pas individuellement ces entrepreneurs de succès populaires qui entassent les volumes comme des marchandises dans un magasin, qui en calculent la valeur à tant la ligne et ont moins le but déjà vulgaire d'amuser à tout prix leurs lecteurs que le but plus vulgaire encore de se composer avec leurs opérations le revenu d'un grand industriel. Plus légers ou plus indifférents que l'écrivain qui précède, ils ne font pas du scandale un système ; mais, s'il leur parait lucratif, ils le ramassent sur leur chemin, comme, au besoin, ils relèveraient même la vertu.

Est-il besoin de dire qu'il y a dans la littérature moderne des tendances plus sérieuses et plus honnêtes ? Ne voyons-nous pas se

(¹) Nous devons cependant rendre justice à quelques-unes des dernières productions de Georges Sand. Dans *François le Champi*, dans *La Mare au Diable* surtout, il est presque à la hauteur de l'écrivain populaire. Mais nous sommes attristé à la pensée qu'un esprit si élevé, qui semblait enfin avoir pressenti sa mission, popularise en ce moment même ses œuvres *complètes* par une édition à quatre sous la livraison, publiée sous son patronage.

répandre dans quelques rameaux littéraires une sève, peu abondante encore, mais saine et fécondante ? Il nous serait facile de
mentionner quelques noms, si nous ne devions pas craindre que
l'oubli de plusieurs ne parût une condamnation qui ne serait pas
dans notre pensée. Toutes ces œuvres n'ont pas au même degré
l'intelligence des besoins du peuple et de la situation des esprits ;
il en est même qui, se bornant à découvrir les plaies sociales, ne
servent qu'à les élargir, parce qu'elles n'en n'indiquent pas le remède. En ne montrant que l'abîme, assez visible d'ailleurs, elles
effraient les timides qui croient que le sol tremble, quand leurs
jarrets fléchissent ; elles aigrissent les malheureux qui, dans le
sombre tableau de leurs misères, n'aperçoivent pas un rayon de
soleil; elles n'ont d'effet moral qu'une lointaine et nuageuse perspective d'une réforme sociale dont elles ne tracent pas la route.
L'homme de lettres qui a un cœur et une conscience ne doit plus
s'imposer la tâche de prouver que la pauvreté étouffe le talent,
que la richesse fait un pont d'or à la sottise ou à l'inconduite, que
le travail intelligent succombe sous une concurrence effrénée où
le vaincu met son génie, et le vainqueur, son or ; il ne s'agit plus
d'alarmer, mais de rassurer ; il ne convient plus d'aigrir, mais
d'instruire ; il n'est plus question de renverser, mais d'édifier. La
société est malade ; or on ne guérit pas le malade en lui disant où
il souffre, mais en lui portant secours.

Une nouvelle vie demande de nouvelles formes. Le temps n'est
plus où l'art pouvait être exclusivement cultivé pour lui-même en
faveur de quelques classes d'élite : toutes les forces de l'esprit humain, toutes les ressources de l'art doivent être misés à contribution pour assurer le présent et fonder l'avenir de la société. En
présence d'un danger de naufrage, il n'y a plus de passagers oisifs, plus de promeneurs sur le pont, plus de rêveurs contemplant
l'orage : il n'y a qu'un but, qui est le salut commun ; il n'y a
qu'une tâche, qui est de maintenir à force de bras le gouvernail,
de grimper aux mâts, de consulter la boussole, de réparer les avaries, puis de mettre en Dieu sa confiance.

La tempête une fois apaisée, la littérature de l'avenir ne cessera
pas d'être une littérature d'action, parce que le salut des sociétés
futures dépendra toujours de la moralité et du degré de lumière
des individus. Le peuple a été couronné avant d'avoir été élevé en
vue de la couronne; la souveraineté du peuple a été proclamée

avant celle de l'esprit humain ; c'est un malheur : — mais quelles que soient les vues de la Providence sur la forme extérieure des sociétés, ce nouveau principe ne périra jamais, et l'unique remède à la souffrance qui en résulte est le développement général des intelligences en vue des devoirs de l'homme et des droits du citoyen. Dans le présent et dans l'avenir, chaque conscience réveillée est une conquête sociale ; chaque cœur déposant son irritation est un gage d'avenir ; chaque victoire sur les passions et sur les mauvais rêves est un triomphe pour la société toute entière.

La mission de la littérature populaire est donc immense, et les résultats qu'elle peut obtenir, incalculables dans l'un ou l'autre sens. Si elle est à la hauteur de sa noble tâche, elle met un baume sur les blessures, elle sèche les larmes, elle encourage au dévouement, elle enseigne la paix du foyer, l'amour du prochain, la soumission à la volonté divine, et elle entoure ces utiles leçons des formes de l'art qui leur donnent la vie et l'attrait : à ce prix le salut de tous est probable. Si, au contraire, elle consent à être une littérature de désordre et de discorde ; si elle prêche la haine au lieu de l'amour, l'indifférence au lieu de la foi ; si, au lieu d'édifier, elle renverse ; si, au lieu d'instruire, elle soulève; — oh! alors, malheur à elle et malheur à tous.

Nous disons que la mission de la littérature est immense ; mais — où sont les missionnaires ? Le chant de l'avenir est encore en friche ; voici la charrue, où sont les laboureurs ? Où trouver ces intelligences d'élite, ces cœurs dévoués, ces esprits fermes et délicats qui aient vécu de la vie du siècle et qui sachent se retirer dans la solitude du recueillement pour rentrer, frais et dispos, dans l'arène? Où prendre les champions de la cause sacrée de la famille et de la société ? Quelques heureux coups de lance suffisent-ils pour briser toute une armée d'erreurs, de ruses, de violences et de préjugés ?. Qu'attendre de bon de tous ces joûteurs félons, dont l'armure est faussée, dont le bras a servi toutes les causes, sauf celle du bien, et dont la parole n'a plus de valeur ?. Qu'attendre de ces honnêtes mais faibles combattants, dont l'arme impuissante se brise au moindre choc ? Qu'attendre, en un mot, de l'armée du passé pour conquérir l'avenir ?. Le salut de la France, répétons-le, dépend maintenant, non d'une littérature de capitale, mais d'une littérature nationale ; l'émancipation politique appelle la décentralisation de la pensée. Il ne s'agit plus seulement de former le goût, mais de former le cœur et l'esprit ; il n'est plus question de délicatesse de mots, mais de délicatesse de conscience. Pour être substantielle, il faut que la littérature soit alimentée par toutes les forces vives de la nation ; il faut que chaque province lui communique ses mœurs, sa vie, ses convictions ; il faut que chaque ville ait son foyer de lumières, d'où rayonne en tout sens le bon, le vrai, l'utile sous toutes les formes, sous les formes simples surtout, mais toujours avouées par le beau.

Hommes de lettres des provinces, qui avez préservé votre esprit des sophismes d'une fausse philosophie ; vous qui voulez l'ordre pour la société, la liberté pour la famille et l'individu, l'instruction et le progrès pour les classes inférieures, la morale et la religion pour tous, c'est vous qui êtes appelés à poser les fondements d'un édifice littéraire dont le passé ne donne pas le modèle. Le moment d'entreprendre une œuvre nouvelle est favorable ; la nation commence à se détourner avec dégoût des conceptions déréglées, qui étaient naguère l'objet de folles ovations ; les écrivains les plus encensés se taisent ou se contraignent ; les lettres, qui n'ont encore aucune direction déterminée, flottent à l'aventure ; le navire n'a point d'ancres, les voiles pendantes obéissent à tous les vents. La France n'attend point une littérature d'hommes effrayés, qui n'aient d'autre besoin que celui de conjurer l'orage ; la crainte est une mauvaise conseillère et un dangereux pilote. Comment se fier pendant la tempête à celui qui ne sait pas voir sa route durant le calme ? Mais vous, qui avez gardé l'infaillible boussole de l'amour, et qui, au milieu des ténèbres, ne perdez jamais de vue l'étoile polaire de la foi, vous qui êtes jeunes d'âge peut-être, mais à coup sûr jeunes par l'âme et par les convictions, étudiez les vrais besoins du peuple, éprouvez avec soin vos forces et la direction naturelle de vos facultés; puis mettez-vous courageusement à l'ouvrage, sous le regard de Dieu et sous l'inspiration de votre cœur. Le peuple affectionne certaines formes de l'art ; faites-en usage pour le bien, comme d'autres les emploient pour le mal. A l'œuvre dangereuse opposez l'œuvre bienfaisante ; au drame corrupteur, un drame élevé ; au roman immoral, un roman moral ; à toute œuvre d'art qui pervertit, une œuvre d'art qui encourage et ennoblisse. Des revers vous attendent peut-être dans cette nouvelle voie qu'on ne parcourt qu'avec difficulté ; mais, si vous avez la foi, vous ferez de vos épreuves le piédestal de vos succès ; et, de vos succès, le fondement de l'édifice social.

Il nous reste à adresser un appel à ceux qui sympathisent avec nos convictions et qui ne se croient pas appelés à être ouvriers actifs dans le champ de la pensée. Vous avez une grande et belle tâche, car de vous seuls dépend la réussite des communs efforts. Votre tâche, la voici en quelques simples paroles : ne lisez que ce qui est bon ; gardez vos encouragements pour les publications utiles ou pour les œuvres de goût qui ne blessent pas votre sens moral ; repoussez sévèrement les plus brillantes inspirations, quand vous en improuvez la tendance ; exigez de votre journal une littérature honnête, et, s'il y manque, ne vous laissez pas dévier du devoir par des liens d'habitude ou des sympathies politiques ; surveillez avec soin les lectures des personnes qui dépendent de vous, et fournissez-leur les moyens de cultiver leur goût sans attaquer le cœur ni l'esprit. Si vous exécutez ce programme sans faiblesse et sans hésitation, vous verrez bientôt s'élever sur les ruines d'une littérature faussement populaire qui a fait le malheur de la France, une autre littérature qui fera le légitime orgueil de votre vieillesse et le bonheur de vos descendants.

C.-F. GIRARD.

LETTRES DE PARIS.

—

M. PATIN,

DE L'ACADÉMIE FRANÇAISE.

—»)⊗(«—

Monsieur,

Au milieu de la foule toujours croissante, et toujours plus passagère, des livres nouveaux, on apprend à estimer davantage ces
œuvres solides, qui paraissent de loin en loin, et résistent au torrent où les autres sont chaque jour et à jamais englouties. Il en est
des livres à Paris comme de Paris même. Quand l'édilité exécute
ses plans de construction, elle commence par détruire sans pitié
ces maisons vulgaires, insignifiantes et toutes pareilles, qui ne
laissent après elles ni regret ni souvenir; mais, s'il se trouve sur
le passage de la nouvelle voie quelque monument d'une véritable
valeur, qui ait un caractère propre, dont l'aspect instruise et intéresse, le fatal cordeau le respecte et l'alignement se règle sur lui.

Ce rapprochement s'est offert à ma pensée, pendant que je reli-
sais dans cette ville changeante et pourtant immortelle, les *Mélanges de littérature ancienne et moderne*, et les *Etudes sur les
Tragiques grecs*, par M. Patin. Alors je me suis rappelé la proposition que vous m'avez faite de recueillir dans votre journal quelques-uns de mes souvenirs; et je vais essayer, monsieur, de cette
hospitalité bienveillante, dont je voudrais être aussi digne que
votre correspondant accoutumé; aujourd'hui du moins, par le choix
de mon sujet, je dois être accueilli favorablement.

M. Patin est sorti de cette Ecole normale qui a produit ce que la
France possède aujourd'hui d'humanistes les plus distingués. Il fut

le condisciple des Villemain et des Cousin, dont il est maintenant le confrère à l'académie. Il se fit remarquer, dès sa première jeunesse, par un goût prononcé et une rare aptitude pour les études classiques; qui devaient faire le charme et l'honneur de sa vie. Assez heureux pour avoir la liberté de se livrer, sans inquiétude de l'avenir, à la culture des lettres, il leur consacra toute l'ardeur de ses plus belles années. *Dulces ante omnia Musæ.* A peine parvenu à l'époque de la vie où la grande moisson commence, la sienne était déjà fort avancée; un autre aurait cru qu'elle était faite.

De 1815 à 1822, il fut chargé, dans le sein même de l'Ecole normale, d'enseigner la littérature ancienne; il professa dans les mêmes salles où il étudiait la veille. C'est dans cet enseignement qu'il prépara les matériaux de son grand ouvrage sur les Tragiques grecs. Il suffit d'énoncer ce fait pour donner à comprendre combien les premières leçons du jeune maître furent déjà solides et approfondies.

Dans les années qui suivirent, et à différents intervalles, il disputa avec succès les palmes académiques, et remporta plusieurs fois le prix d'éloquence. Ainsi dès 1816, l'académie de Rouen, qui avait proposé pour sujet d'un concours l'éloge de Bernardin de Saint-Pierre, couronna le discours présenté par M. Patin. En 1824, il partagea avec M. Philarète Chasles le prix proposé par l'académie française pour un discours sur la vie et les œuvres de Jacques-Auguste de Thou; comme il avait partagé, deux années auparavant, la même couronne avec M. Malitourne, pour un éloge de Lesage; et comme il remporta un pareil honneur en 1837, en partage avec M. Saint-Marc Girardin, dans un concours où le sujet était l'éloge de Bossuet. Plusieurs journaux, et notamment le *Globe* et la *Revue encyclopédique*, s'enrichirent des communications du savant et judicieux critique. Le *Plutarque français* donna de lui une excellente notice sur la vie de Rollin.

M. Villemain, enlevé à l'enseignement par de hautes fonctions politiques, voulut être suppléé par son savant ami. M. Patin remplit cette mission redoutable avec bien plus de succès que sa rare modestie ne le lui faisait espérer. Avec d'autres qualités, il professa dans le même esprit, devant un auditoire satisfait. On ne voulut plus souffrir qu'il abandonnât une carrière où il avait fait apprécier un goût toujours sûr, une science bien digérée, et mise en œuvre à propos. Sa vocation paraissait évidente pour les fonctions les plus élevées de professorat. Il y fut appelé en 1832, comme successeur de Lemaire dans la chaire de poésie latine,.

Osons le dire, sans porter atteinte à la mémoire de son estimable prédécesseur, la critique gagna au changement de maître. Avec M. Patin, elle entra dans les voies de l'école historique, et y trouva une rénovation devenue nécessaire. Mais pour ouvrir avec succès ces routes nouvelles, il fallait une vaste science, murie par la méditation; il fallait un coup-d'œil pénétrant et hardi, qui sût distinguer tout ce qu'il y avait de réel ou de factice dans les poétiques jusqu'à nos jours dominantes. M. Patin prouva bientôt qu'il serait le guide fidèle que le temps réclamait. Ses leçons, pleines de substance, inspirées par une libérale philosophie, répondirent parfaitement aux besoins des sérieux amis des lettres; et, sans recourir à un débit très-oratoire, il sut les attirer et les fixer autour de lui par le charme constant d'une exposition ferme, claire, élégante. Ses leçons parurent comme de doctes conférences, où l'instruction la plus riche était répandue par un maître modeste, qui se plaisait toujours à rendre justice aux émules dont les travaux avaient secondé les siens, et qui relevait, avec une aménité toute française, les erreurs accréditées par des littérateurs prévenus ou mal instruits.

Cependant M. Patin ne perdait pas de vue les matériaux qu'il avait rassemblés pour son premier enseignement, au sein de l'Ecole normale. Ce sont là ces premières amours que jamais on n'oublie. D'ailleurs la culture des lettres grecques a toujours marché de front chez lui avec celle des lettres latines. Il ne sortait pas du cercle des travaux de son professorat actuel en rédigeant et en publiant des *Etudes sur les Tragiques grecs* (¹). Les Tragiques grecs! sujet épuisé, aurait pu dire une critique superficielle. Et sans doute les Français avaient beaucoup écrit, depuis deux siècles, sur cette importante matière; mais il y avait dans cet amas de livres peu de science et de vérité. Les uns avaient écrit avec une érudition pédentesque sans aucune expérience et même sans aucun sentiment de l'art dramatique; les autres connaissaient le théâtre, du moins le théâtre français, mais ils ignoraient la Grèce, sa littérature et sa langue. Aussi les lecteurs de M. Patin, frappés

_____

(¹) *Etudes sur les Tragiques grecs*, 3 volumes in-8°, chez Hachette, rue Pierre-Sarrazin, à Paris.

d'une lumière toute nouvelle, en lisant ses Etudes, ont-ils pu leur
appliquer ces propres paroles que l'auteur avait appliquées à l'objet de son travail : «Le temps, qui vieillit tout, rajeunit le vrai.»

Pour être nouveau, pour être vrai, M. Patin a voulu d'abord
connaitre à fond son sujet et toutes ses dépendances. Il a approfondi les œuvres des trois Tragiques; il les a rapprochées de toutes
les imitations anciennes et modernes; il a vu tout ce que les critiques grecs, latins, français, allemands et tous les autres en ont dit.
Il ne s'est mis à l'œuvre qu'après avoir fait tous ses préparatifs.
Aussi sa marche a-t-elle été toujours sûre, et son lecteur le suit
avec le plaisir qu'inspire une confiance que l'on sent bien fondée.
Pour la première fois la France posséda sur cette vaste matière un
ample et beau traité, qui fera règle désormais, et duquel on devra
partir, comme du point le plus sûr et le plus avancé, si l'on ose
essayer sur le même sujet quelques études nouvelles.

Le loyal critique, selon son habitude constante, a rendu pleine
justice aux savants qui ont éclairé ses pas, et particulièrement à
W. Schlegel : cependant nul ne l'a mieux servi que lui-même. On
reconnaît, chez l'auteur des Etudes, un esprit qui féconde tout ce
qu'il emprunte, et qui éprouve toujours le besoin d'apprécier et
de penser par lui seul. Les traits les plus saillants de sa critique,
tout ce qui marque particulièrement dans son exposition savante,
vient de lui ou n'est qu'une ingénieuse et nouvelle application des
sources où il a lui-même puisé.

Il n'entre pas dans mon dessein de tracer ici une analyse complète du livre de M. Patin, ni même d'en essayer une appréciation
étendue. Je dirai seulement qu'après un exposé rapide et profond
de l'histoire du théâtre grec, l'auteur passe en revue les trois Tragiques, selon l'ordre des temps, en ménageant d'heureuses transitions d'Eschyle à Sophocle et de Sophocle à Euripide, et en établissant d'ingénieux parallèles entre ces illustres rivaux. Après la
lecture des Etudes, vous avez une idée juste et complète du caractère des trois poètes, de leur œuvre, de leur mission, de la
manière dont la tragédie s'est développée et transformée sous leurs
mains. Eschyle, en particulier, Eschyle si long-temps méconnu, et
jugé d'un faux point de vue, est apprécié d'une manière nouvelle,
lumineuse, impartiale.

De vives clartés sont aussi répandues sur les rapports des théâtres
modernes avec le théâtre grec. Toujours équitable, dans sa haute

raison, le critiqué ne condamne pas durement les imitateurs pour
avoir mêlé, par une nécessité de leur temps, les élémens modernes
aux élémens anciens. Il est doué au plus haut degré de ce qu'on
pourrait appeler une sympathie intellectuelle, qui lui fait prendre
en considération les exigences de l'époque, la nécessité pour tout
poète de plaire à son public, et par conséquent d'en être compris.

Il n'y a, je crois, chez les Français, que l'ouvrage de M. Patin où
cette riche matière soit traitée pleinement et avec tout le détail
qu'elle réclamait; et cet ouvrage, si recherché des savants, ne doit
pas effrayer les personnes peu familiarisées avec la grave antiquité.
Elles trouveront dans les Etudes, sous une forme éloquente, animée, souvent agréable et piquante, toute la doctrine du théâtre
grec, sans laquelle on ne peut apprécier ni goûter complètement le
nôtre. Les Etudes des Tragiques d'Athènes se placeront donc aussi
convenablement dans la bibliothèque de l'amateur que dans celle
du savant. Il fallait des mérites bien rares et bien divers pour produire un tel livre sur un tel sujet.

. J'ai cité quelques-uns des discours académiques de M. Patin : ils
font partie des *Mélanges de littérature ancienne et moderne*(¹) ;
mais il s'y trouve encore sur l'enseignement historique de la littérature, sur l'histoire de la poésie latine, entre autres sur Horace et
Virgile, des morceaux du plus grand prix. Personne ne sait mieux
tirer des œuvres d'un poète qu'il aime, de quoi le faire goûter,
disons plutôt de quoi le faire revivre. Il semble que M. Patin ait
vécu lui-même avec son Horace, tant il sait bien le mettre sous nos
yeux, le faire agir et parler, ranimer, sous la poudre des tombeaux,
cette existence passée. C'est ainsi que des crayons savants, guidés
par quelques vestiges, restaurent et nous représentent les scènes de
la vie dans l'antique Pompéi.

Signalé par ses écrits et ses leçons à l'attention de tous les amis
des lettres, M. Patin fut, pour ainsi dire, désigné par eux aux
membres de l'académie française, qui ne tardèrent pas à l'appeler
dans leur sein. C'est sur lui que reposent principalement les travaux du dictionnaire, et cette œuvre ne pouvait être remise à de
plus doctes mains.

Les travaux littéraires de M. Patin forment presque tous les évé-

_____

(¹) *Mélanges de littérature ancienne et moderne*, 1 volume 8⁰, chez Hachette.

nements de sa vie ; elle s'écoule dans cette uniformité paisible qui présente peu de matériaux au biographe. Uni à une femme digne de lui, heureux mari, heureux père, il cacherait sa vie dans son tranquille quartier de Saint-Sulpice, s'il pouvait et s'il voulait se dérober aux nombreux amis qui le recherchent. Il n'aime pas à perdre son temps ; mais il craint bien plus encore d'affliger, en les écartant de lui, les hommes qui désirent ses conseils, ou quelques instants de sa conversation nette, vive et féconde.

Parmi les événements de sa vie, citerai-je quelques voyages aux pays d'Horace et de Virgile? On comprend par quels charmes l'Italie devait l'attirer ; peu de modernes ont pénétré aussi avant dans l'intimité des grands écrivains de Rome, et ont dû ressentir au même degré l'influence des belles contrées où fleurit leur génie. Le voyageur, bien préparé, puisa dans le spectacle de la nature et des monuments italiques des sensations et des vues nouvelles, dont son enseignement profita.

Dirai-je encore que M. Patin partage, avec les Français les plus lettrés, le goût modéré des plaisirs d'une société choisie? Il rend avec abondance aux cercles où il veut bien paraître le plaisir qu'il y trouve, toujours prêt à suivre une conversation enjouée ou sérieuse, à y placer des mots heureux, dits simplement ; affable et prévenant avec toute personne chez laquelle il soupçonne plus de mérite que de confiance ; enfin ne paraissant jamais préoccupé par les travaux qui remplissent toutes ses journées et la plupart de ses veilles ; aimé et respecté, comme un des plus dignes représentants de l'université, dans ses tendances les plus élevées et les plus généreuses ; un de ces hommes enfin dont on souhaite que l'influence se maintienne et s'étende, parce qu'on sent qu'ils se trouvent dans la voie sûre, prudente, éclairée, où l'on voudrait soi-même se trouver toujours.   J.-J. P.

POÉSIE.

LES VENDEURS DU TEMPLE.

Sì che un altra fiata omai s'adiri
Del comperare e vender dentro al templo
Che si murò di segni e di martiri.
                    DANTE. (Parad. XVIII. 121.)

L'église avait ouvert ses trois portes gothiques :
Ce jour-là, pêle-mêle, autour de ses piliers ,
Les petits et les grands s'entassaient par milliers.

La foule s'y ruait, comme en ces jours antiques
Où les genoux creusaient les dalles du saint lieu,
Où même les méchants tremblaient devant leur Dieu.

Et le pauvre vieillard, qui là , chaque dimanche ,
Inclinait le premier sa tête pure et blanche,
Leva les yeux au ciel et dit à Dieu : « Merci !

» Les pécheurs égarés que la foi scandalise,
» Inclinant leur orgueil, viennent prier aussi. »
Mais Jésus apparut aux portes de l'église.

Non plus le doux Jésus dont la vie est un pleur,
Qui souffre de pitié sur la croix de douleur ,
Et qui dit en mourant : Mon Dieu, pardonne-leur !

Mais le Dieu qui du pied écrase la vipère,
Qui punit sur l'enfant l'iniquité du père,
Qui ferme le sépulcre où Satan désespère.

Au dedans l'orgue sainte et les chants et les voix,
Au dehors les clochers résonnaient à la fois.
Jésus leva sa droite et chacun fit silence :

« Je viens, comme autrefois des célestes splendeurs,
» Dans vos temples hautains pour frapper l'insolence,
» Dans vos temples souillés, pour chasser les vendeurs.

» Vous tous qu'en cet asile une foi tiède et morte,
» Une foi sans amour a froidement traînés,
» Sortez de ma maison, car vous la profanez! »

Jésus dit, et sa voix retentit, lente et forte :
Le peuple indifférent, la foule vide alors
Tout-à-coup, à la fois, se dissipe au dehors.

Comme un léger brouillard qu'un vent de bise emporte,
S'amasse et disparaît le peuple indifférent :
Mais le pauvre vieillard demeure en soupirant.

« Vous tous qu'amène ici la luxure grossière,
» Impurs et faux chrétiens par la chair entraînés,
» Sortez de ma maison, car vous la profanez! »

Jésus dit, et sa voix retentit, sainte et fière.
Jeunes gens, beaux seigneurs, belles dames, alors
Tout-à-coup, à la fois, s'élancent au dehors,

S'élancent au dehors, comme un flot de poussière
Soulevé, balayé du temple en un instant :
Mais le pauvre vieillard demeure en sanglottant.

« Vous tous qu'amène ici la vanité du monde,
» Hypocrites, menteurs, par l'orgueil entraînés,
» Sortez de ma maison, car vous la profanez! »

Jésus dit et sa voix, comme l'aquilon, gronde.
Riches, nobles, docteurs, même le prêtre, alors
Tout-à-coup, à la fois, s'écoulent au dehors,

S'écoulent au dehors, tous, comme un flot immonde.
Et', dans son large sein, l'église ne voit plus
Que le pauvre vieillard et le Seigneur Jésus.

« Pitié, dit le vieillard, pitié, Seigneur! — et donne
» A notre aveugle nuit la lumière du jour :
» Ta colère a parlé — fais parler ton amour!

» Ton peuple faiblira, si ton bras l'abandonne ;
» Ton peuple tombera, si ton souffle l'ordonne ;
» Mais ton peuple vivra, si ton cœur lui pardonne.

» Du haut de Golgotha montre-lui ton Eden!
» Il est nu, pauvre et seul, il a perdu ta trace......
» Couvre-le tout entier du manteau de ta grâce! »

Jésus leva la tête et répondit : Amen!

Francfort.   MARC MONNIER.

CHRONIQUE

DE LA

REVUE SUISSE.

—

OCTOBRE.

Et moi aussi j'ai fait comme tant d'autres, j'ai été à Londres ; je serais presque tenté de dire : en Arcadie, *et in Arcadia ego!* en songeant à ses jardins et à ses parcs, à leurs vertes pelouses, à leurs
arbres séculaires, à leurs majestueux ombrages, et au temps admirable qui m'y a favorisé.

Cette chance heureuse peut m'avoir montré Londres plus en beau
qu'il ne l'est ordinairement ; mais je dois dire, d'un autre côté,
que parti avec peu d'entrain, et seulement pour suivre raisonna-
blement l'exemple de tout le |monde, j'arrivais avec une assez belle
pacotille de préjugés français. Ils n'ont pas tenu devant la réalité.
Celle-ci a certainement ses défauts ; mais l'impression générale les
couvre : elle est toute de force et de grandeur. J'en ai reçu une secousse qui dure encore : je m'y abandonne trop peut-être, mais, si
j'exagère, je le fais en toute conscience, et en toute naïveté. C'est un
monde nouveau, puissant et vaste, qui s'est entr'ouvert devant mes
yeux (¹).

Les Anglais que l'on rencontre sur le continent, ni les livres, ne
rendent qu'imparfaitement l'Angleterre : ils vous la présentent, pour

---

(¹) La plupart de ces notes de voyage ont été écrites à la campagne, avant
d'avoir pu lire la dernière livraison de la *Revue Suisse* et l'article aussi vrai
que rapide et vif, *Quinze jours à Londres*, de M. Gaullieur. Heureusement
pour moi, il se trouve que nous avons fort peu touché aux mêmes sujets,
et, sans être en désaccord, nous l'avons fait à des points de vue différens.
C'est néanmoins un assez grand désavantage de venir après lui pour qu'il
me pardonne cette petite excursion sur son terrain, et que j'aie besoin de
toute l'indulgence du lecteur.

ainsi dire, exceptionnellement, non en plein et de face, mais par ses détails et ses angles. Pour en avoir l'idée vraie, il faut l'aller prendre sur les lieux : il faut voir toutes ces exceptions, toutes ces excentricités faire masse, et constituer un grand ensemble, une grande nation, une forte race, une solide charpente, bien que l'édifice dans son entier garde encore un caractère et un aspect à part.

Ce n'est pas tant telle ou telle chose qui m'a frappé dans ma course rapide, c'est le tout à la fois ; et cela ne m'est pas venu par l'observation seulement, mais d'une manière plus immédiate et plus intime, par la simple vue et le simple contact, par une impression physique et morale à laquelle on ne peut pas plus résister qu'à celle de l'air. La réflexion, le raisonnement n'ont fait que la confirmer.

L'Exposition, par exemple, pour commencer par ce qui a motivé tout ce pèlerinage des deux mondes dont Londres a été l'objet cette année, l'Exposition m'a bien moins saisi par les merveilles d'industrie et les richesses de tout genre qui y sont rassemblées, que par leur rassemblement même et par l'idée qui l'a réalisé. L'Exposition donc, plutôt que l'un ou l'autre de ses compartimens ; cet énorme, cet éblouissant palais de cristal, élevé comme par enchantement en quelques mois et par des souscriptions particulières ; ce rendez-vous industriel de toutes les nations, ce bazar du globe, voilà le spectacle, voilà la merveille, et elle appartient bien en toute première ligne aux Anglais.

On peut apprécier ici, ce me semble, la différence de solidité et, en quelque sorte, de poids spécifique de leur caractère comparé à celui des Français. Comme nous l'avons déjà remarqué (¹), l'Exposition peut ne pas tourner à leur avantage autant qu'ils se l'étaient figuré ; mais les premiers ils l'ont faite, c'est une gloire qui ne saurait plus leur être enlevée. Les Français ont eu peine à en prendre leur parti : ils voudraient bien se dissimuler le fait accompli et en même temps le voiler aux autres ; ils s'y ingénient de mille manières. D'abord, il est établi que le voyage de Londres n'est qu'un prétexte : le but véritable est de faire, en passant, un long séjour à Paris ; on ne va pas même à Londres, on en écrit, de Paris toujours, des descriptions admirables, et on laisse croire à sa famille qu'on les a faites sur place, tandis qu'on est resté à se promener sur les boulevarts : à la bonne heure ! mais c'est toujours cet aimant de Londres qui vous y promène, c'est à lui que vous le devez, c'est lui qui vous aura valu quelques jours à Paris, beaux voyageurs mensongers. Puis, un certain nombre de têtes, plus ou moins généreusement inspirées, avaient imaginé un moyen infaillible de rendre à la France tout l'avantage du terrain, si ce n'est plus, tout l'espace dont elle s'était laissé *distancer*. Londres a eu l'Exposition mais Paris aurait les *Fêtes de l'Industrie universelle*. Là-dessus, plans et programmes de vous montrer déjà ces fêtes sur le papier, af-

_____

(¹) Voir notre *Chronique* d'août, page 568 de ce volume.

fiches de tapisser les murs, souscriptions de se mettre en quête. Elles revinrent la besace assez maigre ; le gros du public, qui sent aussi la sienne assez légère et assez peu rassurante en face du prochain avenir, n'était naturellement pas fort disposé à la dégarnir encore au profit de celle-là. D'ailleurs, pour l'étranger, la véritable fête parisienne n'est-ce pas Paris lui-même ? les quais, les boulevarts, les lieux publics, les magasins, les bals, les concerts, les collections et les spectacles ne lui font-ils pas comme une fête continuelle, où il n'a qu'à choisir ? Mais surtout, ce projet eût-il réussi, comment ne voyait-on pas ce qu'il y avait là de frivole par le contraste. On prétendait à couronner l'Exposition, que l'on n'a pas faite, et c'était par des divertissemens et des jeux que l'on voulait réparer cet échec, que Paris devait prendre sa revanche et retrouver sa supériorité ! Les Français auraient eu *l'agréable*, que personne ne leur conteste, et dans lequel on sait bien qu'ils sont passés maîtres ; mais *l'utile*, ils se seraient ainsi donné la peine de marquer encore mieux qu'ils en ont laissé le rôle à leurs rivaux ! ils auraient eu l'air, et presque le ridicule, de vouloir cueillir la fleur là où d'autres avaient déjà récolté le fruit. .

Les Français ont plus d'esprit que les Anglais, mais ils n'ont pas autant d'habileté : ils ont la petite finesse, leurs voisins ont la grande, d'autant plus grande et plus fine qu'elle se montre moins. L'histoire politique des deux peuples le prouve assez par ses résultats ; mais on peut l'observer aussi, comme nous venons de le voir pour l'Exposition, dans les choses d'une importance plus restreinte, dans l'industrie, dans le commerce, dans les affaires privées, et jusque dans les traits individuels du caractère. Lors des défilés de trois cent mille hommes qui se rendaient à l'arc de triomphe de l'Etoile pour y fêter l'avènement de la République et formaient comme un immense jardin mobile avec leurs fusils ornés de fleurs, un Anglais se mit à dire flegmatiquement en les voyant passer : « Les Français marchent à la » gloire..... et à la *banqueroute*, » il faisait là peut-être une réflexion bien prosaïque et bien froide, mais elle ne laisse pourtant pas d'avoir sa valeur et son originalité.

Les Anglais, non plus, ne sont pas si prompts ni si lestes, mais ils n'en sont pas moins actifs pour cela ; ils le sont peut-être davantage, leur travail étant plus soutenu, plus solide et en quelque sorte plus entassé ; ils ne vont pas si gaiement, ni si vite, mais, passez-moi l'expression, ils vont plus dru ; ils ne pressent pas autant le pas, mais ils le serrent mieux.

Un mot dont ils font grand usage, parce qu'ils ont donné à la chose même qu'il exprime une application pratique dans une foule de cas, me semble caractériser à merveille ce genre de brièveté qui est 'e' leur, et qui consiste à épargner ou gagner de la place plus encore que du temps : c'est le mot *compressed* (comprimé). Outre toutes sortes de substances alimentaires, ils ont même de la viande et du pain *com-*

pressed, du pain ordinaire. Leurs malles et leur attirail de voyages sont célèbres par tout ce qu'ils parviennent à y faire entrer. On voit à Smithfield, au marché au bétail, de grands chariots de foin taillé et lassé comme un bloc : *compressed*. Il n'est pas jusqu'à leur langue qui ne le soit aussi, avec son génie elliptique, ses phrases enchâssées plutôt que liées, ses mots d'une syllabe, sa prononciation de plus en plus condensée, où les lettres semblent s'annuler, se dévorer mutuellement, avec sa richesse enfin qui retranche le superflu, les particules explétives, les jolis riens, les grâces du discours, pour abonder en termes propres et viser ainsi avant tout au nécessaire.

Telle est, si l'on peut dire, la manière d'avancer des Anglais : roide, mais solide et tout d'une pièce.

Londres est bien plus vaste que Paris, bien plus étalé ; mais il est aussi bien plus fourmillant et plus rempli, là où il l'est, dans les quartiers de la mode et des affaires. « Je ne m'attendais pas à voir ce que j'ai vu, » disait un de mes compagnons de voyage, « une ville si pleine et si remuante. » — « Je pense que c'est la première ville du monde, » disait un autre, Français aussi pourtant, et qui avait été à Paris. Ce qui est rare chez sa nation, il avait l'instinct voyageur, et faisait chaque année une excursion, à pied autant qu'il le pouvait, et aussi loin que s'étendait la somme qu'il avait épargnée dans ce but ; il était suivi d'un chien tout exigu, naturellement nommé Azor, qu'il dissimulait sous un pan de sa blouse, quand par hasard il prenait un chemin de fer, et l'intelligente petite bête était alors d'un tel mutisme, montrait un tel sentiment de sa position, que je n'eusse pas soupçonné son existence si son maître ne m'en avait pas averti ; bref, ils s'entendaient si parfaitement, ils cheminaient si bien de conserve, et le chien partageait si complétement toutes les impressions de son maître, que, celui-ci ayant eu le mal de mer pendant la traversée, le fidèle animal ne manqua pas de l'avoir aussi. A voir le simple accoutrement de notre voyageur philosophe, on l'eût pris pour un ouvrier ; mais il ne l'était point, et, quoiqu'il ne sût pas un mot d'anglais, c'était un homme instruit, d'une bonne éducation classique. Seulement, à cause de la différence de prononciation, le latin même ne lui avait été d'aucun secours dans Londres, où il avait bouquiné en passant et acheté quelque bonne et jolie édition de Plaute et d'Horace. Voilà cependant le jugement qu'il portait sur cette ville, bien qu'elle eût été pour lui non moins muette qu'Azor faisant le mort dans un coin de wagon, et se contentant d'y savourer l'intime jouissance de voyager clandestinement en chemin de fer.

Je n'irais pourtant pas si loin que son maître, je ne donnerais pas aussi hautement à Londres l'avantage sur Paris. Evidemment Paris a bien plus l'agrément, et, s'il a moins d'étendue, je lui crois plus d'universalité. Son mouvement matériel est moins grand, moins écrasant ; mais, en tout genre, le sien est bien plus complet. Il n'est personne,

en aucune branche des affaires ou des connaissances humaines, qui,
s'il cherche bien, n'y trouve sa ligne et son centre, où tout arrive de
tous les coins de l'univers. Je connais un Allemand philologue qui
m'a dit à moi-même que, venu à Paris avec l'intention d'y passer six
semaines, il y était depuis seize ans et faisait bien son compte de n'en
plus sortir. Je citerai aussi l'opinion d'un vieux seigneur anglais, bien
autrement voyageur que mon Français latiniste, car il revenait de
Constantinople lorsque je le rencontrai autrefois sous la tente de mon
ami Agassiz, au glacier de l'Aar. Je ne connaissais pas Londres alors,
et Paris à peine ; le sentiment de ce touriste émérite me parut devoir
être vrai, et je l'ai retrouvé, plus favorable encore, chez plusieurs de
ses compatriotes. « Londres, nous disait-il à peu près en ces termes,
est plus grand, plus énorme, plus monstrueux, si vous voulez; il
saisit peut-être davantage, mais Paris captive, ce qui est bien mieux.
L'un est plus gigantesque, mais l'autre est plus beau, avec ses monumens, ses quais, ses boulevarts, ses hôtels princiers, ses maisons
particulières toutes sculptées du haut en bas grâce à cette pierre admirable qui se taille et se moule si aisément, puis se durcit à l'air.
Plus somptueux et plus riche, Londres n'est pas si élégant ; plus propre, il n'est pas si paré ; il n'a pas, surtout, cet air gracieux, avenant,
comme vous dites, qui attire et qui fixe. Moins affairé, moins bruyant,
Paris est au fond plus véritablement animé. Pour rester dans le vrai,
ce sont deux cités rivales qui se partagent le sceptre de la civilisation,
plutôt qu'elles ne peuvent se le disputer; mais Paris en est la merveille, si Londres en est le colosse. »

Il ne faut pas croire cependant avoir vu tout Londres pour avoir admiré ses ponts aux arches superbes et aux parapets de granit; pour
être descendu dans son tunnel, ouvrage cyclopéen, mais qui malheureusement ne sert encore qu'à satisfaire la curiosité; pour s'y être dit
que là, sur vos têtes, roule pourtant un grand fleuve avec ses milliers
de navires chargés de toutes les richesses du globe ; pour avoir ar-
penté ces larges rues sans fin ou se perdant les unes dans les autres
par un inextricable réseau ; pour s'être mêlé à cette foule indescripti-
ble de piétons, de voitures, d'omnibus qui semblent devoir se heurter, s'entasser, se broyer, faute de place, et qui se croisent néanmoins en tout sens avec autant de justesse que de rapidité ; pour avoir
sillonné la plus vaste, la plus belle et la plus remplie de ces rues, leur
reine à toutes, la Tamise, où le mouvement de l'homme n'est pas
moins incessant ni pressé que celui des flots.

Vous aurez visité encore la fameuse brasserie Perkins, désormais
doublement célèbre par elle-même et par le général Haynau, visité
ainsi quelques usines, pour avoir une idée des proportions sur lesquelles se déploient l'industrie et la fabrication anglaises, visité surtout les *docks*, leurs chantiers, leurs vaisseaux, et parcouru, une
lampe à la main, leurs caveaux immenses, greniers ou celliers dans

l'intérieur desquels les caisses, les ballots, les barriques forment un dédale de rues, et celles-ci de nombreux et vastes quartiers souterrains. On vous y aura traité non en simple curieux, mais plutôt comme un hôte : à quelqu'une de vos haltes sous ces voûtes à perte de vue, l'un de vos guides, disparaissant un moment dans la nuit d'une des petites rues latérales, sera revenu à vous avec un verre de Sherry ou de Porto ; puis, pour achever de vous faire les honneurs de ces lieux fantastiques et pourtant si réels, on vous y aura montré la *Pipe de la Reine :* son foyer, dans lequel tout le tabac avarié ou saisi en contrebande alimente un feu qui ne s'est pas encore éteint je ne sais plus depuis combien d'années ; son tuyau, une haute cheminée en forme de tour, par où la fumée de cette pipe d'un nouveau genre s'échappe dans les airs. Enfin, vous êtes revenu dans les docks, le long de cette armée de navires, de ces forêts de mâts plus épaisses encore que celles de la Tamise, et dont on voit seulement pointer les cimes au-dessus des toits.

Mais il s'en faut que ce soit là tout Londres, disons-nous : le mouvement industriel et matériel y domine, mais il n'y est pas le seul. Sans être la capitale des arts, elle possède assez de richesses en ce genre, assez de curiosités et de chefs-d'œuvre, pour lutter avec Paris à quelques égards, le compléter même sur certains points et, dans cet ordre d'impressions où sa rivale la surpasse, en laisser pourtant une très-vive et durable à ceux qui, comme moi, n'ont pu jeter à toutes choses qu'un rapide coup-d'œil en passant.

Londres n'a pas le Louvre ; mais elle a, pour ainsi dire un Louvre éparpillé dans une foule de collections publiques et de collections privées, que l'on peut aussi être admis à visiter. La Galerie Nationale ne se compose que de quelques salles et d'un nombre assez restreint de tableaux des vieux maîtres, mais peut-être ainsi en jouit-on mieux. Outre la fameuse *Résurrection de Lazare*, peinte par Sébastien del Piombo et composée en partie, dit-on, par Michel-Ange, elle a un grand Raphaël, le *Massacre des Innocents ;* une charmante petite *Madone* du Corrège ; une *Vénus* (avec l'Amour et Mercure), dessinée, sinon peinte par ce maître ; deux Claude Lorrain de toute beauté ; des Poussin comme on en voit rarement en France, surtout une *Bacchanale*, celle en hauteur, qui est assurément un des joyaux de la collection ; un Vélasquez unique, dont le sujet, une *Course de Taureaux*, sert seulement de motif et de fond au premier plan, représentant une foule de personnages dans des attitudes et des costumes divers, et formant des groupes d'une vérité, d'une harmonie et d'une énergie de pinceau admirables ; enfin, pour m'en tenir à ce qui me revient le plus dans l'esprit et devant les yeux, un portrait attribué à Van Dyck, mais dont la couleur rappelle plutôt celle de Rubens, le portrait le plus vivant que j'aie jamais vu ; un autre, plus expressif encore dans sa simplicité, plus original, plus intime par la manière du peintre et la figure de son modèle, celui d'un doge de Venise par Jean Belin. Si bornée soit-elle, c'est toujours une collection de premier ordre que celle où se trouvent de tels trésors, et si bien placés, si bien éclairés pour la plupart, ne s'écrasant pas les uns les autres ; tout cela lui donne un vrai charme.

Hampton-Court ne possède pas autant de chefs-d'œuvre proprement dits, de chefs-d'œuvre classiques. C'est là cependant qu'il faut aller voir les sept fameux cartons de Raphaël (¹), sans lesquels on ne connaîtrait pas tout son génie, la *Pêche miraculeuse*, la *Mort d'Ananias*, les *Apôtres guérissant dans le temple*, et surtout, à mon avis, la *Prédication de saint Paul aux Athéniens*. Par le sujet, ce tableau est comme le pendant naturel de l'*Ecole d'Athènes*, où sont rassemblés tous ces philosophes dont l'apôtre voulut en vain convertir et enseigner les disciples. A considérer saint Paul même à un point de vue tout humain, dans ses actions et dans leur mobile, un dévouement sans borne à la vérité, dans la petitesse des moyens et l'immensité des résultats, dans sa vaste propagande à travers l'Europe et l'Asie et qui continue à faire le tour du globe avec ses écrits, les Athéniens avaient pourtant devant eux un docteur bien autrement grand que les leurs, un dialecticien plus puissant qu'Aristote, un penseur plus inspiré, plus *divin* que le divin Platon ; mais ils l'écoutèrent seulement avec leur esprit curieux, amateur de nouvelles et de nouveautés, non avec leur cœur, avec ce cœur qui ne fait la sourde oreille que parce qu'il redoute d'entendre trop bien. Aussi, quel sujet que celui de cette prédication de saint Paul, et comme Raphaël en a exprimé non-seulement la beauté pittoresque et dramatique, mais la beauté en quelque sorte intérieure, l'ame et la vérité ! Moins riche d'attitudes et de groupes, d'une composition nécessairement plus simple et plus concentrée que celui auquel on le compare involontairement, ce tableau n'en a que plus d'effet, et il n'en a pas moins d'ampleur, de lumineuse facilité de génie, avec plus d'expression et de profondeur.

Viennent ensuite les cartons de Mantegna, le *Triomphe de Jules César*, vaste composition pleine d'originalité et de vie, et d'un très grand style. Ils remplissent à eux seuls une longue galerie, malheureusement très obscure, mais où, en dépit du peu de jour et à les regarder même en courant, on se sent pris néanmoins par leur suite imposante et par quelque détail énergique ou naïf.

Il y a aussi des tableaux complètement achevés des grands maîtres, de Poussin, de Rubens, et plusieurs Holbein, comme on en voit rarement, surtout si nombreux et formant collection, donnant ainsi une idée non-seulement de la manière, mais de l'œuvre du peintre. Ils

(¹) Composés pour servir de modèles de tapisseries, oubliés à Bruxelles, achetés là par Rubens pour Charles Iᵉʳ, oubliés de nouveau à Londres et sauvés d'une enchère à vil prix par Cromwell.

sont d'une force et d'un naturel, d'une vérité, d'une réalité parlante.
Parmi tant de portraits célèbres sortis des ateliers des diverses
écoles, ceux de Holbein ont je ne sais quoi encore qui n'appartient
qu'à lui. Hampton-Court en réunit une grande variété : d'abord, deux
de Holbein lui-même, ressemblans sans se ressembler ; puis, dans un
seul cadre, son père et sa mère, celle-ci fort belle tête de personne
âgée, aux traits réguliers, à la fois larges et fins, dans lesquels on
retrouve le type du fils, avec plus de calme et de beauté ; puis sa
femme, type tout contraire, pâle, intérieurement souffrante et maigre, mécontente et l'œil baissé, dont l'aspect semble dire que la destinée avait mal agi en l'unissant à un artiste ; deux d'Erasme et un,
admirable, de son ami, le célèbre imprimeur balois Froben ; un grand
portrait en pied, et en riche costume, du comte de Surrey ; deux
d'Henri VIII, et un de François Ier qui ne rappelle pas, tant s'en faut,
le roi-chevalier du Titien, mais qui n'en rend peut-être que plus fidè-
lement l'orignal. Il existe en effet, au Louvre, un buste et d'autres
portraits contemporains de ce prince qui le représentent sous des traits
analogues, plus étranges encore, plus capables de dérouter, de refroidir même et de repousser l'imagination.

A en croire certaines langues médisantes, celle en particulier de
l'abbé de Montgaillard, François Ier, dans sa fameuse lettre de Pavie,
n'aurait pas écrit seulement : *Tout est perdu fors l'honneur*, il aurait
ajouté : *et la vie sauve*. La Renommée, qui sait très bien son métier
d'artiste et de courtisan, retrancha cette adjonction, d'un mérite certes fort pratique et fort essentiel, mais un peu moins héroïque ; le Titien qui savait également bien le sien, n'a pas manqué d'en faire autant : il n'a voulu représenter que le héros et le roi, le roi galant et
spirituel, et pour plus de sûreté il nous le montre seulement de profil. Holbein y est allé plus rondement, plus brutalement, si l'on veut,
et d'une main peut-être un peu trop germanique : il a vu l'homme, et
l'a regardé bonnement en face. En cela, restait-il tout-à-fait de franc
jeu ? Qui sait ? Ne pas flatter François Ier, n'était-ce pas flatter son rival Henri VIII, dont Holbein était le peintre favori ? Quoi qu'il faille
penser de sa rudesse naïve ou de sa malicieuse bonhomie, il doit cependant y avoir du vrai dans un portrait si réel et d'une réalité qui ne
s'inventerait pas. C'est donc surtout l'homme qu'il nous met devant
les yeux, l'homme sensuel, charnel, plus voluptueux encore que passionné, et plus libertin que voluptueux ; ou si vous aimez mieux, c'est
le roi, mais *le roi qui s'amuse*, pour l'appeler comme Victor Hugo,
le roi, du moins, qui s'est amusé ; car en admettant, ce qui me paraît probable, que Holbein l'ait alourdi sans le vouloir, ou peut-être
en le voulant trop bien, il est évident toutefois qu'il l'a vu déjà ape-
santi, avachi par l'âge et par les plaisirs. Pour trancher le mot, il y a
du vieux libertin dans son François Ier. Quelque effet désagréable
qu'on en éprouve au premier abord, ce trait ne disconvient pas abso-

lument au père des Valois ; on l'y reconnaît aussi à cet œil malin que
la chair semble vouloir ensevelir à moitié, mais qui la perce néanmoins de son fin regard. Dans tout cela, pour finir notre histoire par
où nous l'avons commencée, dans cette tête qui ne manque pourtant
ni d'intelligence ni de force malgré ce qu'elle a d'amolli et de matériel, dans cet œil pétillant au-dessus et presque au travers de ces
joues trop pleines et déjà un peu tombantes, dans tout cela, disons-
nous, on retrouve la seconde partie du mot de Pavie : *la vie sauve* ou
qui veut l'être, qui y tient.

Par ces portraits et par une foule d'autres, de peintres moins célèbres, mais d'un intérêt historique très varié, ceux d'Elisabeth, de
Marie Stuart et de personnages de leur époque, ceux de la cour de
Charles II, parmi lesquels j'ai surtout remarqué un grand et charmant
portrait de la comtesse de Grammont, la sœur de l'auteur des Mémoires et l'une des beautés les plus accomplies de son siècle; par tous
les souvenirs si opposés qui se rattachent à ce palais, œuvre du cardinal Wolsey, séjour des Tudors, des Stuarts, de Cromwell, de Guillaume III ; par le voisinage enfin de Richmond, de la maison de Pope
et de Twickenham, l'Auteuil des classiques anglais, Hampton-Court
est une sorte de Versailles en petit, qui ne peut sans doute être comparé au véritable, mais où, sans parler de la fameuse treille en serre
chaude, aux milliers de grappes provenant d'un seul cep, il y a amplement à voir, à admirer, et dont une ou deux salles même en valent
beaucoup de celles du Versailles français.

Le parc aussi rappelle ce dernier, et à certains égards le surpasse :
s'il n'a pas ses tritons, ses jets-d'eau, ses naïades et toute sa mythologie aquatique, il a en revanche d'immenses allées de vieux maron-
niers d'une beauté sans égale. Planté par Guillaume III dans un goût
moitié français, moitié hollandais où se retrouvent celui de sa patrie
et celui de son temps, il n'a pas le pittoresque ni la variété des jardins anglais plus modernes; mais ce genre, à part ce qu'il avait de
trop artificiel (et on pourrait donner le même éloge comme le même
blâme à tout l'art de l'époque), ce genre l'emporte peut-être sur l'autre par la grandeur; il a moins d'imprévu, il surprend et amuse moins,
mais il impressionne davantage, il laisse dans l'ame un sentiment plus
un et plus fort. Plus simple de lignes, il en est plus uniforme, mais
plus majestueux. Aussi n'est-ce pas la foule bigarrée, au flot toujours
mobile en tout sens, que l'on voudrait voir dans ces larges allées, sous
ces hautes et belles voûtes ; on s'y représente plutôt de grandes dames, à la longue robe traînante, au marcher noble et lent, celles-là
se promenant à l'écart, escortées de leurs pages, celles-ci au milieu
d'un groupe de seigneurs qui leur font cortège d'un air galant et respectueux.

J'avoue avoir eu quelque chose de cette impression avec le vieux
parc d'Hampton-Court, même après celui de Kew, que je venais de

visiter. Je ne parle pas des serres : elles sont sans rivales. Quand , du milieu d'une verte pelouse, parsemée d'arbres exotiques et des plus beaux de nos climats, on voit s'élever tout-à-coup, sortir comme de terre et du gazon, et briller au soleil cette montagne de verre qui n'est elle-même qu'une montagne de fleurs et des plantes les plus rares, on reste confondu, l'imagination n'allait pas jusque-là; puis, lorsqu'on y pénètre et qu'on s'y promène en plein tropique, sous de hauts palmiers, sous des dattiers auxquels pendent leurs régimes, sous les cocotiers, la canne à sucre, l'arbre à pain et une foule d'autres de race non moins méridionale, la surprise fait place à l'enchantement. On se croit transporté sur les bords du Gange ou du Nil, dans les jungles de l'Inde, dans quelque forêt vierge de la Guyane ou du centre de l'Afrique; l'ardeur humide d'une atmosphère de vapeur aide encore à l'illusion, et l'on se tourne presque pour regarder s'il n'y a pas, sous ces larges feuilles, un crocodile qui vous attend au passage, ou si, parmi les lianes qui se balancent, ne se balance pas aussi un serpent; mais non : seulement quelque joli petit oiseau, étranger comme elles en ces lieux, ayant vu peut-être celui de leur naissance, et l'on se remet en toute sécurité à respirer l'Asie en respirant ses parfums. Voilà ce qui fait de Kew, dans ce genre, la merveille des merveilles, une création incomparable.

Cependant le parc aussi est bien beau; si riche, si ouvert, distribué d'une manière si large et si harmonieuse. Mais qu'en dirais-je, et que dirais-je de tant d'autres, qui forment comme un dais de verdure à l'Angleterre? de celui de Windsor, avec ses eaux, ses cerfs, ses beautés plus agrestes et plus sauvages; de ceux de Londres même, situés dans l'enceinte de la ville et néanmoins si vastes qu'on s'y perd: immenses réservoirs d'air pur et de fraîches ombres, soupiraux gigantesques de la fumeuse et dévorante Babel, qui semble se les être donnés tout exprès pour ne pas étouffer. Que dirais-je de tous ces parcs? il faut les voir. Mentionnons pourtant celui de Greenwich, en honneur de ses jolies petites biches apprivoisées, qui viennent manger dans la main du passant, de ses châtaigniers séculaires, et surtout de ses vieux pins, hauts et droits, qui sont dans leur genre ce que sont dans le leur les chênes de Fontainebleau.

Le Jardin Zoologique, comme l'indique son nom, est surtout une collection d'animaux vivans, une grande et magnifique ménagerie : il est donc moins en réalité qu'en apparence ce qu'est à Paris le Jardin des Plantes; celui-ci, pour les connaisseurs, est surtout un jardin botanique. Les Anglais et les Français nous paraissent également injustes, quand ils veulent à toute force comparer les deux jardins, sans tenir compte de cette distinction, et chacun donnant respectivement l'avantage au sien. Outre la rivalité nationale, la différence du goût des deux peuples agit aussi, à leur insu, sur leur manière de voir en ce cas : le Jardin Zoologique est moins enfermé, plus libre, on dirait qu'il se perd à l'horizon dans la campagne et le désert; le Jardin des Pantes, plus régulier, se présente avec plus d'ensemble; mais, bien qu'il ne manque pas de capricieuses allées, il a quelque chose de moins naturel. Quant à leur mérite intrinsèque, la supériorité du premier serait incontestable s'il avait les serres de Kew à côté de sa ménagerie; ses collections d'animaux ne l'emportent pas non plus à tous égards, autant qu'il le semble, sur celles de son rival: moins curieuses, ces dernières, me dit-on, sont peut-être plus scientifiques, et même plus complètes et plus riches pour certaines espèces (les gallinacées par exemple) qui ont leurs représentans dans l'économie domestique. Les animaux libres y ont aussi des enclos plus espacés. Je dois convenir cependant que, dans l'ensemble, le Jardin des Plantes, comme en général Paris lui-même, m'a paru moins grand; vu après l'impression qu'on rapporte de Londres, et pour moi cette impression datait pourtant de plusieurs semaines, tout, jusqu'aux parterres, aux allées, aux bassins, aux étangs, me semblait raccourci, rétréci, rapetissé en tout sens.

Au reste, le véritable intérêt du Jardin Zoologique n'est pas dans son plus ou moins d'étendue, ni dans la plus ou moins grande richesse de ses collections. Il est dans ce qui en fait avant tout une ménagerie, et la plus belle du monde, c'est-à-dire dans la manière intelligente et pittoresque dont les animaux sont placés. On les suit mieux dans leurs habitudes et leurs mœurs: sauf peut-être les singes qui n'ont pas, comme à Paris, une vaste loge grillée pour jouer en plein air, ils sont davantage laissés à eux-mêmes, à leur vie propre, et toutefois on les voit mieux et de plus près. Aussi, l'orang-outang et l'hippopotame, les deux grandes raretés de la collection, le premier avec sa stature et sa face humaines, le second dont la tête, flottant sur l'eau, donne en effet, quand il nage, l'idée d'un cheval marin, m'ont-ils presque moins intéressé qu'une multitude de petits quadrupèdes dans le genre des écureuils, des rats, des belettes; je n'en avais jamais vu une telle et si fourmillante variété. Ou bien, ce sont les loutres, plongeant et replongeant dans leur étang d'eau claire; ou le veau marin, échoué et s'agitant vainement, par sursauts nerveux, sur le bord du sien; ou encore le kangourou, ses deux courtes pattes de devant relevées sur sa poitrine, et de celles de derrière sautant à pieds joints dans son enclos; on dirait une grande petite fille qui, se voyant prisonnière, s'amuserait, non sans grâce, à cet exercice singulier, et, tout à la fois espiègle et naïve, viendrait subitement comme cela de votre côté, puis lestement repartirait de même, plus occupée de ses jolis bonds saccadés que de vous.

Les collections que l'on trouve en Angleterre sont ainsi, pour l'ordinaire, plus spéciales et plus dispersées; un grand nombre sont même des propriétés ou des entreprises particulières : en France, où on se repose beaucoup plus sur l'État du soin de les former et de les enrichir, elles sont plus générales, plus nationales et plus centralisées. La Grande-Bretagne en possède cependant aussi de cette espèce, et de bien justement célèbres parmi les artistes et les savans.

Il en est peu qui puissent rivaliser, à cet égard, avec le Musée Britannique, collection véritablement monumentale, la plus vaste et la plus importante de toutes celles de Londres sans contredit. Dans son genre, il est pour Londres ce que le Louvre est pour Paris dans le sien. Quoiqu'on n'y voie pas de tableaux, il a plus de diversité encore, puisqu'il est non-seulement un musée des arts par ses antiques, mais de plus un musée d'histoire naturelle et une bibliothèque, l'une des plus riches du monde en beaux livres et en livres rares, en manuscrits, en monumens originaux de toute espèce. C'est là peut-être un manque d'unité, mais il y a un contraste bien saisissant, et même un effet d'ensemble supérieur, à trouver réunies dans le même lieu les antiquités de la nature et les antiquités des arts, celles de l'homme et celles d'un temps où l'homme n'était pas. Vous passez ainsi des taureaux ailés de Ninive à de bien autres colosses, à des monstres bien plus réels, quoique non moins fantastiques, au mastodonte, au ptérodactyle, au dinotherium et autres géans antédiluviens. Dans les salles de Lycie et du Parthénon, vous n'avez pu méconnaître toute la supériorité de la statuaire grecque; vous avez longuement contemplé le *Thésée* et l'*Ilissus*, ce qui nous en reste de plus parfait avec la *Vénus de Milo;* tout mutilés qu'ils soient vous y avez senti, à ne l'oublier plus, cette vérité de vie et cette fleur de beauté, en même temps que cette simplicité, cette sobriété, de lignes : et un peu après, néanmoins, vous vous arrêtez de nouveau, tout pensif, devant la signature de Shakespeare sur son propre exemplaire d'une traduction des *Essais* de Montaigne. Plusieurs passages notés de sa main et dont on a retrouvé l'imitation dans ses pièces, achèvent de prouver que son génie avait reconnu dans Montaigne un génie d'observation humaine parent du sien. Des autographes de Milton, de Luther, de Calvin, d'Elisabeth, de Marie Stuart, de Charles-Quint, de Cromwell et une foule d'autres des plus célèbres personnages, vous appellent ainsi à chaque pas, presque comme des portraits; vous croyez voir la main qui traça ces caractères courir encore sur le papier; tant de souvenirs qu'ils évoquent donnent à cette bibliothèque comme une âme et une vie mystérieuse; il semble qu'on y entende des voix invisibles, les plus grandes voix du passé, qui vous parlent tout bas.

L'architecture est ce qui m'a le moins plu à Londres. Le chœur et la nef de Westminster sont d'une grande beauté; j'aime beaucoup aussi le cloître, avec sa charmante colonnade et son promenoir si tranquille, si retiré; mais, en dehors des chapelles proprement dites, que relie et couronne la chapelle vraiment royale d'Henri VII, c'est un tel entassement de tombeaux de toutes les époques et de tous les styles, que l'intérêt historique y écrase complétement celui de l'art. Le portail, du moins dans son état actuel et comparativement à l'ensemble de l'édifice, est maigre, mince, efflanqué. Partout, au reste, l'architecture gothique a en général mieux réussi à l'intérieur qu'à l'extérieur de ses monumens, ou elle y convient mieux. Son défaut est le manque d'unité; et il se montre surtout au dehors, dans ces parties inachevées, dans cette surcharge de détails qui ne permettent à l'œil de se reposer nulle part, dans cette profusion d'ornemens, de dentelures, de découpures et de toutes sortes de pointes recourbées, qui faisaient dire assez drôlement à un de nos amis, que les clochers gothiques lui avaient toujours paru ressembler à des *moutons frisés.*

A Londres, cependant, les édifices de ce genre me semblent encore préférables aux édifices plus modernes. Ceux-ci pèchent, comme ailleurs, par le mélange des styles, et de plus, par la prétention, la bizarrerie et la lourdeur. Je ne fais pas d'exception pour Saint-Paul; au contraire, il est le type du genre : les deux clochetons de la façade sont à la fois petits et énormes, pesans avec une intention d'air léger. L'intérieur est bien nu; mais, s'il est vide, il faut convenir aussi qu'il est vaste, et que cet effet, d'abord tout matériel, vous laisse dans l'âme un sentiment de grandeur.

C'est là, en général, ce qui fait la beauté de Londres: l'étendue des lignes, les proportions colossales de l'ensemble et des masses. Quand elle vous apparaît de l'un de ses ponts, à demi noyée dans la brume du soir, et se profilant le long de son fleuve à perte de vue, la gigantesque cité est alors de l'aspect le plus imposant.

L'architecture privée a fini par produire sur moi quelque sorte d'effet analogue. Ces maisons de couleur sombre et uniforme, presque toutes en briques et toutes bâties sur le même modèle, avec leurs grilles, leur fossé ou *area* sur lequel donnent les cuisines, et leurs murs qui dépassent et cachent le toit, paraissent d'abord bien monotones; mais en se répétant à l'infini, toutes propres et luisantes, toutes bordant également le ciel, dans ces longues et larges rues coupées seulement de distance en distance par les *squares* et leurs jardins ombragés, elles donnent une idée de continuité, de durée, de vie intérieure solide et calme; cette monotonie devient peu à peu moins sensible, et se perd dans le caractère général, toujours dominant à Londres, de force et de stabilité.

J'en dirais volontiers autant des habitudes et des mœurs domestiques. Le formalisme et l'uniformité poussés jusqu'à la raideur, en voilà le défaut, avec la hauteur et la morgue dans l'aristocratie; mais leur régularité, leur sérieux, leur tenue morale et matérielle vous inspirent une confiance qui a bien son avantage et même son intime attrait. On se sent mieux chez soi, la gêne diminue, et ce qui vous pesait d'abord, insensiblement vous attache et vous lie. Au fond, d'ailleurs, sous ce vernis de glace qu'il confond trop avec la réserve et la dignité, l'Anglais est un peuple cordial: *freindly people,* me disait un bon vieux monsieur, venu aussi de la campagne pour voir Londres et l'Exposition, et qui, juché avec moi sur l'impériale d'un omnibus, se donna mille peines durant le trajet de Kew à Hampton-Court pour me tout expliquer de son mieux.

Sans parler des relations privées, n'a-t-on pas eu comme une preuve publique de cette cordialité du peuple anglais dans la manière dont il a reçu les étrangers. A la vérité, une telle affluence de visiteurs le flattait, et il avait un intérêt positif à les attirer ; mais cela n'empêche pas qu'à tort ou à raison Londres passait pour la ville la plus revêche et la plus inhospitalière. Et voilà qu'elle accueille le monde entier à bras ouverts : les barrières ordinaires sont levées, les obstacles aplanis ; les curiosités, les monumens, les collections de l'Etat et des particuliers deviennent d'un accès général et facile, au lieu de tout ce qu'on en racontait par avance, comme pour faire peur. On pouvait, disait-on, marcher quarante jours et quarante nuits dans la moderne Ninive, sans rencontrer nulle ame assez charitable pour vous empêcher de vous y égarer tout à votre aise : chacun s'empresse, au contraire, de vous aider à vous démêler dans l'écheveau sans fin de la grande cité. Pour moi, je n'ai jamais trouvé personne qui ne m'enseignât aussitôt le chemin : une fois, c'était une bonne vieille, redoublant d'explications et me suivant longtemps de l'œil pour voir si je les avais bien comprises ; une autre fois, un jeune homme, ouvrier ou garçon de boutique, se détourna même beaucoup de la direction qu'il suivait, pour me remettre dans la mienne jusqu'à ce qu'il ne me fût plus possible de me fourvoyer. Comme je racontais ainsi mes petites aventures en ce genre, et des rencontres semblables arrivées à d'autres voyageurs, « *Les Anglais se sont donné le mot,* » observa un naïf personnage, lequel n'était autre qu'un de mes enfans, s'il faut l'avouer au lecteur, à qui je demande pardon de l'introduire dans un si modeste auditoire. Oui, mais est-ce une chose bien commune, qu'un peuple, réputé fier et sauvage, se donne ainsi le mot pour devenir tout-à-coup affable et hospitalier ?

Nos mentons barbus faisaient bien un peu rire et ouvrir les yeux ; mais, si du moins j'en crois d'autres mentons que le mien, de plus jeunes ou de plus vénérables, il n'y avait rien de trop déplaisant dans ce sourire et dans ce regard. D'ailleurs, nous avions amplement de quoi nous consoler. en admirant à notre tour les favoris frisés de nos hôtes d'outre-Manche, et certains nez, certains ventres (force m'est bien d'en parler), nez et ventres si bien portés, si bien en l'air, qui ont été pour moi toute une révélation sur Hogarth, en me montrant la source où son crayon a puisé.

Tout n'est pas non plus uniquement règle et cérémonie dans la vie anglaise. Le sans-gêne a son prix, mais le contraire a aussi le sien, pourvu que ni l'un ni l'autre ne soient pas poussés trop loin. L'étiquette n'est pas nécessairement solennelle, elle peut aussi rencontrer l'amabilité et la grace. N'est-ce pas une coutume charmante, après tout, quand elle reste dans une juste et délicate mesure, que celle de faire toilette pour le dîner? Elle se pratique jusque dans les moindres conditions de fortune, en Angleterre : il faut être réduit à porter toute sa garde-robe sur soi pour ne modifier en rien son costume au moment de se mettre à table. La journée est finie, la tâche quotidienne terminée; la famille se réunit, c'est pour elle une fête; elle en revêt du moins l'apparence, tandis qu'ailleurs, on ne rappelle pas même par là qu'il en devrait toujours être ainsi, on est plus à l'aise au dehors sans l'être pour cela davantage au fond du cœur.

Des observateurs chagrins n'accepteront pas mon explication, et feront de cette coutume une analyse, en déduiront une physiologie toute différente de la mienne. Regardez, diront-ils, le peuple anglais à la promenade, dans les environs de Londres, dans les lieux de plaisance et de divertissement : il ne se rend nulle part, à l'Exposition même, sans être bien fourni, bien lesté, qui dans un panier, qui dans un sac, qui dans ses poches, d'un grand renfort de vivres et de provisions de bouche de toute espèce. Sous les voûtes du Palais de Cristal, comme sous les ombrages des parcs et jusque dans les wagons des chemins de fer, il n'oublie jamais de manger, c'est évidemment pour lui la grande affaire, celle qui passe avant toutes, une sérieuse préoccupation. Cette coutume que vous nous vantez prouve tout simplement l'importance qu'il accorde au dîner; elle a un sens gastronomique; en voilà toute la symbolique et la philosophie. A cela, comme sur d'autres points touchés en courant dans ces notes de voyage, je réponds qu'il y a toujours deux côtés aux choses de ce monde et deux manières de les prendre : par l'endroit et par l'envers. J'ai vu le premier; mes adversaires aiment mieux voir le second; c'est leur affaire : sans doute celui-là, tout seul, n'est pas vrai, mais celui-ci l'est-il davantage, et surtout vaut-il mieux?

Enfin, le rigorisme et la froideur apparente ou extérieure de la vie anglaise, ont leur réaction et produisent, par soubresauts, des effets qui lui sont tout contraires. La glace ne fond pas, mais parfois elle se brise; le ressort trop tendu se casse, la machine éclate, on rompt l'étau de toute la force de compression qu'il vous avait imposée. Aussi l'Angleterre est-elle le pays des excentricités, du romanesque et des coups de tête. Je ne donne pas précisément cela comme un éloge, je constate seulement le fait. Encore moins parlerai-je du fameux forgeron de Gretna-Green et de son singulier privilége, puisqu'aussi bien ce privilége est aboli; ni des enlèvemens, qui n'ont point cessé pour cela, et sont loin d'être une rareté comme sur le continent : mais nos lectrices m'en voudraient de ne pas leur signaler un autre genre d'incident dramatique, peut-être plus curieux, qu'on ne voit guère ailleurs qu'au théâtre et dans les romans, mais qui se voit et s'emploie encore assez souvent en Angleterre, qui n'y est nullement impossible,

qui même y est facile avec les us ecclésiastiques, moyennant un peu
d'argent, à savoir, en tout bien tout honneur, les mariages secrets.
Voilà qui n'est pas trop mal, on en conviendra, pour la terre classi‑
que des convenances.

Esclave de la coutume, le peuple anglais ne fait rien cependant
comme les autres. L'extraordinaire et l'étrange, le singulier, le bizarre
n'existent pas seulement chez lui à l'état d'accident, mais dans les
mœurs et les lois, et il ne faut pas s'en étonner, car il est lui-même,
dans sa vie nationale, dans son histoire, dans son ensemble, un peu‑
ple extraordinaire. Ce qu'on peut lui reprocher au point de vue que
j'indique ici, ce n'est donc pas sa nature et ses habitudes à part, mais
un certain manque de goût qui s'y mêle. J'entends ici par *goût* un
dernier choix plus simple, plus naturel et plus fin dans ce qui est déjà
fin et distingué. Or, l'esprit anglais atteint moins aisément ce choix
délicat et suprême, ou le dépasse : il réussit mieux dans l'originalité,
et il s'en contente trop parfois. Ce défaut de goût se montre par une
exagération, soit de force et d'éclat, soit aussi de mollesse et de dou‑
ceur. L'emploi familier de ces deux mots : *my love* (mon amour) que
l'on prodigue pour la conversation la plus ordinaire, me semble un
peu dans ce dernier cas, je l'avoue. Je ne serais pas loin de voir en‑
core une exagération de ce genre dans la langue elle-même, langue
si énergique et si ferme, mais où, par un contraste bizarre, l'*r*, la
lettre martiale, se trouve quasi supprimée; en sorte que, dans une
foule de mots, les Anglais parlent comme ces courtisans de Versailles
qui disaient : *Ma pa'ole d'honneur !* Je ne suis pas pour cela de l'avis
de ce plaisant qui soutenait que l'anglais n'était que du français mal
prononcé. Qu'on ne s'y trompe pas ! c'est de l'ancien français, et non
du moderne, c'est du normand, resté plus archaïque et plus pittores‑
que; comme aussi, d'autre part, ce n'est pas du pur allemand, mais
de l'allemand aiguisé.

Les Anglais ne sont pas un peuple artiste, comme les Italiens, ni
attique, comme les Français. En revanche, la phrase, ce dernier art
des sociétés vieillissantes, qui, à l'exemple du bon Nestor, mais non
pas aussi sages que lui, parlent d'autant plus qu'elles peuvent moins
agir, la phrase ne règne pas en Angleterre au même degré qu'en
France : elle n'y est pas tout, elle ne préside pas à tout, elle ne mène
pas à tout, elle ne dispose pas souverainement du peuple et du pou‑
voir. Ce n'est point en étant journaliste, écrivain, romancier, poète,
que l'on y fait son apprentissage d'homme d'Etat. La Grande-Bretagne
ne compte pas beaucoup d'illustrations littéraires parmi ses illustra‑
tions politiques. Est-ce là un si grand malheur? Serait-elle plus aisé‑
ment et plus sûrement montée au rang où elle se trouve si, au lieu
de Robert Peel et des Pitts, elle avait eu à sa tête même Byron, Hu‑
me, ou Walter Scott ?

Cela signifie-t-il qu'elle n'a qu'une vie et une action toute matérielle, sans valeur générale; qu'elle agit seulement par le corps et non par l'esprit, qu'elle ne représente pas l'Idée, comme l'on dit en France? Je commence à soupçonner que la France s'en fait beaucoup accroire à cet égard. N'est-ce pas de Locke que la philosophie sensualiste du dix-huitième siècle est sortie et, avec celle-ci, sa philosophie en action? Voltaire même était-il tout Voltaire avant d'avoir été en Angleterre et étudié les Anglais? Je demande encore qui a trouvé cette loi de l'attraction, sur laquelle repose et se meut l'univers? qui, par conséquent, plus que Newton, a donné le branle à la science moderne? Et dans le fleuve capricieux de la poésie et des arts, n'y a-t-il pas deux grands courans, ayant chacun leur Homère, l'un classique et grec, l'autre, Shakespeare, romantique et anglais? Allons plus loin: le protestantisme, dont l'Angleterre est le principal représentant, peut y périr dans ses formes, mais croit-on qu'il en soit de même de son idée? comme on l'y retrouve vivante au contraire, enracinée dans le sol, et comme on s'aperçoit alors qu'il existe aussi un monde protestant! En politique, la révolution de 1648 n'a-t-elle pas donné le signal et commencé la terrible lutte, déjà deux fois séculaire, où sont encore engagés les peuples et les rois? puis, la révolution d'Amérique, œuvre aussi de la race anglaise, après avoir devancé, provoqué celle de France, n'est-elle pas toujours là comme une mystérieuse pierre d'attente, où il y a gravée une inscription que l'avenir seul comprendra? Aux traits principaux que nous venons de rappeler, ajoutez-en d'autres d'une nature plus spéciale, mais non moins marquans, les missions religieuses, l'émancipation des noirs, le mouvement et les innovations économiques, agronomiques, mercantiles, industrielles, l'Exposition enfin, le plus vaste rapprochement de peuples qui se soit fait jamais d'une façon pacifique et régulière, l'Exposition qui a familiarisé les étrangers avec l'Angleterre et l'Angleterre avec les étrangers, voilà, ce me semble, quelque jugement qu'on en porte d'ailleurs, une assez belle propagande. La France a la parole, mais sa rivale a l'action, et l'action porte aussi avec elle les idées. Ne parle-t-on pas déjà de la *mode anglaise*, des *idées anglaises*, et pense-t-on que ces expressions ou d'autres analogues soient tout-à-fait vides de sens? Mais ce qui est certain, c'est qu'il suffit d'aller en Angleterre pour sentir profondément qu'il est bien impossible que ce qu'on appelle en politique les idées françaises y pénètrent jamais. Ce sont deux esprits trop différents, et celui de l'Angleterre est trop résistant, trop tenace, pour se laisser envahir par d'autres tendances que les siennes. Si elle tombe un jour, elle tombera avant tout par elle-même; car quelque solide que soit sa puissance, elle repose pourtant sur l'onde, et, *perfide comme l'onde*, c'est un mot de son poète. Mais que di-

sons-nous ici : l'Angleterre? disons plutôt ce vaste monde anglais de la
Grande-Bretagne et de l'Amérique du nord, qui commence aux portes
de la France et de l'Europe, de l'autre côté de la Manche, et qui s'é-
tend de là, pour un insondable avenir, sur toutes les mers et sur tous
les océans.

———

La *Chronique* s'est donc mise aussi à voyager, à sortir de sa case.
Franchement, elle avait besoin de prendre à son tour des vacances et
de courir le monde autrement qu'en imagination. Si le récit de ses
aventures qu'elle nous offre par manière de compensation, ne présente rien de bien neuf ni de bien piquant, si elle y a été un peu
longue, parlant de soi, comme tout bon pélerin, avec complaisance,
le lecteur lui pardonnera ; car il ne s'est rien passé d'important durant
son absence, et elle n'aurait eu presque rien à dire, en ne bougeant
pas. Seulement elle a trouvé la polémique au logis qui l'attendait de
pied ferme et l'a aussitôt saisie au collet.

Sur Naples et les Lettres de M. Gladstone la discussion avait repris
de plus belle ; elle n'a fait naturellement qu'obscurcir toujours plus le
débat. De Neuchâtel même un de nos amis nous écrit : «....Il me parait
évident que M. Gladstone a exagéré, et je connais des personnages influens qui ont pris part à la révolution de Sicile, qui dansaient l'hiver
dernier dans les salons royaux, bien loin d'être dans les cachots.
Mais même, en entrant dans le point de vue Gladstone, je crois qu'on
ne peut exiger que le peuple napolitain, après deux ans de troubles,
soit gouverné comme il est rationnel qu'un peuple du Nord le soit ;
c'est une tendance fâcheuse répandue par les démagogues, de faire
croire que tous les peuples sont susceptibles du même genre de gouvernement ; les Anglais le savent fort bien, car ils administrent tout
autrement leurs Iles Ioniennes, et même plus durement qu'à Naples.»
En résumé, la question n'est pas vidée ; dans un sens comme dans
l'autre, on en fait une question de parti ; c'est assez dire qu'on ne la
lâchera pas de si tôt, et que dans les deux camps, ce qui arrive toujours, on ferme la bouche à la vérité.

Parmi les ouvrages récens, nous regrettons surtout de n'avoir pu
mentionner à son heure et constater avec quelque détail le juste succès
des *Mémoires* du célèbre journaliste genevois Mallet du Pan. On doit
cette importante publication aux soins d'un de nos concitoyens et de
nos amis, M. Sayous. La presse parisienne s'en est fort occupée.
M. Sainte-Beuve, dans le *Constitutionnel*, M. Saint-Marc Girardin,
dans le *Journal des Débats*, y sont revenus à plusieurs reprises.

Quant à la politique, tout était en suspens ; il n'y avait plus qu'une
seule affaire : le rappel de la loi du 31 mai et le rétablissement du suffrage universel. Le Président avait là son dernier et plus sûr engin de

réélection, *sa dernière carte*, pour répéter l'expression de M. Emile de Girardin dans la *Presse*. Il la jouerait au besoin, nous en avions averti depuis long-temps, et on savait maintenant qu'il y penchait de plus en plus. *Voudra-t-il*, *ne voudra-t-il pas?* c'était toute la question politique de ce mois. La candidature du prince de Joinville n'aura pas peu contribué à le décider. Il vient de se prononcer catégoriquement : il demande le rappel pur et simple de la loi. C'est un grand pas ; mais nous pouvons dire que, s'il est assurément significatif, il n'est cependant point le plus hardi ni le plus périlleux de ceux entre lesquels il avait à choisir, et pour aucun desquels non plus il ne manquait de conseillers plus ou moins sincères, plus ou moins désintéressés dans l'action ou l'inaction. Le voyant irrévocablement opposé à toute restriction, même adoucie, du suffrage universel, les ministres, y compris le préfet de police, mais celui-ci, dit-on, par des motifs différens, ont donné leur démission. C'est une véritable révolution gouvernementale.

L'absence de la *Chronique* n'est donc pas tombée si mal, puisqu'elle rentre dans sa guérite juste pour voir se dérouler les événemens.

Paris, 16 octobre 1851.

BULLETIN BIBLIOGRAPHIQUE.

CHILLON. Etude historique. Par L. Vulliemin. — Un beau vol. in-12 orné de vues, prix fr. 5. — A Lausanne, chez G. Bridel.

L'ouvrage dont nous venons rendre compte était impatiemment attendu. Quelques fragments, que l'auteur en avait déjà publiés, ou lus dans des réunions, faisaient naître un vif désir de connaître l'ensemble. L'attente générale n'a pas été trompée, et le livre de M. Vulliemin est aujourd'hui dans toutes les bibliothèques, si ce n'est encore dans toutes les mémoires. Aussi ne voulons-nous point l'annoncer ; nous arriverions beaucoup trop tard. Entreprendre une critique littéraire n'est pas non plus notre but ; critiquer, même dans l'acception la plus favorable du mot, c'est juger ; et ce rôle nous conviendrait peu. D'ailleurs nous sommes sous le charme, et dussions-nous essuyer les dédains de ceux dont le *nil admirari* fait la devise, laissant à des juges plus compétents une autre partie de la tâche, il nous suffira d'apporter un tribut bien mérité de reconnaissance à l'historien que notre patrie vaudoise citera toujours avec orgueil.

Sous le rapport des études historiques, notre siècle est certainement au-dessus de ses devanciers. Au genre épique et courtisan du XVIIᵉ siècle, au coup-d'œil généralement léger et superficiel du XVIIIᵉ, a succédé une manière plus profonde et plus vraie de traiter l'histoire. Cessant de juger le passé uniquement à notre point de vue, on a mieux su revivre dans l'esprit des âges écoulés. Nous nous en sommes souvent demandé la cause. Serait-ce que, lasse de négations et d'abstractions, l'âme humaine demande du positif? Serait-ce que, peu satisfaite du présent, défiante de l'avenir, elle veuille se distraire de son scepticisme en contemplant les générations passées, ou chercher dans leur expérience un guide à ses pas incertains? serait-ce l'un et l'autre à la fois? Nous n'entreprendrons pas de le décider, mais, quoi qu'il en soit, notre époque est une époque historique, et le témoignage de ce besoin nouveau se trouve dans les ouvrages nombreux et distingués dont s'est enrichie en ce genre la littérature contemporaine. Tous ne sont pas, il est vrai, conçus au même point de vue: nous avons l'histoire tableau, l'histoire savante, l'histoire système et d'autres encore, qui ne se distinguent sans doute pas absolument entr'elles comme nous le faisons ici, mais se mêlent et se combinent à des degrés divers. Cependant, et surtout dans les dernières années, l'histoire système a semblé prévaloir. Saisissant dans l'ensemble des faits une idée saillante, juste peut-être, mais exclusive, on a voulu souvent borner la variété des événements au développement de cette idée. Les écrivains français, malgré toute la souplesse de leur talent et le pittoresque de leur imagination, ont assez généralement suivi cette voie, et les histoires le plus évidemment, le plus audacieusement tableau, comme les Girondins de M. de Lamartine, n'y font pas exception. Plusieurs personnes des plus compétentes se sont prononcées, il est vrai, pour cette manière, et elles l'appellent la véritable histoire, l'histoire philosophique, quitte à savoir si l'écrivain a trouvé le bon système. Pour nous, nous l'avouons, nous ne saurions être de cet avis. Que l'historien ait son point de vue d'ensemble, qu'il le laisse voir, qu'il l'exprime même, rien de plus naturel ; mais confondre ses propres idées avec le développement des faits ne saurait nous paraître le degré le plus élevé du talent. Nous aimons, au contraire, à trouver chez l'historien ce respect de son sujet, cette fidélité scrupuleuse vis-à-vis du passé, vis-à-vis de ce qui échappe à nos conceptions générales aussi bien que de ce qui concorde avec elles, cet effort loyal, en un mot, pour en retracer comme dans un miroir l'image sans mélange, et pour le montrer encore vivant à nos yeux. Cela, c'est mieux que du talent, c'est de l'âme, et sans âme il n'y a pas de grand historien. Parmi les modernes, M. Augustin Thierry est celui qui nous semble le mieux partagé de cette qualité capitale, et nous ne craignons pas de rapprocher de lui M. Vulliemin. Chez tous deux, nous trouvons la même conception généreuse, sympathique à tout ce qui est beau, à

tout ce qui est grand ; chez tous deux, le même souffle créateur et
poétique, qui éveille du tombeau les vieux âges et les fait passer devant nous dans un récit plein de couleur et de charme. Si M. Thierry
a plus d'ampleur dans l'exécution, s'il est plus complet, plus parfait,
le coup-d'œil de M. Vulliemin, en revanche, est plus profond et plus
élevé. Il part d'une idée plus haute encore que la sympathie pour les
vaincus et les opprimés, bien qu'elle ne brille nulle part mieux que
dans son livre, dédié aux captifs. Ce qui l'inspire, c'est la contemplation des destinées de l'univers, la foi dans la liberté, et surtout la foi
en la Providence.

Dans l'ouvrage dont nous nous occupons, sa tâche, telle qu'il la
concevait et qu'il l'expose dans la préface, était bien difficile. Rien ne
lui eût été plus aisé que de faire sur Chillon une charmante notice
dans la forme ordinaire ; mais il a pensé que le vénérable témoin de
notre histoire méritait mieux, et il a voulu pour ainsi dire tracer sur
ses vieux murs l'image des générations diverses qu'ils ont vues appa-
raitre et mourir. Mais un château n'est pas un centre vivant des événements, comme le serait un homme ou un peuple ; l'histoire ne se
rattache à lui qu'accidentellement, et bien que Chillon, sous ce rapport, ait été très-favorisé, il fallait un talent tout particulier pour
grouper les faits, et les ramener, malgré leurs méandres et leurs contours, au point spécial qui fait le sujet du livre. Ce n'était pas seulement une œuvre d'historien, c'était un travail d'artiste, et M. Vulliemin s'en est acquitté de main de maître. A travers la forme fragmen-
taire de son ouvrage, si l'unité n'en éclate pas au premier coup-d'œil,
on la sent pourtant, et plus on relit, plus elle se dégage, plus elle
apparaît simple et naturelle. La marche du livre, sans doute, n'est
point celle de ces grands fleuves qui roulent dans la même direction
leurs eaux dans les plaines, mais elle ressemble à ces rivières suisses
que l'auteur connaît si bien et qu'il décrit d'une manière si charmante,
à ces flots aux mille accidents divers, qui se glissent aux flancs de
nombreuses collines, pour aller se perdre dans le bleu Léman.

Mais il est temps de passer de ces réflexions générales à une étude
plus détaillée du Chillon. Le premier des quatre tableaux entre lesquels se partage le livre, avait déjà été publié dans la Bibliothèque
universelle de Genève. Il nous retrace la vie du *comte Wala*, l'un des
amis de Charlemagne, enfermé quelque temps dans la tour qui devint
plus tard Chillon, par l'ordre de Louis-le-débonnaire. C'est une page
vivante de l'histoire des temps barbares, une esquisse, pleine de
grandeur et de mélancolie à la fois, de cette époque où la société conquérante, ayant fini son œuvre, s'en allait en décomposition malgré
tous les efforts du caractère et du génie, et s'agitait encore avant de
mourir pour renaître sous une forme nouvelle. Les contrastes si heur-
tés qu'offrait alors le monde, la rudesse et la férocité barbares à côté
de la beauté morale de quelques hommes, sont mis en relief avec un

art infini. Ce fond ténébreux de troubles et de violences vient rehausser d'un plus vif éclat la grande et noble figure de Wala, et tout ce beau récit semble se résumer dans la scène principale, où l'abbé de Corbie prisonnier, le cœur assuré dans ses espérances éternelles, contemple d'un œil tranquille et serein les flots du lac en tourmente autour de son cachot. A la couleur, à l'expression de cette histoire, on sent que l'auteur est maître de son sujet ; il y a réellement vécu, et il nous y transporte ; aussi n'avons-nous qu'un désir toujours plus vif de connaître bientôt le grand ouvrage sur Charlemagne, auquel M. Vulliemin travaille depuis long-temps.

Mais le morceau capital du livre est le second, la vie du Comte Pierre de Savoie. Concilier la critique et la tradition, rassembler les faits épars dans quelques documents, dégager le certain de l'incertain dans le vague des chroniques, et faire de ces débris un tout, donner une image nette et précise, recréer, en un mot, une histoire, telle était la tâche de l'auteur. Plusieurs difficultés sans doute étaient insurmontables. A moins du sans-gêne d'invention de M. de Lamartine, l'historien ne peut travailler que sur des faits ; mais là où les faits manquent, où les données propres à les éclaircir font défaut, comment demander à un écrivain un récit toujours ferme et sûr, une peinture toujours nourrie et pittoresque? Néanmoins tous ceux qui ne veulent pas l'impossible seront étonnés du résultat auquel M. Vulliemin est parvenu. L'on ne se douterait pas, à la lecture de ce récit si facile, si intéressant, si rempli, des efforts qu'il a dû coûter à l'auteur pour s'en rendre maître à ce point. Les questions difficiles sont abordées en peu de mots, mais exposées et résolues, là où il y avait possibilité de les résoudre, avec un tact exquis; aucun trait saillant et certain n'est laissé dans l'ombre, tout ce qui pouvait peindre l'homme et l'époque est mis en lumière, et cependant, loin de se perdre dans les détails, l'impression d'ensemble reste une et fortement caractérisée. Désormais la figure et l'œuvre du comte Pierre nous sont rendus, non-seulement dans une histoire érudite, mais dans leur vivante réalité.

En abordant le troisième récit dont se compose son ouvrage, l'histoire de Bonivard, l'auteur avait à lutter contre une difficulté d'une nature toute particulière. Comment revenir, sans se répéter ou sans être inférieur à lui-même, sur les admirables pages qui, dans le Chroniqueur et dans l'Histoire de la Confédération, racontent les souffrances du plus illustre captif de Chillon? Tout un côté cependant de cette intéressante figure, trop particulier pour trouver une place convenable dans une Histoire générale, avait été laissé encore peu développé par M. Vulliemin. C'est celui qu'il met surtout en relief dans notre récit. Rattachant, ainsi que cela était naturel, les ouvrages subséquents de Bonivard aux pensées qui l'occupaient dans sa solitude, il nous le montre homme de science, fin et judicieux observateur, prosateur original, mais médiocre poète. Dans un sujet aussi connu, ce portrait de Bonivard est une découverte ; il ajoute un nom de plus à notre littérature si inexplorée, et à la liste de ces libres penseurs du 16e siècle, qui, tout en acceptant la Réforme, en découvraient pourtant les faibles et les travers. La description détaillée du Chillon savoyard que M. Vulliemin, en véritable artiste, avait réservée jusqu'ici, ajoute au charme de la narration. Les pages mêmes où l'auteur, contraint par son sujet, reprend les idées de ses précédents écrits, ont encore gagné pour la beauté et la fermeté du style. On voudrait sans doute oublier ce qu'on a lu et retrouver ainsi toute la fraîcheur de la pensée ; mais si ce récit n'est pas, dans quelques détails, complètement nouveau, il conserve néanmoins un attrait et un parfum tout particulier.

Le morceau, consacré par l'auteur aux *Derniers temps*, quoique traitant une époque plus rapprochée de nous, n'est pas la partie la moins neuve ni la moins intéressante de l'ouvrage. Une grande personnalité ne forme pas ici le centre du morceau, comme dans les précédents : la narration est plus particulière, plus anecdotique; mais ces anecdotes ont tant de charme, elles sont si bien dites, elles peignent si vivement le temps et la société sous leurs faces diverses, que leur ensemble est bien réellement une histoire. L'on croit retrouver ce monde déjà si loin de nous, les réceptions du bailli, assis bourgeoisement dans le castel des princes, les fêtes naïves et joyeuses de la terre de Vaud, les scènes de caserne à Chillon, devenu prison militaire lors de la révolution helvétique. D'ailleurs les vues générales ne sont pas négligées ; l'auteur rattache les faits aux mouvements du siècle, et les pages sur Voltaire, sur Rousseau, sur Byron, sont au nombre des plus nobles, des plus profondément senties et pensées qui soient sorties de sa plume. En terminant par la traduction du *Prisonnier de Chillon*, de Byron, M. Vulliemin a heureusement couronné son ouvrage; nous regrettons seulement qu'il n'ait pas existé de ce poème une bonne traduction en vers

Tel est, fort brièvement rapporté, le contenu de ce beau travail. Chillon est un de ces livres où la forme et la pensée se lient si étroitement, qu'il faut, pour l'analyser, se borner à quelques traits généraux ou le citer presqu'en entier. Autant l'idée fondamentale est largement et fermement tracée, autant les détails s'agencent et s'enchaînent les uns dans les autres. L'exposition est suivie avec une clarté, une limpidité bien rare chez les écrivains de notre pays; si l'auteur aborde une question difficile, il l'embrasse d'un coup-d'œil, et, pour tout lecteur cultivé, la rend sensible et palpable; les réflexions par lesquelles les chapitres se lient entr'eux, ou qui se trouvent intercalées dans le cours du récit, révèlent d'un mot toute une époque, et servent comme de lumineux jalons entre lesquels les événements se meuvent : tout enfin dans ce livre est bien proportionné, traité avec une mesure parfaite et avec le plus grand art.

A la composition répond un style d'un mérite égal. On a reproché à M. Vulllemin des phrases parfois trop brèves et trop sentencieuses, un discours trop hâché. Nous n'avons su découvrir chose pareille dans Chillon. Jamais le style de l'auteur n'a été mieux fondu; plus moelleux, plus facile; et les qualités qui le distingaient toujours, la vivacité du coloris, la concision pittoresque, la mélodie, le sentiment, n'ont rien perdu de leur éclat. Qu'on nous permette deux courtes citations dans des genres divers.

La première est tirée d'une peinture des mœurs du pays sous la domination bernoise.

« Chaque printemps les mayenchères se rendaient de porte en porte, vêtues de blanc, et chantant le retour du mois dont elles portaient le nom, tandis que de petits bouviers, les *boveirons*, couverts d'un masque, la tête coiffée d'un haut bonnet de papier, des rubans partout, des sonnettes en sautoir, un grand sabre au côté, une bourse de cuir à la main, rançonnaient les passants. Dans la saison de l'effeuillage des vignes, la ronde nationale, commencée sur la rive, montait de côteaux en côteaux, et se répétait jusques sur les croupes des monts. Le dimanche, la ronde se formait sur la place du village, et filles et garçons se renvoyaient tour-à-tour de naïfs et malicieux refrains. Puis le lac avait ses fêtes. La grande barque de Chillon se montrait, pavoisée de banderolles et de feuillage, sur les eaux émues par la brise d'été. Autour d'elle se jouaient des barques et des nacelles sans nombre, entremêlant leur musique et leurs chansons. Au milieu d'août, avait lieu la fête des montagnes, la *mitçauten*. Alors l'habitant de la plaine, chargé des meilleurs produits du rivage, allait visiter le pâtre des Alpes, qui, de son côté, n'avait pas négligé de remplir les baquets d'une crème abondante. Les pauvres, comme les riches, recevaient leur *donna*, qui consistait en crème et en fromage. Bientôt les sons d'un rustique violon se faisaient entendre, les danses se nouaient, tantôt sous le toit d'un chalet, tantôt sur l'herbe fine du pâturage : danses graves, continuées avec le calme propre à la tranquille population des Alpes. L'automne venu, bergers, laboureurs, moissonneurs, faneurs, jardiniers, s'unissaient pour glorifier l'union de tous les labeurs agricoles et pour célébrer en commun *l'Abbaye des vignerons*. Ils arboraient la grande bannière, sur laquelle on lisait leur devise commune: « prie et travaille, *ora et labora*.» Il se formait une longue procession, assez semblable à celle des Mystères dans le moyen-âge, mais dans laquelle Cérès, Palès et Bacchus, chacun à la tête de leurs groupes, figuraient avec les personnages bibliques. Ainsi, là procession s'avançait dans les rues de Vevey, à travers les rangs serrés d'une foule accourue de la Suisse et de l'étranger.» (Pàg. 206-208).

La seconde est prise à la fin du volume; ce sont quelques lignes sur le grand poète qui a illustré Chillon.

« C'était aussi Rousseau qui berçait en ces lieux l'âme de Byron de songes de liberté. Il est une liberté qui respire la haine de tout despotisme et de toute oppression ; Byron est mort pour celle-là. Ce n'est là toutefois qu'une liberté vulgaire, et qui nous dira si son œuvre sur la terre n'est pas l'œuvre, toujours vaine, de Sisyphe ! Il est une autre indépendance, d'un ordre plus élevé, qui seule donne à l'homme la victoire sur lui-même, et seule le réconcilie avec la Providence ; cette liberté fut pour Byron et pour Rousseau l'objet d'un malheureux amour. Hors de ce bien suprême, rien ne leur a paru désirable sur la terre, et cependant ils ont couru, comme la foule, après ce dont ils savaient le néant. Créés pour les affections éternelles, ils ont passé leurs jours à se jouer de ce qu'ils adoraient, à s'abandonner à ce qu'ils faisaient hautement profession de mépriser. Ils ont soupiré après l'affranchissement, et vécu dans la servitude. Parfois cependant on les voit s'approcher du bien qu'ils estiment supérieur à la vie ; il semble qu'ils soient près de le saisir ; mais c'est pour retomber de nouveau dans les profondeurs de l'abime. Une chose les séparait de l'objet de leur continuelle poursuite, la foi ; mais ils voulaient avoir compris pour croire, et il eût fallu croire pour pouvoir aimer et comprendre. » (Pag. 261 et 262).

Ces citations ne suffisent pas sans doute pour faire connaître le livre ; mais elles en donnent au moins quelque idée, et il nous fallait abréger.

Plusieurs demanderont maintenant la part de la critique. Qu'elle en ait une, cela va sans dire : les connaisseurs en histoire pourront relever certains points contestables, les puristes une expression hasardée, une tournure incorrecte, chacun les idées qui ne lui plaisent pas ; mais nous l'avons dit en commençant, nous laissons à d'autres ce plaisir. Qu'on nous permette au contraire d'exprimer en terminant toute notre pensée. M. Vulliemin a composé des ouvrages plus marquants et de plus longue haleine ; son histoire de la Confédération est une œuvre de plus de grandeur et d'éclat ; mais sous le rapport de la compréhension complète du sujet, de l'art dans la conception de l'ensemble et du fini dans l'exécution, Chillon est son chef-d'œuvre. Les cathédrales gothiques, avec leur infinie variété, leurs courbes élancées, leurs flèches perçant les cieux, élèvent et transportent l'âme : ce qui charme dans les temples grecs, c'est la simplicité de la pensée, l'harmonie et la proportion des lignes, la mesure et la sobriété du beau. Telle est l'impression que nous a laissée le livre de M. Vulliemin. En disant cela, ce n'est pas un hommage de fade adulation que nous voulons faire parvenir à l'auteur ; nous n'exprimons que notre pensée, et si nous nous sommes trompé, nous avons du moins la consolation de n'être pas seul. .   AIMÉ STEINLEN.

AUGUSTIN. — Paris, chez Ducloux. 1851. In-12. Prix : fr. 2.50.

Je viens d'achever la lecture d'*Augustin*; je l'ai lu avec entraînement et
ne m'en sépare qu'à regret. Qu'est-ce donc qu'*Augustin*? C'est tout simplement l'histoire des premières années d'un petit garçon, l'histoire d'un enfant, telle qu'une mère pourrait l'écrire; — on y voit son éducation à la
campagne, le commencement de son développement moral, ses plaisirs et
ses fautes, ses promenades avec son père, ses relations bienfaisantes avec
les pauvres de son village, avec le garde-chasse et le maître d'école : on
écoute avec lui les contes que lui fait le bon vieux curé, et enfin on le voit
partir pour le collège. Voilà tout, et c'est charmant! Les pensées généreuses y abondent, une piété sincère et profonde s'y fait sentir ; mais avant
tout, par dessus tout, — et c'est ici ce qui fait le mérite du livre, son
mérite rare et à lui, — il est vrai, parfaitement vrai.

L'auteur a gardé l'anonyme, mais ce style facile, varié, limpide, plein
de grâce et pour ainsi dire d'onction, ne peut, — à moins d'appartenir à
un évêque-gentilhomme comme Fénelon ou saint François de Sales, — couler que de la plume d'une femme. La légèreté de sa démarche la trahit, *in-
cessu patuit dea*. En lisant *Augustin*, ce mot de je ne sais qui, nous est revenu
en mémoire : *Les hommes composent, les femmes seules écrivent*. Et puis, où
trouver, ailleurs que dans un cœur de femme, cette sympathie universelle,
cette intelligence instinctive et bienveillante de toutes les positions, cette
tendresse pour tous les maux de l'humanité, cette miséricorde pour toutes
ses faiblesses? Où trouver cette finesse d'observation, cette patience à étudier et à reproduire par l'art les détails minutieux de la vie de tous les
jours? Admirable magie de l'art, en effet! On croirait que chacune des paroles d'Augustin a été prise sur le fait; chacune a le cachet de la vérité,
disons mieux, de la réalité. En lisant les simples et naïves conversations de
cet enfant avec sa mère, nous sentions à la fois un sourire flotter sur nos
lèvres et une larme glisser sous notre paupière, comme cela arrive dans la
vie quand on se trouve en présence d'un enfant au front candide, à l'œil
pur, quand on entend le timbre frais et musical de sa voix. Oh! qu'elle a
bien compris les enfants! Elle a le secret de tout ce petit monde, comme
notre peintre Girardet! Elle a souri à tous leurs rires, elle s'est attendrie
à tous leurs sanglots. Elle ne se lasse pas de leurs jeux. Elle est de ceux qui
demandent à Dieu avec le poète de ne voir jamais

> ...... L'été sans fleurs vermeilles,
> La cage sans oiseaux, la ruche sans abeilles,
> La maison-sans enfants ?

Aussi, avec quel amour elle nous montre son Augustin, dans le jardin paternel, *faisant retentir l'air de ses chants et de ses cris, sans troubler la paix de ces
lieux, plus que le gazouillement des oiseaux ne trouble la solitude des bois !* Oh!
que Bernardin de Saint-Pierre aurait aimé ce petit livre! Qu'il y a peu d'auteurs, après lui, qui aient aussi bien compris ce qu'il appelait *les harmonies des*

enfans et de la nature? Car l'intelligence de la nature a été accordée aussi à l'auteur d'*Augustin*, elle aime à y revenir; mais ses descriptions ne sont jamais longues; c'est un mot qui fait un tableau; c'est avec l'ame du poète plus encore qu'avec celle du peintre qu'elle comprend un paysage. Sa plume n'épuise jamais une donnée, mais se contente d'ouvrir à notre imagination un sillon que longtemps encore nous suivons en rêvant. Les longues descriptions, les analyses laborieuses des formes et des couleurs, entravent l'imagination plus qu'elles ne l'excitent; car c'est une faculté sensible que l'on blesse et que l'on paralyse quand on ne la touche pas d'une main assez légère; il suffit de l'effleurer pour en faire jouer le ressort. Le souvenir de la fumée qui s'élève du toit paternel, la pervenche trouvée par hasard au détour d'un sentier, ont suffi, depuis Ulysse jusqu'à Jean-Jacques, pour transporter le malheureux au sein des plus doux souvenirs de ses années écoulées. Et sans même chercher d'exemple hors du livre dont nous parlons, voyez ce pauvre homme, au fond d'une prison, occupé à peler des osiers pendant les longues heures de sa solitude; il ne lui faut que l'odeur du saule, qu'une feuille verte demeurée par hasard à un de ces rameaux dépouillés, pour lui rappeler sa cabane, sa liberté, ses courses vagabondes dans la forêt. A nous aussi, il suffit que l'auteur d'*Augustin* nous montre du doigt les *petites traînées de brouillard courant sur la cime des sapins*, et voilà toute la poésie de l'automne et des montagnes qui apparaît à nos regards!

Au reste, dans tous ces tableaux, dans tous ces récits, vibre toujours au fond, je ne sais quelle note de tristesse. Et nous n'en sommes point étonné. Ne faut-il pas avoir souffert pour aimer de passion les enfants et la nature?

> Comprendrais-tu des cieux l'ineffable harmonie,
> Le silence des nuits, le murmure des flots,
> Si quelque part, là bas, la fièvre et l'insomnie
> Ne t'avaient fait songer à l'éternel repos?

Ne faut-il pas avoir souffert pour comprendre cette morale simple et sublime, cette religion du dévouement, cette délicatesse de charité qui est, si l'on peut ainsi dire, l'ame de ce livre? L'impression habituelle de tristesse que nous y avons signalée s'y fait sentir, non comme une plainte, mais comme un motif d'espérance. L'auteur a pris pour épigraphe ces deux beaux vers:

> Aimer, aimer, c'est être utile à soi;
> Se faire aimer, c'est être utile aux autres;

et ses récits rappellent cette autre parole du même poète et du même poème:

> ...... Quelle douleur amère
> N'apaisent pas de saints devoirs remplis?

Les divers mérites que nous avons relevés dans cet ouvrage ne sont pas, nous en convenons, ceux qui seront appréciés par les enfants, et c'est à eux pourtant que le livre s'adresse. Mais ils seront entraînés par le charme du récit, et il est impossible que, sans peut-être s'en rendre compte, ils ne s'attachent pas à un auteur qui les aime tant. D'ailleurs ce livre aura bien d'autres lecteurs, car il est enfantin sans être puéril, et il faudrait n'avoir pas été enfant soi-même pour n'en pas goûter l'admirable simplicité. Et pourquoi ne prendrions-nous pas plaisir à l'histoire d'un petit garçon ? Les vieillards se récréent bien à lire celle des jeunes gens. Nous croyons donc qu'*Augustin* prendra sa place dans ce petit nombre d'ouvrages excellents qui, destinés à une seule classe de lecteurs, deviennent, par le seul attrait de ce qui est vrai, les livres de tout le monde.

— Un jeune littérateur genevois, M. J. Hornung, professeur à l'académie de Lausanne, dont nous avons déjà plusieurs fois entretenu nos lecteurs, et qui entrera bientôt, nous l'espérons, en collaboration avec nous, vient d'être l'objet d'une distinction aussi rare que méritée : son livre sur l'Evolution juridique des nations chrétiennes a obtenu, au mois de juin de cette année, le prix de 500 francs fondé par le professeur Bellot, pour le meilleur ouvrage de droit composé par un docteur ou licencié ayant pris son grade à Genève dans les six années avant l'ouverture du concours.

— A cette occasion, nous reproduirons la substance du programme de concours pour 1852, publié le 11 août dernier par la Société des sciences, agriculture et belles-lettres du département de Tarn-et-Garonne.

Un prix de poésie de 500 francs sur ce sujet : *Les progrès de l'industrie au XIXe siècle.*

Un prix de prose de 500 francs sur ce sujet : *De l'utilité d'accorder dans l'Instruction publique une plus large part aux études professionnelles.*

La Société demande sur ce thème, non-seulement des réflexions générales, mais un travail solide et pratique. Elle invite les concurrents à examiner ces deux questions : 1° En quoi consiste l'éducation professionnelle ? — 2° Comment devraient être organisés les établissemens consacrés à ce genre d'études ?

Les ouvrages destinés au concours devront être envoyés francs de port au secrétaire perpétuel de la Société, M. A. Debia, à Montauban, avant le 1er mai 1852. Chacun devra porter une épigraphe qui sera répétée sur l'inscription d'un billet cacheté contenant le nom et l'adresse de l'auteur.

HENRI WOLFRATH, ÉDITEUR.

UN FAIT PATENT.

BLUETTE.

A MADAME B.... DE SCHMITZ.

———

PERSONNAGES.

Tony, 22 ans tout au plus.
Nina, 17 ans à peine.
Nestor, licencié en droit.
Mme X, abonnée à la Revue Suisse.
Mlle Y, jeune personne fort bien
    élevée.

Un Novice.
Un Bel-Esprit:
Un Herboriste.
Quelques personnages muets.

(Un petit salon chez Tony,)

I.

HUIT HEURÉS DU MATIN.

Tony, Nina.

Nina. — Mon bon petit Tony !

Tony. — Ma jolie petite Nina !

Nina. — A-t-on jamais vu ménage plus gentil que le nôtre —
depuis tantôt six mois que nous vivons ensemble...

Tony. — Six mois déjà ?

Nina. — On dirait un jour, un beau jour de mai.

Tony. — Un matin à peine. Et dans cette douce matinée, que
de choses pourtant, que de bonheurs qui sont déjà des souvenirs.
Comme la vie est courte, quand on mesure les jours, et comme
elle est pleine, quand on compte les joies !

NINA. — Bon Tony! Te rappelles-tu notre voyage sur le Rhin?

TONY. — C'était hier.

NINA. — Et tout ce monde qui nous regardait sur le bateau à va. peur? Et cette grande Anglaise qui nous mangeait des yeux? Elle était jalouse! Tu sais ce joli mignon châtelet à gauche, découpé dans un rocher rouge, au coucher du soleil. Comment le nommes-tu?

TONY. — Que veux-tu que je te dise? Pour prononcer ces grands noms-là, il faut être quatre.

NINA. — C'est vrai, et nous ne sommes que deux. Mieux vaut être deux et parler français. N'est-ce pas chéri? Embrasse-moi... — Mieux que cela, monsieur... — Bien! — Voilà comment tu m'as embrassée, sans y prendre garde, devant le petit château. Eh bien! sais-tu ce qu'a dit la grande Anglaise?

TONY. — Voyons?

NINA. — Elle a dit *shocking* (¹).

TONY. — Shocking?...

NINA. — Oui, shocking. Il paraît qu'en anglais c'est ainsi qu'on nomme le bonheur. Les autres riaient, surtout les jeunes. Il y avait un grand bel homme, un officier allemand avec un habit blanc et une moustache superbe. Il n'a pas dit *shocking*, lui, il a dit *liebchen* (²). Quel joli mot, n'est-ce pas, *liebchen?* Comme on le comprend bien et comme on l'apprend vite, ce qui parle d'aimer!

TONY. — Tu trouves!

NINA. — Mais oui. Nous avons conjugué ce verbe-là si souvent ensemble! C'est le premier qu'on apprend dans toutes les langues, et il est régulier toujours.

TONY. — Et cet officier était un bel homme?

NINA. — Magnifique : une taille haute qui lui donnait l'air si fier, et des yeux bleus qui lui donnaient l'air si doux. Une poitrine saillante, pleine de décorations.

TONY. — Ils en ont tous en Allemagne.

NINA. — Celui-là les avait méritées : il devait être brave.

TONY. — Qui t'a dit cela?

NINA. — Son noble visage.

TONY. — Tu l'as donc bien regardé?

NINA. — Mais oui. On aime toujours à voir les belles choses. Tu as bien regardé le Rhin, toi.

(¹) *Shocking*, choquant. (Note de Spiers.)
(²) *Liebchen*, chérie. (Note de l'abbé Mozin.)

TONY. — C'est différent.

NINA. — Du tout, c'est la même chose. J'admirais les yeux bleus comme tu admirais l'eau verte; tu interrogeais les châteaux, qui te racontaient des légendes, et j'interrogeais les croix d'honneur qui me racontaient des combats; tu...

TONY. — Vous avez beaucoup d'imagination, ma femme.

NINA. — Vous êtes un grand jaloux, mon mari.

TONY. — Moi, jaloux? Ah! ah! ah!

NINA. — Dieu, que vous riez faux!

TONY. — Mais morbleu!...

NINA. — Tu es un grand jaloux, te dis-je. N'importe, je t'aime ainsi. Tu es jaloux, parce que tu m'aimes. Là, ne te fâche pas : on ne regardera plus d'officiers allemands, quand même ils auraient sept pieds de haut et quinze décorations à leur boutonnière. — Mais ne sois plus jaloux, mon petit. C'est un méchant défaut qui a déjà manqué vingt fois de nous brouiller, nous le plus joli ménage du monde. Vois-tu, mon enfant, j'ai plus d'expérience que toi, bien que j'aie dis-sept ans à peine, et que tu en aies vingt-deux... pas tout-à-fait — Eh bien! crois-en les conseils de ta meilleure amie : ne te livre pas ainsi aux emportements de ton caractère; sois raisonnable, mon fils — et, s'il te faut à toute force un peu de folie, ne la montre qu'à moi, dans ton amour. La jalousie est une grande faiblesse, et l'homme doit être fort; la jalousie est un grand malheur, et nous sommes nés pour être heureux. Regarde-moi, Tony : m'as-tu jamais vue jalouse? Jamais, n'est-ce pas? Je te permets de faire tout ce que bon te semble, non par indifférence, grâce à Dieu! car tu sais si je t'aime ; mais parce que je suis pleine de confiance en toi. — Je sais que tu ne voudrais jamais, contre le sourire des plus fraiches lèvres du monde, me causer le plus léger chagrin, et que les yeux de ton amour me font plus belle que les autres femmes. Et tiens, mon ami : je suppose que sur le bateau à vapeur où était mon Allemand, il se fût trouvé une jeune Allemande...

TONY. — Il y en avait une.

NINA. — Ah? je ne l'ai pas vue.

TONY. — Si bien moi.

NINA. — Jolie?

TONY. — Ravissante.

NINA. — Ah?...

TONY. — Des yeux bleus aussi, mais bleu-de-ciel, — un sourire tout gracieux et tout ouvert, comme celui de ton amie Nalyse; puis des cheveux si blonds, qu'on les dirait blancs…

NINA. — Vous aimez cela?

TONY. — Mais oui, quand ils tombent en boucles épaisses sur un jeune et frais visage. Elle a ôté son chapeau, et le vent s'est mis à jouer dans ces riches grappes dorées. Elle était chramante alors.

NINA — Ah?…

TONY. — Tu sais ces grandes manches à dentelles, comme on en porte aujourd'hui. C'est bien gracieux.

NINA. — C'est bien incommode.

TONY. — Elle en portait. Tout-à-coup elle se leva toute grande, m'appela du regard, pour me demander quelque chose, et étendit la main en sortant à demi de ses grandes manches pendantes un bras sculpté par Pradier.

NINA. — Oh! elle avait un bras postiche?

TONY. — C'est une métaphore : je voulais dire un bras superbe. Si tu l'avais vue alors, debout, et dominant le fleuve, l'œil fixe et la main étendue, comme si elle imposait un ordre à l'horizon, tu aurais dit la fée de ces vieux souvenirs, la reine de cette jeune nature.

NINA. — Et il me dit que j'ai de l'imagination, le vilain!…

TONY. — Et elle me dit que je suis un jaloux, la jalouse!

NINA. — Votre Allemande est une petite coquette.

TONY. — Tralarilerette.

NINA. — Qui porte des manches de nonne pour montrer son bras.

TONY. — Tralarilera…

NINA. — Et vous,… un vilain méchant que je n'aime plus.

TONY. — Plaît-il?

NINA. — Qui voulez à toute force me faire de la peine.

TONY. — Nina!

NINA. — (pleurant) Mais vous n'y arriverez pas, allez!

TONY. — Ne pleure pas, voyons!

NINA. — Je ne pleure pas du tout. Qu'est-ce que cela me fait? Vous pouvez retourner vers votre Allemande aux cheveux blancs et aux manches à la mode, — je ne vous retiens pas, adieu.

TONY. — Faisons là paix, Nina.

NINA. — Nou.

TONY. — Embrassons-nous, et que cela finisse.

NINA. — Du tout.

TONY. — Ma Ninette!

NINA. — Tralarilerette.

TONY. — Ma petite Nina.

NINA. — Tralarilera.

TONY. — Une, deux, trois, tu ne veux pas?

NINA. — Non.

TONY. — Eh bien! adieu (fausse sortie).

NINA. — Ah! que j'ai bien fait de me marier! Les voilà bien, les hommes! Des égoïstes d'abord. Ils ne vous reçoivent pas comme fait votre mère, telles que vous leur venez du bon Dieu, pour vous apprendre à sourire, mais ils vous choisissent entre mille, dans le grand sérail du monde, à leur goût et pour eux. — Et puis des juifs! Ils ne vous donnent qu'une petite heure de leurs jours...

TONY. — Ah! vous prétendez, madame?

NINA. — Je ne vous parle pas, monsieur, — et ils veulent pour eux tous les instants de votre vie et tous les battements de votre cœur. — Et puis des despotes! Il ne faut point quitter d'un pas leur route, ni d'un regard leur soleil! —Et puis des jaloux! Monsieur vous égratigne et vous bat, de dépit et de colère, dès que vous osez contempler une minute, sur un bateau plein de monde, un bel homme qui n'est pas lui! — Et puis des monstres...

TONY. — Et les femmes donc? Les femmes! Les femmes! Des sournoises d'abord, qui ont toujours un œil sur vous et l'autre sur des uniformes...

NINA. — Je ne louche pas, monsieur.

TONY. — Je ne vous parle pas, madame. Des ingrates qui vous récompensent de tous vos sacrifices...

NINA. — Quels sacrifices, s'il vous plaît?

TONY. — Quels sacrifices, madame?

NINA. — Oui, monsieur. Sont-ce vos bijoux, vos chiffons et tout ce que vous m'avez donné... par vanité, et non par amour. .

TONY. — On ne vous parle pas de cela.

NINA. — Est-ce votre vie alors? Vous ne répondez rien? C'est donc votre vie? C'est votre main, comme on dit? — Eh! qui est-ce qui vous la demandée, monsieur? C'est vous qui me l'avez tendue. Je l'ai acceptée, parce que je la croyais loyale et bonne : je me trompais cruellement. Vous pouvez la retirer, monsieur, je vous la laisse.

TONY. — On la retirera.

NINA. — N'ayez pas peur : je ne resterai pas long-temps ici ; elle sera à vous seul, votre maison, j'irai chez moi. .

TONY. — Comme vous voudrez, madame.

NINA. — Et je tâcherai d'y retrouver le bonheur que j'y ai laissé pour vous suivre, monsieur, — vous qui m'appelez ingrate. Ne vous flattez pas de me retenir....

TONY. — On ne vous retiendra pas.

NINA. — Vous ne me retiendrez pas ? Eh bien ! vous aurez raison. Je m'en vais — et pour toujours, au moins.

TONY. — Il s'agit donc d'une sépa...

NINA. — ... ration, oui, monsieur, j'ai dit le mot.

TONY. — Bien !

NINA. — Excellent ! Quel bonheur, à présent ! Me voici libre. Je vais redevenir enfant : sauter, courir, gambader à mon aise, aller au théâtre, au bal, sans jaloux qui m'accompagne ; regarder les militaires, même les Allemands, et causer avec eux, — et danser avec eux...

TONY. — Je cours chercher un avocat.

NINA. — Et, pour vous faire enrager, nous valserons, nous chanterons, nous rirons : lui, grand et beau comme toujours, moi, joyeuse et folle.... comme à présent (Tony sort, elle fond en larmes). Je suis bien malheureuse !...

———

II.

MIDI.

TONY, NESTOR.

NESTOR. — Ainsi, c'est une affaire conclue ?

TONY. — Irrévocablement.

NESTOR. — Tu demandes une séparation ?

TONY. — Oui.

NESTOR. — Et tu as bien pesé les conséquences de cette décision : (il plaide) tu ne recules ni devant l'opinion du monde, ni devant ta propre conscience, car ces deux tribunaux-là sont autrement plus difficiles à satisfaire que les nôtres, et légalité ne veut dire ni conscience, ni devoir.

TONY. — Tout est parfaitement pesé, et je ne recule devant rien au monde.

NESTOR. — Eh bien! touche-là, mon ami : tu fais bien.

TONY. — Plaît-il?

NESTOR. — Je ne puis qu'approuver ta conduite.

TONY. — C'est curieux : je n'aurais pas attendu cela de toi.

NESTOR. — Qu'aurais-tu donc attendu?—Une discussion, peut-être? C'est qu'alors tu n'es pas encore décidé toi-même. — Ou des reproches? C'est qu'alors tu n'es pas content de toi.

TONY. — Du tout, du tout..... au contraire.

NESTOR. — Eh bien! séparons-nous vite et n'en parlons plus.

Entre NINA.

NINA. — Ah! pardon, je me retire.

NESTOR. — Ah! madame, je vous en prie! Veuillez seulement me pardonner le sans-gêne de mon costume. Je dormais du sommeil d'un avocat stagiaire, lorsque monsieur m'a tiré vivement du lit, m'a pris au collet, m'a habillé lui-même et m'a traîné dans ce salon..... n'est-ce pas Tony?

TONY. — Certainement.

NINA. — Ah! c'est monsieur qui a été vous prendre?

NESTOR. — Oui, madame.

NINA. — Et, sans doute, pour.....

NESTOR. — Oui, madame : il venait me consulter sur..... n'est-ce pas, Tony?

TONY. — Précisément.

NINA. — Ah! monsieur vous a consulté?

NESTOR. — Oui, madame.

NINA. — Sur une question de droit.....

NESTOR. — Civil.

NINA. — Ah! civil. Vous appelez cela civil. Et vous avez répondu?....

NESTOR. — Oui, j'ai répondu..... que..... certainement..... au fond..... il y a beaucoup à dire..... mais, d'un autre côté, laissant à part..... vous m'entendez du reste..... n'est-ce pas Tony?

TONY. — Quand je te dis que oui!

NINA. — Asseyez-vous donc, monsieur. (Elle s'assied.) La chose offre donc des difficultés.....

NESTOR. — Au contraire.

NINA. — Comment donc?

NESTOR, très vite. — Rien n'est plus simple : cela se voit tous les jours. Laissez-moi faire : j'aurai bientôt fini. Ce sera mon premier fait d'armes.

NINA. — Ah?

NESTOR. — Oui. Tony veut vous quitter à toute force, n'est-ce pas ?

NINA. — C'est-à-dire, c'est moi qui veux le quitter.

TONY, se réveillant. — Non, c'est moi. Ma vie est amère!

NINA. — Et la mienne donc!

TONY. — Si tu savais, mon ami.....

NINA. — Si vous saviez, monsieur.....

TONY. — Que d'ennuis, de troubles....

NINA. — De tourments, de tortures...

ENSEMBLE. — J'ai à subir.

TONY. — Grâce à madame !

NINA. — Grâce à monsieur !....

NESTOR. — Parfaitement bien : vous êtes d'accord.

(Pause. Tony se rendort.)

Maintenant, cela ne suffit pas. Nous avons une cause morale à notre séparation : des incompatibilités d'humeur, des hiatus de caractère qui rendent entre nous l'harmonie impossible. Notre mariage est une faute de langue.

NINA. — Comment cela, s'il vous plaît ?

NESTOR. — Vous êtes, madame, un présent de l'indicatif.

NINA. — Ceci m'a l'air d'une impertinence.

NESTOR. — Vous êtes dans la fleur de la jeunesse et de la beauté, dans l'épanouissement de votre esprit et de votre cœur. Une femme, c'est un amour qui se dévoue; vous avez aimé, vous vous êtes dévouée, vous avez vécu, vous vivez, vous êtes.

NINA. — A la bonne heure!

NESTOR. — Toi, mon ami, tu es un futur.

TONY. — Ah! je suis un futur ?

NESTOR. — Précisément. Tu n'es encore qu'un novice, car tu as sauté de l'université au mariage, sans passer par la vie. (Il plaide.) Il est des enfants qui se croient des hommes, parce qu'ils ont compris la logique de Hegel. Erreur ! Un vieillard qui ne sait pas lire surpasse en connaissances le docteur qui n'a pas vécu. Un homme, c'est une volonté qui agit : or tu n'as jamais rien voulu , ni rien fait, donc tu n'es pas un homme. Ta vie est encore dans l'avenir , dans l'espérance : tu n'as pas été, tu n'es pas encore, tu seras.

TONY. — Ah!...

NINA (à part). — Il parle bien, ce monsieur.

NESTOR. — Or un présent et un futur ne vont pas bien ensemble, donc votre mariage est incorrect : c'est ce que je voulais prouver, je l'ai fait , j'ai dit.

NINA.—Mais cela ne suffit pas, prétendiez-vous tout à l'heure?..

NESTOR. — M'y voici, madame. La loi ne se contente pas d'une cause : il lui faut une occasion, un prétexte. Je suppose que je sois enclin au vol et au meurtre,— ne vous évanouissez pas , madame, c'est une simple supposition. Si je suis riche, si je vis dans un cercle pacifique, je ne volerai pas, je ne tuerai pas, et, devant la loi, je serai un honnête homme. Ou bien, je me livrerai aux genres de vol et de meurtre que la loi autorise : je me ferai agioteur, procureur-général, magnétiseur, officier d'artillerie, aubergiste, maître d'escrime , apothicaire ou docteur.

TONY (se réveillant). — Cependant, permets...

NESTOR. — Je prévois ton objection et j'y réponds de suite. Tu veux me dire, n'est-ce pas, que mon système est immoral et mène droit au socialisme, en affirmant que le mal, c'est l'occasion du mal , et, par conséquent, la misère. C'est là ce que tu veux m'objecter, n'est-ce pas?

TONY. — Pas le moins du monde.

NESTOR. — Tant pis ; car, si tu m'avais objecté cela, je t'aurais répondu.....

TONY. — Mais notre séparation ?....

NESTOR.—J'y arrive. (Il plaide toujours.) Je t'aurais répondu que la misère ressemble à un pont sans garde-fous. De ce pont-là, il est plus facile de tomber dans l'eau que d'un autre ; mais cette chute n'est pas nécessaire, fatale. — Ce qui la produit, ce n'est pas l'absence des garde-fous, c'est l'aveuglement, l'imprévoyance, le vertige, la présomption , parfois la peur. Avancez droit et ferme, avec la sagesse de la raison, avec le courage de la foi, et vous pourrez marcher même sur la mer, comme l'apôtre. Ai-je dissipé tes doutes ?

Tony. — Je n'en avais pas.

Nina. — Et notre séparation, monsieur?

Nestor. — M'y voici, madame. Il est donc convenu que nous sommes les meilleurs ennemis du monde. Tony ose affirmer que vous êtes d'une jalousie.....

Nina. — Moi jalouse? Il vous a dit cela? Il a eu l'impudence!... Laissez-moi vous conter une histoire. Nous étions sur le bateau à vapeur de Mayence à Cologne. Il y avait près de nous.....

Tony. — Une très jolie allemande.....

Nestor. — Je connais l'anecdote. Mais permettez, de grâce. Si j'allais la raconter en plein tribunal, on me rirait au nez.

Tony. — On te rirait au nez? Mais c'est très sérieux.

Nina. — Votre tribunal est un impertinent.

Tony. — Une assemblée de gens très mal élevés.

Nina. — Et je ne veux pas avoir affaire avec ce tribunal-là.

Nestor. — Continuez donc à vivre ensemble.

Tony. — Oh!

Nina. — Fi!

Nestor. — D'un autre côté, si je parlais de votre jalousie, savez-vous ce que le tribunal me répondrait?

Nina. — Ah! voyons.

Nestor. — On me dirait: Ces jeunes tourtereaux sont jaloux, parce qu'ils s'adorent..... écoutez jusqu'au bout! — et cette petite querelle de ménage ne durera pas même un jour.

Nina. — Nous nous adorons?... C'est d'une impudence!

Tony. — Ce tribunal n'a pas la moindre notion du cœur humain.

Nestor. — D'un autre côté, si je parlais d'incompatibilité d'humeur, le tribunal me dirait que cela ne le regarde pas.

Nina. — Alors que faut-il faire?

Nestor. — Je vous le répète, il faut une occasion, un prétexte, un *fait patent*.

Nina. — Un fait patent? Est-ce quelque chose de bien difficile?,

Nestor. — Mon Dieu non. — Il me vient une idée. Reculeriez-vous devant un soufflet?

Nina. — Un soufflet à donner? Du tout, du tout. Au contraire, cela me fera plaisir.

Tony. — Tu vois, mon cher, quel petit ange j'ai épousé là.

Nestor. — Nous ne nous entendons pas. Un soufflet de femme est une caresse.

NINA. — Je le donnerai bien fort.

NESTOR. — Ce sera alors un baiser. Non , ce soufflet, il faut le recevoir, madame.

NINA. — Plaît-il ?

NESTOR. — De monsieur.

NINA. — Jamais.

NESTOR. — Devant une dizaine de personnes.

NINA. — Ceci, monsieur, ne peut être qu'une plaisanterie, et, si vous la croyez spirituelle, vous vous trompez fort.

NESTOR. — Allons ! madame, le tribunal aurait bien raison : vous êtes deux tourtereaux qui s'adorent ; embrassez-vous donc, je vous prie, et permettez-moi de me retirer.

NINA. — Du tout. Vous resterez, monsieur, et vous trouverez autre chose.

NESTOR. — Je le veux bien. — Permettez-moi de me recueillir. — Voyons. Il y aurait le poison : quelques petites gouttes, versées par Tony.....

TONY. — Plaît-il ?

NESTOR. — Ah ! tu te réveilles ? Je te croyais mort. Consenti-rais-tu à verser quelques gouttes de nicotine dans le verre de ma-dame ?

NINA. — Ah ça, monsieur, vous êtes fou.

NESTOR. — On ne vous empoisonnera pas, soyez tranquille, madame : il faut seulement qu'on ait l'air d'avoir voulu vous dé-truire : l'apparence suffit à la loi. Vous en serez quitte pour une attaque de cholérine.

NINA. — Et vous croyez que je consentirais.....

NESTOR. — On ne vous consultera pas, madame.

NINA. — Mais du tout..... du tout ! Vous êtes un monstre, un scélérat.

NESTOR. — Cherchons autre chose — mais avouez que j'y mets de la complaisance. — Ah ! j'y suis. C'est plus délicat, mais on peut essayer. Avez-vous ici, dans la maison, quelque voisine d'un physique agréable.

TONY. — Eh oui ! au second..... les yeux les plus noirs du monde.

NINA. — Allons ! puisqu'il le faut, nous acceptons le soufflet.

NESTOR. — De beaux yeux noirs ? A merveille. Tu loueras un fiacre.

Tony. — Parfaitement. Je louerai un fiacre..... à l'heure.

Nina. — J'accepte le soufflet, vous dis-je.

Nestor. — Le fiacre attendra devant la porte, à dix heures du soir.

Tony. — A dix heures..... crois-tu que ce soit assez tard ? Il y a encore bien du monde dans les rues.

Nina. — Je demande le soufflet.

Nestor. — Oh! jamais, madame.

Nina. — Mais je suis maîtresse de mes joues, apparemment.

Nestor. — Ce ne peut être qu'une plaisanterie, et, si je la crois spirituelle, je me trompe beaucoup.

Nina. — La plaisanterie est excellente et vous ne vous trompez pas le moins du monde.

Nestor. — Allons, soit! Veuillez, madame, nous faire préparer un dîner excellent, pour cinq heures. Je n'ai rien pris depuis hier et j'ai un appétit vorace.

Nina. — De tout mon cœur.

Nestor. — Toi, Tony, tu vas inviter quatre ou cinq de tes amis : vous, madame, quelques-unes de vos amies.

Nina. — Pour ce soir ?

Nestor. — Oui, sans façon. Tu diras à ces messieurs qu'il y aura du vin du Rhin , tu sais , cet excellent Rüdesheimer que tu as rapporté de ton voyage de noces; vous direz à ces dames qu'on dansera, et soyez sûrs que les invitations seront acceptées.

Tony. — A merveille!

Nestor. — Après dîner, on passera dans le petit salon , pour prendre le café. Vous aurez soin, madame, de le faire déplorable.

Tony. — Mais je ne veux pas : j'adore le café, moi.

Nestor. — Tant mieux. — Vous ferez verser dans votre café quelque infamie, comme par exemple...

Nina. — Encore du poison ?

Nestor. — Pis encore : de la chicorée. C'est une addition très à la mode dans ce pays et qui donne, dit on, au café du goût et de la force. Vous vous mettrez à la mode, madame, du moins pour cette fois.

Tony. — Mais mon café sera odieux.

Nestor. — C'est l'observation que tu feras à la première gorgée. Vous répondrez, madame, avec des lèvres pincées. Tu répliqueras avec mauvaise humeur. Vous riposterez avec amertume.

Tu gronderas avec brutalité. Vous tonnerez avec rage. — Vous vous direz toutes les choses désagréables qui se trouvent dans les journaux politiques ; vous vous parlerez comme deux députés d'Assemblée nationale..... Alors, tu lèveras la main, et, devant tout le monde.....

NINA. — Oh! monsieur, de grâce.....

NESTOR. — Tu consommeras, il le faut, l'acte patent.

NINA. — Jamais, jamais, je ne veux pas !

NESTOR. — En ce cas, j'en reviens à ma troisième idée. Le fiacre attendra donc devant ta porte ; tu monteras au second étage....

NINA. — Va pour le soufflet..... mais on ne frappera pas fort ?

TONY. — Qu'on soit tranquille.

NESTOR. — Eh bien ! madame, écrivez vos invitations. Viens, Tony, nous allons faire les nôtres. Adieu donc, madame, au revoir, à cinq heures. Et surtout, que le café soit bien mauvais!

(Sortent NESTOR et TONY.)

———

NINA tombe dans une profonde méditation. On ne fait pas ici de monologue, parce qu'il est très-difficile de savoir ce qu'une femme pense, quand elle ne parle pas. Et même quand elle parle. Enfin NINA se lève et écrit ce qui suit.

« *Ma chère petite*,

» *Mon vilain ogre de mari veut me donner un soufflet en so-*
» *ciété : tu serais charmante de venir assister à ce fait patent.*
» *On dansera.* »

NINA (haut). — Mon Dieu, qu'est-ce que j'écris là. Suis-je folle?
(Elle écrit encore deux ou trois lettres qu'elle déchire. Puis elle sonne.)

UNE FEMME DE CHAMBRE, entrant. — Madame ?

NINA. — Allez, s'il vous plaît, chez nos voisines.

LA FEMME DE CHAMBRE. — Chez lesquelles, madame ?

NINA. — Chez celles que vous voudrez — et priez-les de venir diner sans façon, à cinq heures. Dites-leur qu'on dansera.

LA FEMME DE CHAMBRE. — Chez lesquelles, madame?

NINA. — Chez celles que vous voudrez, vous dis-je. Allez !

LA FEMME DE CHAMBRE. — C'est drôle !

NINA. — Vous n'êtes pas sortie ?

LA FEMME DE CHAMBRE. — Chez celles que je voudrai ? On y va, madame, on y va.

NINA, la rappelant. — Ah ! écoutez. Vous n'irez pas chez notre voisine du second, vous savez, celle qui a de grands yeux noirs si bêtes.

III.

SEPT HEURES DU SOIR.

TONY, NINA, NESTOR, Mme X, Mlle Y, le NOVICE, le BEL-ESPRIT, l'HERBORISTE et les autres.

(Ils sont sortis de table et ils attendent le café. De petits groupes se forment, où s'éparpille la conversation. Tony, mal à l'aise, erre de groupe en groupe et dit son mot. Nina se donne un air affairé pour cacher son trouble.)

NESTOR. Mme X.

Mme X. — Allons, monsieur, ceci n'a pas le sens commun. Lisez-vous la Revue Suisse ?

NESTOR. — Je ne lis que le Charivari.

Mme X. — Eh bien ! vous avez tort, — car, si vous lisiez la Revue Suisse, vous y auriez vu un article très bien fait qui s'appelle : *A bâtons rompus.*

NESTOR. — Un article de qui ?

Mme X. — De monsieur J. Z. L.

NESTOR. — Je ne connais pas cet écrivain.

Mme X. — Cela ne fait pas votre éloge. Et vous auriez lu dans cet article la phrase suivante : « On ne peut mépriser que ce qu'on possède. »

NESTOR. — C'est vrai.

Mme X. — Donc, puisque vous n'êtes pas marié, vous ne pouvez pas mépriser le mariage.

NESTOR, cherchant sa réponse. — Bah ! Je ne sais pas si monsieur J. Z. L. se serait attendu à une interprétation aussi ingénieusement arbitraire..... à une altération aussi arbitrairement ingénieuse de sa pensée. (Il trouve sa réponse.) A ce compte-là, vous n'auriez pas, madame, vous qui êtes vertueuse.....

Mme X. — Le compliment est..... sévère, monsieur.

NESTOR. — Vous n'auriez pas le droit de mépriser le vice !

Mme X. — Mais que vous a donc fait le mariage, je vous en supplie, que vous lui vouliez tant de mal ?

NESTOR. — Avez-vous lu Bœrne, madame?

Mme X. — Je ne lis que la Revue Suisse.

NESTOR. — Eh bien! vous avez tort, car, si vous aviez lu Bœrne, vous auriez vu dans ses maximes la phrase que voici : « Une
bien-aimée, c'est du lait; une fiancée, c'est du beurre; une épouse, c'est du..... abstraction faite des présentes, au moins !

Mme X. — Du quoi, s'il vous plaît?

NESTOR. — Du fromage.

Mme X. — Monsieur, vous êtes un impertinent.

(Elle se lève, court au piano et joue quelque chose. Nestor la suit.)

———

(Mlle Y, jeune personne fort bien élevée, assise dans un coin du salon,
tient les bras croisés et les yeux fixés sur la terre — non sans voir tout ce
qui se passe autour d'elle. Son attitude est décente et sa conversation irréprochable. — LE NOVICE porte une moustache invisible à l'œil nu, un cou
raide, un col droit et des habits neufs. Il tient d'une main son chapeau;
l'autre main se promène avec incertitude de son col à son gilet et de ses
cheveux à sa poche, où elle finit par s'établir.)

LE NOVICE, à part. — Il faut pourtant que je dise quelque chose.
(Après bien des circonvolutions, il s'approche obliquement de Mlle Y.)
Quel beau temps, mademoiselle !

Mlle Y. — Oui, monsieur.

NOVICE. — Qui l'eût dit !

Mlle Y. — En effet.

NOVICE. — Nous n'avons pas eu d'été, cette année.

Mlle Y. — Non, monsieur.

NOVICE. — C'est bien désagréable!

Mlle Y. — En effet.

NOVICE. — C'est mercredi aujourd'hui ?

Mlle Y. — Oui, monsieur.

NOVICE. — Ah !

(Pause. Le Novice, très malheureux, s'incline, et décrit avec la pointe
de son pied des fragments de cercle. Mlle Y, dont la tête est invariablement
baissée, semble suivre avec intérêt cet exercice. Une minute s'étant écoulée ainsi, le Novice salue et s'éloigne.

Mlle Y, à part. — Voilà un monsieur très distingué !

NOVICE, à part. — Voilà une demoiselle bien timide !

NESTOR, Mme X.

(Ils ont repris leur conversation et la continuent. Tony les écoute et finit par s'approcher d'eux. Nina écoute aussi, mais ne s'approche point et fait semblant de ne pas entendre.)

NESTOR. — Oui, madame, j'ai vu aujourd'hui même deux jeunes gens, mariés depuis six mois à peine et qui parlent déjà de se séparer.

Mme X. — Ils ne se sépareront pas.

NESTOR. — Ils se sépareront, je vous l'assure.

Mme X. — Eh non! — ou, s'ils se séparent, ce sera pour quelques jours. Vous croyez que votre mari sera bien heureux, le premier jour qu'il s'éveillera tout seul, dans son désert? — Qui lui apportera son café? Qui lui mettra sa cravate? Où seront les mille petits soins sans lesquels vous ne vivriez pas, grands enfants gâtés que vous êtes? Il vous faut à toute force une femme auprès de vous qui remplace votre mère, quand vous l'avez quittée ou quand vous n'en avez plus, les célibataires eux-mêmes, ces grands paresseux ou ces grands égoïstes, prennent auprès d'eux une vieille gouvernante, quelque chose de hargneux et de revêche, mais une femme enfin.

NESTOR. — Eh bien! mon mari en prendra une aussi.

Mme X. — Je lui en fais mon sincère compliment. Ah! il sera bien! Sa femme est jolie?

NESTOR, — Adorable.

TONY. — Jolie, sans doute; mais adorable..... voilà.

Mme X. — Vous la connaissez?

TONY. — Oui, je l'ai vue..... quelque part.

Mme X. — Eh bien! croyez-moi, mon ami : on ne se passe pas volontiers d'un joli visage, qui a long-temps embelli votre demeure, long-temps accoutumé vos yeux à un spectacle gracieux et charmant et qui vous a fait un poétique besoin de cette habitude. Au lieu de cela, qu'aurez-vous? Une vieille femme, jaune, ridée, décharnée, un squelette, pouah!

NESTOR. — Mais si elle n'était ni jaune, ni ridée, ni.....

Mme X. — Fi donc! (Nestor se repent d'avoir lâché sa phrase.) Non, tenez, ne me parlez pas de séparation, je vous prie. Il n'est pas de caractère au monde auquel on ne puisse s'habituer : vous, avec un peu de volonté, nous avec un peu de patience. Je ne connais pas de nature assez pervertie, assez dégradée, pour n'avoir pas au fond quelque chose de pur et de noble dont on puisse faire du dévouement et de l'amour. Se laisser abattre par quelques chagrins de ménage? -- bravo, messieurs, voilà qui est grand! Mais vous en porterez la peine. Attendez à demain, et, quand vous vous trouverez tout seuls dans votre grande chambre vide,— brrr, comme il y fera froid! — Vous vous mordrez les doigts pour les réchauffer : peine perdue! — Vous prendrez un livre, pour appeler l'oubli..... oui, un livre! Tâchez de lire, pauvre garçon! Vos yeux distraits chercheront auprès de vous le sourire absent qui vous ranimait si vite. Sourire, mon beau sourire, où es-tu? Il est mort. — Il est mort pour vous..... (Tony, décontenancé, s'éloigne; Nina s'approche pas à pas,) et surtout pour elle — pour la pauvre petite femme que vous abandonnez, et qui reste seule, seule comme vous, plus seule que vous. — Oui, plus seule, car vous autres, vous avez vos affaires, vos ambitions, d'autres soucis, d'autres joies : le plaisir, la gloire, que sais-je, moi? Nous n'avons que vous. Notre plaisir, c'est d'être épouses; notre gloire, c'est d'être mères — et quand cela nous manque!.... Au fait je suis bien bonne de m'attendrir ainsi : qu'ils se séparent, ça m'est bien égal. (A Nina.) Faites donc servir le café, chère petite.

NINA, toute pâle. — Le café?....

LE BEL-ESPRIT, L'HERBORISTE.

(LE BEL-ESPRIT, vêtu avec une certaine affectation, papillonne autour des dames et fait à chacune d'elles trois calembours. Les dames le trouvent désagréable. — L'HERBORISTE a une main dans son gilet, l'autre derrière son dos. Il tient les jambes écartées, se soulève par intervalles réguliers sur les pointes de ses pieds et laisse retomber bruyamment les talons de ses bottes. Il a caché son parapluie sous un meuble de l'antichambre. Son nom et son adresse sont écrits en grosses lettres au fond de son chapeau.)

LE BEL-ESPRIT, à l'Herboriste. — Monsieur est de Carouge?

L'HERBORISTE. — A votre service, monsieur : il y a des honnêtes gens partout.

BEL-ESPRIT. — Permettez en ce cas que j'insinue mes extrémités digitales dans vos cavités tabachiques, pour y puiser la poudre subtile, qui dissipe et confond les humeurs aquatiques de notre cerveau naturellement marécageux. (L'Herboriste ôte la main de son gilet et se gratte l'oreille.) En d'autres termes, une prise de tabac, s'il vous plaît.

HERBORISTE, ouvrant sa tabatière. — Du Virginie de chez Chapalay, place du Molard, à côté de Chateauvieux le libraire, qui a marié.....

BEL-ESPRIT, y puisant. — Mille pardons.

HERBORISTE, la refermant. — Pas d'offense !

(Le Bel-Esprit s'éloigne en se dandinant. L'Herboriste entre dans une profonde méditation causée par l'imprévu de l'incident qui vient de lui arriver. Il y réfléchit encore. On apporte le café.)

———

Mme X, NINA, NESTOR, TONY.

Mme X. — Ah ! voici le café ! Je l'attendais avec impatience. —- (A Nina.) Mais qu'avez-vous donc, chère enfant : vous tremblez comme une feuille.

NINA. — Moi ?.... non..... du tout.

Mme X. — Si bien. Un peu de migraine peut-être ? Ce ne sera rien : nous connaissons cela. Ne bougez pas, ma belle : je vais servir le café pour vous.

NINA. — Je vous en supplie !....

Mme X. — Allons ! vous allez faire des compliments avec moi ? Laissez-moi donc faire, enfant ! Je ne casserai pas votre porcelaine. (Elle verse le café et en offre une tasse à Nina.) Tenez, ma toute chère : avec un nuage de crème, cela vous fera du bien.

NESTOR porte une tasse de café à Tony. — Allons ! mon ami : voici le moment décisif. *Alea jacta est :* le sort est versé.

TONY. — Merci, je n'ai pas soif..

NESTOR. — Tu es charmant ! Bois donc : je le crois pitoyable.

TONY. — Je ne veux pas, te dis-je : laisse-moi !

NESTOR. — Allons donc, grand nigaud, tu es tout pâle ! As-tu peur ? Veux-tu que j'applique le..... fait patent pour toi ?

TONY boit un quart de gorgée. — Ah ! ça.....

NESTOR. — Courage : mets-toi en colère !

TONY. — Ce café est excellent.

NESTOR. — Parbleu ! je m'y attendais bien.

TONY. — Mais alors..... c'est que..... (il boit une gorgée entière) ce café est délicieux, mon cher.

NESTOR. — En avant! crie, peste, jure, tonne, gronde!

TONY. — Nina ne veut donc plus..... car si elle avait voulu..... ton odieuse chicorée..... la chicorée du divorce..... (Il vide sa tasse et la tend à Nestor.) Donne-m'en une seconde.

NESTOR. — Eh! non. Va d'abord féliciter ta femme.

TONY. — Tu crois?

NESTOR. — Viens donc. C'est elle qui a fait le premier pas.

TONY. — C'est juste!

NESTOR. — Regarde-la..... elle est toute émue : elle t'attend.....

TONY. — Viens avec moi!

(Il s'approche en tremblant de Nina. Nina frissonne.)

TONY. — Madame.....

NINA. — Monsieur.....

TONY. — Votre café..... c'est du nectar.

NINA. — Vous trouvez, Tony.

TONY. — Il y a bien du monde ici..... tant pis : je t'embrasse!

(Il le fait comme il le dit.)

NINA, — Oh! *shocking!*

TONY. — *Liebchen!*

MARC MONNIER.

Bonn-Berlin, septembre 1851.

DE LA LITTÉRATURE SUISSE.

Introduction d'un cours sur l'histoire littéraire nationale. (*)

∿∿∿∿ՈՈՈՈ∿∿∿

Messieurs,

Si nouveau, si hasardé même que puisse paraître le sujet de ce
cours, il n'est pas cependant pour nous sans intérêt. Intérêt intellectuel, d'abord ; car la littérature suisse n'est point à dédaigner, comme le silence de la plupart des historiens littéraires
semblerait le faire croire. On s'est en effet approprié nos richesses,
Français et Allemands se sont attribués nos hommes de génie, et
nous ont laissé le reste, dont ils ont fait bon marché. Quant à nous
accorder un développement littéraire national, ils n'y ont pas même
songé. Et cependant, la littérature suisse forme un ensemble historique, aussi bien marqué que partout ailleurs. Les grands écrivains
de notre pays n'ont point paru isolés ; ils ont été préparés, accompagnés et suivis par une série d'auteurs et d'ouvrages dont ils sont
le centre et le résumé ; ils sont nés de notre vie. Puis, cette littérature nous présente un intérêt patriotique. Quel est celui d'entre
nous qui ne se plaît à relire ou à entendre, peut-être pour la cen-
tième fois, les faits de notre histoire nationale ? La connaissance de
notre littérature est beaucoup moins répandue, et cela se comprend, car nous ne sommes pas un peuple très-littéraire ; cepen-

(*) Ces réflexions paraissent ici à-peu-près telles qu'elles ont été présentées dans le cours. Les lecteurs de la *Revue* voudront bien pardonner cette
liberté à l'auteur. Pour donner à son travail la forme habituelle d'un article, il eût dû le refondre entièrement. Les circonstances ne le lui ayant pas
permis, il a cru pouvoir laisser à cette étude la forme d'une leçon académique.

dant cette étude vaudrait la peine d'être moins négligée. Loin de
moi de vouloir rabaisser l'étude des littératures étrangères ; mais,
qu'on me permette de le dire, notre culture n'est solide qu'à la
condition d'être nationale. C'est là, c'est dans notre passé, soit
historique, soit littéraire, que nous trouvons le point d'appui le
plus sûr pour notre activité extérieure ; c'est en restant Suisses que
nous parvenons à nous assimiler le plus utilement l'ensemble de
nos connaissances générales. •

L'étude de l'histoire de la littérature suisse peut être envisagée
de deux manières différentes : ou, plus philosophiquement, comme
l'étude de la marche des esprits et des idées dans notre pays, ou
bien, plus spécialement, comme l'étude des faits littéraires, c'est-
à dire, des ouvrages et des auteurs suisses, en tenant moins compte
du développement général de la nation. Sans renoncer complètement au premier point de vue, je ne crois pas devoir l'adopter
dans ce cours. Il suppose la connaissance des faits, connaissance
que je ne puis pas raisonnablement demander d'avance, et il nous
entraînerait sur un champ trop étendu. Nous devrions en effet nous
occuper de la science proprement dite, des arts plastiques, de
l'instruction générale, des coutumes, des fêtes populaires, en un
mot, nous serions amenés insensiblement sur le terrain de l'histoire,
et je désire m'en tenir à la littérature. Lorsque les faits nous con-
duiront à certaines considérations générales, nous ne les néglige-
rons pas ; cependant nous pensons nous arrêter à l'étude des productions spécialement littéraires, poésie, histoire, ouvrages d'éloquence et autres d'un intérêt général, composés sur notre sol ou
par des écrivains du pays.

Mais ici se présente une question importante. Notre cours ne peut
pas être une série d'études sur des auteurs isolés, rattachés les
uns aux autres par le seul fait extérieur de leur origine suisse ; il
doit présenter un ensemble, un développement régulier : cet ensemble existe-t-il ? Ne pourrait-on pas, avec le même droit que
nous le faisons pour la Suisse, réunir par exemple les écrivains
français nés sur le sol de la Bourgogne, et faire l'histoire de la littérature bourguignonne ? En d'autres termes, avons-nous réellement une nationalité en littérature ? A cette question, le patriotisme
de la jeunesse répond sans doute par l'affirmative ; mais tous ne
sont pas sur ce point de facile composition. En des sujets de cette

nature, le sentiment seul ne prouve rien, et si les faits ne lui viennent en aide, il peut s'effacer plus tard. La question que nous venons de soulever vaut la peine d'être examinée de près, car le résultat de notre recherche condamne ou justifie l'idée de ce cours. Répondue négativement, nous n'aurions qu'à plier bagage ; l'on pourrait s'occuper encore de quelques écrivains suisses dans l'histoire de la littérature allemande et dans celle de la littérature française, mais de littérature suisse, il ne faudrait plus en parler.

Voici, en peu de mots, l'objection qui se présente. « Une langue, nous dit-on, n'est pas seulement un système de sons et de signes, c'est le porteur des idées, des sentiments, de toute la manière de voir d'un peuple; le résumé le plus fidèle et le plus complet de sa vie. Comme le peuple lui-même, elle est la résultante des deux influences de la race et du climat, et l'unité de langage est la base de toute nationalité. Or cette unité n'existe pas en Suisse. Au lieu d'une langue, nous en possédons quatre bien tranchées : où trouver donc un esprit commun? Le Suisse allemand viendra-t-il chercher ses idées dans la Suisse française, dont il ne comprend pas la langue, dont les idées sont souvent le contrepied des siennes? N'ira-t-il pas, au contraire, puiser sa nourriture spirituelle en Allemagne, où il est compris et se fait comprendre, où les besoins de sa nature germanique, tels que la langue elle-même les a développés, trouvent seuls de l'écho? Nous pourrions dire la même chose de la Suisse française, de la Suisse italienne. Pour les Romansches des Grisons, à qui se rattacheraient-ils qu'à eux-mêmes? Les dénominations vulgaires usitées dans notre pays correspondent parfaitement à cette idée. Aux yeux des Suisses français, leurs Confédérés sont tout simplement des *Allemands;* pour ces derniers, nous sommes des *Welsches,* c'est-à-dire que dans l'origine un même nom nous confondait avec les Français et les Italiens. La littérature des cantons allemands sera donc allemande, celle des cantons français, française, et c'est un non-sens que de parler d'une littérature suisse, puisque les écrits publiés dans une des parties de la nation ne sont ni compris ni lus dans l'autre. »

Nous pensons avoir présenté l'objection sans en dissimuler la force. Elle repose sur un fond de vérité qu'il est inutile de vouloir contester, sur la relation intime de la langue avec le caractère national. Mais il ne faut tirer de rien trop de conséquences. Que l'u-

nité de peuple coïncide naturellement, logiquement même, avec
l'unité de langue, nous ne le nions pas, mais, *dans le fait,* trou-
vons-nous toujours coïncidence? N'y a-t-il jamais nation, et nous
prenons ce mot dans son sens spirituel, sans unité de langage; et
d'autre part, là où se rencontre l'unité de langue, y a-t-il toujours
une nation? En ceci, comme en une foule d'autres choses, les faits
pourraient bien entamer la théorie.

Nous aurions déjà pour réponse une fin de non recevoir, tirée
d'un autre domaine. Comment se fait-il que la Suisse, qui n'a d'a-
près cette idée aucune unité intellectuelle et morale, forme pourtant un corps de nation, et une nation dont le faisceau, au lieu de
se rompre, tend à se resserrer toujours plus? Supposer un Etat qui
subsiste durant des siècles sans unité morale serait pourtant une
absurdité. Nous avons au reste des réponses plus directes.

L'unité de langue est beaucoup sans doute; elle n'est cependant
pas tout. Deux éléments, la race et la configuration du pays, con-
courent, le premier surtout, à la formation de la langue; mais un
troisième, aussi important que les deux premiers, et laissé de côté
par l'objection qui nous occupe, s'unit à eux pour former les
peuples. Ce troisième élément, c'est l'histoire. Que de fois en effet
elle a brisé les barrières naturelles élevées par les siècles! Elle a
créé et mélangé les nations, elle a fait naître des langues nouvelles : serait-ce donc un fait étonnant qu'elle eût donné à un
peuple l'unité morale sans lui donner en même temps l'unité de
langage? Et l'histoire, telle que nous la comprenons, n'est pas
une série de faits arbitraires, elle n'est pas l'œuvre d'une main en-
vieuse ou folâtre qui se plaît à emmêler les destins des hommes;
développement voulu et régulier, elle est le produit de la liberté
humaine qui s'efforce vers le but, et de la Providence divine qui
domine et guide ce mouvement, en se servant même des fautes et
des erreurs des hommes pour la réalisation de ses plans. Tout n'est
pas nécessaire dans le développement de l'histoire; mais rien non
plus n'est l'effet du hasard. Souvent la succession des faits a modifié les données premières et naturelles; souvent aussi, après des
événements qui les avaient détruites, d'autres événements sont venus les rétablir. Prenons l'histoire de la Grande-Bretagne, par
exemple. Est-il un pays que les invasions successives aient plus
changé et labouré? Peuplé d'abord de nations celtiques, il est con-

quis par les Anglo-Saxons, les Danois, les Normands. Tous les débris de ces divers peuples ne se sont pas fondus et agglomérés: quelques-uns sont restés distincts: et cependant la Grande-Bretagne est devenue une nation tout aussi fortement constituée qu'aucune autre en Europe. A l'heure qu'il est, les Gaëls du Nord de l'Ecosse, ou les Gallois, se rattachent bien moins à la Bretagne française et catholique, malgré la parenté de langage et de race, qu'aux Anglais et aux Ecossais, protestants comme eux. En Suisse, les exemples pareils abondent. Qu'est devenue l'unité entre le Pays de Vaud protestant et les parties de cette même contrée conquises par Fribourg? Aujourd'hui ce sont deux peuples. Il y a plus de rapports moraux entre Vaud et Berne, malgré la différence de langue, qu'il n'en existe entre nous et la bande de territoire unissant Fribourg à ses possessions en deçà de la Broie. Il y en a plus même entre Vaud et Argovie qu'entre Vaud et le Bas-Valais. Ces faits sont le fruit des différences de confession. Mais, dans un autre ordre d'idées, Neuchâtel se rattache plus à Berne qu'à nous, par l'effet du voisinage; Soleure, plus à Berne qu'à Lucerne, par suite des analogies politiques. L'exemple le plus remarquable sous ce rapport est celui du canton des Grisons. Là vous avez trois langues, deux confessions, presque autant de pays que de vallées, et, malgré cette diversité infinie, malgré l'élasticité du lien extérieur qui réunit cette confédération de communes, quel peuple est plus un et plus à part? Il s'est constitué sans le concours des Suisses, il a vécu long-temps libre et seul, et reste encore distinct de tous. Ces faits, nous le croyons, suffisent pour infirmer l'idée-mère de l'objection qui nous est faite, et pour montrer la possibilité, l'existence même d'une union morale et intellectuelle, sans l'unité de langage.

Revenons maintenant au fait littéraire qu'on nous conteste. Pour simplifier la question, nous la réduirons à ses éléments les plus importants, la Suisse allemande et la Suisse française. La Suisse italienne et la Suisse romansche, trop faibles pour influer parmi nous d'une manière bien sensible, se rattachent à ces deux principales oppositions.

Commençons par la Suisse allemande. Dès l'entrée nous reconnaîtrons un fait. Pour ce qui concerne les hautes influences intellectuelles, théologie, philosophie, littérature classique, elle se

rattache maintenant à l'Allemagne. Mais cette influence n'est pas
la seule 'et n'a pas toujours été prépondérante. Par sa lutte avec
l'Autriche, puis avec l'Empire, la Suisse allemande s'est détachée
de ce centre naturel, et de bonne heure elle a tourné ses regards
vers d'autres pays. Les Petits-Cantons l'ont entraînée vers l'Italie,
Berne vers la France. Le service militaire dans ce dernier pays
amena des relations nombreuses. Au 18ᵉ siècle, l'influence dominante était l'influence française : plusieurs Bernois écrivaient en
cette langue, Muller pensa un moment à le faire. Mais la Suisse
allemande ne subit pas seulement ces diverses influences, elle se
les assimile, et, pour sa manière générale de voir, fruit de son
histoire et de son organisation républicaine, elle ne relève que
d'elle-même. Le fond de vérité que nous avons reconnu dans l'objection faite à notre thèse nous servira ici de preuve. Ailleurs les
dialectes allemands ne sont pas parlés par la classe éclairée et la
bourgeoisie; mais ici tout le monde se sert du dialecte suisse. Divers écrits ont été publiés dans cette langue, et par là nos confédérés allemands se rattachent beaucoup plus à l'ancienne vie germanique qu'à l'Allemagne moderne. Dans la littérature écrite en
haut allemand, les Suisses ont presque tous occupé une place à
part. Les meilleurs historiens littéraires d'outre-Rhin sont disposés
à le reconnaître. Je n'ai besoin que de citer Muller pour appuyer
mon dire. Quel écrivain est plus Suisse, moins allemand que lui ?
Un auteur moderne, Wolfgang Menzel (¹), lui reproche même en
termes très durs d'avoir contribué mieux que personne à isoler la
Suisse de l'Allemagne. Un caractère plus solide, plus réel, plus
pratique, distingue presque tous nos auteurs

Mais il y a plus. A la Réformation, la Suisse allemande ne se
rattache pas à l'Allemagne, elle a son réformateur ; et si elle incline après la mort de Zwingli vers une branche particulière du
protestantisme, c'est vers la réforme de Calvin. Au 18ᵐᵉ siècle elle
prend l'initiative littéraire sur l'Allemagne elle-même; c'est de son
sein qu'en pratique et en théorie part l'impulsion nouvelle. Haller
et Bodmer inaugurent le siècle de Schiller et de Gœthe. Elle ne fit,
il est vrai, que donner le signal ; mais en cela précisément se révèle notre caractère. Ce fait nous montre jouant en littérature le

---

(¹) W. Menzel. Die deutsche Litteratur. Vol. II. Pag. 108-115.

même rôle qu'en histoire, où l'on ne nous contestera pas cependant une place à part. Aujóurd'hui nos confédérés suivent le mouvement de l'Allemagne, mais c'est en conservant leur cachet, leur physionomie et leur indépendance. Si l'on voulait presser les mots, on pourrait bien parler d'une Suisse *germanique*, mais non d'une Suisse allemande, car c'est aux anciens souvenirs germains que se lie sa manière de penser et de vivre.

En arrivant à la Suisse française, la question devient sans contredit plus difficile. Notre pays en effet n'a pas un dialecte à part ; il ne possède qu'un patois, pauvre et peu développé, et refoulé de bonne heure par le français. Il apparaît d'ailleurs plus tard dans l'histoire de la patrie, et sa position, généralement parlant, n'est point indépendante. La place subordonnée qu'il occupe retarde son développement, et l'empêche longtemps d'être lui-même. Cependant les premiers pas de la Suisse française dans la carrière littéraire sont loin d'être sans gloire. Viret est sorti d'entre nous. Par les réfugiés français, Genève influe sur la Suisse, sur la France et sur toute l'Europe. Dans ceci, nous l'avouons, il y a encore peu de national. Mais la réforme s'assied, et Genève, par sa constitution républicaine, Vaud, par son union à Berne, retrouvent peu à peu les éléments suisses qu'ils n'avaient pu développer. Neuchâtel ne les a jamais perdus. Et pas plus qu'ils n'appartiennent à la France, Genève et le Pays de Vaud ne sont des contrées détachées violemment de la Savoie. Le peu de rapports qui existent aujourd'hui entre les deux rives du lac semblerait déjà prouver que l'union était plus jadis une union de peuple à prince que de peuple à peuple. Les franchises communales, la base de la vie vaudoise, sont bien nées de notre sol. Au 18ᵐᵉ siècle, le Pays de Vaud subit l'influence française ; c'est par nous qu'elle arrive plus loin ; mais de vieux éléments, quoique sans écho, se maintiennent encore. D'un autre côté, Genève libre s'honore d'un développement national, et donne à la France, en littérature, un des hommes qui l'ont le plus profondément remuée. Avec les premières années du 19ᵐᵉ siècle, l'élément suisse recommence à se faire valoir. De plus en plus, et ce mouvement n'est pas arrêté, la France cesse d'être notre unique centre intellectuel ; la littérature devient plus nôtre, elle gagne un certain goût de terroir, des liens plus profonds se forment avec le reste de la Suisse, et c'est enfin de nos jours, par l'influence de l'esprit nouveau, qu'est né le nom de *Suisse ro-mande*. Avec une centralisation aussi conquérante que l'a faite en tout l'esprit français, c'est déjà beaucoup que d'oser être soi. M. Sainte-Beuve est le premier qui nous ait rendu justice.

Nous maintenons donc, vis-à-vis de la France, d'un côté, de l'Allemagne, de l'autre, le caractère à part de la Suisse romande et de la Suisse germanique. Mais il reste encore à démontrer, et ceci n'est pas le plus facile de notre tâche, que les deux Helvéties ont entr'elles plus de rapports réels qu'avec les pays avoisinants, en d'autres termes, que nos deux littératures forment un ensemble.

Qu'on veuille bien se rappeler ici notre point de départ. Nous avons reconnu l'immense influence de la langue sur le développement d'un peuple, nous nous sommes servis de la différence de dialecte pour séparer la Suisse germanique de l'Allemagne; comme le fond patois ou romand qui subsiste dans nos cantons peut les distinguer de la France. Mais d'un autre côté, nous avons montré que l'histoire peut modifier les données naturelles, les contrebalancer, et même ne plus leur laisser la première place. Ce fait est surtout frappant dans notre pays. Nous sommes presque à tous égards les fils de l'histoire.

Cependant nous ne le sommes pas à tous. L'unité du pays nous est donnée, sinon l'unité de race, et l'on pourrait résumer toute notre histoire en disant qu'elle est un effort, inconscient d'abord, puis voulu, pour rentrer dans les conditions tracées par la nature, pour faire de la Suisse une nation. Notre patrie, bien qu'offrant dans son enceinte des diversités sans nombre, forme cependant, en géographie, un ensemble assez bien fermé, car nous avons presque partout des frontières naturelles. La nature du pays est dans ses traits généraux assez analogue ; c'est la montagne et le plateau ; par suite, dans les occupations du peuple, domine la vie agricole et pastorale. Mais cette vie elle-même a quelque chose de particulier. Notre climat est sévère, notre sol peu fécond : le travail seul, un travail opiniâtre et assidu, peut en tirer quelque chose, et le fruit n'en est le plus souvent qu'une médiocre aisance. Avec cette lutte de tous les jours contre la nature, cette conquête du pain quotidien, le sentiment de la dignité personnelle, de la valeur de l'homme a dû se développer. Sous ce rapport, la Suisse entière a suivi les mêmes phases. Ce sentiment, comme on pouvait

l'attendre, se traduisit de bonne heure dans des institutions républicaines et démocratiques ; et, ce qui prouve combien ces institutions sont en rapport avec notre caractère, de toutes les communes du moyen-âge, les communes suisses ont seules·survécu. La
base républicaine, une fois admise, renforça les éléments d'unité
morale qui existaient déjà, et leur en ajouta un nouveau. Rien
n'imprime son cachet à un peuple, rien ne se mêle à toute sa vie,
à toute sa pensée, comme la forme républicaine, dans laquelle
tous les individus, le dernier et le premier, ont leur place et leur
valeur. Quand peu à peu les républiques disparurent du sol de
l'Europe, quand sous ce rapport la Suisse ne put plus se rattacher
à personne, le sentiment de cette existence à part se fortifia d'autant plus.

Mais, à cette analogie fondamentale, que ce siècle-ci a surtout
mis au jour, se joint une diversité non moins caractéristique. Rien
de plus varié que le sol de la Suisse; autant de vallées, autant de
vies, autant d'intérêts divers. Comme nous occupons le sommet de
tous les versants de la haute Europe, les races les plus différentes
se sont rencontrées et groupées au milieu de nous. Après la diversité de races, est venue celle d'idées. La Réforme nous a séparés
en deux confessions. Ces différences ne sont pas de celles dont on
peut négliger de tenir compte ; elles sont dans la nature, elles sont
fondées sur les grands événements de l'histoire, elles nous sont
inhérentes. Mais elles se croisent trop pour nous diviser. D'ailleurs,
en soi, diversité n'est pas toujours division ; elle est souvent richesse. D'après les raisons que nous avons indiquées plus haut, la
base d'unité subsiste, et il s'agit de lutter contre les différences,
non pour les détruire, mais pour les concilier. La condition d'existence du corps est, chacun le sent, l'existence des membres, et
cette nécessité de compter sans cesse avec d'autres intérêts, d'autres pensées, d'autres sentiments, a contribué autant que les analogies générales à former l'esprit suisse.

Ainsi, vie commune dans ses traits fondamentaux, lutte de tous
contre la nature, action continuelle et encore lutte dans la vie publique, lutte contre nous-mêmes, vis-à-vis des autres confédérés,
tels sont les éléments qui ont formé notre caractère comme nation.
Et ce caractère, quel peut-il être sous de telles conditions, si ce
n'est le sens pratique, la conscience du devoir, en un mot le *sens*

moral? Tel est pour moi le trait distinctif de notre nature, ce qui fait de nous un peuple, et suffit pour compenser toutes les diversités.

L'on n'aura pas vu dans ces considérations une digression inutile. Pour montrer dans nos productions littéraires un caractère commun, je devais d'abord le montrer dans la vie même de notre peuple, dans l'arbre dont la littérature est la fleur. Nation d'ailleurs essentiellement réelle et peu littéraire, c'est dans la vie pratique où nous trouverions toujours le contre-poids, si par hasard la culture intellectuelle tendait à nous diviser. Dans notre littérature, pour y revenir maintenant, nous rencontrons deux grandes oppositions, au moins en apparence, la Suisse romande et la Suisse germanique. Je dis en apparence, car entre l'esprit le plus allemand, représenté par Zurich, et l'esprit le plus français, représenté par Genève, ceci toujours relativement parlant, on trouve une vaste zone intermédiaire, où se fondent les brusques passages. Nous le reconnaissons cependant, il y a une différence; il y a deux esprits, l'esprit germain, plus calme, plus ferme, plus âpre, plus intérieur, et l'esprit romand, plus extérieur, plus vif, plus souple et plus facile; mais la littérature suisse ne présente pas tant la lutte de ces deux esprits qu'elle n'en offre le mélange et la pénétration réciproque. Sur le sommet d'une de nos collines se trouve un modeste ruisseau, dont les eaux se partagent sans bruit et sans apparence entre les versants de deux grandes mers : telle est notre littérature. De nos voisins de la Suisse allemande, ou plutôt de notre nature mixte, nous avons, nous autres Romands, la solidité, le fond, le lest moral, qui manque à l'esprit français ; nos confédérés ont à leur tour le sens juste et droit, le sentiment pratique, dont s'affranchissent trop tôt les Allemands. Que l'on compare avec soin deux auteurs suisses avec un auteur allemand et un auteur français; Töpffer et Usteri, par exemple, avec Claudius et George Sand, MM. Hottinger et Monnard avec Ranke et Guizot (je choisis avec soin ce dernier exemple parmi les moins apparents) et l'on pourra facilement s'en assurer. Ou nous nous trompons fort; ou l'on sera frappé, d'un côté, de la distinction profonde qui existe entre nos écrivains et les écrivains étrangers, de l'autre, de la communauté d'esprit entre nos auteurs, malgré la différence du langage.

Ce que nous avons dit jusqu'ici a pu faire sentir quel est le trait saillant, le lien général de la littérature suisse. Réunion des contrastes, mélange de deux races, ou plutôt de deux familles de langues, l'esprit de nos auteurs en représente le point de contact. Il est plus profond qu'étendu, et souvent plus juste encore que profond. Sentiment du réel et sentiment moral, tel est son caractère le plus constant.

Ce fait fera comprendre aisément pourquoi, à maintes reprises, la Suisse a pris l'initiative en littérature, et, une fois l'impulsion donnée, s'est aussitôt repliée sur elle-même. Nous voyons bien clair dans les choses, nous en saisissons souvent le nœud, mais il nous manque la force et le génie de poursuivre ce que nous avons découvert. Pour marcher à la tête d'une tendance littéraire, il faudrait être soi-même complètement entraîné dans cette tendance, être plus ou moins exclusif; et cela nous est impossible. Ou bien il faudrait être complet, saisir en même temps les deux pôles de la vérité, et quel est l'homme, quelle est la nation qui ose y prétendre? Les fleuves naissent bien sur notre sol, et jaillissent l'un près de l'autre sur les penchants de nos montagnes, mais ils se dirigent, l'un vers le nord, l'autre vers le sud, et bientôt ils ne nous appartiennent plus.

Une autre conséquence de notre manière de voir, c'est, sous le rapport des genres traités, la place qu'occupe le *genre historique* dans notre littérature. De tout temps, et nous le verrons à loisir, l'histoire a été parmi nous la branche la plus affectionnée et la mieux traitée. Notre principale gloire littéraire est un historien de génie. Et cela se comprend du reste, puisque toute notre existence se fonde sur l'histoire. Le point de départ de la Suisse n'est pas un fait général de race ou de mélange de races, c'est un événement historique précis, autour duquel sont venus peu à peu se grouper d'autres faits. Le besoin de rattacher une nation à son passé est de tous les temps et de tous les peuples; ce siècle-ci, où tout croule, est particulièrement historique; mais, de tous les pays, la Suisse est celui où ce besoin s'est fait le plus sentir! Non-seulement notre histoire nationale se glorifie du plus beau monument peut-être qui ait été élevé à la mémoire du passé; mais la plupart de nos cantons, beaucoup de contrées qui ne forment pas même un canton, ont trouvé leur historien. Quelle est la nation où

un fait pareil se représente? Mais la nécessité d'expliquer nos origines, et de nous y rattacher, n'est pas le seul motif de cette pré-
dominance du genre historique. Notre caractère même en fournit
un second. L'histoire est en effet le domaine où le principe moral
joue le plus grand rôle; c'est le tableau des actions humaines, le
développément de la liberté de l'homme. Plusieurs écrivains l'ont
traitée sans doute à un autre point de vue, mais dans notre pays
elle n'a pas été conçue différemment. Parmi tous les historiens
suisses, je n'en connais aucun qui soit fataliste, et qui ait voulu expliquer les événements par la nécessité logique. Muller, en revanche est, parmi les écrivains modernes, le plus beau type de
l'historien moral, et celui qui, par là même, se rapproche le plus
des Romains. Dire cela n'est pas constater en lui une infériorité,
car, à notre avis, c'est la manière la plus profonde de comprendre
l'histoire. D'ailleurs, en parlant de notre passé, elle n'était pas volontairement choisie, elle était donnée; car les motifs moraux ont
dans notre histoire partout le premier rôle. Nulle part l'injustice
n'a été plus évidemment, plus promptement punie; nulle part les
effets d'une politique généreuse et désintéressée ne se sont fait plus
profondément sentir.

L'histoire donc, et l'histoire comprise au point de vue moral, est
le centre et la base de notre littérature. Nous trouvons ensuite un
autre genre après elle le plus cultivé, la *poésie lyrique.* C'est en
effet la plus immédiate de toutes, et celle qui exprime le plus simplement au dehors les impressions du cœur. Nous avons été un
peuple trop peu enfant pour l'épopée, poésie avant tout objective,
et qui ne se rencontre que chez des populations plus artistes. Pour
le drame également, notre esprit est trop peu littéraire; et notre
culture sociale trop peu avancée; nous nous en tenons aux éléments. Mais dans la littérature moderne les chants populaires
suisses ne sont pas au dernier rang.

Au dessous de ces deux genres principaux, mais occupant encore une place honorable dans notre histoire littéraire, nous devons mentionner le *roman* et la *nouvelle,* que distinguent chez
nous le naturel, la simplicité et le sentiment. Puis, la *critique littéraire,* dans laquelle nous avons pris de nos jours, comme Zurich
au XVIII⁰ siècle, une place éminente. Enfin, *l'éloquence religieuse.*
La fermeté, la solidité, la vérité, l'élévation, sont parmi nous ses

caractères les plus saillants. Elle appartient davantage à la Suisse
romande et à ce siècle, comme la nouvelle, tandis que la poésie
lyrique populaire est plutôt l'apanage de la Suisse germanique, et
nous incline vers l'Allemagne. L'histoire est le genre commun à
tous.

Ces indications auront suffi pour montrer quels sont les traits
principaux de notre développement littéraire, et comment ils ressortent du fond même de notre vie. Il nous reste, pour compléter
cet ensemble, une dernière réflexion, portant sur un point plus intérieur (si l'on me passe le terme), mais non moins importante.
Chacun l'a éprouvé : une des découvertes les plus pénibles pour celui qui se livre à des études littéraires ou historiques, c'est d'apprendre à décompter avec les hommes, d'avoir cru rencontrer une
âme humaine sous le beau vernis de la poésie et du style, et de ne
plus trouver qu'un auteur. Ce désaccord entre la vie réelle et la
pensée de l'écrivain, ce mensonge de l'imagination, est une de nos
déceptions les plus tristes en littérature, où le sentiment du beau
semblerait devoir appeler celui du bien. Jamais ce fait ne fut plus
commun que dans les deux derniers siècles, et plus nous avançons, plus il semble devenir la règle. Eh bien, dans l'histoire de
la littérature suisse, il se reproduit à un beaucoup moindre degré.
Si rarement nous trouvons des hommes de génie, nous verrons
partout, non-seulement des hommes de talent, mais des hommes de
bien. Cet avantage compense de beaucoup d'autres. La carrière
littéraire n'étant pas proprement dans notre pays une carrière, nous
n'avons guères d'hommes de lettres, dans le sens français du mot ;
ceux qui l'ont été ont vécu presque toujours sur la terre étrangère. Si cette circonstance a nui au développement de l'art comme
art, elle lui a donné plus de fond. Notre littérature est une littérature laïque, si je puis m'exprimer ainsi par opposition au sacerdoce littéraire ; elle est l'œuvre d'hommes enchaînés par les devoirs de la vie réelle, et elle y gagne plus de vérité, plus d'humanité.
N'étant pas un besoin ardent de notre peuple, elle a dû se faire
pardonner, pour ainsi dire, en n'abandonnant pas le monde pratique, et nos écrivains, d'ailleurs, n'étaient pas portés par leur caractère à écrire pour écrire. La plupart des livres, presque tous
sont des actions ; et même en des sujets qui sembleraient devoir
rentrer dans le domaine exclusivement littéraire, la poésie, par

exemple. Jamais nos littérateurs n'ont oublié que l'art n'est pas
l'idée la plus haute de la vie : ce sentiment respire au fond de
toutes leurs œuvres. Elles ont un caractère moral, caractère qui n'a
pas été démenti par la vie de leurs auteurs. Nous sommes ainsi
sans cesse ramenés à ce principe fondamental de la vie de notre
peuple, et, je puis le dire, à un principe réellement et profondément démocratique, humain et chrétien, la subordination de toutes
les facultés à la plus haute des idées, à l'idée morale. Une disposition aussi constante ne pouvait amener qu'à l'influence du sentiment religieux. Nous le retrouvons en effet dans toute notre littérature, sous diverses formes et à divers degrés, mais toujours présent. Gervinus dit quelque part : «Le caractère distinctif de la littérature suisse est d'être essentiellement religieuse.» Sans aller
aussi loin, nous lui reconnaîtrions, au moins le plus souvent, une
inspiration religieuse. C'est dans cet esprit aussi, avec le même
sentiment qui accompagnait nos écrivains dans les sphères de l'art
et de la pensée comme nos ancêtres sur les champs de bataille,
que nous désirons exposer et comprendre l'histoire littéraire de
notre pays. .

AIMÉ STEINLEIN.

POÉSIE.

L'EXTASE.

Lorsqu'en ma promenade, errant à l'aventure,
Je rencontre soudain dans un champêtre lieu
Solitude, silence et sublime nature,
    Trois chemins qui mènent à Dieu!

Ainsi qu'un faible oiseau qui trouve un vent qui l'aide
Pour essayer son aile et s'arracher au sol,
Mon cœur, près de Celui dont l'amour le possède,
    En priant, élève son vol.

Je retrouve en ces lieux pleins de fraîcheur et d'ombres,
Les riantes vertus qui paraient mon matin,
Ingénuité, candeur, ces précieux décombres
    De mon paradis enfantin.

Le calme qui m'entoure en mon ame se glisse,
C'est un lac apaisé qui reflète en son sein
Qu'aucun sable ne trouble et qu'aucun vent ne plisse,
    La pureté d'un ciel serein.

Je revêts l'innocence où Dieu m'avait fait naître,
Je n'ai pas un désir que je n'ose avouer,
De tout mauvais penchant je sens que je suis maître,
    Au bien seul je veux me vouer.

Sur un espoir riant se berce ma pensée,
Je crois, par mes douleurs, mes crimes expiés ;
Ma prière, ici-bas, dans l'effroi commencée,
    Eternel, s'achève à tes pieds !

Dans un monde meilleur il semble que je vive,
A l'abri des méchants qui nous trompent ici,
Où la route du bien est la seule qu'on suive,
    Alors je dis à Dieu : Merci !

« Merci : car de tout mal ta bonté me délivre,
Je ne braverai plus les foudres de ta loi ;
Sans craindre de pécher voilà que je vais vivre ;
    Gloire à toi : Seigneur, gloire à toi ! »

Mais, au cri qu'en planant pousse l'oiseau de proie,
Au murmure du vent ou du ruisseau qui fuit,
Ce songe magnifique où rayonnait ma joie,
    La réalité le détruit.

Et comme un aigle altier, cette extase sublime
Qui ravissait mon ame en son élan pieux,
Dans ce monde souillé par le vice et le crime
    La laisse retomber des cieux.

                    J. PETITSENN.

LA GLANEUSE.

Pauvre enfant ! Ce n'est pas l'ardente moissonneuse,
Ni celle dont la vigne aime à lasser la main ;
Sa voix ne sait non plus les chants de la faneuse...
La pâle enfant ! Ce n'est, mon Dieu ! qu'une glaneuse
Qui mendie à l'oubli quelques miettes de pain.

Pour dépouiller les champs il faut un bras plus ferme.
En vain son pas timide, errant de ferme en ferme,
La mène-t-il quêter du travail en tout lieu...
Rien qu'à voir sa pâleur la porte se referme,
Et le maître l'adresse à la merci de Dieu.

Son père, un vieux soldat — c'est toute sa famille —
Qui, brisé mais debout, la main sur sa béquille,
Brave la pauvreté, comme un jour, le trépas ;
Son père, quand le soir endort la jeune fille,
Tremble que le matin ne la réveille pas.

Et vingt fois dans la nuit, de sa couche invalide
Il sort — et cheminant de soutien en soutien,
Va prêter à son souffle une oreille timide ;
Puis revient tout content gagner sa paille humide,
Et murmure en son cœur : Grâce à Dieu, tout va bien !

Depuis qu'elle est si pâle, il comprend sa détresse,
Et souvent, m'a-t-on dit, tant de chagrin l'oppresse,
Qu'il menace le ciel de son bras mutilé,
Mais, sitôt que l'enfant d'un baiser le caresse,
La prière succède au blasphème exilé.

Hier le rouet chômait, le travail étant rare,
Et la disette avait envahi le foyer,
Tous deux ils contemplaient, en rêvant à Lazare,
Les grands chars appuyés contre la fourche avare,
Qui traînaient, harassés, les gerbes au grenier.

« Père, les blés sont faits. Pourquoi te mettre en peine ?
Je m'en irai glaner dès l'aurore prochaine :
Les sillons auront bien quelque aumône pour moi.
Ce sera, tu le vois, du pain pour la semaine. » —
« Amen ! dit le vieillard, que Dieu soit avec toi ! »

Et l'aube à peine au ciel semait quelque lumière,
Que déjà notre enfant, le pas mal affermi,
Perdant sous le brouillard le toit de sa chaumière,
Demandait au bon Dieu, dans sa douce prière,
De retenir l'oiseau plus long-temps endormi.

Or le ciel aujourd'hui, gigantesque fournaise,
Fait pleuvoir ses rayons comme un torrent de braise :
Une lourde vapeur étouffe l'horizon,
Et, tout frileux qu'il est, le lézard mal à l'aise
Cherche pour s'abriter quelque brin de gazon.

Malheur à qui, surpris sur la route blanchâtre,
Ne saura découvrir un ombrage où s'asseoir.
Le sable est plus ardent que la cendre de l'âtre :
L'eau bout sous les roseaux de la mare, et le pâtre
A caché dans les bois son troupeau jusqu'au soir.

Du midi cependant l'heure est long-temps passée,
Et toujours la glaneuse, à la tête baissée,
Va cueillant un à un l'épi qui la séduit ;
De sa gerbe mignonne à grand'peine amassée,
Quand aura-t-elle assez pour gagner son réduit ?

Favoris du Seigneur, bijoux de la nature,
Vous, qui devant ses pas voltigez béquetant,
Epargnez, s'il vous plaît, son butin : l'Ecriture
Dit qu'aux petits oiseaux Dieu promet la pâture...
Las ! à l'enfant du pauvre il n'en promet pas tant.

Là-bas, la voyez-vous, de sueur et de hâle
Souiller ce front si pur qu'on eût dit d'une opale ;
Son bras faiblit, son pied, tout petit et tout nu,
S'est fait coquettement une rouge sandale
Du sang dont l'a taché le blé coupé menu.

Mais la voici pourtant qui suspend son ouvrage,
Qui s'arrête immobile et qui tombe à genoux.
A-t-elle enfin perdu la force et le courage?
Non pas : c'est le vertige, avec son fou mirage,
Qui, vampire effronté, la saisit — hâtons-nous !

L'astre qu'elle a bravé l'a frappée à la tête,
Sous son front calciné bouillonne une tempête ;
Un voile de lumière a flotté sur ses yeux :
Et l'esprit du délire, accouru pour la fête,
Invite à ses ébats les fantômes joyeux.

Elle voit, comme on voit un océan qui roule,
S'abattre et s'élever les sillons d'alentour :
De grands épis d'or fin s'y balancent en foule,
S'approchent lentement apportés par la houle,
Et viennent à ses pieds s'incliner tour à tour.

Le caillou du sentier en diamant se change,
Le sol s'est fait écrin et l'oiseau s'est fait ange,
La gerbe, en se gonflant, a rompu son lien.
— Père, que diras-tu de ma fortune étrange? —
Béni soit le Seigneur ! Mon enfant, tout va bien..

Vision d'un instant! Dans son rêve noyée,
Elle ouvrait les deux bras pour saisir ses trésors...
Quand des feux du soleil tout-à-coup foudroyée,
Comme un oiseau dont l'aile est par le plomb broyée,
Elle tombe.

— Venez et prions pour les morts !

HENRI BLANVALET.

CHRONIQUE

REVUE SUISSE.

—

NOVEMBRE.

Les événemens n'ont pas manqué ces dernières semaines ; on pourrait même dire que, dans des genres et aussi pour des mondes fort divers, il y en a eu quatre bien comptés : la clôture de l'Exposition ; l'apparition de Kossuth à Marseille et ses ovations en Angleterre ; la mort de la duchesse d'Angoulême ; enfin, la détermination du Président relative au suffrage universel, avec ce qui s'en est déjà suivi d'attente inquiète dans l'opinion, et ce qui doit en résulter dans les faits, peu ou beaucoup. Pour mieux dire, n'en résultât-il même rien, ce serait toujours beaucoup, ce serait toujours grave, puisqu'on resterait ainsi en face d'une situation fermée, d'où il faut sortir cependant, et dont on aurait constaté seulement qu'une des portes ne s'ouvre pas.

Un des visiteurs de l'Exposition universelle, dont l'enthousiasme allait jusqu'à voir dans ce pèlerinage industriel de toutes les nations à Londres, dans ce vaste frottement d'idées et la lumière qui en jaillirait, le plus grand fait de l'histoire moderne, me disait, du reste avec beaucoup de bon sens : « Mais on a commis une faute en décidant qu'on distribuerait des médailles. Il n'eût fallu ni médailles, ni récompense, ni aucune appréciation quelconque : elle fera nécessairement une foule de mécontens, et cela gâtera l'impression finale. » Ce qu'il prévoyait, et à quoi l'on pouvait bien s'attendre, est en effet arrivé. De tous les côtés s'est élevé un concert de reproches et de récriminations violentes. Il y en a eu même en Angleterre, de la part d'exposans qui n'ont rien reçu, ou qui estimaient avoir droit à recevoir mieux : quelques-uns ont refusé net et renvoyé leur médaille de seconde classe, avec toute la rudesse et la fierté anglaises. Jugez donc des plaintes de la France et des cris qu'on y pousse contre la perfide Albion. Tout cela cependant s'apaisera peu à peu : l'impression vraie, l'impression grande restera ; elle survivra à la disparition du Palais de Cristal. Le coup a été porté, l'ébranlement a eu lieu ; il ne s'arrêtera pas avec le retour des voyageurs ni avec la dispersion des ballots.

On sait la fugue démocratique de Kossuth à son apparition à Marseille, et l'on sait aussi sa tenue tout-à-fait constitutionnelle en Angleterre, dans ses ovations à Southampton et à Londres, dans ses harangues lyriques, et d'ailleurs souvent vraiment belles, où il raconte ce qu'il a fait, ce qu'était et ce que voulait être son pays. Ce double langage assurément lui a nui, comme homme ; mais il n'est pas aussi certain que cela ait nui à son but, celui de réveiller partout et dans tous les partis des sentimens sympathiques, plutôt que politiques, en faveur de la Hongrie, et de faire retentir ainsi, de tous les côtés et le plus loin possible, cette espèce de cri patriotique et d'appel. N'avons-nous pas eu, en Suisse, des exemples de cette éloquence à deux mains, et de la manière de s'en servir ? Mais ce qui est bien aussi étrange, car au moins Kossuth paraît-il être surtout un virtuose, un artiste, une nature essentiellement vibrante plutôt que réfléchie et contenue, c'est le langage des journaux sur l'ancien dictateur maggyar. Ici, ce n'est pas même de la haute comédie, mais de la plus petite qui se puisse voir. Les feuilles conservatrices elles-mêmes n'ont pas su toujours s'en garder. Elles avaient trop beau jeu contre Kossuth, elles en ont abusé et ne se sont plus donné la peine de conduire un peu finement la partie ; ce qui n'eût rien gâté cependant et, loin de faire manquer la victoire, en eût doublé l'effet. Leurs rédacteurs reçurent l'ordre d'éreinter Kossuth ; voyant la chose si facile, ils ont frappé sur lui à tour de bras, lui contestant tout, le talent comme la probité, et jusqu'à l'effet qu'il produisait. D'abord, ce manque de mesure n'était ni spirituel ni habile ; ensuite, cela sentait moins son galant homme que son valet, et montrait la corde, comme on dit, la corde du journalisme. Quant aux feuilles de l'autre bord, c'était encore pis, et l'embarras où les mettait l'orateur hongrois était véritablement comique. A Marseille, il était un dieu ; mais lorsque, en Angleterre, il entonna les louanges du peuple anglais, des institutions communales, du régime constitutionnel, l'enthousiasme allait décroissant d'une manière rapide, et il y eut même un moment où le *National*, à bout d'explications, ne trouva plus rien de bon dans un discours de Kossuth et n'en osa plus rien citer à ses lecteurs qu'un paragraphe contre les Jésuites. Il le leur donnait comme un dernier espoir, comme une dernière fiche ; mais encore un pas en arrière, et Kossuth lui-même n'était plus qu'un jésuite déguisé.

La duchesse d'Angoulême, ou la comtesse de Marnes, comme elle

s'appelait depuis son second exil, était si oubliée; on en parlait si peu,
que bien des gens auront appris qu'elle avait survécu à Charles X et
à son mari, seulement par la nouvelle de sa mort. Cette nouvelle a
produit une certaine sensation dans les salons et parmi les personnes
que les catastrophes d'aujourd'hui n'ont pas encore tout-à-fait endurcies
sur celles de hier. Elle a rappelé cette vie d'infortunes qui n'a presque
pas eu son égale sous le soleil : une jeunesse déjà frappée dans sa
fleur par l'orage, et quel orage ! un ciel de sang où l'éclair n'attendait
pas l'éclair ! puis, ces années de prison dont la jeune fille dut mesurer
le cours par la mort d'un père, d'une mère, d'une tante, d'un frère,
et quelle mort cruelle et lente pour celle même qu'épargnait le cor-
donnier Simon ou l'échafaud ! puis un premier et long exil; puis un
premier retour, aussitôt suivi d'une prompte fuite pendant les Cent
Jours; puis un retour encore, qui cette fois semblait assuré, mais qui
se termine au contraire, quand la vieillesse arrive, par un exil définitif et la mort dans l'exil. Quelle vie ! ou plutôt n'avions-nous pas
raison de dire : quelle douloureuse et continuelle mort ! — La duchesse
d'Angoulême ressemblait à son père pour la figure; elle n'avait hérité
ni des grâces d'esprit, ni de la beauté de sa mère; mais elle en avait
la fermeté, qui manquait à Louis XVI. A Bordeaux, où elle se trouvait lorsqu'on apprit le retour de l'île d'Elbe, elle voulait résister, si
elle eût été secondée, et montra assez de résolution pour que Napoléon ait dit d'elle en cette circonstance, « qu'elle était le seul homme
de la famille. » Ce courage natif, outre qu'il était paralysé autour
d'elle, ne trouva ni l'occasion ni les moyens de se déployer. Elle n'a-
vait pas d'ailleurs (et comment aurait-elle pu l'avoir !) cette facilité,
ce brillant que l'on veut en France; mais elle avait mieux, ce semble,
si l'on en croit les divers organes de la presse, qui presque tous ont
parlé d'elle en ce sens, dans de nombreuses notices nécrologiques :
elle avait de la dignité, de la bonté, sous cette froideur extérieure
que donne et qu'aime souvent le malheur, de la pitié, de l'humilité,
de la résignation. L'on ne cite pas d'elle des mots d'esprit, mais on en
a recueilli qui ont du caractère, et même de la profondeur dans leur
simplicité grave et religieuse. En voici deux qui m'ont frappé. Elle
était à Vichy, je crois, quand on apprit la révolution de Juillet. La
foule se pressait sur son passage; il y avait des militaires, des officiers de la garde nationale. Elle vit bien, à leur air, d'ailleurs respectueux, que c'était fini, qu'on acceptait la révolution, qu'on ne tente-
rait rien en faveur de la famille déchue. Aussi leur demanda-t-elle
seulement de défendre la religion si elle était attaquée. — « Nous vous
le jurons ! » s'écrièrent-ils tout d'une voix, en étendant les bras. —
« Pas de sermens, dit-elle, on m'en a trop fait. » Dans une brochure
où notre ancien compatriote, M. Charles Didier, a raconté la visite
qu'il avait faite à Frohsdorf, brochure dont les légitimistes ont gardé
un très bon souvenir, quoique l'auteur y rappelle son origine et ses

sympathies républicaines, il raconte qu'à un certain endroit de la conversation il ne put s'empêcher de, dire un peu indiscrètement à la
princesse exilée : « Il me semble impossible, Madame, que vous n'ayez
pas vu dans la chute de Louis-Philippe le doigt de Dieu. » — « Il est
dans tout, » répondit la fille de Louis XVI. Cette simple parole, où,
de plus, le tact ne manque pas, vaut bien de grands mots d'histoire
et de philosophie.

Quant au fait capital du moment, le rappel de la loi du 31 mai, il
n'est encore que posé comme fait, mais il est posé. Dans son message,
le Président demande formellement ce rappel. Il ne faut pas croire,
néanmoins, que cette politique du Président soit la plus grave de toutes celles qui s'agitent autour de lui. Nous le donnions à entendre, le
mois passé, en terminant ; et, dès lors, les accusations des uns, les
indiscrétions des autres, celles surtout du docteur Véron dans le *Cons-*
titutionnel, ont pu montrer à nos lecteurs que nous étions bien au
courant. Il y a deux partis à l'Elysée ; on leur donne même un nom :
les *lymphatiques* et les *sanguins*. Ceux-ci, dont le chef est M. de
Persigny, voudraient mener les choses tambour battant, ce qui conduirait peut-être à les mener mèche allumée. M. de Persigny est le
compagnon de jeunesse et de captivité de Louis-Napoléon, son compagnon d'aventures *non réussies ;* ainsi le dessine et le croque le malin docteur cité plus haut, lequel unit envers l'Elysée le rôle de sage
ennemi, en s'opposant à ces projets, et aussi un peu, on le voit, celui de trop bon ami. Quant au Président, sa propre nature, plus calme, combattrait en lui ses préférences individuelles ; et dans l'affaire
présente comme en général dans tout ce qui a été fait jusqu'ici pour
amener sa réélection, ce seraient plutôt les lymphatiques qui l'auraient emporté. On lui a dans le temps attribué ce mot assez tristement vrai : « *Le monde est aux apathiques* , » mot qui n'est au reste
que le : *Pas de zèle !* de Talleyrand. Ce mot du neveu n'était pourtant
pas celui de l'oncle, et il n'est vrai, d'ailleurs, que des situations ordinaires. Or la situation pourra-t-elle se passer toujours d'extraordinaire, et Louis-Napoléon ne voudra-t-il pas en faire à tout prix ?

Mais il a en face de lui l'Assemblée, et surtout les chefs parlementaires, qui par des mobiles très divers, légalité, intérêts de personnes
ou de partis, ne se montrent nullement disposés à lui prêter la main
pour sa réélection, encore moins pour l'abolition pure et simple de la
loi du 31 mai, comme le demande le message présidentiel. Ils ne paraissent pas vouloir faire de concessions sur le point important, sur le
nerf de cette loi, le domicile de trois ans qu'elle exige pour être électeur. Il est reconnu cependant que, décrétée *ab irato* et formulée
avec étourderie, elle s'est retournée souvent dans la pratique contre
le parti conservateur, du sein duquel elle est sortie, qu'elle lui enlève
aussi bon nombre d'électeurs, qu'elle lui nuit en même temps qu'elle
le sert, et surtout qu'elle forme un terrible argument contre lui, par

la perspective d'une guerre civile; car, lorsqu'aux élections générales, trois ou quatre millions d'électeurs exclus pour n'avoir pas les trois ans de domicile viendront se présenter au scrutin, où trouvera-t-on assez de soldats pour leur en barrer le chemin? Et quel argument leur opposer qui puisse primer leur droit clairement écrit dans cet article de la constitution : Tout Français âgé de 21 ans est électeur. Le salut public? mais le salut public suppose la force, et la force, l'aura-t-on? sans le Président peut-on l'avoir? que deviendra, que fera l'armée, tiraillée entre deux directions et n'étant plus maintenue par l'unité de commandement? Nul doute que la tendresse tardive du Président pour le suffrage universel ne soit très peu désintéressée; mais il a pour lui la constitution et la perspective de guerre civile : c'est là son fort.

Avec tout cela réussira-t-il? C'est ici que ce grand pas fait en avant par le Message n'est pourtant non plus, comme tout le reste, qu'un grand pas dans l'ombre; il hâte, mais il n'éclaircit point l'avenir. Un ouvrier très démocrate, qui connaît bien la classe à laquelle il appartient et y exerce même une certaine influence autour de lui, me disait : « Si le Président demande le rappel de la loi du 31 mai, je crois qu'il sera réélu.» Il est certain, et c'est le contingent déterminant dans les élections, que les paysans sont encore beaucoup pour lui. Les promesses qu'on leur avait faites en son nom avant le 10 décembre, restitution des quarante-cinq centimes tant reprochés au gouvernement provisoire et qui ont sauvé la France de la banqueroute, participation populaire à la fortune personnelle de Louis-Napoléon qui apportait à la France toute une Californie avec lui, ces fabuleuses promesses, disons-nous, se sont depuis longtemps réduites en fumée; mais les paysans n'en attribuent pas la faute au Président, ce n'est pas lui qu'ils accusent, ce sont les ministres, les hommes politiques et surtout ceux du parti conservateur. On l'a empêché de faire le bien qu'il voulait ; mais au moins lui, il n'a point fait de mal; on a été tranquille, les années ont été belles et abondantes, et, me disait cet été un campagnard normand, en me donnant ces explications et d'autres analogues où il se montrait parfois très curieusement, très subtilement renseigné sur les hommes et les faits, vous allez, monsieur, vous moquer de moi, mais on croirait vraiment que cet homme est aimé du bon Dieu, tant il y a eu *sous son règne* de biens de la terre, car on a de tout, du blé, du vin, et les arbres rompent sous les fruits.

D'autre part, cependant, le commerce est inquiet, les transactions s'arrêtent, les marchands de nouveautés, les riches et brillans magasins de Paris regardent déjà leur récolte à eux, celle du jour de l'an, comme fort compromise. Si la plupart des paysans veulent toujours un empereur, ceux de certains départemens sont non-seulement fort dégrisés de Louis-Napoléon, mais ils commencent à boire d'un autre vin, le vin socialiste, et ce n'est pas là un vin innocent, une ivresse pour rire. Les républicains non plus ne seront pas gagnés par le rappel de la loi. En général, les républicains de toutes nuances attendent, se préparent, et sont, dit-on ; fort disposés à se faire des concessions mutuelles, pour s'entendre sur un seul candidat et n'avoir qu'un mot d'ordre, auquel tout le parti obéira. Mais ce candidat républicain, quel pourra-t-il être, quel sera-t-il? y a-t-il parmi les démocrates, un nom assez puissant, assez connu pour pénétrer jusqu'au fond des, campagnes à travers l'immense masse de plusieurs millions d'élec-teurs? En fait, jusqu'ici, l'indécision ; la division est partout, et on la retrouve dans les plus petites localités comme dans les grandes. Aussi, me disait encore mon interlocuteur campagnard, et je ne saurais mieux peindre la situation que par sa réflexion pittoresque et naïve : « Monsieur, nous nous trouvons sous un drôle de soleil. »

— Dans ce moment donc, la situation ne présente encore rien de changé à l'extérieur, si, au fond, la machine craque, tirée en deux sens opposés par des forces égales; et pour le dire en passant, c'est là justement ce qui fait qu'elle ne tourne pas. Il y a de l'inquiétude; mais on la montre et même on la ressent peu. On reste toujours dans une attitude passive, et le pays, pris dans son ensemble, n'a guère la mine de vouloir ni de pouvoir se prononcer. Chacun attend, avec un sentiment vague, mais très général et très fort, que l'affaire ira toute seule, en sorte qu'elle ira ainsi en effet, ou très mal. L'Assemblée se fâche tout rouge, mais ceux qui l'excitent, comme le *Journal des Débats*, sont les premiers à la retenir lorsqu'il s'agit de passer des paroles aux actions, et il y a des gens qui offrent de parier que le Président aussi reculera. Quoi qu'il en soit, la lutte est maintenant concentrée et généralisée entre les deux pouvoirs. Sous ces deux grands partis cependant, les autres n'en poursuivent pas moins sour-dement leur jeu. Et ces partis secondaires ont bien des divisions et des subdivisions dont on ne se doute pas : ils renferment même de petits groupes plus ou moins détachés de l'ensemble ou des principaux cen-tres, et dont la composition et les vues ont quelque chose de plus in-time et de plus personnel. Ainsi, ce ne serait pas précisément, pense-t-on, par amour de la légalité, ni par crainte des aventures que M. Carlier, l'ex-préfet de police, aurait donné sa démission et refusé de suivre le Président dans la voie ouverte par le Message. C'est là toujours de la tactique parlementaire. Cette méthode, nous l'avons dit, n'est pas non plus du goût de tous les habitués de l'Elysée; Louis-Napoléon compte aussi dans son entourage personnel des hommes qui entendent autrement son salut et celui de la société : ils ne voient plus ce salut que dans la force, et, comme M. Romieu avec son *Spectre rouge*, ils en prophétisent, ils en provoquent l'emploi. Un autre groupe encore est celui des anciens généraux d'Afrique. A quelque parti qu'ils se rattachent d'ailleurs, ils ont conservé entre eux une sorte de confraternité militaire, et forment ainsi un camp à part.

Pour compléter le tableau, ajoutez en regard de ce fractionnement du parti de l'ordre, les profondes ramifications de celui du désordre, ajoutez les sociétés secrètes, et le socialisme sauvage, tel qu'il vient de se révéler dans le Cher.

— Mais d'où vient que ces départemens du centre, dont les populations passaient pour être des plus pacifiques et des plus arriérées, peu accessibles aux idées nouvelles, peu en contact, par leur position même, avec le mouvement général et extérieur, soient précisément celles où ont éclaté ces symptômes de jacquerie et de guerre sociale? On en donne plusieurs explications.

En voici une que nous tenons d'une personne dont la maison était aussi portée sur la liste de pillage; elle y venait immédiatement après celle par où les insurgés, si on peut les appeler de ce nom, avaient jugé à propos de commencer. Cette raison, toute matérielle et probablement la plus forte, c'est que, dans le Centre, la propriété est fort peu divisée. Il s'y trouve beaucoup de domaines en un mas de trois, de quatre et même de cinq et de six cents hectares (l'hectare est plus du double d'un de nos arpens); en sorte qu'une belle fortune, qui ailleurs n'aurait pourtant rien d'exagéré, n'étant pas là disséminée sur plusieurs points comme dans d'autres départemens, y frappe davantage, y crève, pour ainsi dire, les yeux, et surtout, puisqu'elle consiste en terres, les yeux des campagnards. Ensuite, l'ignorance de ces populations ne leur est pas toujours un préservatif; elle leur est aussi un piége; elle les rend crédules à tout ce que leur promettent les révolutionnaires, et soumet des villages entiers à quelques meneurs.

Outre ces raisons générales, on m'en citait deux autres, qui pourraient bien être vraies et que je rapporte à cause de leur singularité. Après la révolution, pour commencer à vider le trop-plein de Paris, on envoya plusieurs ouvriers en Sologne, où il y a beaucoup de terres incultes, et on les y établit comme colons. Or, ils ont beaucoup moins travaillé à ensemencer et changer le sol que les esprits; cette moisson a fini par pousser; elle jette sa graine, et de là se propage dans les terrains environnans. Enfin, il n'est pas jusqu'aux petites brochures anti-socialistes publiées par le comité de la *rue de Poitiers* qui n'aient aussi fait leur œuvre, bien différente de celle qu'on en attendait. Répandues à profusion dans ces contrées, elles y ont fait connaitre le socialisme en le combattant. Le socialisme, c'est le partage des biens, disaient-elles : mais ce n'es, pas si mal, ont pensé les paysans, et ils ont ainsi sucé le venin à travers le contrepoison.

Quelle que soit, au surplus, l'origine du mal, il est certain qu'il était de la pire et de la plus grossière espèce. Autour de Montargis comme autour de Sancerre, les bandes armées venaient tout simplement pour piller : dépouiller les riches, c'était là toute leur idée d'égalité. Ce qui est certain aussi, de l'aveu même d'un rédacteur d'un feuille démocratique qui naturellement soutient le contraire, c'est que les départemens du centre sont un des champs principaux des sociétés secrètes, et qu'elles les enveloppent comme d'un filet.

Les propriétaires attaqués ou menacés, ont fait bonne contenance ; ils ont des munitions et des armes dans leurs maisons ; de plus, comme les fermiers aisés et les petits propriétaires se sont aussi trouvés sur les listes, qu'ils devaient avoir leur tour après les riches, ils se sont ralliés à la cause de ceux-ci ; ils ne gardent plus une attitude passive, et ont également l'œil au guet. Cette vilaine tentative de quelques malheureux égarés peut donc avoir un bon résultat ; mais il y a eu dans la répression plus de rigueur et d'étourderie que de sage vigueur et d'habileté. Comme toujours, les meneurs avaient disparu ; on n'a saisi que leurs dupes, et en sévissant indistinctement, en faisant une masse de prisonniers, on a indisposé les populations, plus qu'on ne les a frappées et éclairées : au lieu de guérir le mal, nous disait un habitant du pays, qui doit être impartial en cela puisqu'il appartient à la classe des propriétaires, on risque de l'envenimer.

— Tandis que le présent fait ainsi de l'histoire à sa façon, et de la plus singulière, bien qu'elle ne soit pas non plus nouvelle sous le soleil, on continue à recueillir celle du passé ; mais les études historiques sont loin de jouir de la même faveur que précédemment. Elles aussi, la révolution les a tuées. La société vit trop dans l'attente, elle est trop penchée en avant, et avec trop d'anxiété, pour conserver beaucoup le loisir ni le goût de regarder en arrière. Si elle l'a fait un moment, c'était comme on jette un dernier et mélancolique coup-d'œil au pays que l'on va quitter. Maintenant l'ancre est levée, les voiles s'enflent, déjà s'effacent les vieux rivages, et l'on s'en va cherchant ou rêvant d'autres cieux. Lancée ainsi à la poursuite de l'avenir, la société dirait volontiers à ceux qui s'occupent du passé ce que le Christ disait à celui de ses disciples qui avait perdu son père : « Laisse les morts ensevelir leurs morts. »

L'histoire même de la première révolution a beaucoup perdu de son prestige. M. de Barante publie l'histoire de la Convention, M. Granier de Cassagnac celle du Directoire ; tous deux sont animés d'un esprit bien différent de celui des historiens qui les ont précédés ; ils montrent surtout le mal, comme d'autres montraient surtout le bien ; le premier le fait avec sa claire froideur de narration, le second avec son impétuosité bouillante et confuse, mais animée ; par là, et par de nombreuses recherches, ils ont trouvé moyen d'être neufs dans un sujet que l'on pouvait croire épuisé : néanmoins, il s'en faut qu'on les lise, même parmi ceux qui applaudissent à leur point de vue, comme dans tous les partis on a lu leurs devanciers. S'il en est ainsi de ce qui nous touche encore de si près, que doit-il en être des époques reculées? Le passé est passé : on ne le changera ni on ne le ressuscitera pas.

Mais, hâtons-nous de le dire, le passé a aussi un côté immortel, il dit aussi son mot sur l'avenir et il y a quelque chose de lui qui subsiste toujours dans le présent. C'est par ce mot qui se dégage et s'explique peu à peu, c'est par cette existence continuée qu'il nous parle et nous suit encore aujourd'hui, qu'il a pour nous un intérêt sérieux et vivant, au lieu d'un pur intérêt de science, de drame ou de curiosité. Borner l'histoire à ce dernier genre d'intérêt, c'est s'en faire un spectacle et un délassement, plus noble et plus spécieux que d'autres peut-être, mais qui revient au fond à une grande amusette; c'est reléguer le passé dans le passé, c'est s'y reléguer soi-même et ne plus être de son temps. Il faut, non-seulement que la science nous le révèle et que l'art nous le rende, tous deux avec impartialité; il faut, de plus, que le sentiment du présent le vivifie et l'éclaire, et, rapprochant les distances, le mette avec nous en face de l'avenir. De cette façon il nous appartient et nous lui appartenons réellement, il est plus que notre devancier, il nous touche, il fait corps avec nous. Le plus lointain passé, ou le plus à part, peut ainsi se rattacher à notre âge, y projeter sa courbe, et compléter, dévoiler la nôtre en la rejoignant.

J'en trouve un exemple sensible dans un récent discours de M. Guizot. Il s'agissait de Guillaume-le-Conquérant, auquel on vient d'élever une statue équestre à Falaise, sa ville natale. Le onzième siècle et les chevaliers bardés de fer : quel âge différent de notre âge! Et pourtant, comme l'orateur a su nous y transporter et nous ramener de là jusqu'à nous, être actuel sans sortir de la vérité historique, saisir dans son sujet le côté humain, perpétuel et vivant! C'est, il nous semble, un de ses morceaux les plus remarquables, et ceux de nos lecteurs qui l'ont déjà lu seront bien aises de l'avoir ici pour le conserver.

Invité à prendre part à la cérémonie de l'inauguration, M. Guizot, se plaçant au pied de la statue, s'est exprimé en ces termes :

« Vous donnez aujourd'hui, Messieurs, un exemple rare, un exemple de mémoire longue et fidèle à travers les siècles. Il y a bientôt huit siècles, le roi Guillaume mourait, tristement délaissé, dans cette Normandie qu'il avait faite si grande. On trouvait à grand'peine à Rouen, théâtre de sa mort, quelques serviteurs pour garder son corps et accompagner son cercueil; on obtenait à grand'peine à Caen, théâtre de sa sépulture, quelques pieds de terre pour l'y déposer. Vous réparez aujourd'hui cette froideur des contemporains; par vos soins persévérans et par le talent d'un artiste éminent, le roi Guillaume se relève dans sa ville natale; Falaise lui reporte, après huit siècles, la gloire qu'elle a reçue de lui.

» Il est beau de faire justice à un grand homme. Pas plus après leur mort que de leur vivant, il ne faut flatter les grands hommes; leurs erreurs, leurs torts, leurs vices, leurs crimes, quand ils en ont commis, doivent être mis en lumière et sévèrement jugés. C'est le droit et le devoir de l'histoire. Mais, cette juste sévérité une fois accomplie, le mal une fois reconnu et traité comme il mérite de l'être, quand l'homme a été vraiment grand, il reste grand au milieu de ses imperfections dévoilées. Et alors c'est aussi un devoir de l'admirer et d'honorer avec éclat sa mémoire, car les grands hommes font la gloire des peuples, quand même ils en ont été les maitres rudes et chèrement achetés.

» Guillaume fut vraiment un grand homme ; et si la grandeur des princes se mesure, comme il faut bien que cela soit, par les difficultés des œuvres et par l'importance des résultats, il n'y en a pas beaucoup qui lui soient supérieurs.

» Rappelez-vous, messieurs, un fait qui s'est accompli de nos jours, sous nos yeux, l'expédition d'Alger en 1830. Il s'agissait d'embarquer et de transporter sur l'autre rive de la Méditerranée, pour obtenir d'un barbare une juste satisfaction, une armée de trente mille hommes. Quels immenses préparatifs ! Que de soins ! que d'efforts ! que de puissans moyens déployés par notre puissante civilisation ! Et tout cela était jugé nécessaire, tant l'entreprise était jugée difficile. Et, au jour de l'épreuve, rien de tout cela ne s'est trouvé superflu pour le succès. Et le succès de l'entreprise a fait la gloire de ses chefs.

» Au XIᵉ siècle, à peine au sortir de la barbarie, sans aucun des moyens que nous donnent aujourd'hui la civilisation et la science, le duc Guillaume a rassemblé, embarqué, transporté au-delà de la Manche, débarqué sur un sol ennemi plus de 30,000 hommes, et, à peine débarqué, il a gagné des batailles, il a conquis un royaume.

» Voilà pour la difficulté de l'entreprise, voici pour la grandeur du résultat. Non-seulement Guillaume a traversé les mers sur de frèles barques, avec une armée, non-seulement il a conquis un royaume, il a fait plus, il a fondé un état. Il a fortement et solidement établi, sur une terre étrangère, son pouvoir, sa race, des institutions et une langue nouvelle, et son œuvre a duré des siècles et dure encore, et c'est encore dans la langue du roi Guillaume qu'on parle à la noble reine d'Angleterre dans son parlement, et qu'elle répond.

» Nous avons vu, messieurs, des conquêtes bien autrement vastes, bien autrement éclatantes que celles du roi Guillaume. Elles ont disparu aussi rapidement qu'elles avaient été faites. C'est un phénomène rare que des invasions qui fondent des Etats. Guillaume a accompli cette œuvre. Il était en profonde harmonie avec l'esprit et les intérêts permanens de son siècle ; il avait autant de bon sens conservateur que de génie conquérant.

» Nous avons bien le droit, messieurs, de lui rendre cette justice, car sa gloire nous a coûté assez cher. Elle a été l'origine de cette lutte nationale qui a duré plus de trois siècles entre la France et l'Angleterre, ardentes à se posséder et à se subjuguer mutuellement. C'est Guillaume qui, en établissant entre les deux peuples des liens partiels et précaires, a commencé entre eux cette ère d'hostilité acharnée et toutes ces guerres qu'ils se sont faites jusqu'à ce qu'ils soient enfin parvenus à se séparer complétement l'un de l'autre.

» Nous sommes sortis vainqueurs de cette grande lutte. Nous avons successivement reconquis toutes les parties de notre territoire et glorieusement assuré notre indépendance nationale. Nous avons définitivement repoussé les vainqueurs normands dans cette terre par eux conquise où nous les avions envoyés. Cette figure sans pareille dans l'histoire du monde, qui tient à la fois de l'ange et du héros, Jeanne-d'Arc, a défait sans retour ce que les successeurs de Guillaume-le-Conquérant avaient voulu faire de la France. Et c'est sur la même terre, dans cette même ville de Rouen où le roi Guillaume était mort, que la vierge guerrière est venue sceller de son martyre la délivrance de son pays.

» J'écarte ces souvenirs du passé, tristes et glorieux; je ne regarde plus qu'à nous-mêmes et à l'histoire de nos propres jours. De nos jours aussi, de nombreux navires se pressent sur nos côtes et embarquent, pour les transporter en Angleterre, des milliers de passagers. Est-ce une guerre nouvelle qu'ils y vont porter et trouver? Non, non, non; c'est la paix qui les y conduit et les en ramène; ils ne cherchent point d'aventure ni de conquêtes; ils vont offrir et recueillir des gages de prospérité réciproque. Les rapports des deux peuples sont maintenant aussi pacifiques que fréquens et animés. Un palais de cristal où ils se réunissent, un fil invisible, un éclair circulant sous les flots, qui porte de l'un à l'autre les avertissemens de leurs besoins et de leurs services mutuels, voilà les liens qui remplacent aujourd'hui entre eux ceux que Guillaume-le-Conquérant avait voulu établir.

» Laquelle des deux époques, messieurs, est la plus heureuse? lequel des deux spectacles est le plus beau? Certainement, au milieu des troubles et des inquiétudes qui pèsent sur nous, dans notre état agité et précaire, notre temps a de quoi être fier et plein d'espérance. Pourvu que notre espérance et notre fierté ne nous précipitent pas dans les prétentions et les chimères d'un fol orgueil, nous pouvons, à bon droit, parler des bienfaits et des merveilles de notre civilisation; pourvu que notre civilisation ne soit pas elle-même un palais de cristal qu'on admire et qui disparait tout-à-coup, et qu'on ne doive pas dire d'elle, dans la langue du grand poète que la Normandie a donné à la France:

> Et comme elle a l'éclat du verre,
> Elle en a la fragilité?

» Je ne voudrais pas, au milieu de cette fête, prononcer des paroles tristes; mais vous me pardonnerez, messieurs, l'expression d'un sentiment qui est, à coup sûr, celui de tous les hommes sensés et de tous les gens de bien. Quand on est lancé en plein océan, et par de violens orages, c'est peu d'avoir un beau vaisseau, bien armé, richement pourvu et couvert d'hommes intelligens et braves; il faut encore, il faut surtout que l'équipage soit uni et que le navire ait de fortes ancres, car c'est vraiment de là que dépend le salut. Soyons fermement unis, messieurs, sachons saisir les fortes ancres de la société, et nous y attacher ensemble; Dieu nous donnera le salut, si nous faisons ce qu'il faut pour le mériter.»

— Puisque nous sommes en train de citations, en voici une encore qui a toutes sortes de titres pour figurer dans notre recueil. M. Gustave Planche, le redoutable critique, vient de consacrer, dans la *Revue des Deux-Mondes*, un article étendu à notre compatriote, M. Charles Gleyre, dont nous avons souvent entretenu nos lecteurs.

On sait quelle précision rigoureuse et presque mathématique M. Gustave Planche apporte dans ses appréciations. Ennemi du faux dans les arts, il ne l'est pas moins du médiocre, et ses attaques même ne s'adressent jamais qu'à des ouvrages qui ont une certaine valeur. Cette verdeur et cette âpreté de critique, calme, serrée et dédaignant l'à-peu-près, a bien son mérite par ce temps de folles œuvres qui coûtent si peu, mais aussi qui ne durent guère ; et M. Gustave Planche a d'autant mieux le droit de se la permettre qu'il y joint une qualité plus rare encore, celle de rester très indépendant, non-seulement de l'opinion, mais de toute espèce de mobiles personnels. Son jugement est donc d'un grand poids. Nous ne pouvons tout citer, mais quelques passages suffiront pour montrer le haut rang qu'il donne à M. Gleyre parmi les artistes contemporains, et sous cette forme sévère qui, même dans l'éloge, ne l'abandonne jamais, quelle est la fermeté de sa conviction.

.... « M. Gleyre conçoit l'art dans sa plus haute acception, et ne l'a jamais confondu avec l'industrie. C'est à cette cause qu'il faut rapporter le petit nombre de ses œuvres. Bien des peintres qui ne possèdent pas la moitié de son savoir multiplient sans effort des compositions qu'un jour voit naître et périr. Contens d'eux-mêmes, ne rêvant rien au-delà de ce qu'ils font, ils donnent volontiers le signal des applaudissemens, et parfois la foule consent à les croire sur parole. Bientôt le bruit cesse, et la toile applaudie retourne au néant. La renommée de M. Gleyre n'est pas aujourd'hui ce qu'elle devrait être : il ne s'agit pas en effet dans le domaine de l'art de compter, mais bien de peser les œuvres. Aussi je crois accomplir un acte de justice en étudiant ce qu'il a fait avec une attention scrupuleuse, et j'espère que cette étude prouvera aux plus indifférens toute l'importance de ses travaux. S'il n'occupe pas encore le rang qui lui appartient, j'ai la ferme confiance que l'heure de la réparation n'est pas éloignée : la grâce et la pureté de son talent ne peuvent manquer d'obtenir bientôt la popularité qu'elles méritent.... »

... « La *mort du major Davel* ne laissait pas grande liberté à la fantaisie. Cependant M. Gleyre, tout en respectant les données de l'histoire, a su composer un tableau plein d'intérêt et de grandeur. Ce personnage, peu connu en France, est populaire dans le canton de Vaud, car il est mort martyr de son dévouement patriotique. Il voulait affranchir Lausanne de la domination bernoise. La cause était bonne et digne de son courage. Malheureusement l'intelligence de Davel n'était pas à la hauteur de son caractère. L'amour de son pays l'avait exalté jusqu'à l'extase. On peut voir dans un curieux travail, publié par M. Olivier, tout ce qu'il y avait d'étrange et de mystique chez le major Davel. Dans les premières années du XVIIIᵉ siècle, tandis que la France était gouvernée par le régent et le cardinal Dubois, Davel avait des visions comme en plein moyen-âge. Imprévoyant, imprudent, maladroit dans sa conduite, il mourut avec la fermeté d'un héros, avec la résignation d'un saint, heureux de donner son sang pour la foi qu'il avait embrassée. Le tableau de M. Gleyre reproduit simplement ce que l'histoire nous apprend. Il règne dans toute la composition une gravité austère qui s'accorde très-bien avec le sujet. Davel, placé entre deux ministres de la religion, envisage sans trembler le bourreau appuyé sur l'épée à deux mains qui va lui trancher la tête. Le peintre a parfaitement rendu le caractère mystique du personnage. Il y a dans les yeux du major Davel une sérénité qui n'appartient pas à la terre. Le héros attend du ciel la récompense de son abnégation. La crainte du supplice s'efface devant l'espérance de la rémunération. Le visage de Davel exprime très-clairement la pensée que j'indique. Les ministres de la religion qui le consolent, le bourreau qui s'apprête à le décapiter, les soldats qui contiennent la foule frémissante, sont pénétrés d'étonnement et d'admiration. Lausanne, qui possède aujourd'hui ce tableau, l'a reçu avec joie et le garde avec orgueil ; il serait difficile, en effet, de rendre plus simplement, plus sévèrement, les derniers momens d'un héros et d'un martyr. Davel, dont le nom est inconnu dans les trois quarts de l'Europe, est pour les paysans mêmes du canton de Vaud un personnage poétique. La légende n'a pas négligé d'embellir et d'agrandir les traits principaux de cette vie étrange, qui, dans sa réalité nue, est déjà digne de respect. Lausanne, en consacrant le souvenir de cette mort héroïque, a fait preuve de discernement ; car le dévouement poussé jusqu'à l'abnégation n'est pas assez commun pour qu'on néglige de l'encourager, de le susciter. M. Gleyre s'est associé à la pensée de Lausanne avec une ardeur digne du sujet, et son tableau ne manquera jamais de réunir les suffrages de tous les hommes habitués à comparer l'œuvre qu'ils ont devant les yeux avec les conditions imposées à l'auteur. La *Mort du major Davel* sera toujours pour les juges éclairés une composition savante et vraie. »…..

…… « Quoique le style de cette composition (les *Bacchantes*) révèle clairement un homme sévère pour lui-même, il me semble que M. Gleyre doit être à peu près content. Je n'ose croire qu'il le soit tout-à-fait, malgré le plaisir que j'ai éprouvé à contempler ses *Bacchantes* ; car il est dans la destinée de tous les artistes éminens de ne jamais trouver leur puissance au niveau de leur volonté. Ils ont beau s'évertuer ; tandis qu'ils nous étonnent, qu'ils nous charment, ils trouvent au fond de leur pensée un type supérieur à l'œuvre qu'ils nous montrent ; à l'heure même où ils recueillent nos applaudissemens, ils blâment comme incomplet ce que nous admirons. Toutefois, quelle que soit l'opinion de M. Gleyre sur ses *Bacchantes*, je n'hésite pas à les recommander comme une œuvre de premier ordre, et je regrette sincèrement que ce tableau soit parti pour Madrid ; sa place était marquée dans la galerie du Luxembourg. Il y a dans cette composition un savoir, une élévation de style qui désignent évidemment M. Gleyre pour les travaux de peinture monumentale. Quel que soit le sujet confié à ce talent sérieux, païen ou chrétien, nous sommes sûrs d'avance qu'il sera traité sous une forme sévère. »…..

…… « Je peux donc affirmer sans crainte que M. Gleyre occupera un rang élevé dans l'histoire de l'école française. Ses œuvres, bien que peu nombreuses, suffisent à marquer sa place. Combien de peintres vantés pendant quelques années pour leur fécondité sont aujourd'hui enveloppés dans un légitime oubli ! La lenteur du travail est pour les œuvres de M. Gleyre une garantie de durée. Pour que le nom d'un artiste demeure, il ne s'agit pas de prodiguer des simulacres de pensées, il faut produire des pensées complètes et vivantes, des pensées armées de toutes pièces. C'est la conduite que M. Gleyre a suivie. Chacune de ses pensées est éclose à son heure, et soutient victorieusement l'analyse et la discussion. Toute argumentation serait ici superflue : ou ce que j'ai dit ne présente aucun sens, ou il demeure démontré que les œuvres de M. Gleyre ont une réelle importance, aussi bien par le choix des sujets que par la sévérité de la forme ; c'est pourquoi j'abandonne aux hommes compétens le soin de soutenir mes conclusions. »

— Il n'a guère paru de nouveautés littéraires dans ce mois, qui, d'ordinaire, en recommence pourtant la saison. La politique absorbe les grands journaux, et il n'y a rien d'ennuyeux comme leurs premiers-Paris où ils se renvoient la balle à tour de bras, la faisant bondir d'un camp à l'autre par dessus la tête du public, qui, tout à ses affaires et assez dégoûté du jeu, ne daigne pas même toujours lever les yeux pour la voir. De temps en temps quelques sorties bien ultramontaines de l'*Univers*, ou quelques malins petits coups de lancette du docteur Véron, viennent réveiller ou recréer le lecteur. A propos de ces articles du rédacteur en chef du *Constitutionnel*, nous pouvons assurer qu'ils sont bien réellement de lui et de lui seul. C'est une nouvelle manière d'article politique qu'il a introduite dans la presse ; il a ainsi trouvé tout à la fois un moyen d'influence et une augmentation d'importance personnelles, une piquante occupation pour son âge mûr, et un élément de variété pour son journal. — Les *Débats* ont toujours M. Jules Janin et son feuilleton, vieux papillon de vingt ans, mais qui papillonne plus que jamais. Cependant on assure que M. Bertin en est fatigué ; on va même jusqu'à dire, que, si le gros et joyeux papillon venait à manquer, à ne plus battre de l'aile, son chef de file s'en consolerait sans trop de peine, afin de pouvoir offrir sa succession, et voici le meilleur de l'histoire, à l'un des rédacteurs de l'*Evénement*, ou de l'*Avénement* comme il s'appelle depuis une de ses nombreuses condamnations, à M. Gaiffe, l'un des plus fervens et des plus ébouriffans hugolâtres, mais dont M. Bertin est, dit-on, entiché. — La *Presse* et le *Siècle* sont les seuls qui aient repris avec un peu de suite les romans-feuilletons, mais sans succès bien marqué. La *Presse* annonce en outre les *Mémoires* d'Alexandre Dumas. — M. Emile de Girardin a été le principal joûteur dans le combat qui s'engage sur le retrait de la loi du 31 mai : il en promet monts et merveilles, et il s'en promet sans doute autant à lui-même ; mais il n'est pourtant pas encore ministre, et le sera-t-il jamais ? — Les *Causeries du Lundi* sont toujours, dans le *Constitutionnel*, la grande distinction littéraire de la presse quotidienne.

Les théâtres se remplissent, et paraissent vouloir retrouver leur ancienne faveur. On parle de plusieurs pièces nouvelles aux Français pour cet hiver : ils ont déjà donné Mlle *de la Seiglière*, le roman de M. Jules Sandeau arrangé pour la scène. Une chose à noter, c'est que la comédie est maintenant très suivie à ce théâtre, où on la joue si bien; elle y a un public pour le moins aussi nombreux que celui de Mlle Rachel. — Les Italiens sont en baisse sous la direction britannique de M. Lumley, qui a en même temps l'entreprise d'un des deux premiers théâtres lyriques de Londres. — Roger, du Grand-Opéra, a obtenu beaucoup de succès en Allemagne, un succès non-seulement de chanteur, mais d'homme aimable et spirituel, preuve en soit l'échantillon suivant que nous trouvons dans un journal :

« Le célèbre tragique Devrient lui ayant présenté un album en le priant d'y inscrire quelques pensées, l'artiste français vit que la personne qui l'avait précédé avait écrit cette espèce d'axiome :

Tout lasse,
Tout casse,
Tout passe.

» Roger prit une plume et inscrivit l'impromptu suivant :

Tout lasse? Oh! non, monsieur; si votre cour l'ignore,
Pour l'art et pour le bien, rien ne doit nous glacer;
Rachel et Devrient! vous que le monde adore,
Irait-on vous entendre et vous revoir encore
Si tout devait lasser?

Tout casse? Il est trop vrai, je le dis avec peine,
C'est un cruel dicton qu'on ne peut effacer!
Et notre République et les biens qu'elle amène,
Et ma voix de ténor, avec ma porcelaine,
Tout doit un jour casser.

Tout passe, dites-vous? Ah! que Dieu vous entende!
Dans ma malle, avec soin, j'irais vite entasser
Vos émaux de Meissen, votre Sèvre allemande,
Au nez de la douane, et sans payer d'amende,
Si tout devait passer.

» En vérité, si pour être capable d'improviser de cette façon, il suffisait d'être un habile ténor et de gagner 80,000 francs par an, on se résoudrait assez facilement, ce me semble, à courir les chances de la profession. »

— L'Assemblée vient de repousser, à une majorité de trois ou quatre voix, la proposition contenue dans le Message, d'abroger la loi du 31 mai. C'est donc, pour le rejet, une voix à peine par chaque million d'électeurs exclus. Que fera le Président? lui faudra-t-il encore chercher un nouveau ministère, après avoir eu tant de peine à en former un il y a quelques jours? l'ira-t-il prendre cette fois sur les bancs de la Gauche, sur les hauteurs de la Montagne, comme quelques-uns

lè lui conseillent? donnera-t-il sa démission, comme il en aussi le
projet, pour se poser en victime et pour rendre sa réélection plus po--
pulaire? Qu'arrivera-t-il enfin de tout cela? Bien fou, du reste, qui
croit que le salut ou la perte du monde dépend du suffrage universel!

Paris, 15 novembre 1851.

SUISSE.

BALE, 8 novembre. — La commission du conseil national, chargée
de la question des chemins de fer, avait demandé au département des
postes et travaux publics un nouveau rapport sur cette importante
matière. Le département confia ce travail à MM. Schmidlin, de Bâle,
et Coindet, de Genève, qui devaient chercher à populariser, dans
les deux principales langues de la Suisse, une question sujette encore à
bien des préjugés ou à bien des malentendus. La *Revue* a déjà annoncé
le travail de M. John Coindet. Le mémoire de M. Schmidlin, dont nous
faisons une mention un peu tardive, a paru en même temps que celui
de son collègue : l'un et l'autre ont spécialement en vue les parties de
la Suisse qui n'ont pas les ressources de l'industrie. Nous retrouvons
dans la brochure de M. Schmidlin le genre de talent qui a fait couronner à Hambourg son mémoire sur le libre-échange : une grande lucidité de vues, une parfaite connaissance du sujet, une manière de procéder à la fois méthodique et populaire. Il n'était pas question de n'é-
noncer que des idées neuves, car les chemins de fer n'en sont plus à
leur début, et cette cause a été souvent plaidée ; mais il fallait faire
descendre dans les masses des vérités généralement reconnues dans
les classes cultivées de la société ; il fallait appliquer ces vérités à la
situation particulière de la Suisse, et prouver surtout aux agriculteurs
et aux artisans que les chemins de fer sont autant dans leur intérêt
que dans celui des classes industrielles proprement dites. Il fallait
aussi démontrer que les chemins de fer introduisent de nouvelles industries dans les contrées qu'ils parcourent ; et, comme corollaire indispensable, quoique souvent contesté, il fallait établir que l'industrie, dans son sens étroit, est désirable et indispensable pour un pays
quelconque.

Ne pouvant analyser convenablement une brochure dont l'intérêt
repose surtout dans les développements et dans les faits, nous nous
contenterons de traduire les idées de M. Schmidlin sur cette dernière
question :

« On considère souvent l'agriculture et l'éducation du bétail comme les seules occupations naturelles, comme les véritables bases de l'activité suisse; on veut, au contraire, éloigner autant que possible les professions industrielles, comme étant la source d'un bien-être incertain, d'un funeste relâchement des mœurs et d'un besoin effréné de jouissances.

«On pourrait déjà observer que ceux qui parlent dans ce sens ne sont rien moins que des bergers ou des agriculteurs, mais nous n'avons en vue que leur opinion et non leur profession.

» Il nous semble être dans l'essence même de l'agriculture de séparer tout d'abord et surtout les hommes en deux classes: celle qui possède et celle qui ne possède pas. La division du sol a, en effet, ses limites; aussi, dans les contrées essentiellement agricoles, est-elle bornée par la coutume ou la loi (privilége du cadet ou de l'aîné, p. ex.) tout autant que par la nature. Qu'arrive-t-il quand le possesseur d'un bien de peu d'étendue a plusieurs fils, ou, en général, quand le nombre des hommes faits devient plus grand que celui des propriétés? Les uns restent possesseurs du sol et les autres deviennent leurs serviteurs.

» Or, si la position d'un valet célibataire est encore supportable ou si elle a même ses agréments, en revanche une famille d'agriculteurs sans aucune propriété tombe bientôt dans la misère la plus absolue.

» Cet état de choses a été encore aggravé par la marche du temps. La suppression des priviléges de naissance a surchargé de dettes la propriété. Le nombre toujours croissant des pauvres a restreint les libéralités des riches; et plus encore, les besoins et les prétentions ont crû là comme ailleurs. Mais si les besoins croissent, le revenu ne peut pas rester le même; et lorsque la pauvreté vient à ne plus être considérée comme une dispensation de Dieu, lorsque les indigens commencent à jeter sur les riches un regard envieux et avide, le plus grand danger est là où l'abime est le plus large et le plus difficile à franchir. L'agriculture exclusive présente donc d'aussi criants contrastes que l'industrie, sans les tempérer, comme celle-ci, par toute une hiérarchie d'employés. S'il arrive que des milliers d'hommes, dont les pères étaient ouvriers de fabrique, ont réussi à se créer une position indépendante, on voit rarement se réaliser dans les campagnes la fortune dont « Ulrich, le valet (¹) » nous présente un exemple fictif.

» Consultons les faits. Où se plaint-on d'un excès de population? Où se font les enrôlements les plus productifs au service étranger? Où est-ce que la plaie de la misère est le plus béante? Où doit-on recourir au moyen aussi cher qu'incertain d'une émigration en masse? Où est-ce que la doctrine du communisme trouve le prolétariat le plus nombreux et le plus complaisant? Où donc si ce n'est dans les contrées

(¹) Allusion à un roman populaire de Jérémie Gotthelf. Il est traduit en français.

qui n'ont presque d'autre ressource que l'économie rurale. — Certes, qu'on mette en parallèle différents cantons ou des parties du même canton, l'industrie n'aura pas à redouter le rapprochement.

» La pratique porte, au reste, sur l'industrie un autre jugement que la théorie de quelques hommes. Dans les cantons de Berne, de Soleure, de Fribourg et de Vaud, les autorités et les sociétés d'utilité publique travaillent à naturaliser l'industrie de leurs voisins par des maîtres spéciaux et par des contributions. Quelle que soit la valeur de ces moyens, nous osons prétendre que l'Etat ne peut guère mieux appeler et répandre l'industrie qu'en écartant les obstacles à l'action libre des individus, et en se prononçant pour les institutions qui favorisent cette action. Or l'établissement des chemins de fer donne à cet égard les résultats les plus immédiats.

» Les intérêts de l'agriculture et de l'industrie ne sont jamais opposés. Ces deux branches de l'activité humaine se complètent l'une l'autre, et les vices de l'une sont le plus efficacément tempérés et guéris par l'autre. L'industrie occupe avantageusement le temps et la force dont l'agriculture et l'éducation du bétail peuvent se passer ; elle multiplie et élève les profits, et fournit par là, tant à l'individu qu'à l'Etat, des sources de prospérité plus abondantes. Par le voisinage de l'industrie, l'agriculture obtient un plus riche écoulement ; et par le voisinage de l'agriculture l'industrie acquiert à plus bas prix les matières brutes et les moyens de subsistance. La prospérité de l'une est étroitement liée à la prospérité de l'autre.

» L'industrie n'agit pas moins heureusement sur les métiers. C'est dans les centres industriels qu'ils trouvent le plus d'occupation et le gain le plus élevé ; et lorsque l'industrie entre dans une période de prospérité, les beaux jours de l'artisan sont aussi là.

» Si donc on voulait simplement s'enquérir des moyens de favoriser les métiers et l'agriculture, on devrait répondre : Favorisez l'industrie, ou, en d'autres termes, réalisez les conditions sous lesquelles l'industrie naît et prospère le mieux.»

Avant de passer à un autre sujet, rappelons que la faculté de philosophie de Bâle vient de conférer à M. Schmidlin, *honoris causa*, le diplome de docteur.

— Les guerres de religion semblent vouloir se renouveler dans notre voisinage. Un Anglais domicilié à Bâle, M. le Dr Mariott, consacre depuis plusieurs années tout son temps à la conversion des catholiques, tant en Suisse que dans les pays voisins. Dans ce but il compose ou publie de petits traités pour la répartition desquels il n'épargne ni son temps ni ses revenus. C'est une œuvre d'un dévouement tenace dont les Anglais ont presque seuls le secret. Le grand-duché de Baden a donc été fréquemment l'objet de sa sollicitude. La cause du catholicisme a été prise en mains par un Badois, le docteur Alban Stolz, qui

était très-honorablement connu, il y a quelques années, par une
publication populaire annuelle, sous le titre de *Calendrier pour le
temps et l'éternité*. L'attaque appelait sans doute la défense; mais la
brochure de M. Stolz, *Diamant ou verre* (Diamant oder Glas), est
agressive elle-même à un haut degré; et, si elle prouve une assez
grande habileté de dialectique, elle fait perdre, en revanche, à son
auteur le renom de modération auquel les protestants mêmes souscri-
vaient autrefois. Plusieurs théologiens protestants se sont vus obligés
de relever le gant jeté hardiment à toute la réforme; car il s'agissait
de démontrer que la sainte-cène des réformateurs n'est pas seulement
un *petit morceau de verre*, et que le sacrifice de la messe n'est pas
un *diamant étincelant*. M. Schenkel, naguère professeur à Bâle, et
actuellement à Heidelberg, est entré dans l'arène avec une brochure
intitulée *Rocher ou sable* (Fels oder Sand); il y établit que la réforme
seule est fondée sur le rocher éternel, et que les confessions qui n'ont
pas la même base qu'elle, construisent sur le sable. Un anonyme a
publié à Carlsruhe un autre opuscule, sous la forme d'une lettre
adressée à M. Stolz(¹). Enfin un respectable ecclésiastique, M. Charles-
Fred. Ledderhose, dans une courte brochure intitulée: *Vérité ou
mensonge*(²), s'est aussi attaché à réfuter chacune des assertions de
son adversaire, et il l'a fait avec clarté, force et dignité. Ce qui prouve
évidemment en faveur du mérite de ce dernier opuscule, c'est que
l'autorité badoise a fait main-basse sur toute l'édition de dix mille
exemplaires. Un certain nombre d'exemplaires avaient pu toutefois
parvenir à Bâle avant le sequestre. Si nous sommes bien informé, le
public badois n'y perdra rien pour avoir attendu. Quoi qu'il en soit,
l'abondance des répliques prouve en faveur du talent de M. Stolz; car
il est rare de nos jours qu'une publication catholique soit tellement
prise au sérieux par les théologiens protestants.

— D'après la *Gazette ecclésiastique pour la Suisse catholique*(³),
le calendrier d'Alban Stolz(⁴), rédigé maintenant par *Zugschwert*, doit
être en assez grande faveur dans les cantons de confession romaine.
Le même journal, dans une revue des calendriers catholiques paraissant en Suisse, indique spécialement les trois suivants, dont nous donnons les titres, parce qu'ils sont assez peu connus de la Suisse protestante. 1° Le *calendrier d'Einsiedeln* (Einsiedler Kalender), qui

(¹) Offener Brief an Herrn Dʳ Alban Stolz in Freiburg. Karlsruhe. 1851.

(²) *Wahrheit oder Lüge?* — Eine Streitschrift wider das Büchlein des
Dʳ Alban Stoltz: Diamant oder Glas. Iedem Aufrichtigen zur Prüfung und
Beherzigung auf's Gewissen gelegt von Karl-Friedrich Ledderhose, evang.-
protest. Pfarrer.— Carlsruhe, gedruckt bei Friedrich Gutchs. 1851.

(³) Kirchenzeitung für die katholische Schweiz.

(⁴) Kalender für Zeit und Ewigkeit.

parait chez les frères Benziger, et qui coûte 12 kreuzers, parait être le
principal : il doit viser à une certaine originalité, et renfermer un assez
grand nombre de gravures, dont plusieurs sont fort médiocres. 2° Le
Calendrier populaire de Soleure (Solothurner Volkskalender) publié
par Jos. Tschan, et ne coûtant que 6 kreuzers, est de beaucoup inférieur
au précédent par le côté de l'originalité du texte, mais il se propose
pour but essentiel d'instruire et d'édifier. 3° Le *Calendrier populaire
chrétien* (Christlicher Volkskalender) n'est qu'indiqué dans la Gazette
ecclésiastique; ce qui ne nous permet pas d'en dire davantage. On
voit par là que le clergé catholique de notre patrie attache une grande
importance à cette sorte de publication, la plus populaire de toutes,
en effet, car elle forme le fonds de bibliothèque de la grande majorité
des populations de la campagne.

— Le canton de Saint-Gall a fait une perte sensible dans la personne
de M. J.-Jacques Bernet, mort le 13 octobre, à l'âge de 51 ans. Il était
pasteur depuis 1837 dans le chef lieu du canton. M. Bernet est connu
par de nombreux écrits; entre autres par la biographie de Jean Kessler, surnommé Ahenarius, réformateur de Saint-Gall; — par la continuation des *Hommes célèbres de l'Helvétie*, de Meister; — par des
sermons et par diverses brochures contre la doctrine de Strauss et
contre le piétisme. On se rappelle que le même canton a déjà perdu
Scheitlin, il y a peu d'années.

— En revanche, l'université de Zurich a fait dernièrement de nombreuses acquisitions. Le docteur Osenbrüggen, expulsé de Dorpat, a
été appelé pour le droit criminel. M. le Dr Mommson, de Leipzig, occupera la chaire de droit romain. M. le Prof. Hildebrand, de Marbourg, est nommé professeur ordinaire d'économie politique, de statistique et de droit public. La faculté de médecine a acquis, en qualité
de professeur extraordinaire avec traitement, M. le Dr Meyer, auparavant prosecteur, et il a été remplacé par un autre docteur en cette
dernière qualité. Enfin MM. Hotz et Fick entrent dans la faculté des
sciences. On dirait vraiment que Zurich veuille se donner un avant-
goût de l'université fédérale, ou se préparer dignement à s'en passer,
le cas échéant. C'est un sage calcul.

— Le Tessin n'a pas d'université ; mais, s'il faut en croire une nouvelle qui a déjà passé dans la plupart des journaux suisses, il compte
une nouvelle célébrité dans la personne du statuaire Vela. Ce jeune
artiste doit avoir exposé à Milan trois morceaux qui lui assurent déjà
une grande renommée. On cite tout spécialement sa statue de Sparta-
cus comme une œuvre d'un mérite rare. Le *Crepusculo*, journal de
Milan, dit à cette occasion : « Nous avons déjà eu l'occasion de signaler la carrière extraordinaire de ce jeune homme qui, seul, sans autre

guide que son génie et l'observation profonde du vrai, a su s'ouvrir
une route nouvelle et créer une école destinée à un prochain succès
en Italie.» Selon les mêmes journaux, le Tessin lui doit un buste remarquable du général Dufour, et plusieurs statues, qui ornent le vestibule et la façade du palais du gouvernement à Lugano. On n'aura pas
oublié que l'exposition de Turin à déjà fait connaître avantageusement,
l'année dernière, un jeune peintre suisse, M. Zünd, de Lucerne (¹).
La chronique lausannoise ne manquera pas, à son tour, de mentionner
le succès obtenu par M. Van-Muyden à Bruxelles.

— Il vient de paraître à la librairie Hurter, de Schaffhouse, une brochure allemande sur les péages fédéraux (²), à laquelle la société d'u-
tilité publique de Genève a conféré un prix de 500 francs. L'auteur en
est M. Bernard Meyer de Schauensee, neveu du ministre de la république helvétique; s'il n'a pas obtenu le prix entier de 1000 francs,
c'est parce que la langue allemande était exclue du concours. L'exception faite en sa faveur n'en est que plus honorable. Il est presque superflu d'ajouter que M. Meyer est partisan de la liberté du commerce
et, par conséquent, adversaire de tout système protecteur.

— M. le pasteur Kundig, de Bâle, a publié une biographie du défunt professeur en théologie, Jean-Fréd. Miville (³). Ce savant n'a pas
eu de son temps une éclatante réputation, parce que sa grande modestie ne lui permettait pas de se produire; toutefois sa vie n'en est
que plus intéressante par les détails intimes dont elle abonde. «Ce
livre, dit la gazette ecclésiastique de Hagenbach, appartient à toute
bibliothèque chrétienne et surtout à celle du pasteur. L'acquisition en
est d'autant plus recommandable que le produit de la vente doit servir
à la fondation d'une bourse pour les étudiants en théologie.»

— Le professeur Theile, de Berne, fait un appel au public pour l'é-
rection du buste en bronze d'*Oken* sur une place publique d'Iena.

— Nous avons parcouru un intéressant recueil de poésies allemandes,
qui toutes concernent la Suisse. Ce recueil, qui a pour titre *Helvetia*
et qui a été publié à Francfort par M. L. Schücking, comprend dans
un certain ordre toutes les inspirations que la Suisse a fait naitre dans
l'âme et dans le cerveau des poètes allemands de ce siècle ou du siècle
passé. Les bardes helvétiques y sont naturellement assez nombreux;

(¹) *Revue Suisse* 1850, page 625.
(²) Denkschrift über das neue eidgenössische Zollgesetz.
(³) Erinnerungen an Joh.-Fried. Miville, Dr und Prof. der Theol. in Basel, von Eucharius Kündig, Diacon zu St-Peter; mit einem Vorwort von
K.-R. Hagenbach. Basel (Spittler), 1851. 276 p. in-8°.

ainsi nous avons remarqué les noms de Zschokke, de Salis, de Haller, Lavater, Frœhlich, Reber, Usteri, Hagenbach; toutefois l'abondance des noms allemands prouve que les poètes de la Germanie n'ont pas dédaigné de venir rafraichir leurs inspirations au bord de nos lacs ou sur les sommets de nos Alpes. Nous indiquons au hasard et de souvenir Gœthe, A. Grün, Kopisch, G. Schwab, Gutzkow, Matthisson, Wessenberg, Uhland, Seidl, Herwegh, Simrock, Wagner, etc., etc. Le recueil comprend huit parties embrassant, chacune, plusieurs cantons. Chamouni et le Mont-Blanc appartiennent à la septième : décidément' l'Europe entend que le géant des Alpes nous appartienne.

— Le grand-conseil de Zurich vient d'accepter le nouveau recueil de chants sacrés élaboré par le synode. Cent-quatorze poésies remplacent' 109 autres qui ont été rejetées; mais, comme le nouveau recueil conserve 240 cantiques de l'ancien, la période de transition ne présentera aucune difficulté. Cette réforme s'étend ainsi de canton à canton dans toute la Suisse allemande. Schaffhouse, Argovie, Appenzell, Bâle et Zurich l'ont déjà terminée; Berne suivra tôt ou tard, en dépit des obstacles dont nous avons parlé dans une précédente chronique.

— La réforme des chants sacrés appelle celle des orgues. Il est décidé que l'orgue de la cathédrale de Bâle sera prochainement remplacé par un instrument plus en harmonie avec la grandeur de l'édifice. La construction en est confiée à M. Haas, de Lauffenbourg, qui vient de terminer l'orgue de Lenzbourg, à la grande satisfaction du public et des connaisseurs. Comme tout se touche et s'enchaîne ici-bas, la reconstruction de l'orgue bâlois va exiger un changement très-important dans la nef de la vénérable cathédrale de Henri II. Voici ce qui en est. L'orgue actuel est niché sur l'un des côtés de la grande nef, et la place qu'il occupe est beaucoup trop exiguë pour les proportions de l'instrument à venir. Que faire? Après mûre discussion de projets très-différents l'un de l'autre, il a été décidé que le jubé colossal, qui sépare la nef du chœur, sera démoli, et que les pierres et sculptures dont il est composé serviront à soutenir le nouvel orgue au-dessus du grand portail. Une paroi de verre remplacera le jubé, pour raison d'acoustique; et, à la suite de ces démolitions et constructions, les cinq nefs et le chœur devront très-probablement être regrattés ou rebadigeonnés. Nous croyons que l'effet de ce vaste temple y gagnera considérablement; car, si l'intéreur est sombre et lourd, le chœur est, en revanche, svelte et largement éclairé.

— Selon la gazette de Zurich, la ville de Bâle, qui a obtenu pour ses rubans de soie sept médailles à l'exposition de Londres, en aurait plus à elle seule que tous les autres pays ensemble, car l'Angleterre n'en aurait que deux, l'Autriche, une, et la France, trois. Il y a cependant une erreur dans ce rapprochement reproduit par presque tous les journaux suisses; car, en voulant vérifier le fait sur la liste française, nous nous sommes convaincu que la France a reçu cinq médailles et non pas trois. Il nous a paru aussi que le chiffre des médailles qu'elle a obtenues pour les soieries en dehors des rubans était beaucoup plus élevé que celui qui a été indiqué (27); car elle doit en avoir eu environ 45, sans les mentions honorables. — Le succès de Bâle n'en est pas moins extraordinaire.

Le rapport final de la *Nouvelle Gazette de Zurich* fait un autre rapprochement qui n'est pas moins honorable pour notre pays. Avec une population quinze fois plus grande, la France n'avait que cinq fois plus d'exposants que la Suisse; l'Autriche, vingt fois plus peuplée, n'en avait qu'un peu plus du double; toute l'Allemagne, avec quatorze fois plus d'habitants, en avait à peine quatre fois autant: la Belgique elle-même, si rapprochée de l'Angleterre, n'en avait qu'une et demi fois autant, quoique sa population soit près du double. Il en résulte qu'en prenant pour base la population, la Suisse a eu trois fois plus d'exposants que la France, près de trois fois autant que l'Allemagne, huit fois plus que l'Autriche, et un quart de plus que la Belgique.

En ce qui concerne les prix, sur 100 exposants, l'Angleterre en a eu 15 de couronnés, l'Allemagne 16, la Belgique 19, la Suisse 26, et la France 34. La supériorité de la France vient de ce qu'un jury national à sévèrement examiné tous les articles avant de les expédier; l'infériorité relative de l'Angleterre provient, au contraire, du nombre immense d'objets exposés; car, outre une foule d'articles d'amateurs qui, par leur nature, ne pouvaient être couronnés, il y avait en masse des produits semblables, auxquels il n'était guère convenable d'accorder de trop nombreuses distinctions.

— La Suisse va être prochainement dotée de trois lignes de télégraphes électriques. Ils suivent ordinairement les lignes de chemins de fer. Puissent-ils cette fois en être suivis!   C.-F. G.

MÉLANGES.

— Les *Bluettes et boutades* de M. J. Petitsenn, dont les lecteurs de la *Revue Suisse* ont eu la primeur, et qui sont arrivées à la troisième édition, reçoivent aujourd'hui l'hommage d'un illustre poète, de Béranger, qui écrivait tout récemment à un ami les lignes suivantes dont nous avons obtenu communication:

« La lecture de ce petit volume (les Bluettes et Boutades) n'a pu
» que confirmer le jugement porté depuis longtemps par moi sur le
» mérite de son auteur; dites-le lui bien: dites-lui que j'admire la con-

» cision, la fermeté, l'originalité de sa forme, le bonheur de ses pen-
» sées, et tout ce qu'elles contiennent de haute raison et de philoso-
» phie méditative; c'est enfin un livre qui me va et qui ne me quittera
» plus.

» Dites même, je vous prie, à ce nouveau *philosophe genevois*, qui
» est plus de mon goût que le premier, que j'espère bien qu'il ajoutera
» dans sa retraite plus d'une page au trop petit nombre de celles qu'il
» publie aujourd'hui. Malheureusement pour moi celles-là je ne pour-
» rai les lire; c'est plus que vraisemblable; si les années ont fait son-
» ger M. Petitsenn à la retraite, le nombre bien plus grand des mien-
» nes me fait penser à une retraite bien autrement profonde; avant
» d'y entrer je voudrais voir le livre de ce philosophe aussi répandu
» qu'il mérite de l'être, ce qui ne peut manquer d'arriver, j'en suis sûr:
» 24 octobre 1851.   (signé) BÉRENGER.

Beaux-arts. — La *Revue Suisse* a souvent entretenu ses lecteurs des
tableaux de M. Calame, mais pas encore des lithographies de ce grand
artiste. Il publie dans ce moment une œuvre capitale en ce genre
poussé par lui à un degré de perfection qui semble laisser tout progrès impossible. Elle se compose de quatre livraisons de douze feuilles chacune dont le titre explique la richesse et la variété. — *Œuvres
de A. Calame.* — *Tableaux, esquisses, dessins, études et fac-simile de
croquis d'après nature.* Ce sont des vues de Suisse et d'Italie et aussi
des *souvenirs*, compositions pleines de charme, dans lesquelles on
reconnaît certains traits, modifiés au gré de l'artiste.

Les planches qui reproduisent les tableaux dispersés dans les cabinets d'amateurs étrangers et genevois, sont exécutées avec une rigueur et un bonheur de coloris, ce mot n'a rien d'exagéré, tout-à-
fait remarquables, tandis que les esquisses ou fac-simile de croquis
nous rendent possesseurs de la première pensée de l'artiste, du trait
vivant de son crayon, véritablement inspiré. — C'est une rare bonne
fortune que de pouvoir acquérir ces ravissants dessins, à choix, feuille
après feuille et à un prix modique. On peut ainsi posséder les plus
délicieuses créations de Calame, tandis que l'achat de ses tableaux
est devenue hors de la portée des riches dont il n'a pas accepté les
commandes.

Ce n'est pas seulement une question d'argent : dans ce moment il
serait difficile à M. Calame de promettre aucun tableau au-delà de
ceux qui lui ont été demandés. — Ses meilleurs élèves ne sont point
admis à travailler à ses admirables toiles; il n'accepte pas la possibilité d'associations de cette nature, pas plus au point de vue de l'art
que par délicatesse de conscience; pour lui *le travail c'est la vie ;* il
est donc heureux de multiplier ses œuvres, mais on comprend que
lorsque celles de Dieu sont ainsi senties, ainsi exprimées, l'âme demeure dans une sphère assez élevée pour éloigner les moyens de fabrique, si facilement admis par les artistes inférieurs et même par des
hommes de génie.

On peut se procurer les livraisons ou les feuilles de l'œuvre dont
nous parlons chez les principaux marchands d'estampes de la Suisse :
en avoir vu une partie c'est désirer de pouvoir en jouir avec le sentiment de la propriété.

BULLETIN BIBLIOGRAPHIQUE.

LE PREMIER LIVRE DE MOISE. Commentaire traduit et abrégé de l'allemand, de F.-J.-W. Schrœder, par C. Bastie, pasteur. Première partie (chap. I-IX). Paris, Ducloux, 1851. In-12. — Lausanne, chez Delafontaine et Cᵉ. — Prix fr. 3.

Que s'est proposé M. Schrœder en donnant au public son commentaire sur la Genèse? Il a voulu faire un livre d'une utilité à-peu-près générale, s'adressant à la masse des hommes religieux, et non pas aux théologiens seulement, et il a dû par conséquent présenter des résultats déjà acquis, plutôt que soulever de nouvelles questions ou se livrer à de nouvelles recherches. Le traducteur nous en avertit dans sa préface, et on le remarque aisément en lisant l'ouvrage. Certes, c'est là une intention louable : mettre à la portée de chacun les résultats de l'érudition pour populariser par là l'intelligence du plus beau des livres, c'est une heureuse pensée et une utile entreprise. Nous croyons cependant qu'appliquée à une des parties du Pentateuque, elle ne laisse pas d'être un peu prématurée. En effet, pour d'autres livres de la Bible, l'exégèse a-peu-près atteint son but, elle a la conscience d'être arrivée à comprendre la pensée de l'écrivain sacré. Dans ce cas, et lorsque les résultats acquis par la science sont clairs, précis, positifs, on peut les détacher des recherches qui les ont produits, pour les livrer tels qu'ils sont à la généralité du public. Il en est ainsi pour la plupart des livres prophétiques et poétiques de l'Ancien-Testament, et nous croyons qu'il ne serait pas difficile d'extraire des commentaires théologiques sur ces livres-là un bon commentaire à l'usage de tout le monde. Mais il n'en est pas ainsi pour le Pentateuque. Ici, presque toutes les questions sont encore pendantes; et nous ne parlons pas seulement des questions de critique, qui peuvent être tranchées d'avance par le point de vue dogmatique du lecteur, ou dont on peut du moins sans inconvénient faire abstraction en étudiant un livre; nous parlons des questions d'interprétation et surtout d'archéologie et de théologie. Il n'a été donné à personne encore de démêler avec la puissance du génie cette histoire des premiers âges du monde, de ressusciter à nos yeux d'une manière vivante les patriarches et les hommes d'avant le Déluge. Et si quelqu'un était assez heureux pour avoir douté jusqu'à présent de l'ignorance de la science sur ce point-là, le Commentaire de M. Schrœder pourrait lui-même servir à l'en convaincre. Ce qui manque en effet à ce livre, c'est cette intelligence forte et puissante, ce coup-d'œil supérieur qui saisit l'histoire dans son unité, et illumine les détails à la clarté des faits généraux. Mais comment pourrait-on reprocher à M. Schrœder d'avoir quelquefois tâtonné, puisqu'il n'avait personne qui l'eût devancé dans cette voie et qui pût le guider d'un pas sûr? L'auteur a cherché à suppléer par le nombre de ses auxiliaires à la faiblesse de chacun d'eux, et pour cela il a mis à contribution tous les commentateurs protestants (orthodoxes) depuis Luther et Calvin; il en a construit une mosaïque, il a fait en un mot une *synopsis criticorum* comme on en composait jadis.

Nous tenions à rappeler d'abord très-franchement les difficultés inhérentes à l'entreprise, difficultés que M. Schrœder n'a pas pu et ne pouvait pas surmonter entièrement; nous sommes maintenant d'autant plus à notre aise pour le remercier d'avoir écrit ce commentaire et pour féliciter M. Bastie de l'avoir traduit. Si les résultats présentés ne sont pas toujours satisfaisants, ils sont du moins presque toujours intéressants ; nous savons même fort bon gré à l'auteur de n'avoir pas craint de citer quelques explications un peu hasardées, plus poétiques que scientifiques, et d'avoir ainsi ouvert à ses lecteurs des perspectives diverses, qui seront nouvelles et riches d'instruction pour beaucoup d'entre eux. Enfin, et ceci est important, le livre est écrit tout entier dans un sentiment de profonde piété et de respect inaltérable pour l'Ecriture Sainte. Nous exprimons donc au traducteur le désir de le voir continuer son travail et nous donner bientôt en français la suite de l'ouvrage allemand.

SOIRÉES CHRÉTIENNES, deuxième série, qui comprend huit récits instructifs et édifiants. Genève, chez E. Carey, libraire-éditeur, rue Verdaine, 278, et chez les principaux libraires de Lausanne et Neuchâtel.

Il y a un an (n° de décembre 1850) que la *Revue Suisse* annonçait la première série de ce recueil, composé par une réunion de pasteurs de l'Eglise de Genève. Nous sommes heureux de pouvoir dire que le succès de la première série a permis à ses auteurs de continuer cette publicatoin et d'éditer un nouveau volume. Il ne peut y avoir dans une semblable entreprise d'autre but que le désir de procurer une lecture en même temps agréable et utile, et de fournir aux jeunes gens en particulier, un moyen de se recréer sans courir le danger que présentent un si grand nombre d'ouvrages de nos temps. Nous connaissons le zèle et l'activité de ces pasteurs, qui, à côté d'une autre publication du même genre et dont nous aurons prochainement à annoncer un nouveau volume, veulent encore s'occuper de ce nouveau moyen d'édification. Nous sommes convaincus qu'ils apporteront toujours le discernement le plus judicieux dans le choix qu'ils feront des récits offerts par eux à leurs lecteurs, qu'ils choisiront de préférence ceux dont chacun peut retirer une leçon simple et claire avec une réelle édification, et qu'ils sauront s'éloigner également de cette manière puérile qui se met, en quelque sorte, trop à la portée des simples et des enfans, et de cette manière raide et prétentieuse qui repousse au lieu d'attirer. Le volume que nous annonçons contient huit récits d'une certaine étendue ; nous avons particulièrement remarqué un abrégé bien fait de la Biographie d'Elisabeth Fry, qui a paru à Genève en 1850. Si nous osions faire une observation à l'occasion de ce recueil, ce serait que le récit fût le moins possible coupé par des réflexions morales qui ne font pas corps avec lui, et qu'on laissât le plus souvent le lecteur tirer la leçon et se l'appliquer à lui-même. Nous croyons qu'il y a utilité à le rendre actif dans sa lecture, et qu'il profitera mieux de ce qui lui sera suggéré plutôt qu'imposé. Cette idée, qui s'est présentée à notre esprit plusieurs fois pendant la lecture du volume, n'est peut-être pas déplacée à l'occasion d'un livre qui a pour but d'instruire par des récits et qui, nous l'espérons, sera continué encore pendant beaucoup d'années. Bien choisir le récit pour la leçon que l'on veut donner, ou l'impression que l'on veut produire, puis le laisser faire son œuvre, ou du moins, si l'on a des idées particulières que l'on tienne à exprimer, les faire entrer dans le récit même sans qu'on aperçoive le narrateur, telle est, il nous semble, la plus utile manière de présenter de pareilles narrations. Nous exprimons encore, en terminant, le même vœu que l'année dernière, c'est que cet ouvrage soit acheté pour les bibliothèques d'école, qu'on a souvent tant de peine à remplir de livres vraiment utiles.

HENRI WOLFRATH, ÉDITEUR.

BIBLIOTHÈQUES DE LA SUISSE.

I.

BIBLIOTHÈQUE PUBLIQUE DE GENÈVE.

Nous ne pouvons mieux commencer la description des principales bibliothèques de la Suisse, pour laquelle nous réunissons depuis bien des années des matériaux nombreux, qu'en retraçant les destinées de celle de Genève, l'une des plus anciennes en date, et l'une des plus remarquables aujourd'hui. Par l'effet d'heureux accroissemens, et grâce à une série d'administrations plus ou moins éclairées et vigilantes, mais constamment probes et dévouées, cette collection de livres peut figurer, surtout en raison de ses magnifiques manuscrits ornés de miniatures, à côté des bibliothèques importantes de l'Europe lettrée.

Sans doute qu'avant la Réformation il existait déjà à Genève plusieurs dépôts de livres manuscrits et imprimés ; les évêques, le chapitre de Saint-Pierre, les divers couvents avaient tous réuni un certain nombre de volumes à leur usage. C'est du moins ce qu'on peut induire des souscriptions placées en tête ou à la fin de maint ouvrage ancien que l'on rencontre parfois dans la circulation. Mais les données précises sur ces collections manquent absolument. Sans doute que, composées comme elles étaient, en majeure partie, de livres de théologie catholique, elles auront disparu avec les reliques et les ornemens d'église. Il est impossible que dans une ville où l'on imprimait des ouvrages de longue haleine dès le commen-

cement de 1478 ([1]), et qui compte cinq typographes connus de
cette année 1478 à l'an 1500, le goût de la lecture ne se fût pas
déjà quelque peu répandu. Tout château de quelque importance
dans la contrée avait aussi dès-lors son *cabinet des livres*, ménagé pour l'ordinaire dans quelque tourelle solitaire, et l'auteur
du poème intitulé le *Mirouer du Monde*, imprimé à Genève en
1517 chez Jaques Vivien, nous apprend dans sa préface qu'il le
composa au château de Divonne à l'aide des beaux livres de cosmographie qu'y possédait messire Antoine de Gingins ([2]).

Que sont devenus tous ces beaux livres après leur dispersion ?
Nul ne le sait. De loin en loin on retrouve la trace de quelques-
uns ; mais la presque totalité a disparu pour jamais. Ce qu'il y a
de certain, c'est que presque aucun ne figure dans la Bibliothèque
publique de Genève. On ne se souciait pas de les admettre, au début de cette institution, fille de la Réforme, soit à cause de leur
tendance religieuse exclusivement catholique, soit en raison de
leur frivolité. Les romans de chevalerie et les récits merveilleux
jouaient en effet un grand rôle, comme nous le verrons, dans cette
littérature éditée par les premières presses genevoises. C'est donc
avec la Réforme que commencent les annales de la Bibliothèque
de Genève. Nous diviserons en deux parties distinctes ce que nous
avons à en dire. La première contiendra l'historique de l'établissement dès sa création, et la seconde le décrira tel qu'il se trouve à
la fin de 1851.

§ I. HISTOIRE DE LA BIBLIOTHÈQUE.

C'est à François Bonivard, l'illustre Prieur de Saint-Victor, que
l'on fait remonter vulgairement la fondation de la Bibliothèque de
Genève. Dès l'année 1547, il avait en effet promis de donner ses
livres à la ville, *pour dresser une librayrie,* à la condition que le
gouvernement genevois les retirât de Berne, où ils étaient sous sé-
questre. C'est ce qui eut lieu, comme l'attestent les registres des

([1]) Le *Livre des·saints Anges*, composé en français par François Eximinès
(Ximenès), fut *achevé d'imprimer* pour la première fois à Genève, l'an de
grâce 1478, le 24me jour de mars, comme le porte la souscription finale.
C'est un volume in-folio gothique avec des gravures sur bois.

([2]) L'exemplaire sur velin de ce *Mirouer*, que possède la Bibliothèque de
Genève, est admirable de beauté et de conservation. Il est unique. On connaît quelques exemplaires sur papier.

conseils (¹). Bonivard confirma cette promesse en 1551, et dans l'intervalle, vu la triste position pécuniaire dans laquelle il était tombé, non-seulement on lui laissa la jouissance de ces livres qui faisaient sa consolation, mais encore on lui en acheta de nouveaux, par exemple, l'Histoire suisse de Stumpf en allemand, pour l'aider dans la composition de ses Chroniques. On sait de quels pieux égards le gouvernement genevois entoura les dernières années du prisonnier de Chillon. Enfin dans son testament, daté du 14 septembre 1558, on voit qu'il dispose de ses livres, *sans comprendre ceux qui appartiennent à Messieurs* (des Conseils), en faveur de nobles Jean-François Bernard, secrétaire de ville, et Amblard Corne, syndic, et des manuscrits de ses ouvrages, appelés *copies écrites à la main*, en faveur du poète Jaques Bienvenu, qui n'est pas du tout un auteur imaginaire comme l'ont voulu quelques bibliographes.

Il résulte évidemment de tout cela que dès 1547 la partie la plus précieuse des livres de Bonivard, qui avait tous les goûts et les instincts d'un bibliophile, était affectée à une bibliothèque dépendant du gouvernement, ce qui ne veut pas dire que cette bibliothèque n'existât pas dès avant le dépôt de ces mêmes livres et leur consécration à l'usage du public, qui ne put avoir lieu qu'après la mort de Bonivard arrivée à la fin de 1570. Prenons les choses d'aussi haut que possible.

Bien que l'*Ordonnance des Ecoles de Genève*, qui institua définitivement en 1559 le collège de Calvin, ne parle pas en termes précis d'une bibliothèque à l'usage de ce collége, on a lieu de croire qu'elle existait dès-lors, ou du moins qu'elle se forma peu d'années après. On possède même le catalogue manuscrit de cette collection primordiale. Il se compose de vingt-deux feuillets petit in-folio, ce qui est effectivement fort modeste. Les livres étaient rangés dans huit compartimens à étagères *(plutei)* (²), pratiqués

---

(¹) 1547, 11 avril. « Les livres du Sʳ François Bonivard, jadis Seigʳ de
» saint Victor, ont été réachetés par la Seigneurie et ramenés de Berne jus-
« qu'ici aux dépens de la ville. Et le dit Bonivard les donne à la Seigneurie
» en luy en laissant joyir sa vie durant. Résolu que les dits livres luy soient
» remis par inventaire. »
                    (Régistres des Conseils, année 1547 folio 81, verso.)

(²) Juvénal emploie ce mot pour désigner des tablettes où l'on dépose les livres.

dans une grande salle du bâtiment du collége, au-dessus de la bibliothèque actuelle. C'est cette même salle haute, aujourd'hui sombre et dénudée, qui ne sert plus guère que pour la correction des thèmes de prix, et dans laquelle on voit pourtant encore maints portraits de princes et seigneurs qui gratifiaient de leurs nobles images l'illustre République de Genève (¹).

Ce premier catalogue atteste l'enfance de l'institution comme aussi celle de l'art bibliographique. Les livres sont placés essentiellement par ordre de langues, sans grande distinction de matières, à commencer par les livres hébreux, qui avaient naturellement la place d'honneur en ce siècle théologien. Ils sont ainsi désignés : « *Libri hebræi, ad sinistram ingredienti* » (*Les livres hébreux sont vers la première porte à gauche en entrant*). La théologie, la rhétorique, la chronologie, dominent naturellement. Les volumes en langues vulgaires sont si rares, qu'on les relègue tous dans un seul *pluteus*, celui des *livres français*. C'est ainsi que l'on trouve la *Bible en anglois* placée parmi les livres français (*Libri gallici, pluteo* D.) (²). Du reste à-peu-près aucune désignation d'éditions, de dates, de lieu d'impression et de noms d'imprimeurs. Bien que treize mille éditions eussent quitté la presse avant le commencement du seizième siècle, l'on pouvait à la rigueur se passer de ces raffinemens d'exactitude. Le dernier feuillet du catalogue est absolument blanc, sauf ces mots très-caractéristiques : « *Historiæ nonnullæ du nouveau monde* » (Quelques volumes d'histoire d'Amérique, sans autre). Les premiers livres imprimés à Genève au quinzième siècle, dont nous parlions tout à l'heure, sont naturellement absens comme papistes ou payens.

(¹) Pour le dire en passant, quelques-uns de ces portraits ne sont pas sans un certain mérite artistique, comme, par exemple, ceux du comte et de la comtesse de Lautrec, qui les offrirent sans doute après la fameuse médiation de 1738. Il y aurait là pour les amateurs de costumes une étude intéressante à faire. On avait aussi entreposé dans cette même salle haute de vieilles cartes géographiques et une inscription sur une plaque de marbre qui n'est plus de mise depuis que Genève est un canton mixte. Cette plaque vient d'être placée dans la sacristie de St-Pierre.

(²) L'on trouve néanmoins parmi les livres français, dès la fondation de la bibliothèque, des pamphlets religieux dont le nom seul est toute une révélation. Ainsi, par exemple, la « *Déconfiture de Goliath*, et le Devoir des hommes de s'enquérir de la volonté de Dieu, par Pierre Viret, 1551. » Ce sont des dialogues satiriques comme on en connaît quelques-uns du célèbre réformateur.

Peut-être les livres de Calvin, que le gouvernement de Genève acheta en 1564 (¹), contribuèrent-ils à former cette bibliothèque rudimentaire, ainsi que ceux de Pierre Martyr qu'il acquit l'année d'après (²). On voit quelquefois à la marge l'indication de la provenance des ouvrages, comme, par exemple, *des livres de feu Jaques Spifame* (³). Quelques feuilles supplémentaires font aussi connaître les largesses de divers citoyens qui dotaient la collection naissante. Le premier indice de ce genre est celui-ci : « *Ces quatre livres ont été baillés par spectable Henri Seringe, bourgeois, pour la bibliothèque.* Les livres de Bonivard ne sont inscrits qu'à la suite et dans le supplément, ce qui confirme évidemment l'établissement d'une bibliothèque antérieure à leur consignation. Voici le passage : *Livres prins à la Chambre des Comptes qui avaient esté à Monsʳ de Saint Victor et autres.* Nous voudrions que l'espace nous permît de restituer ici cette bibliothèque bonivardienne, peu nombreuse mais assurément choisie. Plusieurs de ces splendides volumes, presque tous annotés par leur possesseur, font encore l'orgueil de la bibliothèque actuelle de Genève et la joie de l'amateur admis à les contempler. Citons seulement le *Tite-Live* de 1480, édition de Milan (Ant. Zaroth) ; l'*Apulée* de Rome, 1469, (indiqué seulement comme on ferait d'un livre de la bibliothèque bleue, « *Apuleius de asino aureo* ») ; l'*Ammien Marcellin* de Rome, 1474 (Bonivard note qu'il tient ce livre du banneret Blecheret de Lausanne) ; le *Suétone* et le *Lactance* de 1470 (il indique qu'il commença à lire ce dernier auteur en 1516 au mois d'août) ; le *Saint-Augustin* de la Cité de Dieu (une note du bibliothécaire porte que ce livre n'était pas relié quand il fut déposé. Quel malheur qu'il le soit aujourd'hui et si mal !)

En voilà assez pour attester le goût du célèbre donateur. Mais

---

(¹) 1564, 8 juillet. « Etant rapporté qu'on fait vendre les livres de feu
» Monsieur Calvin a été arresté d'acheter pour la Bibliothèque ceux que
» Monsieur de Beze trouvera estre bons et propres.
    (*Régistres des Conseils, année 1564 folio 69 verso, aux archives.*)

(²) Régistres des Conseils.

(³) On connaît la fin tragique de Jaques Spifame, seigneur de Passy et ancien évêque de Nevers, qui fut décapité à Genève en 1566 pour avoir produit un faux acte de mariage. Nous avons trouvé aux régistres des conseils que Spifame avait fait une disposition testamentaire en faveur du collège. (Année 1566, 26 mars, folio 22 *recto*).

on remarque avec peine que plusieurs de ses livres, mentionnés au
catalogue, n'existent plus. Ce sont principalement ceux en langue
vulgaire et surtout en allemand, car on sait que Bonivard le lisait. Ainsi l'on demanderait inutilement la *Prognostication en
allemand*, mise sans doute à l'index comme sentant son Panta-
gruélisme, ou le roman de *Mélusine* (¹). Mais qu'avait donc fait
pour mériter l'exclusion la *Dialectique en allemand (dialectica
germanicè) ?*

On nous pardonnera d'être entré dans ces détails. Notre excuse
est d'abord l'intérêt qui se rattache au nom du personnage, puis
la nécessité de rectifier une autorité aussi imposante que celle de
Senebier, qui appelle Bonivard le *fondateur de la Bibliothèque
de Genève.* Le fait est que la générosité de ce citoyen contribua
à l'augmenter et à l'illustrer, mais qu'indépendamment de lui elle
avait ses ressources et ses moyens d'accroissement: les uns éven-
tuels comme les dons et les dispositions à cause de mort; les autres
réguliers, comme les dépôts que devaient faire les imprimeurs à
teneur d'une ordonnance du conseil, d'un exemplaire de tous les
livres qu'ils publiaient. Le célèbre Robert Estienne avait provoqué
cette mesure en donnant l'exemple.

Le bibliothécaire, durant cette première période, était ordinairement le principal du collège, ce qui prouve encore l'intimité des
deux établissemens. Il était choisi dans la Compagnie des pasteurs
et professeurs. L'usage des livres était restreint aux membres du
corps enseignant et parfois aux étudians. Le nombre des livres s'é-
tait déjà tellement accru quelques années après, qu'il fallut rédiger un second catalogue. Cette fois-ci il forme un véritable volume
manuscrit de 47 feuillets *recto et versò*, relié en parchemin et
portant ce titre: « *Catalogus librorum Bibliothecæ Genevensis
scriptum anno Domini* 1572. » Les livres sont rangés dans vingt-
quatre *plutei* ou compartimens marqués A à Z, plus cinq casiers
cotés 1 à 5. On commence à trouver des indications régulières de
format, et parfois de dates et de lieux d'impression. On peut voir
par les supplémens dans quelle progression la bibliothèque s'ac-

(¹) Bonivard, qui avait l'*Histoire de Mélusine* en allemand (probablement
de l'édition de 1474 imprimée à Augsbourg, ou de celles postérieures de
1491 et 1506, à Heidelberg et à Strasbourg), posséda-t-il jamais l'édition
première de ce célèbre roman de Jean d'Arras, imprimée à Genève en 1478
par Adam Steinschaber ? C'est un des livres les plus rares du monde, et la
Bibliothèque nationale de Paris ne l'a pas même complet.

croissait. Les livres provenaient d'abord des imprimeurs, que souvent il fallait rappeler à leur devoir. Les sieurs Stœr et Chouet étaient les plus exacts à s'exécuter. LeFevre l'était moins et s'acquittait en bloc de l'arriéré de plusieurs années ([1]). En 1606 le célèbre Simon Goulard faisait un don de livres tout reliés. En 1609 le recteur Laurent et le professeur de Tournes en achetaient de M. Rouvière. Le sieur Marc-Antoine Lombard ayant légué à la bibliothèque 500 florins, spectable Alexius, principal du collège, les employait à une acquisition où figurent de beaux livres d'histoire et d'antiquités, entr'autres *Mathieu Paris, historia major*. En 1615 le même Alexius ayant reçu cinquante ducatons de 7 florins et 6 sols, *d'une personne qui ne voulait pas être nommée*, les employait à un achat de bons livres *par advis* de M. le recteur. Dans cet achat les livres d'histoire naturelle et de bibliographie commencent à se glisser. Ainsi on y voit figurer le Catalogue de la bibliothèque bodléienne d'Oxfort, la Bibliothèque des philosophes de Frisius, celles de Gessner. On se munit aussi de livres de droit, principalement de coutumiers, de mémoires comme ceux de la Ligue, et même de livres à images comme la *Prosopographie* du sieur du Verdier qui a donné l'idée de nos *Illustrations* modernes. La veuve et les *hoirs* de Théodore de Bèze ayant *baillé* cent florins pour la bibliothèque en 1616 ([2]), les cent florins de Bèze sont consacrés à l'achat des Grandes annales de France de Belleforest, des Chroniques d'Enguerrand de Monstrelet, de la *Britannia* de Camden, et enfin du *Romant de Fierabras* et de l'*Institution de foy* (Doctrinal de Sapience) de Guy de Roye. C'est avec plaisir et reconnaissance qu'on apprend ainsi que la Bibliothèque de Genève est redevable de ces deux monumens si capitaux de la typographie genevoise au plus lettré des réformateurs. Ce fait montre déjà la nouvelle tendance des esprits.

Le ROMANT DE FIERABRAS LE GÉANT, l'un des plus rares parmi les livres de chevalerie du Cycle de Charlemagne, fut imprimé à Genève en 1478 par Adam Steinschaber. C'est l'édition *princeps*. Ce livre qui, au dire de Cervantes, faisait les délices de Don Quichotte et de tous les grands enfans des siècles passés, est d'autant

---

([1]) On lit : « Livres baillés par le sieur François LeFebvre, pour l'acquit » de ce qu'il doit à la Bibliothèque. »

([2]) La quittance de ces legs est donnée par spectable Alexius à Théodore Tronchin, mandataire des héritiers de Bèze.

plus précieux pour nous qu'il fut composé, ou plutôt compilé, par un compatriote. L'auteur déclare en effet, dans la préface, qu'il a principalement extrait son roman, *d'ung livre qui se dit le Miroir historial* (¹), à la demande de Henri Bolomier, chanoine de Lausanne. Il s'excuse de plus, dans le manuscrit original que l'on conserve aussi dans la Bibliothèque de Genève, de son style peu châtié, « sur ce *qu'il est natif de Savoie en Vaux*, » c'est-à-dire, originaire du Pays de Vaud, soumis alors à la domination de Savoie.

Quant au DOCTRINAL DE SAPIENCE (²), imprimé aussi à Genève en 1478, c'est sous un titre assez sévère un livre des plus amusans. Le grave auteur, Guy de Roye, qui fut archevêque de Rheims en 1391, le composa, comme il le dit au prologue, « *espéciallement* » *pour le salut des simples gens lays* (laïcs), *qui n'entendent* » *pas les escriptures, et les Curés devoient en lire chacun di-* » *manche au peuple deux ou trois chappitres, et il y aura vingt* » *jours de pardon pour ceux qui le liront et dix jours pour ceux* » *qui en oiront lire.* » Ce livre d'édification renferme les histoires les plus merveilleuses, les anecdotes les plus incroyables, racontées au *populaire* pour le préserver des mauvais exemples.

Après cette digression nous reprenons le dépouillement des annales de la Bibliothèque de Genève. En 1618, spectable Turettin, ministre et professeur en cette cité, donne quatre doubles d'Espagne dont on achète entr'autres la *Bible en espagnol* qui coûte 18 florins. En 1619 spectable Abel Roche déclare qu'il a la charge de la Bibliothèque depuis le 19 avril. Il reçoit des livres donnés par Jonas Ross, libraire de Francfort, qui les offrit à la sollicitation d'un libraire genevois qui avait été à la foire de Pâques. Francfort sur le Main était alors en Allemagne, pour la vente des

(¹) Par Vincent de Bauvais.

(²) La Bibliothèque de Genève possède deux exemplaires du *Doctrinal de Sapience*, mais tous deux incomplets, l'un des feuillets de la fin et l'autre de ceux du commencement. Celui qui ne provient pas de Théodore de Bèze fut donné par Baulacre qui a consacré un article à cet ouvrage dans la *Bibliothèque germanique.* Nous en avons dans notre bibliothèque particulière un magnifique exemplaire, parfaitement complet, et nous possédons aussi l'édition du même livre imprimée à *Promenthoux* (près de Nyon) *en 1482, par maître Loys Guerbin.* C'est le plus ancien livre connu imprimé dans le canton de Vaud. Nos exemplaires proviennent de couvens de Fribourg qui les vendirent avant la guerre du *Sonderbnnd.*

livres, ce qu'est aujourd'hui Leipzig dans le même pays. Nous avons sous les yeux les catalogues de Francfort publiés par Draud sous le titre de *Bibliothèques officinales* de livres nouveaux en 1625, et il suffit d'y jeter un coup-d'œil pour se faire une idée de l'importance du commerce de la librairie à Genève au dix-septième siècle. Les Genevois vendaient alors des livres comme aujourd'hui des montres, et l'impression de ces livres était la grande industrie de ce temps-là. Les imprimeries occupaient les ouvriers par centaines, mais on se plaignait des qualités inférieures du papier qu'elles employaient. Cela provenait de la mauvaise espèce de chiffons que consommaient les papeteries du voisinage, qui tiraient leurs matières premières de la Savoie et d'autres pays pauvres où l'on était généralement mal assorti en linges et autres hardes.

En dépit de cette infériorité, les imprimeurs de Lyon, longtemps sans rivaux sur le marché des livres de l'Europe centrale, se plaignirent hautement de la concurrence que leur faisaient les imprimeurs genevois jusque dans leur propre pays. C'est alors qu'intervint en France une ordonnance qui prohibait dans le royaume l'entrée des livres publiés à Genève. La religion servit aussi de prétexte, surtout après la Saint-Barthélemy, parce qu'on avait imprimé en Suisse et à Genève des satires très violentes de ce sanglant coup d'état. Ce fut à cette époque, pour le dire en passant, que les imprimeurs genevois mirent sur les titres de leurs livres, au lieu du nom de leur ville, ceux de *Cologny*, de *Saint-Gervais* et de *Colonia Allobrogum*, (Cologne des Allobroges). Ils comptaient ainsi dépister les limiers de la censure qui n'étaient pas très forts en géographie..... Un douanier pouvait à la rigueur ignorer qu'un faubourg ou un village de Genève portait le même nom qu'une localité de Savoie, de France ou d'Allemagne. Quelquefois on faisait deux tirages, l'un avec le titre de Genève et l'autre avec le titre pseudonyme. C'est ce qu'on peut vérifier entr'autres dans maint volume édité par Pyrame de Candolle, qui avait établi à Genève son imprimerie Caldoresque (¹) avant de la transférer à Yverdon sous le nom de *Typographie Helvetiale-Caldoresque*. Le curieux volume de Duret intitulé : « *Le Thrésor des langues de cet Univers,* » imprimé par de Candolle, porte indifféremment,

(¹) Appelée ainsi de Jean de Caldora, grand sénéchal de Naples, auquel les Candolle, venus de Montbéliard à Genève, faisaient remonter leur généalogie.

selon les exemplaires, à Cologny et à Genève. Malgré ces artifices,
l'imprimerie de Genève souffrait de cette prohibition, et elle réclama jusqu'à ce qu'enfin elle obtint de Henri IV, qui favorisait
cette cité, des lettres patentes du mois de septembre 1609. Par
ces lettres, l'entrée en France des produits des presses genevoises
est permise, « *sauf ceux qui traitent de théologie.* » Le nouveau
converti ne pouvait pousser la condescendance envers ses anciens
co-religionnaires jusqu'à leur permettre de faire en France une active propagande réformée. Ceci explique pourquoi mainte édition
genevoise porte : « *Avec privilége du Roi Très chrétien.* »

Il se faisait déjà à Genève, au commencement du XVIIᵐᵉ siècle,
des ventes publiques de livres, car le régistre d'Abel Roche porte
quelquefois : « *ouvrages achetés à l'incant* de M. » Ce régistre
est précieux pour découvrir le véritable éditeur ou même l'auteur
de tel volume publié sans nom d'imprimeur ou d'auteur. C'est
ainsi que l'on voit François LeFebvre, imprimeur, donner avec le
Thrésor des Sentences dorées, les *Psaumes de Claudin le
jeune, à quatre parties*, et la *Philosophie des Epicuriens*,
un poème imprimé l'an de Grâce 1619 sans nom de lieu. C'est
l'ANTHITHÈSE DE NOTRE SEIGNEUR JÉSUS-CHRIST ET DU PAPE, *dédiée aux champions et aux domestiques de la foi* (¹). On comprend que de semblables ouvrages fussent interdits en terre papale et en tout pays catholique. C'est en effet une satire très viru-
lente contre la cour de Rome, accompagnée, dans notre exemplaire du moins, d'une grande planche gravée sur bois qui peut
donner une idée de ce qu'étaient alors à Genève les arts du dessin
et de la gravure. Au haut de cette gravure on lit : VOICY LE POUR-
TRAICT DU PAPE D'ENFER, et au bas ces trois vers, échantillon de
la poésie indigène :

> O monstre infernal
> Tu as fait un mal
> Qui tant te nuira !...

Les catholiques répondaient par la *Généalogie des Huguenaux*,

---

(¹) Il ne faut pas confondre ce poème avec un autre, composé en latin à-
peu-près sous ce titre et imprimé aussi à Genève, mais cinquante ans auparavant. Le poème latin, accompagné de jolies vignettes gravées sur bois
par le petit Bernard, est intitulé : *Antithesis Christi et Ante-Christi*. In-8°,
1578, chez Eustache Vignon.

et la religion de part et d'autre ne gagnait rien à ces violences.
Nous apprenons également quel est le véritable auteur d'un autre
pamphlet qui appartient à cette même polémique, la *Mappe-Ro-*
maine (¹), attribué tantôt à de Bèze et tantôt à un autre écrivain
calviniste. On lit à l'année 1623 : « M. Jaquemot donna *en blanc*
(non relié) la Mappe-Romaine qu'il avait traduit de l'anglois. »
Jaquemot, qui était de Bar en Lorraine, fut longtemps régent à
Neuchâtel en Suisse, et il publia les *Muses neuchâteloises*, dont
plusieurs pièces sont dédiées à des Neuchâtelois (²). Parfois il se faisait des échanges entre les auteurs de ces sortes de livres. Ainsi le
préfet des capucins de Saint-Julien *Dom de Civitate nova* (de Villeneuve) envoie à la Bibliothèque de Genève un livre de controverse.
Les neveux de M. Duplessis donnent une belle Bible hébraïque,
et M. de Tournes l'Index des livres défendus *(Index librorum*
prohibitorum). Dès ce moment en effet on distinguait entre les livres permis et non permis. Le bon Abel Laroche ne se gênait pas
pour supprimer ce qui sentait le fagot. Il existait surtout un professeur Le Clerc qui avait la manie, à ce qu'il paraît, d'offrir des
livres suspects. Aussi, à la suite de tous ses dons, le bibliothécaire
écrit-il impitoyablement : « *Mis à la garde-robe.* » Reste à savoir
si c'était une réclusion momentanée ou une suppression totale.
Ainsi l'on voit cet anathème prononcé sur des disputes touchant la
nature et l'essence du Christ, *De Jesu filii naturá et essentiá*,
sur des traités de la Trinité *(Argumentum pro Trino et uno* et
de *Tribus personis in uná)*. Rabelais ne trouve pas grâce devant
le rigide conservateur qui écrit sans sourciller : « Le 10 septembre
» 1620, M. Le Clerc, professeur, donna les œuvres de maître
» François Rabelais en françois, et les mêmes en allemand. — *Mis*
» *à la garde-robe.* » On voit que dès ce temps-là la grave académie de Genève avait ses natures austères et ses esprits enjoués et
facétieux.

Décidément le professeur Le Clerc était pour la littérature amusante. En 1622, il donne *un vieil livre*, dit la *Mer des histoires*.
Ce vieux livre vaudrait aujourd'hui, selon l'édition, plus que tous

(¹) La Mappe romaine, contenant la *Conception romaine*, *L'oiseleur ro-*
main, *L'Edom romain*, *La fournaise romaine* et la *Réjouissance de l'Eglise.*
Le tout extrait de l'anglois de T. T., à Genève, par Jean de la Cerise.

(²) *Musæ Neocomenses* a Joanne Jacomoto Barrensi. Genève, in-8° 1597.

les volumes qu'apportaient à l'envi MM. les *Chouet* et les *hoirs
Grenot*, éditeurs de grands ouvrages théologiques. Le bibliothécaire donne lui-même les *Opuscules de Calvin* reliés, ce qui est
certes un beau présent, et M. Turettin envoie son examen des Dialogues du Père Cotton, ce qui a moins de valeur.

Quand il s'agissait de livres importans, le Conseil mandait le
conservateur à l'hôtel-de-ville et les lui remettait solennellement.
C'est ainsi qu'Abel Laroche inscrit : « Le mardy 20 août 1622 me
» furent baillés en la Chambre des Comptes, par M. le syndic Sar-
» razin et M. le conseiller Colladon, l'*Histoire universelle de
» M. d'Aubigné*, imprimée à Maillé en 1616, et l'*Architecture
» militaire du capitaine de Marchi* en italien, le premier cou-
» vert de veau bleu et le second de veau rouge, enrichis d'or sur
» la tranche. »

Les académies voisines sont en rapports réguliers avec celle de
Genève et les professeurs échangent leurs ouvrages. « M. Faber,
professeur à Lausanne, donne *toute reliée* sa logique. »

En 1626 nous voyons apparaître un nouveau bibliothécaire infiniment moins exact, Spanheim le père, qui inscrit, sans faire
mention de la provenance et très sèchement, tous les livres nouvellement entrés. On remarque parmi ceux-ci : « *Nostradamus,
histoire de Provence*, et le *Grand Miroir du Monde* (¹). Les
étrangers de distinction sont à-peu-près seuls signalés comme donateurs. Les ducs de Wurtemberg donnent des Atlas et M. le baron de Beverley aussi un *Atlas minor*. M. Flourmenois, flamand,
fait cadeau des Inscriptions antiques de *Gruter*, et M. Diodati,
marchand, d'un *Scaliger* sur la chronologie (*de emendatione
temporum*). MM. de Tournes sont seuls indiqués comme libraires
donateurs. Ils envoient de beaux livres en blanc, entre autres les
Généalogies des rois et princes de Gaule de Paradin, édités par
eux.

Enfin les indications finissent par disparaître totalement ou
à peu près. Pour donner une idée de leur concision, tout ce
qui concerne les actes de la Bibliothèque dans l'année 1635 oc-

---

(¹) Il ne faut pas confondre ce Mɪʀᴏɪʀ avec le Mɪʀᴏᴜᴇʀ précédemment indiqué. Le *Grand Miroir du Monde*, par Joseph Du Chesne, sieur de la Violette, Doct. médecin, a été imprimé deux fois, la première à Lyon en 1587,
in-4°, et la seconde à Genève en 1626, in-8°, avec des notes de Simon Goulard de Senlis. C'est de cette seconde édition qu'il s'agit sans doute.

cupe à peine une petite page au régistre complémentaire du catalogue. Mais avec l'année 1656 l'exactitude relative reparaît avec un nouveau bibliothécaire, E. Girard. « Pendant que j'ai eu la charge des livres, dit-il, et sous le rectorat de M. Spanheim, on a acheté de M. Rouph (¹) pour 299 florins. » Ce M. Rouph, à en juger par les livres provenant de lui, et que l'on voit encore dans la Bibliothèque avec son nom en tête, était un fin connaisseur. C'est de lui que provient le charmant volume contenant l'art poétique et les Dialogues sur l'orthographe du fameux Jaques Pelletier (du Mans), ainsi que l'histoire de Bresse et Bugey de Guichenon et les postilles sur les Evangiles.

De nouveaux noms d'imprimeurs apparaissent, Allemands naturalisés pour la plupart, comme Hermann Wiederhold, l'éditeur du premier Richelet, qui eut un moment ses presses sous le patronage de Fatio, au château de Duilier, et Ritter. Les fils des anciens imprimeurs sont devenus syndics ou professeurs. M. Chouet le jeune, professeur à Saumur, envoie, sur la demande du bibliothécaire, *Spizelius, de la littérature des Chinois* (de *Sinensium litteraturâ*). Le syndic Liffort (Lefort) fait présent d'un petit livre de politique *(Directorium politicum)*. M. Turretin, de retour de Hollande, donne le *Théâtre des villes de Belgique*. M. Lukin, ministre anglais, à son départ, donne quelques livres. M. Pictet, pasteur, en remet aussi.

Sous la date de 1665, nous trouvons une note importante : « M. Antoine Leger, des Vallées vaudoises du Piémont, professeur » à Genève, remet au bibliothécaire, le jour avant son décès » (17 octobre), pour être gardé pour les églises du Piedmont, un » petit livre manuscrit intitulé : Les *Expositions du Cantique* » *des Cantiques de Salomon,* en lettres antiques (gothiques), et » les poèmes intitulés 1° la *Barca*, 2° *Novel Sermon*, 3° *No-* » *bla Leisson*, 4° *Lo Paire Eternel*, 5° *Lo novel Confort*, » 6° *Le dispresi della morte, del mondo e de li quatre Se-* » *mens de Penitenza,* en langage ancien vaudois. Ce livre, relié » en parchemin, est en l'armoire. » (²)

(¹) Une famille de ce nom existe encore dans le Pays de Gex. Le notaire Rouph fit un moment les affaires de Voltaire à Ferney, et liquida sa succession pour une partie.

(²) C'est le manuscrit inscrit sous le n° 107, *Manuscrits italiens*, Théologie, du Catalogue des manuscrits de la Bibliothèque de Genève rédigé par Senebier et imprimé à Genève en 1779, in-8°.

Conservé avec quelques autres, écrits aussi dans le patois des Vallées vaudoises, le manuscrit dont il est ici question a donné lieu à toutes sortes de mésaventures littéraires. Consultés par les philologues réformés, ces petits livrets, négligemment reliés, devinrent bientôt l'objet d'une sorte de culte. Jean Léger, neveu d'Antoine, pasteur et modérateur des églises des Vallées, puis, après la persécution de 1655, pasteur à Leyde, donna d'amples extraits de ces livres dans son histoire des Eglises évangéliques des Vallées vaudoises ([1]). Poussé par un zèle plus fervent que raisonné, il accrédita le renom de haute antiquité que la tradition accordait à ces manuscrits en les faisant remonter jusqu'à l'an 1120. Son but était de constater que les pures doctrines évangéliques, le christianisme primitif, avaient été conservés dans ces hautes vallées sans altération aucune, dès les premiers siècles de l'Eglise. Senebier, en déclarant dans son Catalogue estimé, *que ce manuscrit lui paraissait être du XIIme siècle,* confirma cette croyance. Ce savant était du reste peu fixé sur la véritable langue dans laquelle ces traités étaient composés ; ils lui paraissaient tenir du latin, du français et de l'italien, et même il inscrivait en tête de l'un d'eux (N° 206) : « *Livre de Dévotion en langue catalane.* » Quoi qu'il en soit, Jean Léger, en transcrivant des passages de l'un de ces manuscrits pour son *Histoire des Vallées,* ne s'aperçut pas que les pages avaient été transposées par un relieur inexpérimenté, et donna, comme faisant partie du même chapitre, des fragmens qui n'ont aucun rapport entr'eux. Durant tout le dix-huitième siècle, qui fut plutôt le temps des raisonneurs que celui des philologues et des érudits, on ne s'aperçut pas de l'interpolation, et la version de J. Léger s'accrédita ainsi d'année en année. Au reste il est possible que le sens du passage ne fût pas beaucoup plus clair d'une façon que de l'autre. M. Raynouard lui-même, dans son ouvrage sur la littérature provençale et sur la langue des Troubadours, n'y a pas pris garde. C'est tout récemment que le savant M. Herzog de Bâle, ancien professeur de théologie à l'académie de Lausanne et aujourd'hui professeur à Halle, a constaté l'erreur déjà précédemment reconnue par MM. Privat, bibliothécaire, et Coucourde, étudiant des Vallées. Il résulte de l'examen de M. Herzog, que ces

---

([1]) Histoire générale des Eglises évangéliques des vallées de Piémont ou vaudoises. Leyde 1669, in-folio, fig.

manuscrits n'ont pas à beaucoup près l'antiquité qu'on leur attribuait (ce qui était du reste facile à voir par l'étude des caractères de l'écriture), et que l'introduction des doctrines réformées dans les Vallées vaudoises ne remonte guère plus haut que 1523 ou 1524. La philologie et l'étude grammaticale de ce dialecte viennent ici à l'appui de la théologie historique et de la paléographie. C'est fâcheux pour ce peuple, qui prenait le titre de *Chrétiens primitifs*. On signale aussi par ci par là, dans ces livrets vaudois, des doctrines plus catholiques que réformées, entr'autres sur la transsubstantiation.

: .A mesure que la Bibliothèque de Genève s'augmentait, la fantaisie y prenait pied, et de temps à autre l'administration se permettait des achats de livres qui auraient été repoussés un siècle auparavant, comme le *Monde dans la lune* (¹), *Cardan*, etc., acquis de M. Labadie par M. Tronchin, recteur.

.˙ N'oublions pas que la Bibliothèque était exclusivement placée sous la direction de la Compagnie des pasteurs et de l'académie de Genève, corps essentiellement dévoués à la propagation de la réforme. Ne nous étonnons donc point si nous voyons de loin en loin le corps académique se constituer éditeur de quelque ouvrage venant à l'appui des doctrines qu'il s'efforçait de répandre. Par exemple, en 1634, « la Confession de Cyrille, patriarche de Constantinople » (²) ayant été imprimée à Genève, et l'impression portée en la Bibliothèque, 70 copies y furent reliées et distribuées comme suit :

» A MM. du petit Conseil par le portier du collège. . . . 28
A chacun de la Compagnie 26
Vendu à deux seigneurs anglois et écossois 2
Envoyé à Constantinople par advis de la Compagnie . . . 15
De plus M. le syndic de Normandie ayant amené un seigneur françois pour voir la Bibliothèque, lui en donna une copie. »

(¹) *Le monde dans la lune* prouvant que la lune peut être un monde et que la terre peut être une planète, de la traduction du sieur de la Montagne. Rouen, 1656, in-8°.

(²) La Bibliothèque de Genève possède deux manuscrits de la Confession de Cyrille Lucar, patriarche de Constantinople, l'un entièrement autographe (n° 57 des manuscrits grecs de Senebier) et l'autre signé de sa main sur une copie faite dans le levant (n° 58). Le manuscrit autographe avait été donné à la Bibliothèque par M. J. Diotati. Tout un roman se rattachait, il y a deux siècles, à ces documens.

« On en a vendu·du surplus à un gentilhomme de Hollande qui n'en a baillé qu'un quart d'écu, et à un seigneur allemand qui en a baillé 3 florins Item, des seigneurs de Berne étant venus voir la Bibliothèque, M. Mestrezat leur en a distribué des exemplaires reliés. Enfin, le 15 janvier 1550, un évêque grec passant à Genève avec un marchand grec dévalisé, le bibliothécaire leur en remit 15 copies pour être par eux portés et distribués en Grèce. Les deniers de ceux qui ont été vendus ont été remis à M. Malet, charge ayant des deniers de la Compagnie.» Cette publication de la Confession du patriarche Cyrille, Lucar ou Lascaris, était une grande affaire pour la faculté de théologie de Genève, qui voulait constater « que les Grecs, indépendans de l'Eglise romaine, con- » viennent de sentimens avec les réformés. » Les docteurs de Rome s'inscrivirent en faux contre cette confession, et les Jésuites obtinrent du concile de Jérusalem une déclaration portant que les Grecs n'ont jamais eu les sentimens qui y sont exprimés. Le malheureux Cyrille, déposé, trois fois, périt enfin par ordre du grand seigneur ([1]). La Bibliothèque de Genève possède un assez grand nombre de ses lettres.

E.-H. Gaullieur.

([1]) La Confession de Cyrille Lucar fut imprimée d'abord à Genève sous le titre de *Créance de l'Eglise orientale*. Par une singulière fatalité il n'existe point d'exemplaire de cette édition, faite aux frais de la Compagnie des pasteurs, dans le catalogue actuel de la Bibliothèque de Genève. Elle fut réimprimée par Aymon dans les *Monumens authentiques*, etc., page 237 à 258.

(La suite prochainement.)

LETTRES ÉCRITES DE LAUSANNE

Monsieur le rédacteur,

Depuis long-temps, en vous adressant quelques lettres datées de Lausanne, je ne vous parle point de cette ville ; aujourd'hui j'agis encore de même ; et, en ouvrant un journal de voyage où j'ai déjà puisé, afin de contribuer en quelque chose à la publication d'une *Revue* à laquelle ses premiers amis n'ont pas cessé de porter un vif intérêt, il me semble qu'il y aura quelque à-propos à vous parler de Bonn et de son université. C'est dans cette ville que M. Monnard a terminé l'*Histoire de la Confédération suisse.* Les 17me et 18me volumes de ce monument national, comme ceux de Jean de Muller, ont été écrits en terre étrangère.

Le nombre des étudiants suisses qui fréquentent ce foyer d'études s'est augmenté depuis quelques années : il y en a maintenant plus de vingt. Ils sont accueillis par le professeur de littérature française avec un cordial empressement ; c'est la première fois que les étudiants des cantons français entendent parler leur langue dans les chaires allemandes, et sans doute ils ont à se réjouir de voir un de leurs compatriotes chargé de l'enseignement d'une branche aussi capitale, et qui ne se traitait que par des leçons particulières jusques à la nomination de M. Monnard.

Frédéric-Guillaume III fonda l'université de Bonn en 1818. Il voulait établir dans les provinces rhénanes, nouvellement acquises par la Prusse, un des centres scientifiques si nombreux en Allemagne et qui, en répandant partout la vie intellectuelle, contribuent puissamment à balancer l'influence des villes capitales. — Une partie des habitants de Bonn témoigna de vives inquiétudes à l'approche de cet événement, et même s'efforça de contrarier les intentions du roi en cherchant à faire croire que leur ville n'offrirait aucun local convenable. A cette époque si rapprochée de la nôtre, cette tentative n'était pas aussi ridicule qu'elle le paraît aujourd'hui. Un délégué de la haute administration scientifique arrive, et voit se dérouler, à l'entrée de la ville, une suite de bâtiments majestueux et délabrés, parfaitement propres à recevoir élèves et professeurs. Les Electeurs de Cologne n'habitaient point cette antique cité : c'est à Bonn qu'ils avaient fait construire leur palais. Les Français y placèrent un hôpital militaire, des magasins, etc. ; tout était à restaurer.

A peu de distance du palais électoral, entouré de gazons et d'avenues bien tracées, s'élève une sorte de petit Saint-Cloud, le château de Poppelsdorf et son jardin d'apparat : cet ensemble de bâtiments est tout-à-fait dans le goût de ceux qui furent construits en si grand nombre en Allemagne sous l'influence de Louis XIV.

Le rez-de-chaussée du grand palais fut consacré à l'enseignement : les collections scientifiques sont à portée des auditoires, la bibliothèque, à perte de vue, les salles d'audience et de cérémonie occupent le premier étage ; l'observatoire et l'amphithéâtre sont les seules constructions annexées à la somptueuse demeure des Electeurs souverains. — Le palais de la science ne se présente nulle part sous un aspect aussi aimable : les rossignols abondent autour de l'Université, et de longues allées favorisent les méditations et les rêveries. Les professeurs ont bâti de fort jolies maisons le long de la route de Coblentz à côté de laquelle l'Université s'élève. Le premier qui plaça sa maison à dix minutes des auditoires fut taxé de folie : maintenant cette maison, alors solitaire, est dépassée de beaucoup : de droite et de gauche on ne voit que des maisons de docteurs, entourées de jolis jardins et tout-à-fait à l'abri du bruit et du mouvement de la ville ; c'est aussi dans cette rue que se trouvent les hôtels élégants habités par les princes et les jeunes nobles qui fréquentent l'Université.

Pendant l'hiver la vieille ville est très bruyante à cause des promenades nocturnes des étudiants; les rues sont étroites, sombres et assez sales : il doit être pénible de les habiter ; point de fontaines au bord du *Vater Rhein ;* c'est un défaut de la contrée ; les collines boisées sont privées des eaux courantes dont nous sommes si riches en Suisse. De beaux vergers et de jolis bois entourent la ville ; le long du Rhin, au lieu de jouir d'un beau quai, le promeneur chemine au pied de petites maisons de chétive apparence et parmi des encombrements de diverse nature. On songe à établir un quai digne de la position, mais l'argent manque : la ville de Bonn est encore endettée de 60,000 thalers depuis les jours de l'occupation française qui ruina son palais clérical. L'éclairage au gaz n'est pas encore établi ; les étrangers introduisent le luxe des équipages et celui des appartements : il y a peu de noblesse à Bonn, mais cette ville tend à consolider son importance aristocratique et répond par cela même à la pensée du fondateur de l'Université. Pendant les troubles de 1848, le professeur Kinkel demeura seul, parmi ses collègues, en fomentant l'insurrection, facilement réprimée : échappé à la captivité qui devait être perpétuelle, il a repris sans doute sa trame révolutionnaire, après avoir inspiré aux poètes du socialisme des chants nombreux et peu variés :

Il devide, il devide, nous tissons, nous tissons, chantaient les amis de Kinkel pendant sa captivité. Répétons à notre tour : Dieu règne.

La tempête apaisée a cependant amené quelques changements dans la paisible administration de l'Université. Ainsi le curateur, qui tenait le haut bout dans les affaires gouvernementales, a été supprimé, et les délits contre l'ordre public, commis par les étudiants, sont maintenant jugés par la police ; cela s'appelle un progrès en liberté, mais il est probable que les étudiants gagneront peu à n'être plus sous la juridiction des chefs de l'université, intéressés à les traiter avec bienveillance. L'un des derniers actes d'autorité du curateur leur sera long-temps salutaire. Il n'a pas permis qu'on bâtit le théâtre dans le voisinage de l'Université : c'est à l'extrémité de la ville qu'il faut aller le chercher.

Le corps enseignant se compose de 86 professeurs en y comprenant les *privat docent*, admis à enseigner quelques branches, mais qui n'ont pu obtenir de chaire. Les professeurs les traitent parfois en inférieurs ; mais il arrive aussi que ces écuyers de la science combattent plus vaillamment que les chevaliers, et que la foule des étudiants se presse autour d'eux, tandis que d'anciens docteurs prêchent à-peu-près au désert. Les professeurs sont obligés d'ouvrir leurs cours aussitôt que quatre étudiants se sont fait inscrire chez eux, au commencement du semestre. Le nombre de ces derniers n'a pas encore dépassé de beaucoup le chiffre de 800 : le corps de la plus haute volée n'admet volontiers que des nobles en possession de 600 écus de rente pour leurs menus plaisirs : maintenant quelques riches roturiers parviennent à s'y introduire. Le duel est sévèrement défendu, ce qui n'empêche pas les étudiants de se livrer une sorte de bataille générale quand le printemps vient parer la nature. Certains corps ou corporations sont forcés de se mesurer et de se balafrer autant que possible, le tout sans aucun motif : on sait même d'avance que l'on aura à se battre avec tel ou tel individu, un ami, peut-être, peu importe ! Singulier résultat de l'esprit d'association.

Les cafés ou *restauration* sont très nombreux autour de Bonn ; ce sont, si l'on veut, des guinguettes où les sociétés diverses viennent prendre place en plein air ; il n'est point rare de voir quelques professeurs et leurs familles se délasser de la sorte à peu de distance des parties de boules des étudiants. C'est au vieux château de Godesberg et sur la colline de Rolandseck, que se dirigent les promeneurs les plus ambitieux : si l'on veut faire une course de montagne on escalade les *Siebengebirge*, les Sept-Montagnes, surmontées par le Drachenfels.

Il est naturel que le goût du plaisir soit prononcé dans une ville où le mouvement des voyageurs, les sites agréables à parcourir et la gaîté nationale y invitent ses habitants. Catholiques et protestants y vivent en bonne intelligence : sur 16,000 âmes on compte à-peu-près 2,600 protestants. C'est dans la chapelle de l'Université, jadis celle des Electeurs, que ceux-ci célèbrent leur culte : il leur est permis de sonner la cloche. On y voit le dimanche autant d'hommes que de femmes et ce n'est jamais dans ce temple que la désertion vient affliger les regards, ainsi qu'il en arrive dans d'autres villes de l'Allemagne. Les protestants travaillent avec zèle au maintien de leurs écoles et de leurs établissements de charité : parmi les professeurs de leur communion, ceux de droit et de médecine ont plusieurs représentants à la chapelle ; il n'est guère à la mode, dans le corps universitaire, de se montrer esprit fort ou indifférent.

Les pèlerinages sont fréquents dans les environs de Bonn ; on rencontre de longues files de pèlerins, chantant à haute voix et s'en allant visiter les lieux consacrés à certains souvenirs, dont l'origine s'efface, tandis que l'habitude demeure. Le dôme, d'architecture bizarre, plus bisantine que gothique, se distingue par un clocher très élevé, surmonté d'une sorte de bonnet pointu d'un aspect fort étrange. La statue, en airain, de l'impératrice Hélène, est le seul objet d'art à citer : on prétend que la pieuse mère de Constantin a fondé ce temple comme celui de Saint-Gérion à Cologne. A quelques pas de cette figure historique, présentant la croix aux fidèles, on s'arrête sur la place devant la statue de Bethowen, inaugurée en présence de la reine Victoria, pendant son voyage du Rhin. La maison où nâquit le célèbre compositeur est voisine de ce monument ; une pierre qui ne dit qu'un fait : *Maison où Bethowen nâquit*, attire l'attention sur cette modeste demeure. Les bas-reliefs valent mieux que la statue, par trop bourgeoise, et sans beauté aucune ; ils caractérisent les branches de la musique cultivées par ce grand artiste, lyrique, dramatique, sacrée et fantastique.

En sortant de la chapelle protestante, où nous avions entendu un prédicateur distingué, nous fûmes frappés de l'aspect animé des rues : les paysans endimanchés accourent en foule et font leurs emplettes après avoir assisté à la messe ; tous les magasins sont ouverts ; les jupons, les tabliers et les mouchoirs rouges, sont en grande faveur. Ce jour-là Bonn était envahi par des pèlerins campagnards ; il devait y avoir le soir une procession à la chapelle des Martyrs. — Trois des premiers propagateurs de l'Evangile ont succombé à la place où ce vieux édifice s'élève. On ne sait plus leurs noms, mais leur mort a sanctifié le lieu où l'on se rend à grand bruit de cloches, de salves et de chants, lorsque la nuit favorise le bel effet des torches portées en leur honneur.

Nous avons visité le même jour le château de Poppelsdorf : on y a placé le Musée d'histoire naturelle, et le jardin est devenu savant, c'est-à-dire, botanique. La salle à manger de cérémonie, décorée de coquillages et de plantes marines en stuc, est devenue le cabinet mi-

néralogique. J'ai remarqué des troncs d'arbres et des branches pétri-
fiées, ainsi que des piliers de basalte fort bien groupés. Au centre de
la salle, on admire un grand relief de la Prusse rhénane : il est amusant d'y chercher les châteaux ruinés, semés sur les rives du fleuve.
On parle trop peu d'un petit lac profondément encaissé dans des bois
épais ; il est de formation volcanique et s'écoule par un ruisseau sans
que l'on connaisse la source qui le renouvelle : on le nomme Lachsee ;
il n'est pas loin d'Andernach.

La collection d'animaux n'offre rien d'extraordinaire, si ce n'est une
affreuse spécialité, appartenant à la famille des rats : on appelle en
Allemagne *Ratenkönig*, un groupe de rats liés par l'entortillement
de leurs queues ; ils grandissent et meurent sans pouvoir se séparer
les uns des autres. Bien des gens mettent en doute l'existence de cette
curiosité, mais on peut s'assurer à Bonn de la réalité du phénomène.
Six à huit rats, de grosseur ordinaire, sont ainsi attachés ensemble
et vivaient sous un plancher de je ne sais quel vieux château ; ils n'ont
pu sortir de leur trou, mais leurs amis ne les ont pas laissés mourir
de faim ; une fois découverts ils sont devenus gibier de musée. On dirait une république par force dont chaque membre voudrait sortir.
C'est excessivement laid ; les curieux ne manquent pas de s'arrêter,
plus qu'ailleurs, devant ce groupe singulier sur lequel il y aurait
maintes questions à faire.

On assure que l'apparition d'un *Ratenkönig* est un signe de guerre ;
il est certain que celui-ci, en se montrant en 1848, a paru au jour on
ne peut plus à propos. Le professeur chargé de la direction supérieure du musée de Bonn a dit, dans son compte-rendu, qu'en 1849
le nombre des objets enregistrés s'élève à 225,000 ; pour une collection qui compte peu d'années ce chiffre est très-élevé ; les dons des
particuliers y occupent une place considérable.

C'est à l'Université, où nous sommes entrés en quittant le vaste
jardin étiqueté de Poppelsdorf, qu'il faut chercher les collections
d'antiques, de médailles, de vases, etc. Tous ces objets sont disposés
avec goût dans des salles en harmonie avec leurs divers caractères ;
ainsi un salon orné de peintures étrusques contient la collection des
vases, statuettes, médailles, etc., arrachés çà et là à la terre sablonneuse qui les a si long-temps dérobés aux regards. La trace des Romains aux bords du Rhin a dû être profonde. A Bonn, l'un des restes
les plus curieux de leur domination c'est la chevelure colossale et en
bronze d'une tête de Jupiter. On l'a posée sur une tête en plâtre, véritable tête à perruque, accompagnée de la foudre symbolique, très
bien conservée et de proportion formidable. Dans la salle des bas-reliefs, on remarque une pierre tumulaire intéressante, parce qu'elle
fait voir là figure de deux guerriers romains, tombés dans la fameuse
légion de Varus ; c'est le seul monument de ce genre que l'on ait découvert dans la contrée ; l'un des professeurs les plus distingués,

M. Welcker, qui jouit d'une considération universelle pour la fécóndité de ses idées, la nouveauté de ses points de vue dans l'étude de la mythologie et de la poésie de l'art chez les anciens, donne ses leçons d'antiquités romaines au milieu de tous ces débris, et conduit les étudiants dans la salle des antiques lorsqu'il traite des trésors de la Grèce : on y voit les marbres d'Elgin, ainsi nommés mal à propos, car Lord Elgin n'a fait que les arracher à leur pays, tandis que si l'on disait les bas-reliefs des Propylées, on s'expliquerait avec plus de vérité. Ces beaux marbres présentent toute une leçon d'histoire : quelques parties seulement ont échappé aux attaques progressives dont ils ont été victimes ; aujourd'hui, multipliés à l'aide du plâtre, ils sont recueillis, honorés, déifiés même par les Winkelmann du jour. Les choses vraiment grandes et aussi belles que l'homme peut les créer, possèdent une cause de durée à laquelle le mot d'impérissable peut s'adapter. Il en est de même dans l'ordre moral. Une statue que l'on nomme Aristide, s'élève simple et grandiose, à quelques pas des fameux bas-reliefs d'Athènes. Cette figure est si noble et si sage que l'on se sent tout-à-fait disposé à la saluer du nom de *Juste,* hommage qui traverse les siècles, et que les hommes d'Etat ambitionnent trop peu, hélas !

La salle de concert, abritée sous le toit de l'Université, était encore ornée du buste de Mendelsohn, entouré d'une guirlande verte, à propos de l'anniversaire de la mort du grand artiste : les Allemands se plaisent à célébrer le don du génie ; ils lui rendent hommage le jour de la mort des privilégiés ; hymnes et poésies abondent en ces heures de commémoration affectueuse et reconnaissante : un poète a célébré l'action *immortelle,* selon lui, de la musique de Mendelsohn sur les cœurs affligés ou heureux, avec un enthousiasme qui fait songer à ce mot profond de saint Jean : *Mes petits enfants, gardez-vous des idoles.*

Une enfilade à perte de vue, le plus beau local de toutes les bibliothèques de l'Allemagne, se déploie aux regards des ignorants abasourdis par cet entassement de livres et de brochures. Il y a quelque chose de saisissant, d'écrasant, à ces immenses dépôts des fruits de la pensée de l'homme. La magnifique bibliothèque est ornée de bustes placés dans les embrasures ; anciens et modernes sont mêlés ou plutôt groupés ; ainsi, parmi les modernes, les deux Schlegel, les deux Humboldt, Rauch et Thorwaldsen : à peine ose-t-on dire Schiller et Gœthe, parce que les images de ces deux poètes, sculptées, peintes ou gravées, sont multipliées en Allemagne à un degré qui cause une sorte d'ennui. Ici on les voit de grandeur naturelle et de grandeur colossale pour faire variété. Le savant historien Niebuhr est honoré de la même distinction ; ses traits sont pleins de finesse et de bonté. On reconnaît le ciseau élégant et classique de Rauch dans plusieurs de ces têtes savantes : c'est surtout son propre buste que l'on aime à considérer ;

peu d'artistes, sans doute, ont été doués d'un extérieur aussi parfaitement d'accord avec la vocation qu'ils ont suivie; le culte du beau visible est presque naturel de la part d'un homme de cette figure; mais son nom, Rauch, *fumée*, est surtout appliqué par lui à ses plus belles œuvres; la gloire humaine, encens enivrant dont ses cheveux blancs sont de plus en plus couronnés, semble augmenter sa modestie. Son caractère est vraiment *antique* dans le sens le plus élevé de ce mot.

Le gardien de la bibliothèque voulut faire voir aux dames, sous la protection de M. Monnard, quelques-uns des livres placés dans une armoire et que l'on montre par faveur. Il n'y a pas de manuscrits précieux; la bibliothèque de Bonn est la plus nouvelle en Allemagne. On nous montra cependant un fort beau livre, daté de 1286; il est censé avoir appartenu aux Chevaliers de la Table ronde; c'est l'histoire de Joseph d'Arimathée, magnifiquement orné de peintures et de la plus belle main; il contient une multitude d'aventures et de personnages rassemblés autour de la noble figure de l'homme riche qui se fit un honneur d'ensevelir le Seigneur.

Un très bel exemplaire, manuscrit, de la traduction des Psaumes par Luther, a été offert par Guillaume Schlegel; mais cette partie de l'Ecriture sainte est précédée par une généalogie de famille assez singulièrement placée. Les portraits des Schlegel et leurs armoiries se suivent jusqu'au portrait du donateur; petite vanité assez ridicule de la part d'un homme d'esprit. Guillaume Schlegel est mort à Bonn en 1831. Le portrait de Mme de Staël ornait sa table à écrire; il parlait volontiers des beaux jours de Coppet et du livre de l'*Allemagne*, auquel il a grandement contribué.

Enfin on nous fit voir l'un des volumes de la magnifique édition des œuvres de Frédéric-le-Grand, publiée par son successeur avec un luxe vraiment royal; tous les perfectionnements connus dans la typographie, les portraits, les vignettes et la reliure, sont mis en œuvre pour le *confectionnement* de ces trente volumes; deux cents seulement sont tirés pour l'usage du Roi, qui les donne aux souverains et aux grandes bibliothèques; une édition moins somptueuse est mise à la portée du public lettré. C'est un véritable monument que cette publication doublement royale, et dont l'apparition dans le monde coïncide avec l'érection du monument que Rauch achève et qu'il entoure de tous les guerriers et hommes d'Etat du règne de Frédéric II (¹). M. Charles de la Harpe, exilé volontaire de 1845, est chargé de la correction des épreuves de ce magnifique livre ainsi que de celle de l'orthographe et parfois du style de l'auteur. Un comité savant travaille à la direction supérieure de cette publication. C'est avec ces Messieurs que notre

(¹) Ce monument a été inauguré par Frédéric-Guillaume IV, le 5 mai 1851.

compatriote doit peser la valeur des mots à changer ou des retranchements à faire : besogne infiniment délicate et qui ne peut être confiée qu'à un homme' dont la capacité et la moralité sont connues du
Roi lui-même.

Au sortir de la bibliothèque, nous sommes entrés dans l'auditoire
où M. Monnard donne ses leçons : les professeurs se succèdent dans
les mêmes salles ; elles sont confortables et bien éclairées ; les leçons
ne durent que trois quarts-d'heure ; le son de la cloche invite les étudiants à se délasser pendant le quatrième quart-d'heure ; la ponctua-
lité est absolue : on lui sacrifie la fin du développement d'une pensée
ou même celle d'une phrase que l'on termine ex abrupto. L'esprit de
sages précautions des Allemands se montre aussi par l'établissement
de grands vases pleins d'eau, placés dans les corridors les plus importants et destinés à éteindre le feu, dès qu'il se manifesterait quelque part.

Les peintures à fresque de la *Aula*, vaste salle de cérémonie, où
se faisaient les réceptions et grands banquets des Electeurs, sont intéressantes à visiter : l'exécution en est médiocre, comparée aux œuvres de Cornélius ou de Raulbach, admirées à Munich et à Berlin ;
mais ici les quatre facultés, traitées en vastes tableaux, d'après l'ordonnance de la célèbre école d'Athènes, de Raphaël, offrent un ensemble et des détails qu'il est bon d'étudier ; Götzenberg a la plus
grande part dans la composition de ces groupes ; il a travaillé sous la
direction de Cornélius en ce qui concerne *la théologie :* c'est un artiste distingué, maintenant établi dans le grand duché de Baden.

La faculté des lettres comprend les beaux-arts ; leurs empiétements
réciproques sont une des nécessités de leur existence ; Raphaël et
Albert Durer, ou si l'on veut, *Italia e Germania*, nobles sœurs, dont
l'une grandit tous les jours tandis que l'autre ne fait plus que maintenir sa prééminence, occupent le centre du tableau. — Palestrina,
préludant sur un instrument de musique, est assis à côté du Dante :
Winkelmann étudie ces hommes d'élite : il écrit, il fonde la critique
ou plutôt l'esthétique, par laquelle on apprend à admirer scientifique-
ment ; l'architecte du dôme de Strasbourg, Steinbach, présente le
modèle de sa célèbre cathédrale ; on voit naître aux deux côtés de ce
groupe central, et se perdant dans le lointain, les écoles grecque et
romaine, Homère, Pindare, Sapho, Virgile et Horace s'entretiennent,
en pendant des plus fameux discoureurs de l'antiquité, Platon, Dé-
mosthènes, Socrate et Cicéron. Sur le premier plan, figurent les modernes : Leibnitz, Kant, Wolf, Lessing, Schiller aux cheveux blonds
et au profil rêveur, Gœthe enveloppé d'un manteau de pourpre, lyre
en main et la branche de laurier sur la tête ; en regard des philosophes viennent les historiens, dont les plus habiles retrouvent la poésie en cherchant la dure vérité ; voici Niebuhr, honneur de l'Univer-

sité elle-même, démolisseur des traditions adoptées, et qui sait pourtant reconstruire en plaçant les débris ébranlés d'une façon nouvelle. Quel est cet homme en profil, portant un manteau gris? — Johann von Muller, répond la femme cicerone. Oh! celui-là est bien à nous. Quoi! c'est notre savant citoyen de Schaffhouse, l'infatigable travailleur, le républicain ferme et modeste qui consentit à passer d'une cour allemande à une autre pour se mettre mieux en état d'écrire l'histoire de son pays; lui, qui voyait dans une place de conseiller intime ou toute autre de ce genre, le moyen d'écrire jour et nuit dans son cabinet, et qui figurait à la cour de Vienne afin d'exploiter les richesses cachées de la bibliothèque de cette capitale; c'est bien lui, et placé parmi les sommités. Qui veut bien connaître Jean de Muller doit lire sa vie écrite par son continuateur, M. Monnard. Lui-même a prononcé son discours d'installation, en latin, usage qu'on vient d'abolir dans la chaire de la Aula : c'est, entourés des imposants personnages qui en décorent les murs, que les nouveaux professeurs viennent prendre rang parmi les membres de l'Université.

La chaire confiée à notre cher compatriote comprend la littérature des langues romanes; elle est demeurée inoccupée depuis la mort de Schlegel qui en fut le premier titulaire. Afin de la mieux remplir, son possesseur actuel s'est empressé d'étudier l'espagnol et le portugais : il traite surtout des auteurs français, mais il n'a pas reculé devant la nécessité de redevenir écolier à l'âge où personne n'y songe. Ses cours sont fort suivis ; comme à Lausanne, il en a donné au grand public, heureux de cette nouveauté désirée.— Revenons aux fresques savantes.

Après les lettrés viennent les naturalistes. Un temple égyptien leur prête son ombre mystérieuse; au fond d'un antre se dessine la figure d'Isis, symbole de la nature. Les Arabes et les Chaldéens s'entretiennent non loin de cette déesse qui préside à leurs discours, préludes des sciences modernes. Hypocrate et Aristote jouent les grands rôles de leur époque, puis se dessinent les savants d'hier: Newton, saisissant la loi de la gravitation, Linné, absorbé dans la dissection d'une fleur, Bœrhave, Cuvier, en habit d'académicien, et enfin notre savant par excellence, Haller, occupant une place d'honneur comme Jean de Muller. La faculté de médecine est la plus belle sous le pinceau de Götzenberg ; l'effet de lumière est remarquable. Il semble que l'on voie l'obscurité qui entoure le berceau des sciences se dissiper peu à peu à la lumière du temps et de la vérité. Je ne sais quel air de paix et de silence est répandu sur cette riche composition; on sent que tous ces hommes ont travaillé avec la nature plus encore qu'avec leurs semblables.

La jurisprudence suit la médecine. Ici Moïse, Minos, Lycurgue, Solon, Numa Pompilius, établissent les bases de l'état social. Moïse apporte les tables de la loi; les autres n'ont que des titres humains à présenter aux générations à venir. Justinien écrivant les Pandectes,

Charlemagne, Barberousse et Charles-Quint, figurent les rois législateurs, les fondateurs du droit moderne. Montesquieu seul représente la France. Au fond du tableau la naissance du droit romain et celle du droit germain sont caractérisées par une scène du Forum et par un jugement du *Fäme gericht*, tribunal occulte et redoutable. Ces groupes-là sont vaporeux et se perdent à la lettre dans la nuit des temps.

Enfin la théologie termine le cycle de ces grands encadrements des connaissances humaines. Les quatre Evangélistes occupent le centre lointain. Saint Paul domine le côté où sont rassemblés ceux que l'on nomme sectaires; saint Augustin attire particulièrement les regards. Saint Pierre tient la clef dont on a fait un si terrible abus; dans son camp figurent les papes et les évêques, puis les fondateurs des quatre grands ordres monastiques, le trop fameux Ignace, Norbert, Bruno et Bernard de Clairvaux : du côté de saint Paul on salue Ulfila, riche de la première traduction de la Bible, Luther sur lequel Mélanchton s'appuie, Waldo, Huss, Wiclef, Calvin et Zwingle. L'Eglise grecque se rattache à Ambroise et à Origène.

La lutte du scepticisme et de la foi aux dogmes chrétiens est caractérisée par quatre figures qui signifient hier et aujourd'hui ou, si l'on veut, le 18ᵐᵉ et le 19ᵐᵉ siècles. Dans le premier groupe un vieillard pieux écoute avec effroi un jeune persifleur des choses saintes, puis il est arrivé que le même jeune homme, à son tour devenu vieillard, est ramené à la vérité par un croyant de la génération nouvelle : ici le moine avancé en âge regarde le ciel avec amour et cherche à expliquer les doctrines chrétiennes : il n'est pas compris, à peine écouté. Ingénieuse allégorie; vérité saisie sous une forme intéressante. La composition de la théologie est belle : Cornélius y a travaillé; il a même peint plusieurs têtes; d'autres n'étant qu'ébauchées, l'effet général demeure inférieur à celui que présentent les trois autres tableaux.

Les itinéraires mentionnent à peine la Aula : peu de voyageurs la visitent; pourtant c'est une de ces choses dont le souvenir plait et demeure; une grande lacune s'y fait pourtant sentir. Parmi tous les hommes célèbres, rassemblés dans ces vastes peintures, on cherche en vain les bienfaiteurs de l'humanité, ceux dont la science fut surtout inspirée par l'amour de leurs semblables et qui ont été créateurs de méthodes ou de systèmes aussi profonds, à coup sûr, que ceux des philosophes proprement dits. Leur action bienfaisante s'est étendue sur le pauvre, l'aveugle ou le sourd-muet. Franke, l'abbé de l'Epée, Peztalozzi, n'appartiennent-ils pas aux *sciences morales;* leur œuvre n'a-t-elle pas porté des fruits durables? Faut-il en perdre la mémoire dans une énumération qui met en lumière plusieurs *célèbres* à peu près oubliés? Oh! combien l'homme se montre frivole, même dans les manifestations sérieuses de son admiration et de sa reconnaissance !

La chose la plus curieuse que visite le promeneur dans les environs de Bonn, c'est le caveau de la petite église de Kreutzberg, située sur une éminence d'une assez jolie hauteur. La voûte sépulcrale dés moines de l'ancien couvent a la propriété de dessécher entièrement les corps : on ignore encore les causes de ce phénomène. Ce temple a servi d'abri aux troupes françaises qui, suivant leur coupable habitude pendant les guerres de l'Empire, ont fouillé les cercueils, en ont jeté avec mépris les morts enveloppés de leurs grandes robes, puis ont vendu ces cercueils afin d'en boire ou d'en jouer la minime valeur : les soldats rangèrent les têtes détachées en une sorte de guirlande pour le divertissement des passants.

Puis le culte a repris ses droits dans la chapelle dévastée; les morts les mieux conservés ont été déposés dans de nouveaux cercueils, sans couvercle; mais, hélas ! cette espèce de réhabilitation s'est faite dans un but purement industriel; on montre les trépassés, à demi enveloppés de leurs robes noires, à qui veut payer pour les voir. Une douzaine de ces effrayantes figures prouvent combien l'homme est poudre tout en conservant la forme humaine à un degré extraordinaire. Il est encore possible de discerner, sur ces visages détruits, l'expression qui fut la dernière; ces moines, ombres d'eux-mêmes, sont presque tous d'une haute stature; le fond du caveau est rempli par des débris trop informes pour servir à l'étalage : c'est le rebut de ces os desséchés, dont les hôtes immortels revivront au dernier jour.

Le cimetière de Bonn mérite d'être vu. Son plus bel ornement est une chapelle gothique, transportée de l'autre côté du Rhin et d'une architecture délicieuse : ce mot peut sembler mal choisi, mais il rend bien le caractère de ces voûtes, de ces piliers d'une élégance parfaite et d'un caractère doux et grave à la fois ; c'est un je ne sais quoi qui satisfait entièrement : les modernes devraient chercher à multiplier ce beau modèle qui tombait en ruine et qu'une habile restauration a mis en état de traverser de nouveaux siècles. Le caractère général des pierres sépulcrales, fort nombreuses dans ce champ du repos, c'est la grandeur et la lourdeur; les pauvres morts sont écrasés sous des blocs longs ou carrés d'une épaisseur formidable : de fortes chaînes les entourent. — Peu de passages de la sainte Parole sur les tombeaux allemands; les Anglais puisent presque toujours dans ce trésor les citations qui expriment leurs espérances; on rencontre partout les traces muettes de cette nation voyageuse. On remarque le tombeau érigé à Guillaume Schlegel orné d'un profil en cuivre brillant et sec ; celui du théologien Hermès, qui a fait école et qui, infidèle au Pape, paya de sa chaire de professeur ses idées anti-romanistes; une femme et un enfant, la veuve et l'un des fils de Schiller, reposent près l'un de l'autre; le monument que le roi de Prusse a fait ériger à Niebuhr, son instituteur, est le plus marquant dans ce vaste cimetière. Mme Niebuhr a suivi de près son mari; ils sont ensevelis ensemble et représentés,

par deux petites figures en marbre, en face l'une de l'autre et sculptées avec une rare délicatesse. Le Roi a prodigué les passages de la
Bible en homme qui connaît les richesses du livre sacré; il y a dans
tout ce monument une exhubérance extraordinaire : c'est à coup sûr
une preuve de respect et d'attachement.

Et maintenant, il faut terminer cette longue lettre, liée au souvenir
du professeur de Bonn qui vient d'achever sa grande tâche historique,
au travers de ses travaux littéraires, nombreux et compliqués, et de
la vie nouvelle qui le fixe loin de nous. La conclusion du 18me volume
contient tant de passages remarquables et cités par les journaux allemands comme applicables à tous les peuples autant qu'à notre Suisse,
qu'il est difficile d'en choisir quelques-uns ; les belles pages qui résument les avantages dont a joui et jouira peut-être encore notre patrie
montreront combien M. Monnard demeure attaché au sol natal et combien il est loin de désespérer de l'avenir (pages 536-39).

« Dans la morale des nations et des individus la question du devoir
précède celle du *bonheur;* l'un est le principe, l'autre la conséquence :
mais du bonheur, quand c'est celui de tous, résultent aussi des devoirs pour la société et pour ses membres. Que les Suisses comparent
l'ensemble de leur situation avec la situation d'autres peuples, ils se
convaincront qu'il n'en est guère qui réunissent autant de conditions
de félicité. Position centrale qui met le pays en contact avec trois
grandes nationalités ; les nationalités française, italienne et allemande,
avec trois grands peuples intelligents et actifs : température moyenne
et salubrité, variété de climats qui fait découvrir en peu d'heures les
plantes de la Sicile et celles de la Laponie ; richesses d'eaux, lacs,
fleuves, rivières, ruisseaux, sources minérales et thermales ; plaines
qui se couvrent de moissons, vallées herbeuses, collines tapissées de
vignes, montagnes aux gras pâturages, tour à tour remparts et décorations : beautés de la nature, qui rendent tributaires de la Suisse
l'admiration de l'Europe et de l'Amérique : sol assez fertile pour ré-
compenser le travail, pas assez pour en dispenser ; population saine,
vigoureuse, ardente à l'ouvrage des bras et de l'intelligence : réunion
de tous les genres de vie et d'occupation : villes enrichies par le commerce ; industrie dont les tissus rivalisent avec ceux de l'Angleterre,
qui couvre la nudité des nègres du Brésil, reporte à la Chine des soies
fabriquées, envoie ses montres et ses bijouteries dans les deux mondes et les fait pénétrer dans le sérail du grand Turc, villes et villages
entremêlés pour l'avantage de la culture intellectuelle et en plus grand
nombre que dans aucun autre pays : presque partout l'image de l'aisance ; moyens de transport et de communication, routes modèles
jusqu'à la région des hautes Alpes ; hôpitaux, asiles, établissements
de bienfaisance ; instruction populaire répandue même dans les derniers hameaux, culture des sciences, renommée littéraire : institutions
militaires et vaillance, armée qui, au premier appel, sort de terre

instruite, organisée, disciplinée : gouvernements toujours vigilants dans les cantons, union fédérale croissante : toute la vie publique entretenue, toutes les créations publiques obtenues à l'aide de faibles impôts ; l'argent que paie le peuple employé pour le bien du peuple : salaire dont la modicité entretient le dévouement ; hautes magistratures entourées de respect dans leur simplicité ; ni fonctionnaires gorgés d'or, ni moyens officiels de corruption, ni luxe de cour, ni apanages de princes : pour toute pompe, pour toute majesté, pour tout ressort de la vie politique, la liberté, et pour père et protecteur de la liberté, ce Dieu que le peuple adore dans les temples magnifiques des cités, dans les blanches églises des villages, dans les rustiques chapelles qui décorent le flanc des rochers, sous le toit du riche et du pauvre, dans les salons et dans les chaumières ; telle est la Suisse. Quel Suisse, à la pensée de sa patrie, ne s'émeut d'une émotion de reconnaissance et ne s'écrie : *Le pays que l'Eternel notre Dieu nous donne est bon......*

...... Touchés des faveurs dont la nature et la liberté comblent cette terre privilégiée, que ses habitants sachent apprécier leur bonheur et le respecter. Le compromettre incessamment par des querelles, troubler le règne de la paix pour le moindre dissentiment, le règne de la liberté par de mesquines tyrannies, interrompre le cours du travail et de l'industrie par des agitations sans motif, jeter des semences de discorde dans les autres Etats, au lieu de faire mûrir à l'intérieur les fruits de la république, c'est méconnaître le devoir qui naît pour la Suisse de sa félicité : c'est la rendre ingrate envers la Providence...

..... O peuple suisse ! humilie-toi, mais ne t'avilis pas. Descends des hauteurs de l'orgueil, mais non pas dans la fange. Grandis en t'inclinant devant le seul Etre de qui toute grandeur émane. La liberté elle-même, la plus puissante des puissances de la terre, n'est inébranlable sur son trône resplendissant, à la cime des Alpes, qu'à la condition qu'elle se reconnaisse fille de Dieu. »

Le nombre des étudiants suisses à l'Université de Bonn s'étant augmenté, nous croyons faire plaisir à nos lecteurs en leur offrant une note écrite par M. Monnard, dont le nom y figurerait avec honneur si elle n'était due à sa plume.

UNIVERSITÉ DE BONN EN 1850.

THÉOLOGIE CATHOLIQUE.

Dieringer, esprit lucide, ferme, ardent, soutien de la cause catholique, exerce un grand empire sur la jeunesse.

Floss, privat-docent ; esprit fier et large, fort savant, marquera dans l'histoire ecclésiastique.

THÉOLOGIE PROTESTANTE.

Bleck, un des exégètes les plus savans de l'Allemagne, et qui inspire à la jeunesse une confiance illimitée par son érudition solide et son esprit impartial.

Dorner, successeur de Nitzsch, a déjà pris un rang éminent parmi les théologiens systématiques par un ouvrage, et s'y affermit de jour en jour davantage par son enseignement. Il prend une part active à l'administration de l'Eglise rhénane, comme membre du consistoire provincial.

Rothe, théoricien aussi, moraliste du premier ordre, enseigne la bonne prédication dans ses leçons et par son exemple comme prédicateur de l'Université.

Krafft, privat-docent, connu par le voyage qu'il a fait en Terre sainte avec son cousin Strauss, fils du prédicateur de la cour, enseigne de la manière la plus distinguée l'histoire ecclésiastique et déploie un grand zèle pour l'Eglise, entr'autres dans la *Monatsschrift für die evangelische Kirsche der Rheinprovinz und Westphalens*, dont il est un des rédacteurs.

FACULTÉ DE DROIT.

Walter, aujourd'hui membre de la première chambre, est une autorité dans l'Allemagne catholique, par son enseignement et par le *Manuel* qu'il a publié et qui en est à sa 9ᵐᵉ édition.

Böcking, l'un des hommes les plus savans en droit en et philologie, bibliothèque vivante, esprit lucide et incisif, romaniste de renom.

Bauerband, consulté de toutes parts pour le droit pratique, homme d'une grande autorité par son sens droit et par la droiture de son caractère. Il a refusé le porte-feuille de la justice en 1848, alors qu'il était député à Berlin. Il enseigne surtout le droit rhénan.

Sell, un des professeurs les plus aimés et les plus propres à inspirer aux jeunes gens qui entrent dans la carrière, l'amour de l'étude du droit.

Blume, aujourd'hui recteur, après l'avoir été de l'université de Halle si jeune, qu'il fut pris pour un étudiant ; jurisconsulte savant, fin, lucide, explique, comme Sell, les Institutions et les Pandectes et enseigne aussi l'encyclopédie du droit et la méthodologie, ainsi que le droit ecclésiastique protestant.

Perthès, *Deiters*, *Hœlschner*, tous trois distingués dans le droit germanique. *Perthès* et *Hœlschner*, esprits éminemment lucides et profonds, ordinairement choisis pour instruire les princes.

FACULTÉ DE MÉDECINE.

Parmi les professeurs d'une renommée déjà ancienne, *Nasse*, plus que septuagénaire, enthousiasme encore à cette heure 200 auditeurs par son cours d'anthropologie.

· *Wutzer*, connu comme chirurgien et médecin dans toute l'Allemagne, attire de fort loin des malades qui viennent le consulter; son coup-d'œil diagnostique est étonnant.

Kilian, célèbre comme professeur d'accouchement.

FACULTÉ DE PHILOSOPHIE.

Brundis, ami de Cousin, célèbre comme historien de la philosophie. On attend de lui un grand travail sur Aristote. La langue grecque lui est familière, il a voyagé en Grèce.

Plücker, mathématicien et physicien, s'est fait depuis peu un nom européen par ses découvertes relatives à l'action du fluide électro-magnétique sur les cristaux et la cristallisation.

Argelander, l'ami du roi, astronome de renom ; aujourd'hui secondé dans ses travaux par un jeune Bernois, naguère son disciple, Henzi, fils de feu le professeur de Dorpat.

Nœggerath, fort connu dans la minéralogie, comme *Gustave Bischoff* dans la chimie, et *Treviranus* dans la botanique.

Quelques jeunes savans marquant déjà : *Heine* dans les mathématiques, *Troschel* dans la zoologie ; *Römer*, qui a séjourné plusieurs années au Mexique, dans la géognosie.

Pour l'histoire et les sciences politiques les noms d'*Arndt* et de *Dahlmann* brillent au loin, *Arndt* jeune homme de 80 ans. Mais nul ne surpasse en sagacité, en vues générales et fines en même temps le prof. *Lœbell*, aujourd'hui pro-recteur de l'Université. Le 1er volume de sa *Weltgeschichte in Umwissen und Ausführung*, est un des livres les plus neufs dans cette matière rebattue. Toute l'Allemagne savante en sollicite la continuation.— Le vieux et modeste *Berad* est un des savans les plus versés dans la science héraldique.

Aschbach, professeur catholique d'histoire, est estimé comme auteur de plusieurs ouvrages et comme éditeur d'une encyclopédie historique dont la publication se poursuit. Ses leçons sont fort estimées.

De l'aveu à-peu-près général, l'Université de Bonn est la première de l'Allemagne pour l'ensemble de la philologie ancienne, moderne et orientale, quoique d'autres universités possèdent des hommes du premier ordre dans cette branche. Nulle part on ne trouve un ensemble aussi complet.

Welcker, en tête, jouit d'une considération universelle pour la fécondité de ses idées, la nouveauté de ses points de vue et sa perspicacité dans l'étude de la mythologie, de la poésie et de l'art chez les anciens.

Ritschl, l'un des rois de la critique allemande, savant, incisif, plein de sagacité, publie enfin son *Plaute*, auquel il travaille depuis nombre d'années et pour lequel il a entrepris des voyages en France et en Italie.

Ritter, dont l'édition de Tacite récemment publiée par un éditeur d'Oxford est l'une des plus savantes et des plus complètes.

Parmi les élèves de ces hommes, l'Université a récemment accueilli avec joie, comme privat-docent, le docteur *Bernays,* fils d'un grand rabbin de Hambourg, jeune homme qui a tout lu, qui lit tout en plusieurs langues et de qui l'on conçoit les plus belles espérances.

Freytag, est l'orientaliste de l'Europe qui a le plus lu d'écrivains arabes.

Lassen, l'homme qui connaît le mieux, dit-on, les divers idiomes de l'Inde, surtout le sanscrit, et qui unit à ce savoir une grande pénétration.

Diez, a révélé quelques mystères de la formation des langues romanes et leurs lois intimes, même aux savans des nations qui parlent ces langues.

Delius, privat-docent, a étudié à fond ces mêmes langues et celle de l'Angleterre.

Lœbell , applique à la littérature allemande les dons éminens qu'il a déployés dans l'étude de l'histoire. Pour ces deux branches, il est un des professeurs dont les princes recherchent le plus les leçons.

En ne nommant pas tous les 48 professeurs ordinaires, les 16 extraordinaires et les 14 privat-docent, on n'entend pas nier le mérite de ceux qui ont été jugés dignes d'être associés dans cette institution aux hommes plus éminens qu'on vient de passer en revue.

CHRONIQUE

DE LA

REVUE SUISSE.

—

DÉCEMBRE.

Nous avons assez dit et redit sur tous les tons pour nous dispenser de le répéter, qu'à voir la situation dans les faits, la lutte et l'égoïsme acharné des partis, et à la creuser dans son esprit, l'absence non-seulement de foi, mais d'idées nouvelles, elle ne pouvait se terminer que par la force ou l'anarchie. C'est la force qui est venue. Le 2 décembre au matin, elle a éclaté comme un coup de foudre si fort, si retentissant, si unique, que malgré tous les présages possibles, et bien que l'on crût s'attendre à tout, il n'en a pas moins fait l'effet d'être inattendu.

Etrangers, et simples spectateurs des événemens, nous n'avons pas à les juger dans la manière dont ils se sont produits, ni dans ce qui en est résulté jusqu'à présent; et personne ne peut dire encore ce qui en sortira de définitif pour l'avenir. Quant à leurs causes prochaines, nous les avons souvent et longuement exposées; nous avons suivi pas à pas l'impasse où l'on était acculé, le Président tout le premier; et parmi les projets qui s'agitaient en lui ou autour de lui pour sortir de cette position, on a pu voir, dans notre dernière *Chronique*, que nous indiquions aussi quelque chose d'analogue à celui auquel on s'est arrêté. « La situation, disions-nous, pourra-t-elle se passer toujours d'extraordinaire, et Louis-Napoléon ne voudra-t-il pas en faire à tout prix? » On ne peut nier maintenant que l'extraordinaire ne soit venu, et nous devons ajouter, si nos renseignemens ne nous trompent pas, que le Président en a pris lui-même la responsabilité, qu'il a suivi ses

R. S. — DÉCEMBRE 1851.

53

propres inspirations et n'a cédé à l'influence de personne dans ce qu'il a fait, pas même à celle de M. de Persigny.

Moyennant ce correctif et ce qu'il suppose, moyennant le jour nouveau qu'il donne sur le caractère du principal acteur du drame et sur les événemens, nous pouvons donc nous en tenir à l'analyse que nous avons présentée de la situation dans nos précédens numéros : la lutte toujours plus concentrée entre les deux pouvoirs, et l'idée d'un double appel du Président à la force et au peuple, pour terrasser d'un côté ses adversaires parlementaires et dynastiques, de l'autre, les socialistes, qui lui donnaient beau jeu par leurs tentatives prématurées dans les départemens du Centre, notamment dans le Cher. C'est de là qu'il faut partir pour se mettre au point juste de ce qui a suivi. Quant aux détails et aux anecdotes, outre qu'ils sont mal connus encore et mêlés de toutes sortes de faux bruits, le moment de les dire n'est pas venu. Ainsi, bornons-nous à un court sommaire et à l'ensemble des faits.

Le mardi 2 au matin, quand parurent les proclamations décrétant la dissolution de l'Assemblée nationale, l'appel au peuple, le rétablissement du suffrage universel et la mise de Paris en état de siége, avec l'arrestation des principaux chefs parlementaires et des généraux Cavaignac, Lamoricière, Bedeau et Changarnier, ce fut un tel étonnement que ceux qui n'avaient pas vu les proclamations affichées ne voulaient pas croire ce qu'on leur en disait. Non que l'on ne fût amplement préparé à l'idée d'un coup d'état; mais on en parlait depuis si long-temps, pour le voir toujours reculer, que l'on s'était fait à la pensée de le voir reculer encore, tant que l'on ne serait pas au dernier terme de l'échéance fatale de 1852.

L'impression dominante fut donc celle de l'étonnement, mais de l'étonnement plutôt que de la stupeur. Il s'y mêlait même, nous devons le dire, dans cette masse du public qui, sans être absolument indifférente, n'appartient cependant pas en propre à tel ou tel parti, il s'y mêlait cette sorte de satisfaction vague que l'on éprouve à être délivré d'un poids lourd et pénible, n'importe comment. Dans les rangs du peuple, d'ailleurs, le rétablissement du suffrage universel avait de prime abord réconcilié avec le coup d'état un grand nombre d'esprits. L'extrême impopularité de la Chambre et les projets qu'elle passait pour nourrir contre le Président, agissaient aussi dans le même sens. « Ils étaient manche à manche, disait-on, ils voulaient le mettre dedans, mais il les a gagnés de vitesse, et c'est lui qui les y a mis. » Voilà ce que nous avons entendu dans maints groupes, en parcourant les quais depuis la Bastille jusqu'aux Champs-Elysées. Il s'y joignait même, de la part d'ouvriers, des paroles d'approbation positive. Quelques-uns seulement leur criaient au passage : « Eh, allons donc,

Ratapoil (¹)! » et nous recueillîmes aussi cette observation de l'un
d'eux, dans laquelle on retrouve toute l'intelligence fine et précise de
l'ouvrier parisien : « On ne peut rien dire encore : le suffrage universel et l'état de siége, c'est le feu et l'eau, cela ne va guère ensemble.»
Mais ce genre d'observations critiques était manifestement en minorité. Des gamins même, ces fameux gamins de Paris, dont deux ou
trois qui s'étaient montrés hostiles, furent, pour toute punition, dé-
shabillés et fouettés en public par l'ordre d'un général, des gamins,
les jours suivans encore, en lisant les proclamations contre les insurgés, exprimaient par des signes visibles leur satisfaction des mesures
prises, et leur accordaient de la manière la plus formelle leur haut
assentiment.

L'après-midi de ce premier jour, les groupes devinrent déjà plus
animés et quelques-uns d'une manière inquiétante. Nous en vimes un,
sur les boulevards, se porter au devant d'un aide-de-camp du Président pour le forcer à crier Vive la République! et celui-ci, s'y étant
refusé, fut obligé de rétrograder. Dans un autre, un homme qui avait
crié Vive Napoléon! reçut un soufflet. Du reste, les groupes demeuraient généralement inoffensifs.

Mais le lendemain, mercredi 3, les symptômes d'opposition se pro-
noncèrent. Le mode de voter, par lequel on devait apposer sur un registre ouvert son nom et son adresse, avait évidemment produit un
fâcheux effet, refroidi beaucoup de monde, prêté aux commentaires,
et fourni une anse à l'agitation un moment décontenancée. Un commencement de lutte et des semblants de barricades se montrèrent,
soit dans le faubourg Saint-Antoine, où s'étaient transportés des représentans de la Montagne et où l'un d'eux, M. Baudin, fut tué, soit
dans ce quartier épais, véritable fourré de maisons, qui relie entre
elles les rues Saint-Denis et Saint-Martin, les deux grandes artères populaires de la capitale. Ces premières tentatives furent promptement
étouffées. La nuit se passa dans la plus parfaite tranquillité. Passé dix
heures, dans les quartiers réputés insurrectionnels, le calme était si
profond, qu'il en était presque effrayant.

Le jeudi 4 au matin, la journée paraissait devoir être tranquille. On
savait qu'il y avait cent mille hommes de troupes à Paris, des plus
belles et des mieux disposées. La résistance était impossible, à moins
d'un soulèvement général, d'un véritable débordement populaire; or
la masse de la population ne témoignait évidemment aucun sentiment
qui eût cette portée. A ce sujet, nous renvoyons à ce que nous avons
dit, cette année et l'année dernière, de l'état d'atonie générale et d'é-
puisement révolutionnaire, épuisement dont nous avons suivi le progrès et indiqué les causes matérielles et morales, à dater de son point

_____

(¹) Sobriquet donné aux bonapartistes, membres de la société du Dix-
Décembre.

de départ, les journées de Juin. Les ouvriers étaient *mous*, pour employer l'expression de ceux-là même qui auraient peut-être mieux aimé qu'ils ne le fussent pas. Une personne qui a des relations d'affaires au faubourg Saint-Antoine nous rapporta ce que lui avaient dit, dans la matinée de jeudi, des ouvriers influens de ce faubourg. Leurs chefs étaient parvenus à contenir même les impatiens et les ardens : ils ne voulaient pas se soulever, ils attendraient ce que feraient les départemens. L'issue de l'engagement de la veille leur avait paru d'un mauvais augure, ils ne se sentaient pas de la chance, et, pendant la nuit, la retraite des troupes dans leurs quartiers, l'évacuation des places où elles avaient stationné pendant la journée, tout cela, et le calme et le silence, leur avait fait l'effet d'un piége. Ils étaient donc résolus à se tenir coi, et en réalité, soit froideur, soit prudence, réfléchie ou forcée, ils ne bougèrent pas. Il parut bien une proclamation sévère contre les attroupemens, annonçant qu'ils seraient dispersés *sans sommations*, et recommandant aux citoyens paisibles de rester au logis ; mais on y vit surtout une mesure de précaution générale, et on la rapporta plutôt à ce qui s'était passé la veille, qu'à quelque nouvel et prochain essai d'insurrection. Croyant donc qu'il n'y aurait plus rien de grave, beaucoup de personnes se rendirent dans des quartiers éloignés où les appelaient leurs affaires, ou s'y attardèrent par curiosité ; elles en furent cruellement punies, les unes s'étant vues prises par la fusillade, les moins maltraitées n'ayant pu rentrer chez elles de la journée ni de la nuit.

Tout à coup, en effet, depuis midi, on apprit qu'on se battait dans le centre de la ville, dans la rue Rambuteau et aux alentours, principalement vers la porte Saint-Denis. Tout ce milieu de la rive droite, compris entre les rues du Temple, Rambuteau et Montmartre, fut bientôt cerné par les troupes, sur les quais et sur les boulevards. D'autres colonnes, reliées à celles-là, surveillaient ou parcouraient les boulevards extérieurs et les trois grands faubourgs populaires du Temple, de Saint-Antoine et de Saint-Marceau, qui, d'ailleurs, continuèrent à rester tranquilles et ne donnèrent pas.

Au centre, le foyer de l'incendie était donc cerné et coupé. Les troupes y pénétrèrent. Un certain nombre de barricades s'y étaient élevées ; peu redoutables pour la plupart, et peu ou presque point défendues, elles furent bientôt balayées. Celle de la porte Saint-Denis donna le plus de peine ; il fallut y revenir à plus d'une fois. Celle de la rue Phélippeaux était gardée par vingt jeunes gens en blouse ou en habit : ils se firent tous tuer jusqu'au dernier. Nous savons d'un témoin oculaire, assistant à cette terrible scène de la croisée de son appartement, que le chef de la barricade, un grand et beau jeune homme, voyant tous ses compagnons tués ou blessés, et achevés par les assaillans, se mit lui-même dans l'embrasure d'une porte, et, ramenant ses bras derrière son dos, cria aux soldats : Fusillez-moi! Il tomba à l'instant.

. Des alentours de la rue Saint-Denis l'insurrection avait paru vouloir plutôt pousser en avant, vers les quartiers riches, qu'en arrière, vers les quartiers populaires. Elle essaya même de soulever quelques flots de pavés aux abords de la rue Montmartre et dans la rue Saint-Honoré. Sur les boulevards, des coups de feu partis des maisons exaspérèrent les soldats, déjà très-animés. Les corps qui les avaient reçus ripostèrent, et ce fut aussitôt une longue traînée de feux de pelotons sur toute la ligne des boulevards, depuis celui de Bonne-Nouvelle près la porte Saint-Denis jusqu'à celui des Italiens. Les troupes qui occupaient cette ligne firent pleuvoir de proche en proche une grêle de balles contre toutes les croisées. On employa même le canon. De superbes maisons furent endommagées. Des volées de balles atteignirent aussi à l'improviste les curieux ou les passans dans les rues latérales. Là, aux fenêtres, et jusque dans l'intérieur des appartemens, plusieurs personnes inoffensives furent blessées ou tuées. On nous cite dans le nombre des morts, et d'après une source authentique, deux voyageurs étrangers, l'un Italien, l'autre Polonais, qui ne faisaient que d'arriver. Ce sont ces fusillades imprévues, et dont la première origine n'est pas bien démêlée encore, qui ont donné surtout un caractère sinistre à cette troisième journée.

Dans la nuit, tout le terrain de l'insurrection fut déblayé, et dès le matin la circulation était rétablie. Ce jour-là, vendredi 5, les troupes, complétement maîtresses du terrain, n'eurent plus qu'à nettoyer quelques quartiers éloignés et de la banlieue, où l'insurrection s'enfuyait.

Toute résistance avait cessé, et, pour achever de calmer les esprits, Louis-Napoléon, par une proclamation affichée dès le matin, substituait au vote à livre ouvert le scrutin secret.

Bien qu'il y ait eu plus de sang versé qu'on ne pouvait s'y attendre au commencement, et principalement peut-être parmi les curieux et les gens bien mis, cette tentative d'insurrection, à voir les choses de près, a donc été au fond assez faible. Cela tient non-seulement à l'habileté et à la fermeté des mesures matérielles, à l'arrestation préalable des généraux et des principaux chefs parlementaires, mais encore et surtout, comme nous l'avons expliqué depuis long-temps, à la déconsidération profonde où étaient tombés les partis, l'Assemblée et la presse, à la lassitude que l'on éprouvait de leurs égoïstes débats, et en général, au caractère de la situation et au désillusionnement des esprits.

Puis sont venues les nouvelles de la province. Au lieu de ces grands soulèvemens, même militaires, qui, à en croire les rumeurs des premiers jours, devaient avoir éclaté dans les principaux centres, à Lyon, à Nantes, à Bordeaux, il n'y a eu jusqu'ici qu'une traînée de petites insurrections partielles. Fallût-il admettre quelque exagération, officielle ou autre, dans les récits qu'en donnent les journaux du pouvoir, il parait bien cependant qu'elles ont eu plus ou moins ce caractère sauvage et pillard qui s'était déjà manifesté dans les troubles du Cher. Voilà, dit-on, ce dont nous menaçait 1852 : la guerre sociale et la jacquerie. Ces insurrections achèvent donc de donner beau jeu à Louis-Napoléon, de l'affermir dans ce qu'il a fait et de mettre de son côté l'avenir.

Reste maintenant le vote. Il aura lieu au scrutin secret par *oui* et par *non*, mais sur les propositions dont le Président a accompagné la dissolution de l'Assemblée, savoir : un pouvoir exécutif fort, un chef de l'Etat nommé pour dix ans, un ministère dépendant de lui seul, et un corps législatif composé de deux chambres. Il est plus que probable que Louis-Napoléon aura une forte majorité dans les départemens. Peut-être même l'aurait-il eue avant sa victoire, et maintenant c'est le cas ou jamais de répéter l'adage : Rien ne réussit comme le succès.

L'opposition par un vote négatif se manifestera surtout à Paris, car il est incontestable que nombre de gens y font le poing dans leur poche. Cependant, par cette grande raison du succès, par crainte de nouveaux troubles, par peur de voir se relever la perspective de 1852, il y en a beaucoup aussi qui non-seulement *admettent*, mais qui *admirent*, et vous en rencontrerez même de tout prêts à dire, et quelques-uns disant réellement, que l'oncle est dépassé par le neveu. Outre les partisans, voilà déjà les flatteurs qui commencent. Selon toutes les probabilités, pour ne pas dire plus, il ne manquera donc ni de pouvoir ni de force. Louis-Napoléon a pris la responsabilité d'appliquer à la France, aussi bien qu'à sa propre situation, un remède héroïque. Il n'est plus temps de discuter le remède : il ne reste qu'à souhaiter qu'il en sorte une amélioration réelle, et non un plus grand mal. Et le succès, ici, ne consistera pas seulement à se maintenir au pouvoir.

En nous tenant, suivant notre rôle, au point de vue purement historique, notre impression finale est celle-ci : Une nouvelle ère commence. Sans prétendre en juger le caractère, ni la durée, ni les fruits; et à cet égard nous ne croyons pas que les mains de l'homme lui seul puissent jamais planter l'arbre de vie, cette ère qui s'ouvre nous semble se dessiner par deux traits significatifs : d'un côté l'importance de la force, de l'élément militaire, de l'armée, avec laquelle il sera impossible de ne pas compter désormais et qui est devenue tout à coup le vrai peuple, le véritable électeur; de l'autre, la chute du régime parlementaire et bourgeois. Ce régime, il faut le reconnaître, n'a jamais pu bien s'acclimater en France; il semble qu'il ne soit pas fait pour l'esprit français, qui ne s'accommode pas de ses fictions ni de ses formes lentes et compliquées : et pourtant, d'autre part, il y a dans l'esprit français une telle liberté, une telle franchise d'idées, d'action et de vie, que la tuer cette franchise, si l'on y parvenait jamais, ce serait tuer la France, lui ôter son ressort, son originalité, sa grandeur. Nul peuple ne présente donc un problème social plus difficile à résoudre, car il a un besoin non moins impérieux de liberté que d'unité : au seul point de vue humain, il lui faut ces deux pôles, pour prendre son équilibre et retrouver un cours à la fois tranquille et fort.

— Le principal organe du pouvoir, la *Patrie*, contenait un article qui a passé inaperçu du plus grand nombre, car il a paru le 3 décembre, au début des événemens ; le moment même de sa publication le rendait cependant déjà très significatif ; il l'est encore plus si, comme on nous l'assure, il vient de la même plume qui a signé les actes du coup d'Etat.

Cet article, qui parait maintenant en brochure, est intitulé : *La Révision de la Constitution*. Divisé par paragraphes numérotés, serré et soigné dans la forme, il tend à démontrer, par des considérations historiques, que le régime parlementaire, importation anglaise, ni le régime américain ne conviennent à la France, et sont contraires à son esprit et à son histoire. Il se prononce pour le système *représentatif*, inauguré en 1799 et définitivement établi en 1804 par Napoléon. Ce système a pour rouages : un pouvoir central, élevé, libre et fort, avec des ministres ne relevant que de lui et qui, ne paraissant pas même aux assemblées, ne sont pas obligés d'être à la fois des orateurs et des hommes d'Etat ; un Conseil d'Etat, composé des capacités législatives les plus éminentes, qui discute et élabore les projets de loi ; un Corps Législatif, qui les accepte ou les refuse, ou les renvoie au gouvernement, après une discussion contradictoire avec les commissaires du Conseil d'Etat ; un Sénat qui les examine à son tour au point de vue constitutionnel, et en propose au chef du gouvernement la promulgation ou la non promulgation ; enfin, le chef du gouvernement les promulguant et les faisant exécuter par des ministres qui n'ont rien à discuter avec le Corps Législatif, et qui peuvent ainsi administrer le pays, en dehors de toute préoccupation parlementaire.

Parmi les considérations sur lesquelles s'appuie l'article, voici quelques-unes de celles qui en résument la pensée générale ; en présence du vote d'où doit sortir un nouveau gouvernement, elles valent assurément la peine d'être méditées.

« Le caractère et le génie propres de la nationalité française, et la tendance constante et uniforme de son histoire, fut l'élévation graduelle du pouvoir central et l'effacement successif des pouvoirs partiels ou locaux ; qu'ils eussent pour dépositaires la bourgeoisie ou la noblesse, le clergé ou les parlemens ; et la dernière lutte de la monarchie contre la féodalité, dans laquelle d'ailleurs toutes deux périrent par l'intervention inattendue de l'esprit et des ambitions révolutionnaires, se termine, [néanmoins, non-seulement par la victoire, mais encore par l'exagération du pouvoir central. Ainsi la révolution française, qui renversa le trône, qui détruisit la noblesse, qui dépouilla le clergé, brisa en effet tous les instrumens de l'ancien régime; mais elle accomplit, sans s'en douter, l'œuvre providentielle commencée par la royauté depuis tant de siècles, c'est-à-dire l'abaissement de la féodalité et la centralisation du pouvoir.....

» En présence de cette tendance constante du pouvoir central à s'élever, à s'accroître, qui est le caractère propre et distinctif de la marche politique de la France, on est donc forcé d'avouer que ce fut méconnaître complétement les tendances historiques du pays, ses traditions, ses mœurs, le génie de son gouvernement, que de lui donner, en 1815, les institutions de l'Angleterre. L'histoire prouve que la marche politique de l'Angleterre fut toujours entièrement différente de la marche de la France; et ce qui fut chez nous l'œuvre de l'initiative et des efforts de la royauté, fut chez les Anglais l'œuvre de l'initiative et des efforts de l'aristocratie.

..... » De même qu'un pouvoir central élevé et libre est conforme au développement historique de la France, à son existence et à son génie comme nation, de même un pouvoir royal modéré, dominé, dirigé par les grands corps de l'Etat, est propre à l'histoire, à la tradition et au caractère politique de la Grande-Bretagne.

..... » Quel que soit le gouvernement qu'un peuple se donne, monarchique, constitutionnel ou républicain, l'une de ses premières et fondamentales nécessités, c'est d'avoir de l'esprit de suite.

» Dans un pays monarchique ou aristocratique, l'esprit de suite résulte de l'existence même de ces grands corps traditionnels qui reçoivent et perpétuent la pensée des administrations antérieures.

» Dans les pays démocratiques, et quel que soit le nom donné au chef du gouvernement, l'esprit de suite ne saurait venir que de ce chef lui-même, puisque tout est mobile, variable, transitoire autour de lui.

» Mais, pour que le chef de ce gouvernement démocratique puisse mettre dans la direction des affaires publiques de l'unité et de l'ensemble, il faut non-seulement qu'il ait un système, mais qu'il soit armé des moyens nécessaires pour le faire prévaloir.

..... » Tout ce que nous venons de dire de la nécessité d'un pouvoir central élevé, libre et fort, imprimant une direction commune et générale aux affaires publiques, en mettant de l'esprit de suite dans leur gestion, s'applique également et à la république et à la monarchie; car le nom donné à la machine importe peu, quand les rouages et les ressorts sont les mêmes.

..... » Un des vices capitaux du système parlementaire, ce n'est pas seulement d'imposer aux ministres l'obligation chimérique d'être tout à la fois de grands orateurs et de grands hommes d'Etat; ce n'est pas seulement d'avoir concentré, dans leurs mains, une foule de fonctions élevées, qu'il est physiquement et moralement impossible à aucun homme au monde de remplir à la fois.

. » C'est encore d'avoir, par cette inintelligente répartition du pouvoir, découragé ou irrité les ambitions les plus légitimes. Quelques portefeuilles de ministres, pour servir de but à toutes les ambitions, à tous les talens, à toutes les capacités politiques d'un grand pays comme la France, mais c'est le comble de l'imprudence ! C'est vouloir qu'au lieu de servir le pays, toutes les intelligences ne soient employées qu'à l'œuvre stérile et affligeante d'attaquer le pouvoir pour le conquérir.....

» C'était donc avec une grande habileté, avec une grande connaissance du cœur humain et du caractère de notre société, que le législateur de l'an VIII et de l'an XII avait élargi le cercle des hautes fonctions, en y appelant tous les talens, toutes les supériorités : qui, dans le sénat ; qui, dans le conseil d'Etat ; qui, dans les ministères.....

» Quand on songe que ces institutions, créées par un grand homme, institutions qui peuvent convenir aussi bien à la république qu'à la monarchie, car le caractère du chef de l'Etat est indépendant du système ; quand on pense que cette œuvre du plus grand génie des temps modernes a été abandonnée pour de misérables contrefaçons anglaises ou américaines, faites par d'obscurs avocats, d'obscurs journalistes, d'obscurs écrivains, c'est à confondre la raison humaine.

..... » L'histoire de ces soixante dernières années prouve qu'en un pays comme la France, rempli de partis contraires, d'ambitions infatigables et inassouvies, les assemblées, livrées aux luttes intestines des coalitions et des coteries, sont incapables de se diriger elles-mêmes, à plus forte raison de diriger le pouvoir central, qu'elles mènent infailliblement à l'abîme. Charles X et Louis-Philippe, précipités du trône par des coalitions parlementaires, èt les deux révolutions du 29 juillet 1830 et du 24 février 1848, amenées par des assemblées qui ne savaient pas toute l'étendue du mal qu'elles faisaient, sont des faits de nature à défier la contradiction et à écarter le doute.

» Ce serait donc une chose insensée autant qu'inutile, après ces trois expériences, d'en commencer une quatrième, avec les mêmes données. Son résultat nécessaire est connu d'avance.

» Tout pouvoir qui s'établira avec les fictions constitutionnelles et l'omnipotence parlementaire, est inévitablement un pouvoir perdu, quoi qu'il fasse ; — qu'il se résigne comme Louis XVI, qu'il se cabre comme Charles X, ou qu'il ruse comme Louis-Philippe : et la France pourra se préparer à une quatrième révolution, qui sera probablement la dernière, parce que la société y périra. »

— La presse, ce troisième pouvoir de l'Etat, comme on l'appelait quelquefois, a été aussi frappée par la révolution qui vient de s'accomplir : elle partage le sort du régime parlementaire. Plusieurs journaux ont été suspendus, du même coup qui décrétait la dissolution de la Chambre et l'arrestation provisoire des principaux représentans. D'autres qui ne l'étaient pas, se sont tus quelques jours ; ils commencent timidement à reparaître, mais, comme leurs confrères, ils se bornent à copier les journaux du pouvoir et à reproduire les actes officiels. Des feuilles étrangères ont été prohibées, et le correspondant du *Morning-Chronicle* à Paris a reçu l'ordre de quitter la France. M. Emile de Girardın déclare qu'il est désormais étranger à la rédaction et à la direction de la *Presse*, laquelle passe en d'autres mains. Le *Charivari*, la politique, dit-il, étant difficile à aborder, va se tourner du côté des études de mœurs, d'art et de littérature. Le malheur est qu'en ce moment il y a moins de littérature que jamais : est-ce peut-être que, pour s'amuser à lire ou à écrire, il faut bien avoir à penser, mais pas trop?

— Ainsi finit cette année. Assez distraite et légère pendant la plus grande partie de son cours, ce n'est pas, à la fin, de gravité ni de poids qu'elle aura manqué, dans la balance de celui qui tient ainsi dans sa main et qui règle nos destinées.

Paris, 12 décembre 1851.

COUP-D'OEIL

SUR LA

SOCIÉTÉ ARTISTIQUE ET LITTÉRAIRE DE LAUSANNE

pendant l'année sociétaire 1850-1851.

PRÉSENTÉ EN SÉANCE GÉNÉRALE LE MARDI 8 NOVEMBRE 1851.

Il fut un temps où l'art était essentiellement cultivé pour lui-même et demeurait plus ou moins le privilége d'une seule classe de la société.

Mais, peu à peu, son domaine s'est agrandi. Et si les degrés de culture forment encore des espèces de barrières entre les classes lettrées et celles qui le sont moins ou qui ne le sont pas, ces barrières tendent à s'abaisser progressivement. L'on peut même hardiment avancer que, désormais, dans l'occident de l'Europe, et notamment dans notre heureuse patrie, toutes les classes sociales sont unies par l'intelligence et sympathisent par le cœur.

Or, s'il est vrai, contrairement à l'opinion de Rousseau, que la science, la littérature et les arts, sont le meilleur moyen de faire avancer la prospérité morale et matérielle des sociétés, il est évident que le peuple, — appelé par la Providence à être à lui-même l'instrument de ses propres destinées, — est directement intéressé à s'instruire et à prendre sa part des nobles jouissances que tous ceux qui le désirent peuvent librement puiser aux sources fécondes de l'intelligence et de la civilisation.

Sans doute, en franchissant le cercle restreint des classes lettrées, l'art a dû voir sa mission se modifier. Au lieu de continuer à faire de *l'art pour l'art*, comme il croyait pouvoir se borner à le faire autrefois, le tourbillon envahissant de l'activité sociale est venu le troubler dans sa commode quiétude, le faire sortir de son sanctuaire et le forcer, en quelque sorte, à se mêler au combat de la vie, à prendre fait et cause pour des questions de morale ou de philosophie dont, jusqu'alors, il n'avait pas cru devoir se préoccuper.

C'est-à-dire que, contrairement à ce qui, autrefois, était généralement admis, le sentiment du beau ne peut plus se servir de but à lui-même; mais qu'il est appelé à nourrir, à corroborer le sentiment du bien; que la Providence, en un mot, le destine certainement à venir au secours de la raison et de la vérité.

L'art et la science sont appelés, en se vulgarisant, à élever le niveau des intelligences, à fortifier les ames, à rallumer, dans les cœurs, les foyers de vie morale, de dévouement au devoir, à la patrie et à l'humanité.

En faisant passer sur un peuple leur niveau sublime, ils effacent les préjugés de castes, le fanatisme des prétentions extrêmes, et, par une conséquence naturelle, ils émoussent les haines de parti. Ils rapprochent tout ce qui est susceptible de se comprendre et de s'estimer.

L'art et la science, en propageant parmi les hommes la communauté morale et intellectuelle qui doit les unir, sont donc un agent universel de civilisation, d'harmonie et de paix.

Et l'on peut dire que toute réunion d'hommes instruits, que toute société littéraire, scientifique ou artistique, bien dirigée, peut devenir elle-même un foyer lumineux rayonnant sur ses alentours, un facteur puissant dans l'accomplissement général ou local d'une noble mission.

La *Société artistique et littéraire* de *Lausanne* a-t-elle, pour sa part, mérité cet éloge?

Nous croyons pouvoir répondre affirmativement. Sans doute, son rôle est modeste et les résultats obtenus par elle sont modestes aussi. Mais il n'en est pas moins vrai qu'elle a produit quelque bien.

Tout en délassant et récréant ses membres, elle a contribué à répandre le goût des choses honnêtes et belles. Elle a cultivé le domaine de l'intelligence et y a cueilli quelques modestes fleurs. — Et, sur le terrain social, elle a contribué à émousser les antipathies ; elle a rapproché les citoyens en rapprochant les hommes.

Dans une ville comme Lausanne, où les habitants aiment à se former en coteries nombreuses, à se parquer, en quelque sorte, non-seulement d'après les conditions sociales, les degrés de fortune ou de culture, les opinions politiques ou religieuses, mais encore d'après les fictions plus ou moins fondées des vanités individuelles, la *Société artistique* a créé un point de contact entre toutes les classes, un centre de rapprochement entre les enfants d'un même pays et d'une même cité.

Elle est devenue le terrain neutre sur lequel toutes les opinions ont pu se rencontrer sans se maudire, la région supérieure où tous les hommes qui aiment le *beau*, le *juste* et le *vrai*, ont pu se tendre la main et harmoniser, autant que faire se peut, dans ce qu'il y a de plus grand et de plus élevé.

On peut dire qu'elle a réalisé la fraternité de l'intelligence dans l'émulation de l'étude et dans la culture de l'art.

D'un autre côté, elle a été l'arène où non-seulement de jeunes talents nationaux ont fait lecture de leurs essais poétiques, mais encore où des écrivains célèbres ont bien voulu lire ou faire lire des fragments inédits d'ouvrages très importants.

Elle a accueilli et patroné, dans notre ville, les artistes étrangers qui se sont adressés à elle.

C'est elle, enfin, qui a doté Lausanne et le canton de Vaud d'une exposition de peinture, institution heureuse qui, depuis longtemps, était ardemment désirée par les artistes et les amateurs.

Sans doute, la *Société artistique* n'a guère pu s'occuper d'art et de science au point de vue créateur ; elle n'a pu se hasarder sur le terrain fécond de l'expérimentation et de l'inconnu. Mais si elle a dû se contenter de suivre les voies battues et de bâtir ses modestes demeures sur un sol déjà défriché ; si elle n'a fait ni savants, ni artistes, ni hommes de lettres, on peut dire, au moins, qu'elle a applaudi, de tout cœur, à ceux qui se sont produits dans son sein, et qu'elle s'est efforcée de faire son profit de leurs talents et de leurs leçons.

En résumé, elle a contribué, et si, comme nous l'espérons, elle peut se soutenir, elle contribuera toujours plus à faire aimer et apprécier, par toutes les classes du public de Lausanne, tout ce qui développe et honore l'intelligence de l'homme, tout ce qui relève les caractères et nourrit le sentiment du noble et du beau.

Du reste, le *Compte-rendu* de l'année dernière me dispense de revenir sur l'origine de notre *Société* et sur l'activité qu'elle a déployée pendant les deux premières années de son existence. Ma mission, aujourd'hui, consiste seulement à vous rappeler sommairement ce qui a été fait depuis cette époque.

Et, ici encore, il va sans dire que je ne puis entrer dans l'énumération et l'examen de toutes les *Expositions* qui ont été faites, de toutes les compositions et poésies lues ou récitées, de tous les morceaux exécutés. Cela, évidemment, mènerait trop loin et dépasserait de beaucoup le temps qui peut être consacré à un compte-rendu.

Je me bornerai donc à quelques indications succinctes et toutes générales.

En second lieu, dans le double but de ne blesser la modestie de personne et de ne pas m'exposer à commettre involontairement quelque injustice ou quelque oubli, je ne prononcerai pas les noms de ceux des membres de la *Société* qui se sont le plus directement dévoués à elle en lui consacrant les fruits de leurs talents ou de leurs veilles.

Dans la science proprement dite, chaque soirée, ou à-peu-près, a eu son travail particulier, et plusieurs fois des expériences intéressantes sont venues rendre plus intuitives et graver plus profondément dans la mémoire des auditeurs les faits qui leur étaient exposés.

Tantôt c'était un travail sur l'*Esthétique* ou la science du beau dans les arts ; — des *Considérations générales* sur les effets de la lumière et de la chaleur ; — un *Résumé* cosmographique sur la série des créations successives qui se sont épanouies à la surface de la planète qui nous sert de demeure.

D'autres fois, c'étaient des *Indications* sur les gisements de l'or et les moyens employés dans son exploitation ; — sur les *Aérostats* et la *Navigation aérienne* ; — sur la *Télégraphie*, au moyen de laquelle la communication de la pensée est parvenue à vaincre l'espace et le temps ; — sur la *Vapeur*, cette puissance merveilleuse qui, se laissant guider par la faible main de l'homme, dévore les distances, perce les montagnes, franchit les abîmes, et au moyen de laquelle il sera bientôt possible de parcourir, en quelques jours, la surface du globe avec autant de facilité et de sans façon que l'on parcourt, aujourd'hui, les allées d'un jardin.

Au point de vue littéraire, il a aussi été présenté à la *Société* un assez grand nombre de travaux et de communications. Nous avons eu : des *Considérations* ingénieuses sur l'esprit même de notre littérature suisse-française et sur le rôle que notre patrie, située aux confins des pays germains et romands, est appelée à jouer dans la civilisation générale de l'Europe ; une série de *Rapports* sur notre première *Expo-*

sition de peinture à Lausanne ; — quelques *Légendes* allemandes, une entr'autres, imitée du célèbre poète populaire *Hans Sachs* et dans laquelle l'auteur développe de très judicieuses idées sur l'art difficile de gouverner les états ; — une *Biographie de Bernard Palissy*, cet illustre potier de terre à qui l'on peut donner le nom glorieux de père de la géologie ; — des *Fragments d'histoire nationale* ; — et beaucoup d'autres compositions propres à instruire ou à récréer.

En parlant de la partie littéraire de nos programmes, oublierais-je de rappeler spécialement ce que nous devons à la poésie ; à ce rayon sympathique émané d'en-haut pour éclairer l'ame ou la réjouir ; à cette fille du ciel descendue sur la terre pour exalter l'héroïsme ou la liberté, chanter les joies imparfaites ou gémir sur les douleurs sans nombre que la vie humaine abrite sous ses mélancoliques rameaux ; à ce génie vengeur qui flagelle le vice, bafoue la sottise, immole la bassesse ou marque d'un fer chaud le front de tout oppresseur ? Non, nous ne l'oublierons pas ! Nous nous rappellerons que c'est elle qui, — animant pour nous la nature entière et l'illuminant à nos yeux de je ne sais quel reflet affaibli de la suprême beauté, — allume dans nos cœurs le foyer des saintes inspirations, retrempe la force morale, idéalise toute chose et ne reconnait d'autres limites que celles de l'imagination !

A ce propos, je crois utile de rappeler une charmante *Allégorie* confiée au Comité par une dame sociétaire et dans laquelle, sous les noms symboliques d'*Hiver*, de *Printemps* et de *Cœur de l'homme*, l'aimable auteur personnifiait, d'une manière heureuse, les *ravages de la discorde civile*, les *bienfaits de la paix* et ce *véritable patriotisme suisse qui ne désespère jamais*.

A côté de ce luth féminin qui, nous l'espérons, voudra bien vibrer encore dans cette salle et qui, peut-être, aura la fortune d'en exciter d'autres, la poésie a compté parmi nous plusieurs représentants. Et nous ne doutons pas qu'elle ne continue à embellir nos soirées, à nous traduire ou à nous révéler le monde de l'idéal.

La poésie dramatique, pour sa part, y a beaucoup contribué et elle promet d'y contribuer encore. On n'a pas oublié, sans doute, ce colloque original que nous avons vu, dans un ballon, se dérouler d'une manière si plaisante *entre la terre et le ciel*. On n'a pas oublié, non plus, ce délicieux *Chalet* dans lequel se sont révélés des talents qui, jusqu'alors, étaient restés inconnus.

Dérogeant ici à la règle que je me suis faite de taire les noms propres, qu'il me soit permis de rappeler, à propos du *Chalet*, cette gracieuse et piquante Betlli qui, dès-lors, a quitté Lausanne et dont la modestie, par conséquent, ne peut être offensée du souvenir affectueux que nous lui donnons aujourd'hui.

Passer du drame lyrique à la musique proprement dite, ce n'est pas changer de sujet et il n'est pas besoin de transition. Il est seulement à regretter que la prose d'un compte-rendu soit peu propre à traiter une si harmonieuse matière. La musique, vous le savez, et les émotions qu'elle procure, ne se traduisent pas par des mots. Il ne m'est pas même permis de transformer en noms propres ces étoiles significatives qui décorent si souvent nos programmes et jettent un mystère qui n'est pas sans charme sur les morceaux qui doivent être exécutés.

Je me bornerai donc à payer, au nom du Comité, un juste tribut de reconnaissance à MM. les artistes et amateurs et surtout aux dames-sociétaires qui, avec autant d'empressement que d'amabilité, consacrent leurs talents à l'embellissement et, par là même, à la réussite de nos soirées.

Passant à la *Section de peinture*, je rappellerai tout de suite que depuis la grande *Exposition de* 1850 — qui fut son chef-d'œuvre — cette Section n'a eu que rarement l'occasion de se produire ostensiblement. Cependant, n'oublions pas que c'est à elle et au dévouement de ses membres que nous devons les décorations du petit théâtre que vous voyez devant vous. — N'oublions pas, surtout, que c'est à l'initiative de la Section de peinture que nous sommes redevables des *Tableaux vivants*, cette heureuse innovation qui, vers la fin du printemps dernier, est venue apporter un élément de plus à nos exercices et à nos délassements.

Délassements?... Est-ce bien là l'expression propre? Non, vraiment! car, par la *Mort de Davel*, les *tableaux vivants* se sont élevés, de prime-abord, à la hauteur d'un intérêt national, d'un enseignement réel de dévouement à la patrie, d'héroïsme et de foi en la puissance de la liberté.

Du reste, dans cette soirée même, vous aurez l'occasion de voir encore une fois s'animer sous vos yeux le tableau célèbre de notre compatriote Gleyre! Vous pourrez, tout à l'heure, contempler de nouveau cette composition patriotique qui, dès son apparition à l'Exposition de Lausanne, éveilla un si sympathique écho dans tous les cœurs vaudois. Oui, vous verrez bientôt, dans la plaine froide et marécageuse de Vidy, le tertre funèbre du crime se couronner encore de l'innocence trahie, servir de piédestal au premier martyr de l'indépendance de notre pays. — Vous verrez la grande figure de Davel, calme et sereine au milieu de la foule curieuse ou scandalisée, dédaigneuse ou hostile, qui assiste au *spectacle* de son supplice; vous verrez, en un mot, la profonde pensée patriotique qui resplendit sur le front du héros, n'attendre plus, pour s'envoler vers le ciel, que la hache du bourreau!.... Spectacle douloureux, mais plein d'enseignement, où nous voyons d'une manière saisissante qu'un seul peut quelquefois avoir raison contre tous!

Voilà, Mesdames et Messieurs, esquissés sommairement et de la manière la plus rapide, les exercices les plus importants dont nous nous sommes occupés pendant l'année sociétaire 1850-1851.

La *Société*, comme vous le savez, s'est efforcée de varier ses travaux. Elle a voulu que chacun pût trouver dans nos soirées quelque chose de ce qui convient à son goût. — Selon le vieux précepte de *mêler l'agréable à l'utile* et pour demeurer fidèle à son but, elle a résisté courageusement à l'entraînement de quelques-uns qui la pousseraient si volontiers à devenir une pure arène de divertissements et de choses plus ou moins futiles.

Or, ce que la *Société* a fait jusqu'ici, nous est un gage de ce qu'elle peut faire encore.

Elle contribuera, nous l'espérons, à défendre vis-à-vis de nos bons confédérés allemands, les droits de notre individualité romande, de notre nationalité vaudoise et de notre développement particulier. Car il ne faut pas oublier que ce qui fait la force de la Suisse, c'est que, à la différence d'autres pays, chacun des éléments qui la composent, ainsi que chaque canton, est un foyer de lumière rayonnant autour de lui et réunissant dans son sein les principes organisateurs d'une société tout entière.

Les deux Suisses, germaine et romande, doivent sans doute demeurer étroitement unies par la conscience d'un développement politique commun et par la pensée que notre pays, dans son ensemble, est appelé à prouver à l'Europe que l'ordre par la liberté, c'est-à-dire la démocratie, n'est pas comme quelques-uns le prétendent, une plante cryptogame dont la fleur ne s'épanouit jamais.

Mais il n'en est pas moins vrai que, à la différence d'autres nationalités, la nationalité suisse n'étant une ni par la langue ni par la race, mais bien par l'intelligence et la volonté des habitants du pays ; il n'en est pas moins vrai, disons-nous, que la Suisse française doit vouloir rester elle-même, défendre ou conserver son individualité propre et l'empêcher ainsi d'être peu à peu absorbée par l'élément germanique.

Or, il est évident que la *Société artistique*, en cultivant les lettres françaises, ne peut manquer de contribuer, pour sa part, à cet heureux résultat.

Et, puisque les Suisses en général, et les vaudois en particulier, aiment à s'expatrier pour un temps, à aller déployer au loin leur activité féconde, le canton de Vaud pourra, de plus en plus, envoyer dans les pays moins avancés que le nôtre des hommes consacrés et dévoués à la noble cause de l'intelligence, des porteurs de civilisation et de paix. Cela vaudra mieux, évidemment, que les messagers de guerre que, au temps des capitulations militaires, nous expédiions chaque année vers les quatre points cardinaux.

C'est ainsi que la *Société artistique et littéraire* de Lausanne — en répandant le goût de l'art et de la science, en défendant la suprématie de l'intelligence sur la matière, de la raison sur les instincts frivo-

les — contribuera réellement à amener ou à consolider de plus en
plus dans notre belle et chère patrie cet avenir de bonheur, cette ère
de développement moral et matériel qui, j'en ai la ferme conviction,
font l'objet des vœux sincères de tous ses enfants, sans acception de
parti.

Ne nous faisons pas illusion, cependant. Notre *Société* ne pourra se
soutenir et prospérer, à la longue, qu'autant que la pensée qui est à
sa base sera comprise et pratiquée par la majorité de ses membres.

Or, ainsi que, il y a quinze jours, à la séance d'ouverture, notre
président annuel vous l'a déjà fait comprendre, la pensée organisatrice qui porte notre *Société*, est une pensée de mutualisme entre tous
les membres qui la composent.

Il faut donc, pour réaliser cette idée organisatrice et fondamentale,
et, par conséquent, pour que la *Société* vive et se développe; il faut
que — au point de vue de la mission qu'elle doit remplir — chaque
membre se considère comme solidaire de tous les autres et comme
moralement obligé d'apporter à la réalisation du but commun, le tribut de son dévouement, de son intelligence et de ses talents.

Il faut, en un mot, que nous comprenions tous que la *Société artistique* est une association volontaire et mutuelle, dans laquelle tous
sont les hôtes de chacun et où chacun est l'hôte de tous; et que, par
conséquent, l'idée de devoir y est corrélative et peut-être même supérieure à celle de droit.

S'il en était autrement, si les membres qui la composent, ou même
un certain nombre d'entre eux, se croyaient autorisés à considérer
nos exercices comme un spectacle, une exhibition, où chacun a le
droit d'en prendre pour son argent, sans autre obligation de sa part,
pas même cette urbanité ou cette bienveillance dans les jugements, ou
cette attention de bon goût dont — dans toute société close — se pi-
quent les gens bien élevés : alors, je le dis avec autant de regret que
de conviction, alors notre Société succomberait bientôt à la peine ;
au bout de quelques années, on la verrait disparaître et s'abîmer dans
ce grand courant qui emporte tant de projets à demi réalisés, tant de
bonnes idées qui n'ont pas été comprises par ceux-là mêmes qui devaient les mettre en pratique et dont elles devaient servir les propres
intérêts.

Mais, non, il n'en sera pas ainsi! — Si j'ai présente à l'esprit
cette pensée de résignation dont il est prudent de ne jamais se dépar-
tir, j'ai aussi — et plus forte — une pensée d'espérance!

Or, cette espérance me dit que notre Société vivra et remplira son
œuvre, parce que ses membres se dévoueront à elle, chacun selon la
mesure de ses forces et de ses moyens. Ceux-ci feront des expositions
scientifiques, littéraires ou artistiques; ceux-là des lectures originales

ou prises dans les auteurs ; d'autres réciteront des morceaux de poésie, donneront des représentations dramatiques ou figureront dans les *Tableaux vivants ;* le plus grand nombre mettront leur talent musical au service de la *Société ;* d'autres, enfin, lui paieront le tribut (et c'est peut-être le plus grand) de leur expérience en administration ou en arrangements extérieurs ; tous lui consacreront avec joie quelques heures de leur temps, quelque acte de leur bonne volonté.

Et quant à ceux qui ne veulent ou ne peuvent rien faire, me demandera-t-on peut-être, qu'en ferez-vous ? Ceux-là, répondrai-je, ont aussi le moyen de se rendre utiles : c'est de bien vouloir apporter quelque indulgence, quelque modestie ou quelque bon sens dans leurs appréciations ; c'est, ensuite, de bien vouloir aussi contribuer, chacun en son lieu, au maintien de cet ordre, de cette tenue pleine de dignité, de ce décorum, en un mot, qui doit nécessairement régner dans toute réunion du genre de celle-ci.

Et, s'il en est ainsi, la *Société artistique et littéraire* de Lausanne a devant elle un long et heureux avenir.

Elle sera, pour terminer ce compte-rendu par un mot qui le résume, elle sera un autel désintéressé élevé dans notre ville au culte du *beau*, du *juste* et du *vrai!*

G. AUDEMARS.

POÉSIE.

—

PRINTEMPS DU NORD.

(LITANIE.)

Linotte
Qui frigotte,
Dis, que veux-tu de moi ?
Ta note
Qui tremblotte
Me met tout en émoi.

—

Journée
Illuminée,

Soleil riant d'avril,
En quel songe
Se plonge
Mon cœur, et que veut-il ?

Sur la haie
Où s'égaie
Le folâtre printemps,
La rosée
Irisée
Sème ses diamants.

Violette
Discrète
Devant Dieu tu fleuris ;
Primevère,
A la terre,
Bouche d'or, tu souris.

Petite
Marguerite,
Conseillère du cœur.
Ta consonne
Mignonne
Epèle le bonheur.

Blanche et fine
Aubépine,
A tes pieds la fourmi
Déjà teille
Et réveille
Son brin d'herbe endormi.

La mousse
Qui repousse

Attend l'or du grillon ;
La rose,
Fraîche éclose,
Rêve au bleu papillon.

Mais fidèle
Hirondelle,
Au nid toi qui reviens,
La tristesse
M'oppresse.....
Où donc sont tous les miens ?

L'eau sans ride
Et limpide
Ouvre de ses palais
Où tout brille
Et frétille
Les réduits les plus frais.

Sur la branche
Qui penche
Vif, l'écureuil bondit ;
La fauvette
Coquette
Avec lui, de son nid.

La grue
En l'étendue
A glissé, trait d'argent
Dans l'anse
Se balance
Le cygne négligent.

La follette
Alouette,

Gai chantre des beaux jours,
Dans l'azur libre
Vibre,
Appelant les amours.

Journée
Illuminée,
Soleil riant d'avril,
En quel songe
Se plonge
Mon cœur, et que veut-il?

Dans l'onde
Vagabonde,
Aux prés, sur les buissons,
Sous la ramée
Aimée,
Aux airs, dans les sillons,

Tout tressaille
Et travaille,
Germe, respire et vit,
Tout palpite
Et s'agite,
Va, chante, aime et bénit.

Mais mon ame
Est sans flamme.....
Beaux jours en vain donnés,
Nature
Calme et pure,
O printemps, pardonnez!

Linotte
Qui frigotte,

Dis, que veux-tu de moi?
   Ta note
   Qui tremblotte
Met mon cœur en émoi.

H.-F. Amiel.

Bords de la Baltique.

~~~~~~~~~~~~~~~~~~~~~~~~~~~~

L'ENFANT QUI PRIE.

A l'heure où s'endort toute chose,
Quand le vent, la feuille et l'oiseau
Font silence autour du berceau
Qui soulève son rideau rose ;

Quand la mère y va déposer
Son enfant, frêle créature,
Qu'elle endort avec un murmure,
Qu'elle éveille avec un baiser ;

Avant qu'il ferme ses paupières,
Ce fils, nouveau venu du ciel,
Le berceau devient un autel
Où s'agenouillent deux prières :

Car l'enfant redit au Seigneur,
Redit l'oraison maternelle ;
Alors il a dans sa prunelle
Tant d'innocence et de bonheur,

Il a dans son ame chérie
Tant de ressouvenir des cieux,
Que l'humble mère au front pieux
Semble prier l'enfant qui prie.

<div align="right">Marc Monnier.</div>

BULLETIN BIBLIOGRAPHIQUE.

DU CATHOLICISME EN FRANCE. — Prospérité matérielle. Décadence morale. — Par Edmond de Pressensé. Un volume 8° de 180 pages.— Paris,
chez Marc Ducloux, 1851. — Prix : fr. 2»25.

Nous avons ouvert ce livre avec quelque prévention ; mais la lecture commencée, il a fallu aller jusqu'au bout, et quand elle fut achevée, nos primitives objections contre la controverse ne nous paraissaient plus aussi fortes.
Nous préférons en général que les protestants laissent le catholicisme en
repos, parce qu'ils ont volontiers mieux à faire ; mais quand le catholicisme
prend une direction qui l'éloigne de plus en plus du fond commun de la foi
chrétienne, alors c'est un devoir pour le croyant de signaler le péril à ses
frères, et la différence des confessions, non plus que le souci de la tranquillité, ne sauraient l'en dispenser. D'ailleurs le catholicisme n'est plus en
France une religion nationale, il est bien douteux qu'il soit dans un sens
sérieux la *religion* de la majorité ; c'est un parti, un parti politique, un
parti agressif, un parti victorieux, envahisseur, contre lequel il y a lieu de
se défendre. Si quelqu'un pouvait en douter encore, ce qui nous semble
bien difficile, il n'en douterait plus après avoir lu la brochure de M. de
Pressensé. Ce n'est pas qu'on y trouve rien d'aigre ni d'étroit : tout, au contraire, y respire la générosité, la sympathie pour ce qui est sain, pour ce
qui est vrai, pour ce qui est pur dans le camp opposé. Parfois nous eussions
désiré que cette sympathie fût plus explicite encore ; elle ne saurait être
plus loyale.

L'auteur s'est proposé avant tout de présenter un tableau rapide, mais
exact, de la situation du catholicisme chez nos voisins. Il fait d'abord l'inventaire des ressources matérielles dont il dispose, par les allocations du
budget annuel, l'usufruit des immeubles de l'Etat, le casuel des églises et
les contributions volontaires des fidèles. Il énumère ensuite son personnel
de prêtres, de religieux et de confréries laïques, ainsi que ses œuvres extérieures de propagande et de charité. Ce premier chapitre, assez court, est
riche en renseignements authentiques curieux : un catholique ne le lira
pas sans satisfaction ; en tout autre sujet, je dirais presque sans un légitime
orgueil. M. de Pressensé lui-même est touché, on le sent ; toutefois il ne
néglige pas de faire observer l'élément intéressé qui altère ici le mobile religieux ; à ce sujet il cite le texte remarquable de l'indulgence promise aux
sociétaires de la Propagation de la foi.

L'état intérieur du catholicisme français contraste avec cette prospérité apparente, et présente plus d'un signe de décadence. Le premier est l'opposition ouverte dans laquelle le catholicisme du XIXe siècle s'est placé vis-à-vis de la société moderne dont il condamne par ses organes officiels tous les principes les mieux affermis. Ses divisions intérieures font le second. L'auteur cite ici des faits en grand nombre ; la polémique fameuse entre Mg^r de Chartres et Mg^r de Paris est le plus récent. L'organisation ecclésiastique plaçant les curés sous la dépendance absolue de leurs évêques, on comprend que les faits publics n'indiquent qu'une faible partie des agitations intérieures. La littérature du catholicisme français, considérable par le nombre de ses publications, est pauvre de pensées, de sentiments et de forme. La prédication, l'enseignement public, la polémique, la controverse, la littérature populaire, toute l'activité littéraire du clergé et du parti-prêtre est passée en revue. Ici encore nous trouvons un grand nombre de faits intéressants et bien groupés. L'auteur signale affectueusement ce qui est bon, et certainement il y a du bon, de l'excellent, mais les écrivains les plus sérieux, les plus sensés, les plus intimément chrétiens, les plus sympathiques aux progrès réels de la société moderne, ont tous été désavoués ou du moins sont les amis, les collaborateurs des docteurs censurés. A côté de ceux-ci quelle brutalité, quelle bassesse, quelles extravagances de pensée et de style, quels raffinements de dévote impiété ! Cette revue littéraire est remarquable par la mesure autant que par la substance. La citation seule y paraît amère. Il y en a d'impossibles, et pour y croire nous avons besoin de la signature de l'auteur.

Après cet exposé de l'état des faits tout brillant d'une éloquente lumière, l'auteur recherchant les causes de la décadence morale qu'il vient de signaler, place le catholicisme, tel qu'il est formulé dans les Canons du Concile de Trente, en face de l'Evangile. Il oppose le refus absolu du droit d'examen à l'exemple des chrétiens de Bérée, la vertu magique des sacrements à la foi en esprit et en vérité, le matérialisme des œuvres méritoires au salut gratuit et à l'amour pour le Dieu qui nous a sauvés, la nécessité du sacerdoce à la pleine réconciliation accomplie par Jésus-Christ, qui, comme Bossuet le dit après saint Pierre, a ramassé dans son sang un peuple de sacrificateurs et de rois. Ce chapitre de controverse est très clair, parce qu'il prend la question de très haut, disant beaucoup en peu de mots, il allie la noblesse à la popularité. Tout en reconnaissant la haute antiquité de plusieurs des doctrines essentielles du catholicisme, l'auteur montre, par quelques citations, que ces doctrines, celles du sacerdoce en particulier, n'étaient point généralement adoptées dans les premiers siècles de l'Eglise.

Un chapitre spécial est consacré au tableau du Concile de Trente d'après l'un de ses grands admirateurs, le cardinal Pallavicini de la Compagnie de Jésus. Le mode de formation, de délibération de cette assemblée, les mobiles avoués des partis, laissent peu de place à l'idée d'une intervention du Saint-Esprit,

En terminant, M. de Pressensé demande quels sont pour les chrétiens évangéliques les moyens de combattre l'invasion romaine. Les principaux à ses yeux, sont d'éviter au sein du protestantisme, les défauts de l'Eglise catholique, la foi d'autorité, le formalisme dans le culte et dans les sacrements, les idées sacerdotales. Le moyen suprême c'est une foi vivante, pleine d'amour et dominant la vie. Il faut surmonter l'affirmation fausse par l'affirmation vraie, il faut que la religion de Jésus-Christ soit mise en lumière, car c'est la négation rationaliste, c'est l'absence de croyances et l'effroi que ce vide inspire qui font la force du système ultramontain. Bien conçue, bien divisée, riche en renseignemens de fait, simplement et noblement écrite, la brochure de M. de Pressensé offre une lecture très attachante. Les semaines écoulées depuis son apparition n'ont fait qu'en augmenter l'actualité. Au moment où l'ultramontanisme, déjà si puissant, semble faire l'épée à la main la conquête de la France, chacun voudra savoir quel chemin il avait déjà parcouru au premier décembre 1851, d'où il est parti pour entrer dans l'ère nouvelle, et ce qu'il apporte au régime naissant dont il semble devoir être la force morale.

~~~~~~~~~~~~~~~~~~~~~~~~~~~~

ANALYSE ET PARAPHRASE DES DEUX EPITRES AUX CORINTHIENS, avec une introduction et la traduction littérale en regard pour servir à l'intelligence de ces lettres apostoliques, par H. Monneron. Paris, librairie de Marc Ducloux, 1851. — Lausanne, chez Delafontaine et Cᵉ. Un volume de 280 pages.

L'ouvrage dont nous venons de transcrire le titre, a pour but unique de faciliter aux lecteurs l'intelligence des deux belles et touchantes épîtres de saint Paul aux Corinthiens. L'introduction expose les circonstances dans lesquelles ces épîtres ont été composées, et résume avec beaucoup de clarté les renseignements que l'Ecriture sainte et l'histoire nous fournissent sur la situation de l'Eglise de Corinthe. La paraphrase développe la pensée du texte sans y rien ajouter; mais en exprimant ce qui est sous-entendu, en faisant ressortir les allusions, en rétablissant les intermédiaires que l'éloquence émue, parfois abrupte de l'apôtre, a négligés comme inutiles pour le troupeau auquel il s'adressait, elle nous fait mieux saisir l'enchaînement des idées, elle nous permet de suivre le raisonnement de l'auteur et de saisir son intention. Grâce à la version littérale, placée au bas de la page, chacun peut contrôler soi-même le procédé de l'interprète. Des secours pareils seraient utiles pour tous les livres saints, ils sont particulièrement nécessaires pour les épîtres aux Corinthiens qui portent au plus haut degré le caractère d'écrits de circonstance, et qui, cependant, traitent des questions d'une importance si capitale. Je ne cite que comme exemple la résurrection des corps, les rapports du corps et de l'ame, la nature de Jésus-Christ et son rapport soit avec le Père soit avec l'humanité (Ep. 1, **XV**), questions où l'on ne tient pas toujours assez compte de la véritable opinion de saint Paul. Dans un certain nombre de passages, la paraphrase est un secours réellement indispensable à beaucoup de lecteurs. Elle ne l'est pas partout, mais là même où l'on pourrait s'en passer, elle servira à faire admirer davantage la concision du texte et la hardiesse de ses mouvements.

Une analyse succincte des deux épîtres en fait ressortir le plan et les divisions naturelles. Il convient, je crois, de lire l'analyse de chaque épître avant la paraphrase, qui peut être employée avec fruit dans un culte de famille où chaque auditeur aurait le texte de l'épître sous les yeux.

Le succès de ce travail, écrit avec onction et simplicité, ne nous paraît pas douteux.

⁓⁓⁓⁓⁓⁓⁓⁓⁓⁓⁓⁓⁓⁓⁓⁓⁓⁓

ETUDE ÉLÉMENTAIRE DE L'ORAISON DOMINICALE ET DES SACREMENTS, par A.-L. Montandon, pasteur adjoint de l'Eglise réformée de Paris. — Paris, à la librairie Ducloux. — Lausanne, chez Delafontaine et Comp°.

L'ouvrage que nous annonçons fait partie d'une série d'écrits du même genre publiés par le même auteur. Doué à un haut degré des qualités spéciales que suppose l'œuvre du catéchiste, M. Montandon travaille depuis long-temps à mettre entre les mains de la jeunesse des églises protestantes les divers manuels qui peuvent l'initier à la connaissance des vérités de la religion. Après avoir offert à son jeune public, dans une forme simple et pratique, les *Récits de l'Ancien et du Nouveau-Testament*, puis une *Etude de ces récits*, il a traité successivement, sous forme d'étude élémentaire, le *Symbole des Apôtres* et le *Décalogue* ; puis il vient de traiter de la même manière l'*Oraison dominicale* et les *Sacrements*. Ainsi se complète une collection d'autant plus précieuse, que l'exécution répond parfaitement, à notre avis, au but que l'auteur s'est proposé. Simplicité, clarté, variété, tendance toujours pratique, tels sont les caractères de ces ouvrages, qui ont pour but, non pas de faire faire des progrès à la science théologique, mais de mettre les résultats de cette science à la portée des plus petits et des plus simples. Ce sont les enfants que l'auteur a constamment en vue, et ce qui prouve qu'il les connaît, c'est, d'une part, le bonheur avec lequel il se met à leur point de vue et, d'un autre côté, le talent avec lequel il évite d'être fatigant, entremêlant les vers avec la prose, les anecdotes et les paraboles avec l'explication didactique, la prière enfin avec l'enseignement. Disons cependant, pour faire la part de la critique, que dans un livre destiné à montrer ce que doit être la prière, nous aurions voulu que les prières qui terminent chaque chapitre, fussent davantage des prières, qu'elles renfermassent moins de mots, moins de discours, et plus de véritables supplications. La

théologie de M. Montandon est saine, sans être vigoureuse ; elle est surtout
pratique, et présente plus d'un trait qui révèle, à ceux-là même qui ne
sauraient pas que M. Montandon est d'origine neuchâteloise, un disciple
d'Osterwald. Nous avons été édifié, parfois instruit, par son nouvel ouvrage,
comme par les précédents, et nous ne doutons pas qu'il ne produise le même
effet sur tous ceux qui aiment la vérité évangélique présentée comme elle
peut l'être par un esprit juste et par un cœur plein d'une chrétienne affection.

DE L'ESSENCE DU CHRISTIANISME, par le Dr Ullmann, traduit de l'al-
mand par A. Sardinoux. Paris, Ducloux. XXVII et 160 pages, in-8°. —
Lausanne, chez Delafontaine et Compe.

L'idée fondamentale du christianisme, sous-entendue par l'antiquité
chrétienne occupée à élaborer les dogmes, par le moyen-âge qui essayait de
les démontrer, par la Réformation qui les a rétablis dans leur intégrité,
est devenue de nos jours seulement l'objet d'une recherche spéciale. L'E-
glise des premiers siècles a vu essentiellement dans la religion nouvelle une
doctrine ; ce qu'elle y a cherché, comme le paganisme dans ses mythologies,
c'est un ensemble de vérités. L'Eglise romaine, renouvelant le judaïsme,
en a fait un système de législation morale ; la réforme considère le christianisme avant tout comme un moyen donné à l'homme d'obtenir le pardon de ses péchés ; le mysticisme enfin y voit l'union de Dieu et de l'humanité.

Ces divers points de vue justes, mais incomplets, sont reproduits suivant le même ordre dans la réflexion moderne. Pour le rationalisme comme
pour le supra naturalisme du XVIIIe siècle, le christianisme s'adresse à l'intelligence ; Kant et son école absorbant la religion dans la morale, ne voient
dans les croyances chrétiennes qu'un secours pour le perfectionnement de
la volonté ; Schleiermacher s'attache à la personne de Christ rédempteur,
dont la contemplation remplit l'ame du sentiment de la délivrance ; enfin
l'école de Hegel salue dans le christianisme l'identité de l'humain et du
divin.

Les deux premiers systèmes, quoique de valeur inégale, méconnaissent
l'un et l'autre l'élément spécifique du christianisme. Si le christianisme n'é-
tait qu'un enseignement, révélé ou non, il resterait dans la sphère des théo-
gonies et des philosophies helléniques ; s'il était une loi, il ne ferait que continuer le judaïsme. Schleiermacher est plus près du centre, mais la religion,
qu'il fait consister dans le sentiment de la rédemption, n'a guères chez lui
qu'une valeur subjective, puis la rédemption n'est qu'un corrollaire : on se
demande comment Jésus-Christ l'opère ; ce ne peut être qu'en rétablissant
l'harmonie entre Dieu et nous ; et pour cela il est nécessaire que Dieu et

l'homme soient unis en lui et qu'il les unisse en nous : le trait fondamental
et spécifique du christianisme est donc le fait de l'unité absolue de Dieu et
de l'homme que Christ manifeste dans sa personne et qu'il réalise progressivement en nous par sa puissance. On peut le définir : la *religion de l'union
de Dieu et de l'Humanité*. Cette définition est celle de Hegel, mais si l'école
Hegélienne arrive à la formule la plus élevée, ce n'est que pour lui enlever toute signification religieuse. L'union de Dieu et de l'homme selon Hegel
signifie que l'homme est de sa nature et de fait identique à Dieu, le mérite de Jésus-Christ est d'avoir aperçu le premier cette vérité spéculative
en s'appliquant d'une manière particulière ce qui est vrai de chacun de
nous. Il a exprimé symboliquement une idée universelle que la philosophie
moderne a dégagée des voiles qui l'enveloppaient et présentée dans son universalité. A ce point de vue la personnalité de Jésus-Christ n'a plus qu'une
importance accidentelle ou disparaît entièrement, l'union de l'homme et
de Dieu perd toute valeur religieuse et morale, le salut consiste pour chacun à comprendre qu'il est ce qu'il peut être, ce qu'il doit être, et qu'il
n'a pas d'autre salut à chercher. Le christianisme l'entend autrement. Il se
fonde sur la personnalité absolue de Dieu, qui manifeste son amour infini
en s'identifiant à l'humanité dans la personne de Jésus-Christ, pour rétablir
en nous-mêmes cette unité préparée pour nous, mais dont nous avons empêché la réalisation par le péché que la conscience nous atteste. L'union de
Dieu et de l'homme en Jésus-Christ, dont la réalité se démontre par la figure même de Jésus, par son langage, par sa vie et par l'impression qu'il a
produite ; cette union est un fait unique et absolu résultant d'un acte spécial de l'amour divin, quoiqu'il soit destiné à se reproduire dans l'âme des
chrétiens par la communication de la vie de Christ. Telle est proprement la
substance et le centre du christianisme considéré en lui-même, dans l'ordre universel, d'où résulte manifestement que le christianisme est la religion parfaite, puisqu'il réalise en fait le but de toute religion, l'union de
l'homme et de Dieu. Le christianisme est donc bien une lumière, une doctrine, mais la vérité qu'il nous enseigne c'est celle qu'il réalise en la révé-
lant, il implique une loi morale, mais surtout il communique la force de
l'exécuter, il est un moyen de salut, mais le salut qu'il nous apporte c'est
la participation à la vie humaine et divine à la fois de son fondateur, qui
réalise dans cette union par le miracle de l'amour divin, l'intimité de notre
essence altérée en nous par le péché.

Le côté personnel, subjectif du christianisme pour chacun de nous, consiste donc dans la participation à la vie de Jésus-Christ. Il faut que Jésus-
Christ se continue en nous. Ici encore, comme pour le don de Jésus-Christ
à l'humanité, l'initiative appartient à l'amour divin. L'affaire de l'homme
c'est de s'ouvrir à cet amour, de s'assimiler à la personnalité de Christ par
la foi, qui n'est ni l'intelligence de la doctrine et la conviction intellectuelle
de sa vérité, ni l'effort de la volonté propre pour se conformer au commandement et pour réaliser l'idéal, mais un entier dépouillement de soi-même,

l'abandon confiant de notre ame toute entière à la vertu rédemptrice de Christ. La foi est à la fois intelligence, sentiment et volonté, puisqu'elle est l'adhésion de l'ame toute entière à la perfection de Christ et à son amour. Réceptive, passive en quelque sens au début, quand il s'agit de nous remplir d'une vie nouvelle, elle devient active, productive, quand la personnalité nouvelle s'est formée en nous, et, sans cesser d'être elle-même, elle s'épanouit dans l'amour, qui devient le principe de l'Eglise, de la société, de l'humanité nouvelle. L'Eglise repose sur cette base que Christ, dont la vie a pénétré la mienne, vit également dans mes frères qu'il a touchés et transformés comme moi, qu'il veut se réaliser en tous, et que tous les membres, substantiellement unis entr'eux par le principe commun qui les anime, éprouvent le besoin de travailler à la réalisation intégrale de leur chef. L'Eglise de Christ ne saurait se subordonner aux fins de la société civile comme celle du paganisme, qui n'avait d'autre Dieu que l'humanité, elle ne peut pas dominer l'Etat comme l'institution judaïque, qui reposait sur le commandement. Produit de l'adhésion libre des cœurs, manifestation d'une vie nouvelle, l'Eglise n'aspire qu'à la liberté de son développement au sein de la société naturelle dont la contrainte régit les rapports; mais elle transforme la société naturelle, dans sa pensée scientifique, dans son art et dans ses lois, par le principe supérieur qu'elle contient.

Nous avons cherché dans ces lignes non pas à résumer le petit écrit de M. Ullmann, mais à indiquer le point de vue où il se place pour orienter les esprits sur ce qui fait l'essence du christianisme et réfuter les conceptions divergentes. Cette tentative n'a que très imparfaitement réussi, elle peut remplacer une table des matières, elle est insuffisante pour faire connaître nettement le sens et l'intention de l'auteur. Sans être parvenu à le traduire, nous croyons pourtant l'avoir compris et nous sympathisons en général avec ses idées; mais l'exposition ne nous en semble pas avoir toute la netteté désirable. Bien des indications, suffisantes peut-être pour l'Allemagne, ne le sont pas pour notre ignorance, en particulier la discussion du point de vue de Schleiermacher. Nous croyons que la traduction de M. Sardinoux contribuera à fixer les idées de quelques personnes, mais elle nous fait désirer vivement la publication d'un ouvrage où le même sujet serait traité avec plus de développement, avec plus de nerf, de manière à mettre mieux en lumière les idées étrangères dont il s'agit d'apprécier et de combattre l'influence très réelle, tout en s'appliquant plus directement à l'état religieux des pays de langue française.

∿∿∿∿∿∿∿∿∿∿∿∿∿

EMMA ET SA BONNE. Histoire véritable, par Mme Cameron. Traduit de l'anglais sur la 14me édition. — Lausanne, à la librairie Delafontaine et Comp^e. 1852. — Prix : 50 centimes.

Le titre de ce petit volume ferait croire qu'il est destiné, **comme** tant d'autres historiettes enfantines, à récréer et enseigner les toutes jeunes filles qui commencent à prendre quelque goût à la lecture. Tel n'a pas été, cependant, le but de l'auteur, et nous ne saurions que l'en féliciter, car il a préféré sortir des sentiers battus et s'adresser à une classe de lecteurs trop négligée jusqu'ici. En effet, il a écrit son histoire en vue de montrer aux jeunes filles qui remplissent l'emploi de bonnes d'enfants, leurs devoirs difficiles et importants. Il élève leur tâche jusqu'à la hauteur d'une éducation morale dont elles ont à s'acquitter envers les jeunes êtres confiés à leurs soins. Seule, la foi chrétienne lui paraît propre à produire ce beau résultat, et nous croyons aussi que même dans l'humble condition de serviteur, un fidèle disciple de Christ peut exercer une grande et heureuse influence sur ses maîtres et ses alentours. L'histoire de Jane et d'Emma, racontée d'une manière simple et touchante par Mme Cameron, est un exemple nouveau des effets merveilleux de la grâce divine.

GRAMMAIRE FRANÇAISE, ouvrage spécialement destiné à servir de base à l'enseignement scientifique de la langue maternelle dans les colléges, gymnases, écoles moyennes et autres établissements d'instruction publique, par C. Ayer, professeur à l'Ecole cantonale de Fribourg. — Lausanne, Martignier, 1851. 1 volume in-12 de 200 pages.

Ce n'est pas une réforme, c'est une révolution. Il ne s'agit plus seulement de donner une nouvelle forme à de vieilles règles, de rajeunir la nomenclature en remplaçant naïvement les *verbes impersonnels* par des *verbes unipersonnels*, de *refondre* en un mot la Grammaire de Noël et Chapsal, comme l'ont fait jusqu'ici tant d'honnêtes maîtres-d'école. Dans le livre que nous annonçons, c'est la méthode elle-même qui est changée, et qui, de routinière, aspire à devenir scientifique. L'auteur nous fait entrer dès la première page dans le mystère de la formation du langage; *apparet domus intùs*; il prend pour point de départ, non pas les mots, ces *atomes* de l'ancien matérialisme grammatical, mais la *pensée* qui s'exprime par la *proposition*. Introduire le système de Becker dans la grammaire française et préparer par là dans nos colléges une terminologie uniforme pour l'enseignement de toutes les langues, tirer de la langue maternelle les principes de la grammaire générale, revendiquer pour la raison une étude qui avait été jusqu'ici du domaine exclusif de la mémoire, voilà ce qu'il y avait à faire. C'était nouveau, c'était beau, c'était hasardeux; M. Ayer, professeur à Fribourg,

Aura du moins l'honneur de l'avoir entrepris.

Rollin, dans un excellent livre qu'on ne lit plus guères, M. Vinet, dans le second volume de sa Chrestomatie, avaient déjà recommandé l'étude raisonnée de la langue maternelle; ils avaient même donné des modèles de cet enseignement en le restreignant, il est vrai, à l'étude analytique des auteurs. Y aura-t-il une utilité réelle à faire aussi cette étude d'une manière systématique? Ce n'est pas à nous qu'il appartient d'en juger. Nous savons d'ailleurs de bonne part que les diverses autorités scolaires de la Suisse française ont déjà été saisies du manuel de M. Ayer, qui sera par conséquent soumis à l'appréciation des personnes les plus compétentes. Nous nous bornerons donc à le recommander à tous ceux qui prennent quelque plaisir à l'étude de la langue, et nous leur signalerons, comme nous ayant particulièrement intéressé, le chapitre dans lequel l'auteur recherche le sens des suffixes qui servent à la dérivation des mots français; ce travail est presque entièrement neuf, et nous a paru exécuté avec une grande sagacité. Tout ce qui a rapport à la prononciation est aussi traité avec beaucoup d'exactitude et nous paraît complet dans son genre. Nous nous permettrons cependant de douter que la diphtongue *hum* dans *Humbert* (nom d'homme) doive se prononcer autrement que dans *humble*. Il n'y a pas de règle fixe pour les noms propres, et il appartient à chaque contrée de fixer la prononciation de ceux qui lui appartiennent. Nous croyons que dans les provinces où *Humbert* se prononçait *Hombert*, l'orthographe a suivi la prononciation. Voyez, par exemple, la *Nanine* de Voltaire. A propos d'orthographe, M. Ayer dit, dans sa préface, que *c'est une étude ennuyante.* Nous doutons aussi de la justesse de l'expression :

> Consultez les experts, le moderne et l'antique ;

tous proscrivent l'emploi du mot *ennuyant* dans une phrase comme celle que nous avons citée. *Ennuyant* ne peut être appliqué qu'à une action, disent Laveaux et Girault-Duvivier ; et Boiste, plus sévère, déclare qu'*ennuyant*, employé comme adjectif, est une locution vicieuse. L'usage actuel de la langue confirme cette décision. On pourra nous accuser de purisme; mais le purisme n'est-il pas excusable quand on parle grammaire? Si l'auteur avait dit *l'orthographe est une étude ennuyeuse*, l'expression aurait été aussi juste que la pensée.

~~~~~~~~~~~~~~~~~~~~~~

LA BONNE NOUVELLE OU LA GRACE DE DIEU EXPLIQUÉE DANS UN SÉRIE DE MÉDITATIONS. Traduit de l'anglais. — Paris 1851, à la librairie Ducloux.

« Le but de ce livre, dit la préface, est de faire passer rapidement sous » les yeux du lecteur quelques-unes des vérités les plus importantes de l'E- » vangile. » L'auteur a choisi la forme de méditations, afin que chacun en les lisant s'en applique à lui-même le contenu, et chacune de ces méditations a pour texte quelque passage de l'Ecriture Sainte. Nous avons donc ici un livre d'édification qui nous paraît particulièrement destiné aux ames inquiètes et travaillées, et qui peut certainement leur faire du bien, en les amenant graduellement à la source de la paix.

∿∿∿∿∿∿∿∿∿∿∿∿∿

— Notre correspondant de Glaris nous signale deux publications historiques qui ont paru dern'èrement dans ce canton. La première est l'Histoire des cantons démocratiques de la Suisse, dont l'auteur, M. le président J.-J. Blumer, va publier le dernier volume. Cet ouvrage, très étendu et par là même coûteux, n'est pas destiné au grand public, mais avant tout aux amis zélés de l'histoire de la patrie. De nombreuses citations prouvent que M. Blumer a puisé aux meilleures sources.

La seconde publication glaronnaise est un tableau généalogique de la célèbre famille des Tschudi. L'auteur s'appelle aussi Blumer, et il paraît posséder un talent tout spécial pour les recherches généalogiques. Il a consacré seize années à l'étude de la famille que nous venons de citer, dont il est parvenu à faire remonter l'origine à l'an 870, et dont il poursuit la généalogie jusqu'à nos jours, sans lacune. Aucune famille suisse, et peu de familles princières pourraient se glorifier d'une aussi ancienne noblesse, car les premières lettres de noblesse de la famille Tschudi, de l'an 906 et octroyées par l'empereur Louis III, existent encore. La famille des Tschudi, qui a gouverné le pays de Glaris pendant près de quatre siècles, compte dans son sein tant d'hommes distingués comme guerriers, littérateurs, chevaliers, ambassadeurs, ecclésiastiques, qu'elle a acquis une véritable importance historique. — Le tableau de M. Blumer représente un arbre généalogique haut de dix pieds et large de huit. Au pied de l'arbre se trouvent, d'un côté, les armes des Tschudi et des différentes seigneuries qu'ils ont possédées, de l'autre, leurs diverses lettres de noblesse en latin et en allemand, entr'autres celle de 906, et l'indication des sources à l'appui de l'ouvrage.

HENRI WOLFRATH, ÉDITEUR.

Lightning Source UK Ltd.
Milton Keynes UK
UKHW020604270219
338007UK00009B/1022/P

9 781528 043670